Flor/Kammel/Zibuschka

•

InvFG 2011 – Materialienband

InvFG 2011 – Materialienband

bearbeitet von

Mag. Barbara Flor
Dr. Armin J. Kammel, LL.M. (London)
Mag. Thomas Zibuschka

Bibliografische Information der Deutschen Nationalbibliothek

Die Deutsche Nationalbibliothek verzeichnet diese Publikation in der Deutschen Nationalbibliografie; detaillierte bibliografische Daten sind im Internet über http://dnb.d-nb.de abrufbar.

ISBN 978-3-7073-1977-4

1210 Wien, Scheydgasse 24, Tel.: 01/24 630
www.lindeverlag.at

Druck: Hans Jentzsch u Co. Ges.m.b.H.
1210 Wien, Scheydgasse 31
1

Vorwort

Mit dem vorliegenden Werk „*InvFG 2011 – Materialienband*“ ist intendiert, eine erste praktische Richtschnur zur Handhabung des neuen Investmentfondsgesetzes (InvFG) 2011 zu geben.

Dabei handelt es sich um einen klassischen Materialienband, dem eine kurze Einführung, die sich schwerpunktmäßig mit der Entwicklung des Investmentfondswesens in Österreich, seinen europäischen Grundlagen und konzeptionellen Aspekten des InvFG auseinandersetzt, vorangestellt ist.

Der Materialienband strukturiert sich wie folgt: Der Gegenüberstellung des Gesetzestexts mit den Erläuternden Bemerkungen zum InvFG 2011 folgen die Verordnungen der FMA zum InvFG 2011.

Abgerundet wird der Materialienband mit der OGAW-RL (RL 2009/65/EG) sowie den Durchführungsakten.

Wir hoffen, dass wir mit dem „*InvFG 2011 – Materialienband*“ einen für den Leser hilfreichen „Begleiter“ geschaffen haben, der im praktischen Umgang mit dem InvFG 2011 wertvolle Dienste erweist.

Oktober 2011

Mag. Barbara FLOR[1]
Dr. Armin J. KAMMEL, LL.M. (London)[2]
Mag. Thomas ZIBUSCHKA[3]

---

[1] *Mag. Barbara Flor* ist Juristin bei der Vereinigung Österreichischer Investmentgesellschaften (VÖIG) in Wien. Email: barbara.flor@voeig.at

[2] *Dr. Armin J. Kammel, LL.M. (London)* ist Head of Legal & International Affairs bei der Vereinigung Österreichischer Investmentgesellschaften (VÖIG) in Wien. Email: armin.kammel@voeig.at

[3] *Mag. Thomas Zibuschka* ist Betriebswirt und Steuerexperte bei der Vereinigung Österreichischer Investmentgesellschaften (VÖIG) in Wien. Email: thomas.zibuschka@voeig.at

Inhalt

1. Einführung

Literatur:

Buchberger, D. /Kammel, A.J. (2007), Das Zusammenspiel von UCITS und MiFID aus Sicht der Kapitalanlagegesellschaft, ÖBA 1/2007, 35.; *EFAMA (2009)*, fact book – Trends in European investment funds, 7th edition, Brussels; *Forstinger, Ch. (2002)*, Die neue OGAW-Richtlinie für Investmentfonds (UCITS III), ÖBA 12/2002, 987; *IMA (2005)*, Pooling: How Can Fund Managers Respond Efficiently To Different Investor Needs?, Investment Management Association, London; *INVESCO (2005)*, Benefits of an integrated European Fund Management: Cross border merger of funds, a quick win?, auf: www.invesco.fr/vgn/images/portal/cit_3491/16/53/13507359THINK%20TANK%20RESEARCH%-%20FULL%20PAPER%2019-01-05.pdf; *Kammel, A.J./Schredl, R. (2011)*, Das InvFG 2011 – Richtungsweisende Gesetzgebung oder verpasste Chance?, ÖBA 8/2011, 556; *Kammel, A.J. (2011)*, Alternative Investment Fund Manager Richtlinie – „Another European Mess"?, ÖBA 1/2011, 18; *Kammel, A.J. (2009)*, Selbstregulierung – ein wichtiges Dogma in der Investmentfondsindustrie?, ÖBA 3/2009, 207; *Kammel, A.J. (2008)*, The Law and Economics of the European Investment Fund Industry and Capital Markets in: D.A. Frenkel and C. Gerner-Beuerle (Ed.), "Selected Essays on Current Legal Issues", ATINER, Athens; *Macher, H./Buchberger, D./Kalss, S./Oppitz, M. (2008)*, Investmentfondsgesetz – Kommentar, Bank Verlag, Wien; *Macher, H. (2007)*, Wertpapierveranlagungen eines Investmentfonds, ÖBA 9/2007, 708; *Mörtl, A./Bilzer K. (2006)*, Auswirkungen von UCITS III auf die Regulierung von Investmentfonds in: Kammel, A.J./Zibuschka Th. (Hrsg.), Perspektiven des österreichischen Investmentfondswesens, Bank Verlag, Wien; *Oppitz, M. (2007)*, Investmentgeschäft in: Apathy, P./Iro, G./Koziol, H. (Hrsg), Österreichisches Bankvertragsrecht, Band VI: Kapitalmarkt, 2. Auflage, Springer Verlag, Wien; *Richards, P. (2003)*, The EU Financial Services Action Plan: A Guide, Bank of England Quarterly Bulletin, Autumn.

1.1. Die Anfänge des Investmentfondswesens in Österreich

Die Anfänge des Investmentfondswesens in Österreich reichen weit zurück, denn historisch betrachtet war Österreich europaweit das vierte Land, in dem das Investmentfondsrecht gesetzlich geregelt wurde und zwar schon im Jahr 1963[1].

Bemerkenswert ist jedoch, dass schon am 4.12.1956, also sieben Jahre zuvor, mit dem „*Selecta*" der Österreichischen Investment Gesellschaft m.b.H. (ÖIG), die ihrerseits als erste Verwaltungsgesellschaft am 19.9.1956 gegründet wurde, der erste Investment-Vermögensfonds aufgelegt wurde. Somit war das Investmentfondswesen in diesem Zeitraum ungeregelt. Dies ist materiell wohl als weniger signifikant zu werten, da durch das Bestehen eines einzigen Investmentfonds die österreichische Investmentfondsindustrie damals noch keine besondere Bedeutung hatte.

Der „*Selecta*" war ein europäischer Aktienfonds, dem 1960 mit dem „*Securta*" ein Aktienfonds mit Amerika-Schwerpunkt und 1961 mit „*Segesta*" und „*Multivalor*" zwei gemischte Fonds folgten.

---

[1] BGBl 1963/192 RV 171 BlgNR 10. GP.

1.2. Die Entwicklung des Investmentfondswesens in Österreich

Nach Gründung der ersten KAG im Jahr 1956 dauerte es neun Jahre bis zur Gründung der zweiten. Das Anfangswachstum war moderat und nach zehn Jahren betrug das gesamte österreichische Fondsvolumen umgerechnet rund EUR 42 Mio.[2]

Erst die Auflage der ersten Rentenfonds führte zu einer Verdoppelung des Fondsvolumens auf rund EUR 100 Mio.

1956-1969

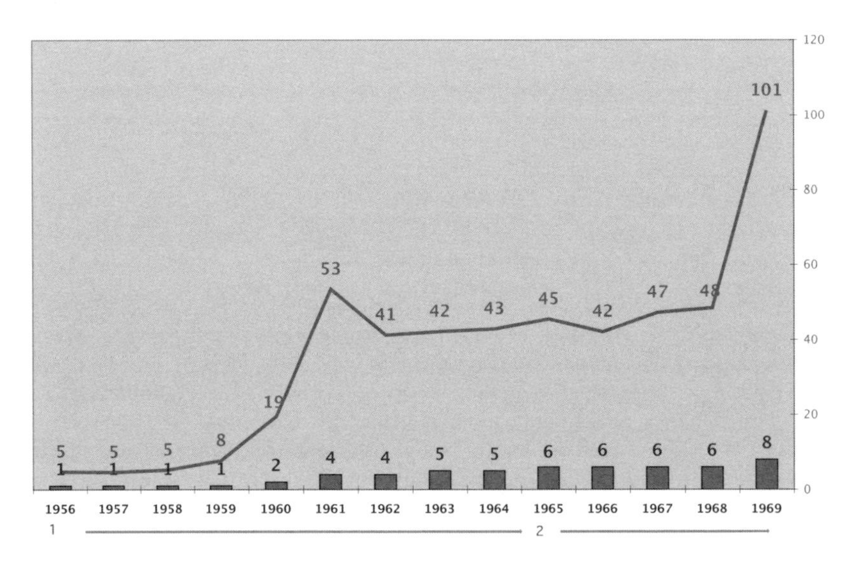

In den Jahren 1969 bis 1982 kam es zu einer starken Volumenserhöhung, die nur durch die Ölkrise 1974/75 abgeschwächt wurde. Obwohl das Volumen zunahm, hatte die österreichische Fondsindustrie lange mit wenigen Fonds das Auskommen. So gab es etwa auch noch 1982 gerade einmal zwölf Fonds und zwei KAGs.

---

[2] Im Jahre 1965 wurde mit der Sparinvest Kapitalanlagegesellschaft m.b.H. die zweite österreichische Investmentgesellschaft gegründet, deren erster Fonds, der „*Sparinvest*", ein gemischter Fonds, 1965 war.

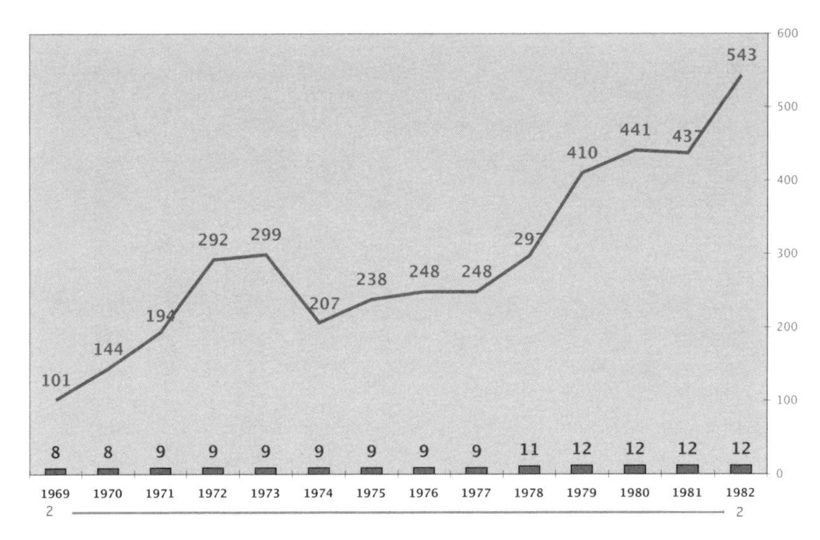

Zwischen 1982 und 1991 kam es zu einem deutlichen Aufschwung der österreichischen Investmentfondslandschaft bedingt durch die so genannten Abfertigungsrückstellungsfonds sowie Großanlegerfonds: Innerhalb von vier Jahren verfünffachte sich die Zahl der KAGs und die Anzahl der Investmentfonds stieg von 12 auf 41 an. Zudem verfünffachte sich das Fondsvolumen in diesem Zeitraum auf umgerechnet EUR 2,6 Mrd.

Diese Entwicklung hielt weiter an, begünstigt steuerfreie Kursgewinne im Fondsvermögen. Bedingt durch den rasanten Volumenszuwachs wurde die Besteuerung den neuen Gegebenheiten angepasst, wobei die Gründung von Pensionskassen im Jahr 1990 ein weiteres Betätigungsfeld für die Fondsindustrie eröffnete und das Wachstum sowohl volumensmäßig als auch gemessen an der Zahl der KAGs begünstigte.

1982-1991

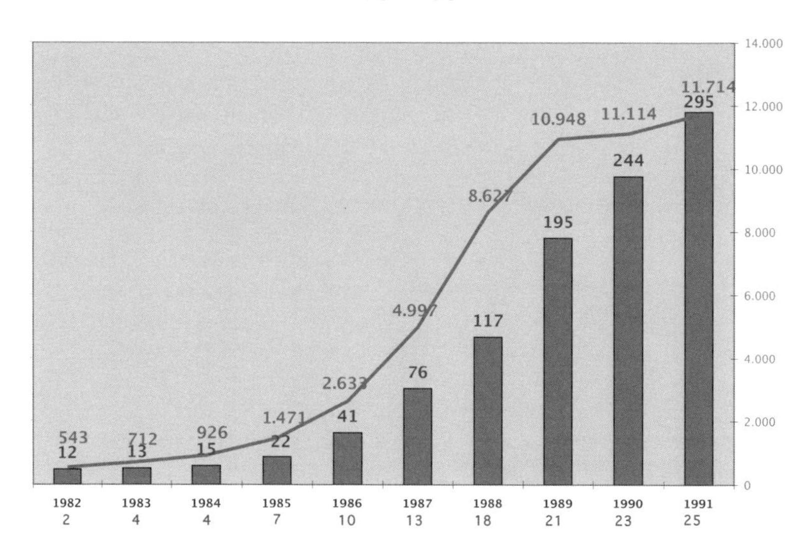

Dieser Aufschwung setzte sich getrieben durch ein starkes Wachstum auch in den 90er Jahren fort, der primär nur durch die Rezession 2001/2002 abgeschwächt wurde. Korrespondierend zur den steigenden Volumina wurde während der 1990er Jahre eine enorme Anzahl neuer Produkte auf den Markt gebracht, zwischen 1996 und 2001 wurde diese mehr als verdreifacht.

1991-2001

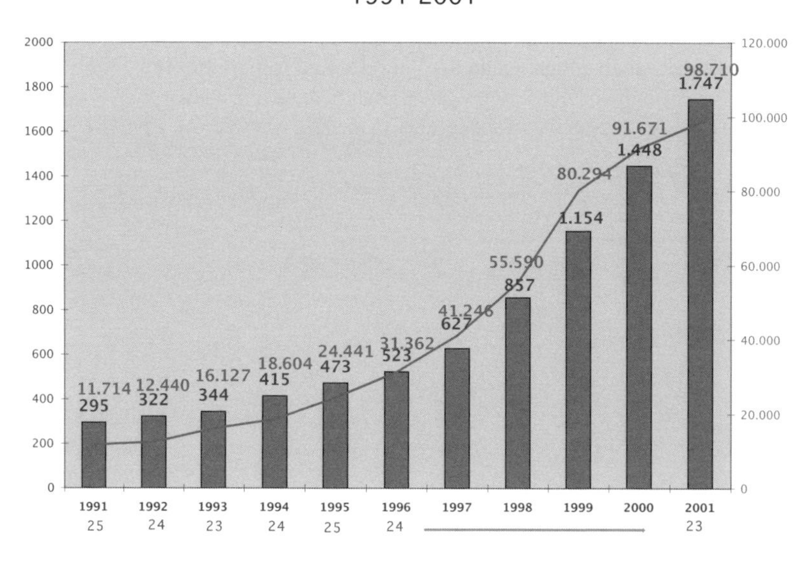

Insbesondere 2005 stellte ein Rekordjahr dar, das auch den weiteren moderaten Anstieg bis 2007 stimulierte. Die Fondsanzahl lag bis dahin bereits bei über 2000. Die Verwaltungstätigkeit teilte sich zunächst auf 23 bzw. 22 KAGs auf, zum Ende des beschriebenen Zeitraumes boten 24 KAGs, so viele wie zuletzt 1996, ihre Produkte auf dem österreichischen Investmentfondsmarkt an.

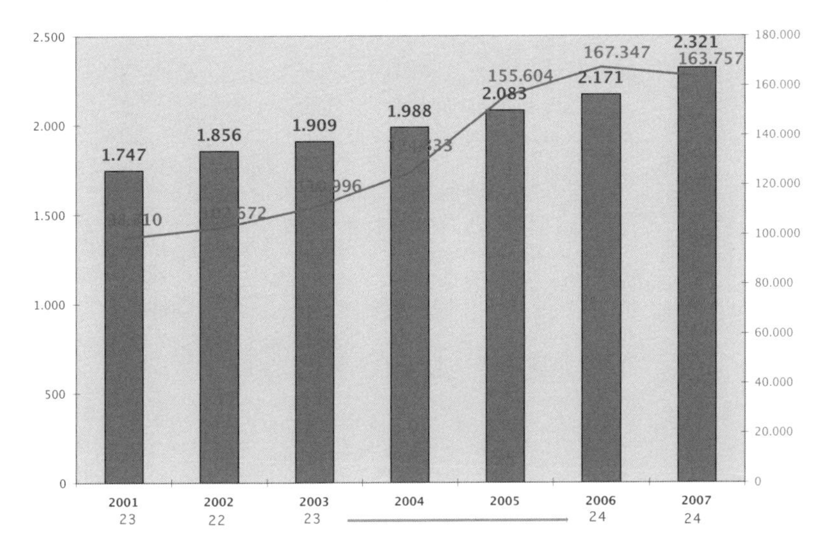

Ab 2007 war der Zenit vorläufig überschritten. Die globale Finanzkrise wirkte sich ab 2008 auch auf die österreichische Fondslandschaft aus. Die dadurch bedingten Skandale wie die *Lehman*-Pleite und der *Madoff*-Betrug taten das Ihrige und trugen dazu bei, dass die Volumina spürbar zurück gingen, während die Zahl der Investmentfonds nur geringfügig sank.

Eine langsame, aber stetige Erholung der Volumina war ab 2009 zu beobachten, auch die Anzahl der Investmentfonds ging wieder leicht nach oben.

Seit 2009 gibt es in Österreich insgesamt 25 KAGs, so viele wie zuletzt 1995.

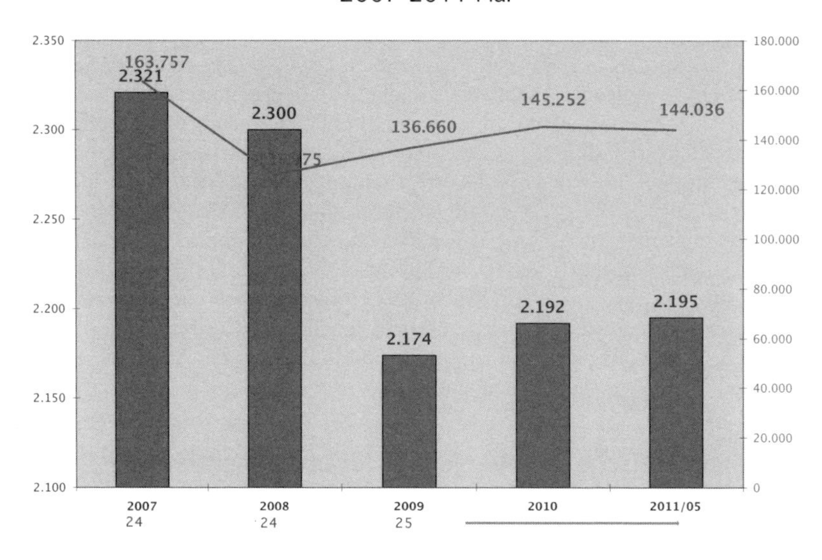

1.3. Europarechtliche Grundlagen

1.3.1. Die OGAW-Richtlinie

Das europäische Investmentfondsrecht basiert auf der *Richtlinie 85/611/EWG des Rates vom 20. Dezember 1985 zur Koordinierung der Rechts- und Verwaltungsvorschriften betreffend bestimmte Organismen für gemeinsame Anlagen in Wertpapieren („OGAW")*, kurz *OGAW-RL*[3] genannt, die somit das Rahmenwerk des europäischen Investmentfondswesens determiniert. Dieses Rahmenwerk wurde laufend adaptiert, wobei es 2002 seine erste fundamentale Überarbeitung durch die Umsetzung der *Richtlinie 2001/108 vom 21. Jänner 2002 zur Änderung der Richtlinie 85/611 des Rates zur Koordinierung der Rechts- und Verwaltungsvorschriften betreffend bestimmte Organismen für gemeinsame Anlagen in Wertpapieren hinsichtlich der Anlagen der OGAW*[4] *(„Produktrichtlinie")* sowie der *Richtlinie 2001/107 vom 21. Jänner 2002 zur Änderung der Richtlinie 85/611 des Rates zur Koordinierung der Rechts- und Verwaltungsvorschriften betreffend bestimmte Organismen für gemeinsame Anlagen in Wertpapieren zwecks Festlegung von Bestimmungen für Verwaltungsgesellschaften und vereinfachte Prospekte*[5] *(„Verwaltungsrichtlinie")*, die gemeinsam als UCITS[6] III bezeichnet werden[7], erfuhr.

[3] ABl L 375 vom 31. Dezember 1985. Siehe dazu die aktuellen statistischen Untermauerungen in EFAMA (2009), 13ff.

[4] ABl L 41 vom 13. Februar 2002, 41ff.

[5] ABl L 41 vom 13. Februar 2002, 20ff.

[6] UCITS steht für „*undertakings for collective investment in transferable securities*", das englischsprachige Pendant zu OGAW.

[7] Vgl. dazu zutreffend *Forstinger*, ÖBA 2002, 987.

Die Produktrichtlinie erweiterte das Anlagespektrum zusehends, da damit auch Geldmarktinstrumente, Bankeinlagen, Finanzderivate, kurzum standardisierte Options- und Terminkontrakte für OGAW herangezogen werden können und zudem Investments in andere Investmentfonds in Form von so genannten Dachfonds gestattet sind. Zur Sicherstellung des hohen Anlegerschutzniveaus in den Mitgliedstaaten („*MS*") wurden zudem quantitative Anlagegrenzen sowie umfassendere Publizitätsvorschriften erlassen.

Die Verwaltungsrichtlinie regelt den Marktzugang und den Tätigkeitsbereich der Verwaltungsgesellschaften[8], wie etwa die Verpflichtung, dass die Hauptverwaltung sowie der satzungsmäßige Sitz einer Verwaltungsgesellschaft in ein und demselben MS sein müssen. Zudem wurden die Anforderungen hinsichtlich der laufenden Eigenkapitalausstattung dahingehend verschärft, dass Verwaltungsgesellschaften ein Mindestkapital von EUR 125.000,– aufweisen müssen.[9] Auch das Erfordernis, dass eine Verwaltungsgesellschaft von mindestens zwei Personen geführt werden muss, die ausreichende Erfahrung im Investmentgeschäft vorweisen können, sowie die Möglichkeit der Ausübung zusätzlicher Nebendienstleistungen[10], wurden neu eingeführt.

1.3.2. Das europäische Regelungswerk für Investmentfonds auf dem Weg zu UCITS IV

Mit UCITS III wurde der so genannte „Europäische Pass"[11] eingeführt, der besagt, dass die Zulassung einer Verwaltungsgesellschaft in einem MS zur Konsequenz hat, dass diese ihre Aktivitäten auch in anderen MS ausführen kann. Die Ausführung der Aktivitäten ist entweder mittels Zweigniederlassung oder im Rahmen der allgemeinen Dienstleistungsfreiheit des Vertrags zur Gründung der Europäischen Gemeinschaft möglich.

Dieser „Europäische Pass" ist das Herzstück des OGAW-Rahmenwerks. Trotz intensiver Bemühungen, etwa des *Single European Act*[12], schritt die Integration schleppend voran, sodass der *Financial Services Action Plan („FSAP")*[13] dieser höchste Priorität zuordnete.

---

[8] Der Begriff Verwaltungsgesellschaft ist europarechtlich geprägt, nämlich durch Art. 2 Abs. 1 lit b OGAW-RL und steht für jede Gesellschaft, deren reguläre Geschäftstätigkeit in der Verwaltung von in der Form eines Investmentfonds oder einer Investmentgesellschaft konstituierten OGAW besteht (gemeinsame Portfolioverwaltung von OGAW). Dies ist mit dem in Österreich gängigeren Begriff Kapitalanlagegesellschaft („KAG") gleichzusetzen, wobei das InvFG 2011 wiederum primär von Verwaltungsgesellschaften spricht.

[9] Zu beachten ist, dass die geforderte Gesamtsumme des Anfangskapitals und der zusätzlichen Eigenmittel EUR 10 Mio. nicht überschreiten darf. Jedenfalls dürfen die Eigenmittel einer Verwaltungsgesellschaft nicht unter einen Betrag absinken, der einem Viertel der für das vorhergehende Jahr aufgewendeten allgemeinen Kosten entspricht.

[10] Die demonstrative Aufzählung von Aufgaben einer Verwaltungsgesellschaft in Anhang II der OGAW-RL enthält als Tätigkeiten etwa die Anlageverwaltung; administrative Tätigkeiten, wie beispielsweise Bearbeitung von Kundenfragen oder die Bewertung der Preisfestsetzung oder den Vertrieb. Die OGAW-RL normiert die zusätzlichen Dienstleistungen einer Verwaltungsgesellschaft, nämlich die individuelle Verwaltung einzelner Portfolios sowie zulässige Nebendienstleistungen wie die Anlageberatung oder die Verwahrung und Verwaltung von Investmentfondsanteilen.

[11] Siehe dazu weiterführend *Forstinger* (2002), 987ff.

[12] Siehe weiterführend http://europa.eu.int/scadplus/treaties/singleact_en.htm .

[13] Siehe dazu etwa die fundierte Analyse von *Richards* (2003). Für weiterführend, sehr detaillierte Informationen zum FSAP, siehe http://europa.eu.int/comm/internal_market/finances/actionplan/index_en.htm.

Nachhaltige Auswirkungen auf die europäische Fondsindustrie hatte der *Heinemann Report*[14], in dem die Vorteile einer Integration des europäischen Sektors für Finanzdienstleistungen im Hinblick auf das Wachstum der europäischen Fondsindustrie herausgearbeitet wurden. Der Mehrwert des *Heinemann Reports* liegt in seiner umfassenden Bestandsanalyse, aber auch im Aufgreifen spezifischer Themen, die (dazu) beitragen sollen, die Integration der europäischen Fondsindustrie voranzutreiben.

Neben dem aufgezeigten Sekundärrecht erließ die Kommission am 19. März 2007 *die Richtlinie 2007/16/EG zur Durchführung der Richtlinie 85/611/EWG des Rates zur Koordinierung der Rechts- und Verwaltungsvorschriften betreffend bestimmte Organismen für gemeinsame Anlagen in Wertpapieren im Hinblick auf die Erläuterung gewisser Definitionen*[15], umgangssprachlich auch als Richtlinie zu „*Eligible Assets*" bekannt. Mit dieser RL entschied sich die Kommission für eine liberale Auslegung wesentlicher Begriffe der OGAW-RL, die für die Veranlagung wichtig sind, etwa Wertpapiere, Geldmarktinstrumente, eingebettete Derivate oder Indexfonds.[16] Weiters sind noch zwei Empfehlungen der Kommission zu nennen, die das bestehende europäische Regelungswerk für Investmentfonds abrunden, nämlich die Empfehlung zum Einsatz von Derivaten, welche vor allem auf die Grundprinzipien der Risikobegrenzung und -messung abstellt, sowie die Empfehlung zu anderen Angaben im Vereinfachten Prospekt, die versucht, eine einheitliche Interpretation der prospektrelevanten Bestimmungen zu erreichen.[17]

Vor dem Hintergrund der Analyse des *Heinemann Reports* wandte sich die europäische Fondsindustrie an die Kommission, die in ihrem *Grünbuch über den Ausbau des Europäischen Rahmens für Investmentfonds*[18] in weiten Teilen auf die Themen des *Heinemann Reports* referenzierte. Neben Ineffizienzen des bestehenden Rechtsrahmens betont das Grünbuch, dass trotz der Tatsache, dass sich die Zahl der OGAWs aufgrund des „Europäischen Passes" für OGAW-Produkte mehr als verdoppelt hat und keine Finanzskandale mit OGAW-Beteiligung vorgefallen sind, das Potenzial der Branche nicht voll ausgeschöpft wird.

Nachdem zwei Expertengruppen bestellt wurden, die sich mit den Rahmenbedingungen für Investmentfonds[19] beschäftigten, goss die Kommission ihre daraus gewonnenen Erkenntnisse in das „*Weißbuch für den Ausbau des Binnenmarktrahmens für Investmentfonds*"[20]. Das Weißbuch bietet erste konkrete Ansätze, wie Mängel des bestehenden Rahmenwerks abgefedert werden könnten:[21]

- *Beseitigung der administrativen Hindernisse für den grenzübergreifenden Vertrieb*
- *Erleichterung grenzüberschreitender Fondsfusionen*[22]
- *„Pooling" von Vermögenswerten*[23]

---

[14] Siehe: http://www.investmentuk.org/news/research/2004/topic/european/Heinemannpaper.pdf.

[15] ABl. L 79 vom 20. März 2007, 11ff.

[16] Vgl. weiterführend dazu *Macher* (2007), 708ff.

[17] Siehe dazu weiterführend *Mörtl/Bilzer* (2006), 112ff.

[18] KOM (2005) 314.

[19] Siehe für Private Equity http://ec.europa.eu/internal_market/investment/docs/other_docs/reports/equity_en.pdf bzw. Hedge Fonds http://ec.europa.eu/internal_market/investment/docs/other_docs/reports/hedgefunds_en.pdf

[20] Siehe KOM(2006) 686.

[21] Siehe im Detail KOM(2006) 686, 6ff sowie kommentierend *Kammel* (2008), 108ff oder im Überblick *Macher* in *Macher et al*, InvFG-Komm 2008, Vor § 1, Rz 19ff.

[22] Vgl. dazu weiterführend *Kammel* (2006), 55ff oder *INVESCO* (2005), 20ff.

[23] Siehe hinsichtlich der Ausgestaltungsarten des „*Pooling*" im Detail, siehe *IMA* (2005), 11ff.

- *„EU-Pass" für Verwaltungsgesellschaften (Management Company Passport)*
- *Ausbau der aufsichtlichen Zusammenarbeit*

Nach einer weiteren öffentlichen Konsultation zum *Weißbuch* veröffentlichte die Kommission im März 2007 einen so genannten *„exposure draft"*, in dem die ersten legislativen Änderungsvorschläge dargelegt wurden.[24]

Obwohl diese Änderungsvorschläge weit gediehen waren, wurde UCITS IV Gegenstand politischer Kontroversen, die sich sowohl auf MS-Ebene aufgrund von Wettbewerbsaspekten entzündeten, als auch auf institutioneller Ebene zwischen Kommission und (französischer) Ratspräsidentschaft. Auslöser war der *Management Company Passport*, mit dem die Möglichkeit geschaffen werden sollte, OGAW in einem MS aus einem anderen MS zu managen. Durch diese Kontroversen drohte UCITS IV zu scheitern. Dies konnte dadurch verhindert werden, dass man sich darauf verständigte, das *Committee of European Securities Regulators („CESR")*[25] zu beauftragen, einen Vorschlag für die praktische Handhabung des *Management Company Passports* auszuarbeiten, der dann in den legislativen Maßnahmen der Kommission reflektiert sein sollte. Ende Oktober 2008 veröffentlichte CESR den gewünschten Vorschlag, auf den sich die beteiligten Parteien einigen konnten, sodass der europäische Gesetzgebungsprozess nicht weiter verzögert wurde.

Das Europäische Parlament verabschiedete UCITS IV in 1. Lesung am 13.1.2009[26] und nach Zustimmung des Rates war UCITS IV mit 1.7.2011 in die Rechtsordnungen der einzelnen MS umzusetzen.

1.3.3. UCITS IV

1.3.3.1. Konzeptionelles

Mit UCITS IV eröffnet sich eine neue grenzüberschreitende Dimension für das europäische Investmentfondsrecht. Materiell stellt UCITS IV hinsichtlich der Ausgestaltungsform der Investmentfonds weiterhin auf OGAW in Vertragsform, Satzungsform oder in der Form eines Trusts ab. Diesbezüglich ist die Angleichung der Wettbewerbsbedingungen für OGAW auf Gemeinschaftsebene ebenso von fundamentaler Bedeutung wie die Sicherstellung des wirksameren und einheitlicheren Schutzes der Anteilinhaber.[27] Im Rahmen der schon erlaubten Verwaltung von Investmentfonds, der Portfolioverwaltung sowie der Nebendienstleistungen sollen, wie im Weißbuch skizziert, die in den MS gebräuchlichsten Verschmelzungsverfahren, ein Pooling von Vermögenswerten in so genannten Master-Fonds, ein vereinfachter Marktzugang, eine Angleichung der Behördenbefugnisse sowie damit verbunden eine einheitlichere Ausgestaltung der Zulassungsverfahren realisiert werden.

Auf regulatorischer Ebene manifestiert UCITS IV die Verpflichtung für Aufsichtsbehörden, miteinander zu kooperieren und zusammenzuarbeiten sowie Entscheidungen anderer zuständiger Behörden zu berücksichtigen bzw. sich auf diese zu verlassen.

---

[24] Siehe dazu http://ec.europa.eu/internal_market/investment/ucits_directive_de.htm.

[25] CESR wurde mittlerweile in ESMA umgewandelt. Siehe dazu www.esma.europa.eu/.

[26] Siehe dazu www.europarl.europa.eu/pdfs/news/expert/infopress/20090112IPR45971/20090112IPR45971_de.pdf.

[27] Vgl. Erwägungsgrund 3 OGAW-RL.

Zu beachten ist – und dies ist wohl hinsichtlich der Generierung der vollen Skaleneffekte ein Hindernis – dass UCITS IV keine Auswirkungen auf nationale steuerliche Regelungen sowie Maßnahmen hat.

Exkurs: Alternative Investment Fund Manager (AIFM)-Richtlinie

Obwohl UCITS IV der Auslöser für das neue InvFG 2011 ist, sind die Ausführungen zu UCITS IV, als auch die konzeptionellen Aspekte vor dem Hintergrund der so genannten *Alternative Investment Fund Managers-RL* („AIFM")[28] zu sehen, die als Entwurf am 29. April 2009 und mittlerweile als Level-I-RL am 1.7.2011 veröffentlicht wurde.

Diese RL ist trotz ihres In-Kraft-Tretens ab 2013 schon deshalb jetzt im Kontext des InvFG 2011 von Bedeutung, da sie umfassend nont-OGAW-Fonds, also Alternative Investment Funds (AIF) regulieren wird und diesbezüglich im InvFG 2011 schon Vorgriffe gemacht wurden.[29]

Dies ist dogmatisch signifikant, da durch die AIFM ein neues Regularium für Investmentfonds entsteht, durch das nicht AIF selbst, sondern deren Manager reguliert werden sollen. Somit ist die AIFM-RL keine Produkt-, sondern eine Verwaltungsrichtlinie, wobei dies durch eine Vielzahl produktspezifischer Vorschriften durchbrochen wird. Weiters determiniert die RL, dass es AIFM nicht gestattet ist, OGAW zu managen.

Diese Abgrenzung und die politisch vorgegebene Ambition, mit der RL den gesamten non-OGAW-Bereich zu regulieren, hat zur Konsequenz, dass das Regelungswerk hinsichtlich einer Vielzahl inhomogener Fondskonstruktionen anwendbar sein muss, weshalb die RL explizit MS nicht davon abhält, nationale Anforderungen an AIF zu stellen. Dabei, und dies gilt als weiterer wesentlicher Grundsatz der RL, ist immer auf die Gesamtheit der Interessen der AIF-Investoren, die grundsätzlich professionelle Investoren sind, abzustellen.

Wesentlich in diesem Kontext ist, dass aufgrund der Komplexität der Regelungsmaterie und der (teils) schon bestehenden nationalen Regime die Anwendung der RL immer im Licht des Prinzips der Proportionalität sowie der Subsidiarität vorzunehmen ist.

Die wettbewerbs- und standortpolitisch sensiblen Themen in Bezug auf Drittstaaten bzw. die Gewährung eines Europäischen Passes führten zu einem mehrstufigen Nachprüfungsprozess. Dieser Prozess sieht sowohl die Überprüfung des Pass-Regimes nach zwei Jahren als auch des Anwendungsbereichs der RL vor der vollständigen Transposition der RL nach vier Jahren vor.

Da die AIFM-RL gespickt mit derartigen Nachprüfungspflichten ist, wird sich die vollständige Etablierung des AIFM-Regimes über sieben Jahre erstrecken, wie folgende Zeittafel indiziert:

---

[28] Siehe KOM(2009) 207 endgültig. Siehe umfassend dazu *Kammel* (2011), 18ff.

[29] Siehe dazu *Kammel/Schredl* (2011), (556ff).

Datum	Rechtsstatus / Nachprüfungsprozess
X (**2011**)	RL tritt in Kraft – nach Veröffentlichung der RL im März/April 2011
X + 2 Jahre	– EU-Pass für non-EU AIF von EU-AIFM sowie non-EU AIFM – die nationalen Regime betreffend des Vertriebs und der Verwaltung (nicht nur Private Placement Regime) bleiben bestehen
X + 2 Jahre	Umsetzungsfrist in nationales Recht, wobei die AIFM-RL sofort für neue AIFM und AIF zur Anwendung kommt
X + 3 Jahre	verlängerte Übergangszeit für EU-AIFM, die EU-AIF sowie non-EU AIF (die für mindestens diese zwei Jahre schon bestehen) verwalten, um mit die Kompatibilität mit dem AIFM-Regime herzustellen und eine Zulassung zu beantragen
X + 4 Jahre	ESMA erlässt: – eine Stellungnahme betreffend (i) des Funktionierens des Europäischen Passes für EU-AIFM sowie (ii) des Funktionierens der nationalen Regelungen zum Vertrieb von non-EU AIF durch EU-AIFM sowie des Vertriebs und der Verwaltung von EU-AIF durch non-EU AIFM, sowie – einen Bericht über die Anwendung des Europäischen Passes hinsichtlich des Vertriebs von non-EU AIF durch EU-AIFM sowie des Vertriebs und der Verwaltung durch non-EU AIFM mittels Notifikation
X + 4 Jahre *(innerhalb von 3 Monaten nach Erlass der Stellungnahme bzw des Berichts)*	Die Kommission erlässt folgenden delegierten Rechtsakt: – volle Anwendbarkeit des Notifizierungsverfahren sowie des Europäischen Passes für non-EU AIF von EU-AIFM sowie non-EU AIFM, die von EU-AIF vertreiben und verwalten in den MS
X + 6 Jahre	Die Kommission überprüft die AIFM-RL hinsichtlich des Anwendungsbereichs und deren effektiver Anwendung.
X + 7 Jahre *(innerhalb von 3 Jahren nach der Annahme des delegierten Rechtsakts)*	ESMA erlässt: – eine Stellungnahme betreffend (i) der Anwendung des Europäischen Passes hinsichtlich des Vertriebs von non-EU AIF durch EU-AIFM, des Vertriebs und der Verwaltung durch non-EU AIFM mittels Notifikation sowie des Vertriebs und der Verwaltung von AIF durch non-EU AIFM, sowie – einen Bericht über die Aufhebung der nationalen Private Placement Regime
X + 7 Jahre (**2018**) *(innerhalb von 3 Monaten nach Erlass der Stellungnahme bzw des Berichts)*	Die Kommission erlässt einen delegierten Rechtsakt hinsichtlich der Aufhebung der nationalen Private Placement Regime sowie der finalen Etablierung des Europäischen Pass-Regimes als einzig anwendbares Regime für alle MS

Der von Anfang an umstrittene Anwendungsbereich der RL bedeutet, dass alle Unternehmungen, die AIF auf regelmäßiger Basis verwalten, unabhängig von deren Rechtsform und oder Börsennotierung und unabhängig davon, ob es sich um offene oder geschlossene AIF handelt, und Kapital von einer Anzahl an Investoren zum Zweck eines Investments anhand einer definierten Investitionspolitik zugunsten dieser Investoren aufnehmen, unter die AIFM-RL fallen.

Diesbezüglich muss sichergestellt sein, dass jeder AIF einen AIFM hat, der die Einhaltung der RL sicherstellt, wobei es sich hier entweder um einen externen Manager oder ein internes Management handeln kann. Wird die RL nicht eingehalten, ist als ultimative Sanktion ein Vertriebsverbot des AIF vorgesehen.[30]

Materiell umfasst die AIFM-RL drei Hauptanwendungsfälle, nämlich

- alle EU-AIFM, die entweder einen oder mehrere EU-AIF oder non-EU-AIF verwalten,
- alle non-EU-AIFM, die EU-AIF verwalten, unabhängig davon, ob diese im Hoheitsgebiet der EU vertrieben werden sowie
- alle non-EU-AIFM, die entweder EU oder non-EU-AIF in der EU vertreiben.

Explizit ausgenommen von der Anwendung der RL sind *holding companies*, Institutionen, die unter die IORP-RL fallen, supranationale Institutionen, Zentralbanken, nationale, regionale und lokale Regierungen oder Institutionen, die Fonds zum Zweck der Sozialversicherung oder für Pensionssysteme verwalten, Mitarbeiterbeteiligungsprogramme und Mitarbeitervorsorgesysteme sowie spezielle Verbriefungszweckgesellschaften.

Weiters sind jene AIFM ausgenommen, die einen oder mehrere AIF verwalten, deren einzige Investoren der AIFM oder Mutter- oder Tochterunternehmen des AIFM sowie andere Tochterunternehmen dieser Mutterunternehmen sind, wobei keiner dieser Investoren selbst ein AIF sein darf. Auch *family office vehicles* sollen von der RL ausgenommen sein.

Neben diesen Ausnahmen sieht die RL noch gewisse Erleichterungen in zwei besonderen Fällen vor und zwar betreffend AIFM, die

- direkt oder indirekt mit einem Unternehmen, mit dem der AIFM durch gemeinsames Management oder Kontrolle verbunden ist oder mittels einer substantiellen direkten oder indirekten Beteiligung und Portfolios von AIF verwalten, deren Fondsvolumen inklusive jener Vermögenswerte, die mittels Leverage erworben wurden, kumuliert den Betrag von EUR 100 Mio nicht überschreiten bzw.
- direkt oder indirekt mit einem Unternehmen, mit dem der AIFM durch gemeinsames Management oder Kontrolle verbunden ist oder mittels einer substantiellen direkten oder indirekten Beteiligung und Portfolios von AIF verwalten und zwar ohne Leverage sowie einen Rücknahmeausschluss von fünf Jahren vorsehen, und deren Fondsvolumen den Betrag von EUR 500 Mio nicht überschreitet.

Für diese AIFM gilt nicht das volle Zulassungsverfahren, sondern eine Registrierungspflicht, die es den MS erlauben soll, die relevanten Informationen über die verwendeten Instrumente sowie das Exposure zu erhalten, wobei es diesen „kleinen" AIFM möglich ist, sich mittels eines freiwilligen „opt-in", dem AIFM-Regime zu unterwerfen.

Derzeit ist noch unklar, wo und in welcher Form die AIFM-RL ins nationale Recht umgesetzt wird, jedoch gibt es gute Gründe, dies im Rahmen des InvFG zu tun, insbesondere da aufgrund der Struktur des InvFG 2011 schon entsprechende Vorarbeiten getätigt wurden.

[30] Siehe dazu insbesondere Art. 5 Abs. 3 AIFM-RL.

1.3.3.2. Die Säulen von UCITS IV

1.3.3.2.1. Zulassung des OGAW und Aufnahme der Tätigkeit der Verwaltungsgesellschaft

Die Zulassung eines OGAW zur Ausführung seiner Geschäftstätigkeit ist von den zuständigen Behörden des Herkunftsmitgliedsstaats vorzunehmen und gilt für sämtliche MS.[31] Der Verwaltungsgesellschaft ist innerhalb von zwei Monaten nach Einreichung des vollständigen Antrags mitzuteilen, ob eine Genehmigung erteilt wurde.[32] Um ihre Tätigkeit aufnehmen zu können, bedarf die Verwaltungsgesellschaft dieser formalen Zulassung.[33] Materiell präzisiert die OGAW-RL, dass die Verwaltungsgesellschaft nur OGAW sowie und Organismen für gemeinsame Anlagen („*OGA*") verwalten darf.[34] Unabhängig davon bleibt es den MS jedoch unbenommen, Verwaltungsgesellschaften zusätzlich noch die Zulassung für die individuelle Verwaltung einzelner Portfolios sowie von Nebendienstleistungen, wie etwa Anlageberatung und der Verwahrung und technischen Verwaltung von OGAW zu erteilen.[35]

Diese Zulassung ist zudem an durch UCITS III eingeführte Kapitalanforderungen geknüpft, die vorsehen, dass die Verwaltungsgesellschaft grundsätzlich mit einem Anfangskapital von mindestens € 125.000,– ausgestattet sein muss, wobei im Fall des Übersteigens des Werts von € 250 Mio. ihrer Portfolios zusätzliche Eigenmittel in Höhe von 0,02% des diesen Wert übersteigenden Betrags vorliegen müssen, und die geforderte Gesamtsumme des Anfangskapitals und der zusätzlichen Eigenmittel € 10 Mio. nicht überschreiten darf.[36]

Wird der Verwaltungsgesellschaft die Zulassung erteilt, kann diese ihre Tätigkeit sofort aufnehmen.[37] Die Verwaltungsgesellschaft hat jedoch die im Zuge der Zulassung geforderten Kriterien fortwährend zu erfüllen[38] und die in ihrem Herkunftsmitgliedstaat erlassenen Aufsichtsregeln für die Tätigkeit der Verwaltung von OGAW einzuhalten[39].

Neben den allgemeinen regulatorischen Anforderungen hat eine Verwaltungsgesellschaft die im jeweiligen MS erlassenen Wohlverhaltensregeln einzuhalten.[40]

---

[31] Siehe Art. 5 Abs. 1 OGAW-RL. Diese Zustimmung der zuständigen Behörden des Herkunftsmitgliedstaats bedarf des Antrags der Verwaltungsgesellschaft.

[32] Siehe Art. 5 Abs. 4 OGAW-RL.

[33] Vgl. Art. 6 Abs. 1 OGAW-RL.

[34] Vgl. Art. 6 Abs. 2 OGAW-RL. Diesbezüglich ist auch auf Anhang II der OGAW-RL zu referenzieren, der jene Aufgaben präzisiert, die in die gemeinsame Portfolioverwaltung einbezogen sind, nämlich Anlageverwaltung, administrative Tätigkeiten sowie Vertrieb.

[35] Siehe Art. 6 Abs. 3 OGAW-RL. Hinsichtlich dieser Dienstleistungen finden die Vorschriften der RL 2004/39/EG Anwendung. Siehe dazu und insbesondere zum Verhältnis von OGAW-Rahmenwerk zum MiFID-Regime *Buchberger/Kammel* (2007), 35ff.

[36] Vgl. Art. 7 Abs. 1 OGAW-RL. Aufgrund des Bankenstatus von KAG in Österreich sind die Eigenkapitalerfordernisse im Vergleich zur OGAW-RL bedeutend höher. Vgl. § 3 Abs. 4 BWG.

[37] Siehe Art. 7 Abs. 4 OGAW-RL. Hinsichtlich möglicher Entzugsarten dieser Zulassung, siehe Art. 7 Abs. 5 OGAW-RL.

[38] Vgl. Art. 10 Abs. 1 OGAW-RL.

[39] Siehe dazu im Detail Art 12 OGAW-RL, der vor allem auf die ordnungsgemäße Verwaltung und Buchhaltung, Kontroll- und Sicherheitsvorkehrungen in Bezug auf die elektronische Datenverarbeitung, interne Kontrollverfahren oder die Vermeidung von Interessenkonflikten abstellt.

[40] Vgl. dazu Art. 14 OGAW-RL.

1.3.3.2.2. Dienst- und Niederlassungsfreiheit sowie Management Company Passport

Die dem europäischen Binnenmarkt inhärenten Grundfreiheiten reflektierend, kann eine in ihrem Herkunftsmitgliedstaat zugelassene Verwaltungsgesellschaft entweder durch Errichtung einer Zweigniederlassung oder im Rahmen des freien Dienstleistungsverkehrs ihre Tätigkeiten auch in anderen MS ausüben, wobei zudem auch der grenzüberschreitende Vertrieb von OGAW grundsätzlich gestattet ist.[41] Durch UCITS IV kommt der so genannte *Management Company Passport* hinzu. Dadurch können OGAW in einem anderen MS unter bestimmten Voraussetzungen[42] eine Verwaltungsgesellschaft benennen und von dieser verwaltet werden.

Möchte eine Verwaltungsgesellschaft in einem anderen MS eine Zweigniederlassung errichten, um ihre zugelassene Tätigkeit auszuüben, hat sie die in der OGAW-RL geforderten Voraussetzungen zu erfüllen und die zuständigen Behörden des Herkunftsmitgliedstaats darüber zu unterrichten[43], die in der Folge innerhalb von zwei Monaten die entsprechenden Unterlagen an die zuständige Behörde des Aufnahmemitgliedstaats zu übermitteln haben.[44] Im Fall der gewünschten Ausübung der Dienstleistung einer gemeinsamen Portfolioverwaltung sind die Unterlagen mit einer diesbezüglichen Bescheinigung zu versehen und gegebenenfalls zu aktualisieren.[45] Konsequenterweise haben die zuständigen Behörden des Aufnahmemitgliedstaats die Tätigkeiten der Zweigniederlassung zu überwachen.[46]

Möchte eine Verwaltungsgesellschaft im Rahmen des freien Dienstleistungsverkehrs ihre zugelassenen Tätigkeiten in einem anderen MS ausüben, haben die zuständigen Behörden des Herkunftsmitglicdstaats innerhalb eines Monats insbesondere den Geschäftsplan mit Angabe der geplanten Tätigkeit und Dienstleistungen an die Behörden des Aufnahmemitgliedstaats zu übermitteln.[47] Im Fall der gewünschten Ausübung der Dienstleistung einer gemeinsamen Portfolioverwaltung sind die Unterlagen mit einer diesbezüglichen Bescheinigung zu versehen und gegebenenfalls zu aktualisieren.[48]

Eine Verwaltungsgesellschaft, die entweder im Rahmen der Dienstleistungsfreiheit oder durch Gründung einer Zweigniederlassung die Dienstleistung der gemeinsamen Portfolioverwaltung erbringt, unterliegt regulatorisch dem Regime ihres Herkunftsmitgliedstaats[49], wobei hier keine Ungleichbehandlung in Relation zu nur im Herkunftsmitgliedstaat agierenden Verwaltungsgesellschaften entstehen darf.[50] Der Herkunftsmitgliedstaat des OGAW

[41] Vgl. dazu Art 16 Abs. 1 OGAW-RL. Die Errichtung einer solchen Zweigniederlassung oder die Erbringung solcher Dienstleistungen darf nicht von einer Zulassung, einem Dotationskapital oder sonstigen Voraussetzungen gleicher Wirkung iSd Art. 16 Abs. 2 OGAW-RL abhängig gemacht werden.

[42] Siehe dazu Art 16 Abs. 3 OGAW-RL, der wiederum auf die Anforderungen gem. Art 17-20 OGAW-RL abstellt.

[43] Siehe Art. 17 Abs. 1 OGAW-RL. Die dazu notwendigen Unterlagen spezifiziert Art. 17 Abs. 2 OGAW-RL.

[44] Vgl. Art. 17 Abs. 3 OGAW-RL, wobei zu betonen ist, dass die zuständigen Behörden des Herkunftsmitgliedstaats eine Weiterleitung der Unterlagen ablehnen können.

[45] Vgl. dazu Art. 17 Abs. 9 OGAW-RL.

[46] Siehe Art. 17 Abs. 5 iVm Art. 17 Abs. 6 und 7 OGAW-RL.

[47] Vgl. Art. 18 Abs. 1 und 2 OGAW-RL.

[48] Siehe Art. 18 Abs. 2 iVm Abs. 4 OGAW-RL

[49] Kommt es in der Folge nach Genehmigung des Antrags zu Änderungen diesbezüglich durch die zuständigen Behörden des Herkunftsmitgliedstaats des OGAW, sind dann diese darüber zu informieren.

[50] Siehe Art. 19 Abs. 1 OGAW-RL.

wiederum determiniert die Gründung und Geschäftstätigkeit des OGAW[51], sodass auch im Fall der Verwaltung eines in einem anderen MS niedergelassenen OGAW der zuständigen Behörde des Herkunftsmitgliedstaats des OGAW die notwendigen Unterlagen vorzulegen sind.[52] Die zuständigen Behörden des Herkunftsmitgliedstaats des OGAW können den Antrag der Verwaltungsgesellschaft jedoch ablehnen, wobei dies einer vorherigen Konsultation zwischen den zuständigen Behörden des Herkunftsmitgliedstaats des OGAW sowie der Verwaltungsgesellschaft bedarf.[53]

Der Aufnahmemitgliedstaat der Verwaltungsgesellschaft kann von der Verwaltungsgesellschaft mit Zweigniederlassung oder jener, die im Rahmen des freien Dienstleistungsverkehrs in seinem Hoheitsgebiet aktiv ist, eine regelmäßige Berichterstattung verlangen, um die Einhaltung der Rechtsvorschriften zu überwachen, wobei diese wiederum keine strengeren Anforderungen konstituieren dürfen, als im Herkunftsmitgliedstaat der Verwaltungsgesellschaft.[54] Wird festgestellt, dass eine Verwaltungsgesellschaft gegen Bestimmungen des Aufnahmemitgliedstaats verstößt, haben die zuständigen Behörden des Aufnahmemitgliedstaats diese aufzufordern, den rechtmäßigen Zustand wiederherzustellen und die zuständigen Behörden im Herkunftsmitgliedstaat der Verwaltungsgesellschaft darüber zu informieren.[55]

Sollte jedoch das Szenario eintreten und die Zulassung der Verwaltungsgesellschaft zur Disposition stehen, haben die zuständigen Behörden des Herkunftsmitgliedstaats der Verwaltungsgesellschaft in Kooperation mit den zuständigen Behörden des Herkunftsmitgliedstaats des OGAW geeignete Maßnahmen zu treffen, um die Interessen der Anleger zu wahren.[56]

1.3.3.2.3. Grenzüberschreitende Fondsfusionen

Durch die Überarbeitung des OGAW-Rahmenwerks wurde die Möglichkeit geschaffen, grenzüberschreitende Fondsfusionen durchzuführen, wobei hinsichtlich der Ausgestaltung drei Varianten durch die RL ermöglicht werden[57]:

a) Ein oder mehrere OGAW oder deren Anlagezweige – als so genannte „aufgehende OGAW" übertragen bei ihrer Auflösung ohne Abwicklung sämtliche Vermögenswerte und Verbindlichkeiten auf einen anderen bestehenden OGAW oder einen Anlagezweig dieses OGAW, der dann zum „aufnehmenden OGAW" wird. Die Anteilinhaber der „aufgehenden OGAW" erhalten Anteile am „aufnehmenden OGAW" sowie gegebenenfalls eine Barzahlung in Höhe von maximal 10% des Nettobestandwerts dieser Anteile. Dies hat zur Konsequenz, dass grundsätzlich alle Vermögenswerte und Verbindlichkeiten des aufgehenden OGAW auf den aufnehmenden OGAW übertragen werden, die Anteilinhaber des aufgehenden OGAW zu Anteilinhaber des aufnehmenden OGAW

[51] Vgl. Art. 19 Abs. 3 OGAW-RL.

[52] Vgl. Art. 20 Abs. 1 OGAW-RL. Zu beachten ist, dass die zuständigen Behörden des Herkunftsmitgliedstaats des OGAW, falls notwendig, zusätzliche Informationen und Erläuterungen gem. Art. 20 Abs. 2 OGAW-RL einholen können.

[53] Siehe Art. 20 Abs. 3 OGAW-RL.

[54] Vgl. Art. 21 Abs. 2 OGAW-RL. Für Verwaltungsgesellschaften mit Zweigniederlassungen bestehen ggf. spezifische Meldeerfordernisse für statistische Zwecke gem. Art. 21 Abs. 1 OGAW-RL.

[55] Siehe Art. 21 Abs. 3 OGAW-RL.

[56] Siehe dazu Art. 21 Abs. 8 iVm Abs. 9 OGAW-RL.

[57] Vgl. Art 37 OGAW-RL.

werden, wobei sie darüber hinaus ggf. einen Anspruch auf eine Barzahlung in Höhe von 10% des Nettobestandwerts ihrer Anteile im aufgehenden OGAW haben, der mit Inkrafttreten der Verschmelzung erlischt.[58]

b) Zwei oder mehrere OGAW oder deren Anlagezweige – als so genannte „aufgehende OGAW" übertragen bei ihrer Auflösung ohne Abwicklung sämtliche Vermögenswerte und Verbindlichkeiten auf einen von ihnen gebildeten OGAW oder einen Anlagezweig dieses OGAW, der dann zum „aufnehmenden OGAW" wird. Die Anteilinhaber der „aufgehenden OGAW" erhalten Anteile am „aufnehmenden OGAW" sowie gegebenenfalls eine Barzahlung in Höhe von maximal 10% des Nettobestandwerts dieser Anteile. Dies bedeutet, dass grundsätzlich alle Vermögenswerte und Verbindlichkeiten des aufgehenden OGAW auf den neu gegründeten aufnehmenden OGAW übertragen werden, die Anteilinhaber des aufgehenden OGAW zu Anteilinhaber des neu gegründeten aufnehmenden OGAW werden, wobei sie darüber hinaus ggf. einen Anspruch auf eine Barzahlung in Höhe von 10% des Nettobestandwerts ihrer Anteile im aufgehenden OGAW haben, der mit Inkrafttreten der Verschmelzung erlischt.[59]
c) Ein oder mehrere OGAW oder deren Anlagezweige – als so genannte „aufgehende OGAW", übertragen – trotz ihres weiteren Fortbestands bis zur Tilgung ihrer Verbindlichkeiten – ihr Nettovermögen auf einen anderen Anlagezweig desselben OGAW, auf einen von ihnen gebildeten OGAW oder auf einen anderen bestehenden OGAW oder einen Anlagezweig dieses OGAW, als „aufnehmenden OGAW". Dies hat zur Konsequenz, dass grundsätzlich die Nettovermögenswerte des aufgehenden OGAW auf den aufnehmenden OGAW übertragen werden, die Anteilinhaber des aufgehenden OGAW zu Anteilinhaber des aufnehmenden OGAW werden, und der aufgehende OGAW so lange weiterbesteht, bis alle Verbindlichkeiten getilgt sind.[60]

Diese drei Ausgestaltungsarten einer Fondsfusion sind sowohl für grenzüberschreitende[61] als auch inländische[62] Fondsverschmelzungen anzuwenden.[63] Jegliche Verschmelzung bedarf der vorherigen Genehmigung der zuständigen Behörden des Herkunftsmitgliedstaats des aufgehenden OGAW[64], wobei der aufgehende OGAW diesen zuständigen Behörden seines Herkunftsmitgliedstaats im Rahmen des Antrags auf Verschmelzung die notwendigen Informationen übermittelt[65] sowie Kopien hiervon an die zuständigen Behörden des Herkunftsmitgliedstaats des aufgehenden OGAW[66]. Den zuständigen Behörden obliegt in

[58] Siehe dazu Art. 48 Abs. 1 OGAW-RL.
[59] Siehe diesbezüglich Art. 48 Abs. 2 OGAW-RL.
[60] Siehe dazu Art. 48 Abs. 3 OGAW-RL.
[61] Hinsichtlich des Verständnisses der OGAW-RL zum Begriff „grenzüberschreitende Verschmelzung", siehe Art. 38 Abs. 2 OGAW-RL. Bei grenzüberschreitenden Verschmelzungen sind hinsichtlich des Verschmelzungsverfahrens die Rechtsvorschriften des Herkunftsmitgliedstaats des aufgehenden OGAW iSd. Art. 38 Abs. 2 letzter Satz OGAW-RL anzuwenden.
[62] Zum Begriff „einheimische Verschmelzung" siehe Art. 38 Abs. 3 OGAW-RL.
[63] Vgl. Art. 38 Abs. 1 OGAW-RL.
[64] Siehe Art. 39 Abs. 1 OGAW-RL.
[65] Diese sind gem. Art. 39 Abs. 2 OGAW-RL a) der vom aufgehenden und vom aufnehmenden OGAW gebilligte gemeinsame Verschmelzungsplan, b) eine aktuelle Fassung des Prospekts sowie die wesentlichen Informationen für Anleger des aufnehmenden OGAW, sprich KII, c) eine von allen Verwahrstellen des aufgehenden und aufnehmenden OGAW abgegebene Erklärung, die die Konformität des jeweiligen OGAW mit der OGAW-RL und den Vertragsbestimmungen bestätigt sowie d) jene Informationen, die der aufgehende OGAW und der aufnehmende OGAW ihren jeweiligen Anteilinhabern zu der geplanten Verschmelzung zu übermitteln gedenken. Siehe dazu im Detail Art. 40-43 OGAW-RL.
[66] Vgl. Art. 39 Abs. 3 OGAW-RL.

der Folge die Prüfung, ob die erhaltenen Informationen für die Anteilinhaber angemessen sind, wobei spätestens nach 20 Arbeitstagen dem aufgehenden OGAW mitzuteilen ist, ob die avisierte Verschmelzung genehmigt wird.[67]

Aus technischer Sicht determiniert die OGAW-RL, dass im Fall nationaler Vorschriften betreffend die Zustimmung der Anteilinhaber zu Verschmelzungen zwischen OGAW, ein Quorum von höchstens 75% der tatsächlich abgegebenen Stimmen der bei der Hauptversammlung anwesenden oder vertretenen Anteilinhaber erforderlich ist, wobei grenzüberschreitende Verschmelzungen keinen strengeren Quoren unterliegen dürfen als inländische.[68]

Zudem steht es den Anteilinhabern sowohl des aufgehenden als auch des aufnehmenden OGAW zu, ohne weitere Kosten die Rücknahme oder Auszahlung ihrer Anteile sowie ggf. deren Umwandlung in Anteile eines anderen OGAW mit ähnlicher Anlagepolitik zu verlangen, wobei dieses Recht auf den Zeitraum ab Unterrichtung des Anteilinhabers über die geplante Verschmelzung bis fünf Werktage vor der Berechnung des Austauschverhältnisses der Anteile befristet ist.[69]

1.3.3.2.4. Master-Feeder-Konstruktionen

Weiters wurde die bekannte Praxis von so genannten Master-Feeder-Konstruktionen in das OGAW-Rahmenwerk aufgenommen, die eine Ausprägung des so genannten Pooling von Vermögenswerten sind. Ein Feeder-OGAW als OGAW oder Anlagezweig eines OGAW investiert dabei mindestens 85% seines Vermögens in Anteile oder Anlagezweige eines anderen OGAW, eines Master-OGAW, also eines OGAW oder Anlagezweig eines OGAW, der mindestens einen Feeder-OGAW unter seinen Anteilinhabern hat, selbst kein solcher Feeder-OGAW ist und keine Anteile an einem Feeder-OGAW hält.[70] Überschreitet ein Feeder-OGAW in einem bestimmten Master-OGAW dieses Limit, ist vorab die Zustimmung der zuständigen Behörden des Herkunftmitgliedstaats des Feeder-OGAW einzuholen.[71]

Ein Feeder-OGAW kann bis zu 15% seines Vermögens in flüssigen Mitteln[72], derivativen Finanzinstrumenten[73] zu Hedging-Zwecken sowie im Fall einer Investmentgesellschaft in beweglichen und unbeweglichen Vermögen halten, was für deren unmittelbare Tätigkeitsausübung unerlässlich ist.[74]

Um ein funktionierendes Zusammenspiel zwischen Master-OGAW und Feeder-OGAW sicherzustellen, hat ersterer dem Feeder-OGAW alle Unterlagen und Informationen zur Verfügung zu stellen, die dieser benötigt, um den Anforderungen der OGAW-RL zu entsprechen, wozu er mit dem Master-OGAW eine umfassende Vereinbarung abzuschließen hat.[75] An diese Vereinbarung gekoppelt ist eine etwaige Überschreitung des Investitions-

---

[67] Siehe Art. 39 Abs. 3 iVm Abs. 5 OGAW-RL.

[68] Vgl. Art. 44 OGAW-RL.

[69] Siehe dazu Art. 45 Abs. 1 OGAW-RL.

[70] Siehe Art. 58 Abs. 1 OGAW-RL.

[71] Vgl. Art. 59 Abs. 1 OGAW-RL. Die zuständigen Behörden haben gem. Art. 59 Abs. 2 OGAW-RL binnen 15 Arbeitstagen nach Vorlage des vollständigen Antrags über die Genehmigung zu entscheiden.

[72] Vgl. Art. 50 Abs. 3 OGAW-RL.

[73] Vgl. Art. 50 Abs. 1 lit. g sowie Art. 51 Abs. 2 und 3 OGAW-RL.

[74] Vgl. Art. 58 Abs. 2 OGAW-RL.

[75] Siehe Art. 60 Abs. 1 OGAW-RL. Werden sowohl Master-OGAW als auch Feeder-OGAW von der gleichen Verwaltungsgesellschaft verwaltet, kann die Vereinbarung gem. Art. 60 Abs. 1 letzter Absatz OGAW-RL durch interne Regelungen für Geschäftstätigkeiten ersetzt werden.

limits von 85% durch den Feeder-OGAW.[76] Weiters haben Master-OGAW und Feeder-OGAW ihre Zeitpläne für die Berechnung und Veröffentlichung ihrer Net Asset Values („*NAV*") abzustimmen, um Arbitrage-Möglichkeiten zwischen den Fonds auszuschließen.[77] Korrespondierend dazu ist im Fall der zeitweiligen Aussetzung der Rücknahme, Auszahlung oder Zeichnung der Anteile des Master-OGAW jeder der Feeder-OGAW berechtigt, auch die Rücknahme, Auszahlung oder Zeichnung seiner Anteile für den gleichen Zeitraum wie der Master-OGAW auszusetzen.[78] Das enge Verhältnis zwischen Master-OGAW und Feeder-OGAW veranschaulicht auch Art. 60 Abs. 4 OGAW-RL, der verlangt, dass im Fall der Liquidation des Master-OGAW auch der Feeder-OGAW zu liquidieren ist, es sei denn, es gibt eine Genehmigung der zuständigen Behörden des Herkunftsmitgliedstaats des Feeder-OGAW, die Investition von mindestens 85% des Vermögens in Anteile eines anderen Master-OGAW zu tätigen oder den Feeder-OGAW in einen OGAW ohne Feeder-OGAW-Status umzuwandeln. Analog dazu wird im Fall einer Verschmelzung eines Master-OGAW mit einem anderen OGAW bzw. einer Spaltung in zwei oder mehr OGAW der Feeder-OGAW liquidiert, es sei denn, die zuständigen Behörden des Herkunftsmitgliedstaats des Feeder-OGAW erteilen eine Genehmigung, dass entweder nach der Verschmelzung bzw. Spaltung des Master-OGAW der Feeder-OGAW weiterhin Feeder-OGAW des Master-OGAW oder eines anderen OGAW bleibt oder mindestens 85% des Vermögens des Feeder-OGAW in Anteile eines nicht aus der Verschmelzung bzw. Spaltung hervorgegangenen Master-OGAW anlegt oder aufgrund einer Änderung der Vertragsbedingungen eine Umwandlung in einen OGAW ohne Feeder-OGAW-Status vornimmt.[79]

Um sicherzustellen, dass es zu einem gesicherten Informationsaustausch zwischen Master-OGAW und Feeder-OGAW mit unterschiedlichen Verwahrstellen kommt, ist eine Vereinbarung über den Informationsaustausch abzuschließen.[80]

Ähnlich wie im Fall unterschiedlicher Verwahrstellen regelt die OGAW-RL auch den Fall unterschiedlicher Rechnungsprüfer, weshalb diese eine ähnliche Vereinbarung zum Informationsaustausch abzuschließen haben.[81]

Neben dem Informationsaustausch postuliert UCITS IV eine umfassende Informationspolitik gegenüber den Anteilinhabern, die in derartige Master-Feeder-Konstruktionen investiert sind. In diesem Sinn hat etwa der Prospekt[82] des Feeder-OGAW – zusätzlich zu den in Anhang I Schema A vorgesehenen Informationen – weitere Detailinformationen[83]

---

[76] Vgl. Art. 60 Abs. 1 letzter Absatz OGAW-RL.
[77] Vgl. Art. 60 Abs. 2 OGAW-RL.
[78] Siehe Art. 60 Abs. 3 OGAW-RL.
[79] Vgl. Art. 60 Abs. 5 OGAW-RL.
[80] Vgl. dazu Art. 61 OGAW-RL.
[81] Siehe Art. 62 OGAW-RL.
[82] Zu den Prospektbestimmungen allgemein siehe Art. 68-75 OGAW-RL.
[83] Diese zusätzlichen Detailinformationen gem. Art. 63 Abs. 1 OGAW-RL sind a) eine Erklärung über das permanente Mindestinvestment von 85% des Vermögens des Feeder-OGAW in Anteile des Master-OGAW, b) die Angabe über die Identität/Abweichung von Investitionsziel, Anlagestrategie und Risikoprofil sowie Ergebnisse von Feeder-OGAW im Vergleich zum Master-OGAW, c) eine Kurzbeschreibung des Master-OGAW, d) eine Zusammenfassung der abgeschlossenen Vereinbarung zwischen Feeder-OGAW und Master-OGAW hinsichtlich des Informationsaustausches gem. Art. 60 Abs. 1 OGAW-RL, e) Angaben über weitere Informationsmöglichkeiten zum Master-OGAW, f) eine Beschreibung sämtlicher Vergütungen und Kosten, die aufgrund der Investition in den Master-OGAW anfallen, sowie die aggregierten Gebühren von Feeder-OGAW und Master-OGAW und g) die Beschreibung der steuerlichen Auswirkungen der Investition in den Master-OGAW für den Feeder-OGAW. Hinsichtlich zusätzlicher Informationen zu schon bestehenden Master-Feeder-Konstruktionen siehe Art. 64 OGAW-RL.

zu enthalten. Der Jahresbericht des Feeder-OGAW enthält zu den Angaben nach Anhang I Schema B noch eine Erklärung zu den aggregierten Gebühren von Feeder- und Master-OGAW[84], in den relevanten Marketing-Unterlagen des Feeder-OGAW hat sich der Hinweis zu finden, dass dieser permanent zu 85% in Anteile des Master-OGAW investiert ist[85] und Kopien des Prospekts sowie des Jahres- und Halbjahresberichts werden vom Feeder-OGAW den Anlegern auf Verlangen kostenlos zur Verfügung gestellt.[86]

1.3.3.2.5. Key Information Document („KID“)

Seit Einführung des Vereinfachten Prospekts durch UCITS III gelangte man zur Erkenntnis, dass dieser zwar von seiner Intention her sinnvoll, hinsichtlich der praktischen Ausgestaltung und seiner rechtlichen Grundlage jedoch unzureichend ausgestaltet ist. Das Versäumnis im Zusammenhang mit dem Vereinfachten Prospekt ist vor allem rechtlicher Natur, da die Bestimmungen nur Empfehlungscharakter haben, weshalb es auf nationaler Ebene zu Auswüchsen hinsichtlich des Umfangs und Inhalts kam. Dies führte dazu, dass in der Folge nicht mehr von einem „vereinfachten“ Prospekt gesprochen werden konnte.

Um aus den Fehlern zu lernen, wurde im Rahmen von UCITS IV dieses Thema erneut aufgegriffen und mit dem KID ein Nachfolgemodell zum Vereinfachten Prospekt geschaffen. So hält Art. 78 Abs. 1 OGAW-RL fest, dass für jeden Investmentfonds ein derartiges KID vorliegen muss, die sinnvolle Angaben zu den wesentlichen Merkmalen des betreffenden OGAW zu enthalten hat, so dass der Anleger in die Lage versetzt wird, Art und Risiken des angebotenen Anlageprodukts zu verstehen und auf dieser Grundlage eine fundierte Investitionsentscheidung zu treffen.[87]

Der Inhalt des KID besteht aus a) Informationen zur Identität des OGAW, b) einer kurzen Beschreibung der Investitionsziele und Anlagestrategie, c) der Darstellung der bisherigen Ergebnisse des OGAW oder von Performance-Szenarien, d) Kosten und Gebühren sowie e) das Risiko-/Ertragschancenprofil der Anlage, einschließlich angemessener Hinweise auf die mit der Investition in den betreffenden OGAW verbundenen Risiken sowie entsprechenden Warnhinweisen.[88] Dabei wird Wert darauf gelegt, dass diese Elemente vom Anleger verstanden werden können.[89] In diesem Sinn muss das KID kurz und in einer allgemein verständlichen Sprache verfasst sein, wobei das KID europaweit in einem einheitlichen Format erstellt wird, um so die entsprechende Vergleichbarkeit, insbesondere für Kleinanleger, zu gewährleisten.[90]

Das KID ist als vorvertragliche Information zu qualifizieren, die redlich, eindeutig und nicht irreführend auszugestalten ist und zudem mit den einschlägigen Bestimmungen des Prospekts übereinstimmen muss. Das KID muss rechtzeitig vor der Zeichnung der Anteile des OGAW dem Anleger von der Verwaltungsgesellschaft kostenlos zur Verfügung gestellt werden, wobei zudem das KID auch Produktgestaltern und Zwischenhändlern auf deren Antrag übermittelt wird, die dann wiederum die KII dem Anleger kostenlos zur Verfügung stellen.[91]

---

84 Vgl. Art. 63 Abs. 2 OGAW-RL.
85 Vgl. Art. 63 Abs. 4 OGAW-RL.
86 Siehe Art. 63 Abs. 5 OGAW-RL.
87 Vgl. Art. 78 Abs. 2 OGAW-RL.
88 Siehe Art. 78 Abs. 3 OGAW-RL.
89 Vgl. Art. 78 Abs. 3 letzter Absatz OGAW-RL.
90 Siehe dazu Art. 78 Abs. 5 OGAW-RL.
91 Vgl. Art. 80 Abs. 2 iVm Abs. 3 OGAW-RL.

Die OGAW-RL sieht zudem vor, dass das KID den zuständigen Behörden des Herkunftsmitgliedstaats des OGAW auch nach getätigten Änderungen zur Verfügung gestellt[92] wird und diese somit stets auf dem aktuellen Stand zu halten sind.[93]

1.3.3.2.6. *Verstärkte Zusammenarbeit der Aufsichtsbehörden*

Aufgrund der grenzüberschreitenden Dimension von UCITS IV ist es notwendig, dass auch die Aufsichtsbehörden entsprechend kooperieren. Diesbezüglich setzt das überarbeitete OGAW-Rahmenwerk neue Maßstäbe, in dem die Zulassung von OGAW sowie deren Beaufsichtigung durch die jeweils zuständigen Behörden umfassend geregelt werden. Diese Entwicklungen sind als regulatorische Antwort auf die grenzüberschreitenden Marktgegebenheiten im Investmentfondswesen zu sehen.

Grundsätzlich haben die MS die zuständigen Behörden, die die Befugnisse im Rahmen der OGAW-RL wahrnehmen, zu benennen[94], wobei für die Aufsicht über den OGAW grundsätzlich die Behörden des Herkunftsmitgliedstaats zuständig sind.[95] Um diesen Anforderungen gerecht zu werden, sind die zuständigen Behörden mit den dazu notwendigen Überwachungs- und Ermittlungsbefugnissen auszustatten[96], wobei diese im Fall von Verstößen auch in wirksamen, angemessenen und abschreckenden Maßnahmen und Sanktionen münden können.[97] Zudem sieht die OGAW-RL effiziente und wirksame Beschwerde- und Schlichtungsverfahren insbesondere hinsichtlich einer außergerichtlichen Streitbeilegung in Verbraucherrechtssachen vor.[98]

Die Funktionswiese von UCITS IV determiniert sich vor allem durch die Verpflichtung zur Zusammenarbeit der zuständigen Behörden, wann immer dies zur Wahrnehmung der in der OGAW-RL festgelegten Aufgaben oder daraus resultierenden nationalen Rechtsvorschriften erforderlich ist, wobei diesbezüglich administrative Maßnahmen zur Erleichterung der Zusammenarbeit vorzunehmen sind.[99] Der unverzügliche Informationsaustausch sowie die gegenseitige Unterrichtung über einen Verstoß eines Unternehmens im Hoheitsgebiet anderer zuständiger Behörden, das Ersuchen um Überprüfung vor Ort oder im Rahmen einer Ermittlung im Hoheitsgebiet eines anderen MS sowie die umfassende gegenseitige Information über getroffene Entscheidungen betonen diese Kooperationsverpflichtung der Aufsichtsbehörden.[100]

Zu beachten ist dabei jedoch der signifikante Befugniszuwachs der Behörden. Durch den umfassenden Informationsaustausch zwischen den zuständigen Behörden, aber auch etwaig beauftragten Rechnungsprüfern oder Sachverständigen, ist es notwendig, diesen einem geregelten Prozedere zu unterwerfen bzw. den Umgang mit vertraulichen Daten strikt zu regeln. Dem kam die RL mit Art. 102 OGAW-RL nach, der die betroffenen Personen einem umfassenden Berufsgeheimnis unterwirft sowie die Weitergabe von Informationen an ausdrückliche Zustimmungen der zuständigen Behörden knüpft.

---

[92] Siehe Art. 82 Abs. 1 OGAW-RL.
[93] Vgl. Art. 82 Abs. 2 OGAW-RL.
[94] Siehe Art. 97 Abs. 1 OGAW-RL.
[95] Vgl. Art. 97 Abs. 3 OGAW-RL.
[96] Siehe dazu im Detail Art. 98 OGAW-RL.
[97] Vgl. Art. 99 Abs. 1 OGAW-RL.
[98] Siehe Art. 100 OGAW-RL.
[99] Vgl. Art. 101 Abs. 1 OGAW-RL.
[100] Vgl. dazu umfassend Art. 101 iVm Art. 109 OGAW-RL.

Um die Rechtssicherheit für die Marktteilnehmer zu wahren, sind insbesondere für negative Entscheidungen der jeweils zuständigen Behörde eine schriftliche Begründung notwendig[101] und nur die zuständigen Behörden des Herkunftsmitgliedstaats sind befugt, gegen den OGAW bei Verstoß gegen Rechts- oder Verwaltungsvorschriften, Vertragsbedingungen oder Satzung Maßnahmen zu ergreifen.

1.4. Das Investmentfondsgesetz 2011

1.4.1. Vom InvFG 1993 zum InvFG 2011

Diese zentralen Themenbereiche von UCITS IV finden im InvFG 2011 allein schon umfangmäßig dahingehend ihren Niederschlag, dass das neue InvFG 2011 mit 200 Paragraphen gleich um 133 Paragraphen mehr hat als das InvFG 1993[102] mit bloß 67 Paragraphen. Dies ist deshalb signifikant, da das InvFG 2011 in dieser Hinsicht zentrale Gesetze des Bank- und Kapitalmarktrechts, wie etwa das BWG, das WAG oder das BörseG übertrumpft, was die zunehmende Komplexität des Investmentfondsrechts unterstreicht.

Strukturell teilt sich das InvFG 2011 in fünf Teile: „Allgemeine Bestimmungen", „Verwaltung und Beaufsichtigung von OGAW", „AIF". „Steuern" sowie „Strafbestimmungen, Übergangs- und Schlussbestimmungen".

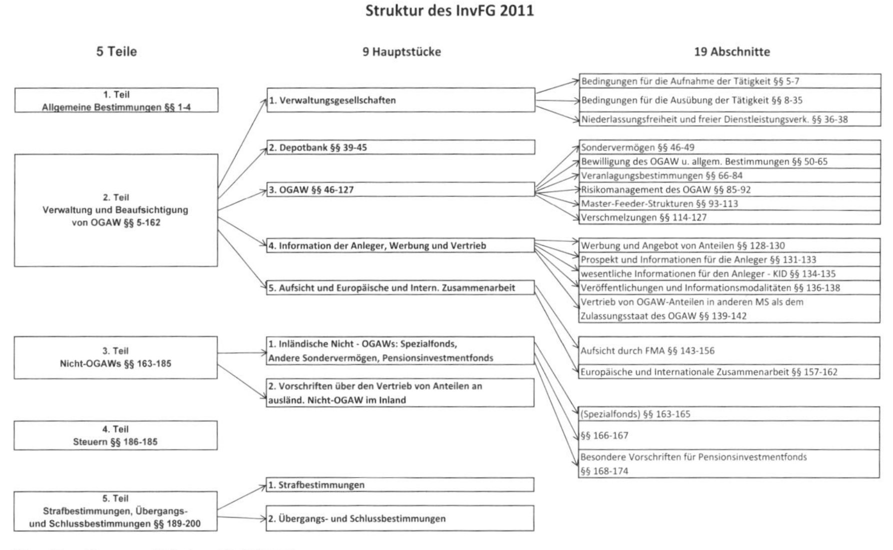

(Quelle: Kammel/Schredl (2011)

---

[101] Vgl. Art. 107 Abs. 1 OGAW-RL.

[102] Das InvFG 1993 (BGBl 1993/532) wurde nach der Neufassung im Jahre 1993 24 Mal novelliert. Diese Novellen des InvFG 1993 waren BGBl I 1993/818; BGBl I 1996/753; BGBl I 1998/41; BGBl I 1999/28; BGBl I 1999, 106; BGBl. I 2001/2; BGBl I 2001/97; BGBl I 2002/100; BGBl I 2003/71; BGBl I 2003/80; BGBl I 2004/146 (VfGH); BGBl I 2004/180; BGBl I 2005/9; BGBl I 2005/37; BGBl I 2005/78; BGBl I 2005/122 (VfGH); BGBl I 2006/48; BGBl I 2006/134; BGBl I 2007/60 (WAG 2007); BGBL I 2008/69; BGBl I 2009/152; BGBl 2010/28 sowie BGBl I 2010/111 (BudgetbegleitG 2011).

Wie diese Darstellung zeigt, liegt der Schwerpunkt des neuen InvFG auf seinem 2. Teil „*Verwaltung und Beaufsichtigung von OGAW*". Dies erklärt sich dadurch, dass UCITS IV einerseits einen signifikanten Zuwachs OGAW-relevanter Bestimmungen bewirkte, andererseits der 3. Teil „*AIF*", der zahlenmäßig nur rund ein Siebentel des 2. Teils ausmacht, an vielen Stellen auf die Bestimmungen für OGAW verweist. Dies ist legistisch sinnvoll, um den bis dato im österreichischen Investmentfondsrecht bekannten Gleichklang zwischen OGAW und Nicht-OGAW, also AIF, gewissermaßen beizubehalten.

Vergleicht man nun den Bestand des InvFG 1993 mit jenem des InvFG 2011, so wäre das alleinige Abstellen auf die 133 zusätzlichen Paragraphen zu kurz gegriffen, da das österreichische Investmentfondsrecht schon bisher nicht nur durch das InvFG 1993, sondern auch durch das Selbstregulativ der österreichischen Investmentfondsindustrie, die „*Qualitätsstandards der Österreichischen Investmentfondsindustrie 2008*" sowie die Anwendbarkeit des *Standard Compliance Code* (SCC) der österreichischen Kreditwirtschaft determiniert wurde.[103] Somit sind diese in einen derartigen Vergleich mit einzubeziehen.

Vor diesem Hintergrund reduzieren sich die tatsächlichen Neuerungen auf UCITS IV, Anpassungen im Bereich der Verwahrung von Investmentfondsanteilen, die Etablierung des fondsspezifischen Risikomanagements als Kernkompetenz, die Einführung so genannter „Umbrella"-Fondskonstruktionen, die Möglichkeit der Abspaltung illiquider Assets, die Besteuerung von Investmentfonds sowie die Präzisierung und Ausdehnung der Strafbestimmungen.

1.4.2. Das Investmentfondsrecht

Das Investmentfondsrecht ist integraler Bestandteil des österreichischen Bank- und Kapitalmarktrechts, wobei sich in der Literatur begrifflich unterschiedliche Ausprägungen von Investmentrecht, Fondsrecht oder Investmentfondsrecht finden. Es ist daher sinnvoll, den Terminus Investmentfondsrecht zu verwenden, um vor allem einen klaren Unterschied zum Investment-Banking bzw. zu Graubereichen in der Fondslandschaft herauszustreichen.

Materiell betrachtet ist das InvFG – neben dem Immobilieninvestmentfondsgesetz (ImmoInvFG)[104] – zentraler Bestandteil des Investmentfondrechts. Weiters sind die Investmentfondsrichtlinien (InvFR) zu nennen, die als steuerliche Auslegungshilfe des Investmentfondsrechts dienen. Weiters kann man noch spezifische investmentfondsrechtliche Veranlagungsvorschriften[105] des Pensionskassengesetzes (PKG)[106] dem Investmentfondsrecht zuordnen.

Strukturell ist das Investmentfondsrecht durch das Dreieck des Investmentfondswesens bestehend aus Verwaltungsgesellschaft, Depotbank und den Anteilinhabern geprägt.[107]

Als Austriacum und bankrechtlichen Anknüpfungspunkt des Investmentfondsgeschäfts sei an dieser Stelle darauf hingewiesen, dass das Investmentfondsgeschäft als Bankgeschäft einerseits in § 1 Abs. 1 Z 13 BWG, aber auch im Rahmen der erweiterten Konzession in § 3 Abs. 2 WAG 2007 vertypt ist. Dabei sei darauf hingewiesen, dass das Investmentfondsgeschäft aufgrund der expliziten Terminologie „*Verwaltung von Kapitalanlagefonds nach*

[103] Siehe zu den beiden Selbstregulativen, insbesondere den Qualitätsstandards der österreichischen Investmentfondsindustrie, *Kammel* (2009), 207ff.

[104] BGBl I 2003/80.

[105] In diesem Zusammenhang ist § 25 PKG die zentrale Bestimmung.

[106] BGBl 1990/281.

[107] Siehe umfassend dazu *Oppitz* (2007), 279ff.

dem InvFG" des § 1 Abs. 1 Z 13 BWG nur die Verwaltung von Investmentfonds, die nach den Regeln des InvFG konstituiert sind, umfasst.

Dies bedeutet, dass § 1 Abs. 1 Z 13 BWG restriktiv auszulegen ist, weshalb etwa die Verwaltung von ähnlich gelagerten Konstruktionen, die etwa nicht den Quasi-Miteigentumscharakter des InvFG realisieren oder in andere Finanzanlagen investieren, nicht als Investmentgeschäft im Sinn des § 1 Abs. 1 Z 13 BWG zu qualifizieren sind. Damit einher geht auch, dass im Lichte des Versuchs einer dogmatischen Einordnung und Präzisierung des österreichischen Investmentfondsrechts insbesondere das Investmentgeschäft gem. § 1 Abs. 1 Z 13 BWG, das Immobilienfondsgeschäft gem. § 1 Abs. 1 Z 13a BWG, die diskretionäre Vermögensverwaltung im Rahmen der erweiterten Konzession einer KAG gem. § 1 Abs. 1 Z 13 BWG iVm § 3 Abs. 2 WAG als Ausprägungen zu qualifizieren sind, was unterstreicht, dass das Investmentfondsrecht einen präzise normierten Exklusivcharakter aufweist.

1.4.3. Steuerliche Aspekte des Investmentfondsrechts

Die steuerlichen Bestimmungen zu Investmentfonds waren schon immer integraler Bestandteil des InvFG. Nachdem sich der österreichische Gesetzgeber im Herbst 2010 innerhalb kurzer Zeit auf eine gänzliche Neubesteuerung der Einkünfte aus Kapitalvermögen verständigt hat und zudem aufgefordert war, die Umsetzung der UCITS IV-Richtlinie in nationales Recht ebenfalls bis 30. Juni 2011 vorzunehmen, kommt es mit dem InvFG 2011 auch zu wesentlichen Neuerungen im Bereich der Besteuerung in- und ausländischer Investmentfonds.

Zusätzlich hat der VfGH in Reaktion auf eine Klagseinbringung österreichischer Banken Ende Jänner 2011 unmittelbar nach Abhaltung der mündlichen Verhandlung die grundsätzliche Verfassungskonformität der neuen Kapitalertragsbesteuerung von Wertpapieren am 16.6.2011[108] bestätigt. Der VfGH hat dabei ausgeführt, dass er zwar die Abzugsverpflichtung der Banken per 1.10.2011 aufgrund der zu knappen Umsetzungsfrist für die Banken als verfassungswidrig erachtet, er hat allerdings die grundsätzliche Konzeption einer Kursgewinnbesteuerung für verfassungskonform befunden (etwa Effizienzgebot oder die Kostentragung durch Banken). Bezüglich der übrigen inhaltlichen Vorbringen (z.B. Kapitalmaßnahmen oder Liquidität) hat sich der VfGH nicht gesondert geäußert. Diese Themen waren nach Auffassung des VfGH nicht zu behandeln, da es an einem unmittelbaren Eingriff in die Rechtssphäre der Banken gemangelt hat.

Nachdem das BMF bereits vor Veröffentlichung des VfGH-Erkenntnisses das Inkrafttrreten der Abzugsverpflichtung der Banken im Entwurf eines Abgabenänderungsgesetzes 2011 vom 1.10.2011 auf den 1.4.2012 angekündigt hat, konnten die steuerlichen Änderungen im Rahmen der InvFG-Novelle 2011 weitgehend aufrecht bleiben.

Durch die neue Besteuerung der Einkünfte aus Kapitalvermögen wird das bestehende österreichische Kapitalertragssteuersystem auf sämtliche realisierte Kursgewinne aus depotfähigen Wertpapieren (inkl. Fondsanteilen) ausgeweitet. Banken haben künftig neben Zinsen und Dividenden aus Wertpapieren auch auf Kursgewinne aus Wertpapieren 25% Kapitalertragsteuer einzubehalten. Nachdem die Besteuerung der Investmentfonds grundsätzlich auch dem Transparenzprinzip verpflichtet ist (die vom Fonds vereinnahmten Erträge wie Zinsen, Dividenden und Kursgewinne werden beim Anteilinhaber in die jährliche

[108] Siehe dazu VfGH G 18/11-14.

steuerliche Bemessungsgrundlage miteinbezogen, unabhängig davon, ob der Fonds auch eine Ausschüttung der Fondserträge tätigt), werden die Kapitalerträge künftig auf zwei Ebenen besteuert. Einerseits werden die jährlich vom Fonds erzielten Erträge einer Kapitalertragsteuer unterworfen (Fondsebene), andererseits haben die Banken künftig auch Kursgewinne aus einer allfälligen Veräußerung der Fondsanteilscheine (Anteilscheinebene) mit 25%-igen Kapitalertragsteuer abzurechnen (die einjährige Spekulationsfrist gilt nur mehr für Fondsanteilscheine, die vor dem 1.1.2011 erworben wurden). Eine Doppelbesteuerung der Kapitalerträge aus Investmentfonds wird dadurch vermieden, dass die KAGs, die bereits jährlich steuerlich vom Anleger erfassten Erträge im Wege der OeKB an die Banken melden, welche diese Erträge den individuell in den Banksystemen erfassten Anschaffungskosten der Fondsanteile ihrer Kunden hinzubuchen. Durch die Zubuchung der bereits versteuerten ausschüttungsgleichen Erträge wird der Kursgewinn aus der Veräußerung der Fondsanteilscheine reduziert, eine effektive Doppelbesteuerung somit vermieden.

In der Folge sollen wesentliche steuerliche Bestimmungen dargestellt werden:
- §§ 186 ff InvFG 2011 enthalten generell die neuen Bestimmungen für die steuerliche Behandlung der Investmentfonds im Privat- und Betriebsvermögen.
- § 186 Abs. 1 InvFG 2011 definiert die Ermittlung der jährlichen Besteuerungsgrundlage (auf Fondsebene) und ermöglicht künftig neben dem Verlustausgleich von realisierten Kursgewinnen mit realisierten Kursverlusten auch einen Verlustausgleich mit ordentlichen Erträgen wie Zinsen und Dividenden sowie einen Verlustvortrag. Die Kapitalerträge unterliegen dem Kapitalertragsteuerabzug gemäß § 93 Abs. 2 iVm § 95 Abs. 2 EStG. Die Bestimmungen kommen gemäß Übergangsbestimmung des § 198 Abs. 2 Z 1 InvFG 2011 erst für Fondsgeschäftsjahre zur Anwendung, die im Kalenderjahr 2013 beginnen.
- § 186 Abs. 2 Z 1 InvFG 2011 sieht – so wie bisher – die Besteuerungsfiktion der ausschüttungsgleichen Erträge in- und ausländischer Fonds vor. Im Betriebsvermögen gelten künftig allerdings 100% der realisierten Kursgewinne als zugeflossen, im Privatvermögen sind nach Ablauf des Übergangszeitraums gemäß § 198 Abs. 2 Z 2 iVm § 200 Abs. 2 InvFG 2011 60% der realisierten Kursgewinne steuerpflichtig.
- § 186 Abs. 2 Z 2 InvFG 2011 sieht für Zeiträume ab 1.4.2012 die OeKB als zentrale Meldestelle für die Übermittlung der jährlichen ausschüttungsgleichen Erträge bzw. Ausschüttungen vor. Bisher war das BMF die zentrale Anlaufstelle für die steuerlichen Jahresdaten.
- § 186 Abs. 3 InvFG 2011 normiert die Steuerpflicht einer realisierten Wertsteigerung aus der Veräußerung eines Fondsanteils. Im zweiten Satz ist systemkonform die notwendige Regelung bezüglich der Vermeidung der Doppelbesteuerung vorgesehen (Korrekturbuchungen). Der Kapitalertragsteuerabzug soll erstmals ab 1.4.2012 durch die Banken für nach dem 31.12.2010 angeschaffte Fondsanteile erfolgen (§ 124b Z 185 EStG).
- § 186 Abs. 4 InvFG 2011 enthält die für Fondszusammenlegungen wichtigen steuerlichen Rahmenbestimmungen.

2. Materialien

2.1. InvFG 2011 und seine Erläuternden Bemerkungen

Inhaltsverzeichnis

1. Teil
Allgemeine Bestimmungen

2.Teil
Verwaltung und Beaufsichtigung von OGAW

1. Hauptstück
Verwaltungsgesellschaften

1. Abschnitt
Bedingungen für die Aufnahme der Tätigkeit

2. Abschnitt
Bedingungen für die Ausübung der Tätigkeit

3. Abschnitt
Veranlagungsbestimmungen

4. Abschnitt
Risikomanagement des OGAW

5. Abschnitt
Master-Feeder-Strukturen

6. Abschnitt
Verschmelzungen

2. Abschnitt
Europäische und Internationale Zusammenarbeit

3. Teil
AIF

1. Hauptstück
Inländische AIF, Spezialfonds, Andere Sondervermögen, Pensionsinvestmentfonds

1. Abschnitt
Spezialfonds

2. Abschnitt
Andere Sondervermögen

3. Abschnitt
Pensionsinvestmentfonds

2. Hauptstück
Vorschriften über den Vertrieb von Anteilen an ausländischen Nicht-OGAW im Inland

4. Teil
Steuern

5. Teil
Strafbestimmungen, Übergangs- und Schlussbestimmungen

1. Hauptstück
Strafbestimmungen

2. Hauptstück
Übergangs- und Schlussbestimmungen

1. Teil
Allgemeine Bestimmungen

EB zum 1. Teil:

Im 1. Teil wird der Anwendungsbereich festgelegt, Begriffe für das gesamte Bundesgesetz definiert und Ausnahmen normiert.

Anwendungsbereich

§ 1. Dieses Bundesgesetz legt Bedingungen fest, zu denen OGAW (§ 2) in Österreich aufgelegt, verwaltet und vertrieben werden dürfen. Weiters wird festgelegt, zu welchen Bedingungen Andere Sondervermögen, Pensionsinvestmentfonds und Spezialfonds in Österreich aufgelegt, verwaltet und vertrieben werden dürfen sowie die Bedingungen für die Zulassung zum öffentlichen Vertrieb Alternativer Investmentfonds aus anderen Mitgliedstaaten oder aus Drittstaaten in Österreich.

EB zu § 1:

Setzt Art. 1 Abs. 1 der Richtlinie 2009/65/EG um und legt den sachlichen und örtlichen Geltungsbereich grundsätzlich fest. Dieses Bundesgesetz regelt zum einen die Bedingungen für die Auflage („Errichtung") eines gemäß der Richtlinie 2009/65/EG harmonisierten Investmentfonds sowie für dessen Verwaltung und Vertrieb. Dazu gehört auch die Regelung der Anforderungen an die Verwaltungsgesellschaft und an die Depotbank. Daneben werden auch – in einem eigenen Teil (Teil 3 dieses Bundesgesetzes) – die Bedingungen für die Zulassung, Verwaltung und den Vertrieb von so genannten nicht EU-rechtlich harmonisierten Fonds (Nicht-OGAW) geregelt, wobei die Bestimmungen des InvFG 1993 (§§ 1 Abs. 2, 20a InvFG 1993) übernommen wurden. Weiters werden die Bedingungen für den Vertrieb nicht harmonisierter Fonds aus anderen Mitgliedstaaten oder aus Drittstaaten unter Übernahme der entsprechenden Bestimmungen aus dem InvFG 1993 (§§ 24 bis 32 InvFG 1993) festgelegt.

Organismen zur gemeinsamen Veranlagung in Wertpapieren (OGAW)

§ 2. (1) Ein Organismus zur gemeinsamen Veranlagung in Wertpapieren (OGAW)

1. dient dem ausschließlichen Zweck der Veranlagung der beim Publikum beschafften Gelder für gemeinsame Rechnung nach dem Grundsatz der Risikostreuung in die in § 67 genannten liquiden Finanzanlagen und
2. seine Anteile werden auf Verlangen der Anteilinhaber unmittelbar oder mittelbar zu Lasten des Vermögens des OGAW zurückgenommen und ausgezahlt; diesen Rücknahmen und Auszahlungen gleichgestellt sind Handlungen, mit denen sichergestellt werden soll, dass der Kurs der Anteile des OGAW nicht erheblich von deren Nettoinventarwert abweicht; und
3. er ist gemäß § 50 bewilligt oder gemäß Art. 5 der Richtlinie 2009/65/EG in seinem Herkunftmitgliedstaat bewilligt.

(2) Ein OGAW kann in Österreich nur als Sondervermögen gemäß § 46, das in gleiche, in Wertpapieren verkörperte Anteile zerfällt und im Miteigentum der Anteilinhaber steht, errichtet werden. Sofern in diesem Bundesgesetz Pflichten des OGAW festgelegt werden, bezieht sich eine daraus folgende Handlungspflicht auf die diesen OGAW verwaltende Verwaltungsgesellschaft.

(3) Ein OGAW kann sich aus verschiedenen Teilfonds zusammensetzen; für die Zwecke des 2. Teiles 3. Hauptstück 3. Abschnitt gilt jeder Teilfonds eines OGAW als eigener OGAW. Für die Zwecke des 2. Teiles 3. Hauptstück 6. Abschnitt und 4. Hauptstück schließt ein OGAW die dazugehörigen Teilfonds ein.

EB zu § 2:

*Setzt Art. 1 Abs. 2 und Abs. 3 erster Unterabsatz der Richtlinie 2009/65/EG um. Der OGAW ist der zentrale Regelungsgegenstand dieses Bundesgesetzes; daher wird er grundsätzlich vor den übrigen Begriffen in einer eigenen Bestimmung definiert. Die Definition folgt den Vorgaben der Richtlinie. Der Begriff des Kapitalanlagefonds wurde aus dem InvFG 1993 als Überbegriff für OGAW in Form von Sondervermögen und die im 3. Teil dieses Bundesgesetzes geregelten nicht harmonisierten Investmentfonds in Form von Sondervermögen übernommen. Um Missverständnisse auszuschließen, wurde von einer Verwendung im Rahmen der Regelung über EU-rechtlich harmonisierte Investmentfonds und von der Richtlinie 2009/65/EG als gleichwertig einzustufende Rechtskonstrukte (Investmentgesellschaft) abgesehen, da Begriff und Definition des Kapitalanlagefonds im Sinne des InvFG 1993 über die Richtlinie 2009/65/EG (sowie über die Vorgänger-Richtlinie 85/611/EWG) hinausgeht (*Kammel *in* Macher et al, *InvFG-Komm 2008, § 1 Rz 8) und im übrigen im Hinblick auf die nicht EU-rechtlich harmonisierten Fonds keinen Auffangtatbestand darstellte, sondern lediglich ein Sammelbegriff für sämtliche im InvFG 1993 vertypte Fondsarten (Andere Sondervermögen, Spezialfonds, Indexfonds, Pensionsinvestmentfonds) bildete.*

Für bestehende Kapitalanlagefonds, die die Kriterien der EG-Richtlinie 2009/65/EG erfüllen, hat die Aufgabe des Begriffes Kapitalanlagefonds in diesem Zusammenhang keine Konsequenzen, da es zur Subsumierung unter den Begriff Investmentfonds/OGAW auf die Erfüllung der inhaltlichen Kriterien ankommt. Im Übrigen wurden die Begriffe bereits bisher zum Teil synonym verwendet (siehe auch Kammel *in* Macher et al, *InvFG-Komm 2008, § 1 Rz 29).*

Damit der Leser des Gesetzes rascher den Konnex zur EU-Rechtsgrundlage herstellen kann und um eine effiziente Regelung von für Investmentfonds und Investmentgesellschaften gleichen Tatbeständen zu ermöglichen, wurde die EU-rechtliche Kurzbezeichnung „OGAW" aus der Richtlinie 2009/65/EG übernommen. Bezugnahmen im Gesetzestext auf OGAW sind als solche auf den Investmentfonds zu verstehen. Soweit in diesem Bundesgesetz Pflichten des OGAW normiert werden, sind diese im Falle eines OGAW in der Rechtsform eines Sondervermögens von der Verwaltungsgesellschaft wahrzunehmen und beziehen sich auf diese, da dieser OGAW keine eigene Rechtspersönlichkeit besitzt und nicht selbst handeln kann (so auch Erwägungsgrund 6 der Richtlinie 2009/65/EG). Handelt es sich um einen OGAW aus einem anderen Mitgliedstaat, richtet sich die Handlungsfähigkeit nach dem Recht dieses Mitgliedstaates.

EB zu § 2 Abs. 1:

In die Definition wurden, dem Vorbild der Richtlinie folgend, sämtliche zentralen Elemente der Richtliniendefinition, die sich im InvFG 1993 zum Teil in der Definition des Kapitalanlagefonds und zum Teil an anderer Stelle fanden, inkorporiert.

Die signifikanten Merkmale des OGAW sind

- *die Beschaffung der Gelder beim Publikum,*
- *der ausschließliche Zweck der Verwendung dieser Gelder zur Veranlagung*
- *auf gemeinsame Rechnung der Anteilsinhaber des Fonds*
- *in eigens in diesem Bundesgesetz spezifizierte liquide Finanzanlagen*

– *nach den Grundsätzen der Risikostreuung (die in den Bestimmungen über die Veranlagung näher qualitativ und quantitativ ausformuliert sind).*

Weiters ist wesentliches Kriterium für den OGAW, dass die Anteile auf Verlangen der Anteilsinhaber zu Lasten des Fondsvermögens zurückgenommen werden müssen (so genanntes Recht auf Rückgabe und Auszahlung). Diese Möglichkeit der (grundsätzlich) jederzeitigen Rücknahme der Anteile durch die Verwaltungsgesellschaft zu Lasten des Fondsvermögens beziehungsweise Gesellschaftsvermögens korrespondiert mit der Ausgabe der Anteilschein in unbegrenzter Anzahl und charakterisiert den offenen Fonds (so auch Macher *in* Macher et al, *InvFG-Komm 2008, Vor § 1 Rz 32).* E contrario *sind geschlossene Fonds, bei denen die Verwaltungsgesellschaft eine von vornherein bestimmte Anzahl von Anteilsscheinen ausgibt und die ausgegebenen Anteilsscheine nicht zurücknimmt, nicht als OGAW zu qualifizieren (so auch Erwägungsgrund 5 der Richtlinie 2009/65/EG); ebenso wenig sind Aktiengesellschaften, die von vornherein eine bestimmte Anzahl an Aktien ausgeben und die ausgegebenen Aktien nicht jederzeit zurücknehmen, OGAW (siehe dazu auch § 4).*

Zu den einzelnen Elementen der OGAW-Definition ist weiters zu bemerken, dass es hinsichtlich der Beschaffung der Gelder vom Publikum innerhalb des EWR (Art. 1 Abs. 2 Buchstabe a in Verbindung mit Art. 3 Buchstabe b der Richtlinie 2009/65/EG) im Bereich der Master-Feeder-Fonds (siehe 2. Teil 3. Hauptstück 5. Abschnitt) gewisse Abweichungen gibt.

Der Grundsatz der Risikostreuung ist ganz zentral und in den Veranlagungsbestimmungen (§§ 66 bis 84) gesondert spezifiziert. Jede Abweichung davon steht der Qualifikation als OGAW entgegen; dies ist in Art. 3 Buchstabe d der Richtlinie 2009/65/EG ausdrücklich festgelegt, bedarf im Sinne einer konsequenten Auslegung von § 2 aber keiner eigenen Umsetzung, sondern folgt daraus e contrario.

Da OGAW aus anderen Mitgliedstaaten auch in Österreich vertrieben werden können oder mit in Österreich bewilligten OGAW verschmolzen werden oder Master-Feeder-Konstruktionen eingehen können und sodann zumindest teilweise den Bestimmungen dieses Bundesgesetzes unterliegen, werden auch solche in anderen Mitgliedstaaten zugelassene OGAW von der Definition umfasst.

EB zu § 2 Abs. 2:

Setzt Art. 1 Abs. 3 der Richtlinie 2009/65/EG um. Die Richtlinie stellt bezüglich der Rechtsform des OGAW verschiedene Modelle („Vertragliche Form", „Unit Trust" und „Satzungsform") gleichwertig nebeneinander und überlässt den Mitgliedstaaten die Regelung des OGAW in der mit dem jeweiligen Zivilrecht und Gesellschaftsrecht kompatiblen und gebräuchlichen Form.

Die rechtliche Konstruktion der Investmentfonds als Sondervermögen ohne eigene Rechtspersönlichkeit, das im Miteigentum der Anteilsinhaber steht, folgt der im InvFG 1993 vorgefundenen Situation. Charakteristisch ist, dass

– *der Fonds keine eigene Rechtspersönlichkeit hat,*
– *sondern rechtlich ein Sondervermögen darstellt, das im Miteigentum der Anteilsinhaber steht (so genannter vertraglicher Investmentfonds),*
– *und in gleiche, in Wertpapieren verkörperte Anteile zerfällt.*

EB zu § 2 Abs. 3:

Setzt Art. 1 Abs. 2 letzter Unterabsatz, Art. 37 und Art. 49 sowie Art. 91 Abs. 4 der Richtlinie 2009/65/EG um.

Begriffsbestimmungen

§ 3. (1) Auf den Inhalt der in diesem Bundesgesetz verwendeten Begriffe sind, soweit in diesem Bundesgesetz nicht eigene Begriffsbestimmungen festgelegt sind, die Begriffsbestimmungen des Bankwesengesetzes – BWG (BGBl. Nr. 532/1993), des Kapitalmarktgesetzes – KMG (BGBl. Nr. 625/1991) sowie der Verordnungen (EU) Nr. 583/2010 und (EU) Nr. 584/2010 anzuwenden.

(2) Im Sinne dieses Bundesgesetzes sind:

1. Verwaltungsgesellschaft (Kapitalanlagegesellschaft): jede Gesellschaft gemäß § 5 oder Art. 6 der Richtlinie 2009/65/EG, deren reguläre Geschäftstätigkeit in der Verwaltung von OGAW gemäß § 2 und gegebenenfalls von Alternativen Investmentfonds (AIF) gemäß dem 3. Teil dieses Bundesgesetzes besteht;
2. reguläre Geschäftstätigkeit einer Verwaltungsgesellschaft: Aufgaben der kollektiven Portfolioverwaltung, die die Anlageverwaltung und gegebenenfalls auch administrative Tätigkeiten gemäß § 5 Abs. 2 Z 1 lit. b und den Vertrieb umfassen;
3. kollektive Portfolioverwaltung: die Verwaltung von Portfolios auf gemeinsame Rechnung der Anteilinhaber im Rahmen der Fondsbestimmungen gemäß § 53;
4. Anteilinhaber: jede natürliche oder juristische Person, die einen oder mehrere Anteilscheine an einem OGAW gemäß § 2 Abs. 2 oder an einem AIF im Sinne von Z 31 hält;
5. Verwahrstelle: eine Einrichtung, die mit der Durchführung der in § 40 genannten Aufgaben betraut ist und, sofern sie ihren Sitz in Österreich hat, als Depotbank den §§ 41 bis 45 dieses Bundesgesetzes oder den in Kapitel IV und Kapitel V Abschnitt 3 der Richtlinie 2009/65/EG festgelegten Bestimmungen unterliegt;
6. Herkunftmitgliedstaat der Verwaltungsgesellschaft: der Mitgliedstaat, in dem die Verwaltungsgesellschaft ihren Sitz hat;
7. Aufnahmemitgliedstaat der Verwaltungsgesellschaft: ein Mitgliedstaat, der nicht der Herkunftmitgliedstaat ist und in dessen Hoheitsgebiet eine Verwaltungsgesellschaft eine Zweigniederlassung hat oder Dienstleistungen erbringt;
8. Herkunftmitgliedstaat des OGAW: der Mitgliedstaat, in dem der OGAW gemäß Artikel 5 der Richtlinie 2009/65/EG bewilligt ist;
9. Aufnahmemitgliedstaat eines OGAW: der Mitgliedstaat, der nicht der Herkunftmitgliedstaat des OGAW ist und in dem die Anteile des OGAW vertrieben werden;
10. Zweigstelle: eine Geschäftsstelle, die einen rechtlich unselbständigen Teil einer Verwaltungsgesellschaft bildet und Dienstleistungen erbringt, für die der Verwaltungsgesellschaft eine Zulassung erteilt wurde, wobei mehrere Geschäftstellen in ein und demselben Aufnahmemitgliedstaat als eine einzige Zweigstelle gelten;
11. zuständige Behörden: die von den Mitgliedstaaten gemäß Artikel 97 der Richtlinie 2009/65/EG bezeichneten Behörden;
12. dauerhafter Datenträger: jedes Medium, das es einem Anleger gestattet, an ihn persönlich gerichtete Informationen derart zu speichern, dass der Anleger sie in der Folge für eine für die Zwecke der Informationen angemessene Dauer einsehen kann, und das die unveränderte Wiedergabe der gespeicherten Informationen ermöglicht;
13. Wertpapiere
    a) Aktien und andere, Aktien gleichwertige Wertpapiere („Aktien"),
    b) Schuldverschreibungen und sonstige verbriefte Schuldtitel („Schuldtitel"),
    c) alle anderen marktfähigen Wertpapiere, die zum Erwerb von Wertpapieren im Sinne dieses Bundesgesetzes durch Zeichnung oder Austausch berechtigen,

nach Maßgabe von § 69 mit Ausnahme der in § 73 genannten Techniken und Instrumente;

14. Geldmarktinstrumente: Instrumente, die üblicherweise auf dem Geldmarkt gehandelt werden, liquide sind und deren Wert jederzeit genau bestimmt werden kann nach Maßgabe von § 70;
15. Verschmelzungen: Transaktionen, bei denen
    a) ein oder mehrere OGAW oder Teilfonds davon (die „übertragenden OGAW") bei ihrer Auflösung ohne Abwicklung sämtliche Vermögenswerte und Verbindlichkeiten auf einen anderen bestehenden OGAW oder einen Teilfonds dieses OGAW (den „übernehmenden OGAW") übertragen und ihre Anteilinhaber dafür Anteile des übernehmenden OGAW sowie gegebenenfalls eine Barzahlung in Höhe von maximal 10 vH des Nettobestandswerts dieser Anteile erhalten (Bruttoverschmelzung durch Aufnahme);
    b) zwei oder mehrere OGAW oder Teilfonds davon (die „übertragenden OGAW") bei ihrer Auflösung ohne Abwicklung sämtliche Vermögenswerte und Verbindlichkeiten auf einen von ihnen gebildeten OGAW oder einen Teilfonds dieses OGAW (den „übernehmenden OGAW") übertragen und ihre Anteilinhaber dafür Anteile des übernehmenden OGAW sowie gegebenenfalls eine Barzahlung in Höhe von maximal 10 vH des Nettobestandswerts dieser Anteile erhalten (Bruttoverschmelzung durch Neubildung);
    c) ein oder mehrere OGAW oder Teilfonds davon (die „übertragenden OGAW") die weiter bestehen, bis die Verbindlichkeiten getilgt sind, ihr Nettovermögen auf einen anderen Teilfonds desselben OGAW, auf einen von ihnen gebildeten OGAW oder auf einen anderen bestehenden OGAW oder einen Teilfonds dieses OGAW (den „übernehmenden OGAW") übertragen (Nettoverschmelzung);
16. grenzüberschreitende Verschmelzung: eine Verschmelzung von OGAW,
    a) von denen mindestens zwei in unterschiedlichen Mitgliedstaaten bewilligt sind oder
    b) die in demselben Mitgliedstaat bewilligt sind, zu einem neu gegründeten und in einem anderen Mitgliedstaat bewilligten OGAW;
17. inländische Verschmelzung: eine Verschmelzung von OGAW, die im gleichen Mitgliedstaat bewilligt sind, wenn mindestens einer der betroffenen OGAW gemäß § 139 notifiziert worden ist;
18. Anteilscheine: Wertpapiere, die Miteigentumsanteile an den Vermögenswerten des Kapitalanlagefonds und die Rechte der Anteilinhaber gegenüber der Verwaltungsgesellschaft sowie der Depotbank verkörpern sowie als Finanzinstrumente gemäß § 1 Z 6 lit. c Wertpapieraufsichtsgesetz 2007 – WAG 2007 (BGBl. I Nr. 60/2007) zu qualifizieren sind;
19. Kapitalanlagefonds: OGAW in der Form eines Sondervermögens gemäß § 2 Abs. 2 und Alternative Investmentfonds (AIF) gemäß § 3 Abs. 2 Z 31 lit. a und c;
20. Kunde: jede natürliche oder juristische Person oder jedes andere Unternehmen einschließlich eines OGAW oder AIF, für die oder das eine Verwaltungsgesellschaft eine Dienstleistung der kollektiven Portfolioverwaltung oder Dienstleistungen gemäß § 5 Abs. 2 Z 3 oder 4 erbringt;
21. Relevante Person: in Bezug auf eine Verwaltungsgesellschaft
    a) ein Gesellschafter oder eine vergleichbare Person oder ein Mitglied der Geschäftsleitung der Verwaltungsgesellschaft,
    b) ein Angestellter der Verwaltungsgesellschaft sowie jede andere natürliche Person, deren Dienste der Verwaltungsgesellschaft zur Verfügung gestellt und von dieser

kontrolliert werden und die an der von der Verwaltungsgesellschaft erbrachten kollektiven Portfolioverwaltung beteiligt ist, oder
   c) eine natürliche Person, die im Rahmen einer Vereinbarung zur Übertragung von Aufgaben an Dritte unmittelbar an der Erbringung von Dienstleistungen für die Verwaltungsgesellschaft beteiligt ist, welche der Verwaltungsgesellschaft die kollektive Portfolioverwaltung ermöglichen;
22. Geschäftsleitung: die Personen, die die Geschäfte einer Verwaltungsgesellschaft gemäß § 6 Abs. 2 Z 10 tatsächlich führen;
23. Aufsichtsfunktion: relevante Person, Stelle oder Stellen, die für die Beaufsichtigung der Geschäftsleitung und für die Bewertung und regelmäßige Überprüfung der Angemessenheit und Wirksamkeit des Risikomanagement-Prozesses und der Grundsätze, Vorkehrungen und Verfahren, die zur Erfüllung der in diesem Bundesgesetz festgelegten Pflichten eingeführt wurden, zuständig ist oder sind;
24. Kontrahentenrisiko: das Verlustrisiko für den OGAW, das aus der Tatsache resultiert, dass die Gegenpartei eines Geschäfts vor der Schlussabrechnung des mit dem Geschäft verbundenen Cashflows ihren Verpflichtungen möglicherweise nicht nachkommen kann;
25. Liquiditätsrisiko: das Risiko, dass eine Position im OGAW-Portfolio nicht innerhalb hinreichend kurzer Zeit mit begrenzten Kosten veräußert, liquidiert oder geschlossen werden kann und dass dies die Fähigkeit des OGAW, der Rücknahme- und Auszahlungsverpflichtung gemäß § 55 Abs. 2 jederzeit nachzukommen, beeinträchtigt;
26. Marktrisiko: das Verlustrisiko für den OGAW, das aus Schwankungen beim Marktwert von Positionen im OGAW-Portfolio resultiert, die auf Veränderungen bei Marktvariablen, wie Zinssätzen, Wechselkursen, Aktien- und Rohstoffpreisen, oder bei der Bonität eines Emittenten zurückzuführen sind;
27. operationelles Risiko: das Verlustrisiko für den OGAW, das aus unzureichenden internen Prozessen sowie aus menschlichem oder Systemversagen bei der Verwaltungsgesellschaft oder aus externen Ereignissen resultiert und Rechts- und Dokumentationsrisiken sowie Risiken, die aus den für den OGAW betriebenen Handels-, Abrechnungs- und Bewertungsverfahren resultieren, einschließt;
28. Neugewichtung des Portfolios: eine signifikante Änderung der Zusammensetzung des Portfolios eines OGAW;
29. synthetische Risiko- und Ertragsindikatoren: synthetische Indikatoren im Sinne von Artikel 8 der Verordnung (EU) Nr. 583/2010;
30. Investmentfonds: OGAW und AIF gemäß Z 31 lit. a und c unabhängig von ihrer Rechtsform;
31. Alternative Investmentfonds (AIF): Organismen für gemeinsame Anlagen, die entweder
   a) gemäß dem 3. Teil 1. Hauptstück als Sondervermögen gebildet werden und bewilligt sind, in gleiche, in Wertpapieren verkörperte Anteile zerfallen und im Miteigentum der Anteilinhaber stehen; oder
   b) Immobilien-Investmentfonds gemäß dem Immobilien-Investmentfondsgesetz – ImmoInvFG (BGBl. I 80/2003) sind; oder
   c) Investmentfonds, die keine OGAW sind und gemäß dem 3. Teil 2. Hauptstück zum Vertrieb in Österreich zugelassen sind;
32. Indexfonds: ein OGAW, dessen Fondsbestimmungen ausdrücklich vorsehen, als Ziel seiner Anlagestrategie einen bestimmten, von der Finanzmarktaufsichtsbehörde (FMA) anerkannten Aktien- oder Schuldtitelindex nachzubilden;

33. Kundeninformationsdokument (KID): Dokument mit wesentlichen Anlegerinformationen gemäß Art. 3 der Verordnung (EU) Nr. 583/2010.

EB zu § 3:

Setzt Art. 2 der Richtlinie 2009/65/EG, Art. 3 der Richtlinie 2010/43/EU und Art. 2 der Richtlinie 2010/44/EU um und legt die für dieses Bundesgesetz zentralen Begriffsdefinitionen fest.

EB zu § 3 Abs. 1:

Diese Bestimmung übernimmt zum einen den Regelungsinhalt des § 1a Abs. 1 InvFG 1993 und normiert, dass für sämtliche nicht eigens definierte Begriffe grundsätzlich das BWG maßgeblich ist. Zum anderen wird auch der Bezug zu den anderen relevanten Finanzmarktgesetzen hergestellt – im Rahmen des Prospektrechtes und des öffentlichen Angebotes gelten subsidiär die Begriffe und Auslegungen des KMG, insbesondere auch der dort allerdings nicht näher definierte Begriff des Publikums, im Rahmen des Vertriebes von Anteilen an Investmentfonds und Alternativen Investmentfonds gelten subsidiär die Bestimmungen des WAG 2007.

EB zu § 3 Abs. 2:

In diesem Absatz werden die einzelnen Begriffe grundsätzlich definiert.

EB zu § 3 Abs. 2 Z 1:

Setzt Art. 2 Abs. 1 Buchstabe b in Verbindung mit Abs. 2 der Richtlinie 2009/65/EG um. Die Definition der Verwaltungsgesellschaft wurde im Vergleich zu § 1a Abs. 2 Z 1 InvFG 1993 inhaltlich nicht geändert, und bezieht sich sowohl auf Verwaltungsgesellschaften, die in Österreich zur Verwaltung von OGAW oder Alternativen Investmentfonds zugelassen sind, als auch auf solche die in Mitgliedstaaten zur Verwaltung von OGAW oder Alternativen Investmentfonds zugelassen sind oder zur Verwaltung von Alternativen Investmentfonds in Drittstaaten. Die Verwaltungsgesellschaft definiert sich über ihre Tätigkeit, wobei diese in Z 2 näher umschrieben ist. Eine Verwaltungsgesellschaft darf auch nicht EU-rechtlich harmonisierte Investmentfonds, die im 3. Teil dieses Bundesgesetzes geregelt sind, verwalten, sofern dies von ihrer Konzession umfasst ist; auf diese Fallkonstellation bezieht sich das Wort „gegebenenfalls“.

EB zu § 3 Abs. 2 Z 2:

Setzt Art. 2 Abs. 2 der Richtlinie 2009/65/EG um. Die reguläre Tätigkeit einer Verwaltungsgesellschaft besteht in der gemeinsamen Portfolioverwaltung, wobei diese sowohl die Anlageverwaltung im engeren Sinn als auch administrative Aspekte wie Rechnungslegung, Bewertung, Ausgabe und Rücknahme von Anteilen, Führung von Aufzeichnungen, Kommunikation mit und Information der Kunden sowie den Vertrieb der eigenen Fondsanteile umfasst, wobei auch schon die Erbringung einzelner Elemente davon ausreichend ist, dass von einer regulären Tätigkeit als Verwaltungsgesellschaft ausgegangen werden kann. So muss eine Verwaltungsgesellschaft nicht notwendigerweise die Fondsanteile, der von ihr verwalteten Fonds selbst vertreiben, ebenso ist eine Auslagerung einzelner anderer Tätigkeiten denkbar und zulässig. Kernaufgabe muss aber die gemeinsame Portfolioverwaltung sein. Der Begriff der gemeinsamen Portfolioverwaltung wird in Z 3 definiert.

EB zu § 3 Abs. 2 Z 3:

*Die „***gemeinsame*** Portfolioverwaltung“ ist gemäß Art. 2 Abs. 1 Buchstabe b in Verbindung mit Anhang II der Richtlinie 2009/65/EG Kern der Tätigkeit einer Verwaltungsgesellschaft und dieser vorbehalten. Die (individuelle) Portfolioverwaltung, bei der Port-*

folios auf Einzelkundenbasis aufgrund einer Vollmacht des Kunden verwaltet werden (§ 1 Z 2 lit. d WAG 2007), kann demgegenüber auch von Kreditinstituten (§ 1 Abs. 3 BWG), von Wertpapierfirmen (§ 3 Abs. 2 Z 2 WAG 2007) und auch von Verwaltungsgesellschaften (Art. 6 Abs. 3 Buchstabe a der Richtlinie 2009/65/EG – siehe auch § 5 Abs. 2 Z 3) neben anderen Tätigkeiten erbracht werden. Im Unterschied zur „individuellen Portfolioverwaltung", auch oftmals bloß als „Portfolioverwaltung" bezeichnet, wird bei der gemeinsamen Portfolioverwaltung nicht bloß das Vermögen eines einzelnen Kunden auf individueller Basis, sondern einer Gruppe von Personen auf gemeinsame Rechnung verwaltet und dabei die Kundengelder auch nicht aufgrund einer individuell vereinbarten Vollmacht, sondern aufgrund einer vorab festgelegten Satzung oder Fondsbestimmungen veranlagt. Um Unklarheiten im Hinblick auf die Portfolioverwaltung zu vermeiden, wird daher die gemeinsame Portfolioverwaltung eigens definiert.

EB zu § 3 Abs. 2 Z 4:

Setzt Art. 1 Abs. 3 Buchstabe b der Richtlinie 2009/65/EG und Art. 3 Nummer 2 der Richtlinie 2010/43/EU um. Bezugnahmen in diesem Bundesgesetz auf Anteilinhaber von OGAW beziehen sich auf Inhaber von Anteilen an OGAW, die in der vertraglichen Form errichtet wurden, sofern es sich um in Österreich bewilligte OGAW handelt, als auch auf Inhaber von Anteilen an OGAW in einer anderen Rechtsform, sofern es sich um in einem anderen Mitgliedstaat bewilligte OGAW handelt.

EB zu § 3 Abs. 2 Z 5:

Setzt Art. 2 Abs. 1 Buchstabe a der Richtlinie 2009/65/EG um. Die Verwahrstelle „verwahrt" das Vermögen des Investmentfonds und hat Kraft Gesetzes eine gewisse Überwachungsfunktion gegenüber der Verwaltungsgesellschaft. Während als Verwahrstelle in Österreich nur eine Depotbank (siehe dazu § 41) in Frage kommt, kann die Funktion der Verwahrstelle in anderen Mitgliedstaaten auch eine andere Einrichtung übernehmen, solange sie die Bedingungen der Art. 22 bis 26 oder 32 bis 36 der Richtlinie 2009/65/EG erfüllt. Die Verwahrstelle muss aber ihren Sitz jedenfalls im selben Mitgliedstaat wie der OGAW (Herkunftmitgliedstaat des OGAW – siehe Z 8) haben. Eine Verwaltungsgesellschaft mit Sitz in Österreich kann durchaus einen in einem anderen Mitgliedstaat aufgelegten OGAW verwalten. Die Anforderungen an die Eigenschaften der Verwahrstelle richten sich dann nach dem Herkunftsmitgliedstaat des OGAW und subsidiär nach denen der Richtlinie. Der Begriff der Verwahrstelle ist daher an manchen Stellen unter Bedachtnahme auf dergleichen Sachverhalte sinnvoll als weiterer Überbegriff, der sowohl die Depotbank als auch Verwahrstellen in anderen Mitgliedstaaten umfasst. Ebenso ist in diesem Zusammenhang der Verweis auf die einschlägigen Richtlinienbestimmungen geeigneter als auf die Gesetzesbestimmungen.

EB zu § 3 Abs. 2 Z 6:

Setzt Art. 2 Abs. 1 Buchstabe c der Richtlinie 2009/65/EG um. Um Auslegungsschwierigkeiten zu vermeiden, wird diese Definition aus der Richtlinie übernommen. Der „sinngemäße" Pauschalverweis auf § 2 Z 6 lit. a BWG (Definition des Herkunftmitgliedstaates für Kreditinstitute) erscheint aufgrund der eigenständigen Regelung in der Richtlinie 2009/65/EG unzweckmäßig. Selbst angesichts der Tatsache, dass Verwaltungsgesellschaften in Österreich einer Konzession als Kreditinstitut, eingeschränkt auf die Geschäftstätigkeiten nach diesem Bundesgesetz bedürfen, ist ein Verweis auf das BWG (gemäß Abs. 1) nicht ausreichend, zum einen weil das InvFG 2011 grundsätzlich die speziellere Norm ist und zum anderen, weil der Begriff Herkunftsmitgliedstaat der Verwaltungsgesellschaft auch für Verwaltungsgesellschaften in anderen Mitgliedstaaten (siehe beispielsweise die Bestimmungen über die Dienst- und Niederlassungsfreiheit) relevant ist.

EB zu § 3 Abs. 2 Z 7:

Setzt Art. 2 Abs. 1 Buchstabe d der Richtlinie 2009/65/EG um.

EB zu § 3 Abs. 2 Z 8:

Setzt Art. 2 Abs. 1 Buchstabe e der Richtlinie 2009/65/EG um. Anders als bei der Verwaltungsgesellschaft wird beim OGAW nicht auf den Sitz, sondern auf den Staat der Bewilligung abgestellt. Damit wird einerseits der Tatsache Rechnung getragen, dass „vertragliche" Investmentfonds (siehe dazu die Erläuterungen zu § 2 Abs. 1 am Ende) grundsätzlich keine Rechtspersönlichkeit und daher auch keinen Sitz haben. Nichts desto Trotz kommt es nach den einschlägigen Bestimmungen (§ 50 beziehungsweise Art. 5 der Richtlinie 2009/65/EG) auf den Mitgliedstaat an, in dem der Fonds „domiziliert" – also aufgelegt und von der zuständigen Aufsichtsbehörde bewilligt - ist. Auf den Sitz der Verwaltungsgesellschaft eines OGAW wird im Gegensatz zu Art. 1a Abs. 5 der Richtlinie 85/611/EG in der Fassung der Richtlinie 2008/18/EG und zu § 1a Abs. 2 Z 4 lit. a InvFG 1993 nicht mehr abgestellt, da die Verwaltungsgesellschaft auch einen OGAW, der in einem anderen Mitgliedstaat „ansässig" und bewilligt ist, verwalten darf.

EB zu § 3 Abs. 2 Z 9:

Setzt Art. 2 Abs. 1 Buchstabe f der Richtlinie 2009/65/EG um.

EB zu § 3 Abs. 2 Z 10:

Setzt Art. 2 Abs. 1 Buchstabe g und Abs. 3 der Richtlinie 2009/65/EG um.

EB zu § 3 Abs. 2 Z 11:

Setzt Art. 2 Abs. 1 Buchstabe h der Richtlinie 2009/65/EG um.

EB zu § 3 Abs. 2 Z 12:

Setzt Art. 2 Abs. 1 Buchstabe m der Richtlinie 2009/65/EG um. Die Definition entspricht grundsätzlich der des Art. 2 Nummer 2 der Richtlinie 2006/73/EG und § 1 Z 28 WAG 2007, wobei allerdings dem Regelungszweck dieses Bundesgesetzes entsprechend, nicht auf den Kunden, sondern auf den Anleger abgestellt wird. Von einem bloßen Verweis auf das WAG 2007 wird daher abgesehen, insbesondere auch unter Bedachtnahme auf den Fall, dass sich die Richtlinienvorgaben für dieses Bundesgesetz einerseits und das WAG 2007 andererseits in Zukunft einmal inhaltlich ändern könnten.

EB zu § 3 Abs. 2 Z 13:

Setzt Art. 2 Abs. 1 Buchstabe n in Verbindung mit Abs. 7 der Richtlinie 2009/65/EG um und entspricht § 1a Abs. 2 Z 7 InvFG 1993.

EB zu § 3 Abs. 2 Z 14:

Setzt Art. 2 Abs. 1 Buchstabe o der Richtlinie 2009/65/EG um und entspricht § 1a Abs. 2 Z 6 InvFG 1993.

EB zu § 3 Abs. 2 Z 15:

Setzt Art. 2 Abs. 1 Buchstabe p der Richtlinie 2009/65/EG um. Die Richtlinie definiert drei verschiedene Formen der Verschmelzung unabhängig von der Rechtsform der zu fusionierenden OGAW, aber abhängig von der Art der Zusammenführung der Vermögen. Diese Verfahren werden in dieser Bestimmung umschrieben. Daneben ist für rein innerstaatliche Verschmelzungen auch das Verfahren gemäß § 127 zulässig.

EB zu § 3 Abs. 2 Z 15 lit. a:

Setzt Art. 2 Abs. 1 Buchstabe p Nummer i der Richtlinie 2009/65/EG um. Die Bruttoverschmelzung durch Aufnahme sieht vor, dass sowohl Aktiva als auch Verbindlichkeiten des übertragenden OGAW auf einen bestehenden übernehmenden OGAW übertragen werden. Diese Form der Fondsverschmelzung kannte bereits das InvFG 1993 (§ 3 Abs. 2 – „übertragende Übernahme").

EB zu § 3 Abs. 2 Z 15 lit. b:

Setzt Art. 2 Abs. 1 Buchstabe p Nummer ii der Richtlinie 2009/65/EG um. Die Bruttoverschmelzung durch Neubildung sieht vor, dass sowohl Aktiva als auch Verbindlichkeiten von zwei oder mehreren übertragenden OGAW auf einen neu gebildeten übernehmenden OGAW übertragen werden. Dies entspricht der „Neubildung" gemäß § 3 Abs. 2 InvFG 1993.

EB zu § 3 Abs. 2 Z 15 lit. c:

Setzt Art. 2 Abs. 1 Buchstabe p Nummer iii der Richtlinie 2009/65/EG um. Im Rahmen einer Nettoverschmelzung werden nur die Aktiva von zwei oder mehreren OGAW auf einen bestehenden oder neu zu bildenden OGAW übertragen, nicht aber die Verbindlichkeiten. Unter Verbindlichkeiten sind alle bestehenden Verbindlichkeiten zu verstehen, insbesondere Steuern und Gehälter.

EB zu § 3 Abs. 2 Z 16:

Setzt Art. 2 Abs. 1 Buchstabe q der Richtlinie 2009/65/EG um.

EB zu § 3 Abs. 2 Z 17:

Setzt Art. 2 Abs. 1 Buchstabe r der Richtlinie 2009/65/EG um.

EB zu § 3 Abs. 2 Z 18:

Der Begriff der Anteilscheine wird in Entsprechung von § 5 Abs. 1 InvFG 1993 zunächst grundsätzlich definiert und auch zu anderen Rechtsakten und Begriffen wie insbesondere den Finanzinstrumenten nach dem WAG 2007 in Bezug gesetzt (so auch Erwägungsgrund 7 der Richtlinie 2009/65/EG).

EB zu § 3 Abs. 2 Z 19:

Der Begriff Kapitalanlagefonds wird aus dem InvFG 1993 als Überbegriff für sämtliche, in der Rechtsform eines Sondervermögens errichtete OGAW sowie sämtliche in diesem Bundesgesetz geregelte Investmentfonds (einschließlich der AIF gemäß Z 31 lit. c) übernommen. Ein OGAW kann daher, muss aber nicht ein Kapitalanlagefonds sein. Umgekehrt sind die im 3. Teil dieses Bundesgesetzes geregelten alternativen Investmentfonds, da sie in der Rechtsform eines Sondervermögens aufgelegt sind, auch Kapitalanlagefonds.

EB zu § 3 Abs. 2 Z 20:

Setzt Art. 3 Nummer 1 der Richtlinie 2010/43/EU um.

EB zu § 3 Abs. 2 Z 21:

Setzt Art. 3 Nummer 3 der Richtlinie 2010/43/EU um. Ähnlich wie im WAG 2007 werden relevante Personen definiert, die im Zusammenhang mit Interessenkollisionen zu beachten sind. Da die Aufgaben einer Verwaltungsgesellschaft sich zwar mit der einer Wertpapierfirma überschneiden, aber nicht decken, wurde weder in der Richtlinie 2010/43/EU noch in dieser Gesetzesbestimmung auf die Richtlinie 2006/73/EG oder das WAG 2007 verwiesen. Der Regelungszweck ist zwar der gleiche wie im WAG 2007, der Personenkreis aber nicht deckungsgleich.

EB zu § 3 Abs. 2 Z 22:

Setzt Art. 3 Nummer 4, 5 und den Schlussteil des Art. 3 der Richtlinie 2010/43/EU um. Die Geschäftsleitung einer Verwaltungsgesellschaft mit Sitz in Österreich ist bei einer AG der Vorstand. Von diesem Begriff ist auch der in der Richtlinie definierte Begriff des „Leitungs- oder Verwaltungsorgans" erfasst, sodass eine gesonderte Anführung nicht erforderlich ist. Das Leitungsorgan umfasst bei österreichischen Aktiengesellschaften nur den Vorstand, nicht auch den Aufsichtsrat, in Rechtsordnungen, nach deren Gesellschaftsrecht keine duale Struktur für Aufsicht und Geschäftsführung vorgesehen ist, sind allerdings sämtliche Mitglieder des „Verwaltungsrates" erfasst, gleichgültig ob diese mit der täglichen Geschäftsführung betraut sind oder nicht.

EB zu § 3 Abs. 2 Z 23:

Setzt Art. 3 Nummer 6 der Richtlinie 2010/43/EU um. Die Aufsichtsfunktion wird bei einer Verwaltungsgesellschaft mit Sitz in Österreich regelmäßig vom Aufsichtsrat und dessen Unterausschüssen ausgeübt.

EB zu § 3 Abs. 2 Z 24:

Setzt Art. 3 Nummer 7 der Richtlinie 2010/43/EU um. Das Verlustrisiko des OGAW, dass die Gegenpartei möglicherweise nicht dem Geschäft nachkommen kann, ist spezifisch für das Geschäft der gemeinsamen Portfolioverwaltung definiert. Zwar gibt es gemäß Anhang V Punkt 3 der Richtlinie 2006/48/EG ein Gegenparteirisiko, das den Kreditausfall bei Kreditnehmern von Kreditinstituten zum Gegenstand hat (siehe auch § 216 der Solvabilitätsverordnung, BGBl. II Nr. 253/2007), jedoch werden in diesem Bundesgesetz – siehe insbesondere auch § 91 – die für OGAW spezifischen Verfahren diesbezüglich festgelegt.

EB zu § 3 Abs. 2 Z 25:

Setzt Art. 3 Nummer 8 der Richtlinie 2010/43/EU um. Das Liquiditätsrisiko im Hinblick auf OGAW ist von ähnlichen Regelungen in anderen Bundesgesetzen (§ 25 BWG, § 6 Immobilienfonds-Prospektinhalt-Verordnung, BGBl. II Nr. 314/2008) zu unterscheiden – zu den für OGAW spezifischen Verfahren für das Liquiditätsrisikomanagement siehe §§ 88.

EB zu § 3 Abs. 2 Z 26:

Setzt Art. 3 Nummer 9 der Richtlinie 2010/43/EU um. Das Marktrisiko ist für OGAW spezifisch definiert und von ähnlichen Regelungen in anderen Bundesgesetzen (§ 2 Z 57e BWG, § 6 Immobilienfonds-Prospektinhalt-Verordnung) zu unterscheiden – zu den für OGAW spezifischen Verfahren siehe §§ 86 folgende.

EB zu § 3 Abs. 2 Z 27:

Setzt Art. 3 Nummer 10 der Richtlinie 2010/43/EU um. Das operationelle Risiko ist für OGAW spezifisch definiert und von ähnlichen Regelungen in anderen Bundesgesetzen (§ 2 Z 57d, § 22i BWG) zu unterscheiden.

EB zu § 3 Abs. 2 Z 28:

Setzt Art. 2 Abs. 1 der Richtlinie 2010/44/EU um. Der Begriff der „Neugewichtung" wird in Anlehnung an den im englischen Richtlinientext verwendeten Begriff „rebalancing" verwendet. Die deutschsprachige Fassung der Richtlinie verwendet stattdessen den Begriff der Neuordnung, der in dem Zusammenhang aber zu wenig aussagekräftig ist.

EB zu § 3 Abs. 2 Z 29:

Setzt Art. 2 Abs. 2 der Richtlinie 2010/44/EU um.

EB zu § 3 Abs. 2 Z 30:

Während der Begriff OGAW richtlinienkonforme Sondervermögen und Investmentgesellschaften umfasst und der Begriff des Kapitalanlagefonds als Sondervermögen aufgelegte OGAW und gemäß dem 3. Teil dieses Bundesgesetzes geregelte Investmentfonds umschreibt, umfasst der Begriff Investmentfonds sowohl OGAW unabhängig von deren Rechtsform, „Investmentfonds", die nach dem 3. Teil dieses Bundesgesetzes aufgelegt werden, und auch „Investmentfonds" zur gemeinsamen Vermögensveranlagung aus anderen Mitgliedstaaten oder aus Drittstaaten.

EB zu § 3 Abs. 2 Z 31:

Der Begriff der Alternativen Investmentfonds (AIF) wird als Sammelbegriff für alle nicht EU-rechtlich harmonisierten Investmentfonds, die in Österreich vertrieben werden dürfen, eingeführt. Unter diesen Begriff fallen zum einen sämtliche in Österreich derzeit regulierte Investmentfonds einschließlich der Immobilien-Investmentfonds sowie die aus anderen Mitgliedstaaten oder Drittstaaten zum Vertrieb in Österreich zugelassenen Investmentfonds. Im Unterschied zum künftigen Anwendungsbereich der Richtlinie für Alternative Investmentfondsmanager umfasst der Begriff der Alternativen Investmentfonds derzeit keine in Österreich aufgelegten Fonds des geschlossenen Typs.

EB zu § 3 Abs. 2 Z 32:

Die Definition von Indexfonds entspricht inhaltlich der des § 20b InvFG 1993.

EB zu § 3 Abs. 2 Z 33:

Der englische Begriff für das Kundeninformationsdokument lautet „Key Investor Information Document" – „KID". In der deutschen Übersetzung der Richtlinie 2009/65/EG und der Verordnung (EU) 583/2010 wird dies mit „Wesentliche Anlegerinformationen" oder „Dokument mit wesentlichen Anlegerinformationen" übersetzt. Da aber „KID" die EU-weit verbreitete schlagwortartige Abkürzung sein wird, wird für die Zwecke dieses Bundesgesetzes eine mit dieser Abkürzung und dem Regelungszweck konvergierende Definition eingeführt.

Ausnahmen

§ 4. Dürfen die Anteile gemäß den Fondsbestimmungen oder der Satzung nur an das Publikum in Drittstaaten vertrieben werden, oder die Anteile nicht an das Publikum in Österreich oder in anderen Mitgliedstaaten vertrieben werden, so findet der 2. Teil dieses Bundesgesetzes keine Anwendung.

EB zu § 4:

Setzt Art. 3 der Richtlinie 2009/65/EG um. Bestimmte Organismen zur gemeinsamen Vermögensveranlagung sind entweder nicht als OGAW zu qualifizieren und profitieren daher nicht von der Möglichkeit des „EU-Passes", also des erleichterten Vertriebes in anderen Mitgliedstaaten oder sie unterliegen überhaupt nicht den Bestimmungen dieses Bundesgesetzes. Die Bestimmung dient der leichteren Abgrenzung. Konstrukte, die die Definition des § 2 nicht erfüllen, fallen nicht unter dieses Bundesgesetz.

2. Teil
Verwaltung und Beaufsichtigung von OGAW

EB zum 2. Teil („OGAW"):

In diesem Teil werden sämtliche „OGAW-spezifischen" Bestimmungen geregelt, die die Richtlinie 2009/65/EG und die Richtlinien 2010/43/EU und 2010/44/EU vorsehen. Einzig die Übergangs- und Schlussbestimmungen sowie die Sanktionen und die Bestimmung über den Bezeichnungsschutz finden sich im 5. Teil, der sich auch auf die Investmentfonds, die im 3. Teil geregelt sind, bezieht.

1. Hauptstück
Verwaltungsgesellschaften

EB zum 1. Hauptstück:

In diesem Hauptstück werden die Zulassung, die Niederlassungs- und Dienstleistungsfreiheit von Verwaltungsgesellschaften und die laufenden Aufsichtsanforderungen an Verwaltungsgesellschaften geregelt.

1. Abschnitt
Bedingungen für die Aufnahme der Tätigkeit

EB zum 1. Abschnitt:

Im ersten Abschnitt werden die Konzessionsanforderungen und das Konzessionsverfahren geregelt. Die Systematik orientiert sich zum einen an der Richtlinie 2009/65/EG und zum anderen an anderen Gesetzen der österreichischen Finanzmarktregulierung wie dem BWG, WAG 2007 oder dem ZaDiG.

Erfordernis und Umfang der Konzession

§ 5. (1) Die Erbringung der Tätigkeiten einer Verwaltungsgesellschaft mit Sitz im Inland bedarf der Konzession gemäß § 1 Abs. 1 Z 13 BWG in Verbindung mit § 6 Abs. 2 dieses Bundesgesetzes durch die FMA. Eine Verwaltungsgesellschaft darf außer den in Abs. 2 genannten Tätigkeiten und Geschäften, die zur Anlage des eigenen Vermögens erforderlich sind, sowie den Tätigkeiten, die in unmittelbarem Zusammenhang mit dem Konzessionserfordernis stehen, keine anderen Tätigkeiten ausüben.

(2) Eine Verwaltungsgesellschaft darf folgende Tätigkeiten ausüben:

1. Die Verwaltung von OGAW im Rahmen der kollektiven Portfolioverwaltung, die folgende Tätigkeiten einschließt:
   a) Anlageverwaltung;
   b) Administrative Tätigkeiten,
      aa) gesetzlich vorgeschriebene und im Rahmen der Fondsverwaltung vorgeschriebene Rechnungslegungsdienstleistungen,
      bb) Kundenanfragen,
      cc) Bewertung und Preisfestsetzung (einschließlich Steuererklärungen),
      dd) Überwachung der Einhaltung der Rechtsvorschriften,
      ee) Führung des Anteilinhaberregisters,
      ff) Gewinnausschüttung,

gg) Ausgabe und Rücknahme von Anteilen,
hh) Kontraktabrechnungen (einschließlich Versand der Zertifikate),
ii) Führung von Aufzeichnungen;

c) Vertrieb;

2. zusätzlich zur Verwaltung von OGAW gemäß Z 1 die Verwaltung von AIF gemäß § 3 Abs. 2 Z 31 lit. a, sofern die Verwaltungsgesellschaft diesbezüglich der Aufsicht der FMA unterliegt;
3. zusätzlich zur Verwaltung von OGAW gemäß Z 1 die individuelle Verwaltung von Portfolios – einschließlich der Portfolios von Pensionsfonds – mit einem Ermessensspielraum im Rahmen des Mandats der Anleger, sofern die betreffenden Portfolios eines oder mehrere der im Anhang I Abschnitt C der Richtlinie 2004/39/EG genannten Instrumente enthalten (§ 3 Abs. 2 Z 2 WAG 2007);
4. folgende Nebentätigkeiten:
   a) Anlageberatung in Bezug auf eines oder mehrere der im Anhang I Abschnitt C der Richtlinie 2004/39/EG genannten Instrumente;
   b) Verwahrung und technische Verwaltung in Bezug auf die Anteile von OGAW.

(3) Die ausschließliche Erbringung von Dienstleistungen gemäß Abs. 2 Z 3 und 4 oder die Erbringung von Nebendienstleistungen gemäß Abs. 2 Z 4, ohne Berechtigung zur Erbringung von Dienstleistungen gemäß Abs. 2 Z 3 ist im Rahmen der Konzession als Verwaltungsgesellschaft nicht zulässig. § 1 Abs. 3 BWG gilt für Verwaltungsgesellschaften nicht.

(4) Die unter Abs. 2 Z 3 und 4 angeführten Dienstleistungen beziehen sich nicht auf Dienstleistungen, die von einer Gegenpartei dem Staat, der Zentralbank eines Mitgliedstaates oder anderen nationalen Einrichtungen mit ähnlichen Aufgaben im Rahmen der Geld-, Wechselkurs-, Staatsschuld- oder Reservepolitik des betreffenden Mitgliedstaates erbracht werden.

(5) Verwaltungsgesellschaften, die ausschließlich von der FMA bewilligte OGAW und gegebenenfalls AIF verwalten, können Aufgaben gemäß Abs. 2 Z 1 lit. b sublit. cc bis hh an die Depotbank übertragen, wenn dies im Prospekt vorgesehen ist.

EB zu § 5:

Setzt Art. 6 der Richtlinie 2009/65/EG um und entspricht inhaltlich § 2 Abs. 1 und 2 InvFG 1993. Die Bestimmung stellt klar, das die Erbringung von Tätigkeiten einer Verwaltungsgesellschaft wie die gemeinsame Verwaltung von Portfolios im Inland einer Konzession der FMA bedarf. Durch die Konzessionierung und daraus resultierende laufende Beaufsichtigung durch die FMA soll der Anlegerschutz und die Solvabilität der Verwaltungsgesellschaft sichergestellt werden und somit zur Stabilität des Finanzsystems beitragen (so auch Erwägungsgrund 8 der Richtlinie 2009/65/EG). Neben dieser Kerntätigkeit ist auch die Erbringung bestimmter „verwandter" Tätigkeiten wie die Verwaltung von AIF oder die individuelle Portfolioverwaltung und die Anlageberatung sowie damit verbundene Nebentätigkeiten zulässig. Erbringt ein Unternehmen nur die letztgenannten Tätigkeiten, so muss es um eine Konzession nach dem BWG oder dem WAG 20007 (§ 3 Wertpapierfirma) ansuchen. Die Anforderungen, die eine Verwaltungsgesellschaft zur Erlangung einer Konzession im jeweiligen Umfang erfüllen muss, werden in den §§ 6 und 7 geregelt.

EB zu § 5 Abs. 1:

Setzt Art. 6 Abs. 1 und 2 Art. 7 Abs. 4 der Richtlinie 2009/65/EG um. Zur Erbringung der Tätigkeiten einer Verwaltungsgesellschaft im Inland ist eine Konzession der FMA er-

forderlich. Umgekehrt folgt daraus, dass die Verwaltungsgesellschaft unmittelbar nach Konzessionserteilung ihre Tätigkeit aufnehmen kann.

EB zu § 5 Abs. 2:

Setzt Art. 6 Abs. 2 und 3 der Richtlinie 2009/65/EG um.

EB zu § 5 Abs. 2 Z 1:

Setzt Art. 6 Abs. 2 erster Satz und Unterabs. 2 in Verbindung mit Anhang II der Richtlinie 2009/65/EG um. Die gemeinsame Portfolioverwaltung von OGAW ist die Kerntätigkeit einer Verwaltungsgesellschaft. Sie umfasst sämtliche der in lit. a und b aufgezählten Tätigkeiten. Inwieweit diese Tätigkeiten ausgelagert werden können, wird in § 28 geregelt.

EB zu § 5 Abs. 2 Z 1 lit. c:

Vom Begriff des „Vertriebes" erfasst ist sowohl der Vertrieb von Anteilen, die nach den Vorschriften des InvFG 2011 ausgegeben werden als auch von Anteilen, die zum öffentlichen Vertrieb im Inland zugelassen sind. Auf den Vertrieb von Anteilen, die nicht von der Verwaltungsgesellschaft selbst verwaltet werden oder keine OGAW im Sinne der Richtlinie 2009/65/EG sind, sind weiters die §§ 36, 38 bis 59 sowie 61 bis 66 WAG 2007 anzuwenden.

EB zu § 5 Abs. 2 Z 2:

Setzt Art. 6 Abs. 2 2. Satz der Richtlinie 2009/65/EG um. Die Verwaltungsgesellschaft ist weiters zur gemeinsamen Portfolioverwaltung von nicht im Rahmen der Richtlinie 2009/65/EG harmonisierten Investmentfonds berechtigt, sofern die Verwaltungsgesellschaft hinsichtlich der Verwaltung dieser Investmentfonds der Aufsicht der FMA unterliegt. Zu solchen Fonds zählen insbesondere die im 3. Teil dieses Bundesgesetzes geregelten Fonds. Die Vorschriften über Interessenkonflikte sind dabei besonders zu beachten (so auch Erwägungsgrund 13 der Richtlinie 2009/65/EG). Die Verwaltungsgesellschaft ist nicht zur Verwaltung von Immobilienfonds nach dem Immobilien-Investmentfondsgesetz berechtigt; dieses sieht als lex specialis *eigene Anforderungen für eine Verwaltungsgesellschaft vor (§ 2 Immobilien-Investmentfondsgesetz).*

EB zu § 5 Abs. 2 Z 3:

Setzt Art. 6 Abs. 3 Buchstabe a der Richtlinie 2009/65/EG um. Die Verwaltungsgesellschaft ist weiters zur individuellen Portfolioverwaltung im Sinne von Anhang I Abschnitt A Nummer 4 der Richtlinie 2004/39/EG beziehungsweise im Sinne von § 3 Abs. 2 Z 2 WAG 2007 berechtigt, wobei die individuelle Portfolioverwaltung durch die Verwaltungsgesellschaft insofern präziser gefasst ist, als jene nach der MiFID (Richtlinie 2004/39/EG) oder dem WAG 2007, als die Verwaltungsgesellschaft ausdrücklich auch zur Verwaltung von Pensionsfonds berechtigt ist. Die Vorschriften über Interessenkonflikte sind dabei besonders zu beachten (so auch Erwägungsgrund 13 der Richtlinie 2009/65/EG).

EB zu § 5 Abs. 2 Z 4:

Setzt Art. 6 Abs. 3 Buchstabe b der Richtlinie 2009/65/EG um. Im Rahmen der individuellen Portfolioverwaltung ist die Verwaltungsgesellschaft auch zur Anlageberatung und zur Verwahrung und technischen Verwaltung von OGAW-Anteilen berechtigt.

EB zu § 5 Abs. 3:

Setzt Art. 6 Abs. 3 Schlussteil der Richtlinie 2009/65/EG um.

EB zu § 5 Abs. 4:

Setzt Art. 6 Abs. 4 der Richtlinie 2009/65/EG hinsichtlich des Verweises auf Art. 2

Abs. 2 der Richtlinie 2004/39/EG um und entspricht inhaltlich § 2 Abs. 2 Schlussteil InvFG 1993.

EB zu § 5 Abs. 5:

Die Aufgaben der Ausgabe und Rücknahme der Anteilscheine, der Bewertung und der Gewinnausschüttung wurden gemäß § 23 InvFG 1993 von der Depotbank wahrgenommen. Aufgrund der Einführung des Passes für die Verwaltungsgesellschaft, wonach österreichische Verwaltungsgesellschaften OGAW in anderen Mitgliedstaaten verwalten können und Verwaltungsgesellschaften aus anderen Mitgliedstaaten österreichische OGAW verwalten können, ist jedoch eine nicht mit der Richtlinie übereinstimmende Aufgabenverteilung zwischen Depotbank und Verwaltungsgesellschaft nicht sinnvoll, da dadurch Lücken in der Beaufsichtigung und Doppelgleisigkeiten entstehen können. Um aber einen unnötigen Umstellungsaufwand für Verwaltungsgesellschaften zu vermeiden, die ausschließlich in Österreich tätig sind, das heißt ausschließlich von der FMA bewilligte OGAW – und gegebenenfalls AIF – verwalten, wird eine Möglichkeit zur Weiterführung des bisherigen Systems vorgesehen. Die Haftung der Depotbank gemäß § 43 bleibt von einer solchen Beauftragung unberührt. Die Übertragung der Aufgaben ist nicht als Auslagerung im Sinne von § 28 zu verstehen, sondern es bietet das Gesetz vielmehr die Möglichkeit, die Kompetenzaufteilung vorab durch Regelung im Prospekt anders – nämlich der bisherigen Rechtslage entsprechend – festzulegen.

Konzessionsantrag und Konzessionserteilung

§ 6. (1) Der Antragsteller hat dem Antrag auf Erteilung einer Konzession die in § 4 Abs. 3 Z 1, 2, 4, 5 und 6 BWG genannten Angaben und Unterlagen anzuschließen sowie einen Geschäftsplan, aus dem der organisatorische Aufbau der Verwaltungsgesellschaft, die geplanten Strategien und Verfahren zur Überwachung, Steuerung und Begrenzung der in § 86 Abs. 3 beschriebenen Risken und die Verfahren und Pläne gemäß §§ 86 bis 89 hervorgehen.

(2) Die Konzession ist zu erteilen, wenn:

1. Das Unternehmen als Verwaltungsgesellschaft in der Rechtsform einer Aktiengesellschaft oder Gesellschaft mit beschränkter Haftung betrieben wird;
2. die Aktien der Aktiengesellschaft auf Namen lauten und gemäß der Satzung oder des Gesellschaftsvertrages die Übertragung von Aktien oder Geschäftsanteilen der Zustimmung des Aufsichtsrates der Gesellschaft bedarf;
3. bei Verwaltungsgesellschaften in der Rechtsform der Gesellschaft mit beschränkter Haftung gemäß dem Gesellschaftsvertrag ein Aufsichtsrat zu bestellen ist;
4. bei Verwaltungsgesellschaften in der Rechtsform der Gesellschaft mit beschränkter Haftung das Aufgeld einer besonderen Rücklage zuzuweisen ist, die nur zum Ausgleich von Wertminderungen und zur Deckung von sonstigen Verlusten verwendet werden darf;
5. das Anfangskapital 2,5 Millionen Euro beträgt und den Geschäftsleitern unbeschränkt und ohne Belastung im Inland zur freien Verfügung steht; wenn der Wert des Fondsvermögens der Verwaltungsgesellschaft 250 Millionen Euro überschreitet, muss diese über zusätzliche Eigenmittel (§ 23 Abs. 1 Z 1 und 2 BWG) verfügen. Diese zusätzlichen Eigenmittel müssen wenigstens 0,02 vH des Betrags, um den der Wert der Portfolios der Verwaltungsgesellschaft 250 Millionen Euro übersteigt, betragen. Soweit die auf diese Weise errechneten zusätzlichen Eigenmittel einen Betrag von 2.375.000 Euro

nicht übersteigen, muss jedoch kein zusätzliches Kapital zugeführt werden. Maximal müssen 7,5 Millionen Euro an zusätzlichen Eigenmitteln gehalten werden. Für die Zwecke dieser Bestimmung gelten als Portfolios von der Verwaltungsgesellschaft verwaltete OGAW und AIF im Sinne von § 5 Abs. 2 Z 2 einschließlich Investmentfonds, mit deren Verwaltung sie Dritte beauftragt hat, nicht jedoch Investmentfonds, die sie selbst im Auftrag Dritter verwaltet; die §§ 22 bis 22q, § 23 Abs. 6, § 26, § 26a, § 39a sowie § 103 Z 9 lit. b BWG sind auf Kreditinstitute mit einer Konzession gemäß § 1 Abs. 1 Z 13 BWG nicht anwendbar;

6. mindestens die Hälfte des eingezahlten Grundkapitals oder Stammkapitals mündelsicher angelegt ist;
7. die Verwaltungsgesellschaft auf unbestimmte Zeit errichtet ist;
8. weder ein Geschäftsleiter noch ein Mitglied des Aufsichtsrates der Verwahrstelle Mitglied des Aufsichtsrates der Verwaltungsgesellschaft sind;
9. der Geschäftsleiter oder der Prokurist der Verwaltungsgesellschaft weder ein Geschäftsleiter noch ein Mitglied des Aufsichtsrates noch ein Prokurist der Verwahrstelle ist;
10. sämtliche Geschäftsleiter aufgrund ihrer Vorbildung fachlich geeignet sind und Leitungserfahrung sowie die für den Betrieb einer Verwaltungsgesellschaft erforderliche Erfahrung haben, und mindestens zwei Geschäftsleiter auch in Bezug auf den Typ des von der Verwaltungsgesellschaft verwalteten OGAW über ausreichende praktische und theoretische Erfahrung verfügen;
11. angemessene und wirksame Risikomanagement-Grundsätze, Vorkehrungen, Prozesse und Verfahren gemäß § 86 Abs. 3 vorgesehen sind;
12. im Falle der Erbringung von Tätigkeiten gemäß § 5 Abs. 2 Z 3 oder Z 3 und 4 weiters
    a) das Anfangskapital mindestens in der Höhe des gemäß § 9 Abs. 2 WAG 2007 zu ermittelnden Betrages den Geschäftsleitern unbeschränkt und zur freien Verfügung im Inland zur Verfügung steht;
    b) die Geschäftsleiter zusätzlich zu den Voraussetzungen der Z 10 die Voraussetzungen gemäß § 3 Abs. 5 Z 3 WAG 2007 erfüllen;
    c) die Bedingungen des § 3 Abs. 5 Z 4 WAG 2007 eingehalten werden;
13. sowie die Voraussetzungen des § 5 Abs. 1 Z 2 bis 4a, 6, 7 und 9 bis 14 BWG erfüllt sind.

(3) Die FMA hat dem Antragsteller binnen sechs Monaten nach Eingang des Antrages oder, wenn dieser unvollständig ist, binnen sechs Monaten nach Übermittlung aller für den Bescheid erforderlichen Angaben entweder die Konzession zu erteilen oder die Ablehnung des Antrages mittels Bescheid schriftlich mitzuteilen. Die Konzession ist bei sonstiger Nichtigkeit schriftlich zu erteilen; sie kann mit entsprechenden Bedingungen und Auflagen versehen werden, wobei auch festzulegen ist, inwieweit die Verwaltungsgesellschaft zur Erbringung von Dienstleistungen gemäß § 5 Abs. 2 Z 2 bis 4 berechtigt ist und gegebenenfalls auf welche Arten von OGAW und AIF sich ihre Bewilligung zur kollektiven Portfolioverwaltung erstreckt.

(4) Die §§ 5 Abs. 2 Satz 1 und 3 BWG und § 160 Abs. 1 dieses Bundesgesetzes sind auf das Verfahren zur Erteilung der Konzession anzuwenden.

EB zu § 6:

Setzt Art. 7 und 8 der Richtlinie 2009/65/EG um und übernimmt die Inhalte des § 2 Abs. 3 bis 9 InvFG 1993. Die Konzession der Verwaltungsgesellschaft ist grundsätzlich eine Spezialbankkonzession; daher wird auch bereits in § 5 Abs. 1 auf § 1 Abs. 1 Z 13 BWG verwiesen. Die Konzessionsvoraussetzungen und das Verfahren orientieren sich daher grundsätzlich am BWG. Da jedoch zum einen aus der Richtlinie 2009/65/EG folgend und zum anderen aus der Eigenart dieser Spezialbank sich ergebend diverse von den einschlägigen §§ 4 und 5 BWG abweichende Voraussetzungen gelten und überdies das Zusammenspiel der Bestimmungen aus dem WAG 2007 zu beachten ist, sofern die Verwaltungsgesellschaft auch die Dienste der individuellen Portfolioverwaltung und Anlageberatung erbringt, werden in Abs. 2 zunächst sämtliche der Verwaltungsgesellschaft eigentümlichen Konzessionsvoraussetzungen aufgelistet und am Ende dieser Liste auf die verbleibenden „generellen" Voraussetzungen für Kreditinstitute gemäß BWG verwiesen. Damit soll eine bessere Übersichtlichkeit für die Rechtsanwender erzielt werden. Dasselbe gilt für die dem Konzessionsantrag beizuschließenden Unterlagen und Informationen, die in Abs. 1 geregelt sind. In Abs. 3 werden schließlich die verfahrensrechtlichen Schritte des Konzessionsverfahrens näher beschrieben.

EB zu § 6 Abs. 1:

Setzt Art. 7 Abs. 1 Buchstabe b, c und Abs. 2 Schlussteil sowie Art. 8 Abs. 1 der Richtlinie 2009/65/EG um.

EB zu § 6 Abs. 2:

Setzt Art. 7 Abs. 1 und 2 und Art. 8 Abs. 1 der Richtlinie 2009/65/EG um und übernimmt überdies die Inhalte des § 2 Abs. 3 bis 9 InvFG 1993.

EB zu § 6 Abs. 2 Z 1:

Übernimmt die Inhalte des § 2 Abs. 3 InvFG 1993.

EB zu § 6 Abs. 2 Z 2:

Übernimmt die Inhalte des § 2 Abs. 4 InvFG 1993.

EB zu § 6 Abs. 2 Z 3:

Übernimmt die Inhalte des § 2 Abs. 5 InvFG 1993.

EB zu § 6 Abs. 2 Z 4:

Übernimmt die Inhalte des § 2 Abs. 6 InvFG 1993.

EB zu § 6 Abs. 2 Z 5:

Setzt Art. 7 Abs. 1 Buchstabe a der Richtlinie 2009/65/EG um und übernimmt die Inhalte des § 3 Abs. 4 BWG. Um sicherzustellen, dass eine Verwaltungsgesellschaft in der Lage ist, die sich aus ihrer Tätigkeit ergebenden Verpflichtungen zu erfüllen und somit ihre Stabilität zu gewährleisten, sind ein Anfangskapital und zusätzliche Eigenmittel erforderlich (so auch Erwägungsgrund 9 der Richtlinie 2009/65/EG).

EB zu § 6 Abs. 2 Z 6:

Übernimmt die Inhalte des § 2 Abs. 7 InvFG 1993.

EB zu § 6 Abs. 2 Z 7:

Übernimmt die Inhalte des § 2 Abs. 8 InvFG 1993.

EB zu § 6 Abs. 2 Z 8:

Setzt Art. 25 der Richtlinie 2009/65/EG um und übernimmt die Inhalte des § 2 Abs. 9 erster Satz InvFG 1993.

EB zu § 6 Abs. 2 Z 9:

Setzt Art. 25 der Richtlinie 2009/65/EG um und übernimmt die Inhalte des § 2 Abs. 9 zweiter Satz InvFG 1993.

EB zu § 6 Abs. 2 Z 10:

Setzt Art. 7 Abs. 1 Buchstabe b der Richtlinie 2009/65/EG um. Die fachliche Eignung der Geschäftsleiter muss sich sowohl auf die Leitungsaufgaben als auch auf das fachliche Verständnis erstrecken. Ihrer Verantwortung im Hinblick auf Risikomanagement, Compliance oder Vermeidung von Interessenkonflikten können sie nur bei ausreichendem Sachverstand im Hinblick auf die Portfolioveranlagungsverwaltung und die dabei zu beachtenden Grundsätze und Risken und auch eingesetzten Instrumente und Veranlagungsgegenstände nachkommen. Die fachliche Eignung kann angenommen werden, wenn eine zumindest dreijährige leitende Tätigkeit bei einem Unternehmen vergleichbarer Größe und Geschäftsart nachgewiesen werden kann. Das Vieraugenprinzip soll eine angemessene interne Kontrolle gewährleisten (so auch Erwägungsgrund 10 der Richtlinie 2009/65/EG) und entspricht im Übrigen bereits der Rechtslage nach dem InvFG 1993.

EB zu § 6 Abs. 2 Z 11:

Setzt Art. 39 Abs. 3 der Richtlinie 2010/43/EU um. Auch die Einrichtung geeigneter Risikomanagementverfahren und -prozesse für die Investmentfondsverwaltung ist eine Konzessionsanforderung.

EB zu § 6 Abs. 2 Z 12:

Setzt Art. 6 Abs. 4 der Richtlinie 2009/65/EG im Hinblick auf den Verweis auf Art. 12 und 13 der Richtlinie 2004/39/EG um.

EB zu § 6 Abs. 2 Z 13:

Setzt Art. 7 Abs. 1 Buchstabe d und Abs. 2 sowie Art. 8 Abs. 1 der Richtlinie 2009/65/EG um. Ein wichtiges Kriterium ist auch, dass Sitz und Hauptverwaltung der Verwaltungsgesellschaft in demselben Mitgliedstaat, nämlich dem der Konzessionserteilung liegen. Damit soll die Kontrolle durch den Herkunftmitgliedstaat sichergestellt werden. Die Konzessionserteilung hat daher zu unterbleiben, wenn aus Gegebenheiten wie dem Inhalt des Geschäftsplans, der geographischen Streuung und den tatsächlich ausgeübten Tätigkeiten hervorgeht, dass sich eine Verwaltungsgesellschaft nur für die Konzession in Österreich entschieden hat, um strengeren Vorschriften eines anderen Mitgliedstaates zu entgehen, in dessen Hoheitsgebiet sie den Großteil ihrer Tätigkeiten auszuüben gedenkt (in diesem Sinne auch Erwägungsgründe 18 und 73 der Richtlinie 2009/65/EG).

Im Fall einer Beaufsichtigung der Verwaltungsgesellschaft auf konsolidierter Basis muss für die FMA bereits bei Konzessionserteilung feststellbar sein, welche Behörden für die Aufsicht der Verwaltungsgesellschaft auf konsolidierter Basis zuständig sind (Erwägungsgrund 72 der Richtlinie 2009/65/EG).

EB zu § 6 Abs. 3:

Setzt Art. 6 Abs. 1 und Art. 7 Abs. 3 der Richtlinie 2009/65/EG um. Die Erwähnung des Erfordernisses eines begründeten Bescheides kann unterbleiben, da bereits in § 58 Abs. 2 AVG allgemein das Erfordernis der Begründung ablehnender Bescheide normiert ist. Die Konzession kann auch mit Auflagen und Bedingungen versehen werden. Ausgehend von den fachlichen Kenntnissen der Geschäftsleiter und den organisatorischen Vorkehrungen (insbesondere betreffend das Risikomanagement) sollte im Konzessionsbescheid auch angegeben werden, auf welche Arten von OGAW (beispielsweise Indexfonds, Geldmarktfonds etc.) und gegebenenfalls AIF sich die Bewilligung der Verwaltungsgesellschaft erstreckt. Dabei ist auf die objektiven Fähigkeiten und nicht bloß auf den aktuellen Antrag abzustellen.

Rücknahme und Erlöschen der Konzession

§ 7. (1) Zusätzlich zu den in § 6 BWG erwähnten Gründen hat die FMA die Konzession zurückzunehmen, wenn

1. die für die Erteilung der Konzession erforderlichen Voraussetzungen nicht mehr vorliegen (§ 148 Abs. 7 dieses Bundesgesetzes in Verbindung mit § 70 Abs. 4 Z 3 BWG);
2. die Bestimmungen über die Eigenmittel (§ 8) nicht eingehalten werden;
3. Aufgaben in einer Weise oder einem Umfang an Dritte übertragen werden, dass die Verwaltungsgesellschaft zu einer Briefkastenfirma wird (§ 28 Abs. 2); oder
4. die Verwaltungsgesellschaft sonst in schwerwiegender Weise oder wiederholt gegen dieses Bundesgesetz oder gegen aufgrund der Richtlinie 2009/65/EG erlassene Verordnungen verstoßen hat, wobei auch diesfalls das Verfahren gemäß § 70 Abs. 4 BWG zur Anwendung zu kommen hat.

(2) Im Hinblick auf das Erlöschen der Konzession finden die §§ 7 und 7a BWG Anwendung.

(3) Eine Verwaltungsgesellschaft kann ihre Auflösung nicht beschließen, bevor ihr Recht zur Verwaltung aller OGAW gemäß § 60 geendet hat.

EB zu § 7:

Setzt Art. 7 Abs. 5 der Richtlinie 2009/65/EG um. Da Verwaltungsgesellschaften Sonderkreditinstitute sind, gelten für sie grundsätzlich die Bestimmungen des BWG betreffend Konzessionsrücknahme und Erlöschen der Konzession. Dies wird zur Verdeutlichung auch ausdrücklich vorgesehen. Darüber hinaus sind in der Richtlinie 2009/65/EG bestimmte für die Verwaltungsgesellschaften spezifische Gründe für den Konzessionsentzug vorgesehen, die hier angeführt werden.

EB zu § 7 Abs. 1 Z 1:

Setzt Art. 7 Abs. 5 Buchstabe c und Art. 10 Abs. 1 der Richtlinie 2009/65/EG um. Die Verwaltungsgesellschaft muss die Konzessionsanforderungen auch während des laufenden Betriebes ständig einhalten. Eine Verletzung derselben zieht den Konzessionsentzug nach sich.

EB zu § 7 Abs. 3:

Entspricht § 2 Abs. 8 InvFG 1993.

2. Abschnitt
Bedingungen für die Ausübung der Tätigkeit

EB zum 2. Abschnitt:

Im zweiten Abschnitt werden die laufenden Aufsichtsanforderungen, die zusätzlich zu den Konzessionsanforderungen von der Verwaltungsgesellschaft zu erfüllen sind, geregelt. Darunter fallen sowohl laufende Eigenmittelanforderungen als auch Organisationsanforderungen und Wohlverhaltensregeln.

Die detaillierten Regelungen geben die Durchführungsrichtlinie der Europäischen Kommission (Richtlinie 2010/43/EU) wieder. Der Inhalt ist an jene der Richtlinie 2006/73/EG teilweise angelehnt, daher wurde soweit möglich auch eine Anlehnung an den Text des WAG 2007 vorgenommen. Von einem bloßen Verweis auf die entsprechenden Bestimmungen wurde jedoch abgesehen, weil erstens eine solche Verweistechnik auf EU-Ebene auch nicht gewählt wurde, zweitens im Falle einer Novelle der zugrunde liegenden EU-Richtlinien dies möglicherweise zu einem Auseinanderlaufen der Texte und damit zu einem vermehrten neuerlichen innerstaatlichen legistischen Anpassungsbedarf (WAG 2007 und InvG 2010 anstatt nur eines von beiden) führen würde, und drittens die Richtlinientexte zwar ähnlich, aber nicht ident sind, sondern zum Teil weniger oder mehr oder andere Kriterien im Einzelfall genannt sind und ein kompletter Verweis ohnehin kaum möglich wäre.

Eigenmittel

§ 8. (1) Die Eigenmittel der Verwaltungsgesellschaft dürfen zu keiner Zeit unter den in § 6 Abs. 2 Z 5 genannten Betrag sinken; andernfalls hat die FMA gemäß § 70 Abs. 4 BWG vorzugehen.

(2) Unabhängig vom Eigenmittelerfordernis gemäß Abs. 1 dürfen die Eigenmittel der Verwaltungsgesellschaft zu keiner Zeit unter den gemäß § 9 Abs. 2 WAG 2007 zu ermittelnden Betrag absinken.

EB zu § 8:

Setzt Art. 6, 7 und 10 der Richtlinie 2009/65/EG um. Die laufenden Eigenmittelanforderungen werden hier festgelegt.

EB zu § 8 Abs. 1:

Setzt Art. 10 Abs. 1 zweiter Unterabs. und Art. 7 Abs. 1 Buchstabe a Nummer iii der Richtlinie 2009/65/EG um.

EB zu § 8 Abs. 2:

Setzt Art. 7 Abs. 5 Buchstabe d in Verbindung mit Art. 6 Abs. 4 der Richtlinie 2009/65/EG um.

Staatskommissäre

§ 9. Der Bundesminister für Finanzen hat bei jeder Verwaltungsgesellschaft einen Staatskommissär und dessen Stellvertreter für eine Funktionsperiode von längstens fünf Jahren zu bestellen; die Wiederbestellung ist zulässig. Die Staatskommissäre und deren Stellvertreter handeln als Organe der FMA und sind in dieser Funktion ausschließlich deren Weisungen unterworfen. § 76 Abs. 2 bis 9 BWG ist anzuwenden.

EB zu § 9:

Die Bestimmung entspricht inhaltlich § 2 Abs. 10 InvFG 1993 und führt das Regime der Staatskommissäre für Verwaltungsgesellschaften unabhängig von der Bilanzsumme weiter.

Allgemeine organisatorische Anforderungen

§ 10. (1) Eine Verwaltungsgesellschaft hat

1. Entscheidungsprozesse und eine Organisationsstruktur, durch die Berichtspflichten klar festgelegt und dokumentiert und die Funktionen und Aufgaben klar zugewiesen und dokumentiert sind, einzurichten und laufend anzuwenden und aufrecht zu erhalten;
2. dafür zu sorgen, dass alle relevanten Personen die Verfahren, die für eine ordnungsgemäße Erfüllung ihrer Aufgaben einzuhalten sind, kennen;
3. angemessene interne Kontrollmechanismen, die die Einhaltung von Beschlüssen und Verfahren auf allen Ebenen der Verwaltungsgesellschaft sicherstellen, einzurichten und laufend aufrecht zu erhalten;

4. auf allen maßgeblichen Ebenen eine reibungslos funktionierende interne Berichterstattung und Weitergabe von Informationen sowie einen reibungslosen Informationsfluss mit allen beteiligten Dritten einzurichten und laufend sicherzustellen;
5. angemessene und systematische Aufzeichnungen über ihre Geschäftstätigkeit und interne Organisation zu führen;
6. dafür zu sorgen, dass die Aufgaben von Mitarbeitern erfüllt werden, die über die notwendigen Fähigkeiten, Kenntnisse und Erfahrungen verfügen;
7. für die Ressourcen und Fachkenntnisse zu sorgen, die für eine wirksame Überwachung der von Dritten im Rahmen einer Vereinbarung mit der Verwaltungsgesellschaft ausgeführten Tätigkeit erforderlich sind, was insbesondere für das Management der mit der Vereinbarung verbundenen Risiken gilt;
8. dafür zu sorgen, dass die ordentliche, redliche und professionelle Erfüllung der betreffenden Aufgaben auch dann gewährleistet ist, wenn relevante Personen mit mehreren Aufgaben betraut sind.

Dabei ist der Art, dem Umfang und der Komplexität der Geschäftstätigkeit der Verwaltungsgesellschaft sowie der Art und dem Spektrum der erbrachten Dienstleistungen und Tätigkeiten Rechnung zu tragen.

(2) Die Verwaltungsgesellschaft hat weiters angemessene Systeme und Verfahren zum Schutz der Sicherheit, Integrität und Vertraulichkeit von Daten einzurichten und laufend anzuwenden und dabei der Art dieser Daten Rechnung zu tragen. Die datenschutzrechtlich relevanten Bestimmungen (§14 DSG 2000-Datensicherheitsmaßnahmen) sind einzuhalten.

(3) Die Verwaltungsgesellschaft hat angemessene Vorkehrungen zu treffen, um die Kontinuität und Regelmäßigkeit der Geschäftstätigkeit zu gewährleisten. Zu diesem Zweck hat sie geeignete und angemessene Systeme, Ressourcen und Verfahren einzurichten und sonstige angemessene Vorkehrungen zu treffen, die bei einer Unterbrechung ihrer Systeme und Verfahren gewährleisten, dass wesentliche Daten und Funktionen erhalten bleiben und Dienstleistungen und Tätigkeiten fortgeführt werden können. Sollte dies nicht möglich sein, müssen diese Daten und Funktionen rechtzeitig wieder hergestellt werden können, damit die Dienstleistungen und Tätigkeiten rechtzeitig wieder aufgenommen werden können.

(4) Die Angemessenheit und Wirksamkeit der nach Abs. 1 bis 3 geschaffenen Systeme, internen Kontrollmechanismen und Vorkehrungen sind zu überwachen, regelmäßig zu bewerten und die zur Behebung etwaiger Mängel erforderlichen Maßnahmen sind zu ergreifen.

(5) Verwaltungsgesellschaften, die auch zur Erbringungen von Dienstleistungen gemäß § 5 Abs. 2 Z 3 oder 4 berechtigt sind, haben weiters hinsichtlich dieser Tätigkeiten die Bestimmungen gemäß §§ 16 bis 26 und 29 bis 51, 52 Abs. 2 bis 4, 54 Abs. 1 und 94 bis 96 WAG 2007 einzuhalten. Verwaltungsgesellschaften, die auch Anteile vertreiben, die nicht von ihnen selbst verwaltet werden, haben weiters hinsichtlich dieser Tätigkeit die §§ 36, 38 bis 59 sowie 61 bis 66 WAG 2007 einzuhalten.

(6) Verwaltungsgesellschaften haben die §§ 2, 20 bis 21, § 23 Abs. 1 bis 5 und Abs. 7 bis 16, die §§ 24 bis 25, die §§ 27 bis 28, § 28a Abs. 1 bis 4, die §§ 29 bis 30, die §§ 35 bis 39, § 39b, die §§ 40 bis 41, 43 bis 68, § 70a, die §§ 74 bis 76 und 81 bis 91 sowie die §§ 93 bis 93c BWG einzuhalten.

EB zu § 10:

Setzt Art. 12 Abs. 1 lit. a der Richtlinie 2009/65/EG in Verbindung mit Art. 4 und 5 der Richtlinie 2010/43/EU um. Diese Bestimmung legt die allgemeinen organisatorischen An-

forderungen grundsätzlich fest. Dabei wird auch ausdrücklich klarstellend festgehalten, welche Bestimmungen des BWG auf Verwaltungsgesellschaften Anwendung finden.

EB zu § 10 Abs. 1:

Setzt Art. 4 Abs. 1 und Art. 5 Abs. 4 der Richtlinie 2010/43/EU um.

EB zu § 10 Abs. 1 Z 1:

Setzt Art. 4 Abs. 1 Buchstabe a der Richtlinie 2010/43/EU um.

EB zu § 10 Abs. 1 Z 2:

Setzt Art. 4 Abs. 1 Buchstabe b der Richtlinie 2010/43/EU um.

EB zu § 10 Abs. 1 Z 3:

Setzt Art. 4 Abs. 1 Buchstabe c der Richtlinie 2010/43/EU um.

EB zu § 10 Abs. 1 Z 4:

Setzt Art. 4 Abs. 1 Buchstabe d der Richtlinie 2010/43/EU um.

EB zu § 10 Abs. 1 Z 5:

Setzt Art. 4 Abs. 1 Buchstabe e der Richtlinie 2010/43/EU um.

EB zu § 10 Abs. 1 Z 6:

Setzt Art. 5 Abs. 1 der Richtlinie 2010/43/EU um. Verwaltungsgesellschaften haben ferner die zur Erfüllung ihrer Pflichten notwendigen Ressourcen zu halten, insbesondere um Mitarbeiter mit den erforderlichen Kompetenzen, Kenntnissen und Erfahrungen beschäftigen zu können (so auch Erwägungsgrund 7 der Richtlinie 2010/43/EU).

EB zu § 10 Abs. 1 Z 7:

Setzt Art. 5 Abs. 2 der Richtlinie 2010/43/EU um.

EB zu § 10 Abs. 1 Z 8:

Setzt Art. 5 Abs. 3 der Richtlinie 2010/43/EU um.

EB zu § 10 Abs. 2:

Setzt Art. 4 Abs. 2 der Richtlinie 2010/43/EU um. Verwaltungsgesellschaften haben ausreichende Systeme zur Datensicherung und Gewährleistung der Geschäftsfortführung im Krisenfall zu schaffen, die es ihnen ermöglichen, auch in Fällen, in denen ihre Tätigkeiten von Dritten ausgeführt werden, ihren Pflichten nachzukommen (so auch Erwägungsgrund 6 der Richtlinie 2010/43/EU).

EB zu § 10 Abs. 3:

Setzt Art. 4 Abs. 3 der Richtlinie 2010/43/EU um.

EB zu § 10 Abs. 4:

Setzt Art. 4 Abs. 5 der Richtlinie 2010/43/EU um.

EB zu § 10 Abs. 5:

Setzt Art. 6 Abs. 4 der Richtlinie 2009/65/EG im Hinblick auf den Verweis auf die Art. 13 und 19 der Richtlinie 2004/39/EG um. Die Verwaltung von individuellen Anlageportfolios ist an sich eine Wertpapierdienstleistung im Sinne des WAG 2007 (§ 1 Z 2 lit. d WAG 2007). Zur Gewährleistung eines einheitlichen Rechtsrahmens unterliegen daher Verwaltungsgesellschaften diesbezüglich auch den entsprechenden Ausübungsvorschriften des WAG 2007 (in diesem Sinne auch Erwägungsgrund 14 der Richtlinie 2009/65/EG).

EB zu § 10 Abs. 6:

Grundsätzlich sind Verwaltungsgesellschaften mit Sitz in Österreich nach wie vor Kreditinstitute im Sinne des BWG. Einige Bestimmungen gelten aber nicht für sie aufgrund ihrer eingeschränkten Geschäftstätigkeit. Andere Bestimmungen werden durch die nunmehr durch die Richtlinie 2009/65/EG und die zu dieser Richtlinie ergangenen Durchführungsrichtlinien 2010/43/EU und 2010/44/EU, die in diesem Bundesgesetz umgesetzt werden, verdrängt. Dies gilt insbesondere auch für die Bestimmungen zur Aufsicht. Um Unklarheiten betreffend anwendbare Bestimmungen zu vermeiden, wird auf die nach wie vor anwendbaren Bestimmungen des BWG an dieser Stelle ausdrücklich verwiesen. Zudem wird hiemit Art. 11 der Richtlinie 2009/65/EG umgesetzt. Hinsichtlich der Bestimmungen für die Einbindung der FMA beim Beteiligungserwerb wird, da es sich bei den Verwaltungsgesellschaften um Sonderkreditinstitute handelt, auf die einschlägigen Bestimmungen des BWG verwiesen. Die Richtlinie sieht zwar einen Verweis auf die gleich lautenden Bestimmungen der Richtlinie 2004/39/EG (MiFID) vor, da in sämtlichen übrigen Mitgliedstaaten Verwaltungsgesellschaften nicht mehr Kreditinstitutseigenschaft haben, eine solche ist jedoch nach der Richtlinie zulässig und die Bestimmungen über den Beteiligungserwerb sind in der Richtlinie 2006/48/EG, die dem BWG zugrunde liegt und in der Richtlinie 2004/39/EG, die dem WAG 2007 zugrunde liegt, inhaltlich gleich. Auch die §§ 20 bis 20b BWG und die §§ 11 bis 11b WAG 2007 korrespondieren.

Anlegerbeschwerden

§ 11. (1) Die Verwaltungsgesellschaft hat wirksame und transparente Verfahren für die angemessene und prompte Bearbeitung von Anlegerbeschwerden zu schaffen, anzuwenden und aufrechtzuerhalten. Jede Beschwerde und alle zu deren Beilegung getroffenen Maßnahmen müssen aufgezeichnet und aufbewahrt werden.

(2) Die Anleger müssen kostenlos Beschwerde einlegen können. Informationen über die in Abs. 1 genannten Verfahren sind den Anlegern kostenlos zur Verfügung zu stellen.

(3) Falls der von der Verwaltungsgesellschaft verwaltete OGAW in einem anderen Mitgliedstaat bewilligt wurde, hat die Verwaltungsgesellschaft Maßnahmen gemäß § 141 Abs. 1 zu ergreifen und geeignete Verfahren und Vorkehrungen vorzusehen, um einen ordnungsgemäßen Umgang mit Anlegerbeschwerden zu gewährleisten, und um sicherzustellen, dass es für Anleger keine Einschränkungen in Bezug auf die Wahrnehmung ihrer Rechte gibt. Diese Maßnahmen müssen es den Anlegern ermöglichen, Beschwerden in der Amtssprache oder einer der Amtssprachen des Herkunftmitgliedstaates und gegebenenfalls des Aufnahmemitgliedstaates des OGAW einzureichen.

(4) Die Verwaltungsgesellschaft hat ferner geeignete Verfahren und Vorkehrungen vorzusehen, um Informationen auf Antrag der Anleger, sonst interessierter Personen oder Stellen oder der zuständigen Behörden des Herkunftmitgliedstaats des OGAW, insbesondere auch Informationen im Sinne von § 38 Abs. 1 für zuständige Behörden, bereitzustellen.

EB zu § 11:

Setzt Art. 6 der Richtlinie 2010/43/EU um. Verwaltet eine Verwaltungsgesellschaft einen OGAW, der in einem anderen Mitgliedstaat zugelassen ist, so hat die Verwaltungsgesellschaft geeignete Verfahren und Vorkehrungen zu beschließen und einzurichten, um mit Anlegerbeschwerden umzugehen, wie etwa durch geeignete Bestimmungen im Rahmen der Vertriebsmodalitäten oder durch die Bereitstellung einer Anschrift im Herkunftsmitgliedstaat des OGAW, wobei eine Anschrift der Verwaltungsgesellschaft selbst im Aufnahme-

mitgliedstaat nicht erforderlich ist. Die Verwaltungsgesellschaft hat ferner geeignete Verfahren und Vereinbarungen vorzusehen, um Informationen auf Antrag der Öffentlichkeit oder der zuständigen Behörden des Herkunftsmitgliedstaats des OGAW bereitzustellen, wie etwa durch Benennung einer Kontaktperson unter ihren Mitarbeitern, die für die Behandlung von Anträgen auf Bereitstellung von Informationen zuständig ist. Eine Pflicht zur Errichtung einer Zweigstelle im Herkunftmitgliedstaat des OGAW entsteht dadurch nicht (in diesem Sinne auch Erwägungsgrund 19 der Richtlinie 2009/65/EG). Nach Auffassung der Kommission und der überwiegenden Meinung der Mitgliedstaaten fällt die Regelung und Beaufsichtigung diesbezüglich in die ausschließliche Zuständigkeit des Herkunftmitgliedstaates der Verwaltungsgesellschaft – daher erfolgt die Regelung an dieser Stelle.

EB zu § 11 Abs. 1:

Setzt Art. 6 Abs. 1 und 2 Richtlinie 2010/43/EU um.

EB zu § 11 Abs. 2:

Setzt Art. 6 Abs. 3 Richtlinie 2010/43/EU um.

EB zu § 11 Abs. 3:

Setzt Art. 15 erster Unterabs. der Richtlinie 2009/65/EG um. Der Wortlaut des Art. 15 der Richtlinie 2009/65/EG sieht vor, dass die Anteilinhaber die Beschwerden in der Amtssprache „ihres Mitgliedstaates" einreichen können. Diese Bestimmung ist allerdings fragwürdig, da nicht klar ist, ob es sich hiebei um den Mitgliedstaat handelt, in dem die Anleger ihren gewöhnlichen Aufenthalt haben oder dessen Staatsbürgerschaft sie haben. Zudem ist die Bestimmung unverhältnismäßig und überschießend im Hinblick auf ihre Reichweite. Streng genommen würde das nämlich bedeuten, dass Anlegerbeschwerden zu jedem OGAW in allen 23 Sprachen der Mitgliedstaaten der EU eingebracht werden können. Dies würde vor allem kleinere, nur lokal vertriebene OGAW vor den Ruin bringen. Dies war auch vom Richtliniengesetzgeber vernünftigerweise nicht gemeint. Vielmehr wollte er mit dieser „unpräzise" formulierten Bestimmung sicherstellen, dass im Fall des Vertriebes von OGAW in anderen Mitgliedstaaten oder für den Fall, dass eine Verwaltungsgesellschaft einen OGAW in einem anderen Mitgliedstaat verwaltet und dort auch vertreibt, die Anteilinhaber in der Amtssprache des Mitgliedstaates, in dem der OGAW vertrieben wird, eine Beschwerde einreichen können. Die Umsetzung dieser Bestimmung folgt daher dem Regelungszweck und nicht dem Wortlaut. Dieser Ansatz deckt sich mit dem der überwiegenden Mehrheit der Mitgliedstaaten, wiewohl die EK derzeit noch von einer wörtlichen Auslegung ausgeht.

EB zu § 11 Abs. 4:

Setzt Art. 15 zweiter Unterabs. und Art. 21 Abs. 2 dritter Unterabs. der Richtlinie 2009/65/EG um. Der Richtlinienwortlaut sieht vor, Informationen auf Antrag der „Öffentlichkeit" oder der Behörden bereitzustellen. Diese Formulierung ist missverständlich. Der englische Richtlinientext spricht von „on request of the public", was auch im Sinne von „auf Anfrage des Publikums", da es sich um einen Publikumsfonds handelt, verstanden werden kann. Tatsächlich handelt es sich dabei in der Regel um die Anteilinhaber oder potentielle Anleger. Um der weiten Formulierung ausreichend Rechnung zu tragen, wird aber darüber hinaus jeder interessierten Person das Recht eingeräumt, einen Antrag zu stellen; dies schließt auch Anträge von Behörden oder Gerichten oder sonstiger öffentlicher Einrichtungen ein.

Elektronische Aufzeichnungen

§ 12. (1) Die Verwaltungsgesellschaft hat angemessene Vorkehrungen für geeignete elektronische Systeme zu treffen, um eine zeitnahe und ordnungsgemäße Aufzeichnung jedes Portfoliogeschäfts und jedes Zeichnungs- oder Rücknahmeauftrags und damit die Einhaltung der §§ 19, 20 und 31 bis 33 zu ermöglichen.

(2) Die Verwaltungsgesellschaft hat bei der elektronischen Datenverarbeitung für ein hohes Maß an Sicherheit und für die Integrität und vertrauliche Behandlung der aufgezeichneten Daten zu sorgen. Die datenschutzrechtlich relevanten Bestimmungen (§14 DSG 2000-Datensicherheitsmaßnahmen) sind einzuhalten.

(3) Für den Fall, dass die Verwaltungsgesellschaft gemäß § 5 Abs. 5 die Depotbank mit den Aufgaben der Ausgabe und Rücknahme von Anteilen beauftragt hat, sind die Pflichten gemäß Abs. 1 und 2 im Hinblick auf § 20 von der Depotbank einzuhalten.

EB zu § 12:
Setzt Art. 7 der Richtlinie 2010/43/EU um. Im Hinblick auf sichere Datenverarbeitungsverfahren und die Dokumentationspflicht für alle OGAW-Transaktionen hat die Verwaltungsgesellschaft über Vorkehrungen zu verfügen, die eine zeitnahe und ordnungsgemäße Aufzeichnung aller für OGAW ausgeführten Transaktionen ermöglichen (so auch Erwägungsgrund 8 der Richtlinie 2010/43/EU).

EB zu § 12 Abs. 1:
Setzt Art. 7 Abs. 1 der Richtlinie 2010/43/EU um.

EB zu § 12 Abs. 2:
Setzt Art. 7 Abs. 2 der Richtlinie 2010/43/EU um.

Rechnungslegung der Verwaltungsgesellschaft

§ 13. (1) Die Verwaltungsgesellschaft hat zum Schutz der Anteilinhaber Rechnungslegungsgrundsätze und -methoden festzulegen, umzusetzen und laufend aufrechtzuerhalten, die es ihr ermöglichen, der FMA auf Verlangen rechtzeitig Abschlüsse vorzulegen, die ein den tatsächlichen Verhältnissen entsprechendes Bild ihrer Vermögens- und Finanzlage vermitteln und mit allen geltenden Rechnungslegungsstandards und -vorschriften in Einklang stehen. Die Angemessenheit und Wirksamkeit dieser Grundsätze und Methoden und Vorkehrungen sind von der Verwaltungsgesellschaft zu überwachen, regelmäßig zu bewerten und die zur Behebung etwaiger Mängel erforderlichen Maßnahmen sind zu ergreifen.

(2) Im Bezug auf die Rechnungslegung des OGAW hat die Verwaltungsgesellschaft

1. Rechnungslegungsgrundsätze und -methoden festzulegen, anzuwenden und aufrecht zu erhalten, die den Rechnungslegungsvorschriften des Herkunftmitgliedstaates des jeweiligen von ihr verwalteten OGAW entsprechen, um
   a) eine präzise Berechnung des Nettoinventarwerts jedes einzelnen OGAW anhand der Rechnungslegung zu gewährleisten und
   b) sicherzustellen, dass Zeichnungs- und Rücknahmeaufträge zu diesem Nettoinventarwert ordnungsgemäß ausgeführt werden können;
2. angemessene Verfahren zu schaffen, um eine ordnungsgemäße und präzise Bewertung der Vermögenswerte und Verbindlichkeiten des OGAW in Einklang mit § 57 zu gewährleisten.

Dabei ist die Rechnungslegung des OGAW so auszugestalten, dass alle Vermögenswerte und Verbindlichkeiten des OGAW jederzeit direkt ermittelt werden können. Hat ein OGAW mehrere Teilfonds, so sind für jeden dieser Teilfonds getrennte Konten zu führen. Im Hinblick auf von der FMA bewilligte OGAW ist dabei § 49 zu berücksichtigen.

(3) Für den Fall, dass die Verwaltungsgesellschaft gemäß § 5 Abs. 5 die Depotbank mit den Aufgaben der Rechnungslegung beauftragt hat, sind die Pflichten gemäß Abs. 1 und 2 von der Depotbank einzuhalten.

(4) Mit dem Jahresabschluss der Verwaltungsgesellschaft sind auch die von der Verwaltungsgesellschaft für die Anteilinhaber verwalteten OGAW und die Höhe ihres Fondsvermögens zu veröffentlichen.

EB zu § 13:

Setzt Art. 4 Abs. 4 und Art. 8 der Richtlinie 2010/43/EU um. Die Rechnungslegung ist einer der zentralen Bereiche der OGAW-Verwaltung. Die Verwaltungsgesellschaft hat zum einen eine Rechnungslegung zu führen, die ihre eigenen Angelegenheiten von denen der einzelnen verwalteten Fonds trennt, um die Rechte der Anteilsinhaber hinreichend zu wahren. Zum andern hat die Verwaltungsgesellschaft eine Rechnungslegung für jeden einzelnen OGAW zu führen, wobei dabei auf die Rechnungslegungsgrundsätze des Herkunftmitgliedstaates des jeweiligen OGAW Bedacht zu nehmen ist. Es müssen alle Vermögenswerte und Verbindlichkeiten eines OGAW oder seiner Teilfonds direkt ermittelt werden können und getrennte Konten geführt werden. Bestehen darüber hinaus verschiedene, beispielsweise von der Höhe der Verwaltungsgebühren abhängige Anteilsklassen, so sollte der Nettoinventarwert der einzelnen Klassen direkt aus dem Rechnungswesen gezogen werden können (so auch Erwägungsgrund 9 der Richtlinie 2010/43/EU).

EB zu § 13 Abs. 1:

Setzt Art. 4 Abs. 4 und 5 und Art. 8 Abs. 1 der Richtlinie 2010/43/EU um.

EB zu § 13 Abs. 2:

Setzt Art. 8 Abs. 1 zweiter und dritter Unterabs. und Abs. 2 und 3 der Richtlinie 2010/43/EU um.

EB zu § 13 Abs. 2 Z 1:

Setzt Art. 8 Abs. 2 der Richtlinie 2010/43/EU um.

EB zu § 13 Abs. 2 Z 2:

Setzt Art. 8 Abs. 3 der Richtlinie 2010/43/EU um.

EB zu § 13 Abs. 3:

Klarstellung der Verantwortlichkeit bei Beauftragung der Depotbank.

EB zu § 13 Abs. 4:

Entspricht § 12 Abs. 7 InvFG 1993.

Kontrolle durch Geschäftsleitung und Aufsichtsrat

§ 14. (1) Die Geschäftsleitung und der Aufsichtsrat sind dafür verantwortlich, dass die Verwaltungsgesellschaft ihren Pflichten aus diesem Bundesgesetz sowie anderen einschlägigen Bundesgesetzen und aufgrund dieser Bundesgesetze erlassenen Verordnungen und den aufgrund der Richtlinie 2009/65/EG erlassenen EU-Verordnungen nachkommt. Die interne Aufgabenverteilung der Verwaltungsgesellschaft ist daher entsprechend auszugestalten.

(2) Die Geschäftsleitung

1. ist insbesondere dafür verantwortlich, dass die allgemeine Anlagepolitik, wie sie im Prospekt und in den Fondsbestimmungen oder in der Satzung einer Investmentgesellschaft gemäß Art. 1 Abs. 3 der Richtlinie 2009/65/EG festgelegt ist, bei jedem verwalteten OGAW umgesetzt wird;
2. hat für jeden verwalteten OGAW die Genehmigung der Anlagestrategien zu überwachen;
3. ist insbesondere dafür verantwortlich, dass die Verwaltungsgesellschaft über eine dauerhafte und wirksame Compliance-Funktion (§ 15) verfügt, selbst wenn diese Funktion einem Dritten gemäß § 28 übertragen wurde;
4. hat dafür zu sorgen und sich regelmäßig zu vergewissern, dass die allgemeine Anlagepolitik, die Anlagestrategien und die Risikolimits jedes verwalteten OGAW ordnungsgemäß und wirkungsvoll umgesetzt und eingehalten werden, auch wenn die Risikomanagement-Funktion (§ 17) einem Dritten gemäß § 28 übertragen wurde;
5. hat die Angemessenheit der internen Verfahren, nach denen für jeden verwalteten OGAW die Anlageentscheidungen getroffen werden, festzustellen und regelmäßig zu überprüfen, um zu gewährleisten, dass solche Entscheidungen mit den genehmigten Anlagestrategien in Einklang stehen;
6. hat die in § 86 Abs. 1 und 2 genannten Grundsätze für das Risikomanagement sowie die zur Umsetzung dieser Grundsätze genutzten Vorkehrungen, Verfahren und Methoden zu billigen und regelmäßig zu überprüfen, was auch die Risikolimits für jeden verwalteten OGAW betrifft;
7. hat die Wirksamkeit der Grundsätze, Vorkehrungen und Verfahren, die zur Erfüllung der Pflichten eingeführt wurden, die in diesem Bundesgesetz sowie anderer einschlägiger Bundesgesetze und aufgrund dieser Bundesgesetze erlassenen Verordnungen und den aufgrund der Richtlinie 2009/65/EG erlassenen EU-Verordnungen festgelegt sind, zu bewerten und regelmäßig zu überprüfen;
8. hat angemessene Maßnahmen zu ergreifen, um etwaige Mängel zu beseitigen.

(3) Die Pflichten gemäß Abs. 1 Z 7 und 8 unterliegen der zusätzlichen nachprüfenden Kontrolle des Aufsichtsrates.

(4) Der Geschäftsleitung sind im Zusammenhang mit ihren Pflichten nach Abs. 1 und 2 auch Berichte zu erstatten, und zwar:

1. Regelmäßige Berichte über die Umsetzung der in Abs. 2 Z 2 bis 5 genannten Anlagestrategien und internen Verfahren für Anlageentscheidungen; und
2. regelmäßig, mindestens aber einmal jährlich, schriftliche Berichte zu Fragen der Rechtsbefolgung, der Innenrevision (§ 16) und des Risikomanagements (§ 17), in denen insbesondere angegeben wird, ob zur Beseitigung etwaiger Mängel geeignete Abhilfemaßnahmen getroffen wurden.

(5) Die in Abs. 4 Z 2 genannten Berichte sind auch dem Aufsichtsrat regelmäßig zu übermitteln. Die FMA kann mittels Verordnung festlegen, in welchem Umfang, in welchem Zeitrahmen und in welcher Form die Berichte gemäß Abs. 4 an die Geschäftsleitung und den Aufsichtsrat zu übermitteln sind. Sie hat dabei auf die europäischen Gepflogenheiten in diesem Bereich Bedacht zu nehmen.

EB zu § 14:

Setzt Art. 9 der Richtlinie 2010/43/EU um. Eine klare Aufgabenverteilung zwischen Geschäftsleitung und Aufsichtsfunktion ist für die Umsetzung der angemessenen internen Kontrollverfahren von zentraler Bedeutung. Für die Umsetzung der allgemeinen Anlage-

politik, die in der Verordnung (EU) 583/2010 der Kommission zur Durchführung der Richtlinie 2009/65/EG dargelegt ist, ist die Geschäftsleitung zuständig (so auch Erwägungsgrund 10 der Richtlinie 2010/43/EU). Auch für die Anlagestrategien, die allgemeine Hinweise auf die strategische Anlagenstrukturierung des OGAW liefern, und die für eine angemessene und wirksame Umsetzung der Anlagepolitik erforderlichen Anlagetechniken ist weiterhin die Geschäftsleitung zuständig. Die klare Aufgabenverteilung soll auch angemessene Kontrollen sicherstellen, die gewährleisten, dass das OGAW-Vermögen gemäß den Fondsbestimmungen des OGAW und den geltenden gesetzlichen Bestimmungen angelegt wird, und die Risikolimits der einzelnen OGAW eingehalten werden (so auch Erwägungsgrund 10 der Richtlinie 2010/43/EU).

EB zu § 14 Abs. 1:

Setzt Art. 9 Abs. 1 der Richtlinie 2010/43/EU um. Für Vorstand und Aufsichtsrat sind zunächst die in diesem Bundesgesetz normierten Pflichten maßgeblich; daneben gelten allerdings subsidiär die einschlägigen Bestimmungen des BWG (insbesondere die §§ 28, 28a, 39 bis 41 BWG) sowie des Gesellschaftsrechtes (siehe insbesondere §§ 70 bis 101 AktG). Soweit aufgrund der Richtlinie 2009/65/EG oder aufgrund von Durchführungsrichtlinien zu dieser Richtlinie Verordnungen erlassen werden, die die Pflichten von Vorstand und Aufsichtsrat regeln, sind diese ebenso maßgeblich und einzuhalten. Die Bestimmung über die Interne Revision in § 42 BWG wird von der spezielleren Norm des § 16 dieses Bundesgesetzes verdrängt (siehe auch die Erläuterungen zu § 16).

EB zu § 14 Abs. 2:

Setzt Art. 9 Abs. 2 und 3 der Richtlinie 2010/43/EU um. Die Richtlinie 2009/65/EG verpflichtet Verwaltungsgesellschaften zu soliden administrativen Verfahren. Zur Erfüllung dieser Anforderung haben Verwaltungsgesellschaften eine gut dokumentierte Organisationsstruktur mit klarer Aufgabenverteilung zu schaffen, bei der ein reibungsloser Informationsfluss zwischen allen Beteiligten gewährleistet ist (so auch Erwägungsgrund 6 der Richtlinie 2010/43/EU).

EB zu § 14 Abs. 2 Z 1:

Setzt Art. 9 Abs. 2 Buchstabe a der Richtlinie 2010/43/EU um.

EB zu § 14 Abs. 2 Z 2:

Setzt Art. 9 Abs. 2 Buchstabe b der Richtlinie 2010/43/EU um. Während die Anlagepolitik im Prospekt beziehungsweise in den Fondsbestimmungen festzulegen ist, werden die Anlagestrategien, die eine bestimmte Anlagepolitik verwirklichen sollen, üblicherweise von den konkreten Personen, die das Portfoliomanagement tatsächlich ausführen, festgelegt. Auch die Genehmigung dieser Anlagestrategien muss nicht notwendigerweise durch die Geschäftsleiter erfolgen, wohl aber von ihnen überwacht werden.

EB zu § 14 Abs. 2 Z 3:

Setzt Art. 9 Abs. 2 Buchstabe c der Richtlinie 2010/43/EU um.

EB zu § 14 Abs. 2 Z 4:

Setzt Art. 9 Abs. 2 Buchstabe d der Richtlinie 2010/43/EU um.

EB zu § 14 Abs. 2 Z 5:

Setzt Art. 9 Abs. 2 Buchstabe e der Richtlinie 2010/43/EU um.

EB zu § 14 Abs. 2 Z 6:

Setzt Art. 9 Abs. 2 Buchstabe f der Richtlinie 2010/43/EU um.

EB zu § 14 Abs. 2 Z 7:
Setzt Art. 9 Abs. 3 Buchstabe a der Richtlinie 2010/43/EU um.

EB zu § 14 Abs. 2 Z 8:
Setzt Art. 9 Abs. 3 Buchstabe b der Richtlinie 2010/43/EU um.

EB zu § 14 Abs. 3:
Setzt Art. 9 Abs. 3 der Richtlinie 2010/43/EU um.

EB zu § 14 Abs. 4:
Setzt Art. 9 Abs. 4 und 5 der Richtlinie 2010/43/EU um. Der Geschäftsleitung sind regelmäßig Berichte zu erstatten. Hinsichtlich der Regelmäßigkeit ist von einem derzeit üblichen Zeitrahmen auszugehen, dies entspricht beispielsweise bei der Innenrevision einer quartalsweisen Berichterstattung (so auch § 42 Abs. 3 BWG). In Fällen, in denen bislang keine regelmäßige Berichterstattung erfolgt ist, hat nun mindestens einmal jährlich eine solche zu erfolgen.

EB zu § 14 Abs. 4 Z 1:
Setzt Art. 9 Abs. 5 der Richtlinie 2010/43/EU um.

EB zu § 14 Abs. 4 Z 2:
Setzt Art. 9 Abs. 4 der Richtlinie 2010/43/EU um.

EB zu § 14 Abs. 5:
Setzt Art. 9 Abs. 6 der Richtlinie 2010/43/EU um. In den CESR-Guidelines CESR-10/788 wird die Sicherstellung einer adäquaten Information von Geschäftsleitung und Aufsichtsrat als maßgeblich für eine funktionierende Aufsicht genannt. Mit weiteren Giudelines der neu gegründeten ESMA ist in naher Zukunft zu rechnen.

Compliance

§ 15. (1) Die Verwaltungsgesellschaft hat

1. angemessene Grundsätze und Verfahren festzulegen, anzuwenden und aufrecht zu erhalten, die darauf ausgelegt sind, jedes Risiko der Nichteinhaltung der in diesem Bundesgesetz und den aufgrund der Richtlinie 2009/65/EG erlassenen EU-Verordnungen festgelegten Pflichten durch die Verwaltungsgesellschaft sowie die damit verbundenen Risiken aufzudecken, und
2. angemessene Maßnahmen und Verfahren zu schaffen, damit das Risiko gemäß Z 1 auf ein Minimum begrenzt wird und die FMA ihre Befugnisse wirksam ausüben kann.

Dabei ist der Art, dem Umfang und der Komplexität der Geschäfte sowie der Art und dem Spektrum der im Zuge dieser Geschäfte erbrachten Dienstleistungen und Tätigkeiten Rechnung zu tragen.

(2) Die Verwaltungsgesellschaft hat eine wirksame und unabhängige Compliance-Funktion dauerhaft einzurichten, die folgende Aufgaben hat:

1. Überwachung und regelmäßige Bewertung der Angemessenheit und Wirksamkeit der gemäß Abs. 1 festgelegten Maßnahmen, Grundsätze und Verfahren, sowie der Maßnahmen, die zur Beseitigung etwaiger Mängel unternommen wurden;
2. Beratung und Unterstützung der für Dienstleistungen und Tätigkeiten zuständigen relevanten Personen im Hinblick auf die Erfüllung der Pflichten für Verwaltungsgesellschaften, die in diesem Bundesgesetz und in aufgrund dieses Bundesgesetzes erlassenen

Verordnungen sowie in aufgrund der Richtlinie 2009/65/EG erlassenen EU-Verordnungen festgelegt sind.

(3) Damit die Compliance-Funktion ihre Aufgaben ordnungsgemäß und unabhängig wahrnehmen kann, stellt die Verwaltungsgesellschaft sicher, dass

1. die Compliance-Funktion über die notwendigen Befugnisse, Ressourcen und Fachkenntnisse verfügt und zu allen für sie relevanten Informationen Zugang hat;
2. ein Compliance-Beauftragter benannt wird, der für die Compliance-Funktion und die Erstellung der Berichte verantwortlich ist, die der Geschäftsleitung regelmäßig, mindestens aber einmal jährlich, zu Fragen der Rechtsbefolgung vorgelegt werden und in denen insbesondere angegeben wird, ob die zur Beseitigung etwaiger Mängel erforderlichen Abhilfemaßnahmen getroffen wurden;
3. relevante Personen, die in diese Funktion eingebunden sind, nicht in die von ihnen überwachten Dienstleistungen oder Tätigkeiten eingebunden sind;
4. das Verfahren, nach dem die Bezüge der in die Compliance-Funktion eingebundenen relevanten Personen bestimmt wird, weder deren Objektivität beeinträchtigt noch dies wahrscheinlich erscheinen lässt.

(4) Die in Abs. 3 Z 3 und 4 genannten Anforderungen müssen nicht erfüllt werden, wenn die Verwaltungsgesellschaft nachweist, dass diese aufgrund der Art, des Umfangs und der Komplexität ihrer Geschäfte sowie der Art und des Spektrums ihrer Dienstleistungen und Tätigkeiten unverhältnismäßig sind und dass die Compliance-Funktion dennoch ihre Aufgabe erfüllt.

EB zu § 15:

Setzt Art. 10 der Richtlinie 2010/43/EU um. Die Compliance-Funktion soll gewährleisten, dass Verwaltungsgesellschaften über einen angemessenen Kontrollmechanismus verfügen. Die Compliance-Funktion sollte so ausgelegt sein, dass jedes Risiko, dass die Verwaltungsgesellschaft ihren Pflichten aus diesem Bundesgesetz oder aufgrund der Richtlinie 2009/65/EG erlassener EU-Verordnungen nicht nachkommt, von ihr aufgedeckt werden kann (so auch Erwägungsgrund 11 der Richtlinie 2010/43/EU). Die Compliance-Funktion hat primär die Interessen der Anleger und des Kapitalmarktes im Auge zu behalten und sollte auch von der Innenrevision getrennt sein (so auch Kapfer/Resch *in* Gruber/Raschauer, *WAG 2007 § 18 Rz 66).*

EB zu § 15 Abs. 1:

Setzt Art. 10 Abs. 1 der Richtlinie 2010/43/EU um.

EB zu § 15 Abs. 1 Z 1:

Setzt Art. 10 Abs. 1 erster Satzteil der Richtlinie 2010/43/EU um.

EB zu § 15 Abs. 1 Z 2:

Setzt Art. 10 Abs. 1 zweiter Satzteil der Richtlinie 2010/43/EU um.

EB zu § 15 Abs. 2:

Setzt Art. 10 Abs. 2 der Richtlinie 2010/43/EU um.

EB zu § 15 Abs. 2 Z 1:

Setzt Art. 10 Abs. 2 Buchstabe a der Richtlinie 2010/43/EU um.

EB zu § 15 Abs. 2 Z 2:

Setzt Art. 10 Abs. 2 Buchstabe b der Richtlinie 2010/43/EU um.

EB zu § 15 Abs. 3:

Setzt Art. 10 Abs. 3 der Richtlinie 2010/43/EU um.

EB zu § 15 Abs. 3 Z 1:

Setzt Art. 10 Abs. 3 Buchstabe a der Richtlinie 2010/43/EU um.

EB zu § 15 Abs. 3 Z 2:

Setzt Art. 10 Abs. 3 Buchstabe b der Richtlinie 2010/43/EU um.

EB zu § 15 Abs. 3 Z 3:

Setzt Art. 10 Abs. 3 Buchstabe c der Richtlinie 2010/43/EU um.

EB zu § 15 Abs. 3 Z 4:

Setzt Art. 10 Abs. 3 Buchstabe d der Richtlinie 2010/43/EU um.

EB zu § 15 Abs. 4:

Setzt Art. 10 Abs. 3 letzter Unterabs. der Richtlinie 2010/43/EU um. Die Unabhängigkeit und Funktionsfähigkeit der Compliance-Funktion ist jedenfalls sicherzustellen, dies muss allerdings bei kleinen Unternehmen nicht notwendigerweise eine Funktionstrennung verlangen Denkbar wäre eine regelmäßige und angemessene externe Kontrolle der Compliance-Funktion, und zwar über die übliche Kontrolle durch Abschlussprüfer hinausgehend (siehe dazu die Ausführungen von CESR zu der äquivalenten Bestimmung in der Richtlinie 2006/73/EG – und Kapfer/Resch *in* Gruber/Raschauer, *WAG 2007 § 18 Rz 64). Auf künftige ESMA-Guidelines und technische Standards der EK dazu ist ebenfalls Bedacht zu nehmen.*

Interne Revision (Innenrevision)

§ 16. (1) Die Verwaltungsgesellschaft hat dauerhaft eine Innenrevisionsfunktion einzurichten, die unmittelbar den Geschäftsleitern untersteht und ausschließlich der laufenden und umfassenden Prüfung der Gesetzmäßigkeit, Ordnungsmäßigkeit und Zweckmäßigkeit des gesamten Unternehmens dient und – soweit dies angesichts der Art, des Umfangs und der Komplexität ihrer Geschäfte sowie der Art und des Spektrums der im Zuge dieser Geschäfte erbrachten kollektiven Portfolioverwaltungsdienste angemessen und verhältnismäßig ist – von den übrigen Funktionen und Tätigkeiten der Verwaltungsgesellschaft getrennt und unabhängig ist. Mit den Aufgaben der internen Revision dürfen Personen, bei denen Ausschließungsgründe vorliegen, nicht betraut werden.

(2) Als Ausschließungsgründe sind Umstände anzusehen, die die ordnungsgemäße Wahrnehmung der Aufgaben der internen Revision nicht wahrscheinlich erscheinen lassen. Ausschließungsgründe liegen insbesondere vor, wenn

1. den betroffenen Personen die erforderliche Sachkenntnis und Erfahrung im Investmentfondswesen fehlt und
2. die objektive Wahrnehmung der Funktion beeinträchtigt sein kann, insbesondere wenn die betroffenen Personen gleichzeitig zum Bankprüfer bei derselben Verwaltungsgesellschaft bestellt sind oder auf diese Personen durch ihre Tätigkeit in der internen Revision einer der in § 62 Z 6, 12 und 13 BWG genannten Ausschließungsgründe als Bankprüfer der Verwaltungsgesellschaft zutreffen würde.

(3) Die Innenrevisionsfunktion hat folgende Aufgaben:

1. Erstellung, Umsetzung und Aufrechterhaltung eines Revisionsprogramms mit dem Ziel, die Angemessenheit und Wirksamkeit der Systeme, internen Kontrollmechanismen und Vorkehrungen der Verwaltungsgesellschaft zu prüfen und zu bewerten;
2. Ausgabe von Empfehlungen auf der Grundlage der Ergebnisse der gemäß Z 1 ausgeführten Arbeiten;
3. Überprüfung der Einhaltung der unter Z 2 genannten Empfehlungen;
4. Erstellung von Berichten zu Fragen der Innenrevision gemäß § 14 Abs. 4 Z 2.

(4) Die Innenrevision betreffende Verfügungen müssen von mindestens zwei Geschäftsleitern gemeinsam getroffen werden. Die Innenrevision hat auch zu prüfen:

1. Die inhaltliche Richtigkeit und Vollständigkeit der Anzeigen und Meldungen an die FMA und an die Oesterreichische Nationalbank;
2. die Einhaltung der §§ 40, 40a, 40b, 40c, 40d und 41 BWG;
3. die Zweckmäßigkeit und Anwendung der Verfahren gemäß § 39 Abs. 2 BWG.

(5) Die Innenrevision hat einen jährlichen Revisionsplan aufzustellen und die Prüfungen danach durchzuführen. Sie hat weiters anlassbezogen ungeplante Prüfungen vorzunehmen.

EB zu § 16:

Setzt Art. 11 der Richtlinie 2010/43/EU um. Die Innenrevisionsfunktion soll gewährleisten, dass Verwaltungsgesellschaften über einen angemessenen Kontrollmechanismus verfügen und dient primär den Interessen der Verwaltungsgesellschaft. Die Innenrevisionsfunktion soll darauf abzielen, die diversen Kontrollverfahren und administrativen Regelungen, die die Verwaltungsgesellschaft geschaffen hat, zu überprüfen und zu bewerten (so auch Erwägungsgrund 11 der Richtlinie 2010/43/EU).

EB zu § 16 Abs. 1:

Setzt Art. 11 Abs. 1 der Richtlinie 2010/43/EU um. Grundsätzlich ist eine unabhängige Innenrevisionsfunktion einzurichten, das heißt, dass diese Personen keine anderen Funktionen in der Verwaltungsgesellschaft wahrnehmen dürfen. Selbst wenn dies aufgrund der Art, des Umfangs und der Komplexität der Geschäfte nicht verhältnismäßig wäre, sind dennoch jedenfalls bestimmte Mindeststandards einer Unvereinbarkeit einzuhalten. Diese sind mit den Ausschließungsgründen normiert, die unabhängig von der Größe des Unternehmens einzuhalten sind. Von einer eigenen Organisationseinheit für die Innenrevision kann wegen Unverhältnismäßigkeit insbesondere dann abgesehen werden, wenn die Bilanzsumme der Verwaltungsgesellschaft 150 Millionen Euro nicht übersteigt oder deren Mitarbeiterstand im Jahresdurchschnitt 30 vollbeschäftigte Mitarbeiter nicht übersteigt oder deren Bilanzsumme eine Milliarde Euro nicht übersteigt und die einem Zentralinstitut angeschlossen sind oder einer Kreditinstitutsgruppe angehören, wenn im Rahmen des Sektorverbundes oder der Gruppe eine eigene Organisationseinheit für die interne Revision besteht, die unter jederzeitiger Beachtung von § 42 Abs. 2 BWG ausgestattet und organisiert ist.

EB zu § 16 Abs. 2:

Es werden die Ausschlussgründe konkret – in Anlehnung an § 42 BWG – normiert.

EB zu § 16 Abs. 3:

Setzt Art. 11 Abs. 2 der Richtlinie 2010/43/EU um.

EB zu § 16 Abs. 3 Z 1:

Setzt Art. 11 Abs. 2 Buchstabe a der Richtlinie 2010/43/EU um.

EB zu § 16 Abs. 3 Z 2:
Setzt Art. 11 Abs. 2 Buchstabe b der Richtlinie 2010/43/EU um.

EB zu § 16 Abs. 3 Z 3:
Setzt Art. 11 Abs. 2 Buchstabe c der Richtlinie 2010/43/EU um.

EB zu § 16 Abs. 3 Z 4:
Setzt Art. 11 Abs. 2 Buchstabe d der Richtlinie 2010/43/EU um.

Risikomanagement

§ 17. (1) Die Verwaltungsgesellschaft hat eine ständige Risikomanagement-Funktion dauerhaft einzurichten, die – soweit dies angesichts der Art, des Umfangs und der Komplexität der Geschäfte und der von der Verwaltungsgesellschaft verwalteten OGAW angemessen und verhältnismäßig ist – von den operativen Abteilungen hierarchisch und funktionell unabhängig ist.

(2) Die Verwaltungsgesellschaft muss nachweisen können, dass angemessene Maßnahmen zum Schutz vor Interessenkonflikten getroffen wurden, um ein unabhängiges Risikomanagement zu ermöglichen, und dass ihr Risikomanagement-Prozess den Anforderungen der Bestimmungen des 4. Abschnittes des 3. Hauptstückes entspricht.

(3) Die ständige Risikomanagement-Funktion hat die Aufgabe:

1. Die Risikomanagement-Grundsätze und -Verfahren umzusetzen;
2. für die Einhaltung der OGAW-Risikolimits zu sorgen, worunter auch die gesetzlichen Limits für das Gesamt- und das Kontrahentenrisiko gemäß den §§ 89, 90 und 91 fallen;
3. die Geschäftsleitung bei der Ermittlung des Risikoprofils der einzelnen verwalteten OGAW zu beraten;
4. der Geschäftsleitung und dem Aufsichtsrat regelmäßig zu folgenden Themen Bericht zu erstatten:
   a) Kohärenz zwischen dem aktuellen Risikostand bei jedem verwalteten OGAW und dem für diesen vereinbarten Risikoprofil;
   b) Einhaltung der jeweiligen Risikolimits durch die einzelnen verwalteten OGAW;
   c) Angemessenheit und Wirksamkeit des Risikomanagement-Prozesses, wobei insbesondere angegeben wird, ob bei eventuellen Mängeln angemessene Abhilfemaßnahmen eingeleitet wurden;
5. der Geschäftsleitung regelmäßig über den aktuellen Risikostand bei jedem verwalteten OGAW und jede tatsächliche oder vorhersehbare Überschreitung der für den jeweiligen OGAW geltenden Limits Bericht zu erstatten, um zu gewährleisten, dass umgehend angemessene Maßnahmen eingeleitet werden können;
6. die in § 92 dargelegten Vorkehrungen und Verfahren für die Bewertung von OTC-Derivaten, im Falle des § 5 Abs. 5 in Zusammenarbeit mit der Depotbank, zu überprüfen und gegebenenfalls zu verstärken.

(4) Die ständige Risikomanagement-Funktion hat über die notwendige Autorität und über Zugang zu allen relevanten Informationen zu verfügen, die zur Erfüllung der in Abs. 3 genannten Aufgaben erforderlich sind.

EB zu § 17:
Setzt Art. 12 der Richtlinie 2010/43/EU um. In Fällen, in denen eine separate Risikomanagement-Funktion nicht angemessen oder verhältnismäßig ist, muss die Verwaltungsgesellschaft dennoch nachweisen können, dass spezielle Maßnahmen zum Schutz vor Inte-

ressenkonflikten getroffen wurden, die ein unabhängiges Risikomanagement ermöglichen (so auch Erwägungsgrund 12 der Richtlinie 2010/43/EU).

EB zu § 17 Abs. 1:
Setzt Art. 12 Abs. 1 und Abs. 2 der Richtlinie 2010/43/EU um.

EB zu § 17 Abs. 2:
Setzt Art. 12 Abs. 2 dritter Unterabs. der Richtlinie 2010/43/EU um.

EB zu § 17 Abs. 3:
Setzt Art. 12 Abs. 3 der Richtlinie 2010/43/EU um.

EB zu § 17 Abs. 3 Z 1:
Setzt Art. 12 Abs. 3 Buchstabe a der Richtlinie 2010/43/EU um.

EB zu § 17 Abs. 3 Z 2:
Setzt Art. 12 Abs. 3 Buchstabe b der Richtlinie 2010/43/EU um.

EB zu § 17 Abs. 3 Z 3:
Setzt Art. 12 Abs. 3 Buchstabe c der Richtlinie 2010/43/EU um.

EB zu § 17 Abs. 3 Z 4:
Setzt Art. 12 Abs. 3 Buchstabe d der Richtlinie 2010/43/EU um.

EB zu § 17 Abs. 3 Z 4 lit. a:
Setzt Art. 12 Abs. 3 Buchstabe d Nummer i der Richtlinie 2010/43/EU um.

EB zu § 17 Abs. 3 Z 4 lit. b:
Setzt Art. 12 Abs. 3 Buchstabe d Nummer ii der Richtlinie 2010/43/EU um.

EB zu § 17 Abs. 3 Z 4 lit. c:
Setzt Art. 12 Abs. 3 Buchstabe d Nummer iii der Richtlinie 2010/43/EU um.

EB zu § 17 Abs. 3 Z 5:
Setzt Art. 12 Abs. 3 Buchstabe e der Richtlinie 2010/43/EU um.

EB zu § 17 Abs. 3 Z 6:
Setzt Art. 12 Abs. 3 Buchstabe f der Richtlinie 2010/43/EU um.

EB zu § 17 Abs. 4:
Setzt Art. 12 Abs. 4 der Richtlinie 2010/43/EU um.

Persönliche Geschäfte

§ 18. (1) Die Verwaltungsgesellschaft hat angemessene Vorkehrungen festzulegen, umzusetzen und aufrechtzuerhalten, die relevante Personen, deren Tätigkeiten zu einem Interessenkonflikt Anlass geben könnten, oder die aufgrund von Tätigkeiten, die sie für die Verwaltungsgesellschaft ausüben, Zugang zu Insider-Informationen im Sinne von § 48a Abs. 1 Z 1 Börsegesetz 1989 – BörseG (BGBl. Nr. 555/1989) oder zu anderen vertraulichen Informationen über OGAW oder über die mit oder für OGAW getätigten Geschäfte haben, daran hindern sollen,

1. ein persönliches Geschäft (§ 23 WAG 2007) zu tätigen, bei dem zumindest eine der folgenden Voraussetzungen erfüllt ist:
   a) Die Person darf das persönliche Geschäft gemäß den §§ 48b bis 48d BörseG oder

einer in einem anderem Mitgliedstaat aufgrund der Richtlinie 2003/6/EG erlassenen Vorschrift nicht tätigen;

b) es ist mit dem Missbrauch oder der vorschriftswidrigen Weitergabe vertraulicher Informationen verbunden;

c) es kollidiert mit einer Pflicht der Verwaltungsgesellschaft aus diesem Bundesgesetz, dem WAG 2007 oder einer gemäß der Richtlinie 2009/65/EG oder der Richtlinie 2004/39/EG erlassenen Verordnung oder wird voraussichtlich damit kollidieren;

2. außerhalb ihres regulären Beschäftigungsverhältnisses oder Dienstleistungsvertrags einer anderen Person ein Geschäft mit Finanzinstrumenten zu empfehlen, das – würde es sich um ein persönliches Geschäft (§ 23 WAG 2007) der relevanten Person handeln – unter Z 1 oder unter § 37 Abs. 2 Z 1 oder 2 WAG 2007 fiele oder einen anderweitigen Missbrauch von Informationen über laufende Aufträge darstellen würde, oder diese Person zu einem solchen Geschäft zu veranlassen;

3. außerhalb ihres regulären Beschäftigungsverhältnisses oder Dienstleistungsvertrags und unbeschadet des § 48b Abs. 1 Z 2 BörseG Informationen oder Meinungen an eine andere Person weiterzugeben, wenn der relevanten Person klar ist oder nach vernünftigem Ermessen klar sein sollte, dass diese Weitergabe die andere Person dazu veranlassen wird oder veranlassen dürfte,

a) ein Geschäft mit Finanzinstrumenten einzugehen, das – würde es sich um ein persönliches Geschäft (§ 23 WAG 2007) der relevanten Person handeln – unter Z 1 oder unter § 37 Abs. 2 Z 1 oder 2 WAG 2007 fiele oder einen anderweitigen Missbrauch von Informationen über laufende Aufträge darstellen würde;

b) einer anderen Person zu einem solchen Geschäft zu raten oder zu verhelfen.

(2) Die in Abs. 1 vorgeschriebenen Vorkehrungen müssen insbesondere Folgendes gewährleisten:

1. Jede unter Abs. 1 fallende relevante Person hat die Beschränkungen für persönliche Geschäfte (§ 23 WAG 2007) und die Maßnahmen, die die Verwaltungsgesellschaft im Hinblick auf persönliche Geschäfte und Informationsweitergabe gemäß Abs. 1 getroffen hat, zu kennen.
2. Die Verwaltungsgesellschaft ist unverzüglich über jedes persönliche Geschäft (§ 23 WAG 2007) einer relevanten Person zu unterrichten, und zwar entweder durch Meldung des Geschäfts oder durch andere Verfahren, die der Verwaltungsgesellschaft die Feststellung solcher Geschäfte ermöglichen.
3. Ein bei der Verwaltungsgesellschaft gemeldetes oder von dieser festgestelltes persönliches Geschäft (§ 23 WAG 2007) sowie jede Erlaubnis und jedes Verbot im Zusammenhang mit einem solchen Geschäft ist festzuhalten.

(3) Werden bestimmte Tätigkeiten von Dritten (§ 28) ausgeführt, so hat die Verwaltungsgesellschaft für die Zwecke von Abs. 2 Z 2 sicherzustellen, dass das Unternehmen, das die Tätigkeit ausführt, persönliche Geschäfte (§ 23 WAG 2007) aller relevanten Personen festhält und der Verwaltungsgesellschaft diese Informationen auf Verlangen unverzüglich vorlegt.

(4) Von Abs. 1 und 2 ausgenommen sind:

1. Persönliche Geschäfte, die im Rahmen eines Vertrags über die Portfolioverwaltung mit Ermessensspielraum getätigt werden, sofern vor Geschäftsabschluss keine diesbezüglichen Kontakte zwischen dem Portfolioverwalter und der relevanten Person oder der Person, für deren Rechnung das Geschäft getätigt wird, stattfinden;
2. persönliche Geschäfte mit OGAW oder mit Anteilen an Organismen für gemeinsame Anlagen, die nach der Rechtsvorschrift eines Mitgliedstaats, die für deren Anlagen ein

gleich hohes Maß an Risikostreuung vorschreibt, der Aufsicht unterliegen, wenn die relevante Person oder jede andere Person, für deren Rechnung die Geschäfte getätigt werden, nicht an der Verwaltung dieses Organismus beteiligt ist.

EB zu § 18:

Setzt Art. 13 der Richtlinie 2010/43/EU um. Relevante Personen sollen an persönlichen Geschäften gehindert werden, die durch einen Missbrauch von Informationen ermöglicht werden, die sie im Rahmen ihrer beruflichen Tätigkeit erlangt haben (so auch Erwägungsgrund 13 der Richtlinie 2010/43/EU). Diese Bestimmung steht mit den Bestimmungen des Verbotes von Insidergeschäften gemäß §§ 48a ff BörseG in Verbindung, soll aber auch Geschäfte, die dem Drittvergleich nicht standhalten und somit zum Nachteil der Verwaltungsgesellschaft oder des von ihr verwalteten OGAW-Vermögens wären, hintanhalten. Aufgrund des persönlichen Anwendungsbereiches der relevanten Personen geht sie über die Bestimmung des § 17 InvFG 1993 hinaus. Zum anderen ist das Verbot des Erwerbes von Wertpapieren des OGAW oder Verkaufes von Wertpapieren an den OGAW durch relevante Personen aber weniger absolut als jenes gemäß § 17 InvFG 1993, da ein Kontrahierungsverbot nur unter bestimmten Umständen (Ausnutzung einer Insiderposition, missbräuchliche Ausnutzung einer Information, Kollision mit einer gesetzlichen Vorschrift) normiert ist. Eine Kollision mit einer gesetzlichen Vorschrift wird, abgesehen von den Insidertatbeständen immer dann anzunehmen sein, wenn das Geschäft dem Drittvergleich nicht standhält, weil damit § 29 – die Pflicht im besten Interesse des OGAW und der Anteilinhaber zu handeln – verletzt würde. Im Hinblick auf Geschäfte des Aufsichtsrates, der von dieser Bestimmung nicht erfasst ist, ist allerdings zu bedenken, dass für diesen sehr wohl auch die § 28 BWG, §§ 48a ff BörseG gelten.

EB zu § 18 Abs. 1:

Setzt Art. 13 Abs. 1 der Richtlinie 2010/43/EU um.

EB zu § 18 Abs. 1 Z 1:

Setzt Art. 13 Abs. 1 Buchstabe a der Richtlinie 2010/43/EU um.

EB zu § 18 Abs. 1 Z 1 lit. a:

Setzt Art. 13 Abs. 1 Buchstabe a Nummer i der Richtlinie 2010/43/EU um.

EB zu § 18 Abs. 1 Z 1 lit. b:

Setzt Art. 13 Abs. 1 Buchstabe a Nummer ii der Richtlinie 2010/43/EU um.

EB zu § 18 Abs. 1 Z 1 lit. c:

Setzt Art. 13 Abs. 1 Buchstabe a Nummer iii der Richtlinie 2010/43/EU um.

EB zu § 18 Abs. 1 Z 2:

Setzt Art. 13 Abs. 1 Buchstabe b der Richtlinie 2010/43/EU um.

EB zu § 18 Abs. 1 Z 3:

Setzt Art. 13 Abs. 1 Buchstabe c der Richtlinie 2010/43/EU um.

EB zu § 18 Abs. 1 Z 3 lit. a:

Setzt Art. 13 Abs. 1 Buchstabe c Nummer i der Richtlinie 2010/43/EU um.

EB zu § 18 Abs. 1 Z 3 lit. b:

Setzt Art. 13 Abs. 1 Buchstabe c Nummer ii der Richtlinie 2010/43/EU um.

EB zu § 18 Abs. 2:

Setzt Art. 13 Abs. 2 der Richtlinie 2010/43/EU um.

EB zu § 18 Abs. 2 Z 1:
Setzt Art. 13 Abs. 2 Buchstabe a der Richtlinie 2010/43/EU um.

EB zu § 18 Abs. 2 Z 2:
Setzt Art. 13 Abs. 2 Buchstabe b der Richtlinie 2010/43/EU um.

EB zu § 18 Abs. 2 Z 3:
Setzt Art. 13 Abs. 2 Buchstabe c der Richtlinie 2010/43/EU um.

EB zu § 18 Abs. 3:
Setzt Art. 13 Abs. 2 zweiter Unterabs. der Richtlinie 2010/43/EU um.

EB zu § 18 Abs. 4:
Setzt Art. 13 Abs. 3 der Richtlinie 2010/43/EU um.

EB zu § 18 Abs. 4 Z 1:
Setzt Art. 13 Abs. 3 Buchstabe a der Richtlinie 2010/43/EU um.

EB zu § 18 Abs. 4 Z 2:
Setzt Art. 13 Abs. 3 Buchstabe b der Richtlinie 2010/43/EU um. Der deutsche Text der Richtlinie spricht von Geschäftsleitung des OGAW, im englischen Text ist nur von „management" die Rede. Dem Regelungszweck entsprechend ist daher der Begriff der Geschäftsleitung in Art. 13 Abs. 3 lit. 3 der Richtlinie 2010/43/EU der Verwaltung eines OGAW gleichzuhalten, gleichgültig ob in der Form eines Sondervermögens oder einer Investmentgesellschaft. Eine Ausnahme von den Bestimmungen der Abs. 1 und 2 kommt nur in den Fällen in Betracht, wo eine Verwaltungsgesellschaft mehrere OGAW verwaltet und die relevante Person mit der Verwaltung eines bestimmten OGAW nichts zu tun hat.

Aufzeichnung von Portfoliogeschäften

§ 19. (1) Die Verwaltungsgesellschaft hat sicherzustellen, dass jedes Portfoliogeschäft im Zusammenhang mit OGAW unverzüglich so aufgezeichnet wird, dass der Auftrag und das ausgeführte Geschäft im Einzelnen rekonstruiert werden können.

(2) Die in Abs. 1 genannte Aufzeichnung hat zu enthalten:
1. Den Namen oder die sonstige Bezeichnung des OGAW und der Person, die für Rechnung des OGAW handelt;
2. die zur Feststellung des betreffenden Instruments notwendigen Einzelheiten;
3. die Menge;
4. die Art des Auftrags oder des Geschäfts;
5. den Preis;
6. bei Aufträgen das Datum und die genaue Uhrzeit der Auftragsübermittlung und den Namen oder die sonstige Bezeichnung der Person, an die der Auftrag übermittelt wurde, oder bei Geschäften das Datum und die genaue Uhrzeit der Geschäftsentscheidung und -ausführung;
7. den Namen der Person, die den Auftrag übermittelt oder das Geschäft ausführt;
8. gegebenenfalls die Gründe für den Widerruf eines Auftrags;
9. bei ausgeführten Geschäften die Gegenpartei und den Ausführungsplatz.

(3) Unter einem Ausführungsplatz gemäß Abs. 2 Z 9 ist ein geregelter Markt im Sinne von § 1 Abs. 2 BörseG, ein multilaterales Handelssystem im Sinne von § 1 Z 9 WAG 2007, ein systematischer Internalisierer im Sinne von § 1 Z 10 WAG 2007 oder ein Market Maker

(§ 56 Abs. 1 BörseG), ein sonstiger Liquiditätsgeber oder eine Einrichtung, die in einem Drittland eine ähnliche Funktion erfüllt, zu verstehen.

EB zu § 19:

Setzt Art. 14 der Richtlinie 2010/43/EU um. Für jedes Portfoliogeschäft im Zusammenhang mit OGAW müssen Ursprung, Gegenparteien, Art, Abschlusszeitpunkt und -ort rekonstruiert werden können. Zu diesem Zweck werden Anforderungen an die Aufzeichnung von Portfoliogeschäften und Zeichnungs- und Rücknahmeaufträgen festgelegt (so auch Erwägungsgrund 14 der Richtlinie 2010/43/EU).

EB zu § 19 Abs. 1:

Setzt Art. 14 Abs. 1 der Richtlinie 2010/43/EU um.

EB zu § 19 Abs. 2:

Setzt Art. 14 Abs. 2 der Richtlinie 2010/43/EU um.

EB zu § 19 Abs. 3:

Setzt Art. 14 Abs. 3 der Richtlinie 2010/43/EU um. Der Begriff des geregelten Marktes entspricht dem in der Richtlinie 2004/39/EG und im WAG 2007 verwendeten Begriff.

Aufzeichnung von Zeichnungs- und Rücknahmeaufträgen

§ 20. (1) Die Verwaltungsgesellschaft hat angemessene Vorkehrungen zu treffen, um zu gewährleisten, dass die eingegangenen OGAW-Zeichnungs- und -Rücknahmeaufträge unmittelbar nach ihrem Eingang zentral erfasst und aufgezeichnet werden.

(2) Folgende Angaben sind aufzuzeichnen:

1. Name des betreffenden OGAW;
2. Person, die den Auftrag erteilt oder übermittelt;
3. Person, die den Auftrag erhält;
4. Datum und Uhrzeit des Auftrags;
5. Zahlungsbedingungen und -mittel;
6. Art des Auftrags;
7. Datum der Auftragsausführung;
8. Zahl der gezeichneten oder zurückgenommenen Anteile;
9. Zeichnungs- oder Rücknahmepreis für jeden Anteil;
10. Gesamtzeichnungs- oder –rücknahmewert der Anteile;
11. Bruttowert des Auftrags einschließlich Zeichnungsgebühren oder Nettobetrag nach Abzug von Rücknahmegebühren.

(3) Für den Fall, dass die Verwaltungsgesellschaft gemäß § 5 Abs. 5 die Depotbank mit den Aufgaben der Ausgabe und Rücknahme von Anteilen beauftragt hat, sind die Pflichten gemäß Abs. 1 und 2 von der Depotbank einzuhalten.

EB zu § 20:

Setzt Art. 15 der Richtlinie 2010/43/EU um. Die ordnungsgemäße Erfassung der Zeichnungs- und Rücknahmeaufträge ist eine zentrale Pflicht im Verhältnis zum Anteilinhaber.

EB zu § 20 Abs. 1:

Setzt Art. 15 Abs. 1 der Richtlinie 2010/43/EU um.

EB zu § 20 Abs. 2:

Setzt Art. 15 Abs. 2 der Richtlinie 2010/43/EU um. Die ordnungsgemäße Erfassung der Zeichnungs- und Rücknahmeaufträge ist eine zentrale Pflicht im Verhältnis zum Anteil-

inhaber. Die Pflicht zur „unmittelbaren" Aufzeichnung nach dem Eingang der Zeichnungs- und Rücknahmeaufträge bezieht sich dabei auf jene Angaben, die zum Zeitpunkt des Auftragseingangs tatsächlich und unwiderruflich feststehen bzw. festgestellt werden können. Bei allen anderen Angaben ist als Zeitpunkt der unmittelbaren Aufzeichnungspflicht auf das Vorliegen dieser Angaben abzustellen (insb. die Stückanzahl gemäß Abs. 2 Z 8 im Fall von Gegenwertaufträgen und die Angaben gemäß Abs. 2 Z 9 bis 11 bei allen Aufträgen).

Aufbewahrungspflichten

§ 21. (1) Die Verwaltungsgesellschaft hat die in den §§ 19 und 20 genannten Aufzeichnungen für einen Zeitraum von mindestens fünf Jahren aufzubewahren.

(2) Bei Vorliegen von außergewöhnlichen Umständen kann die FMA verlangen, dass die Verwaltungsgesellschaft alle oder einige dieser Aufzeichnungen für einen längeren, von der Art des Instruments oder Portfoliogeschäfts abhängigen Zeitraum aufbewahrt, wenn dies notwendig ist, um der FMA die Wahrnehmung ihrer Aufsichtsfunktion gemäß diesem Bundesgesetz oder gemäß der Richtlinie 2009/65/EG erlassenen EU-Verordnungen zu ermöglichen.

(3) Die FMA kann in dem Bescheid, mit dem über die Rücknahme der Konzession abgesprochen wird, anordnen, dass die Aufzeichnungen bis zum Ablauf eines höchstens fünfjährigen Zeitraumes aufzubewahren sind.

(4) Überträgt die Verwaltungsgesellschaft gemäß §§ 61 oder 62 Abs. 2 die Aufgaben, die sie im Zusammenhang mit dem OGAW hat, auf eine andere Verwaltungsgesellschaft, so kann die FMA Vorkehrungen im Hinblick darauf verlangen, dass dieser Gesellschaft die Aufzeichnungen für die vorangegangenen fünf Jahre zur Verfügung gestellt werden.

(5) Die Aufzeichnungen sind auf einem Datenträger aufzubewahren, auf dem sie so gespeichert werden können, dass die FMA auch in Zukunft auf sie zugreifen kann und die folgenden Voraussetzungen erfüllt sind:

1. Die FMA muss ohne weiteres auf die Aufzeichnungen zugreifen und jede maßgebliche Stufe der Bearbeitung jedes einzelnen Portfoliogeschäfts rekonstruieren können;
2. jede Korrektur oder sonstige Änderung sowie der Inhalt der Aufzeichnungen vor einer solchen Korrektur oder sonstigen Änderung müssen leicht feststellbar sein;
3. die Aufzeichnungen dürfen nicht anderweitig manipulierbar oder zu verändern sein.

(6) Für den Fall, das die Verwaltungsgesellschaft gemäß § 5 Abs. 5 die Depotbank mit den Aufgaben der Ausgabe und Rücknahme von Anteilen beauftragt hat, sind die Pflichten gemäß Abs. 1 bis 5 im Hinblick auf § 20 von der Depotbank einzuhalten.

EB zu § 21:

Setzt Art. 16 der Richtlinie 2010/43/EU um. Korrespondierend zu den Aufzeichnungspflichten steht die Pflicht zur Aufbewahrung der Unterlagen im Interesse der Kunden, aber auch der Aufsicht und der Gläubiger. Die Aufbewahrung der Unterlagen ist ein zentrales Element ordentlicher Geschäftsgebarung und „corporate governance".

EB zu § 21 Abs. 1:

Setzt Art. 16 Abs. 1 erster Unterabs. der Richtlinie 2010/43/EU um.

EB zu § 21 Abs. 2:

Setzt Art. 16 Abs. 1 zweiter Unterabs. der Richtlinie 2010/43/EU um.

EB zu § 21 Abs. 3:

Setzt Art. 16 Abs. 2 erster Unterabs. der Richtlinie 2010/43/EU um.

EB zu § 21 Abs. 4:

Setzt Art. 16 Abs. 2 zweiter Unterabs. der Richtlinie 2010/43/EU um.

EB zu § 21 Abs. 5:

Setzt Art. 16 Abs. 3 der Richtlinie 2010/43/EU um. Grundsätzlich sind die Aufzeichnungen fünf Jahre, auch für die Zwecke der FMA aufzubewahren. Die Art der Archivierung (Aufbewahrung oder Speicherung) hat aber so zu erfolgen, dass die FMA – falls dies aus besonderen Gründen erforderlich ist – auch darüber hinaus auf die Daten zugreifen kann, das heißt, diese auch dann noch abrufbar oder einsehbar sind. Dies kann beispielsweise in einem laufenden Verfahren der Fall sein, wenn inmitten dieses Verfahrens die Fünfjahresfrist abläuft.

Kriterien für die Feststellung von Interessenkonflikten

§ 22. (1) Die Verwaltungsgesellschaft hat die Arten von Interessenkonflikten, die bei der Dienstleistungserbringung und der Ausführung von Tätigkeiten auftreten und den Interessen eines OGAW abträglich sein können, zu ermitteln und dabei zu berücksichtigen:
1. ihre eigenen Interessen, einschließlich solcher, die aus der Zugehörigkeit der Verwaltungsgesellschaft zu einer Gruppe oder aus der Erbringung von Dienstleistungen und Tätigkeiten resultieren, die Interessen der Kunden und die Verpflichtung der Verwaltungsgesellschaft gegenüber dem OGAW;
2. die Interessen von zwei oder mehreren verwalteten OGAW.

(2) Weiters hat die Verwaltungsgesellschaft bei der Ermittlung von Interessenkonflikten zumindest zu berücksichtigen, ob auf die Verwaltungsgesellschaft, eine relevante Person oder eine Person, die direkt oder indirekt durch Kontrolle mit der Verwaltungsgesellschaft verbunden ist, aufgrund der Tatsache, dass sie in der kollektiven Portfolioverwaltung oder einem anderen Bereich tätig ist, einer der folgenden Sachverhalte zutrifft:
1. Es besteht die Gefahr, dass die Verwaltungsgesellschaft oder die betreffende Person zulasten des OGAW einen finanziellen Vorteil erzielen oder einen finanziellen Verlust vermeiden wird;
2. die Verwaltungsgesellschaft oder die betreffende Person hat am Ergebnis einer für den OGAW oder einen anderen Kunden erbrachten Dienstleistung oder eines für den OGAW oder einen anderen Kunden getätigten Geschäfts ein Interesse, das sich nicht mit dem Interesse des OGAW an diesem Ergebnis deckt;
3. für die Verwaltungsgesellschaft oder die betreffende Person gibt es einen finanziellen oder sonstigen Anreiz, die Interessen eines anderen Kunden oder einer anderen Kundengruppe über die Interessen des OGAW zu stellen;
4. die Verwaltungsgesellschaft oder die betreffende Person führt für den OGAW und für einen oder mehrere andere Kunden, bei denen es sich nicht um OGAW handelt, die gleichen Tätigkeiten aus;
5. die Verwaltungsgesellschaft oder die betreffende Person erhält aktuell oder künftig von einer anderen Person als dem OGAW in Bezug auf Leistungen der kollektiven Portfolioverwaltung, die für den OGAW erbracht werden, zusätzlich zu der hierfür üblichen Provision oder Gebühr einen Anreiz in Form von Geld, Gütern oder Dienstleistungen.

EB zu § 22:

Setzt Art. 17 der Richtlinie 2010/43/EU um. Es werden Kriterien für die Feststellung von Interessenkonflikten festgelegt. Die Identifizierung möglicher Situationen ist ein erster Schritt zur Vermeidung derselben. Bei der Beurteilung, ob ein Interessenkonflikt vorliegt, sind sämtliche Tätigkeiten und Dienstleistungen, die die Verwaltungsgesellschaft erbringt, einzubeziehen, nicht nur die kollektive Portfolioverwaltung.

EB zu § 22 Abs. 1:
Setzt Art. 17 Abs. 2 der Richtlinie 2010/43/EU um.

EB zu § 22 Abs. 1 Z 1:
Setzt Art. 17 Abs. 2 Buchstabe a der Richtlinie 2010/43/EU um.

EB zu § 22 Abs. 1 Z 2:
Setzt Art. 17 Abs. 2 Buchstabe b der Richtlinie 2010/43/EU um.

EB zu § 22 Abs. 2:
Setzt Art. 17 Abs. 1 der Richtlinie 2010/43/EU um.

EB zu § 22 Abs. 2 Z 1:
Setzt Art. 17 Abs. 1 Buchstabe a der Richtlinie 2010/43/EU um.

EB zu § 22 Abs. 2 Z 2:
Setzt Art. 17 Abs. 1 Buchstabe b der Richtlinie 2010/43/EU um.

EB zu § 22 Abs. 2 Z 3:
Setzt Art. 17 Abs. 1 Buchstabe c der Richtlinie 2010/43/EU um.

EB zu § 22 Abs. 2 Z 4:
Setzt Art. 17 Abs. 1 Buchstabe d der Richtlinie 2010/43/EU um.

EB zu § 22 Abs. 2 Z 5:
Setzt Art. 17 Abs. 1 Buchstabe e der Richtlinie 2010/43/EU um.

Grundsätze für den Umgang mit Interessenkonflikten

§ 23. (1) Die Verwaltungsgesellschaft hat wirksame Grundsätze für den Umgang mit Interessenkonflikten festzulegen, einzuhalten und aufrechtzuerhalten. Diese Grundsätze sind schriftlich festzulegen und müssen der Größe und Organisation der Verwaltungsgesellschaft sowie der Art, dem Umfang und der Komplexität ihrer Geschäfte angemessen sein.

(2) Gehört die Verwaltungsgesellschaft einer Gruppe an, müssen diese Grundsätze darüber hinaus allen Umständen Rechnung tragen, die der Gesellschaft bekannt sind oder sein sollten und die aufgrund der Struktur und der Geschäftstätigkeiten anderer Gruppenmitglieder zu einem Interessenkonflikt Anlass geben könnten.

(3) In den gemäß Abs. 1 und 2 festgelegten Grundsätzen für den Umgang mit Interessenkonflikten ist festzulegen:

1. Im Hinblick auf die Leistungen der kollektiven Portfolioverwaltung, die von oder für die Verwaltungsgesellschaft erbracht werden, unter welchen Umständen ein Interessenkonflikt, der den Interessen des OGAW oder eines oder mehrerer anderer Kunden erheblich schaden könnte, vorliegt oder entstehen könnte;
2. welche Verfahren für den Umgang mit diesen Konflikten einzuhalten und welche Maßnahmen zu treffen sind.

EB zu § 23:
Setzt Art. 18 der Richtlinie 2010/43/EU um. Verwaltungsgesellschaften müssen über angemessene Verfahren verfügen, um bei unvermeidlichen Interessenkonflikten eine faire

Behandlung der OGAW zu gewährleisten. Verwaltungsgesellschaften haben sicherzustellen, dass in einem solchen Fall die Geschäftsleitung oder eine andere zuständige interne Stelle unverzüglich informiert wird, damit sie alle zur Gewährleistung einer fairen Behandlung des OGAW und seiner Anteilinhaber notwendigen Entscheidungen treffen kann (so auch Erwägungsgrund 15 der Richtlinie 2010/43/EU).

EB zu § 23 Abs. 1:
Setzt Art. 18 Abs. 1 erster Unterabs. der Richtlinie 2010/43/EU um.

EB zu § 23 Abs. 2:
Setzt Art. 18 Abs. 1 zweiter Unterabs. der Richtlinie 2010/43/EU um.

EB zu § 23 Abs. 3:
Setzt Art. 18 Abs. 2 der Richtlinie 2010/43/EU um.

EB zu § 23 Abs. 3 Z 1:
Setzt Art. 18 Abs. 2 Buchstabe a der Richtlinie 2010/43/EU um.

EB zu § 23 Abs. 3 Z 2:
Setzt Art. 18 Abs. 2 Buchstabe b der Richtlinie 2010/43/EU um.

Unabhängigkeit beim Konfliktmanagement

§ **24.** (1) Die in § 23 Abs. 3 Z 2 genannten Verfahren und Maßnahmen sind so zu gestalten, dass relevante Personen, die verschiedene Tätigkeiten ausführen, die einen Interessenkonflikt nach sich ziehen, diese Tätigkeiten mit einem Grad an Unabhängigkeit ausführen, der der Größe und dem Betätigungsfeld der Verwaltungsgesellschaft und der Gruppe, der sie angehört, sowie der Erheblichkeit des Risikos, dass die Interessen von Kunden geschädigt werden, angemessen ist. Weiters haben diese Verfahren und Maßnahmen – soweit dies zur Gewährleistung des geforderten Grades an Unabhängigkeit der Verwaltungsgesellschaft notwendig und angemessen ist – Folgendes zu beinhalten:

1. Wirksame Verfahren, die den Austausch von Informationen zwischen relevanten Personen, die in der kollektiven Portfolioverwaltung tätig sind und deren Tätigkeiten einen Interessenkonflikt nach sich ziehen könnten, verhindern oder kontrollieren, wenn dieser Informationsaustausch den Interessen eines oder mehrerer Kunden schaden könnte;
2. die gesonderte Beaufsichtigung relevanter Personen, zu deren Hauptaufgaben die kollektive Portfolioverwaltung für Kunden oder die Erbringung von Dienstleistungen für Kunden oder Anleger gehört, deren Interessen möglicherweise kollidieren oder die in anderer Weise unterschiedliche, möglicherweise kollidierende Interessen vertreten, was auch die Interessen der Verwaltungsgesellschaft einschließt;
3. die Beseitigung jeder direkten Verbindung zwischen der Vergütung relevanter Personen, die sich hauptsächlich mit einer Tätigkeit beschäftigen, und der Vergütung oder den Einnahmen anderer relevanter Personen, die sich hauptsächlich mit einer anderen Tätigkeit beschäftigen, wenn bei diesen Tätigkeiten ein Interessenkonflikt entstehen könnte;
4. Maßnahmen, die jeden ungebührlichen Einfluss auf die Art und Weise, in der eine relevante Person die kollektive Portfolioverwaltung ausführt, verhindern oder einschränken;
5. Maßnahmen, die die gleichzeitige oder anschließende Beteiligung einer relevanten Person an einer anderen kollektiven Portfolioverwaltung verhindern oder kontrollieren,

wenn eine solche Beteiligung einem einwandfreien Konfliktmanagement im Wege stehen könnte.

(2) Sollten eine oder mehrere dieser Maßnahmen und Verfahren gemäß Abs. 1 in der Praxis nicht das erforderliche Maß an Unabhängigkeit gewährleisten, so haben die Verwaltungsgesellschaften für die genannten Zwecke erforderliche und angemessene alternative oder zusätzliche Maßnahmen und Verfahren festzulegen.

EB zu § 24:

Setzt Art. 19 der Richtlinie 2010/43/EU um. Es sind Grundsätze zum Umgang mit Interessenkonflikten festzulegen.

EB zu § 24 Abs. 1:

Setzt Art. 19 Abs. 1 und Abs. 2 erster Unterabs. der Richtlinie 2010/43/EU um.

EB zu § 24 Abs. 1 Z 1:

Setzt Art. 19 Abs. 2 Buchstabe a der Richtlinie 2010/43/EU um.

EB zu § 24 Abs. 1 Z 2:

Setzt Art. 19 Abs. 2 Buchstabe b der Richtlinie 2010/43/EU um.

EB zu § 24 Abs. 1 Z 3:

Setzt Art. 19 Abs. 2 Buchstabe c der Richtlinie 2010/43/EU um.

EB zu § 24 Abs. 1 Z 4:

Setzt Art. 19 Abs. 2 Buchstabe d der Richtlinie 2010/43/EU um.

EB zu § 24 Abs. 1 Z 5:

Setzt Art. 19 Abs. 2 Buchstabe e der Richtlinie 2010/43/EU um.

EB zu § 24 Abs. 2:

Setzt Art. 19 Abs. 2 zweiter Unterabs. der Richtlinie 2010/43/EU um.

Umgang mit Tätigkeiten, die einen potenziell nachteiligen Interessenkonflikt nach sich ziehen

§ 25. (1) Die Verwaltungsgesellschaft hat Aufzeichnungen darüber zu führen, bei welchen Arten der von ihnen oder für sie erbrachten kollektiven Portfolioverwaltung ein Interessenkonflikt aufgetreten ist oder bei laufender Portfolioverwaltung noch auftreten könnte, bei dem das Risiko, dass die Interessen eines oder mehrerer OGAW oder anderer Kunden Schaden nehmen, erheblich ist, und diese Aufzeichnungen regelmäßig zu aktualisieren.

(2) In Fällen, in denen die organisatorischen oder administrativen Vorkehrungen der Verwaltungsgesellschaft zum Umgang mit Interessenkonflikten nicht ausreichen, um nach vernünftigem Ermessen zu gewährleisten, dass das Risiko einer Schädigung der Interessen des OGAW oder seiner Anteilinhaber ausgeschlossen werden kann, ist die Geschäftsleitung oder eine andere zuständige interne Stelle der Verwaltungsgesellschaft umgehend zu informieren, damit sie die notwendigen Entscheidungen treffen kann, um zu gewährleisten, dass die Verwaltungsgesellschaft stets im besten Interesse des OGAW und seiner Anteilinhaber handelt. Die Verwaltungsgesellschaft hat die Anleger gemäß § 132 Abs. 2 zu informieren.

EB zu § 25:

Setzt Art. 20 der Richtlinie 2010/43/EU um. Von der Pflicht zur Unterrichtung der Geschäftsleitung oder einer anderen zuständigen internen Stelle der Verwaltungsgesellschaft, damit diese die notwendigen Entscheidungen treffen kann, unberührt bleibt die Pflicht der Verwaltungsgesellschaften und OGAW, beispielsweise in ihren regelmäßigen Berichten Situationen anzuzeigen, in denen die organisatorischen oder administrativen Vorkehrungen für Interessenkonflikte nicht ausgereicht haben, um nach vernünftigem Ermessen zu gewährleisten, dass dem Risiko einer Schädigung von Kundeninteressen vorgebeugt ist. Die Entscheidung der Verwaltungsgesellschaft ist in diesen Berichten unter Berücksichtigung der internen Grundsätze und Verfahren, die zur Ermittlung, Vorbeugung und Regelung von Interessenkonflikten beschlossen wurden, zu erläutern und zu begründen, selbst wenn die Entscheidung darin besteht, nichts zu unternehmen (so auch Erwägungsgrund 17 der Richtlinie 2010/43/EU).

EB zu § 25 Abs. 1:

Setzt Art. 20 Abs. 1 der Richtlinie 2010/43/EU um.

EB zu § 25 Abs. 2:

Setzt Art. 20 Abs. 2 und 3 der Richtlinie 2010/43/EU um. Anders als bei Art. 22 Abs. 4 der Richtlinie 2006/73/EG und ihr folgend § 35 Abs. 5 WAG 2007, geht aus dem Wortlaut des Art. 20 Abs. 3 der Richtlinie 2010/43/EU nicht hervor, in welcher zeitlichen Abfolge oder Zeitrahmen die Information der Anleger zu erfolgen hat. Aus dem Gesamtzusammenhang der Regelung wird aber deutlich, dass eine Information jedenfalls so rasch wie möglich zu erfolgen hat. Die Verwaltungsgesellschaft genügt ihrer Informationspflicht gegenüber den Anlegern, wenn sie dieser in den periodischen Berichten nachkommt.

Strategien für die Ausübung von Stimmrechten bei Veranlagungen

§ 26. (1) Die Verwaltungsgesellschaft hat wirksame und angemessene Strategien im Hinblick darauf auszuarbeiten, wann und wie die mit den Instrumenten in den verwalteten Portfolios verbundenen Stimmrechte ausgeübt werden sollen, damit dies ausschließlich zum Nutzen des betreffenden OGAW ist.

(2) Die in Abs. 1 genannten Strategien haben Maßnahmen und Verfahren zu enthalten, die

1. eine Verfolgung der maßgeblichen gesellschaftsrechtlichen Vorgänge ermöglichen;
2. sicherstellen, dass die Ausübung von Stimmrechten mit den Anlagezielen und der Anlagepolitik des jeweiligen OGAW in Einklang steht;
3. Interessenkonflikte, die aus der Ausübung von Stimmrechten resultieren, verhindern oder regeln.

EB zu § 26:

Setzt Art. 21 der Richtlinie 2010/43/EU um. Die Verwaltungsgesellschaften sind verpflichtet, für die Ausübung der Stimmrechte, die mit den Finanzinstrumenten im Portfolio der von ihnen verwalteten OGAW verbunden sind, eine wirksame und angemessene Strategie festzulegen, anzuwenden und aufrechtzuerhalten, um so zu gewährleisten, dass diese Rechte zum ausschließlichen Nutzen der OGAW ausgeübt werden. Informationen über diese Strategie und ihre Anwendung sollen für die Anleger, beispielsweise über eine Website frei verfügbar sein. Je nach Fall und Anlagestrategie des OGAW könnte auch die Entscheidung, Stimmrechte nicht auszuüben, unter bestimmten Umständen so gesehen werden, dass dies ausschließlich dem OGAW nutzt. Die Möglichkeit, dass eine Investmentgesellschaft selbst abstimmt, wird dadurch allerdings nicht ausgeschlossen (so auch Erwägungs-

grund 16 der Richtlinie 2010/43/EU). Der Begriff des „corporate event" wurde in dem Zusammenhang mit „gesellschaftsrechtliche Vorgänge" übersetzt.

EB zu § 26 Abs. 1:
Setzt Art. 21 Abs. 1 der Richtlinie 2010/43/EU um.

EB zu § 26 Abs. 2:
Setzt Art. 21 Abs. 2 der Richtlinie 2010/43/EU um.

Anlegerschutz bei individueller Portfolioverwaltung

§ 27. Eine Verwaltungsgesellschaft, deren Konzession sich auch auf die Portfolioverwaltung mit Ermessensspielraum gemäß § 5 Abs. 2 Z 3 erstreckt,
1. darf das Vermögen des Anlegers weder ganz noch teilweise in Anteilen der von ihr verwalteten OGAW oder AIF anlegen, es sei denn, der Kunde hat zuvor eine allgemeine Zustimmung gegeben; und
2. unterliegt in Bezug auf die Dienstleistungen gemäß § 5 Abs. 2 Z 3 den Vorschriften gemäß § 93 Abs. 2a BWG.

EB zu § 27:
Setzt Art. 12 Abs. 2 der Richtlinie 2009/65/EG um und entspricht inhaltlich § 2 Abs. 13 InvFG 1993. Sofern die Verwaltungsgesellschaft individuelle Portfolioverwaltung durchführt, muss sie Mitglied einer Anlegerentschädigungseinrichtung sein.

Übertragung von Aufgaben der Verwaltungsgesellschaft an Dritte

§ 28. (1) Die Verwaltungsgesellschaft ist berechtigt, eine oder mehrere ihrer Aufgaben gemäß § 5 Abs. 2 zum Zwecke einer effizienteren Geschäftsführung an Dritte zu übertragen. Der Dritte handelt hiebei für Rechnung der Anteilinhaber. Folgende Voraussetzungen müssen dabei erfüllt sein:
1. Die Verwaltungsgesellschaft muss der FMA unverzüglich gemäß § 151 die Übertragung anzeigen; die FMA hat diese Informationen unverzüglich den zuständigen Behörden des Herkunftmitgliedstaats des OGAW gemäß § 161 zu übermitteln;
2. der Auftrag darf die Wirksamkeit der Beaufsichtigung der Verwaltungsgesellschaft in keiner Weise beeinträchtigen; insbesondere darf er weder die Verwaltungsgesellschaft daran hindern, im Interesse ihrer Anleger zu handeln, noch darf er verhindern, dass der OGAW im Interesse der Anleger verwaltet wird;
3. wenn die Übertragung die kollektive Portfolioverwaltung betrifft, so darf der Auftrag nur Unternehmen erteilt werden, die für die Zwecke der Vermögensverwaltung konzessioniert oder eingetragen sind und einer Aufsicht unterliegen; die Übertragung muss mit den von der Verwaltungsgesellschaft regelmäßig festgelegten Vorgaben für die Verteilung der Anlagen in Einklang stehen;
4. wenn der Auftrag die kollektive Portfolioverwaltung betrifft und einem Drittlandsunternehmen erteilt wird, so muss weiters die Zusammenarbeit zwischen der FMA und den betroffenen Aufsichtsbehörden sichergestellt sein;
5. der Verwahrstelle oder anderen Unternehmen, deren Interessen mit denen der Verwaltungsgesellschaft oder der Anteilinhaber kollidieren können, darf kein Auftrag für die Hauptdienstleistung der kollektiven Portfolioverwaltung (§ 5 Abs. 2 Z 1 lit. a) erteilt werden;

6. es muss sichergestellt sein, dass die Verwaltungsgesellschaft die Tätigkeiten des Unternehmens, dem der Auftrag erteilt wurde, jederzeit wirksam überwachen kann;
7. es muss sichergestellt sein, dass die Verwaltungsgesellschaft den Unternehmen, denen Aufgaben übertragen wurden, jederzeit weitere Anweisungen erteilen kann und der Auftrag jederzeit mit sofortiger Wirkung entzogen werden kann, wenn dies im Interesse der Anleger ist;
8. unter Berücksichtigung der Art der zu übertragenden Aufgaben muss das Unternehmen, dem diese Aufgaben übertragen werden, über die entsprechende Qualifikation verfügen und in der Lage sein, die betreffenden Aufgaben wahrzunehmen;
9. in den OGAW-Prospekten (§ 131) sind die übertragenen Aufgaben aufzulisten;
10. werden Tätigkeiten im Bereich des Risikomanagements an Dritte übertragen, ist überdies § 30 Abs. 3 einzuhalten.

(2) Die Pflichten der Verwaltungsgesellschaft sowie die Pflichten der Depotbank gemäß diesem Bundesgesetz werden durch eine solche Übertragung nicht berührt. Die Verwaltungsgesellschaft haftet zwingend für das Verhalten des Dritten wie für ihr eigenes Verhalten. Die Verwaltungsgesellschaft darf ihre Aufgaben nicht in einem Umfang übertragen, der sie zu einer Briefkastenfirma werden lässt; von einem Briefkastenunternehmen ist dann auszugehen, wenn die Verwaltungsgesellschaft ihre Geschäftstätigkeit weitgehend auf Dritte überträgt. Die datenschutzrechtlich relevanten Bestimmungen (§§ 10 ff DSG 2000) sind einzuhalten.

EB zu § 28:

Setzt Art. 13 der Richtlinie 2009/65/EG um und entspricht inhaltlich § 3 Abs. 3 InvFG 1993. Die Übertragung eines Teils der Tätigkeiten einer Verwaltungsgesellschaft an Dritte ist grundsätzlich zulässig. Bei der Entscheidung, ob ein Dritter, dem bestimmte Aufgaben übertragen werden sollen, für die Art der auszuführenden Tätigkeiten als qualifiziert und befähigt angesehen werden kann, sollte die Verwaltungsgesellschaft mit der gebotenen Sorgfalt verfahren. Der Dritte sollte deshalb in Bezug auf die auszuführende Tätigkeit alle Anforderungen an Organisation und Vermeidung von Interessenkonflikten erfüllen. Daraus folgt auch, dass die Verwaltungsgesellschaft sich zu vergewissern hat, dass der Dritte die notwendigen Maßnahmen zur Einhaltung dieser Anforderungen getroffen hat, und dass die Verwaltungsgesellschaft die Einhaltung dieser Anforderungen durch den Dritten wirksam zu überwachen hat. Ist der Beauftragte dafür verantwortlich, dasws die für die delegierten Tätigkeiten geltenden Bestimmungen eingehalten werden, so sind für die Überwachung der delegierten Tätigkeiten gleichwertige organisatorische Anforderungen vorzusehen. Es gelten auch die gleichen Bestimmungen zur Vermeidung von Interessenkonflikten. Wenn die Verwaltungsgesellschaft die Qualifikation und Fähigkeit mit der gebotenen Sorgfalt prüft, so sollte sie dabei berücksichtigen können, dass der Dritte, dem Aufgaben übertragen werden, nach Möglichkeit dem WAG 2007 oder der Richtlinie 2004/39/EG unterliegt (so auch Erwägungsgrund 4 der Richtlinie 2010/43/EU). Die Möglichkeit zur Übertragung bestimmter Aufgaben an Dritte soll grundsätzlich eine effiziente Geschäftstätigkeit ermöglichen. Die FMA als zuständige Behörde des Herkunftmitgliedstaates hat sicherzustellen, dass die Verwaltungsgesellschaft, der sie eine Konzession erteilt hat, nicht die Gesamtheit ihrer Aufgaben auf einen oder mehrere Dritte überträgt, um so zu einer „Briefkastengesellschaft" zu werden, und dass diese Aufträge eine wirksame Beaufsichtigung der Verwaltungsgesellschaft nicht behindern. Die Tatsache, dass die Verwaltungsgesellschaft ihre Aufgaben übertragen hat, darf auf keinen Fall die Haftung dieser Gesellschaft und der Verwahrstelle gegenüber den Anteilinhabern und den zuständigen Behörden beeinträchtigen (so auch Erwägungsgrund 16 der Richtlinie 2009/65/EG).

EB zu § 28 Abs. 1:

Setzt Art. 13 Abs. 1 der Richtlinie 2009/65/EG um und entspricht inhaltlich § 3 Abs. 3 (Einleitungsteil) InvFG 1993.

EB zu § 28 Abs. 1 Z 1:

Setzt Art. 13 Abs. 1 Buchstabe a der Richtlinie 2009/65/EG um und entspricht inhaltlich § 3 Abs. 3 Z 1 InvFG 1993.

EB zu § 28 Abs. 1 Z 2:

Setzt Art. 13 Abs. 1 Buchstabe b der Richtlinie 2009/65/EG um und entspricht inhaltlich § 3 Abs. 3 Z 2 InvFG 1993.

EB zu § 28 Abs. 1 Z 3:

Setzt Art. 13 Abs. 1 Buchstabe c der Richtlinie 2009/65/EG um und entspricht inhaltlich § 3 Abs. 3 Z 3 InvFG 1993. Die Übertragung an eine andere Verwaltungsgesellschaft in Österreich oder in einem Mitgliedstaat oder auch an eine Wertpapierfirma oder ein Kreditinstitut, die oder das zur individuellen Portfolioverwaltung berechtigt ist, ist daher zulässig. Inwieweit die Übertragung an eine Verwaltungsgesellschaft mit Sitz in einem Drittstaat zulässig ist, ist nach Maßgabe der europäischen Gepflogenheiten und gegebenenfalls dazu erlassener ESMA-Guidelines zu beurteilen. Eine solche Übertragung löst keine Notifizierungspflichten gemäß §§ 36 ff aus.

EB zu § 28 Abs. 1 Z 4:

Setzt Art. 13 Abs. 1 Buchstabe d der Richtlinie 2009/65/EG um und entspricht inhaltlich § 3 Abs. 3 Z 4 InvFG 1993. Das Erfordernis der bestehenden Kooperation der Drittstaatsbehörde mit der FMA tritt zu dem Erfordernis einer entsprechenden Konzession gemäß Z 3 hinzu.

EB zu § 28 Abs. 1 Z 5:

Setzt Art. 13 Abs. 1 Buchstabe e der Richtlinie 2009/65/EG um und entspricht inhaltlich § 3 Abs. 3 Z 5 InvFG 1993. In dieser Bestimmung manifestiert sich das Trennungsprinzip zwischen Verwaltungsgesellschaft und Verwahrstelle. Auf die europäischen Gepflogenheiten in diesem Bereich im Sinne einer wirksamen Corporate Governance und Kontrolle ist bei der Anwendung dieser Bestimmung Bedacht zu nehmen.

EB zu § 28 Abs. 1 Z 6:

Setzt Art. 13 Abs. 1 Buchstabe f der Richtlinie 2009/65/EG um und entspricht inhaltlich § 3 Abs. 3 Z 6 InvFG 1993.

EB zu § 28 Abs. 1 Z 7:

Setzt Art. 13 Abs. 1 Buchstabe g der Richtlinie 2009/65/EG um und entspricht inhaltlich § 3 Abs. 3 Z 7 InvFG 1993.

EB zu § 28 Abs. 1 Z 8:

Setzt Art. 13 Abs. 1 Buchstabe h der Richtlinie 2009/65/EG um und entspricht inhaltlich § 3 Abs. 3 Z 9 InvFG 1993.

EB zu § 28 Abs. 1 Z 9:

Setzt Art. 13 Abs. 1 Buchstabe i der Richtlinie 2009/65/EG um und entspricht inhaltlich § 3 Abs. 3 Z 10 InvFG 1993.

EB zu § 28 Abs. 1 Z 10:

Die inhaltlichen Anforderungen an Auslagerungen im Bereich Risikomanagement sind grundsätzlich im Zusammenhang mit den Sorgfaltspflichten der Verwaltungsgesellschaft geregelt. Zur besseren Übersichtlichkeit wird hier aber auf diese Bestimmungen verwiesen, um dem Gesetzesanwender einen Gesamtüberblick über die bei einer Übertragung von Aufgaben an Dritte zu beachtenden Bestimmungen zu geben.

EB zu § 28 Abs. 2:

Setzt Art. 13 Abs. 2 der Richtlinie 2009/65/EG um und entspricht inhaltlich § 3 Abs. 3 Z 8 und 11 InvFG 1993. Die Verwaltungsgesellschaft haftet für den Dritten wie für einen Erfüllungsgehilfen (§ 1313a ABGB). Werden Anleger geschädigt, so können diese Schadenersatz aus dem Vertragsverhältnis zur Verwaltungsgesellschaft begehren; die Verwaltungsgesellschaft kann sich wiederum bei dem Dritten regressieren.

Pflicht, im besten Interesse der OGAW und ihrer Anteilinhaber zu handeln

§ 29. (1) Die Verwaltungsgesellschaft hat Anteilinhaber von verwalteten OGAW gleich zu behandeln und die Interessen einer bestimmten Gruppe von Anteilinhabern nicht über die Interessen einer anderen Gruppe von Anteilinhabern zu stellen.

(2) Die Verwaltungsgesellschaft hat angemessene Grundsätze und Verfahren zur Verhinderung von unzulässigen Praktiken sowie von Praktiken anzuwenden, von denen üblicherweise eine Beeinträchtigung der Finanzmarktstabilität oder -integrität zu erwarten wäre.

(3) Im Rahmen ihrer Pflicht, im besten Interesse der Anteilinhaber zu handeln, hat die Verwaltungsgesellschaft sicherzustellen, dass für die von ihnen verwalteten OGAW faire, korrekte und transparente Kalkulationsmodelle und Bewertungssysteme verwendet werden und zu verhindern, dass den OGAW und ihren Anteilinhabern unverhältnismäßig hohe Kosten in Rechnung gestellt werden. Die Verwaltungsgesellschaft, im Falle einer Übertragung gemäß § 5 Abs. 5 an die Depotbank jedoch diese, muss nachweisen können, dass die OGAW-Portfolios präzise bewertet wurden. Verwaltet die Verwaltungsgesellschaft in Österreich aufgelegte OGAW, so sind die §§ 57 bis 59 einzuhalten. Die Verwaltungsgesellschaft hat sich um die Vermeidung von Interessenkonflikten zu bemühen und dafür zu sorgen, dass bei unvermeidbaren Interessenkonflikten die von ihr verwalteten Fonds nach Recht und Billigkeit behandelt werden.

(4) Die Verwaltungsgesellschaft ist für die Annahme und Umsetzung sämtlicher Vereinbarungen und organisatorischer Entscheidungen verantwortlich, die erforderlich sind, um den Bedingungen in Bezug auf die Gründung und die Arbeitsweise des OGAW und den in den Fondsbestimmungen oder in der Satzung enthaltenen Verpflichtungen sowie den im Prospekt enthaltenen Verpflichtungen nachzukommen.

(5) Die Verwaltungsgesellschaft hat bei der Wahrnehmung ihrer Aufgaben unabhängig und ausschließlich im Interesse der Anteilinhaber zu handeln.

EB zu § 29:

Setzt Art. 22 der Richtlinie 2010/43/EU um. Hier wird die grundsätzliche Pflicht der Verwaltungsgesellschaft normiert, im besten Interesse der Anteilinhaber zu handeln.

EB zu § 29 Abs. 1:

Setzt Art. 22 Abs. 1 der Richtlinie 2010/43/EU um.

EB zu § 29 Abs. 2:

Setzt Art. 22 Abs. 2 der Richtlinie 2010/43/EU um. Der Wortlaut der Richtlinie spricht grundsätzlich von „unzulässigen" Praktiken, „von denen üblicherweise eine Beeinträchtigung der Finanzmarktstabilität und -integrität zu erwarten wäre. Es ist aber davon auszugehen, dass es sich hiebei um einen Pleonasmus handelt. Es kann dem Richtliniengesetzgeber nicht zugesonnen werden, dass nur solche Praktiken zu verhindern sind, die die Finanzmarktstabilität beeinträchtigen, vielmehr sind alle unzulässigen Praktiken zu verhindern. Unzulässige Praktiken sind insbesondere „Market Timing", „Late Trading", unangemessene Gebühren und Praktiken wie die übermäßige Verursachung von Geschäftsfällen („excessive trading") – (so auch Erwägungsgrund 18 der Richtlinie 2010/43/EU). Implizit sind aber auch alle Praktiken, die zwar vom Gesetzgeber oder von der Rechtsprechung noch nicht eigens als unzulässig identifiziert sind, aber die Finanzmarktstabilität oder Finanzmarktintegrität beeinträchtigen könnten, unzulässig.

EB zu § 29 Abs. 3:

Setzt Art. 22 Abs. 3 und 4 der Richtlinie 2010/43/EU um.

EB zu § 29 Abs. 4:

Setzt Art. 19 Abs. 6 der Richtlinie 2009/65/EG um. Die Verwaltungsgesellschaft ist für die ordnungsgemäße Handhabung und Verwaltung des OGAW zuständig und verantwortlich, gleichgültig ob es sich dabei um einen OGAW handelt, der in Österreich aufgelegt ist oder einen OGAW, der in einem anderen Mitgliedstaat errichtet und zugelassen ist. Die entsprechende Beaufsichtigung obliegt der Herkunftsmitgliedstaatsbehörde der Verwaltungsgesellschaft, also der FMA.

EB zu § 29 Abs. 5:

Setzt Art. 25 Abs. 2 der Richtlinie 2009/65/EG um.

Sorgfaltspflichten

§ 30. (1) Die Verwaltungsgesellschaft hat im besten Interesse der OGAW und der Marktintegrität bei der Auswahl und laufenden Überwachung der Anlagen besondere Sorgfalt walten zu lassen. Dabei hat die Verwaltungsgesellschaft auch sicherzustellen, dass sie über ausreichendes Wissen und ausreichendes Verständnis über die Anlagen, in die die OGAW investiert werden, verfügt. Die Verwaltungsgesellschaft hat schriftliche Grundsätze und Verfahren zur Einhaltung der Sorgfaltspflichten festzulegen und wirksame Vorkehrungen zu treffen, um zu gewährleisten, dass Anlageentscheidungen, die für die OGAW getroffen werden, mit deren Zielen, Anlagestrategie und Risikolimits übereinstimmen.

(2) Bei der Umsetzung ihrer Risikomanagement-Grundsätze (§ 86) und soweit dies unter Berücksichtigung der Art einer geplanten Anlage angemessen ist, in Bezug auf den Beitrag, den die Anlage zur Zusammensetzung des OGAW-Portfolios, zu dessen Liquidität und zu dessen Risiko- und Ertragsprofil leistet, hat die Verwaltungsgesellschaft vor Tätigung der Anlage Prognosen abzugeben und Analysen anzustellen. Diese Analysen dürfen sich quantitativ wie qualitativ nur auf verlässliche und aktuelle Daten stützen.

(3) Wenn die Verwaltungsgesellschaft mit Dritten Vereinbarungen (§ 28) über die Ausführung von Tätigkeiten im Bereich des Risikomanagements schließt, solche Vereinbarungen verwaltet oder beendet, hat sie dabei die gebotene Sachkenntnis, Sorgfalt und Gewissenhaftigkeit anzuwenden. Vor dem Abschluss solcher Vereinbarungen hat sich die Verwaltungsgesellschaft zu vergewissern, dass der Dritte über die erforderlichen Fähig-

keiten und Kapazitäten verfügt, um die betreffenden Tätigkeiten zuverlässig, professionell und wirksam auszuführen. Die Verwaltungsgesellschaft hat auch Methoden für die laufende Bewertung der Leistungen des Dritten festzulegen.

(4) Die Verwaltungsgesellschaft hat alle für die Ausübung ihrer Tätigkeit geltenden Vorschriften im besten Interesse ihrer Anleger und der Integrität des Marktes einzuhalten. Sie hat dabei dem Anleger auch alle Informationen zur Verfügung zu stellen, damit dieser seinen steuerrechtlichen Offenlegungs- und Nachweispflichten nachkommen kann.

EB zu § 30:
Setzt Art. 23 der Richtlinie 2010/43/EU um. Diese Bestimmung präzisiert die Sorgfaltspflichten der Verwaltungsgesellschaft näher und ist im Zusammenhalt mit den Organisationsbestimmungen zu lesen.

EB zu § 30 Abs. 1:
Setzt Art. 23 Abs. 1, 2 und 3 der Richtlinie 2010/43/EU um.

EB zu § 30 Abs. 2:
Setzt Art. 23 Abs. 4 erster Unterabs. der Richtlinie 2010/43/EU um.

EB zu § 30 Abs. 3:
Setzt Art. 23 Abs. 4 zweiter Unterabs. der Richtlinie 2010/43/EU um.

EB zu § 30 Abs. 4:
Setzt Art. 14 Abs. 1 Buchstabe e der Richtlinie 2009/65/EG um.

Bearbeitung von Zeichnungs- und Rücknahmeaufträgen und Mitteilungspflichten

§ 31. (1) Die Verwaltungsgesellschaft hat einem Anteilinhaber, dessen Zeichnungs- oder Rücknahmeauftrag sie ausgeführt hat, diese Ausführung schnellstmöglich, spätestens jedoch am ersten Geschäftstag nach Auftragsausführung oder – sofern die Verwaltungsgesellschaft die Bestätigung von einem Dritten erhält – spätestens am ersten Geschäftstag nach Eingang der Bestätigung des Dritten auf einem dauerhaften Datenträger gemäß § 133 zu bestätigen. Besteht bereits eine Verpflichtung einer anderen Person, dem Anteilinhaber diese Informationen unverzüglich zuzusenden, so kann die Bestätigungsmitteilung der Verwaltungsgesellschaft unterbleiben.

(2) Die Mitteilung nach Abs. 1 hat, sofern anwendbar, folgende Angaben zu enthalten:
1. Name der Verwaltungsgesellschaft;
2. Name oder sonstige Bezeichnung des Anteilinhabers;
3. Datum und Uhrzeit des Auftragseingangs sowie Zahlungsweise;
4. Datum der Ausführung;
5. Name des OGAW;
6. Art des Auftrags (Zeichnung oder Rücknahme);
7. Zahl der betroffenen Anteile;
8. Stückwert, zu dem die Anteile gezeichnet oder zurückgenommen wurden;
9. Referenz-Wertstellungsdatum;
10. Bruttoauftragswert einschließlich Zeichnungsgebühren oder Nettobetrag nach Rücknahmegebühren;
11. Summe der in Rechnung gestellten Provisionen und Auslagen sowie auf Wunsch des Anlegers Aufschlüsselung nach Einzelposten.

(3) Bei regelmäßiger Auftragsausführung für einen Anteilinhaber hat die Verwaltungs-

gesellschaft die in Abs. 2 genannten Informationen dem Anteilinhaber entweder gemäß Abs. 1 oder mindestens alle sechs Monate über die diesen Zeitraum betreffenden Geschäfte zu übermitteln.

(4) Die Verwaltungsgesellschaft hat dem Anteilinhaber auf Wunsch Informationen über den Status seines Auftrags gemäß § 133 zu übermitteln.

(5) Für den Fall, dass die Verwaltungsgesellschaft gemäß § 5 Abs. 5 die Depotbank mit den Aufgaben der Ausgabe und Rücknahme von Anteilen beauftragt hat, sind die Pflichten gemäß Abs. 1 bis 4 von der Depotbank einzuhalten.

EB zu § 31:

Setzt Art. 24 der Richtlinie 2010/43/EU um. Die Bearbeitung der Zeichnungs- und Rücknahmeaufträge und entsprechende Mitteilungen an den Anteilinhaber stellt eine Wohlverhaltensregel dar und dient dem Schutz des Anlegers.

EB zu § 31 Abs. 1:

Setzt Art. 24 Abs. 1 der Richtlinie 2010/43/EU um. Sofern die Informationen gemäß Abs. 2 bereits von einer anderen Person als der Verwaltungsgesellschaft an den Anteilinhaber zu übermitteln sind, kann die Bestätigungsmitteilung der Verwaltungsgesellschaft über die Durchführung des Zeichnungs- und Rücknahmeauftrages unterbleiben. Die Informationspflicht des Dritten muss nicht identisch sein, aber die in Abs. 2 angeführten Inhalte umfassen.

EB zu § 31 Abs. 2:

Setzt Art. 24 Abs. 2 der Richtlinie 2010/43/EU um.

EB zu § 31 Abs. 3:

Setzt Art. 24 Abs. 3 der Richtlinie 2010/43/EU um.

EB zu § 31 Abs. 4:

Setzt Art. 24 Abs. 3 der Richtlinie 2010/43/EU um.

Bestmögliche Ausführung von Handelsentscheidungen für die verwalteten OGAW

§ 32. (1) Die Verwaltungsgesellschaft hat im besten Interesse der von ihr verwalteten OGAW zu handeln, wenn sie

1. für diese bei der Verwaltung ihrer Portfolios Handelsentscheidungen ausführt oder
2. bei der Verwaltung ihrer Portfolios Handelsaufträge für die verwalteten OGAW zur Ausführung an andere Einrichtungen weiterleitet,

und hat dabei alle angemessenen Maßnahmen zu ergreifen, um das bestmögliche Ergebnis für den OGAW zu erzielen, wobei sie als Faktoren den Kurs, die Kosten, die Geschwindigkeit und Wahrscheinlichkeit der Ausführung und Abrechnung, den Umfang und die Art des Auftrags sowie alle sonstigen, für die Auftragsausführung relevanten Aspekte zu berücksichtigen hat.

(2) Die relative Bedeutung dieser Faktoren gemäß Abs. 1 ist anhand folgender Kriterien zu bestimmen:

1. Ziele, Anlagepolitik und spezifische Risiken des OGAW, wie im Prospekt oder gegebenenfalls in den Fondsbestimmungen oder der Satzung des OGAW dargelegt;
2. Merkmale des Auftrags;
3. Merkmale der Finanzinstrumente, die Gegenstand des betreffenden Auftrags sind;

4. Merkmale der Ausführungsplätze (§ 19 Abs. 3), an die der Auftrag weitergeleitet werden kann.

(3) Die Verwaltungsgesellschaft hat wirksame Vorkehrungen für die Einhaltung der in Abs. 1 niedergelegten Verpflichtung zu treffen und umzusetzen und insbesondere Grundsätze festzulegen und umzusetzen, die ihr bei OGAW-Aufträgen die Erzielung des bestmöglichen Ergebnisses gemäß Abs. 1 gestatten. In diesen Grundsätzen sind für die Zwecke des Abs. 1 Z 2 für jede Instrumentengattung die Einrichtungen zu nennen, bei denen Aufträge platziert werden dürfen. Die Verwaltungsgesellschaft darf nur dann Ausführungsvereinbarungen gemäß Abs. 1 Z 2 eingehen, wenn diese mit den in dieser Bestimmung festgelegten Verpflichtungen vereinbar sind.

(4) Verwaltet die Verwaltungsgesellschaft einen OGAW in der Rechtsform einer Investmentgesellschaft, so hat sie zu den Grundsätzen für die Auftragsausführung die vorherige Zustimmung der Investmentgesellschaft einzuholen.

(5) Die Verwaltungsgesellschaft hat die Wirksamkeit ihrer Vorkehrungen und der gemäß Abs. 3 festgelegten Grundsätze für die Auftragsausführung, und im Fall des Abs. 1 Z 2 insbesondere die Qualität der Ausführung durch die in diesen Grundsätzen genannten Einrichtungen, regelmäßig zu überwachen, um etwaige Mängel aufzudecken und bei Bedarf zu beheben. Außerdem hat die Verwaltungsgesellschaft ihre Grundsätze für die Auftragsausführung alljährlich einer Überprüfung zu unterziehen. Eine Überprüfung hat überdies immer dann stattzufinden, wenn eine wesentliche Veränderung eintritt, die die Fähigkeit der Verwaltungsgesellschaft beeinträchtigt, für die verwalteten OGAW auch weiterhin das bestmögliche Ergebnis zu erzielen.

(6) Die Verwaltungsgesellschaft muss nachweisen können, dass sie im Fall des Abs. 1 Z 1 Aufträge für OGAW gemäß ihren Grundsätzen für die Auftragsausführung ausgeführt hat und im Fall des Abs. 1 Z 2 die Aufträge für OGAW gemäß den nach Abs. 3 festgelegten Grundsätzen platziert hat.

EB zu § 32:

Setzt Art. 25 und 26 der Richtlinie 2010/43/EU um. Im Unterschied zu § 31 geht es in dieser Bestimmung um Handelsaufträge im Rahmen des Portfoliomanagement, also der Anlagen, die für den OGAW gehalten und erworben werden. Die Richtlinie 2009/65/EG verpflichtet Verwaltungsgesellschaften, im besten Interesse der von ihnen verwalteten OGAW und der Integrität des Marktes zu handeln. Bestimmte Praktiken, wie „Market Timing" und „Late Trading", können den Anteilinhabern schaden und die Funktionsmechanismen des Marktes untergraben. Aus diesem Grund sollten Verwaltungsgesellschaften über angemessene Verfahren zur Verhinderung unzulässiger Praktiken verfügen. Darüber hinaus sollten Verwaltungsgesellschaften unter Berücksichtigung der Anlageziele und -politik des OGAW angemessene Verfahren zum Schutz gegen unangemessene Gebühren und Praktiken, wie die übermäßige Verursachung von Geschäftsvorfällen („excessive trading") schaffen (so auch Erwägungsgrund 18 der Richtlinie 2010/43/EU).

EB zu § 32 Abs. 1:

Setzt Art. 25 Abs. 1 und 2 und Art. 26 Abs. 1 und Abs. 2 erster Unterabs. der Richtlinie 2010/43/EU um. Verwaltungsgesellschaften haben auch dann im besten Interesse der OGAW handeln, wenn sie Handelsaufträge im Namen der von ihnen verwalteten OGAW direkt ausführen oder an Dritte weiterleiten. Wenn Verwaltungsgesellschaften Aufträge im Namen des OGAW ausführen, sollten sie unter Berücksichtigung des Kurses, der Kosten, der Geschwindigkeit, der Wahrscheinlichkeit der Ausführung und Abwicklung, des Umfangs und der Art des Auftrags sowie aller sonstigen, für die Auftragsausführung relevan-

ten Aspekte alle angemessenen Maßnahmen ergreifen, um das bestmögliche Ergebnis für ihre Kunden zu erzielen (so auch Erwägungsgrund 19 der Richtlinie 2010/43/EU). Dies sind auch die Kriterien, die bei der Entscheidung, ob die Verwaltungsgesellschaft einen Handelsauftrag selbst ausführt oder an Dritte weiterleitet, heranzuziehen sind.

EB zu § 32 Abs. 2:

Setzt Art. 25 Abs. 2 Buchstabe a bis d und Art. 26 Abs. 2 erster Unterabs. der Richtlinie 2010/43/EU um. Die Verwaltungsgesellschaft ist bei der Platzierung der Order für das OGAW-Portfolio wie jeder andere Anlagemanager zu sehen.

EB zu § 32 Abs. 3:

Setzt Art. 25 Abs. 3 erster Unterabs. und Art. 26 Abs. 2 zweiter Unterabs. der Richtlinie 2010/43/EU um. Hinsichtlich der verschiedenen Gattungen von (Finanz-)Instrumenten ist auf die §§ 67 folgende dieses Bundesgesetzes und auf § 1 Z 4 bis 6 WAG 2007 Bedacht zu nehmen.

EB zu § 32 Abs. 4:

Setzt Art. 25 Abs. 3 zweiter Unterabs. erster Satz der Richtlinie 2010/43/EU um.

EB zu § 32 Abs. 5:

Setzt Art. 25 Abs. 4 und Art. 26 Abs. 3 der Richtlinie 2010/43/EU um.

EB zu § 32 Abs. 6:

Setzt Art. 25 Abs. 5 und Art. 26 Abs. 4 der Richtlinie 2010/43/EU um. Die FMA kann bei der Verwaltungsgesellschaft sowie bei der inländischen Zweigstelle einer Verwaltungsgesellschaft aus einem anderen Mitgliedstaat den Nachweis der gesetzeskonformen Auftragsausführung und Platzierung verlangen.

Allgemeine Grundsätze für die Bearbeitung von Aufträgen im Rahmen der kollektiven Portfolioverwaltung

§ 33. (1) Die Verwaltungsgesellschaft hat Verfahren und Vorkehrungen festzulegen und umzusetzen, die eine umgehende, redliche und zügige Ausführung der für OGAW getätigten Portfoliogeschäfte gewährleisten und folgende Voraussetzungen erfüllen:

1. Sie gewährleisten, dass für OGAW ausgeführte Aufträge umgehend und korrekt aufgezeichnet und dem jeweiligen OGAW zugewiesen werden;
2. ansonsten vergleichbare OGAW-Aufträge werden der Reihe nach umgehend ausgeführt, es sei denn, die Merkmale des Auftrags oder die herrschenden Marktbedingungen machen dies unmöglich oder die Interessen des OGAW verlangen etwas anderes.

(2) Finanzinstrumente oder Gelder, die zur Abwicklung der ausgeführten Aufträge eingegangen sind, sind von der Verwaltungsgesellschaft, oder für den Fall, dass die Verwaltungsgesellschaft gemäß § 5 Abs. 5 die Depotbank mit den Aufgaben der Kontraktabrechnung beauftragt hat, von der Depotbank umgehend und korrekt auf dem Konto des betreffenden OGAW zu verbuchen.

(3) Die Verwaltungsgesellschaft darf Informationen im Zusammenhang mit laufenden OGAW-Aufträgen nicht missbrauchen und hat alle angemessenen Maßnahmen zu treffen, um den Missbrauch derartiger Informationen durch ihre relevanten Personen zu verhindern.

EB zu § 33:

Setzt Art. 27 der Richtlinie 2010/43/EU um. Um zu gewährleisten, dass Verwaltungsgesellschaften ihre Tätigkeit mit der gebotenen Sachkenntnis, Sorgfalt und Gewissenhaf-

tigkeit im besten Interesse der von ihnen verwalteten OGAW ausüben, müssen Vorschriften für die Auftragsbearbeitung festgelegt werden (so auch Erwägungsgrund 20 der Richtlinie 2010/43/EU). Diese Grundsätze gelten auch, wenn die Verwaltungsgesellschaft die Order zur Ausführung bei Dritten platziert.

EB zu § 33 Abs. 1:

Setzt Art. 27 Abs. 1 erster und zweiter Unterabs. der Richtlinie 2010/43/EU um.

EB zu § 33 Abs. 2:

Setzt Art. 27 Abs. 1 dritter Unterabs. der Richtlinie 2010/43/EU um. Für jeden verwalteten OGAW ist ein separates Konto zu führen. Hat ein OGAW mehrere Teilfonds, so ist für jeden Teilfonds ein eigenes Konto zu führen. Diese Auffassung vertraten auch die Europäische Kommission und die überwiegende Mehrheit der Mitgliedstaaten im Umsetzungsworkshop.

EB zu § 33 Abs. 3:

Setzt Art. 27 Abs. 2 der Richtlinie 2010/43/EU um.

Zusammenlegung und Zuweisung von Handelsaufträgen

§ **34.** (1) Die Verwaltungsgesellschaft darf einen OGAW-Auftrag nicht zusammen mit dem Auftrag eines anderen OGAW oder sonstigen Kunden oder zusammen mit einem Auftrag für eigene Rechnung ausführen, außer unter den folgenden Bedingungen:

1. Es muss unwahrscheinlich sein, dass die Zusammenlegung der Aufträge für einen OGAW oder Kunden, dessen Auftrag mit anderen zusammengelegt wird, insgesamt von Nachteil ist;
2. es müssen Grundsätze für die Auftragszuweisung festgelegt und umgesetzt werden, die die faire Zuweisung zusammengelegter Aufträge präzise genug regeln, auch im Hinblick darauf, wie Auftragsvolumen und -preis die Zuweisungen bestimmen und wie bei Teilausführungen zu verfahren ist.

(2) Legt die Verwaltungsgesellschaft einen OGAW-Auftrag mit einem oder mehreren anderen OGAW- oder Kundenaufträgen zusammen und führt sie den zusammengelegten Auftrag teilweise aus, so hat sie die zugehörigen Geschäfte gemäß ihren Grundsätzen für die Auftragszuweisung zuzuweisen.

(3) Hat die Verwaltungsgesellschaft Geschäfte für eigene Rechnung mit einem oder mehreren Aufträgen von OGAW oder sonstigen Kunden zusammengelegt, so darf sie bei der Zuweisung der zugehörigen Geschäfte nicht in einer für den OGAW oder sonstigen Kunden nachteiligen Weise verfahren.

(4) Sofern die Verwaltungsgesellschaft einen OGAW- oder sonstigen Kundenauftrag mit einem Geschäft für eigene Rechnung zusammenlegt und den zusammengelegten Auftrag teilweise ausführt, hat sie bei der Zuweisung der zugehörigen Geschäfte dem OGAW oder sonstigen Kunden gegenüber ihren Eigengeschäften Vorrang einzuräumen. Kann die Verwaltungsgesellschaft gegenüber dem OGAW oder ihrem sonstigen Kunden jedoch schlüssig darlegen, dass sie den Auftrag ohne die Zusammenlegung nicht zu derart günstigen Bedingungen oder überhaupt nicht hätte ausführen können, kann sie das Geschäft für eigene Rechnung in Einklang mit ihren gemäß Abs. 1 Z 2 festgelegten Grundsätzen anteilsmäßig zuweisen.

EB zu § 34:

Setzt Art. 28 der Richtlinie 2010/43/EU um. Es werden Bedingungen festgelegt, zu denen eine Zusammenlegung von Aufträgen zulässig ist. Diese Grundsätze gelten auch, wenn die Verwaltungsgesellschaft die Order zur Ausführung bei Dritten platziert.

EB zu § 34 Abs. 1:
Setzt Art. 28 Abs. 1 der Richtlinie 2010/43/EU um. Die Ausführung von Aufträgen ist im Kontext von § 32 zu verstehen.

EB zu § 34 Abs. 1 Z 1:
Setzt Art. 28 Abs. 1 Z 1 der Richtlinie 2010/43/EU um.

EB zu § 34 Abs. 1 Z 2:
Setzt Art. 28 Abs. 1 Z 2 der Richtlinie 2010/43/EU um.

EB zu § 34 Abs. 2:
Setzt Art. 28 Abs. 2 der Richtlinie 2010/43/EU um.

EB zu § 34 Abs. 3:
Setzt Art. 28 Abs. 3 der Richtlinie 2010/43/EU um.

EB zu § 34 Abs. 4:
Setzt Art. 28 Abs. 4 der Richtlinie 2010/43/EU um.

Gewährung und Annahme von Vorteilen zum Nachteil des OGAW

§ 35. (1) Die Verwaltungsgesellschaft handelt nicht ehrlich, redlich und professionell im besten Interesse des OGAW, wenn sie im Zusammenhang mit der Portfolioverwaltung für den OGAW eine Gebühr oder Provision zahlt oder erhält oder wenn sie eine nicht in Geldform angebotene Zuwendung gewährt oder annimmt.

(2) Unbeschadet von Abs. 1 ist die Annahme oder Gewährung von Vorteilen jedoch zulässig, wenn

1. es sich um eine Gebühr, eine Provision oder eine nicht in Geldform angebotene Zuwendung handelt, die dem OGAW oder einer in seinem Auftrag handelnden Person gezahlt oder vom OGAW oder einer in seinem Auftrag handelnden Person gewährt wird;
2. es sich um eine Gebühr, eine Provision oder eine nicht in Geldform angebotene Zuwendung handelt, die einem Dritten oder einer in seinem Auftrag handelnden Person gezahlt oder von einer dieser Personen gewährt wird, sofern die folgenden Voraussetzungen erfüllt sind:
   a) die Existenz, die Art und der Betrag der Gebühr, Provision oder Zuwendung oder – wenn der Betrag nicht feststellbar ist – die Art und Weise der Berechnung dieses Betrages müssen dem OGAW vor Erbringung der betreffenden Dienstleistung in umfassender, zutreffender und verständlicher Weise klar offengelegt werden;
   b) die Zahlung der Gebühr oder der Provision oder die Gewährung der nicht in Geldform angebotenen Zuwendung muss den Zweck verfolgen, die Qualität der betreffenden Dienstleistung zu verbessern und darf die Verwaltungsgesellschaft nicht daran hindern, pflichtgemäß im besten Interesse des OGAW zu handeln;
3. es sich um Gebühren handelt, die die Erbringung der betreffenden Dienstleistung ermöglichen oder dafür notwendig sind – einschließlich Verwahrungsgebühren, Abwicklungs- und Handelsplatzgebühren, Verwaltungsabgaben oder gesetzliche Gebühren – und die wesensbedingt keine Konflikte mit der Verpflichtung der Verwaltungsgesellschaft hervorrufen können, im besten Interesse des OGAW ehrlich, redlich und professionell zu handeln.

(3) Die Verwaltungsgesellschaft darf für die Zwecke von Abs. 2 Z 2 lit. a, die wesentlichen Bestimmungen der Vereinbarungen über Gebühren, Provisionen und nicht in Geldform angebotene Zuwendungen in zusammengefasster Form offenlegen. Die Verwaltungsgesellschaft hat auf Wunsch des Anteilinhabers weitere Einzelheiten offenzulegen.

EB zu § 35:
Setzt Art. 29 der Richtlinie 2010/43/EU um. Bestimmte Gebühren, Provisionen und nicht in Geldform angebotene Zuwendungen, die möglicherweise an eine oder von einer Verwaltungsgesellschaft gezahlt werden, sind nicht gestattet, da sie der Einhaltung des Grundsatzes, wonach die Verwaltungsgesellschaft bei Ausübung ihrer Tätigkeit recht, billig und professionell sowie im besten Interesse der OGAW handeln sollte, zuwiderlaufen könnten. Aus diesem Grund werden klare Regeln im Hinblick darauf festgelegt, in welchen Fällen die Zahlung von Gebühren, Provisionen und nicht in Geldform angebotenen Zuwendungen nicht als Verstoß gegen diese Grundsätze anzusehen ist (so auch Erwägungsgrund 21 der Richtlinie 2010/43/EU). Auch Zuwendungen an Intermediäre fallen unter diese Regelung.

EB zu § 35 Abs. 1:
Setzt Art. 29 Abs. 1 (Einleitungsteil) der Richtlinie 2010/43/EU um.

EB zu § 35 Abs. 2:
Setzt Art. 29 Abs. 1 Buchstabe a bis c der Richtlinie 2010/43/EU um.

EB zu § 35 Abs. 2 Z 1:
Setzt Art. 29 Abs. 1 Buchstabe a der Richtlinie 2010/43/EU um.

EB zu § 35 Abs. 2 Z 2:
Setzt Art. 29 Abs. 1 Buchstabe b der Richtlinie 2010/43/EU um.

EB zu § 35 Abs. 2 Z 2 lit. a:
Setzt Art. 29 Abs. 1 Buchstabe b Nummer i der Richtlinie 2010/43/EU um. Die Pflicht zur Offenlegung gegenüber dem OGAW impliziert auch eine Pflicht zur Offenlegung an den potentiellen Anleger (siehe dazu auch Anlage I betreffend den Prospektinhalt). Werden Gebühren mit Dritten nach dem erstmaligen öffentlichen Angebot der OGAW-Anteile vereinbart, so müssen diese, um wirksam zu sein, sich in dem im Prospekt angegebenen Rahmen bewegen.

EB zu § 35 Abs. 2 Z 2 lit. b:
Setzt Art. 29 Abs. 1 Buchstabe b Nummer ii der Richtlinie 2010/43/EU um.

EB zu § 35 Abs. 2 Z 3:
Setzt Art. 29 Abs. 1 Buchstabe c der Richtlinie 2010/43/EU um.

EB zu § 35 Abs. 3:
Setzt Art. 29 Abs. 2 der Richtlinie 2010/43/EU um.

3. Abschnitt
Niederlassungsfreiheit und freier Dienstleistungsverkehr

EB zum 3. Abschnitt (Dienstleistungs- und Niederlassungsfreiheit der Verwaltungsgesellschaft):
In diesem Abschnitt werden die Bedingungen und Verfahren geregelt, die einzuhalten sind, wenn eine Verwaltungsgesellschaft einen OGAW in einem anderen Mitgliedstaat im

Wege der Dienstleistungsfreiheit oder in Ausübung der Niederlassungsfreiheit verwalten will. Weiters werden die Bedingungen normiert, unter denen eine Verwaltungsgesellschaft mit Sitz in einem anderen Mitgliedstaat einen in Österreich aufgelegten und zugelassenen OGAW verwalten darf. Nach dem Grundsatz der Kontrolle durch den Herkunftsmitgliedstaat sind die in ihrem Herkunftsmitgliedstaat konzessionierten Verwaltungsgesellschaften befugt, die Dienstleistungen, für die sie eine Konzession erhalten haben, in der gesamten Union durch Gründung von Zweigstellen oder im Rahmen des freien Dienstleistungsverkehrs zu erbringen (so auch Erwägungsgrund 11 der Richtlinie 2009/65/EG).

Verwaltungsgesellschaften aus Mitgliedstaaten in Österreich

§ 36. (1) Die Tätigkeiten einer Verwaltungsgesellschaft gemäß § 5 Abs. 2 können von einer Verwaltungsgesellschaft gemäß Art. 6 der Richtlinie 2009/65/EG, die in einem anderen Mitgliedstaat konzessioniert ist, nach Maßgabe der Richtlinie 2009/65/EG in Österreich über eine Zweigstelle oder im Wege der Dienstleistungsfreiheit erbracht werden, soweit ihre Konzession sie dazu berechtigt. Beabsichtigt eine Verwaltungsgesellschaft die kollektive Portfolioverwaltung von in Österreich bewilligten OGAW, so hat sie, abgesehen von der Einhaltung der in dieser Bestimmung vorgesehenen Verfahren auch einen Antrag gemäß § 50 Abs. 3 bei der FMA zu stellen.

(2) Die Errichtung einer Zweigstelle in Österreich ist zulässig, wenn die zuständige Behörde des Herkunftmitgliedstaates der FMA alle Angaben gemäß § 37 Abs. 1 übermittelt hat und die FMA den Erhalt derselben gegenüber der Herkunftmitgliedstaatsbehörde bestätigt hat, spätestens jedoch zwei Monate nach Eingang der Angaben gemäß § 37 Abs. 1 bei der FMA. Innerhalb der Frist gemäß Satz 1 kann die FMA Vorbereitungen zur Beaufsichtigung der Einhaltung der unter ihre Zuständigkeit fallenden Bestimmungen, die von der Zweigstelle einzuhalten sind, treffen.

(3) Die Erbringung von Tätigkeiten im Rahmen der Dienstleistungsfreiheit in Österreich ist – abgesehen von Abs. 6 – zulässig, wenn die zuständige Behörde des Herkunftmitgliedstaates der Verwaltungsgesellschaft der FMA alle Angaben gemäß § 37 Abs. 5 und gegebenenfalls Abs. 6 übermittelt hat und die FMA den Erhalt derselben bestätigt hat, spätestens jedoch einen Monat, nachdem die Behörde des Herkunftmitgliedstaates der Verwaltungsgesellschaft die Angaben erhalten hat. Im Falle der kollektiven Portfolioverwaltung von in Österreich bewilligten OGAW ist zudem die Bewilligung der FMA gemäß § 50 Abs. 4 abzuwarten. Im Falle des geplanten Vertriebes von OGAW-Anteilen ist § 140 einzuhalten.

(4) Verwaltungsgesellschaften, die Tätigkeiten in Österreich über eine Zweigstelle ausüben, haben die §§ 10 bis 35, die Bestimmungen des 4. Hauptstückes, die §§ 151 bis 153 dieses Bundesgesetzes sowie die §§ 40 bis 41 BWG einzuhalten. Verwaltungsgesellschaften, die Tätigkeiten der kollektiven Portfolioverwaltung in Österreich über eine Zweigstelle ausüben, haben weiters die Bestimmungen des 3. Hauptstückes sowie die in den Fondsbestimmungen und im Prospekt des OGAW enthaltenen Verpflichtungen einzuhalten. Verwaltungsgesellschaften, die Tätigkeiten der kollektiven Portfolioverwaltung in Österreich im Rahmen der Dienstleistungsfreiheit ausüben, haben die §§ 10 bis 28, die Bestimmungen des 3. und 4. Hauptstückes sowie die §§ 151 bis 153 dieses Bundesgesetzes sowie die §§ 40 bis 41 BWG und die in den Fondsbestimmungen und im Prospekt des OGAW enthaltenen Verpflichtungen einzuhalten.

(5) Die Verwaltungsgesellschaft hat der FMA jede Änderung der nach § 37 Abs. 1 übermittelten Angaben mindestens einen Monat vor deren Vornahme und jede Änderung

der gemäß § 37 Abs. 5 übermittelten Angaben vor deren Vornahme schriftlich mitzuteilen, damit die FMA eine Entscheidung zu jeder Änderung betreffend Angaben gemäß § 36 Abs. 2 treffen kann.

(6) Falls die kollektive Portfolioverwaltung eines in Österreich bewilligten OGAW beabsichtigt wird, hat die Verwaltungsgesellschaft dies bei der FMA gemäß § 50 zu beantragen und folgende Unterlagen vorzulegen:

1. Die schriftliche Vereinbarung mit der Verwahrstelle gemäß den Artikeln 23 und 33 der Richtlinie 2009/65/EG und
2. Angaben über Übertragungsvereinbarungen bezüglich der Aufgaben des Portfoliomanagements und der Verwaltung gemäß § 5 Abs. 2 Z 1 lit. a und b.

Verwaltet die Verwaltungsgesellschaft bereits OGAW der gleichen Art in Österreich, so reicht der Hinweis auf die bereits vorgelegten Unterlagen aus.

(7) Die FMA kann, falls dies zur Gewährleistung der Einhaltung der in ihrer Verantwortung liegenden Vorschriften erforderlich ist, von den zuständigen Behörden des Herkunftmitgliedstaats der Verwaltungsgesellschaft Erläuterungen und Informationen über die Unterlagen nach Abs. 6 sowie auf der Grundlage der in § 37 Abs. 2 und 6 genannten Bescheinigung Auskünfte darüber anfordern, inwieweit die Art des OGAW, für den eine Bewilligung beantragt wird, vom Konzessionsumfang der Verwaltungsgesellschaft umfasst ist.

(8) Die FMA kann, nach Konsultation der zuständigen Behörden des Herkunftmitgliedstaats der Verwaltungsgesellschaft gemäß Abs. 7, den Antrag gemäß Abs. 6 innerhalb der Frist gemäß § 50 Abs. 5 abweisen, wenn:

1. Die Verwaltungsgesellschaft den Bestimmungen dieses Bundesgesetzes nach Maßgabe der Zuständigkeit der FMA gemäß § 143 Abs. 1 Z 2, 3 und 4 nicht entspricht,
2. die Verwaltungsgesellschaft von den zuständigen Behörden ihres Herkunftmitgliedstaats keine Zulassung zur Verwaltung der Art von OGAW erhalten hat, für die eine Zulassung beantragt wird, oder
3. die Verwaltungsgesellschaft die Unterlagen nach Abs. 6 nicht vorgelegt hat.

(9) Die Verwaltungsgesellschaft hat der FMA alle künftigen sachlichen Änderungen an den Unterlagen nach Abs. 6 mitzuteilen.

EB zu § 36:

Setzt Art. 6 Abs. 1, 16 Abs. 1 erster Unterabs. und Abs. 2, 17 Abs. 4, 6 und 7, 8, 18 Abs. 2, 4, 19 Abs. 3 und 4 der Richtlinie 2009/65/EG um. In Bezug auf die gemeinsame Portfolioverwaltung (Verwaltung von Investmentfonds oder von Investmentgesellschaften) ist eine Verwaltungsgesellschaft aufgrund der ihr in ihrem Herkunftsmitgliedstaat erteilten Konzession in den Aufnahmemitgliedstaaten unbeschadet von § 153 berechtigt, folgende Tätigkeiten auszuüben: Vertrieb der Anteile an OGAW, die von dieser Gesellschaft in ihrem Herkunftsmitgliedstaat verwaltet werden, durch die Errichtung einer Zweigstelle; Vertrieb der Anteile an OGAW, die von anderen Verwaltungsgesellschaften verwaltet werden; Wahrnehmung aller anderen Funktionen und Aufgaben, die zur Tätigkeit der gemeinsamen Portfolioverwaltung gehören; Verwaltung der Sondervermögen oder von Investmentgesellschaften, die in anderen Mitgliedstaaten als dem Herkunftsmitgliedstaat der Gesellschaft gegründet wurden; Wahrnehmung der Aufgaben der gemeinsamen Portfolioverwaltung im Auftrag von in anderen Mitgliedstaaten als dem Herkunftsmitgliedstaat der Gesellschaft gegründeten Verwaltungsgesellschaften für diese (so auch Erwägungsgrund 12 der Richtlinie 2009/65/EG).

EB zu § 36 Abs. 1:

Setzt Art. 6 Abs. 1 und 16 Abs. 1 erster Unterabs. der Richtlinie 2009/65/EG um.

EB zu § 36 Abs. 2:

Setzt Art. 17 Abs. 6 und 7 der Richtlinie 2009/65/EG um.

EB zu § 36 Abs. 3:

Setzt Art. 18 Abs. 2 vierter Unterabs. der Richtlinie 2009/65/EG um.

EB zu § 36 Abs. 4:

Setzt Art. 17 Abs. 4 und 19 Abs. 3 und 4 der Richtlinie 2009/65/EG um. Gemäß dem Grundsatz der Kontrolle durch den Herkunftsmitgliedstaat unterliegt die Verwaltungsgesellschaft hinsichtlich der Organisation der Verwaltungsgesellschaft, einschließlich aller Verfahren und Ressourcen zur Wahrnehmung der administrativen Tätigkeiten den Rechtsvorschriften ihres Herkunftsmitgliedstaats und folglich auch dessen Beaufsichtigung (so auch Erwägungsgrund 18 der Richtlinie 2009/65/EG). Andererseits sind die Rechtsvorschriften des Herkunftmitgliedstaates des OGAW im Hinblick auf Gründung und den Fortbestand des OGAW zu beachten. Die FMA kann dazu unmittelbar Informationen von der Verwaltungsgesellschaft einholen (so auch Erwägungsgrund 21 der Richtlinie 2009/65/EG).

EB zu § 36 Abs. 5:

Setzt Art. 17 Abs. 8 und Art. 18 Abs. 4 der Richtlinie 2009/65/EG um.

EB zu § 36 Abs. 6:

Setzt Art. 20 Abs. 1 der Richtlinie 2009/65/EG um.

EB zu § 36 Abs. 7:

Setzt Art. 20 Abs. 2 der Richtlinie 2009/65/EG um. Die Bestimmung verhält sich spiegelbildlich zu § 37 Abs. 2. Die FMA als Behörde des Aufnahmemitgliedstaates der Verwaltungsgesellschaft und Behörde des Herkunftmitgliedstaates des OGAW hat sicherzustellen, dass die Verwaltungsgesellschaft auch die Voraussetzungen im Hinblick auf das Risikomanagement und Know-How betreffend einen bestimmten OGAW-Typ erfüllt. Zu diesem Zweck kann sie Informationen bei der Behörde des Herkunftmitgliedstaates der Verwaltungsgesellschaft einholen.

EB zu § 36 Abs. 8:

Setzt Art. 20 Abs. 3 der Richtlinie 2009/65/EG um.

EB zu § 36 Abs. 9:

Setzt Art. 20 Abs. 4 der Richtlinie 2009/65/EG um.

Österreichische Verwaltungsgesellschaften in Mitgliedstaaten

§ 37. (1) Jede Verwaltungsgesellschaft gemäß § 5 Abs. 1, die eine Zweigstelle im Hoheitsgebiet eines anderen Mitgliedstaats errichten möchte, hat dies zuvor der FMA schriftlich anzuzeigen und dabei folgende Angaben zu übermitteln:

1. Den Mitgliedstaat, in dessen Hoheitsgebiet die Errichtung einer Zweigstelle geplant ist;
2. den Geschäftsplan, in dem die geplanten Tätigkeiten und Dienstleistungen gemäß § 5 Abs. 2 und die Organisationsstruktur der Zweigstelle angegeben sind und der eine Beschreibung des Risikomanagement-Verfahrens umfasst, das von der Verwaltungsgesell-

schaft eingerichtet wurde und der ferner eine Beschreibung der Verfahren und Vereinbarungen gemäß § 11 Abs. 3 und 4 sowie § 141 Abs. 1 zu beinhalten hat;
3. die Anschrift, unter der im Aufnahmemitgliedstaat der Verwaltungsgesellschaft Unterlagen angefordert werden können;
4. die Namen der Geschäftsleiter der Zweigstelle.

(2) Sofern die FMA in Anbetracht der beabsichtigten Tätigkeit keine begründeten Zweifel an der Angemessenheit der Verwaltungsstruktur oder der Angemessenheit der Finanzlage der betreffenden Verwaltungsgesellschaft hat, hat sie innerhalb von zwei Monaten nach Eingang sämtlicher Angaben gemäß Abs. 1 diese, sowie sofern die Verwaltungsgesellschaft die Tätigkeit der kollektiven Portfolioverwaltung gemäß § 5 Abs. 2 Z 1 lit. a ausüben möchte, eine Bescheinigung über die Konzession der Verwaltungsgesellschaft gemäß der Richtlinie 2009/65/EG sowie eine Beschreibung des Umfangs der Konzession und gegebenenfalls Einzelheiten in Bezug auf Beschränkungen der Arten von OGAW, für deren Verwaltung die Verwaltungsgesellschaft eine Zulassung erhalten hat, den zuständigen Behörden des Aufnahmemitgliedstaats der Verwaltungsgesellschaft zu übermitteln und dies der Verwaltungsgesellschaft mitzuteilen. Ferner hat die FMA Einzelheiten zu etwaigen Entschädigungssystemen zu übermitteln, die den Schutz der Anleger sicherstellen sollen.

(3) Die FMA hat die Errichtung der Zweigstelle binnen zwei Monaten nach Einlangen sämtlicher Angaben mittels schriftlichen Bescheides zu untersagen, wenn die Voraussetzungen des Abs. 1 nicht zweifelsfrei erfüllt sind.

(4) Nach Einlangen einer Mitteilung der zuständigen Behörde des Aufnahmemitgliedstaates oder bei deren Nichtäußerung spätestens zwei Monate nach Eingang der Unterlagen gemäß Abs. 1 bei der zuständigen Behörde des Aufnahmemitgliedstaates kann die Zweigstelle errichtet werden.

(5) Jede Verwaltungsgesellschaft gemäß § 5 Abs. 1, die Tätigkeiten gemäß § 5 Abs. 2 erstmals im Hoheitsgebiet eines anderen Mitgliedstaates im Wege des freien Dienstleistungsverkehrs ausüben möchte, hat dies der FMA vorher schriftlich anzuzeigen und folgende Angaben zu übermitteln:
1. den Mitgliedstaat, in dessen Hoheitsgebiet die Verwaltungsgesellschaft ihre Tätigkeit ausüben möchte, und
2. den Geschäftsplan, in dem die geplanten Tätigkeiten und Dienstleistungen gemäß § 5 Abs. 2 angegeben sind und der eine Beschreibung des Risikomanagement-Verfahrens zu umfassen hat, das von der Verwaltungsgesellschaft eingerichtet wurde, und der ferner eine Beschreibung der Verfahren und Vereinbarungen gemäß § 11 Abs. 3 und 4 sowie gemäß § 141 Abs. 1 zu beinhalten hat.

(6) Die FMA hat der zuständigen Behörde des Aufnahmemitgliedstaates der Verwaltungsgesellschaft die Informationen gemäß Abs. 5 sowie, sofern die Verwaltungsgesellschaft die Tätigkeit der kollektiven Portfolioverwaltung gemäß § 5 Abs. 2 Z 1 lit. a ausüben möchte, eine Bescheinigung über die Zulassung der Verwaltungsgesellschaft gemäß der Richtlinie 2009/65/EG sowie eine Beschreibung des Umfangs der Zulassung und gegebenenfalls Einzelheiten in Bezug auf Beschränkungen der Arten von OGAW, für deren Verwaltung die Verwaltungsgesellschaft eine Zulassung erhalten hat, innerhalb eines Monates nach deren Eingang bei der FMA zu übermitteln. Ferner hat die FMA Einzelheiten zu etwaigen Entschädigungssystemen zu übermitteln, die den Schutz der Anleger sicherstellen sollen. Vorbehaltlich einer für die kollektive Portfolioverwaltung erforderlichen Bewilligung der zuständigen Behörde des Herkunftmitgliedstaates des OGAW und § 139 kann die

Verwaltungsgesellschaft ab Information der FMA über die Weiterleitung, spätestens aber ein Monat nach Eingang der Angaben gemäß Abs. 5 bei der FMA die Tätigkeit im Aufnahmemitgliedstaat aufnehmen.

(7) Der bloße Vertrieb von Anteilen des von der Verwaltungsgesellschaft verwalteten OGAW in einem anderen Mitgliedstaat, der nicht der Herkunftmitgliedstaat des OGAW ist, ohne eine Zweigstelle zu errichten und ohne weitere Tätigkeiten oder Dienste anzubieten, bedarf keiner Anzeige gemäß Abs. 1 oder 5; es findet lediglich das Verfahren gemäß § 139 Anwendung.

(8) Sofern die Verwaltungsgesellschaft die Verwaltung eines in einem anderen Mitgliedstaat bewilligten OGAW beabsichtigt, hat sie die Unterlagen gemäß § 36 Abs. 6 direkt bei der zuständigen Behörde des Herkunftmitgliedstaates des OGAW vorzulegen. Erhält die FMA in diesem Zusammenhang ein Auskunftsersuchen der zuständigen Behörde des Herkunftmitgliedstaates des OGAW im Sinne von § 36 Abs. 7, so hat die FMA ihre Stellungnahme binnen zehn Arbeitstagen nach Erhalt des ursprünglichen Auskunftsersuchens abzugeben.

(9) Die Verwaltungsgesellschaft hat der FMA und den zuständigen Behörden des Aufnahmemitgliedstaates jede Änderung der nach Abs. 1 übermittelten Angaben mindestens einen Monat vor deren Vornahme und jede Änderung der gemäß Abs. 5 übermittelten Angaben vor deren Vornahme schriftlich mitzuteilen, damit die FMA und die zuständigen Behörden des Aufnahmemitgliedstaates der Verwaltungsgesellschaft eine Entscheidung zu jeder Änderung betreffend Angaben gemäß Abs. 1 treffen können. Änderungen der gemäß Abs. 2 übermittelten Angaben sowie Änderungen des Umfangs der Zulassung der Verwaltungsgesellschaft sowie Einzelheiten in Bezug auf Beschränkungen der Arten von OGAW, für deren Verwaltung die Verwaltungsgesellschaft eine Zulassung erhalten hat, hat die FMA der zuständigen Behörde des Aufnahmemitgliedstaates, falls erforderlich unter Aktualisierung der in der Bescheinigung gemäß Abs. 2 enthaltenen Informationen, mitzuteilen.

EB zu § 37:

Setzt Art. 17 Abs. 1, 2, 3, 7, 8 und 9 der Richtlinie 2009/65/EG um. Hier werden die Voraussetzungen für die Ausübung der Dienstleistungs- und Niederlassungsfreiheit durch österreichische Verwaltungsgesellschaften in anderen Mitgliedstaaten, insbesondere das so genannte Notifikationsverfahren, geregelt.

EB zu § 37 Abs. 1:

Setzt Art. 17 Abs. 1 und 2 der Richtlinie 2009/65/EG um und entspricht inhaltlich hinsichtlich der Regelungen über die Errichtung einer Zweigstelle weitgehend § 32b Abs. 1 InvFG 1993. Es ist von der Verwaltungsgesellschaft dabei insbesondere auch darzulegen, wie Anlegerbeschwerden von Anlegern des Aufnahmemitgliedstaates entgegengenommen und sachgerecht behandelt werden und wie diese Anleger in den Genuss der Zahlungen und der Rücknahme der Anteile kommen und wie sie die Informationen nach dem 4. Hauptstück erhalten.

EB zu § 37 Abs. 2:

Setzt Art. 17 Abs. 3 erster und dritter Unterabs. der Richtlinie 2009/65/EG um und entspricht inhaltlich hinsichtlich der Regelungen über die Errichtung einer Zweigstelle weitgehend § 32b Abs. 3 InvFG 1993. Die FMA hat in der Bescheinigung über die Konzession und somit richtlinienkonforme Zulassung der Verwaltungsgesellschaft auch anzugeben, ob es Einschränkungen im Hinblick auf bestimmte Fondstypen (beispielsweise Geld-

marktfonds, Indexfonds etc.) gibt. Dabei ist insbesondere auf die fachliche Eignung der Geschäftsleiter und auf die Strukturen (Risikomanagement) der Verwaltungsgesellschaft Bedacht zu nehmen.

EB zu § 37 Abs. 3:

Setzt Art. 17 Abs. 3 zweiter Unterabs. der Richtlinie 2009/65/EG um. Sind die Voraussetzungen gemäß Abs. 1 nicht erfüllt, so hat die FMA die Errichtung der Zweigstelle binnen zwei Monaten ab Einlangen sämtlicher Unterlagen zu untersagen. Der Bescheid ist schriftlich zu erteilen und zu begründen. Da sich das Erfordernis der Bescheidbegründung bereits aus dem AVG (§ 58 Abs. 2) ergibt, ist dieses – wiewohl in der Richtlinie erwähnt – nicht eigens anzuführen. In der Richtlinie ist weiters vorgesehen, dass die Verwaltungsgesellschaft im Falle der Untersagung oder im Falle des Nichthandelns der Behörde die Gerichte anrufen kann. Dies ist ebenfalls nicht eigens im Gesetz anzuführen, da sich die Zuständigkeit der Gerichtshöfe öffentlichen Rechts bei ablehnenden Bescheiden bereits aus § 22 AVG in Verbindung mit Art. 130 und 139 B-VG ergibt und im Falle des Nichthandelns aus § 73 AVG in Verbindung mit § 130 BVG ergibt.

EB zu § 37 Abs. 4:

Setzt Art. 17 Abs. 7 der Richtlinie 2009/65/EG um.

EB zu § 37 Abs. 5:

Setzt Art. 18 Abs. 1 der Richtlinie 2009/65/EG um. Zu den Verfahren betreffend die Sicherstellung der Rechte der Anteilinhaber im Herkunftmitgliedstaat siehe die Erläuterungen zu Abs. 1.

EB zu § 37 Abs. 6:

Setzt Art. 18 Abs. 2 der Richtlinie 2009/65/EG um.

EB zu § 37 Abs. 7:

Setzt Art. 16 Abs. 1 zweiter Unterabs. der Richtlinie 2009/65/EG um. Vertreibt eine Verwaltungsgesellschaft die Anteile ihrer OGAW in Aufnahmemitgliedstaaten, ohne eine Zweigstelle zu errichten, so finden auf sie lediglich die Bestimmungen für grenzüberschreitende Vermarktung Anwendung (so auch Erwägungsgrund 12 der Richtlinie 2009/65/EG).

EB zu § 37 Abs. 8:

Setzt Art. 20 Abs. 2 der Richtlinie 2009/65/EG um. Beabsichtigt die Verwaltungsgesellschaft die gemeinsame Portfolioverwaltung in einem anderen Mitgliedstaat, so hat sie einerseits, wie in den vorstehenden Absätzen beschrieben, dies der FMA anzuzeigen. Gleichzeitig bedarf dies aber auch der Genehmigung der Herkunftsmitgliedstaatsbehörde des OGAW. Dazu muss sich die Verwaltungsgesellschaft direkt an diese Behörde wenden. Diese Behörde kann nun wiederum Informationen über die Verwaltungsgesellschaft und deren Kompatibilität mit dem zu verwaltenden OGAW bei der FMA einholen. Dieses Auskunftsersuchen ist von der FMA binnen 10 Arbeitstagen ab Erhalt zu beantworten. Im deutschen Text findet sich zwar die Wendung „ursprünglicher Antrag", was missverständlich sein könnte. In der englischen Fassung heißt es jedoch „initial request", womit klar ist, dass das Auskunftsersuchen gemeint ist.

EB zu § 37 Abs. 9:

Setzt Art. 17 Abs. 8 und 9 sowie Art. 18 Abs. 4 der Richtlinie 2009/65/EG um.

Aufsicht im Rahmen der Dienstleistungs- und Niederlassungsfreiheit

§ 38. (1) Jede Verwaltungsgesellschaft gemäß § 36, die in Österreich über eine Zweigstelle tätig ist, hat die Einhaltung der Bestimmungen gemäß § 36 Abs. 4 durch Abschlussprüfer prüfen zu lassen. Über das Ergebnis der Prüfung ist ein Prüfungsbericht in deutscher Sprache zu erstellen und erforderlichenfalls zu erläutern. Die Zweigstelle der Verwaltungsgesellschaft hat diesen Prüfungsbericht der FMA innerhalb von sechs Monaten nach Abschluss des Geschäftsjahres zu übermitteln. Eine Verwaltungsgesellschaft im Sinne von § 36 hat sicherzustellen, dass die FMA die in diesem Absatz genannten Informationen unmittelbar von ihr erhält.

(2) Stellt die FMA fest, dass eine Verwaltungsgesellschaft, die gemäß § 36 in Österreich eine Zweigstelle hat oder Dienstleistungen erbringt, gegen eine der in § 143 Abs 1 Z 2 bis 5 genannten Bestimmungen verstößt, so hat die FMA die Verwaltungsgesellschaft aufzufordern, den Verstoß zu beenden, und die zuständigen Behörden des Herkunftmitgliedstaats der Verwaltungsgesellschaft entsprechend zu unterrichten.

(3) Lehnt eine Verwaltungsgesellschaft ab, der FMA die in die Zuständigkeit der FMA fallenden Informationen zukommen zu lassen oder unternimmt sie nicht die erforderlichen Schritte, um den Verstoß gemäß Abs. 2 zu beenden, so hat die FMA die zuständigen Behörden des Herkunftmitgliedstaats der Verwaltungsgesellschaft darüber zu informieren.

(4) Erhält die FMA von einer zuständigen Behörde eines anderen Mitgliedstaates eine Information im Sinne des Abs. 3, wonach eine Verwaltungsgesellschaft gemäß § 37 gegenüber dieser Behörde Informationen verweigert oder keine ausreichenden Schritte zur Beendigung eines Verstoßes im Sinne von Abs. 2 setzt, so hat die FMA unverzüglich alle geeigneten Maßnahmen zu treffen, um sicherzustellen, dass die Verwaltungsgesellschaft die vom Aufnahmemitgliedstaat der Verwaltungsgesellschaft gemäß Abs. 1 geforderten Informationen zur Verfügung stellt oder den Verstoß beendet. Die FMA hat Art und Inhalt dieser Maßnahmen den zuständigen Behörden des Aufnahmemitgliedstaats der Verwaltungsgesellschaft mitzuteilen. Jede Maßnahme gemäß diesem Absatz ist zu begründen und der Verwaltungsgesellschaft schriftlich mitzuteilen.

(5) Weigert sich eine Verwaltungsgesellschaft gemäß § 36 trotz der von den zuständigen Behörden des Herkunftmitgliedstaats der Verwaltungsgesellschaft getroffenen Maßnahmen oder infolge unzureichender oder fehlender Maßnahmen dieses Mitgliedstaats weiter, die von der FMA gemäß Abs. 1 geforderten Informationen bereitzustellen, oder verstößt sie weiter gegen die in Abs. 2 genannten Bestimmungen, so hat die FMA eine der folgenden Maßnahmen zu ergreifen:

1. Nach Unterrichtung der zuständigen Behörden des Herkunftmitgliedstaats der Verwaltungsgesellschaft geeignete Maßnahmen einschließlich der Maßnahmen gemäß den §§ 147 bis 150, um weitere Verstöße zu verhindern oder zu ahnden; soweit erforderlich, kann die FMA dieser Verwaltungsgesellschaft auch neue Geschäfte in Österreich untersagen. Handelt es sich bei der in Österreich erbrachten Dienstleistung der Verwaltungsgesellschaft gemäß § 36 um die Verwaltung eines OGAW, so kann die FMA verlangen, dass die Verwaltungsgesellschaft die Verwaltung dieses OGAW einstellt, und der Verwaltungsgesellschaft die Bewilligung gemäß § 50 Abs. 7 entziehen; oder
2. für den Fall, dass die zuständigen Behörden des Herkunftmitgliedstaats der Verwaltungsgesellschaft nach Dafürhalten der FMA nicht in angemessener Weise tätig geworden sind, kann die FMA die Europäische Wertpapier- und Marktaufsichtsbehörde – ESMA (Verordnung (EU) Nr. 1095/2010) über diesen Sachverhalt unterrichten, die

ihrerseits im Rahmen ihrer Befugnisse gemäß Artikel 19 der Verordnung (EU) Nr. 1095/2010 tätig werden kann.

Jede Maßnahme gemäß diesem Absatz ist zu begründen und der Verwaltungsgesellschaft schriftlich mitzuteilen. Ist auf Grund von Z 1 oder 2 ein Bescheid der FMA erlassen worden, so ist die Rechtskraft dieses Bescheides gemäß § 21b Finanzmarktaufsichtsbehördengesetz – FMABG (BGBl. I Nr. 97/2001) eingeschränkt.

(6) Bei der Zustellung von amtlichen Schriftstücken der zuständigen Behörden des Aufnahmemitgliedstaates einer Verwaltungsgesellschaft gemäß § 37 kann der Empfänger die Annahme gemäß § 12 Abs. 2 Zustellgesetz – ZustG (BGBl. Nr. 200/1982) nur dann verweigern, wenn diese Schriftstücke nicht in der Amtssprache eines Mitgliedstaates abgefasst sind.

(7) In dringenden Fällen kann die FMA vor der Einleitung des in den Abs. 2, 3 oder 5 vorgesehenen Verfahrens die Sicherungsmaßnahmen ergreifen, die zum Schutz der Interessen der Anleger oder sonstiger Personen, für die Dienstleistungen erbracht werden, notwendig sind. Die Europäische Kommission, ESMA und die zuständigen Behörden der anderen betroffenen Mitgliedstaaten sind von solchen Maßnahmen von der FMA so früh wie möglich zu unterrichten. Die FMA hat auch geeignete Maßnahmen zur Wahrung der Interessen der Anleger zu treffen, wenn sie von der zuständigen Behörde des Herkunftmitgliedstaates der Verwaltungsgesellschaft informiert wird, dass diese die Entziehung der Konzession beabsichtigt. Diese Maßnahmen können Entscheidungen beinhalten, mit denen verhindert wird, dass die betreffende Verwaltungsgesellschaft neue Geschäfte in Österreich tätigt. Ist in diesem Zusammenhang ein Bescheid der FMA ergangen, so ist die Rechtskraft dieses Bescheides gemäß § 21b FMABG eingeschränkt.

(8) Die FMA hat die zuständigen Behörden des Herkunftmitgliedstaats des OGAW zu konsultieren, bevor sie der Verwaltungsgesellschaft gemäß § 37 die Konzession entzieht, damit die zuständigen Behörden des Herkunftmitgliedstaats des OGAW geeignete Maßnahmen zur Wahrung der Interessen der Anleger treffen können.

EB zu § 38:

Setzt Art. 21 der Richtlinie 2009/65/EG um. Hier wird die Aufsicht im Rahmen der Dienstleistungs- und Niederlassungsfreiheit geregelt. Die Bestimmung ist im Zusammenhalt mit Teil 2, 5. Hauptstück, 2. Abschnitt zu lesen.

EB zu § 38 Abs. 1:

Setzt Art. 21 Abs. 2 der Richtlinie 2009/65/EG um und entspricht inhaltlich § 32a Abs. 7 InvFG 1993. Die Richtlinie sieht die Möglichkeit vor, dass die Behörden des Aufnahmemitgliedstaates Angaben verlangen können, um die Einhaltung der maßgeblichen, in ihren Zuständigkeitsbereich fallenden Bestimmungen zu überwachen. Gleichzeitig legt die Richtlinie fest, dass diese Anforderungen nicht strenger sein dürfen als jene, die von in Österreich zugelassenen Verwaltungsgesellschaften gefordert werden. Da auch österreichische Verwaltungsgesellschaften die Einhaltung der einschlägigen Bestimmungen durch einen Abschlussprüfer prüfen und nachweisen müssen, erscheint diese Bestimmung sachgerecht und angemessen.

EB zu § 38 Abs. 2:

Setzt Art. 21 Abs. 3 der Richtlinie 2009/65/EG um.

EB zu § 38 Abs. 3:

Setzt Art. 21 Abs. 4 erster Satz der Richtlinie 2009/65/EG um.

EB zu § 38 Abs. 4:

Setzt Art. 21 Abs. 4 zweiter und dritter Satz sowie Abs. 6 der Richtlinie 2009/65/EG um.

EB zu § 38 Abs. 5:

Setzt Art. 21 Abs. 5 erster Satz und dritter Satz sowie Abs. 6 der Richtlinie 2009/65/EG in der Fassung der Omnibus-Richtlinie (Richtlinie 2010/78/EU) um. Der Herkunftsmitgliedstaat des OGAW muss über sämtliche erforderlichen Mittel verfügen, um gegen Verstöße jeder Art gegen die Regeln des OGAW vorzugehen. Deshalb kann die FMA als zuständige Behörde des Herkunftsmitgliedstaats des OGAW Präventivmaßnahmen und Sanktionen gegen die Verwaltungsgesellschaft ergreifen und als ultima ratio *von der Verwaltungsgesellschaft verlangen, die Verwaltung des OGAW einzustellen. In einem solchen Fall wird gemäß § 50 Abs. 6 die Depotbank von der FMA mit der Abwicklung gemäß § 63 beauftragt (so auch Erwägungsgrund 23 der Richtlinie 2009/65/EG).*

EB zu § 38 Abs. 6:

Setzt Art. 21 Abs. 5 zweiter Satz und Art. 108 Abs. 6 der Richtlinie 2009/65/EG um. Die Richtlinie 2009/65/EG führt den umfassenden Pass für die Verwaltungsgesellschaft ein. Dies bedeutet, dass auch eine Verwaltungsgesellschaft mit Sitz in Österreich einen Investmentfonds, der nach beispielsweise französischem Recht in Frankreich aufgelegt und zugelassen ist, verwalten darf. Damit aber eine solche Tätigkeit, die der Effizienz und der Vervollkommnung des Binnenmarktes dient, auch wirksam beaufsichtigt werden kann, ist vorgesehen, dass die Mitgliedstaaten gewährleisten, dass die im Rahmen der Aufsicht erforderlichen Schriftstücke auch grenzüberschreitend zugestellt werden können. Grundsätzlich ist die Zustellung von amtlichen Schriftstücken im Zustellgesetz geregelt. Dies soll auch in diesem Fall Anwendung finden. Die Bestimmungen des § 12 Abs. 2 Zustellgesetz, wonach die Zustellung ausländischer Dokumente vom Adressanten verweigert werden kann, wenn keine beglaubigte Übersetzung vorliegt, würde aber bedeuten, dass sich eine Verwaltungsgesellschaft, die die Vorzüge des Binnenmarktes nützt und einen französischen Fonds verwaltet, sich im Ernstfall, wenn sie gegen französisches Recht verstößt, den rechtlichen Konsequenzen entziehen kann. Dies wäre gegen die Intention der Richtlinie 2009/65/EG und auch gegen den Wortlaut des Art. 21 Abs. 5 der Richtlinie. Daher sollen die vorstehend genannten Bestimmungen des Zustellgesetzes nicht Anwendung finden, sofern das amtliche Schriftstück in der Amtssprache eines Mitgliedstaates abgefasst ist. Eine Übersetzung scheint auch schon deshalb entbehrlich, da einer Verwaltungsgesellschaft, die in einem anderen Mitgliedstaat eine Fondsverwaltung aufnimmt, auch zugemutet werden kann, dass sie die Amtssprache desjenigen Mitgliedstaates so weit beherrscht, dass sie an sie gerichtete amtliche Dokumente verstehen kann. Eine entsprechende Bestimmung findet sich im Übrigen bereits in § 19 BWG für den Bereich der Kreditinstitute.

EB zu § 38 Abs. 7:

Setzt Art. 21 Abs. 7 und 8 der Richtlinie 2009/65/EG in der Fassung der Omnibus-Richtlinie (2010/78/EU) um. Um eine optimale Abstimmung unter den betroffenen Mitgliedstaaten zu ermöglichen, sind die anderen betroffenen Mitgliedstaaten beziehungsweise deren zuständige Behörden sowie die Europäische Kommission frühestmöglich zu informieren. Die Kommission kann nach Anhörung der betroffenen Mitgliedstaaten beschließen, dass die FMA die Maßnahmen zu ändern oder aufzuheben hat. Eine Umsetzung dieser Kompetenz der Kommission ist nicht eigens erforderlich. Sie folgt bereits aus der Richtlinie. Im Zuge der Realisierung der Europäischen Finanzmarktaufsicht werden solche Kompetenzen der Kommission vielfach der künftigen Europäischen Wertpapieraufsichtsbehörde

(ESMA) zukommen und auch noch ausgebaut werden. Die Rechtsmittel der FMA gegen solche Beschlüsse der Kommission (oder von ESMA) richten sich nach dem Unionsrecht.

EB zu § 38 Abs. 8:

Setzt Art. 21 Abs. 8 der Richtlinie 2009/65/EG um.

2. Hauptstück
Depotbank

Erfordernis der Depotbank

§ 39. (1) Die Verwahrung des Vermögens des OGAW ist einer Depotbank im Sinne von § 41 Abs. 1 zu übertragen.

(2) Die Anteilscheine sind vor ihrer Ausgabe der Depotbank in Verwahrung zu geben. Diese darf sie nur ausgeben, wenn ihr der Gegenwert gemäß § 55 Abs. 1 ohne jede Beschränkung zur Verfügung gestellt worden ist. Die Depotbank hat den empfangenen Gegenwert unverzüglich dem Fondsvermögen zuzuführen.

EB zu § 39:

Setzt Art. 22 Abs. 1 der Richtlinie 2009/65/EG um und entspricht § 6 Abs. 6 InvFG 1993. Es wird festgelegt, dass das Vermögen eines OGAW von der Depotbank zu verwahren ist.

Aufgaben der Depotbank

§ 40. (1) Die Verwaltungsgesellschaft hat mit der Verwahrung der zu einem OGAW (§ 50) gehörigen Wertpapiere und mit der Führung der zum OGAW gehörigen Konten eine Depotbank, die die Anforderungen des § 41 erfüllt, zu beauftragen.

(2) Die Depotbank hat zu gewährleisten, dass

1. der Verkauf, die Ausgabe, die Rücknahme, die Auszahlung und die Aufhebung der Anteile, die für Rechnung des OGAW oder durch die Verwaltungsgesellschaft vorgenommen werden, gemäß den Bestimmungen dieses Bundesgesetzes und den Fondsbestimmungen im Interesse der Anteilinhaber erfolgt;
2. die Berechnung des Wertes der Anteile gemäß den Bestimmungen dieses Bundesgesetzes und den Fondsbestimmungen im Interesse der Anteilinhaber erfolgt;
3. ihr bei Geschäften, die sich auf das Vermögen des Investmentfonds beziehen, der Gegenwert unverzüglich übertragen wird;
4. die Erträge des Investmentfonds gemäß den Bestimmungen dieses Bundesgesetzes und den Fondsbestimmungen verwendet werden.

(3) Die Depotbank hat den Weisungen der Verwaltungsgesellschaft Folge zu leisten, außer diese Weisungen verstoßen gegen die Bestimmungen dieses Bundesgesetzes oder die Fondsbestimmungen.

(4) Die Depotbank ist berechtigt und verpflichtet, im eigenen Namen gemäß § 37 EO durch Klage Widerspruch zu erheben, wenn auf einen zu einem OGAW gehörigen Vermögenswert Exekution geführt wird, sofern es sich nicht um eine gemäß §§ 80 bis 84 begründete Forderung gegen den OGAW handelt.

EB zu § 40:

Setzt Art. 22 Abs. 1 und 3 der Richtlinie 2009/65/EG um und entspricht inhaltlich § 23 Abs. 1 erster Satz und Abs. 2 Sätze eins bis drei InvFG 1993.

EB zu § 40 Abs. 1:

Setzt Art. 22 Abs. 1 der Richtlinie 2009/65/EG um und entspricht inhaltlich § 23 Abs. 1 erster Satz InvFG 1993.

EB zu § 40 Abs. 2:

Setzt Art. 22 Abs. 3 Buchstabe a, b, d und e der Richtlinie 2009/65/EG um und entspricht inhaltlich § 23 Abs. 2 Sätze eins bis drei InvFG 1993.

EB zu § 40 Abs. 3:

Setzt Art. 22 Abs. 3 Buchstabe c der Richtlinie 2009/65/EG um.

EB zu § 40 Abs. 4:

Die Bestimmung entspricht inhaltlich § 23 Abs. 3 InvFG 1993.

Anforderungen an die Depotbank

§ 41. (1) Als Depotbank kann nur ein Kreditinstitut, das zum Betrieb des Depotgeschäftes (§ 1 Abs. 1 Z 5 BWG) berechtigt ist, oder eine gemäß § 9 Abs. 4 BWG errichtete inländische Zweigstelle eines EWR-Kreditinstitutes bestellt werden. Die Bestellung bedarf der Bewilligung der FMA. Sie darf nur erteilt werden, wenn anzunehmen ist, dass das Kreditinstitut die Erfüllung der Aufgaben der Depotbank gewährleistet. Die Bestellung der Depotbank ist zu veröffentlichen; die Veröffentlichung hat den Bewilligungsbescheid anzuführen.

(2) Im Rahmen des Verfahrens zur Bewilligung der Depotbank hat die FMA auch zu prüfen, ob die Geschäftsleiter der Depotbank eine ausreichende Erfahrung in Bezug auf den Typ des zu verwahrenden OGAW haben.

(3) Die Depotbank hat sicherzustellen, dass die FMA oder die zuständige Behörde des Herkunftmitgliedstaates des OGAW auf Verlangen alle Informationen erhält, die die Depotbank bei der Wahrnehmung ihrer Aufgaben erhalten hat und die die FMA zur Überwachung der Einhaltung der Bestimmungen dieses Bundesgesetzes, des BWG und der EU-Verordnungen zur Durchführung der Richtlinie 2009/65/EG benötigt.

(4) Wird der OGAW von einer Verwaltungsgesellschaft gemäß § 36 verwaltet, oder verwaltet eine Verwaltungsgesellschaft mit Sitz in Österreich einen OGAW in einem anderen Mitgliedstaat, so haben die Depotbank und die Verwaltungsgesellschaft gemäß § 36 oder die Verwaltungsgesellschaft gemäß § 5 Abs. 1 mit der Verwahrstelle im Herkunftmitgliedstaat des OGAW eine schriftliche Vereinbarung über den Informationsaustausch zu unterzeichnen, der für erforderlich erachtet wird, damit die Verwahrstelle ihren Aufgaben gemäß § 40 und gemäß anderen für Verwahrstellen im Herkunftmitgliedstaat des OGAW einschlägigen Rechts- und Verwaltungsvorschriften nachkommen kann. Die Vereinbarung hat zumindest die in § 42 festgelegten Bestimmungen zu beinhalten.

EB zu § 41:

Setzt Art. 23 der Richtlinie 2009/65/EG um und entspricht inhaltlich § 23 Abs. 1 zweiter und dritter Satz InvFG 1993.

EB zu § 41 Abs. 1:

Setzt Art. 23 Abs. 1 bis 3 der Richtlinie 2009/65/EG um und entspricht inhaltlich § 23 Abs. 1 zweiter bis fünfter Satz InvFG 1993.

EB zu § 41 Abs. 2:

Setzt Art. 5 Abs. 4 dritter Unterabs. der Richtlinie 2009/65/EG um. Die FMA kommt diesem Prüfungsauftrag ausreichend nach, wenn sie die geforderte Erfahrung in Bezug auf den Typ der zu verwahrenden Fonds bei zwei Geschäftsleitern festgestellt hat.

EB zu § 41 Abs. 3:
Setzt Art. 23 Abs. 4 der Richtlinie 2009/65/EG um.

EB zu § 41 Abs. 4:
Setzt Art. 23 Abs. 5 der Richtlinie 2009/65/EG um. Der Verweis auf die Rechts- und Verwaltungsvorschriften im Herkunftmitgliedstaat des OGAW schließt auch Vorschriften des Abgabenrechtes ein.

Inhalt der Vereinbarung zwischen Verwaltungsgesellschaft und Verwahrstelle

§ 42. (1) Die in § 41 Abs. 4 genannte Vereinbarung hat im Hinblick auf die von den-Vereinbarungsparteien einzuhaltenden Verfahren und zu erbringenden Dienstleistungen zumindest Folgendes zu beinhalten:
1. Beschreibung der Verfahren, die unter anderem bei der Verwahrung für die einzelnen Arten von Vermögenswerten des OGAW, die der Verwahrstelle anvertraut werden, festzulegen sind;
2. Beschreibung der Verfahren, die einzuhalten sind, wenn die Verwaltungsgesellschaft die Fondsbestimmungen oder den Prospekt des OGAW ändern will, wobei auch festzulegen ist, wann die Verwahrstelle informiert werden sollte oder die Änderung die vorherige Zustimmung der Verwahrstelle erfordert;
3. Beschreibung der Mittel und Verfahren, mit denen die Verwahrstelle der Verwaltungsgesellschaft alle einschlägigen Informationen übermittelt, die diese zur Erfüllung ihrer Aufgaben benötigt, einschließlich einer Beschreibung der Mittel und Verfahren für die Ausübung etwaiger mit Finanzinstrumenten verbundener Rechte sowie der Mittel und Verfahren, die angewandt werden, damit die Verwaltungsgesellschaft und der OGAW Zugang zu zeitnahen und genauen Informationen über die Konten des OGAW haben;
4. Beschreibung der Mittel und Verfahren, mit denen die Verwahrstelle Zugang zu allen einschlägigen Informationen erhält, die sie zur Erfüllung ihrer Aufgaben benötigt;
5. Beschreibung der Verfahren, mit denen die Verwahrstelle die Möglichkeit hat, Nachforschungen zum Wohlverhalten der Verwaltungsgesellschaft anzustellen und die Qualität der übermittelten Informationen zu bewerten, unter anderem durch Besuche vor Ort;
6. Beschreibung der Verfahren, mit denen die Verwaltungsgesellschaft die Leistung der Verwahrstelle in Bezug auf deren vertragliche Verpflichtungen überprüfen kann.

(2) Weiters hat die in § 41 Abs. 4 genannte Vereinbarung im Hinblick auf den Informationsaustausch und die Pflichten in Bezug auf Geheimhaltung und Geldwäsche zumindest Folgendes zu beinhalten:
1. Auflistung aller Informationen, die in Bezug auf Zeichnung, Rücknahme, Ausgabe, Annullierung und Rückkauf von Anteilen des OGAW zwischen dem OGAW, seiner Verwaltungsgesellschaft und der Verwahrstelle ausgetauscht werden müssen;
2. für die Vereinbarungsparteien geltende Geheimhaltungspflichten;
3. Informationen über die Aufgaben und Zuständigkeiten der Vereinbarungsparteien hinsichtlich der Pflichten in Bezug auf die Bekämpfung von Geldwäsche und Terrorismusfinanzierung, sofern anwendbar.

Die in Z 2 genannten Pflichten sind so zu formulieren, dass weder die zuständigen Behörden des Herkunftmitgliedstaats der Verwaltungsgesellschaft noch die zuständigen Behörden des Herkunftmitgliedstaats des OGAW daran gehindert werden, sich Zugang zu einschlägigen Dokumenten und Informationen zu verschaffen.

(3) Weiters hat die in § 41 Abs. 4 genannte Vereinbarung, sofern die Verwahrstelle oder die Verwaltungsgesellschaft beabsichtigen, Dritte mit der Ausführung ihrer jeweiligen Aufgaben zu beauftragen, zumindest Folgendes zu beinhalten:

1. Eine Verpflichtung beider Vereinbarungsparteien, regelmäßig Einzelheiten zu etwaigen Dritten zu übermitteln, die die Verwahrstelle oder die Verwaltungsgesellschaft mit der Ausführung ihrer jeweiligen Aufgaben beauftragt haben;
2. eine Verpflichtung, dass auf Antrag einer Partei die jeweils andere Informationen darüber erteilt, nach welchen Kriterien der Dritte ausgewählt wurde und welche Schritte unternommen wurden, um dessen Tätigkeit zu überwachen;
3. eine Erklärung, wonach die gemäß § 43 dieses Bundesgesetzes beziehungsweise in Artikel 24 und Artikel 34 der Richtlinie 2009/65/EG vorgesehene Haftung der Verwahrstelle davon unberührt bleibt, dass sie die von ihr verwahrten Vermögenswerte ganz oder teilweise einem Dritten anvertraut hat.

(4) Weiters hat die in § 41 Abs. 4 genannte Vereinbarung zumindest folgende Bestimmungen zu etwaigen Änderungen und zur Beendigung der Vereinbarung zu beinhalten:

1. Laufzeit der Vereinbarung;
2. Voraussetzungen, unter denen die Vereinbarung geändert oder beendet werden kann;
3. Voraussetzungen, die notwendig sind, um den Wechsel zu einer anderen Verwahrstelle zu erleichtern, und Verfahren, nach dem die Verwahrstelle der anderen Verwahrstelle in einem solchen Falle alle einschlägigen Informationen übermittelt.

(5) Die Verwahrstelle und die Verwaltungsgesellschaft haben in der Vereinbarung festzulegen, dass die Vereinbarung dem Recht des Herkunftmitgliedstaats der OGAW unterliegt.

(6) Wird in der Vereinbarung eine elektronische Übermittlung der zwischen den Vertragsparteien ausgetauschten Informationen zur Gänze oder teilweise vorgesehen, so hat die Vereinbarung auch Bestimmungen zu enthalten, die sicherstellen, dass die entsprechenden Informationen aufgezeichnet werden.

(7) Soll die Vereinbarung für mehr als einen von der Verwaltungsgesellschaft verwalteten OGAW gelten, so sind in der Vereinbarung die in ihren Geltungsbereich fallenden OGAW anzuführen.

(8) Die Einzelheiten der in Abs. 1 Z 3 und 4 genannten Mittel und Verfahren sind entweder in der gemäß § 41 Abs. 4 vorgesehenen Vereinbarung oder in einer gesonderten schriftlichen Vereinbarung zu regeln.

EB zu § 42:

Setzt Art. 30 bis 37 der Richtlinie 2010/43/EU um. Ist eine Verwaltungsgesellschaft grenzübergreifend tätig, bringt dies für das Verhältnis zwischen der Verwaltungsgesellschaft und der OGAW-Verwahrstelle neue Herausforderungen mit sich. Um die notwendige Rechtssicherheit zu gewährleisten, werden die wichtigsten Punkte der Vereinbarung zwischen einer OGAW-Verwahrstelle und einer Verwaltungsgesellschaft, die ihren Sitz nicht im OGAW-Herkunftsmitgliedstaat hat, festgelegt. Damit eine solche Vereinbarung ordnungsgemäß ihren Zweck erfüllen kann, müssen Kollisionsnormen vorgesehen werden, die insofern von den Artikeln 3 und 4 der Verordnung (EG) Nr. 593/2008 des Europäischen Parlaments und des Rates vom 17. Juni 2008 über das auf vertragliche Schuldverhältnisse anzuwendende Recht (Rom I) abweichen, als für die Vereinbarung das Recht des

OGAW-Herkunftsmitgliedstaats gelten muss (so auch Erwägungsgrund 22 der Richtlinie 2010/43/EU).

EB zu § 42 Abs. 1:
Setzt Art. 30 der Richtlinie 2010/43/EU um.

EB zu § 42 Abs. 2:
Setzt Art. 31 der Richtlinie 2010/43/EU um.

EB zu § 42 Abs. 3:
Setzt Art. 32 der Richtlinie 2010/43/EU um.

EB zu § 42 Abs. 4:
Setzt Art. 33 der Richtlinie 2010/43/EU um.

EB zu § 42 Abs. 5:
Setzt Art. 34 der Richtlinie 2010/43/EU um.

EB zu § 42 Abs. 6:
Setzt Art. 35 der Richtlinie 2010/43/EU um.

EB zu § 42 Abs. 7:
Setzt Art. 36 der Richtlinie 2010/43/EU um.

EB zu § 42 Abs. 8:
Setzt Art. 37 der Richtlinie 2010/43/EU um.

Haftung der Depotbank

§ 43. (1) Die Depotbank haftet gegenüber der Verwaltungsgesellschaft und den Anteilinhabern für jede Schädigung, die durch ihre schuldhafte Pflichtverletzung verursacht worden ist.

(2) Die Haftung der Depotbank gemäß Abs. 1 wird nicht dadurch berührt, dass sie sämtliche oder einen Teil der Vermögensgegenstände, deren Verwahrung sie übernommen hat, einem Dritten überträgt.

EB zu § 43:
Setzt Art. 24 und Art. 22 Abs. 2 der Richtlinie 2009/65/EG um und entspricht inhaltlich § 23 Abs. 4 und § 3 Abs. 3 Z 8 InvFG 1993.

EB zu § 43 Abs. 1:
Setzt Art. 24 der Richtlinie 2009/65/EG um und entspricht inhaltlich § 23 Abs. 4 und § 3 Abs. 3 Z 8 InvFG 1993.

EB zu § 43 Abs. 2:
Setzt Art. 22 Abs. 2 der Richtlinie 2009/65/EG um und entspricht inhaltlich § 3 Abs. 3 Z 8 InvFG 1993.

Unabhängigkeit der Depotbank

§ 44. (1) Die Aufgaben der Verwaltungsgesellschaft und der Depotbank oder Verwahrstelle dürfen nicht von ein und derselben Gesellschaft wahrgenommen werden. § 6 Abs. 2 Z 8 und 9 findet auch auf die Depotbank Anwendung.

(2) Die Depotbank hat bei der Wahrnehmung ihrer Aufgaben unabhängig und ausschließlich im Interesse der Anteilinhaber zu handeln.

EB zu § 44:
Setzt Art. 25 der Richtlinie 2009/65/EG um.

EB zu § 44 Abs. 1:
Setzt Art. 25 Abs. 1 der Richtlinie 2009/65/EG um.

EB zu § 44 Abs. 2:
Setzt Art. 25 Abs. 2 der Richtlinie 2009/65/EG um.

Vergütung der Depotbank und der Verwaltungsgesellschaft

§ 45. Die der Verwaltungsgesellschaft nach den Fondsbestimmungen für die Verwaltung zustehende Vergütung und der Ersatz für die mit der Verwaltung zusammenhängenden Aufwendungen sind von der Depotbank zu Lasten der für den Fonds geführten Konten zu bezahlen. Die Depotbank darf die ihr für die Verwahrung der Wertpapiere des Fonds und für die Kontenführung zustehende Vergütung dem Fonds anlasten. Bei diesen Maßnahmen darf die Depotbank nur auf Grund eines Auftrages der Verwaltungsgesellschaft handeln.

EB zu § 45:
Entspricht § 23 Abs. 2 Satz vier bis sechs InvFG 1993.

3. Hauptstück
OGAW

1. Abschnitt
Sondervermögen

EB zum 1. Abschnitt (Sondervermögen):
In diesem Abschnitt werden die für OGAW in der Form eines Sondervermögens eigentümlichen Bestimmungen wie Anteilscheine oder die Inhalte des Rechenschaftsberichtes geregelt.

Anteilscheine

§ 46. (1) Ein OGAW in der Form eines Sondervermögens gemäß § 2 Abs. 2 hat keine eigene Rechtspersönlichkeit; es zerfällt in gleiche, in Wertpapieren verkörperte Anteile (Anteilscheine). Die Anteilscheine sind Finanzinstrumente (§ 1 Z 6 lit. c WAG 2007); sie verkörpern die Miteigentumsanteile an den Vermögenswerten des OGAW und die Rechte der Anteilinhaber gegenüber der Verwaltungsgesellschaft sowie der Depotbank. Die Anteilscheine können auf den Inhaber oder auf Namen lauten. Lauten sie auf Namen, so gelten für sie die §§ 61 Abs. 2 bis 5, 62 und 63 Aktiengesetz – AktG (BGBl. Nr. 98/1965) sinngemäß.

(2) Die Anteilscheine sind von der Verwaltungsgesellschaft sowie einem Geschäftsleiter oder einem dazu beauftragten Angestellten der Depotbank zu unterzeichnen. § 13 AktG ist sinngemäß anzuwenden. Die Anteilscheine können über einen oder mehrere Anteile oder Bruchteile davon ausgestellt werden.

(3) Anteilscheine an Sondervermögen sind zur Anlage von Mündelgeld geeignet, sofern aufgrund der Fondsbestimmungen
1. das Fondsvermögen ausschließlich in Wertpapieren gemäß § 230b ABGB veranlagt werden darf;
2. Bankguthaben neben den Erträgnissen 10 vH des Fondsvermögens nicht überschreiten dürfen;
3. Geschäfte mit derivativen Produkten im Sinne des § 73 ausschließlich zur Absicherung des Fondsvermögens durchgeführt werden dürfen.

Wertpapierleihgeschäfte gemäß § 84 sind zulässig. Solche Anteilscheine sind auch für die Anlage im Deckungsstock einer inländischen Bank für Spareinlagen gemäß § 230a ABGB geeignet.

(4) Nach Maßgabe der Fondsbestimmungen (§ 53 Abs. 3 Z 7 und 14) können für ein Sondervermögen mehrere Gattungen von Anteilscheinen ausgegeben werden, insbesondere im Hinblick auf die Ertragsverwendung, den Ausgabeaufschlag, den Rücknahmeabschlag, die Währung des Anteilswertes, die Verwaltungsvergütung oder eine Kombination der genannten Kriterien. Die Kosten bei Einführung neuer Anteilsgattungen für bestehende Sondervermögen müssen zu Lasten der Anteilspreise der neuen Anteilsgattungen in Rechnung gestellt werden. Der Wert des Anteils ist für jede Anteilsgattung gesondert zu errechnen.

(5) Ein Angebot von Anteilscheinen darf im Inland nur unter Einhaltung von § 50 und der Bestimmungen des 4. Hauptstückes erfolgen.

EB zu § 46:

Die Richtlinie 2009/65/EG sieht – ebenso wie ihre Vorgängerrichtlinie – eine nähere gesetzlicheAusgestaltung der Anteilscheine nicht vor, sondern überlässt dies vielmehr den Mitgliedstaaten. Die Bestimmung entspricht inhaltlich grundsätzlich § 5 InvFG 1993.

*Die Anteilsscheine sind als eigener Wertpapiertypus zu verstehen. Dies ergibt sich EU-rechtlich bereits aus Art. 50 Abs. 1 der Richtlinie 2009/65/EG und Anhang I Abschnitt C der Richtlinie 2004/39/EG und im österreichischen Recht aus den Materialien zum InvFG 1963. Die österreichische Lehre (*Oppitz *in* Macher et al, *InvFG-Komm 2008, § 5 Rz 6 mit weiteren Verweisen) erklärt den Anteilsschein als Urkunde, die sowohl die schuldrechtliche als auch die sachenrechtliche Rechtsposition verkörpert.*

EB zu § 46 Abs. 1:

Die Anteilsinhaber sind Miteigentümer, deren Rechte allerdings insofern beschränkt sind, als sie die Miteigentumsgemeinschaft nicht im Sinne von § 830 ABGB aufheben können (§ 55 Abs. 2 letzter Satz).Der einzelne Anteilsinhaber hat lediglich ein Recht auf Rückzahlung seines Anteils gemäß § 55. In schuldrechtlicher Hinsicht hat der Anteilsinhaber Rechte gegenüber der Verwaltungsgesellschaft und gegenüber der Depotbank. Die Anteilscheine sind auch als Finanzinstrumente im Sinne der Richtlinie 2004/39/EG (so Erwägungsgrund 7 der Richtlinie 2009/65/EG) zu verstehen, was sich auch aus § 1 Z 6 lit. c WAG 2007, der die Richtlinie 2004/39/EG diesbezüglich umsetzt, ergibt. Zur leichteren Auffindbarkeit wurde ein entsprechender Verweis aufgenommen.

EB zu § 46 Abs. 2:

Die Anteilscheine sind von der Verwaltungsgesellschaft und von einem Vertreter der Depotbank in sinngemäßer Anwendung von § 13 AktG zu unterzeichnen. Die Begebung von Anteilscheinen kann daher nur von der Verwaltungsgesellschaft gemeinsam mit der Depotbank vorgenommen werden. Die Anteilscheine lauten nicht auf ein bestimmtes Nominale, sondern sind reine Quotenpapiere (Erläuternde Bemerkungen zur RV 1130 BlgNR XVIII. GP, 159).

EB zu § 46 Abs. 3:

In dieser Bestimmung wird festgelegt, unter welchen Voraussetzungen Anteilscheine zur Anlage von Mündelgeld geeignet sind. Zum Deckungsstock vergleiche § 66 BWG.

EB zu § 46 Abs. 4:

Die Bestimmung knüpft an § 53 Abs. 3 Z 7 und 14 an und sieht die Möglichkeit der Ausgabe von mehreren Anteilsgattungen und der gesonderten Berechnung je Anteilsgattung vor. Eine Thesaurierung des Jahresertrages ist zulässig, nicht aber eine Teilthesaurierung.

EB zu § 46 Abs. 5:

Stellt klar, dass ein Angebot von OGAW-Anteilscheinen im Inland der Bewilligung durch die FMA und der Veröffentlichung eines Prospektes bedarf. Die Bewilligung der FMA ist nur dann nicht erforderlich, wenn der OGAW bereits von einer anderen zuständigen Behörde in einem anderen Mitgliedstaat bewilligt worden ist; dies ergibt sich insbesondere aus dem 4. Hauptstück Abschnitt 5. Die Auflage und Ausgabe von Anteilen aufgrund des § 46 stellt jedoch eine erstmalige Ausgabe von Anteilen in Österreich dar und bedarf daher der Bewilligung der FMA.

Teilfonds

§ 47. (1) Unter Berücksichtigung der Festlegung in der Verordnung der FMA gemäß Abs. 3 können mehrere Sondervermögen, die sich hinsichtlich der Anlagepolitik oder eines anderen Ausstattungsmerkmals unterscheiden (Teilfonds), zusammengefasst werden (Umbrella-Konstruktion). Die Kosten für die Auflegung neuer Teilfonds müssen zulasten der Anteilspreise der neuen Teilfonds in Rechnung gestellt werden. Die Fondsbestimmungen eines Teilfonds und deren Änderung sind durch die FMA gemäß § 53 Abs. 2 zu bewilligen. Für alle Teilfonds eines Sondervermögens ist die gleiche Depotbank zu benennen. Überdies haben alle Teilfonds eines Sondervermögens dasselbe Rechnungsjahr aufzuweisen.

(2) Die jeweiligen Teilfonds einer Umbrella-Konstruktion sind von den übrigen Teilfonds der Umbrella-Konstruktion vermögensrechtlich und haftungsrechtlich getrennt. Im Verhältnis der Anleger untereinander wird jeder Teilfonds als eigenständiges Sondervermögen behandelt. Die Rechte von Anlegern und Gläubigern im Hinblick auf einen Teilfonds, insbesondere dessen Auflegung, Verwaltung, Übertragung und Auflösung, beschränken sich auf die Vermögensgegenstände dieses Teilfonds. Für die auf den einzelnen Teilfonds entfallenden Verbindlichkeiten haftet nur der betreffende Teilfonds.

(3) Die FMA kann durch Verordnung nähere Bestimmungen zur buchhalterischen Darstellung, Rechnungslegung und Ermittlung des Wertes jedes Teilfonds festlegen.

EB zu § 47:

Umbrella-Fonds sind gemäß der Richtlinie 2009/65/EG zulässig und bereits in mehreren Mitgliedstaaten, so auch in Deutschland, gesetzlich geregelt.

Rechnungsjahr der Kapitalanlagefonds

§ 48. Das Rechnungsjahr des Sondervermögens ist das Kalenderjahr, falls die Fondsbestimmungen nichts anderes anordnen.

EB zu § 48:
Entspricht § 11 InvFG 1993.

Rechenschafts- und Halbjahresberichte

§ 49. (1) Die Verwaltungsgesellschaft hat für jedes Rechnungsjahr über jedes Sondervermögen einen Rechenschaftsbericht, sowie für die ersten sechs Monate eines jeden Rechnungsjahres über jedes Sondervermögen einen Halbjahresbericht zu erstellen.

(2) Der Rechenschaftsbericht hat eine Ertragsrechnung, eine Vermögensaufstellung sowie die Fondsbestimmungen zu enthalten, über die Veränderungen des Vermögensbestandes zu berichten und die Zahl der Anteile zu Beginn des Berichtszeitraumes und an dessen Ende anzugeben. Weiters hat der Rechenschaftsbericht einen Bericht über die Tätigkeiten des abgelaufenen Rechnungsjahres und alle sonstigen in Anlage I Schema B vorgesehenen Angaben sowie alle wesentlichen Informationen, die es den Anlegern ermöglichen, sich in voller Sachkenntnis ein Urteil über die Entwicklung der Tätigkeiten und der Ergebnisse des Sondervermögens zu bilden, zu enthalten. Im Rechenschaftsbericht ist weiters anzugeben, wie hoch die Anteile der Verwaltungsgebühren maximal sind, die der OGAW einerseits und die OGAW oder anderen Organismen für gemeinsame Anlagen, in die der OGAW investiert hat, andererseits zu tragen haben. Die Vermögenswerte des Sondervermögens sind mit den Werten gemäß § 57 Abs. 1 anzusetzen. Der Rechenschaftsbericht des Feeder-OGAW hat zusätzlich zu den in Anlage I Schema B vorgesehenen Informationen eine Erklärung zu den aggregierten Gebühren von Feeder-OGAW und Master-OGAW zu enthalten. Der Rechenschaftsbericht des Feeder-OGAW hat Informationen darüber zu enthalten, wo der Rechenschaftsbericht des Master-OGAW verfügbar ist.

(3) Der Halbjahresbericht hat mindestens die in den Abschnitten 1 bis 4 Anlage I Schemas B vorgesehenen Angaben zu enthalten; die Zahlenangaben haben, wenn der OGAW Zwischenausschüttungen vorgenommen hat oder dies vorgeschlagen wurde, das Ergebnis nach Steuern für das betreffende Halbjahr sowie die erfolgte oder vorgesehene Zwischenausschüttung auszuweisen. Die Vermögenswerte des Sondervermögens sind mit den Werten gemäß § 57 Abs. 1 anzusetzen. Der Halbjahresbericht des Feeder-OGAW hat Informationen darüber zu enthalten, wo der Halbjahresbericht des Master-OGAW verfügbar ist.

(4) Betreibt eine Verwaltungsgesellschaft für Rechnung eines Sondervermögens Pensionsgeschäfte (§ 83) oder Wertpapierleihgeschäfte (§ 84), so sind diese im Halbjahres- und Rechenschaftsbericht jeweils gesondert auszuweisen und zu erläutern.

(5) Der Rechenschaftsbericht ist von einem Wirtschaftsprüfer oder einer Wirtschaftsprüfungsgesellschaft, der oder die auch der Bankprüfer der Verwaltungsgesellschaft sein kann, zu prüfen; für diese Prüfung gelten die §§ 268 bis 276 Unternehmensgesetzbuch – UGB (dRGBl. 1897, S. 219) sinngemäß. Die Prüfung hat sich auch auf die Beachtung dieses Bundesgesetzes und der Fondsbestimmungen zu erstrecken. Der Bestätigungsvermerk des Abschlussprüfers und gegebenenfalls Einschränkungen desselben sind in jedem Rechenschaftsbericht vollständig wiederzugeben.

(6) Der geprüfte Rechenschaftsbericht und der Halbjahresbericht sind dem Aufsichtsrat der Verwaltungsgesellschaft vorzulegen.

(7) Der geprüfte Rechenschaftsbericht und der Halbjahresbericht sind in der Verwaltungsgesellschaft und in der Depotbank zur Einsicht aufzulegen. Im Übrigen sind die §§ 136 bis 138 zu beachten.

EB zu § 49:

Entspricht § 12 InvFG 1993 und setzt Art. 69 Abs. 3 und 4 der Richtlinie 2009/65/EG um. Der Rechenschaftsbericht hat eine gegliederte Rechnung über Erträge und Aufwendungen des Geschäftsjahres (Ertragsrechnung), eine Bilanz oder Vermögensübersicht (Vermögensaufstellung) und die Fondsbestimmungen zu enthalten, einen Bericht über die Tätigkeiten des abgelaufenen Rechnungsjahres und alle sonstigen in der Anlage B vorgesehenen Angaben sowie alle wesentlichen Informationen, die es den Anlegern ermöglichen, sich in voller Sachkenntnis ein Urteil über die Entwicklung der Tätigkeiten und der Ergebnisse des Sondervermögens zu bilden, über die Veränderungen des Vermögensbestandes zu berichten und die Zahl der Anteile zu Beginn des Berichtszeitraumes und an dessen Ende anzugeben. Zins- und Devisenswapgeschäfte sind wie alle anderen Derivate im Rechenschaftsbericht anzuführen. Eine spezielle Regelung ist daher nicht erforderlich.

2. Abschnitt
Bewilligung des OGAW und allgemeine Bestimmungen

EB zum 2. Abschnitt (Bewilligung des OGAW und allgemeine Bestimmungen):

In diesem Abschnitt werden jene Bestimmungen betreffend den OGAW festgelegt, die unabhängig davon gelten, ob dieser als Sondervermögen konstruiert ist. Derzeit kann ein OGAW in Österreich nur als Sondervermögen bewilligt werden. Zukünftigen Entwicklungen soll durch diese Gesetzesstruktur aber Raum gegeben werden.

Bewilligung des OGAW

§ 50. (1) Die Ausgabe von Anteilscheinen eines OGAW in Österreich bedarf der Bewilligung der FMA.

(2) Die FMA hat im Rahmen der Bewilligung eines OGAW gemäß Abs. 4 folgende Bewilligungen zu erteilen:

1. Auflage des OGAW gemäß den Fondsbestimmungen (§ 53);
2. Verwaltung des OGAW durch die antragstellende Verwaltungsgesellschaft;
3. Bestellung der Depotbank (§ 41).

(3) Die Verwaltungsgesellschaft, die den OGAW in Österreich auflegen und verwalten möchte, hat bei der FMA einen Antrag auf Erteilung der Bewilligung des OGAW zu stellen und diesem Antrag folgende Angaben und Unterlagen anzuschließen:

1. Die Fondsbestimmungen (§ 53);
2. Firma und Sitz der Verwaltungsgesellschaft sowie den Nachweis, dass die Verwaltungsgesellschaft
   a) zur Verwaltung eines OGAW im Sinne der gemäß Z 1 vorgelegten Fondsbestimmungen berechtigt ist und
   b) für den Fall, dass die Verwaltungsgesellschaft nicht über eine Konzession gemäß § 6 Abs. 2 verfügt, den Nachweis, dass sie die Voraussetzungen des § 36 erfüllt, mittels Vorlage einer Bescheinigung der Herkunftmitgliedstaatsbehörde;
3. Firma und Sitz der Depotbank (§ 41) sowie die Namen der Geschäftsleiter der Depotbank und den Nachweis, dass die Anforderungen gemäß § 41 erfüllt sind.

(4) Die Bewilligung des OGAW ist zu erteilen, wenn

1. die Fondsbestimmungen diesem Bundesgesetz entsprechen und sofern diese gemäß § 76 ein Abweichen von den Anlagegrenzen des § 74 vorsehen, die Fondsbestimmungen gemäß § 76 Abs. 3 geprüft wurden und § 76 Abs. 1 Z 2 entsprechen;
2. die Depotbank die Voraussetzungen der §§ 40 bis 45 erfüllt und deren Geschäftsleiter ausreichende Erfahrung auch in Bezug auf den Typ des zu verwahrenden OGAW haben;
3. der Vertrieb der Anteile des OGAW in Österreich nicht auf Grund der Fondsbestimmungen verwehrt ist; sowie
4. die antragstellende Verwaltungsgesellschaft entweder
   a) über eine Konzession gemäß § 6 Abs. 2 verfügt und zur Verwaltung des beantragten OGAW berechtigt ist oder,
   b) sofern sie ihren Sitz in einem anderen Mitgliedstaat hat, die Anforderungen des Abs. 3 Z 2 lit. b erfüllt sind.

(5) Die FMA hat der Verwaltungsgesellschaft binnen zwei Monaten nach Eingang des Antrages oder, wenn dieser unvollständig ist, binnen zwei Monaten nach Übermittlung aller für den Bescheid erforderlichen Angaben entweder die Bewilligung des OGAW schriftlich zu erteilen oder die Ablehnung des Antrages mittels Bescheides schriftlich mitzuteilen. Die Bewilligung kann mit Bedingungen, Befristungen und Auflagen versehen werden.

(6) Die Bewilligung erlischt, wenn die Verwaltungsgesellschaft von ihr nicht innerhalb eines Jahres seit ihrer Erteilung Gebrauch macht oder sie davor ausdrücklich auf die Bewilligung verzichtet.

(7) Die FMA hat die Bewilligung zurückzunehmen, wenn
1. die Verwaltungsgesellschaft die Bewilligung aufgrund falscher Erklärungen oder auf sonstige rechtswidrige Weise erhalten hat;
2. die Voraussetzungen nach Abs. 4 nicht mehr vorliegen;
3. die Verwaltungsgesellschaft nachhaltig gegen die Bestimmungen dieses Bundesgesetzes verstößt.

Im Fall der Rücknahme der Bewilligung gemäß Z 1, 2 oder 3 hat die Depotbank gemäß § 63 die Abwicklung durchzuführen.

EB zu § 50:

Setzt Art. 5 der Richtlinie 2009/65/EG um.

EB zu § 50 Abs. 1:

Setzt Art. 5 Abs. 1 der Richtlinie 2009/65/EG um.

EB zu § 50 Abs. 2:

Die FMA hat im Rahmen der Bewilligung des OGAW insgesamt drei Tatbestände zu prüfen und zu bewilligen; nämlich die Gesetzmäßigkeit der Fondsbestimmungen, der Verwaltungsgesellschaft und der Depotbank. Wenn alle drei Tatbestände gesetzeskonform sind, so ist der OGAW zu bewilligen. Dies wird üblicherweise in einem einzigen Bescheid erfolgen.

EB zu § 50 Abs. 3:

Setzt Art. 5 Abs. 2 und 3 der Richtlinie 2009/65/EG um. Die Auflage eines Investmentfonds (OGAW) bedarf der vorherigen Genehmigung durch die FMA. Von der Auflage ist der Vertrieb zu unterscheiden. Die Voraussetzung für den Vertrieb und das Anbieten der Anteile eines OGAW an die Öffentlichkeit sind im 4. Hauptstück geregelt. Gemeinsam mit der Genehmigung des OGAW sind auch die Genehmigung der Fondsbestimmungen und die Wahl der Depotbank von der Verwaltungsgesellschaft, die den OGAW auflegen und verwalten wird, zu beantragen. Die Fondsbestimmungen sind jedenfalls dem Antrag beizuschließen. Hinsichtlich der Unterlagen betreffend die Verwaltungsgesellschaft kommt es darauf an, ob diese über eine Konzession gemäß § 6 verfügt oder noch nicht (weil eine solche gleichzeitig mit der Bewilligung des OGAW erlangt werden soll) oder ob es sich um eine Verwaltungsgesellschaft aus einem anderen Mitgliedstaat handelt. Eine Verwaltungsgesellschaft mit Sitz im Inland bedarf einer Konzession gemäß § 6. Verfügt sie bereits über eine solche, so ist diese der FMA grundsätzlich nicht eigens vorzuweisen, da die FMA bereits über die entsprechenden Informationen verfügt; es kann aber gegebenenfalls ein Nachweis über die Befähigung eines Geschäftsleiters betreffend einen bestimmten Fondstyp (§ 6 Abs. 2 Z 10) erforderlich sein – gegebenenfalls ist auch die Bestellung eines solchen Geschäftsleiters unter einem nachzuweisen. Hinsichtlich einer Verwaltungsgesellschaft aus einem anderen Mitgliedstaat hat diese die entsprechenden Bescheinigungen ihrer Herkunftsmitgliedstaatsbehörde vorzulegen. Auch im Hinblick auf die Depotbank hat die FMA das Vorliegen der Voraussetzungen des § 41 zu prüfen – auch in diesem Zusammenhang kommt es insbesondere auf die Fähigkeiten der Geschäftsleiter im Hinblick auf den speziellen Fondstyp an.

EB zu § 50 Abs. 4:

Setzt Art. 5 Abs. 2, 3, 4 und 5 der Richtlinie 2009/65/EG um. Die FMA darf den OGAW nur genehmigen, wenn sie die Fondsbestimmungen geprüft und für in Ordnung befunden hat, die Wahl der Depotbank die Voraussetzungen der §§ 40 bis 45 erfüllt, und die Verwaltungsgesellschaft entweder über eine Konzession nach diesem Bundesgesetz verfügt oder gemäß Art. 6 der Richtlinie 2009/65/EG in einem Mitgliedstaat der EU oder einem Vertragsstaat des EWR als Verwaltungsgesellschaft für OGAW zugelassen ist. Die Verwaltungsgesellschaft, die den Antrag gemäß Abs. 2 auf Genehmigung des OGAW stellt und den OGAW verwalten wird, muss ihren Sitz nicht in Österreich haben, aber in einem Mitgliedstaat des EWR als Verwaltungsgesellschaft für OGAW zugelassen sein.

EB zu § 50 Abs. 4 Z 3:

Setzt Art. 5 Abs. 5 der Richtlinie 2009/65/EG um. Um Aufsichtsarbitrage zu vermeiden (so Erwägungsgrund 24 der Richtlinie 2009/65/EG), muss der Vertrieb der Anteile eines OGAW in seinem Herkunftmitgliedstaat rechtlich zulässig sein. Ansonsten ist die Bewilligung abzulehnen. Der Vertrieb der Anteile kann dem OGAW beispielsweise dann rechtlich verwehrt sein, wenn dies in den Fondsbestimmungen so festgelegt ist.

EB zu § 50 Abs. 4 Z 4 lit. b:

Setzt Art. 5 Abs. 3 in Verbindung mit Art. 16 Abs. 3 der Richtlinie 2009/65/EG um. Die Verwaltung eines OGAW durch eine Verwaltungsgesellschaft aus einem anderen Mitgliedstaat ist zulässig; es muss allerdings aus der Bescheinigung der zuständigen Behörde des Herkunftsmitgliedstaates der Verwaltungsgesellschaft klar hervorgehen, dass die Verwaltungsgesellschaft zur Verwaltung dieser Art von OGAW wie der des beantragten OGAW berechtigt ist (so auch Erwägungsgrund 20 der Richtlinie 2009/65/EG). Eine umfassende Berechtigung erfüllt ebenfalls dieses Erfordernis.

EB zu § 50 Abs. 5:

Setzt Art. 5 Abs. 4 2. Unterabs. der Richtlinie 2009/65/EG um. Die ausdrückliche Erwähnung, dass der ablehnende Bescheid einer Begründung bedarf, kann unterbleiben, da dies bereits aus § 58 Abs. 2 AVG folgt. Die Bewilligung kann unter Bedingungen, Befristungen oder Auflagen erteilt werden. Dies wird vor allem im Zusammenhang mit einer

Bewilligung eines OGAW im Rahmen einer Verschmelzung zur Neugründung zweckmäßig sein.

EB zu § 50 Abs. 6:
Grundsätzlich kann die Verwaltungsgesellschaft auf die Bewilligung verzichten.

EB zu § 50 Abs. 7:
Um Rechtsunsicherheiten zu vermeiden und auch um klare Aufsichtsmaßnahmen setzen zu können, kann die FMA auch die Bewilligung zurücknehmen. In diesem Fall ist der OGAW abzuwickeln.

Anteilinhaberregister

§ 51. (1) Für Anteilscheine, die auf Namen lauten, ist am Sitz des OGAW ein Anteilinhaberregister zu führen. Für jeden Anteilinhaber sind folgende Angaben im Anteilinhaberregister aufzunehmen:
1. Name (Firma) und für die Zustellung maßgebliche Anschrift und gegebenenfalls elektronische Anschrift des Anteilinhabers, bei natürlichen Personen das Geburtsdatum, bei juristischen Personen gegebenenfalls das Register und die Nummer unter der die juristische Person im Herkunftstaat geführt wird;
2. Stückzahl oder Nummer des Anteils;
3. eine auf den Anteilinhaber lautende Kontoverbindung bei einem Kreditinstitut gemäß § 10a Abs. 1 AktG, auf das sämtliche Zahlungen zu erfolgen haben;
4. wenn der Anteilinhaber die Anteile für Rechnung einer anderen Person hält, die Angaben nach Z 1 und 2 auch in Bezug auf diese Person, sofern der Anteilinhaber kein Kreditinstitut im Sinne des § 10a Abs. 1 AktG ist.

(2) Die Bestimmungen der §§ 61 Abs. 2 bis 5, 62 und 63 AktG finden sinngemäß Anwendung.

EB zu § 51:
Entsprechend den Entwicklungen im AktG und den Vorgaben der Richtlinie 2010/44/EU sollte künftig ein Anteilinhaberregister am Sitz des OGAW eingerichtet werden. Das Register kann gemäß § 5 entweder von der Verwaltungsgesellschaft geführt werden, oder an die Depotbank delegiert werden. Letzteres wird vor allem dann in Frage kommen, wenn die Verwaltungsgesellschaft ihren Sitz in einem anderen Mitgliedstaat hat.

Verfügungsrecht über das Vermögen des OGAW

§ 52. Nur die Verwaltungsgesellschaft ist berechtigt, über die Vermögenswerte eines von ihr verwalteten OGAW zu verfügen und die Rechte an den Vermögenswerten auszuüben; sie handelt dabei im eigenen Namen auf Rechnung der Anteilinhaber. Sie hat die Interessen der Anteilinhaber zu wahren, die Sorgfalt eines ordentlichen Geschäftsleiters im Sinne von § 84 Abs. 1 AktG anzuwenden und die Bestimmungen dieses Bundesgesetzes und der auf der Grundlage dieses Bundesgesetzes erlassenen Verordnungen sowie die Fondsbestimmungen einzuhalten.

EB zu § 52:
Stellt klar, dass gemäß diesem Bundesgesetz nur ein fremdverwalteter OGAW vorgesehen ist. Die Bestimmung entspricht inhaltlich weitgehend § 3 Abs. 1 InvFG 1993.

Fondsbestimmungen

§ 53. (1) Die Fondsbestimmungen sind von der Verwaltungsgesellschaft aufzustellen und regeln das Rechtsverhältnis der Anteilinhaber zur Verwaltungsgesellschaft und zur Depotbank. Nach Zustimmung des Aufsichtsrates der Verwaltungsgesellschaft sind sie der Depotbank zur Zustimmung vorzulegen.

(2) Die Fondsbestimmungen bedürfen der Bewilligung der FMA. Diese Bewilligung ist zu erteilen, wenn die Fondsbestimmungen diesem Bundesgesetz entsprechen.

(3) Die Fondsbestimmungen haben außer den sonst in diesem Bundesgesetz vorgeschriebenen Angaben Bestimmungen darüber hinaus zu enthalten:

1. Ob die Anteilscheine auf Inhaber oder auf Namen lauten;
2. nach welchen Grundsätzen die Wertpapiere, Geldmarktinstrumente und liquiden Finanzanlagen ausgewählt werden, die für den Fonds erworben werden;
3. welcher Anteil des Fondsvermögens höchstens in Bankguthaben gehalten werden darf;
4. ob und bejahendenfalls in welcher Höhe ein Mindestanteil des Fondsvermögens in Bankguthaben zu halten ist;
5. welche Vergütung die Verwaltungsgesellschaft für die Verwaltung des Fonds erhält und welche Aufwendungen ihr zu ersetzen sind (§ 59);
6. ob und bejahendenfalls in welcher Höhe bei der Ausgabe der Anteilscheine dem errechneten Anteilswert ein Aufschlag zur Deckung der Ausgabekosten der Verwaltungsgesellschaft zugerechnet werden darf (§§ 57 Abs. 2 und 59);
7. inwieweit der Jahresertrag an die Anteilinhaber auszuschütten ist. Hiebei kann auch bestimmt werden, dass für einen OGAW mehrere Gattungen von Anteilscheinen ausgegeben werden, nämlich Anteilscheine, die Anspruch auf jährliche Ausschüttungen des Jahresertrages an die Anteilinhaber verbriefen (Ausschüttungsanteilscheine) und Anteilscheine, die keinen Anspruch auf Ausschüttungen des Jahresertrages an die Anteilinhaber verbriefen (thesaurierende Anteilscheine) (§ 58) oder sonstige Unterscheidungen im Sinne von § 46 Abs. 4;
8. zu welchen Zeitpunkten der Wert der Anteile zu ermitteln ist (§ 57 Abs. 1);
9. ob und bejahendenfalls in welcher Höhe bei der Rücknahme von Anteilscheinen vom Rücknahmepreis eine Vergütung für die Verwaltungsgesellschaft abgezogen werden darf (§ 55 Abs. 2 und § 59);
10. welche Vergütung (§ 59) die Depotbank bei Abwicklung des OGAW erhält;
11. in welcher Weise das Fondsvermögen, sofern es nur für eine begrenzte Dauer gebildet wird, abgewickelt und an die Anteilinhaber verteilt wird;
12. Firma und Sitz der Verwaltungsgesellschaft;
13. Firma und Sitz der Depotbank;
14. ob und bejahendenfalls, welche Gattungen von Anteilscheinen (§ 46 Abs. 4) ausgegeben werden.

(4) Die Verwaltungsgesellschaft darf die Fondsbestimmungen mit Zustimmung ihres Aufsichtsrates und mit Zustimmung der Depotbank ändern; die Änderung bedarf der Bewilligung der FMA. Diese Bewilligung ist zu erteilen, wenn die Änderung der Fondsbestimmungen den berechtigten Interessen der Anteilinhaber nicht widerspricht. Die Änderung ist gemäß § 136 Abs. 4 zu veröffentlichen. Sie tritt mit dem in der Veröffentlichung angegebenen Tag, frühestens jedoch drei Monate nach der Veröffentlichung, in Kraft. Die Veröffentlichung kann unterbleiben, wenn die Änderung der Fondsbestimmungen sämtlichen Anteilinhabern gemäß § 133 mitgeteilt wird; in diesem Fall tritt die Änderung mit

dem in der Mitteilung angegebenen Tag, frühestens jedoch 30 Tage nach Mitteilung an die Anteilinhaber in Kraft.

EB zu § 53:

Setzt Art. 5 Abs. 6 der Richtlinie 2009/65/EG um und entspricht inhaltlich § 22 Abs. 1 bis 3 InvFG 1993. Die Richtlinie sieht an verschiedenen Stellen vor, dass gewisse Aspekte in den Fondsbestimmungen (oder im Prospekt) angegeben werden müssen. Zur besseren Übersichtlichkeit und dem Vorbild des InvFG 1993 folgend werden an dieser Stelle der Inhalt und das Zustandekommen der Fondsbestimmungen zentral geregelt.

Haftungsverhältnisse

§ 54. (1) Zur Sicherstellung oder zur Hereinbringung von Forderungen gegen Anteilinhaber kann auf deren Anteilscheine, jedoch nicht auf die Vermögenswerte des OGAW Exekution geführt werden.

(2) Zur Sicherstellung oder zur Hereinbringung von Forderungen aus Verbindlichkeiten, die die Verwaltungsgesellschaft für einen OGAW nach den Bestimmungen dieses Bundesgesetzes wirksam begründet hat, kann nur auf die Vermögenswerte des OGAW Exekution geführt werden.

EB zu § 54:

Entspricht § 9 InvFG 1993.

Ausgabe, Rücknahme und Auszahlung von Anteilen

§ 55. (1) Die Ausgabe von Anteilen des OGAW ist nur zulässig, wenn der Gegenwert des Nettoausgabepreises unverzüglich dem Fondsvermögen zufließt. Die Einbringung von Wertpapieren, Geldmarktinstrumenten und anderen in § 67 Abs. 1 genannten liquiden Finanzanlagen ist nur zulässig, sofern diese über einen Börsekurs verfügen, wobei die Einbringung solcher Wertpapiere, Geldmarktinstrumente und anderer in § 67 Abs. 1 genannter liquider Finanzanlagen mit ihrem Börsekurs am Tage der Ausgabe der Anteilscheine den Fondsbestimmungen entsprechend zu erfolgen hat.

(2) Auf Verlangen eines Anteilinhabers ist diesem gegen Rückgabe des Anteilscheines, der Erträgnisscheine und des Neuerungsscheines sein Anteil am OGAW auszuzahlen. Die Voraussetzungen der Auszahlung sind in den Fondsbestimmungen (§ 53) zu regeln. Das Miteigentum der Anteilinhaber an den Vermögenswerten des OGAW kann nur gemäß § 63 aufgehoben werden.

EB zu § 55:

Setzt Art. 84 Abs. 1 und Art. 87 der Richtlinie 2009/65/EG um.

EB zu § 55 Abs. 1:

Setzt Art. 87 der Richtlinie 2009/65/EG um und entspricht inhaltlich § 6 Abs. 5 und § 23 Abs. 2 InvFG 1993. Der Richtlinientext verwendet die Wendung „innerhalb der üblichen Fristen". Da der Gegenwert bislang unverzüglich zu Verfügung zu stellen war (siehe § 23 Abs. 2 InvFG 1993), wurde dieser Begriff im Sinne einer möglichst klaren Formulierung übernommen.

EB zu § 55 Abs. 2:

Setzt Art. 84 Abs. 1 der Richtlinie 2009/65/EG um und entspricht inhaltlich § 10 Abs. 1 und 2 Satz 1 und 2 InvFG 1993. Im Hinblick auf OGAW in Form eines Sondervermögens ist der Ausschluss der Teilungsklage gemäß § 830 ABGB erforderlich.

Aussetzung der Rücknahme oder Auszahlung

§ 56. (1) Die Auszahlung des Rückgabepreises eines von der FMA gemäß § 50 bewilligten OGAW kann unter gleichzeitiger Anzeige an die FMA vorübergehend unterbleiben und vom Verkauf von Vermögenswerten des OGAW sowie vom Eingang des Verwertungserlöses abhängig gemacht werden, wenn außergewöhnliche Umstände vorliegen, die dies unter Berücksichtigung berechtigter Interessen der Anteilinhaber erforderlich erscheinen lassen.

(2) Die Verwaltungsgesellschaft hat die Anleger durch öffentliche Bekanntmachung gemäß § 136 Abs. 4 über das Unterbleiben der Rücknahme der Anteilscheine und die Wiederaufnahme der Rücknahme der Anteilscheine zu unterrichten und gleichzeitig der FMA diese Tatsache gemäß § 151 mitzuteilen. Werden die Anteilscheine in einem anderen Mitgliedstaat vertrieben, so hat die Verwaltungsgesellschaft diese Information unverzüglich dessen zuständigen Stellen bekannt zu geben.

EB zu § 56:

EB zu § 56 Abs. 1:

Setzt Art. 84 Abs. 2 der Richtlinie 2009/65/EG um und entspricht inhaltlich § 10 Abs. 2 Satz 3 InvFG 1993.

EB zu § 56 Abs. 2:

Setzt Art. 84 Abs. 3 der Richtlinie 2009/65/EG um und entspricht inhaltlich § 10 Abs. 3 InvFG 1993.

Errechnung des Anteilswertes; Ausgabepreis

§ 57. (1) Der Wert eines Anteiles ergibt sich aus der Teilung des Gesamtwertes des OGAW einschließlich der Erträgnisse durch die Zahl der Anteile. Der Gesamtwert des OGAW ist nach den Fondsbestimmungen aufgrund der jeweiligen Kurswerte der zu ihm gehörenden Wertpapiere, Geldmarktinstrumente und Bezugsrechte zuzüglich des Wertes der zum OGAW gehörenden liquiden Finanzanlagen gemäß § 67 Abs. 1, Geldbeträge, Guthaben, Forderungen und sonstigen Rechte, abzüglich Verbindlichkeiten von der Verwaltungsgesellschaft oder, sofern die Verwaltungsgesellschaft diese Aufgaben gemäß § 5 Abs. 5 an die Depotbank übertragen hat, der Depotbank zu ermitteln. Ist für ein Wertpapier kein oder kein aktueller Börsenkurs verfügbar, so ist der Verkehrswert, der bei sorgfältiger Einschätzung unter Berücksichtigung der Gesamtumstände angemessen ist, heranzuziehen.

(2) Der Ausgabepreis eines Anteiles hat seinem errechneten Wert zu entsprechen. Dem errechneten Wert kann zur Deckung der Ausgabekosten der Verwaltungsgesellschaft ein in den Fondsbestimmungen (§ 53) festgesetzter Aufschlag zugerechnet werden.

(3) Die Verwaltungsgesellschaft oder, sofern die Verwaltungsgesellschaft diese Aufgaben gemäß § 5 Abs. 5 an die Depotbank übertragen hat, die Depotbank hat den Ausgabe- und den Rücknahmepreis der Anteile jedes Mal dann zu veröffentlichen, wenn eine Ausgabe oder eine Rücknahme der Anteile stattfindet, mindestens aber zweimal im Monat.

EB zu § 57:

Setzt Art. 85 der Richtlinie 2009/65/EG um und entspricht inhaltlich § 7 InvFG 1993.

Gewinnverwendung und Ausschüttungen

§ 58. (1) Die Fondsbestimmungen haben Regelungen über die Art der Ausschüttungen des OGAW an die Anteilinhaber zu enthalten. Das Fondsvermögen darf jedoch durch Ausschüttungen in keinem Fall 1 150 000 Euro unterschreiten.

(2) Innerhalb von vier Monaten nach Ende des Geschäftsjahres ist, sofern keine Ausschüttung erfolgt, jedenfalls ein Betrag in der Höhe der auf die ausschüttungsgleichen Erträge gemäß § 186 Abs. 2 Z 1 erster Satz entfallenden Kapitalertragsteuer zuzüglich des gemäß § 124b Z 186 des Einkommensteuergesetzes 1988 freiwillig geleisteten Betrages auszuzahlen. Zu den Einkünften gehören auch Beträge, die neu hinzukommende Anteilinhaber für den zum Ausgabetag ausgewiesenen Ertrag aus Zinsen, Dividenden und Substanz leisten (Ertragsausgleich auf Zins-, Dividenden- und Substanzerträge). Die Auszahlung kann für OGAW oder bestimmte Gattungen von Anteilscheinen eines Sondervermögens unterbleiben, wenn durch die den OGAW verwaltende Verwaltungsgesellschaft in eindeutiger Form nachgewiesen wird, dass die ausgeschütteten und ausschüttungsgleichen Erträge sämtlicher Inhaber der ausgegebenen Anteilscheine entweder nicht der inländischen Einkommen- oder Körperschaftsteuer unterliegen oder die Voraussetzungen für eine Befreiung gemäß § 94 des Einkommensteuergesetzes 1988 vorliegen. Als solcher Nachweis gilt das kumulierte Vorliegen von Erklärungen sowohl der Depotbank als auch der Verwaltungsgesellschaft, dass ihnen kein Verkauf an andere Personen bekannt ist, sowie von Fondsbestimmungen, die den ausschließlichen Vertrieb bestimmter Gattungen im Ausland vorsehen.

EB zu § 58:

Setzt Art. 86 der Richtlinie 2009/65/EG um und entspricht inhaltlich § 13 InvFG 1993. Der Vertrieb im Inland darf nicht für alle Gattungen verboten sein, da sonst eine wesentliche Voraussetzung für die Bewilligung (§ 50 Abs. 4 Z 3) nicht erfüllt wäre. Außerdem wird klargestellt, dass der KESt-Auszahlungsbetrag den in § 186 Abs. 2 Z 1 erster Satz in Verbindung mit § 200 Abs. 2 Z 2 vorgesehenen Prozentsätzen entspricht.

EB zu § 58 Abs. 2:

Der Ertragsausgleich wird auch auf Substanzerträge ausgeweitet.

Vergütung

§ 59. Die Vergütung und der Kostenersatz, die die Verwaltungsgesellschaft aus dem Fondsvermögen entnehmen darf, sowie die Art der Berechnung sind in den Fondsbestimmungen zu regeln. Findet sich dort keine Regelung, so steht der Verwaltungsgesellschaft kein Anspruch auf Kostenersatz oder Vergütung aus dem Fondsvermögen zu.

EB zu § 59:

Setzt Art. 90 der Richtlinie 2009/65/EG um und entspricht inhaltlich § 22 Abs. 3 Z 5 und 9 InvFG 1993.

Beendigung der Verwaltung durch die Verwaltungsgesellschaft

§ 60. (1) Die Verwaltungsgesellschaft kann die Verwaltung eines OGAW nach Einholung der Bewilligung der FMA unter Einhaltung einer Kündigungsfrist von mindestens sechs Monaten durch öffentliche Bekanntmachung (§ 136 Abs. 4) kündigen. Die Bewilligung ist dann zu erteilen, wenn die Interessen der Anteilinhaber ausreichend gewahrt sind.

Die Veröffentlichung kann unterbleiben, wenn die Kündigung sämtlichen Anteilinhabern gemäß § 133 nachweislich mitgeteilt wird. In diesem Fall tritt die Kündigung mit dem in der Mitteilung angegebenen Tag, frühestens jedoch 30 Tage nach Mitteilung an die Anteilinhaber, in Kraft.

(2) Die Verwaltungsgesellschaft kann die Verwaltung unter gleichzeitiger Anzeige an die FMA ohne Einhaltung einer Kündigungsfrist mit dem Tag der öffentlichen Bekanntmachung kündigen, wenn das Fondsvermögen 1 150 000 Euro unterschreitet. Eine Kündigung wegen Unterschreitung des Fondsvermögens ist während einer Kündigung der Verwaltung des Fondsvermögens gemäß Abs. 1 nicht zulässig.

(3) Das Recht der Verwaltungsgesellschaft zur Verwaltung eines OGAW erlischt mit dem Wegfall der Konzession für das Investmentgeschäft (§ 1 Abs. 1 Z 13 BWG in Verbindung mit § 6 Abs. 2 dieses Bundesgesetzes) oder der Zulassung gemäß Art. 6 der Richtlinie 2009/65/EG oder mit dem Beschluss ihrer Auflösung oder mit dem Entzug der Berechtigung gemäß § 50 Abs. 7.

EB zu § 60:

Die Bestimmung regelt das Verfahren zum Wechsel der Verwaltungsgesellschaft und zur Beendigung der Verwaltung durch die Verwaltungsgesellschaft und entspricht inhaltlich § 14 Abs. 1 bis 3 InvFG 1993.

Wechsel der Verwaltungsgesellschaft oder der Depotbank

§ 61. (1) Die Verwaltungsgesellschaft kann die Verwaltung eines OGAW ohne Kündigung nach § 60 Abs. 1 auf eine andere Verwaltungsgesellschaft übertragen, wenn folgende Voraussetzungen vorliegen:

1. Bewilligung der FMA,
2. Zustimmung des Aufsichtsrates der Verwaltungsgesellschaft und der Depotbank und
3. Zustimmung der Geschäftsleiter und des Aufsichtsrates der Verwaltungsgesellschaft, auf die die Verwaltung übertragen werden soll.

Dem Anteilinhaber dürfen durch diese Vorgangsweise keine Kosten und keine Nachteile entstehen. Die Übertragung der Verwaltung ist gemäß § 136 Abs. 4 zu veröffentlichen. Sie tritt mit dem in der Veröffentlichung angegebenen Tag, frühestens jedoch drei Monate nach der Veröffentlichung, in Kraft. Die Veröffentlichung kann unterbleiben, wenn die Übertragung der Verwaltung an eine andere Verwaltungsgesellschaft sämtlichen Anteilinhabern gemäß § 133, mindestens jedoch 30 Tage vor der Übertragung der Verwaltung mitgeteilt wird.

(2) Der Wechsel der Depotbank bedarf ebenfalls der Bewilligung der FMA. Dabei ist bei diesem Wechsel auf den Schutz der Anteilinhaber Bedacht zu nehmen.

EB zu § 61:

Die Bestimmung regelt die interimistische Verwaltung des OGAW durch die Depotbank und entspricht inhaltlich § 15 InvFG 1993.

Verwaltung durch die Depotbank oder eine andere Verwaltungsgesellschaft

§ 62. (1) Endet das Recht der Verwaltungsgesellschaft, einen OGAW zu verwalten, so geht die Verwaltung nach Maßgabe der Fondsbestimmungen auf die Depotbank über.

(2) Die Depotbank kann im Fall der Kündigung gemäß § 60 Abs. 1 mit Bewilligung der FMA die Verwaltung des OGAW binnen sechs Monaten nach Beendigung der Verwal-

tung durch die Verwaltungsgesellschaft einer anderen Verwaltungsgesellschaft übertragen. Diese Bewilligung ist zu erteilen, wenn die berechtigten Interessen der Anteilinhaber ausreichend gewahrt sind. Die Betrauung der anderen Verwaltungsgesellschaft ist von dieser gemäß § 136 Abs. 4 zu veröffentlichen.

EB zu § 62:

EB zu § 62 Abs. 1:
Setzt Art. 5 Abs. 6 der Richtlinie 2009/65/EG um und entspricht inhaltlich § 14 Abs. 5 InvFG 1993.

EB zu § 62 Abs. 2:
Setzt Art. 5 Abs. 6 der Richtlinie 2009/65/EG um und entspricht inhaltlich § 15 Abs. 2 InvFG 1993.

Abwicklung eines OGAW

§ 63. (1) Überträgt die Depotbank nicht gemäß § 62 Abs. 2 die Verwaltung an eine andere Verwaltungsgesellschaft, so hat sie den OGAW abzuwickeln. Der Beginn der Abwicklung ist gemäß § 136 Abs. 4 zu veröffentlichen und der Meldestelle (§ 12 KMG) anzuzeigen. Vom Tage dieser Bekanntmachung an ist die Auszahlung von Anteilen unzulässig.

(2) Wertpapiere sind so rasch, als dies bei Wahrung der Interessen der Anteilinhaber möglich ist, in Geld umzusetzen. Die Verteilung des Vermögens auf die Anteilinhaber ist erst nach Erfüllung der Verbindlichkeiten des OGAW sowie der nach den Fondsbestimmungen zulässigen Zahlungen an die Verwaltungsgesellschaft und die Depotbank vorzunehmen. Während der Abwicklung gilt § 49 für die Depotbank sinngemäß.

(3) Unter Berücksichtigung von Abs. 2 können auch Vorauszahlungen auf die Ausschüttung der bereits in Geld umgesetzten Wertpapiere vorgenommen werden.

(4) Abs. 1 ist nicht anzuwenden, wenn ein auf bestimmte Laufzeit errichteter OGAW (§ 53 Abs. 3 Z 11) ausläuft; sofern sich ein OGAW durch vollständige Rückgabe aller Anteile (ohne Kündigung) auflöst, ist dies von der Verwaltungsgesellschaft der FMA unverzüglich gemäß § 151 mitzuteilen.

EB zu § 63:
Die Bestimmung regelt die Abwicklung eines OGAW und entspricht inhaltlich § 16 InvFG 1993.

EB zu § 63 Abs. 2:
Die Rechnungslegungs- und Veröffentlichungsbestimmungen kommen auch für die Abwicklungsphase zur Anwendung.

EB zu § 63 Abs. 3:
Die in diesem Absatz vorgesehene Möglichkeit der Ausschüttung von Vorauszahlungen auf die Vermögensverteilung bei endgültiger Abwicklung des OGAW stellt eine Teilabwicklung des OGAW dar. Um die steuerfreie Auszahlung von Vorauszahlungen, solange sie in den steuerlichen Anschaffungskosten des Anteils Deckung finden, sowie die entsprechende Anpassung der Anschaffungskosten ermöglichen zu können (siehe auch die Erläuterungen zu § 186 Abs. 3), ist der Beginn der Abwicklung auch der Meldestelle anzuzeigen.

EB zu § 63 Abs. 4:

Die Bestimmung regelt eine Ausnahme von der Abwicklung, nämlich die Umwandlung in einen Spezialfonds unter Zustimmung aller Anteilinhaber und entspricht § 22 Abs. 4 InvFG 1993.

Umwandlung in einen Spezialfonds

§ 64. Die Umwandlung eines OGAW, dessen Fondsbestimmungen gemäß § 50 bewilligt worden sind, in einen Spezialfonds (§ 163) ist unter gleichzeitiger Anzeige an die FMA nur zulässig, wenn alle Anteilinhaber nachweislich zustimmen, der OGAW nicht gemäß § 139 zum Vertrieb in einem anderen Mitgliedstaat notifiziert ist und die Voraussetzungen des § 163 hinsichtlich der Mindestinvestitionssumme vorliegen, der OGAW nicht in einem anderen Mitgliedstaat vertrieben wird und sämtliche Anteilinhaber vorher von der Verwaltungsgesellschaft über sämtliche Rechtsfolgen, die sich für die Anteilinhaber aus der Umwandlung ergeben, aufgeklärt wurden. Die Anteilinhaber sind gemäß § 133 zu informieren. Bei Vorliegen bereits angezeigter Übertragungen gemäß § 28 hat die Verwaltungsgesellschaft der FMA unverzüglich mitzuteilen, ob jene Übertragungen weiterhin aufrecht sind. Im Falle einer gleichzeitigen Übertragung der Verwaltung auf eine andere Verwaltungsgesellschaft hat diese jene Mitteilung vorzunehmen.

EB zu § 64:

Setzt Art. 1 Abs. 5 der Richtlinie 2009/65/EG um. Die Richtlinie normiert ein Verbot der Umwandlung eines OGAW in einen Nicht-OGAW zu Zwecken des Anlegerschutzes. Gemäß § 22 Abs. 4 InvFG 1993 ist jedoch eine solche Umwandlung in einen Spezialfonds bei Zustimmung aller Anteilinhaber zulässig. Diese Möglichkeit der Umwandlung soll beibehalten werden, wobei auf die Interessen der Anleger ausreichend Bedacht genommen wird. Zur Beseitigung von Rechtsunsicherheiten und zwecks Stärkung der Information der FMA werden nunmehr ausdrücklich Meldeverpflichtungen für die Verwaltungsgesellschaft aufgenommen.

Abspaltung

§ 65. (1) Verwaltungsgesellschaften können unvorhersehbar illiquide gewordene Teile des Fondsvermögens eines von ihnen verwalteten OGAW mit Zustimmung des Aufsichtsrats, mit Zustimmung der Depotbank und nach Einholung der Bewilligung der FMA auf einen neu zu bildenden OGAW abspalten. Dieser OGAW ist von der Depotbank nach Maßgabe des § 63 abzuwickeln, wobei der Abspaltungsstichtag zu veröffentlichen ist und die Anteilinhaber im selben Verhältnis am abzuspaltenden OGAW beteiligt sind. In der Veröffentlichung sind der von der Abspaltung betroffene OGAW, der abgespaltene OGAW, die Verwaltungsgesellschaft, die Depotbank, der Bewilligungsbescheid der FMA und Angaben über die Beteiligung am neu zu bildenden OGAW anzuführen. Die Abspaltung ist von der Verwaltungsgesellschaft zu beantragen. Die FMA hat der Verwaltungsgesellschaft binnen vier Wochen nach Eingang des Antrages oder, wenn dieser unvollständig ist, binnen vier Wochen nach Übermittlung aller für die Bewilligung erforderlichen Angaben entweder die Abspaltung mittels schriftlichen Bescheides zu bewilligen oder die Ablehnung des Antrages mittels Bescheides mitzuteilen. Die Bewilligung kann mit Bedingungen, Befristungen und Auflagen versehen werden. Dem Anteilinhaber dürfen infolge der Abspaltung keine Kosten entstehen. Der FMA und der Meldestelle (§ 12 KMG) ist die erfolgte Abspaltung unverzüglich anzuzeigen. Der Meldestelle ist darüber hinaus das Verhältnis der Rückkaufswerte der Anteile am abspaltenden OGAW zum abgespaltenen OGAW bekanntzugeben.

(2) Der Abspaltungsantrag hat jedenfalls nachstehende Angaben zu enthalten:

1. Beschreibung und Umfang der von der Abspaltung betroffenen Vermögensgegenstände;
2. Grund der Illiquidität jener Vermögensgegenstände;
3. Bestätigung der Illiquidität jener Vermögensgegenstände durch einen Wirtschaftsprüfer;
4. ob und bejahendenfalls in welchen anderen Staaten der OGAW vertrieben wird.

(3) Der abgespaltene OGAW hat den Zusatz „in Abwicklung" zu führen und ist kein OGAW gemäß Art. 1 Abs. 2 der Richtlinie 2009/65/EG. Der FMA ist von der Depotbank quartalsweise über den abgespaltenen OGAW Bericht zu erstatten.

EB zu § 65:

Durch die verhältniswahrende Abspaltung würde der Anteilinhaber nach dem Abspaltungsvorgang über einen liquiden und über einen illiquiden Fondsanteil verfügen. Den liquiden Fondsanteil könnte der Anteilinhaber normal rücklösen, der illiquide Fondsanteil würde unverzüglich der Liquidation zugeführt werden.

Für die Abwicklung des abgespaltenen OGAW findet sinngemäß § 63 Anwendung. Die Anteilinhaber werden durch Veröffentlichung über die Bedingungen der Abspaltung informiert. Die Abspaltung bedarf einer Bewilligung durch die FMA. Die Beurteilung der Illiquidität von Vermögensgegenständen eines Fonds erfolgt unter Einbindung der Abschlusssprüfer.

Die Bildung eines abgespaltenen OGAW darf nicht bei temporären Bewertungsproblemen oder bei Vorliegen kurzfristiger Illiquidität einzelner Vermögensgegenstände des Fondsvermögens vorgenommen werden.

Bei der Abspaltung illiquider Teile eines OGAW auf einen neu zu bildenden OGAW werden die Anteilinhaber im selben Verhältnis am abgespaltenen OGAW beteiligt. Da der abgespaltene OGAW ehest möglich abzuwickeln ist, was zu einer endgültigen Versteuerung der mit dem Anteil verbundenen stillen Reserven führt, wird der Abspaltungsvorgang nicht als steuerpflichtige Realisierung behandelt. Um eine dementsprechende Behandlung zu ermöglichen sowie sonstige damit verbundene steuerliche Folgen eintreten lassen zu können (Anpassung der Anschaffungskosten – vergleiche § 186), soll der Meldestelle das Verhältnis der Rückkaufswerte gemeldet werden.

3. Abschnitt
Veranlagungsbestimmungen

EB zum 3. Abschnitt (Veranlagungsbestimmungen):

In diesem Abschnitt werden sämtliche Veranlagungsbestimmungen für OGAW geregelt.

Allgemeine Grundsätze, Risikostreuung

§ 66. (1) Die Wertpapiere, Geldmarktinstrumente und die anderen in § 67 genannten liquiden Finanzanlagen eines OGAW sind nach dem Grundsatz der Risikostreuung unter Beachtung der §§ 66 bis 84 auszuwählen und es dürfen die berechtigten Interessen der Anteilinhaber nicht verletzt werden.

(2) Unter Einhaltung des Grundsatzes der Risikostreuung können die Höchstsätze der §§ 74 bis 77 während der ersten sechs Monate ab Beginn der erstmaligen Ausgabe von Anteilen eines OGAW um 100 vH überschritten werden.

EB zu § 66 Abs. 1:

Setzt Art. 1 Abs. 2 Buchstabe a der Richtlinie 2009/65/EG um und entspricht inhaltlich § 20 Abs. 1 und 2 InvFG 1993. Es wird zunächst allgemein der Grundsatz der Risikostreuung festgelegt, der sodann in den einzelnen nachfolgenden Bestimmungen näher quantitativ konkretisiert ist. Zweck dieses Grundsatzes ist die Reduktion des Veranlagungsrisikos (so auch Macher *in* Macher et al, *InvFG-Komm 2008, § 20 Rz 2).*

Unter Einhaltung dieses Grundsatzes ist auch die Auswahl von Anlagewerten für ein Portfolio mittels Nachbildung eines Index eine zulässige Technik der Vermögensverwaltung (so auch Erwägungsgrund 5 der Richtlinie 2009/65/EG). Besondere Regelungen für quantitative Veranlagungsgrenzen von Indexfonds sind in § 75 normiert.

EB zu § 66 Abs. 2:

Setzt Art. 57 Abs. 1 2. Unterabsatz der Richtlinie 2009/65/EG um und entspricht inhaltlich § 20 Abs. 4 InvFG 1993.

Liquide Finanzanlagen

§ 67. (1) Für das Vermögen eines OGAW dürfen ausschließlich
1. Wertpapiere im Sinne von § 3 Abs. 2 Z 13 in Verbindung mit § 69,
2. Geldmarktinstrumente im Sinne von § 3 Abs. 2 Z 14 in Verbindung mit § 70,
3. Anteile an OGAW im Sinne von § 50 oder Art. 5 der Richtlinie 2009/65/EG in Verbindung mit § 71 und Anteile an anderen Organismen des offenen Typs zur gemeinsamen Veranlagung in liquiden Finanzanlagen nach den Grundsätzen der Risikostreuung (OGA),
4. Sichteinlagen oder kündbare Einlagen im Sinne von § 72,
5. abgeleitete Finanzinstrumente (Derivate) einschließlich gleichwertiger bar abgerechneter Finanzinstrumente im Sinne von § 73

erworben werden.

(2) Die in Abs. 1 Z 1, 2 und 5 genannten Wertpapiere, Geldmarktinstrumente und Derivate vorbehaltlich § 73 dürfen nur erworben werden, wenn sie
1. an einem geregelten Markt gemäß § 1 Abs. 2 BörseG notiert oder gehandelt werden, oder
2. an einem anderen geregelten Markt eines EWR-Mitgliedstaats, der anerkannt, für das Publikum offen und dessen Funktionsweise ordnungsgemäß ist, gehandelt werden, oder
3. an einer Wertpapierbörse eines Drittlandes (§ 2 Z 8 BWG) amtlich notiert oder an einem anderen geregelten Markt eines Drittlandes, der anerkannt, für das Publikum offen und dessen Funktionsweise ordnungsgemäß ist, gehandelt werden, sofern die Wahl dieser Börse oder dieses Marktes in den Fondsbestimmungen ausdrücklich vorgesehen ist.

(3) Abweichend von Abs. 2 genügt bei Wertpapieren aus Neuemissionen, wenn
1. die Emissionsbedingungen die Verpflichtung enthalten, dass die Zulassung zur amtlichen Notierung an einer Wertpapierbörse oder an einem anderen geregelten Markt, der anerkannt, für das Publikum offen und dessen Funktionsweise ordnungsgemäß ist, beantragt wird, und sofern die Wahl dieser Börse oder dieses Marktes in den Fondsbestimmungen vorgesehen ist, und
2. die unter Z 1 genannte Zulassung spätestens vor Ablauf eines Jahres nach der Emission erlangt wird.

(4) Höchstens 10 vH des Fondsvermögens dürfen in anderen als den in den Abs. 2 und 3 und §§ 69 und 70 genannten Wertpapieren und Geldmarktinstrumenten veranlagt werden.

EB zu § 67:

Setzt Art. 50 Abs. 1 und Abs. 2 Schlussteil der Richtlinie 2009/65/EG um und gibt einen grundsätzlichen Überblick, in welche verschiedenen Arten von liquiden Finanzanlagen das Vermögen eines OGAW veranlagt werden darf. Neben den hier aufgezählten Anlagen darf ein OGAW grundsätzlich gemäß Art. 50 Abs. 2 Schlussteil flüssige Mittel halten; diese fallen allerdings unter das Halten von Barwerten zum Erwerb von liquiden Anlagen. Neben dem Fall, dass ein OGAW gemäß seinen Fondsbestimmungen oder seiner Satzung in Bankeinlagen investiert, ist allen OGAW erlaubt, zusätzliche flüssige Mittel wie Sichteinlagen zu halten. Das Halten derartiger zusätzlicher flüssiger Mittel kann unter anderem gerechtfertigt sein zur Deckung laufender oder außergewöhnlicher Zahlungen, im Fall von Verkäufen, bis die Gelder wieder in Wertpapieren, Geldmarktinstrumenten und/oder anderen von diesem Bundesgesetz vorgesehenen Finanzanlagen angelegt werden können, oder für einen absolut notwendigen Zeitraum, wenn aufgrund ungünstiger Marktbedingungen die Anlage in Wertpapieren, Geldmarktinstrumenten und anderen Finanzanlagen ausgesetzt worden ist (so auch Erwägungsgrund 41 der Richtlinie 2009/65/EG). Eine Umsetzung ist nicht eigens erforderlich.

EB zu § 67 Abs. 1:

Setzt Art. 50 Abs. 1 der Richtlinie 2009/65/EG um. Zur besseren Übersichtlichkeit werden zunächst die grundsätzlichen Arten von liquiden Finanzanlagen aufgezählt. Die daneben stehenden Paragraphen- und Absatzangaben verweisen auf die zu der jeweiligen Anlagenkategorie gehörigen Detailbestimmungen. Zu beachten sind dabei sowohl die qualitativen Konkretisierungen als auch die quantitativen Anlagegrenzen.

EB zu § 67 Abs. 2:

Setzt Art. 50 Abs. 1 Buchstabe a, b und c in Verbindung mit Buchstabe g (Einleitungsteil) sowie Art. 39 Abs. 6 der Richtlinie 2009/65/EG um. In Präzisierung des Grundsatzes der „liquiden Finanzanlagen" ist die Veranlagung in Wertpapiere, Geldmarktinstrumente und Derivate grundsätzlich nur zulässig, wenn diese an einem geregelten Markt oder einer Börse gehandelt werden, der oder die bestimmte Anforderungen erfüllen muss. Der Begriff „geregelter Markt" entspricht dem der Richtlinie 2004/39/EG (MiFID) (so auch Erwägungsgrund 37 der Richtlinie 2009/65/EG) und somit grundsätzlich dem des § 1 Abs. 2 BörseG. Die Wahl der Börse oder des Geregelten Marktes wird von der FMA implizit im Rahmen der Bewilligung der Fondsbestimmungen geprüft und damit implizit bewilligt.

EB zu § 67 Abs. 3:

Setzt Art. 50 Abs. 1 Buchstabe d der Richtlinie 2009/65/EG um. Für Neuemissionen von Wertpapieren ist eine tatsächliche Notierung an einer Börse oder einem geregelten Markt nicht erforderlich; es genügt die Verpflichtung zur Beantragung einer solchen. Die Wahl der Börse oder des Geregelten Marktes wird von der FMA implizit im Rahmen der Bewilligung der Fondsbestimmungen geprüft und damit implizit bewilligt.

EB zu § 67 Abs. 4:

Setzt Art. 50 Abs. 2 Buchstabe a der Richtlinie 2009/65/EG um und entspricht inhaltlich § 20 Abs. 3 Z 3 InvFG 1993.

Verbot der Veranlagung in Edelmetalle

§ 68. Edelmetalle oder Zertifikate in Edelmetalle dürfen nicht für das Vermögen eines OGAW erworben werden.

EB zu § 68:

Setzt Art. 50 Abs. 2 Buchstabe b um und entspricht im wesentlichen § 20 Abs. 3 Z 4 InvFG 1993. Es dürfen für einen OGAW weder Edelmetalle selbst noch Zertifikate auf Edelmetalle erworben werden. Die Klarstellung im Hinblick auf die Edelmetalle fand sich bereits in der Vorgängerrichtlinie 85/611/EWG. „Zertifikat" bedeutet in diesem Zusammenhang nicht Wertpapier, sondern Hinterlegungsschein. Verboten ist daher der Erwerb von Zertifikaten, die ein dingliches Recht (einschließlich eines Herausgabeanspruchs) an hinterlegten Edelmetallen repräsentieren, nicht aber der Erwerb von Partizipationsanleihen auf Edelmetalle, wenn dem Erwerber kein Herausgaberecht bezüglich der Edelmetalle, sondern lediglich ein entsprechender Zahlungsanspruch zusteht (siehe auch Macher *in* Macher et al, *InvFG-Komm 2008, § 20 Rz 117).*

Wertpapiere

§ 69. (1) Für die Qualifikation als Wertpapier (§ 3 Abs. 2 Z 13) müssen folgende Kriterien vorliegen:

1. Der potenzielle Verlust, der dem OGAW durch das Halten solcher Instrumente entstehen kann, kann den dafür gezahlten Betrag nicht übersteigen;
2. ihre Liquidität beeinträchtigt nicht die Fähigkeit des OGAW zur Auszahlung des Rückgabepreises gemäß § 55 Abs. 2, wobei das Vorliegen dieser Voraussetzung bei Wertpapieren, die an einem geregelten Markt im Sinne von § 67 Abs. 2 oder 3 notieren oder gehandelt werden, angenommen wird, es sei denn, der Verwaltungsgesellschaft liegen Informationen vor, die zu einer anderen Feststellung führen würden;
3. eine verlässliche Bewertung der Instrumente ist in folgender Form verfügbar:
   a) bei Wertpapieren, die an einem geregelten Markt im Sinne von § 67 Abs. 2 oder 3 notieren oder gehandelt werden, in Form von exakten, verlässlichen und gängigen Preisen, die entweder Marktpreise sind oder von einem emittentenunabhängigen Bewertungssystem gestellt werden;
   b) bei sonstigen Wertpapieren, auf die in § 67 Abs. 4 Bezug genommen wird, in Form einer in regelmäßigen Abständen durchgeführten Bewertung, die aus Informationen des Wertpapieremittenten oder aus einer kompetenten Finanzanalyse abgeleitet wird;
4. angemessene Informationen über diese Finanzinstrumente müssen in folgender Form verfügbar sein:
   a) bei Wertpapieren, die im Sinne von § 67 Abs. 2 oder 3 an einem geregelten Markt notieren oder gehandelt werden, in Form von regelmäßigen, exakten und umfassenden Informationen des Marktes über das Wertpapier oder gegebenenfalls das zugehörige Portfolio;
   b) bei anderen Wertpapieren, auf die in § 67 Abs. 4 Bezug genommen wird, in Form einer regelmäßigen und exakten Information der Verwaltungsgesellschaft über das Wertpapier oder gegebenenfalls das zugehörige Portfolio;
5. sie sind handelbar, wobei das Vorliegen dieser Voraussetzung bei Wertpapieren die an einem geregelten Markt im Sinne von § 67 Abs. 2 oder 3 notieren oder gehandelt werden, angenommen wird, es sei denn, der Verwaltungsgesellschaft liegen Informationen vor, die zu einer anderen Feststellung führen würden;
6. ihr Erwerb steht im Einklang mit den Anlagezielen oder der Anlagestrategie oder beidem des Kapitalanlagefonds;

7. ihre Risiken werden durch das Risikomanagement des OGAW in angemessener Weise erfasst;

(2) Wertpapiere gemäß § 3 Abs. 2 Z 13 schließen Folgendes ein:

1. Anteile an geschlossenen Fonds in Form einer Investmentgesellschaft oder eines Investmentfonds, die folgende Kriterien erfüllen:
   a) Sie erfüllen die Kriterien in Abs. 1;
   b) die für Kapitalgesellschaften geltenden Unternehmenskontrollmechanismen sind für die geschlossenen Fonds anwendbar;
   c) wird die Fondsverwaltung von einem anderen Rechtsträger im Auftrag des geschlossenen Fonds wahrgenommen, so unterliegt dieser Rechtsträger rechtsverbindlichen Vorschriften für den Anlegerschutz;
2. Anteile an geschlossenen Fonds in Vertragsform, die folgende Kriterien erfüllen:
   a) Sie erfüllen die Kriterien in Abs. 1;
   b) Unternehmenskontrollmechanismen, die jenen im Sinne von Z 1 lit. b gleichkommen, sind auf den geschlossenen Fonds anwendbar;
   c) sie werden von einem Rechtsträger verwaltet, der rechtsverbindlichen Vorschriften für den Anlegerschutz unterliegt;
3. Finanzinstrumente, die folgende Kriterien erfüllen:
   a) Sie erfüllen die Kriterien in Abs. 1;
   b) sie sind durch andere Vermögenswerte besichert oder an die Entwicklung anderer Vermögenswerte gekoppelt, wobei diese Vermögenswerte von den in § 67 Abs. 1 genannten abweichen können.

EB zu § 69:

Setzt Art. 2 Abs. 1 Buchstabe n der Richtlinie 2009/65/EG in Verbindung mit Art. 2 der Richtlinie 2007/16/EG um und entspricht inhaltlich § 1a Abs. 3 und 4 InvFG 1993. Die in diesem Bundesgesetz enthaltene Definition der Wertpapiere gilt nur für dieses Bundesgesetz und berührt nicht die verschiedenen Definitionen, die in anderen Bundesgesetzen für andere Zwecke, beispielsweise Steuerrecht, verwendet werden. Von Gesellschaften ausgegebene Aktien oder Aktien gleichzustellende Wertpapiere, bei denen das Eigentum in der Praxis nur dadurch übertragen werden kann, dass sie von der ausgebenden Gesellschaft zurückgekauft werden, fallen folglich nicht unter diese Definition (so auch Erwägungsgrund 35 der Richtlinie 2009/65/EG).

EB zu § 69 Abs. 1:

Setzt Art. 2 Abs. 1 der Richtlinie 2007/16 EG um und entspricht inhaltlich § 1a Abs. 3 InvFG 1993.

EB zu § 69 Abs. 2:

Setzt Art. 2 Abs. 2 der Richtlinie 2007/16 EG um und entspricht inhaltlich § 1a Abs. 4 InvFG 1993.

Geldmarktinstrumente

§ 70. (1) Als Geldmarktinstrument (§ 3 Abs. 2 Z 14) gilt ein Finanzinstrument, das üblicherweise auf dem Geldmarkt gehandelt wird, wenn zumindest eines der folgenden Kriterien erfüllt ist:

1. Das Finanzinstrument hat bei der Emission eine Laufzeit von bis zu 397 Tagen;
2. es hat eine Restlaufzeit von bis zu 397 Tagen;

3. seine Rendite wird regelmäßig, mindestens aber alle 397 Tage entsprechend der Geldmarktsituation angepasst;
4. sein Risikoprofil, einschließlich Kredit- und Zinsrisiko, entspricht dem Risikoprofil von Finanzinstrumenten, die eine Laufzeit gemäß Z 1 oder Z 2 aufweisen oder einer Renditeanpassung gemäß Z 3 unterliegen.

(2) Ein Finanzinstrument ist liquide gemäß § 3 Abs. 2 Z 14, wenn es, unter Berücksichtigung der Pflicht zur Auszahlung oder Rücknahme der Anteilscheine gemäß § 55 Abs. 2, innerhalb hinreichend kurzer Zeit mit begrenzten Kosten veräußerbar ist. Der Wert eines Finanzinstrumentes ist dann gemäß § 3 Abs. 2 Z 14 genau bestimmbar, wenn es exakte und verlässliche Bewertungssysteme gibt, die

1. dem OGAW die Ermittlung eines Nettobestandswertes ermöglichen, der dem Wert entspricht, zu dem das im Portfolio gehaltene Finanzinstrument in einem Geschäft zwischen sachverständigen, vertragswilligen und unabhängigen Geschäftspartnern ausgetauscht werden könnte und
2. entweder auf Marktdaten oder Bewertungsmodellen einschließlich Systemen, die auf den fortgeführten Anschaffungskosten beruhen, basieren.

(3) Das Vorliegen der Liquidität (Abs. 2) und der jederzeit genauen Bestimmbarkeit des Wertes (Abs. 2 Z 1 und 2) wird bei Geldmarktinstrumenten, die an einem geregelten Markt im Sinne von § 67 Abs. 2 oder 3 notiert oder gehandelt werden, angenommen, es sei denn, der Verwaltungsgesellschaft liegen Informationen vor, die zu einer anderen Feststellung führen würden.

(4) Abweichend von § 67 Abs. 2 darf auch in Geldmarktinstrumente veranlagt werden, die nicht auf einem geregelten Markt gehandelt werden, frei übertragbar sind, unter die Definition des § 3 Abs. 2 Z 14 fallen und über die angemessene Informationen vorliegen, einschließlich solcher Informationen, die eine angemessene Bewertung der mit der Anlage in solche Instrumente verbundenen Kreditrisiken ermöglichen, sofern die Emission oder der Emittent dieser Instrumente bereits Vorschriften über den Einlagen- und den Anlegerschutz unterliegt, vorausgesetzt, sie werden,

1. von einer zentralstaatlichen, regionalen oder lokalen Körperschaft oder der Zentralbank eines Mitgliedstaates, der Europäischen Zentralbank, der Europäischen Union oder der Europäischen Investitionsbank, einem Drittstaat oder, sofern dieser ein Bundesstaat ist, einem Gliedstaat der Föderation, oder von einer internationalen Einrichtung öffentlich-rechtlichen Charakters, der mindestens ein Mitgliedstaat angehört, begeben oder garantiert oder
2. von Unternehmen begeben, deren Wertpapiere auf den unter § 67 Abs. 2 bezeichneten geregelten Märkten gehandelt werden, oder
3. von einem Institut begeben oder garantiert, das gemäß den im Unionsrecht festgelegten Kriterien einer Aufsicht unterstellt ist, oder von einem Institut begeben oder garantiert, das Aufsichtsbestimmungen, die nach Auffassung der FMA mindestens so streng sind wie die des Unionsrechts, unterliegt und diese einhält, oder
4. von anderen Emittenten begeben, die einer Kategorie angehören, die von der FMA zugelassen wurde, sofern für Anlagen in diesen Instrumenten Vorschriften für den Anlegerschutz gelten, die denen der in § 67 Abs. 1 bis 3 genannten gleichwertig sind und sofern es sich bei dem Emittenten entweder um ein Unternehmen mit einem Eigenkapital von mindestens 10 000 000 Euro, das seinen Jahresabschluss nach den Vorschriften der Richtlinie 78/660/EWG erstellt und veröffentlicht, oder um einen Rechtsträger, der innerhalb einer eine oder mehrere börsennotierte Gesellschaften umfassenden Unternehmensgruppe für die Finanzierung dieser Gruppe zuständig ist, oder um einen

Rechtsträger handelt, der in Unternehmens-, Gesellschafts- oder Vertragsform die wertpapiermäßige Unterlegung von Verbindlichkeiten durch Nutzung einer von einem Kreditinstitut eingeräumten Kreditlinie finanzieren soll; die Kreditlinie hat durch ein Finanzinstitut gesichert zu sein, das selbst die in Z 3 genannten Kriterien erfüllt.

(5) Die FMA kann durch Verordnung

1. in Bezug auf „angemessene Informationen" gemäß Abs. 4 in Entsprechung von Art. 5 der Richtlinie 2007/16/EG festlegen, welche Informationen angemessen sind, wobei Informationen über Instrumente, Emittenten, Emissionsprogramme sowie damit verbundene Kreditrisiken vorliegen müssen;
2. die Kriterien, die zur Beurteilung der Gleichwertigkeit von Aufsichtsbestimmungen gemäß Abs. 4 Z 3 heranzuziehen sind, in Entsprechung von Art. 6 der Richtlinie 2007/16/EG festlegen;
3. die Kriterien, betreffend die Definition, Bezeichnung, Veröffentlichungspflichten, Anlegerinformation und Anlagebeschränkungen von Geldmarktfonds und Geldmarktfonds mit kurzer Laufzeitstruktur unter Bedachtnahme auf die europäischen Gepflogenheiten in diesem Bereich festlegen.

EB zu § 70:

Setzt Art. 50 Abs. 1 Buchstabe h der Richtlinie 2009/65/EG und Art. 3 bis 7 der Richtlinie 2007/16/EG um. Die im Jahr 2007 erlassene „eligible assets"-Richtlinie, die als Durchführungsrichtlinie durch die Kommission erlassen wurde und bestimmte Definitionen und Veranlagungsbestimmungen präzisiert, bleibt vorerst weiter anwendbar und gültig. Die bereits mit BGBl. I Nr. 2008/69 in das InvFG 1993 integrierten Bestimmungen werden übernommen. Geldmarktinstrumente umfassen übertragbare Instrumente, die üblicherweise eher auf dem Geldmarkt als auf geregelten Märkten gehandelt werden, wie Schatzwechsel, Kommunalobligationen, Einlagenzertifikate, Commercial Papers, Medium-Term-Notes und Bankakzepte (so auch Erwägungsgrund 36 der Richtlinie 2009/65/EG).

EB zu § 70 Abs. 1:

Setzt Art. 3 der Richtlinie 2007/16/EG um und entspricht inhaltlich § 1a Abs. 5 InvFG 1993.

EB zu § 70 Abs. 2:

Setzt Art. 4 der Richtlinie 2007/16/EG um und entspricht inhaltlich § 1a Abs. 6 InvFG 1993.

EB zu § 70 Abs. 3:

Setzt Art. 4 der Richtlinie 2007/16/EG um und entspricht inhaltlich § 1a Abs. 7 InvFG 1993.

EB zu § 70 Abs. 4:

Setzt Art. 50 Abs. 1 Buchstabe h der Richtlinie 2009/65/EG in Verbindung mit Art. 5 Abs. 1 und Art. 7 der Richtlinie 2007/16/EG um und entspricht inhaltlich § 20 Abs. 3 Z 9 InvFG 1993.

EB zu § 70 Abs. 5:

Setzt Art. 5 Abs. 2 bis 4 und Art. 6 der Richtlinie 2007/16/EG um und entspricht inhaltlich § 20 Abs. 9 InvFG 1993. Zu Geldmarktfonds sind am 19. Mai 2010 CESR-Guidelines (CESR/10-049) ergangen, die mit dem Umsetzungsdatum der Richtlinie 2009/65/EG, nämlich am 1. Juli 2011 in Kraft treten. Diese Guidelines und allfällige neuere Guidelines von ESMA diesbezüglich sollen in der FMA-Verordnung berücksichtigt werden. Die Verordnungsermächtigung soll für die Rechtsunterworfenen mehr Rechtssicherheit herstellen, als wenn die FMA die Anwendung der CESR-Guidelines bloß in ihrer Aufsichtspraxis berücksichtigen würde. Die Notwendigkeit der Befolgung der CESR- beziehungsweise ESMA-Guidelines folgt bereits aus Art. 16 Abs. 3 der Verordnung (EU) 1095/2010.

Anteile an OGAW und OGA

§ 71. (1) Anteile von nach der Richtlinie 2009/65/EG bewilligten OGAW dürfen für das Fondsvermögen erworben werden, wenn der OGAW, dessen Anteile erworben werden sollen, nach seinen Vertragsbedingungen oder seiner Satzung insgesamt höchstens 10 vH seines Sondervermögens in Anteilen anderer OGAW oder OGA anlegen darf.

(2) Anteile an OGA dürfen unabhängig davon, ob sie in einem Mitgliedstaat niedergelassen sind, für das Fondsvermögen erworben werden, sofern

1. sie nach Rechtsvorschriften bewilligt wurden, die sie einer Aufsicht unterstellen, welche nach Auffassung der FMA derjenigen nach dem Unionsrecht gleichwertig ist, und ausreichende Gewähr für die Zusammenarbeit zwischen den Behörden besteht,
2. das Schutzniveau der Anteilinhaber der OGA dem Schutzniveau der Anteilinhaber eines OGAW gleichwertig ist und insbesondere die Vorschriften für die getrennte Verwahrung des Sondervermögens, die Kreditaufnahme, die Kreditgewährung und Leerverkäufe von Wertpapieren und Geldmarktinstrumenten den Anforderungen der Richtlinie 2009/65/EG gleichwertig sind,
3. die Geschäftstätigkeit der OGA Gegenstand von Halbjahres- und Jahresberichten ist, die es erlauben, sich ein Urteil über das Vermögen und die Verbindlichkeiten, die Erträge und die Transaktionen im Berichtszeitraum zu bilden, und
4. der OGA, dessen Anteile erworben werden sollen, die Kriterien des Abs. 1 erfüllt.

(3) Die FMA kann mit Verordnung Kriterien, die von der Verwaltungsgesellschaft zur Beurteilung der Gleichwertigkeit des Schutzniveaus der Anteilinhaber heranzuziehen sind, festlegen. Sie müssen Vergleichbarkeit hinsichtlich Verwahrung des Sondervermögens, der Kreditaufnahme, Kreditgewährung, Leerverkäufe, Unternehmenskontrollmechanismen und Aufsicht gewährleisten und dabei den europäischen Gepflogenheiten und internationalen Standards entsprechen.

EB zu § 71:

Setzt Art. 50 Abs. 1 Buchstabe e der Richtlinie 2009/65/EG um und entspricht inhaltlich § 20 Abs. 3 Z 8c InvFG 1993. Ein OGAW sollte sein Vermögen in Anteilen von OGAW und anderen Organismen für gemeinsame Anlagen des offenen Typs anlegen können, die ebenfalls nach dem Grundsatz der Risikostreuung in die in dieser Richtlinie genannten liquiden Finanzanlagen investieren. OGAW oder andere Organismen für gemeinsame Anlagen, in die ein OGAW investiert, müssen einer wirksamen Aufsicht unterliegen (so auch Erwägungsgrund 38 der Richtlinie 2009/65/EG). Mit der Verordnungsermächtigung soll im Bereich der Beurteilung der Gleichwertigkeit von OGA für die Zwecke der Veranlagung in solche Rechtssicherheit für die Rechtsunterworfenen gewährleistet werden. Die FMA orientiert sich dabei an den vom Europäischen Ausschuss für Wertpapieraufsichtsbehörden entwickelten Standards (CESR 07/07-044), die regelmäßig angepasst werden. Damit soll höchstmögliche Rechtssicherheit in technischen Detailfragen und dabei rasches Eingehen auf europäische Entwicklungen sichergestellt werden.

Sichteinlagen und kündbare Einlagen

§ 72. Es dürfen Sichteinlagen oder kündbare Einlagen mit einer Laufzeit von höchstens 12 Monaten bei Kreditinstituten, sofern das betreffende Kreditinstitut seinen Sitz in einem Mitgliedstaat hat oder – falls der Sitz des Kreditinstituts sich in einem Drittland befindet – es Aufsichtsbestimmungen unterliegt, die nach Auffassung der FMA denjenigen des Unionsrechts gleichwertig sind, für das Vermögen des OGAW erworben werden.

EB zu § 72:

Setzt Art. 50 Abs. 1 Buchstabe f der Richtlinie 2009/65/EG um. Um den Marktentwicklungen Rechnung zu tragen und in Anbetracht der Vollendung der Wirtschafts- und Währungsunion darf ein OGAW auch in Bankeinlagen investieren. Um eine angemessene Liquidität der Anlagen in Bankeinlagen zu gewährleisten, muss es sich dabei um Sichteinlagen oder kündbare Einlagen handeln. Werden die Einlagen bei einem Kreditinstitut mit Sitz in einem Drittland getätigt, so hat dieses Kreditinstitut Aufsichtsbestimmungen unterliegen, die denen des Unionsrechts gleichwertig sind (so auch Erwägungsgrund 40 der Richtlinie 2009/65/EG).

Derivate

§ 73. (1) Für das Fondsvermögen dürfen abgeleitete Finanzinstrumente (Derivate), einschließlich gleichwertiger bar abgerechneter Instrumente, die an einem der in § 67 Abs. 2 genannten geregelten Märkten gehandelt werden, oder abgeleitete Finanzinstrumente, die nicht an einer Börse oder einem geregelten Markt gehandelt werden (OTC-Derivate), eingesetzt werden, sofern:

1. es sich bei den Basiswerten um Instrumente im Sinne des § 67 Abs. 1 Z 1 bis 4 oder um Finanzindizes, Zinssätze, Wechselkurse oder Währungen handelt, in welche der OGAW gemäß den in seinen Fondsbestimmungen genannten Anlagezielen investieren darf, wobei die FMA durch Verordnung Kriterien für die Finanzindizes festlegen kann und dabei unter Berücksichtigung von Art. 9 der Richtlinie 2007/16/EG auf die hinreichende Diversifizierung, die Bezugsgrundlage für den Markt und die Veröffentlichung des Index Bedacht zu nehmen ist,
2. die Gegenparteien bei Geschäften mit OTC-Derivaten einer Aufsicht unterliegende Institute der Kategorien sind, die von der FMA durch Verordnung zugelassen wurden,
3. die OTC-Derivate einer zuverlässigen und überprüfbaren Bewertung auf Tagesbasis unterliegen und jederzeit auf Initiative der Verwaltungsgesellschaft zum angemessenen Zeitwert veräußert, liquidiert oder durch ein Gegengeschäft glattgestellt werden können, wobei
   a) unter dem angemessenen Zeitwert der Betrag zu verstehen ist, zu dem ein Vermögenswert in einem Geschäft zwischen sachverständigen, vertragswilligen und unabhängigen Geschäftspartnern ausgetauscht oder eine Verbindlichkeit beglichen werden könnte, und
   b) eine zuverlässige und überprüfbare Bewertung sich nicht ausschließlich auf Marktnotierungen des Kontrahenten zu stützen hat; Grundlage der Bewertung hat zum einen entweder ein verlässlicher aktueller Marktwert des Instruments zu sein oder, falls dieser nicht verfügbar ist, ein Preismodell, das auf einer anerkannten adäquaten Methodik beruht; zum anderen hat die Bewertung entweder durch einen geeigneten vom Kontrahenten des OTC-Derivates unabhängigen Dritten in ausreichender Häufigkeit und in einer durch die Verwaltungsgesellschaft nachprüfbaren Weise

oder von einer von der Vermögensverwaltung unabhängigen und entsprechend ausgerüsteten Stelle innerhalb der Verwaltungsgesellschaft überprüft zu werden und

4. sie nicht zur Lieferung oder Übertragung anderer als den in § 67 Abs. 1 genannten Vermögenswerten führen.

(2) Abs. 1 gilt auch für Instrumente, die die Übertragung des Kreditrisikos eines Vermögenswertes im Sinne von Abs. 1 Z 1 unabhängig von den sonstigen Risiken, die mit diesem Vermögenswert verbunden sind, ermöglichen.

(3) Der Einsatz von Warenderivaten ist unzulässig. Derivate auf Indizes, die keine Finanzindizes sind, dürfen nicht erworben werden. Indizes, die sich aus Derivaten auf Waren oder Sachanlagen zusammensetzen, sind Finanzindizes.

(4) Die Ermittlung des Verkehrswertes von OTC-Derivaten hat gemäß § 92 zu erfolgen.

(5) Das mit den Derivaten verbundene Gesamtrisiko darf den Gesamtnettowert des Fondsvermögens nicht überschreiten. Bei der Berechnung des Risikos werden der Marktwert der Basiswerte, das Ausfallrisiko, künftige Marktfluktuationen und die Liquidationsfrist der Positionen berücksichtigt. Ein OGAW darf als Teil seiner Anlagestrategie innerhalb der in § 74 Abs. 1, 4, 5, 6 und 7 und § 76 festgelegten Grenzen Anlagen in Derivaten tätigen, sofern das Gesamtrisiko der Basiswerte die Anlagegrenzen des § 74 und § 76 nicht überschreitet.

(6) Anlagen eines OGAW in indexbasierten Derivaten werden bei den Anlagegrenzen der §§ 74 und 76 nicht berücksichtigt. Ist ein Derivat in ein Wertpapier oder ein Geldmarktinstrument eingebettet, so muss es hinsichtlich der Einhaltung der Vorschriften der Abs. 1 bis 5 berücksichtigt werden.

EB zu § 73:

Setzt Art. 50 Abs. 1 Buchstabe g der Richtlinie 2009/65/EG in Verbindung mit Art. 8, 9 und 10 der Richtlinie 2007/16/EG und Art. 51 Abs. 3 der Richtlinie 2009/65/EG um und entspricht inhaltlich § 21 InvFG 1993. Einem OGAW ist es ausdrücklich gestattet, im Rahmen seiner allgemeinen Anlagepolitik oder zu Sicherungszwecken in abgeleitete Finanzinstrumente („Derivate") zu investieren, wenn damit ein in seinem Prospekt genanntes Finanzziel oder Risikoprofil verwirklicht werden soll. Um den Anlegerschutz zu gewährleisten, ist es erforderlich, das mit Derivaten verbundene maximale Risiko zu begrenzen, damit es den Gesamtnettowert des Anlageportfolios des OGAW nicht überschreitet. Um die durchgehende Beachtung der Risiken und Engagements im Zusammenhang mit Derivategeschäften sicherzustellen und die Einhaltung der Anlagegrenzen zu überprüfen, sind diese Risiken und Engagements kontinuierlich zu bewerten und zu überwachen (so auch Erwägungsgrund 43 der Richtlinie 2009/65/EG). Schließlich hat ein OGAW zur Gewährleistung des Anlegerschutzes durch öffentliche Information seine Strategien, Techniken und Anlagegrenzen in Bezug auf Derivategeschäfte zu beschreiben (siehe auch Verordnung (EU) 583/2010).

Im Hinblick auf abgeleitete Finanzinstrumente, die nicht an einer Börse gehandelt werden („OTCDerivate"), werden ebenfalls Anforderungen in Bezug auf die Eignung der Gegenparteien und der Instrumente, die Liquidität und die laufende Bewertung der Position vorgeschrieben. Mit diesen Vorschriften soll ein angemessenes Anlegerschutzniveau gewährleistet werden, das dem Niveau nahe kommt, das Anlegern beim Erwerb von auf geregelten Märkten gehandelten Derivaten geboten wird (so auch Erwägungsgrund 45 der Richtlinie 2009/65/EG).

Derivate-Geschäfte sollten niemals dazu verwendet werden, die Grundsätze und Bestimmungen dieses Bundesgesetzes zu umgehen. Für OTC-Derivate sollten zusätzliche

Risikostreuungsvorschriften für Engagements gegenüber einer einzigen Gegenpartei oder Gruppe von Gegenparteien Anwendung finden (so auch Erwägungsgrund 46 der Richtlinie 2009/65/EG).

EB zu § 73 Abs. 5:

Zur Berechnung der Modalitäten der Risikoberechnung sind CESR-Guidelines (CESR/10-788) ergangen. Diese sind zu berücksichtigen in der Verordnung. Es ist davon auszugehen, dass ESMA bald neue Guidelines dazu erlassen wird, die ebenfalls zu berücksichtigen sind. Von einer Nennung der Nummer der Guidelines im Gesetzestext wird daher abgesehen.

Quantitative Beschränkungen zur Vermeidung einer Emittentenkonzentration

§ 74. (1) Wertpapiere oder Geldmarktinstrumente desselben Emittenten dürfen nur bis zu 10 vH des Fondsvermögens erworben werden, wobei der Gesamtwert der Wertpapiere und Geldmarktinstrumente von Emittenten, in deren Wertpapieren und/oder Geldmarktinstrumenten mehr als 5 vH des Fondsvermögens angelegt sind, 40 vH des Fondsvermögens nicht übersteigen dürfen. Diese Begrenzung findet keine Anwendung auf Sichteinlagen, kündbare Einlagen und auf Geschäfte mit OTC-Derivaten, die mit Kreditinstituten oder mit Finanzinstituten gemäß Art. 4 Z 5 der Richtlinie 2006/48/EG getätigt werden, die einer Aufsicht unterliegen. Optionsscheine sind dem Aussteller des Wertpapiers zuzurechnen, auf das die Option ausgeübt werden kann. Wertpapiere und Geldmarktinstrumente im Sinne von Abs. 4 und 5 sind bei der Anlagegrenze von 40 vH nicht zu berücksichtigen. Weites dürfen nur bis zu 20 vH des Fondsvermögens in Sichteinlagen und kündbare Einlagen bei ein und demselben Kreditinstitut angelegt werden.

(2) Das Ausfallrisiko bei Geschäften eines OGAW mit OTC-Derivaten darf folgende Sätze nicht überschreiten:

1. wenn die Gegenpartei ein Kreditinstitut im Sinne des § 72 ist, 10 vH des Fondsvermögens,
2. ansonsten 5 vH des Fondsvermögens.

(3) Ungeachtet der Einzelobergrenzen gemäß Abs. 1 und 2 dürfen nachstehende liquide Finanzanlagen für das Fondsvermögen nicht in Kombination erworben werden, wenn dies zu einer Anlage von mehr als 20 vH des Fondsvermögens bei ein und desselben Unternehmens führen würde, und zwar:

1. von diesem Unternehmen begebene Wertpapiere oder Geldmarktinstrumente,
2. Sichteinlagen und kündbare Einlagen bei diesem Unternehmen oder
3. von diesem Unternehmen erworbene OTC-Derivate.

(4) Abweichend von Abs. 1 dürfen Schuldverschreibungen, die von einem Kreditinstitut ausgegeben werden, das seinen Sitz in einem EWR-Mitgliedstaat hat und auf Grund gesetzlicher Vorschriften zum Schutz der Inhaber dieser Schuldverschreibungen einer besonderen öffentlichen Aufsicht unterliegt, bis zu 25 vH des Fondsvermögens erworben werden. Die Erlöse aus der Emission dieser Schuldverschreibungen sind in Vermögenswerten anzulegen, die während der gesamten Laufzeit der Schuldverschreibungen die sich daraus ergebenden Verbindlichkeiten ausreichend decken und vorrangig für die beim Ausfall des Emittenten fällig werdende Rückzahlung des Kapitals und der Zinsen bestimmt sind. Übersteigt die Veranlagung in solchen Schuldverschreibungen desselben Emittenten 5 vH des Fondsvermögens, so darf der Gesamtwert solcher Anlagen 80 vH des Fondsvermögens nicht übersteigen.

(5) Abweichend von Abs. 1 dürfen Wertpapiere oder Geldmarktinstrumente, die von einem Mitgliedstaat oder dessen Gebietskörperschaften, von einem Drittstaat oder von internationalen Organisationen öffentlich-rechtlichen Charakters, denen ein oder mehrere EWR-Mitgliedstaaten angehören, begeben oder garantiert werden, bis zu 35 vH des Fondsvermögens erworben werden.

(6) Die in Abs. 1 bis 5 genannten Grenzen dürfen nicht kumuliert werden. Insgesamt dürfen die in Wertpapieren, Geldmarktinstrumenten oder Derivaten desselben Emittenten oder in Sichteinlagen und kündbare Einlagen bei diesem Emittenten getätigten Anlagen 35 vH des Fondsvermögens nicht übersteigen.

(7) Gesellschaften, die im Hinblick auf die Erstellung des konsolidierten Abschlusses im Sinne der Richtlinie 83/349/EWG oder nach anerkannten internationalen Rechnungslegungsvorschriften derselben Unternehmensgruppe angehören, werden bei der Berechnung der in den Abs. 1 bis 6 vorgesehenen Anlagegrenzen als ein einziger Emittent angesehen. Wertpapiere und Geldmarktinstrumente ein und derselben Unternehmensgruppe dürfen bis zu 20 vH des Fondsvermögens erworben werden.

EB zu § 74:

Aus aufsichtsrechtlichen Gründen hat ein OGAW eine übermäßige Konzentration seiner mit einem Ausfallrisiko behafteten Anlagen oder Einlagen bei ein und demselben Emittenten oder Institut oder bei derselben Unternehmensgruppe angehörenden Emittenten oder Instituten zu vermeiden (so auch Erwägungsgrund 42 der Richtlinie 2009/65/EG). Der freie Vertrieb von Anteilen eines OGAW, dem es gestattet ist, bis zu 100 vH seines Sondervermögens in Wertpapieren anzulegen, die von ein und demselben Emittenten (Staat, Gebietskörperschaft usw.) ausgegeben werden, sollte nicht unmittelbar oder mittelbar zur Folge haben, dass das Funktionieren des Kapitalmarktes oder die Finanzierung eines Mitgliedstaats gestört wird (so auch Erwägungsgrund 34 der Richtlinie 2099/65/EG).

EB zu § 74 Abs. 1:

Setzt Art. 52 Abs. 1 1. Unterabs. in Verbindung mit Abs. 2 1. Unterabs. und Abs. 5 1. Unterabs. der Richtlinie 2009/65/EG um und entspricht inhaltlich § 20 Abs. 3 Z 5 InvFG 1993.

EB zu § 74 Abs. 2:

Setzt Art. 52 Abs. 1 2. Unterabs. der Richtlinie 2009/65/EG um und entspricht inhaltlich § 21 Abs. 4 InvFG 1993.

EB zu § 74 Abs. 3:

Setzt Art. 52 Abs. 2 2. Unterabs. der Richtlinie 2009/65/EG um und entspricht inhaltlich § 20 Abs. 3 Z 8, 8d zweiter Satz InvFG 1993.

EB zu § 74 Abs. 4:

Setzt Art. 52 Abs. 4 der Richtlinie 2009/65/EG um und entspricht inhaltlich § 20 Abs. 3 Z 7 InvFG 1993.

EB zu § 74 Abs. 5:

Setzt Art. 52 Abs. 3 der Richtlinie 2009/65/EG um und entspricht inhaltlich § 20 Abs. 3 Z 6 InvFG 1993.

EB zu § 74 Abs. 6:

Setzt Art. 52 Abs. 5 2. Unterabs. der Richtlinie 2009/65/EG um und entspricht inhaltlich § 20 Abs. 3 Z 8 InvFG 1993.

EB zu § 74 Abs. 7:

Setzt Art. 52 Abs. 5 3. und 4. Unterabs. der Richtlinie 2009/65/EG um entspricht inhaltlich § 20 Abs. 3 Z 8a und Abs. 3a InvFG 1993.

Quantitative Anlagebeschränkungen für Indexfonds

§ 75. (1) Abweichend von § 74, jedoch unbeschadet der in § 78 festgelegten Anlagegrenzen, darf für einen OGAW, wenn die Fondsbestimmungen ausdrücklich als Ziel seiner Anlagestrategie vorsehen, einen bestimmten, von der FMA anerkannten Aktien- oder Schuldtitelindex nachzubilden, bis zu 20 vH des Fondsvermögens in Aktien oder Schuldtiteln desselben Emittenten anlegt werden (Indexfonds). Unter der Indexnachbildung ist die Nachbildung des Basiswertes eines Index zu verstehen, wobei dazu auch Derivate eingesetzt werden können.

(2) Der Index ist anzuerkennen, wenn insbesondere

1. die Zusammensetzung des Index den Risikodiversifizierungsvorschriften der Abs. 1 und 3 entspricht,
2. der Index eine adäquate Bezugsgrundlage für den Markt darstellt, auf den er sich bezieht, wobei der Indexanbieter eine anerkannte Methodik anzuwenden hat, die nicht zum Ausschluss eines größeren Emittenten vom Markt, auf den sich der Index bezieht, führt und
3. der Index in geeigneter Weise veröffentlicht wird. Der Index gilt als in geeigneter Weise veröffentlicht, wenn er öffentlich zugänglich ist und der Indexanbieter von der den Indexfonds verwaltenden Verwaltungsgesellschaft unabhängig ist, wobei dies nicht ausschließt, dass der Indexanbieter und die den Indexfonds verwaltende Verwaltungsgesellschaft zum selben Konzern gehören, sofern wirksame Regelungen für die Handhabung von Interessenkonflikten vorgesehen sind.

(3) Der Indexfonds darf bis zu 35 vH des Fondsvermögens in Aktien oder Schuldtiteln nur eines einzigen Emittenten anlegen, wenn dies auf Grund außergewöhnlicher Marktbedingungen gerechtfertigt ist, und zwar insbesondere auf geregelten Märkten, auf denen bestimmte Wertpapiere oder Geldmarktinstrumente stark dominieren. Eine Anlage bis zu dieser Obergrenze ist nur bei einem einzigen Emittenten möglich. Die Höchstgrenze von 40 vH gemäß § 74 Abs. 1 ist auf Indexfonds nicht anwendbar.

EB zu § 75:

Setzt Art. 53 der Richtlinie 2009/65/EG in Verbindung mit Art. 12 der Richtlinie 2007/16/EG um und entspricht inhaltlich § 20b InvFG 1993. Einige Portfolioverwaltungsmethoden für Organismen für gemeinsame Anlagen, die hauptsächlich in Aktien oder Schuldtitel investieren, basieren auf der Nachbildung von Aktien- oder Schuldtitelindizes. Ein OGAW darf allgemein bekannte und anerkannte Aktien- oder Schuldtitelindizes nachbilden. Daher werden für die zu diesem Zweck in Aktien oder Schuldtitel investierende OGAW flexiblere Risikostreuungsregeln eingeführt (so auch Erwägungsgrund 47 der Richtlinie 2009/65/EG).

EB zu § 75 Abs. 1:

Setzt Art. 53 Abs. 1 1. Unterabs. der Richtlinie 2009/65/EG und Art. 12 Abs. 1 der Richtlinie 2007/16/EG um und entspricht inhaltlich § 20b Abs. 1 InvFG 1993.

EB zu § 75 Abs. 2:

Setzt Art. 53 Abs. 1 2. Unterabs. der Richtlinie 2009/65/EG und Art. 12 Abs. 2 bis 4 der Richtlinie 2007/16/EG um und entspricht inhaltlich § 20b Abs. 2 InvFG 1993.

EB zu § 75 Abs. 3:

Setzt Art. 53 Abs. 2 der Richtlinie 2009/65/EG um und entspricht inhaltlich § 20b Abs. 3 InvFG 1993.

Quantitative Beschränkungen für die Anlage in von öffentlichen Stellen begebene oder garantierte Emissionen

§ 76. (1) Abweichend von § 74 kann unter Beachtung des Grundsatzes der Risikostreuung bis zu 100 vH des Fondsvermögens in Wertpapieren und Geldmarktinstrumenten verschiedener Emissionen, die von einem Mitgliedstaat, einer oder mehrerer Gebietskörperschaften eines Mitgliedstaates, einem Drittstaat oder internationalen Organisationen öffentlich-rechtlichen Charakters, der ein oder mehrere Mitgliedstaaten angehören, begeben oder garantiert werden, angelegt werden, wenn

1. es sich dabei um Wertpapiere und Geldmarktinstrumente im Sinne von § 74 Abs. 5 handelt,
2. die Anteilinhaber dieses OGAW den gleichen Schutz genießen wie die Anteilinhaber von OGAW, die die Anlagegrenzen des § 74 einhalten und
3. diese Wertpapiere im Rahmen von mindestens sechs verschiedenen Emissionen begeben worden sind, wobei die Wertpapiere aus einer einzigen Emission 30 vH des Gesamtbetrags des Fondsvermögens nicht überschreiten dürfen.

(2) In den Fondsbestimmungen sind die Mitgliedstaaten, Gebietskörperschaften, Drittstaaten oder internationalen Organisationen öffentlich-rechtlichen Charakters ausdrücklich zu erwähnen, von denen die Wertpapiere, in denen mehr als 35 vH des Fondsvermögens anzulegen beabsichtigt wird, begeben oder garantiert werden.

(3) Die FMA hat die Voraussetzungen des Abs. 1 Z 2 im Rahmen der Bewilligung der Fondsbestimmungen zu prüfen.

EB zu § 76:

Setzt Art. 54 der Richtlinie 2009/65/EG um. Die ursprüngliche Fassung der Richtlinie 85/611/EWG sah eine Abweichung von der Beschränkung des Prozentsatzes vor, bis zu dem ein OGAW sein Sondervermögen in Wertpapieren ein und desselben Emittenten anlegen darf, die im Fall der von einem Mitgliedstaat begebenen oder garantierten Schuldverschreibungen galt. Diese Abweichung gestattete es in diesem Rahmen den OGAW, bis zu 33 vH ihres Sondervermögens in derartigen Schuldverschreibungen anzulegen. Eine vergleichbare, aber weniger weitreichende Abweichung ist bei privaten Schuldverschreibungen gerechtfertigt, die zwar nicht staatlich garantiert sind, aber infolge der für sie geltenden speziellen Vorschriften eine besondere Sicherheit für den Anleger bieten. Folglich ist es angezeigt, die Abweichung für alle privaten Schuldverschreibungen vorzusehen, die gemeinsam festgelegte Merkmale erfüllen (so auch Erwägungsgrund 49 der Richtlinie 2009/65/EG).

EB zu § 76 Abs. 1:

Setzt Art. 54 Abs. 1 der Richtlinie 2009/65/EG um und entspricht inhaltlich § 20 Abs. 5 InvFG 1993.

EB zu § 76 Abs. 2:
Setzt Art. 54 Abs. 2 1. Unterabs. der Richtlinie 2009/65/EG um.

EB zu § 76 Abs. 3:
Setzt Art. 54 Abs. 1 und 2 jeweils 2. Unterabs. der Richtlinie 2009/65/EG um.

Quantitative Beschränkungen für die Anlage in OGAW oder OGA

§ 77. (1) Anteile an anderen OGAW oder an OGA dürfen für das Fondsvermögen erworben werden, sofern höchstens 20 vH des Fondsvermögens in Anteilen ein und desselben OGAW oder OGA angelegt werden.

(2) Anteile an OGA dürfen insgesamt 30 vH des Fondsvermögens des OGAW nicht übersteigen.

(3) Beim Erwerb von Anteilen an OGAs oder anderen OGAWs müssen die Anlagewerte des betreffenden OGAW oder OGA in Bezug auf die Obergrenzen des § 74 nicht berücksichtigt werden.

(4) Beim Erwerb von Anteilen anderer OGAW oder OGA, die unmittelbar oder mittelbar von derselben Verwaltungsgesellschaft oder von einer Gesellschaft verwaltet werden, mit der die Verwaltungsgesellschaft durch eine gemeinsame Verwaltung oder Kontrolle oder durch eine wesentliche direkte oder indirekte Beteiligung verbunden ist, darf die Verwaltungsgesellschaft oder die andere Gesellschaft für die Zeichnung oder den Rückkauf von Anteilen dieser anderen OGAW oder OGA durch den OGAW keine Gebühren verrechnen.

EB zu § 77:
Setzt Art. 55 der Richtlinie 2009/65/EG um. Diese Bestimmung ermöglicht die Auflage von Dachfonds. Bis zu 100 vH des Fondsvermögens dürfen in die Anteile anderer OGAW investiert werden. Wegen der weitreichenden Möglichkeiten eines OGAW, in Anteile anderer OGAW und anderer Organismen für gemeinsame Anlagen zu investieren, müssen bestimmte Vorschriften für quantitative Anlagegrenzen, die Veröffentlichung von Informationen und zur Verhütung des Kaskade-Phänomens festgelegt werden, damit durch derartige Anlagetätigkeiten der Anlegerschutz nicht verringert wird (so auch Erwägungsgrund 39 der Richtlinie 2009/65/EG).

EB zu § 77 Abs. 1:
Setzt Art. 55 Abs. 1 der Richtlinie 2009/65/EG um und entspricht inhaltlich § 20 Abs. 3 Z 8b InvFG 1993.

EB zu § 77 Abs. 2:
Setzt Art. 55 Abs. 2 1. Unterabs. der Richtlinie 2009/65/EG um und entspricht inhaltlich § 20 Abs. 3 Z 8c lit. c letzter Satz InvFG 1993.

EB zu § 77 Abs. 3:
Setzt Art. 55 Abs. 2 2. Unterabs. der Richtlinie 2009/65/EG um und entspricht inhaltlich § 20 Abs. 3 Z 8e InvFG 1993. Auf den Durchblick hinsichtlich der Veranlagungsgrenzen auf die „Basis"-OGAW wird verzichtet, da diese „qualifizierten" (Sub-)Fonds ohnehin diese oder vergleichbare Veranlagungsgrenzen zu berücksichtigen haben.

EB zu § 77 Abs. 4:
Setzt Art. 55 Abs. 3 1. Unterabs. der Richtlinie 2009/65/EG um und entspricht inhaltlich § 20 Abs. 3 Z 8f InvFG 1993.

Quantitative Beschränkungen zur Vermeidung der Einflussnahme auf Emittenten

§ 78. (1) Eine Verwaltungsgesellschaft, darf für keine der von ihr verwalteten OGAW Aktien, mit denen ein Stimmrecht verbunden ist, erwerben, die es ihr ermöglichen, einen nennenswerten Einfluss im Sinne von Abs. 2 Z 1 auf die Geschäftsführung eines Emittenten auszuüben. Hat ein anderer Mitgliedstaat eine niedrigere Grenze für den Erwerb von Aktien mit Stimmrechten desselben Emittenten festgelegt, so ist diese Grenze maßgebend, wenn eine Verwaltungsgesellschaft für die von ihr verwalteten OGAW solche Aktien eines Emittenten mit Sitz in diesem Staat erwirbt.

(2) Für das Fondsvermögen eines OGAW dürfen von ein und demselben Emittenten liquide Finanzanlagen nur in folgendem Ausmaß erworben werden:

1. Aktien bis zu 7,5 vH des Grundkapitals der emittierenden Aktiengesellschaft, wenn die Aktien mit der Ausübung eines Stimmrechtes verbunden sind;
2. Aktien bis zu 10 vH des Grundkapitals der emittierenden Aktiengesellschaft, wenn es sich um stimmrechtslose Aktien handelt;
3. Schuldverschreibungen bis zu 10 vH des Gesamtemissionsvolumens ein und desselben Emittenten;
4. Geldmarktinstrumente bis zu 10 vH ein und desselben Emittenten;
5. nur bis höchstens 25 vH Anteile ein und desselben OGAW oder OGA.

(3) Die Anlagegrenzen gemäß Abs. 2 Z 3, 4 und 5 müssen zum Zeitpunkt des Erwerbs nicht eingehalten werden, wenn sich der Bruttobetrag der Schuldtitel oder der Geldmarktinstrumente oder der Nettobetrag der ausgegebenen Anteile zum Zeitpunkt des Erwerbs nicht berechnen lässt.

(4) Die in Abs. 2 vorgesehenen Anlagegrenzen müssen nicht eingehalten werden, wenn es sich dabei um

1. Wertpapiere und Geldmarktinstrumente handelt, die von einem Mitgliedstaat oder dessen öffentlichen Gebietskörperschaften begeben oder garantiert werden;
2. von einem Drittstaat begebene oder garantierte Wertpapiere und Geldmarktinstrumente handelt;
3. Wertpapiere und Geldmarktinstrumente handelt, die von internationalen Organismen öffentlichrechtlichen Charakters begeben werden, denen ein oder mehrere Mitgliedstaaten angehören;
4. Aktien handelt, die ein OGAW an dem Kapital einer Gesellschaft eines Drittstaates besitzt, die ihr Vermögen im Wesentlichen in Wertpapieren von Emittenten anlegt, die in diesem Staat ansässig sind, wenn eine derartige Beteiligung für den OGAW aufgrund der Rechtsvorschriften dieses Staates die einzige Möglichkeit darstellt, Anlagen in Wertpapieren von Emittenten dieses Staates zu tätigen. Diese Ausnahmeregelung gilt jedoch nur unter der Voraussetzung, dass die Gesellschaft des Drittstaates in ihrer Anlagepolitik die in den §§ 74 und 77 sowie in Abs. 1, 2 und 3 dieser Bestimmung festgesetzten Grenzen nicht überschreitet. § 66 Abs. 2 und § 79 gelten bei Überschreiten der Grenzen sinngemäß.

EB zu § 78:

Setzt Art. 56 der Richtlinie 2009/65/EG um und entspricht inhaltlich § 20 Abs. 3 Z 10 bis 10b InvFG 1993. Abgesehen von der Vermeidung der Risikokonzentration bei einem Emittenten (siehe § 74 insbesondere Abs. 2 und 4) soll die Verwaltungsgesellschaft auch nicht über die von ihr verwalteten Fondsvermögen auf einen Emittenten einen nennenswerten Einfluss ausüben können (siehe auch Heidinger/Paul, *Kommentar zum Investment-*

fondsgesetz (2005) § 20 Rn 23). Dies würde dem Konzept der Portfolioverwaltung widersprechen.

EB zu § 78 Abs. 1:

Setzt Art. 56 Abs. 1 der Richtlinie 2009/65/EG um.

EB zu § 78 Abs. 2:

Setzt Art. 56 Abs. 1 und 2 Buchstabe a, b, c und d der Richtlinie 2009/65/EG um und entspricht inhaltlich § 20 Abs. 3 Z 10 InvFG 1993. Im Falle der Z 5 ist ungeachtet von § 2 Abs. 3 bei einer Veranlagung in Teilfonds im Hinblick auf die Anlagegrenzen auf den „Umbrella-Fonds" abzustellen. Dies entspricht dem Zweck der Regelung und der überwiegenden Meinung der Mitgliedstaaten im Umsetzungsworkshop zur Richtlinie 2009/65/EG. Die Europäische Kommission vertritt bislang eine gegenteilige Auslegung.

EB zu § 78 Abs. 3:

Setzt Art. 56 Abs. 2 2. Unterabs. der Richtlinie 2009/65/EG um und entspricht inhaltlich § 20 Abs. 3 Z 10a InvFG 1993.

EB zu § 78 Abs. 4:

Setzt Art. 56 Abs. 3 der Richtlinie 2009/65/EG um und entspricht inhaltlich § 20 Abs 3 Z 10b InvFG 1993.

Ausnahmen und Abweichen von den Veranlagungsgrenzen

§ 79. (1) Die in den §§ 66 bis 78 festgelegten Anlagegrenzen müssen bei der Ausübung von Bezugsrechten, die an Wertpapiere oder Geldmarktinstrumente geknüpft sind, die Teil des Fondsvermögens sind, nicht eingehalten werden.

(2) Werden die in den §§ 66 bis 78 festgelegten Grenzen unbeabsichtigt oder infolge der Ausübung der Bezugsrechte überschritten, so ist bei den Verkäufen aus dem Fondsvermögen vorrangig die Normalisierung dieser Lage unter Berücksichtigung der Interessen der Anteilinhaber anzustreben.

(3) Die Rechtswirksamkeit des Erwerbes von Wertpapieren, Geldmarktinstrumenten und anderen liquiden Finanzanlagen im Sinne von § 67 Abs. 1 wird durch einen Verstoß gegen die in den §§ 66 bis 78 festgelegten Anlagegrenzen nicht berührt.

(4) Zwei Wochen vor dem Laufzeitende eines auf bestimmte Laufzeit errichteten OGAW und eine Woche vor und nach einem Verschmelzungsstichtag müssen die in den §§ 74 bis 77 genannten Höchstsätze unter Wahrung der Interessen der Anteilinhaber nicht eingehalten werden. Selbiges gilt bei Abwicklung eines OGAW gemäß § 63, bei OGAW in Abwicklung gemäß § 65 und bei Vorliegen unwiderruflicher Aufträge für die vollständige Rücklösung aller Anteile gemäß § 63 Abs. 4.

EB zu § 79:

Setzt Art. 57 Abs. 1 1. Unterabs. und Abs. 2 der Richtlinie 2009/65/EG um.

EB zu § 79 Abs. 3:

Entspricht § 20 Abs. 6 InvFG 1993 und soll Rechtssicherheit garantieren. Schäden für das Fondsvermögen oder die Anleger können über schadenersatzrechtliche Ansprüche ausgeglichen werden.

EB zu § 79 Abs.4:

In diesen Fällen steht nicht länger die Veranlagung des Fondsvermögens im Vorder-

grund, sondern dessen – möglichst rache – Rücklösung in Barmittel, bzw. Übertragung auf einen anderen OGAW.

Verbot der Kreditaufnahme und der Kreditgewährung

§ 80. (1) Die Verwaltungsgesellschaft oder die Depotbank darf auf Rechnung des Fondsvermögens keinen Kredit aufnehmen, außer die Fondsbestimmungen sehen dies vor und es handelt sich um Kredite, die vorübergehend aufgenommen werden und sich auf nicht mehr als 10 vH des Wertes des Fondsvermögens belaufen.

(2) Der Erwerb von Fremdwährungen im Rahmen eines „Back-to-Back"-Darlehens ist zulässig.

(3) Die Verwaltungsgesellschaft oder die Depotbank darf auf Rechnung des Fondsvermögens weder Kredite gewähren noch Verpflichtungen aus einem Bürgschafts- oder Garantievertrag eingehen; die §§ 67, 68, 70 bis 74 bleiben davon unberührt.

(4) Das Verbot gemäß Abs. 3 steht jedoch dem Erwerb von noch nicht voll eingezahlten Wertpapieren, Geldmarktinstrumenten oder anderen in den §§ 71 oder 73 genannten, noch nicht voll eingezahlten Finanzinstrumenten nicht entgegen.

EB zu § 80:

Setzt Art. 83 und 88 der Richtlinie 2009/65/EG um und entspricht inhaltlich § 4 Abs. 1 bis 3 InvFG 1993.

Dingliche Verfügungen über Vermögenswerte

§ 81. Vermögenswerte eines OGAW dürfen, ausgenommen in den in diesem Bundesgesetz ausdrücklich vorgesehenen Fällen, nicht verpfändet oder sonst belastet, zur Sicherung übereignet oder zur Sicherung abgetreten werden. Eine dieser Vorschrift widersprechende Verfügung ist gegenüber den Anteilinhabern unwirksam. Diese Bestimmung kommt nicht zur Anwendung, soweit für einen OGAW derivative Geschäfte nach § 73 abgeschlossen werden.

EB zu § 81:

Setzt Art. 83 der Richtlinie 2009/65/EG in Verbindung mit Art. 88 der Richtlinie 2007/16/EG um und entspricht inhaltlich § 4 Abs. 2 InvFG 1993. Die Bestimmung ergänzt § 80 und § 82.

Leerverkäufe

§ 82. Weder die Verwaltungsgesellschaft noch die Depotbank darf für Rechnung des Fondsvermögens Wertpapiere, Geldmarktinstrumente oder andere in § 67 Abs. 1 genannte liquide Finanzanlagen verkaufen, die im Zeitpunkt des Geschäftsabschlusses nicht zum Fondsvermögen gehören. § 73 bleibt davon unberührt.

EB zu § 82:

Setzt Art. 89 der Richtlinie 2009/65/EG um und entspricht inhaltlich § 4 Abs. 4 InvFG 1993.

Pensionsgeschäfte

§ 83. Die Verwaltungsgesellschaft ist, sofern dies die Fondsbestimmungen ausdrücklich vorsehen, berechtigt, auf Rechnung des OGAW, innerhalb der Veranlagungsgrenzen dieses

Bundesgesetzes Vermögensgegenstände mit der Verpflichtung des Verkäufers, diese Vermögensgegenstände zu einem im vorhinein bestimmten Zeitpunkt zu einem im voraus bestimmten Preis zurückzunehmen, für das Fondsvermögen zu kaufen (Pensionsgeschäfte). Die FMA kann mittels Verordnung unter Bedachtnahme auf die europäischen Gepflogenheiten und auf Art. 11 der Richtlinie 2007/16/EG nähere Kriterien im Hinblick auf die Definition, Veröffentlichungspflichten, Anlegerinformationen und Anlagebeschränkungen von Pensionsgeschäften festlegen.

EB zu § 83:

Setzt Art. 51 Abs. 2 der Richtlinie 2009/65/EG in Verbindung mit Art. 11 der Richtlinie 2007/16/EG um und entspricht inhaltlich § 4 Abs. 5 InvFG 1993. Im Rahmen der hier festgelegten Grenzen und Bedingungen dürfen Techniken und Instrumente eingesetzt werden, die Wertpapiere und Geldmarktinstrumente zum Gegenstand haben, sofern die Verwendung dieser Techniken und Instrumente im Hinblick auf eine effiziente Portfolioverwaltung geschieht. Im Hinblick auf Art. 50 und 51 der Richtlinie 2009/65/EG in der Fassung der Omnibus-Richtlinie (Richtlinie 2010/78/EU), ist es sachgerecht eine Verordnungsermächtigung der FMA vorzusehen, da nähere Präzisierungen von Art. 11 der Richtlinie 2007/16/EG oder eine Änderung derselben in Hinkunft mittels verbindlicher technischer Standards (Art. 10 bis 15 der Verordnung (EU) 1095/2010) oder mittels ESMA-Guidelines erlassen werden können.

Wertpapierleihe

§ 84. Die Verwaltungsgesellschaft ist, sofern dies die Fondsbestimmungen ausdrücklich vorsehen, innerhalb der Veranlagungsgrenzen dieses Bundesgesetzes berechtigt, Wertpapiere bis zu 30 vH des Fondsvermögens im Rahmen eines anerkannten Wertpapierleihsystems an Dritte befristet unter der Bedingung zu übereignen, dass der Dritte verpflichtet ist, die übereigneten Wertpapiere nach Ablauf einer im vorhinein bestimmten Leihdauer wieder zurückzuübereignen. Das Wertpapierleihsystem muss so beschaffen sein, dass die Rechte der Anteilinhaber ausreichend gesichert sind (Wertpapierleihe). Im Rahmen dieser Berechtigung darf die Verwaltungsgesellschaft für Rechnung eines OGAW eine Ermächtigung gemäß § 8 Depotgesetz erteilen. Die FMA kann mittels Verordnung unter Bedachtnahme auf die europäischen Gepflogenheiten und auf Art. 11 der Richtlinie 2007/16/EG nähere Kriterien im Hinblick auf die Definition, Bezeichnung, Veröffentlichungspflichten, Anlegerinformationen, Mündelsicherheit und Anlagebeschränkungen von Wertpapierleihgeschäften und -systemen festlegen.

EB zu § 84:

Setzt Art. 51 Abs. 2 der Richtlinie 2009/65/EG in Verbindung mit Art. 11 der Richtlinie 2007/16/EG um und entspricht inhaltlich § 4 Abs. 8 InvFG 1993. Im Rahmen der hier festgelegten Grenzen und Bedingungen dürfen Techniken und Instrumente eingesetzt werden, die Wertpapiere und Geldmarktinstrumente zum Gegenstand haben, sofern die Verwendung dieser Techniken und Instrumente im Hinblick auf eine effiziente Portfolioverwaltung geschieht. Im Hinblick auf Art. 50 und 51 der Richtlinie 2009/65/EG in der Fassung der Omnibus-Richtlinie, ist es sachgerecht eine Verordnungsermächtigung der FMA vorzusehen, da nähere Präzisierungen von Art. 11 der Richtlinie 2007/16/EG oder eine Änderung derselben in Hinkunft mittels verbindlicher technischer Standards (Art. 10 bis 15 der Verordnung (EU) 1095/2010) oder mittels ESMA-Guidelines erlassen werden können.

4. Abschnitt
Risikomanagement des OGAW

EB zum 4. Abschnitt (Risikomanagement des OGAW):
Setzt Art. 51 Abs. 1 der Richtlinie 2009/65/EG in Verbindung mit Art. 38 bis 45 der Richtlinie 2010/43/EU um und regelt das Risikomanagement. Ein funktionierendes Risikomanagement soll gewährleisten, dass die Verwaltungsgesellschaft die in der Richtlinie 2009/65/EG und im 3. Abschnitt dieses Bundesgesetzes gesetzten Anlagegrenzen, wie das Gesamtrisiko- und das Kontrahentenrisikolimit, einhält. Es werden deshalb Kriterien für die Berechnung des Gesamt- und des Kontrahentenrisikos festgelegt (so auch Erwägungsgrund 26 der Richtlinie 2010/43/EU).

Risikomanagementverfahren

§ 85. (1) Die Verwaltungsgesellschaft hat in Bezug auf den OGAW ein Risikomanagementverfahren zu verwenden, das es ihr ermöglicht, das mit den Anlagepositionen verbundene Risiko sowie ihren jeweiligen Anteil am Gesamtrisikoprofil des Vermögens des OGAW jederzeit zu überwachen und zu messen. Sie hat Informationsasymmetrien zwischen der Verwaltungsgesellschaft und dem Kontrahenten, die dadurch entstehen, dass der Kontrahent auf nicht öffentliche Informationen über die Unternehmen, auf die Kreditderivate Bezug nehmen, zugreifen kann, durch die internen Kontrollmechanismen in angemessener Weise gemäß diesem Abschnitt zu erfassen.

(2) Zur Sicherstellung einer präzisen und unabhängigen Bewertung des jeweiligen Wertes von OTC-Derivaten hat sie das in § 92 festgelegte Verfahren anzuwenden.

EB zu § 85:
Setzt Art. 51 Abs. 1 der Richtlinie 2009/65/EG um.

Risikomanagement-Grundsätze

§ 86. (1) Die Verwaltungsgesellschaft hat der Art, dem Umfang und der Komplexität ihrer Geschäfte und der von ihr verwalteten OGAW angemessene und dokumentierte Risikomanagement-Grundsätze festzulegen, umzusetzen und aufrechtzuerhalten, in denen

1. die Risken genannt werden, denen die von ihr verwalteten OGAW ausgesetzt sind oder sein könnten;
2. Methoden, Mittel und Vorkehrungen zur Erfüllung der in den §§ 87 bis 89 festgelegten Pflichten festgelegt werden;
3. die Zuständigkeitsverteilung innerhalb der Verwaltungsgesellschaft in Bezug auf das Risikomanagement festgelegt wird;
4. Modalitäten, Inhalt und Häufigkeit der in § 17 vorgesehenen Berichterstattung der Risiko-Managementfunktion an die Geschäftsleitung sowie gegebenenfalls an den Aufsichtsrat festgelegt werden.

(2) Die Risikomanagement-Grundsätze gemäß Abs. 1 haben die Verfahren zu umfassen, die notwendig sind, damit die Verwaltungsgesellschaft bei jedem von ihr verwalteten OGAW dessen Markt-, Liquiditäts- und Kontrahentenrisiko sowie alle sonstigen Risiken, einschließlich operationeller Risiken, bewerten kann, die für die einzelnen von ihr verwalteten OGAW wesentlich sein könnten.

(3) Die Verwaltungsgesellschaft hat zu bewerten, zu überwachen und periodisch zu überprüfen:

1. Die Angemessenheit und Wirksamkeit und Einhaltung der Risikomanagement-Grundsätze und der Vorkehrungen, Prozesse und Verfahren gemäß §§ 87 bis 89; sowie
2. die Angemessenheit und Wirksamkeit der Maßnahmen zur Behebung etwaiger Schwächen in der Leistungsfähigkeit des Risikomanagementprozesses.

EB zu § 86:

Setzt Art. 51 Abs. 1 der Richtlinie 2009/65/EG in Verbindung mit Art. 38 und 39 der Richtlinie 2010/43/EU um. Die Kriterien für die Bewertung der Angemessenheit des Risikomanagement-Prozesses einer Verwaltungsgesellschaft müssen im Rahmen von angemessenen und dokumentierten Grundsätzen festgelegt werden, die von der Verwaltungsgesellschaft einzuhalten sind. Anhand dieser Grundsätze hat die Verwaltungsgesellschaft zu bewerten, mit welchen Risiken die Positionen der von ihnen verwalteten Portfolios verbunden sind und in welchem Umfang diese Einzelrisiken zum Gesamtrisikoprofil des Portfolios beitragen. Die Angemessenheit der Risikomanagement-Grundsätze bezieht sich auf die Art, den Umfang und die Komplexität der Geschäfte der Verwaltungsgesellschaft und der von ihr verwalteten OGAW (So auch Erwägungsgrund 23 der Richtlinie 2010/43/EU).

EB zu § 86 Abs. 1:

Setzt Art. 38 Abs. 1 1. und 3. Unterabs. und Abs. 2 und 3 der Richtlinie 2010/43/EU um.

EB zu § 86 Abs. 2:

Setzt Art. 38 Abs. 1 2. Unterabs. der Richtlinie 2010/43/EU um.

EB zu § 86 Abs. 3:

Setzt Art. 39 Abs. 1 der Richtlinie 2010/43/EU um. Die regelmäßige Bewertung, Überwachung und Überprüfung der Grundsätze für das Risikomanagement durch die Verwaltungsgesellschaft stellt ebenfalls ein Kriterium für die Bewertung der Angemessenheit des Risikomanagement-Prozesses dar. Dazu zählt auch die Prüfung der Wirksamkeit der Maßnahmen, die zur Behebung etwaiger Mängel in der Funktionsweise des Risikomanagement-Prozesses getroffen wurden (so auch Erwägungsgrund 24 der Richtlinie 2010/43/EU).

Risikomessung und Risikomanagement

§ 87. (1) Die Verwaltungsgesellschaft hat der Art, dem Umfang und der Komplexität ihrer Geschäfte und der von ihr verwalteten OGAW angemessene und wirksame sowie dem OGAW-Risikoprofil entsprechende Vorkehrungen, Prozesse und Verfahren einzuführen, um

1. die Risken, denen die von ihr verwalteten OGAW ausgesetzt sind oder sein könnten, jederzeit messen und managen zu können; sowie
2. die Einhaltung der Obergrenzen für das Gesamtrisiko und das Kontrahentenrisiko gemäß den §§ 89 und 91 sicherzustellen.

(2) Die Verwaltungsgesellschaft hat im Sinne von Abs. 1 für jeden von ihr verwalteten OGAW folgende Maßnahmen zu ergreifen:

1. Einführung der notwendigen Risikomanagement-Vorkehrungen, -Prozesse und -Verfahren, um sicherzustellen, dass
   a) die Risiken übernommener Positionen und deren Beitrag zum Gesamtrisikoprofil auf der Grundlage solider und verlässlicher Daten genau gemessen werden und

b) die Risikomanagement-Vorkehrungen, -Prozesse und -Verfahren adäquat dokumentiert werden;
2. gegebenenfalls Durchführung periodischer Rückvergleiche („Back-Testing") zur Überprüfung der Stichhaltigkeit der Risikomessvorkehrungen, zu denen modellbasierte Prognosen und Schätzungen gehören;
3. gegebenenfalls Durchführung periodischer Stresstests und Szenarioanalysen zur Erfassung der Risiken aus potenziellen Veränderungen der Marktbedingungen, die sich nachteilig auf den OGAW auswirken könnten;
4. Festlegung, Umsetzung und Aufrechterhaltung eines dokumentierten Systems interner Limits für die Maßnahmen, mit denen die einschlägigen Risiken für jeden OGAW gemanagt und kontrolliert werden, wobei allen in § 86 Abs. 1 und 2 genannten Risiken, die für den OGAW wesentlich sein könnten, Rechnung getragen und die Übereinstimmung mit dem Risikoprofil des OGAW sichergestellt wird;
5. Gewährleistung, dass der jeweilige Risikostand bei jedem OGAW mit dem in Z 4 dargelegten Risikolimit-System in Einklang steht;
6. Festlegung, Umsetzung und Aufrechterhaltung angemessener Verfahren, die im Falle von tatsächlichen oder zu erwartenden Verstößen gegen das Risikolimit-System des OGAW zu zeitnahen Abhilfemaßnahmen im besten Interesse der Anteilinhaber führen.

(3) Die FMA kann unter Bedachtnahme auf die europäischen Gepflogenheiten in diesem Bereich mittels Verordnung festlegen,

1. unter welchen Bedingungen periodische Rückvergleiche gemäß Abs. 2 Z 2 sowie periodische Stresstests und Szenarioanalysen gemäß Abs. 2 Z 3 durchzuführen sind;
2. welche Voraussetzungen erfüllt sein müssen, damit der Einklang des jeweiligen Risikostandes jedes OGAW mit dem Risikosystem gemäß Abs. 2 Z 5 gewährleistet ist;
3. welche Kriterien ein angemessener Risikomanagementprozess für Liquiditätsrisiken zu erfüllen hat (§ 88);
4. die konkrete Ausgestaltung der Risikomanagement-Grundsätze (§ 86) und der Risikomessung und des Risikomanagements (§ 87 Abs. 1 und Abs. 2);
5. die Definition von Gesamtrisiko (§ 89) und dessen quantitative und qualitative Ausgestaltung im Risikomanagement;
6. die Berechnung des Gesamtrisikos bei Verwendung des Commitment-Ansatzes und dessen quantitative und qualitative Ausgestaltung im Risikomanagement (§ 90);
7. die Berechnung des Gesamtrisikos bei Verwendung des Value-at-Risk-Ansatzes und dessen quantitative und qualitative Ausgestaltung im Risikomanagement (§ 89);
8. die Berechnung des Gegenpartei- oder Kontrahenten-Risikos unter Berücksichtigung von Sicherheiten und dessen quantitative und qualitative Ausgestaltung im Risikomanagement (§ 90);
9. die Regeln für die Deckung von Derivattransaktionen und deren quantitative und qualitative Ausgestaltung im Risikomanagement;
10. die erlaubten fortgeschrittenen Messansätze (§ 89);
11. die Berücksichtigung von Netting- und Hedging-Vereinbarungen beim Commitment-Ansatz (§ 90);
12. die Verfahren zur Sicherstellung einer angemessenen, präzisen und unabhängigen Bewertung von OTC-Derivaten zum Verkehrswert (§ 92);
13. welche Vorkehrungen und Verfahren festzulegen, umzusetzen und aufrechtzuerhalten sind, die eine geeignete, transparente und faire Bewertung der OGAW-Risiken aus OTC-Derivaten sicherstellen und diese adäquat dokumentieren (§ 92);
14. welche Sicherheiten und deren Höhe bei der Behandlung von Kontrahenten- und Emit-

tentenrisiken zulässig sind und die Berechnung des Risikos aus OTC-Derivatgeschäften (§ 91).

EB zu § 87:

Setzt Art. 40 Abs. 1 und 2 der Richtlinie 2010/43/EU um. Ein wesentliches Kriterium für die Bewertung der Angemessenheit des Risikomanagement-Prozesses besteht darin, ob die Verwaltungsgesellschaft verhältnismäßige und wirksame Risikomessverfahren anwendet, um die Risiken, denen die von ihnen verwalteten OGAW ausgesetzt sind oder sein könnten, jederzeit messen zu können. Diese Anforderungen beruhen auf gemeinsamen Praktiken, auf die sich die zuständigen Behörden der Mitgliedstaaten verständigt haben. Sie umfassen sowohl quantitative Messgrößen (für quantifizierbare Risiken) als auch qualitative Methoden. Die zur Berechnung der quantitativen Messgrößen verwendeten elektronischen Datenverarbeitungssysteme und -instrumente sollten miteinander oder mit Front-Office- und Rechnungslegungsanwendungen verknüpft werden. Risikomessverfahren sollten in Zeiten erhöhter Marktturbulenz eine angemessene Risikomessung ermöglichen und überarbeitet werden, wenn dies im Interesse der Anteilinhaber notwendig ist. Sie sollten auch eine angemessene Bewertung der Konzentration der maßgeblichen Risiken auf Portfolio-Ebene und deren Wechselwirkungen untereinander ermöglichen (so auch Erwägungsgrund 25 der Richtlinie 2010/43/EU).

EB zu § 87 Abs. 1:

Setzt Art. 40 Abs. 1 der Richtlinie 2010/43/EU um.

EB zu § 87 Abs. 2:

Setzt Art. 40 Abs. 2 der Richtlinie 2010/43/EU um.

EB zu § 87 Abs. 3:

Zur Risikomessung sind am 28. Juli 2010 CESR-Guidelines (CESR/10-788) ergangen, die mit dem Umsetzungsdatum der Richtlinie 2009/65/EG, nämlich am 1. Juli 2011 in Kraft treten. Diese Guidelines und allfällige neuere Guidelines von ESMA diesbezüglich sollen in der FMA-Verordnung berücksichtigt werden. Die Notwendigkeit der Befolgung der CESR- beziehungsweise ESMA-Guidelines folgt bereits aus Art. 16 Abs. 3 der Verordnung 1095/2010. Laut Guideline CESR/10-788 (Box 1 Punkt 2) sollten nur solche fortgeschrittenen Messansätze zugelassen werden, die von CESR (künftig ESMA) beschlossen werden. Derzeit gibt es nur Beschlüsse zum Commitment-Ansatz und zum Value-at-Risk-Modell. Die Verordnungsermächtigung soll für die Rechtsunterworfenen mehr Rechtssicherheit herstellen, als wenn die FMA die Anwendung der CESR-Guidelines bloß in ihrer Aufsichtspraxis berücksichtigen würde. In diesem Sinne werden die Kriterien auch in den einzelnen Ziffern genau angegeben. Die Notwendigkeit der Befolgung der CESR- beziehungsweise ESMA-Guidelines folgt bereits aus Art. 16 Abs. 3 der Verordnung (EU) 1095/2010. Die Verordnungsermächtigung erfolgt im Sinne einer effizienten Legistik mittel „Kann-Bestimmung“, da aufgrund der Richtlinie 2009/65/EG in der Fassung der Omnibusrichtlinie auch mit der „Konvertierung“ der CESR- beziehungsweise ESMA-Guidelines in technische Regulierungsstandards gemäß Art. 10 bis 15 der Verordnung (EU) 1095/2010 gerechnet werden muss. Diese technischen Regulierungsstandards sind direkt anwendbar und rechtlich verbindlich. Für eine innerstaatliche Rechtssetzung bliebe dann kein Raum mehr. Daher würde eine Verpflichtung der FMA zur Erlassung einer Verordnung in letzterem Fall ins Leere gehen.

Liquiditätsrisikomanagement

§ 88. (1) Die Verwaltungsgesellschaft hat einen angemessenen Risikomanagementprozess für Liquiditätsrisiken anzuwenden, um zu gewährleisten, dass jeder von ihr verwaltete OGAW jederzeit zur Rücknahme und Auszahlung der Anteile gemäß § 55 Abs. 2 imstande ist. Zur Bewertung des Liquiditätsrisikos des OGAW unter außergewöhnlichen Umständen hat die Verwaltungsgesellschaft Stresstests durchzuführen.

(2) Die Verwaltungsgesellschaft hat sicherzustellen, dass das Liquiditätsprofil der OGAW-Anlagen bei jedem von ihr verwalteten OGAW den in den Fondsbestimmungen und im Prospekt niedergelegten Rücknahmegrundsätzen entspricht.

EB zu § 88:

Setzt Art. 40 Abs. 3 und 4 der Richtlinie 2010/43/EU um.

EB zu § 88 Abs. 1:

Setzt Art. 40 Abs. 3 der Richtlinie 2010/43/EU um.

EB zu § 88 Abs. 2:

Setzt Art. 40 Abs. 4 der Richtlinie 2010/43/EU um.

Berechnung des Gesamtrisikos

§ 89. (1) Die Verwaltungsgesellschaft hat das Gesamtrisiko eines verwalteten OGAW im Sinne von § 73 Abs. 5 und 6 mindestens einmal täglich als eine der folgenden Größen zu berechnen:

1. zusätzliches Risiko und zusätzlicher Leverage, die der verwaltete OGAW durch die Nutzung derivativer Finanzinstrumente einschließlich eingebetteter Derivate im Sinne von § 73 Abs. 6 erzeugt und die den Gesamtbetrag des OGAW-Nettoinventarwerts nicht übersteigen dürfen;
2. Marktrisiko des OGAW-Portfolios.

(2) Das Gesamtrisiko ist, je nach Zweckdienlichkeit, nach dem Commitment-Ansatz, dem Value-at-Risk-Modell oder einem fortgeschrittenen Messansatz zu ermitteln. „Value at Risk“ bezeichnet in diesem Zusammenhang den bei einem gegebenen Konfidenzniveau über einen bestimmten Zeitraum maximal zu erwartenden Verlust. Die zur Messung des Gesamtrisikos gewählte Methode muss der vom OGAW gewählten Anlagestrategie sowie der Art und Komplexität der genutzten derivativen Finanzinstrumente und dem Anteil derivativer Finanzinstrumente am OGAW-Portfolio angemessen sein. Geschäfte gemäß § 83 und gemäß § 84 sind bei der Berechnung des Gesamtrisikos ebenfalls zu berücksichtigen.

EB zu § 89:

Setzt Art. 41 der Richtlinie 2010/43/EU um. Ein funktionierendes Risikomanagement soll gewährleisten, dass die Verwaltungsgesellschaft die Anlagegrenzen, wie das Gesamtrisikolimit, einhält. Zu diesem Zweck werden Kriterien für die Berechnung des Gesamtrisikos festgelegt (Erwägungsgrund 26 der Richtlinie 2010/43/EU).

Bei der Festlegung dieser Kriterien wird klargestellt, wie das Gesamtrisiko berechnet werden kann, nämlich mit Hilfe des Commitment-Ansatzes, des Value-at-risk-Modells oder eines fortgeschrittenen Messansatzes. Auch die Hauptelemente der Methode, nach der die Verwaltungsgesellschaft das Kontrahentenrisiko berechnen soll, werden festgelegt. Bei der Anwendung dieser Regeln soll den Bedingungen, unter denen diese Methoden angewandt werden, Rechnung getragen werden, so unter anderem den von den zuständigen Behörden im Ausschuss der Europäischen Wertpapierregulierungsbehörden ausgearbeiteten Grundsätzen, die auf die Finanzsicherheiten angewandt werden, um das Kontrahentenrisiko des OGAW zu verringern, sowie für die Verwendung von Hedging- und Nettingvereinbarungen (so Erwägungsgrund 27 der Richtlinie 2010/43/EU).

EB zu § 89 Abs. 1:
Setzt Art. 41 Abs. 1 und 2 der Richtlinie 2010/43/EU um.

EB zu § 89 Abs. 2:
Setzt Art. 41 Abs. 3 und 4 der Richtlinie 2010/43/EU um.

Commitment-Ansatz

§ 90. (1) Wird das Gesamtrisiko nach dem Commitment-Ansatz berechnet, so hat die Verwaltungsgesellschaft

1. diesen Ansatz auf sämtliche Positionen in derivativen Finanzinstrumenten einschließlich eingebetteter Derivate im Sinne von § 73 Abs. 6 anzuwenden, und zwar unabhängig davon, ob sie im Zuge der allgemeinen Anlagepolitik des OGAW, zum Zwecke der Risikominderung oder zum Zwecke der effizienten Portfolioverwaltung im Sinne von §§ 83 und 84 genutzt werden;
2. jede Position in derivativen Finanzinstrumenten in den Marktwert einer gleichwertigen Position im Basiswert des betreffenden Derivats umzurechnen (Standard-Commitment-Ansatz).

(2) Die Verwaltungsgesellschaft darf bei der Berechnung des Gesamtrisikos Netting- und Hedging-Vereinbarungen berücksichtigen, sofern diese offenkundige und wesentliche Risiken nicht außer Acht lassen und eindeutig zu einer Verringerung des Risikos führen.

(3) Erzeugt die Nutzung derivativer Finanzinstrumente für den OGAW kein zusätzliches Risiko, so muss die zugrunde liegende Risikoposition nicht in die Commitment-Berechnung einbezogen werden.

(4) Vorübergehende Kreditvereinbarungen gemäß § 80 Abs. 1 müssen bei Anwendung des Commitment-Ansatzes zur Berechnung des Gesamtrisikos nicht berücksichtigt werden.

EB zu § 90:
Setzt Art. 42 der Richtlinie 2010/43/EU um. Mittels Kriterien wird grundsätzlich klargestellt, wie das Gesamtrisiko berechnet werden kann, nämlich unter anderem mit Hilfe des Commitment-Ansatzes, des Value-at-risk-Modells oder eines fortgeschrittenen Messansatzes. Auch die Hauptelemente der Methode, nach der die Verwaltungsgesellschaft das Kontrahentenrisiko berechnen soll, werden festgelegt. Bei der Anwendung dieser Regeln sollte den Bedingungen, unter denen diese Methoden angewandt werden, Rechnung getragen werden, so auch den CESR beziehungsweise ESMA ausgearbeiteten Grundsätzen, die auf die Finanzsicherheiten angewandt werden, um das Kontrahentenrisiko des OGAW zu verringern, sowie für die Verwendung von Hedging- und Nettingvereinbarungen (so auch Erwägungsgrund 27 der Richtlinie 2010/43/EU).

EB zu § 90 Abs. 1:
Setzt Art. 42 Abs. 1 und 2 der Richtlinie 2010/43/EU um.

EB zu § 90 Abs. 2:
Setzt Art. 42 Abs. 3 der Richtlinie 2010/43/EU um. Zur Risikomessung sind am 28. Juli 2010 CESR-Guidelines (CESR/10-788) ergangen, die mit dem Umsetzungsdatum der Richt-

linie 2009/65/EG, nämlich am 1. Juli 2011 in Kraft treten. Diese Guidelines und allfällige neuere Guidelines von ESMA diesbezüglich sollen in der FMA-Verordnung berücksichtigt werden. Die Verordnungsermächtigung soll für die Rechtsunterworfenen mehr Rechtssicherheit herstellen, als wenn die FMA die Anwendung der CESR-Guidelines bloß in ihrer Aufsichtspraxis berücksichtigen würde. Die Notwendigkeit der Befolgung der CESR- beziehungsweise ESMA-Guidelines folgt bereits aus Art. 16 Abs. 3 der Verordnung (EU) 1095/2010.

EB zu § 90 Abs. 3:

Setzt Art. 42 Abs. 4 der Richtlinie 2010/43/EU um. Es wird klargestellt, dass in die Berechnung des Commitment-Ansatzes nur Derivate einzufließen haben, die ein zusätzliches Exposure über 100 vH des Nettoinventarwertes erzeugen, das heißt nicht als reiner Wertpapierersatz dienen (Exposure zu einer Aktie über ein Derivat und nicht als Kassakauf wegen unter Umständen geringerer Transaktionsgebühren).

EB zu § 90 Abs. 4:

Setzt Art. 42 Abs. 5 der Richtlinie 2010/43/EU um.

Kontrahentenrisiko und Emittentenkonzentration

§ 91. (1) Für das Kontrahentenrisiko aus nicht börsegehandelten derivativen Finanzinstrumenten (OTC-Derivaten) gelten die in § 74 festgelegten Obergrenzen. Dabei hat die Verwaltungsgesellschaft für die Berechnung des Kontrahentenrisikos eines OGAW im Einklang mit den in § 74 Abs. 1 und 2 festgelegten Obergrenzen den positiven Verkehrswert des OTC-Derivatkontrakts mit der betreffenden Gegenpartei zugrunde zu legen.

(2) Die Verwaltungsgesellschaft kann die Derivatpositionen eines OGAW mit ein und derselben Gegenpartei miteinander verrechnen (Netting), wenn sie die Möglichkeit hat, Nettingvereinbarungen mit der betreffenden Gegenpartei für den OGAW rechtlich durchzusetzen. Das Netting ist nur bei den OTC-Derivaten mit einer Gegenpartei, nicht bei anderen Positionen des OGAW gegenüber dieser Gegenpartei zulässig.

(3) Die Verwaltungsgesellschaft kann das Kontrahentenrisiko eines OGAW aus einem OTC-Derivat durch die Entgegennahme von Sicherheiten mindern. Die entgegengenommene Sicherheit muss hinreichend liquide sein, damit sie rasch zu einem Preis veräußert werden kann, der nahe an der vor dem Verkauf festgestellten Bewertung liegt. Die Verwaltungsgesellschaft hat Sicherheiten bei der Berechnung des Ausfallrisikos im Sinne von § 74 Abs. 1 und 2 zu berücksichtigen, wenn die Verwaltungsgesellschaft einer OTC-Gegenpartei für den OGAW eine Sicherheit stellt. Die gestellte Sicherheit darf nur dann auf Nettobasis berücksichtigt werden, wenn die Verwaltungsgesellschaft die Möglichkeit hat, Nettingvereinbarungen mit der betreffenden Gegenpartei für den OGAW rechtlich durchzusetzen.

(4) Die Verwaltungsgesellschaft hat die in § 74 für die Emittentenkonzentration festgelegten Obergrenzen auf Basis des zugrunde liegenden Risikos zu berechnen, das nach dem Commitment-Ansatz durch die Nutzung derivativer Finanzinstrumente entsteht. Hinsichtlich des Risikos aus Geschäften mit OTC-Derivaten gemäß § 74 Abs. 2 hat die Verwaltungsgesellschaft etwaige Kontrahentenrisiken aus OTC-Derivaten in die Berechnung einzubeziehen.

EB zu § 91:

Setzt Art. 43 der Richtlinie 2010/43/EU um. Ein funktionierendes Risikomanagement soll gewährleisten, dass die Verwaltungsgesellschaft die Anlagegrenzen, wie das Kontra-

hentenrisikolimit, einhalten. Deshalb werden Kriterien für die Berechnung des Kontrahentenrisikos festgelegt (Erwägungsgrund 26 der Richtlinie 2010/43/EU).

EB zu § 91 Abs. 1:
Setzt Art. 43 Abs. 1 und 2 1. Unterabs. der Richtlinie 2010/43/EU um.

EB zu § 91 Abs. 2:
Setzt Art. 43 Abs. 2 2. Unterabs. der Richtlinie 2010/43/EU um.

EB zu § 91 Abs. 3:
Setzt Art. 43 Abs. 3 und 4 der Richtlinie 2010/43/EU um.

EB zu § 91 Abs. 4:
Setzt Art. 43 Abs. 5 und 6 der Richtlinie 2010/43/EU um.

Verfahren zur Bewertung der OTC-Derivate

§ 92. (1) Verwaltungsgesellschaften haben sich zu vergewissern, dass den Risiken von OGAW aus OTC-Derivaten ein Verkehrswert zugewiesen wird, der sich nicht nur auf die Marktnotierungen der Kontrahenten der OTC-Geschäfte stützt und die in § 73 Abs. 1 Z 3 lit. b niedergelegten Kriterien erfüllt. Zu diesem Zweck hat die Verwaltungsgesellschaft Vorkehrungen und Verfahren festzulegen, umzusetzen und aufrechtzuerhalten, die eine geeignete, transparente und faire Bewertung der OGAW-Risiken aus OTC-Derivaten sicherstellen und diese adäquat zu dokumentieren.

(2) Die Verwaltungsgesellschaft hat sicherzustellen, dass der Verkehrswert von OTC-Derivaten angemessen, präzise und unabhängig bewertet wird. Die Bewertungsvorkehrungen und -verfahren müssen geeignet und der Art und Komplexität der betreffenden OTC-Derivate angemessen sein. Schließen die Vorkehrungen und Verfahren für die Bewertung von OTC-Derivaten die Durchführung bestimmter Aufgaben durch Dritte ein, so muss die Verwaltungsgesellschaft die in § 10 Abs. 1 Z 7 und § 30 Abs. 3 niedergelegten Anforderungen erfüllen.

EB zu § 92:
Setzt Art. 44 der Richtlinie 2010/43/EU um. Verwaltungsgesellschaften müssen ein Verfahren verwenden, das eine präzise und unabhängige Bewertung des Werts von OTC-Derivaten erlaubt. Der vorbildlichen Praxis halber sollten Verwaltungsgesellschaften diese Anforderungen auf Instrumente anwenden, die OGAW den gleichen Bewertungsrisiken aussetzen wie OTC-Derivate, das heißt Risiken, die mit der fehlenden Liquidität eines Produkts und/oder der Komplexität der Auszahlungsstruktur zusammenhängen. Dementsprechend sollten Verwaltungsgesellschaften Vorkehrungen treffen und Verfahren festlegen, die mit den Anforderungen in Einklang stehen, die in dieser Bestimmung für die Bewertung weniger liquider oder komplexer Wertpapiere und Geldmarktinstrumente festgelegt sind, bei denen modellgestützte Bewertungsverfahren angewandt werden müssen (so auch Erwägungsgrund 28 der Richtlinie 2010/43/EU).

EB zu § 92 Abs. 1:
Setzt Art. 44 Abs. 1 und 2 1. Unterabs. der Richtlinie 2010/43/EU um.

EB zu § 92 Abs. 2:
Setzt Art. 44 Abs. 2 2. bis 4 Unterabs. der Richtlinie 2010/43/EU um.

5. Abschnitt
Master-Feeder-Strukturen

EB zum 5. Abschnitt (Master-Feeder-Strukturen):

Mehrere Mitgliedstaaten haben bereits Bestimmungen erlassen, die nicht koordinierten Organismen für gemeinsame Anlagen ein Pooling ihres Vermögens in einem so genannten Master-Fonds ermöglichen. OGAW können diese Strukturen nur dann nutzen, wenn Feeder-OGAW, die ein Pooling ihres Vermögens in einem Master-OGAW wünschen, vom Verbot befreit werden, mehr als 10 vH oder 20 vH ihres Sondervermögens in einen einzigen Organismus für gemeinsame Anlagen anzulegen. Diese Befreiung ist gerechtfertigt, da Feeder-OGAW ihr gesamtes Vermögen oder zumindest einen Großteil davon in das diversifizierte Portfolio des Master-OGAW investieren, der seinerseits den Diversifizierungsbestimmungen für OGAW unterliegt (so auch Erwägungsgrund 50 der Richtlinie 2009/65/EG). Im Interesse eines wirksam funktionierenden Binnenmarkts und eines einheitlichen Anlegerschutzes in der gesamten Union erlaubt nunmehr die Richtlinie 2009/65/EG sowohl Master-Feeder-Strukturen, bei denen Master- und Feeder-Fonds im gleichen Mitgliedstaat niedergelassen sind, als auch Strukturen, bei denen sie in verschiedenen Mitgliedstaaten niedergelassen sind. Um dem Anleger ein besseres Verständnis der Master-Feeder-Strukturen zu ermöglichen und – insbesondere in grenzüberschreitenden Fällen – die Überwachung durch die Regulierungsstellen zu vereinfachen, darf ein Feeder-OGAW nicht in mehr als einen Master-OGAW investieren können. Um unionsweit den gleichen Grad an Anlegerschutz zu gewährleisten, muss der Master-Fonds selbst ein zugelassener OGAW sein. Zur Vermeidung eines unnötigen Verwaltungsaufwands finden die Bestimmungen über die Anzeige grenzüberschreitender Vermarktung keine Anwendung, wenn ein Master-OGAW in einem anderen Mitgliedstaat als dem Mitgliedstaat seiner Niederlassung kein öffentliches Kapital aufnimmt, sondern in diesem anderen Mitgliedstaat lediglich über einen oder mehrere Feeder-OGAW verfügt (so auch Erwägungsgrund 51 der Richtlinie 2009/65/EG).

Feeder-OGAW

§ 93. (1) Ein Feeder-OGAW ist ein OGAW oder ein Teilfonds eines OGAW, der abweichend von § 2 Abs. 1 Z 1, §§ 67, 68, 70, 71, 74, 76, 77, und 78 Abs. 3 mindestens 85 vH seines Vermögens in Anteile eines anderen OGAW oder eines Teilfonds eines anderen OGAW („Master-OGAW“) anlegt.

(2) Ein Feeder-OGAW kann bis zu 15 vH seines Vermögens in einem oder mehreren der folgenden Vermögenswerte halten:

1. gemäß § 67 Abs. 2 gehaltene Sichteinlagen und kündbare Einlagen;
2. derivative Finanzinstrumente gemäß § 73, die ausschließlich für Absicherungszwecke verwendet werden dürfen;
3. wenn es sich beim Feeder-OGAW um eine Investmentgesellschaft handelt, bewegliches und unbewegliches Vermögen, das für die unmittelbare Ausübung seiner Tätigkeit unerlässlich ist.

(3) Für die Zwecke der Einhaltung von § 73 Abs. 5 und 6 hat der Feeder-OGAW sein Gesamtrisiko im Zusammenhang mit derivativen Finanzinstrumenten anhand einer Kombination seines eigenen unmittelbaren Risikos nach Abs. 2 Z 2 zu berechnen:

1. entweder mit dem tatsächlichen Risiko des Master-OGAW gegenüber derivativen

Finanzinstrumenten im Verhältnis zur Anlage des Feeder-OGAW in den Master-OGAW oder

2. mit dem potenziellen Gesamthöchstrisiko des Master-OGAW in Bezug auf derivative Finanzinstrumente gemäß den Fondsbestimmungen oder der Satzung des Master-OGAW im Verhältnis zur Anlage des Feeder-OGAW in den Master-OGAW.

EB zu § 93:

Setzt Art. 58 Abs. 1 und 2 der Richtlinie 2009/65/EG um. Um die erforderliche Flexibilität zu gewährleisten und gleichzeitig im besten Interessen der Anleger zu handeln, soll ein Feeder-OGAW, der Vermögenswerte durch Übertragung von Sacheinlagen erhalten hat, vorbehaltlich der Zustimmung des Master-OGAW die Möglichkeit haben, einen Teil oder die Gesamtheit dieser Vermögenswerte auf seinen Master-OGAW zu übertragen, oder Vermögenswerte in Barwerte umzuwandeln und diese im Master-OGAW anzulegen (so auch Erwägungsgrund 11 der Richtlinie 2010/44/EU – siehe auch die Erläuterungen zu § 96 Abs. 4).

EB zu § 93 Abs. 1:

Setzt Art. 58 Abs. 1 der Richtlinie 2009/65/EG um.

EB zu § 93 Abs. 2:

Setzt Art. 58 Abs. 2 erster Unterabs. der Richtlinie 2009/65/EG um. Derivative Finanzinstrumente gemäß § 73 dürfen ausschließlich zum Absichern des Währungsrisikos verwendet werden. Diese Auslegung wird auch von CESR/ESMA und den anderen Mitgliedstaaten sowie der Kommission geteilt. Jede andere Auslegung würde dem Regelungszweck der Risikostreuung zuwiderlaufen, und das Master-Feeder-Konzept des Asset-Pooling verändern.

EB zu § 93 Abs. 3:

Setzt Art. 58 Abs. 2 zweiter Unterabs. der Richtlinie 2009/65/EG um.

Master-OGAW

§ 94. (1) Ein Master-OGAW ist ein OGAW oder ein Teilfonds eines OGAW, der

1. mindestens einen Feeder-OGAW unter seinen Anteilinhabern hat,
2. nicht selbst ein Feeder-OGAW ist und
3. keine Anteile eines Feeder-OGAW hält.

(2) Für einen Master-OGAW gelten folgende Abweichungen:

1. Hat ein Master-OGAW mindestens zwei Feeder-OGAW als Anteilinhaber, gilt das Erfordernis der Beschaffung des Kapitals beim Publikum der Mitgliedstaaten (§ 2 Abs. 1 Z 1 in Verbindung mit § 4) nicht und der Master-OGAW hat die Möglichkeit, sich Kapital bei anderen Anlegern zu beschaffen;
2. nimmt ein Master-OGAW in einem anderen Mitgliedstaat als dem, in dem er niedergelassen ist, und in dem er lediglich über einen oder mehrere Feeder-OGAW verfügt, kein beim Publikum beschafftes Kapital auf, so kommen die Bestimmungen des 5. Abschnittes des 4. Hauptstückes und von § 143 Abs. 1 Z 2 nicht zur Anwendung.

EB zu § 94:

Setzt Art. 58 Abs. 3 und 4 der Richtlinie 2009/65/EG um.

EB zu § 94 Abs. 1:

Setzt Art. 58 Abs. 3 der Richtlinie 2009/65/EG um.

EB zu § 94 Abs. 2:

Setzt Art. 58 Abs. 4 der Richtlinie 2009/65/EG um.

Bewilligung der Master-Feeder-Struktur durch die FMA

§ 95. (1) Anlagen eines in Österreich bewilligten Feeder-OGAW in einen bestimmten Master-OGAW, die die Grenze gemäß § 77 Abs. 1 für Anlagen in andere OGAW überschreiten, bedürfen der vorherigen Bewilligung durch die FMA und einer rechtswirksamen Vereinbarung im Sinne von § 96.

(2) Die FMA hat dem Feeder-OGAW innerhalb von 15 Arbeitstagen nach Vorlage eines vollständigen Antrags die Anlage des Feeder-OGAW in den Master-OGAW mittels schriftlichen Bescheides zu bewilligen oder die Ablehnung des Antrages mittels Bescheides mitzuteilen. Weist die FMA den Antragsteller auf im Antrag fehlende Unterlagen oder Informationen hin, so findet § 13 Abs. 3 letzter Satz AVG keine Anwendung. Wird die Anlage in den Master-OGAW innerhalb der Frist gemäß Satz 1 von der FMA nicht schriftlich untersagt, so gilt sie als bewilligt. Auf Antrag des Feeder-OGAW hat die FMA jedoch auch im Falle einer Nichtuntersagung einen schriftlichen Bescheid auszustellen.

(3) Die FMA hat die Bewilligung zu erteilen, wenn der Feeder-OGAW, seine Verwahrstelle und sein Abschlussprüfer sowie der Master-OGAW alle in diesem Abschnitt dargelegten Anforderungen erfüllen. Der Feeder-OGAW hat der FMA zu diesem Zweck folgende Dokumente zu übermitteln:

1. Die Fondsbestimmungen oder Satzungen von Feeder-OGAW und Master-OGAW,
2. den Prospekt und das in § 134 genannte Kundeninformationsdokument für den Anleger von Feeder-OGAW und Master-OGAW,
3. die Vereinbarung gemäß § 96 zwischen Feeder-OGAW und Master-OGAW oder die entsprechenden internen Regelungen gemäß § 98,
4. im Falle einer Umwandlung eines bestehenden OGAW, die in § 111 Abs. 1 genannten Informationen für die Anteilinhaber,
5. wenn Master-OGAW und Feeder-OGAW verschiedene Verwahrstellen haben, die Vereinbarung gemäß § 107 Abs. 1 zwischen den Verwahrstellen, und
6. wenn Master-OGAW und Feeder-OGAW verschiedene Abschlussprüfer haben, die Vereinbarung gemäß § 109 Abs. 1 zwischen den Abschlussprüfern.

(4) Ist der Master-OGAW in einem anderen Mitgliedstaat bewilligt, so hat der Feeder-OGAW außerdem eine Bestätigung der zuständigen Behörden des Herkunftmitgliedstaates des Master-OGAW beizubringen, dass der Master-OGAW ein OGAW oder ein Teilfonds eines OGAW ist, der die Bestimmungen gemäß Artikel 58 Absatz 3 Buchstaben b und c der Richtlinie 2009/65/EG erfüllt. Der Feeder-OGAW hat die Unterlagen in deutscher oder englischer Sprache oder in einer von der FMA gemäß Verordnung (§ 7b Abs. 1 KMG) anerkannten anderen Sprache vorzulegen.

(5) Zur Vorlage bei den zuständigen Behörden des Herkunftmitgliedstaates eines Feeder-OGAW hat die FMA auf dessen Antrag bei beabsichtigter Veranlagung in einen von der FMA bewilligten OGAW als Master-OGAW und zum Nachweis der Voraussetzungen eine Bescheinigung auszustellen, dass es sich bei diesem um einen OGAW handelt, dieser selbst nicht ebenfalls ein Feeder-OGAW ist und keine Anteile an einem Feeder-OGAW hält. Zum Nachweis, dass keine Anteile an einem Feeder-OGAW gehalten werden, hat die Depotbank eine Bestätigung auszustellen, die bei Antragstellung nicht älter als zwei Wochen ist.

EB zu § 95:

Setzt Art. 59 der Richtlinie 2009/65/EG um. Zum Schutz der Anleger des Feeder-OGAW ist dessen Anlage in den Master-OGAW von einer vorherigen Genehmigung durch die FMA als zuständige Behörde des Herkunftsmitgliedstaats des Feeder-OGAW abhängig. Einer

Genehmigungspflicht unterliegt nur die Anfangsanlage in den Master-OGAW, mit der der Feeder-OGAW die für Anlagen in einen anderen OGAW geltende Obergrenze überschreitet. Zur Erleichterung des effektiven Funktionierens des Binnenmarkts und zur Gewährleistung eines einheitlichen Anlegerschutzes in der Union müssen die zu erfüllenden Bedingungen und die für die Genehmigung der Anlage des Feeder-OGAW in den Master-OGAW beizubringenden Unterlagen und Informationen vollständig sein (so auch Erwägungsgrund 52 der Richtlinie 2009/65/EG).

EB zu § 95 Abs. 1:
Setzt Art. 59 Abs. 1 und 60 Abs. 1 zweiter Unterabs. der Richtlinie 2009/65/EG um.

EB zu § 95 Abs. 2:
Setzt Art. 59 Abs. 2 der Richtlinie 2009/65/EG um. Grundsätzlich hat die FMA innerhalb von 15 Arbeitstagen ab Vorliegen des vollständigen Antrags über die Zulässigkeit des Master-Feeder-OGAW zu entscheiden. Aufgrund der kurzen Frist ist ein Abweichen von der Regel des § 13 Abs. 3 letzter Satz AVG gerechtfertigt, da ansonsten die FMA im Zweifel bei nicht vollständigen Unterlagen immer ablehnen müsste, um nicht in Fristverzug durch nachträglich vollständige Unterlagen zu kommen. Ein Verschweigen – aus welchen Gründen auch immer – soll daher nicht zum Nachteil des Antragstellers gereichen. Der Master-Feeder-OGAW gilt sodann als bewilligt. Der Antragsteller kann jedoch auch auf einen positiven schriftlichen Bescheid bestehen. Dafür gelten allerdings wieder die allgemeinen Fristen des AVG (6 Monate ab Einlangen des Antrages, wobei die Befreiung von § 13 Abs. 3 letzter Satz in diesem Fall nicht zur Anwendung kommt).

EB zu § 95 Abs. 3:
Setzt Art. 59 Abs. 3 erster Unterabs. der Richtlinie 2009/65/EG um.

EB zu § 95 Abs. 4:
Setzt Art. 59 Abs. 3 zweiter Unterabs. der Richtlinie 2009/65/EG um.

Vereinbarung zwischen Feeder-OGAW und Master-OGAW

§ 96. (1) Der Feeder-OGAW hat mit dem Master-OGAW eine Vereinbarung abzuschließen, in der sich der Master-OGAW verpflichtet, dem Feeder-OGAW alle Unterlagen und Informationen zur Verfügung zu stellen, die der Feeder-OGAW benötigt, um die Anforderungen nach diesem Bundesgesetz zu erfüllen. Die Vereinbarung hat zumindest die in Abs. 2 bis 7 genannten Angaben zu enthalten.

(2) Die Vereinbarung gemäß Abs. 1 hat in Bezug auf den Zugang zu Informationen folgende Angaben zu enthalten:

1. Wie und wann der Master-OGAW dem Feeder-OGAW Kopien seiner Fondsbestimmungen oder Satzung, des Prospekts und der wesentlichen Informationen für den Anleger zu übermitteln hat;
2. wie und wann der Master-OGAW den Feeder-OGAW über die Übertragung von Aufgaben des Investment- und Risikomanagements an Dritte gemäß § 28 zu unterrichten hat;
3. wie und wann der Master-OGAW dem Feeder-OGAW – sofern relevant – interne Betriebsdokumente wie die Beschreibung des Risikomanagement-Verfahrens und die Compliance-Berichte zu übermitteln hat;
4. welche Angaben zu Verstößen des Master-OGAW gegen Rechtsvorschriften, Fondsbestimmungen oder Satzung und die Vereinbarung zwischen Master-OGAW und Feeder-

OGAW der Master-OGAW dem Feeder-OGAW zu melden hat, einschließlich Angaben zu Modalitäten und Zeitpunkt dieser Meldung;
5. falls der Feeder-OGAW zu Sicherungszwecken in derivative Finanzinstrumente investiert, wie und wann der Master-OGAW dem Feeder-OGAW Informationen über seine tatsächliche Risikoexponierung gegenüber derivativen Finanzinstrumenten zu übermitteln hat, damit der Feeder-OGAW sein eigenes Gesamtrisiko gemäß § 93 Abs. 3 Z 1 ermitteln kann;
6. eine Erklärung, der zufolge der Master-OGAW den Feeder-OGAW über jegliche weitere Vereinbarungen über den Informationsaustausch mit Dritten unterrichtet, und gegebenenfalls wie und wann der Master-OGAW dem Feeder-OGAW diese Vereinbarungen über den Informationsaustausch übermittelt.

(3) Die Vereinbarung gemäß Abs. 1 hat in Bezug auf die Anlage- und Rücknahmebasis des Feeder-OGAW folgende Angaben zu enthalten:
1. Die Angabe, in welche Anteilsgattungen des Master-OGAW der Feeder-OGAW investieren kann;
2. Kosten und Aufwendungen, die vom Feeder-OGAW zu tragen sind, sowie Nachlässe oder Rückvergütungen von Gebühren oder Aufwendungen des Master-OGAW;
3. sofern zutreffend, die Modalitäten für jegliche anfängliche oder spätere Übertragung von Sacheinlagen vom Feeder-OGAW auf den Master-OGAW.

(4) Die Vereinbarung gemäß Abs. 1 hat in Bezug auf Standardhandelsvereinbarungen folgende Angaben zu enthalten:
1. Abstimmung der Häufigkeit und des Zeitplans für die Berechnung des Nettoinventarwerts und die Veröffentlichung der Anteilspreise;
2. Abstimmung der Weiterleitung von Aufträgen durch den Feeder-OGAW, gegebenenfalls einschließlich einer Beschreibung der Rolle der für die Weiterleitung zuständigen Personen oder Dritter;
3. sofern relevant, die erforderlichen Vereinbarungen zur Berücksichtigung der Tatsache, dass einer oder beide OGAW auf einem Sekundärmarkt notiert sind oder gehandelt werden;
4. sofern erforderlich, weitere angemessene Maßnahmen, die nötig sind, um die Abstimmung der Zeitpläne (§ 99) zu gewährleisten;
5. falls die Anteile von Feeder-OGAW und Master-OGAW auf unterschiedliche Währungen lauten, die Grundlage für die Umrechnung von Aufträgen;
6. Abwicklungszyklen und Zahlungsmodalitäten für Kauf und Zeichnung sowie Rücknahme oder Auszahlung von Anteilen des Master-OGAW, bei entsprechenden Vereinbarungen zwischen den Parteien, einschließlich der Modalitäten für die Erledigung von Auszahlungsaufträgen im Wege der Übertragung von Sacheinlagen vom Master-OGAW auf den Feeder-OGAW, insbesondere in den Fällen der Abwicklung (§ 101) und der Verschmelzung oder Spaltung (§ 104);
7. Verfahren zur Gewährleistung einer angemessenen Bearbeitung von Anfragen und Beschwerden der Anteilinhaber;
8. wenn Fondsbestimmungen oder Satzung und Prospekt des Master-OGAW diesem bestimmte Rechte oder Befugnisse in Bezug auf die Anteilinhaber gewähren und der Master-OGAW beschließt, in Bezug auf den Feeder-OGAW alle oder bestimmte Rechte und Befugnisse nur in beschränktem Maße oder gar nicht wahrzunehmen, eine Beschreibung der einschlägigen Modalitäten.

(5) Die Vereinbarung gemäß Abs. 1 hat in Bezug auf Ereignisse mit Auswirkung auf Handelsvereinbarungen folgende Angaben zu enthalten:

1. Modalitäten und Zeitplan für die Mitteilung der befristeten Aussetzung und Wiederaufnahme von Rücknahme, Auszahlung, Kauf oder Zeichnung von Anteilen eines jeden OGAW durch den betreffenden OGAW;
2. Vorkehrungen für Meldung und Korrektur von Fehlern bei der Preisfestsetzung im Master-OGAW.

(6) Die Vereinbarung gemäß Abs. 1 hat in Bezug auf Standardvereinbarungen für den Prüfbericht folgende Angaben zu enthalten:

1. Haben Feeder- und Master-OGAW die gleichen Rechnungsjahre, Abstimmung der Erstellung der regelmäßigen Berichte;
2. haben Feeder- und Master-OGAW unterschiedliche Rechnungsjahre, Vorkehrungen für die Übermittlung aller erforderlichen Informationen durch den Master-OGAW an den Feeder-OGAW, damit dieser seine regelmäßigen Berichte rechtzeitig erstellen kann, und um sicherzustellen, dass der Abschlussprüfer des Master-OGAW in der Lage ist, zum Abschlusstermin des Feeder-OGAW einen Ad-hoc-Bericht gemäß § 109 Abs. 2 zu erstellen.

(7) Die Vereinbarung gemäß Abs. 1 hat in Bezug auf Änderungen bestehender Vereinbarungen folgende Angaben zu enthalten:

1. Modalitäten und Zeitplan für die Mitteilung vorgeschlagener und bereits wirksamer Änderungen der Fondsbestimmungen oder der Satzung, des Prospekts und des Kundeninformationsdokuments durch den Master-OGAW, wenn diese Informationen von den in den Vertragsbedingungen, der Satzung oder im Prospekt des Master-OGAW festgelegten Standardvereinbarungen für die Unterrichtung der Anteilinhaber abweichen;
2. Modalitäten und Zeitplan für die Mitteilung einer geplanten oder vorgeschlagenen Liquidation, Verschmelzung oder Spaltung durch den Master-OGAW;
3. Modalitäten und Zeitplan für die Mitteilung eines OGAW, dass die Bedingungen für einen Feeder-OGAW beziehungsweise Master-OGAW nicht mehr erfüllt sind oder nicht mehr erfüllt sein werden;
4. Modalitäten und Zeitplan für die Mitteilung der Absicht eines OGAW, seine Verwaltungsgesellschaft, seine Verwahrstelle, seinen Wirtschaftsprüfer oder jegliche Dritte, die mit Aufgaben des Investment- oder Risikomanagements betraut sind, zu ersetzen;
5. Modalitäten und Zeitplan für die Mitteilung anderer Änderungen von bestehenden Vereinbarungen durch den Master-OGAW.

(8) Soweit die Vereinbarungen zwischen Master-OGAW und Feeder-OGAW den Fondsbestimmungen des Master-OGAW, die dem Prospekt des Master-OGAW beigefügt sind, entsprechen, reicht ein Querverweis in der Vereinbarung gemäß Abs. 1 auf die relevanten Teile des Prospektes des Master-OGAW.

EB zu § 96:

Setzt Art. 60 Abs. 1 erster Unterabs. der Richtlinie 2009/65/EG und Art. 8 der Richtlinie 2010/44/EU um. Da ein Feeder-OGAW im besten Interesse seiner Anteilinhaber handeln und vom Master-OGAW alle Angaben und Unterlagen erhalten können sollte, die er zur Erfüllung seiner Verpflichtungen benötigt, haben Feeder- und Master-OGAW eine verbindliche und durchsetzbare Vereinbarung abzuschließen. Werden sowohl Feeder-OGAW als auch Master-OGAW von derselben Verwaltungsgesellschaft verwaltet, so reicht es aus, dass der Master-OGAW interne Regelungen für Geschäftstätigkeiten festlegt. Eine Vereinbarung über den Informationsaustausch jeweils zwischen den Verwahrstellen oder den Abschlussprüfern von Feeder-OGAW und Master-OGAW soll den Austausch von Informationen und Unterlagen gewährleisten, die die Verwahrstelle oder der Abschlussprüfer des

Feeder-OGAW benötigt, um ihre/seine Verpflichtungen zu erfüllen (so auch Erwägungsgrund 53 der Richtlinie 2009/65/EG). In der Vereinbarung zwischen Master-OGAW und Feeder-OGAW sollte den spezifischen Bedürfnissen des Feeder-OGAW, der mindestens 85 vH seiner Vermögenswerte in den Master-OGAW anlegt und gleichzeitig weiterhin sämtlichen Verpflichtungen als OGAW unterliegt, Rechnung getragen werden. In der Vereinbarung ist deshalb festzulegen, dass der Master-OGAW dem Feeder-OGAW rechtzeitig sämtliche erforderlichen Informationen liefert, damit dieser seinen eigenen Verpflichtungen nachkommen kann. Ferner sind in der Vereinbarung die sonstigen Rechte und Pflichten beider Parteien festzulegen (so auch Erwägungsgrund 6 der Richtlinie 2010/44/EU). Die Vereinbarung zwischen Master-OGAW und Feeder-OGAW muss nicht mehr als die gesetzlich ausdrücklich vorgesehenen Regelungen beinhalten, sie kann jedoch, wenn Master-OGAW und Feeder-OGAW dies wünschen, weitere Elemente umfassen (so auch Erwägungsgrund 7 der Richtlinie 2010/44/EU).

EB zu § 96 Abs. 1:

Setzt Art. 60 Abs. 1 erster Unterabs. der Richtlinie 2009/65/EG um.

EB zu § 96 Abs. 2:

Setzt Art. 8 der Richtlinie 2010/44/EU um und enthält Anforderungen für Angaben betreffend den Zugang zu Informationen. Die Übermittlung interner Betriebsdokumente hat naturgemäß nur dann zu erfolgen, sofern diese vorhanden und für das Verhältnis zwischen Master-OGAW und Feeder-OGAW relevant sind.

EB zu § 96 Abs. 3:

Setzt Art. 9 der Richtlinie 2010/44/EU um und enthält Anforderungen für Angaben betreffend die Anlage- und Veräußerungsbasis des Feeder-OGAW.

EB zu § 96 Abs. 4:

Setzt Art. 10 der Richtlinie 2010/44/EU um und enthält Anforderungen für Angaben betreffend Standardvereinbarungen. Die Vereinbarung zwischen Master-OGAW und Feeder-OGAW hat angemessene Verfahren für die Bearbeitung von Anfragen und Beschwerden der Anteilinhaber vorzusehen, um Korrespondenz erledigen zu können, die statt an den Feeder-OGAW irrtümlich an den Master-OGAW gerichtet wurde oder umgekehrt (so auch Erwägungsgrund 9 der Richtlinie 2010/44/EU). Um Transaktionskosten zu sparen und negative steuerliche Auswirkungen zu vermeiden, können Master-OGAW und Feeder-OGAW sich auf die Übertragung von Sacheinlagen einigen, sofern dies nicht mit den Fondsbestimmungen oder der Satzung von Master-OGAW oder Feeder-OGAW unvereinbar ist. Die Möglichkeit zur Übertragung von Sacheinlagen auf den Master-OGAW sollte insbesondere Feeder-OGAW, die bereits als OGAW – einschließlich als Feeder-OGAW eines anderen Master-OGAW – tätig sind, helfen, Transaktionskosten zu vermeiden, die sich aus dem Verkauf von Vermögenswerten ergeben, in die sowohl Feeder-OGAW als auch Master-OGAW investiert haben. Der Feeder-OGAW soll ferner die Möglichkeit haben, auf Wunsch Sacheinlagen vom Master-OGAW zu erhalten, um Transaktionskosten verringern. Die Übertragung von Sacheinlagen auf den Feeder-OGAW soll nicht nur bei Liquidationen, Verschmelzungen oder Spaltungen des Master-OGAW, sondern auch unter anderen Umständen möglich sein (so auch Erwägungsgrund 10 der Richtlinie 2010/44/EU).

EB zu § 96 Abs. 5:

Setzt Art. 11 der Richtlinie 2010/44/EU um und enthält Anforderungen für Angaben betreffend Ereignisse mit Auswirkungen auf Handelsvereinbarungen.

EB zu § 96 Abs. 6:

Setzt Art. 12 der Richtlinie 2010/44/EU um und enthält Anforderungen für Angaben betreffend Standardvereinbarungen für den Prüfbericht.

EB zu § 96 Abs. 7:

Setzt Art. 13 der Richtlinie 2010/44/EU um und enthält Anforderungen für Angaben betreffend Änderungen von Dauervereinbarungen.

EB zu § 96 Abs. 8:

Im Sinne von Kosteneffizienz und Verringerung des Verwaltungsaufwandes ist eine Replizierung der Fondsbestimmungen in der Vereinbarung zwischen Master-OGAW und Feeder-OGAW nicht erforderlich, soweit es sich um idente Inhalte handelt (so auch Erwägungsgrund 8 der Richtlinie 2010/44/EU).

Wahl des auf die Vereinbarung anzuwendenden Rechtes

§ 97. (1) Sind Feeder-OGAW und Master-OGAW in Österreich bewilligt, so ist auf die Vereinbarung österreichisches Recht anzuwenden; die Wahl eines anderen Rechtes oder eines Gerichtsstandes außerhalb Österreichs ist unwirksam.

(2) Ist entweder der Feeder-OGAW oder der Master-OGAW in einem anderen Mitgliedstaat bewilligt, so kann entweder

1. die Anwendbarkeit österreichischen Rechts oder
2. die Anwendbarkeit des Rechts des anderen Mitgliedstaates, in dem der Master-OGAW oder der Feeder-OGAW gebilligt sind,

vereinbart werden. Im Fall der Z 1 ist die Wahl eines Gerichtsstandes außerhalb Österreichs unwirksam. Im Fall der Z 2 kann ausschließlich die Zuständigkeit der Gerichte des anderen Mitgliedstaates vereinbart werden.

EB zu § 97:

Setzt Art. 14 der Richtlinie 2010/44/EU um und legt fest, dass eine Rechtswahl oder Wahl des Gerichtsstandes bei Master-Feeder-Konstruktionen innerhalb des selben Mitgliedstaates unzulässig sind und bei grenzübergreifenden Master-Feeder-Konstruktionen nur zwischen dem Recht der Herkunftsstaaten der beiden OGAW gewählt werden kann. Die Wahl des anzuwendenden Rechts bedingt in diesem Fall den Gerichtsstand insofern, als dieser in derselben Jurisdiktion liegen muss. Die Bestimmung ist eine lex specialis *zu in anderen Bundesgesetzen oder EU-Verordnungen enthaltenen Kollisionsnormen und geht diesen daher vor. Aufgrund der besonderen Merkmale der Master-Feeder-Struktur müssen in der Vereinbarung zwischen Master-OGAW und Feeder-OGAW Kollisionsnormen vorgesehen werden, die von den Artikeln 3 und 4 der Verordnung (EG) Nr. 593/2008 über das auf vertragliche Schuldverhältnisse anzuwendende Recht (Rom I) dahingehend abweichen, dass auf die Vereinbarung entweder das Recht des Mitgliedstaats, in dem der Feeder-OGAW niedergelassen ist, oder das Recht des Mitgliedstaats des Master-OGAW anwendbar ist. Die Parteien sollten die Möglichkeit haben, Vor- und Nachteile dieser Entscheidung abzuwägen und dabei zu berücksichtigen, ob der Master-OGAW mehrere Feeder-OGAW hat und ob diese Feeder-OGAW im gleichen oder in mehreren Mitgliedstaaten niedergelassen sind (so auch Erwägungsgrund 12 der Richtlinie 2010/44/EU).*

Interne Regelungen zwischen Master-OGAW und Feeder-OGAW

§ 98. (1) Werden Master-OGAW und Feeder-OGAW von der gleichen Verwaltungsgesellschaft verwaltet, kann die Vereinbarung (§ 96) durch interne Regelungen ersetzt werden, durch die sicherzustellen ist, dass die Bestimmungen gemäß § 96 eingehalten werden.

(2) Die internen Regelungen gemäß Abs. 1 haben folgende Bestimmungen zu enthalten:

1. Angemessene Maßnahmen zur Hintanhaltung von Interessenkonflikten, die zwischen Feeder-OGAW und Master-OGAW oder zwischen Feeder-OGAW und anderen Anteilinhabern des Master-OGAW entstehen können, sofern die Maßnahmen, die die Verwaltungsgesellschaft ergreift, um den Anforderungen der §§ 22 bis 26 zu genügen, nicht ausreichen;
2. in Bezug auf die Anlage- und Rücknahmebasis des Feeder-OGAW die Regelungen gemäß § 96 Abs. 3;
3. in Bezug auf Standardhandelsvereinbarungen die Regelungen gemäß § 96 Abs. 4 Z 1 bis 6 und Z 8;
4. in Bezug auf Ereignisse mit Auswirkungen auf Handelsvereinbarungen die Regelungen gemäß § 96 Abs. 5;
5. in Bezug auf den Prüfbericht die Regelungen gemäß § 96 Abs. 6.

EB zu § 98:

Setzt Art. 60 Abs. 1 dritter Unterabs. der Richtlinie 2009/65/EG sowie Art. 15 bis 19 der Richtlinie 2010/44/EU um.

EB zu § 98 Abs. 1:

Setzt Art. 60 Abs. 1 dritter Unterabs. der Richtlinie 2009/65/EG um.

EB zu § 98 Abs. 2 Z 1:

Setzt Art. 15 der Richtlinie 2010/44/EU um.

EB zu § 98 Abs. 2 Z 2:

Setzt Art. 16 der Richtlinie 2010/44/EU um.

EB zu § 98 Abs. 2 Z 3:

Setzt Art. 17 der Richtlinie 2010/44/EU um.

EB zu § 98 Abs. 2 Z 4:

Setzt Art. 18 der Richtlinie 2010/44/EU um.

EB zu § 98 Abs. 2 Z 5:

Setzt Art. 19 der Richtlinie 2010/44/EU um.

Abstimmung der Zeitpläne

§ 99. Master-OGAW und Feeder-OGAW haben angemessene Maßnahmen zur Abstimmung ihrer Zeitpläne für die Berechnung und Veröffentlichung des Nettovermögenswertes zu treffen, um eine zeitliche Abstimmung der Marktentscheidungen („Market Timing“) mit ihren Anteilen und damit verbundene Arbitragemöglichkeiten zu verhindern.

EB zu § 99:

Setzt Art. 60 Abs. 2 der Richtlinie 2009/65/EG um. „Market Timing“ bezeichnet die kurzfristige, systematische Spekulation mit Investmentfonds durch Ausnutzung kleiner Kurs-

differenzen, die zwischen Schlusskursen der Fonds an den verschiedenen Börsenplätzen bestehen können. Dabei wird eine Korrelation der Fondspreise mit Basis-Indizes vorausgesetzt. Dies kann vor allem auch bei Master-Feeder-Strukturen das Kursniveau des gesamten Fonds belasten und soll daher verhindert werden. Zeitzonenarbitrage ist eine Form des Market Timing und daher nicht zulässig.

Aussetzung der Rücknahme, Auszahlung oder Zeichnung

§ 100. (1) Wenn ein Master-OGAW unbeschadet der §§ 55 Abs. 2 und 56 auf eigene Initiative, oder sofern der Master-OGAW in einem anderen Mitgliedstaat bewilligt ist, auf Ersuchen der zuständigen Behörde seines Herkunftmitgliedstaates, die Rücknahme, Auszahlung oder Zeichnung seiner Anteile zeitweilig aussetzt, so ist jeder seiner Feeder-OGAW dazu berechtigt, die Rücknahme, Auszahlung oder Zeichnung seiner Anteile ungeachtet der in § 56 Abs. 1 formulierten Bedingungen während des gleichen Zeitraums wie der Master-OGAW auszusetzen.

(2) Haben die Anteilinhaber des Feeder-OGAW gemäß diesem Bundesgesetz das Recht, im Falle einer Abwicklung, Verschmelzung oder Spaltung des Master-OGAW eine Auszahlung zu verlangen, so darf die Ausübung dieses Rechtes nicht durch den Feeder-OGAW mittels einer befristeten Aussetzung der Rücknahme oder Auszahlung untergraben werden, es sei denn es liegen außergewöhnliche Umstände vor, die dies zur Wahrung der Interessen der Anteilinhaber erfordern.

EB zu § 100:

Setzt Art. 60 Abs. 3 und 4 der Richtlinie 2009/65/EG um.

EB zu § 100 Abs. 1:

Setzt Art. 60 Abs. 3 der Richtlinie 2009/65/EG um.

EB zu § 100 Abs. 2:

Stellt klar, dass der Feeder-OGAW die Rechte der Anteilinhaber nicht willkürlich hintertreiben oder blockieren darf (so auch Erwägungsgrund 13 der Richtlinie 2010/44/EU).

Abwicklung eines Master-OGAW

§ 101. (1) Wird ein Master-OGAW abgewickelt, so ist auch der Feeder-OGAW abzuwickeln, es sei denn, die FMA bewilligt:

1. Die Anlage von mindestens 85 vH des Vermögens des Feeder-OGAW in Anteile eines anderen Master-OGAW oder
2. die Änderung der Fondsbestimmungen oder der Satzung, um dem Feeder-OGAW die Umwandlung in einen OGAW, der kein Feeder-OGAW ist, zu ermöglichen.

(2) Unbeschadet der §§ 60 bis 63 hat die Abwicklung eines Master-OGAW frühestens drei Monate nach dem Zeitpunkt zu erfolgen, an dem all seine Anteilinhaber und die FMA als zuständige Behörde des Feeder-OGAW oder sofern der Feeder-OGAW in einem anderen Mitgliedstaat bewilligt ist, die zuständigen Behörden des Herkunftmitgliedstaats des Feeder-OGAW über die verbindliche Entscheidung zur Abwicklung informiert worden sind.

EB zu § 101:

Setzt Art. 60 Abs. 4 der Richtlinie 2009/65/EG um.

Antrag auf Bewilligung der Abwicklung

§ 102. (1) Der Feeder-OGAW hat spätestens zwei Monate nach Mitteilung der verbindlichen Entscheidung zur Abwicklung durch den Master-OGAW der FMA folgende Unterlagen zu übermitteln:

1. Wenn der Feeder-OGAW beabsichtigt, gemäß § 101 Abs. 1 Z 1 mindestens 85 vH seiner Vermögenswerte in Anteile eines anderen Master-OGAW anzulegen:
   a) Den Antrag auf Bewilligung dieser Anlage;
   b) den Antrag auf Bewilligung der vorgeschlagenen Änderungen seiner Fondsbestimmungen;
   c) die Änderungen des Prospekts und des Kundeninformationsdokuments gemäß den § 137 Abs. 1 Z 1 und 2;
   d) die anderen gemäß § 95 Abs. 3 erforderlichen Dokumente;
2. wenn der Feeder-OGAW gemäß § 101 Abs. 1 Z 2 eine Umwandlung in einen OGAW, der kein Feeder-OGAW ist, beabsichtigt, die Unterlagen und Informationen gemäß Z 1 lit. b und c;
3. wenn der Feeder-OGAW eine Abwicklung plant, die Mitteilung dieser Absicht.

(2) Wenn der Master-OGAW den Feeder-OGAW mehr als fünf Monate vor dem Beginn der Abwicklung über seine verbindliche Entscheidung zur Abwicklung informiert hat, hat der Feeder-OGAW abweichend von Abs. 1 der FMA seinen Antrag oder seine Mitteilung gemäß Abs. 1 Z 1, 2 oder 3 spätestens drei Monate vor Beginn der Abwicklung zu übermitteln.

(3) Der Feeder-OGAW hat seine Anteilinhaber unverzüglich über die beabsichtigte Abwicklung zu unterrichten.

EB zu § 102:
Setzt Art. 20 der Richtlinie 2010/44/EU um.

EB zu § 102 Abs. 1:
Setzt Art. 20 Abs. 1 der Richtlinie 2010/44/EU um.

EB zu § 102 Abs. 2:
Setzt Art. 20 Abs. 2 der Richtlinie 2010/44/EU um.

EB zu § 102 Abs. 3:
Setzt Art. 20 Abs. 3 der Richtlinie 2010/44/EU um.

Bewilligung der Abwicklung

§ 103. (1) Die FMA hat den Antrag des Feeder-OGAW auf Bewilligung der Abwicklung innerhalb von 15 Arbeitstagen nach Vorlage der vollständigen, in § 102 Abs. 1 Z 1 oder 2 genannten Unterlagen mittels schriftlichen Bescheides zu bewilligen oder die Ablehnung des Antrages mittels Bescheides schriftlich mitzuteilen. Weist die FMA den Antragsteller auf im Antrag fehlende Unterlagen oder Informationen hin, so findet § 13 Abs. 3 letzter Satz AVG keine Anwendung.

(2) Nach Erhalt der Bewilligung durch die FMA gemäß Abs. 1 hat der Feeder-OGAW den Master-OGAW darüber zu unterrichten.

(3) Sobald die FMA die erforderlichen Bewilligungen gemäß § 102 Abs. 1 Z 1 erteilt hat, hat der Feeder-OGAW alle erforderlichen Maßnahmen zu ergreifen, um die Anforderungen von § 111 ohne unnötigen Aufschub zu erfüllen.

(4) Wird der Abwicklungserlös des Master-OGAW vor dem Datum ausgezahlt, zu dem der Feeder-OGAW damit beginnt, entweder gemäß § 102 Abs. 1 Z 1 in andere Master-OGAW zu investieren oder in Einklang mit seinen neuen Anlagezielen und seiner neuen Anlagepolitik gemäß § 102 Abs. 1 Z 2 Anlagen zu tätigen, so hat die FMA ihre Bewilligung nur unter folgenden Bedingungen zu erteilen:

1. der Feeder-OGAW erhält
   a) den Liquidationserlös in bar oder
   b) einen Teil des Erlöses oder den gesamten Erlös in Form einer Übertragung von Sacheinlagen, sofern dies dem Wunsch des Feeder-OGAW entspricht und in der Vereinbarung zwischen Feeder-OGAW und Master-OGAW oder den internen Regelungen gemäß § 98 und der verbindlichen Entscheidung zur Liquidation vorgesehen ist;
2. sämtliche gemäß diesem Absatz gehaltenen oder erhaltenen Barmittel können vor dem Datum, zu dem der Feeder-OGAW beginnt, Anlagen in einen anderen Master-OGAW oder in Einklang mit seinen neuen Anlagezielen und seiner neuer Anlagepolitik zu tätigen, ausschließlich zum Zweck eines effizienten Liquiditätsmanagements neu angelegt werden.

(5) Kommt Abs. 4 Z 1 lit. b zur Anwendung, so kann der Feeder-OGAW jeden Teil der als Sacheinlagen übertragenen Vermögenswerte jederzeit in Barwerte umwandeln.

EB zu § 103:
Setzt Art. 21 der Richtlinie 2010/44/EU um.

EB zu § 103 Abs. 1:
Setzt Art. 21 Abs. 1 der Richtlinie 2010/44/EU um.

EB zu § 103 Abs. 2:
Setzt Art. 21 Abs. 2 der Richtlinie 2010/44/EU um.

EB zu § 103 Abs. 3:
Setzt Art. 21 Abs. 3 der Richtlinie 2010/44/EU um.

EB zu § 103 Abs. 4:
Setzt Art. 21 Abs. 4 der Richtlinie 2010/44/EU um.

EB zu § 103 Abs. 5:
Setzt Art. 21 Abs. 5 der Richtlinie 2010/44/EU um.

Verschmelzung oder Spaltung eines Master-OGAW

§ 104. (1) Bei der Verschmelzung eines Master-OGAW mit einem anderen OGAW oder der Spaltung in zwei oder mehr OGAW ist der Feeder-OGAW abzuwickeln, es sei denn, die FMA bewilligt, dass der Feeder-OGAW

1. Feeder-OGAW des Master-OGAW oder eines anderen OGAW bleibt, der aus der Verschmelzung oder Spaltung des Master-OGAW hervorgeht,
2. mindestens 85 vH seines Vermögens in Anteile eines anderen Master-OGAW anlegt, der nicht aus der Verschmelzung oder Spaltung hervorgegangen ist, oder
3. seine Fondsbestimmungen im Sinne einer Umwandlung in einen OGAW ändert, der kein Feeder-OGAW ist.

(2) Eine Verschmelzung oder Spaltung eines Master-OGAW kann nur wirksam werden, wenn der Master-OGAW all seinen Anteilinhabern und der FMA oder, falls der Feeder-

OGAW in einem anderen Mitgliedstaat gebilligt ist, den zuständigen Behörden der Herkunftmitgliedstaaten seines Feeder-OGAW, bis 60 Tage vor dem vorgeschlagenen Datum des Wirksamwerdens die in § 120 Abs. 1 und § 121 genannten Informationen oder mit diesen vergleichbare Informationen bereitgestellt hat.

(3) Der Feeder-OGAW hat vom Master-OGAW die Möglichkeit zu erhalten, vor Wirksamwerden der Verschmelzung oder Spaltung des Master-OGAW alle Anteile am Master-OGAW zurückzugeben oder ausbezahlt zu bekommen, es sei denn, die FMA oder, falls der Feeder-OGAW in einem anderen Mitgliedstaat gebilligt ist, die zuständigen Behörden des Herkunftmitgliedstaats des Feeder-OGAW, haben die in Abs. 1 Z 1 vorgesehene Bewilligung erteilt.

EB zu § 104:
Setzt Art. 60 Abs. 5 der Richtlinie 2009/65/EG um.

EB zu § 104 Abs. 1:
Setzt Art. 60 Abs. 5 erster Unterabs. der Richtlinie 2009/65/EG um.

EB zu § 104 Abs. 2:
Setzt Art. 60 Abs. 5 zweiter Unterabs. der Richtlinie 2009/65/EG um.

EB zu § 104 Abs. 3:
Setzt Art. 60 Abs. 5 dritter Unterabs. der Richtlinie 2009/65/EG um.

Antrag auf Bewilligung der Verschmelzung oder Spaltung

§ 105. (1) Der Feeder-OGAW hat der FMA innerhalb eines Monats nach dem Datum, zu dem der Feeder-OGAW gemäß § 104 Abs. 2 über die geplante Verschmelzung oder Spaltung unterrichtet wurde, folgende Unterlagen vorzulegen:

1. wenn der Feeder-OGAW beabsichtigt, Feeder-OGAW des gleichen Master-OGAW zu bleiben:
   a) den entsprechenden Bewilligungsantrag;
   b) sofern relevant, den Antrag auf Bewilligung der vorgeschlagenen Änderungen seiner Fondsbestimmungen oder Satzung;
   c) sofern relevant, die Änderungen des Prospekts und des Kundeninformationsdokuments gemäß § 137 Abs. 1 Z 1 und 2;
2. wenn der Feeder-OGAW beabsichtigt, Feeder-OGAW eines anderen, aus der vorgeschlagenen Verschmelzung oder Spaltung des Master-OGAW hervorgegangenen Master-OGAW zu werden oder mindestens 85 vH seines Vermögens in Anteile eines anderen, nicht aus der vorgeschlagenen Verschmelzung oder Spaltung hervorgegangenen Master-OGAW anzulegen:
   a) den Antrag auf Bewilligung dieser Anlage;
   b) den Antrag auf Bewilligung der vorgeschlagenen Änderungen seiner Fondsbestimmungen oder Satzung;
   c) die Änderungen des Prospekts und des Kundeninformationsdokuments gemäß § 137 Abs. 1 Z 1 und 2;
   d) die anderen gemäß § 95 Abs. 3 erforderlichen Dokumente;
3. wenn der Feeder-OGAW gemäß § 101 Abs. 1 Z 2 eine Umwandlung in einen OGAW, der kein Feeder-OGAW ist, beabsichtigt:
   a) den Antrag auf Bewilligung der vorgeschlagenen Änderungen seiner Fondsbestimmungen oder Satzung;

b) die Änderungen des Prospekts und des Kundeninformationsdokuments gemäß § 137 Abs. 1 Z 1 und 2;
4. wenn der Feeder-OGAW eine Liquidation plant, die Mitteilung dieser Absicht.

(2) Im Zusammenhang mit Abs. 1 Z 1 und 2 bezieht sich:
1. der Ausdruck „bleibt Feeder-OGAW des gleichen Master-OGAW" auf Fälle, in denen
   a) der Master-OGAW übernehmender OGAW einer vorgeschlagenen Verschmelzung ist;
   b) der Master-OGAW ohne wesentliche Veränderungen einer der aus der vorgeschlagenen Spaltung hervorgehenden OGAW bleibt;
2. der Ausdruck „wird Feeder-OGAW eines anderen, aus der vorgeschlagenen Verschmelzung oder Spaltung des Master-OGAW hervorgegangenen Master-OGAW" auf Fälle, in denen
   a) der Master-OGAW übertragender OGAW ist und der Feeder-OGAW infolge der Verschmelzung Anteilinhaber des übernehmenden OGAW wird;
   b) der Feeder-OGAW Anteilinhaber eines aus einer Spaltung hervorgegangenen OGAW wird, der sich wesentlich vom Master-OGAW unterscheidet.

(3) Wenn der Master-OGAW dem Feeder-OGAW die in § 120 Abs. 1 und § 121 genannten oder vergleichbare Informationen mehr als vier Monate vor dem vorgeschlagenen Datum des Wirksamwerdens der Verschmelzung oder Spaltung übermittelt, so hat der Feeder-OGAW der FMA abweichend von Abs. 1 seinen Antrag oder seine Mitteilung gemäß Abs. 1 spätestens drei Monate vor dem vorgeschlagenen Datum des Wirksamwerdens der Verschmelzung oder Spaltung des Master-OGAW zu unterbreiten.

(4) Der Feeder-OGAW hat seine Anteilinhaber und den Master-OGAW unverzüglich über die beabsichtigte Abwicklung zu unterrichten.

EB zu § 105:
Setzt Art. 22 der Richtlinie 2010/44/EU um.

EB zu § 105 Abs. 1:
Setzt Art. 22 Abs. 1 der Richtlinie 2010/44/EU um.

EB zu § 105 Abs. 2:
Setzt Art. 22 Abs. 2 der Richtlinie 2010/44/EU um.

EB zu § 105 Abs. 3:
Setzt Art. 22 Abs. 3 der Richtlinie 2010/44/EU um.

EB zu § 105 Abs. 4:
Setzt Art. 22 Abs. 4 der Richtlinie 2010/44/EU um.

Bewilligung der Verschmelzung oder Spaltung

§ 106. (1) Die FMA hat den Antrag des Feeder-OGAW auf Verschmelzung oder Spaltung innerhalb von 15 Arbeitstagen nach Vorlage der vollständigen, in § 105 Abs. 1 Z 1 bis 3 genannten Unterlagen mittels schriftlichen Bescheides zu bewilligen oder die Ablehnung des Antrages mittels Bescheides schriftlich mitzuteilen. Weist die FMA den Antragsteller auf im Antrag fehlende Unterlagen oder Informationen hin, so findet § 13 Abs. 3 letzter Satz AVG keine Anwendung.

(2) Sobald der Feeder-OGAW den Bescheid über die Bewilligung der Verschmelzung

oder Spaltung durch die FMA gemäß Abs. 1 erhalten hat, hat er den Master-OGAW darüber zu informieren.

(3) Nachdem der Feeder-OGAW darüber informiert wurde, dass die FMA die erforderlichen Bewilligungen gemäß § 105 Abs. 1 Z 2 erteilt hat, hat er alle erforderlichen Maßnahmen zu ergreifen, um die Anforderungen von § 111 unverzüglich zu erfüllen.

(4) In den in § 105 Abs. 1 Z 2 und 3 beschriebenen Fällen hat der Feeder-OGAW das Recht, gemäß § 104 Abs. 3 und § 123 die Rücknahme und Auszahlung seiner Anteile am Master-OGAW zu verlangen, sofern die FMA bis zu dem Arbeitstag, der dem letzten Tag, an dem der Feeder-OGAW vor Wirksamwerden der Verschmelzung oder Spaltung eine Rücknahme oder Auszahlung seiner Anteile im Master-OGAW verlangen kann, vorausgeht, die gemäß § 105 Abs. 1 erforderlichen Bewilligungen nicht erteilt hat. Der Feeder-OGAW hat dieses Recht auch zur Wahrung der Rechte seiner Anteilinhaber auf Rücknahme oder Auszahlung ihrer Anteile im Feeder-OGAW gemäß § 111 Abs. 1 Z 4 auszuüben. Dabei hat der Feeder-OGAW vor Wahrnehmung seiner Rechte auf Rücknahme und Auszahlung seiner Anteile im Master-OGAW mögliche Alternativen zu prüfen, die dazu beitragen können, Transaktionskosten oder andere negative Auswirkungen auf seine Anteilinhaber zu vermeiden oder zu verringern.

(5) Verlangt der Feeder-OGAW die Rücknahme oder Auszahlung seiner Anteile im Master-OGAW, so hat er zu erhalten:

1. entweder den Erlös aus der Rücknahme oder Auszahlung in bar oder
2. einen Teil oder den gesamten Erlös aus der Rücknahme oder Auszahlung in Form einer Übertragung von Sacheinlagen, sofern dies dem Wunsch des Feeder-OGAW entspricht und in der Vereinbarung zwischen Feeder-OGAW und Master-OGAW vorgesehen ist.

Im Fall der Z 2 kann der Feeder-OGAW jeden Teil der übertragenen Vermögenswerte jederzeit in Barwerte umwandeln.

(6) Die FMA hat die Bewilligung unter der Bedingung zu erteilen, dass sämtliche gehaltene oder gemäß Abs. 5 erhaltene Barmittel vor dem Datum, zu dem der Feeder-OGAW beginnt, Anlagen in den neuen Master-OGAW oder in Einklang mit seinen neuen Investitionszielen und seiner neuer Investitionspolitik zu tätigen, ausschließlich zum Zweck eines effizienten Liquiditätsmanagements neu angelegt werden können.

EB zu § 106:

Setzt Art. 23 der Richtlinie 2010/44/EU um.

EB zu § 106 Abs. 1:

Setzt Art. 23 Abs. 1 der Richtlinie 2010/44/EU um. Arbeitstage gemäß dieser Bestimmung sind die Tage von Montag bis Freitag, sofern sie nicht auf einen gesetzlichen Feiertag fallen.

EB zu § 106 Abs. 2:

Setzt Art. 23 Abs. 2 der Richtlinie 2010/44/EU um.

EB zu § 106 Abs. 3:

Setzt Art. 23 Abs. 3 der Richtlinie 2010/44/EU um.

EB zu § 106 Abs. 4:

Setzt Art. 23 Abs. 4 der Richtlinie 2010/44/EU um. Da eine Verschmelzung oder Spaltung des Master-OGAW innerhalb von 60 Tagen wirksam werden kann, besteht die Gefahr, dass die Frist für Beantragung und Erhalt der Bewilligung der neuen Anlagepläne durch den Feeder-OGAW und die Gewährung des Rechts an die Anteilinhaber des Feeder-OGAW, innerhalb von 30 Tagen die Rücknahme oder Auszahlung ihrer Anteile zu verlangen, sich unter außergewöhnlichen Umständen als zu kurz erweist, als dass der Feeder-OGAW mit Sicherheit sagen könnte, wie viele seiner Anteilinhaber eine Auszahlung verlangen werden. Unter solchen Umständen ist der Feeder-OGAW grundsätzlich dazu verpflichtet, vom Master-OGAW eine Auszahlung all seiner Vermögenswerte zu verlangen. Um unnötige Transaktionskosten zu vermeiden, soll der Feeder-OGAW jedoch über alternative Möglichkeiten verfügen, um unter verringerten Transaktionskosten und unter Vermeidung anderer negativer Auswirkungen sicherzustellen, dass seine Anteilinhaber das Recht, eine Auszahlung zu verlangen, wahrnehmen können. Der Feeder-OGAW hat insbesondere so rasch wie möglich die Bewilligung zu beantragen. Zudem sollte der Feeder-OGAW nicht dazu verpflichtet sein, die Auszahlung zu verlangen, wenn seine Anteilinhaber entscheiden, diese Möglichkeit nicht wahrzunehmen. Verlangt der Feeder-OGAW vom Master-OGAW eine Auszahlung, so ist abzuwägen, ob eine Auszahlung in Form von Sacheinlagen die Transaktionskosten verringern und andere negative Auswirkungen vermeiden könnte (so auch Erwägungsgrund 14 der Richtlinie 2010/44/EU).

EB zu § 106 Abs. 5:

Setzt Art. 23 Abs. 5 der Richtlinie 2010/44/EU um. Verlangt ein Feeder-OGAW anlässlich einer Verschmelzung oder Spaltung „seines“ Master-OGAW (§§ 104 folgende) anstatt der Rückzahlung oder Auszahlung seiner Anteile am Master-OGAW die Übertragung von Sacheinlagen (zum Beispiel Wertpapiere), so handelt es sich aus steuerlicher Sicht um einen Realisierungsvorgang, da Investmentfondsanteile gegen sonstige Wirtschaftsgüter (zum Beispiel Wertpapiere) getauscht werden. Die damit verbundene Aufdeckung stiller Reserven führt zu einem entsprechenden Ertrag und wirkt sich in weiterer Folge auf die Höhe der ausschüttungsgleichen Erträge aus.

EB zu § 106 Abs. 6:

Setzt Art. 23 Abs. 6 der Richtlinie 2010/44/EU um.

Verwahrstellen von Master-OGAW und Feeder-OGAW

§ 107. (1) Wenn Master-OGAW und Feeder-OGAW unterschiedliche Verwahrstellen haben, so haben diese Verwahrstellen eine Vereinbarung über den Informationsaustausch abzuschließen, um sicherzustellen, dass beide Verwahrstellen ihre Pflichten erfüllen.

(2) Der Feeder-OGAW darf die Anlagen in Anteile des Master-OGAW erst tätigen, wenn eine solche Vereinbarung wirksam geworden ist.

(3) Bei der Einhaltung der Vorschriften dieses Abschnittes darf weder die Verwahrstelle des Master-OGAW noch die des Feeder-OGAW gesetzliche oder vertragliche Bestimmungen zur Wahrung des Datenschutzes oder betreffend die Einschränkung der Offenlegung von Informationen verletzen. Die Einhaltung der betreffenden Vorschriften löst weder für eine Verwahrstelle noch für eine für diese handelnde Person eine Haftung aus.

(4) Die Verwaltungsgesellschaft des Feeder-OGAW hat der Verwahrstelle des Feeder-OGAW alle Informationen über den Master-OGAW mitzuteilen, die für die Erfüllung der Pflichten der Verwahrstelle des Feeder-OGAW erforderlich sind.

(5) Die Verwahrstelle des Master-OGAW hat die FMA und gegebenenfalls die zuständige Behörde in einem anderen Mitgliedstaat, den Feeder-OGAW oder – sofern zutreffend – die Verwaltungsgesellschaft und die Verwahrstelle des Feeder-OGAW unmittelbar über alle Unregelmäßigkeiten zu unterrichten, die sie in Ausübung ihrer Pflichten in Bezug auf den Master-OGAW feststellt, die möglicherweise eine negative Auswirkung auf den

Feeder-OGAW haben können. Dabei handelt es sich insbesondere um folgende Vorkommnisse:

1. Fehler bei der Berechnung des Nettoinventarwertes des Master-OGAW;
2. Fehler bei Transaktionen oder bei der Abwicklung von Kauf und Zeichnung oder von Aufträgen zur Rücknahme oder Auszahlung von Anteilen im Master-OGAW durch den Feeder-OGAW;
3. Fehler bei der Zahlung oder Kapitalisierung von Erträgen aus dem Master-OGAW oder bei der Berechnung der damit zusammenhängenden Quellensteuer;
4. Verstöße gegen die in den Fondsbestimmungen oder der Satzung, im Prospekt oder in den wesentlichen Informationen für den Anleger beschriebenen Anlageziele, -politik oder -strategie des Master-OGAW;
5. Verstöße gegen in diesem Bundesgesetz, in den Vertragsbedingungen oder in der Satzung, im Prospekt oder im Kundeninformationsdokument festgelegte Höchstgrenzen für Anlagen und Kreditaufnahme.

EB zu § 107:

Setzt Art. 61 der Richtlinie 2009/65/EG um. Die Erfüllung der Informationspflichten hat unter Berücksichtigung der bestehenden Beschränkungen der Offenlegung von Informationen und der datenschutzrechtlichen Bestimmungen zu erfolgen (so auch Erwägungsgrund 53 der Richtlinie 2009/65/EG). Dies bedeutet, dass entsprechende Vorkehrungen zum Schutz der Vertraulichkeit und Sicherheit von Daten zu treffen sind. Die Einhaltung all dieser Bestimmungen führt keine Haftung oder Schadenersatzpflichten nach sich.

EB zu § 107 Abs. 1:

Setzt Art. 61 Abs. 1 erster Unterabs. der Richtlinie 2009/65/EG um.

EB zu § 107 Abs. 2:

Setzt Art. 61 Abs. 1 zweiter Unterabs. der Richtlinie 2009/65/EG um.

EB zu § 107 Abs. 3:

Setzt Art. 61 Abs. 1 dritter Unterabs. der Richtlinie 2009/65/EG um.

EB zu § 107 Abs. 4:

Setzt Art. 61 Abs. 1 vierter Unterabs. der Richtlinie 2009/65/EG um.

EB zu § 107 Abs. 5:

Setzt Art. 61 Abs. 2 der Richtlinie 2009/65/EG und Art. 26 der Richtlinie 2010/44/EU um. Die Mitteilung von Unregelmäßigkeiten, die die Verwahrstelle des Master-OGAW in Ausübung ihrer Aufgaben feststellt, dient dem Schutz des Feeder-OGAW. Deshalb ist eine solche Mitteilung nicht verpflichtend, wenn die betreffenden Unregelmäßigkeiten keine negativen Auswirkungen auf den Feeder-OGAW haben. Wenn Unregelmäßigkeiten in Bezug auf den Master-OGAW negative Auswirkungen auf den Feeder-OGAW haben, ist letzterer auch darüber zu informieren, ob und wie die Unregelmäßigkeiten behoben wurden. Die Verwahrstelle des Master-OGAW hat deshalb die Verwahrstelle des Feeder-OGAW darüber zu informieren, wie der Master-OGAW die Unregelmäßigkeit behoben hat oder wie er sie zu beheben gedenkt. Ist die Verwahrstelle des Feeder-OGAW nicht davon überzeugt, dass die Lösung im Interesse der Anteilinhaber des Feeder-OGAW liegt, hat sie dem Feeder-OGAW ihren Standpunkt unverzüglich mitzuteilen (so auch Erwägungsgrund 16 der Richtlinie 2010/44/EU).

Inhalt der Vereinbarung zwischen den Verwahrstellen von Master-OGAW und Feeder-OGAW

§ 108. (1) Die in § 107 Abs. 1 genannte Vereinbarung über den Informationsaustausch zwischen der Verwahrstelle des Master-OGAW und der Verwahrstelle des Feeder-OGAW hat Folgendes zu enthalten:

1. Beschreibung der Unterlagen und Kategorien von Informationen, die die beiden Verwahrstellen routinemäßig austauschen, und die Angabe, ob diese Informationen oder Unterlagen von einer Verwahrstelle an die andere übermittelt oder auf Anfrage zur Verfügung gestellt werden;
2. Modalitäten und Zeitplanung, einschließlich der Angabe aller Fristen, für die Übermittlung von Informationen durch die Verwahrstelle des Master-OGAW an die Verwahrstelle des Feeder-OGAW;
3. Koordinierung der Beteiligung beider Verwahrstellen unter angemessener Berücksichtigung ihrer in diesem Bundesgesetz sowie im BWG und im Depotgesetz (BGBl. Nr. 424/1969) vorgesehenen Pflichten hinsichtlich operationeller Fragen, einschließlich
   a) des Verfahrens zur Berechnung des Nettoinventarwerts jedes OGAW und aller angemessenen Maßnahmen zum Schutz vor „Market Timing" gemäß § 99;
   b) der Bearbeitung von Aufträgen des Feeder-OGAW für Kauf, Zeichnung, Rücknahme oder Auszahlung von Anteilen im Master-OGAW und der Abwicklung dieser Transaktionen unter Berücksichtigung von Vereinbarungen zur Übertragung von Sacheinlagen;
4. Koordinierung der Verfahren zur Erstellung der Jahresabschlüsse;
5. Angabe, welche Verstöße des Master-OGAW gegen Rechtsvorschriften und die Fondsbestimmungen oder die Satzung von der Verwahrstelle des Master-OGAW der Verwahrstelle des Feeder-OGAW mitgeteilt werden, sowie Modalitäten und Zeitpunkt für die Bereitstellung dieser Informationen;
6. Verfahren für die Bearbeitung von Ad-hoc-Ersuchen um Unterstützung zwischen Verwahrstellen;
7. Beschreibung von Eventualereignissen, über die sich die Verwahrstellen auf Ad-hoc-Basis gegenseitig unterrichten sollten, sowie Modalitäten und Zeitpunkt hierfür.

(2) Haben Feeder-OGAW und Master-OGAW eine Vereinbarung gemäß § 96 Abs. 1 geschlossen, so ist auf diese Vereinbarung über den Informationsaustausch zwischen den Verwahrstellen des Master-OGAW und des Feeder-OGAW das Recht des Mitgliedstaats anzuwenden, das gemäß § 97 für diese Vereinbarung gilt; beide Verwahrstellen haben die ausschließliche Zuständigkeit der Gerichte des betreffenden Mitgliedstaats, dessen Recht anzuwenden ist, anzuerkennen.

(3) Wurde die Vereinbarung zwischen Feeder-OGAW und Master-OGAW gemäß § 96 Abs. 1 durch interne Regelungen gemäß § 98 ersetzt, so kann in der Vereinbarung über den Informationsaustausch zwischen den Verwahrstellen des Master-OGAW und des Feeder-OGAW rechtswirksam nur entweder das Recht des Mitgliedstaats, in dem der Feeder-OGAW gebilligt ist, oder – sofern abweichend – das Recht des Mitgliedstaats, in dem der Master-OGAW gebilligt ist, vereinbart werden; beide Verwahrstellen haben die ausschließliche Zuständigkeit der Gerichte des Mitgliedstaats anzuerkennen, dessen Recht auf die Vereinbarung über den Informationsaustausch anzuwenden ist.

EB zu § 108:

Setzt Art. 24 und 25 der Richtlinie 2010/44/EU um.

EB zu § 108 Abs. 1:
Setzt Art. 24 der Richtlinie 2010/44/EU um.

EB zu § 108 Abs. 2:
Setzt Art. 25 Abs. 1 der Richtlinie 2010/44/EU um. Die Vereinbarung über den Informationsaustausch zwischen den Verwahrstellen des Master-OGAW und des Feeder-OGAW soll es der Verwahrstelle des Feeder-OGAW ermöglichen, alle relevanten Informationen und Dokumente zu erhalten, die sie benötigt, um ihre Verpflichtungen zu erfüllen. Angesichts der besonderen Merkmale dieser Vereinbarung sind die gleichen, von den Artikeln 3 und 4 der Rom I-Verordnung abweichenden Kollisionsnormen vorzusehen wie für die Vereinbarung zwischen Master-OGAW und Feeder-OGAW. Die Vereinbarung über den Informationsaustausch sollte jedoch weder die Verwahrstelle des Master-OGAW noch die des Feeder-OGAW zur Erfüllung von Aufgaben verpflichten, die im innerstaatlichen Recht ihres Herkunftsmitgliedstaats verboten oder nicht vorgesehen sind (so auch Erwägungsgrund 15 der Richtlinie 2010/44/EU).

EB zu § 108 Abs. 3:
Setzt Art. 25 Abs. 3 der Richtlinie 2010/44/EU um.

Abschlussprüfer

§ 109. (1) Wenn Master-OGAW und Feeder-OGAW unterschiedliche Abschlussprüfer haben, so haben diese Abschlussprüfer eine Vereinbarung über den Informationsaustausch abzuschließen, die die festgelegten Regelungen zur Erfüllung der Vorgaben gemäß Abs. 2 einschließt, um sicherzustellen, dass beide Abschlussprüfer ihre Pflichten erfüllen. Der Feeder-OGAW darf Anlagen in Anteile des Master-OGAW erst tätigen, wenn eine solche Vereinbarung wirksam geworden ist.

(2) Der Abschlussprüfer des Feeder-OGAW hat in seinem Prüfbericht den Prüfbericht des Master-OGAW zu berücksichtigen. Haben der Feeder-OGAW und der Master-OGAW unterschiedliche Rechnungsjahre, so hat der Abschlussprüfer des Master-OGAW einen Ad-hoc-Bericht zu dem Abschlusstermin des Feeder-OGAW zu erstellen. Der Abschlussprüfer des Feeder-OGAW hat in seinem Bericht insbesondere jegliche im Prüfbericht des Master-OGAW festgestellten Unregelmäßigkeiten sowie deren Auswirkungen auf den Feeder-OGAW zu nennen.

(3) Bei der Befolgung der Vorschriften dieses Abschnittes darf weder der Abschlussprüfer des Master-OGAW noch der des Feeder-OGAW eine gesetzliche oder vertragliche Bestimmung zur Wahrung des Datenschutzes oder betreffend die Einschränkung der Offenlegung von Informationen verletzen. Die Einhaltung der betreffenden Vorschriften darf weder für einen Abschlussprüfer noch für eine für diesen handelnde Person eine Haftung nach sich ziehen.

EB zu § 109:
Setzt Art. 62 der Richtlinie 2009/65/EG um.

EB zu § 109 Abs. 1:
Setzt Art. 62 Abs. 1 der Richtlinie 2009/65/EG um.

EB zu § 109 Abs. 2:
Setzt Art. 62 Abs. 2 der Richtlinie 2009/65/EG um.

EB zu § 109 Abs. 3:
Setzt Art. 62 Abs. 3 der Richtlinie 2009/65/EG um.

Inhalt der Vereinbarung zwischen den Abschlussprüfern von Master-OGAW und Feeder-OGAW

§ 110. (1) Die in § 109 Abs. 1 genannte Vereinbarung über den Informationsaustausch zwischen den Abschlussprüfern von Master-OGAW und Feeder-OGAW hat Folgendes zu enthalten:

1. Beschreibung der Unterlagen und Kategorien von Informationen, die die beiden Abschlussprüfer routinemäßig austauschen;
2. Angabe, ob die unter Z 1 genannten Informationen oder Unterlagen von einem Abschlussprüfer an den anderen übermittelt oder auf Anfrage zur Verfügung gestellt werden;
3. Modalitäten und Zeitplanung, einschließlich Angabe aller Fristen, für die Übermittlung von Informationen durch den Abschlussprüfer des Master-OGAW an den Abschlussprüfer des Feeder-OGAW;
4. Koordinierung der Rolle der Abschlussprüfer in den Verfahren zur Erstellung der Jahresabschlüsse der OGAW;
5. Angabe der Unregelmäßigkeiten, die im Prüfbericht des Abschlussprüfers des Master-OGAW für die Zwecke von § 109 Abs. 2 zu nennen sind;
6. Modalitäten und Zeitplan für die Bearbeitung von Ad-hoc-Ersuchen um Unterstützung zwischen Abschlussprüfern, einschließlich Ersuchen um weitere Informationen über Unregelmäßigkeiten, die im Prüfbericht des Abschlussprüfers des Master-OGAW genannt werden.

(2) Die in Abs. 1 genannte Vereinbarung hat Bestimmungen für die Erstellung der in § 109 Abs. 2 und § 49 Abs. 5 genannten Berichte zu enthalten sowie Modalitäten und Zeitplan für die Übermittlung des Prüfberichts für den Master-OGAW und von dessen Entwürfen an den Abschlussprüfer des Feeder-OGAW.

(3) Haben Feeder-OGAW und Master-OGAW unterschiedliche Abschlussstichtage, so werden in der unter Abs. 1 genannten Vereinbarung Modalitäten und Zeitplan für die Erstellung des in § 109 Abs. 2 geforderten Ad-hoc-Berichts des Abschlussprüfers des Master-OGAW sowie für dessen Übermittlung, einschließlich Entwürfen, an den Abschlussprüfer des Feeder-OGAW geregelt.

(4) Haben Feeder-OGAW und Master-OGAW eine Vereinbarung gemäß § 96 Abs. 1 geschlossen, so ist auf die Vereinbarung über den Informationsaustausch zwischen den Abschlussprüfern des Master-OGAW und des Feeder-OGAW das Recht des Mitgliedstaats, das gemäß § 97 für diese Vereinbarung gilt, anzuwenden; beide Abschlussprüfer haben die ausschließliche Zuständigkeit der Gerichte des betreffenden Mitgliedstaats anzuerkennen.

(5) Wurde die Vereinbarung zwischen Feeder-OGAW und Master-OGAW gemäß § 96 Abs. 1 durch interne Regelungen gemäß § 98 ersetzt, so kann in der Vereinbarung über den Informationsaustausch zwischen den Abschlussprüfern des Master-OGAW und des Feeder-OGAW rechtswirksam nur entweder das Recht des Mitgliedstaats, in dem der Feeder-OGAW gebilligt ist, oder – sofern abweichend – das Recht des Mitgliedstaats, in dem der Master-OGAW gebilligt ist, vereinbart werden; beide Abschlussprüfer haben die ausschließliche Zuständigkeit der Gerichte des Mitgliedstaats anzuerkennen, dessen Recht auf die Vereinbarung über den Informationsaustausch anzuwenden ist.

EB zu § 110:

Setzt Art. 27 und 28 der Richtlinie 2010/44/EU um.

EB zu § 110 Abs. 1:
Setzt Art. 27 Abs. 1 der Richtlinie 2010/44/EU um.

EB zu § 110 Abs. 2:
Setzt Art. 27 Abs. 2 der Richtlinie 2010/44/EU um.

EB zu § 110 Abs. 3:
Setzt Art. 27 Abs. 3 der Richtlinie 2010/44/EU um.

EB zu § 110 Abs. 4:
Setzt Art. 28 Abs. 1 der Richtlinie 2010/44/EU um. Die Vereinbarung über den Informationsaustausch zwischen den Abschlussprüfern des Master-OGAW und des Feeder-OGAW soll es dem Wirtschaftsprüfer des Feeder-OGAW ermöglichen, alle relevanten Informationen und Dokumente zu erhalten, die er benötigt, um seine Verpflichtungen zu erfüllen. Angesichts der besonderen Merkmale dieser Vereinbarung hat sie die gleichen von den Artikeln 3 und 4 der Rom I-Verordnung abweichenden Kollisionsnormen vorsehen wie die Vereinbarung zwischen Master-OGAW und Feeder-OGAW (so auch Erwägungsgrund 17 der Richtlinie 2010/44/EU).

EB zu § 110 Abs. 5:
Setzt Art. 28 Abs. 2 der Richtlinie 2010/44/EU um.

Umwandlung bestehender OGAW in Feeder-OGAW und Änderung des Master-OGAW

§ 111. (1) Bei Umwandlung eines bereits bestehenden OGAW in einen Feeder-OGAW sowie bei Änderung des Master-OGAW hat der Feeder-OGAW seinen Anteilinhabern folgende Informationen kostenlos zur Verfügung zu stellen:
1. eine Erklärung, der zufolge die FMA die Anlage des Feeder-OGAW in Anteile dieses Master-OGAW bewilligt hat,
2. das in § 134 Abs. 1 genannte Kundeninformationsdokument betreffend Feeder-OGAW und Master-OGAW,
3. das Datum der ersten Anlage des Feeder-OGAW in den Master-OGAW, oder, wenn er bereits in den Master angelegt hat, das Datum zu dem seine Anlagen die Anlagegrenzen gemäß § 77 Abs. 1 übersteigen werden, und
4. eine Erklärung, der zufolge die Anteilinhaber das Recht haben, innerhalb von 30 Tagen die abgesehen von den vom OGAW zur Abdeckung der Veräußerungskosten erhobenen Gebühren die kostenlose Rücknahme oder Auszahlung ihrer Anteile zu verlangen; dieses Recht wird ab dem Zeitpunkt wirksam, an dem der Feeder-OGAW die in diesem Absatz genannten Informationen zur Verfügung gestellt hat.

Diese Informationen müssen spätestens 30 Tage vor dem in Z 3 genannten Datum zur Verfügung gestellt werden.

(2) Wurde der Feeder-OGAW gemäß § 139 notifiziert, so sind die in Abs. 1 genannten Informationen in der oder einer Amtssprache des Aufnahmemitgliedstaats des Feeder-OGAW oder in einer von dessen zuständigen Behörden gebilligten Sprache den Anlegern zur Verfügung zu stellen. Der Feeder-OGAW ist verantwortlich für die Erstellung der Übersetzung. Die Übersetzung hat den Inhalt des Originals zuverlässig wiederzugeben.

(3) Der Feeder-OGAW darf vor Ablauf der in Abs. 1 Z 4 genannten 30-Tagefrist keine Anlagen in Anteile des betreffenden Master-OGAW tätigen, die die Anlagegrenze gemäß § 77 Abs. 1 übersteigen.

(4) Auf das Zur Verfügung Stellen der in Abs. 1 genannten Informationen durch den Feeder-OGAW ist das in § 133 beschriebene Verfahren anzuwenden.

EB zu § 111:

Setzt Art. 64 der Richtlinie 2009/65/EG und Art. 29 der Richtlinie 2010/44/EU um. Die Umwandlung bereits bestehender OGAW in einen Feeder-OGAW ist zulässig. Im Sinne eines ausreichenden Schutzes für die Anteilinhaber, da eine Umwandlung eine grundlegende Änderung der Anlagestrategie darstellt, ist der betreffende OGAW dazu verpflichtet, seinen Anteilinhabern ausreichende Informationen bereitzustellen, damit sie entscheiden können, ob sie ihre Anlage aufrechterhalten wollen (so auch Erwägungsgrund 56 der Richtlinie 2009/65/EG).

EB zu § 111 Abs. 1:

Setzt Art. 64 Abs. 1 der Richtlinie 2009/65/EG um.

EB zu § 111 Abs. 2:

Setzt Art. 64 Abs. 2 der Richtlinie 2009/65/EG um.

EB zu § 111 Abs. 3:

Setzt Art. 64 Abs. 3 der Richtlinie 2009/65/EG um.

EB zu § 111 Abs. 4:

Setzt Art. 29 der Richtlinie 2010/44/EU um.

Überwachung des Master-OGAW durch die Verwaltungsgesellschaft des Feeder-OGAW

§ 112. (1) Die Verwaltungsgesellschaft des Feeder-OGAW hat die Tätigkeiten des Master-OGAW wirksam zu überwachen. Zur Erfüllung dieser Verpflichtung kann sich der Feeder-OGAW auf Informationen und Unterlagen des Master-OGAW oder, sofern zutreffend, seiner Verwaltungsgesellschaft, seiner Verwahrstelle oder seines Abschlussprüfers stützen, es sei denn, es liegen Gründe vor, an der Richtigkeit dieser Informationen und Unterlagen zu zweifeln.

(2) Erhält die Verwaltungsgesellschaft des Feeder-OGAW oder eine Person, die im Namen des Feeder-OGAW oder dessen Verwaltungsgesellschaft handelt, im Zusammenhang mit einer Anlage in Anteile des Master-OGAW eine Vertriebsgebühr, eine Vertriebsprovision oder sonstigen geldwerten Vorteil, so werden diese in das Vermögen des Feeder-OGAW eingezahlt.

EB zu § 112:

Setzt Art. 65 der Richtlinie 2009/65/EG um.

EB zu § 112 Abs. 1:

Setzt Art. 65 Abs. 1 der Richtlinie 2009/65/EG um.

EB zu § 112 Abs. 2:

Setzt Art. 65 Abs. 2 der Richtlinie 2009/65/EG um.

Pflichten des Master-OGAW und der FMA

§ 113. (1) Der in Österreich bewilligte Master-OGAW hat der FMA unmittelbar die Identität jedes Feeder-OGAW, der Anlagen in seine Anteile tätigt, anzuzeigen. Sind Master-

OGAW und Feeder-OGAW in unterschiedlichen Mitgliedstaaten niedergelassen, so hat die FMA betreffend einen in Österreich bewilligten Master-OGAW die zuständigen Behörden des Herkunftmitgliedstaats des Feeder-OGAW unmittelbar über solche Anlagen zu unterrichten.

(2) Der Master-OGAW darf für die Anlage des Feeder-OGAW in seine Anteile oder deren Veräußerung keine Zeichnungs- oder Rückkaufgebühren einheben.

(3) Der Master-OGAW hat zu gewährleisten, dass sämtliche Informationen, die gemäß diesem Bundesgesetz, anderen Bundesgesetzen oder Rechtsvorschriften der Europäischen Union, den Fondsbestimmungen oder der Satzung erforderlich sind, dem Feeder-OGAW oder, sofern zutreffend, seiner Verwaltungsgesellschaft, den zuständigen Behörden, der Verwahrstelle und dem Abschlussprüfer des Feeder-OGAW rechtzeitig zur Verfügung gestellt werden.

EB zu § 113:

Setzt Art. 66 der Richtlinie 2009/65/EG um.

EB zu § 113 Abs. 1:

Setzt Art. 66 Abs. 1 der Richtlinie 2009/65/EG um.

EB zu § 113 Abs. 2:

Setzt Art. 66 Abs. 2 der Richtlinie 2009/65/EG um. Um Anteilinhaber vor ungerechtfertigten zusätzlichen Kosten zu schützen, ist es dem Master-OGAW untersagt, vom Feeder-OGAW Zeichnungs- oder Rückkaufgebühren zu erheben. Der Master-OGAW ist allerdings berechtigt, Zeichnungs- oder Rückkaufgebühren von anderen Anlegern im Master-OGAW zu erheben (so auch Erwägungsgrund 55 der Richtlinie 2009/65/EG).

EB zu § 113 Abs. 3:

Setzt Art. 66 Abs. 3 der Richtlinie 2009/65/EG um.

6. Abschnitt
Verschmelzungen

Grundsätze

§ 114. (1) Verschmelzungen von OGAW sind unter Anwendung eines der Verschmelzungsverfahren gemäß § 3 Abs. 2 Z 15 zulässig. Dies gilt sowohl für grenzüberschreitende Verschmelzungen als auch für inländische Verschmelzungen. Grenzüberschreitende Verfahren sind unabhängig von der Rechtsform der OGAW zulässig. Im Falle einer Verschmelzung durch Neubildung findet weiters § 50 Anwendung. Auf inländische Verschmelzungen sind die §§ 115 bis 126 anzuwenden.

(2) Für grenzüberschreitende Verschmelzungen, bei denen der übertragende OGAW in Österreich gemäß § 50 bewilligt ist, gelten die §§ 115 und 117 bis 126. Ist der übertragende OGAW in einem anderen Mitgliedstaat bewilligt, so finden die Rechtsvorschriften des Herkunftmitgliedstaates des übertragenden OGAW Anwendung. Eine Rechtsformänderung des in Österreich bewilligten übernehmenden OGAW ist im Rahmen der Verschmelzung nicht zulässig.

(3) Jede Verschmelzung eines in Österreich bewilligten OGAW bedarf der vorherigen Zustimmung des Aufsichtsrates der den OGAW verwaltenden Verwaltungsgesellschaft sowie der Zustimmung der Depotbank jedes OGAW.

EB zu § 114:

Setzt Art. 38 der Richtlinie 2009/65/EG um. Für grenzüberschreitende Verschmelzungen gibt es nunmehr einen harmonisierten Rechtsrahmen, der die Konsolidierung zwischen OGAW erleichtern soll. Solche Verschmelzungen sind zwischen allen Arten von OGAW, gleich ob diese in Vertragsform, in Satzungsform oder in Form eines Trust erreichtet sind, zulässig. Dabei müssen die Mitgliedstaaten keine neuen Rechtsformen einführen (so auch Erwägungsgrund 27 der Richtlinie 2009/65/EG). Die in § 3 Abs. 2 Z 15 normierten Verfahren für die Verschmelzung sind sowohl für grenzüberschreitende als auch für inländische Verschmelzungen anwendbar.

EB zu § 114 Abs. 1:

Setzt Art. 38 Abs. 1 und Abs. 2 2. Unterabsatz der Richtlinie 2009/65/EG um. Im Fall einer Verschmelzung durch Neubildung ist von den Antragstellern darauf Bedacht zu nehmen, dass der neugebildete OGAW von der FMA gemäß § 50 zu bewilligen ist und der FMA hiefür eine Frist von zwei Monaten zur Verfügung steht. Ein entsprechender Antrag sollte daher zeitgerecht bei der FMA (oder bei der zuständigen Behörde jenes Mitgliedstaates, in welchem der neugebildete OGAW bewilligt werden soll) vom Antragsteller eingebracht werden.

EB zu § 114 Abs. 2:

Setzt Art. 38 Abs. 2 1. Unterabsatz der Richtlinie 2009/65/EG um.

EB zu § 114 Abs. 3:

Setzt Art. 44 der Richtlinie 2009/65/EG um und entspricht inhaltlich § 3 Abs. 2 erster Satz InvFG 1993. Statt der Zustimmung des Beschluss fassenden Gremiums des OGAW im Rahmen der Verschmelzung ist die Zustimmung des Aufsichtsrates der den OGAW verwaltenden Verwaltungsgesellschaft erforderlich. Diese Voraussetzung findet sich bereits im InvFG 1993. Weiters ist die Zustimmung der Depotbank erforderlich – dies ergibt sich implizit auch aus Art. 41 der Richtlinie 2009/65/EG.

Bewilligung der Verschmelzung eines in Österreich bewilligten übertragenden OGAW

§ 115. (1) Die Verschmelzung eines in Österreich gemäß § 50 bewilligten übertragenden OGAW bedarf zu ihrer Rechtswirksamkeit der vorherigen Bewilligung durch die FMA. Der übertragende OGAW hat dabei der FMA alle nachstehenden Angaben zu übermitteln:

1. den vom übertragenden OGAW und vom übernehmenden OGAW gebilligten gemeinsamen Verschmelzungsplan,
2. eine aktuelle Fassung des Prospekts und des in § 134 Abs. 1 genannten Kundeninformationsdokuments für den Anleger des übernehmenden OGAW, falls dieser in einem anderen Mitgliedstaat niedergelassen ist,
3. eine von allen Verwahrstellen des übertragenden und des übernehmenden OGAW abgegebene Erklärung, mit der gemäß § 118 bestätigt wird, dass sie die Übereinstimmung der Angaben nach § 117 Abs. 1 Z 1, 6 und 7 mit den Anforderungen dieses Bundesgesetzes, der Richtlinie 2009/65/EG soweit es sich um eine grenzüberschreitende Verschmelzung handelt, und den Fondsbestimmungen oder der Satzung ihres jeweiligen OGAW überprüft haben, und
4. die Informationen, die der übertragende und der übernehmende OGAW ihren jeweiligen Anteilinhabern zu der geplanten Verschmelzung zu übermitteln beabsichtigen.

(2) Die Informationen gemäß Abs. 1 sind der FMA in deutscher oder im Falle einer grenzüberschreitenden Verschmelzung in deutscher Sprache und in der Amtssprache oder einer der Amtssprachen des Herkunftmitgliedstaates des übernehmenden OGAW oder in englischer oder in einer von der FMA gemäß Verordnung (§ 7b Abs. 1 KMG) anerkannten anderen Sprache zu übermitteln.

(3) Ist die FMA der Auffassung, dass der Antrag gemäß Abs. 1 nicht vollständig ist, so hat sie spätestens 10 Arbeitstage nach Eingang der Informationen gemäß Abs. 2 zusätzliche Informationen anzufordern. § 13 Abs. 3 letzter Satz AVG findet dabei keine Anwendung. Nach Vorliegen des vollständigen Antrages hat die FMA im Falle einer grenzüberschreitenden Verschmelzung unverzüglich die Kopien der Informationen gemäß Abs. 1 den zuständigen Behörden des Herkunftmitgliedstaates des übernehmenden OGAW zur Prüfung zu übermitteln. Erhält die FMA von den zuständigen Behörden des Herkunftmitgliedstaates des übernehmenden OGAW innerhalb von 15 Arbeitstagen ab Übermittlung der Kopien der Informationen gemäß Abs. 1 einen Hinweis auf Bedenken bezüglich der Informationen für die Anleger des übernehmenden OGAW, so ist das Verfahren im Sinne des § 38 letzter Satz AVG auszusetzen.

(4) Die FMA hat zur Prüfung der Angemessenheit der Informationen für die Anteilinhaber die potenziellen Auswirkungen der geplanten Verschmelzung auf die Anteilinhaber des übertragenden OGAW abzuwägen. Sie kann den übertragenden OGAW schriftlich auffordern, dass die Informationen für die Anteilinhaber des übertragenden OGAW klarer gestaltet werden. Diese Aufforderung hemmt den Fortlauf der Beurteilungsfrist gemäß Abs. 6 bis zum Eingang der geänderten Informationen für die Anleger bei der FMA.

(5) Die Bewilligung der Verschmelzung ist zu erteilen, wenn folgende Voraussetzungen erfüllt sind:

1. Die geplante Verschmelzung erfüllt sämtliche Auflagen dieser Bestimmung sowie der §§ 116 bis 119;
2. der übernehmende OGAW ist gemäß Artikel 93 der Richtlinie 2009/65/EG für die Vermarktung seiner Anteile in sämtlichen Mitgliedstaaten notifiziert, in denen der übertragende OGAW entweder bewilligt oder gemäß Artikel 93 der Richtlinie 2009/65/EG für die Vermarktung seiner Anteile notifiziert ist, und
3. die FMA und im Falle einer grenzüberschreitenden Verschmelzung die zuständigen Behörden des Herkunftmitgliedstaates des übernehmenden OGAW befinden die Informationen, die den Anteilinhabern übermittelt werden sollen, für zufrieden stellend oder es ist kein Hinweis auf Bedenken von Seiten der zuständigen Behörden im Herkunftmitgliedstaat des übernehmenden OGAW im Sinne von § 116 Abs. 2 eingegangen.

(6) Die FMA hat dem übertragenden OGAW nach Maßgabe von Abs. 3, 4 und 5 oder im Falle einer inländischen Verschmelzung nach Maßgabe von Abs. 4 und 5 und § 116 Abs. 2 innerhalb von 20 Arbeitstagen nach Vorlage des vollständigen Antrages gemäß Abs. 1 schriftlich mittels Bescheides die Verschmelzung zu bewilligen oder die Ablehnung des Antrages mittels Bescheides schriftlich mitzuteilen. Gleichzeitig sind im Falle einer grenzüberschreitenden Verschmelzung auch die zuständigen Behörden des Herkunftmitgliedstaates des übernehmenden OGAW von der FMA über die Entscheidung zu informieren.

EB zu § 115:

Setzt Art. 39 der Richtlinie 2009/65/EG um. Die Aufsichtsbehörde des übertragenden OGAW leitet und koordiniert auf behördlicher Ebene das Genehmigungsverfahren, um sicherzustellen, dass die Interessen der Anteilinhaber, die faktisch den OGAW wechseln, gebührend geschützt werden. Die Aufsichtsbehörde des übernehmenden OGAW, sofern es sich dabei um unterschiedliche Mitgliedstaaten und somit unterschiedliche Behörden handelt, ist jedoch von der Aufsichtsbehörde des übertragenden OGAW entsprechend einzubinden. Dies dient vor allem auch der Wahrung der Interessen der Anleger. Gehen bei einer Verschmelzung mehrere OGAW mit Sitz in unterschiedlichen Mitgliedstaaten auf, so müssen die zuständigen Behörden jedes einzelnen übertragenden OGAW die Verschmelzung in enger Zusammenarbeit, die auch einen geeigneten Informationsaustausch umfasst, genehmigen (so auch Erwägungsgrund 29 der Richtlinie 2009/65/EG).

EB zu § 115 Abs. 1:

Setzt Art. 39 Abs. 1 und Abs. 2 1. Unterabsatz der Richtlinie 2009/65/EG um. Der übertragende OGAW hat sämtliche Unterlagen an die FMA zu übermitteln.

EB zu § 115 Abs. 2:

Setzt Art. 39 Abs. 1 2. Unterabsatz der Richtlinie 2009/65/EG um. Grundsätzlich sind die Informationen und Unterlagen gemäß Abs. 1 in deutscher Sprache und im Fall einer grenzüberschreitenden Verschmelzung in der oder den Amtssprache(n) des Herkunftsmitgliedstaates des übernehmenden OGAW zu übermitteln. Stattdessen besteht auch die Möglichkeit die Unterlagen in englisch oder in einer anderen von der FMA gebilligten Sprache zu übermitteln. Dies wird insbesondere dann sinnvoll sein, wenn möglicherweise an der Verschmelzung mehrere OGAW aus mehreren verschiedensprachigen Mitgliedstaaten beteiligt sind.

EB zu § 115 Abs. 3:

Setzt Art. 39 Abs. 3 erster Unterabs. erster Satz und Abs. 5 erster Unterabs. der Richtlinie 2009/65/EG um. Die vollständige Übermittlung der Unterlagen gemäß Abs. 1 in den in Abs. 2 näher bezeichneten Sprachen löst den Fristlauf für die Beurteilungsfrist aus. Da die Beurteilungsfrist, abweichend von § 73 Abs. 1 AVG, gemäß Abs. 6 sehr knapp bemessen ist (grundsätzlich 20 Arbeitstage – das sind rund vier Wochen), ist eine Rückwirkung auf das Datum der Einbringung des ursprünglichen (unvollständigen) Antrages, wie grundsätzlich in § 13 Abs. 3 AVG vorgesehen, nicht gerechtfertigt und auch nicht sinnvoll und würde auch zu der Informationspflicht der FMA von 10 Tagen bezüglich der Vollständigkeit der Unterlagen im Widerspruch stehen. Diese ist aber durch die Richtlinie vorgegeben. Nach Vorliegen des vollständigen Antrages hat die FMA im Falle einer grenzüberschreitenden Verschmelzung Kopien der Unterlagen und Informationen an die zuständige Behörde des übernehmenden OGAW zu übermitteln. Letztere hat innerhalb von 15 Tagen die Informationen für die Anleger des übernehmenden OGAW zu prüfen und kann gegebenenfalls eine Verbesserung vom übernehmenden OGAW verlangen. Diesfalls hat sie die FMA innerhalb dieser 15-Tagesfrist darüber zu informieren. Dies führt zu einer Aussetzung des Beurteilungsverfahrens durch die FMA gemäß § 38 letzter Satz AVG und hemmt somit die Entscheidungsfrist der FMA gemäß Abs. 6, da es sich um eine Vorfrage handelt, die von dieser zuständigen Behörde zu klären ist. Diese zuständige Behörde hat wiederum aufgrund von Art. 39 Abs. 3 das Recht, dem übertragenden OGAW eine Verbesserung der Information aufzutragen, wobei dafür gemäß der Richtlinie keine Frist vorgesehen ist. Die zuständige Behörde hat innerhalb von weiteren 20 Arbeitstagen nach Erhalt der verbesserten Information für die Anleger die FMA zu informieren, ob sie noch weitere Bedenken hat oder nicht. Erst mit Erhalt dieser Information läuft die Beurteilungsfrist der FMA gemäß Abs. 6 weiter. Im Falle einer inländischen Verschmelzung führt eine Aufforderung zur Ver-

besserung an den übernehmenden OGAW auch zu einer Fristenhemmung. Zum genauen Ablauf siehe die Erläuterungen zu Abs. 6 und § 116.

EB zu § 115 Abs. 4:

Setzt Art. 39 Abs. 3 erster Unterabs. 2. Satz und zweiter Unterabs. der Richtlinie 2009/65/EG um. Die FMA hat die Informationen für die Anleger des übertragenden OGAW zu prüfen. Sie kann dem übertragenden OGAW eine Verbesserung der Informationen auftragen. Sinnvollerweise ist hiebei – im Interesse des übertragenden OGAW eine Hemmung der Beurteilungsfrist vorzusehen, ansonsten müsste die FMA bei Nichtvorliegen innerhalb von 20 Tagen ab Eingang des Antrages oder bei zu kurzfristiger Vorlage einer verbesserten Anlegerinformation im Zweifel den Antrag abweisen. Dies wäre aber für alle Beteiligten ein unökonomisches Vorgehen. Im Interesse einer Verfahrensökonomie wird daher eine Hemmung der Beurteilungsfrist vorgesehen.

EB zu § 115 Abs. 5:

Setzt Art. 39 Abs. 4 der Richtlinie 2009/65/EG um. Die Verschmelzung ist zu bewilligen, wenn sämtliche Voraussetzungen insbesondere ein vollständiger Verschmelzungsplan, die Prüfung und Bestätigung der Ordnungsmäßigkeit der Verschmelzung durch die Verwahrstellen und die Abschlussprüfer, die Notifizierung des OGAW in allen Mitgliedstaaten, in denen der übertragende OGAW vertrieben wird und der übernehmende OGAW vertrieben wird oder werden soll, sowie die Informationen für die Anteilinhaber des übernehmenden und des übertragenden OGAW, von der FMA für in Übereinstimmung mit den Bestimmungen und Zielsetzungen des Bundesgesetzes befunden worden sind. Für den Fall, dass für den übernehmenden OGAW eine Behörde in einem anderen Mitgliedstaat zuständig ist, hat diese die Angemessenheit der Informationen für die Anleger dieses OGAW zu prüfen und die FMA entsprechend zu informieren. Im Rahmen dieser Prüfung ist auch darauf Bedacht zu nehmen, ob im Fall einer Verschmelzung durch Neubildung der Zeitpunkt der Bewilligung des neu gebildeten OGAW mit dem des Wirksamwerdens der Verschmelzung konveniert. Dies sollte aus dem Verschmelzungsplan hervorgehen.

EB zu § 115 Abs. 6:

Setzt Art. 39 Abs. 5 zweiter Unterabs. der Richtlinie 2009/65/EG um. Die FMA hat über den Verschmelzungsantrag binnen einer Frist von 20 Arbeitstagen ab Eingang des vollständigen Antrages abzusprechen. Verbesserungsaufträge der FMA gemäß Abs. 4 oder § 116 Abs. 2 betreffend die Informationen der Anleger hemmen den Fortlauf dieser Frist ebenso wie ein Hinweis auf einen solchen Auftrag durch die zuständige Behörde des übernehmenden OGAW in einem anderen Mitgliedstaat.

Prüfung der Anteilinhaberinformationen bei Verschmelzung eines in Österreich bewilligten übernehmenden OGAW

§ 116. (1) Im Rahmen der Verschmelzung eines in Österreich bewilligten übernehmenden OGAW hat die FMA, im Falle einer grenzüberschreitenden Verschmelzung auf Basis der von der zuständigen Behörde des Herkunftmitgliedstaates des übertragenden OGAW übermittelten Informationen, die potenziellen Auswirkungen der geplanten Verschmelzung auf die Anteilinhaber des übernehmenden OGAW abzuwägen, um die Angemessenheit der Informationen für die Anteilinhaber zu prüfen.

(2) Hat die FMA Bedenken betreffend die Angemessenheit der Informationen für die Anleger des übernehmenden OGAW, so hat sie spätestens 15 Arbeitstage nach Erhalt der

vollständigen Informationen, oder im Fall einer grenzüberschreitenden Verschmelzung spätestens 15 Arbeitstage nach Erhalt der Kopien der vollständigen Informationen gemäß Abs. 1 den übernehmenden OGAW schriftlich aufzufordern, die Informationen für seine Anteilinhaber zu ändern. Diese Aufforderung hemmt bei einer inländischen Verschmelzung den Fortlauf der Beurteilungsfrist gemäß § 115 Abs. 6 bis zum Eingang der geänderten Informationen für die Anleger bei der FMA.

(3) Im Falle einer grenzüberschreitenden Verschmelzung hat die FMA den zuständigen Behörden des Herkunftmitgliedstaates des übertragenden OGAW einen Hinweis auf ihre Bedenken innerhalb der Frist nach Abs. 2 Satz 1 zu übermitteln und nachdem ihr die geänderten Informationen für die Anteilinhaber des übernehmenden OGAW vorgelegt worden sind, den zuständigen Behörden des Herkunftmitgliedstaates des übertragenden OGAW innerhalb von 20 Arbeitstagen mitzuteilen, ob diese geänderten Informationen zufriedenstellend sind.

EB zu § 116:

Da auch die Interessen der Anteilinhaber des übernehmenden OGAW angemessen gewahrt bleiben müssen, sind sie von der FMA als der zuständigen Behörde des Herkunftsmitgliedstaats des übernehmenden OGAW zu berücksichtigen (so auch Erwägungsgrund 29 der Richtlinie 2009/65/EG).

EB zu § 116 Abs. 1:

Setzt Art. 39 Abs. 3 erster Unterabs. 2. Satz der Richtlinie 2009/65/EG um. Die FMA hat die Angemessenheit der Anlegerinformationen zur Verschmelzung eines übernehmenden OGAW, der von ihr bewilligt ist, zu prüfen.

EB zu § 116 Abs. 2:

Setzt Art. 39 Abs. 3 dritter Unterabs. 1. Satz der Richtlinie 2009/65/EG um. Hat die FMA hinsichtlich der Angemessenheit der Informationen für die Anleger des übernehmenden OGAW Bedenken, so kann sie den OGAW spätestens 15 Arbeitstage nach Erhalt der Unterlagen zur Verbesserung auffordern. Im Fall einer inländischen Verschmelzung wird dadurch die Beurteilungsfrist gemäß § 115 Abs. 6 gehemmt. Sobald die verbesserten Informationen bei der FMA einlangen, läuft diese Frist weiter.

EB zu § 116 Abs. 3:

Setzt Art. 39 Abs. 3 dritter Unterabs. 2. Satz der Richtlinie 2009/65/EG um. Im Fall einer grenzüberschreitenden Verschmelzung hat die FMA gleichzeitig mit der Aufforderung an den übernehmenden OGAW zur Verbesserung die zuständige Behörde des übertragenden OGAW unter Wahrung der 15-Arbeitstagefrist auf ihre Bedenken hinzuweisen. Spätestens 20 Arbeitstage nach Einlangen der verbesserten Informationen hat sie die zuständige Behörde des übertragenden OGAW zu informieren, ob sie die Information nunmehr für zufriedenstellend erachtet oder weiterhin Bedenken hat.

Verschmelzungsplan

§ 117. (1) Der übertragende OGAW und der übernehmende OGAW haben einen gemeinsamen Verschmelzungsplan zu erstellen, der folgende Angaben zu enthalten hat:
1. Art der Verschmelzung und beteiligte OGAW,
2. Hintergrund und Beweggründe für die geplante Verschmelzung,
3. erwartete Auswirkungen der geplanten Verschmelzung auf die Anteilinhaber sowohl des übertragenden als auch des übernehmenden OGAW,

4. die beschlossenen Kriterien für die Bewertung des Vermögens und gegebenenfalls der Verbindlichkeiten zu dem Zeitpunkt der Berechnung des Umtauschverhältnisses gemäß § 125 Abs. 1 oder 2,
5. Methode zur Berechnung des Umtauschverhältnisses,
6. geplanter effektiver Verschmelzungstermin,
7. die für die Übertragung von Vermögenswerten und den Umtausch von Anteilen geltenden Bestimmungen und
8. im Falle einer Verschmelzung nach § 3 Abs. 2 Z 15 lit. b und gegebenenfalls § 3 Abs. 2 Z 15 lit. c die Fondsbestimmungen oder die Satzung des neu gegründeten übernehmenden OGAW.

(2) Die FMA kann nicht verlangen, dass weitere Informationen in den Verschmelzungsplan aufgenommen werden. Wohl aber können der übertragende und der übernehmende OGAW die Aufnahme weiterer Punkte in den Verschmelzungsplan beschließen.

EB zu § 117:

Setzt Art. 40 der Richtlinie 2009/65/EG um.

EB zu § 117 Abs. 1:

Setzt Art. 40 Abs. 1 erster Unterabs. der Richtlinie 2009/65/EG um.

EB zu § 117 Abs. 1 Z 5:

Die Berechnung des Umtauschverhältnisses obliegt den Abschlussprüfern.

EB zu § 117 Abs. 1 Z 6:

Im Rahmen der Festlegung des Datums des Wirksamwerdens der Verschmelzung sollte auch der Zeitpunkt für die Festlegung des einschlägigen Nettovermögensbestandes für Barzahlungen geregelt werden. Üblicherweise wird dabei der Tag vor dem Verschmelzungsstichtag oder derselbe Tag gewählt.

EB zu § 117 Abs. 1 Z 7:

Falls die Bedingungen für die Übertragung von Vermögenswerten und für den Umtausch von Anteilen von den Geschäftsleitern frei vereinbart werden können, so sind die entsprechenden Verträge, die diese Bedingungen festlegen, vorzulegen.

EB zu § 117 Abs. 1 Z 8:

Im Falle einer Neugründung hat die Bewilligung der FMA sowohl der Verschmelzung als auch der Neugründung erforderlichenfalls unter Auflagen, Bedingungen und Befristungen zu erfolgen.

EB zu § 117 Abs. 2:

Setzt Art. 40 Abs. 1 zweiter Unterabs. und Abs. 2 der Richtlinie 2009/65/EG um.

Prüfung des Verschmelzungsplans durch die Verwahrstellen

§ 118. Die Verwahrstellen des übertragenden und des übernehmenden OGAW haben die Übereinstimmung der Angaben nach § 117 Abs. 1 Z 1, 6 und 7 mit den Anforderungen dieses Bundesgesetzes und den Fondsbestimmungen ihres jeweiligen OGAW zu prüfen und deren Ordnungsmäßigkeit zu bestätigen.

EB zu § 118:

Setzt Art. 41 der Richtlinie 2009/65/EG um. Bei Verschmelzungen soll auch eine Kontrolle durch Dritte sichergestellt werden. Die Verwahrstellen eines jeden an der Verschmel-

zung beteiligten OGAW haben die Übereinstimmung des gemeinsamen Verschmelzungsplans mit den einschlägigen Bestimmungen dieser Richtlinie und den Vertragsbedingungen des OGAW zu überprüfen und zu bestätigen (englisch: „verify") (so auch Erwägungsgrund 31 der Richtlinie 2009/65/EG).

Bestätigung der Abschlussprüfer

§ 119. (1) Im Rahmen der Verschmelzung eines in Österreich gemäß § 50 bewilligten übertragenden OGAW hat ein unabhängiger Abschlussprüfer folgendes zu bestätigen:

1. die beschlossenen Kriterien für die Bewertung des Vermögens und gegebenenfalls der Verbindlichkeiten zu dem Zeitpunkt der Berechnung des Umtauschverhältnisses gemäß § 125 Abs. 1 oder 2;
2. sofern zutreffend, die Barzahlung je Anteil und
3. die Methode zur Berechnung des Umtauschverhältnisses und das tatsächliche Umtauschverhältnis zu dem Zeitpunkt für die Berechnung dieses Umtauschverhältnisses gemäß § 125 Abs. 1 oder 2.

(2) Die gesetzlichen Abschlussprüfer (§ 49 Abs. 5) des übertragenden oder des übernehmenden OGAW gelten für die Zwecke des Abs. 1 als unabhängige Abschlussprüfer.

(3) Den Anteilinhabern des übertragenden und des übernehmenden OGAW sowie der FMA ist auf Verlangen kostenlos eine Kopie des Berichts des unabhängigen Abschlussprüfers zur Verfügung zu stellen.

EB zu § 119:

Setzt Art. 42 der Richtlinie 2009/65/EG um. Ein unabhängiger Wirtschaftsprüfer hat im Auftrag aller an der Verschmelzung beteiligten OGAW einen Bericht zu erstellen, in dem die im gemeinsamen Verschmelzungsplan dargelegten Methoden zur Bewertung des Vermögens und der Verbindlichkeiten dieser OGAW und die Methode zur Berechnung des Umtauschverhältnisses sowie das Umtauschverhältnis zum betreffenden Zeitpunkt und gegebenenfalls die Barzahlung je Anteil bestätigt werden. Um die mit grenzüberschreitenden Verschmelzungen verbundenen Kosten in Grenzen zu halten, kann ein einziger Bericht für alle beteiligten OGAW erstellt werden; dieser Bericht darf durch den gesetzlichen Abschlussprüfer des übertragenden oder des übernehmenden OGAW erstellt werden (so auch Erwägungsgrund 31 der Richtlinie 2009/65/EG).

EB zu § 119 Abs. 1:

Setzt Art. 42 Abs. 1 der Richtlinie 2009/65/EG um.

EB zu § 119 Abs. 2:

Setzt Art. 42 Abs. 2 der Richtlinie 2009/65/EG um.

EB zu § 119 Abs. 3:

Setzt Art. 42 Abs. 3 der Richtlinie 2009/65/EG um. Aus Gründen des Anlegerschutzes haben die Anteilinhaber ein Recht, auf Anfrage und kostenlos eine Kopie des Berichts zu erhalten (so auch Erwägungsgrund 31 der Richtlinie 2009/65/EG).

Information der Anteilinhaber

§ 120. (1) Der übertragende und der übernehmende OGAW haben jeweils ihren Anteilinhabern geeignete und präzise Informationen über die geplante Verschmelzung zu übermitteln, damit sich diese ein fundiertes Urteil über die Auswirkungen der vorgeschlagenen

Verschmelzung auf ihre Anlage bilden können und ihre Rechte gemäß § 123 ausüben können. Die Informationen sind kurz zu halten und in allgemein verständlicher Sprache abzufassen.

(2) Wird eine grenzüberschreitende Verschmelzung vorgeschlagen, so haben der übertragende OGAW und der übernehmende OGAW in leicht verständlicher Sprache sämtliche Begriffe und Verfahren in Bezug auf den anderen OGAW zu erläutern, die sich von den im eigenen Mitgliedstaat üblichen Begriffen und Verfahren unterscheiden.

(3) Die Informationen für die Anteilinhaber des übertragenden OGAW sind auf Anleger abzustimmen, die von den Merkmalen des übernehmenden OGAW und der Art seiner Tätigkeiten keine Kenntnis haben. Die Anteilinhaber sind dabei auf das Kundeninformationsdokument des übernehmenden OGAW zu verweisen und aufzufordern, dieses zu lesen.

(4) Bei den Informationen für die Anteilinhaber des übernehmenden OGAW liegt der Schwerpunkt auf dem Vorgang der Verschmelzung und den potenziellen Auswirkungen auf den übernehmenden OGAW.

(5) Wurde der übertragende oder der übernehmende OGAW gemäß § 139 notifiziert, so sind die Informationen in der bzw. in einer Amtssprache des Aufnahmemitgliedstaates des jeweiligen OGAW oder in einer von dessen zuständigen Behörden gebilligten Sprache den Anteilinhabern zur Verfügung zu stellen. Der OGAW, der die Informationen zu übermitteln hat, ist für die Erstellung der Übersetzung verantwortlich. Diese Übersetzung hat den Inhalt des Originals zuverlässig wiederzugeben.

(6) Die Informationen gemäß Abs. 1 sind den jeweiligen Anteilinhabern gemäß § 133 mindestens 30 Tage vor der letzten Frist für einen Antrag auf Rücknahme oder Auszahlung oder gegebenenfalls Umwandlung ohne Zusatzkosten gemäß § 123, aber erst nach Zustimmung

1. der FMA, sofern der übertragende OGAW in Österreich bewilligt ist, oder
2. der zuständigen Behörde des Herkunftmitgliedstaates, sofern der übertragende OGAW in einem anderen Mitgliedstaat bewilligt ist,

zu übermitteln.

EB zu § 120:

Setzt Art. 43 Abs. 1 der Richtlinie 2009/65/EG und Art. 3 der Richtlinie 2010/44/EU um. Besonders wichtig ist, dass die Anteilinhaber angemessen über die geplante Verschmelzung informiert werden und dass ihre Rechte hinreichend geschützt werden. Wenngleich die Interessen der Anteilinhaber des übertragenden OGAW von der Verschmelzung am stärksten betroffen sind, sind auch die Interessen der Anteilinhaber des übernehmenden OGAW zu wahren (so auch Erwägungsgrund 32 der Richtlinie 2009/65/EG). Die Informationen, die den Anteilinhabern im Falle einer Verschmelzung zu übermitteln sind, haben den Bedürfnissen der Anteilinhaber des übertragenden und des übernehmenden OGAW Rechnung zu tragen und ihnen ein fundiertes Urteil zu ermöglichen (so auch Erwägungsgrund 1 der Richtlinie 2010/44/EU). Bei der Bereitstellung der Informationen, die den Anteilinhabern des übernehmenden OGAW zu übermitteln sind, ist davon auszugehen, dass diese Anteilinhaber mit den Merkmalen des übernehmenden OGAW, mit den Rechten, die sie in Bezug auf den OGAW genießen, und mit der Art seiner Geschäfte bereits weitgehend vertraut sind. Der Schwerpunkt sollte deshalb auf dem Prozess der Verschmelzung und deren möglichen Auswirkungen auf den übernehmenden OGAW liegen (so auch Erwägungsgrund 4 der Richtlinie 2010/44/EU).

EB zu § 120 Abs. 1:

Setzt Art. 43 Abs. 1 der Richtlinie 2009/65/EG und Art. 3 Abs. 1 erster Unterabs. der Richtlinie 2010/44/EU um.

EB zu § 120 Abs. 2:

Setzt Art. 3 Abs. 1 zweiter Unterabs. der Richtlinie 2010/44/EU um.

EB zu § 120 Abs. 3:

Setzt Art. 3 Abs. 2 der Richtlinie 2010/44/EU um.

EB zu § 120 Abs. 4:

Setzt Art. 3 Abs. 3 der Richtlinie 2010/44/EU um.

EB zu § 120 Abs. 5:

Setzt Art. 43 Abs. 4 der Richtlinie 2009/65/EG um.

EB zu § 120 Abs. 6:

Setzt Art. 43 Abs. 2 der Richtlinie 2009/65/EG um.

Inhalt der Informationen für die Anteilinhaber

§ 121. (1) Die Informationen gemäß § 120 haben zumindest folgende Angaben zu enthalten:

1. Hintergrund und Beweggründe für die geplante Verschmelzung;
2. potenzielle Auswirkungen der geplanten Verschmelzung auf die Anteilinhaber, einschließlich aber nicht ausschließlich wesentlicher Unterschiede in Bezug auf Anlagepolitik und -strategie, Kosten, erwartetes Ergebnis, periodische Berichte, etwaige Verwässerung der Performance und gegebenenfalls eine eindeutige Warnung an die Anleger, dass ihre steuerliche Behandlung im Zuge der Verschmelzung Änderungen unterworfen sein kann;
3. spezifische Rechte der Anteilinhaber in Bezug auf die geplante Verschmelzung, einschließlich aber nicht ausschließlich des Rechts auf zusätzliche Informationen, des Rechts, auf Anfrage eine Kopie des Berichts des unabhängigen Abschlussprüfers oder der Verwahrstelle zu erhalten, des Rechts, gemäß § 123 die kostenlose Rücknahme oder Auszahlung oder gegebenenfalls Umwandlung ihrer Anteile zu verlangen, und der Frist für die Wahrnehmung dieses Rechts, wobei folgende Angaben beinhaltet sein müssen:
   a) Angaben zum Umgang mit den angefallenen Erträgen des betreffenden OGAW,
   b) einen Hinweis darauf, wie der in § 119 Abs. 3 genannte Bericht des unabhängigen Abschlussprüfers erhalten werden kann,
4. maßgebliche Verfahrensaspekte, insbesondere Einzelheiten jeder geplanten Aussetzung des Anteilhandels mit dem Ziel, eine effiziente Durchführung der Verschmelzung zu ermöglichen, und Angabe des Zeitpunktes des Wirksamwerdens der Verschmelzung gemäß § 125 (geplanter effektiver Verschmelzungstermin);
5. Kopie des in § 134 Abs. 1 genannten Kundeninformationsdokuments des übernehmenden OGAW.

(2) Die Informationen gemäß § 120 für die Anteilinhaber des übertragenden OGAW haben weiters zu enthalten:

1. Einzelheiten zu Unterschieden hinsichtlich der Rechte von Anteilinhabern des übertragenden OGAW vor und nach Wirksamwerden der vorgeschlagenen Verschmelzung;
2. wenn die Kundeninformationsdokumente des übertragenden OGAW und des über-

nehmenden OGAW synthetische Risiko- und Ertragsindikatoren in unterschiedlichen Kategorien aufweisen oder in der begleitenden erläuternden Beschreibung unterschiedliche wesentliche Risiken beschrieben werden, einen Vergleich dieser Unterschiede;
3. einen Vergleich sämtlicher Kosten, Gebühren und Aufwendungen beider OGAW auf der Grundlage der in den jeweiligen Kundeninformationsdokumenten genannten Beträge;
4. wenn der übertragende OGAW eine performanceabhängige Gebühr erhebt, eine Erläuterung der Erhebung dieser Gebühr bis Wirksamwerden der Verschmelzung;
5. wenn der übernehmende OGAW eine performanceabhängige Gebühr erhebt, eine Erläuterung der Erhebung dieser Gebühr unter Gewährleistung einer fairen Behandlung der Anteilinhaber, die vorher Anteile des übertragenden OGAW hielten;
6. wenn dem übertragenden oder übernehmenden OGAW oder deren Anteilinhabern gemäß § 124 Kosten im Zusammenhang mit der Vorbereitung und Durchführung der Verschmelzung angelastet werden dürfen, die Einzelheiten der Allokation dieser Kosten;
7. eine Erklärung, ob die Verwaltungsgesellschaft des übertragenden OGAW beabsichtigt, vor Wirksamwerden der Verschmelzung eine Neugewichtung des Portfolios vorzunehmen;
8. sofern im Verschmelzungsplan eine Barzahlung gemäß § 3 Abs. 2 Z 15 lit. a oder b vorgesehen ist, Angaben zur vorgeschlagenen Zahlung, einschließlich Angaben zu Zeitpunkt und Modalitäten der Barzahlung an die Anteilinhaber des übertragenden OGAW;
9. Angabe des Zeitraums, während dessen die Anteilinhaber im übertragenden OGAW noch Aufträge für die Zeichnung und Auszahlung von Anteilen erteilen können;
10. Angabe des Zeitraums, während dessen Anteilinhaber, die ihre gemäß § 123 gewährten Rechte nicht innerhalb der einschlägigen Frist wahrnehmen, ihre Rechte als Anteilinhaber des übernehmenden OGAW wahrnehmen können.

(3) Die Informationen gemäß § 120 für die Anteilinhaber des übernehmenden OGAW haben weiters eine Erklärung zu enthalten, in der mitgeteilt wird, ob die Verwaltungsgesellschaft des übernehmenden OGAW davon ausgeht, dass die Verschmelzung wesentliche Auswirkungen auf das Portfolio des übernehmenden OGAW hat, und ob sie beabsichtigt, vor oder nach Wirksamwerden der Verschmelzung eine Neugewichtung des Portfolios vorzunehmen.

(4) Wird den Informationsunterlagen eine Zusammenfassung der wichtigsten Punkte der vorgeschlagenen Verschmelzung vorangestellt, muss darin auf die Abschnitte der Informationsunterlagen verwiesen werden, die weitere Informationen enthalten.

EB zu § 121:

Setzt Art. 43 Abs. 3 der Richtlinie 2009/65/EG und Art. 4 der Richtlinie 2010/44/EU um. Der übertragende und der übernehmende OGAW sind nicht dazu verpflichtet, in das betreffende Informationsdokument andere als die gesetzlich ausdrücklich genannten Informationen aufzunehmen. Es steht dem übertragenden oder dem übernehmenden OGAW jedoch frei, weitere Informationen hinzuzufügen, die im Rahmen der vorgeschlagenen Verschmelzung relevant sind (so auch Erwägungsgrund 2 der Richtlinie 2010/44/EU).

EB zu § 121 Abs. 1:

Setzt Art. 43 Abs. 3 der Richtlinie 2009/65/EG um.

EB zu § 121 Abs. 1 Z 1:

Setzt Art. 43 Abs. 3 Buchstabe a der Richtlinie 2009/65/EG um.

EB zu § 121 Abs. 1 Z 2:

Setzt Art. 43 Abs. 3 Buchstabe b der Richtlinie 2009/65/EG um. Der englische Text verwendet die Wendung „dilution in performance", was in der deutschen Fassung der Richtlinie mit „Verwässerung der Leistung" wiedergegeben wurde. Tatsächlich geht es dabei um eine Abschwächung beziehungsweise ein Nachlassen der Performance im Zuge der Verschmelzung. Der Begriff „Performance" ist im Investmentfondsbereich durchaus üblich und gebräuchlich (siehe zum Beispiel § 5 der Prospektinhalts-Verordnung BGBl. II Nr. 237/2005).

EB zu § 121 Abs. 1 Z 3:

Setzt Art. 43 Abs. 3 Buchstabe c der Richtlinie 2009/65/EG und Art. 4 Abs. 3 der Richtlinie 2010/44/EU um.

EB zu § 121 Abs. 1 Z 4:

Setzt Art. 43 Abs. 3 Buchstabe d der Richtlinie 2009/65/EG und Art. 4 Abs. 5 Buchstabe b und c der Richtlinie 2010/44/EU um.

EB zu § 121 Abs. 1 Z 5:

Setzt Art. 43 Abs. 3 Buchstabe e der Richtlinie 2009/65/EG um.

EB zu § 121 Abs. 2:

Setzt Art. 4 Abs. 1 der Richtlinie 2010/44/EU um.

EB zu § 121 Abs. 2 Z 1:

Setzt Art. 4 Abs. 1 Buchstabe a der Richtlinie 2010/44/EU um.

EB zu § 121 Abs. 2 Z 2:

Setzt Art. 4 Abs. 1 Buchstabe b der Richtlinie 2010/44/EU um.

EB zu § 121 Abs. 2 Z 3:

Setzt Art. 4 Abs. 1 Buchstabe c der Richtlinie 2010/44/EU um.

EB zu § 121 Abs. 2 Z 4:

Setzt Art. 4 Abs. 1 Buchstabe d der Richtlinie 2010/44/EU um. Die in der deutschen Fassung der Richtlinie verwendete Wendung „an die Wertentwicklung gebundene Gebühr" wird durch die Wendung „performanceabhängige Gebühr" ersetzt, da die Performance der gebräuchlichere Begriff im Zusammenhang mit Investmentfonds ist.

EB zu § 121 Abs. 2 Z 5:

Setzt Art. 4 Abs. 1 Buchstabe e der Richtlinie 2010/44/EU um. Die in der deutschen Fassung der Richtlinie verwendete Wendung „an die Wertentwicklung gebundene Gebühr" wird durch die Wendung „performanceabhängige Gebühr" ersetzt, da die Performance der gebräuchlichere Begriff im Zusammenhang mit Investmentfonds ist.

EB zu § 121 Abs. 2 Z 6:

Setzt Art. 4 Abs. 1 Buchstabe f der Richtlinie 2010/44/EU um.

EB zu § 121 Abs. 2 Z 7:

Setzt Art. 4 Abs. 1 Buchstabe g der Richtlinie 2010/44/EU um.

EB zu § 121 Abs. 2 Z 8:

Setzt Art. 4 Abs. 4 der Richtlinie 2010/44/EU um.

EB zu § 121 Abs. 2 Z 9:

Setzt Art. 4 Abs. 7 Buchstabe a der Richtlinie 2010/44/EU um.

EB zu § 121 Abs. 2 Z 10:

Setzt Art. 4 Abs. 7 Buchstabe b der Richtlinie 2010/44/EU um.

EB zu § 121 Abs. 3:

Setzt Art. 4 Abs. 1 der Richtlinie 2010/44/EU um.

EB zu § 121 Abs. 4:

Setzt Art. 4 Abs. 8 der Richtlinie 2010/44/EU um. Wird das Informationsdokument durch eine Zusammenfassung ergänzt, so ist das Informationsdokument dennoch kurz zu halten und in allgemein verständlicher Sprache abzufassen (so auch Erwägungsgrund 3 der Richtlinie 2010/44/EU).

Neue Anteilinhaber

§ 122. Zwischen dem Datum der Übermittlung der Informationen gemäß § 120 an die Anteilinhaber und dem Datum des Wirksamwerdens der Verschmelzung sind die Informationsunterlagen gemäß § 120 und das aktuelle Kundeninformationsdokument für die Anleger des übernehmenden OGAW jeder Person zu übermitteln, die entweder im übertragenden oder im übernehmenden OGAW Anteile kauft oder zeichnet oder Kopien der Fondsbestimmungen oder der Satzung, des Prospekts oder des Kundeninformationsdokuments eines der beiden OGAW anfordert.

EB zu § 122:

Setzt Art. 6 der Richtlinie 2010/44/EU um.

Rück- und Umtauschrecht der Anteilinhaber

§ 123. Die Anteilinhaber sowohl des übertragenden als auch des übernehmenden OGAW sind berechtigt, ohne weitere Kosten als jene, die gemäß § 59 in Verbindung mit § 53 zur Deckung der Rücknahmekosten einbehalten werden,

1. die Auszahlung oder die Rücknahme ihrer Anteile oder,
2. soweit möglich, deren Umtausch in Anteile eines anderen OGAW mit ähnlicher Anlagepolitik, der von derselben Verwaltungsgesellschaft oder einer anderen Gesellschaft verwaltet wird, mit der die Verwaltungsgesellschaft durch eine gemeinsame Verwaltung oder Kontrolle oder durch eine wesentliche direkte oder indirekte Beteiligung verbunden ist,

zu verlangen. Dieses Recht wird ab dem Zeitpunkt wirksam, zu dem die Anteilinhaber des übertragenden OGAW und die Anteilinhaber des übernehmenden OGAW nach § 120 über die geplante Verschmelzung unterrichtet werden, und erlischt fünf Arbeitstage vor dem Zeitpunkt für die Berechnung des Umtauschverhältnisses gemäß § 125 Abs. 1 oder 2.

EB zu § 123:

Setzt Art. 45 Abs. 1 der Richtlinie 2009/65/EG um. Die Anteilinhaber sowohl des übertragenden als auch des übernehmenden OGAW haben das Recht, die Rücknahme oder die Auszahlung ihrer Anteile zu verlangen oder sie, soweit möglich, in Anteile eines anderen OGAW mit ähnlicher Anlagepolitik, der von derselben Verwaltungsgesellschaft oder von einer mit ihr verbundenen anderen Gesellschaft verwaltet wird, umzuwandeln (so auch Erwägungsgrund 30 der Richtlinie 2009/65/EG). Bei der Wahrnehmung des Rechts der Anteilinhaber auf Rückgabe oder Umwandlung der Anteile dürfen für die Anteilinhaber keine zusätzlichen Kosten anfallen; es darf lediglich den Gebühren unterliegen, die von den jeweiligen OGAW zur Deckung der Kosten für die Auflösung der Anlagen in allen Situationen, wie in den Prospekten der übertragenden und der übernehmenden OGAW aufgeführt, einbehalten werden (so auch Erwägungsgrund 30 der Richtlinie 2009/65/EG). Das Wahlrecht des Art. 45 Abs. 2 der Richtlinie 2009/65/EG wird nicht ausgeübt.

Verlangen Anteilinhaber anlässlich einer Verschmelzung des OGAW, dessen Anteile sie halten, den Umtausch dieser Anteile in Anteile eines anderen OGAW (Z 2), so stellt dieser Tausch aus steuerlicher Sicht einen Realisierungsvorgang dar, womit es zu einer Besteuerung gemäß § 186 Abs. 3 kommt. Die Anschaffungskosten der neu erhaltenen Anteile entsprechen daher dem Rückkaufswert im Zeitpunkt des Tausches.

Kosten

§ 124. Etwaige Rechts-, Beratungs- oder Verwaltungskosten, die mit der Vorbereitung und Durchführung der Verschmelzung verbunden sind, dürfen weder dem übertragenden OGAW, dem übernehmenden OGAW noch ihren Anteilinhabern angelastet werden.

EB zu § 124:

Setzt Art. 46 der Richtlinie 2009/65/EG um. Der Begriff „Kosten" umfasst alle mit der Verschmelzung im Zusammenhang stehenden Kosten. Diese Kosten sind von der Verwaltungsgesellschaft zu tragen, und nicht von den Anlegern (so auch die Meinung der Europäischen Kommission im Rahmen des Umsetzungsworkshops zur Richtlinie 2009/65/EG).

Wirksamwerden

§ 125. (1) Eine inländische Verschmelzung ist mit dem im Verschmelzungsplan gemäß § 117 Abs. 1 Z 6 angeführten Datum wirksam. Für die Berechnung des Verhältnisses für den Umtausch von Anteilen des übertragenden OGAW in Anteile des übernehmenden OGAW und, sofern zutreffend, für die Festlegung des einschlägigen Nettovermögensbestandes für Barzahlungen ist der im Verschmelzungsplan angegebene Zeitpunkt maßgeblich.

(2) Für grenzüberschreitende Verschmelzungen, bei denen der übernehmende OGAW in Österreich bewilligt ist, gelten die Fristen gemäß Abs. 1, wobei die allenfalls erforderliche Bewilligung durch die Anteilinhaber des übertragenden OGAW jedenfalls abzuwarten ist. Bei grenzüberschreitenden Verschmelzungen, bei denen der übernehmende OGAW in einem anderen Mitgliedstaat bewilligt ist, richten sich die Fristen gemäß Abs. 1 nach dem Recht des Herkunftsstaates des übernehmenden OGAW.

(3) Das Wirksamwerden der Verschmelzung ist gemäß § 136 Abs. 4 Z 1, 3 oder 5 zu veröffentlichen und der FMA sowie, im Falle einer grenzüberschreitenden Verschmelzung der zuständigen Behörde des Herkunftmitgliedstaates des übertragenden oder übernehmenden OGAW mitzuteilen.

(4) Eine Verschmelzung, die gemäß Abs. 1 oder 2 wirksam geworden ist, kann nicht mehr für nichtig erklärt werden.

EB zu § 125:

Setzt Art. 47 der Richtlinie 2009/65/EG um.

EB zu § 125 Abs. 1:

Setzt Art. 47 Abs. 1 erster Unterabs. der Richtlinie 2009/65/EG um. Der Zeitpunkt des Wirksamwerdens der Verschmelzung ist im Verschmelzungsplan festzulegen, den die FMA ob seiner Gesetzeskonformität einschließlich der Wahrung der Interessen der Anleger zu prüfen hat. Die Übertragung der Vermögenswerte sollte daher zu einem Stichtag erfolgen und auch zu diesem Stichtag die Werte des übertragenden und des übernehmenden OGAW berechnet werden, das Umtauschverhältnis festgelegt sein und sämtliche Vermögensgegenstände übernommen worden sein.

EB zu § 125 Abs. 2:
Setzt Art. 47 Abs. 1 zweiter Unterabs. der Richtlinie 2009/65/EG um.

EB zu § 125 Abs. 3:
Setzt Art. 47 Abs. 2 der Richtlinie 2009/65/EG um.

EB zu § 125 Abs. 4:
Setzt Art. 47 Abs. 3 der Richtlinie 2009/65/EG um.

Auswirkungen der Verschmelzung

§ 126. (1) Eine gemäß § 3 Abs. 2 Z 15 lit. a (Bruttoverschmelzung durch Aufnahme) durchgeführte Verschmelzung hat folgende Auswirkungen:
1. Alle Vermögenswerte und Verbindlichkeiten des übertragenden OGAW werden auf den übernehmenden OGAW oder, sofern zutreffend, auf die Verwahrstelle des übernehmenden OGAW übertragen;
2. die Anteilinhaber des übertragenden OGAW werden Anteilinhaber des übernehmenden OGAW, und sie haben gegebenenfalls Anspruch auf eine Barzahlung in Höhe von höchstens 10 vH des Nettovermögensbestandes ihrer Anteile an dem übertragenden OGAW, und
3. die Bewilligung des übertragenden OGAW erlischt mit Inkrafttreten der Verschmelzung.

(2) Eine gemäß § 3 Abs. 2 Z 15 lit. b (Bruttoverschmelzung durch Neubildung) durchgeführte Verschmelzung hat folgende Auswirkungen:
1. Alle Vermögenswerte und Verbindlichkeiten des übertragenden OGAW werden auf den neu gegründeten übernehmenden OGAW übertragen;
2. die Anteilinhaber des übertragenden OGAW werden Anteilinhaber des neu gebildeten übernehmenden OGAW, und sie haben gegebenenfalls Anspruch auf eine Barzahlung in Höhe von höchstens 10 vH des Nettovermögensbestandes ihrer Anteile an dem übertragenden OGAW, und
3. die Bewilligung des übertragenden OGAW erlischt mit Inkrafttreten der Verschmelzung.

(3) Eine gemäß § 3 Abs. 2 Z 15 lit. c (Nettoverschmelzung) durchgeführte Verschmelzung hat folgende Auswirkungen:
1. Die Nettovermögenswerte des übertragenden OGAW werden auf den übernehmenden OGAW übertragen;
2. die Anteilinhaber des übertragenden OGAW werden Anteilinhaber des übernehmenden OGAW, und
3. die Bewilligung des übertragenden OGAW erlischt erst, wenn alle Verbindlichkeiten getilgt sind.

(4) Die Verwaltungsgesellschaft des übernehmenden OGAW hat der Verwahrstelle des übernehmenden OGAW zu bestätigen, dass die Übertragung der Vermögenswerte und im Falle des Abs. 1 oder 2 der Verbindlichkeiten abgeschlossen ist.

(5) Die Bestimmungen über die Kontrolle von Unternehmenszusammenschlüssen nach dem Kartellgesetz 2005 – KartG 2005 (BGBl. I Nr. 61/2005) sowie gemäß der Verordnung (EG) Nr. 139/2004 über die Kontrolle von Unternehmenszusammenschlüssen („EG-Fusionskontrollverordnung“) bleiben unberührt.

EB zu § 126:
Setzt Art. 48 der Richtlinie 2009/65/EG um.

EB zu § 126 Abs. 1:
Setzt Art. 48 Abs. 1 der Richtlinie 2009/65/EG um.

EB zu § 126 Abs. 2:
Setzt Art. 48 Abs. 2 der Richtlinie 2009/65/EG um.

EB zu § 126 Abs. 3:
Setzt Art. 48 Abs. 3 der Richtlinie 2009/65/EG um.

EB zu § 126 Abs. 4:
Setzt Art. 48 Abs. 4 der Richtlinie 2009/65/EG um.

EB zu § 126 Abs. 5:
Die in diesem Bundesgesetz enthaltenen Bestimmungen über Verschmelzungen lassen die Anwendung von Rechtsvorschriften über die Kontrolle von Unternehmenszusammenschlüssen, insbesondere der Verordnung (EG) Nr. 139/2004 des Rates vom 20. Januar 2004 über die Kontrolle von Unternehmenszusammenschlüssen („EG-Fusionskontrollverordnung“), unberührt (so auch Erwägungsgrund 33 der Richtlinie 2009/65/EG).

Erleichterungen für Fondszusammenlegungen ohne grenzübergreifenden Bezug

§ 127. (1) Die Verschmelzung (Zusammenlegung) von in Österreich bewilligten OGAW, die nicht gemäß § 139 in einem anderen Mitgliedstaat zum Vertrieb notifiziert sind, richtet sich nach den §§ 114 Abs. 3, 119 sowie 122 bis 126. Die §§ 120 und 125 sowie § 3 Abs. 2 Z 15 lit. c sind nicht anzuwenden. Die FMA darf die Bewilligung nur erteilen, wenn die Interessen aller Anleger hinreichend gewahrt sind.

(2) Die Verwaltungsgesellschaft des übernehmenden bzw. neu zu bildenden OGAW kann das aus der Vereinigung entstandene Fondsvermögen ab dem Zusammenlegungsstichtag als OGAW aufgrund dieses Bundesgesetzes verwalten, sofern der Zusammenlegungsstichtag unter Einhaltung einer mindestens dreimonatigen Ankündigungsfrist veröffentlicht wird. In der Veröffentlichung sind die von der Zusammenlegung betroffenen OGAW, der Bewilligungsbescheid der FMA, Angaben über den Anteilumtausch, Angaben über die den zusammengelegten oder den neu gebildeten OGAW verwaltende Verwaltungsgesellschaft, ein allfälliger Depotbankwechsel (§ 61) und die ab dem Zusammenlegungsstichtag geltenden Fondsbestimmungen (§ 53) anzuführen. Bruchteilsanteile sind bar abzugelten. Die Zusammenlegung eines OGAW mit einem AIF ist nicht zulässig.

(3) Die Verwaltungsgesellschaft kann die Verwaltung eines OGAW mit Bewilligung der FMA ohne Kündigung nach § 60 Abs. 1 durch Übertragung der zum Fondsvermögen gehörenden Vermögenswerte in einen anderen, von der gleichen oder einer anderen Verwaltungsgesellschaft verwalteten OGAW oder durch Zusammenlegung im Wege der Neubildung beenden. Die Bestimmungen des Abs. 1 sind anzuwenden. Dem Anteilinhaber dürfen durch diese Vorgangsweise keine Kosten entstehen. Sie tritt mit dem in der Ver-

öffentlichung angegebenen Tag, frühestens jedoch drei Monate nach der Veröffentlichung, in Kraft.

EB zu § 127:

Entspricht im wesentlichen § 3 Abs. 2 und § 14 Abs. 4 InvFG 1993. Die Regelung des Verschmelzungsverfahrens im Rahmen der Richtlinie 2009/65/EG bezieht sich auf Verschmelzungen mit grenzübergreifendem Bezug, also einerseits Verschmelzungen von OGAW, die in verschiedenen Mitgliedstaaten aufgelegt und bewilligt sind und solche inländische Fondsverschmelzungen, bei denen zwar beide OGAW in Österreich bewilligt sind, aber zumindest einer der zu verschmelzenden OGAW auch in einem anderen Mitgliedstaat zum Vertrieb notifiziert ist. Daneben sind auch nicht in der Richtlinie vorgesehene Verschmelzungsverfahren für Verschmelzungen rein innerstaatlicher OGAW, die auch nicht zum Vertrieb in einem anderen Mitgliedstaat notifiziert sind, zulässig (so auch Erwägungsgrund 28 der Richtlinie 2009/65/EG). In diesem Sinne wird an dieser Stelle das in § 3 Abs. 2 und § 14 Abs. 4 InvFG 1993 geregelte Fondszusammenlegungsverfahren übernommen und mittels relevanter Verweise in das Gesamtgefüge des neuen Verschmelzungsregimes eingefügt. Der wesentliche Unterschied zum Verfahren gemäß § 114 Abs. 1 oder 2 besteht in der Veröffentlichung der Anteilinhaberinformationen anstatt der Mitteilung; zudem ist die Anteilinhaberinformation vergleichsweise gestrafft. Das Verfahren der Genehmigung durch die FMA bestand bereits bisher und wird der Klarheit halber auf die nun detaillierter geregelten Verfahrensbestimmungen verwiesen.

4. Hauptstück
Information der Anleger, Werbung und Vertrieb

EB zum 4. Hauptstück (Information der Anleger, Werbung und Vertrieb):

In diesem Hauptstück werden sämtliche Spezialvorschriften für den Vertrieb von OGAW geregelt. Zum einen ist für das (öffentliche) Angebot von Anteilen an OGAW die vorherige Bewilligung des OGAW durch die FMA ebenso wie die Bewilligung der Fondsbestimmungen erforderlich. Für diese Fondsbestimmungen finden sich eigene Vorschriften in diesem Bundesgesetz ebenso wie für den Prospekt, der abweichend vom KMG in diesem Bundesgesetz gesondert geregelt ist. Daneben sind die Informationspflichten im Rahmen des Vertriebs von OGAW-Anteilen durch die Verwaltungsgesellschaften geregelt; auf den Vertrieb durch Dritte finden grundsätzlich die Vorschriften des WAG 2007 Anwendung. Auf die in § 138 Abs. 2 enthaltenen Pflichten der Intermediäre zur Bereitstellung des KID (ein entsprechender Verweis wird in § 40 Abs. 5 WAG 2007 aufgenommen) wird an dieser Stelle hingewiesen. Im Übrigen sind im Rahmen des Direktvertriebes von OGAW-Anteilen durch Verwaltungsgesellschaften vor allem die §§ 20, 21, 23 und 31 maßgeblich. Besondere Regelungen einschließlich eines Notifikationserfordernisses finden sich auch für den grenzüberschreitenden Vertrieb.

1. Abschnitt
Werbung und Angebot von Anteilen

EB zum 1. Abschnitt (Werbung und Angebot von Anteilen):

In diesem Abschnitt werden Sondervorschriften für die Werbung mit OGAW-Anteilen festgelegt. Neben der Notwendigkeit des Hinweises auf den Prospekt und dessen Ver-

fügbarkeit sind auch besondere inhaltliche Anforderungen normiert. Zum einen muss im Zusammenhang mit einem Hinweis auf die Wertentwicklung des Fonds dargelegt werden, dass die vergangene Wertentwicklung keine verlässlichen Rückschlüsse für die Zukunft zulässt. Zum anderen sind inhaltliche Anforderungen im Hinblick auf Redlichkeit, Eindeutigkeit und eindeutige Erkennbarkeit der Marketing-/Werbeanzeige vorgesehen.

Werbung für OGAW-Anteile

§ 128. (1) Die Werbung für Anteile an OGAW darf nur unter gleichzeitigem Hinweis auf den gemäß § 136 Abs. 4 veröffentlichten Prospekt (§ 131) und das gemäß § 138 zur Verfügung zu stellende Kundeninformationsdokument (§ 134) erfolgen und hat anzugeben, auf welche Weise und in welcher Sprache dieser Prospekt sowie das Kundeninformationsdokument für den Anleger oder potenziellen Anleger erhältlich und zugänglich sind.

(2) Werbung an die Anleger muss
1. eindeutig als solche erkennbar,
2. redlich,
3. eindeutig und
4. nicht irreführend

sein. Insbesondere darf eine Werbung, die eine Aufforderung zum Erwerb von Anteilen eines OGAW und spezifische Informationen über einen OGAW enthält, keine Aussagen treffen, die im Widerspruch zu Informationen des Prospekts und des in § 134 Abs. 1 genannten Kundeninformationsdokuments stehen oder die Bedeutung dieser Informationen herabstufen.

(3) Die Werbung für Anteile an OGAW, in der auf die vergangene Wertentwicklung des Fonds Bezug genommen wird, hat einen Hinweis zu enthalten, aus welchem hervorgeht, dass die Wertentwicklung der Vergangenheit keine verlässlichen Rückschlüsse auf die zukünftige Entwicklung eines Fonds zulässt.

(4) Ein Feeder-OGAW hat in jede Werbung den Hinweis aufzunehmen, dass er dauerhaft mindestens 85 vH seines Vermögens in Anteile eines bestimmten Master-OGAW anlegt.

(5) Weiters ist in der Werbung an hervorgehobener Stelle auf folgende Tatsachen hinzuweisen:
1. die Anlagestrategie des OGAW, falls der OGAW hauptsächlich in den in § 67 Abs. 1 Z 3 bis 5 definierten Kategorien von Anlageinstrumenten, die keine Wertpapiere oder Geldmarktinstrumente sind, investiert oder einen Aktien- oder Schuldtitelindex nachbildet;
2. eine erhöhte Volatilität, falls das Nettovermögen eines OGAW aufgrund der Zusammensetzung seines Portfolios oder der verwendeten Portfoliomanagementtechniken eine erhöhte Volatilität aufweist;
3. die Bewilligung der Fondsbestimmungen durch die FMA im Falle eines OGAW im Sinne des § 76.

(6) Ein OGAW im Sinne des § 76 hat weiters die Mitgliedstaaten, Gebietskörperschaften oder internationalen Einrichtungen öffentlich-rechtlichen Charakters, in deren Wertpapieren der OGAW mehr als 35 vH seines Sondervermögens anzulegen beabsichtigt oder angelegt hat, anzugeben.

EB zu § 128:

Setzt Art. 77 der Richtlinie 2009/65/EG um und entspricht inhaltlich weitgehend § 43 InvFG 1993. Die Bestimmung legt besondere Anforderungen für die Werbung im Zusam-

menhang mit OGAW-Anteilen fest. Sie verdrängt insoweit § 4 KMG. Im Rahmen des Vertriebes von OGAW-Anteilen durch Dritte ist zusätzlich § 41 WAG 2007 anzuwenden. Der Begriff der Werbung oder des Marketing ist synonym zu verstehen und im einschlägigen EU-Finanzmarktrecht nicht eigens definiert. Lediglich in der wettbewerbsrechtlichen kodifizierten Werberichtlinie (Richtlinie 2006/114/EG über irreführende und vergleichende Werbung, ABl. Nr. L 376 vom 27.12. 2006, S. 21) findet sich eine Definition, nicht aber im die vorgenannte Richtlinie umsetzenden UWG. Die Werberichtlinie definiert „Werbung" als jede Äußerung bei der Ausübung eines Handels, Gewerbes, Handwerks oder freien Berufs mit dem Ziel, den Absatz von Waren oder die Erbringung von Dienstleistungen, einschließlich unbeweglicher Sachen, Rechte und Verpflichtungen, zu fördern. Diese Definition findet sich so im Wesentlichen auch bereits in der einschlägigen Literatur (siehe Heidinger/Paul, *Kommentar zum Investmentfondsgesetz (2005), § 43 Rz 4 und* Kreisl *in* Macher et al, *InvFG-Komm 2008, § 43 Rz 14) Der Begriff der Werbung ist also sehr weit zu verstehen. Die Verbreitung der Werbung kann über verschiedenste Medien erfolgen – siehe dazu die beispielhafte Aufzählung in Art. 34 der Prospekt-Verordnung (EG) 809/2004. Der Begriff der Werbung schließt den Begriff der Marketing-Mitteilung grundsätzlich ein und umgekehrt.*

EB zu § 128 Abs. 1:

Setzt Art. 77 der Richtlinie 2009/65/EG um. Die Werbung darf nur unter gleichzeitigem Hinweis auf den veröffentlichten Prospekt erfolgen. Dies setzt grundsätzlich voraus, dass der OGAW bereits von der FMA bewilligt worden ist. Die Richtlinie 2009/65/EG fordert, dass der Prospekt „existiert". Davor ist eine Werbung absolut unzulässig. Außerdem muss in der Werbung ein Hinweis enthalten sein, wo, in welcher Sprache und auf welche Weise der Prospekt und das Kundeninformationsdokument (KID) erhältlich sind. Zu den Anforderungen an die Sprache des Prospektes und des KID siehe § 138 Abs. 7.

EB zu § 128 Abs. 2:

Art. 77 der Richtlinie 2009/65/EG sieht – ähnlich wie die MiFID (Richtlinie 2004/39/EG) und die Prospekt-Richtlinie (Richtlinie 2003/71/EG) mehrere inhaltliche Anforderungen an die Werbung vor. So ist all diesen Bestimmungen gemeinsam, dass die Werbung nicht irreführend sein darf. Während aber die Prospekt-Richtlinie in Art. 15 Abs. 3 und ihr folgend das KMG das Verbot der „unrichtigen" (englisch: „inaccurate") Werbung normiert, enthält Art. 19 Abs. 2 MiFID und ihr folgend § 41 Abs. 2 WAG 2007 das Gebot der „redlichen und eindeutigen" („fair and clear") Werbung. Der EU-Gesetzgeber ist sich der graduellen Unterschiede durchaus bewusst. Für die Zukunft wird derzeit eine mögliche Harmonisierung der verschiedenen Normen in diesem Bereich (Prospekt-Richtlinie, MiFID, OGAWRichtlinie und Versicherungsvermittlerrichtlinie) überlegt (Projekt betreffend „Packaged Retail Investor Products – PRIPS"). Während „unrichtig" mit „objektiv falsch und unwahr" gleichzusetzen ist, stellt der Begriff der Redlichkeit oder „Fairness" ein subjektives Kriterium dar und stellt an den Werbenden oder Informierenden eine materielle Anforderung der Gutgläubigkeit (siehe auch die reichhaltige Judikatur und interpretative Ausformung des Begriffes der Redlichkeit im allgemeinen Zivilrecht (§§ 326, 367 ABGB). De lege lata *ist eine richtliniengetreue und daher eigenständige Regelung in diesem Bundesgesetz unter Heranziehung des Wortlautes der Richtlinie 2009/65/EG geboten. Dies gilt auch für die im Vergleich zu Art. 15 Prospekt-Richtlinie und § 4 Abs. 3 KMG fehlende Differenzierung zwischen bereits veröffentlichten und nicht veröffentlichten Prospekten. Aufgrund des Genehmigungserfordernisses des OGAW durch die FMA – im Unterschied zu Produkten, für die ein Prospekt nach dem KMG zu veröffentlichen ist, – erscheint es auch sachgerecht, dass eine Werbung für einen solchen OGAW erst nach Bewilligung durch die FMA – und folglich nach Veröffentlichung des Prospektes – erfolgt (in diesem Sinne auch* Heidinger/Paul, *Kommentar zum Investmentfondsgesetz (2005), § 43 Rz 6 für die Rechtslage nach dem InvFG 1993). Dies ist auch im Sinne einer Überprüfbarkeit der Irreführung erforderlich.*

Eine Werbung betreffend einen OGAW darf auch nicht im Widerspruch zum Prospekt oder zum Kundeninformationsdokument stehen und muss als solche klar erkennbar sein. Marketing-Anzeigen sind klar von den obligatorischen Informationen in Form des Prospektes, des Kundeninformationsdokumentes sowie der Jahres- und Halbjahresberichte zu unterscheiden (so auch Erwägungsgrund 58 der Richtlinie 2009/65/EG).

EB zu § 128 Abs. 3:

Setzt Art. 77 der Richtlinie 2009/65/EG um und entspricht § 43 Abs. 2 InvFG 1993. Die Bestimmung beinhaltet ein besonderes kapitalmarktrechtliches Irreführungsverbot. Dadurch soll der Anleger vor irreführenden Performanceangaben geschützt werden (siehe auch bereits EBRV 917 BlgNR XX. GP (zu § 43), 16). Unter einer Bezugnahme auf die vergangene Wertentwicklung sind neben prozentualen, absoluten und relativen Wertangaben auch wörtliche Umschreibungen zu verstehen. Diese Bestimmung richtet sich sowohl an in Österreich bewilligte OGAW als auch an OGAW, die in einem anderen Mitgliedstaat bewilligt aber in Österreich gemäß § 140 vertrieben werden.

EB zu § 128 Abs. 4:

Setzt Art. 63 Abs. 4 der Richtlinie 2009/65/EG um. Um ein hohes Schutzniveau für die Interessen der Anleger des Feeder-OGAW zu gewährleisten, haben der Prospekt, das Kundeninformationsdokument sowie alle Marketing-Anzeigen den besonderen Merkmalen von Master-Feeder-Strukturen Rechnung zu tragen. Die Anlage eines Feeder-OGAW in einen Master-OGAW sollte nicht seine Fähigkeit beeinträchtigen, auf Antrag der Anteilinhaber Anteile zurückzunehmen oder auszuzahlen oder ganz im Interesse seiner Anteilinhaber zu handeln (so auch Erwägungsgrund 54 der Richtlinie 2009/65/EG).

EB zu § 128 Abs. 5:

Setzt Art. 70 Abs. 2 der Richtlinie 2009/65/EG um.

EB zu § 128 Abs. 6:

Setzt Art. 54 Abs. 3 der Richtlinie 2009/65/EG um.

Angebot von Anteilen

§ 129. (1) Ein Angebot von Anteilen an OGAW darf – abgesehen von den Bestimmungen des 5. Abschnittes – im Inland nur erfolgen, wenn der OGAW gemäß § 50 von der FMA bewilligt wurde, spätestens einen Arbeitstag vor dem Angebot das KID gemäß § 138 verfügbar ist und der Prospekt gemäß § 136 Abs. 4 veröffentlicht wurde.

(2) Sowohl der von der Verwaltungsgesellschaft unterfertigte Prospekt samt Fondsbestimmungen sowie dessen Änderungen (§ 131 Abs. 6) als auch das KID in aktueller Fassung und etwaige Übersetzungen sind der Meldestelle so rechtzeitig zu übermitteln, dass sie ihr spätestens am Tag der Veröffentlichung des Prospektes vorliegen. Die FMA kann nach Anhörung der Meldestelle mittels Verordnung unter Bedachtnahme auf die europäischen Gepflogenheiten in diesem Bereich die näheren Erfordernisse einer elektronischen Hinterlegung dieser Unterlagen festlegen und mittels Verordnung auch die Übermittlung ausschließlich in elektronischer Form vorschreiben. § 12 Abs. 1, 2 und 3 Z 1 und

2 KMG gilt mit der Maßgabe, dass die Verwahrungsfrist für die Meldestelle vom Abwicklungszeitpunkt des OGAW zu berechnen ist und dass die Unterrichtungspflicht gemäß § 12 Abs. 3 Z 2 KMG nur bei besonderem Anlass auf Verlangen des Bundesministers für Finanzen, der FMA oder der Oesterreichischen Nationalbank besteht.

(3) Sofern in Vereinbarungen zum Nachteil des Verbrauchers im Sinne des § 1 Abs. 1 Z 2 und Abs. 3 KSchG von den Bestimmungen dieses Bundesgesetzes abgewichen wird, sind diese unwirksam.

EB zu § 129:

Regelt die konkreten Voraussetzungen für das Angebot von OGAW-Anteilen, wobei zusätzlich zur Bewilligung des OGAW durch die FMA noch bestimmte Verfahren betreffend die Prospektveröffentlichung und -hinterlegung einzuhalten sind.

EB zu § 129 Abs. 1:

Entspricht § 6 Abs. 1 Sätze 1 und 2 InvFG 1993. Von dieser Bestimmung ist der Regelungsinhalt von § 138 zu unterscheiden. Hier wird geregelt, unter welchen Bedingungen das öffentliche Angebot von OGAW-Anteilen erfolgen darf. § 138 regelt, welche Informationen und Unterlagen dem einzelnen Anleger vor dessen Erwerb seiner OGAW-Anteile zur Verfügung zu stellen sind. Die Anforderungen gelten grundsätzlich nur für ein öffentliches Angebot im EWR (siehe auch § 4).

EB zu § 129 Abs. 2:

Entspricht § 6 Abs. 3 InvFG 1993. Während im Rahmen des Notifikationsverfahrens (§§ 139 bis 142) ausdrücklich in der Richtlinie 2009/65/EG und in der Verordnung (EU) Nr. 584/2010 festgelegt ist, dass die Informationen elektronisch zu übermitteln sind und in Zukunft auch ESMA-Guidelines zur elektronischen Übermittlung zu erwarten sind, gibt es im Bereich der Hinterlegung des Prospektes noch keine solchen konkreten Regelungen auf EU-Ebene. Es ist aber nicht auszuschließen, dass in Zukunft solche Guidelines von ESMA auch für diesen Bereich beschlossen werden, auf die die FMA in ihrer Verordnung Bedacht nehmen sollte. Bislang ist die Art der Hinterlegung beziehungsweise Übermittlung der Unterlagen an die Behörde oder an die von dieser benannten Stelle noch nicht EU-rechtlich determiniert. Im Interesse der Rechtssicherheit und einer effizienten Handhabung für alle Beteiligten ist daher eine nähere Determinierung mittels Verordnung, insbesondere auch im Hinblick auf die Art der Nachtragshinterlegung (beispielsweise konsolidierte Fassungen) zweckmäßig.

EB zu § 129 Abs. 3:

Setzt Art. 99 der Richtlinie 2009/65/EG um und entspricht vergleichbaren Bestimmungen in anderen Finanzmarktaufsichtsgesetzen.

Schutz von Bezeichnungen

§ 130. (1) Die Bezeichnungen „Kapitalanlagegesellschaft", „Kapitalanlagefonds", „Investmentfondsgesellschaft", „Investmentfonds", „Miteigentumsfonds", „Wertpapierfonds", „Aktienfonds", „Obligationenfonds", „Investmentanteilscheine", „Investmentzertifikate", „Pensionsinvestmentfonds", „Spezialfonds", „Indexfonds", „Anleihefonds", „Rentenfonds", „Dachfonds", „thesaurierende Kapitalanlagefonds", „Geldmarktfonds", „Geldmarktfonds mit kurzer Laufzeitstruktur" oder gleichbedeutende Bezeichnungen oder Abkürzungen von solchen Bezeichnungen dürfen nur für Kapitalanlagefonds und deren Anteilscheine verwendet sowie nur in die Firma von Verwaltungsgesellschaften aufgenommen werden. Die Bezeichnung „OGAW" darf nur für OGAW und deren Anteile verwendet werden. Der Zusatz „mündelsicher" oder gleichbedeutende Bezeichnungen oder Abkürzungen dürfen in der Bezeichnung von Kapitalanlagefonds und deren Anteilscheinen nur für OGAW gemäß § 46 Abs. 3 verwendet werden.

(2) Verwaltungsgesellschaften aus einem EWR-Mitgliedstaat dürfen für die Ausübung ihrer Tätigkeit im Rahmen des 2. Teiles 1. Hauptstück 3. Abschnitt dieselben allgemeinen Bezeichnungen führen, die sie in ihrem Sitzstaat führen. Sie müssen jedoch solchen Bezeichnungen geeignete klarstellende Zusätze beifügen, wenn die Gefahr der Irreführung besteht.

EB zu § 130:
Entspricht § 19 InvFG 1993.

2. Abschnitt
Prospekt und Informationen für die Anleger

EB zum 2. Abschnitt (Prospekt und Informationen für die Anleger):
Dieser Abschnitt regelt die inhaltlichen Anforderungen an Prospekt und individuelle und punktuelle Informationspflichten.

OGAW-Prospekt

§ 131. (1) Der Prospekt hat die Angaben zu enthalten, die erforderlich sind, damit sich die Anleger über die ihnen vorgeschlagene Anlage und vor allem über die damit verbundenen Risiken ein fundiertes Urteil bilden können.

(2) Der Prospekt muss – unabhängig von der Art der Instrumente, in die investiert wird, – eine eindeutige und leicht verständliche Erläuterung des Risikoprofils des Fonds enthalten.

(3) Der Prospekt muss mindestens die Angaben enthalten, die in Schema A von Anlage I vorgesehen sind, soweit diese Angaben nicht bereits in den Fondsbestimmungen des OGAW enthalten sind, die dem Prospekt gemäß Abs. 5 als Anhang beizufügen sind.

(4) Der Prospekt hat insbesondere folgende Angaben zu enthalten:

1. in welche Kategorien von Vermögensgegenständen der OGAW investieren darf;
2. ob der OGAW Geschäfte mit Derivaten tätigen darf;
3. falls der OGAW in Geschäfte mit Derivaten investieren darf (Z 2), so ist an hervorgehobener Stelle zu erläutern, ob diese Geschäfte zur Absicherung von Anlagepositionen oder als Teil der Anlagestrategie getätigt werden dürfen und wie sich die Verwendung von Derivaten möglicherweise auf das Risikoprofil auswirkt;
4. einen Hinweis auf die Anlagestrategie an hervorgehobener Stelle, wenn ein OGAW sein Sondervermögen hauptsächlich in den in § 67 Abs. 1 Z 3 bis 5 definierten Kategorien von Anlageinstrumenten, die keine Wertpapiere oder Geldmarktinstrumente sind, investiert oder wenn ein OGAW einen Aktien- oder Schuldtitelindex gemäß § 75 nachbildet;
5. gegebenenfalls einen Hinweis an hervorgehobener Stelle auf eine unter Umständen erhöhte Volatilität des Nettovermögensbestandes eines OGAW aufgrund der Zusammensetzung seines Portfolios oder der verwendeten Portfoliomanagementtechniken;
6. im Fall eines OGAW im Sinne des § 76 ein Hinweis an hervorgehobener Stelle auf die Bewilligung der Fondsbestimmungen durch die FMA und eine Angabe der Mitglied-

staaten, Gebietskörperschaften, Drittstaaten oder internationalen Einrichtungen öffentlich-rechtlichen Charakters, in deren Wertpapieren der OGAW mehr als 35 vH seines Sondervermögens anzulegen beabsichtigt oder angelegt hat;
7. falls ein wesentlicher Teil des Vermögens eines OGAW in Anteilen anderer OGAW oder sonstiger Organismen für gemeinsame Anlagen angelegt wird, Angaben über die maximale Höhe der Verwaltungsgebühren, die von dem betreffenden OGAW selbst sowie von den anderen OGAW oder sonstigen Organismen für gemeinsame Anlagen, in die zu investieren beabsichtigt ist, zu tragen sind;
8. eine Auflistung der gemäß § 28 übertragenen Aufgaben;
9. Berechnungsmethode des Gesamtrisikos;
10. gegebenenfalls die erwartete Höhe des Hebels beim Einsatz von Derivaten und die Möglichkeit von höheren Werten;
11. gegebenenfalls Informationen über das verwendete Referenzvermögen.

(5) Die von der FMA bewilligten Fondsbestimmungen sind Bestandteil des Prospekts und diesem beizufügen. Die Beifügung kann unterbleiben, wenn der Anleger davon unterrichtet wird, dass er sie auf Verlangen erhalten oder auf Anfrage erfahren kann, an welcher Stelle er sie in jedem Mitgliedstaat, in dem die Anteile vertrieben werden, einsehen kann. Davon bleibt die Hinterlegung der Fondsbestimmungen gemäß § 129 Abs. 2 unberührt.

(6) Änderungen von Angaben nach Abs. 1 bis 4, die geeignet sind, die Beurteilung der Anteile an OGAW zu beeinflussen, müssen als Nachtrag in den Prospekt aufgenommen werden und sind unverzüglich zu veröffentlichen.

(7) Im Falle eines Angebotes von Anteilscheinen ohne eine vorhergehende Veröffentlichung des Prospektes ist § 5 Abs. 1 und 3 bis 6 KMG sinngemäß anzuwenden. Im Falle der Veröffentlichung von Änderungen gemäß Abs. 6 findet § 6 Abs. 2 KMG sinngemäß Anwendung.

(8) Der Prospekt des Feeder-OGAW hat zusätzlich zu den in Anlage I Schema A vorgesehenen Informationen und den Angaben gemäß Abs. 1 bis 4 Folgendes zu enthalten:
1. eine Erklärung, der zufolge der Feeder-OGAW ein Feeder-Fonds eines bestimmten Master-OGAW ist und als solcher dauerhaft mindestens 85 vH seines Vermögens in Anteile dieses Master-OGAW anlegt,
2. Angabe des Anlageziels und der Anlagestrategie, einschließlich des Risikoprofils, sowie ob die Wertentwicklung von Feeder-OGAW und Master-OGAW identisch sind oder in welchem Ausmaß und aus welchen Gründen sie sich unterscheiden, einschließlich einer Beschreibung zu den gemäß § 93 Abs. 2 getätigten Anlagen,
3. eine kurze Beschreibung des Master-OGAW, seiner Struktur, seines Anlageziels und seiner Anlagestrategie, einschließlich des Risikoprofils, und Angaben dazu, wie der aktualisierte Prospekt des Master-OGAW erhältlich ist,
4. eine Zusammenfassung der zwischen Feeder-OGAW und Master-OGAW geschlossenen Vereinbarung gemäß § 96 Abs. 1 oder der entsprechenden internen Regelungen gemäß § 98,
5. Angabe der Möglichkeiten zur Einholung weiterer Informationen über den Master-OGAW und die gemäß § 96 Abs. 1 geschlossene Vereinbarung zwischen Feeder-OGAW und Master-OGAW durch die Anteilinhaber,
6. Beschreibung sämtlicher Vergütungen und Kosten, die aufgrund der Anlage in Anteile des Master-OGAW durch den Feeder-OGAW zu zahlen sind, sowie der aggregierten Gebühren von Feeder-OGAW und Master-OGAW, und
7. Beschreibung der steuerlichen Auswirkungen der Anlage in den Master-OGAW für den Feeder-OGAW.

EB zu § 131:

Setzt Art. 69 Abs. 1 und 2 und Art. 70 Abs. 1 bis 3 der Richtlinie 2009/65/EG um.

EB zu § 131 Abs. 1:

Setzt Art. 69 Abs. 1 erster Unterabs. der Richtlinie 2009/65/EG um und entspricht inhaltlich § 6 Abs. 1 erster Satz letzter Satzteil und dritter Satz InvFG 1993.

EB zu § 131 Abs. 2:

Setzt Art. 69 Abs. 1 zweiter Unterabs. der Richtlinie 2009/65/EG um.

EB zu § 131 Abs. 3:

Setzt Art. 69 Abs. 2 der Richtlinie 2009/65/EG um und entspricht inhaltlich § 6 Abs. 1 zweiter Satz InvFG 1993.

EB zu § 131 Abs. 4:

Setzt Art. 70 Abs. 1 bis 3 der Richtlinie 2009/65/EG um.

EB zu § 131 Abs. 4 Z 1:

Setzt Art. 70 Abs. 1 der Richtlinie 2009/65/EG um und entspricht inhaltlich § 21a Abs. 1 InvFG 1993.

EB zu § 131 Abs. 4 Z 2:

Setzt Art. 70 Abs. 1 der Richtlinie 2009/65/EG um.

EB zu § 131 Abs. 4 Z 3:

Setzt Art. 70 Abs. 1 der Richtlinie 2009/65/EG um und entspricht inhaltlich § 21a Abs. 1 InvFG 1993.

EB zu § 131 Abs. 4 Z 4:

Setzt Art. 70 Abs. 2 der Richtlinie 2009/65/EG um und entspricht inhaltlich § 21a Abs. 2 InvFG 1993.

EB zu § 131 Abs. 4 Z 5:

Setzt Art. 70 Abs. 3 der Richtlinie 2009/65/EG um und entspricht inhaltlich § 21a Abs. 3 InvFG 1993. Im Einzelnen sind dabei insbesondere auch die CESR-Guidelines (CESR/10-788) zu „disclosure" zu berücksichtigen. Diese Guidelines und allfällige neuere Guidelines von ESMA diesbezüglich sollen in der FMA-Verordnung berücksichtigt werden. Die Verordnungsermächtigung soll für die Rechtsunterworfenen mehr Rechtssicherheit herstellen, als wenn die FMA die Anwendung der CESR-Guidelines bloß in ihrer Aufsichtspraxis berücksichtigen würde. Die Notwendigkeit der Befolgung der CESR- beziehungsweise ESMA-Guidelines folgt bereits aus Art. 16 Abs. 3 der Verordnung (EU) Nr. 1095/2010.

EB zu § 131 Abs. 4 Z 6:

Setzt Art. 54 Abs. 3 der Richtlinie 2009/65/EG um.

EB zu § 131 Abs. 4 Z 7:

Setzt Art. 55 Abs. 3 2. Unterabs. der Richtlinie 2009/65/EG um.

EB zu § 131 Abs. 4 Z 8:

Setzt Art. 13 Abs. 1 Buchstabe i der Richtlinie 2009765/EG um.

EB zu § 131 Abs. 4 Z 9 bis 11:

Setzt Art. 70 der Richtlinie 2009/65/EG um und präzisiert Abs. 2 im Hinblick auf jene

Angaben, die jedenfalls zum Risiko zu machen sind; dies entspricht auch Box 24 der CESR-Guidelines CESR/10-788.

EB zu § 131 Abs. 5:
Setzt Art. 71 der Richtlinie 2009/65/EG um.

EB zu § 131 Abs. 6:
Setzt Art. 72 der Richtlinie 2009/65/EG um und entspricht inhaltlich § 6 Abs. 2 InvFG 1993. Der Prospekt ist im Hinblick auf seine wesentlichen Inhalte immer auf dem neuesten Stand zu halten. Wesentliche Änderungen der in den Abs. 1 bis 4 genannten Tatsachen müssen in einem Nachtrag zum Prospekt genannt werden und sind unverzüglich zu veröffentlichen. Der Begriff des Nachtrages zum Prospekt stammt aus dem Prospektrecht und soll eine terminologische Konsistenz sicherstellen. In welcher Art dieser Nachtrag zu erfolgen hat, nämlich ob eine konsolidierte neue Fassung des Prospektes zu erstellen ist oder bloß Austauschseiten hinzugefügt werden, bleibt der Verwaltungsgesellschaft überlassen (vergleiche dazu auch Russ *in* Zib/Russ/Lorenz, *KMG (2008) § 6 Rz 16).*

EB zu § 131 Abs. 7:
Entspricht inhaltlich § 6 Abs. 1 drittletzter Satz InvFG 1993 und soll die Anleger auch bei gesetzwidrigem Vorgehen der Verwaltungsgesellschaft ausreichend schützen.

EB zu § 131 Abs. 8:
Setzt Art. 63 Abs. 1 der Richtlinie 2009/65/EG um und sieht zusätzliche Anforderungen an den Prospekt eines Feeder-OGAW vor. Um ein hohes Schutzniveau für die Interessen der Anleger des Feeder-OGAW zu gewährleisten, haben der Prospekt, das Kundeninformationsdokument sowie alle Marketing-Anzeigen den besonderen Merkmalen von Master-Feeder-Strukturen Rechnung tragen. Die Anlage eines Feeder-OGAW in einen Master-OGAW sollte nicht seine Fähigkeit beeinträchtigen, auf Antrag der Anteilinhaber Anteile zurückzunehmen oder auszuzahlen oder ganz im Interesse seiner Anteilinhaber zu handeln (so auch Erwägungsgrund 54 der Richtlinie 2009/65/EG).

Individuelle und punktuelle Informationspflichten

§ 132. (1) Auf Verlangen eines Anlegers hat die Verwaltungsgesellschaft ferner zusätzlich über die Anlagegrenzen des Risikomanagements des OGAW, die Risikomanagementmethoden und die jüngsten Entwicklungen bei den Risiken und Renditen der wichtigsten Kategorien von Anlageinstrumenten gemäß § 133 zu informieren.

(2) Die Verwaltungsgesellschaft hat die Anleger auf einem geeigneten dauerhaften Datenträger gemäß § 133 über die Gegebenheiten gemäß § 25 Abs. 2 (potenziell nachteilige Interessenkonflikte) unter Angabe der Gründe zu informieren.

(3) Den Anlegern ist eine Kurzbeschreibung der in § 26 Abs. 1 genannten Strategien für die Ausübung von Stimmrechten bei Veranlagungen kostenlos zur Verfügung zu stellen; die Information kann auch im Rahmen des Prospektes (§ 131) erfolgen. Nähere Angaben zu den aufgrund dieser Strategien getroffenen Maßnahmen sind den Anteilinhabern auf Verlangen kostenlos gemäß § 133 zur Verfügung zu stellen.

(4) Die Verwaltungsgesellschaft hat den Anteilinhabern angemessene Informationen über die gemäß § 32 festgelegten Grundsätze zur bestmöglichen Ausführung von Handelsentscheidungen und wesentliche Änderungen daran im Rahmen des Prospektes oder gemäß § 133 zur Verfügung zu stellen.

EB zu § 132:

Diverse mit verschiedenen Bestimmungen dieses Bundesgesetzes in Zusammenhang stehende individuelle Informationspflichten werden an dieser Stelle gebündelt. Die Art der Informationsbereitstellung soll dabei konsistent sein; dies entspricht auch dem CESR-Advice und dem Verständnis der Europäischen Kommission und der überwiegenden Mehrheit der Mitgliedstaaten im Umsetzungsworkshop zur Richtlinie 2009/65/EG.

EB zu § 132 Abs. 1:

Setzt Art. 70 Abs. 4 der Richtlinie 2009/65/EG um und entspricht inhaltlich § 21a Abs. 4 InvFG 1993.

EB zu § 132 Abs. 2:

Setzt Art. 20 Abs. 2 und 3 der Richtlinie 2010/43/EU um.

EB zu § 132 Abs. 3:

Setzt Art. 21 Abs. 3 der Richtlinie 2010/43/EU um. Die Richtlinie normiert hier eine unmittelbare Pflicht der Verwaltungsgesellschaft gegenüber den Anlegern im Hinblick auf die Anlagestrategie und die zu diesem Zweck verfolgte Stimmrechtsausübung. Diese Pflicht wird von der in Art. 7 Abs. 1 der Verordnung (EU) Nr. 583/2010 über die Wesentlichen Anlegerinformationen („Kundeninformationsdokument" – KID) teilweise überlagert, die allerdings auf Basis der Artikel 75, 78 und 81 der Richtlinie 2009/65/EG erlassen wurde. Allerdings wird aufgrund des weitgehend determinierten Inhalts des KID für eine ausführliche Darstellung der Anlagestrategie nicht genug Raum sein. Erfolgt die Information darüber im Prospekt, so ist dies ausreichend.

EB zu § 132 Abs. 4:

Setzt Art. 25 Abs. 3 zweiter Unterabs. zweiter Satz und Art. 26 Abs. 2 zweiter Unterabs. letzter Satz der Richtlinie 2010/43/EU um.

Art und Weise der Informationsbereitstellung

§ 133. (1) Sind die Anteilinhaber gemäß diesem Bundesgesetz über bestimmte Tatsachen oder Vorgänge zu informieren, so sind diese Informationen, sofern in diesem Bundesgesetz nicht ausdrücklich anderes vorgesehen ist, den Anteilinhabern auf Papier oder einem anderen dauerhaften Datenträger zur Verfügung zu stellen, wobei im Falle eines anderen dauerhaften Datenträgers als Papier folgende Bedingungen erfüllt sein müssen:

1. Die Bereitstellung der Informationen muss den Rahmenbedingungen angemessen sein, unter denen die Geschäftstätigkeiten zwischen Anteilinhaber und dem OGAW oder, sofern relevant, der jeweiligen Verwaltungsgesellschaft ausgeführt werden oder werden sollen; und
2. der Anteilinhaber, dem die Informationen zur Verfügung zu stellen sind, hat sich bei der Wahl zwischen Informationen auf Papier oder einem anderen dauerhaften Datenträger ausdrücklich für Letzteres entschieden.

(2) Für die Zwecke des Abs. 1 ist die Bereitstellung von Informationen auf elektronischem Wege im Hinblick auf die Rahmenbedingungen, unter denen die Geschäftstätigkeiten zwischen OGAW oder deren Verwaltungsgesellschaften und dem Anteilinhaber ausgeführt werden oder werden sollen, als angemessen zu betrachten, wenn der Anteilinhaber nachweislich über einen regelmäßigen Zugang zum Internet verfügt. Dies gilt als nachgewiesen, wenn der Anteilinhaber für die Ausführung dieser Geschäfte eine E-Mail-Ad-

resse angegeben hat. Andernfalls sind die Informationen dem Anteilinhaber an eine von ihm bei Erwerb der Anteile bekannt gegebene Adresse zuzustellen.

(3) Soweit Anteilscheine nicht von der Verwaltungsgesellschaft verwahrt werden oder diese die Übermittlung von Informationen selbst nicht vornehmen kann, hat sie den depotführenden Stellen der Anteilinhaber die Informationen in angemessener Weise für eine Übermittlung an die Anteilinhaber bereitzustellen. Die depotführenden Stellen haben die Informationen unverzüglich nach der Bereitstellung den Anteilinhabern zu übermitteln.

EB zu § 133:

Die Richtlinie 2010/44/EU sieht für die Zwecke der Information der Anleger im Zusammenhang mit der Verschmelzung und mit der Umwandlung von OGAW in Master-Feeder-OGAW vor, dass die Anleger auf eine bestimmte Art und Weise zu informieren sind. Um Informationsweisen, soweit möglich, zu vereinheitlichen, wird die Art der Bereitstellung von individuellen und punktuellen Informationen, abgesehen von den Fällen des Erwerbes von Anteilen, an dieser Stelle zentral geregelt. Die Informationen gemäß § 111 und § 120 sollen es den Anteilinhabern ermöglichen, sich ein fundiertes Urteil darüber zu bilden, ob sie im Falle, dass ein OGAW entweder an einer Verschmelzung beteiligt ist, in einen Feeder-OGAW umgewandelt wird oder den Master-OGAW verändert, ihre Anlage aufrechterhalten wollen oder eine Auszahlung verlangen. Die Anteilinhaber sollen über solche größeren Veränderungen beim OGAW unterrichtet werden und in der Lage sein, die Informationen zu lesen. Aus diesem Grund sind die Informationen auf Papier oder einem anderen dauerhaften Datenträger zum Beispiel per elektronischer Post (E-Mail) persönlich an die Anteilinhaber zu übermitteln. Die Nutzung elektronischer Medien sollte es den OGAW ermöglichen, die Informationen kostengünstig zu liefern. Die OGAW werden dabei nicht dazu verpflichtet, ihre Anteilinhaber direkt zu informieren. Die Informationen können vielmehr auch durch Weitergabe an die Verwahrstelle oder Depotbank oder an Intermediäre bereitgestellt werden, sofern sichergestellt ist, dass alle Anteilinhaber die Informationen rechtzeitig erhalten (so auch Erwägungsgrund 5 der Richtlinie 2010/44/EU).

EB zu § 133 Abs. 1:

Setzt Art. 7 Abs. 1 und 2 der Richtlinie 2010/44/EU um.

EB zu § 133 Abs. 2:

Setzt Art. 7 Abs. 3 der Richtlinie 2010/44/EU um.

3. Abschnitt
Wesentliche Informationen für den Anleger – Kundeninformationsdokument

EB zum 3. Abschnitt (Wesentliche Informationen für den Anleger – Kundeninformationsdokument):

Dieser Abschnitt regelt die Anforderungen an das Kundeninformationsdokument.

Kundeninformationsdokument – KID

§ 134. (1) Die Verwaltungsgesellschaft hat für jeden OGAW, den sie verwaltet, ein kurzes Dokument mit wesentlichen Informationen für den Anleger zu erstellen. Dieses Dokument wird in der Verordnung (EU) Nr. 583/2010 als „Wesentliche Anlegerinformation“ und in diesem Bundesgesetz als „Kundeninformationsdokument“ oder kurz „KID“ bezeichnet. Der Ausdruck „Wesentliche Anlegerinformation“ ist im KID klar und deutlich in den in § 142 Abs. 1 Z 3 genannten Sprachen zu erwähnen.

(2) Das Kundeninformationsdokument ist eine vorvertragliche Information. Es muss redlich, eindeutig und nicht irreführend sein und mit den einschlägigen Teilen des Prospekts übereinstimmen. Die zentralen Elemente (§ 135 Abs. 2) des KID müssen stets auf dem neuesten Stand (§ 131 Abs. 6) sein.

(3) Aufgrund des KID, einschließlich der Übersetzung, alleine kann der Anleger noch keine zivilrechtliche Haftung ableiten, es sei denn, die Informationen sind irreführend, unrichtig oder nicht mit den einschlägigen Teilen des Prospekts vereinbar. Das KID muss eine eindeutige diesbezügliche Warnung enthalten.

(4) Das KID ist kurz zu halten und in allgemein verständlicher Sprache abzufassen. Es ist in einem einheitlichen Format zu erstellen, um Vergleiche zu ermöglichen, und in einer Weise zu präsentieren, die für Kleinanleger im Sinne von § 1 Z 14 WAG 2007 aller Voraussicht nach verständlich ist. Dabei sind die Vorgaben der Verordnung (EU) Nr. 583/2010 einzuhalten. Die FMA kann mittels Verordnung unter Berücksichtigung der europäischen Gepflogenheiten in diesem Bereich nähere Angaben zu Art. 8 und Art. 10 Abs. 2 Buchstabe b sowie Annex I der Verordnung (EU) Nr. 583/2010 insbesondere im Hinblick auf die Übergangsbestimmungen, die Beschreibung eines synthetischen Indikators, auf die Risikokategorien, die Wertentwicklungen des OGAW sowie die laufenden Kosten festlegen.

(5) Das KID ist in allen Mitgliedstaaten, in denen der Vertrieb der OGAW-Anteile gemäß § 139 notifiziert wurde, abgesehen von der Übersetzung, ohne Änderungen oder Ergänzungen zu verwenden.

EB zu § 134:

Setzt Art. 78 Abs. 1, 5 und 6 und Art. 79 Abs. 1 und 2 der Richtlinie 2009/65/EG um. Die wesentlichen Informationen für den Anleger – im folgenden Kundeninformationsdokument – sollten ausschließlich Angaben enthalten, die für die Anlageentscheidungen wesentlich sind (so auch Erwägungsgrund 59 der Richtlinie 2009/65/EG).

EB zu § 134 Abs. 1:

Setzt Art. 78 Abs. 1 der Richtlinie 2009/65/EG um.

EB zu § 134 Abs. 2:

Setzt Art. 79 Abs. 1 und Art. 82 Abs. 2 der Richtlinie 2009/65/EG um. Die wesentlichen Inhalte des KID sind in § 135 Abs. 2 genannt und müssen stets aktuell sein. Detaillierte Vorgaben, wann abgesehen von Ad-Hoc-Ereignissen das KID zu überprüfen und gegebenenfalls zu ändern ist, sind in Art. 22 bis 24 der Verordnung (EU) Nr. 583/2010 vorgesehen.

EB zu § 134 Abs. 3:

Setzt Art. 79 Abs. 2 der Richtlinie 2009/65/EG um. CESR hat bereits entsprechende Guidelines betreffend die Methodologie für die Berechnung des synthetischen Risiko- und Ertragsindikators (CESR/10-673) und betreffend die Methodologie für die Berechnung der laufenden Kosten (CESR/10-674) erlassen.

EB zu § 134 Abs. 4:

Setzt Art. 78 Abs. 5 der Richtlinie 2009/65/EG um. Die Richtlinie verwendet den Begriff „Kleinanleger“, allerdings ohne in zu definieren (englisch: „retail investor“). Es ist aber jedenfalls das Gegenstück zum „professionellen Anleger“ gemäß der Prospektrichtlinie 2003/71/EG und der MiFID 2004/39/EG gemeint; daher ist ein Verweis auf die Definition des „Privatkunden“ im WAG 2007 sachgerecht. Das Kundeninformationsdokument soll die wesentlichen Informationen für den Anleger in einem kurzen Format darstellen. Ein einziges Dokument beschränkten Umfangs, in dem die Informationen in einer bestimmten Abfolge dargestellt werden, ist optimal geeignet, um die für Kleinanleger wichtige Klarheit und Einfachheit zu gewährleisten, und soll nützliche, für die Anlageentscheidung relevante Vergleiche zulassen, insbesondere der Kosten und des Risikoprofils (so auch Erwägungsgrund 59 der Richtlinie 2009/65/EG). Im Interesse der Rechtssicherheit wird weiters eine Verordnungsermächtigung zur Umsetzung der zu Art. 8 und 10 der Verordnung (EU) Nr. 583/2010 ergangenen CESR-Guidelines (CESR/10-1318, CESR/10-1396, CESR/10-1399, CESR/10-673 und CESR/10-764) vorgesehen.

EB zu § 134 Abs. 5:

Setzt Art. 78 Abs. 6 der Richtlinie 2009/65/EG um.

Inhalt des KID

§ 135. (1) Das KID hat geeignete Angaben zu den wesentlichen Merkmalen des betreffenden OGAW zu enthalten und soll die Anleger in die Lage versetzen, Art und Risiken des angebotenen Anlageprodukts zu verstehen und auf dieser Grundlage eine fundierte Anlageentscheidung zu treffen.

(2) Das KID hat Angaben zu folgenden wesentlichen Elementen des betreffenden OGAW zu enthalten:

1. Identität des OGAW,
2. eine kurze Beschreibung der Anlageziele und der Anlagestrategie,
3. Darstellung der bisherigen Wertentwicklung oder gegebenenfalls Performance-Szenarien,
4. Kosten und Gebühren, und
5. Risiko-/Renditeprofil der Anlage, einschließlich angemessener Hinweise auf die mit der Anlage in den betreffenden OGAW verbundenen Risiken und entsprechender Warnhinweise.

Diese wesentlichen Elemente muss der Anleger verstehen können, ohne dass hierfür zusätzliche Dokumente herangezogen werden müssen.

(3) Das KID muss eindeutige Angaben darüber enthalten, wo und wie zusätzliche Informationen über die vorgeschlagene Anlage eingeholt werden können, einschließlich der Angabe, wo und wie der Prospekt und die Rechenschaftsberichte und Halbjahresberichte jederzeit auf Anfrage kostenlos erhältlich sind und in welcher Sprache diese Informationen verfügbar sind.

(4) Hinsichtlich der genauen Ausgestaltung des KID im Sinne der Abs. 1 bis 3 ist die Verordnung (EU) Nr. 583/2010 maßgeblich.

EB zu § 135:

Setzt Art. 78 Abs. 2 bis 4 der Richtlinie 2009/65/EG um. Die wesentlichen Informationen für den Anleger sollten in einem kurzen Format dargestellt werden. Ein einziges Dokument beschränkten Umfangs, in dem die Informationen in einer bestimmten Abfolge dargestellt werden, ist optimal geeignet, um die für Kleinanleger wichtige Klarheit und Einfachheit zu gewährleisten, und dürfte nützliche, für die Anlageentscheidung relevante Vergleiche zulassen, insbesondere der Kosten und des Risikoprofils (so auch Erwägungsgrund 59 der Richtlinie 2009/65/EG). Um ein hohes Schutzniveau für die Interessen der Anleger des Feeder-OGAW zu gewährleisten, haben der Prospekt, das Kundeninformationsdokument sowie alle Marketing-Anzeigen den besonderen Merkmalen von Master-Feeder-Strukturen Rechnung tragen. Die Anlage eines Feeder-OGAW in einen Master-

OGAW sollte nicht seine Fähigkeit beeinträchtigen, auf Antrag der Anteilinhaber Anteile zurückzunehmen oder auszuzahlen oder ganz im Interesse seiner Anteilinhaber zu handeln (so auch Erwägungsgrund 54 der Richtlinie 2009/65/EG).

EB zu § 135 Abs. 1:
Setzt Art. 78 Abs. 2 der Richtlinie 2009/65/EG um.

EB zu § 135 Abs. 2:
Setzt Art. 78 Abs. 3 der Richtlinie 2009/65/EG um.

EB zu § 135 Abs. 3:
Setzt Art. 78 Abs. 4 der Richtlinie 2009/65/EG um.

EB zu § 135 Abs. 4:
Setzt Art. 78 Abs. 7 der Richtlinie 2009/65/EG um.

4. Abschnitt
Veröffentlichungen und Informationsmodalitäten

EB zum 4. Abschnitt (Veröffentlichungen und Informationsmodalitäten):
Dieser Abschnitt regelt die Pflichten zur Veröffentlichung, Information an die FMA und an die Anleger.

Veröffentlichungen

§ 136. (1) Die Verwaltungsgesellschaft hat für jeden der von ihr verwalteten OGAW folgende Unterlagen zu veröffentlichen:
1. einen Prospekt,
2. einen Rechenschaftsbericht je Rechnungsjahr und
3. einen Halbjahresbericht, der sich auf die ersten sechs Monate des Rechnungsjahres erstreckt.

(2) Der Rechenschaftsbericht und der Halbjahresbericht sind innerhalb folgender Fristen, gerechnet ab dem Ende des jeweiligen Berichtszeitraums zu veröffentlichen:
1. für den Rechenschaftsbericht vier Monate und
2. für den Halbjahresbericht zwei Monate.

Die Rechenschaftsberichte und Halbjahresberichte müssen der Öffentlichkeit an den in der wesentlichen Anlegerinformation und im Prospekt genannten Stellen oder in anderer, von der FMA durch Verordnung genehmigter Form zugänglich sein.

(3) Weiters hat der OGAW den Ausgabe-, Verkaufs-, Rücknahme- oder Auszahlungspreis seiner Anteile jedes Mal dann in geeigneter Weise, wenn eine Ausgabe, ein Verkauf, eine Rücknahme oder Auszahlung seiner Anteile stattfindet, zu veröffentlichen, mindestens aber zweimal im Monat. Die FMA kann einem OGAW jedoch gestatten, diese Veröffentlichung nur einmal monatlich vorzunehmen, sofern sich dies nicht nachteilig auf die Interessen der Anteilinhaber auswirkt.

(4) Durch dieses Bundesgesetz angeordnete Veröffentlichungen können erfolgen:
1. im Amtsblatt zur Wiener Zeitung oder sonst in wenigstens einer Zeitung mit Verbreitung im gesamten Bundesgebiet oder
2. durch Zur-Verfügung-Stellen an das Publikum in gedruckter Form kostenlos beim Sitz der Verwaltungsgesellschaft oder

3. in elektronischer Form auf der Internet-Seite der Verwaltungsgesellschaft und gegebenenfalls auf der Internet-Seite der die Anteile platzierenden oder verkaufenden Finanzintermediäre einschließlich der Zahlstellen oder
4. in elektronischer Form auf der Internet-Seite einer von der FMA dazu gegen angemessene Vergütung beauftragten Einrichtung, wenn die FMA entschieden hat, diese Dienstleistung anzubieten.

(5) Im Fall von Veröffentlichungen in elektronischer Form gemäß Abs. 4 Z 3 und 4 mit Ausnahme der nach Abs. 3 zu veröffentlichenden Angaben (Ausgabe- und Rücknahmepreis) muss dem Anleger von der Verwaltungsgesellschaft, vom Anbieter, von der die Zulassung zum Handel beantragenden Person oder von den Finanzintermediären, die die Anteile platzieren oder verkaufen, auf Verlangen eine Papierversion kostenlos zur Verfügung gestellt werden. Im Fall einer Veröffentlichung in Papierform gemäß Abs. 4 Z 2 hat die Verwaltungsgesellschaft auf Verlangen des Anlegers eine elektronische Version gemäß § 133 zu übermitteln.

EB zu § 136:
Setzt Art. 68 und Art. 76 der Richtlinie 2009/65/EG um.

EB zu § 136 Abs. 1:
Setzt Art. 68 Abs. 1 der Richtlinie 2009/65/EG um.

EB zu § 136 Abs. 2:
Setzt Art. 68 Abs. 2 der Richtlinie 2009/65/EG um und entspricht inhaltlich § 12 Abs. 1 InvFG 1993.

EB zu § 136 Abs. 3:
Setzt Art. 76 der Richtlinie 2009/65/EG um und entspricht inhaltlich § 7 Abs. 3 InvFG 1993.

EB zu § 136 Abs. 4:
Entspricht inhaltlich § 18 InvFG 1993.

Information an die FMA

§ 137. (1) Ein in Österreich bewilligter OGAW hat der FMA
1. das KID und alle Änderungen desselben,
2. den Prospekt des OGAW und dessen Änderungen und
3. die Rechenschaftsberichte und Halbjahresberichte sowie den Prüfbericht des OGAW

zu übermitteln. Die in Z 1 und 2 genannten Unterlagen sind der FMA im Wege der Meldestelle (§ 12 KMG) gemäß § 129 Abs. 2 zu übermitteln. Auf Ersuchen der zuständigen Behörden des Herkunftmitgliedstaates der Verwaltungsgesellschaft hat der OGAW die Unterlagen gemäß Z 1 bis 3 auch diesen Behörden zu Verfügung zu stellen.

(2) Zusätzlich zu den in Abs. 1 genannten Unterlagen hat der in Österreich bewilligte Feeder-OGAW der FMA den Prospekt, das in § 134 genannte KID einschließlich jeder einschlägigen Änderung sowie die Rechenschaftsberichte und Halbjahresberichte des Master-OGAW innerhalb der Fristen des Abs. 3 in deutscher oder englischer Sprache oder in einer von der FMA gemäß § 7b Abs. 1 KMG durch Verordnung anerkannten Sprache im Sinne von Abs. 1 zu übermitteln.

(3) Der geprüfte Rechenschaftsbericht und der Prüfbericht über den Rechenschaftsbericht sind von der Verwaltungsgesellschaft längstens innerhalb von vier Monaten nach

Abschluss des Rechnungsjahres des OGAW der FMA vorzulegen. Der Halbjahresbericht ist der FMA innerhalb von zwei Monaten nach Ende des Berichtszeitraumes vorzulegen.

EB zu § 137:

Setzt Art. 63 Abs. 3, 74 und Art. 82 der Richtlinie 2009/65/EG um. Prospekt, KID und Rechenschaftsberichte sowie Halbjahresberichte sind der FMA zu übermitteln, wobei Prospekt und KID durch Hinterlegung bei der Meldestelle zu übermitteln sind. Prospekt und KID müssen der Meldestelle spätestens am Tag der Veröffentlichung des Prospektes (§ 129 Abs. 2) vorliegen. Eine Veröffentlichung des Prospektes ist erforderlich vor dem erstmaligen Angebot sowie unverzüglich im Falle wesentlicher Änderungen gemäß § 131 Abs. 6; das KID muss stets aktuell sein und die jeweils aktuelle Fassung der FMA vorliegen. Die Rechenschaftsberichte und Halbjahresberichte sind innerhalb von vier beziehungsweise zwei Monaten nach Ende des Berichtszeitraumes vorzulegen.

EB zu § 137 Abs. 1:

Setzt 74 und Art. 82 der Richtlinie 2009/65/EG um.

EB zu § 137 Abs. 2:

Setzt Art. 63 Abs. 3 der Richtlinie 2009/65/EG um. Die in Abs. 2 verlangten Unterlagen des Master-OGAWs (Prospekt, KID, Änderungen, Berichte) sind gemäß § 129 im Wege der Meldestelle an die FMA zu übermitteln. Bei den Berichten des Master-OGAWs genügt jedoch eine Übermittlung innerhalb der Fristen gemäß Abs. 3.

Zeitpunkt und Art der Bereitstellung von Prospekt, KID und Rechenschaftsberichten für die Anleger

§ 138. (1) Die Verwaltungsgesellschaft hat für jeden OGAW, den sie verwaltet und den sie direkt oder über eine andere natürliche oder juristische Person, die in ihrem Namen und unter ihrer vollen und unbedingten Haftung handelt, verkauft, den Anlegern rechtzeitig vor der angebotenen Zeichnung der Anteile des OGAW

1. das KID für diesen OGAW in deutscher Sprache und
2. auf Anfrage auch
   a) den Prospekt,
   b) die Fondsbestimmungen, sofern diese nicht bereits im Prospekt enthalten sind, und
   c) den zuletzt veröffentlichten Jahres- und Halbjahresbericht sowie
   d) im Falle eines Master-Feeder-OGAW die Vereinbarung zwischen Master-OGAW und Feeder-OGAW gemäß § 96

kostenlos in Papierform oder auf einem anderen dauerhaften Datenträger (Verordnung (EU) Nr. 583/2010) zur Verfügung zu stellen.

(2) Sofern die Verwaltungsgesellschaft den OGAW weder direkt noch über eine andere natürliche oder juristische Person, die in ihrem eigenen Namen und unter ihrer vollen und unbedingten Haftung gegenüber Anlegern handelt, verkauft, hat sie den Produktgestaltern sowie Intermediären, die Anlegern Anlagen in solche OGAW oder in Produkte, die Anlagerisiken solcher OGAW einschließen, vermitteln, verkaufen oder sie dazu beraten, das KID auf deren Antrag bereitzustellen. Die Intermediäre, die Anlegern potenzielle Anlagen in OGAW verkaufen oder sie dazu beraten, haben ihren Kunden bzw. potenziellen Kunden das KID – und auf Anfrage der Anleger auch die Fondsbestimmungen – kostenlos in Papierform oder auf einem anderen dauerhaften Datenträger (Verordnung (EU) Nr. 583/2010) zur Verfügung stellen.

(3) Zusätzlich zu Abs. 1 und 2 hat die Verwaltungsgesellschaft über eine Website
1. das Kundeninformationsdokument stets in aktueller Fassung sowie
2. den Prospekt stets in aktueller Fassung

zur Verfügung zu stellen.

(4) Die Rechenschaftsberichte und die Halbjahresberichte sind dem Anleger in der im Prospekt und im KID beschriebenen Form zur Verfügung zu stellen.

(5) Unbeschadet der Pflichten gemäß Abs. 2 bis 4 ist den Anteilinhabern auf Anfrage und kostenlos eine Papierfassung des Kundeninformationsdokuments in aktueller Fassung, des Prospektes, der Rechenschaftsberichte und Halbjahresberichts, und im Falle eines Master-Feeder-OGAW weiters des Prospektes sowie des Rechenschaftsberichtes und Halbjahresberichts des Master-OGAW durch den Feeder-OGAW, zur Verfügung zu stellen.

(6) Weiters ist im Falle einer Verschmelzung den Anteilinhabern des übertragenden OGAW eine aktuelle Fassung des Kundeninformationsdokuments des übernehmenden OGAW gemäß § 133 zu dem in § 120 Abs. 6 angegebenen Zeitpunkt zur Verfügung zu stellen. Werden aufgrund der vorgeschlagenen Verschmelzung Änderungen am Kundeninformationsdokument für die Anleger des übernehmenden OGAW vorgenommen, so ist das geänderte Kundeninformationsdokument den Anteilinhabern des übernehmenden OGAW gemäß § 133 zu dem in § 120 Abs. 6 angegebenen Zeitpunkt zu übermitteln.

(7) Ein in Österreich bewilligter OGAW hat den Anlegern in Österreich sämtliche Unterlagen und Informationen gemäß diesem Hauptstück jedenfalls in deutscher Sprache zur Verfügung zu stellen. Im Hinblick auf einen in einem anderen Mitgliedstaat bewilligten OGAW gilt § 142.

EB zu § 138:

Setzt Art. 75 und 80 der Richtlinie 2009/65/EG um.

EB zu § 138 Abs. 1:

Setzt Art. 80 Abs. 1 und 3 sowie Art. 60 Abs. 1 zweiter Unterabs. zweiter Satz und Art. 75 Abs. 1 der Richtlinie 2009/65/EG um. Im Rahmen des Direktvertriebes durch die Verwaltungsgesellschaft hat diese den Anlegern das KID kostenlos zur Verfügung zu stellen. Das Kundeninformationsdokument ist den Anlegern kostenlos und rechtzeitig vor der Zeichnung des OGAW als eigenständiges Dokument zur Verfügung zu stellen, damit sie eine fundierte Anlageentscheidung treffen können. Dieses Kundeninformationsdokument hat ausschließlich Angaben zu enthalten, die für solche Entscheidungen wesentlich sind. Das Kundeninformationsdokument ist hinsichtlich seines Aufbaus und Inhaltes für den Anleger EU-rechtlich vollständig harmonisiert, um einen angemessenen Anlegerschutz und eine gute Vergleichbarkeit zu gewährleisten (so auch Erwägungsgrund 59 der Richtlinie 2009/65/EG).

EB zu § 138 Abs. 2:

Setzt Art. 80 Abs. 2 und 3 der Richtlinie 2009/65/EG um. Werden die OGAW-Anteile nur über Intermediäre (gemäß WAG 2007) vertrieben, so hat die Verwaltungsgesellschaft diesen Intermediären und den Produktgestaltern das KID zur Verfügung zu stellen. Die Intermediäre haben wiederum das KID den Kunden kostenlos zur Verfügung zu stellen (so auch Erwägungsgrund 61 der Richtlinie 2009/65/EG).

EB zu § 138 Abs. 3:

Setzt Art. 75 Abs. 2 und Art. 81 Abs. 1 der Richtlinie 2009/65/EG um. Im Sinne einer redlichen und vollständigen Kundenbetreuung ist es erforderlich, dem Kunden auf sein Verlangen auch die in Abs. 3 genannten Unterlagen zu übermitteln.

EB zu § 138 Abs. 4:
Setzt Art. 75 Abs. 3 der Richtlinie 2009/65/EG um.

EB zu § 138 Abs. 5:
Setzt Art. 63 Abs. 5 und Art. 75 Abs. 3 der Richtlinie 2009/65/EG um.

EB zu § 138 Abs. 6:
Setzt Art. 5 der Richtlinie 2010/44/EU um.

EB zu § 138 Abs. 7:
Es ist sachgerecht, dass betreffend einen in Österreich von der FMA bewilligten OGAW alle Unterlagen, die für den Anleger bestimmt sind, diesem auch in deutscher Sprache zur Verfügung gestellt werden, insbesondere da es sich hiebei um ein so genanntes „Retailprodukt" handelt. Dies steht auch mit der Richtlinie 2009/65/EG im Einklang, die eine Mindestharmonisierungsrichtlinie ist und insbesondere im Bereich der Vorschriften für Offenlegung und Prospekt weitergehende Regelungen zulässt (so auch Erwägungsgrund 15 der Richtlinie 2009/65/EG).

5. Abschnitt
Vertrieb von OGAW-Anteilen in anderen Mitgliedstaaten als dem Zulassungsstaat des OGAW

EB zum 5. Abschnitt (Vertrieb von OGAW-Anteilen in anderen Mitgliedstaaten als dem Zulassungsstaat des OGAW):
In diesem Abschnitt wird das Verfahren betreffend den Vertrieb von in Österreich bewilligten OGAW-Anteilen in anderen Mitgliedstaaten und den Vertrieb von in anderen Mitgliedstaaten bewilligten OGAW-Anteilen in Österreich geregelt.

Vertrieb von Anteilen eines im Inland bewilligten OGAW in anderen Mitgliedstaaten

§ 139. (1) Wenn ein OGAW beabsichtigt, seine Anteile in einem anderen Mitgliedstaat zu vertreiben, so hat er der FMA im Voraus ein Anzeigeschreiben gemäß Art. 1 der Verordnung (EU) Nr. 584/2010 zu übermitteln, das folgende Angaben und Unterlagen zu umfassen hat:
1. Angaben zu den Modalitäten der Vermarktung der OGAW-Anteile im Aufnahmemitgliedstaat;
2. gegebenenfalls Angaben zu den Anteilsgattungen und Teilfonds;
3. sofern der OGAW von der Verwaltungsgesellschaft, die ihn verwaltet, vertrieben wird (§ 37 – Dienstleistungs- und Niederlassungsfreiheit), einen Hinweis darauf;
4. eine aktuelle Fassung
   a) der Fondsbestimmungen,
   b) des Prospektes sowie
   c) gegebenenfalls des letzten Rechenschaftsberichtes und des anschließenden Halbjahresberichtes

   in der gemäß § 142 Abs. 1 Z 4 angefertigten Übersetzung in die Amtssprache oder in eine der Amtssprachen des Aufnahmemitgliedstaates des OGAW oder in eine von den zuständigen Behörden des Aufnahmemitgliedstaates akzeptierte Sprache oder in eine in der Finanzwelt gebräuchlichen Sprache und

5. das in § 134 genannte Kundeninformationsdokument in der gemäß § 142 Abs. 1 Z 4 angefertigten Übersetzung in die Amtssprache oder in eine der Amtssprachen des Aufnahmemitgliedstaates des OGAW oder in eine von den zuständigen Behörden des Aufnahmemitgliedstaates akzeptierte Sprache.

(2) Die FMA hat nach Prüfung der Vollständigkeit der gemäß Abs. 1 übermittelten Angaben und Unterlagen den zuständigen Behörden des Mitgliedstaats, in dem der OGAW seine Anteile vertreiben möchte, spätestens zehn Arbeitstage nach Eingang des Anzeigeschreibens und der vollständigen in Abs. 1 geforderten Unterlagen die vollständigen in Abs. 1 genannten Unterlagen zu übermitteln und eine Bescheinigung gemäß Art. 2 der Verordnung (EU) Nr. 584/2010 beizufügen, dass der OGAW die in der Richtlinie 2009/65/EG festgelegten Bedingungen erfüllt. § 13 Abs. 3 letzter Satz AVG findet dabei keine Anwendung.

(3) Die FMA hat den OGAW unmittelbar nach dem Versand der Unterlagen darüber zu benachrichtigen. Der OGAW kann seine Anteile ab dem Datum dieser Benachrichtigung im Aufnahmemitgliedstaat auf den Markt bringen.

(4) Das in Abs. 1 genannte Anzeigeschreiben ist vom Anzeigenden und die in Abs. 2 genannte Bescheinigung ist von der FMA in einer in der internationalen Finanzwelt gebräuchlichen Sprache oder in deutscher Sprache, sofern es sich dabei auch um die Amtssprache des Aufnahmemitgliedstaates handelt, abzufassen.

(5) Die elektronische Übermittlung und Hinterlegung der in Abs. 1 und 2 genannten Unterlagen ist zulässig und die FMA hat zu diesem Zweck eine e-mail-Adresse gemäß Art. 3 der Verordnung (EU) Nr. 584/2010 bekannt zu geben, an die die Unterlagen und Informationen sowie die Änderungen der Unterlagen und Informationen gemäß Abs. 1, entweder mittels Beschreibung der Änderung oder unter Beifügung einer neuen Fassung in einem allgemein üblichen elektronischen Format, geschickt werden können.

(6) Die Verwaltungsgesellschaft eines in Österreich bewilligten OGAW hat dafür zu sorgen, dass sämtliche Informationen und Unterlagen gemäß Abs. 1 Z 4 und 5 samt allfälliger Übersetzungen auf einer Internet-Seite, die in dem gemäß Abs. 1 zu übermittelnden Anzeigeschreiben anzugeben ist, für die FMA sowie für die zuständige Behörde des Aufnahmemitgliedstaates elektronisch zugänglich sind, stets auf dem neuesten Stand sind und die zuständige Behörde des Aufnahmemitgliedstaates über jede Änderung an den in Abs. 1 genannten Unterlagen und deren elektronische Verfügbarkeit informiert ist. Jede auf dieser Website zur Verfügung gestellte Unterlage ist dort in einem allgemein üblichen elektronischen Format bereitzustellen.

(7) Die FMA kann unter Berücksichtigung der Vorgaben von ESMA mittels Verordnung für die Zwecke des Abs. 5 und 6 geeignete elektronische Datenverarbeitungs- und Zentralspeichersysteme vorsehen.

EB zu § 139:

Setzt Art. 93 Abs. 1 bis 5 der Richtlinie 2009/65/EG um.

EB zu § 139 Abs. 1:

Setzt Art. 93 Abs. 1 und 2 der Richtlinie 2009/65/EG um. Die wesentlichen Inhalte des Anzeigeschreibens werden hier entsprechend der Richtlinie aufgelistet. Die genaue Gestaltung und Form des Anzeigeschreibens hat sich an den Vorgaben von Art. 1 in Verbindung mit Anhang I der Verordnung (EU) 584/2010 zu orientieren.

EB zu § 139 Abs. 2:

Setzt Art. 93 Abs. 3 erster und zweiter Unterabs. der Richtlinie 2009/65/EG um. Die

Richtlinie schreibt die Ausstellung einer Bescheinigung über die Richtlinienkonformität des OGAW vor. Für den genauen Inhalt und die Form dieser Bescheinigung ist Art. 2 und Anhang II der Verordnung (EU) Nr. 584/2010 maßgeblich.

EB zu § 139 Abs. 3:

Setzt Art. 93 Abs. 3 dritter Unterabs. der Richtlinie 2009/65/EG um.

EB zu § 139 Abs. 4:

Setzt Art. 93 Abs. 4 der Richtlinie 2009/65/EG um.

EB zu § 139 Abs. 5:

Setzt Art. 93 Abs. 4 der Richtlinie 2009/65/EG und Art. 32 der Richtlinie 2010/44/EU um.

EB zu § 139 Abs. 6:

Setzt Art. 93 Abs. 7 der Richtlinie 2009/65/EG und Art. 31 der Richtlinie 2010/44/EU um.

EB zu § 139 Abs. 7:

Setzt Art. 33 der Richtlinie 2010/44/EU um. ESMA arbeitet derzeit an Guidelines betreffend elektronische Datenverarbeitungs- und Zentralspeichersysteme.

Vertrieb von Anteilen von in einem anderen Mitgliedstaat bewilligten OGAW im Inland

§ 140. (1) Die Anteile eines von einem anderen Mitgliedstaat bewilligten OGAW dürfen in Österreich vertrieben werden, sobald der FMA die vollständigen Unterlagen und Informationen gemäß § 139 Abs. 1 und die Bescheinigung gemäß § 139 Abs. 2 von der zuständigen Behörde des Herkunftmitgliedstaates des OGAW übermittelt wurden.

(2) Die OGAW können für die Ausübung ihrer Tätigkeit denselben Verweis auf ihre Rechtsform, beispielsweise „Investmentgesellschaft" oder „Investmentfonds", wie in ihrem Herkunftmitgliedstaat verwenden (§ 130).

(3) Für die Bearbeitung der Anzeige gemäß Abs. 1 ist an die FMA eine Gebühr von 1 100 Euro zu entrichten. Diese Gebühr erhöht sich bei Fonds, die mehrere Teilfonds enthalten (Umbrella-Fonds), ab dem zweiten Teilfonds für jeden Fonds um 220 Euro. Für die Überwachung der Einhaltung der nach diesem Abschnitt bestehenden Pflichten ist weiters zu Beginn eines jeden Kalenderjahres, spätestens bis zum 15. Jänner dieses Jahres eine jährliche Gebühr von 600 Euro an die FMA zu entrichten; diese Gebühr erhöht sich bei Fonds, die mehrere Teilfonds enthalten (Umbrella-Fonds), ab dem zweiten Teilfonds für jeden Teilfonds um 200 Euro. Gebührenbeiträge, die nicht spätestens am Fälligkeitstag entrichtet wurden, sind vollstreckbar. Die FMA hat einen als Exekutionstitel geltenden Rückstandsausweis auszufertigen. Dieser hat Namen und Anschrift des Gebührenpflichtigen, den Betrag der Schuld und den Vermerk zu enthalten, dass die Schuld vollstreckbar geworden ist. Die nicht fristgerechte Entrichtung der Gebühr ist ein Vertriebsuntersagungsgrund gemäß § 162 Abs. 2.

EB zu § 140:

Setzt Art. 91 der Richtlinie 2009/65/EG um.

EB zu § 140 Abs. 1:

Setzt Art. 91 Abs. 1 und 2 der Richtlinie 2009/65/EG um.

EB zu § 140 Abs. 2:

Setzt Art. 96 der Richtlinie 2009/65/EG um.

EB zu Art. 140 Abs. 3:

Entspricht § 36 Abs. 3 InvFG 1993. Die Verrechnung von Meldegebühren ist grundsätzlich zulässig; sie müssen allerdings bekannt gegeben werden (so auch Erwägungsgrund 67 der Richtlinie 2009/65/EG). Die FMA hat daher diese Gebühren auch gemäß § 155 Abs. 2 Z 6 auf ihrer Website zu veröffentlichen.

Vorkehrungen zum Schutz der Anteilinhaber des in einem anderen Mitgliedstaat bewilligten OGAW

§ 141. (1) Die in einem anderen Mitgliedstaat bewilligten OGAW haben unter Einhaltung der §§ 55 bis 57 sowie der §§ 128, 132, 133, 136 und 138 die Maßnahmen zu treffen, die erforderlich sind, um sicherzustellen, dass die Anteilinhaber in Österreich in den Genuss der Zahlungen, des Rückkaufs und der Rücknahme der Anteile kommen und die vom OGAW zu liefernden Informationen erhalten. Hierzu hat der OGAW mindestens ein Kreditinstitut, das die Voraussetzungen des § 41 Abs. 1 erster Satz erfüllt, zu benennen.

(2) Der in einem anderen Mitgliedstaat bewilligte OGAW hat sämtliche Informationen und Unterlagen gemäß § 139 Abs. 1 Z 4 und 5 samt allfälliger Übersetzungen auf einer Internet-Seite für die FMA elektronisch zugänglich zu machen, stets auf dem neuesten Stand zu halten und die FMA über jede Änderung in diesen Unterlagen und deren elektronische Verfügbarkeit zu informieren.

(3) Im Falle einer Änderung der Informationen über die im Anzeigeschreiben gemäß § 139 Abs. 1 Z 1 mitgeteilten Modalitäten der Vermarktung oder einer Änderung der vertriebenen Anteilsgattungen oder Teilfonds gemäß § 139 Abs. 1 Z 2 hat der gemäß § 140 in einem anderen Mitgliedstaat gebilligte OGAW der FMA vor Umsetzung der Änderung diese schriftlich mitzuteilen.

(4) Der in einem anderen Mitgliedstaat bewilligte OGAW hat die Absicht, den öffentlichen Vertrieb von Anteilen einzustellen, der FMA anzuzeigen und unter Hinweis auf die Rechtsfolgen zu veröffentlichen. Die Verpflichtungen aus dem öffentlichen Vertrieb, die sich aus diesem Bundesgesetz ergeben, enden frühestens drei Monate nach der erfolgten Vertriebseinstellung. Die FMA kann im Interesse der Anteilinhaber eine Verlängerung dieses Zeitraums sowie eine diesbezügliche Veröffentlichung anordnen. § 142 findet weiter Anwendung.

EB zu § 141:

Setzt Art. 92 und Art. 93 Abs. 7 und 8 der Richtlinie 2009/65/EG um.

EB zu § 141 Abs. 1:

Setzt Art. 92 der Richtlinie 2009/65/EG um.

EB zu § 141 Abs. 2:

Setzt Art. 93 Abs. 7 der Richtlinie 2009/65/EG um. Um ein gemeinsames Konzept für die Art und Weise zu finden, wie die in § 139 Abs. 1 genannten Unterlagen für die zuständigen Behörden des Aufnahmemitgliedstaats des OGAW elektronisch zugänglich gemacht werden, muss jeder OGAW beziehungsweise seine Verwaltungsgesellschaft dazu verpflichtet werden, eine Website zu benennen, auf der die betreffenden Unterlagen in einem allgemein üblichen elektronischen Format zur Verfügung gestellt werden (so auch Erwägungsgrund 19 der Richtlinie 2010/44/EU).

EB zu § 141 Abs. 3:
Setzt Art. 93 Abs. 8 der Richtlinie 2009/65/EG um.

EB zu § 141 Abs. 4:
Entspricht § 36 InvFG 1993 und soll eine geordnete Einstellung des Vertriebes sicherstellen. Dieser Bereich ist nicht von der Richtlinie erfasst und kann daher von den Mitgliedstaaten eigenständig geregelt werden.

Informationspflichten des in einem anderen Mitgliedstaat bewilligten OGAW

§ 142. (1) Ein in einem anderen Mitgliedstaat bewilligter OGAW, der seine Anteile in Österreich vertreibt, hat den Anlegern in Österreich alle Informationen und Unterlagen sowie deren Änderungen zur Verfügung zu stellen, die er gemäß Kapitel IX der Richtlinie 2009/65/EG den Anlegern in seinem Herkunftmitgliedstaat zur Verfügung stellen muss, und zwar:

1. Unbeschadet der Bestimmungen von Kapitel IX der Richtlinie 2009/65/EG sind diese Informationen und Unterlagen sowie deren Änderungen den Anlegern in Einklang mit den §§ 128, 132, 133, 136 und 138 zur Verfügung zu stellen;
2. das in § 134 genannte Kundeninformationsdokument sowie dessen Änderungen sind in die deutsche Sprache zu übersetzen;
3. andere Informationen oder Unterlagen als das in § 134 genannte Kundeninformationsdokument sowie dessen Änderungen sind nach Wahl des OGAW in die deutsche Sprache oder in die englische Sprache oder in eine gemäß § 7b Abs. 1 KMG in der Finanzwelt gebräuchliche Sprache zu übersetzen; und
4. Übersetzungen von Informationen und Unterlagen gemäß Z 2 und 3 sind unter der Verantwortung des OGAW zu erstellen und müssen den Inhalt der ursprünglichen Informationen getreu wiedergeben.

(2) Die Häufigkeit der Veröffentlichung der Ausgabe-, Verkaufs- oder Rücknahmepreise für die OGAW-Anteile richtet sich nach den Rechts- und Verwaltungsvorschriften des Herkunftmitgliedstaats des OGAW.

EB zu § 142:
Setzt Art. 94 der Richtlinie 2009/65/EG um.

EB zu § 142 Abs. 1:
Setzt Art. 94 Abs. 1 und 2 der Richtlinie 2009/65/EG um.

EB zu § 142 Abs. 1 Z 1:
Setzt Art. 94 Abs. 1 Buchstabe a der Richtlinie 2009/65/EG um.

EB zu § 142 Abs. 1 Z 2:
Setzt Art. 94 Abs. 1 Buchstabe b der Richtlinie 2009/65/EG um.

EB zu § 142 Abs. 1 Z 3:
Setzt Art. 94 Abs. 1 Buchstabe c der Richtlinie 2009/65/EG um.

EB zu § 142 Abs. 1 Z 4:
Setzt Art. 94 Abs. 1 Buchstabe d der Richtlinie 2009/65/EG um.

EB zu § 142 Abs. 2:
Setzt Art. 94 Abs. 3 der Richtlinie 2009/65/EG um.

5. Hauptstück
Aufsicht und Europäische und Internationale Zusammenarbeit

1. Abschnitt
Aufsichtsbestimmungen

EB zum 1. Abschnitt (Aufsicht):

In diesem Abschnitt werden die Aufsichtsbefugnisse festgelegt. Da sich der Text der Richtlinien eng an den Text der Richtlinie 2004/39/EG (MiFID) anlehnt, wurden auch, soweit sinnvoll oder erforderlich, die Regelungen des WAG 2007 übernommen, um auch bei der Umsetzung einen Gleichklang herzustellen.

Aufsicht

§ 143. (1) Die FMA hat

1. die Einhaltung der §§ 5 bis 35 durch Verwaltungsgesellschaften mit Sitz im Inland sowie deren Zweigstellen gemäß § 37;
2. die Einhaltung der Bestimmungen des 3. und 4. Hauptstückes sowie die in den Fondsbestimmungen und im Prospekt des OGAW enthaltenen Verpflichtungen und der Verordnungen (EU) Nr. 583/2010 und (EU) Nr. 584/2010 im Hinblick auf den im Inland bewilligten OGAW durch die Verwaltungsgesellschaft gemäß § 5 Abs. 1 und durch Verwaltungsgesellschaften aus Mitgliedstaaten, die in Ausübung der Dienstleistungsfreiheit oder über eine Zweigstelle Tätigkeiten der kollektiven Portfolioverwaltung im Inland erbringen;
3. die Einhaltung der §§ 10 bis 28 durch Verwaltungsgesellschaften gemäß § 36, die in Ausübung der Dienstleistungsfreiheit Tätigkeiten der kollektiven Portfolioverwaltung im Inland erbringen;
4. die Einhaltung der §§ 10 bis 35 durch Zweigstellen von Verwaltungsgesellschaften aus anderen Mitgliedstaaten gemäß § 36; und
5. die Einhaltung der §§ 141 und 142 und der dort genannten Bestimmungen durch OGAW gemäß § 140 und durch deren Verwaltungsgesellschaften;

zu überwachen und dabei auf das volkswirtschaftliche Interesse an einem funktionsfähigen Finanzmarkt und die Finanzmarktstabilität Bedacht zu nehmen.

(2) § 12 KMG betreffend die Aufgaben der Meldestelle gilt auch für den Anwendungsbereich dieses Bundesgesetzes.

(3) Die FMA und die Oesterreichische Nationalbank arbeiten zur wirksamen Erfüllung ihrer jeweiligen Aufgaben nach Maßgabe des BWG und dieses Bundesgesetzes zusammen.

(4) Bei der Zusammenarbeit mit anderen Behörden ist § 72 BWG anzuwenden.

EB zu § 143 Abs. 1:

Setzt Art. 10 Abs. 2, 18 Abs. 3, 17 Abs. 5, 19 Abs. 5 und 7 und Art. 97 Abs. 1 und 2 der Richtlinie 2009/65/EG um. Die Aufsicht über Verwaltungsgesellschaften mit Sitz in Österreich (§ 5 Abs. 1) obliegt grundsätzlich der FMA, unabhängig davon, ob die Verwaltungsgesellschaft ihre Tätigkeit in Österreich oder in Ausübung der Dienstleistungsfreiheit oder der Niederlassungsfreiheit über eine Zweigstelle in einem anderen Mitgliedstaat erbringt. Hinsichtlich der §§ 10, 11 Abs. 1 und 2 sowie 12 bis 35 unterliegt die Verwaltungsgesellschaft gemäß § 5 Abs. 1 der Aufsicht der FMA, wenn sie ihre Tätigkeiten in Österreich oder im Rahmen der Dienstleistungsfreiheit in einem Mitgliedstaat erbringt. Erbringt sie die Tätigkeiten über einen Zweigstelle in einem anderen Mitgliedstaat, so gelten für sie dies-

bezüglich grundsätzlich primär die in Umsetzung von Art. 14 der Richtlinie 2009/65/EG erlassenen Bestimmungen des Aufnahmemitgliedstaates und sie unterliegt diesbezüglich der Aufsicht der zuständigen Behörde des Aufnahmemitgliedstaates. Diese Zuständigkeitsaufteilung ergibt sich implizit aus den in den §§ 36 und 37 sowie 143 jeweils genannten – und nicht genannten – Bestimmungen.

EB zu § 143 Abs. 1 Z 1:

Setzt Art. 10 Abs. 2 und 18 Abs. 3 Art. 108 Abs. 3 der Richtlinie 2009/65/EG um. Gemäß dem Grundsatz der Kontrolle durch den Herkunftsmitgliedstaat ist die FMA als zuständige Behörde des Herkunftsmitgliedstaats der Verwaltungsgesellschaft für die Beaufsichtigung der Organisation der Verwaltungsgesellschaft, einschließlich aller Verfahren und Ressourcen zur Wahrnehmung der administrativen Tätigkeiten zuständig (so auch Erwägungsgrund 18 der Richtlinie 2009/65/EG).

EB zu § 143 Abs. 1 Z 2:

Setzt Art. 19 Abs. 5, Art. 97 Abs. 3 und Art. 108 Abs. 1 und 3 der Richtlinie 2009/65/EG um.

EB zu § 143 Abs. 1 Z 3:

Setzt Art. 19 Abs. 7 der Richtlinie 2009/65/EG um.

EB zu § 143 Abs. 1 Z 4:

Setzt Art. 17 Abs. 5 der Richtlinie 2009/65/EG um.

EB zu § 143 Abs. 2:

Setzt Art. 97 Abs. 1 und 2 der Richtlinie 2009/65/EG um. Die FMA hat der Meldestelle, die derzeit bei der OeKB eingerichtet ist, die Verwahrung des Prospektes sowie der sonstigen in § 137 genannten Dokumente übertragen. Dies folgt aus dem Verweis auf § 12 KMG.

Kostenbestimmung

§ 144. Hinsichtlich der Zuordnung der Kosten ist § 69a BWG anzuwenden.

EB zu § 144:

Kostenbestimmung.

Datenschutz

§ 145. (1) Die FMA und die Oesterreichische Nationalbank sind zur konventionellen und automatisierten Ermittlung und Verarbeitung von Daten im Sinne des DSG 2000 ermächtigt, soweit dies in ihrem Aufgabenbereich nach diesem Bundesgesetz liegt; dieser umfasst:

1. Konzessionen von Verwaltungsgesellschaften und Depotbanken und die für die Erteilung maßgeblichen Umstände;
2. Leitung, verwaltungsmäßige und buchhalterische Organisation sowie interne Kontrolle (Risikomanagement) und Revision von Verwaltungsgesellschaften, OGAW, AIF und Depotbanken;
3. Zweigstellen und die Ausübung des freien Dienstleistungsverkehrs;
4. Eigenkapital;
5. Qualifizierte Beteiligungen an Verwaltungsgesellschaften;

6. Jahresabschluss und Rechnungslegung;
7. aufsichtsbehördliche Maßnahmen gemäß §§ 147 bis 150 und Rechtsmittelverfahren gegen solche Maßnahmen;
8. Verwaltungsstrafen gemäß §§ 190 bis 192;
9. Ermittlungen gemäß §§ 147 bis 149 und 157, 158, 161 und 162 dieses Bundesgesetzes, § 48q Abs. 1 oder § 86 Abs. 6 BörseG, § 70 BWG, § 91 WAG 2007, § 8a Abs. 2 KMG und § 22b FMABG;
10. Informationen, die von zuständigen Behörden im Rahmen des Informationsaustausches gemäß Abs. 2 dieser Bestimmung, den §§ 157, 158, 160 bis 162 dieses Bundesgesetzes oder gemäß §§ 47a, 48r und 86 Abs. 8 und 9 Börsegesetz 1989 oder im Wege des § 21 FMABG erlangt wurden;
11. die Zuordnung von Kosten für die Investmentfondsaufsicht;
12. Bewilligung von OGAW und AIF und die für die Erteilung maßgeblichen Umstände;
13. Beachtung der Bestimmungen des 2. Abschnittes des 1. Hauptstückes;
14. Veranlagungen in OGAW und AIF;
15. Vergütungsdaten gemäß § 39b und § 39c BWG.

(2) Die Übermittlung von Daten gemäß Abs. 1 ist zulässig:

1. durch die Oesterreichische Nationalbank an die FMA und
2. durch die FMA im Rahmen der Amtshilfe sowie
3. durch die FMA an
   a) die Oesterreichische Nationalbank,
   b) zuständige Behörden oder Zentralbanken von Mitgliedstaaten,
   c) ESMA,
   d) den Europäischen Ausschuss für Systemrisiken – ESRB (Verordnung (EU) Nr. 1092/2010) sowie die Europäische Zentralbank,

   soweit dies für die Erfüllung von Aufgaben, die den Aufgaben der FMA und der Oesterreichischen Nationalbank nach diesem Bundesgesetz, dem Börsegesetz 1989, dem BWG, dem WAG 2007, dem KMG, der Verordnung (EU) Nr. 583/2010 oder der Verordnung (EU) Nr. 584/2010 der Kommission entsprechen oder dies für die Wahrnehmung von anderen gesetzlichen Aufgaben im Rahmen der Aufsicht über den Finanzmarkt einer ersuchenden zuständigen Behörde erforderlich ist,

   und

   e) an Clearingstellen einschließlich der Oesterreichischen Kontrollbank AG, soweit dies für die Erfüllung ihrer Aufgaben zur Sicherung des Funktionierens dieser Stellen im Fall von möglichen Verstößen der Marktteilnehmer, erforderlich ist, oder für andere gesetzliche Aufgaben im Rahmen der Aufsicht über den Finanzmarkt der ersuchenden Behörde erforderlich ist, und soweit ein begründetes Ersuchen vorliegt

   und soweit die übermittelten Daten bei diesen Behörden oder Stellen dem Berufsgeheimnis gemäß Art. 102 der Richtlinie 2009/65/EG unterliegen.

Die FMA kann bei der Übermittlung der Informationen darauf hinweisen und im Fall der Übermittlung an Clearingstellen einschließlich der Oesterreichischen Kontrollbank AG hat die FMA darauf hinzuweisen, dass diese nur mit ihrer ausdrücklichen Zustimmung veröffentlicht werden dürfen.

(3) Die Übermittlung von Daten gemäß Abs. 1 durch die FMA ist innerhalb desselben Rahmens, zu denselben Zwecken und mit denselben Beschränkungen wie an zuständige Behörden von Mitgliedstaaten gemäß Abs. 2 auch an Behörden von Drittländern, die den Aufgaben der FMA oder der Oesterreichischen Nationalbank entsprechende Aufgaben wahrzunehmen haben, nur zulässig, soweit die übermittelten Daten bei diesen Behörden

einem dem Berufsgeheimnis in Art. 102 der Richtlinie 2009/65/EG entsprechenden Berufsgeheimnis unterliegen und die Übermittlung im Einklang mit Kapitel IV der Richtlinie 95/46/EG zum Schutz natürlicher Personen bei der Verarbeitung personenbezogener Daten und zum freien Datenverkehr, ABl. Nr. L 281 vom 23.11.1995, S. 31, steht.

(4) Die FMA kann für die Zwecke der Zusammenarbeit und des Informationsaustausches gemäß Abs. 2 und 3, soweit dies für die Erfüllung von Aufgaben, die den Aufgaben der FMA nach diesem Bundesgesetz, dem Börsegesetz 1989, dem BWG, dem WAG 2007, dem KMG, der Verordnung (EU) Nr. 583/2010 oder der Verordnung (EU) Nr. 584/2010 entsprechen, erforderlich ist oder dies für die Wahrnehmung von anderen gesetzlichen Aufgaben im Rahmen der Aufsicht über den Finanzmarkt einer ersuchenden für Wertpapieraufsicht zuständigen Behörde erforderlich ist und die ersuchende Behörde einem gleichartigen Ersuchen auf Zusammenarbeit und Informationsaustausch ebenso entsprechen würde, von ihren Befugnissen auch ausschließlich für Zwecke einer solchen Zusammenarbeit Gebrauch machen, auch wenn die Verhaltensweise, die Gegenstand der Ermittlung ist, keinen Verstoß gegen eine in Österreich geltende Vorschrift darstellt. Von allen ihren Befugnissen nach Abs. 1 Z 9 kann die FMA für die Zwecke einer solchen Zusammenarbeit auch gegenüber natürlichen und juristischen Personen Gebrauch machen, die nicht oder in ihrem Herkunftsland zur Erbringung von Dienstleistungen der Vermögensverwaltung im Sinne der Richtlinie 2009/65/EG zugelassen sind.

(5) Erhält die FMA im Rahmen des Informationsaustausches gemäß Abs. 2 oder 3 Informationen mit dem Hinweis, dass diese nur mit der ausdrücklichen Zustimmung der übermittelnden Behörde veröffentlicht werden dürfen, oder stammen die gemäß Abs. 3 erhaltenen Informationen aus einem anderem Mitgliedstaat, so darf die darin enthaltene Information nur für die Zwecke, für die die Zustimmung erteilt wurde, übermittelt werden; der Austausch der Information im Rahmen eines gerichtlichen Strafverfahrens, eines Insolvenzverfahrens oder Geschäftsaufsichtsverfahrens des OGAW oder der Verwaltungsgesellschaft oder der Depotbank bleibt jedoch zulässig.

EB zu § 145:

Setzt Art. 101 Abs. 1 und Art. 102 bis 104 der Richtlinie 2009/65/EG um. Zur Wahrnehmung ihrer Aufgaben ist die Verarbeitung und Weiterleitung von Daten durch die FMA erforderlich, wobei allerdings die Vorgaben des DSG 2000 einzuhalten sind. Dies entspricht auch Erwägungsgrund 77 der Richtlinie 2009/65/EG, wonach die Weitergabe von Daten von strengen Anforderungen abhängig gemacht werden kann.

EB zu § 145 Abs. 1:

Setzt Art. 102 Abs. 3 der Richtlinie 2009/65/EG um.

EB zu § 145 Abs. 2:

Setzt Art. 101 Abs. 1, Art. 102 Abs. 2, Art. 104 Abs. 1 und 2 und Art. 109 Abs. 1 der Richtlinie 2009/65/EG um. Der Austausch von Informationen mit Behörden und Zentralbanken aus anderen Mitgliedstaaten sowie der Europäischen Wertpapieraufsichtsbehörde (ESMA) und dem Europäischen Ausschuss für Systemrisiken (ESRB) ist unter Einhaltung der Bestimmungen über das Berufsgeheimnis, das in der Richtlinie in Art. 102 insbesondere in Abs. 1 und im österreichischen Recht insbesondere in § 14 FMABG spezifiziert ist, zulässig und auch erforderlich um eine wirksame Beaufsichtigung in einem integrierten Binnenmarkt für Dienstleistungen der Vermögensverwaltung sicherzustellen.

EB zu § 145 Abs. 3:

Setzt Art. 101 Abs. 1 und Art. 102 Abs. 3 der Richtlinie 2009/65/EG um.

EB zu § 145 Abs. 4:

Setzt Art. 101 Abs. 1 der Richtlinie 2009/65/EG um und entspricht § 91 Abs. 7 WAG 2007. Es stellt sich in dem Zusammenhang für OGAW und Verwaltungsgesellschaften dieselbe Problematik wie für Wertpapierfirmen.

EB zu § 145 Abs. 5:

Setzt Art. 102 Abs. 1 und 2 und Abs. 3 letzter Unterabs. der Richtlinie 2009/65/EG im Hinblick auf Informationen um, die die FMA von anderen Behörden oder Gerichten und von Behörden aus anderen Mitgliedstaaten oder Drittstaaten erhält.

Berufsgeheimnis

§ 146. Von der FMA oder der Oesterreichischen Nationalbank beauftragte Sachverständige unterliegen der Verschwiegenheitspflicht gemäß § 14 Abs. 2 FMABG.

EB zu § 146:

Setzt Art. 101 Abs. 1 und Art. 102 Abs. 1 der Richtlinie 2009/65/EG um. Durch den Verweis auf die Zentralbestimmung im FMABG ist sichergestellt, dass das Berufsgeheimnis in derselben Form gilt, wie im Hinblick auf die Beaufsichtigung von Kreditinstituten, Wertpapierfirmen und Versicherungsunternehmen (so auch Erwägungsgrund 79 der Richtlinie 2009/65/EG).

Untersuchungen und Prüfungen

§ 147. (1) Die FMA hat alle Untersuchungen durchzuführen und jene Maßnahmen zu ergreifen, die zur Wahrnehmung der ihr, unter Bedachtnahme auf § 3 Abs. 8 BWG nach diesem Bundesgesetz gemäß § 143 Abs. 1 zukommenden Aufgaben erforderlich sind.

(2) In Ausübung der Zuständigkeiten gemäß Abs. 1, dem BWG und dem WAG 2007 ist die FMA unbeschadet der ihr auf Grund anderer bundesgesetzlicher Bestimmungen zustehenden Befugnisse jederzeit ermächtigt,

1. in die Bücher, Schriftstücke und Datenträger der Unternehmen gemäß § 143 Abs. 1 Einsicht zu nehmen und Kopien von ihnen zu erhalten; auf den Umfang der Auskunfts-, Vorlage- und Einschaurechte der FMA und die Verpflichtung zur Verfügbarkeit von Unterlagen im Inland ist § 60 Abs. 3 BWG anzuwenden;
2. von Verwaltungsgesellschaften und Depotbanken und deren Organen sowie von allen Stellen, an die Dienstleistungen ausgelagert wurden, Auskünfte zu verlangen und gemäß den Verwaltungsverfahrensgesetzen Personen vorzuladen und zu befragen;
3. durch Abschlussprüfer oder sonstige Sachverständige alle erforderlichen Prüfungen durchführen zu lassen, wobei die in § 62 BWG genannten Ausschließungsgründe anzuwenden sind; die Erteilung von Auskünften durch die FMA an die von ihr beauftragten Prüfer ist zulässig, soweit dies zur Erfüllung des Prüfungsauftrages zweckdienlich ist;
4. durch eigene Prüfer, Abschlussprüfer oder sonstige Sachverständige vor Ort Prüfungen durchzuführen;
5. zur Prüfung von Zweigstellen und Repräsentanzen in Mitgliedstaaten auch die Behörden des Aufnahmemitgliedstaates um die Vornahme der Prüfung zu ersuchen, wenn dies gegenüber einer Prüfung gemäß Z 4 das Verfahren vereinfacht oder beschleunigt oder wenn dies im Interesse der Zweckmäßigkeit, Einfachheit, Raschheit oder Kosten-

ersparnis gelegen ist; unter diesen Voraussetzungen können eigene Mitarbeiter der FMA an einer solchen Prüfung teilnehmen;

6. von den Abschlussprüfern Auskünfte einzuholen.

(3) Bei einer Prüfung gemäß Abs. 2 Z 3 oder 5 sind die Prüfungsorgane mit einem schriftlichen Prüfungsauftrag zu versehen und haben sich vor Beginn der Prüfung unaufgefordert auszuweisen sowie den Prüfungsauftrag vorzuweisen. Im Übrigen ist § 71 BWG anzuwenden.

EB zu § 147:

Setzt Art. 98 der Richtlinie 2009/65/EG um. Die Richtlinie legt einen einheitlichen Mindestkatalog an Behördenbefugnissen fest (so auch Erwägungsgrund 69 der Richtlinie 2009/654/EG), der hiemit, allerdings der Systematik anderer Finanzmarktaufsichtsgesetzen (insbesondere dem WAG 2007 und dem ZaDiG) folgend, festgelegt wird. Ein bloßer Verweis auf das BWG wäre daher im Hinblick auf die Aufsichtsbestimmungen nicht geeignet, da die Befugnisse der Richtlinie 2009/65/EG doch im Detail anders ausgestaltet sind als jene, die dem BWG zugrunde liegen.

EB zu § 147 Abs. 1:

Setzt Art. 98 Abs. 1 der Richtlinie 2009/65/EG um.

EB zu § 147 Abs. 2:

Setzt Art. 98 Abs. 2 der Richtlinie 2009/65/EG um.

EB zu § 147 Abs. 2 Z 1:

Setzt Art. 98 Abs. 2 Buchstabe a der Richtlinie 2009/65/EG um.

EB zu § 147 Abs. 2 Z 2:

Setzt Art. 98 Abs. 2 Buchstabe b und h der Richtlinie 2009/65/EG um.

EB zu § 147 Abs. 2 Z 3:

Setzt Art. 98 Abs. 2 Buchstabe m der Richtlinie 2009/65/EG um.

EB zu § 147 Abs. 2 Z 4:

Setzt Art. 98 Abs. 1 Buchstabe a, b und c in Verbindung mit Abs. 2 Buchstabe c der Richtlinie 2009/65/EG um.

EB zu § 147 Abs. 2 Z 5:

Setzt Art. 101 Abs. 4 (Einleitungsteil) und Abs. 5 der Richtlinie 2009/65/EG um.

EB zu § 147 Abs. 2 Z 6:

Setzt Art. 98 Abs. 2 Buchstabe b der Richtlinie 2009/65/EG um.

EB zu § 147 Abs. 3:

Setzt Art. 98 Abs. 1 der Richtlinie 2009/65/EG um und stellt klar, wie bei einem Prüfungsauftrag prozedural vorzugehen ist. Die Prüfung der Verwaltungsgesellschaften, Depotbanken von Investmentfonds und OGAW obliegt der FMA selbst. Die Bestimmung orientiert sich insbesondere an § 3 Abs. 8 BWG.

Aufsichtsmaßnahmen

§ 148. (1) Zur Abwendung einer Gefahr für die finanziellen Belange der Anteilinhaber eines OGAW gemäß § 50 oder der Kunden einer Verwaltungsgesellschaft gemäß § 5 Abs. 1 im Zusammenhang mit deren Tätigkeit kann die FMA befristete Maßnahmen durch Bescheid anordnen, die spätestens 18 Monate nach Wirksamkeitsbeginn außer Kraft treten. Die FMA kann durch Bescheid insbesondere

1. Kapital- und Gewinnentnahmen einer Verwaltungsgesellschaft ganz oder teilweise untersagen;
2. im Interesse der Anteilinhaber oder der Öffentlichkeit die Aussetzung der Ausgabe, Rücknahme oder Auszahlung von Anteilen verlangen;
3. eine fachkundige Aufsichtsperson (Regierungskommissär) bestellen, die dem Berufsstand der Rechtsanwälte oder der Wirtschaftsprüfer angehört; die Aufsichtsperson, der alle Rechte gemäß § 147 Abs. 2 zustehen, hat
   a) der Verwaltungsgesellschaft alle Geschäfte zu untersagen, die geeignet sind, die obige Gefahr zu vergrößern, oder
   b) im Falle, dass der Verwaltungsgesellschaft die Fortführung der Geschäfte ganz oder teilweise untersagt wurde, einzelne Geschäfte zu erlauben, die die im Einleitungsteil dieser Bestimmung beschriebene Gefahr nicht vergrößern;
4. Geschäftsleitern der Verwaltungsgesellschaft unter gleichzeitiger Verständigung des zur Bestellung der Geschäftsleiter zuständigen Organs die Führung des Unternehmens ganz oder teilweise untersagen; das zuständige Organ hat binnen eines Monats die entsprechende Anzahl von Geschäftsleitern neu zu bestellen; die Bestellung bedarf zu ihrer Rechtswirksamkeit der Zustimmung der FMA, die zu versagen ist, wenn die neu bestellten Geschäftsleiter nicht geeignet scheinen, eine Abwendung der obigen Gefahr herbeiführen zu können;
5. die Fortführung des Geschäftsbetriebes ganz oder teilweise untersagen.

(2) Die FMA kann auf Antrag der gemäß Abs. 1 Z 3 oder Abs. 3 bestellten Aufsichtsperson (Regierungskommissär) einen Stellvertreter bestellen, wenn und so lange dies aus wichtigen Gründen, insbesondere wegen vorübergehender Verhinderung der Aufsichtsperson, erforderlich ist. Für die Bestellung des Stellvertreters sowie für dessen Rechte und Pflichten finden die für die Aufsichtsperson geltenden Bestimmungen Anwendung. Die Aufsichtsperson (Regierungskommissär) kann sich mit Bewilligung der FMA zur Erfüllung ihrer Aufgaben fachlich geeigneter Personen bedienen, soweit dies nach Umfang und Schwierigkeit der Aufgaben erforderlich ist. Die Genehmigung der FMA hat diese Personen namentlich zu benennen und ist auch der Verwaltungsgesellschaft zuzustellen. Diese Personen handeln auf Weisung und im Namen der Aufsichtsperson (Regierungskommissär) oder ihres Stellvertreters. Es findet § 70 Abs. 2b und 3 sowie Abs. 6 BWG Anwendung.

(3) Alle von der FMA gemäß Abs. 1 und 2 angeordneten Maßnahmen ruhen für die Dauer eines Geschäftsaufsichtsverfahrens.

(4) Bescheide, mit denen Geschäftsleitern die Führung einer Verwaltungsgesellschaft gemäß § 5 Abs. 1 ganz oder teilweise untersagt wird (Abs. 1 Z 4), sind, wie auch eine allfällige Aufhebung dieser Maßnahme, von der FMA dem Firmenbuchgericht zur Eintragung in das Firmenbuch zu übermitteln.

(5) Liegt eine Konzessionsvoraussetzung gemäß § 6 Abs. 1 nach Erteilung der Konzession nicht mehr vor oder verletzt eine Verwaltungsgesellschaft gemäß § 5 Abs. 1 Bestimmungen gemäß § 143 Abs. 1 dieses Bundesgesetzes oder des BWG oder einer auf Grund dieses Bundesgesetzes oder des BWG erlassenen Verordnung oder eines Bescheides oder eine Bestimmung der Verordnungen (EU) Nr. 583/2010 oder (EU) Nr. 584/2010, so hat die FMA die in § 70 Abs. 4 Z 1 bis 3 BWG genannten Maßnahmen in Bezug auf diese Verwaltungsgesellschaft zu ergreifen und gegebenenfalls die Konzession gemäß § 5 Abs. 1 oder die Bewilligung gemäß § 50 zu entziehen. Verletzt die Depotbank Bestimmungen dieses Bundesgesetzes oder einer aufgrund dieses Bundesgesetzes erlassenen Verordnung

oder eines Bescheides, so sind die §§ 70 Abs. 3 und 96 BWG mit der Maßgabe anzuwenden, dass an die Stelle des Konzessionsentzuges gemäß § 70 Abs. 4 Z 3 BWG die Rücknahme der Bewilligung gemäß § 50 tritt.

EB zu § 148:
Setzt Art. 98 Abs. 2 Buchstaben d bis l der Richtlinie 2009/65/EG um.

EB zu § 148 Abs. 1:
Setzt Art. 98 Abs. 2 Buchstaben d bis f und j und l der Richtlinie 2009/65/EG um.

EB zu § 148 Abs. 1 Z 1:
Die Untersagung der Ausschüttung von Gewinnen oder Kapital kann in bestimmten Ausnahmefällen ein notwendiges Aufsichtsinstrument darstellen, um die Interessen aller Anleger zu schützen und korrespondiert mit der gleichartigen Bestimmung in § 70 Abs. 2 Z 1 BWG.

EB zu § 148 Abs. 1 Z 2:
Setzt Art. 98 Abs. 2 Buchstabe j der Richtlinie 2009/65/EG um.

EB zu § 148 Abs. 1 Z 3:
Setzt Art. 98 Abs. 2 Buchstabe i der Richtlinie 2009/65/EG um.

EB zu § 148 Abs. 1 Z 4:
Setzt Art. 98 Abs. 2 Buchstabe g der Richtlinie 2009/65/EG um.

EB zu § 148 Abs. 1 Z 5:
Setzt Art. 98 Abs. 2 Buchstabe g und k der Richtlinie 2009/65/EG um.

EB zu § 148 Abs. 2:
Setzt Art. 98 Abs. 2 Buchstabe g und i der Richtlinie 2009/65/EG um.

EB zu § 148 Abs. 3:
Setzt Art. 98 Abs. 2 Buchstabe g und i der Richtlinie 2009/65/EG um.

EB zu § 148 Abs. 4:
Setzt Art. 98 Abs. 2 Buchstabe g und i der Richtlinie 2009/65/EG um.

EB zu § 148 Abs. 5:
Setzt Art. 98 Abs. 2 Buchstabe e, i und k der Richtlinie 2009/65/EG um.

Zusammenarbeit mit Gerichten und Sicherheitsbehörden

§ 149. (1) Zur Abwendung einer Gefahr für die finanziellen Belange der Anteilinhaber eines OGAW gemäß § 50 oder der Kunden einer Verwaltungsgesellschaft gemäß § 5 Abs. 1 im Zusammenhang mit deren Tätigkeit oder zur Wahrnehmung ihrer sonstigen Aufgaben nach diesem Bundesgesetz kann die FMA

1. bereits existierende Aufzeichnungen von Telefongesprächen und Datenübermittlungen anfordern;
2. bei der zuständigen Staatsanwaltschaft beantragen, dass diese bei Gericht einen Antrag auf Sicherstellung gemäß §§ 109 Z 1 und 110 Abs. 1 Z 3 oder Beschlagnahme gemäß §§ 109 Z 2 und 115 Abs. 1 Z 3 Strafprozessordnung 1975 – StPO (BGBl. Nr. 631/1975) stellt.

(2) Ergibt sich für die FMA bei der Wahrnehmung ihrer Aufgaben der Verdacht, dass

eine Transaktion der Geldwäscherei oder der Terrorismusfinanzierung dient, so hat sie die Geldwäschemeldestelle (§ 4 Abs. 2 des Bundeskriminalamt-Gesetzes, BGBl. I Nr. 22/2002) hievon unverzüglich in Kenntnis zu setzen. § 41 Abs. 6 BWG ist anzuwenden.

EB zu § 149:

EB zu § 149 Abs. 1:

Setzt Art. 98 Abs. 1 Buchstabe d und Abs. 2 Buchstaben d, f und l der Richtlinie 2009/65/EG um.

EB zu § 149 Abs. 1 Z 1:

Setzt Art. 98 Abs. 2 Buchstabe d der Richtlinie 2009/65/EG um.

EB zu § 149 Abs. 1 Z 2:

Setzt Art. 98 Abs. 2 Buchstabe f der Richtlinie 2009/65/EG um.

EB zu § 149 Abs. 2:

Entspricht gleich lautenden Bestimmungen im WAG 2007, ZaDiG, E-Geldgesetz 2010 und im BWG.

Veröffentlichungen

§ 150. (1) Die FMA kann zur Abwendung einer Gefahr für die finanziellen Belange der Anteilinhaber eines OGAW gemäß § 50 oder der Kunden einer Verwaltungsgesellschaft gemäß § 5 Abs. 1 im Zusammenhang mit deren Tätigkeit von ihr getroffene Maßnahmen nach § 148 Abs. 1, 2 und 5 durch Kundmachung im Internet, Abdruck im „Amtsblatt zur Wiener Zeitung" oder in einer Zeitung mit Verbreitung im gesamten Bundesgebiet oder durch Aushang an geeigneter Stelle in den Geschäftsräumlichkeiten der Verwaltungsgesellschaft (§ 5) bekannt machen. Veröffentlichungen von Maßnahmen oder Sanktionen dürfen jedoch nur vorgenommen werden, wenn dies nach Art und Schwere des Verstoßes zur Information der Öffentlichkeit erforderlich ist, die Stabilität der Finanzmärkte nicht ernstlich gefährdet ist, nicht nachteilig für die Interessen der Anleger ist und im Hinblick auf mögliche Nachteile des Betroffenen verhältnismäßig ist. Diese Veröffentlichungsmaßnahmen können auch kumulativ getroffen werden. Die FMA kann weiters jede Maßnahme oder Sanktion wegen einer Verletzung dieses Bundesgesetzes, des BWG oder auf Grund dieses Bundesgesetzes oder des BWG ergangener Verordnungen oder von zur Richtlinie 2009/65/EG erlassener EU-Verordnungen bekannt machen, sofern eine solche Bekanntgabe die Stabilität der Finanzmärkte nicht ernstlich gefährdet, nachteilig für die Interessen der Anleger wäre oder den Beteiligten kein unverhältnismäßig hohen Schaden zufügt. Diese Veröffentlichungsmaßnahmen können auch kumulativ getroffen werden.

(2) Die FMA kann durch Kundmachung im Internet, Abdruck im „Amtsblatt zur Wiener Zeitung" oder in einer Zeitung mit Verbreitung im gesamten Bundesgebiet die Öffentlichkeit informieren, dass eine namentlich genannte natürliche oder juristische Person (Person) zur Ausgabe von OGAW-Anteilen (§ 50 Abs. 1), zur Verwaltung von Investmentfonds (§ 1 Abs. 1 Z 13 BWG in Verbindung mit § 5 Abs. 2 Z 1 und 2 dieses Bundesgesetzes) oder zur Anlageberatung oder Verwahrung (§ 5 Abs. 2 Z 4) nicht berechtigt ist, sofern diese Person dazu Anlass gegeben hat und eine Information der Öffentlichkeit nach Art und Schwere des Verstoßes erforderlich ist, die Stabilität der Finanzmärkte nicht ernstlich gefährdet ist, nicht nachteilig für die Interessen der Anleger ist und im Hinblick auf mögliche Nachteile des Betroffenen verhältnismäßig ist. Diese Veröffentlichungsmaßnahmen können

auch kumulativ getroffen werden. Diese Person muss in der Veröffentlichung eindeutig identifizierbar sein; zu diesem Zweck können, soweit der FMA bekannt, auch Geschäftsanschrift oder Wohnanschrift und Firmenbuchnummer, Internetadresse, Telefonnummer und Telefaxnummer angegeben werden.

(3) Der von der Veröffentlichung Betroffene kann eine Überprüfung der Rechtmäßigkeit der Veröffentlichung gemäß Abs. 1 oder 2 in einem bescheidmäßig zu erledigenden Verfahren bei der FMA beantragen. Die FMA hat diesfalls die Einleitung eines solchen Verfahrens in gleicher Weise bekannt zu machen. Wird im Rahmen der Überprüfung die Rechtswidrigkeit der Veröffentlichung festgestellt, so hat die FMA die Veröffentlichung richtig zu stellen oder auf Antrag des Betroffenen entweder zu widerrufen oder aus dem Internetauftritt zu entfernen. Wird einer Beschwerde gegen einen Bescheid, der gemäß Abs. 1 bekannt gemacht worden ist, in einem Verfahren vor den Gerichtshöfen öffentlichen Rechts aufschiebende Wirkung zuerkannt, so hat die FMA dies in gleicher Weise bekannt zu machen. Die Veröffentlichung ist richtig zu stellen oder auf Antrag des Betroffenen entweder zu widerrufen oder aus dem Internetauftritt zu entfernen, wenn der Bescheid aufgehoben wird.

EB zu § 150:

Setzt Art. 99 Abs. 3 der Richtlinie 2009/65/EG um. Die Richtlinie sieht, wie auch andere EU-Richtlinien im Finanzmarktbereich, als wirksame Aufsichtsmaßnahme auch die Information der Öffentlichkeit mittels Veröffentlichung einer Sanktion oder Aufsichtsmaßname vor. Dies hat vor allem präventiven Charakter. Die Bestimmung orientiert sich an den Vorgaben und Bedingungen der Richtlinie und ist in ihrer konkreten Ausgestaltung den §§ 64 Abs. 8ff ZaDiG und § 92 Abs. 11 und § 94 Abs. 4 WAG 2007 nachgebildet.

EB zu § 150 Abs. 1:

Setzt Art. 99 Abs. 3 der Richtlinie 2009/65/EG um und regelt die Befugnisse der FMA, bestimmte Maßnahmen auch zu veröffentlichen. Es geht dabei konkret um Maßnahmen, die für die Kunden und potentiellen Kunden von großem Interesse sind. Eine Veröffentlichung ist nur dann zulässig, wenn „nach Art und Schwere des Verstoßes eine Information der Öffentlichkeit erforderlich und im Hinblick auf die möglichen Nachteile des Betroffenen verhältnismäßig“ ist. Die Richtlinie gibt die Kriterien der Verhältnismäßigkeit genau vor. Es kann nach Lage des Falles erforderlich sein, die konkreten Informationen ohne Zeitverlust, daher auch ohne vorherige Anhörung des Betroffenen, zu veröffentlichen (so auch VfGH in Erk. G 164/08-12 vom 12. März 2009). Um dem Rechtsschutzbedürfnis des Betroffenen aber dennoch in geeigneter Weise Rechnung zu tragen, ist in Abs. 3 eine Überprüfungsmöglichkeit vorgesehen.

EB zu § 150 Abs. 2:

Setzt Art. 99 Abs. 3 der Richtlinie 2009/65/EG um und regelt die Befugnisse der FMA, die Öffentlichkeit umgehend auf Personen, deren Handlungen auf einen unerlaubten Betrieb oder den Versuch eines solchen hindeuten, hinzuweisen. Es kann sich dabei sowohl um juristische Personen handeln, als auch um natürliche, die unter einer Phantasiebezeichnung in Erscheinung treten können. Auch in diesem Fall muss die Veröffentlichung erforderlich und verhältnismäßig sein. Es kann nach Lage des Falles erforderlich sein, die konkreten Informationen ohne Zeitverlust, daher auch ohne vorherige Anhörung des Betroffenen, zu veröffentlichen (so auch VfGH in Erk. G 164/08-12 vom 12. März 2009). Um dem Rechtsschutzbedürfnis des Betroffenen aber dennoch in geeigneter Weise Rechnung zu tragen, ist in Abs. 3 eine Überprüfungsmöglichkeit vorgesehen. Um den Zweck der Ver-

öffentlichung (Information über konzessionslos tätige Unternehmen) nicht zu verfehlen, ist das Unternehmen so präzise wie möglich zu bezeichnen. Insbesondere auch im Hinblick auf mögliche unerbetene Marketinghandlungen per Telefon oder Telefax ist auch die Telefonnummer und Faxnummer, soweit bekannt, anzugeben.

EB zu § 150 Abs. 3:

Setzt Art. 99 Abs. 3 der Richtlinie 2009/65/EG um. Im Sinne des Erkenntnisses des VfGH G 164/08-12 vom 12. März 2009 wird dem Betroffenen die Möglichkeit einer Überprüfung der Veröffentlichung in einem nachträglichen bescheidmäßig zu erledigenden Verfahren eingeräumt ebenso wie ein allenfalls daraus resultierender Widerruf. Im Sinne optimaler Transparenz ist daher auch die Anhängigmachung einer Überprüfung zu veröffentlichen. Wird die Rechtswidrigkeit der Veröffentlichung festgestellt, entweder im Rahmen der Überprüfung oder bei Aufhebung der zugrunde liegenden Maßnahme oder Sanktion durch den UVS oder im Rahmen eines höchstgerichtlichen Verfahrens, so ist die Veröffentlichung richtig zu stellen oder zu widerrufen. Auf Wunsch kann auch die Möglichkeit gewährt werden, den Eintrag im Internet ohne Widerruf vollständig zu löschen. Wurde einer Beschwerde gegen einen Bescheid, der eine Maßnahme oder Sanktion zum Gegenstand hat, im Rahmen einer Beschwerde aufschiebende Wirkung zuerkannt, so ist auch dies bekannt zu machen.

Anzeigepflichten an die FMA

§ 151. Die Verwaltungsgesellschaft hat der FMA unverzüglich jede für die Konzessionserteilung maßgebliche Änderung schriftlich mitzuteilen – wobei im Fall einer Beschlussfassung das Eintreten der Wirksamkeit des Beschlussgegenstandes nicht abzuwarten ist – und zwar:

1. Jede Satzungsänderung und den Beschluss auf Auflösung;
2. jede Änderung der Voraussetzungen gemäß § 5 Abs. 1 Z 6, 7, 10 und 13 BWG bei bestehenden Geschäftsleitern;
3. jede Änderung in der Person der Geschäftsleiter sowie die Einhaltung von § 5 Abs. 1 Z 6, 7 und 9 bis 13 BWG und § 6 Abs. 2 Z 8, 9, 10 und 12 lit. b dieses Bundesgesetzes;
4. die beabsichtigte Eröffnung sowie die Verlegung, Schließung oder vorübergehende Einstellung des Geschäftsbetriebes der Hauptniederlassung;
5. Umstände, die für einen ordentlichen Geschäftsleiter erkennen lassen, dass die Erfüllbarkeit der Verpflichtungen gefährdet ist;
6. den Eintritt der Zahlungsunfähigkeit oder der Überschuldung;
7. jede beabsichtigte Erweiterung des Geschäftsgegenstandes;
8. jede Herabsetzung des eingezahlten Kapitals (§ 6 Abs. 2 Z 5);
9. den oder die Verantwortlichen für die interne Revision sowie Änderungen in deren Person;
10. das Absinken der anrechenbaren Eigenmittel unter die in § 8 genannten Beträge;
11. jede mehr als einen Monat andauernde Nichteinhaltung von Maßstäben gemäß § 23 Abs. 1 bis 5 und 7 bis 17, § 24, § 25, § 27 und § 29 BWG sowie auf dessen Grundlage erlassener Verordnungen oder Bescheide;
12. jede Bestellung eines Abschlussprüfers sowie Änderungen in der Person desselben;
13. jede Übertragung gemäß § 28 sowie jede Beendigung der Übertragung;
14. alle wesentlichen Änderungen am Risikomanagementprozess gemäß § 85 bis 92;

15. jede Aussetzung der Rücknahme oder Auszahlung gemäß § 56 sowie die Wiederaufnahme;
16. den Beginn der Abwicklung gemäß § 63 Abs. 1;
17. die Kündigung der Verwaltung des OGAW gemäß § 60 Abs. 2;
18. die Auflösung ohne Kündigung gemäß § 63 Abs. 4;
19. die Umwandlung gemäß § 64.

EB zu § 151:

Setzt Art. 7 Abs. 1 Buchstabe b und Art. 5 Abs. 4 dritter Unterabs. der Richtlinie 2009/65/EG um. In der Richtlinie 2009/65/EG und auch in den Durchführungsrichtlinien 2010/43/EU und 2010/44/EU sind an verschiedenen Stellen Anzeigepflichten der Verwaltungsgesellschaft an die zuständige Aufsichtsbehörde vorgesehen. Zur besseren Übersichtlichkeit für den Rechtsanwender, insbesondere für die betroffenen Verwaltungsgesellschaften, und dem Vorbild anderer Finanzmarktaufsichtsgesetze, wie insbesondere dem BWG und dem ZaDiG, folgend, werden an dieser Stelle gebündelt diverse Anzeigepflichten an zentraler Stelle aufgezählt.

EB zu § 151 Z 14:

Setzt Art. 39 Abs. 2 der Richtlinie 2010/43/EU um.

Regelmäßige Meldepflichten

§ 152. Die Verwaltungsgesellschaft hat der FMA im Einvernehmen mit der Depotbank quartalsweise Berichte mit Informationen zu übermitteln, die ein den tatsächlichen Verhältnissen entsprechendes Bild der für jeden verwalteten OGAW genutzten Derivate, der zugrunde liegenden Risiken, der Anlagegrenzen und der Methoden vermitteln, die zur Schätzung der mit den Derivatgeschäften verbundenen Risiken angewandt werden. Die FMA kann mit Verordnung die Art der Übermittlung regeln, wobei insbesondere die Verwendung elektronischer Meldesysteme oder Datenträger sowie EDV-Formate vorgeschrieben werden können.

EB zu § 152:

Setzt Art. 45 Abs. 1 der Richtlinie 2010/43/EU um. Die Richtlinie 2009/65/EG verpflichtet eine Verwaltungsgesellschaft, den jeweils zuständigen Behörden mitzuteilen, in welche Arten von Derivaten ein OGAW investiert wurde, welche Risiken mit den jeweiligen Basiswerten verbunden sind, welche Anlagegrenzen gelten und welche Methoden zur Messung der mit den Derivategeschäften verbundenen Risiken gewählt wurden. Wie eine Verwaltungsgesellschaft inhaltlich und verfahrenstechnisch vorzugehen hat, um dieser Verpflichtung nachzukommen, wird hier genau ausgeführt (Erwägungsgrund 29 der Richtlinie 2010/43/EU).

Form der Kommunikation mit der FMA – elektronische Übermittlung

§ 153. (1) Die FMA kann nach Anhörung der Oesterreichischen Nationalbank durch Verordnung vorschreiben, dass die Anzeigen und Übermittlungen gemäß §§ 151 und 152 dieses Bundesgesetzes und § 20 Abs. 3, 28a Abs. 4, § 44 Abs. 1 erster Satz und Abs. 4 und § 70a Abs. 5 BWG sowie § 2 Abs. 2 der Mündelsicherheitsverordnung, BGBl. Nr. 650/1993, in der Fassung der Verordnung BGBl. II Nr. 219/2003 ausschließlich in elektronischer Form zu erfolgen haben sowie bestimmten Gliederungen, technischen Mindestanforderungen und Übermittlungsmodalitäten zu entsprechen haben. Die FMA hat sich dabei an den Grundsätzen der Wirtschaftlichkeit und Zweckmäßigkeit zu orientieren und dafür zu sorgen, dass die jederzeitige elektronische Verfügbarkeit der Daten für die FMA und die Oesterreichische Nationalbank gewährleistet bleibt und Aufsichtsinteressen nicht beeinträchtigt werden. Weiters kann die FMA in dieser Verordnung Abschlussprüfern für Bescheinigungen, Übermittlungen, Berichte und Meldungen gemäß § 154 eine fakultative Teilnahme an dem elektronischen System der Übermittlung gemäß dem ersten Satz ermöglichen. Die FMA hat geeignete Vorkehrungen dafür zu treffen, dass sich die Meldepflichtigen oder gegebenenfalls ihre Einbringungsverantwortlichen während eines angemessenen Zeitraums im System über die Richtigkeit und Vollständigkeit der von ihnen oder ihren Einbringungsverantwortlichen erstatteten Meldedaten vergewissern können.

(2) Die Kommunikation zwischen der FMA und den zuständigen Behörden in anderen Mitgliedstaaten im Zusammenhang mit dem Vertrieb von OGAW-Anteilen gemäß den §§ 139 bis 142 richtet sich nach Art. 3 bis 5 der Verordnung (EU) Nr. 584/2010.

EB zu § 153:

Entspricht § 22 Abs. 5 InvFG 1993.

Berichtspflicht von Abschlussprüfern

§ 154. (1) Stellt ein Abschlussprüfer, der den Jahresabschluss einer Verwaltungsgesellschaft (§ 5 Abs. 1) oder den Rechenschaftsbericht eines OGAW (§ 49) prüft oder bei dieser oder diesem eine sonstige gesetzlich vorgeschriebene Tätigkeit ausübt, Tatsachen fest, die eine Berichtspflicht gemäß § 273 Abs. 2 und 3 UGB begründen, so hat er unverzüglich, spätestens gleichzeitig, den gemäß § 273 Abs. 3 UGB zu erstattenden Bericht auch der FMA und der Oesterreichischen Nationalbank zu übermitteln.

(2) Der Abschlussprüfer hat, auch wenn keine Berichtspflicht gemäß § 273 Abs. 2 und 3 UGB besteht, der FMA und der Oesterreichischen Nationalbank sowie den Geschäftsleitern und dem nach Gesetz oder Satzung zuständigen Aufsichtsorgan unverzüglich schriftlich mit Erläuterungen zu berichten, wenn er bei seiner Prüfungstätigkeit Tatsachen feststellt, die

1. einen erheblichen Verstoß gegen die in § 143 Abs. 1 genannten Bestimmungen oder gegen auf Grund dieses Bundesgesetzes erlassene Verordnungen oder Bescheide der FMA erkennen lassen; oder
2. die Erfüllbarkeit der Verpflichtungen der Verwaltungsgesellschaft oder des OGAW für gefährdet erkennen lassen; oder
3. die Behinderung der Tätigkeit des OGAW oder der Verwaltungsgesellschaft oder eines Unternehmens, an das Tätigkeiten gemäß § 28 übertragen wurden, erkennen lassen; oder
4. wesentliche Bilanzposten oder außerbilanzielle Positionen der Verwaltungsgesellschaft als nicht werthaltig festgestellt werden; oder
5. begründete Zweifel an der Richtigkeit der Unterlagen oder an der Vollständigkeitserklärung der Geschäftsleiter vorliegen; oder
6. zu einer Ablehnung des Bestätigungsvermerks oder der Äußerung von Vorbehalten führen.

Stellt der Abschlussprüfer sonstige Mängel, nicht besorgniserregende Veränderungen der Risikolage oder der wirtschaftlichen Situation oder nur geringfügige Verletzungen von Vorschriften fest, und sind die Mängel und Verletzungen von Vorschriften kurzfristig behebbar, so muss der Abschlussprüfer der FMA und der Oesterreichischen Nationalbank erst dann berichten, wenn die Verwaltungsgesellschaft nicht binnen einer angemessenen Frist, längstens jedoch binnen drei Monaten, die festgestellten Mängel behoben und dies dem Abschlussprüfer nachgewiesen hat. Zu berichten ist auch dann, wenn die Geschäftsleiter eine vom Abschlussprüfer geforderte Auskunft innerhalb einer angemessenen Frist nicht ordnungsgemäß erteilen. In Fällen, in denen eine Wirtschaftsprüfungsgesellschaft als Abschlussprüfer bestellt wird, trifft die Berichtspflicht auch die nach § 88 Abs. 7 Wirtschaftstreuhandberufsgesetz – WTBG (BGBl. I Nr. 58/1999) namhaft gemachten natürlichen Personen.

(3) Der Abschlussprüfer ist auch zur Meldung derartiger Sachverhalte verpflichtet, von denen er in Ausübung einer der vorgenannten Tätigkeiten in einem Unternehmen Kenntnis erlangt, das ein verbundenes Unternehmen (§ 228 Abs. 3 UGB) zu der in § 5 Abs. 1 genannten Verwaltungsgesellschaft ist, für das er diese Tätigkeit ausübt.

(4) Der Abschlussprüfer ist bei der Wahrnehmung seiner Aufgaben auch außerhalb von Prüfungsaufträgen des Aufsichtsorgans zur Verständigung des Aufsichtsratsvorsitzenden verpflichtet, wenn eine Berichterstattung an die Geschäftsleiter wegen der Art und Umstände der festgestellten Ordnungswidrigkeiten den Zweck der Beseitigung der Mängel nicht erreichen würde und diese schwerwiegend sind.

(5) Erstattet der Abschlussprüfer in gutem Glauben einen Bericht nach Abs. 1 bis 4, so gilt dies nicht als Verletzung einer vertraglich oder gesetzlich geregelten Einschränkung der Offenlegungspflicht und zieht für ihn keine Haftung nach sich.

EB zu § 154:
Setzt Art. 106 der Richtlinie 2009/65/EG um.

EB zu § 154 Abs. 1:
Setzt Art. 106 Abs. 1 der Richtlinie 2009/65/EG um.

EB zu § 154 Abs. 2:
Setzt Art. 106 Abs. 1 Buchstabe a bis c der Richtlinie 2009/65/EG um.

EB zu § 154 Abs. 3:
Setzt Art. 106 Abs. 1 letzter Unterabs. der Richtlinie 2009/65/EG um.

EB zu § 154 Abs. 4:
Setzt Art. 106 Abs. 1 der Richtlinie 2009/65/EG um.

EB zu § 154 Abs. 5:
Setzt Art. 106 Abs. 2 der Richtlinie 2009/65/EG um.

Informationen der FMA über relevante Rechtsvorschriften

§ 155. (1) Die FMA hat auf ihrer Internet-Seite über sämtliche Gesetze und Verordnungen sowie die Mindeststandards und Rundschreiben der FMA, die sich auf die Gründung und die Geschäftstätigkeit eines OGAW beziehen, zu informieren.

(2) Weiters hat die FMA auf ihrer Internet-Seite über sämtliche Gesetze und Verordnungen, die nicht bereits in Umsetzung oder Vollzug der Verordnungen (EU) Nr. 583/2010 und (EU) Nr. 584/2010 erlassen worden sind und die für die Modalitäten der Vermarktung von Anteilen von in anderen Mitgliedstaaten bewilligten OGAW in Österreich spezifisch relevant sind, zu informieren. Diese Informationen sind in Form einer erläuternden Beschreibung oder einer Kombination aus erläuternder Beschreibung und Verweisen oder

Verknüpfungen zu den Quellendokumenten aufzubereiten. Dabei ist insbesondere über Folgendes zu informieren:

1. die Bedeutung des Begriffs „Vermarktung von OGAW-Anteilen" gemäß dem geltenden Recht;
2. die Anforderungen an Inhalt, Format und Präsentation von Werbung, einschließlich aller obligatorischen Warnungen und Beschränkungen hinsichtlich der Verwendung bestimmter Wörter oder Sätze;
3. unbeschadet der Abschnitte 1 bis 4 des 4. Hauptstückes Einzelheiten aller zusätzlichen Informationen, die den Anlegern bereitgestellt werden müssen;
4. Einzelheiten zu allen Befreiungen von Bestimmungen und Anforderungen an Vermarktungsvereinbarungen, die für bestimmte OGAW, bestimmte Anteilsgattungen oder Teilfonds von OGAW oder bestimmte Anlegerkategorien gelten;
5. Anforderungen an die Berichterstattung oder Übermittlung von Informationen an die FMA und das Verfahren für die Übermittlung aktualisierter Fassungen der erforderlichen Unterlagen;
6. Anforderungen hinsichtlich Gebühren oder anderer Summen, die entweder bei Beginn der Vermarktung oder danach in regelmäßigen Abständen an die FMA oder eine andere Einrichtung des öffentlichen Rechts zu zahlen sind;
7. Anforderungen in Bezug auf die Möglichkeiten, die den Anteilinhabern gemäß § 141 Abs. 1 zur Verfügung stehen müssen;
8. Bedingungen für die Einstellung der Vermarktung von OGAW-Anteilen in Österreich durch einen OGAW, der in einem anderen Mitgliedstaat bewilligt ist;
9. detaillierte Angaben zum Inhalt der Informationen, die in Österreich in Teil B des in Artikel 1 der Verordnung (EG) Nr. 584/2010 genannten Anzeigeschreibens aufgenommen werden müssen;
10. die zu den Zwecken von § 139 Abs. 5 mitgeteilte E-Mail-Adresse.

(3) Die Informationen gemäß Abs. 1 und 2 sind in deutscher und englischer Sprache vollständig, eindeutig und unmissverständlich bereit zu stellen und stets am neuesten Stand zu halten.

EB zu § 155:

EB zu § 155 Abs. 1:

Setzt Art. 5 Abs. 7 der Richtlinie 2009/65/EG um.

EB zu § 155 Abs. 2:

Setzt Art. 91 Abs. 3 der Richtlinie 2009/65/EG und Art. 30 Abs. 1 und 2 der Richtlinie 2010/44/EU um. Hinsichtlich des Umfangs der Informationen, die elektronisch zugänglich zu machen sind, wird im Interesse der Rechtssicherheit festgelegt, welche Kategorien von Informationen aufzunehmen sind (so auch Erwägungsgrund 18 der Richtlinie 2010/44/EU).

EB zu § 155 Abs. 2 Z 1:

Setzt Art. 30 Abs. 1 Buchstabe a der Richtlinie 2010/44/EU um.

EB zu § 155 Abs. 2 Z 2:

Setzt Art. 30 Abs. 1 Buchstabe b der Richtlinie 2010/44/EU um.

EB zu § 155 Abs. 2 Z 3:

Setzt Art. 30 Abs. 1 Buchstabe c der Richtlinie 2010/44/EU um.

EB zu § 155 Abs. 2 Z 4:
Setzt Art. 30 Abs. 1 Buchstabe d der Richtlinie 2010/44/EU um.

EB zu § 155 Abs. 2 Z 5:
Setzt Art. 30 Abs. 1 Buchstabe e der Richtlinie 2010/44/EU um.

EB zu § 155 Abs. 2 Z 6:
Setzt Art. 30 Abs. 1 Buchstabe f der Richtlinie 2010/44/EU um.

EB zu § 155 Abs. 2 Z 7:
Setzt Art. 30 Abs. 1 Buchstabe g der Richtlinie 2010/44/EU um.

EB zu § 155 Abs. 2 Z 8:
Setzt Art. 30 Abs. 1 Buchstabe h der Richtlinie 2010/44/EU um. Dabei sind insbesondere die §§ 141 und 142 zu berücksichtigen.

EB zu § 155 Abs. 2 Z 9:
Setzt Art. 30 Abs. 1 Buchstabe i der Richtlinie 2010/44/EU um.

EB zu § 155 Abs. 2 Z 10:
Setzt Art. 30 Abs. 1 Buchstabe j der Richtlinie 2010/44/EU um.

EB zu § 155 Abs. 3:
Setzt Art. 5 Abs. 7 und Art. 91 Abs. 3 der Richtlinie 2009/65/EG um.

Informationen der FMA über Maßnahmen im Zusammenhang mit Master-Feeder-Fonds

§ 156. Sind Master-OGAW und/oder Feeder-OGAW in Österreich bewilligt, so hat die FMA den Feeder-OGAW unmittelbar über jede Entscheidung, Maßnahme, Feststellung von Zuwiderhandlungen gegen die Bestimmungen des 3. Hauptstückes 5. Abschnitt sowie alle gemäß § 154 Abs. 1 und 4 mitgeteilten Informationen, die den Master-OGAW oder seine Verwaltungsgesellschaft, seine Verwahrstelle oder seinen Abschlussprüfer betreffen, zu unterrichten und gegebenenfalls eine entsprechende Information der weiteren Anteilinhaber des Master-OGAW sicherzustellen.

EB zu § 156:
Setzt Art. 67 Abs. 1 der Richtlinie 2009/65/EG um. Wird die FMA als zuständige Behörde des Herkunftsmitgliedstaats des Master-OGAW über Unregelmäßigkeiten im Zusammenhang mit dem Master-OGAW informiert oder stellt sie fest, dass der Master-OGAW gegen die Bestimmungen dieses Bundesgesetzes verstößt, so kann sie gegebenenfalls geeignete Maßnahmen ergreifen, mit denen sichergestellt wird, dass die Anteilinhaber des Master-OGAW entsprechend informiert werden (so auch Erwägungsgrund 57 der Richtlinie 2009/65/EG).

2. Abschnitt
Europäische und Internationale Zusammenarbeit

EB zum 2. Abschnitt (Europäische und internationale Zusammenarbeit):
In diesem Abschnitt wird die Zusammenarbeit mit den Aufsichtsbehörden in anderen Mitgliedstaaten und in Drittstaaten sowie mit den Europäischen Aufsichtsbehörden, insbesondere der Europäischen Wertpapieraufsichtsbehörde (ESMA) mit dem Europäischen Ausschuss für systemische Risken (ESRB) geregelt.

Kontaktstelle und Informationsaustausch

§ 157. (1) Die FMA ist zuständige Behörde gemäß Art. 97 der Richtlinie 2009/65/EG. Die FMA kann jederzeit Auskünfte über Tätigkeiten österreichischer Verwaltungsgesellschaften und OGAW in anderen Mitgliedstaaten und in Drittstaaten sowie über die Lage von Verwaltungsgesellschaften aus anderen Mitgliedstaaten oder Drittstaaten, deren Tätigkeit sich auf das österreichische Finanzmarktwesen auswirken kann, einholen, wenn dies im volkswirtschaftlichen Interesse an einem funktionsfähigen Finanzmarktwesen oder im Interesse des Gläubigerschutzes erforderlich ist.

(2) Die FMA kann mit

1. zuständigen Behörden anderer Mitgliedstaaten,
2. der Europäischen Zentralbank sowie den Zentralbanken anderer Mitgliedstaaten in ihrer Eigenschaft als Währungs- und Aufsichtsbehörden und
3. anderen Behörden, die in anderen Mitgliedstaaten für die Aufsicht über Zahlungs- und Abwicklungssysteme, Clearingstellen, den Schutz natürlicher Personen bei der Verarbeitung personenbezogener Daten oder zur Bekämpfung der Geldwäsche und der Terrorismusfinanzierung zuständig sind, sowie
4. ESMA

zusammenarbeiten, wenn dies zur Wahrnehmung von in den Richtlinien 2009/65/EG, 2010/43/EU oder 2010/44/EU, oder in den Verordnungen (EU) Nr. 583/2010 oder (EU) Nr. 584/2010 oder (EU) Nr. 1095/2010 festgelegten Aufgaben oder im Wege der Amts- und Rechtshilfe erforderlich ist und soweit die an diese Behörden übermittelten Informationen bei diesen dem Berufsgeheimnis gemäß Art. 102 der Richtlinie 2009/65/EG unterliegen; in diesem Zusammenhang kann die FMA insbesondere auch Ersuchen auf Befragung von Personen an die zuständige Behörde in einem anderen Mitgliedstaat richten.

(3) Die FMA kann für die Zwecke der Zusammenarbeit und zur Weiterleitung von Daten nach diesem Hauptstück von ihren Befugnissen Gebrauch machen, auch wenn die Verhaltensweise, die Gegenstand der Ermittlung ist, keinen Verstoß gegen eine in Österreich geltende Vorschrift darstellt; die FMA hat von den vorgenannten Befugnissen Gebrauch zu machen, um den Behörden des Aufnahmemitgliedstaates einer Verwaltungsgesellschaft gemäß § 37 die Erhebung der in Art. 21 Abs. 2 der Richtlinie 2009/65/EG genannten Angaben zu ermöglichen und um die zuständigen Behörden des Herkunftmitgliedstaates einer Verwaltungsgesellschaft gemäß § 36 über alle gemäß § 38 Abs. 5 ergriffenen Maßnahmen zu unterrichten, die Maßnahmen oder Sanktionen gegen die Verwaltungsgesellschaft oder eine Beschränkung ihrer Tätigkeiten beinhalten. Von ihren Befugnissen nach § 147 Abs. 2 Z 1 und 2 kann die FMA für die Zwecke der Zusammenarbeit auch gegenüber juristischen Personen Gebrauch machen, die in ihrem Herkunftmitgliedstaat zur Erbringung von Dienstleistungen der Vermögensverwaltung als Verwaltungsgesellschaft im Sinne von Art. 6 Abs. 1 der Richtlinie 2009/65/EG konzessioniert sind.

(4) Die FMA hat anderen zuständigen Behörden die für die Wahrnehmung ihrer Aufgaben erforderlichen Informationen gemäß Art. 97 der Richtlinie 2009/65/EG zu übermitteln, sofern sich diese Aufgaben aus diesem Bundesgesetz oder aus der Richtlinie 2009/65/EG ergeben, insbesondere bei Zuwiderhandlungen oder mutmaßlichen Zuwiderhandlungen einer Zweigstelle oder einer Geschäftseinheit, zu der Tätigkeiten ausgelagert werden. Die FMA hat dabei auf Verlangen alle zweckdienlichen Informationen und von sich aus alle wesentlichen Informationen zu übermitteln. Die FMA kann sich, wenn sie Informationen mit anderen zuständigen Behörden austauscht, bei der Übermittlung vorbehalten, dass diese Informationen nur mit ihrer ausdrücklichen Zustimmung veröffentlicht

werden dürfen. In diesem Fall dürfen sie nur für die Zwecke, für die die Zustimmung erteilt wurde, ausgetauscht werden.

(5) Die FMA sowie andere Stellen oder natürliche oder juristische Personen, die vertrauliche Informationen nach Abs. 2, gemäß § 145 Abs. 5 oder aus einem Drittland erhalten, dürfen diese in Wahrnehmung ihrer Aufgaben insbesondere nur für folgende Zwecke verwenden:

1. zur Prüfung, ob die Zulassungsbedingungen für OGAW oder Verwaltungsgesellschaften oder Unternehmen, die an ihrer Geschäftstätigkeit mitwirken, erfüllt sind, und zur leichteren Überwachung der Bedingungen für die Ausübung der Tätigkeit, der verwaltungsmäßigen und buchhalterischen Organisation und der internen Kontrollmechanismen;
2. zur Verhängung von Sanktionen;
3. im Rahmen eines Verwaltungsverfahrens betreffend die Bekämpfung von Entscheidungen der zuständigen Behörden;
4. im Rahmen eines von einem Gericht oder durch eine Staatsanwaltschaft geführten Verfahren.

(6) Die FMA kann folgenden Einrichtungen und Behörden zur Erfüllung ihrer Aufgaben vertrauliche Informationen übermitteln:

1. den Zentralbanken, dem Europäischen System der Zentralbanken und der Europäischen Zentralbank in ihrer Eigenschaft als Währungsbehörden; sowie
2. gegebenenfalls anderen staatlichen Behörden, die mit der Überwachung oder mit der gesetzlichen Kontrolle der Rechnungslegung von Kreditinstituten, Wertpapierfirmen, Versicherungsunternehmen oder anderen Finanzinstituten oder der Finanzmärkte betraut sind; oder
3. Organen, die mit der Liquidation oder dem Konkurs von OGAW befasst werden; oder
4. ESMA,
5. der Europäischen Bankenaufsichtsbehörde – EBA (Verordnung (EU) Nr. 1093/2010 vom 24. November 2010 zur Errichtung einer Europäischen Aufsichtsbehörde (Europäische Bankenaufsichtsbehörde), zur Änderung des Beschlusses Nr. 716/2009/EG und zur Aufhebung des Beschlusses 2009/78/EG der Kommission – ABl. Nr. L 331 vom 15.12.2010, S. 12),
6. der Europäischen Versicherungsaufsichtsbehörde – EIOPA (Verordnung (EU) Nr. 1094/2010 vom 24. November 2010 zur Errichtung einer Europäischen Aufsichtsbehörde (Europäische Aufsichtsbehörde für das Versicherungswesen und die betriebliche Altersversorgung), zur Änderung des Beschlusses Nr. 716/2009/EG und zur Aufhebung des Beschlusses 2009/79/EG der Kommission – ABl. Nr. L 331 vom 15.12.2010, S. 48); oder
7. dem ESRB.

Das Amtsgeheimnis, die Abs. 2 bis 4 sowie § 145 Abs. 3 und 5 stehen dieser Weiterleitung von Informationen oder einer Weiterleitung durch die Behörden oder Stellen gemäß Z 1 bis 7 an die zuständigen Behörden oder an die mit der Verwaltung von Anlegerentschädigungssystemen betrauten Stellen, die diese Informationen zur Erfüllung ihrer Aufgaben gemäß der Richtlinie 2009/65/EG benötigen, nicht entgegen, sofern diese Behörden oder Stellen dem Berufsgeheimnis im Sinne von Art. 102 der Richtlinie 2009/65/EG unterliegen.

(7) Die FMA hat jede Entscheidung über die Entziehung der Bewilligung gemäß § 50 und jede andere gegen einen OGAW getroffene schwerwiegende Maßnahme gemäß § 148 oder jede ihm auferlegte Maßnahme zur Aussetzung der Ausgabe, des Rückkaufs oder der Rücknahme seiner Anteile den zuständigen Behörden der Aufnahmemitgliedstaaten des

OGAW und, wenn die Verwaltungsgesellschaft eines OGAW in einem anderen Mitgliedstaat niedergelassen ist, den zuständigen Behörden des Herkunftmitgliedstaates der Verwaltungsgesellschaft unverzüglich mitzuteilen.

EB zu § 157:
Setzt Art. 101 Abs. 1 und 3 und Art. 109 Abs. 1 der Richtlinie 2009/65/EG um.

EB zu § 157 Abs. 1:
Setzt Art. 101 Abs. 1 der Richtlinie 2009/65/EG um.

EB zu § 157 Abs. 2:
Setzt Art. 101 Abs. 1 letzter Unterabs., Abs. 2 und 3 Art. 109 Abs. 1 letzter Unterabs. und Abs. 2 der Richtlinie 2009/65/EG um. Im Rahmen des Passes der Verwaltungsgesellschaft ist ein intensiver Informationsaustausch im Interesse einer möglichst konsistenten und lückenlosen Beaufsichtigung sowohl im Herkunftsmitgliedstaat als auch im Aufnahmemitgliedstaat der Verwaltungsgesellschaft notwendig. Art. 21 Abs. 2 der Richtlinie, auf den in dieser Bestimmung verwiesen wird, hat all jene Normen zum Gegenstand, die der Zuständigkeit des Aufnahmemitgliedstaates unterliegen, seien sie richtliniendeterminiert oder im Rahmen des Umsetzungsspielraumes (Mindestharmonisierung). Im Rahmen der Amtshilfe kann auch um Befragung von Personen ersucht werden. Die FMA als ersuchte Behörde kann dabei von ihren Befugnissen gemäß § 147 Gebrauch machen. Form und Inhalt des Ersuchens ist in Art. 10 der Verordnung (EU) Nr. 584/2010 geregelt.

EB zu § 157 Abs. 3:
Setzt Art. 101 Abs. 1 der Richtlinie 2009/65/EG um.

EB zu § 157 Abs. 4:
Setzt Art. 102 Abs. 3 und 4 der Richtlinie 2009/65/EG um.

EB zu § 157 Abs. 5:
Setzt Art. 102 Abs. 5 der Richtlinie 2009/65/EG um.

EB zu § 157 Abs. 6:
Setzt Art. 108 Abs. 2 der Richtlinie 2009/65/EG um.

Zusammenarbeit bei Ermittlungen und bei der Überprüfung vor Ort

§ 158. (1) Die FMA kann die zuständige Behörde eines anderen Mitgliedstaates um Zusammenarbeit bei einer Überprüfung vor Ort oder einer Ermittlung ersuchen. Erhält die FMA ein Ersuchen um eine Ermittlung oder eine Überprüfung vor Ort, so hat sie im Rahmen ihrer Befugnisse tätig zu werden, indem sie

1. die Überprüfungen oder Ermittlungen selbst vornimmt oder
2. der ersuchenden Behörde die Durchführung der Überprüfung oder Ermittlung gestattet, wobei auch in diesem Fall Mitarbeiter der FMA die Mitarbeiter der ersuchenden Behörde begleiten können oder
3. Abschlussprüfern oder Sachverständigen im behördlichen Auftrag die Durchführung der Überprüfung oder Ermittlung gestattet.

(2) Wenn eine Verwaltungsgesellschaft gemäß § 36 ihre Tätigkeit in Österreich über eine Zweigstelle ausübt, so ist den zuständigen Behörden des Herkunftmitgliedstaates der Verwaltungsgesellschaft nach Unterrichtung der FMA zu gestatten, die in § 161 genannten Informationen selbst zu prüfen oder von zu diesem Zweck von dieser Behörde benannten

Intermediären vor Ort prüfen zu lassen. Die Rechte der FMA zur Vorortprüfung der Zweigstelle aufgrund der ihr durch dieses Bundesgesetz obliegenden Aufgaben werden dadurch nicht berührt.

(3) Hat die FMA begründeten Anlass zu der Vermutung, dass Unternehmen, die nicht ihrer Aufsicht unterliegen, im Hoheitsgebiet eines anderen Mitgliedstaates gegen die Bestimmungen der Richtlinie 2009/65/EG verstoßen oder verstoßen haben, so hat sie dies der zuständigen Behörde des anderen Mitgliedstaates so genau wie möglich mitzuteilen. Sie hat ihrerseits geeignete Maßnahmen zu ergreifen, wenn sie eine solche Mitteilung von einer anderen zuständigen Behörde erhalten hat, und hat diese Behörde über den Ausgang dieser Maßnahmen und soweit wie möglich über wesentliche zwischenzeitlich eingetretene Entwicklungen zu unterrichten. Die Befugnisse der FMA als zuständige Behörde werden durch diesen Absatz nicht berührt.

EB zu § 158:

Setzt Art. 101 Abs. 1, Art. 109 Abs. 1 der Richtlinie 2009/65/EG um. Form und Inhalt des Ersuchens um Amtshilfe betreffend eine Vor-Ort-Prüfung sowie die Art der Übermittlung des Ersuchens ist in Art. 6 der Verordnung (EU) Nr. 584/2010 geregelt.

EB zu § 158 Abs. 1:

Setzt Art. 101 Abs. 1 und Abs. 4 und 5 letzter Unterabs. der Richtlinie 2009/65/EG um. Die Art der Durchführung der Vor-Ort-Prüfung im Rahmen eines Amtshilfeersuchens ist in den Art. 7 bis 9 der Verordnung (EU) 584/2010 geregelt.

EB zu § 158 Abs. 2:

Setzt Art. 110 der Richtlinie 2009/65/EG um.

EB zu § 158 Abs. 3:

Setzt Art. 101 Abs. 3 und Art. 108 Abs. 4 der Richtlinie 2009/65/EG um.

Ablehnung der Zusammenarbeit

§ 159. (1) Die FMA kann ein Ersuchen auf Zusammenarbeit bei der Durchführung einer Ermittlung oder einer Überprüfung vor Ort oder auf Austausch von Informationen gemäß § 157 oder 158 nur ablehnen, wenn

1. die Überprüfung vor Ort, Ermittlung oder der Austausch der Information die Souveränität, die Sicherheit oder die öffentliche Ordnung Österreichs beeinträchtigen könnte;
2. aufgrund derselben Handlungen und gegen dieselben Personen bereits ein Verfahren vor einem Gericht in Österreich anhängig ist;
3. in Österreich gegen die betreffenden Personen aufgrund derselben Handlungen bereits ein rechtskräftiges Urteil ergangen ist.

(2) Im Falle einer Ablehnung hat die FMA diese Ablehnung gemäß Abs. 1 der ersuchenden zuständigen Behörde mitzuteilen und ihr möglichst genaue Informationen zu übermitteln.

(3) Die FMA kann ESMA über Situationen informieren, in denen ein Ersuchen der FMA

1. um Informationsaustausch gemäß den §§ 157 oder 158 zurückgewiesen wurde oder innerhalb einer angemessenen Frist zu keiner Reaktion geführt hat;
2. um eine Überprüfung vor Ort oder eine Ermittlung gemäß § 158 zurückgewiesen wurde oder innerhalb einer angemessenen Frist zu keiner Reaktion geführt hat oder
3. um die Zulassung von Mitarbeitern der FMA zur Begleitung der Mitarbeiter der zustän-

digen Behörde des anderen Mitgliedstaats zurückgewiesen wurde oder innerhalb einer angemessenen Frist zu keiner Reaktion geführt hat.

(4) Hat die FMA ein Ersuchen gemäß Abs. 1 abgelehnt und ist in diesem Zusammenhang ein Bescheid der FMA an die Verwaltungsgesellschaft oder an den OGAW ergangen, so ist die Rechtskraft dieses Bescheides gemäß § 21b FMABG eingeschränkt.

EB zu § 159:

EB zu § 159 Abs. 1:
Setzt Art. 101 Abs. 6 der Richtlinie 2009/65/EG um.

EB zu § 159 Abs. 2:
Setzt Art. 101 Abs. 7 der Richtlinie 2009/65/EG um.

EB zu § 159 Abs. 3:
Setzt Art. 101 Abs. 8 erster Unterabs. der Richtlinie 2009/65/EG um.

EB zu § 159 Abs. 4:
Setzt Art. 101 Abs. 8 zweiter Unterabs. der Richtlinie 2009/65/EG um.

Behördenkonsultation und Meldungen an die Europäische Kommission, ESMA und ESRB

§ 160. (1) Die FMA hat die zuständigen Behörden des anderen betroffenen Mitgliedstaates zu konsultieren, bevor einer Verwaltungsgesellschaft die Konzession erteilt wird, die

1. Tochterunternehmen einer anderen Verwaltungsgesellschaft, einer Wertpapierfirma, eines Kreditinstituts oder einer Versicherungsgesellschaft ist, die oder das in einem anderen Mitgliedstaat zugelassen ist, oder
2. Tochterunternehmen des Mutterunternehmens einer anderen Verwaltungsgesellschaft, einer Wertpapierfirma, eines Kreditinstituts oder einer Versicherungsgesellschaft ist, die oder das in einem anderen Mitgliedstaat zugelassenen ist, oder
3. von denselben natürlichen oder juristischen Personen kontrolliert wird wie eine andere Verwaltungsgesellschaft, eine Wertpapierfirma, ein Kreditinstitut oder eine Versicherungsgesellschaft, die oder das in einem anderen Mitgliedstaat zugelassen ist.

(2) Die FMA hat die Behörden im Sinne des Abs. 1 insbesondere zu konsultieren, wenn sie die Eignung der Aktionäre oder Gesellschafter sowie die Zuverlässigkeit und die Erfahrung der Personen, die die Geschäfte eines anderen Unternehmens derselben Gruppe tatsächlich leiten, überprüft. Sie hat diesen Behörden auf Anfrage alle Informationen hinsichtlich der Eignung der Aktionäre oder Gesellschafter sowie der Zuverlässigkeit und der Erfahrung der Personen, die die Geschäfte tatsächlich leiten sowie sämtliche Informationen, die geeignet sind die Beaufsichtigung der Verwaltungsgesellschaften zu erleichtern, zu übermitteln, sofern diese für die anderen zuständigen Behörden bei der Erteilung der Zulassung und der laufenden Überprüfung der Einhaltung der Bedingungen für die Ausübung der Tätigkeit erforderlich sind.

(3) Sind Master-OGAW und Feeder-OGAW in unterschiedlichen Mitgliedstaaten niedergelassen, so hat die FMA betreffend in Österreich bewilligte Master-OGAW die zuständigen Behörden des Herkunftmitgliedstaats des Feeder-OGAW unmittelbar über jede Entscheidung, Maßnahme, Feststellung von Zuwiderhandlungen gegen die Bestimmungen des 3. Hauptstückes 5. Abschnitt sowie alle gemäß § 154 Abs. 1 und 4 mitgeteilten Infor-

mationen, die den Master-OGAW oder seine Verwaltungsgesellschaft, seine Verwahrstelle oder seinen Abschlussprüfer betreffen, zu unterrichten und gegebenenfalls eine entsprechende Information der weiteren Anteilinhaber des Master-OGAW sicherzustellen.

(4) Die FMA hat der Kommission und ESMA:

1. alle allgemeinen Schwierigkeiten mitzuteilen, auf die OGAW beim Vertrieb ihrer Anteile in Drittstaaten stoßen und der FMA zur Kenntnis gebracht wurden;
2. ein Verzeichnis der in § 74 Abs. 4 genannten Kategorien von Schuldverschreibungen und der Kategorien von Emittenten zu übermitteln, die nach § 74 Abs. 4 befugt sind, Schuldverschreibungen auszugeben, die den in § 74 festgelegten Kriterien entsprechen. Diesen Verzeichnissen ist ein Vermerk beizufügen, in dem der Status der gebotenen Garantien erläutert wird;
3. die Anzahl und die Art der Fälle mitzuteilen, in denen sie eine Zulassung gemäß § 37 Abs. 3 oder einen Antrag gemäß § 36 Abs. 8 abgelehnt hat; sowie
4. die nach § 38 Abs. 5 getroffenen Maßnahmen mitzuteilen.

(5) Die FMA hat ESMA mitzuteilen:

1. Jede gemäß § 6 Abs. 3 erteilte Konzession sowie jede Konzessionsrücknahme gemäß § 7;
2. alle bei ihr gemäß § 152 eingehenden Informationen über alle von ihr beaufsichtigten Verwaltungsgesellschaften und OGAW im Einklang mit Art. 35 der Verordnung (EU) Nr. 1095/2010 zum Zweck der Überwachung von Systemrisken auf Unionsebene.

Die Informationen gemäß Z 2 sind auch dem ESRB im Einklang mit Art. 15 der Verordnung (EU) Nr. 1092/2010 zum Zweck der Überwachung von Systemrisken auf Unionsebene zu übermitteln.

EB zu § 160 Abs. 1:

Setzt Art. 8 Abs. 3 der Richtlinie 2009/65/EG um.

EB zu § 160 Abs. 2:

Setzt Art. 109 Abs. 1 der Richtlinie 2009/65/EG um.

EB zu § 160 Abs. 3:

Setzt Art. 67 Abs. 2 der Richtlinie 2009/65/EG um. Wird die FMA als zuständige Behörde des Herkunftsmitgliedstaats des Master-OGAW über Unregelmäßigkeiten im Zusammenhang mit dem Master-OGAW informiert oder stellt sie fest, dass der Master-OGAW gegen die Bestimmungen dieses Bundesgesetzes verstößt, so kann sie gegebenenfalls geeignete Maßnahmen ergreifen, mit denen sichergestellt wird, dass die Anteilinhaber des Master-OGAW entsprechend informiert werden (so auch Erwägungsgrund 57 der Richtlinie 2009/65/EG). Die FMA trifft daher primär die Pflicht zur Information der zuständigen Behörde des Feeder-OGAW; sollte es noch andere Anteilinhaber als den Feeder-OGAW geben, so hat die FMA im Interesse der Gleichbehandlung entsprechende Maßnahmen zu setzen.

EB zu § 160 Abs. 4:

EB zu § 160 Abs. 4 Z 1:

Setzt Art. 9 Abs. 2 der Richtlinie 2009/65/EG in der Fassung der Richtlinie 2010/78/EU um.

EB zu § 160 Abs. 4 Z 2:

Setzt Art. 52 Abs. 4 letzter Unterabs. der Richtlinie 2009/65/EG in der Fassung der Richtlinie 2010/78/EU um.

EB zu § 160 Abs. 4 Z 3 und 4:

Setzt Art. 21 Abs. 9 der Richtlinie 2009/65/EG um.

EB zu § 160 Abs. 5:

EB zu § 160 Abs. 5 Z 1:

Setzt Art. 6 Abs. 1 der Richtlinie 2009/65/EG in der Fassung der Richtlinie 2010/78/EU um.

EB zu § 160 Abs. 5 Z 2 und Schlussteil:

Setzt Art. 51 Abs. 1 letzter Unterabs. der Richtlinie 2009/65/EG in der Fassung der Richtlinie 2010/78/EU um.

Zusammenarbeit zur Überwachung einer Verwaltungsgesellschaft im Rahmen des § 38

§ 161. (1) Die FMA hat auf Anfrage den Behörden des Aufnahmemitgliedstaates einer Verwaltungsgesellschaft gemäß § 37 sämtliche für die Erhebung der in Art. 21 Abs. 2 der Richtlinie 2009/65/EG genannten Angaben relevanten Informationen zu übermitteln und die zuständigen Behörden des Herkunftsstaates einer Verwaltungsgesellschaft gemäß § 36 über alle gemäß § 38 Abs. 5 ergriffene Maßnahmen zu unterrichten, die Maßnahmen oder Sanktionen gegen die Verwaltungsgesellschaft oder eine Beschränkung ihrer Tätigkeiten beinhalten.

(2) Die FMA hat der zuständigen Behörde des Herkunftmitgliedstaates eines OGAW, der von einer Verwaltungsgesellschaft gemäß § 5 Abs. 1 verwaltet wird, unverzüglich allfällige auf der Ebene der Verwaltungsgesellschaft festgestellte Probleme, die die Fähigkeit der Verwaltungsgesellschaft ihre Aufgaben in Bezug auf den OGAW richtig zu erfüllen, erheblich beeinträchtigen könnten, und alle Verstöße der Verwaltungsgesellschaft gegen das 1. Hauptstück mitzuteilen.

(3) Die FMA hat den zuständigen Behörden des Herkunftmitgliedstaates einer Verwaltungsgesellschaft gemäß § 36, die einen von der FMA gemäß § 50 bewilligten OGAW verwaltet, unverzüglich allfällige auf der Ebene des OGAW festgestellte Probleme mitzuteilen, die die Fähigkeit der Verwaltungsgesellschaft, ihre Aufgaben sachgerecht wahrzunehmen oder die Anforderungen dieses Bundesgesetzes einzuhalten, die in die Zuständigkeit der FMA als zuständige Behörde des Herkunftmitgliedstaates des OGAW fallen, beeinflussen könnten, mitzuteilen.

EB zu § 161:

Setzt Art. 101 Abs. 1 und Art. 109 der Richtlinie 2009/65/EG um. Zusätzlich zu den allgemeinen Pflichten hinsichtlich Informationsaustausch und Zusammenarbeit bei der Überwachung sind im Zusammenhang mit dem „Pass der Verwaltungsgesellschaft" noch weitere, intensivere Pflichten zur Zusammenarbeit vorgesehen. Dies wird hiemit umgesetzt. (siehe auch dazu § 9 Abs. 2 und Art. 11 bis 13 der Verordnung (EU) Nr. 584/2010).

EB zu § 161 Abs. 1:

Setzt Art. 109 Abs. 1 und 2 der Richtlinie 2009/65/EG um.

EB zu § 161 Abs. 2:

Setzt Art. 109 Abs. 3 der Richtlinie 2009/65/EG um.

EB zu § 161 Abs. 3:

Setzt Art. 109 Abs. 4 der Richtlinie 2009/65/EG um.

Sicherungsmaßnahmen

§ 162. (1) Hat die FMA als zuständige Behörde des Aufnahmemitgliedstaates klare und nachweisliche Gründe zu der Annahme, dass ein OGAW, dessen Anteile in Österreich gemäß § 140 vertrieben werden, gegen die Verpflichtungen verstößt, die ihm aus diesem Bundesgesetz oder den Verordnungen (EU) Nr. 583/2010 oder (EU) Nr. 584/2010 erwachsen, die der FMA als zuständiger Behörde des Aufnahmemitgliedstaates keine Zuständigkeit übertragen, so hat sie ihre Erkenntnisse der zuständigen Behörde des Herkunftmitgliedstaates des OGAW mitzuteilen.

(2) Wenn die Maßnahmen der zuständigen Behörden des Herkunftmitgliedstaates des OGAW oder der Verwaltungsgesellschaft nicht greifen oder sich als unzulänglich erweisen, oder die zuständigen Behörden des Herkunftmitgliedstaates des OGAW oder der Verwaltungsgesellschaft nicht innerhalb einer angemessenen, drei Monate nicht überschreitenden Frist handeln, und der OGAW oder die Verwaltungsgesellschaft für den OGAW deshalb weiterhin auf eine Weise tätig ist, die den Interessen der Anleger in Österreich eindeutig zuwiderläuft, so kann die FMA folgende Maßnahmen ergreifen:

1. nach Unterrichtung der zuständigen Behörden des Herkunftmitgliedstaates des OGAW oder der Verwaltungsgesellschaft alle Maßnahmen ergreifen, die zum Schutz der Anleger erforderlich sind, einschließlich der möglichen Untersagung des weiteren Vertriebes der Anteile des betreffenden OGAW in Österreich, wobei die Kommission und ESMA unverzüglich über jede ergriffene Maßnahme zu unterrichten sind;
2. die Angelegenheit ESMA zur Kenntnis bringen, die im Rahmen ihrer Befugnisse gemäß Art. 19 der Verordnung (EU) Nr. 1095/2010 tätig werden kann.

(3) Die FMA hat zur Sicherung der Interessen der Anleger gemäß Abs. 2 den weiteren Vertrieb der OGAW-Anteile zu untersagen, wenn

1. die Anzeige nach § 140 nicht erstattet worden ist,
2. beim Vertrieb erheblich gegen sonstige Vorschriften inländischen Rechts verstoßen worden ist,
3. die Zulassung durch die zuständigen Stellen des Mitgliedstaates, in dem die Verwaltungsgesellschaft ihren Sitz hat, entzogen worden ist,
4. die Vertriebsvoraussetzungen nach § 141 nicht mehr erfüllt sind oder
5. den Pflichten des § 142 nicht entsprochen wird.

(4) Die Untersagung des Vertriebes ist den zuständigen Stellen des EWR-Mitgliedstaates, in dem die Verwaltungsgesellschaft ihren Sitz hat, mitzuteilen und im Amtsblatt zur Wiener Zeitung zu veröffentlichen. Die Verpflichtungen aus dem öffentlichen Vertrieb, die sich aus diesem Bundesgesetz ergeben, enden frühestens drei Monate nach der Veröffentlichung der beabsichtigten Untersagung des Vertriebes. Im Interesse der Anteilinhaber kann die FMA eine Verlängerung dieses Zeitraumes sowie eine diesbezügliche Veröffentlichung anordnen.

EB zu § 162:

Setzt Art. 101 Abs. 1 und Art. 109 Abs. 1 der Richtlinie 2009/65/EG um.

EB zu § 162 Abs. 1:

Setzt Art. 108 Abs. 4 der Richtlinie 2009/65/EG um.

EB zu § 162 Abs. 2:

Setzt Art. 108 Abs. 5 der Richtlinie 2009/65/EG in der Fassung der Richtlinie 2010/78/EU um. Im Fall der Befassung von ESMA im Rahmen von Art. 19 der Verordnung (EU)

Nr. 1095/2010 kommt § 21b FMABG zum Tragen. Bescheide der FMA unterliegen einer eingeschränkten Rechtskraft.

EB zu § 162 Abs. 3:

Entspricht § 37 Abs. 3 InvFG 1993 und präzisiert die Pflichten der FMA für den Fall des Abs. 2 näher.

3. Teil
AIF

EB zum 3. Teil (AIF):

Dieser Teil übernimmt jene Bestimmungen des InvFG 1993, die sich auf Investmentfonds beziehen, die nicht EU-rechtlich harmonisiert sind und regelt, welche Bestimmungen des 2. Teiles auf diese Investmentfonds anwendbar sind.

1. Hauptstück
Inländische AIF: Spezialfonds, Andere Sondervermögen, Pensionsinvestmentfonds

EB zum 1. Hauptstück (Inländische AIF):

In diesem Hauptstück werden von der FMA bewilligte in Österreich aufgelegte Investmentfonds, die nicht die Voraussetzungen des 2. Teiles erfüllen, geregelt. Es handelt sich dabei um Spezialfonds, Andere Sondervermögen und Pensionsinvestmentfonds.

1. Abschnitt
Spezialfonds

EB zum 1. Abschnitt (Spezialfonds):

Hier werden die für Spezialfonds geltenden Bestimmungen festgelegt.

§ 163. (1) Ein Spezialfonds ist ein aus liquiden Finanzanlagen im Sinne von § 67 Abs. 1 bestehendes Sondervermögen, das in gleiche, in Wertpapieren verkörperte Anteile zerfällt, im Miteigentum der Anteilinhaber steht und nach den Bestimmungen dieses Bundesgesetzes gebildet wird und dessen Anteilscheine auf Grund der Fondsbestimmungen jeweils von nicht mehr als zehn Anteilinhabern, die der Verwaltungsgesellschaft bekannt sein müssen, gehalten werden.

(2) Im Falle des Erwerbes von Anteilscheinen durch eine natürliche Person beträgt die Mindestinvestitionssumme 250 000 Euro. Als ein solcher Anteilinhaber gilt auch eine Gruppe von Anteilinhabern, sofern sämtliche Rechte dieser Anteilinhaber im Verhältnis zur Verwaltungsgesellschaft einheitlich durch einen gemeinsamen Vertreter ausgeübt werden. Die Mindestinvestitionssumme muss von jeder natürlichen Person in einer Gruppe von Anteilinhabern erreicht werden. Die Fondsbestimmungen haben eine Regelung darüber zu enthalten, dass eine Übertragung der Anteilscheine von den Anteilinhabern nur mit Zustimmung der Verwaltungsgesellschaft erfolgen darf. Spezialfonds sind keine OGAWs gemäß Art. 1 Abs. 2 der Richtlinie 2009/65/EG. Bei Spezialfonds genügen die Verwaltungsgesellschaften den Veröffentlichungspflichten nach diesem Bundesgesetz dadurch, dass sie alle Anteilinhaber jeweils nachweislich schriftlich oder auf eine andere mit den jeweiligen Anteilinhabern ausgehandelte Art informieren.

EB zu § 163:

Entspricht § 1 Abs. 2 InvFG 1993. Hinsichtlich der natürlichen Personen wird klargestellt, dass diese jeweils die Mindestinvestitionssumme erfüllen müssen.

Anwendbare Bestimmungen

§ 164. (1) Ein Spezialfonds darf nur von einer Verwaltungsgesellschaft gemäß § 5 Abs. 1 verwaltet werden. Die Bestimmungen des 2. Teiles 1. Hauptstück 1. und 2. Abschnitt sind dabei anzuwenden, wobei § 28 Abs. 1 Z 1 bis 8 und Z 10 sowie Abs. 2 mit der Maßgabe anzuwenden ist, dass von der Anwendung des Abs. 1 Z 3 und 5 abgesehen werden kann, sofern dazu ein schriftlicher Auftrag der Anleger vorliegt.

(2) Die Bestimmungen über die Depotbank gemäß §§ 39 bis 45 finden mit der Maßgabe Anwendung, dass die FMA die Auswahl der Depotbank für Spezialfonds auf Antrag der Verwaltungsgesellschaft allgemein bewilligen kann.

(3) Die Bestimmungen der

1. §§ 46 Abs. 1 bis 4, 47 bis 48, 52, 53 Abs. 1 und 3, 54, 55, 63 und 85 bis 92 finden Anwendung;
2. §§ 49, 136 und 137 finden mit der Maßgabe Anwendung, dass die Fondsbestimmungen im Rechenschaftsbericht entfallen können, die Auflage des Rechenschaftsberichtes und des Halbjahresberichtes in der Depotbank entfallen kann und an die Stelle der Veröffentlichung die Übersendung des geprüften Rechenschaftsberichtes und des Halbjahresberichtes an alle Anteilinhaber treten kann und Halbjahresberichte und der Prüfbericht über den Rechenschaftsbericht der FMA nur auf Aufforderung zu übermitteln ist;
3. § 53 Abs. 4 findet mit der Maßgabe Anwendung, dass die Bewilligung der FMA nicht erforderlich ist und die Veröffentlichung unterbleiben kann;
4. § 56 findet mit der Maßgabe Anwendung, dass die Anzeige an die FMA gemäß § 56 Abs. 1 unterbleiben kann;
5. § 57 findet mit der Maßgabe Anwendung, dass die Pflicht gemäß § 57 Abs. 3 zur Veröffentlichung des Ausgabe- und Rücknahmepreises mindestens zweimal monatlich entfällt;
6. §§ 58 bis 60 sowie 61 und 62 finden mit der Maßgabe Anwendung, dass die Übertragung der Verwaltung auf eine andere Verwaltungsgesellschaft nicht der Bewilligung der FMA, sondern der unverzüglichen Anzeige an die FMA bedarf;
7. § 65 findet mit der Maßgabe Anwendung, dass im Fall eines Vertriebes von Spezialfonds im Ausland die jeweils zuständige Aufsichtsbehörde sowie die Anteilinhaber über die erfolgte Abspaltung zu informieren sind.
8. Spezialfonds können auch in der Form von „Anderen Sondervermögen" aufgelegt werden. §§ 166, 167 Abs. 2 Z 1, Abs. 3 bis 5 sowie Abs. 7 und 8 sind anwendbar."

(4) Die Bestimmungen der §§ 66 bis 83 finden mit der Maßgabe Anwendung, dass die in den §§ 66 Abs. 2, 67 Abs. 4, 71 Abs. 1, 74 Abs. 1, 3 bis 7, 76 Abs. 1 und 2, 77 Abs. 1 und 2, 78 Abs. 2 festgelegten Anlagegrenzen um 100 vH überschritten werden können, wenn dies die Fondsbestimmungen ausdrücklich vorsehen und § 84 mit der Maßgabe, dass die Grenze von 30 vH für Spezialfonds nicht anwendbar ist, wenn der Anteilinhaber ein Kreditinstitut im Sinne des § 1 Abs. 1 BWG ist oder die Anteilinhaber Kreditinstitute im Sinne des § 1 Abs. 1 BWG sind und der Entleiher die verliehenen Wertpapiere als Sicherheiten im Rahmen von Refinanzierungsgeschäften mit der Europäischen Zentralbank, mit einer Zentralbank eines Mitgliedstaates des EWR, der Schweizerischen Nationalbank oder

mit der US Federal Reserve, welche er für den Anteilinhaber abschließt, einsetzt und alle Anteilinhaber ausdrücklich zustimmen.

(5) Die Bestimmungen über Master-Feeder-Strukturen (§§ 93 bis 113) finden mit der Maßgabe Anwendung, dass anstelle des Wortteiles „OGAW“ der Wortteil „Spezialfonds“ tritt und die Pflicht zur Bewilligung der FMA in den §§ 95, 101 bis 106 entfällt; stattdessen haben die Anteilinhaber zuvor nachweislich zuzustimmen und muss die Verwaltungsgesellschaft dies der FMA unverzüglich vor Wirksamwerden der Änderung anzeigen. Die Zustimmung der Anteilinhaber ist für die Wirksamkeit der Maßnahmen erforderlich.

(6) Die Bestimmungen der §§ 114 bis 127 sind mit der Maßgabe anzuwenden, dass grenzüberschreitende Verschmelzungen nicht zulässig sind und die Verschmelzung eines Spezialfonds mit einem anderen Kapitalanlagefonds, der kein Spezialfonds ist, nicht zulässig ist. Weiters entfällt für Spezialfonds das Erfordernis der Bewilligung durch die FMA; stattdessen sind die Anteilinhaber nachweislich zu informieren. Die Information der Anteilinhaber ist für die Wirksamkeit der Verschmelzung erforderlich.

(7) Die Bestimmungen der §§ 128, 132, 133, 137 und 138 sind mit der Maßgabe anzuwenden, dass die Bestimmungen betreffend Prospekt und KID keine Anwendung finden.

(8) Spezialfonds sind von der FMA gemäß den §§ 143 bis 154 zu beaufsichtigen.

EB zu § 164:

Es wird mittels Verweis festgelegt, inwieweit die Bestimmungen des 2. Teiles dieses Bundesgesetzes auf Spezialfonds anzuwenden sind. Im Bereich der Verschmelzung und der Master-Feeder-Strukturen wurden die Bewilligungserfordernisse durch bloße Anzeigepflichten an die FMA ersetzt, sofern die Anteilinhaber nachweislich über die geplanten Vorgänge informiert wurden und diesen gegebenenfalls zugestimmt haben.

EB zu § 164 Abs. 4:

Aufgrund der Verfügungsbeschränkung der § 84 besteht aus berechtigten Anlegerschutzgründen eine Wertpapierleihegrenze von 30 vH des Fondsvermögens. Bislang kam diese Grenze auch bei Spezialfonds, die sich im wirtschaftlichen Eigentum von Banken befinden, zur Anwendung. Dies hatte zur Folge, dass Banken 70 vH der Wertpapiere dieser Spezialfonds nicht als Sicherheit für EZB Refinanzierungsgeschäfte verwenden konnten und diese Fonds daher zunehmend aufgelöst wurden. Für Wertpapierleihegeschäfte von Spezialfonds, die sich im wirtschaftlichen Eigentum von Banken befinden, entfallen nun im Sinne der Gleichstellung der Fondsanlage mit der Direktanlage die Beschränkungen bei der Wertpapierleihe zur Gänze, wenn die Wertpapiere durch den Entleiher als Sicherheit im Rahmen eines Refinanzierungsgeschäftes mit einer Zentralbank (europäische Zentralbanken, Zentralbank der Schweiz und FED) verwendet werden und alle Anteilscheininhaber ausdrücklich zustimmen.

Anzeigepflicht

§ 165. Die Verwaltungsgesellschaft hat der FMA und der Oesterreichischen Nationalbank unverzüglich jeweils nach dem 30. Juni und 31. Dezember in der Form einer Sammelaufstellung die im abgelaufenen Halbjahr aufgelegten und geschlossenen Spezialfonds (§ 163) anzuzeigen. In der Aufstellung sind außer der Bezeichnung der Sondervermögen, der Fondstyp, die Zahl der Anleger, die Depotbank sowie das Geschäftsjahr anzugeben. Tritt bei einem bereits angezeigten Sondervermögen eine Änderung dieser Angaben ein, so ist dies der FMA und der Oesterreichischen Nationalbank innerhalb von zwei Monaten nach Wirksamwerden der Änderung anzuzeigen. Auflagen und Verschmelzungen von Spezialfonds sind überdies der FMA unverzüglich anzuzeigen. Die FMA kann nach Anhörung der Oesterreichischen Nationalbank durch Verordnung vorschreiben, dass die Anzeigen gemäß dem ersten und dritten Satz ausschließlich in elektronischer Form zu erfolgen sowie bestimmten Gliederungen, technischen Mindestanforderungen und Übermittlungsmodalitäten zu entsprechen haben. Die FMA hat sich dabei an den Grundsätzen der Wirtschaftlichkeit und Zweckmäßigkeit zu orientieren und dafür zu sorgen, dass die jederzeitige elektronische Verfügbarkeit der Daten für die FMA und die Oesterreichische Nationalbank gewährleistet bleibt und Aufsichtsinteressen nicht beeinträchtigt werden. Die FMA hat geeignete Vorkehrungen dafür zu treffen, dass sich die Meldepflichtigen oder gegebenenfalls ihre Einbringungsverantwortlichen während eines angemessenen Zeitraums im System über die Richtigkeit und Vollständigkeit der von ihnen oder ihren Einbringungsverantwortlichen erstatteten Meldedaten vergewissern können.

EB zu § 165:
Entspricht § 22 Abs. 5 InvFG 1993.

2. Abschnitt
Anderes Sondervermögen

EB zum 2. Abschnitt (Anderes Sondervermögen):
Es werden die Bestimmungen des InvFG 1993 zu den Anderen Sondervermögen inhaltlich übernommen, die Verweise entsprechend angepasst und auf die neue Rechtslage im Bereich OGAW adaptiert.

§ 166. (1) „Anderes Sondervermögen" im Sinne dieses Bundesgesetzes ist ein Sondervermögen, das in gleiche, in Wertpapieren verkörperte Anteile zerfällt, im Miteigentum der Anteilinhaber steht und nach den Bestimmungen dieses Bundesgesetzes gebildet wird und das neben den Veranlagungsgegenständen des § 67 Abs. 1 nach den Fondsbestimmungen bis zu 100 vH des Fondsvermögens erwerben darf:

1. Anteile an ein und demselben OGAW oder OGA gemäß § 71 in Verbindung mit § 77 Abs. 1, unabhängig davon, ob der OGAW nach seinen Fondsbestimmungen oder seiner Satzung insgesamt höchstens 10 vH des Fondsvermögens in Anteilen anderer OGAW anlegen darf, jeweils bis zu 50 vH des Fondsvermögens;
2. Anteile an ein und demselben inländischen Spezialfonds im Sinne dieses Bundesgesetzes bis zu 50 vH des Fondsvermögens, sofern das erwerbende Andere Sondervermögen selbst ein Spezialfonds ist und alle Anteilinhaber des zu erwerbenden Spezialfonds vor dem Erwerb ihre diesbezügliche Zustimmung erteilen;
3. Anteile an Organismen für gemeinsame Anlagen, die nach dem Gesetz, der Satzung oder der tatsächlichen Übung nach den Grundsätzen der Risikostreuung veranlagt sind und die nicht den Anforderungen des § 71 in Verbindung mit § 77 Abs. 1 entsprechen, jeweils bis zu 10 vH des Fondsvermögens; solche Organismen für gemeinsame Anlagen dürfen auch in Anlagen investieren, die nur beschränkt marktgängig sind, hohen Kursschwankungen unterliegen, begrenzte Risikostreuung aufweisen oder deren Bewertung erschwert ist, wobei eine Nachzahlungspflicht für den Anleger nicht vorgesehen sein darf;
4. Anteile an ein und demselben Immobilienfonds gemäß § 1 Immobilien-Investmentfondsgesetz – ImmoInvFG (BGBl. I Nr. 80/2003) und Anteile an ein und demselben Immobilienfonds, der von einer Kapitalanlagegesellschaft mit Sitz im EWR verwaltet wird bis 10 vH des Fondsvermögens. Insgesamt dürfen Anteile an Immobilienfonds gemäß § 1 ImmoInvFG und Anteile an Immobilienfonds, die von einer Kapitalanlagegesell-

schaft mit Sitz im EWR verwaltet werden, 20 vH des Fondsvermögens nicht überschreiten. Der Erwerb von Anteilen an Immobilienspezialfonds gemäß § 1 Abs. 3 ImmoInvFG und Anteilen an Immobilienspezialfonds, die von einer Kapitalanlagegesellschaft mit Sitz im EWR verwaltet werden, ist zulässig, sofern das erwerbende Andere Sondervermögen selbst ein Spezialfonds ist und alle Anteilinhaber des zu erwerbenden Immobilienspezialfonds vor dem Erwerb ihre diesbezügliche Zustimmung erteilen;
5. § 78 Abs. 2 Z 5 ist nicht anwendbar;
6. Anteile an ein und demselben Anderen Sondervermögen gemäß dieser Bestimmung jeweils bis zu 10 vH des Fondsvermögens. Diese Anlagegrenze kann auf 50 vH des Fondsvermögens angehoben werden, sofern dieses Andere Sondervermögen nach seinen Fondsbestimmungen insgesamt höchstens 10 vH des Fondsvermögens in Anteile an Organismen für gemeinsame Anlagen gemäß Z 3 anlegen darf.

„Andere Sondervermögen" sind keine OGAWs gemäß Art. 1 Abs. 2 der Richtlinie 2009/65/EG.

(2) Die in den §§ 66 bis 84 festgelegten Anlagegrenzen finden auf die unter Abs. 1 Z 1 bis 4 und 6 genannten Veranlagungen keine Anwendung.

EB zu § 166:

Entspricht inhaltlich § 20a InvFG 1993. § 166 Abs. 1 erfaßt in Z 1 auch OGAs im Sinne des § 20a Abs. 1 Z 1 InvFG 1993.

Anwendbare Bestimmungen

§ 167. (1) Die Bestimmungen des 2. Teiles dieses Bundesgesetzes mit Ausnahme der §§ 36 bis 38 finden auf Andere Sondervermögen Anwendung, soweit in § 166 und in den Abs. 2 bis 7 dieser Bestimmung nicht ausdrücklich anderes angeordnet ist. Die §§ 50 bis 65 finden mit der Maßgabe Anwendung, dass im Fall eines Vertriebes eines Anderen Sondervermögens im Ausland die jeweils zuständige Aufsichtsbehörde sowie die Anteilinhaber über die erfolgte Abspaltung zu informieren sind.

(2) Andere Sondervermögen können in den Fondsbestimmungen vorsehen, dass
1. die Anteilsausgabe sowie abweichend von § 55 Abs. 2 die Anteilsrückgabe nur zu bestimmten Terminen, jedoch mindestens einmal in jedem Kalendervierteljahr erfolgen kann;
2. die Verwaltungsgesellschaft oder Depotbank abweichend von § 57 Abs. 3 den Ausgabe- und Rücknahmepreis mindestens einmal im Monat veröffentlicht. Die Veröffentlichung hat jedenfalls auch bei jeder Ausgabe und Rücknahme der Anteile zu erfolgen.

(3) Die Verwaltungsgesellschaft darf für Rechnung eines „Anderen Sondervermögens", das mehrheitlich in Anlagen gemäß § 166 Abs. 1 Z 3 veranlagt, kurzfristige Kredite bis zur Höhe von 20 vH des Fondsvermögens aufnehmen, wenn die Fondsbestimmungen dies vorsehen. Die FMA kann nach sorgfältiger Prüfung des Einzelfalls die Aufnahme höherer Kredite gestatten oder deren Herabsetzung anordnen.

(4) Die für „Andere Sondervermögen" geltenden Veranlagungs- und Emittentengrenzen sind in den Fondsbestimmungen festzulegen. Der Grundsatz der Risikostreuung gilt auch dann als gewahrt, wenn die für die „Anderen Sondervermögen" zu erwerbenden Kapitalanlagefonds in nicht unerheblichem Umfang Anteile an einem oder mehreren anderen Kapitalanlagefonds beinhalten und diese anderen Kapitalanlagefonds unmittelbar oder mittelbar nach dem Grundsatz der Risikostreuung veranlagen.

(5) Die Geschäftsleiter der Verwaltungsgesellschaft, die „Andere Sondervermögen" verwalten, müssen den beabsichtigten Veranlagungen entsprechend qualifiziert sein.

(6) Der Prospekt gemäß § 131 und das Kundeninformationsdokument gemäß § 134 haben einen besonderen Hinweis auf besondere Bewertungs- und Rückzahlungsmodalitäten gemäß Abs. 2 zu enthalten. Bei Anderen Sondervermögen, die zu mehr als 10 vH in Veranlagungen gemäß § 166 Abs. 1 Z 3 anlegen, haben das Kundeninformationsdokument und der Prospekt diesbezüglich einen Warnhinweis zu beinhalten. Der Warnhinweis bedarf der Bewilligung der FMA. In der Werbung für Anteilscheine von Anderen Sondervermögen muss der Warnhinweis stets in der von der FMA bewilligten Form eingesetzt werden.

(7) Der Erwerb von Anteilen an einem ausländischen Kapitalanlagefonds oder einer Investmentgesellschaft des offenen Typs oder an einem Immobilienfonds, der von einer Kapitalanlagegesellschaft mit Sitz im EWR verwaltet wird, durch ein Anderes Sondervermögen begründet für sich allein kein öffentliches Anbot im Inland (§ 129 Abs. 1, § 140 und § 175 Abs. 1).

(8) „Andere Sondervermögen“ sind von der FMA gemäß den §§ 143 bis 154 zu beaufsichtigen.

EB zu § 167:

Es wird mittels Verweis festgelegt, inwieweit die Bestimmungen des 2. Teiles dieses Bundesgesetzes auf Andere Sondervermögen anzuwenden sind. Besonderheiten der Anderen Sondervermögen im Vergleich zu den allgemeinen Regelungen für Kapitalanlagefonds nach dem InvFG 1993 werden hiebei übernommen.

3. Abschnitt
Pensionsinvestmentfonds

EB zum 3. Abschnitt (Pensionsinvestmentfonds):

Es werden die besonderen Vorschriften über Pensionsinvestmentfonds des Ia. Abschnittes des InvFG 1993 (§§ 23a bis 23g InvFG 1993) übernommen und die Verweise entsprechend adaptiert.

Anwendbare Vorschriften

§ 168. Ein Pensionsinvestmentfonds ist ein aus liquiden Finanzanlagen im Sinne von § 67 Abs. 1 bestehendes Sondervermögen, das in gleiche, in Wertpapieren verkörperte Anteile zerfällt, im Miteigentum der Anteilinhaber steht und nach den Bestimmungen dieses Bundesgesetzes gebildet wird, der gemäß den Fondsbestimmungen die Bezeichnung Pensionsinvestmentfonds führt. Für Pensionsinvestmentfonds gelten die Bestimmungen des 2. Teiles dieses Bundesgesetzes sinngemäß, soweit sich aus den nachfolgenden Vorschriften dieses Abschnittes nichts anderes ergibt. Ein Pensionsinvestmentfonds ist kein OGAW gemäß Art. 1 Abs. 2 der Richtlinie 2009/65/EG, der sämtliche Bestimmungen dieser Richtlinie erfüllt. Pensionsinvestmentfonds sind von der FMA gemäß den §§ 143 bis 154 zu beaufsichtigen.

EB zu § 168:

Entspricht inhaltlich § 23a InvFG 1993.

Voraussetzungen für den Erwerb

§ 169. Die Anteilscheine von Pensionsinvestmentfonds sind durch Sammelurkunden darzustellen (§ 24 Depotgesetz).

EB zu § 169:

Entspricht inhaltlich § 23b InvFG 1993.

Gewinnverwendung

§ 170. Ausschüttungen eines Pensionsinvestmentfonds sind unzulässig.

EB zu § 170:
Entspricht inhaltlich § 23c InvFG 1993.

Veranlagungsvorschriften

§ 171. Für einen Pensionsinvestmentfonds dürfen Wertpapiere nur unter folgenden Voraussetzungen und Beschränkungen erworben werden:

1. Bis zu 50 vH des Fondsvermögens dürfen Wertpapiere von Ausstellern, die ihren Sitz außerhalb des EWR haben, erworben werden.
2. Mindestens 15 vH des Fondsvermögens müssen in Aktien, Wertpapieren über Partizipationskapital im Sinne des § 23 Abs. 4 BWG und § 73c Abs. 1 VAG, Genussscheinen und Gewinnschuldverschreibungen angelegt werden.
3. Mindestens 30 vH des Fondsvermögens müssen in Teilschuldverschreibungen, Kassenobligationen, Wandelschuldverschreibungen, Pfandbriefen, Kommunalschuldverschreibungen und Bundesschatzscheinen angelegt werden.
4. Bis zu 10 vH des Fondsvermögens dürfen Anteile an Immobilienfonds gemäß § 1 Abs. 1 ImmoInvFG und Anteile an Immobilienfonds, die von einer Kapitalanlagegesellschaft mit Sitz im EWR verwaltet werden, erworben werden.
5. Optionsscheine dürfen nicht erworben werden.

EB zu § 171:
Entspricht inhaltlich § 23d InvFG 1993.

Derivative Produkte

§ 172. Für einen Pensionsinvestmentfonds ist der Erwerb derivativer Produkte gemäß § 73 nur zur Absicherung von Vermögensgegenständen des Fondsvermögens zulässig.

EB zu § 172:
Entspricht inhaltlich § 23e InvFG 1993.

Prospekt

§ 173. Im Prospekt und im Kundeninformationsdokument von Pensionsinvestmentfonds ist darauf hinzuweisen, dass der Pensionsinvestmentfonds für Zwecke der Altersvorsorge dient und deshalb eine langfristige Anlagepolitik verfolgt.

EB zu § 173:
Entspricht inhaltlich § 23f InvFG 1993.

Fondsbestimmungen und Auszahlungsplan

§ 174. (1) In den Fondsbestimmungen ist vorzusehen, dass die Ausgabe von Anteilen nur zulässig ist

- an unbeschränkt Steuerpflichtige im Sinne des § 1 Abs. 2 des Einkommensteuergesetzes 1988, die zuvor einen unwiderruflichen Auszahlungsplan für die auszugebenden Anteile mit dem depotführenden Kreditinstitut abgeschlossen haben sowie

- an Versicherungsunternehmen für die Veranlagung des Deckungsstockes einer Pensionszusatzversicherung sowie
- an Pensionskassen im Rahmen der Veranlagung des einer Veranlagungs- und Risikogemeinschaft zugeordneten Vermögens und
- an Betriebliche Vorsorgekassen im Rahmen der Veranlagung des einer Veranlagungsgemeinschaft zugeordneten Vermögens.

(2) Der Auszahlungsplan hat vorzusehen, dass eine Auszahlung von Anteilen des Pensionsinvestmentfonds nur unter folgenden Voraussetzungen erfolgen kann:

1. Wenn beim Anteilinhaber die Voraussetzungen für Leistungen gemäß § 108b Abs. 1 Z 2 des Einkommensteuergesetzes 1988 eingetreten sind und
2. der Anteilinhaber das depotführende Kreditinstitut beauftragt, den Gegenwert der zum Zeitpunkt der Erfüllung der Voraussetzungen gemäß Z 1 vorhandenen Anteile, oder die Anteile selbst, an ein Versicherungsunternehmen seiner Wahl als Einmalprämie für eine vom Anteilinhaber nachweislich abgeschlossene Pensionszusatzversicherung (§ 108b des Einkommensteuergesetzes 1988) zu überweisen.

EB zu § 174:
Entspricht inhaltlich § 23g InvFG 1993.

2. Hauptstück
Vorschriften über den Vertrieb von Anteilen an ausländischen AIF im Inland

EB zum 2. Hauptstück (Vertrieb von Anteilen an ausländischen Nicht-OGAWs im Inland):
Es werden die Vorschriften des II. Abschnittes des InvFG 1993 für den Vertrieb von Anteilen ausländischer Kapitalanlagefonds übernommen und die Verweise entsprechend adaptiert.

Geltungsbereich

§ 175. (1) Für ein öffentliches Angebot im Inland von Anteilen an einem ausländischem Recht unterstehenden Vermögen, das nach dem Grundsatz der Risikostreuung (ausländische Kapitalanlagefondsanteile) angelegt ist, gelten die Vorschriften dieses Abschnitts, des 4. Hauptstückes des 2. Teiles sowie des 4. und 5. Teiles.

(2) Die Vorschriften dieses Abschnitts gelten nicht für ausländische Kapitalanlagefondsanteile, die an einer inländischen Börse zum amtlichen Handel oder zum geregelten Freiverkehr zugelassen sind, sofern, mit Ausnahme der von der Börse vorgeschriebenen Bekanntmachungen, kein öffentliches Angebot im Sinne des Abs. 1 stattfindet.

EB zu § 175:
Entspricht § 24 InvFG 1993, wobei die §§ 38 und 39 InvFG 1993 in das gegenständliche Hauptstück integriert werden (§§ 184 und 185) sowie der Verweis auf § 18 InvFG 1993 – nunmehr § 136 Abs. 4 – im Fließtext aufgenommen wird.

Voraussetzungen für die Zulässigkeit eines öffentlichen Angebots

§ 176. Das öffentliche Anbieten von ausländischen Kapitalanlagefondsanteilen ist zulässig, wenn

1. die ausländische Verwaltungsgesellschaft der FMA ein Kreditinstitut, das die Voraussetzungen des § 41 Abs. 1 erfüllt, als Repräsentanten benennt,
2. das Fondsvermögen von einer Depotbank oder von einer Institution, die zum Depotgeschäft berechtigt ist, verwahrt wird, oder, soweit es sich um Grundstücke handelt, deren Bestand von einer Depotbank oder von einer Institution, die zum Depotgeschäft berechtigt ist, überwacht wird, welche die Anteilinhaber in einer den Vorschriften des § 40 vergleichbaren Weise sichern, wobei die §§ 6 Abs. 2 Z 8 und 9, 28 Abs. 1 Z 5 und 44 zu beachten sind,
3. ein oder mehrere Kreditinstitute, die die Voraussetzungen des § 41 Abs. 1 erster Satz erfüllen, als Zahlstellen benannt werden, über welche von den Anteilinhabern geleistete oder für sie bestimmte Zahlungen geleitet werden können; werden Zahlungen und Überweisungen über eine Zahlstelle geleitet, so ist sicherzustellen, dass die Beträge unverzüglich an die Depotbank oder an die Anteilinhaber weitergeleitet werden und
4. die Fondsbestimmungen oder die Satzung der Kapitalanlagegesellschaft vorsehen, dass
   a) dem Käufer unverzüglich nach Zahlung des Kaufpreises Anteile in entsprechender Höhe übertragen werden,
   b) die Anteilinhaber die Auszahlung des auf den Anteil entfallenden Vermögensteils verlangen können, sofern die entsprechenden Anteile nicht an der Wertpapierbörse eines OECD-Mitgliedstaates oder an einem anderen anerkannten, geregelten, für das Publikum offenen und ordnungsgemäß funktionierenden Wertpapiermarkt eines solchen Staates gehandelt werden,
   c) bei der für einen mehrjährigen Zeitraum vereinbarten Abnahme von Anteilen höchstens ein Drittel von jeder der für das erste Jahr vereinbarten Zahlungen für die Deckung von Kosten verwendet wird und die restlichen Kosten auf alle späteren Zahlungen gleichmäßig verteilt werden,
   d) die zum Fondsvermögen gehörenden Vermögensgegenstände nicht verpfändet oder sonst belastet werden dürfen, es sei denn, es handelt sich um Kreditaufnahmen gemäß lit. e,
   e) Kredite zu Lasten des Fondsvermögens nur kurzfristig in Höhe von 10 vH des Fondsvermögens, zu Lasten von Grundstücksvermögen nur im Rahmen einer ordnungsgemäßen Wirtschaftsführung bis zu insgesamt 50 vH des Verkehrswertes der im Vermögen befindlichen Grundstücke aufgenommen werden dürfen und die Kreditaufnahmen der Zustimmung der Depotbank zu den Darlehensbedingungen bedürfen und
   f) keine Geschäfte zu Lasten des Fondsvermögens vorgenommen werden, die den Verkauf nicht zum Fondsvermögen gehörender Vermögensgegenstände zum Gegenstand haben, es sei denn, es handelt sich um derivative Geschäfte gemäß § 73, wobei § 73 Abs. 3 nicht zur Anwendung kommt.

EB zu § 176:

Entspricht § 25 InvFG 1993. Zusätzlich werden Verdeutlichungen im Hinblick auf die Stellung der Depotbank sowie auf derivative Geschäfte vorgenommen. Um aktuellen Entwicklungen Rechnung zu tragen wird der Begriff „Vermögensgegenstände" eingeführt.

Publizitätsbestimmungen

§ 177. (1) Dem Erwerber eines ausländischen Kapitalanlagefondsanteils sind die Fondsbestimmungen und/oder die Satzung der Kapitalanlagegesellschaft, ein Prospekt der ausländischen Kapitalanlagegesellschaft und eine Durchschrift des Antrags auf Vertragsabschluss vor Vertragsabschluss kostenlos auszuhändigen. Der Antragsvordruck muss einen Hinweis auf die Höhe des Ausgabeaufschlags und auf die jährlich an die Kapitalanlagegesellschaft zu zahlende Vergütung enthalten.

(2) Der Prospekt muss alle Angaben enthalten, die im Zeitpunkt der Antragstellung für die Beurteilung der ausländischen Kapitalanlagefondsanteile von wesentlicher Bedeutung sind. Ein Prospekt, der nicht wenigstens die in Anlage 1 Schema A geforderten Angaben enthält, ist unvollständig, es sei denn, der Prospekt begründet schlüssig das Fehlen einzelner Angaben. Der Prospekt hat weiters insbesondere Angaben zu enthalten

1. über Name oder Firma, Rechtsform, Sitz und Eigenkapital (Grund- oder Stammkapital abzüglich der ausstehenden Einlagen zuzüglich der Rücklagen) der ausländischen Investmentgesellschaft, des Unternehmens, das über die Anlage des eingelegten Geldes bestimmt (Verwaltungsgesellschaft), des Unternehmens, das den Vertrieb der Kapitalanlagefondsanteile übernommen hat (Vertriebsgesellschaft), und der Depotbank;
2. über Firma, Sitz und Anschrift des Repräsentanten und der Zahlstellen;
3. darüber, welche Gegenstände für das Vermögen erworben werden dürfen, nach welchen Grundsätzen sie ausgewählt werden, ob nur zum Börsenhandel und gegebenenfalls an welchen Börsen zugelassene Wertpapiere erworben werden, wie die Erträge des Vermögens verwendet werden und ob und gegebenenfalls innerhalb welcher Grenzen ein Teil des Vermögens in Bankguthaben gehalten wird;
4. über die Voraussetzungen und Bedingungen, zu denen die Anteilinhaber die Auszahlung des auf den Anteil entfallenden Vermögensteils verlangen können sowie über die hiefür zuständigen Stellen.

Für Angaben gemäß Z 1 bis 4 gilt Abs. 2 zweiter Satz sinngemäß. Außerdem ist in den Prospekt ein Rechenschaftsbericht, dessen Stichtag nicht länger als achtzehn Monate zurückliegen darf, und, wenn der Stichtag des Rechenschaftsberichts länger als neun Monate zurückliegt, auch ein Halbjahresbericht aufzunehmen oder dem Prospekt als Anlage beizufügen. Der Prospekt muss ferner einen Hinweis darüber enthalten, dass die ausländische Verwaltungsgesellschaft keiner staatlichen Aufsicht durch eine österreichische Behörde untersteht. Die FMA kann verlangen, dass in den Prospekt weitere Angaben aufgenommen werden, wenn dies im Interesse der inländischen Anleger erforderlich ist. Der Prospekt und dessen Änderungen sind vom Repräsentanten als Prospektkontrollor mit der Sorgfalt eines ordentlichen und gewissenhaften Geschäftsleiters im Sinne des § 39 BWG auf ihre Richtigkeit und Vollständigkeit zu kontrollieren. Für die Erstellung, die Änderung, die Kontrolle und für die Verantwortung für den Inhalt des Prospektes gelten sowohl für den Emittenten als auch für den Prospektkontrollor die §§ 6, 8 Abs. 1 und 2a sowie § 11 KMG sinngemäß; der Repräsentant (Prospektkontrollor) haftet nicht für prospektwidrige Handlungen oder Unterlassungen der ausländischen Kapitalanlagegesellschaft oder Investmentgesellschaft oder sonstiger am Investmentprozess beteiligter Dritter. Für die Veröffentlichungen des Prospekts und dessen Änderungen gilt § 10 Abs. 3 und Abs. 8 KMG.

EB zu § 177:

Entspricht § 26 InvFG 1993. Im Sinne einer Klarstellung wird nunmehr ausdrücklich auf Anlage I Schema A verwiesen. Betreffend den Prospektkontrollor werden Verdeutlichungen im Zusammenhang mit dem Sorgfaltsmaßstab, Haftungsumfang und den Verweisen in das KMG vorgenommen.

Rechenschaftsbericht, Vermögensaufstellung, Ausgabe- und Rücknahmepreis

§ 178. (1) Die ausländische Kapitalanlagegesellschaft hat zu veröffentlichen (§ 136 Abs. 4):

1. für den Schluss eines jeden Geschäftsjahres unter Beachtung der Anlage I Schema B dieses Bundesgesetzes oder gegebenenfalls Anlage B Schema B des ImmoInvFG einen Rechenschaftsbericht, der eine nach der Art der Aufwendungen und Erträge aufgegliederte Aufwands- und Ertragsrechnung, eine Aufstellung der zu dem Vermögen gehörenden Vermögensgegenstände unter Angabe von Art, Nennbetrag oder Zahl und Kurswert, eine Aufstellung der zu dem Vermögen gehörenden Grundstücke unter Angabe von Grundstücksgröße, Art und Lage, Bau- und Erwerbsjahr, Gebäudenutzfläche, Verkehrswert und sonstiger wesentlicher Merkmale, den Stand der zum Vermögen gehörenden Konten sowie den Unterschied zwischen der Anzahl der im Berichtszeitraum ausgegebenen und zurückgenommenen Anteile zu enthalten hat; bei der Angabe der zum Vermögen gehörenden Vermögensgegenstände und des Standes der zum Vermögen gehörenden Konten sind auch jeweils die Veränderungen gegenüber dem letzten Bericht anzugeben,
2. für die Mitte eines jeden Geschäftsjahres, sofern sie nicht für diesen Stichtag einen weiteren Rechenschaftsbericht gemäß Z 1 veröffentlicht, eine Aufstellung der zum Vermögen gehörenden Vermögensgegenstände mit den für die Aufstellung nach Z 1 vorgeschriebenen Angaben, den Stand der zum Vermögen gehörenden Konten sowie den Unterschied zwischen der Anzahl der im Berichtszeitraum ausgegebenen und zurückgenommenen Anteile; der letzte Halbsatz von Z 1 findet Anwendung,
3. die Ausgabe- und Rücknahmepreise täglich in einer im Prospekt anzugebenden hinreichend verbreiteten Wirtschafts- oder Tageszeitung mit Erscheinungsort im Inland; dabei ist der für den niedrigsten Anlagebetrag berechnete Ausgabe- und Rücknahmepreis zu nennen.

(2) Ausgabe- und Rücknahmepreis dürfen in Veröffentlichungen und Werbeschriften nur gemeinsam genannt werden; der letzte Halbsatz des Abs. 1 Z 3 findet Anwendung.

EB zu § 178:

Entspricht § 27 InvFG 1993. Für die Erstellung des Rechenschaftsberichts wird nunmehr ausdrücklich auf die einschlägigen Anhänge des InvFG und des Immo-InvFG verwiesen. Um aktuellen Entwicklungen Rechnung zu tragen wird der Begriff „Vermögensgegenstände" eingeführt.

Maßgeblicher deutscher Wortlaut

§ 179. Die Veröffentlichungen, Werbeschriften und die maßgeblichen Unterlagen sind in deutscher Sprache abzufassen oder mit einer deutschen Übersetzung zu versehen; der deutsche Wortlaut ist maßgeblich.

EB zu § 179:

Entspricht § 28 InvFG 1993.

Repräsentant

§ 180. (1) Der Repräsentant vertritt die ausländische Kapitalanlagegesellschaft gerichtlich und außergerichtlich. Er gilt als zum Empfang der für die Kapitalanlagegesellschaft, die Verwaltungsgesellschaft, die Vertriebsgesellschaft und den öffentlichen Anbieter bestimmten Schriftstücke ermächtigt. Diese Befugnisse können nicht beschränkt werden.

(2) Für Klagen gegen eine ausländische Kapitalanlagegesellschaft, eine Verwaltungsgesellschaft oder eine Vertriebsgesellschaft, die auf den Vertrieb von ausländischen Kapitalanlagefondsanteilen im Inland Bezug haben, und für Klagen gegen den öffentlichen Anbieter ist das für den Repräsentanten örtlich zuständige Gericht zuständig. Dieser Gerichtsstand kann durch Vereinbarung nicht ausgeschlossen werden.

(3) Die Bestellung des Repräsentanten und die Beendigung seiner Stellung sind von der ausländischen Kapitalanlagegesellschaft im Amtsblatt zur Wiener Zeitung zu veröffentlichen.

EB zu § 180:

Entspricht § 29 InvFG 1993. Es wird lediglich eine begriffliche Klarstellung vorgenommen.

Anzeigepflicht

§ 181. (1) Die ausländische Kapitalanlagegesellschaft hat die Absicht, ausländische Kapitalanlagefondsanteile im Inland öffentlich anzubieten, der FMA anzuzeigen.

(2) Der Anzeige sind beizufügen:

1. Alle wesentlichen Angaben über die ausländische Kapitalanlagegesellschaft, ihre Organe und ihre in- und ausländischen Repräsentanten sowie über die Verwaltungsgesellschaft, die Vertriebsgesellschaften, die Depotbank und die Zahlstellen,
2. die Vertragsbedingungen oder die Satzung der Kapitalanlagegesellschaft sowie der vom Repräsentanten als Prospektkontrollor unterfertigte Prospekt,
3. Rechenschaftsberichte, die den Anforderungen des § 178 entsprechen, für die letzten drei Geschäftsjahre oder, wenn die Kapitalanlagegesellschaft und/oder der Kapitalanlagefonds noch nicht so lange bestehen, für die bisherigen Geschäftsjahre, und eine Übersicht der Gegenstände des Vermögens, an dem die Anteile bestehen, die nicht älter als zwei Monate sein darf und die in § 178 genannten Angaben zu enthalten hat; diese Unterlagen müssen mit dem uneingeschränkten Bestätigungsvermerk eines Wirtschaftsprüfers versehen sein,
4. die festgestellten Jahresbilanzen der letzten drei Geschäftsjahre oder, wenn die Kapitalanlagegesellschaft noch nicht so lange besteht, der bisherigen Geschäftsjahre, nebst Gewinn- und Verlustrechnung (Jahresabschluss), die mit dem uneingeschränkten Bestätigungsvermerk eines Wirtschaftsprüfers versehen sein müssen, und
5. die Erklärung der ausländischen Kapitalanlagegesellschaft, dass sie sich verpflichtet,
   a) der FMA den Jahresabschluss und den Rechenschaftsbericht des Fonds spätestens sechs Monate nach Ende jeden Geschäftsjahres sowie den Halbjahresbericht spätestens drei Monate nach Ende jeden Geschäftshalbjahres einzureichen; der Jahresabschluss und der Rechenschaftsbericht müssen mit dem Bestätigungsvermerk eines Wirtschaftsprüfers versehen sein,
   b) die FMA über alle wesentlichen Änderungen von Umständen, die bei der Anzeige der Absicht des Vertriebes angegeben worden sind, zu unterrichten,
   c) der FMA auf Verlangen zu einem von dieser bestimmten Stichtag eine Aufstellung mit Wertangaben des in Verwahrung der Depotbank befindlichen Vermögens einzureichen, die mit dem Bestätigungsvermerk eines Prüfers versehen ist, der auf Grund seiner beruflichen Erfahrung in der Lage ist, den Wert der Gegenstände des

Vermögens zu beurteilen, und der in den letzten drei Jahren nicht die Rechenschafts- und Halbjahresberichte des ausländischen Kapitalanlagefonds oder die Jahresabschlüsse der Verwaltungsgesellschaft geprüft hat,

d) der FMA das vorübergehende Unterbleiben der Rücknahme der Anteilscheine, wobei außergewöhnliche Umstände gemäß § 56 Abs. 1 vorliegen müssen, und die Wiederaufnahme der Rücknahme der Anteilscheine unverzüglich anzuzeigen sowie die Anleger durch öffentliche Bekanntmachung über das Unterbleiben der Rücknahme der Anteilscheine und die Wiederaufnahme von deren Rücknahme zu unterrichten,

e) jede Änderung des Prospektes der FMA spätestens zwei Monate vor Inkrafttreten derselben vorzulegen und

f) ein Risikomanagement im Sinne des § 85 Abs. 1 und 2 für die Anlageverwaltung anzuwenden,

6. der Nachweis über die Entrichtung der Gebühr nach Abs. 3.

Fremdsprachige Unterlagen sind mit einer deutschen Übersetzung vorzulegen.

(3) Für die Bearbeitung der Anzeige gemäß Abs. 1 ist an die FMA eine Gebühr von 4 500 Euro zu entrichten. Diese Gebühr erhöht sich bei Fonds, die mehrere Teilfonds enthalten (Umbrella-Fonds), ab dem zweiten Teilfonds für jeden Fonds um 1 000 Euro. Für die Prüfung der nach Abs. 2 Z 5 vorgeschriebenen Angaben und Unterlagen ist weiters zu Beginn eines jeden Kalenderjahres, spätestens bis zum 15. Jänner dieses Jahres, eine jährliche Gebühr von 2 500 Euro an die FMA zu entrichten; diese Gebühr erhöht sich bei Fonds, die mehrere Teilfonds enthalten (Umbrella-Fonds), ab dem zweiten Teilfonds für jeden Teilfonds um 600 Euro. Gebührenbeiträge, die nicht spätestens am Fälligkeitstag entrichtet wurden, sind vollstreckbar. Die FMA hat einen als Exekutionstitel geltenden Rückstandsausweis auszufertigen. Dieser hat Namen und Anschrift des Gebührenpflichtigen, den Betrag der Schuld und den Vermerk zu enthalten, dass die Schuld vollstreckbar geworden ist. Die nicht fristgerechte Entrichtung der Gebühr ist ein Vertriebsuntersagungsgrund gemäß § 182 Abs. 2.

(4) Die ausländische Kapitalanlagegesellschaft hat die Absicht, den öffentlichen Vertrieb von Anteilen einzustellen, der FMA anzuzeigen und unter Hinweis auf die Rechtsfolgen zu veröffentlichen. Die Verpflichtungen aus dem öffentlichen Vertrieb, die sich aus diesem Bundesgesetz ergeben, enden frühestens drei Monate nach der erfolgten Vertriebseinstellung. Die FMA kann im Interesse der Anteilinhaber eine Verlängerung dieses Zeitraums sowie eine diesbezügliche Veröffentlichung anordnen.

EB zu § 181:

Entspricht § 30 InvFG 1993. Die Vorlage der Werbeschriften wird aus verwaltungsökonomischen Gründen gestrichen. Um den geänderten wirtschaftlichen Rahmenbedingungen Rechnung zu tragen, werden die Vorlagefristen für den Rechenschaftsbericht und den Halbjahresbericht geringfügig verlängert. Im Sinne der Stärkung des Anlegerschutzes sind nunmehr ausdrücklich sämtliche Prospektänderungen, vom Prospektkontrollor auf Richtigkeit und Vollständigkeit kontrolliert, vor deren Inkrafttreten der FMA vorzulegen. Gleichfalls wird internationalen Standards entsprechend eine Verpflichtung zu der Anwendung eines Risikomanagements im Sinne des § 85 Abs. 1 und 2 aufgenommen. Im Hinblick auf den erhöhten Arbeitsaufwand werden die Gebühren moderat angehoben.

Wartefrist – Vertriebsuntersagung

§ 182. (1) Der Vertrieb von ausländischen Kapitalanlagefondsanteilen darf erst aufgenommen werden, wenn seit dem Eingang der vollständigen Anzeige vier Monate verstrichen sind, ohne dass die FMA die Aufnahme des Vertriebes untersagt hat; § 13 Abs. 3 letzter Satz AVG kommt hinsichtlich der Berechnung der Frist von vier Monaten nicht zur Anwendung. Bei der Anzeige eines Teilfonds einer bereits diesem Hauptstück unterliegenden Umbrella-Konstruktion beträgt diese Frist zwei Monate. Die Aufnahme des Vertriebes ist zu untersagen, wenn die ausländische Kapitalanlagegesellschaft eine Voraussetzung nach § 176 nicht erfüllt oder die Anzeige nach § 181 nicht ordnungsgemäß erstattet.

(2) Die FMA hat den weiteren Vertrieb ausländischer Kapitalanlagefondsanteile zu untersagen, wenn

1. die Anzeige nach § 181 nicht erstattet worden ist,
2. eine Voraussetzung nach § 176 weggefallen ist,
3. die der FMA gegenüber nach § 181 Abs. 2 Z 5 übernommenen Verpflichtungen trotz Mahnung nicht eingehalten werden,
4. beim öffentlichen Angebot der ausländischen Kapitalanlagefondsanteile erheblich gegen gesetzliche Vorschriften verstoßen worden ist,
5. ein durch rechtskräftiges Urteil oder gerichtlichen Vergleich gegenüber der ausländischen Kapitalanlagegesellschaft, der Verwaltungsgesellschaft oder der Vertriebsgesellschaft festgestellter Anspruch eines Anteilinhabers nicht erfüllt worden ist,
6. die in den §§ 177 und 178 vorgesehenen Verpflichtungen nicht ordnungsgemäß erfüllt werden,
7. bei dem Vertrieb der ausländischen Kapitalanlagefondsanteile erheblich gegen die Vertragsbedingungen oder die Satzung verstoßen worden ist oder
8. die Zulassung durch die zuständigen Stellen des Staates, in dem die Kapitalanlagegesellschaft ihren Sitz hat, entzogen worden ist.

Die Verpflichtungen aus dem öffentlichen Vertrieb, die sich aus diesem Bundesgesetz ergeben, enden frühestens drei Monate nach der Veröffentlichung der Untersagung des Vertriebes. Im Interesse der Anteilinhaber kann die FMA eine Verlängerung dieses Zeitraumes sowie eine diesbezügliche Veröffentlichung anordnen.

(3) Hat die FMA die Aufnahme des Vertriebs oder den weiteren Vertrieb ausländischer Kapitalanlagefondsanteile untersagt, darf die ausländische Kapitalanlagegesellschaft die Absicht, diese ausländischen Kapitalanlagefondsanteile im Geltungsbereich dieses Bundesgesetzes zu vertreiben, frühestens gemäß § 181 wieder anzeigen, wenn seit dem Tag der Untersagung ein Jahr verstrichen ist.

(4) Die FMA kann bei Umbrella-Konstruktionen auch den Vertrieb von ausländischen Kapitalanlagefondsanteilen, die im Geltungsbereich dieses Bundesgesetzes vertrieben werden dürfen, unter Beachtung des Abs. 2 (Schlussteil) untersagen, wenn weitere ausländische Kapitalanlagefondsanteile von Teilfonds derselben Umbrella-Konstruktion im Geltungsbereich dieses Bundesgesetzes vertrieben werden, die das Anzeigeverfahren nach § 181 nicht ordnungsgemäß durchlaufen haben.

EB zu § 182:

Entspricht § 31 InvFG 1993. Neben einer verfahrensrechtlichen Klarstellung wird für Umbrella-Konstruktionen eine Erleichterung im Zusammenhang mit der Anzeige eines weiteren Teilfonds aufgenommen. Im Übrigen wird ein zusätzlicher – sachlogischer – Untersagungsgrund aufgenommen, wenn die Heimatbehörde der ausländischen Kapitalanlagegesellschaft die Zulassung entzogen hat. Zum Zwecke der Effektuierung der aufsicht-

lichen Maßnahmen werden an § 140 Abs. 4a und 5 dInvG angelehnte Regelungen aufgenommen.

Werbung

§ 183. (1) Werbung mit dem Hinweis auf die Befugnisse der FMA nach diesem Gesetz ist untersagt.

(2) Die Werbung darf nur unter Einhaltung des § 128 Abs. 1 bis 3 erfolgen.

(3) Verstößt die ausländische Kapitalanlagegesellschaft, ihr Repräsentant oder eine mit dem Vertrieb befasste Person gegen Abs. 1 oder 2 und werden die Verstöße trotz Verwarnung nicht eingestellt, so hat die FMA den weiteren Vertrieb von Anteilen zu untersagen.

EB zu § 183:

Entspricht § 32 InvFG 1993. Es wird ausdrücklich auf die (Einhaltung der) Werbevorschriften Bezug genommen.

Kostenloses Zur-Verfügung-Stellen von Prospekten, Rechenschaftsbericht und Halbjahresbericht

§ 184. Dem potenziellen Erwerber eines ausländischen Kapitalanlagefondsanteils sind vor Vertragsabschluss sowie dem interessierten Anteilinhaber aber auch der Prospekt in der jeweils geltenden Fassung, der zuletzt veröffentlichte Rechenschaftsbericht und der anschließende Halbjahresbericht, sofern er veröffentlicht ist, kostenlos und in deutscher Sprache, zur Verfügung zu stellen.

EB zu § 184:

Entspricht § 38 InvFG 1993. Mangels Erfordernisses für einen vereinfachten Prospekt bzw. Kerninformationsdokument wird eine sprachliche Reduktion vorgenommen.

Weiterverwendung von allgemeinen Bezeichnungen

§ 185. Die Kapitalanlagegesellschaft darf dieselben allgemeinen Bezeichnungen verwenden, die sie in dem Staat, in dem sie ihren Sitz hat, berechtigterweise führt. Sie muss jedoch solchen Bezeichnungen geeignete klarstellende Zusätze beifügen, wenn die Gefahr der Irreführung besteht.

EB zu § 185:

Entspricht § 39 InvFG 1993. Es wird den geänderten Rahmenbedingungen Rechnung getragen, da das ausländische Sondervermögen auch außerhalb des EWR domiziliert sein kann.

4. Teil
Steuern

EB zum 4. Teil (Steuern):

In diesem Teil werden die steuerlichen Bestimmungen für Investmentfonds geregelt, wobei inhaltlich die §§ 40 bis 42 InvFG 1993 in der Fassung des Budgetbegleitgesetzes 2011 übernommen werden.

Steuern vom Einkommen, vom Ertrag und vom Vermögen

§ 186. (1) Die ausgeschütteten Erträge aus Einkünften im Sinne des § 27 des Einkommensteuergesetzes 1988 abzüglich der damit in Zusammenhang stehenden Aufwendungen eines Kapitalanlagefonds sind beim Anteilinhaber steuerpflichtige Einnahmen. Ergibt sich aus den Einkünften im Sinne des § 27 Abs. 3 und 4 des Einkommensteuergesetzes 1988 nach Abzug der damit in Zusammenhang stehenden Aufwendungen ein Verlust, ist dieser mit anderen Einkünften des Fonds auszugleichen. Ist ein solcher Ausgleich nicht möglich, hat eine Verrechnung mit Einkünften des Fonds in den Folgejahren, vorrangig mit Einkünften des Fonds im Sinne des § 27 Abs. 3 und 4 des Einkommensteuergesetzes 1988 zu erfolgen.

Erfolgt eine Ausschüttung, gelten für steuerliche Zwecke zunächst die laufenden und die in den Vorjahren erzielten Einkünfte im Sinne des § 27 des Einkommensteuergesetzes 1988 und danach Beträge, die keine Einkünfte im Sinne des § 27 des Einkommensteuergesetzes 1988 darstellen, als ausgeschüttet.

(2) 1. Erfolgt keine tatsächliche Ausschüttung im Sinne des Abs. 1 oder werden nicht sämtliche Erträge im Sinne des Abs. 1 ausgeschüttet, gelten mit Auszahlung der Kapitalertragsteuer (§ 58 Abs. 2 erster Satz) sämtliche Erträge aus der Überlassung von Kapital im Sinne des § 27 Abs. 2 des Einkommensteuergesetzes sowie 60 vH des positiven Saldos aus Einkünften im Sinne des § 27 Abs. 3 und 4 Einkommensteuergesetz 1988 abzüglich der damit in Zusammenhang stehenden Aufwendungen eines Kapitalanlagefonds an die Anteilinhaber in dem aus dem Anteilrecht sich ergebenden Ausmaß als ausgeschüttet (ausschüttungsgleiche Erträge). Wird diese Auszahlung nicht innerhalb von vier Monaten nach Ende des Geschäftsjahres vorgenommen, gelten die ausschüttungsgleichen Erträge nach Ablauf dieser Frist als ausgeschüttet. Bei in einem Betriebsvermögen gehaltenen Anteilscheinen gilt der gesamte positive Saldo aus Einkünften im Sinne des § 27 Abs. 3 und 4 des Einkommensteuergesetzes 1988 abzüglich der damit in Zusammenhang stehenden Aufwendungen als ausgeschüttet. Werden die als ausgeschüttet geltenden Erträge später tatsächlich ausgeschüttet, sind sie steuerfrei.

2. Die Bemessung und Höhe der Kapitalertragsteuer auf die Ausschüttung im Sinne des Abs. 1 und die ausschüttungsgleichen Erträge im Sinne der Z 1 sind der Meldestelle gemäß § 129 Abs. 2 durch einen steuerlichen Vertreter zum Zwecke der Veröffentlichung bekannt zu geben. Als steuerlicher Vertreter kann nur ein inländischer Wirtschaftstreuhänder oder eine Person bestellt werden, die vergleichbare fachliche Qualifikationen nachweist. Lehnt die Meldestelle einen steuerlichen Vertreter wegen Zweifel an der Vergleichbarkeit der Qualifikation ab, entscheidet der Bundesminister für Finanzen. Der steuerliche Vertreter hat überdies die Aufgliederung der Zusammensetzung der ausschüttungsgleichen Erträge und tatsächlichen Ausschüttung sowie die notwendigen Änderungen der Anschaffungskosten gemäß Abs. 3 der Meldestelle zu übermitteln. Diese Aufgliederung ist von der Meldestelle in geeigneter Form zu veröffentlichen. Frist, Inhalt und Struktur der Übermittlung, allfällige Korrekturen sowie Art und Weise der Veröffentlichung durch die Meldestelle sind durch Verordnung des Bundesministers für Finanzen näher zu regeln. § 12 Abs. 1 letzter Satz KMG ist sinngemäß anzuwenden.

3. Erfolgt keine Meldung gemäß Z 2 betreffend der Ausschüttung, ist die Ausschüttung zur Gänze steuerpflichtig. Erfolgt keine Meldung gemäß Z 2 betreffend der ausschüttungsgleichen Erträge im Sinne der Z 1, sind diese in Höhe von 90 vH des Unterschiedsbetrages zwischen dem ersten und letzten im Kalenderjahr festgesetzten Rücknahmepreis, mindestens jedoch in Höhe von 10 vH des am Ende des Kalenderjahres

festgesetzten Rücknahmepreises zu schätzen. Die auf diese Weise ermittelten ausschüttungsgleichen Erträge gelten jeweils als zum 31. Dezember eines jeden Jahres zugeflossen. Der Anteilinhaber kann die Höhe der ausschüttungsgleichen Erträge oder die Steuerfreiheit der tatsächlichen Ausschüttung unter Beilage der dafür notwendigen Unterlagen nachweisen.

4. Wurde Kapitalertragsteuer abgezogen, ist der Nachweis gemäß Z 3 gegenüber dem Abzugsverpflichteten zu erbringen. Dieser hat, wenn noch keine Realisierung im Sinne des Abs. 3 erfolgt ist, die Kapitalertragsteuer zu erstatten oder nachzubelasten und die Anschaffungskosten gemäß Abs. 3 zu korrigieren.

(3) Die realisierte Wertsteigerung bei Veräußerung des Anteilscheines unterliegt der Besteuerung gemäß § 27 Abs. 3 des Einkommensteuergesetzes 1988. Ausschüttungsgleiche Erträge erhöhen, steuerfreie Ausschüttungen im Sinne des Abs. 2 Z 1 letzter Satz und Ausschüttungen, die nicht als Einkünfte im Sinne des § 27 des Einkommensteuergesetzes 1988 gelten, vermindern beim Anteilinhaber die Anschaffungskosten des Anteilscheines im Sinne des § 27a Abs. 3 Z 2 des Einkommensteuergesetzes 1988. Bei einer Abspaltung im Sinne des § 65 sind die steuerlich maßgebenden Anschaffungskosten der Anteile am abspaltenden Kapitalanlagefonds in dem Ausmaß zu vermindern und im gleichen Ausmaß als Anschaffungskosten der Anteile des abgespaltenen Kapitalanlagefonds anzusetzen, in dem sich die Werte, die in einer Anteilswertberechnung im Sinne des § 57 Abs. 1 eingehen, durch die Abspaltung verschieben. Die Gewährung neuer Anteile aufgrund einer Abspaltung gilt nicht als Tausch. Die Auszahlung des Anteilscheines gemäß § 55 Abs. 2 und die Abwicklung gemäß § 63 gelten als Veräußerung.

(4) Bei Verschmelzungen gemäß §§ 114 bis 127 gilt:

1. Die Anschaffungskosten sämtlicher Vermögenswerte des übertragenden Fonds sind vom übernehmenden Fonds fortzuführen, wenn es zu keiner endgültigen Verschiebung stiller Reserven kommt. Ansonsten gelten sämtliche Vermögenswerte des übertragenden Fonds am Verschmelzungsstichtag als zum gemeinen Wert veräußert (Liquidationsfiktion).
2. Die bis zum Verschmelzungsstichtag auf Grund der Z 1 entstandenen sowie sämtliche anderen ausschüttungsgleichen Erträge (Abs. 2) des übertragenden Fonds gelten am Verschmelzungsstichtag als zugeflossen und Verlustvorträge im Sinne des Abs. 1 des übertragenden Fonds gehen unter. Die Anschaffungskosten sind gemäß Abs. 3 zweiter Satz zu erhöhen und es ist ein Betrag gemäß § 58 Abs. 2 erster Satz auszuzahlen.
3. Der Umtausch von Anteilen auf Grund einer Verschmelzung gilt nicht als Realisierung im Sinne des Abs. 3 und die gemäß Z 2 erhöhten Anschaffungskosten der Anteile des übertragenden Fonds sind als Anschaffungskosten der Anteile des übernehmenden Fonds fortzuführen.
4. Barauszahlungen (§ 126 Abs. 1 Z 2 und § 126 Abs. 2 Z 2) gelten beim Anteilsinhaber als realisierte Wertsteigerungen gemäß Abs. 3 erster Satz.

Zu § 186 Abs. 1:

Die Bestimmung entspricht weitgehend dem § 40 Abs. 1 InvFG 1993 idF BBG 2011. Zusätzlich eingefügt wurde eine Bestimmung über die Reihenfolge der vorzunehmenden Ausschüttungen. Danach soll für steuerliche Zwecke eine vorrangige Ausschüttung der laufenden und den in den Vorjahren erzielten Einkünfte iSd § 27 EStG angenommen werden. Eine Ausschüttung aus der Substanz soll erst nachrangig möglich sein.

Zu § 186 Abs. 2 Z 1:

Klargestellt wird zusätzlich, dass nicht ausgeschüttete Substanzgewinne nicht den steuerfreien Teil der nicht ausgeschütteten Einkünfte iSd § 27 Abs. 3 und 4 EStG mindern.

EB zu § 186 Abs. 2 Z 2:

Die Meldestelle tritt bei der Ausführung der gesetzlich vorgesehenen Tätigkeiten als Dienstleister der Kapitalanlagegesellschaften beziehungsweise der depotführenden Banken auf. Es werden daher nur Ansprüche gegenüber den Kapitalanlagegesellschaften und den depotführenden Banken begründet. Die vorgesehene Beauftragung der Meldestelle stellt daher kein Schutzgesetz dar. Aufgrund unrichtiger Veröffentlichungen können von dritter Seite keine Schadenersatzansprüche gegen die Meldestelle geltend gemacht werden; geschädigte Anleger können sich lediglich an die Kapitalanlagegesellschaften beziehungsweise die steuerlichen Vertreter sowie an den depotführenden Banken schadlos halten.

EB zu § 186 Abs. 2 Z 3:

Die Regelung entspricht weitgehend dem § 40 Abs. 2 Z 3 InvFG 1993 idF BBG 2011.

Klargestellt wird, dass unterlassene Meldungen im Zusammenhang mit einer tatsächlichen Ausschüttung gem. Z 2 nur eine gänzliche Steuerpflicht der Ausschüttung bewirken. Zu einem Verlust des Meldestatus kommt es nur, wenn keine Meldungen im Zusammenhang mit ausschüttungsgleichen Erträge erstattet werden. Weiters wird klargestellt, dass bei der Pauschalbesteuerung der Rücknahmepreis des laufenden Kalenderjahres herangezogen wird. Weiters wird der Zufluss der ausschüttungsgleichen Erträge mit Ablauf des 31.12. eines jeden Jahres fingiert.

EB zu § 186 Abs. 3:

Bei der Abspaltung illiquider Teile eines OGAW auf einen neu zu bildenden OGAW werden die Anteilinhaber im selben Verhältnis am abgespaltenen OGAW beteiligt. Der Erhalt der neuen Anteile stellt einen steuerneutralen Vorgang dar. Die Anschaffungskosten der Anteile am abspaltenden OGAW sind dabei zu vermindern und die Anschaffungskosten der Anteile des abgespaltenen OGAW in der Höhe dieser Verminderung festzulegen. Das Verhältnis wird durch das der Meldestelle gemäß § 65 bekanntzugebende Verhältnis der Rückkaufswerte bestimmt.

Befindet sich ein Investmentfonds in Abwicklung – eine Maßnahme, die gemäß § 63 der Meldestelle anzuziegen ist, – kommt ebenso die Besteuerung gemäß Abs. 3 zum Tragen. Vorauszahlungen reduzieren daher die Anschaffungskosten und sind solange steuerfrei, bis diese den Wert Null erreicht haben. Ab diesem Zeitpunkt sind die Vorauszahlungen (beziehungsweise Teile davon) voll steuerpflichtig.

EB zu § 186 Abs. 4:

Die steuerliche Behandlung der Fondsverschmelzung soll in Anlehnung an die bisherige Verwaltungspraxis (vergleiche InvFR 2008 Rz 220) ausdrücklich im Gesetz geregelt werden.

Wie schon bisher soll die Fondsverschmelzung keine direkten Auswirkungen auf Anteilsinhaberebene entfalten. Der verschmelzungsbedingte Umtausch der Anteilscheine stellt somit keine steuerpflichtige Realisierung dar.

Bei der Fondsveschmelzung sollen die Anschaffungskosten der Vermögenswerte des übertragenden Fonds vom übernehmenden Fonds fortgeführt werden, wenn es zu keiner endgültigen Verschiebung stiller Reserven kommt. Eine solche endgültige Verschiebung liegt dann nicht vor, wenn die Verschiebung im Realisationsfall (Veräußerung des Anteilscheines) wieder ausgeglichen wird. Bei der Verschmelzung inländischer Fonds kann grundsätzlich davon ausgegangen werden, dass keine solche Verschiebung gegeben ist. Im Fall einer endgültigen Verschiebung wird eine fiktive Liquidation des Fondsvermögens vorgeschrieben.

Weiters wird wie schon bisher in der Verwaltungspraxis ausdrücklich festgehalten, dass Verlustvorträge des übertragenden Fonds zum Verschmelzungsstichtag untergehen und die bis zum Verschmelzungsstichtag entstandenen ausschüttungsgleichen Erträge als zugeflossen gelten und KESt einzubehalten ist.

Erhalten Anteilsinhaber des übertragenden Fonds Anteile am übernehmenden Fonds handelt es sich um keine Neuanschaffung. Die Anteile am übernehmenden Fonds gelten daher nicht automatisch als nach dem 31. Dezember 2010 angeschafft.

Pensionsinvestmentfonds

§ 187. Für Anteile an Pensionsinvestmentfonds im Sinne des 3. Teiles 1. Hauptstück 3. Abschnitt, welche die Voraussetzungen des § 108h Abs. 1 Z 2 bis 5 des Einkommensteuergesetzes 1988 erfüllen, gilt Folgendes:

1. Ausschüttungsgleiche Erträge sind von der Einkommensteuer und Kapitalertragsteuer befreit.
2. Nachweislich einbehaltene inländische Kapitalertragsteuer von Gewinnausschüttungen (Dividenden), die dem Pensionsinvestmentfonds zugehen, können auf Antrag der Verwaltungsgesellschaft erstattet werden. Die Fondsbestimmungen haben zu regeln, bis wann ein entsprechender Antrag zu stellen ist.
3. Der Umtausch von Anteilen in andere Anteile an Pensionsinvestmentfonds im Sinne des 3. Teiles 1. Hauptstück 3. Abschnitt, welche die Voraussetzungen des § 108h Abs. 1 Z 2 bis 5 des Einkommensteuergesetzes 1988 erfüllen, oder zur Erfüllung des Auszahlungsplanes ist in Bezug auf die Realisierung gemäß § 27 Abs. 3 des Einkommensteuergesetzes 1988 wie eine unentgeltliche Übertragung zu behandeln.

Anwendung auf ausländische Kapitalanlagefonds

§ 188. Die Bestimmungen des § 186 sind auch für ausländische Kapitalanlagefonds anzuwenden. Als solche gilt, ungeachtet der Rechtsform, jedes einem ausländischen Recht unterstehende Vermögen, das nach dem Gesetz, der Satzung oder der tatsächlichen Übung nach den Grundsätzen der Risikostreuung angelegt ist. Veranlagungsgemeinschaften im Sinne des § 42 des Immobilien-Investmentfondsgesetzes sind ausgenommen.

5. Teil
Strafbestimmungen, Übergangs- und Schlussbestimmungen

Zum 5. Teil (Strafbestimmungen, Übergangs- und Schlussbestimmungen):

In diesem Teil werden die Strafbestimmungen und die Übergangs- und Schlussbestimmungen geregelt.

1. Hauptstück
Strafbestimmungen

Gerichtliche Strafen

§ 189. (1) Wer im Zusammenhang mit einem öffentlichen Angebot von ausländischen Investmentfondsanteilen solche Anteile im Inland anbietet, obwohl

1. die Anzeige nach § 181 nicht erstattet worden ist, oder
2. die Wartefrist gemäß § 182 noch nicht verstrichen ist, oder
3. die FMA die Aufnahme des Vertriebes untersagt hat, oder
4. die FMA den weiteren Vertrieb untersagt hat, oder

wer im Zusammenhang mit einem öffentlichen Angebot von inländischen Investmentfondsanteilen solche Anteile im Inland anbietet, obwohl der in Österreich aufgelegte Fonds nicht gemäß § 50 oder § 95 von der FMA bewilligt worden ist,
ist, sofern die Tat nicht nach anderen Bestimmungen mit strengerer Strafe bedroht ist, vom Gericht mit Freiheitsstrafe bis zu zwei Jahren oder mit Geldstrafe bis zu 360 Tagessätzen zu bestrafen.

(2) Ebenso ist zu bestrafen, wer in einem veröffentlichten Prospekt oder in einem Kundeninformationsdokument eines in- oder ausländischen Investmentfonds oder in einer einen solchen Prospekt ändernden oder ergänzenden Angabe oder in einem Rechenschafts- oder Halbjahresbericht eines in- oder ausländischen Investmentfonds oder im Rahmen der Information gemäß § 120 über erhebliche Umstände unrichtige vorteilhafte Angaben macht oder nachteilige Tatsachen verschweigt.

(3) Nach Abs. 1 ist nicht zu bestrafen, wer freiwillig, bevor die für den Erwerb erforderliche Leistung erbracht worden ist, den Erwerb der Fondsanteile verhindert. Der Täter ist auch dann nicht zu bestrafen, wenn die Leistung ohne sein Zutun nicht erbracht wird, er sich jedoch in Unkenntnis dessen freiwillig und ernsthaft bemüht, sie zu verhindern.

(4) Die Strafbarkeit nach Abs. 2 wird unter den Voraussetzungen des § 167 StGB durch tätige Reue aufgehoben, sofern sich die Schadensgutmachung auf die gesamte für den Erwerb erforderliche Leistung einschließlich der damit verbundenen Nebenkosten bezieht.

(5) Die FMA ist von der Einleitung und der Beendigung eines gerichtlichen Strafverfahrens nach Abs. 1 oder 2 zu verständigen.

EB zu § 189 bis 192:
Setzt Art. 99 der Richtlinie 2009/65/EG um.

Verwaltungsstrafen

§ 190. (1) Sofern die Tat nicht den Tatbestand einer in die Zuständigkeit der Gerichte fallenden strafbaren Handlung bildet, begeht eine Verwaltungsübertretung und ist hiefür von der FMA mit einer Geldstrafe bis zu 30.000 Euro zu bestrafen, wer

1. in einem veröffentlichten Prospekt oder in einem Kundeninformationsdokument eines Investmentfonds oder in einer einen solchen Prospekt ändernden oder ergänzenden Angabe oder in einem Rechenschafts- oder Halbjahresbericht eines Investmentfonds oder im Rahmen der Information gemäß § 120 über erhebliche Umstände unrichtige vorteilhafte Angaben macht oder die Angabe nachteiliger Tatsachen unterlässt;
2. sonst gegen die Vorschriften der §§ 129 oder 177 bis 185 verstößt;
3. entgegen § 128 ohne einen veröffentlichten Prospekt oder ein verfügbares KID für einen OGAW wirbt,
4. in der Werbung für einen OGAW die in § 128 genannte Inhalte unterlässt;
5. sonst gegen die §§ 132, 133, 136, 138, 140, 141 oder 142 dieses Bundesgesetzes oder gegen die Art. 3 bis 5 oder 7 bis 36 oder 38 der Verordnung (EU) Nr. 583/2010 oder gegen Art. 1 der Verordnung (EU) Nr. 584/2010 verstößt;
6. ohne hiezu berechtigt zu sein, die Bezeichnungen „Kapitalanlagegesellschaft“, „Kapitalanlagefonds“, „Investmentfondsgesellschaft“, „Investmentfonds“, „Miteigentums-

fonds", „Wertpapierfonds", „Aktienfonds", „Obligationenfonds", „Investmentanteilscheine", „Investmentzertifikate", „Pensionsinvestmentfonds", „Spezialfonds", „Indexfonds", „Anleihefonds", „Rentenfonds", „Dachfonds", „thesaurierende Kapitalanlagefonds", „Geldmarktfonds", „Geldmarktfonds mit kurzer Laufzeitstruktur", den Zusatz „mündelsicher" oder gleichbedeutende Bezeichnungen oder Abkürzungen von solchen Bezeichnungen entgegen § 130 führt.

(2) Sofern die Tat nicht den Tatbestand einer in die Zuständigkeit der Gerichte fallenden strafbaren Handlung bildet, begeht eine Verwaltungsübertretung und ist hiefür von der FMA mit einer Geldstrafe bis zu 30 000 Euro zu bestrafen, wer als Verantwortlicher (§ 9 VStG) einer Kapitalanlagegesellschaft oder einer Verwaltungsgesellschaft,

1. die Anzeigepflichten gemäß §§ 37, 113 Abs. 1, 125 Abs. 3, 137 oder 151 verletzt;
2. die Meldepflichten gemäß §§ 152 oder 153 verletzt;
3. die Pflichten gemäß §§ 10 bis 35, 39 Abs. 1, 41 Abs. 4, 42 oder 45 verletzt;
4. die §§ 46 Abs. 2 und 3, 47 Abs. 1 und 2, 49, 52, 53 Abs. 4, 57, 59, 60 Abs. 1 oder 2, 61, 63, 64, 65 verletzt;
5. die Rücknahme oder Auszahlung von Anteilen gemäß § 55 ohne Vorliegen außergewöhnlicher Gründe im Sinne des § 56 Abs. 1 aussetzt oder die Pflicht zur Information der Anleger oder der Behörden in anderen Mitgliedstaaten gemäß § 56 Abs. 2 verletzt;
6. die Veranlagungsbestimmungen der §§ 66 bis 84 oder die Bestimmungen über das Risikomanagement der §§ 85 bis 92 verletzt;
7. die Bestimmungen der §§ 120 bis 124 oder 127 Abs. 2 oder 3 verletzt;
8. die Bestimmungen der § 163 Abs. 2, § 164 Abs. 1 oder 3 Z 1 bis 8, Abs. 4 bis 6 oder § 165 verletzt;
9. die Bestimmungen der § 166, § 167 Abs. 1, 3, 5 oder 6 verletzt;
10. die Bestimmungen der §§ 168 bis 174 verletzt;
11. im Rahmen der Erbringung der Dienstleistungen gemäß § 5 Abs. 2 Z 3 und 4 die §§ 17 bis 26 und 29 bis 57 sowie 58 Abs. 4, 60 Abs. 3 oder 4 oder §§ 73 oder 74 WAG 2007 verletzt.

(3) Sofern die Tat nicht den Tatbestand einer in die Zuständigkeit der Gerichte fallenden strafbaren Handlung bildet, begeht eine Verwaltungsübertretung und ist hiefür von der FMA mit einer Geldstrafe bis zu 30 000 Euro zu bestrafen, wer als Verantwortlicher (§ 9 VStG) einer Verwaltungsgesellschaft aus einem anderen Mitgliedstaat gemäß § 36

1. im Rahmen der Tätigkeit der kollektiven Portfolioverwaltung die §§ 10 bis 28 oder 36 Abs. 1 bis 6 und 9 verletzt;
2. im Rahmen der Tätigkeit der kollektiven Portfolioverwaltung die §§ 46 Abs. 2 und 3, 47 Abs. 1 und 2, 49, 52, 53 Abs. 4, 57, 59, 60, 61, 63 Abs. 1 bis 3, 64, 65 verletzt;
3. die Rücknahme oder Auszahlung von Anteilen gemäß § 55 ohne Vorliegen außergewöhnlicher Gründe im Sinne des § 56 Abs. 1 aussetzt oder die Pflicht zur Information der Anleger oder der Behörden in anderen Mitgliedstaaten gemäß § 56 Abs. 2 verletzt;
4. im Rahmen der Tätigkeit der kollektiven Portfolioverwaltung die Veranlagungsbestimmungen der §§ 66 bis 92 verletzt;
5. im Rahmen der Tätigkeit der kollektiven Portfolioverwaltung gegen die §§ 96 bis 106, 107 Abs. 2, 111, 112, 113 Abs. 2 und 3 verstößt.
6. im Rahmen der Erbringung der Dienstleistungen gemäß § 5 Abs. 2 Z 3 und 4 die §§ 17 bis 26 und 29 bis 57 sowie 58 Abs. 4, 60 Abs. 3 oder 4 oder §§ 73 oder 74 WAG 2007 verletzt.

(4) Sofern die Tat nicht den Tatbestand einer in die Zuständigkeit der Gerichte fallenden strafbaren Handlung bildet, begeht eine Verwaltungsübertretung und ist hiefür von der FMA

mit einer Geldstrafe bis zu 30 000 Euro zu bestrafen, wer als Verantwortlicher (§ 9 VStG) einer Zweigstelle einer Verwaltungsgesellschaft aus einem anderen Mitgliedstaat gemäß § 36

1. im Rahmen der Tätigkeit der kollektiven Portfolioverwaltung die §§ 10 bis 35 oder 36 Abs. 1 bis 6 und 9 verletzt;
2. im Rahmen der Tätigkeit der kollektiven Portfolioverwaltung die §§ 46 Abs. 2 und 3, 47 Abs. 1 und 2, 49, 52, 53 Abs. 4, 57, 59, 60, 61, 63 Abs. 1 bis 3, 64, 65 verletzt;
3. die Rücknahme oder Auszahlung von Anteilen gemäß § 55 ohne Vorliegen außergewöhnlicher Gründe im Sinne des § 56 Abs. 1 aussetzt oder die Pflicht zur Information der Anleger oder der Behörden in anderen Mitgliedstaaten gemäß § 56 Abs. 2 verletzt;
4. im Rahmen der Tätigkeit der kollektiven Portfolioverwaltung die Veranlagungsbestimmungen der §§ 66 bis 92 verletzt;
5. im Rahmen der Tätigkeit der kollektiven Portfolioverwaltung gegen die §§ 96 bis 106, 107 Abs. 2, 111, 112, 113 Abs. 2 und 3 verstößt;
6. im Rahmen der Erbringung der Dienstleistungen gemäß § 5 Abs. 2 Z 3 und 4 die §§ 17 bis 26 und 29 bis 57 sowie 58 Abs. 4, 60 Abs. 3 oder 4 oder §§ 73 oder 74 WAG 2007 verletzt.

(5) Sofern die Tat nicht den Tatbestand einer in die Zuständigkeit der Gerichte fallenden strafbaren Handlung bildet, begeht eine Verwaltungsübertretung und ist hiefür von der FMA mit einer Geldstrafe bis zu 30 000 Euro zu bestrafen, wer als Verantwortlicher (§ 9 VStG) einer Depotbank

1. gegen die §§ 39 Abs. 2, 40 Abs. 2 bis 4, 41 Abs. 3 und 4, 42, 44, 45 verstößt,
2. sofern der Depotbank die entsprechenden Aufgaben gemäß § 5 Abs. 5 übertragen worden sind, die §§ 12, 13, 20, 21 Abs. 6, 31, 57, 63, 64 verletzt,
3. gegen § 107 Abs. 1, 3, 4 oder 5 oder § 108 verstößt, oder
4. wider besseres Wissen die Ordnungsmäßigkeit gemäß § 118 bestätigt;

(6) Sofern die Tat nicht den Tatbestand einer in die Zuständigkeit der Gerichte fallenden strafbaren Handlung bildet, begeht eine Verwaltungsübertretung und ist hiefür von der FMA mit einer Geldstrafe bis zu 30 000 Euro zu bestrafen, wer als Abschlussprüfer eines OGAW,

1. gegen die §§ 109 oder 110 verstößt; oder
2. wider besseres Wissen eine Bestätigung gemäß § 119 Abs. 1 vornimmt.

EB zu § 189 bis 192:

Setzt Art. 99 der Richtlinie 2009/65/EG um.

Verstöße gegen das BWG

§ 191. Die §§ 96, 97, 98 Abs. 1 und Abs. 2 Z 3 bis 5 und Z 8 bis 10, Z 11 BWG im Hinblick auf § 44 BWG, § 98 Abs. 3 Z 10, 11a, 12 und Abs. 5 sowie § 99 Abs. 1 Z 3 bis 10, 15 und 16 und Abs. 2 sowie die §§ 99a bis 101 BWG sind auf Verwaltungsgesellschaften anzuwenden.

EB zu § 189 bis 192:

Setzt Art. 99 der Richtlinie 2009/65/EG um.

Zwangsstrafe

§ 192. Verletzt eine Depotbank Bestimmungen dieses Bundesgesetzes oder einer auf Grund dieses Bundesgesetzes erlassenen Verordnung oder eines Bescheides, so sind die

§§ 70 Abs. 4 und 96 BWG mit der Maßgabe anzuwenden, dass an die Stelle des Konzessionsentzuges gemäß § 70 Abs. 4 Z 3 BWG die Rücknahme der Bewilligung gemäß § 50 Abs. 2 Z 3 tritt.

EB zu § 189 bis 192:
Setzt Art. 99 der Richtlinie 2009/65/EG um.

Verfahren und Schlichtungsstelle

§ 193. (1) Für die Verhängung von Verwaltungsstrafen gemäß §§ 190 bis 191 sowie von Zwangsstrafen gemäß § 192 ist in erster Instanz die FMA zuständig.

(2) Bei Verwaltungsübertretungen gemäß den §§ 190 bis 191 gilt anstelle der Verjährungsfrist des § 31 Abs. 2 VStG von sechs Monaten eine Verjährungsfrist von 18 Monaten. In diese Verjährungsfrist und diejenige nach § 31 Abs. 3 VStG sind Zeiten eines gerichtlichen Strafverfahrens nicht einzurechnen.

(3) Bei der Ermittlung in Verwaltungsstrafverfahren gemäß §§ 190 bis 191 kommen der FMA alle Kompetenzen gemäß den §§ 147 bis 150 zu.

(4) Die FMA hat Kunden von Verwaltungsgesellschaften oder OGAW, die eine Beschwerde gegen einen Verstoß einer Verwaltungsgesellschaft oder eines OGAW gegen die §§ 10 bis 35 oder gegen eine Bestimmung des 3. oder 4. Hauptstückes zur Anzeige bringen, auf die Möglichkeit einer Beschwerde bei der außergerichtlichen FIN-NET Schlichtungsstelle (§ 3 Z 9 ZaDiG) unter Angabe von deren Sitz und Adresse zu verweisen.

EB zu § 193 Abs. 4:
Setzt Art. 100 der Richtlinie 2009/65/EG um.

Zivilrechtliche Auswirkungen unerlaubter Tätigkeit

§ 194. Wer Investmentfondsanteile ohne die erforderliche Berechtigung ausgibt oder vertreibt, hat auf alle mit diesen Geschäften verbundenen Vergütungen, Kosten und Entgelte keinen Anspruch. Die Rechtsunwirksamkeit der mit diesen Geschäften verbundenen Vereinbarungen zieht nicht die Rechtsunwirksamkeit des ganzen Geschäfts nach sich. Entgegenstehende Vereinbarungen sowie mit diesen Geschäften verbundene Bürgschaften und Garantien sind rechtsunwirksam.

2. Hauptstück
Übergangs- und Schlussbestimmungen

Übergangsbestimmungen

§ 195. (1) Die Aktiengesellschaften und Gesellschaften mit beschränkter Haftung, die bei Inkrafttreten dieses Bundesgesetzes mit Bewilligung der FMA das Investmentgeschäft (§ 1 Abs. 1 Z 13 BWG) betreiben, sind Verwaltungsgesellschaften im Sinne dieses Bundesgesetzes und bedürfen keiner erneuten Bewilligung zum Geschäftsbetrieb.

(2) Für den Vertrieb von Anteilen ausländischer Kapitalanlagefonds im Sinne des § 3 Abs. 2 Z 31 lit. c und von EWR-Kapitalanlagefonds, die zum Zeitpunkt des Inkrafttretens dieses Bundesgesetzes zulässigerweise im Inland öffentlich angeboten wurden, ist eine Anzeige nach § 140 oder § 176 nicht erforderlich. Ausländische Kapitalanlagefonds im Sinne des § 3 Abs. 2 Z 31 lit. c haben allerdings die Verpflichtungserklärung gemäß § 181

Abs. 2 Z 5 lit. e und f bis 31. Dezember 2011 der FMA vorzulegen; widrigenfalls hat die FMA gemäß § 182 Abs. 2 vorzugehen.

(3) Wertpapierfirmen im Sinne von § 3 Abs. 2 Z 1 WAG 2007 und Wertpapierdienstleistungsunternehmen gemäß § 4 WAG 2007 können um eine Konzession gemäß § 5 ansuchen, um OGAW zu verwalten und selbst als Verwaltungsgesellschaften aufzutreten, wenn sie gleichzeitig ihre Konzession nach dem WAG 2007 für den Fall der Erteilung einer Konzession als Verwaltungsgesellschaft zurücklegen.

(4) Verwaltungsgesellschaften, die bereits vor dem 1. Juli 2011 in ihrem Herkunftmitgliedstaat gemäß der Richtlinie 85/611/EWG eine Zulassung für die Verwaltung von OGAW in Form eines Investmentfonds oder einer Investmentgesellschaft erhalten haben, gelten im Sinne dieser Bestimmung als konzessioniert, wenn die Rechtsvorschriften des Herkunftmitgliedstaates vorsehen, dass die Gesellschaften zur Aufnahme dieser Tätigkeit Bedingungen genügen müssen, die den in den Artikeln 7 und 8 der Richtlinie 2009/65/EG genannten gleichwertig sind. Sofern solche Verwaltungsgesellschaften unter Einhaltung des § 32a InvFG 1993 bereits Tätigkeiten in Österreich erbringen oder gemäß § 36 InvFG 1993 OGAW-Anteile in Österreich vertreiben, ist eine Erneuerung der Bescheinigung gemäß § 36 dieses Bundesgesetzes nicht erforderlich. Beabsichtigen solche Verwaltungsgesellschaften die kollektive Portfolioverwaltung eines in Österreich aufgelegten OGAW, so sind die §§ 36 und 50 dieses Bundesgesetzes sowie die Bestimmungen des 4. Hauptstückes einzuhalten. Der Vertrieb neuer Anteilsgattungen oder Teilfonds ist jedoch gemäß § 141 Abs. 3 mitzuteilen.

(5) Kapitalanlagefonds im Sinne des InvFG 1993, die bereits vor dem 1. September 2011 von der FMA bewilligt worden sind, sind je nach Bewilligungsbescheid OGAW oder AIF im Sinne dieses Bundesgesetzes und bedürfen keiner neuerlichen Bewilligung. Sie haben die Bestimmungen der §§ 134 und 135 spätestens ab dem 1. Juli 2012 einzuhalten; bis dahin können sie weiterhin anstelle des KID einen vereinfachten Prospekt gemäß Anlage E Schema E InvFG 1993 zur Verfügung stellen.

EB zu § 195 Abs. 4:

Setzt Art. 114 der Richtlinie 2009/65/EG um. Die Anzeigepflicht neuer Teilfonds oder Anteilsgattungen entspricht der Auslegung der Europäischen Kommission im Umsetzungsworkshop zu Richtlinie 2009/65/EG.

EB zu § 195 Abs. 5:

Setzt Art. 118 Abs. 2 der Richtlinie 2009/65/EG um.

Verweise und Verordnungen

§ 196. (1) Soweit in diesem Bundesgesetz auf andere Bundesgesetze verwiesen wird, sind diese in ihrer jeweils geltenden Fassung anzuwenden, außer es ist ausdrücklich anderes angeordnet.

(2) Wenn in diesem Bundesgesetz auf folgende Rechtsakte der Europäischen Union verwiesen wird, sind diese, sofern nichts Anderes angeordnet ist, jeweils in der folgenden Fassung anzuwenden:

1. Richtlinie 2009/65/EG zur Koordinierung der Rechts- und Verwaltungsvorschriften betreffend bestimmte Organismen für gemeinsame Anlagen in Wertpapieren (OGAW) (Neufassung) (ABl. Nr. L 302 vom 17.11.2009, S. 32) in der Fassung der Richtlinie 2010/78/EU zur Änderung der Richtlinien 98/26/EG, 2002/87/EG, 2003/6/EG, 2003/41/EG, 2003/71/EG, 2004/39/EG, 2004/109/EG, 2005/60/EG, 2006/48/EG, 2006/49/EG

und 2009/65/EG im Hinblick auf die Befugnisse der Europäischen Aufsichtsbehörde (Europäische Bankenaufsichtsbehörde), der Europäischen Aufsichtsbehörde (Europäische Aufsichtsbehörde für das Versicherungswesen und die betriebliche Altersversorgung) und der Europäischen Aufsichtsbehörde (Europäische Wertpapier- und Marktaufsichtsbehörde) – ABl. Nr. L 331 vom 15.12.2010, S. 120), wobei Verweise in Gesetzen oder Verordnungen auf die Richtlinie 85/611/EWG als Verweise auf die Richtlinie 2009/65/EG gelten;

2. Richtlinie 2006/48/EG über die Aufnahme und Ausübung der Tätigkeit der Kreditinstitute, ABl. Nr. L 177 vom 30.06.2006, S. 1, in der Fassung der Richtlinie 2010/78/EU zur Änderung der Richtlinien 98/26/EG, 2002/87/EG, 2003/6/EG, 2003/41/EG, 2003/71/EG, 2004/39/EG, 2004/109/EG, 2005/60/EG, 2006/48/EG, 2006/49/EG und 2009/65/EG im Hinblick auf die Befugnisse der Europäischen Aufsichtsbehörde (Europäische Bankenaufsichtsbehörde), der Europäischen Aufsichtsbehörde (Europäische Aufsichtsbehörde für das Versicherungswesen und die betriebliche Altersversorgung) und der Europäischen Aufsichtsbehörde (Europäische Wertpapier- und Marktaufsichtsbehörde) – ABl. Nr. L 331 vom 15.12.2010, S. 120);
3. Richtlinie 2010/43/EU zur Durchführung der Richtlinie 2009/65/EG im Hinblick auf organisatorische Anforderungen, Interessenkonflikte, Wohlverhalten, Risikomanagement und den Inhalt der Vereinbarung zwischen Verwahrstelle und Verwaltungsgesellschaft (ABl. Nr. L 176 vom 10.7.2010, S. 42);
4. Richtlinie 2010/44/EU zur Durchführung der Richtlinie 2009/65/EG in Bezug auf Bestimmungen über Fondsverschmelzungen, Master-Feeder-Strukturen und das Anzeigeverfahren (ABl. Nr. L 176 vom 10.7.2010, S. 28);
5. Verordnung (EU) Nr. 583/2010 zur Durchführung der Richtlinie 2009/65/EG im Hinblick auf die wesentlichen Informationen für den Anleger und die Bedingungen, die einzuhalten sind, wenn die wesentlichen Informationen für den Anleger oder der Prospekt auf einem anderen dauerhaften Datenträger als Papier oder auf einer Website zur Verfügung gestellt werden (ABl. Nr. L 176 vom 10.7.2010, S. 1);
6. Verordnung (EU) Nr. 584/2010 zur Durchführung der Richtlinie 2009/65/EG im Hinblick auf Form und Inhalt des Standardmodells für das Anzeigeschreiben und die OGAW-Bescheinigung, die Nutzung elektronischer Kommunikationsmittel durch die zuständigen Behörden für die Anzeige und die Verfahren für Überprüfungen vor Ort und Ermittlungen sowie für den Informationsaustausch zwischen den zuständigen Behörden (ABl. Nr. L 176 vom 10.7.2010, S. 16);
7. Richtlinie 2004/39/EG über Märkte für Finanzinstrumente, zur Änderung der Richtlinien 85/611/EWG und 93/6/EWG und der Richtlinie 2000/12/EG und zur Aufhebung der Richtlinie 93/22/EWG (ABL Nr. L 145 vom 30.4.2004, S. 1) in der Fassung der Richtlinie 2010/78/EU zur Änderung der Richtlinien 98/26/EG, 2002/87/EG, 2003/6/EG, 2003/41/EG, 2003/71/EG, 2004/39/EG, 2004/109/EG, 2005/60/EG, 2006/48/EG, 2006/49/EG und 2009/65/EG im Hinblick auf die Befugnisse der Europäischen Aufsichtsbehörde (Europäische Bankenaufsichtsbehörde), der Europäischen Aufsichtsbehörde (Europäische Aufsichtsbehörde für das Versicherungswesen und die betriebliche Altersversorgung) und der Europäischen Aufsichtsbehörde (Europäische Wertpapier- und Marktaufsichtsbehörde) – ABl. Nr. L 331 vom 15.12.2010, S. 120);
8. Richtlinie 2003/6/EG über Insider-Geschäfte und Marktmanipulation (Marktmissbrauch) (ABl. Nr. L 96 vom 12.4.2003, S. 16) in der Fassung der Richtlinie 2010/78/EU zur Änderung der Richtlinien 98/26/EG, 2002/87/EG, 2003/6/EG, 2003/41/EG, 2003/71/EG, 2004/39/EG, 2004/109/EG, 2005/60/EG, 2006/48/EG, 2006/49/EG und

2009/65/EG im Hinblick auf die Befugnisse der Europäischen Aufsichtsbehörde (Europäische Bankenaufsichtsbehörde), der Europäischen Aufsichtsbehörde (Europäische Aufsichtsbehörde für das Versicherungswesen und die betriebliche Altersversorgung) und der Europäischen Aufsichtsbehörde (Europäische Wertpapier- und Marktaufsichtsbehörde) – ABl. Nr. L 331 vom 15.12.2010, S. 120);
9. Verordnung (EU) Nr. 1287/2006 zur Durchführung der Richtlinie 2004/39/EG betreffend Aufzeichnungspflichten für Wertpapierfirmen, die Meldung von Geschäften, die Markttransparenz, die Zulassung von Finanzinstrumenten zum Handel und bestimmte Begriffe im Sinne dieser Richtlinie (ABl. Nr. L 241 vom 2.9.2006, S. 1);
10. Verordnung (EU) Nr. 1095/2010 vom 24. November 2010 zur Errichtung einer Europäischen Aufsichtsbehörde (Wertpapier- und Marktaufsichtsbehörde), zur Änderung des Beschlusses Nr. 716/2009/EG und zur Aufhebung des Beschlusses 2009/77/EG der Kommission (ABl. Nr. L 331 vom 15.12.2010, S. 84);
11. Verordnung (EU) Nr. 1092/2010 vom 24. November 2010 über die Finanzaufsicht der Europäischen Union auf Makroebene und zur Errichtung eines Europäischen Ausschusses für Systemrisiken (ABl. Nr. L 331 vom 15.12.2010, S. 1);
12. Richtlinie 2005/60 vom 26. Oktober 2005 zur Verhinderung der Nutzung des Finanzsystems zum Zwecke der Geldwäsche und der Terrorismusfinanzierung, ABl. Nr. L 309 vom 25.11.2005, S. 15, in der Fassung der Richtlinie 2010/78/EU zur Änderung der Richtlinien 98/26/EG, 2002/87/EG, 2003/6/EG, 2003/41/EG, 2003/71/EG, 2004/39/EG, 2004/109/EG, 2005/60/EG, 2006/48/EG, 2006/49/EG und 2009/65/EG im Hinblick auf die Befugnisse der Europäischen Aufsichtsbehörde (Europäische Bankenaufsichtsbehörde), der Europäischen Aufsichtsbehörde (Europäische Aufsichtsbehörde für das Versicherungswesen und die betriebliche Altersversorgung) und der Europäischen Aufsichtsbehörde (Europäische Wertpapier- und Marktaufsichtsbehörde) – ABl. Nr. L 331 vom 15.12.2010, S. 120);
13. Richtlinie 95/46 vom 24. Oktober 1995 zum Schutz natürlicher Personen bei der Verarbeitung personenbezogener Daten und zum freien Datenverkehr, ABl. Nr. L 281 vom 23.11. 1995, S. 31, in der Fassung der Verordnung (EG) Nr. 1882/2003 vom 29. September 2003 (ABl. Nr. L 284 vom 31.10.2003, S. 1);
14. Siebente Richtlinie 83/349/EWG vom 13. Juni 1983 aufgrund von Artikel 54 Absatz 3 Buchstabe g) des Vertrages über den konsolidierten Abschluss, ABl. Nr. L 193 vom 18.07. 1983, S. 1, in der Fassung der Richtlinie 2006/99/EG vom 20. November 2006 (ABl. Nr. L 363 vom 20.12.2006, S. 137);
15. Verordnung (EG) Nr. 1781/2006 vom 15. November 2006 über die Übermittlung von Angaben zum Auftraggeber bei Geldtransfers (ABl. Nr. L 345 vom 08.12. 2006, S. 1);
16. Richtlinie 2007/16/EG vom 19. März 2007 zur Durchführung der Richtlinie 85/611/EWG des Rates zur Koordinierung der Rechts- und Verwaltungsvorschriften betreffend bestimmte Organismen für gemeinsame Anlagen in Wertpapieren (OGAW) im Hinblick auf die Erläuterung gewisser Definitionen (ABl. Nr. L 79 vom 20.3.2007, S. 11).

(3) Verordnungen auf Grund dieses Bundesgesetzes in seiner jeweiligen Fassung dürfen bereits von dem Tag an erlassen werden, der der Kundmachung des durchzuführenden Bundesgesetzes folgt; sie dürfen jedoch nicht vor den durchzuführenden Gesetzesbestimmungen in Kraft treten.

(4) Soweit in anderen Bundesgesetzen auf Bestimmungen des InvFG 1993 verwiesen wird, treten an deren Stelle die entsprechenden Bestimmungen dieses Bundesgesetzes.

EB zu § 196 Abs. 2 Z 1:
Setzt Art. 116 Abs. 1 letzter Unterabs. vorletzter Satz der Richtlinie 2009/65/EG um.

Sprachliche Gleichbehandlung

§ 197. Soweit in diesem Bundesgesetz personenbezogene Bezeichnungen nur in männlicher Form angeführt sind, beziehen sie sich auf Frauen und Männer in gleicher Weise. Bei der Anwendung auf bestimmte Personen ist die jeweils geschlechtsspezifische Form zu verwenden.

Außer-Kraft-Treten

§ 198. (1) Das Investmentfondsgesetz – InvFG 1993 (BGBl. 532/1993) in der Fassung des Bundesgesetzes BGBl. I Nr. 111/2010 wird mit Ablauf des 31. August 2011 aufgehoben; die §§ 6 Abs. 1, 20a Abs. 7, 21a Abs. 1, 2 und 3, 23f und 35 sowie Anlage E Schema E jeweils betreffend den vereinfachten Prospekt sind auf OGAW und AIF, die vor dem 1. September 2011 bewilligt wurden und solange für diese der FMA noch kein KID übermittelt wurde, bis zum Ablauf des 30. Juni 2012 anzuwenden. Die §§ 3 Abs. 2 und 14 Abs. 4 sind auf Zusammenlegungen von Kapitalanlagefonds anzuwenden, hinsichtlich derer bis zum Ablauf des 31. August 2011 bei der FMA ein vollständiger Antrag auf Bewilligung eingereicht wurde. § 44 InvFG 1993 ist auf Taten, die vor dem 1. September 2011 gesetzt wurden, uneingeschränkt weiter anzuwenden.

(2) Folgende Bestimmungen des Investmentfondsgesetzes 1993 in der Fassung vor dem Bundesgesetz BGBl. I Nr. 111/2010 bleiben in Geltung:

1. Die § 13 4. Satz, § 40 Abs. 1 und 2 sowie§ 42 Abs. 1 und 3 sind unbeschadet den Bestimmungen des § 200 Abs. 2 erster Satz für Geschäftsjahre des Fonds, die im Kalenderjahr 2012 beginnen, weiter anzuwenden. § 42 Abs. 2 und 4 sind bis zum 31. März 2012 anzuwenden.
2. Das in § 40 Abs. 1 zweiter Satz genannte Ausmaß von einem Fünftel erhöht sich für
   a) Geschäftsjahre des Fonds, die nach dem 30. Juni 2011 beginnen, auf einen Prozentsatz von 30 vH;
   b) Geschäftsjahre des Fonds, die im Kalenderjahr 2012 beginnen, auf einen Prozentsatz von 40 vH;
3. Die in § 40 Abs. 2 Z 2 vorgesehene Verpflichtung zur Meldung der Kapitalertragsteuer auf täglicher Basis entfällt ab dem 1. April 2012. Ab diesem Zeitpunkt gilt stattdessen, ungeachtet der Z 1, bereits § 186 Abs. 2 Z 2 bis 4 in der Fassung des Investmentfondsgesetzes 2011, BGBl. I Nr. 77/2011.

EB zu § 198:
Das Außerkrafttreten der steuerlichen Bestimmungen des InvFG 1993 einschließlich der Übergangsbestimmungen entspricht inhaltlich der im Budgetbegleitgesetz 2011 normierten Vorgangsweise nach Modifikation durch das Abgabenänderungsgesetz 2011. Hinsichtlich der Meldung der steuerlich relevanten Fondsdaten erfolgt eine Klarstellung insoweit, als diese ab 1. April 2012 ausschließlich an die Meldestelle (OeKB) zu erfolgen hat. Damit wird ab diesem Zeitpunkt für den Anleger eine zentrale Anlaufstelle hinsichtlich des Erhalts der notwendigen Informationen vorhanden sein. Klargestellt wird weiters, dass die täglichen KESt-Meldungen ab dem 1. April 2012 entfallen und ab diesem Zeitpunkt für

alle Investmentfonds die verpflichtende Erbringung der Jahresmeldung gemäß § 186 Abs. 2 Z 2 bis 4 in Kraft tritt.

Vollzugsklausel

§ 199. Mit der Vollziehung dieses Bundesgesetzes ist hinsichtlich

1. § 189 der Bundesminister für Justiz,
2. hinsichtlich der §§ 10 bis 35, 50 bis 65, 128 bis 138 und 194 der Bundesminister für Finanzen im Einvernehmen mit dem Bundesminister für Justiz und
3. hinsichtlich aller übrigen Bestimmungen der Bundesminister für Finanzen betraut.

Inkrafttreten

§ 200.

(1) Dieses Bundesgesetz tritt mit 1. September 2011 in Kraft.

(2) Die §§ 186 und 188 treten mit 1. April 2012 in Kraft. Davon abweichend gilt:

1. § 186 Abs. 3 gilt erstmals für Veräußerungen nach dem 31. März 2012, von nach dem 31. Dezember 2010 angeschafften Anteilscheinen. Für solche Anteilscheine ist eine Berichtigung der Anschaffungskosten gemäß § 186 Abs. 3, für Ausschüttungen und ausschüttungsgleiche Erträge vorzunehmen, die nach dem 31. Dezember 2010 zufließen bzw. als zugeflossen gelten. § 40 Abs. 3 des Investmentfondsgesetzes 1993 in der Fassung vor dem Bundesgesetz BGBl. I Nr. 111/2010 ist bis 31. März 2012 anzuwenden.
2. Abweichend von § 186 Abs. 2 Z 1 tritt bei nicht in einem Betriebsvermögen gehaltenen Anteilen an Stelle des Prozentsatzes von 60 vH für Geschäftsjahre des Fonds, die im Kalenderjahr 2013 beginnen, ein Prozentsatz von 50 vH.

(3) Die §§ 157 bis 161 gelten rückwirkend ab 1. Juli 2011. Für Verwaltungsgesellschaften gemäß Art. 6 der Richtlinie 2009/65/EG, welche in einem anderen Mitgliedstaat konzessioniert sind und über eine Zweigstelle, im Wege der Dienstleistungsfreiheit oder kollektiven Portfolioverwaltung in Österreich tätig werden, gelten rückwirkend ab 1. Juli 2011 die im Folgenden genannten Bestimmungen samt den in ihnen verwiesenen Normen: §§ 10 bis 36; § 38; §§ 46 bis 142; § 143 Abs. 1 Z 2, 3, 4 und 5; § 145; § 147; § 151; § 152; § 153 Abs. 2; § 162 Abs. 1 und 2; § 195 Abs. 2.

EB zu § 200 Abs. 1:

Setzt Art. 118 Abs. 2 der Richtlinie 2009/65/EG sowie Art. 46 der Richtlinie 2010/43/EU und Art. 34 Abs. 1 der Richtlinie 2010/44/EU um.

EB zu § 200 Abs. 2:

Das Inkrafttreten der steuerlichen Bestimmungen des InvFG 2011 entspricht inhaltlich ebenso der im Budgetbegleitgesetz 2011 normierten Vorgangsweise. In formaler Hinsicht treten damit jedoch die durch das Budgetbegleitgesetz 2011 geänderten Bestimmungen der §§ 40 und 42 InvFG 1993 nicht in Kraft, sondern werden sofort durch die inhaltsgleichen Bestimmungen der § 186 und 188 ersetzt. Es wird zwar formal festgelegt, dass die Anschaffungskosten von Fondsanteilen rückwirkend bis 1. Jänner 2011 festzuhalten und zu berichtigen sind. Es handelt sich dabei jedoch um keine materielle Rückwirkung, da eine solche Vorgangsweise bereits durch § 40 Abs. 3 in Verbindung mit § 49 Abs. 24 Z 1 InvFG 1993 vorgesehen ist.

EB zu § 200 Abs. 3:

Die in §§ 157 bis 161 normierte Europäische und Internationale Zusammenarbeit soll für jede Art des grenzüberschreitenden Rechtsverkehrs bereits mit Ablauf der Umsetzungsfrist am 1. Juli 2011 gelten. Mit Ablauf der Umsetzungsfrist der RL 2009/65/EG am 1. Juli 2011 ist damit zu rechnen, dass Verwaltungsgesellschaften aus anderen MS die mit ihr eingeräumten Rechte auf Niederlassung, freien Dienstleistungsverkehr oder kollektiver Portfolioverwaltung in Österreich geltend machen. Ein rückwirkendes Inkrafttreten der Bestimmungen für diese Normadressaten, insbesondere der §§ 36 und 38 des Entwurfs, ist daher sinnvoll. Die in diesen beiden Normen verwiesenen Bestimmungen sollten ebenfalls rückwirkend gelten.

Anlage I zu Art. 2 InvFG 2011

SCHEMA A

I. Investmentfonds

1. Informationen über den Investmentfonds
   - 1.1. Bezeichnung
   - 1.2. Zeitpunkt der Gründung des Investmentfonds. Angabe der Dauer, falls diese begrenzt ist
   - 1.3. –
   - 1.4. Angabe der Stelle, bei der die Fondsbestimmungen sowie die periodischen Berichte erhältlich sind
   - 1.5. Kurzangaben über die auf den Investmentfonds anwendbaren Steuervorschriften, wenn sie für den Anteilinhaber von Bedeutung sind. Angabe, ob auf die von den Anteilinhabern vom Investmentfonds bezogenen Einkünfte und Kapitalerträge Quellenabzüge erhoben werden
   - 1.6. Stichtag für den Jahresabschluss und Häufigkeit der Ausschüttung
   - 1.7. Name der Personen, die mit der Abschlussprüfung gemäß § 49 Abs. 5 beauftragt sind
   - 1.8. –
   - 1.9. –
   - 1.10. Angabe der Art und der Hauptmerkmale der Anteile, insbesondere:
     - Art des Rechts (dingliches, Forderungs- oder anderes Recht), das der Anteil repräsentiert
     - Original-Urkunden oder Zertifikate über diese Urkunden, Eintragung in einem Register oder auf einem Konto
     - Merkmale der Anteile: Namens- oder Inhaberpapiere, gegebenenfalls Angabe der Stückelung
     - Beschreibung des Stimmrechts der Anteilinhaber, falls dieses besteht
     - Voraussetzungen, unter denen die Auflösung des Investmentfonds beschlossen werden kann, und Einzelheiten der Auflösung, insbesondere in Bezug auf die Rechte der Anteilinhaber
   - 1.11. Gegebenenfalls Angabe der Börsen oder Märkte, an denen die Anteile notiert oder gehandelt werden
   - 1.12. Modalitäten und Bedingungen für die Ausgabe und/oder den Verkauf der Anteile
   - 1.13. Modalitäten und Bedingungen der Rücknahme oder Auszahlung der Anteile und Voraussetzungen, unter denen diese ausgesetzt werden kann

1.14. Beschreibung der Regeln für die Ermittlung und Verwendung der Erträge
1.15. Beschreibung der Anlageziele des Investmentfonds, einschließlich der finanziellen Ziele (z. B. Kapital- oder Ertragssteigerung), der Anlagepolitik (z. B. Spezialisierung auf geografische Gebiete oder Wirtschaftsbereiche), etwaiger Beschränkungen bei dieser Anlagepolitik sowie der Angabe etwaiger Techniken und Instrumente oder Befugnisse zur Kreditaufnahme, von denen bei der Verwaltung des Investmentfonds Gebrauch gemacht werden kann
1.16. Regeln für die Vermögensbewertung
1.17. Ermittlung der Verkaufs- oder Ausgabe- und der Auszahlungs- oder Rücknahmepreise der Anteile, insbesondere:
- Methode und Häufigkeit der Berechnung dieser Preise
- Angaben der mit dem Verkauf, der Ausgabe, der Rücknahme oder Auszahlung der Anteile verbundenen Kosten
- Angabe von Art, Ort und Häufigkeit der Veröffentlichung dieser Preise

1.18. Angaben über die Methode, die Höhe und die Berechnung der zu Lasten des Investmentfonds gehenden Vergütungen für die Verwaltungsgesellschaft, die Verwahrstelle oder Dritte und der Unkostenerstattungen an die Verwaltungsgesellschaft, die Verwahrstelle oder Dritte durch den Investmentfonds

2. Angaben über die Verwahrstelle:
   2.1. Bezeichnung oder Firma, Rechtsform, Gesellschaftssitz und Ort der Hauptverwaltung, wenn dieser nicht mit dem Gesellschaftssitz zusammenfällt,
   2.2. Haupttätigkeit.
3. Angaben über die externen Beratungsfirmen oder Anlageberater, wenn ihre Dienste auf Vertragsbasis in Anspruch genommen und die Vergütungen hierfür dem Vermögen des OGAW entnommen werden:
   3.1. Name der Firma oder des Beraters,
   3.2. Einzelheiten des Vertrags mit der Verwaltungsgesellschaft oder der Investmentaktiengesellschaft, die für die Anteilinhaber von Interesse sind; ausgenommen sind Einzelheiten betreffend die Vergütungen,
   3.3. andere Tätigkeiten von Bedeutung.
4. Angaben über die Maßnahmen, die getroffen worden sind, um die Zahlungen an die Anteilinhaber, den Rückkauf oder die Rücknahme der Anteile sowie die Verbreitung der Informationen über den OGAW vorzunehmen. Diese Angaben sind auf jeden Fall hinsichtlich des Mitgliedstaats zu machen, in dem der OGAW bewilligt ist. Falls ferner die Anteile in einem anderen Mitgliedstaat vertrieben werden, sind die oben bezeichneten Angaben hinsichtlich dieses Mitgliedstaats zu machen und in den dort verbreiteten Prospekt aufzunehmen.
5. Weitere Anlageinformationen:
   5.1. Gegebenenfalls bisherige Ergebnisse des OGAW – diese Angaben können entweder im Prospekt enthalten oder diesem beigefügt sein,
   5.2. Profil des typischen Anlegers, für den der OGAW konzipiert ist.
6. Wirtschaftliche Informationen:
   6.1. Etwaige Kosten oder Gebühren mit Ausnahme der unter Nummer 1.17 genannten Kosten, aufgeschlüsselt nach denjenigen, die vom Anteilinhaber zu entrichten sind, und denjenigen, die aus dem Sondervermögen des OGAW zu zahlen sind.

II. Verwaltungsgesellschaft

1. Informationen über die Verwaltungsgesellschaft mit einem Hinweis darauf, ob die Verwaltungsgesellschaft in einem anderen Mitgliedstaat niedergelassen ist als im Herkunftmitgliedstaat des OGAW
   1.1. Bezeichnung oder Firma, Rechtsform, Gesellschaftssitz und Ort der Hauptverwaltung, wenn dieser nicht mit dem Gesellschaftssitz zusammenfällt
   1.2. Zeitpunkt der Gründung der Gesellschaft. Angabe der Dauer, falls diese begrenzt ist
   1.3. Falls die Gesellschaft weitere Investmentfonds verwaltet, Angabe dieser weiteren Investmentfonds
   1.4. –
   1.5. –
   1.6. –
   1.7. –
   1.8. Name und Funktion der Mitglieder der Verwaltungs-, Leitungs- und Aufsichtsorgane. Angabe der Hauptfunktionen, die diese Personen außerhalb der Gesellschaft ausüben, wenn sie für diese von Bedeutung sind
   1.9. Kapital: Höhe des gezeichneten Kapitals mit Angabe des eingezahlten Kapitals
   1.10. –
   1.11. –
   1.12. –
   1.13. –
   1.14. –
   1.15. –
   1.16. –
   1.17. –
   1.18. –
2. Angaben über die Verwahrstelle:
   2.1. Bezeichnung oder Firma, Rechtsform, Gesellschaftssitz und Ort der Hauptverwaltung, wenn dieser nicht mit dem Gesellschaftssitz zusammenfällt,
   2.2. Haupttätigkeit.
3. Angaben über die externen Beratungsfirmen oder Anlageberater, wenn ihre Dienste auf Vertragsbasis in Anspruch genommen und die Vergütungen hierfür dem Vermögen des OGAW entnommen werden:
   3.1. Name der Firma oder des Beraters,
   3.2. Einzelheiten des Vertrags mit der Verwaltungsgesellschaft oder der Investmentaktiengesellschaft, die für die Anteilinhaber von Interesse sind; ausgenommen sind Einzelheiten betreffend die Vergütungen,
   3.3. andere Tätigkeiten von Bedeutung.
4. Angaben über die Maßnahmen, die getroffen worden sind, um die Zahlungen an die Anteilinhaber, den Rückkauf oder die Rücknahme der Anteile sowie die Verbreitung der Informationen über den OGAW vorzunehmen. Diese Angaben sind auf jeden Fall hinsichtlich des Mitgliedstaats zu machen, in dem der OGAW bewilligt ist. Falls ferner die Anteile in einem anderen Mitgliedstaat vertrieben werden, sind die oben bezeichneten Angaben hinsichtlich dieses Mitgliedstaats zu machen und in den dort verbreiteten Prospekt aufzunehmen.

5. Weitere Anlageinformationen:
   5.1. Gegebenenfalls bisherige Ergebnisse des OGAW – diese Angaben können entweder im Prospekt enthalten oder diesem beigefügt sein,
   5.2. Profil des typischen Anlegers, für den der OGAW konzipiert ist.
6. Wirtschaftliche Informationen:
   6.1. Etwaige Kosten oder Gebühren mit Ausnahme der unter Nummer 1.17 genannten Kosten, aufgeschlüsselt nach denjenigen, die vom Anteilinhaber zu entrichten sind, und denjenigen, die aus dem Sondervermögen des OGAW zu zahlen sind.

III. Investmentgesellschaft

1. Informationen über die Investmentgesellschaft
   1.1. Bezeichnung oder Firma, Rechtsform, Gesellschaftssitz und Ort der Hauptverwaltung, wenn dieser nicht mit dem Gesellschaftssitz zusammenfällt
   1.2. Zeitpunkt der Gründung der Gesellschaft. Angabe der Dauer, falls diese begrenzt ist
   1.3. Im Falle von Investmentgesellschaften mit unterschiedlichen Teilfonds, Angabe dieser Teilfonds
   1.4. Angabe der Stelle, bei der die Satzung sowie die periodischen Berichte erhältlich sind
   1.5. Kurzangaben über die auf die Gesellschaft anwendbaren Steuervorschriften, wenn sie für den Anteilinhaber von Bedeutung sind. Angabe, ob auf die von den Anteilinhabern von der Gesellschaft bezogenen Einkünfte und Kapitalerträge Quellenabzüge erhoben werden
   1.6. Stichtag für den Jahresabschluss und Häufigkeit der Dividendenausschüttung
   1.7. Name der Personen, die mit der Abschlussprüfung gemäß § 49 Abs. 5 beauftragt sind
   1.8. Name und Funktion der Mitglieder der Verwaltungs-, Leitungs- und Aufsichtsorgane. Angabe der Hauptfunktionen, die diese Personen außerhalb der Gesellschaft ausüben, wenn sie für diese von Bedeutung sind
   1.9. Kapital
   1.10. Angabe der Art und der Hauptmerkmale der Anteile, insbesondere:
      – Original-Urkunden oder Zertifikate über diese Urkunden, Eintragung in einem Register oder auf einem Konto
      – Merkmale der Anteile: Namens- oder Inhaberpapiere, gegebenenfalls Angabe der Stückelung
      – Beschreibung des Stimmrechts der Anteilinhaber
      – Voraussetzungen, unter denen die Auflösung der Investmentaktiengesellschaft beschlossen werden kann, und Einzelheiten der Auflösung, insbesondere in Bezug auf die Rechte der Anteilinhaber
   1.11. Gegebenenfalls Angabe der Börsen oder Märkte, an denen die Anteile notiert oder gehandelt werden
   1.12. Modalitäten und Bedingungen für die Ausgabe und/oder den Verkauf der Anteile
   1.13. Modalitäten und Bedingungen der Rücknahme oder Auszahlung der Anteile und Voraussetzungen, unter denen diese ausgesetzt werden kann. Im Falle von Investmentgesellschaften mit unterschiedlichen Teilfonds, Angabe der Art und Weise, wie ein Anteilinhaber von einem Teilfonds in den anderen wechseln kann, und welche Kosten damit verbunden sind

1.14. Beschreibung der Regeln für die Ermittlung und Verwendung der Erträge
1.15. Beschreibung der Anlageziele der Gesellschaft, einschließlich der finanziellen Ziele (zum Beispiel Kapital- oder Ertragssteigerung), der Anlagepolitik (zum Beispiel Spezialisierung auf geografische Gebiete oder Wirtschaftsbereiche), etwaiger Beschränkungen bei dieser Anlagepolitik sowie der Angabe etwaiger Techniken und Instrumente oder Befugnisse zur Kreditaufnahme, von denen bei der Verwaltung der Gesellschaft Gebrauch gemacht werden kann
1.16. Regeln für die Vermögensbewertung
1.17. Ermittlung der Verkaufs- oder Ausgabe- und der Auszahlungs- oder Rücknahmepreise der Anteile, insbesondere:
- Methode und Häufigkeit der Berechnung dieser Preise
- Angaben der mit dem Verkauf, der Ausgabe, der Rücknahme oder Auszahlung der Anteile verbundenen Kosten
- Angabe von Art, Ort und Häufigkeit der Veröffentlichung dieser Preise
1.18. Angaben über die Methode, die Höhe und die Berechnung der Vergütungen, die von der Gesellschaft zu zahlen sind an ihre Geschäftsleiter und Mitglieder der Verwaltungs-, Leitungs- und Aufsichtsorgane, an die Verwahrstelle oder an Dritte, und der Unkostenerstattungen an die Geschäftsleiter der Gesellschaft, an die Verwahrstelle oder an Dritte durch die Gesellschaft
2. Angaben über die Verwahrstelle:
2.1. Bezeichnung oder Firma, Rechtsform, Gesellschaftssitz und Ort der Hauptverwaltung, wenn dieser nicht mit dem Gesellschaftssitz zusammenfällt,
2.2. Haupttätigkeit.
3. Angaben über die externen Beratungsfirmen oder Anlageberater, wenn ihre Dienste auf Vertragsbasis in Anspruch genommen und die Vergütungen hierfür dem Vermögen des OGAW entnommen werden:
3.1. Name der Firma oder des Beraters,
3.2. Einzelheiten des Vertrags mit der Verwaltungsgesellschaft oder der Investmentaktiengesellschaft, die für die Anteilinhaber von Interesse sind; ausgenommen sind Einzelheiten betreffend die Vergütungen,
3.3. andere Tätigkeiten von Bedeutung.
4. Angaben über die Maßnahmen, die getroffen worden sind, um die Zahlungen an die Anteilinhaber, den Rückkauf oder die Rücknahme der Anteile sowie die Verbreitung der Informationen über den OGAW vorzunehmen. Diese Angaben sind auf jeden Fall hinsichtlich des Mitgliedstaats zu machen, in dem der OGAW bewilligt ist. Falls ferner die Anteile in einem anderen Mitgliedstaat vertrieben werden, sind die oben bezeichneten Angaben hinsichtlich dieses Mitgliedstaats zu machen und in den dort verbreiteten Prospekt aufzunehmen.
5. Weitere Anlageinformationen:
5.1. Gegebenenfalls bisherige Ergebnisse des OGAW – diese Angaben können entweder im Prospekt enthalten oder diesem beigefügt sein,
5.2. Profil des typischen Anlegers, für den der OGAW konzipiert ist.
6. Wirtschaftliche Informationen:
6.1. Etwaige Kosten oder Gebühren mit Ausnahme der unter Nummer 1.17 genannten Kosten, aufgeschlüsselt nach denjenigen, die vom Anteilinhaber zu entrichten sind, und denjenigen, die aus dem Sondervermögen des OGAW zu zahlen sind.

EB zum Schema A:
Setzt Anhang I der Richtlinie 2009/65/EG um.

SCHEMA B

Informationen, die in den periodischen Berichten enthalten sein müssen

1. Vermögensstand:
   - Wertpapiere,
   - Bankguthaben,
   - sonstige Vermögen,
   - Vermögen insgesamt,
   - Verbindlichkeiten,
   - Nettobestandswert.
2. Anzahl der umlaufenden Anteile
3. Nettobestandswert je Anteil
4. Wertpapierbestand, wobei zu unterscheiden ist zwischen
   a) Wertpapieren, die zur amtlichen Notierung an einer Wertpapierbörse zugelassen sind;
   b) Wertpapieren, die auf einem anderen geregelten Markt gehandelt werden;
   c) in § 67 Abs. 3 bezeichneten neu emittierten Wertpapieren;
   d) den sonstigen in § 67 Abs. 4 bezeichneten Wertpapieren,

   wobei eine Gliederung nach den geeignetsten Kriterien unter Berücksichtigung der Anlagepolitik des OGAW (zum Beispiel nach wirtschaftlichen oder geografischen Kriterien, nach Devisen und so weiter) nach prozentualen Anteilen am Reinvermögen vorzunehmen ist; für jedes vorstehend bezeichnete Wertpapier Angabe seines Anteils am Gesamtvermögen des OGAW.

   Angabe der Veränderungen in der Zusammensetzung des Wertpapierbestandes während des Berichtszeitraums.
5. Angaben über die Entwicklung des Vermögens des OGAW während des Berichtszeitraums, die Folgendes umfassen:
   - Erträge aus Anlagen;
   - sonstige Erträge;
   - Aufwendungen für die Verwaltung;
   - Aufwendungen für die Verwahrstelle;
   - sonstige Aufwendungen und Gebühren;
   - Nettoertrag;
   - Ausschüttungen und wiederangelegte Erträge;
   - Erhöhung oder Verminderung der Kapitalrechnung;
   - Mehr- oder Minderwert der Anlagen;
   - etwaige sonstige Änderungen, welche das Vermögen und die Verbindlichkeiten des OGAW berühren;
   - Transaktionskosten (Kosten, die dem OGAW bei Geschäften mit seinem Portfolio entstehen).
6. Vergleichende Übersicht über die letzten drei Geschäftsjahre, wobei zum Ende jeden Geschäftsjahres Folgendes anzugeben ist:
   - gesamter Nettobestandswert;
   - Nettobestandswert je Anteil.
7. Angabe des Betrags der bestehenden Verbindlichkeiten aus vom OGAW im Berichtszeitraum getätigten Geschäften im Sinne von §§ 73, 83 und 84, wobei nach Kategorien zu differenzieren ist.

8. Berechnungsmethode des Gesamtrisikos:
   8.1. Verwendete Berechnungsmethode des Gesamtrisikos
   8.2. Falls anwendbar, Informationen über das verwendete Referenzvermögen
   8.3. Falls anwendbar, die niedrigste, die höchste und die durchschnittliche Höhe des Value-at-Risk im vergangenen Jahr
   8.4. Falls anwendbar, das verwendete Modell und die Inputs, die für die Berechnung des Value-at-Risk verwendet wurden (Kalkulationsmodell, Konfidenzintervall, Halteperiode, Länge der Datenhistorie)
   8.5. Bei Verwendung des Value-at-Risk, Höhe des Leverage während der vergangenen Periode, berechnet aus der Summe der Nominalwerte der Derivate

EB zu Schema B Punkt 8:
Setzt CESR-Guideline CESR/10-788 (Box 25) um.

Steuerrechtliche Normen

Investmentfondsgesetz 1993 (Auszug)

Gewinnverwendung und Ausschüttungen

§ 13. Die Fondsbestimmungen haben Regelungen über die Art der Ausschüttungen des Kapitalanlagefonds an die Anteilsinhaber zu enthalten. Das Fondsvermögen darf jedoch durch Ausschüttungen in keinem Fall 1 150 000 Euro unterschreiten. Innerhalb von vier Monaten nach Ende des Geschäftsjahres ist, sofern keine Ausschüttung erfolgt, jedenfalls ein Betrag in der Höhe der auf die ausschüttungsgleichen Erträge gemäß § 40 Abs. 1 entfallenden Kapitalertragsteuer zuzüglich des gemäß § 124b Z 186 des Einkommensteuergesetzes 1988 freiwillig geleisteten Betrages auszuzahlen. Zu den Einkünften gehören auch Beträge, die neu hinzukommende Anteilinhaber für den zum Ausgabetag ausgewiesenen Ertrag aus Zinsen und Dividenden leisten (Ertragsausgleich auf Zins- und Dividendenerträge). Die Auszahlung kann für Kapitalanlagefonds oder bestimmte Gattungen von Anteilscheinen eines Kapitalanlagefonds unterbleiben, wenn durch die den Fonds verwaltende Kapitalanlagegesellschaft in eindeutiger Form nachgewiesen wird, dass die ausgeschütteten und ausschüttungsgleichen Erträge sämtlicher Inhaber der ausgegebenen Anteilscheine entweder nicht der inländischen Einkommen- oder Körperschaftsteuer unterliegen oder die Voraussetzungen für eine Befreiung gemäß § 94 des Einkommensteuergesetzes 1988 vorliegen. Als solcher Nachweis gilt das kumulierte Vorliegen von Erklärungen sowohl der Depotbank als auch der Kapitalanlagegesellschaft, dass ihnen kein Verkauf an andere Personen bekannt ist, sowie von Fondsbestimmungen, die den ausschließlichen Vertrieb bestimmter Gattungen im Ausland vorsehen.

EB zu Z 2 und 7 Budgetbegleitgesetz 2011 (§ 13 und § 49 Abs. 24 InvFG 1993):
Im Hinblick darauf, dass nicht der Kapitalertragsteuer, sondern der Abfuhr eines freiwillig geleisteten Betrages unterliegende Altemissionen im EStG künftig an anderer Stelle geregelt sind, muss der darauf gerichtete Verweis geändert werden. Zusätzlich wird der Ertragsausgleich auf alle ordentlichen Erträge ausgedehnt.

IV. Abschnitt
Steuern

Steuern vom Einkommen, vom Ertrag und vom Vermögen

§ 40. (1) Die ausgeschütteten Erträge aus Einkünften im Sinne des § 27 des Einkommensteuergesetzes 1988 abzüglich der damit in Zusammenhang stehenden Aufwendungen eines Kapitalanlagefonds sind beim Anteilinhaber steuerpflichtige Einnahmen. Ergibt sich aus den Einkünften im Sinne des § 27 Abs. 3 und 4 des Einkommensteuergesetzes 1988 nach Abzug der damit in Zusammenhang stehenden Aufwendungen ein Verlust, ist dieser mit anderen Einkünften des Fonds auszugleichen. Ist ein solcher Ausgleich nicht möglich, hat eine Verrechnung mit Einkünften des Fonds in den Folgejahren, vorrangig mit Einkünften des Fonds im Sinne des § 27 Abs. 3 und 4 des Einkommensteuergesetzes 1988 zu erfolgen.

(2) 1. Insoweit eine tatsächliche Ausschüttung im Sinne des Abs. 1 unterbleibt, gelten mit Auszahlung der Kapitalertragsteuer (§ 13 dritter Satz) sämtliche Erträge aus der Überlassung von Kapital im Sinne des § 27 Abs. 2 des Einkommensteuergesetzes sowie 60%

des positiven Saldos aus Einkünften im Sinne des § 27 Abs. 3 und 4 Einkommensteuergesetz 1988 abzüglich der damit in Zusammenhang stehenden Aufwendungen eines Kapitalanlagefonds an die Anteilinhaber in dem aus dem Anteilrecht sich ergebenden Ausmaß als ausgeschüttet (ausschüttungsgleiche Erträge). Wird diese Auszahlung nicht innerhalb von vier Monaten nach Ende des Geschäftsjahres vorgenommen, gelten die ausschüttungsgleichen Erträge nach Ablauf dieser Frist als ausgeschüttet. Bei in einem Betriebsvermögen gehaltenen Anteilscheinen gilt der gesamte positive Saldo aus Einkünften im Sinne des § 27 Abs. 3 und 4 des Einkommensteuergesetzes 1988 abzüglich der damit in Zusammenhang stehenden Aufwendungen als ausgeschüttet. Werden die als ausgeschüttet geltenden Erträge später tatsächlich ausgeschüttet, sind sie steuerfrei.

2. Die Bemessung und Höhe der Kapitalertragsteuer auf die Ausschüttung im Sinne des Abs. 1 und die ausschüttungsgleichen Erträge im Sinne der Z 1 sind der Meldestelle gemäß § 6 Abs. 3 durch einen steuerlichen Vertreter zum Zwecke der Veröffentlichung bekannt zu geben. Als steuerlicher Vertreter kann nur ein inländischer Wirtschaftstreuhänder oder eine Person bestellt werden, die vergleichbare fachliche Qualifikationen nachweist. Lehnt die Meldestelle einen steuerlichen Vertreter wegen Zweifel an der Vergleichbarkeit der Qualifikation ab, entscheidet der Bundesminister für Finanzen. Der steuerliche Vertreter hat überdies die Aufgliederung der Zusammensetzung der ausschüttungsgleichen Erträge und tatsächlichen Ausschüttung sowie die notwendigen Änderungen der Anschaffungskosten gemäß Abs. 3 der Meldestelle zu übermitteln. Diese Aufgliederung ist von der Meldestelle in geeigneter Form zu veröffentlichen. Frist, Inhalt und Struktur der Übermittlung, allfällige Korrekturen sowie Art und Weise der Veröffentlichung durch die Meldestelle sind durch Verordnung des Bundesministers für Finanzen näher zu regeln. § 12 Abs. 1 letzter Satz und § 13 Abs. 5 jeweils des KMG sind sinngemäß anzuwenden.
3. Erfolgen keine Meldungen gemäß Z 2, ist die Ausschüttung zur Gänze steuerpflichtig. Die ausschüttungsgleichen Erträge im Sinne des Abs. 1 sind in Höhe von 90% des Unterschiedsbetrages zwischen dem ersten und letzten im vorangegangenen Kalenderjahr festgesetzten Rücknahmepreis, mindestens jedoch in Höhe von 10% des am Ende des vorangegangenen Kalenderjahres festgesetzten Rücknahmepreises zu schätzen. Der Anteilinhaber kann die Höhe der ausschüttungsgleichen Erträge oder die Steuerfreiheit der tatsächlichen Ausschüttung unter Beilage der dafür notwendigen Unterlagen nachweisen.
4. Wurde Kapitalertragsteuer abgezogen, ist der Nachweis gemäß Z 3 gegenüber dem Abzugsverpflichteten zu erbringen. Dieser hat, wenn noch keine Realisierung im Sinne des Abs. 3 erfolgt ist, die Kapitalertragsteuer zu erstatten oder nachzubelasten und die Anschaffungskosten gemäß Abs. 3 zu korrigieren.

(3) Die realisierte Wertsteigerung bei Veräußerung des Anteilscheines unterliegt der Besteuerung gemäß § 27 Abs 3 des Einkommensteuergesetzes 1988. Ausschüttungsgleiche Erträge erhöhen, steuerfreie Ausschüttungen im Sinne des Abs. 2 Z 1 letzter Satz vermindern beim Anteilinhaber die Anschaffungskosten des Anteilscheines im Sinne des § 27a Abs. 3 Z 2 des Einkommensteuergesetzes 1988. Die Auszahlung des Anteilscheines gemäß § 10 Abs. 2 gilt als Veräußerung. Der Umtausch von Anteilen an einem Kapitalanlagefonds auf Grund der Zusammenlegung von Fondsvermögen gemäß § 3 Abs. 2 oder eines Anteilserwerbs gemäß § 14 Abs. 4 gilt nicht als Realisierung und die bisherigen Anschaffungskosten sind fortzuführen.

EB zu Z 4 und 7 Budgetbegleitgesetz 2011 (§ 40 und § 49 Abs. 24 InvFG 1993):

§ 40 Abs. 1 InvFG 1993 stellt bei der Definition der ausschüttungsgleichen Erträge auf den Wortlaut des neu gefassten § 27 EStG 1988 ab und verdeutlicht damit auch das – weiterhin zur Anwendung kommende – Transparenzprinzip. Im Hinblick auf die Neufassung der Einkünfte aus Kapitalvermögen werden künftig auch tatsächliche Ausschüttungen von Substanzgewinnen und Einkünften aus Derivaten im Privatvermögen zu 100% erfasst. Aufgegeben wird im Hinblick auf die Neuordnung der Kapitalertragsbesteuerung auch die Unterscheidung von Substanzgewinnen aus Forderungswertpapieren (bisher steuerfrei bei Privatanlegern) und aus Aktien.

Neu geregelt wird auch der Verlustausgleich: Gewinne aus der Veräußerung von Vermögenswerten und aus Derivaten sind zunächst mit Verlusten aus der Veräußerung von Vermögenswerten und aus Derivaten auszugleichen und die damit im Zusammenhang stehenden Aufwendungen sind abzuziehen. Ergibt sich daraus ein Verlust, kann dieser mit anderen Gewinnen des Fonds ausgeglichen werden. Verluste sind wie bisher vortragsfähig. Dies gilt auch für bestehende Verlustvorträge. Dies ist ein Ausgleich dafür, dass Verluste eines Fonds mit Gewinnen eines anderen Fonds oder anderen Einkünften aus Kapitalvermögen nur dann ausgeglichen werden können, wenn der Anteilschein veräußert wird. In den Folgejahren sollen solche Verlustvorträge primär mit Gewinnen aus der Veräußerung von Vermögenswerten und aus Derivaten des Fonds verrechnet werden.

Abs. 2 ist nunmehr in vier Ziffern unterteilt:

Z 1 stellt, wie bisher, für nicht ausgeschüttete Erträge eine Ausschüttungsfiktion auf. Mit dieser Ausschüttungsfiktion wird der steuerliche Thesaurierungseffekt gemildert. Diese Ausschüttungsfiktion umfasst wie bisher alle ordentlichen Erträge, einschließlich Dividenden aus inländischen Aktien, die zwar nicht bei der Ausschüttung aus dem Fonds bzw. als Teil der ausschüttungsgleichen Erträge, wohl aber bei Zufluss der Dividenden an den Fonds KESt-pflichtig sind. Von den realisierten Wertsteigerungen und Einkünften aus Derivaten (vormals „Substanzgewinnen") gelten 60% der saldierten Gewinne bei nicht im Betriebsvermögen gehaltenen Anteilscheinen als ausgeschüttet.

Bei im Betriebsvermögen gehaltenen Anteilscheinen gilt hingegen im Hinblick auf die gemeinschaftsrechtlich gebotene Gleichbehandlung von in- und ausländischen Investmentfonds ein Anteil von 100% als ausgeschüttet.

Der Zeitpunkt des (fiktiven) Zuflusses der ausschüttungsgleichen Erträge bleibt unverändert.

Die Z 2 regelt, wie bisher, die Form des Nachweises der ausschüttungsgleichen Erträge. Diese Nachweisführung ist insoweit neu geregelt, als die entsprechenden Daten der Meldestelle zu melden und von dieser zu veröffentlichen sind.

Entsprechend der Neugestaltung der Kapitaleinkünfte, die keine Stückzinsenabrechnung mehr kennt, werden bei einem unterjährigen Kauf oder Verkauf eines Investmentfondsanteils keine unterjährigen ausschüttungsgleichen Erträge erfasst. Diese können nur mehr nach Ende des Fondswirtschaftjahres anfallen (entweder im Zeitpunkt der Auszahlung der Kapitalertragsteuer oder nach 4 Monaten nach Ende des Fondswirtschaftsjahres). Daher kann auch die tägliche KESt-Meldung entfallen und es ist nur mehr eine einmalige Jahresmeldung erforderlich.

Zur Sicherstellung der Qualität der Meldungen sollen diese durch Personen erfolgen, die über entsprechende Kenntnisse des österreichischen Abgabenrechtes verfügen. Damit sollen Nachteile und vermeidbare Verwaltungsaufwendungen für den Anteilinhaber und die depotführenden Banken vermieden werden. Diese entstehen, wenn KESt-Abzug infolge unrichtiger Meldungen vorgenommen wird und dies in der Folge berichtigt werden muss.

Die Qualifikation ist nunmehr so gefasst, dass gemeinschaftsrechtliche Bedenken ausgeräumt erscheinen. Grundsätzlich wird von einem Wirtschaftprüfer eine solche Qualifikation angenommen. Es kann jede andere natürliche oder juristische Person, die eine vergleichbare Qualifikation nachweisen kann, die Vertretung übernehmen. Ein formales Anerkennungsverfahren ist dafür nicht erforderlich, lediglich im Streitfall ist vom Bundesministerium für Finanzen mit Bescheid über die Vergleichbarkeit abzusprechen.

Neu ist weiters, dass die Informationen, die ein Anteilinhaber zur Erfüllung seiner steuerlichen Obliegenheitspflicht im Zuge der Veranlagung benötigt, ebenso der Meldestelle zu übermitteln sind, und – ähnlich wie der Prospekt – bei dieser verwahrt und dem Anteilinhaber zur Verfügung gestellt werden.

In Z 3 wird, wie in der Vergangenheit bei so genannten schwarzen Fonds, eine Pauschalregelung hinsichtlich der Besteuerung getroffen. Sie ist vorwiegend als Anleitung zu sehen, wie die depotführende Bank den KESt-Abzug zu berechnen hat, hat aber auch für Fonds Bedeutung, die im Ausland gehalten und im Wege der Veranlagung besteuert werden. Der Anleger soll aber stets die Möglichkeit eines Selbstnachweises haben.

Für Anteilscheine an Fonds, für die keine Meldung erfolgt und die bei inländischen depotführenden Stellen gehalten werden, sieht Z 4 vor, dass der Selbstnachweis nur bei der depotführenden Stelle möglich ist. Dies soll sicherstellen, dass auch eine entsprechende Korrektur der Anschaffungskosten durch die depotführende Stelle erfolgen kann. Gelingt dem Anleger der Selbstnachweis nicht, wird spätestens bei Veräußerung des Anteilscheins eine richtige Besteuerung hergestellt.

In Abs. 3 ist die Erfassung der realisierten Wertsteigerung des Anteilscheins selbst normiert. Da allerdings Ausschüttungen (Teil)Vorwegrücklösungen sind und eine steuerliche Erfassung im Wege der ausschüttungsgleichen Erträge erfolgt ist, muss die doppelte Besteuerung von realisierten Wertveränderungen verhindert werden. Dies wird durch die laufende Korrektur der Anschaffungskosten erreicht: Ausschüttungsgleiche Erträge erhöhen die Anschaffungskosten, während tatsächliche steuerfreie Ausschüttungen, das sind Ausschüttungen jener Erträge, die bereits früher als ausschüttungsgleiche Erträge zugegangen sind, die Anschaffungskosten vermindern.

Dieses einfache System weist lediglich im Zusammenhang mit in Fondsanteilen eingekauften inländischen Dividenden Unschärfen auf. Zur genauen Ermittlung müsste täglich ein abgegrenzter Ertragsausgleich ermittelt werden und je Anteilserwerb evidenziert werden. Der daraus entstehende Verwaltungsaufwand scheint unverhältnismäßig, weshalb von einer entsprechenden Regelung Abstand genommen wird.

EStG 1988 (Auszug)

§ 6

2. a) Nicht abnutzbares Anlagevermögen und Umlaufvermögen sind mit den Anschaffungs- oder Herstellungskosten anzusetzen. Ist der Teilwert niedriger, so kann dieser angesetzt werden. Bei Wirtschaftsgütern, die bereits am Schluß des vorangegangenen Wirtschaftsjahres zum Betriebsvermögen gehört haben, kann der Steuerpflichtige in den folgenden Wirtschaftsjahren den Teilwert auch dann ansetzen, wenn er höher ist als der letzte Bilanzansatz; es dürfen jedoch höchstens die Anschaffungs- oder Herstellungskosten angesetzt werden. Eine pauschale Wertberichtigung für Forderungen ist nicht zulässig. Zu den Herstellungskosten gehören auch angemessene Teile der Materialgemeinkosten und der Fertigungsgemeinkosten. Z 13 vorletzter und letzter Satz sind zu beachten.
   b) Bei land- und forstwirtschaftlichen Betrieben ist für die Wirtschaftsgüter mit biologischem Wachstum auch der Ansatz des über den Anschaffungs- oder Herstellungskosten liegenden Teilwertes zulässig.
   c) Abschreibungen auf den niedrigeren Teilwert (lit. a) und Verluste aus der Veräußerung, Einlösung und sonstigen Abschichtung von Wirtschaftsgütern und Derivaten im Sinne des § 27 Abs. 3 und 4, auf deren Erträge der besondere Steuersatz gemäß § 27a Abs. 1 anwendbar ist, sind vorrangig mit positiven Einkünften aus realisierten Wertsteigerungen von solchen Wirtschaftsgütern und Derivaten sowie mit Zuschreibungen derartiger Wirtschaftsgüter zu verrechnen. Ein verbleibender negativer Überhang darf nur zur Hälfte ausgeglichen werden.
3. Verbindlichkeiten sind gemäß Z 2 lit. a zu bewerten. Im Jahr der Aufnahme einer Verbindlichkeit ist ein Aktivposten anzusetzen
   – in Höhe des Unterschiedsbetrages zwischen Rückzahlungsbetrag und aufgenommenem Betrag und
   – in Höhe der mit der Verbindlichkeit unmittelbar zusammenhängenden Geldbeschaffungskosten.

   Der Aktivposten ist zwingend auf die gesamte Laufzeit der Verbindlichkeit zu verteilen. Die Verteilung kann gleichmäßig oder entsprechend abweichenden unternehmensrechtlichen Grundsätze ordnungsmäßiger Buchführung vorgenommen werden.
4. Entnahmen sind mit dem Teilwert im Zeitpunkt der Entnahme anzusetzen.
5. Einlagen sind mit dem Teilwert im Zeitpunkt der Zuführung anzusetzen. Wirtschaftsgüter und Derivate im Sinne des § 27 Abs. 3 und 4 sind mit den Anschaffungskosten anzusetzen, wenn diese niedriger als der Teilwert im Einlagezeitpunkt sind.

EB zu Z 3 und 36 BBG 2011 (§ 6 Z 2 lit. a und c, Z 5 und § 124b Z 181 EStG 1988):

Nach dem neuen Konzept der Kapitalbesteuerung sollen die in der Bestimmung des § 27 aufgezählten Einkünfte – unabhängig davon, ob sie aus Zinsen oder Substanz stammen – sowohl im betrieblichen als auch im außerbetrieblichen Bereich grundsätzlich mit dem einheitlichen Steuersatz von 25% besteuert werden (zu den Ausnahmen für Körperschaften gem. § 7 Abs. 3 KStG siehe die dortigen Erläuterungen).

Werden mehrere, sich in einem Depot befindende Wirtschaftsgüter und Derivate mit derselben Wertpapierkennnummer in zeitlicher Aufeinanderfolge angeschafft, sind als Anschaffungskosten die gewogenen Durchschnittspreise anzusetzen (siehe dazu die Erläuterungen zu § 27a Abs. 4 Z 3).

Eine neu eingefügte Bewertungsvorschrift betrifft Teilwertabschreibungen und Verluste.

Werden bei Wirtschaftsgütern und Derivaten iSd § 27 Abs. 3 und 4, die dem besonderen Steuersatz von 25% unterliegen, Abschreibungen auf den niedrigen Teilwert vorgenommen oder Verluste realisiert, sind diese vorrangig mit positiven Einkünften von solchen Wirtschaftsgütern und Derivaten sowie mit Zuschreibungen derartiger Wirtschaftsgüter zu verrechnen. Ein danach verbleibender Gesamtverlust darf zur Hälfte mit den anderen betrieblichen Einkünften verrechnet werden und geht auch nur zu 50% in einen allfälligen Verlustvortrag ein. Diese Einschränkung ist aufgrund des 25%igen Steuersatzes notwendig und systematisch korrekt, da ansonsten die Verluste mit Gewinnen verrechnet werden könnten, die einem Grenzsteuersatz von bis zu 50% unterliegen. Eine einkünfteübergreifende Verrechnung zB mit realisierten Wertsteigerungen im Rahmen der Einkünfte aus Kapitalvermögen findet jedoch nicht statt.

Diese eingeschränkte Verlustverwertungsmöglichkeit gilt nicht für unter § 7 Abs. 3 KStG fallende Körperschaften.

Die weitere notwendige Änderung betrifft die Einlagenbewertung. Dem bisherigen Einlagenbewertungskonzept für Beteiligungen entsprechend sollen Wirtschaftsgüter und Derivate mit den Anschaffungskosten angesetzt werden, wenn diese niedriger als der Teilwert im Einlagenzeitpunkt sind. Ist der Teilwert im Einlagenzeitpunkt niedriger als die Anschaffungskosten, ist der niedrigere Teilwert anzusetzen.

Schließlich kann auch die bisherige Sonderregelung für Beteiligungen iSd § 31 ersatzlos entfallen, weil nach dem 31.12.2010 angeschaffte Anteile an Körperschaften unabhängig von Behaltedauer und Beteiligungsausmaß auch im Privatvermögen ab dem 1.10.2011 steuerhängig sein sollen. Wird eine vor dem 1.1.2010 angeschaffte Beteiligung iSd § 31 ab dem 1.10.2011 eingelegt, ist aufgrund der Übergangsbestimmung des § 124b Z 181 noch § 6 Abs. 5 in der bis dahin geltenden Fassung anzuwenden. Solche Einlagen sind grundsätzlich mit dem Teilwert, bei Beteiligungen iSd § 31 entsprechend der neuen Rechtslage höchstens mit den Anschaffungskosten anzusetzen.

EB zu Z 3 und 24 AbgÄG 2011 (§ 6 Z 2 lit. c und § 124b Z 193 lit. a EStG 1988):

Es soll klargestellt werden, dass Substanzverluste im betrieblichen Bereich – nach der vorgesehenen innerbetrieblichen Verrechnung mit Substanzgewinnen und der sodann erfolgenden Halbierung des Überhangs – grundsätzlich auch mit anderen Einkünften ausgeglichen werden können. Dies ändert jedoch nichts daran, dass den allgemeinen steuerlichen Grundsätzen entsprechend zunächst ein innerbetrieblicher, sodann ein horizontaler und abschließend ein vertikaler Verlustausgleich zu erfolgen hat.

§ 20

(2) Weiters dürfen bei der Ermittlung der Einkünfte Aufwendungen und Ausgaben nicht abgezogen werden, soweit sie mit
- nicht steuerpflichtigen Einnahmen oder
- Einkünften, auf die der besondere Steuersatz gemäß § 27a Abs. 1 anwendbar ist,

in unmittelbarem wirtschaftlichem Zusammenhang stehen.

EB zu Z 7 und 36 BBG 2011 (§ 20 Abs. 2 und § 124b Z 184 EStG 1988):

Die Neuregelung der Besteuerung von Kapitalvermögen sieht u.a. den künftigen Eintritt der Endbesteuerungswirkung grundsätzlich dann vor, wenn der 25%ige Steuersatz anzuwenden ist. Daher ist auch der Verweis in § 20 Abs. 2 entsprechend anzupassen: Künftig sollen für sämtliche Einkünfte, die dem besonderen Steuersatz des § 27a Abs. 1 unterliegen, weder im betrieblichen noch im außerbetrieblichen Bereich unmittelbar damit im Zusam-

menhang stehende Aufwendungen und Ausgaben abgezogen werden können (etwa Fremdfinanzierungskosten oder Depotführungskosten). Bei natürlichen Personen entspricht dies der bisherigen Rechtslage bei endbesteuerten Einkünften. Auch die neue Einbeziehung des betrieblichen Bereichs erscheint angesichts des 25%igen Steuersatzes verfassungskonform.

Darüber hinaus soll entsprechend der bisherigen Rechtslage der Abzug von Aufwendungen und Ausgaben auch dann nicht möglich sein, wenn die Einkünfte aufgrund der Regelbesteuerungsoption des § 27a Abs. 5 mit dem allgemeinen Steuertarif besteuert werden.

Der Abzug von Aufwendungen und Ausgaben steht dagegen auch weiterhin für jene Einkünfte zu, die gemäß § 27a Abs. 2 nicht mit dem besonderen Steuersatz von 25% besteuert werden sowie generell für unter § 7 Abs. 3 KStG fallende Körperschaften.

EB zu Z 8 AbgÄG 2011 (§ 20 Abs. 1 Z 5 EStG 1988):

Die geltende Rechtslage enthält keine ausdrückliche Bestimmung zur Berücksichtigungsfähigkeit von Strafen als Betriebsausgaben oder Werbungskosten. Die Beurteilungsgrundsätze wurden von Judikatur und Lehre entwickelt und gehen dahin, Strafen und Geldbußen im Allgemeinen als nicht abzugsfähig anzusehen, da das verpönte Verhalten der Privatsphäre des Steuerpflichtigen zugeordnet wird. Die steuerliche Abzugsfähigkeit von Strafen unterläuft zudem deren Pönalcharakter. Da Strafen im Allgemeinen ohne Berücksichtigung von Steuerwirkungen bemessen werden, schmälert die steuerliche Abzugsfähigkeit deren spezial- und generalpräventive Wirkung. Nur in wenigen Ausnahmefällen sind Geldstrafen abzugsfähig, nämlich dann, wenn das Fehlverhalten in den Rahmen der normalen Betriebsführung fällt und die Bestrafung vom Verschulden unabhängig ist oder nur ein geringes Verschulden voraussetzt (vgl. VwGH vom 3. Juni 1986, 86/14/0061). Auch nach der bisherigen Verwaltungspraxis waren Strafen und Geldbußen regelmäßig nicht abzugsfähig.

In der Judikatur des EuGH zeichnet sich ab, dass im EU-Bereich Geldbußen, wie beispielsweise Geldbußen wegen Verstößen gegen das Wettbewerbsrecht, nicht abzugsfähig sind, da bei einer Abzugsfähigkeit von EU-Geldbußen durch die Reduktion der Steuerlast die Geldbuße teilweise ausgeglichen und damit die vorgesehene Sanktion beeinträchtigt würde (Rs X BV, EuGH 11.6.2009, C-429/07).

Zur Vermeidung eines Wertungswiderspruches und damit im Interesse der Wahrung der Einheit der Rechtsordnung soll klargestellt werden, dass bei einem durch die Rechtsordnung verpönten Verhalten, das eine Strafe oder Buße nach sich zieht, ein Abzug als Betriebsausgabe oder Werbungskosten generell nicht in Betracht kommt und so die Allgemeinheit nicht einen Teil der Strafe mittragen muss. Dies gilt für sämtliche Strafen und Geldbußen unabhängig davon, von welcher Institution sie verhängt werden.

Eine ausdrücklich betraglich umschriebene Gewinnabschöpfung ist vom Abzugsverbot nicht erfasst. Die Aufspaltung einer Strafe in eine Pönal- und eine Gewinnabschöpfungskomponente kann hingegen zu keiner teilweisen Abzugsfähigkeit führen, da das Abzugsverbot die Strafe in ihrer Gesamtheit erfasst. Ein neben einer Strafe oder Geldbuße verhängter Verfall ist vom Abzugsverbot nicht erfasst.

Auch Ausgaben, die als Abgabenerhöhung im Sinne des Finanzstrafgesetzes (zB der Verkürzungszuschlag gemäß § 30a) zu leisten sind, sollen nicht abzugsfähig sein. Die im FinStrG vorgesehenen Abgabenerhöhungen sind Nebenansprüche im Sinne des § 3 Abs. 2 lit. c BAO. Nebenansprüche teilen das Schicksal der betreffenden Abgabe. Sind Betriebssteuern Grundlage für die Abgabenerhöhungen, würde dies dazu führen, dass auch der Verkürzungszuschlag wie die Betriebssteuer abzugsfähig ist.

Da der Verkürzungszuschlag Straffreiheit vermittelt, soll er wie eine verhängte Strafe behandelt werden und daher nicht abzugsfähig sein. Dem gleichen Gesichtspunkt liegt auch die ausdrückliche Verankerung der Nichtabzugsfähigkeit von Leistungen aus Anlass einer Diversion (Rücktritt von der Strafverfolgung, §§ 198 ff StPO) zu Grunde, die der bisherigen Behandlung in der Verwaltungspraxis (Rz 358 der Lohnsteuerrichtlinien 2002) entspricht.

Einkünfte aus Kapitalvermögen

§ 27. (1) Einkünfte aus Kapitalvermögen sind Einkünfte aus der Überlassung von Kapital (Abs. 2), aus realisierten Wertsteigerungen von Kapitalvermögen (Abs. 3) und aus Derivaten (Abs. 4), soweit sie nicht zu den Einkünften im Sinne des § 2 Abs. 3 Z 1 bis 4 gehören.

(2) Zu den Einkünften aus der Überlassung von Kapital gehören:

1. a) Gewinnanteile (Dividenden) und sonstige Bezüge aus Aktien oder Anteilen an Gesellschaften mit beschränkter Haftung;
   b) Gleichartige Bezüge und Rückvergütungen aus Anteilen an Erwerbs- und Wirtschaftsgenossenschaften;
   c) Gleichartige Bezüge aus Genussrechten und Bezüge aus Partizipationskapital im Sinne des Bankwesengesetzes oder des Versicherungsaufsichtsgesetzes;
   d) Bezüge aus Anteilen an körperschaftlich organisierten Personengemeinschaften in den Angelegenheiten der Bodenreform (Agrargemeinschaften) im Sinne des Art. 12 Abs. 1 Z 3 des Bundes-Verfassungsgesetzes;
2. Zinsen, und andere Erträgnisse aus Kapitalforderungen jeder Art, beispielsweise aus Darlehen, Anleihen (einschließlich Nullkuponanleihen), Hypotheken, Einlagen, Guthaben bei Kreditinstituten und aus Ergänzungskapital im Sinne des Bankwesengesetzes oder des Versicherungsaufsichtsgesetzes, ausgenommen Stückzinsen;
3. Diskontbeträge von Wechseln und Anweisungen;
4. Gewinnanteile aus der Beteiligung an einem Unternehmen als stiller Gesellschafter sowie aus der Beteiligung nach Art eines stillen Gesellschafters, soweit sie nicht zur Auffüllung einer durch Verluste herabgeminderten Einlage zu verwenden sind.

(3) Zu den Einkünften aus realisierten Wertsteigerungen von Kapitalvermögen gehören Einkünfte aus der Veräußerung, Einlösung und sonstigen Abschichtung von Wirtschaftsgütern, deren Erträge Einkünfte aus der Überlassung von Kapital im Sinne von Abs. 2 sind.

(4) Zu den Einkünften aus Derivaten gehören

1. der Differenzausgleich,
2. die Stillhalterprämie,
3. Einkünfte aus der Veräußerung und
4. Einkünfte aus der sonstigen Abwicklung

bei Termingeschäften (beispielsweise Optionen, Futures und Swaps) sowie bei sonstigen derivativen Finanzinstrumenten (beispielsweise Indexzertifikaten).

(5) Als Einkünfte aus der Überlassung von Kapital im Sinne von Abs. 2 gelten auch:

1. Besondere Entgelte oder Vorteile, die neben den im Abs. 2 bezeichneten Einkünften oder an deren Stelle gewährt werden, beispielsweise Sachleistungen, Boni und nominelle Mehrbeträge auf Grund einer Wertsicherung.
2. Vom Abzugsverpflichteten (§ 95 Abs. 2) oder Dritten übernommene Kapitalertragsteuerbeträge.
3. Unterschiedsbeträge zwischen der eingezahlten Versicherungsprämie und der Versicherungsleistung, die

a) im Falle des Erlebens oder des Rückkaufs einer auf den Er- oder Er- und Ablebensfall abgeschlossenen Kapitalversicherung einschließlich einer fondsgebundenen Lebensversicherung,
b) im Falle der Kapitalabfindung oder des Rückkaufs einer Rentenversicherung, bei der der Beginn der Rentenzahlungen vor Ablauf von fünfzehn Jahren ab Vertragsabschluss vereinbart ist,

ausgezahlt werden, wenn im Versicherungsvertrag nicht laufende, im Wesentlichen gleich bleibende Prämienzahlungen vereinbart sind und die Höchstlaufzeit des Versicherungsvertrages weniger als fünfzehn Jahre beträgt. Im Übrigen gilt jede Erhöhung einer Versicherungssumme im Rahmen eines bestehenden Vertrages auf insgesamt mehr als das Zweifache der ursprünglichen Versicherungssumme gegen eine nicht laufende, im Wesentlichen gleich bleibende Prämienzahlung als selbständiger Abschluss eines neuen Versicherungsvertrages.

4. Ausgleichszahlungen und Leihgebühren, die der Verleiher eines Wertpapiers vom Entleiher oder der Pensionsgeber vom Pensionsnehmer erhält.
5. (aufgehoben)
6. (aufgehoben)
7. Zuwendungen jeder Art
   - von nicht unter § 5 Z 6 des Körperschaftsteuergesetzes 1988 fallenden Privatstiftungen,
   - von Privatstiftungen im Sinne des § 4 Abs. 11 Z 1 lit. c bis zu einem Betrag von 1 460 Euro jährlich, sowie
   - von ausländischen Stiftungen oder sonstigen Vermögensmassen, die jeweils mit einer Privatstiftung vergleichbar sind.

   Als Zuwendungen gelten auch Einnahmen einschließlich sonstiger Vorteile, die anlässlich der unentgeltlichen Übertragung eines Wirtschaftsgutes an die Privatstiftung, ausländische Stiftung oder sonstige Vermögensmasse, die jeweils mit einer Privatstiftung vergleichbar sind, vom Empfänger der Zuwendung erzielt werden. Dies gilt nicht hinsichtlich der bei der Zuwendung von Grundstücken mitübertragenen Belastungen des Grundstückes, soweit sie mit dem Grundstück in unmittelbarem wirtschaftlichen Zusammenhang stehen.
8. Nicht zu den Einkünften im Sinne der Z 7 gehören Zuwendungen, soweit sie nach Maßgabe der folgenden Bestimmungen eine Substanzauszahlung von gestiftetem Vermögen darstellen:
   a) Zuwendungen gelten insoweit als Substanzauszahlung, als sie den maßgeblichen Wert im Sinne der lit. b übersteigen und im Evidenzkonto im Sinne der lit. c Deckung finden.
   b) Als maßgeblicher Wert gilt der am Beginn des Geschäftsjahres vorhandene Bilanzgewinn zuzüglich der gebildeten Gewinnrücklagen gemäß § 224 Abs. 3 A III und IV des Unternehmensgesetzbuches und zuzüglich der steuerrechtlichen stillen Reserven des zugewendeten Vermögens. Der am Beginn des Geschäftsjahres vorhandene Bilanzgewinn ist um Beträge zu erhöhen, die zu einer Verminderung auf Grund des Ansatzes des beizulegenden Wertes gemäß § 202 Abs. 1 des Unternehmensgesetzbuches geführt haben. Zuwendungen im Bilanzerstellungszeitraum gelten nicht als Substanzauszahlung, solange der im Jahresabschluss ausgewiesene Bilanzgewinn nicht vom Abschlussprüfer bestätigt ist.
   c) Voraussetzung für die Behandlung einer Zuwendung als Substanzauszahlung ist die

laufende ordnungsgemäße Führung eines Evidenzkontos. Es erhöht sich um sämtliche Stiftungseingangswerte und vermindert sich um Substanzauszahlungen.

d) Stiftungseingangswert ist der Wert des gestifteten Vermögens zum Zeitpunkt der Zuwendung. Dabei sind § 6 Z 5 zweiter Satz, § 6 Z 9 und § 15 Abs. 3 Z 1 anzuwenden.

e) Soweit Zuwendungen Substanzauszahlungen darstellen, vermindern sie das Evidenzkonto in Höhe der in § 15 Abs. 3 Z 2 lit. b genannten Werte.

f) Zuwendungen einer Stiftung (Vermögensmasse) an eine von ihr errichtete Stiftung (Vermögensmasse) gelten abweichend von lit. a als Substanzauszahlung, soweit sie im Evidenzkonto (lit. c) Deckung finden. Die empfangende Stiftung (Vermögensmasse) hat die als Substanzauszahlungen geltenden Beträge als Stiftungseingangswert in gleicher Höhe anzusetzen; dieser Stiftungseingangswert ist um den bei der zuwendenden Stiftung (Vermögensmasse) vorhandenen maßgeblichen Wert im Sinne der lit. b zu vermindern.

g) Abweichend von lit. f gelten Zuwendungen einer Stiftung (Vermögensmasse) an eine von ihr errichtete Stiftung (Vermögensmasse) als Substanzauszahlung, soweit sie Vermögen betreffen, das in einer unternehmensrechtlichen Vermögensaufstellung zum 31. Juli 2008 erfasst ist. Die empfangende Stiftung (Vermögensmasse) hat die steuerlich maßgebenden Werte fortzuführen. Diese Zuwendungen erhöhen nicht die Stiftungseingangswerte und fließen nicht in das Evidenzkonto bei der empfangenden Stiftung (Vermögensmasse) ein. Dies gilt nur insoweit, als die Zuwendung im Stiftungszweck der zuwendenden Stiftung (Vermögensmasse) Deckung findet.

h) Soweit Zuwendungen als Substanzauszahlung gelten, sind sie in die Kapitalertragsteuer-Anmeldung aufzunehmen.

9. Ist ein Stifter im Falle des Widerrufs einer nicht unter § 4 Abs. 11 Z 1 fallenden Privatstiftung Letztbegünstigter gemäß § 34 des Privatstiftungsgesetzes, sind die Einkünfte auf seinen Antrag um die steuerlich maßgebenden Werte seiner vor dem 1. August 2008 getätigten Zuwendungen an die Privatstiftung zu kürzen. Dies gilt nur dann, wenn der Stifter diese Werte nachweist. Für Zuwendungen nach dem 31. Juli 2008 erfolgt die Kürzung um den Letztstand des Evidenzkontos gemäß Z 8 lit. c. Die Kürzung gilt sinngemäß für den Widerruf einer ausländischen Stiftung oder sonstigen Vermögensmasse, die jeweils mit einer Privatstiftung vergleichbar sind, mit der Maßgabe, dass die nach österreichischem Steuerrecht ermittelten Werte anzusetzen sind. Voraussetzung für die Kürzung bei Widerruf einer ausländischen Stiftung (Vermögensmasse) ist, dass für die Zuwendung an die ausländische Stiftung (Vermögensmasse) Stiftungseingangssteuer oder Erbschafts- oder Schenkungssteuer entrichtet wurde.

(6) Als Veräußerung im Sinne der Abs. 3 und 4 gelten auch:

1. a) Die Entnahme und das sonstige Ausscheiden aus dem Depot. Sofern nicht lit. b anzuwenden ist, liegt in folgenden Fällen keine Veräußerung vor:
   - Bei der Übertragung auf ein anderes Depot desselben Steuerpflichtigen bei derselben depotführenden Stelle.
   - Bei der Übertragung auf ein Depot desselben Steuerpflichtigen bei einer inländischen depotführenden Stelle, wenn der Steuerpflichtige die übertragende depotführende Stelle beauftragt, der übernehmenden depotführenden Stelle die Anschaffungskosten mitzuteilen.
   - Bei der Übertragung von einer inländischen depotführenden Stelle auf ein Depot desselben Steuerpflichtigen bei einer ausländischen depotführenden Stelle, wenn der Steuerpflichtige die übertragende depotführende Stelle beauftragt,

dem zuständigen Finanzamt innerhalb eines Monats seinen Namen und seine Steuer- oder Sozialversicherungsnummer, die übertragenen Wirtschaftsgüter, deren Anschaffungskosten sowie jene Stelle mitzuteilen, auf die die Übertragung erfolgt.

– Bei der Übertragung von einer ausländischen depotführenden Stelle auf ein Depot desselben Steuerpflichtigen bei einer anderen ausländischen depotführenden Stelle und bei der unentgeltlichen Übertragung von einer ausländischen depotführenden Stelle auf ein Depot eines anderen Steuerpflichtigen, wenn der Steuerpflichtige dem zuständigen Finanzamt innerhalb eines Monats die übertragenen Wirtschaftsgüter, deren Anschaffungskosten sowie jene Stelle und jenen Steuerpflichtigen mitteilt, auf die die Übertragung erfolgt.
– Bei der unentgeltlichen Übertragung von einer inländischen depotführenden Stelle auf das Depot eines anderen Steuerpflichtigen, wenn
– der depotführenden Stelle anhand geeigneter Unterlagen (insbesondere Notariatsakt, Einantwortungsbeschluss, Schenkungsmeldung) die unentgeltliche Übertragung nachgewiesen wird, oder
– der Steuerpflichtige die depotführende Stelle beauftragt, dem zuständigen Finanzamt innerhalb eines Monats seinen Namen und seine Steuer- oder Sozialversicherungsnummer, die übertragenen Wirtschaftsgüter, deren Anschaffungskosten und gegebenenfalls jene Stelle mitzuteilen, auf die die Übertragung erfolgt.

b) Umstände, die zum Verlust des Besteuerungsrechtes der Republik Österreich im Verhältnis zu anderen Staaten hinsichtlich eines Wirtschaftsgutes im Sinne des Abs. 3 oder eines Derivats im Sinne des Abs. 4 führen.
Bei Wegzug
– in einen Mitgliedstaat der Europäischen Union oder
– in einen Staat des Europäischen Wirtschaftsraumes, sofern eine umfassende Amts- und Vollstreckungshilfe mit der Republik Österreich besteht,

ist auf Grund eines in der Steuererklärung gestellten Antrages über die durch den Wegzug entstandene Steuerschuld im Abgabenbescheid nur abzusprechen, die Steuerschuld jedoch bis zur tatsächlichen Veräußerung des Wirtschaftsguts bzw. Derivats nicht festzusetzen. Als Wegzug gelten alle Umstände im Sinne der lit. b.
Ein späterer Wegzug
– in einen Staat, der nicht der Europäischen Union angehört oder
– in einen Staat des Europäischen Wirtschaftsraumes, mit dem eine umfassende Amts- und Vollstreckungshilfe mit der Republik Österreich nicht besteht,

gilt als Veräußerung. Die Veräußerung gilt als rückwirkendes Ereignis im Sinne des § 295a der Bundesabgabenordnung. § 205 der Bundesabgabenordnung ist nicht anzuwenden.

Im Falle des Eintritts in das Besteuerungsrecht der Republik Österreich im Verhältnis zu anderen Staaten gilt der gemeine Wert als Anschaffungskosten. Erfolgt in den Fällen nicht festgesetzter Steuerschuld oder auf Grund einer Umgründung im Sinne des Umgründungssteuergesetzes ein Wiedereintritt in das Besteuerungsrecht der Republik Österreich, dann sind die Anschaffungskosten vor dem Wegzug maßgeblich. Die spätere Veräußerung gilt nicht als rückwirkendes Ereignis im Sinne des § 295a der Bundesabgabenordnung. Weist der Steuerpflichtige nach, dass Wertsteigerungen im EU/EWR-Raum eingetreten sind, sind diese vom Veräußerungserlös abzuziehen.

2. Der Untergang von Anteilen auf Grund der Auflösung (Liquidation) oder Beendigung einer Körperschaft für sämtliche Beteiligte unabhängig vom Ausmaß ihrer Beteiligung.
3. Die Veräußerung von Dividendenscheinen, Zinsscheinen und sonstigen Ansprüchen, wenn die dazugehörigen Wirtschaftsgüter nicht mitveräußert werden.
4. Der Zufluss anteiliger Einkünfte aus der Überlassung von Kapital gemäß Abs. 2 Z 2 anlässlich der Realisierung der dazugehörigen Wirtschaftsgüter (Stückzinsen).

(7) Steuerfrei sind Ausschüttungen aus Anteilen und aus Genussrechten (§ 174 des Aktiengesetzes) bis zu einem Nennbetrag von insgesamt höchstens 25 000 Euro, die von Mittelstandsfinanzierungsgesellschaften im Sinne des § 5 Z 14 des Körperschaftsteuergesetzes 1988 ausgegeben worden sind. Die Befreiung erfolgt im Wege der Anrechnung (Erstattung) der Kapitalertragsteuer im Rahmen der Veranlagung. Die Befreiung gilt nicht für Ausschüttungen von solchen Mittelstandsfinanzierungsgesellschaften, die auf Grund von Ausschüttungsbeschlüssen nach dem Zeitpunkt einer Veröffentlichung im Sinne des § 6b Abs. 3 des Körperschaftsteuergesetzes 1988 erfolgen, in der die Kapitalgesellschaft, die die Voraussetzungen des § 5 Z 14 des Körperschaftsteuergesetzes 1988 nicht mehr erfüllt, nicht mehr genannt ist.

(8) Der Verlustausgleich ist nur im Rahmen der Veranlagung (§ 97 Abs. 2) und nach Maßgabe der folgenden Vorschriften zulässig:
1. Verluste aus Einkünften nach Abs. 3 und 4 können nicht mit Zinserträgen aus Geldeinlagen und sonstigen Forderungen bei Kreditinstituten sowie mit Zuwendungen von Privatstiftungen gemäß Abs. 5 Z 7 ausgeglichen werden.
2. Verlustanteile aus der Beteiligung an einem Unternehmen als stiller Gesellschafter sowie aus der Beteiligung nach Art eines stillen Gesellschafters dürfen nicht mit anderen Einkünften ausgeglichen werden. Sie sind in Folgejahren mit Gewinnanteilen aus derselben Beteiligung zu verrechnen.
3. Einkünfte aus Kapitalvermögen, auf die der besondere Steuersatz gemäß § 27a Abs. 1 anwendbar ist, können nicht mit Einkünften aus Kapitalvermögen ausgeglichen werden, für die dieser gemäß § 27a Abs. 2 nicht gilt.
4. Nicht ausgeglichene Verluste aus Kapitalvermögen dürfen nicht mit Einkünften aus anderen Einkunftsarten ausgeglichen werden.

Die vorstehenden Regelungen über den Verlustausgleich gelten auch im Falle der Regelbesteuerung gemäß § 27a Abs. 5.

EB zu Z 9 und 36 BBG 2011 (§ 27 und § 124b Z 179 und 185 EStG 1988):

Die Neuordnung der Besteuerung von Kapitalvermögen verfolgt drei wichtige Zielsetzungen:

Erstens sollen künftig – im Sinne einer Vermögenszuwachsbesteuerung für Finanzvermögen – nicht nur Einkünfte aus der Überlassung von Kapital, sondern auch Einkünfte aus realisierten Wertsteigerungen von Wertpapieren sowie aus Derivaten unabhängig von Behaltedauer bzw. Beteiligungsausmaß generell besteuert werden. Der Vermögenszuwachs soll somit stets erfasst werden, unabhängig davon, ob er aus den Früchten oder der Substanz stammt. Ebenso wie der Begriff „Gewinnermittlung" auch die Verlustermittlung umfasst, sind als „realisierte Wertsteigerungen" auch entsprechende Stammverluste zu verstehen.

Zweitens soll künftig der Vermögenszuwachs sowohl im betrieblichen als auch im außerbetrieblichen Bereich grundsätzlich einheitlich steuerlich erfasst werden (zu den Ausnahmen für Körperschaften gem. § 7 Abs. 3 KStG siehe die dortigen Erläuterungen). Der im Betriebsvermögen durch Überlassung von Kapital oder durch die Realisierung von

Wertsteigerungen von Wirtschaftsgütern und Derivaten erzielte Vermögenszuwachs soll nach ähnlichen Grundsätzen, also insbesondere mit dem 25%igen Sondersteuersatz besteuert und bei Inlandsbezug durch Steuerabzug erhoben werden. Anders als bei realisierten Wertsteigerungen aus privaten Kapitalanlagen sollen allerdings im betrieblichen Bereich derartige Einkünfte auch bei einem erfolgten KESt-Abzug der nachfolgenden Veranlagung (grundsätzlich ebenfalls mit dem festen 25%igen Steuersatz) unterliegen, insbesondere um allfällige Teilwertabschreibungen berücksichtigen zu können.

Sowohl die Erfassung des gesamten Vermögenszuwachses im Finanzvermögen als auch dessen einheitliche Erfassung im betrieblichen und außerbetrieblichen Bereich stellen dabei einen wichtigen Beitrag zur Erreichung einer „produktneutralen" Besteuerung dar.

Drittens sollen die Vorschriften über die Besteuerung von Kapitalvermögen neu geordnet, vereinfacht, vereinheitlicht und systematisiert werden. In Hinblick auf diese Zielsetzungen wurden die §§ 27 und 93 bis 97 komplett neu konzipiert.

§ 27 soll künftig drei Tatbestände umfassen:

1. *In Abs. 2 werden die schon bisher als Einkünfte aus Kapitalvermögen besteuerten Früchte aus Finanzvermögen erfasst. Diese sollen unter dem Oberbegriff „Einkünfte aus der Überlassung von Kapital" subsumiert werden; die in den einzelnen Ziffern angeführten Erträge sind dabei aufgezählt:*
   - *Z 1 entspricht weitestgehend § 27 Abs. 1 Z 1 in der derzeit geltenden Fassung, wobei einerseits in lit. a die – gesellschaftsrechtlich nicht mehr zulässigen – Zinsen aus Aktien entfallen können, andererseits in lit. c klargestellt werden soll, dass Bezüge aus Partizipationskapital im Sinne des Bankwesen- oder Versicherungsaufsichtsgesetzes stets unter diesen Tatbestand fallen.*
   - *In Z 2 sollen die § 27 Abs. 1 Z 3 und 4 des § 27 in der derzeit geltenden Fassung zusammengefasst werden. Um die sich aufgrund des neuen Systems der generellen steuerlichen Erfassung des Vermögensstamms ergebenden Abgrenzungsschwierigkeiten zu vermeiden, werden zudem die Nullkuponanleihen explizit angeführt. Wird eine Nullkuponanleihe bis zum Ende der Laufzeit gehalten, gehört die Differenz zwischen dem Anschaffungs- und dem Rückzahlungspreis zu den Einkünften aus der Überlassung von Kapital gem. § 27 Abs. 2 Z 2. Stückzinsen sollen hingegen künftig nicht mehr als Einkünfte aus der Überlassung von Kapital zu erfassen sein, sondern als Einkünfte aus realisierten Wertsteigerungen.*
   - *Die Z 3 und 4 entsprechen § 27 Abs. 1 Z 2 und 5 in der derzeit geltenden Fassung.*

   In Abs. 5 werden zudem weitere wirtschaftliche Vorgänge angeführt, die zu Einkünften aus der Überlassung von Kapital führen (siehe Erläuterungen dazu unten).
2. *In § 27 Abs. 3 sollen künftig Substanzgewinne aus Finanzvermögen unabhängig von Behaltedauer oder Beteiligungshöhe erfasst werden. Unter dem Oberbegriff „realisierte Wertsteigerungen" sollen positive wie negative Einkünfte aus der Veräußerung, Einlösung und der sonstigen Abschichtung erfasst werden. Hinsichtlich des erfassten Finanzvermögens erscheint es zweckmäßig, auf sämtliche Wirtschaftsgüter abzustellen, deren Erträge Einkünfte aus der Überlassung von Kapital im Sinne des zweiten Absatzes sind. Damit sind insbesondere Aktien, GmbH-Anteile (deren Erträge Einkünfte aus der Überlassung von Kapital im Sinne des Abs. 2 Z 1 lit. a sind), Forderungswertpapiere (deren Erträge Einkünfte aus der Überlassung von Kapital im Sinne des Abs. 2 Z 2 sind) und auch Abschichtungsgewinne bei der echten stillen Gesellschaft (Abs. 2 Z 4) erfasst. Ebenso unter diesen Tatbestand fällt die Veräußerung einer Nullkuponanleihe vor Ende der Laufzeit. Ergänzungen dazu finden sich in den in Abs. 6 geregelten Realisierungstatbeständen (siehe Erläuterungen dazu unten).*

3. *In § 27 Abs. 4 soll ein neuer Tatbestand für Einkünfte aus Derivaten geschaffen werden. Der Ausdruck Derivate umfasst sämtliche Termingeschäfte (als Optionen, Futures, Forwards, Swaps usw.), sowie andere derivative Finanzinstrumente – und zwar unabhängig davon, ob deren Underlying Finanzvermögen, Rohstoffe oder zB sonstige Wirtschaftsgüter darstellt. Damit werden auch sämtliche Arten von Zertifikaten (zB Index, Alpha, Hebel, Sport) als sonstige derivative Finanzinstrumente erfasst. Der Abs. 4 wirkt jedoch nur insoweit, als ein Differenzausgleich, ein Abschluss einer Gegenposition oder eine sonstige Glattstellung, jedenfalls keine tatsächliche Ausübung erfolgt. Die tatsächliche Ausübung einer Option bzw. die tatsächliche Lieferung des Underlying als solche führen wie bisher noch zu keiner Besteuerung, sondern wirken sich allenfalls in Form höherer Anschaffungskosten, niedrigerer Veräußerungserlöse bzw. eines niedrigeren Zinses aus. So stellen beispielsweise die Anschaffungskosten einer ausgeübten Option einen unmittelbaren Teil der Anschaffungskosten des erhaltenen Wirtschaftsgutes (wie zB einer Aktie) dar. Damit gehören sie nicht zu den Anschaffungsnebenkosten, womit die in der Bestimmung des § 6 Z 2 lit. a vorgesehene Deckelung von 5% nicht zur Anwendung kommt.*

Beispiel 1:

1. A zahlt B 10 für eine Option, eine Aktie um 100 zu erwerben. Der Wert der Aktie beträgt 130, A übt die Option aus.

Die Ausübung der Option bei A führt nicht zu Einkünften; die Anschaffungskosten der Aktie betragen 100+10=110. Erst bei einem allfälligen Verkauf der Aktie kommt es zur Realisierung der Wertsteigerung; zu versteuern wären diesfalls 20 (=130-110).

B erzielt zunächst durch die Einräumung der Option Einkünfte iHv. 10. Inwieweit sich darüber hinaus die Lieferung der Aktie an A bei B steuerlich auswirkt, hängt von seinen Anschaffungskosten dieser Aktie ab.

2. A tauscht die variable Verzinsung einer Anleihe mittels Zins-Swap gegen eine fixe Verzinsung von 4%.

Wenn A tatsächlich Zinsen in Höhe von 4% erhält (also tatsächlich die Zinszahlungsströme getauscht werden), liegen Einkünfte aus der Überlassung von Kapital in Höhe der 4%igen Zinszahlung vor.

Der Differenzausgleich, der wirtschaftlich einer Veräußerung des Underlyings entspricht, soll dagegen sehr wohl zu Einkünften aus Derivaten führen. Als praktisch besonders bedeutsamer Fall wird der Differenzausgleich auch als erster Tatbestand in § 27 Abs. 4 genannt.

Beispiel 2:

A zahlt B 10 für eine Option, eine Aktie um 100 zu erwerben. Der Wert der Aktie beträgt 130, A und B vereinbaren einen Differenzausgleich, d.h. B zahlt A 30 (=Differenz zwischen aktuellem Preis und Ausübungspreis).

Bei A liegen Einkünfte aus Derivaten in Höhe von 20 (=30-10) vor (gem. § 27a Abs. 3 Z 3 lit. a 1. TS).

Überdies sollen Einkünfte aus der Veräußerung oder sonstigen Abwicklung des Derivats selbst erfasst werden. Als sonstige Abwicklung kommt insbesondere die Glattstellung in Frage, bei der durch Abschließen eines gegenläufigen Geschäfts wirtschaftlich die bisherigen Wertsteigerungen realisiert und künftige Wertschwankungen abgesichert werden.

Beispiel 3:

1. A zahlt B 10 für eine Option, eine Aktie um 100 zu erwerben. Der Wert der Aktie beträgt 130.

a) A verkauft die Option um 29.

b) A räumt eine Option ein, in der er sich zur Lieferung der Aktie um 100 verpflichtet und erhält dafür 29.

Lösung: Sowohl der tatsächliche Verkauf der Option (a) als auch die Glattstellung (b) bewirken bei A einen Veräußerungsgewinn in Höhe von 19 (29-10).

2. A tauscht die variable Verzinsung einer Anleihe mittels Zins-Swap gegen eine fixe Verzinsung von 4%. Da sich die variable Verzinsung sehr schlecht entwickelt, steigt der Wert der Zins-Swap-Vereinbarung. Realisiert A diesen Wertzuwachs, liegen Einkünfte aus Derivaten vor.

Auch Stillhalterprämien an sich sollen von § 27 Abs. 4 erfasst werden. Dies ist etwa in all jenen Fällen von Bedeutung, in denen es – aufgrund der Wertentwicklung des Underlying – zu keiner Optionsausübung und auch zu keinem Differenzausgleich kommt.

Beispiel 4:

A zahlt B 10 für eine Option, eine Aktie um 100 zu erwerben. Der Wert der Aktie sinkt auf 80. A lässt die Option verfallen.

B hat die empfangene Stillhalteprämie iHv. 10 zu versteuern, A hat seinerseits aufgrund des Verfalls der Option im Verfallszeitpunkt negative Einkünfte in selber Höhe.

Zur Verbesserung der Übersichtlichkeit sollen einige Tatbestände, die schon bislang als Kapitalerträge bzw. Einkünfte aus Kapitalvermögen behandelt wurden, in Abs. 5 als Einkünfte aus der Überlassung von Kapital erfasst werden:

Aus § 27 Abs. 2 in der bisherigen Fassung soll die Z 1 in § 27 Abs. 5 übernommen werden. Überdies sollen einige bislang lediglich in § 93 in der derzeit geltenden Fassung explizit angesprochene Kapitalerträge künftig bereits in § 27 Abs. 5 genannt werden: Die bislang in § 93 Abs. 4 Z 3 in der bisherigen Fassung enthaltenen übernommenen Kapitalertragsteuerbeträge finden sich in § 27 Abs. 5 Z 2, Ausgleichszahlungen (bislang § 93 Abs. 4 Z 4) sollen in § 27 Abs. 5 Z 4 übernommen und auch auf Leihgebühren, Leihegeschäfte ohne Kreditinstitut und Pensionsgeschäfte ausgeweitet werden. Die bislang in § 27 Abs. 1 Z 6 (Versicherungen) und Z 7 bis 9 (Privatstiftungen) enthaltenen Regelungen sollen ebenfalls in § 27 Abs. 5 Z 3 (Versicherungen) bzw. § 27 Abs. 5 Z 7 bis 9 (Privatstiftungen) verschoben werden. Im Bereich der Versicherungen soll die Mindestlaufzeit für die Ertragsteuerfreiheit – im Gleichklang mit dem Versicherungssteuergesetz – auf 15 Jahre erhöht werden. Bei den Privatstiftungen soll lediglich eine Klarstellung dahingehend erfolgen, dass Z 8 lit. g – ebenso wie lit. f, auf die Bezug genommen wird – nur auf Zuwendungen an Substiftungen angewendet werden kann.

Da die geplante Neuregelung in § 27a Abs. 1 mit wenigen Ausnahmen die generelle Anwendung eines 25%igen Steuersatzes auf in- und ausländische Kapitaleinkünfte vorsieht (siehe dazu Erläuterungen zu § 27a) kann auch § 37 Abs. 8 entfallen. Die in § 37 Abs. 8 Z 6 enthaltenen Regelungen für entstandene, aber bei Wegzug noch nicht fällige Kapitalerträge sollen daher direkt in § 27 übernommen werden: § 27 Abs. 5 Z 5 entspricht § 37 Abs. 8 Z 6 lit. a und deckt wie bisher jene Fälle ab, bei denen der Steuerpflichtige Wertpapiere auf ausländischen Depots hält. Da künftig nicht mehr zwischen in- und ausländischen Kapitalerträgen differenziert wird, umfasst § 27 Abs. 5 Z 5 aber auch jene Fälle, in denen ein Steuerpflichtiger Wertpapiere auf inländischen Depots hält und wegzieht, ohne dies seinem Kreditinstitut mitzuteilen. Daher erübrigt sich eine gesonderte, § 37 Abs. 8 Z 6 lit. c entsprechende Regelung. In § 27 Abs. 5 Z 6 übernommen werden soll § 37 Abs. 8 Z 6 lit. b, der jene Fälle abdeckt, bei denen ein Steuerpflichtiger mit Wertpapieren auf einem inländischen Depot wegzieht und dies dem Kreditinstitut meldet. § 27 Abs. 5 Z 5 und 6 sollen überdies an das im EStG 1988 mehrfach verankerte Nicht-Festsetzungskonzept angepasst werden.

§ 27 Abs. 5 Z 7 bis 9 enthalten die bisher in Abs. 1 Z 7 bis 9 enthaltenen Regelungen betreffend Privatstiftungen.

§ 27 Abs. 6 soll bestimmte wirtschaftliche Vorgänge als steuerpflichtige Realisierung eines Wertzuwachses – und damit der Veräußerung iSd § 27 Abs. 3 und 4 gleichgestellt – fingieren. In Z 1 lit. a werden die Entnahme oder das sonstige Ausscheiden aus dem Depot grundsätzlich als Realisierung behandelt. Eine Depotübertragung soll hingegen immer dann von diesem Grundsatz ausgenommen sein, wenn die Besteuerungsmöglichkeit hinsichtlich der sich in dem Depot befindlichen Wertpapiere weiterhin gesichert ist. Für den Fall des Verlusts des Besteuerungsrechts hinsichtlich der übertragenen Wirtschaftsgüter sind in der lit. b vorrangig anzuwendende Sonderbestimmungen vorgesehen.

Werden künftig Wertpapiere auf ein Depot desselben Steuerpflichtigen übertragen, ist daher zu unterscheiden:

- *Wird auf ein anderes Depot bei derselben depotführenden Stelle (zB Bank) übertragen, ist die Übertragung steuerneutral, da die depotführende Stelle weiterhin über alle für den Steuerabzug erforderlichen Daten verfügt. Dies gilt grundsätzlich nicht nur bei inländischen sondern auch bei ausländischen depotführenden Stellen (erster Teilstrich).*
- *Wird auf ein Depot bei einer inländischen depotführenden Stelle übertragen (zB österreichische Bank A überträgt an österreichische Bank B), ist zur Sicherstellung einer künftigen Besteuerung eine Weitergabe der erforderlichen Daten (Anschaffungskosten der Wertpapiere) von der ursprünglichen depotführenden Stelle an die neue depotführende Stelle notwendig. Eine Besteuerung unterbleibt somit dann, wenn der Steuerpflichtige die ursprüngliche depotführende Stelle zur Weitergabe der notwendigen Daten beauftragt. Eine solche Datenweitergabe wird teilweise auch schon derzeit unter den Banken praktiziert (zweiter Teilstrich).*
- *Wird von einem Depot von einer inländischen auf eine ausländische depotführende Stelle übertragen, besteht ein hohes Risiko, dass künftig der Besteuerungsanspruch nicht durchgesetzt werden kann. Da ausländische Banken nicht zum Abzug der österreichischen Kapitalertragsteuer verpflichtet werden können, kann in einem solchen Fall auch die Weitergabe der für den Steuerabzug erforderlichen Daten (Anschaffungskosten der Wertpapiere) noch keinen Entfall der Besteuerung bei Depotübertragung bewirken. Eine Besteuerung unterbleibt allerdings dann, wenn der Steuerpflichtige die inländische depotführende Stelle beauftragt, die wichtigsten Daten im Zusammenhang mit der Depotübertragung (Namen des Steuerpflichtigen, seine Steuer- oder Sozialversicherungsnummer, die übertragenen Wertpapiere und deren Anschaffungskosten sowie die ausländische depotführende Stelle auf die übertragen wird) innerhalb eines Monats der Finanzverwaltung mitzuteilen, sodass auch künftig eine Besteuerung des übertragenen Finanzvermögens gesichert ist (dritter Teilstrich).*
- *Wird von einem Depot einer ausländischen auf eine andere ausländische depotführende Stelle übertragen, unterbleibt eine Besteuerung ebenfalls dann, wenn der Steuerpflichtige die bereits genannten, im Zusammenhang mit der Depotübertragung stehenden Daten innerhalb eines Monats der Finanzverwaltung mitteilt (vierter Teilstrich).*

Werden Wertpapiere unentgeltlich auf ein Depot eines anderen Steuerpflichtigen übertragen oder wird das gesamte Depot überschrieben (bei Schenkung sowie Erbschaft oder Legat), unterbleibt die Besteuerung, wenn entweder der der Übertragung zugrunde liegende zivilrechtliche Vorgang anhand geeigneter Unterlagen der depotführenden Stelle gegenüber nachgewiesen wird oder der Steuerpflichtige (bzw. im Fall einer unentgeltlichen Übertragung von Todes wegen der Erbe) die depotführende Stelle beauftragt, die bereits genannten, im Zusammenhang mit der Depotübertragung stehenden Daten, innerhalb eines

Monats der Finanzverwaltung mitzuteilen, damit auch künftig eine Besteuerung des übertragenen Finanzvermögens gesichert ist. Als geeignete Unterlagen für den Nachweis der unentgeltlichen Übertragung kommen insbesondere der Einantwortungsbeschluss, die Schenkungsmeldung sowie ein Schenkungsvertrag (Notariatsakt) in Betracht (fünfter Teilstrich).

Ausnahmsweise müssen die im Zusammenhang mit der Depotübertragung stehenden Daten immer dann vom Steuerpflichtigen innerhalb eines Monats der Finanzverwaltung mitgeteilt werden, wenn eine unentgeltliche Übertragung von einer ausländischen depotführenden Stelle stattfindet, unabhängig davon, ob auf eine ausländische oder auf eine inländische depotführenden Stelle übertragen wird (vierter Teilstrich).

Werden im Falle der Depotübertragung die genannten Voraussetzungen nicht erfüllt, gilt die Übertragung als Realisationsakt im Übertragungszeitpunkt, womit eine übertragende inländische depotführende Stelle den KESt-Abzug vorzunehmen hat. Die übertragende depotführende Stelle kann aufgrund der Bestimmung des § 95 Abs. 2 Z 3 die herauszugebenden Wirtschaftsgüter bis zum Ersatz der voraussichtlich anfallenden Kapitalertragsteuer durch den Schuldner zurückbehalten. Für die übernehmende depotführende Stelle sind grundsätzlich die Anschaffungskosten maßgeblich (§ 27a Abs. 4 Z 1), werden diese nicht mitgeteilt, ist für Zwecke des zukünftigen KESt-Abzugs gemäß der Pauschalbewertungsvorschrift des § 93 Abs. 4 vorzugehen (siehe dazu die dortigen Erläuterungen). § 27 Abs. 6 Z 1 lit. b soll künftig den Tatbestand der so genannten „Wegzugsbesteuerung" enthalten und der lit. a immer vorgehen; die entsprechenden Regelungen sollen aus § 31 in der derzeit geltenden Fassung übernommen werden.

Der Verkauf von Stückzinsen soll künftig unabhängig davon, ob das zugrunde liegende Wirtschaftsgut mit verkauft wird, stets als Einkünfte aus realisierten Wertsteigerungen erfasst werden; dasselbe gilt für die Einlösung eines Wertpapiers. Diese Änderung steht im Zusammenhang mit der Abschaffung des KESt-Gutschriftensystems (siehe dazu § 95), trägt der nun nicht mehr notwendigen Trennung von Substanz und Früchten Rechnung und soll zu einer erheblichen Vereinfachung und zu einer Vermeidung missbräuchlicher Gestaltungen führen: So sollen die im Zuge des Ankaufs eines Wertpapiers bezahlten Stückzinsen künftig beim Erwerber Teil der Anschaffungskosten darstellen, die dann bei einem Verkauf seinerseits bzw. bei der Einlösung des Wertpapiers vom Veräußerungserlös bzw. Einlösungsbetrag abgezogen werden können. Dies soll durch die explizite Nennung der Nullkuponanleihen § 27 Abs. 2 Z 2 sowie der Anführung der Stückzinsen in § 27 Abs. 6 Z 4 erreicht werden.

Beispiel 5:

1. A erwirbt eine Nullkuponanleihe (Ausgabewert 100, Einlösungswert 110) um 106 (darin sind Stückzinsen in Höhe von 4 enthalten) und veräußert sie zwei Monate später um 108 weiter (darin sind Stückzinsen in Höhe von 5 enthalten).

Nach derzeitiger Rechtslage bekäme A beim Erwerb eine KESt-Gutschrift iHv 1 (=25% von 4); seine Anschaffungskosten würden 102 betragen. Bei der Veräußerung würde ein Veräußerungsgewinn in Höhe von 1 anfallen (=103-102), gleichzeitig würde Kapitalertragsteuer in Höhe von 1,25 anfallen (=25% von 5). Im Ergebnis hätte A daher Kapitalertragsteuer von 0,25 geleistet und einen Veräußerungsgewinn von 1 versteuert.

Künftig soll die Trennung zwischen Substanz und Stückzinsen aufgehoben werden, sodass A Anschaffungskosten in Höhe von 106 hätte. Im Zuge der Veräußerung wäre dieser einem Veräußerungserlös von 108 gegenüberzustellen; die Differenz in Höhe von 2 würde der 25%igen Besteuerung unterliegen (Einkünfte aus realisierten Wertsteigerungen von Kapitalvermögen gem. § 27 Abs. 3).

2. A erwirbt eine Nullkuponanleihe (Ausgabewert 100, Einlösungswert 110) um 106 (darin sind Stückzinsen in Höhe von 4 enthalten) und hält sie bis zur Einlösung.

Nach derzeitiger Rechtslage bekäme A beim Erwerb eine KESt-Gutschrift iHv 1 (=25% von 4); seine Anschaffungskosten würden 102 betragen. Bei der Einlösung würde Kapitalertragsteuer in Höhe von 2,5 anfallen. Im Ergebnis hätte A daher Kapitalertragsteuer von 1,5 geleistet. Der Untergang der Anschaffungskosten wäre steuerneutral.

Künftig soll die Trennung zwischen Substanz und Stückzinsen aufgehoben werden, sodass A Anschaffungskosten in Höhe von 106 hätte. Im Zuge der Einlösung wären diese einem Einlösungsbetrag von 110 gegenüberzustellen; die Differenz in Höhe von 4 würde der 25%igen Besteuerung unterliegen (Einkünfte aus der Überlassung von Kapital gem. § 27 Abs. 2 Z 2).

3. A erwirbt eine Nullkuponanleihe (Ausgabewert 100, Einlösungswert 110) um 104 (darin sind Stückzinsen in Höhe von 4 enthalten) und veräußert sie zwei Monate später um 104 weiter (darin sind Stückzinsen in Höhe von 5 enthalten).

Nach derzeitiger Rechtslage bekäme A beim Erwerb eine KESt-Gutschrift iHv 1 (=25% von 4); seine Anschaffungskosten würden 100 betragen. Bei der Veräußerung würde ein Veräußerungsverlust in Höhe von 1 anfallen (=99-100), gleichzeitig würde Kapitalertragsteuer in Höhe von 1,25 anfallen (=25% von 5). Im Ergebnis hätte A daher Kapitalertragsteuer von 0,25 geleistet und einen Veräußerungsverlust in Höhe von 1, der nur gegen andere Spekulationseinkünfte ausgleichsfähig ist.

Künftig soll die Trennung zwischen Substanz und Stückzinsen aufgehoben werden, sodass A Anschaffungskosten in Höhe von 104 hätte. Im Zuge der Veräußerung wären diese einem Veräußerungserlös von 104 gegenüberzustellen; es würde keine Steuer anfallen.

„Stripped bonds", also Wertpapiere, bei denen durch die separate Veräußerung von Dividenden- oder Zinsscheinen eine Nullkuponanleihe künstlich geschaffen wird, sollen in Zukunft wie folgt erfasst werden: Sowohl die Veräußerung der Dividenden- oder Zinsscheine als auch die Veräußerung des zu Grunde liegenden Wertpapiers soll als Einkünfte aus realisierten Wertsteigerungen von Kapitalvermögen gemäß § 27 Abs. 3 iVm. Abs. 6 Z 3 erfasst werden.

§ 27 Abs. 7 soll künftig nur mehr die bisher in § 27 Abs. 3 vorgesehene Befreiung für Mittelstandsfinanzierungsgesellschaften enthalten; in Übereinstimmung mit der Neuregelung bei den Sonderausgaben entfallen die Befreiungen für die (ausgelaufenen) Genussscheine im Sinne des § 6 Beteiligungsfondsgesetzes und die jungen Aktien (für Anschaffungen ab dem 1.1.2011).

§ 27 Abs. 8 soll alle für den Verlustausgleich bei Kapitaleinkünften relevanten Regelungen enthalten. Bereits der Einleitungssatz enthält die zentrale Aussage, dass der Verlustausgleich nur im Rahmen der Veranlagung möglich ist. Die entsprechende Option zum Verlustausgleich soll künftig in § 97 Abs. 2 geregelt werden und, anders als bisher, nicht notwendiger Weise auch mit einer Veranlagung zum Regelbesteuerungstarif verbunden werden. Eine diesbezügliche Regelbesteuerungsoption ist in § 27a Abs. 5 enthalten.

Im Rahmen der Kapitaleinkünfte soll der Verlustausgleich (auch im Falle der Regelbesteuerung nach § 27a Abs. 5) nur nach Maßgabe folgender Bestimmungen möglich sein:

1. Verluste aus Wirtschaftsgütern und Derivaten gem. § 27 Abs. 3 und 4 können nicht mit Zinserträgen aus Geldeinlagen bei Kreditinstituten gem. § 27 Abs. 2 Z 2 und 3 oder mit Zuwendungen von Privatstiftungen gem. § 27 Abs. 5 Z 7 ausgeglichen werden (Z 1).

2. Verlustanteile aus einer echten stillen Gesellschaft können wie schon bisher nicht mit anderen Einkünften ausgeglichen werden, wobei die bestehende „Wartetastenregelung" erhalten bleibt (Z 2).

3. Weiters sollen Einkünfte, die dem besonderen Steuersatz von 25% gem. § 27a Abs. 1 unterliegen, nicht mit Einkünften ausgeglichen werden, für die dieser aufgrund des § 27a Abs. 2 nicht gilt (Z 3). Daraus folgt in Verbindung mit Punkt 1, dass Verluste aus Kapitalanlagen iSd § 27a Abs. 2 nur mit Überschüssen aus Kapitalanlagen iSd § 27a Abs. 2 ausgeglichen werden können.

4. Nicht ausgeglichene Verluste aus Kapitalvermögen können nicht mit Einkünften aus anderen Einkunftsarten ausgeglichen werden (Z 4).

Diese Einschränkungen tragen vor allem dem Umstand Rechnung, dass Aktien und Derivate tendenziell risikoreichere Produkte als Sparbücher darstellen. Gleichzeitig soll sichergestellt sein, dass Verluste bzw. Gewinne aus Früchten und Stamm desselben Finanzvermögens auch gegeneinander ausgeglichen werden können. Die Verlustausgleichsverbote erscheinen zur Vermeidung der Vermischung von dem festen Steuersatz unterliegenden Einkünften mit solchen die dem normalen Tarif unterliegen, notwendig und sachgerecht.

Die zwei neuen Kernbestimmungen des geänderten § 27, die Regelung der Einkünfte aus realisierten Wertsteigerungen von Kapitalvermögen (Abs. 3) und aus Derivaten (Abs. 4), sollen grundsätzlich mit 1.10.2011 in Kraft treten. Bezüglich der erfassten Wirtschaftsgüter wird dabei unterschieden:

Beteiligungen (iSd § 31 idgF.) sollen unabhängig vom Anschaffungszeitpunkt ab dem 1.10.2011 erfasst werden, wenn ihre Veräußerung zum 30.09.2011 gem. § 31 zu erfassen wäre. Somit sind auch Beteiligungen erfasst, die nach dem UmgrStG als Beteiligungen iSd § 31 gelten.

Sonstige Anteile an Körperschaften und Investmentfondsanteile werden hingegen nur dann ab dem 1.10.2011 erfasst, wenn sie nach dem 31.12.2010 entgeltlich erworben worden sind.

Schließlich werden alle anderen ab dem 1.10.2011 entgeltlich erworbenen Wirtschaftsgüter und Derivate (iSd § 27 Abs. 3 und 4) erfasst.

Sollten für die nach dem zweiten Teilstrich ab dem 1.1.2011 entgeltlich erworbenen Anteile keine Anschaffungskosten vorliegen (etwa weil sie nicht nachgewiesen werden können oder für steuerliche Zwecke ungeeignet sind), ist für Zwecke des KESt-Abzugs im Realisationsfall eine vom gemeinen Wert zum 1.10.2011 abgeleitete Bewertung vorzunehmen. Diese Bewertung ist für alle nach dem 31.12.2010 entgeltlich erworbenen Anteile, einmalig am 1.10.2011 vorzunehmen. Die genauen Bewertungsmodalitäten sollen durch Verordnung festgelegt werden. Diese Bestimmung stellt somit eine Bewertungsvorschrift für alle seit dem 1.1.2011 angeschafften und somit steuerhängigen Anteile dar, wobei ein durch Verordnung festzulegender einfacher Bewertungsmodus der Verwaltungsökonomie für die Abzugsverpflichteten (gem. § 95 Abs. 2 Z 2) dienen soll. Von dieser pauschalen Bewertung für im Jahre 2011 angeschaffte Wirtschaftsgüter ist die Bestimmung des § 93 Abs. 4 zu unterscheiden, die allgemein eine Bewertung von Wirtschaftgütern vorsieht, deren Anschaffungskosten nicht bekannt sind.

Vom neuen KESt-Regime ausgenommen sind auch vor dem 1.10.2011 erworbene Forderungswertpapiere iSd § 93 Abs. 3 Z 1 bis 3 (etwa Nullkuponanleihen oder Indexzertifikate) idgF. Auf diese sind aber die derzeit geltenden einschlägigen Bestimmungen weiterhin anzuwenden (§ 21, § 22, § 23, § 27, § 93 und §§ 95 bis 97). Eine Überführung dieser Produkte in das neue KESt-Regime wäre zwar grundsätzlich möglich, aufgrund der bereits ausbezahlten KESt-Gutschriften mit einem erheblichen administrativen Aufwand verbunden, weshalb davon abgesehen wird.

Eine weitere Ausnahme vom neuen KESt-Regime wird für Einkünfte aus realisierten Wertsteigerungen von Kapitalvermögen und aus Derivaten iSd § 27 Abs. 3 und 4, die im Rahmen eines vor dem 1.11.2010 abgeschlossenen Tilgungsplanes erworben werden, vorgesehen. Diese Ausnahme kommt auf Antrag der Steuerpflichtigen zur Anwendung, wenn der Tilgungsplan nachweislich im Zusammenhang mit einem Darlehen steht, das dem Erwerb eines Eigenheimes, der Wohnraumschaffung oder Wohnraumsanierung (iSd § 18 Abs. 1 Z 3) dient und die Darlehensvaluta den Betrag von 200.000 Euro nicht übersteigt. Auf die Besteuerung der von einem Fonds erzielten Einkünfte (Fondsebene) hat diese Bestimmung allerdings keine Auswirkung. Durch diese Befreiung wird sichergestellt, dass Kreditnehmer, die endfällige Kredite durch einen Tilgungsträger bedienen müssen, durch die neu eingeführte Substanzbesteuerung von Finanzvermögen keinen Härten ausgesetzt sind.

Durch die Weitergeltung der derzeit geltenden Bestimmungen (etwa über die Spekulationsbesteuerung) bis zum Inkrafttreten der neuen Bestimmungen (zum 1.10.2011), werden Veräußerungen vor dem 1.10.2011 als Spekulationsgeschäfte, als Beteiligungsveräußerungen iSd § 31 oder als entsprechende betriebliche Einkünfte steuerlich erfasst.

EB zu Z 9, 19 lit. c, 20 lit. e und f und 24 AbgÄG 2011 (§ 27 Abs. 5, § 94 Z 7 und 8, § 95 Abs. 3 und § 124b Z 193 EStG 1988):

Mit dem Budgetbegleitgesetz 2011 wurde das System der KESt-Gutschriften abgeschafft, Stückzinsen sollen im Rahmen der Einkünfte aus realisierten Wertsteigerungen miterfasst werden. Damit erübrigt sich die Unterscheidung zwischen Zinsen und Substanz weitgehend. Dieser Systemumstellung folgend sollen nun die Regelungen betreffend die Wegzugsbesteuerung vereinfacht werden:

Noch nicht abgereifte Kapitalerträge (=Stückzinsen) sollen, wie auch Substanzgewinne, im Rahmen der Wegzugsbesteuerung gemäß § 27 Abs. 6 Z 1 lit. b erfasst werden; § 27 Abs. 5 Z 5 und 6 können daher entfallen. Eine KESt-Abzugsverpflichtung soll künftig in allen Fällen der Wegzugsbesteuerung nur bestehen, wenn der Steuerpflichtige dem Abzugsverpflichteten meldet, dass er wegzieht, d.h. dass durch den Wegzug ein Umstand eintritt, der die Abzugsverpflichtung beendet. Dies trägt dem Umstand Rechnung, dass der Abzugsverpflichtete im Wegzugsfall – anders als bei einer Depotübertragung – auf eine entsprechende Meldung des Steuerpflichtigen angewiesen ist, um seine Abzugsverpflichtung wahrnehmen zu können. Wird eine solche Meldung vorgenommen, soll der KESt-Abzug weiters dann entfallen, wenn der Steuerpflichtige zu einem späteren Zeitpunkt der depotführenden Stelle einen Abgabenbescheid im Sinne des § 27 Abs. 6 Z 1 lit. b vorweisen kann. Liegt ein solcher Bescheid – in dem über die durch den Wegzug entstandene Steuerschuld abgesprochen wurde – vor, ist die Vornahme eines KESt-Abzuges nicht mehr notwendig, da die Besteuerung im Rahmen der Veranlagung erfolgen kann. Im Rahmen der Veranlagung kann der Steuerpflichtige bei Wegzug in den EU-/EWR-Raum somit jedenfalls die Nichtfestsetzung der Steuer beantragen.

Überdies wird das Verhältnis von § 94 Z 7 zu § 95 Abs. 3 Z 2 klargestellt: Die Zuflussfiktion des § 95 Abs. 3 Z 2 soll nur in jenen Fällen gelten, in denen sich der KESt-Status des Steuerpflichtigen nicht aufgrund eines Wegzugs ändert, wie insbesondere bei Wegfall einer Steuerbefreiung. Ändert sich hingegen der KESt-Status aufgrund des Wegzugs des Abzugsverpflichteten, sind noch nicht abgereifte Zinsen von Forderungswertpapieren, Geldeinlagen und sonstigen Forderungen bei Kreditinstituten im Rahmen der Veräußerungsfiktionen des § 27 Abs. 6 Z 1 lit. a (Depotentnahme) und lit. b (Wegzugsbesteuerung) zu erfassen. Da bei Zinsen aus Geldeinlagen und sonstigen Forderungen bei Kreditinsti-

tuten keine depotführende Stelle vorliegt, diese aber Voraussetzung für den KESt-Abzug bei Einkünften aus realisierten Wertsteigerungen ist (unter die die Wegzugsbesteuerung zu subsumieren ist), wird in § 94 Z 7 der Schuldner der Kapitalerträge als depotführende Stelle fingiert. Diese Fiktion hat jedoch nur im Hinblick auf die Zinsen (nicht etwa für Fremdwährungsgewinne) und nur für den Wegzugsfall Bedeutung.

Überdies wird im Falle des Wegzugs der Zuflusszeitpunkt der Kapitalerträge gemäß § 27 Abs. 3 und 4 nach hinten verschoben. Der für den KESt-Abzug maßgebliche Zufluss soll erst dann stattfinden, wenn die betreffenden Wirtschaftsgüter oder Derivate – auf welcher Weise auch immer – aus dem Depot ausscheiden. Dies kann etwa bei einer Veräußerung, einer Depotübertragung oder auch bei einer Glattstellung eines Optionsgeschäftes (bei einem Optionsschein) der Fall sein. Bei Geldeinlagen bei Kreditinstituten und sonstigen Forderungen gegenüber Kreditinstituten soll der Zufluss jedoch immer nach Maßgabe des § 19 erfolgen.

Für die Höhe der Besteuerung ist grundsätzlich der gemeine Wert im Wegzugszeitpunkt relevant. Sollte der genaue Wegzugszeitpunkt dem Abzugsverpflichteten nicht bekannt sein, kann dieser gemäß § 93 Abs. 5 davon ausgehen, dass der Wegzug zeitgleich mit der Meldung erfolgt.

Der Zufluss soll allerdings höchstens in dem Ausmaß des erzielten Erlöses oder im Falle einer Depotübertragung des gemeinen Wertes in diesem Zeitpunkt erfolgen. Damit wird sichergestellt, dass die für den KESt-Abzug notwendige Liquidität stets vorhanden ist.

Beispiele:

1. A hat bei seiner Bank ein Sparbuch sowie ein Wertpapierdepot, auf dem Anleihen sowie Aktien verwahrt sind (es handelt sich um nach dem 1.4.2012 erworbenes Vermögen). Im Juli 2014 zieht A nach Deutschland. Zu diesem Zeitpunkt liegt der gemeine Wert der Aktien um 1 000 über den Anschaffungskosten, bei den Anleihen sind seit dem letzten Kupon 50 an Zinsen aufgelaufen. Auf dem Sparbuch sind bis zum Wegzugszeitpunkt Zinsen von 100 angelaufen, aber noch nicht gutgeschrieben worden. A meldet seiner Bank den Wegzug, womit grundsätzlich KESt-Abzugspflicht besteht.

Die Bank hat grundsätzlich sowohl für den Substanzgewinn bei den Aktien (1 000), als auch für die aufgelaufenen Zinsen bzw. Stückzinsen bei den Anleihen (50) und beim Sparbuch (100) KESt einzubehalten: Es liegt ein Fall der Wegzugsbesteuerung vor, der grundsätzlich nach § 27 Abs. 6 Z 1 lit. b steuerpflichtig ist und auch Stückzinsen umfasst. Die Abzugspflicht der Bank ergibt sich aus § 93 Abs. 2 Z 2, da sie im Hinblick auf die Aktien und Anleihe depotführende Stelle ist und im Hinblick auf das Sparbuch gemäß § 94 Z 7 letzter Satz als depotführende Stelle gilt.

Der KESt-Abzug wird jedoch nicht sofort vorgenommen, sondern erst im Zuflusszeitpunkt, womit der relevante Steuerbetrag von der Bank evident gehalten werden muss. Solange sich die Wertpapiere auf dem Depot befinden, kommt es zu keinem Zufluss. Werden etwa die Aktien zu einem späteren Zeitpunkt veräußert, ist KESt einzubehalten, höchstens jedoch bis zu einem Betrag von 250 (25% von 1 000).

Werden die Sparbuchzinsen gutgeschrieben, findet ein Zufluss statt und die KESt ist einzubehalten.

A kann den KESt-Abzug vermeiden, indem er der Bank einen Abgabenbescheid vorweist.

2. B hat bei seiner Bank ein Wertpapierdepot, auf dem Zertifikate verwahrt sind. Im Jahr 11 zieht B nach Ungarn und meldet den Wegzug seiner Bank. Aufgrund der Meldung entsteht die grundsätzliche Verpflichtung der Bank, im Zuflusszeitpunkt den KESt-Abzug vorzunehmen. Im Jahr 13 veräußert B die Zertifikate. Wenn er bis zum Veräußerungszeit-

punkt seiner Bank keinen Abgabenbescheid in dem über die Wegzugsbesteuerung abgesprochen wird, vorweisen kann, muss die Bank den KESt-Abzug vornehmen.

3. Der gemeinnützige Verein C hat für das Konto seines unentbehrlichen Hilfsbetriebs eine Befreiungserklärung bei seiner Bank hinterlegt. Als der Verein Mitte des Jahres die Tätigkeit des unentbehrlichen Hilfsbetriebs einstellt, gibt er eine Widerrufserklärung bei der Bank ab. Die bis zum Zeitpunkt der Abgabe der Widerrufserklärung abgereiften, aber noch nicht gutgeschriebenen Zinsen gelten gemäß § 95 Abs. 3 Z 2 als zugeflossen und bleiben somit steuerfrei; die danach abreifenden Zinsen unterliegen bereits dem KESt-Abzug.

Die Änderungen sollen zeitgleich mit dem Inkrafttreten des neuen KESt-Regimes wirksam werden.

Besonderer Steuersatz und Bemessungsgrundlage für Einkünfte aus Kapitalvermögen

§ 27a. (1) Einkünfte aus Kapitalvermögen unterliegen einem besonderen Steuersatz von 25% und sind bei der Berechnung der Einkommensteuer des Steuerpflichtigen weder beim Gesamtbetrag der Einkünfte noch beim Einkommen (§ 2 Abs. 2) zu berücksichtigen, sofern nicht die Regelbesteuerung (Abs. 5) anzuwenden ist.

(2) Abs. 1 gilt nicht für

1. Einkünfte aus Darlehen und nicht verbrieften sonstigen Forderungen, denen kein Bankgeschäft zu Grunde liegt;
2. Einkünfte aus
   - Wertpapieren, die ein Forderungsrecht verbriefen,
   - Anteilscheinen an einem Immobilienfonds im Sinne des Immobilien-Investmentfondsgesetzes sowie an einem ausländischen Immobilienfonds (§ 42 des Immobilien-Investmentfondsgesetzes) einschließlich der als ausgeschüttet geltenden Erträge,

   wenn diese bei ihrer Begebung in rechtlicher oder tatsächlicher Hinsicht keinem unbestimmten Personenkreis angeboten werden;
3. Einkünfte aus der Beteiligung an einem Unternehmen als stiller Gesellschafter sowie aus der Beteiligung nach Art eines stillen Gesellschafters;
4. Diskontbeträge von Wechseln und Anweisungen;
5. Ausgleichszahlungen und Leihgebühren, wenn es sich beim Entleiher (Pensionsnehmer) weder um ein Kreditinstitut noch um eine Zweigstelle im Sinne des § 95 Abs. 2 Z 1 lit. b handelt;
6. Unterschiedsbeträge zwischen der eingezahlten Versicherungsprämie und der Versicherungsleistung im Sinne des § 27 Abs. 5 Z 3 oder die realisierte Wertsteigerung aus der Veräußerung des Anspruchs aus dem Versicherungsvertrag ;
7. Einkünfte aus nicht verbrieften Derivaten im Sinne des § 27 Abs. 4.

(3) Als Einkünfte anzusetzen sind:

1. Bei der Überlassung von Kapital (§ 27 Abs. 2) die bezogenen Kapitalerträge.
2. Bei realisierten Wertsteigerungen von Kapitalvermögen (§ 27 Abs. 3)
   a) der Unterschiedsbetrag zwischen dem Veräußerungserlös, dem Einlösungs- oder Abschichtungsbetrag und den Anschaffungskosten, jeweils inklusive anteiliger Stückzinsen;
   b) im Falle der Entnahme oder des sonstigen Ausscheidens aus dem Depot (§ 27 Abs. 6 Z 1 lit. a) sowie im Falle des Verlusts des Besteuerungsrechts (§ 27 Abs. 6 Z 1 lit. b)

der Unterschiedsbetrag zwischen dem gemeinen Wert zum Zeitpunkt der Entnahme oder des sonstigen Ausscheidens bzw. des Eintritts der Umstände, die zum Wegfall des Besteuerungsrechts führen, und den Anschaffungskosten. Zwischen Wegzug und Veräußerung eingetretene Wertminderungen sind höchstens im Umfang der Bemessungsgrundlage bei Wegzug zu berücksichtigen, soweit diese nicht in einem anderen Staat berücksichtigt werden.

c) im Falle der Liquidation (§ 27 Abs. 6 Z 2) der Unterschiedsbetrag zwischen dem Abwicklungsguthaben und den Anschaffungskosten.

3. Bei Derivaten (§ 27 Abs. 4):
   a) im Falle des Differenzausgleichs
      – beim Empfänger des Differenzausgleichs der Unterschiedsbetrag zwischen diesem und den Anschaffungskosten des Derivats;
      – beim Empfänger der Stillhalterprämie oder der Einschüsse (Margins) der Unterschiedsbetrag zwischen der Stillhalterprämie bzw. den Einschüssen (Margins) und dem geleisteten Differenzausgleich;
   b) bei Verfall der Option die Stillhalterprämie;
   c) im Falle der Veräußerung oder sonstigen Abschichtung der Unterschiedsbetrag gemäß Abs. 3 Z 2; bei sonstiger Abwicklung (Glattstellen) gilt die Stillhalterprämie als Veräußerungserlös.

(4) Für die Anschaffungskosten gilt Folgendes:

1. Bei unentgeltlichem Erwerb sind die Anschaffungskosten des Rechtsvorgängers maßgeblich.
2. Bei Wirtschaftsgütern und Derivaten, auf deren Erträge der besondere Steuersatz gemäß Abs. 1 anwendbar ist, sind die Anschaffungskosten ohne Anschaffungsnebenkosten anzusetzen. Dies gilt nicht für in einem Betriebsvermögen gehaltene Wirtschaftsgüter und Derivate.
3. Bei allen in einem Depot befindlichen Wirtschaftsgütern und Derivaten im Sinne des § 27 Abs. 3 und 4 mit derselben Wertpapierkennnummer ist bei Erwerb in zeitlicher Aufeinanderfolge der gleitende Durchschnittspreis in Euro anzusetzen. Nach § 93 Abs. 4 angesetzte Anschaffungskosten fließen nicht in den gleitenden Durchschnittspreis ein. Der Bundesminister für Finanzen wird ermächtigt, die Ermittlung der steuerlichen Anschaffungskosten bei Kapitalmaßnahmen durch Verordnung festzulegen.

(5) Anstelle des besonderen Steuersatzes von 25% kann auf Antrag der allgemeine Steuertarif angewendet werden (Regelbesteuerungsoption). Für die Anrechnung der Kapitalertragsteuer und die Berücksichtigung des Alleinverdienerabsetzbetrages oder des Kinderabsetzbetrages ist § 97 Abs. 2 maßgeblich. Die Regelbesteuerungsoption kann nur für sämtliche Einkünfte, die dem besonderen Steuersatz gemäß Abs. 1 unterliegen, ausgeübt werden.

(6) Die Abs. 1 bis 5 gelten auch für Einkünfte aus der Überlassung von Kapital, aus realisierten Wertsteigerungen von Kapitalvermögen und aus Derivaten von natürlichen Personen, soweit diese zu den Einkünften im Sinne des § 2 Abs. 3 Z 1 bis 4 gehören.

EB zu Z 10 und 36 BBG 2011 (§ 27a und § 124b Z 185 EStG 1988):

Im Zuge der Neuregelung soll für Einkünfte aus Kapitalvermögen generell die Anwendung eines besonderen Steuersatzes von 25%, unabhängig davon, ob im Abzugsweg oder im Zuge der Veranlagung erhoben, vorgesehen werden. Diese zentrale Aussage soll, gemeinsam mit den Regelungen über die Bemessungsgrundlage, die ebenso unabhängig von der Erhebungsform gelten sollen, in Anschluss an § 27 in das Einkommensteuergesetz auf-

genommen werden. Dies macht entsprechende Regelungen des § 37 Abs. 8 und des § 93 in der derzeit geltenden Fassung obsolet. Obwohl § 27a inhaltlich eine Tarifvorschrift ist, hängt sie systematisch mit § 27 zusammen und wird daher nicht in den 3. Teil des EStG, sondern gleich im Anschluss eingefügt.

Der zweite Halbsatz des § 27a Abs. 1, der den Inhalt des bisherigen § 97 Abs. 3 übernehmen soll, wurde gegenüber dieser Bestimmung insoweit geändert, als im Falle der Regelbesteuerung auch die an sich endbesteuerungsfähigen Kapitalerträge zum Gesamtbetrag der Einkünfte und zum Einkommen zählen. Dies entspricht einerseits der tatsächlichen Steuerberechnung unter Einbeziehung dieser Einkünfte und stellt andererseits ein klares Bescheidbild sicher.

Wie bisher soll aber für bestimmte Einkünfte keine 25%ige Endbesteuerung greifen. Im Gegensatz zur derzeitigen Rechtslage soll in diesen Fällen künftig aber auch keine 25%ige Abzugsteuer anfallen. In § 27a Abs. 2 sollen eben diese Einkünfte, die keiner 25%igen Besteuerung zugänglich sind, aufgezählt werden:

Z 1 enthält dabei alle Privatdarlehen und sonstige nicht verbriefte private Forderungen, wie zB nicht verbriefte obligationenartige Genussrechte.

Z 2 sieht vor, dass verbriefte Forderungen sowie Anteilscheine an in- und ausländischen Immobilienfonds nur dann der 25%igen Besteuerung unterliegen, wenn sie bei ihrer Begebung rechtlich oder tatsächlich einem unbestimmten Personenkreis angeboten werden, also ein so genanntes „Public Placement" (öffentliches Angebot) erfolgt ist. Damit wird die bisherige Rechtslage und Verwaltungsübung, wonach bei der Gewährung von Eigenkapital stets eine 25%ige Besteuerung möglich ist, bei der Gewährung von Fremdkapital aber nur, wenn die Forderungen verbrieft (also Wertpapiere) sind und ein öffentliches Angebot vorliegt, gesetzlich klar geregelt.

Z 3 schließt auch für die echte stille Gesellschaft eine 25%ige Besteuerung aus. Bei inländischen stillen Gesellschaftern erscheint die Abzugsteuer entbehrlich. Für ausländische stille Gesellschafter soll hingegen zur Sicherung der Durchsetzbarkeit des Besteuerungsanspruchs in § 99 eine Abzugsteuer vorgesehen werden.

Z 4 und 6 sehen, der bisherigen Rechtslage entsprechend, auch für Diskontbeträge von Wechseln und Anweisungen sowie für Unterschiedsbeträge von Versicherungen eine Ausnahme von der 25%igen Besteuerung vor.

Z 5 sieht – analog zum Ausschluss von Privatdarlehen und anderen nicht verbrieften Privatforderungen – vor, dass Pensions- und Leihegeschäfte ohne Beteiligung einer Bank als Entleiher oder Pensionsnehmer regelbesteuert werden sollen.

Welche Bemessungsgrundlage für die einzelnen Tatbestände des § 27 maßgeblich ist, soll in § 27a Abs. 3 einheitlich geregelt werden:

a) Für Einkünfte aus der Überlassung von Kapital soll der bewährte Begriff der „bezogenen Kapitalerträge" in Abs. 1 beibehalten werden.

b) Für realisierte Wertsteigerungen im Sinne des § 27 Abs. 3 soll § 27a Abs. 3 Z 2 wie folgt differenzieren:

- *In lit. a wird der häufigste Fall, nämlich jener der Veräußerung, geregelt. Hier soll, wie derzeit auch in § 31 vorgesehen, auf den Unterschiedsbetrag zwischen Veräußerungserlös und Anschaffungskosten abgestellt werden. Da auch Einlösungs- und sonstige Abschichtungserlöse mit umfasst werden sollen, werden auch diese in lit. a angesprochen. Werden Stückzinsen mitveräußert bzw. erworben, sollen diese jeweils den Veräußerungserlös bzw. die Anschaffungskosten erhöhen.*
- *Lit. b betrifft dagegen den Fall der Entnahme und des sonstigen Ausscheidens aus dem Depot sowie den Wegfall des Besteuerungsrechts. Diesfalls soll, dem derzeiti-*

gen Wegzugsbesteuerungskonzept des § 31 entsprechend, der Unterschiedsbetrag zwischen dem gemeinen Wert im Realisationszeitpunkt (Entnahme oder sonstiges Ausscheiden aus dem Depot bzw. Wegfall des Besteuerungsrechts) und den Anschaffungskosten maßgeblich sein.
- *Lit. c behandelt die Liquidation und entspricht der geltenden Rechtslage.*

c) Für Einkünfte aus Derivaten im Sinne des § 27 Abs 4 sollen die in § 27a Abs. 3 Z 3 enthaltenen Regelungen alle denkbaren Konstellationen abdecken:

- *§ 27a Abs. 3 Z 3 lit. a spricht zunächst den praktisch am häufigsten auftretenden Fall an, bei dem ein Derivatgeschäft mittels Differenzausgleichs beendet wird. Beim Differenzausgleich wird das Underlying nicht tatsächlich geliefert, sondern die Wertdifferenz zwischen aktuellem Preis und Ausübungspreis bezahlt. Der erste Teilstrich richtet sich an denjenigen, der den Differenzausgleich erhält, also zB bei einem bedingten Termingeschäft (Option) den Anleger, der das Gestaltungsrecht ausüben kann (long position). Dieser hat den empfangenen Differenzausgleich abzüglich den Anschaffungskosten des Derivats zu versteuern. Der zweite Teilstrich stellt dagegen auf denjenigen ab, der den Differenzausgleich leistet. Im Falle eines bedingten Termingeschäfts (Option) hat dieser eine „Stillhalterprämie" erhalten (er befindet sich in der „short position"), im Falle eines unbedingten Termingeschäfts (Future, Forward) erhält dieser Anleger „Einschüsse" bzw. „Margins". Für diesen Steuerpflichtigen ergibt sich nun ein Verlust in Höhe der Differenz der erhaltenen Stillhalterpämie oder Einschüsse und des geleisteten Differenzausgleichs.*
- *§ 27a Abs. 3 Z 3 lit. b regelt jenen Fall, in dem weder das Underlying geliefert wird noch ein Differenzausgleich erfolgt. Dies ist nur bei einem bedingten Termingeschäft (Option) denkbar und wird dann auftreten, wenn die Option ohne Ausübung verfällt. Daher stellt lit. b terminologisch nur auf diesen Fall ab und sieht vor, dass der Stillhalter die erhaltene Stillhalterprämie im vollen Umfang zu versteuern hat.*
- *§ 27a Abs. 3 Z 3 lit. c gilt, wenn das Derivat als solches veräußert wird. In diesem Fall ist – der Regelung des § 27a Abs. 3 Z 2 entsprechend – beim Veräußerer der Unterschiedsbetrag zwischen Veräußerungserlös und Anschaffungskosten steuerpflichtig. Praktisch bedeutsam ist aber auch jener Fall, in dem es zu keiner Veräußerung des Derivats kommt, dieses aber mittels Glattstellung (durch Abschließen des gegenläufigen Geschäfts) abgewickelt wird. Hier sieht § 27 Abs. 3 Z 3 lit. c vor, dass die Stillhalterprämie als Veräußerungserlös gilt.*

  Beispiel 6:

A zahlt B 10 für eine Option mit einjähriger Laufzeit, ein Wirtschaftsgut um 100 zu erwerben. Nach 6 Monaten hat das Wirtschaftsgut einen Wert von

a) 150

b) 50

Nach 6 Monaten wollen A bzw. B ihren Gewinn aus dem Geschäft mittels Glattstellung der Option sichern.

Lösung a)

A schließt eine gegenläufige Option ab, bei der er als Stillhalter das Wirtschaftsgut um 100 liefern muss. Dafür erhält er eine – angesichts des aktuellen Marktwerts iHv 150 hohe – Stillhalterprämie von 48. Diese Stillhalterprämie gilt als Veräußerungserlös, dem A nun die Anschaffungskosten der ursprünglichen Option gegenüberzustellen hat. Seine Einkünfte aus diesem Derivatgeschäft betragen somit 38.

Lösung b)

B schließt eine gegenläufige Option ab, bei der er das Recht erhält, das Wirtschaftsgut um 100 zu kaufen. Dafür leistet er eine – angesichts des aktuellen Marktwerts von 50 nied-

rige – Stillhalterprämie von 1. Die ursprünglich empfangene Stillhalterprämie von 10 gilt als Veräußerungserlös, dem B nun die Anschaffungskosten der von ihm zur Glattstellung erworbenen Option gegenüberzustellen hat. Seine Einkünfte aus diesem Derivatgeschäft betragen somit 9.

Die Behandlung der für die Steuerpflicht relevanten Anschaffungskosten ist in Abs. 4 geregelt.

Zunächst wird grundsätzlich festgelegt, dass bei einem unentgeltlichen Erwerb die Anschaffungskosten des Rechtsvorgängers maßgeblich sind. Diese Vorschrift ist einerseits deshalb notwendig, weil bei einer Schenkung keine neuen Anschaffungskosten vorliegen (insoweit entspricht der Zweck inhaltlich der Bestimmung des § 30 Abs. 1 letzter Satz), andererseits ist sie auch im Anwendungsbereich des § 27 vor allem im Zusammenhang mit den Bestimmungen über die unentgeltliche Depotübertragung (§ 27 Abs. 6 Z 1 lit. 1) von Bedeutung. Kommt es nämlich im Zuge einer unentgeltlichen Depotübertragung zu einem steuerpflichtigen Realisationsvorgang (etwa weil der übertragende Steuerpflichtige keine Nachweise erbringt und auch einer Meldung widerspricht), kann durchaus der Fall eintreten, dass der depotführenden Stelle des empfangenden Steuerpflichtigen die Anschaffungskosten der übertragenen Wirtschaftsgüter nicht bekannt sind. In diesem Fall greift die Bestimmung des § 93 Abs. 4, wonach eine pauschale Bewertung stattzufinden hat (siehe dazu die Erläuterungen zum § 93). Durch die pauschale Bewertung soll jedoch keine Entsteuerung der noch nicht realisierten Gewinne stattfinden, weshalb die Anordnung der Fortführung der Anschaffungskosten des Rechtsvorgängers notwendig ist. Weiters wird in einem solchen Fall auch die Steuerabgeltungswirkung ausgeschlossen.

Für nicht in einem Betriebsvermögen gehaltene Wirtschaftsgüter und Derivate sieht Abs. 4 Z 2 den Ansatz der Anschaffungskosten ohne Anschaffungsnebenkosten vor. Als Anschaffungsnebenkosten im Zusammenhang mit Wirtschaftsgütern und Derivaten kommen insbesondere Handelsgebühren (trading fees) oder eine rechtliche oder wirtschaftliche Beratung in Betracht. Dieser Ausschluss soll eine Umgehung des im § 20 Abs. 2 zweiter Teilstrich vorgesehenen Abzugsverbotes für Aufwendungen und Ausgaben im Zusammenhang mit Einkünften, die dem 25%igen Steuersatz unterliegen, verhindern (zB Verlagerung von Betriebsausgaben bzw. Werbungskosten auf Anschaffungsnebenkosten, etwa durch höhere Gebühren bei Kauf und Verkauf anstatt einer fixen Depotgebühr). Die Anschaffungsnebenkosten stellen gem. § 20 Abs. 2 zweiter Teilstrich nichtabzugsfähige Aufwendungen dar.

Die letzte Bewertungsregel betrifft die Ermittlung der Anschaffungskosten bei Wirtschaftsgütern und Derivaten iSd § 27 Abs. 3 und 4. Vorgesehen ist dabei der Ansatz der gewogenen durchschnittlichen Anschaffungskosten der in zeitlicher Aufeinanderfolge erworbenen, im selben Depot liegenden Wirtschaftsgüter und Derivate mit derselben Wertpapierkennnummer oder ISIN (beispielsweise zu unterschiedlichen Zeitpunkten angeschaffte Aktien desselben Unternehmens). Diese Bestimmung kommt somit nur bei solchen Wirtschaftsgütern und Derivaten zur Anwendung, die eine Wertpapierkennnummer haben und auf einem (gemeinsamen) Depot liegen. Liegen diese Voraussetzungen nicht vor (etwa bei inhaltlich gleichen Optionen ohne Wertpapierkennnummer, die zu unterschiedlichen Zeitpunkten und zu unterschiedlichen Preisen angeschafft worden sind) soll im Fall eines entsprechenden Realisationstatbestandes der Steuerpflichtige eine Auswahl treffen. Aufgrund des Verweises im Abs. 6 gilt diese Bewertungsbestimmung auch für den gesamten betrieblichen Bereich (ausgenommen Körperschaften, die unter § 7 Abs. 3 KStG fallen). Weiters ist eine Ermächtigung des Bundesministers für Finanzen vorgesehen, die Ermittlung der steuerlichen Anschaffungskosten bei Kapitalmaßnahmen mit Verordnung festzulegen.

Abs. 5 enthält die derzeit in § 97 Abs. 4 verankerte Regelbesteuerungsoption: Unabhängig davon, ob die 25%ige Besteuerung bereits im Abzugsweg (§ 93) oder erst im Zuge der Veranlagung erfolgt, soll der Steuerpflichtige wie bisher die Möglichkeit einer Veranlagung seiner Einkünfte aus Kapitalvermögen zum allgemeinen Steuertarif erhalten. Anders als bisher unterliegen ab 2012 im Falle der Regelbesteuerung jedoch sämtliche Kapitaleinkünfte (einschließlich Dividenden und Substanzgewinnen aus Aktien) dem Normalsteuersatz. Diese Regelbesteuerungsoption kann nur für sämtliche dem 25%igen Steuersatz unterliegenden Einkünfte gemeinsam ausgeübt werden. Zur Geltendmachung eines Verlustausgleichs bloß innerhalb der 25%-Schedule ist die Ausübung dieser Regelbesteuerungsoption allerdings nicht nötig; wünscht der Steuerpflichtige nur einen Verlustausgleich innerhalb der mit 25% besteuerten Einkünfte aus Kapitalvermögen, kann er – isoliert von der in § 27 Abs. 5 enthaltenen Regelbesteuerungsoption – die Verlustausgleichsoption gemäß § 97 Abs. 2 ausüben.

Die Wortfolge „und die Berücksichtigung des Alleinverdienerabsetzbetrages oder des Kinderabsetzbetrages" soll nicht nur die Kürzung der zu erstattenden KESt um einen Alleinverdienerabsetzbetrag oder Kinderabsetzbetrag bewirken, sondern auch klarstellen, dass es bei Alleinverdienern mit ausländischen Kapitalerträgen, die grundsätzlich mit 25% zu besteuern sind, auch unter der Besteuerungsgrenze zu einer Art Mindeststeuer kommt. Dies entspricht der bereits bestehenden Besteuerungspraxis, damit eine Gleichstellung mit dem Vorliegen entsprechender kapitalertragsteuerpflichtiger Einkünfte sichergestellt wird, bei denen es in Höhe des Alleinverdienerabsetzbetrages oder des Kinderabsetzbetrages ebenfalls zu keiner KESt-Gutschrift kommen kann und insoweit ebenfalls eine Mindestbesteuerung vorliegt.

In Abs. 6 wird schließlich festgehalten, dass die Bestimmungen des § 27a Abs. 1 bis 5 auch für die von natürlichen Personen im betrieblichen Bereich (oder im Rahmen der Einkünfte aus nichtselbständiger Arbeit) erzielten Einkünfte aus der Überlassung von Kapital, aus realisierten Wertsteigerungen aus Kapitalvermögen und aus Derivaten Anwendung finden. Der in Abs. 4 Z 2 enthaltene Ausschluss von Anschaffungsnebenkosten kommt dessen ungeachtet gem. dem zweiten Satz dieser Vorschrift im betrieblichen Bereich nicht zur Anwendung; die Bewertungsbestimmungen des § 6 gehen somit vor. Damit kommt der 25%ige Steuersatz für die genannten Einkünfte auch im betrieblichen Bereich zur Anwendung.

EB zu Z 10 und 24 AbgÄG 2011 (§ 27a und § 124b Z 193 lit. b EStG 1988):

In Abs. 2 Z 2 soll die Formulierung betreffend das öffentliche Angebot präzisiert werden. In einer neuen Z 7 soll sichergestellt werden, dass nicht verbriefte Derivate mangels Einbindung ins KESt-System auch nicht dem besonderen Steuersatz unterliegen.

In Abs. 2 Z 3 soll klargestellt werden, dass nicht nur Gewinnanteile aus stillen Beteiligungen, sondern auch Abschichtungsüberschüsse und andere realisierte Wertsteigerungen nicht dem besonderen Steuersatz in Höhe von 25% unterliegen.

In Abs. 4 Z 3 soll hinsichtlich der Bewertung gleichartiger Wertpapiere mit dem gewogenen Durchschnittspreis klargestellt werden, dass nicht der einfach gewogene Durchschnittspreis (indirekte Abfassungsmethode), sondern der gleitende Durchschnittspreis (direkte Abfassungsmethode) anzusetzen ist und pauschal angesetzte Anschaffungskosten nicht in den gleitenden Durchschnittspreis einfließen. Überdies soll klargestellt werden, dass – den allgemeinen steuerlichen Grundsätzen entsprechend – die Bewertung von Wertpapieren und Wertpapiertransaktionen stets nur in Euro zu erfolgen hat. Wird daher zB eine Dollar-Anleihe um Dollar verkauft, ist der zum aktuellen Kurs umgerechnete Euro-Veräußerungserlös den historischen Euro-Anschaffungskosten gegenüberzustellen.

§ 30 Abs. 1 Z 1

b) Bei anderen Wirtschaftsgütern nicht mehr als ein Jahr.

EB zu Z 13 und 36 BBG 2011 (§ 30 und § 124b Z 184 EStG 1988):

Da ab 1.10.2011 für nach dem 31.12.2010 erworbene Wertpapiere und Derivate bereits das neue Kapitalbesteuerungskonzept gelten soll, wird § 30 entsprechend angepasst. Der bisherige Verweis auf Wertpapiere iSd § 1 Abs. 1 des Depotgesetzes (§ 30 Abs. 1 Z 1 lit. b idgF) wird daher gestrichen, ebenso die explizit genannten Termingeschäfte, Optionsgeschäfte und Swaps (die ab dem 1.10.2011 als Derivate iSd § 27 Abs. 4 stets erfasst sind). Um eine klare Abgrenzung zu schaffen, werden weiters Einkünfte aus Wirtschaftsgütern und Derivaten iSd § 27 Abs. 3 und 4 explizit aus der Spekulationsbesteuerung ausgenommen (§ 30 Abs. 2 Z 3). Im Ergebnis kommt zukünftig die Spekulationsbesteuerung nur bei Grundstücken und jenen Wirtschaftgütern, die nicht unter § 27 Abs. 3 und 4 fallen, zur Anwendung.

Abzugspflicht

§ 93. (1) Bei inländischen Einkünften aus Kapitalvermögen wird die Einkommensteuer durch Steuerabzug erhoben (Kapitalertragsteuer). Dies gilt nicht für die in § 27a Abs. 2 genannten Einkünfte.

(2) Inländische Einkünfte aus Kapitalvermögen liegen vor:

1. Bei Einkünften aus der Überlassung von Kapital (§ 27 Abs. 2), wenn sich die auszahlende Stelle (§ 95 Abs. 2 Z 1 lit. b) im Inland befindet. Bei Einkünften aus der Überlassung von Kapital gemäß § 27 Abs. 2 Z 1, § 27 Abs. 5 Z 7 und Zinsen aus Geldeinlagen bei Kreditinstituten und aus sonstigen Forderungen gegenüber Kreditinstituten liegen auch dann inländische Einkünfte aus Kapitalvermögen vor, wenn der Schuldner der Kapitalerträge Wohnsitz, Geschäftsleitung oder Sitz im Inland hat oder inländische Zweigstelle eines ausländischen Kreditinstituts ist. Als Geldeinlagen bei Kreditinstituten gelten auch von Kreditinstituten treuhändig oder zur Verwaltung aufgenommene Gelder, für deren Verlust sie das wirtschaftliche Risiko tragen.
2. gestrichen

(3) Die Kapitalertragsteuer ist auch abzuziehen, wenn die Kapitaleinkünfte beim Empfänger zu den Einkünften im Sinne des § 2 Abs. 3 Z 1 bis 4 gehören, sofern nicht die Voraussetzungen des § 94 vorliegen.

(4) Weist der Steuerpflichtige bei den Einkünften im Sinne des § 27 Abs. 3 und 4 die tatsächlichen Anschaffungskosten oder den Wert einer vorangegangenen steuerpflichtigen Entnahme der depotführenden Stelle nicht nach, hat diese für Zwecke des Steuerabzugs davon auszugehen , dass die Anschaffungskosten dem gemeinen Wert zum Zeitpunkt der Depoteinlage, vermindert um 0,5% für jeden seit der Anschaffung vergangenen Monat entsprechen. Zumindest ist der halbe gemeine Wert zum Zeitpunkt der Depoteinlage anzusetzen. Besteht kein Kurs- oder Handelswert, hat die depotführende Stelle bei einer späteren Realisierung davon auszugehen, dass die Anschaffungskosten im Falle des § 27a Abs. 3 Z 2 lit. a dem halben Erlös, im Falle des § 27a Abs. 3 Z 2 lit. b dem halben gemeinen Wert im Zeitpunkt der Entnahme entsprechen. Besteht weder im Zeitpunkt der Depoteinlage

noch im Zeitpunkt einer späteren Realisierung ein Kurs- oder Handelswert, hat die depotführende Stelle davon auszugehen, dass die Anschaffungskosten dem gemeinen Wert im Zeitpunkt der Entnahme entsprechen.

Weist der Steuerpflichtige

- bei Anteilen an Körperschaften und Anteilscheinen an Kapitalanlagefonds im Sinne des Investmentfondsgesetzes und an Immobilienfonds im Sinne des Immobilien-Investmentfondsgesetzes die Anschaffung vor dem 1. Jänner 2011 nicht nach, ist davon auszugehen, dass diese am 1. Jänner 2011 entgeltlich erworben wurden;
- bei allen anderen Wirtschaftsgütern und Derivaten die Anschaffung vor dem 1. April 2012 nicht nach, ist davon auszugehen, dass diese am 1. April 2012 entgeltlich erworben wurden.

Der Steuerpflichtige kann in diesen Fällen im Rahmen der Veranlagung (§ 97 Abs. 2) nachweisen, dass die tatsächliche Anschaffung vor den genannten Zeitpunkten erfolgt ist.

Weist der Steuerpflichtige die tatsächlichen Anschaffungskosten oder den Wert einer vorangegangenen steuerpflichtigen Entnahme der depotführenden Stelle nicht nach oder besteht im Zeitpunkt einer späteren Realisierung kein Kurs- oder Handelswert, bewirkt der Steuerabzug gemäß § 93 keine Steuerabgeltung gemäß § 97. Der Steuerpflichtige hat im Rahmen der Veranlagung die tatsächlichen Anschaffungskosten oder den Wert einer vorangegangenen steuerpflichtigen Entnahme nachzuweisen.

(5) Für Zwecke des Steuerabzuges ist davon auszugehen, dass

- Wirtschaftsgüter und Derivate im Sinne des § 27 Abs. 3 und 4 nicht in einem Betriebsvermögen gehalten werden;
- im Ausland begebene Wertpapiere, die ein Forderungsrecht verbriefen, sowie Anteilscheine an einem ausländischen Immobilienfonds bei ihrer Begebung im Zweifel sowohl in rechtlicher als auch in tatsächlicher Hinsicht einem unbestimmten Personenkreis angeboten wurden;
- im Falle des Wegzugs im Sinne des § 27 Abs. 6 Z 1 lit. b der Zeitpunkt des Wegzugs dem Zeitpunkt der Meldung im Sinne des § 94 Z 7 entspricht;
- im Falle des Eintritts in das Besteuerungsrecht der Republik Österreich (§ 27 Abs. 6 Z 1 lit. b fünfter Satz) der gemeine Wert im Zeitpunkt des Eintritts in das Besteuerungsrecht den Anschaffungskosten der verwahrten Wertpapiere entspricht.

EB zu Z 28 und 36 BBG 2011 (§§ 93 bis 97 und § 124b Z 185 und 186 EStG 1988):

Zu § 93:

§ 93 soll wie schon bisher regeln, unter welchen Umständen eine Abzugsteuer (KESt) von Einkünften aus Kapitalvermögen erhoben wird. Das KESt-System als solches hat sich auch im Lichte des Bankgeheimnisses bewährt und trägt auch zu einer sachgerechten Besteuerung bei. Im Sinne einer Vereinfachung soll die Neuregelung aber keine Aufzählung der einzelnen KESt-pflichtigen Einkünfte mehr enthalten, sondern allgemein an § 27 anknüpfen.

§ 93 Abs. 1 enthält die Grundaussage, wonach KESt nur bei „inländischen" Einkünften aus Kapitalvermögen anfällt und dies generell nicht für jene Einkünfte gilt, die gemäß § 27a Abs. 2 von der 25%igen Besteuerung ausgenommen sind.

In Abs. 2 wird sodann normiert, unter welchen Voraussetzungen „inländische" Einkünfte aus Kapitalvermögen vorliegen:

- *Z 1 betrifft weiterhin die Früchte aus Finanzvermögen, die prinzipiell schon bisher der Kapitalertragsteuer unterlegen sind. Hier soll grundsätzlich keine Änderung eintreten. Da aber künftig auch Dividenden aus ausländischen Aktien, die auf inländischen Depots gehalten werden, von diesem Tatbestand erfasst (und nicht wie bisher separat in § 93 Abs. 2 Z 1 lit. e in der derzeit geltenden Fassung angesprochen) werden sollen, muss die Formulierung auch auf diese Bedacht nehmen. Dementsprechend ist als Grundregel festgehalten, dass Einkünfte aus der Überlassung von Kapital immer der KESt unterliegen, wenn sie von einer inländischen auszahlenden Stelle ausbezahlt werden. Diese Grundregel umfasst somit sowohl Forderungswertpapiere (im Sinne des § 93 Abs. 3 in der derzeit geltenden Fassung) als auch die erwähnten Dividenden ausländischer Aktien. Über diese Grundregel hinaus sollen wie bisher aber Einkünfte gemäß § 27 Abs. 2 Z 1 (zB Dividenden aus inländischen Aktien), Zuwendungen von Privatstiftungen und Zinsen aus Geldeinlagen und sonstigen Forderungen bei Kreditinstituten der KESt unterliegen, wenn der Schuldner der Kapitalerträge (also zB die Aktiengesellschaft, die Privatstiftung oder das Kreditinstitut) Wohnsitz, Sitz oder Ort der Geschäftsleitung im Inland hat.*

- *Z 2 betrifft die im Zuge der Neuregelung eingeführten neuen Tatbestände für Einkünfte aus realisierten Wertsteigerungen von Kapitalvermögen sowie für Einkünfte aus Derivaten. Hier soll grundsätzlich auf das Vorliegen einer inländischen depotführenden Stelle abgestellt werden. Im Sinne der verfassungsgerichtlichen Rechtsprechung zur Spekulationsertragsteuer muss aber eine Einschränkung dahingehend erfolgen, dass KESt auch von einer inländischen depotführenden Stelle nur dann abgezogen werden kann, wenn diese über die notwendigen Informationen bzw. Daten und über Zugriff auf die Erträge verfügt. Daher soll KESt nur dann anfallen, wenn die depotführende Stelle die Realisierung bzw. das Derivatgeschäft auch selbst „abgewickelt“ hat, d.h. in das Realisierungs- bzw. Derivatgeschäft eingebunden ist. Liegt keine inländische depotführende Stelle vor, soll grundsätzlich auch keine KESt anfallen. Eine Ausnahme soll jedoch in jenen Fällen bestehen, in denen eine Realisierung zwar technisch über eine ausländische depotführende Stelle erfolgt (dabei muss es sich allerdings um eine Betriebsstätte der auszahlenden Stelle oder um ein konzernzugehöriges Unternehmen handeln), faktisch aber über eine inländische Stelle abgewickelt wird, die dann auch den Veräußerungserlös gutschreibt. Diesen Gedanken soll auch § 95 Abs. 2 Z 2 lit. b zum Ausdruck bringen, der eine Zusammenarbeit der inländischen auszahlenden Stelle mit der ausländischen depotführenden Stelle für eine Abzugsverpflichtung und Haftung der inländischen auszahlenden Stelle voraussetzt.*

  Beispiel 7:

A hält Wertpapiere auf dem Depot der taiwanesischen X-Bank. Die X-Bank ist eine Tochtergesellschaft der österreichischen Hausbank des A, der Y-Bank. A disponiert über sein taiwanesisches Depot immer unter Einschaltung seiner Hausbank. Wenn A unter Einschaltung seiner österreichischen Hausbank die Verkaufsorder für seine Wertpapiere am taiwanesischen Depot erteilt und seine Hausbank sodann auch den Veräußerungserlös gutschreibt, besteht KESt-Pflicht.

In Abs. 3 wird der Steuerabzug grundsätzlich auch dann angeordnet, wenn die Kapitalerträge im betrieblichen Bereich eines Steuerpflichtigen erzielt worden sind (es sei denn, eine der Ausnahmen gem. § 94 kommt zur Anwendung).

Abs. 4 enthält eine spezielle, für Zwecke des KESt-Abzugs notwendige Bewertungsvorschrift, die immer dann zur Anwendung kommen soll, wenn im Zuge einer Depoteinlage oder eines Depotwechsels die Anschaffungskosten der betreffenden Wirtschaftsgüter nicht nachgewiesen werden. Dieser Fall kann etwa dann eintreten, wenn bestimmte Wirtschaftsgüter und Derivate iSd § 27 Abs. 3 und 4 ohne Weitergabe der Anschaffungskosten von einem Depot auf ein anderes Depot übertragen werden (was aufgrund des § 27 Abs. 6 Z 1 lit. a grundsätzlich einen steuerpflichtigen Realisationsakt darstellt) oder wenn Wirt-

schaftsgüter aus einem ausländischen Depot in ein inländisches Depot eingelegt werden. Können in diesen oder in vergleichbaren Fällen die steuerlich relevanten Anschaffungskosten (zB wäre bei einer vorangegangenen steuerpflichtigen Entnahme der gemeine Wert zum Zeitpunkt der Entnahme steuerlich relevant) durch den Steuerpflichtigen nicht nachgewiesen werden, hat die depotführende Stelle als Anschaffungskosten den gemeinen Wert im Zeitpunkt der Einlage, vermindert um 0,5% für jeden seit der Anschaffung vergangenen Monat, anzusetzen. Der halbe gemeine Wert im Zeitpunkt der Einlage darf jedoch dadurch nicht unterschritten werden.

Weist der Steuerpflichtige die Anschaffung vor dem 1.1.2011 nicht nach (vor dem 1.1.2011 angeschaffte Wirtschaftsgüter wären ohnehin nicht mehr steuerhängig), ist von einer Anschaffung zum 1.1.2011 auszugehen. Dieser fingierte Anschaffungszeitpunkt ist dann auch für die vorgesehene Kürzung vom gemeinen Wert relevant. Der tatsächliche Anschaffungszeitpunkt kann durch den Steuerpflichtigen auch im Rahmen der Veranlagung nachgewiesen werden.

Kommt die pauschale Bewertung durch Kürzung des gemeinen Wertes zum Einlagezeitpunkt zur Anwendung, hat der Steuerabzug in einem später eintretenden Realisationsfall den Charakter einer Sicherungssteuer (Sicherungs-KESt) und bewirkt keine Steuerabgeltung iSd § 97. Der Steuerpflichtige hat dann im Zuge der Veranlagung die tatsächlichen Anschaffungskosten jedenfalls nachzuweisen. Damit wird sichergestellt, dass durch die pauschale Bewertung keine Entsteuerung nicht realisierter Wertsteigerungen des Kapitalvermögens eintritt.

In Abs. 5 wurde der Inhalt der derzeit bestehenden Bestimmung des § 240 Abs. 2 BAO übernommen und angepasst (womit § 240 Abs. 2 BAO zukünftig entfällt). Damit wird eine Bündelung der im systematischen Zusammenhang mit der KESt stehenden Bestimmungen im EStG bezweckt.

EB zu Z 18 und 24 AbgÄG 2011 (§ 93 und § 124b Z 193 lit. b EStG 1988):

Zu Abs. 2:

Es soll klargestellt werden, dass – wie bis zum Budgetbegleitgesetz 2011 – Abzugspflicht auch dann besteht, wenn Schuldner der Kapitalerträge eine inländische Zweigniederlassung eines ausländischen Kreditinstituts ist. Überdies sollen, wie schon bis zum Budgetbegleitgesetz 2011, von Kreditinstituten treuhändig oder zur Verwaltung aufgenommene Gelder, für deren Verlust sie das wirtschaftliche Risiko tragen, als Geldeinlagen gelten.

Zu Abs. 4:

Mit dem Budgetbegleitgesetz 2011 sollte in § 93 Abs. 4 vorgesehen werden, dass Kapitalvermögen, dessen Anschaffung der Steuerpflichtige nicht nachweisen kann, für Zwecke des KESt-Abzuges als – vom neuen KESt-Regime erfasster – Neubestand gilt. Aufgrund eines Redaktionsversehens wurde bei dieser Fiktion jedoch nicht nach Anteilen von Körperschaften und Investmentfondsanteilen einerseits und sonstigem Finanzvermögen und Derivaten andererseits unterschieden. Dieses Redaktionsversehen soll nun bereinigt werden. Überdies soll für jene in der Praxis seltenen Fälle, in denen der depotführenden Stelle kein Kurs- oder Handelswert für die von ihr verwalteten bzw. zu verwaltenden Wertpapiere bekannt ist, eine Fiktion der Anschaffungskosten bzw. des gemeinen Wertes geschaffen werden. Demnach sind die Anschaffungskosten bei Wertpapieren, für die kein Kurswert oder sonstiger, durch einen allgemeinen Handel herausgebildeter Wert besteht, vom Veräußerungserlös bzw. dem halben gemeinen Wert abzuleiten und umgekehrt.

Überdies soll ein Redaktionsversehen im ersten Satz bereinigt werden.

Zu Abs. 5:

Abs. 5 soll Erleichterungen für die Abzugsverpflichteten schaffen, indem für Zwecke des KESt-Abzugs gesetzliche Vermutungen aufgestellt werden:

Erstens soll bezüglich der unterschiedlichen steuerlichen Regelungen für Kapitalvermögen im Privat- und im Betriebsvermögen (Zulässigkeit der Aktivierung von Anschaffungsnebenkosten, Umfang der steuerpflichtigen ausschüttungsgleichen Erträge von Investmentfonds) klargestellt werden, dass für Zwecke des KESt-Abzugs stets davon auszugehen ist, dass Wirtschaftsgüter und Derivate nicht in einem Betriebsvermögen gehalten werden.

Zweitens soll für Zweifelsfälle die Vermutung aufgestellt werden, dass ausländische Forderungswertpapiere und Immobilienfonds-Anteile öffentlich begeben wurden. Diese Vermutung gilt jedoch lediglich für Zwecke des KESt-Abzugs und soll den Abzugsverpflichteten ermöglichen, Haftungsrisiken zu vermeiden. Abgeltungswirkung ist mit einem KESt-Abzug auf dieser Grundlage nicht verbunden und es besteht daher Veranlagungspflicht.

Drittens sollen die Abzugsverpflichteten im Falle des Wegzugs für Zwecke der Ermittlung der Bemessungsgrundlage davon ausgehen dürfen, dass der Zeitpunkt des Wegzugs dem Zeitpunkt der Meldung im Sinne des § 94 Z 7 entspricht.

Viertens sollen die Abzugsverpflichteten im Falle des Zuzugs eines Steuerpflichtigen, für den sie bereits depotführende Stelle sind, davon ausgehen dürfen, dass der beim Zuzug gemäß § 27 Abs. 6 Z 1 lit. b anzusetzende gemeine Wert den von ihnen bereits gespeicherten Anschaffungskosten entspricht.

Selbstverständlich kann der Steuerpflichtige im Rahmen der Veranlagung einen höheren gemeinen Wert nachweisen.

Ausnahmen von der Abzugspflicht

§ 94. Der Abzugsverpflichtete (§ 95 Abs. 2) hat keine Kapitalertragsteuer abzuziehen:

1. Bei jeglichen Kapitalerträgen, wenn Gläubiger und Schuldner der Kapitalerträge dieselbe Person sind.
2. Unter folgenden Voraussetzungen bei den Kapitalerträgen von Körperschaften im Sinne des § 1 Abs. 2 des Körperschaftsteuergesetzes 1988:
   - Es handelt sich um Gewinnanteile (Dividenden) und sonstige Bezüge aus Aktien, Anteilen an Gesellschaften mit beschränkter Haftung oder an Erwerbs- und Wirtschaftsgenossenschaften und
   - die Körperschaft ist mindestens zu einem Zehntel mittel- oder unmittelbar am Grund- oder Stammkapital beteiligt.

   Dies gilt auch für ausländische Körperschaften, die die in der Anlage 2 zu diesem Bundesgesetz vorgesehenen Voraussetzungen des Artikels 2 der Richtlinie Nr. 90/435/EWG des Rates vom 23. Juli 1990 (ABl. EG Nr. L 225 S. 6) in der jeweils geltenden Fassung erfüllen, wenn die Beteiligung während eines ununterbrochenen Zeitraumes von mindestens einem Jahr bestanden hat. Davon abweichend hat der Abzugsverpflichtete die Kapitalertragsteuer dann einzubehalten, wenn Gründe vorliegen, wegen derer der Bundesminister für Finanzen dies zur Verhinderung von Steuerverkürzung und Missbrauch (§ 22 der Bundesabgabenordnung) sowie in den Fällen verdeckter Ausschüttungen (§ 8 Abs. 2 des Körperschaftsteuergesetzes 1988) durch Verordnung anordnet.

   In diesen Fällen ist eine der Richtlinie entsprechende Entlastung von der Kapitalertragsteuer auf Antrag der Muttergesellschaft durch ein Steuerrückerstattungsverfahren herbeizuführen.

3. a) Bei Einkünften aus Kapitalvermögen bei Kreditinstituten, wenn der Gläubiger der Einkünfte ein in- oder ausländisches Kreditinstitut ist. Dies gilt nicht für Kapitalerträge gemäß § 27 Abs. 2 Z 1, deren Schuldner Geschäftsleitung oder Sitz im Inland hat.
   b) Bei Ausgleichszahlungen und Leihgebühren im Sinne des § 27 Abs. 5 Z 4, die von einem Kreditinstitut an ein anderes Kreditinstitut geleistet werden.
4. Bei Einkünften aus Kapitalvermögen, das bei ausländischen Betriebsstätten von Kreditinstituten besteht.
5. Bei Einkünften gemäß § 27 Abs. 2 Z 1 lit. a bis c, deren Schuldner weder Wohnsitz noch Geschäftsleitung oder Sitz im Inland hat, sowie bei Einkünften gemäß § 27 Abs. 2 Z 2, Abs. 3 und 4 , unter folgenden Voraussetzungen:
   a) Der Empfänger der Einkünfte ist keine natürliche Person.
   b) Der Empfänger erklärt dem Abzugsverpflichteten unter Nachweis seiner Identität schriftlich, dass die Kapitaleinkünfte als Betriebseinnahmen eines in- oder ausländischen Betriebes, ausgenommen eines Hoheitsbetriebes (§ 2 Abs. 5 des Körperschaftsteuergesetzes 1988) zu erfassen sind (Befreiungserklärung).
   c) Der Empfänger leitet eine Gleichschrift der Befreiungserklärung unter Angabe seiner Steuernummer im Wege des Abzugsverpflichteten dem zuständigen Finanzamt zu.

   Der Empfänger hat dem Abzugsverpflichteten und dem zuständigen Finanzamt im Wege des Abzugsverpflichteten unverzüglich alle Umstände mitzuteilen, die dazu führen, dass die Kapitaleinkünfte nicht mehr zu den Einnahmen eines in- oder ausländischen Betriebes gehören (Widerrufserklärung). Die Befreiung beginnt mit dem Vorliegen sämtlicher unter lit. a bis c angeführter Umstände und endet mit dem Wegfallen der Voraussetzung der lit. c, mit der Abgabe der Widerrufserklärung oder mit der Zustellung eines Bescheides, in dem festgestellt wird, dass die Befreiungserklärung unrichtig ist.
6. Bei folgenden Einkünften beschränkt Körperschaftsteuerpflichtiger im Sinne des § 1 Abs. 3 Z 2 und 3 des Körperschaftsteuergesetzes 1988:
   a) Beteiligungserträge im Sinne des § 10 des Körperschaftsteuergesetzes 1988,
   b) Einkünfte innerhalb eines Beteiligungsfonds (§ 1 des Beteiligungsfondsgesetzes),
   c) Einkünfte aus der Überlassung von Kapital gemäß § 27 Abs. 2 Z 2 sowie für Einkünfte aus realisierten Wertsteigerungen im Sinne des § 27 Abs. 3 und Einkünfte aus Derivaten im Sinne des § 27 Abs. 4, die
      – innerhalb einer Veranlagungs- und Risikogemeinschaft einer befreiten Pensions- oder BV-Kasse,
      – einer befreiten Unterstützungskasse,
      – einer befreiten Privatstiftung im Sinne des § 6 Abs. 4 des Körperschaftsteuergesetzes 1988,
      – einer Versorgungs- oder Unterstützungseinrichtung einer Körperschaft des öffentlichen Rechtes oder
      – einer von der unbeschränkten Steuerpflicht befreiten Körperschaft im Rahmen eines ebenfalls steuerbefreiten Betriebes (beispielsweise § 45 Abs. 2 der Bundesabgabenordnung)

      nachweislich zuzurechnen sind.
   d) Einkünfte einer Mittelstandsfinanzierungsgesellschaft im Rahmen des § 5 Z 14 des Körperschaftsteuergesetzes 1988.

e) Kapitalerträge auf Grund von Zuwendungen im Sinne des § 27 Abs. 5 Z 7, wenn die Einkünfte gemäß § 3 befreit sind oder der Empfänger unter § 4a fällt.

7. Bei Kapitalerträgen gemäß § 27 Abs. 6 Z 1 lit. b, es sei denn, der Steuerpflichtige meldet dem Abzugsverpflichteten den Wegzug. Im Falle einer solchen Meldung ist vom Abzug abzusehen, wenn der Steuerpflichtige einen Abgabenbescheid im Sinne des § 27 Abs. 6 Z 1 lit. b vorweist. Bei Geldeinlagen bei Kreditinstituten und sonstigen Forderungen gegenüber Kreditinstituten gilt im Falle des Wegzugs der Schuldner der Kapitalerträge (§ 93 Abs. 2 Z 1 zweiter Satz) als depotführende Stelle im Sinne des § 95 Abs. 2 Z 2 lit. a.
8. Bei Kapitalerträgen im Sinne des § 98 Abs. 1 Z 5 lit. d, wenn es sich um Immobilien eines Immobilienfonds handelt, dessen Anteile im In- oder Ausland sowohl in rechtlicher als auch in tatsächlicher Hinsicht an einen unbestimmten Personenkreis angeboten werden.
9. Bei der Ausgabe von Anteilsrechten auf Grund einer Kapitalerhöhung aus Gesellschaftsmitteln (§ 3 Abs. 1 Z 29).
10. Bei Einkünften im Sinne des § 27 Abs. 2 Z 1 lit. a bis c, deren Schuldner weder Wohnsitz noch Geschäftsleitung oder Sitz im Inland hat, sowie bei Einkünften im Sinne des § 27 Abs. 2 Z 2 und des § 27 Abs. 3 und 4, die
    - einem Kapitalanlagefonds im Sinne des Investmentfondsgesetzes,
    - einem Immobilienfonds im Sinne des Immobilien-Investmentfondsgesetzes

    Dies gilt auch für Ausschüttungen von inländischen Grundstücks-Gesellschaften im Sinne der §§ 23 ff des Immobilien-Investmentfondsgesetzes an Immobilienfonds im Sinne des Immobilien-Investmentfondsgesetzes, soweit die Ausschüttungen auf Veräußerungsgewinne von Immobilienveräußerungen zurückzuführen sind.
11. Bei tatsächlich ausgeschütteten Erträgen und als ausgeschüttet geltenden Erträgen aus
    - einem Kapitalanlagefonds im Sinne des Investmentfondsgesetzes,
    - einem Immobilienfonds im Sinne des Immobilien-Investmentfondsgesetzes,

    soweit die Erträge aus Einkünften im Sinne des § 27 Abs. 2 Z 1 lit. a bis c bestehen, deren Schuldner Wohnsitz, Geschäftsleitung oder Sitz im Inland hat.
12. Bei Einkünften im Sinne des § 27 Abs. 2 Z 1 lit. a bis c sowie bei Einkünften im Sinne des § 27 Abs. 2 Z 2, des § 27 Abs. 5 Z 1, 2 und 4 und des § 27 Abs. 3 und 4, die einer nicht unter § 5 Z 6 oder nicht unter § 7 Abs. 3 des Körperschaftsteuergesetzes 1988 fallenden Privatstiftung zugehen.
13. Bei folgenden Einkünften aus Kapitalvermögen von beschränkt Steuerpflichtigen und gemäß § 1 Abs. 3 Z 1 des Körperschaftsteuergesetzes 1988 beschränkt Körperschaftsteuerpflichtigen:
    - Einkünften, die im Rahmen der beschränkten Steuerpflicht gemäß § 98 Abs. 1 Z 5 nicht steuerpflichtig sind;
    - Einkünften aus realisierten Wertsteigerungen von Kapitalvermögen gemäß § 98 Abs. 1 Z 5 lit. e.

EB zu Z 28 und 36 BBG 2011 (§§ 93 bis 97 und § 124b Z 185 und 186 EStG 1988):

Zu § 94:

§ 94 soll wie bisher die Befreiungen von der KESt-Abzugspflicht enthalten. Dabei soll der Befreiungskatalog an sich unverändert bleiben. Inhaltliche Änderungen ergeben sich lediglich in folgenden Bereichen:

- *Die Voraussetzungen für die in Z 2 enthaltene KESt-Befreiung für Dividenden und sonstigen Ausschüttungen von unbeschränkt steuerpflichtigen Körperschaften soll an die Voraussetzungen des § 94a, der künftig entfallen kann, angepasst werden, d.h. die Befreiung soll künftig schon ab einem Beteiligungsausmaß von 10% und auch bei mittelbaren Beteiligungen (d.h. Beteiligungen über eine Personengesellschaft) zustehen. Da die Voraussetzungen der Z 2 künftig vereinheitlicht werden, kann weiters an dieser Stelle auch die bislang in § 94a enthaltene KESt-Befreiung für Dividenden und andere Ausschüttungen, die EU/EWR-Körperschaften zugehen, übernommen werden. Ergänzend dazu bleiben die schon bislang bestehenden Ausnahmen zur Verhinderung von Missbräuchen und Steuerhinterziehung weiter bestehen. Dabei werden bestimmte Fälle angeführt, in denen der Kapitalertragsteuerabzug dennoch vorzunehmen ist (mit einer entsprechenden nachgelagerten Entlastungsmöglichkeit).*

- *Z 3 erweitert die bereits bestehende Befreiung für Zinserträge aus Zwischenbankengeschäften auf sämtliche Einkünfte aus Kapitalvermögen iSd § 27 Abs. 3 und 4 und somit auf sämtliche Substanzgewinne. Ebenso wird die bereits bestehende Befreiung für Ausgleichszahlungen dem Tatbestand des § 27 Abs. 5 Z 4 entsprechend auf Leihegebühren im Zwischenbankengeschäft ausgeweitet.*
- *Z 4 erweitert die bereits bestehende Befreiung für Zinserträge bei ausländischen Betriebsstätten von Kreditinstituten auf sämtliche Einkünfte aus Kapitalvermögen iSd § 27 Abs. 3 und 4.*
- *Künftig soll eine Befreiungserklärung für Kapitalerträge, die im Rahmen eines Gewerbebetriebes einer Körperschaft erzielt werden, auch für Einkünfte aus realisierten Wertsteigerungen und für Einkünfte aus Derivaten möglich sein. Z 5 wird daher entsprechend erweitert. Vom KESt-Abzug ausgenommen werden weiters etwa ausländische Dividenden (Einkünfte gem. § 27 Abs. 2 Z 1 lit. a bis c, deren Schuldner weder Wohnsitz, noch Geschäftsleitung oder Sitz im Inland hat).*
- *Z 6 lit. f, die eine Befreiung für Einkünfte aus Substanzgewinnen von Investmentfonds von beschränkt Körperschaftsteuerpflichtigen der zweiten Art (befreite Körperschaften, Körperschaften öffentlichen Rechts) enthält, soll in Hinblick auf die geplante Einbeziehung der Substanzgewinne in die beschränkte Körperschaftsteuerpflicht der zweiten Art entfallen (siehe § 1 Abs. 3 iVm § 21 Abs. 2 Körperschaftsteuergesetz 1988).*
- *In Z 7 soll eine Ausnahme für jene Kapitalerträge geschaffen werden, die zwar grundsätzlich der 25%igen Besteuerung unterliegen sollen, aber aus faktischen Gründen nicht im Abzugswege erfasst werden können. Dabei handelt es sich um die in § 27 Abs. 5 Z 5 und 6 enthaltenen Regelungen für abgereifte, bei Wegzug aber noch nicht fällige Kapitalerträge, sowie die künftig in § 27 Abs. 6 Z 1 lit. b geregelte Wegzugsbesteuerung inklusive Besteuerungsaufschub.*
- *Die in Z 10 enthaltene Befreiung für Kapitalerträge, die einem inländischem Kapitalanlagefonds oder Immobilienfonds zugehen, soll auch auf Einkünfte aus realisierten Wertsteigerungen und auf Einkünfte aus Derivaten erweitert werden.*
- *Ergänzend zur Z 10 werden in der Z 11 tatsächlich ausgeschüttete Erträge und als ausgeschüttet geltende Erträge aus inländischen Kapitalanlagefonds oder Immobilienfonds vom KESt-Abzug ausgenommen, soweit sie aus Einkünften iSd § 27 Abs. 2 Z 1 lit. a bis c, deren Schuldner Wohnsitz, noch Geschäftsleitung oder Sitz im Inland hat, stammen. Dies betrifft in erster Linie inländische Dividenden, die aufgrund der Z 10 schon auf Fondsebene dem KESt-Abzug unterliegen, sodass bei Ausschüttung (bzw. im Fall der Besteuerung von als ausgeschüttet geltenden Erträgen) eine KESt-Befreiung vorgesehen werden muss, um keine Doppelbesteuerung eintreten zu lassen. Systematisch entspricht das Zusammenspiel der Z 10 und 11 somit dem bereits bestehenden KESt-Regime.*

- *Z 12 entspricht der bisherigen Z 11.*
- *In Z 13 werden die Befreiungen für beschränkt Steuerpflichtige dem neuen Besteuerungssystem angepasst. Für Substanzgewinne beschränkt Steuerpflichtiger soll generell keine KESt einbehalten werden, weil Österreich in der Regel kein Besteuerungsrecht für diese hat und ein genereller KESt-Abzug daher zu einem unverhältnismäßigen Verwaltungsaufwand führen würde.*

EB zu Z 19 lit. a und b und 24 AbgÄG 2011 (§ 94 Z 3 und 5 sowie § 124b Z 193 lit. b EStG 1988):

Z 3 lit. a soll grundsätzlich Zwischenbankgeschäfte von der Kapitalertragsteuerpflicht befreien. Eine generelle Befreiung auch für Dividenden würde jedoch dazu führen, dass bei Portfoliodividendenzahlungen österreichischer Kreditinstitute an ausländische Kreditinstitute die beschränkte Steuerpflicht zur Gänze entfällt. Daher sollen inländische Dividenden und dividendenähnliche Erträge von der Befreiung ausgenommen werden.

In Z 5 soll ein Redaktionsversehen beseitigt werden.

In Z 8 soll die bis zum Budgetbegleitgesetz 2011 in § 94 Z 12 enthaltene Befreiung für beschränkt steuerpflichtige Anleger, die öffentlich angebotene Immobilienfonds halten, wieder aufgenommen werden. Hintergrund für die Einführung der Befreiung war die Annahme, dass die beschränkt steuerpflichtigen Anleger in der Regel inländische Einkünfte unter der Veranlagungsgrenze von 2 000 Euro beziehen. Die KESt-Befreiung führt jedoch nicht zum gänzlichen Entfall der Steuerpflicht; beschränkt steuerpflichtige Anleger mit inländischen Einkünften über 2 000 Euro sind daher verpflichtet, diese Einkünfte im Rahmen der Veranlagung anzugeben.

Die bislang in Z 8 enthaltene Befreiung für von internationalen Finanzinstitutionen begebene Wertpapiere soll in die Übergangsregelungen überführt und einheitlich mit den sonstigen Altemissionen geregelt werden.

Schuldner und Abzugsverpflichteter

§ 95. (1) Schuldner der Kapitalertragsteuer ist der Empfänger der Kapitalerträge. Der Abzugsverpflichtete (Abs. 2) haftet dem Bund für die Einbehaltung und Abfuhr der Kapitalertragsteuer. Wird Kapitalertragsteuer auf Grundlage von Meldungen gemäß § 186 Abs. 2 Z 2 des Investmentfondsgesetzes 2011 und gemäß § 40 Abs. 2 Z 1 des Immobilien-Investmentfondsgesetzes einbehalten, haften für die Richtigkeit der gemeldeten Beträge der Rechtsträger des Kapitalanlagefonds und der steuerliche Vertreter zur ungeteilten Hand; die Haftung ist vom Finanzamt Wien 1/23 geltend zu machen.

(2) Abzugsverpflichteter ist:

1. Bei Einkünften aus der Überlassung von Kapital, einschließlich tatsächlich ausgeschütteter Erträge und als ausgeschüttet geltender Erträge aus einem Kapitalanlagefonds im Sinne des Investmentfondsgesetzes oder einem Immobilienfonds im Sinne des Immobilien-Investmentfondsgesetzes:
   a) Der Schuldner der Kapitalerträge, wenn dieser Wohnsitz, Geschäftsleitung oder Sitz im Inland hat oder inländische Zweigstelle eines ausländischen Kreditinstituts ist und es sich um Einkünfte aus der Überlassung von Kapital gemäß § 27 Abs. 2 Z 1, § 27 Abs. 5 Z 7 oder Zinsen aus Geldeinlagen bei Kreditinstituten und aus sonstigen Forderungen gegenüber Kreditinstituten handelt.
   b) die auszahlende Stelle in allen anderen Fällen. Auszahlende Stelle ist:
      - das Kreditinstitut, das an den Kuponinhaber Kapitalerträge im Zeitpunkt der

Fälligkeit und anteilige Kapitalerträge anlässlich der Veräußerung des Wertpapiers auszahlt,
- der inländische Emittent, der an den Kuponinhaber solche Kapitalerträge auszahlt,
- die Zweigstelle eines Dienstleisters mit Sitz in einem Mitgliedstaat, der auf Grund der Richtlinie 2006/48/EG, ABl. Nr. L 177 vom 14.6.2006, oder auf Grund der Richtlinie 2004/39/EG, ABl. Nr. L 145 vom 21.4.2004, in der Fassung der Richtlinie 2006/31/EG, ABl. Nr. L 114 vom 5.4.2006, zur Erbringung von Wertpapierdienstleistungen und Nebendienstleistungen im Inland berechtigt ist.
- Ein Dritter, der Kapitalerträge im Sinne des § 27 Abs. 5 Z 1 und 2 gewährt.
- Bei ausländischen Kapitalerträgen im Sinne des § 27 Abs. 2 Z 1 lit. a bis c das Kreditinstitut, das die Kapitalerträge auszahlt.

2. gestrichen

(3) Der Abzugsverpflichtete hat die Kapitalertragsteuer im Zeitpunkt des Zufließens der Kapitalerträge abzuziehen. Die Kapitalerträge gelten für Zwecke der Einbehaltung der Kapitalertragsteuer als zugeflossen:

1. Bei Kapitalerträgen, deren Ausschüttung von einer Körperschaft oder deren Zuwendung durch eine nicht unter § 5 Z 6 des Körperschaftsteuergesetzes 1988 fallende Privatstiftung beschlossen wird, an jenem Tag, der im Beschluss als Tag der Auszahlung bestimmt ist. Wird im Beschluss kein Tag der Auszahlung bestimmt, gilt der Tag nach der Beschlussfassung als Zeitpunkt des Zufließens.
2. Bei anderen Kapitalerträgen aus der Überlassung von Kapital
   - nach Maßgabe des § 19, wenn es sich um Zinserträge aus Geldeinlagen bei Kreditinstituten handelt,
   - im Zeitpunkt der Fälligkeit der Kapitalerträge bei allen sonstigen Kapitalerträgen aus der Überlassung von Kapital.

   Bei Meldung des Eintritts von Umständen, die die Abzugspflicht beenden oder begründen (insbesondere Befreiungserklärung oder Widerrufserklärung), oder bei Zustellung eines Bescheides im Sinne des § 94 Z 5 letzter Satz gelten der Zinsertrag, der auf den Zeitraum vom letzten Zufließen gemäß § 19 bis zur Meldung oder Zustellung entfällt, bzw. die anteiligen Kapitalerträge als zugeflossen. Im Falle einer Depotentnahme oder eines Wegzugs im Sinne der Z 3 sind der Zinsertrag, der auf den Zeitraum vom letzten Zufließen gemäß § 19 bis zur Meldung oder Zustellung entfällt, bzw. die anteiligen Kapitalerträge im Rahmen der Einkünfte aus realisierten Wertsteigerungen als Stückzinsen zu erfassen.
3. Bei Kapitalerträgen gemäß § 27 Abs. 3 und 4
   - nach Maßgabe des § 19;
   - im Falle der Entnahme aus dem Depot im Sinne des § 27 Abs. 6 Z 1 lit. a im Entnahmezeitpunkt;
   - im Falle des Wegzugs im Sinne des § 27 Abs. 6 Z 1 lit. b im Zeitpunkt der Veräußerung, der Entnahme oder des sonstigen Ausscheidens aus dem Depot, jedoch höchstens im Ausmaß des Erlöses oder des gemeinen Wertes im Zeitpunkt der Entnahme oder des sonstigen Ausscheidens; bei Geldeinlagen bei Kreditinstituten und sonstigen Forderungen gegenüber Kreditinstituten jedoch nach Maßgabe des § 19.

   Der Abzugsverpflichtete kann die herauszugebenden Wirtschaftsgüter und Derivate im Sinne des § 27 Abs. 3 und 4 bis zum Ersatz der voraussichtlich anfallenden Kapitalertragsteuer durch den Schuldner zurückbehalten.

(4) Dem Empfänger der Kapitalerträge ist die Kapitalertragsteuer ausnahmsweise vorzuschreiben, wenn

1. der Abzugsverpflichtete die Kapitalerträge nicht vorschriftsmäßig gekürzt hat oder
2. er Empfänger weiß, dass der Abzugsverpflichtete die einbehaltene Kapitalertragsteuer nicht vorschriftsmäßig abgeführt hat und dies dem Finanzamt nicht unverzüglich mitteilt.

(5) Werden gutgeschriebene Kapitalerträge aus der Überlassung von Kapital nachträglich gekürzt, ist vom Abzugsverpflichteten die auf die nachträglich gekürzten Kapitalerträge entfallende Kapitalertragsteuer gutzuschreiben. Verluste aus der Einlösung von Wirtschaftsgütern im Sinne des § 27 Abs. 3 stellen keine nachträgliche Kürzung dar.

EB zu Z 28 und 36 BBG 2011 (§§ 93 bis 97 und § 124b Z 185 und 186 EStG 1988):

Zu § 95:

In § 95 soll künftig die Regelung eines eigenen KESt-Satzes in Hinblick auf den geplanten § 27a entfallen. Dadurch soll es zu einer Verschiebung der übrigen Absätze nach vorne kommen.

Abs. 1 soll künftig die bislang in Abs. 2 enthaltenen Regelungen enthalten; inhaltliche Änderungen sollen nicht erfolgen.

Abs. 2 soll die Regelungen über den Abzugsverpflichteten enthalten. Hinsichtlich der Einkünfte aus der Überlassung von Kapital soll es grundsätzlich zu keinen inhaltlichen Änderungen kommen, d.h. Dividenden etc., Zuwendungen von Privatstiftungen und Zinserträgen aus Geldeinlagen und sonstigen Forderungen bei Kreditinstituten soll wie bisher der Schuldner der Kapitalerträge (also zB die Aktiengesellschaft, Privatstiftungen oder das Kreditinstitut) Abzugsverpflichteter sein. In allen anderen Fällen (etwa bei tatsächlich ausgeschütteten und als ausgeschüttet geltenden Erträgen aus inländischen Kapitalanlagefonds oder Immobilienfonds) ist die auszahlende Stelle Abzugsverpflichteter, wobei die Definition der auszahlenden Stelle aus § 95 Abs. 3 Z 2 in der derzeit geltenden Fassung übernommen und um die Dividenden aus ausländischen Aktien, die auf inländischen Depots gehalten werden, erweitert werden soll (Z 2 lit. b letzter Teilstrich).

Die Z 2 soll die Regelungen über den Abzugsverpflichteten bei Einkünften aus realisierten Wertsteigerungen von Kapitalvermögen sowie bei Einkünften aus Derivaten enthalten. Lit. a soll vorsehen, dass primär die inländische depotführende Stelle Abzugsverpflichteter sein soll. Lit. b betrifft jenen Fall, in dem eine Realisierung zwar technisch über eine ausländische depotführende Stelle erfolgt, bei der es sich um eine Betriebsstätte der auszahlenden Stelle oder um ein konzernzugehöriges Unternehmen handelt, faktisch aber über eine inländische Stelle abgewickelt wird, die dann auch den Veräußerungserlös gutschreibt (siehe dazu die Erläuterungen zu § 93). Nur bei einem Zusammenwirken von inländischer auszahlender Stelle und ausländischer depotführender Stelle soll die inländische auszahlende Stelle Abzugsverpflichteter werden und zur Haftung herangezogen werden können. Der Schlussteil der Z 2 legt schließlich fest, wer überhaupt als inländische depotführende Stelle in Betracht kommt. Es sollen dies grundsätzlich alle Stellen sein, die zur Depotführung in Österreich berechtigt sind, d.h. die inländischen Banken, die inländischen Zweigstellen von Banken aus Mitgliedstaaten, die Zweigstellen sonstiger ausländischer Banken (die aufgrund der Konzessionspflicht Kreditinstitute im Sinne des Bankwesengesetzes und somit vom ersten Teilstrich miterfasst sind) und die inländischen Zweigstellen von Wertpapierdienstleistern.

In Hinblick auf den Abzugszeitpunkt, der künftig in Abs. 3 geregelt werden soll, sollen grundsätzlich keine inhaltlichen Änderungen erfolgen. Die bislang Abs. 4 Z 2 und 3 ent-

haltenen Regelungen betreffend echte stille Gesellschaft und Stückzinsen können entfallen, dafür sollen in Z 3 neue Regelungen betreffend Einkünfte aus realisierten Wertsteigerungen von Kapitalvermögen sowie Einkünfte aus Derivaten geschaffen werden. Bei diesen soll stets der Zuflusszeitpunkt im Sinne des § 19 maßgeblich sein. In den Fällen der Depotentnahme, bei der der Steuerpflichtige die Bank nicht zur Weitergabe der Anschaffungskosten bzw. seiner Daten ermächtigt, soll der Entnahmezeitpunkt maßgeblich sein. Durch den letzten Satz der Z 3 soll sichergestellt werden, dass der Abzugsverpflichtete in diesen Fällen Anspruch auf Ersatz der abzuführenden KESt hat; dies bewirkt in Verbindung mit den allgemeinen zivilrechtlichen Bestimmungen bzw. den Allgemeinen Bankbedingungen, dass der Abzugsverpflichtete ein Zurückbehaltungsrecht betreffend die zu übertragenden Wirtschaftsgüter bis zum Ersatz der abzuführenden KESt durch den Anleger hat. Dies entspricht der derzeitigen Praxis zB bei der Übertragung von Nullkuponanleihen und im Bereich der Sicherungssteuer.

Abs. 4 soll die bisher geltende Rechtslage hinsichtlich der Haftung des Empfängers der Kapitalerträge übernehmen.

Durch die geplante Besteuerung von Stückzinsen im Rahmen der Einkünfte aus realisierten Wertsteigerungen kann künftig auf das gestaltungsanfällige KESt-Gutschriftensystem gänzlich verzichtet werden (siehe zu dieser Änderung auch die Erläuterungen zu § 27).

EB zu Z 20 und 24 AbgÄG (§ 95 Abs. 1, 2, 4 und 5 sowie § 124b Z 193 lit. b EStG 1988):

§ 95 Abs. 1 soll an die Änderungen im Investmentfondsgesetz angepasst werden. Die Haftungsinanspruchnahme des steuerlichen Vertreters bleibt dabei eine Ermessensentscheidung; im Rahmen der Ermessensübung wird insbesondere der Verschuldensgrad des steuerlichen Vertreters zu berücksichtigen sein. Weiters soll im Sinne der Praktikabilität eine eindeutige Zuständigkeitsregelung für Haftungsbescheide an steuerliche Vertreter geschaffen werden.

In § 95 Abs. 2 Z 1 soll ein grammatikalischer Fehler beseitigt werden. Die Änderung § 95 Abs. 2 Z 1 lit. a hängt mit der Änderung von § 93 Abs. 2 zusammen. Wie schon bisher soll in jenen Fällen, in denen eine inländische Zweigniederlassung eines ausländischen Kreditinstituts Schuldner der Kapitalerträge ist, diese inländische Zweigniederlassung Abzugsverpflichteter sein. In § 95 Abs. 2 Z 1 lit. b soll ein Redaktionsversehen ausgebessert werden.

In § 95 Abs. 4 Z 2 soll im Sinne einer leichteren Verständlichkeit „Schuldner" (der Kapitalerträge) durch „Abzugsverpflichtete" ersetzt werden.

In § 95 Abs. 5 soll eine KESt-Gutschriftsmöglichkeit für bereits gutgeschriebene, später jedoch gekürzte Kapitalerträge aus der Überlassung von Kapital geschaffen werden. Dies ermöglicht, die bewährte und anlegerfreundliche Praxis beim Bausparen, bei Vorschusszinsen, Prämiensparen etc. beizubehalten. Durch die von § 95 Abs. 6 in der Fassung vor dem Budgetbegleitgesetz 2011 abweichende Formulierung soll Missverständnissen und einer extensiven Interpretation dieser Vorschrift vorgebeugt werden. Überdies soll klargestellt werden, dass über § 95 Abs. 5 bei cash-or-share-Anleihen kein Ausgleich der im Zuge der Andienung der Aktien erlittenen Verluste mit den zuvor gutgeschriebenen Zinsen möglich ist.

Abfuhr der Kapitalertragsteuer

§ 96. (1) Die Kapitalertragsteuer ist innerhalb folgender Zeiträume abzuführen:

1. a) Bei Einkünften aus der Überlassung von Kapital gemäß § 27 Abs. 2 Z 1 und § 27 Abs. 5 Z 7 hat der Abzugsverpflichtete (§ 95 Abs. 2) die einbehaltenen Steuer-

beträge unter der Bezeichnung „Kapitalertragsteuer“ binnen einer Woche nach dem Zufließen der Kapitalerträge abzuführen, und zwar auch dann, wenn der Gläubiger die Einforderung des Kapitalertrages (zum Beispiel die Einlösung der Gewinnanteilscheine) unterlässt.

b) Bei Zinsen aus Geldeinlagen bei Kreditinstituten und aus sonstigen Forderungen gegenüber Kreditinstituten hat der Abzugsverpflichtete am 15. Dezember jeden Jahres eine Vorauszahlung zu entrichten. Der Berechnung der Vorauszahlung sind folgende Werte zugrunde zu legen:
   - Der Bestand an laufend verzinsten Geldeinlagen und sonstigen Forderungen zum letzten vorangegangenen Jahresabschluss.
   - Das bis 1. Dezember des laufenden Kalenderjahres ermittelte jeweilige arithmetische Mittel der den laufend verzinsten Einlagen und sonstigen Forderungen zuzuordnenden Zinssätze des laufenden Kalenderjahres.
   - Der bis 30. Oktober des laufenden Jahres angefallene Zinsaufwand für nicht laufend verzinste Geldeinlagen und sonstige Forderungen. Dieser Zinsaufwand ist um 15% zu erhöhen.

   Die Vorauszahlung beträgt 90% der aus diesen Werten errechneten Jahressteuer. Die restliche Kapitalertragsteuer ist am 30. September des Folgejahres zu entrichten.

c) Bei allen anderen kapitalertragsteuerpflichtigen Einkünften aus der Überlassung von Kapital hat der Abzugsverpflichtete die in einem Kalendermonat einbehaltenen Steuerbeträge unter der Bezeichnung „Kapitalertragsteuer“ spätestens am 15. Tag nach Ablauf des folgenden Kalendermonates abzuführen.

2. Bei Einkünften aus realisierten Wertsteigerungen von Kapitalvermögen und bei Einkünften aus Derivaten hat der Abzugsverpflichtete die einbehaltenen Steuerbeträge unter der Bezeichnung „Kapitalertragsteuer“ spätestens am 15. Tag nach Ablauf des folgenden Kalendermonats abzuführen.

(2) Die Kapitalertragsteuer ist an das für die Erhebung der Einkommen- oder Körperschaftsteuer des Abzugsverpflichteten zuständige Finanzamt abzuführen. Ist eine Körperschaft des öffentlichen Rechts zum Abzug verpflichtet, ist für die Erhebung jenes Finanzamt örtlich zuständig, in dessen Bereich die Zahlstelle liegt.

(3) Der Abzugsverpflichtete hat innerhalb der im Abs. 1 festgesetzten Frist dem Finanzamt eine Anmeldung nach dem amtlichen Vordruck einzureichen. Die Anmeldung ist innerhalb der im Abs. 1 angeführten Fristen auch dann einzureichen, wenn ein Steuerabzug nicht vorzunehmen ist. In diesem Fall ist das Unterbleiben des Steuerabzugs zu begründen.

(4) Der Abzugsverpflichtete hat dem Empfänger der Kapitalerträge eine Bescheinigung über die Höhe der Einkünfte und des Steuerbetrages, über den Zahlungstag und über die Zeit, für welche die Einkünfte gezahlt worden sind, zu erteilen und hierin das Finanzamt, an das der Steuerbetrag abgeführt worden ist, anzugeben. Diese Verpflichtung des Abzugsverpflichteten entfällt, wenn Kapitalerträge für seine Rechnung durch ein Kreditinstitut gezahlt werden und wenn über die Zahlung eine der Bescheinigung gleichartige Bestätigung erteilt wird.

EB zu Z 28 und 36 BBG 2011 (§§ 93 bis 97 und § 124b Z 185 und 186 EStG 1988):

Zu § 96:

Die Regelungen über die Abfuhr der Kapitalertragsteuer sollen inhaltlich nicht geändert werden; die geplanten Änderungen betreffen lediglich den Wegfall der echten stillen Gesellschaft aus dem KESt-System sowie die Einfügung einer Regelung betreffend die

Einkünfte aus realisierten Wertsteigerungen von Kapitalvermögen sowie die Einkünften aus Derivaten.

So soll künftig die Z 1 die Regelungen für Einkünfte aus der Überlassung von Kapital enthalten; die lit. a übernimmt die bislang für Dividenden, Ausschüttungen aus GmbH-Anteilen usw. sowie für Zuwendungen von Privatstiftungen geltenden Regelungen, wobei Verweise auf Einkünfte aus der Beteiligung als stiller Gesellschafter entfallen können. Die lit. b soll künftig die bislang in der Z 2 enthaltenen Regelungen für Zinsen und sonstigen Forderungen bei Kreditinstituten enthalten. In lit. c soll die bislang für Einkünfte aus Forderungswertpapieren geltende Regelung übernommen und auf sämtliche übrigen kapitalertragsteuerpflichtigen Einkünfte aus der Überlassung von Kapital ausgedehnt werden.

Für kapitalertragsteuerpflichtige Einkünfte aus realisierten Wertsteigerungen sowie aus Derivaten soll in Z 2 eine Abfuhrverpflichtung bis zum 15. Tag nach Ablauf des folgenden Kalendermonates normiert werden.

Abs. 2 soll unverändert bleiben, in Abs. 3 können wiederum die die stille Gesellschaft betreffenden Regelungen entfallen. Abs. 4 soll nur terminologisch angepasst werden. Abs. 5 kann aufgrund seines rein programmatischen Charakters entfallen.

Steuerabgeltung

§ 97. (1) Für natürliche Personen und für nicht unter § 7 Abs. 3 des Körperschaftsteuergesetzes 1988 fallende Körperschaften gilt die Einkommensteuer (Körperschaftsteuer) für Einkünfte aus Kapitalvermögen, auf deren Erträge der besondere Steuersatz gemäß § 27a Abs. 1 anwendbar ist, durch die Kapitalertragsteuer als abgegolten, ausgenommen in den Fällen der Regelbesteuerungsoption (§ 27a Abs. 5) und der Verlustausgleichsoption (Abs. 2). Die Steuerabgeltung gilt auch für als ausgeschüttet geltende Erträge aus Anteilsscheinen an einem Kapitalanlagefonds im Sinne des Investmentfondsgesetzes, soweit diese aus den genannten Einkünften bestehen, sowie für als ausgeschüttet geltende Erträge aus Immobilien-Investmentfonds. Die Steuerabgeltung gilt nicht für Einkünfte aus realisierten Wertsteigerungen von Kapitalvermögen (§ 27 Abs. 3) und Einkünften aus Derivaten (§ 27 Abs. 4), soweit diese zu den Einkünften im Sinne des § 2 Abs. 3 Z 1 bis 4 gehören.

(2) Auf Antrag sind die der Kapitalertragsteuer unterliegenden Einkünfte aus Kapitalvermögen mit dem besonderen Steuersatz gemäß § 27a Abs. 1 zu veranlagen (Verlustausgleichsoption). Dabei ist die Kapitalertragsteuer auf Antrag auf die zu erhebende Einkommensteuer anzurechnen und mit dem übersteigenden Betrag zu erstatten. Eine solche Anrechnung und Erstattung ist weiters bei Erhebung der Kapitalertragsteuer von Einkünften vorzunehmen, hinsichtlich derer in Anwendung eines Doppelbesteuerungsabkommens eine über das entrichtete Ausmaß hinausgehende Anrechnung ausländischer Steuer beantragt wird. Der Antrag kann innerhalb von fünf Kalenderjahren ab dem Ende des Veranlagungsjahres gestellt werden. Für die Berechnung des zu erstattenden Betrages gilt Folgendes:

1. Die Kapitalerträge sind ohne jeden Abzug anzusetzen. Dies gilt ungeachtet des § 20 Abs. 2 nicht hinsichtlich jener Kapitalerträge, für die eine über das entrichtete Ausmaß hinausgehende Anrechnung ausländischer Steuern beantragt wird.
2. Die Anrechnung ist betraglich insoweit ausgeschlossen, als der Steuerpflichtige den Anspruch auf einen Alleinverdienerabsetzbetrag oder einen Kinderabsetzbetrag vermittelt.

EB zu Z 28 und 36 BBG 2011 (§§ 93 bis 97 und § 124b Z 185 und 186 EStG 1988):

Zu § 97:

Der Begriff „Steuerabgeltung" soll in Hinkunft grundsätzlich bedeuten, dass die davon erfassten Einkünfte – von der Regelbesteuerungsoption nach § 27a Abs. 5 und der Verlustausgleichsoption nach Abs. 2 abgesehen – grundsätzlich nicht in der Steuererklärung zu deklarieren sind. Die Steuerabgeltungswirkung soll dabei grundsätzlich neben bestimmten Einkünften aus der Überlassung von Kapital auch die Einkünfte aus realisierten Wertsteigerungen von Kapitalvermögen sowie die Einkünfte aus Derivaten erfassen. Dabei soll die Regel gelten, dass die Abgeltungswirkung immer dann, wenn sie die Früchte erfasst, auch die Substanzsteigerung umfasst: Sowohl für natürliche Personen als auch für Körperschaften, mit Ausnahme jener, die unter § 7 Abs. 3 KStG fallen, soll die Abgeltungswirkung daher im Rahmen der Einkünfte aus Kapitalvermögen gleichermaßen Einkünfte aus der Überlassung von Kapital iSd § 27 Abs. 2 Z 1 und 2 (Dividenden, Zinsen usw.) wie auch Einkünfte aus realisierte Wertsteigerungen von Kapitalvermögen (§ 27 Abs. 3) und Derivaten (§ 27 Abs. 4) umfassen.

Die Steuerabgeltung soll sich weiters auf ausschüttungsgleiche Erträge aus Kapitalanlagefonds im Sinne des Investmentfondsgesetzes sowie auf jene aus Immobilien-Investmentfonds erstrecken.

Soweit Einkünfte aus realisierten Wertsteigerungen von Kapitalvermögen (§ 27 Abs. 3) und aus Derivaten (§ 27 Abs. 4) im Rahmen der Einkünfte iSd § 2 Abs. 3 Z 1 bis 4 (betriebliche Einkunftsarten und Einkünfte aus nichtselbständiger Arbeit) erzielt werden, soll die Abgeltungswirkung dagegen nicht eintreten. Es bleibt zwar der 25%ige Steuersatz nach § 27a Abs. 1 erhalten, die Substanzgewinne sind aber dennoch jedenfalls in die Steuererklärung aufzunehmen. Dies ist insbesondere aufgrund der Bewertungsvorschriften für betriebliche Kapitalanlagen (zB der weiter bestehenden Möglichkeit von Teilwertabschreibungen) erforderlich.

Der bislang in § 97 Abs. 1 dritter Satz vorgesehene Ausschluss für nicht öffentliche angebotene Forderungswertpapiere und Immobilieninvestmentfondsanteile kann in Hinblick auf deren geplanten generellen Ausschluss aus dem KESt-System (siehe dazu § 27a Abs. 2) entfallen.

Auch der derzeit in § 97 Abs. 1 letzter Satz vorgesehene Verweis auf Dividenden aus ausländischen Aktien auf inländischen Depots sowie auf die mit dem besonderen Steuersatz nach § 37 Abs. 8 zu besteuernden Auslandseinkünfte kann in Hinblick auf die geplante Neuregelung, die keine gesonderten Vorschriften für diese Einkünfte mehr vorsieht, entfallen.

Der derzeit geltende § 97 Abs. 2, der die Fälle der freiwilligen KESt-Abfuhr behandelt, soll aufgrund seiner nur noch in sehr alten Fällen gegebenen Bedeutung künftig in die Inkrafttretens- bzw. Übergangsbestimmungen übernommen werden. § 97 Abs. 3 in der geltenden Fassung kann in Hinblick auf den geplanten § 27a Abs. 1 ganz entfallen.

In Abs. 2 soll daher künftig die neue Verlustausgleichsoption geregelt werden, die nicht automatisch mit der Option zur Regelbesteuerung verknüpft ist, sondern isoliert nur einem Verlustausgleich innerhalb der 25%-Schedule im Rahmen der Veranlagung führen soll. Wünscht der Steuerpflichtige darüber hinaus auch die Anwendung des Regelbesteuerungstarifes, muss er künftig – zusätzlich zur Verlustausgleichsoption des § 97 Abs. 2 – auch die Regelbesteuerungsoption des § 27a Abs. 5 ausüben (siehe auch Erläuterungen zu § 27a). Diesem Zusammenspiel entsprechend soll die Verlustausgleichsoption künftig unabhängig von der Vorteilhaftigkeit der Anwendung des Regelbesteuerungstarifs ausgeübt werden können.

EB zu Z 21 und 24 AbgÄG 2011 (§ 97 und § 124b Z 193 lit. b EStG 1988):

Durch die Neuformulierung des Abs. 1 soll klargestellt werden, dass die Abgeltungswirkung sämtliche Kapitalerträge, für die die KESt zu Recht einbehalten wurde, erfasst (zB auch Zuwendungen von Privatstiftungen).

In Abs. 2 soll klargestellt werden, dass dem Steuerpflichtigen stets eine Veranlagung zum besonderen Steuersatz von 25% offen steht, d.h. nicht ausschließlich zum Zweck des Verlustausgleichs, sondern zB auch zur Berücksichtigung der tatsächlichen Anschaffungskosten, wenn dem KESt-Abzug pauschale Anschaffungskosten zu Grunde gelegen sind.

Einkünfte bei beschränkter Steuerpflicht

§ 98. (1) Der beschränkten Einkommensteuerpflicht (§ 1 Abs. 3) unterliegen nur die folgenden Einkünfte:

1. Einkünfte aus einer im Inland betriebenen Land- und Forstwirtschaft (§ 21).
2. Einkünfte aus selbständiger Arbeit (§ 22), die im Inland ausgeübt oder verwertet wird oder worden ist. Die Arbeit wird im Inland
   - ausgeübt, wenn der Steuerpflichtige im Inland persönlich tätig geworden ist
   - verwertet, wenn sie zwar nicht im Inland persönlich ausgeübt wird, aber ihr wirtschaftlicher Erfolg der inländischen Volkswirtschaft unmittelbar zu dienen bestimmt ist.
3. Einkünfte aus Gewerbebetrieb (§ 23),
   - für den im Inland eine Betriebsstätte unterhalten wird oder
   - für den im Inland ein ständiger Vertreter bestellt ist oder
   - bei dem im Inland unbewegliches Vermögen vorliegt.

   Einkünfte
   - aus kaufmännischer oder technischer Beratung im Inland,
   - aus der Gestellung von Arbeitskräften zur inländischen Arbeitsausübung und
   - aus der gewerblichen Tätigkeit als Sportler, Artist oder als Mitwirkender an Unterhaltungsdarbietungen im Inland

   sind jedoch auch dann steuerpflichtig, wenn keine inländische Betriebsstätte unterhalten wird und kein ständiger Vertreter im Inland bestellt ist.
4. Einkünfte aus nichtselbständiger Arbeit (§ 25), die
   - im Inland oder auf österreichischen Schiffen ausgeübt oder verwertet wird oder worden ist (Z 2),
   - aus inländischen öffentlichen Kassen mit Rücksicht auf ein gegenwärtiges oder früheres Dienstverhältnis gewährt werden.

   Eine Erfassung von Einkünften aus nichtselbständiger Arbeit nach dieser Ziffer hat zu unterbleiben, wenn die Einkünfte wirtschaftlich bereits nach Z 3 erfaßt wurden.
5. Einkünfte aus Kapitalvermögen im Sinne des § 27, wenn
   a) es sich dabei um Einkünfte aus der Überlassung von Kapital gemäß § 27 Abs. 2 Z 1 oder § 27 Abs. 5 Z 7 handelt, der Abzugsverpflichtete Schuldner der Kapitalerträge ist (§ 95 Abs. 2 Z 1 lit. a) und Kapitalertragsteuer einzubehalten war.
   b) es sich dabei um Einkünfte aus der Überlassung von Kapital gemäß § 27 Abs. 2 Z 2 handelt, und das Kapitalvermögen durch inländischen Grundbesitz, durch inländische Rechte, die den Vorschriften des bürgerlichen Rechtes über Grundstücke

unterliegen oder durch Schiffe, die in ein inländisches Schiffsregister eingetragen sind, unmittelbar oder mittelbar gesichert ist, es sei denn es handelt sich um Wertpapiere, die ein Forderungsrecht verbriefen.

c) es sich dabei um Einkünfte aus der Überlassung von Kapital gemäß § 27 Abs. 2 Z 4 handelt und Abzugsteuer gemäß § 99 einzubehalten war.

d) es sich um Einkünfte aus Kapitalvermögen im Sinne der §§ 40 und 42 des Immobilien-Investmentfondsgesetzes aus Immobilien handelt, wenn diese Immobilien im Inland gelegen sind.

e) es sich dabei um Einkünfte aus realisierten Wertsteigerungen von Kapitalvermögen handelt, soweit diese Einkünfte aus der Veräußerung einer Beteiligung an einer Kapitalgesellschaft mit Sitz oder Geschäftsleitung im Inland stammen, an der der Steuerpflichtige oder im Falle des unentgeltlichen Erwerbs sein Rechtsvorgänger innerhalb der letzten fünf Kalenderjahre zu mindestens 1% beteiligt war.

Von der beschränkten Steuerpflicht sind Zinsen aus Forderungen, die in ein öffentliches Schuldbuch eingetragen sind, ausgenommen.

6. Einkünfte aus Vermietung und Verpachtung (§ 28), wenn das unbewegliche Vermögen, die Sachinbegriffe oder Rechte
   - im Inland gelegen sind oder
   - in ein inländisches öffentliches Buch oder Register eingetragen sind oder
   - in einer inländischen Betriebsstätte verwertet werden.
7. Spekulationseinkünfte (§ 30), soweit es sich um Spekulationsgeschäfte mit inländischen Grundstücken oder mit inländischen Rechten handelt, die den Vorschriften des bürgerlichen Rechts über Grundstücke unterliegen.

(2) Für Einkünfte im Sinne des Abs. 1 entfällt die beschränkte Steuerpflicht, wenn die Voraussetzungen für die Befreiung vom Steuerabzug gemäß § 99a gegeben sind.

(3) Die beschränkte Steuerpflicht erstreckt sich auch auf nachträgliche Einkünfte (§ 32 Z 2) einschließlich nachzuversteuernder oder rückzuzahlender Beträge aus Vorjahren, in denen unbeschränkte oder beschränkte Steuerpflicht nach Abs. 1 bestanden hat.

EB zu Z 29 und 36 BBG 2011 (§ 98 Abs. 1 und § 124b Z 184 EStG 1988):

In Zusammenhang mit der Neuordnung der Besteuerung von Kapitalvermögen sind auch Anpassungen im Bereich der beschränkten Steuerpflicht notwendig. Dabei soll es hinsichtlich der Früchte aus Kapitalvermögen (die nun als „Einkünfte aus der Überlassung von Kapital" bezeichnet werden sollen) zu keinen inhaltlichen Änderungen kommen. Es sind daher lediglich die Verweise und die Terminologie in § 98 Abs. 1 Z 5 lit. a und b entsprechend anzupassen. Einkünfte aus der Beteiligung als stiller Gesellschafter bzw. nach der Art eines stillen Gesellschafters sollen künftig nicht mehr im KESt-System, dafür aber im Wege der Abzugsteuer gemäß § 99 erfasst werden (zu den Sonderbestimmungen für Körperschaften siehe § 21 Abs. 3 KStG). Daher soll dieser Tatbestand aus § 98 Abs. 1 Z 5 lit. a herausgelöst und in lit. c separat geregelt werden. Die Einschränkung, wonach beschränkte Steuerpflicht nur gegeben ist, wenn Abzugsteuer nach § 99 abzuziehen war, stellt im Zusammenspiel mit den geplanten Änderungen des § 99 sicher, dass nur Einkünfte aus inländischen stillen Gesellschaften erfasst werden.

Durch die Einbeziehung der Einkünfte aus Substanzgewinnen und Derivaten ist auch eine entsprechende Regelung in § 98 Abs. 1 Z 5 erforderlich: Die lit. e soll daher künftig vorsehen, dass solche Einkünfte nur dann der beschränkten Steuerpflicht unterliegen, wenn es sich um die Veräußerung einer Beteiligung an einer inländischen Kapitalgesellschaft, an der der Steuerpflichtige oder im Falle eines unentgeltlichen Erwerbs sein Rechts-

vorgänger innerhalb der letzten 5 Kalenderjahre zu mindestens 1% beteiligt war, handelt. Damit wird die bisher in Z 8 enthaltene Regelung für Beteiligungen gemäß § 31 übernommen, womit diese Ziffer entfallen kann.

Prämienbegünstigte Zukunftsvorsorge

§ 108g. (1) Leistet ein unbeschränkt Steuerpflichtiger (§ 1 Abs. 2) Beiträge zu einer Zukunftsvorsorgeeinrichtung, wird ihm unter den nachstehenden Voraussetzungen auf Antrag Einkommensteuer (Lohnsteuer) erstattet:

1. Der Steuerpflichtige bezieht keine gesetzliche Alterspension.
2. Der Steuerpflichtige gibt eine Erklärung ab, in der er sich unwiderruflich verpflichtet, für einen Zeitraum von mindestens zehn Jahren ab Einzahlung des ersten Beitrages auf eine Rückzahlung des aus den geleisteten Beiträgen resultierenden Anspruches zu verzichten.
3. Hat der Steuerpflichtige im Zeitpunkt der Antragstellung das 50. Lebensjahr vollendet, kann er sich auch wahlweise unwiderruflich verpflichten, zu verzichten
   a) auf eine Rückzahlung des aus den geleisteten Beiträgen resultierenden Anspruchs bis zum Bezug einer gesetzlichen Alterspension und
   b) auf eine Verfügung im Sinne des § 108i Abs. 1 Z 1 im Falle des Bezuges einer gesetzlichen Alterspension vor Ablauf von zehn Jahren (Z 2).

Die Erstattung erfolgt mit einem Pauschalbetrag, der sich nach einem Prozentsatz der im jeweiligen Kalenderjahr geleisteten Prämie bemisst. Der Prozentsatz beträgt 5,5% zuzüglich des nach § 108 Abs. 1 ermittelten Prozentsatzes. Von der Erstattung ausgenommen sind Einmalprämien im Sinne des § 108i Abs. 1 Z 2 und 3.

(2) Die Einkommensteuer (Lohnsteuer) darf dem Steuerpflichtigen jährlich insgesamt nur für Leistungen im Ausmaß von 1,53% des Sechsunddreißigfachen der Höchstbeitragsgrundlage zur Sozialversicherung (§ 45 Abs. 1 ASVG) für einen Kalendermonat erstattet werden.

(3) Der Steuerpflichtige hat die Erstattung auf dem amtlichen Vordruck im Wege der Zukunftsvorsorgeeinrichtung zu beantragen und dabei zu erklären, dass die in Abs. 1 und 2 angeführten Voraussetzungen vorliegen. Diese Abgabenerklärung ist mit dem Antrag auf Abschluss auf Widmung des Beitrages, wofür Einkommensteuer (Lohnsteuer) erstattet werden soll, abzugeben. In der Abgabenerklärung ist die Versicherungsnummer gemäß § 31 ASVG des Antragstellers anzuführen. Wurde eine Versicherungsnummer nicht vergeben, ist das Geburtsdatum anstelle der Versicherungsnummer anzuführen.

(4) Die pauschale Erstattung erfolgt durch jenen Rechtsträger, bei dem der Antrag im Sinne des Abs. 3 abzugeben ist. Dieser Rechtsträger fordert den zu erstattenden Steuerbetrag beim Finanzamt Wien 1/23 an. Die Anforderung hat bis spätestens Ende Februar im Wege des Datenträgeraustausches oder der automationsunterstützten Datenübermittlung zu erfolgen und die im Antrag und der Erklärung nach Abs. 3 angegebenen Daten zu enthalten. Das Finanzamt überweist den jeweiligen Rechtsträgern die pauschalen Erstattungsbeträge. Der Bundesminister für Finanzen wird ermächtigt, den Inhalt der Meldung und das Verfahren des Datenträgeraustausches und der automationsunterstützten Datenübermittlung mit Verordnung festzulegen. In der Verordnung kann vorgesehen werden, dass sich der Rechtsträger einer bestimmten geeigneten öffentlich-rechtlichen oder privatrechtlichen Übermittlungsstelle zu bedienen hat.

(5) Zu Unrecht erstattete Einkommensteuer (Lohnsteuer) ist vom Steuerpflichtigen rückzufordern. Als zu Unrecht erstattet gelten auch Erstattungsbeträge, wenn der Steuer-

pflichtige nach Ablauf eines Zeitraumes von mindestens zehn Jahren eine Verfügung im Sinne des § 108i Abs. 1 Z 1 trifft. Ist aus diesem Grund zu Unrecht erstattete Steuer rückzufordern, so reduziert sich der rückzufordernde Betrag auf die Hälfte. Gleichzeitig damit ist eine Nachversteuerung der auf den Steuerpflichtigen im Rahmen der Zukunftsvorsorgeeinrichtung entfallenden Kapitalerträge unter Zugrundelegung eines Steuersatzes von 25% vorzunehmen. Diese Nachversteuerung tritt bei der Veräußerung von Anteilen an Pensionsinvestmentfonds oder deren Rücklösung im Sinne des § 108i Abs. 1 Z 1 an die Stelle einer Besteuerung gemäß § 27 Abs. 3. Die zurückzufordernden und nachzuversteuernden Beträge sind durch den Rechtsträger einzubehalten. Der Rechtsträger hat die einbehaltenen Beträge spätestens am 15. Tag des auf die Rückforderung (Nachversteuerung) zweitfolgenden Kalendermonates an das Finanzamt Wien 1/23 abzuführen.

(6) Einkommensteuer-(Lohnsteuer-)Erstattungen und Rückforderungsansprüche gelten als Abgaben im Sinne der Bundesabgabenordnung.

(7) § 108 Abs. 9 ist anzuwenden.

Einrichtungen der Zukunftsvorsorge

§ 108h. (1) Die Einrichtung für Zukunftsvorsorge muss folgende Voraussetzungen erfüllen:

1. Die Veranlagung der Zukunftsvorsorgebeiträge und der an die Zukunftsvorsorgeeinrichtung überwiesenen Prämien erfolgt im Wege von
   a) Pensionsinvestmentfonds im Sinne des § 168 des Investmentfondsgesetzes 2011 und/oder
   b) Betrieblichen Vorsorgekassen (§ 18 Abs. 1 BMSVG) und/oder
   c) Versicherungsunternehmen mit Sitz in einem EWR-Vertragsstaat, die die Rentenversicherung betreiben.
2. Die Veranlagung der Zukunftsvorsorgebeiträge und der an die Zukunftsvorsorgeeinrichtung überwiesenen Prämien hat zu erfolgen
   a) für Vertragsabschlüsse nach dem 31. Dezember 2009 nach dem Lebenszyklusmodell zu mindestens
      – 30% in Aktien bei Steuerpflichtigen, die am 31. Dezember des Vorjahres das fünfundvierzigste Lebensjahr noch nicht vollendet haben;
      – 25% in Aktien bei Steuerpflichtigen, die am 31. Dezember des Vorjahres das fünfundvierzigste Lebensjahr vollendet und das fünfundfünfzigste Lebensjahr noch nicht vollendet haben;
      – 15% in Aktien bei Steuerpflichtigen, die am 31. Dezember des Vorjahres das fünfundfünfzigste Lebensjahr vollendet haben.
   b) für Vertragsabschlüsse vor dem 1. Jänner 2010 zu mindestens 30% in Aktien, es sei denn, der Steuerpflichtige erklärt nach dem 31. Dezember 2009 spätestens bis zum Ablauf der Mindestlaufzeit gemäß § 108g Abs. 1 Z 2 gegenüber der Zukunftsvorsorgeeinrichtung unwiderruflich, dass die Zukunftsvorsorgebeiträge und die an die Zukunftsvorsorgeeinrichtung überwiesenen Prämien nach dem Lebenszyklusmodell (lit. a) veranlagt werden sollen. Die Abgabe einer derartigen Erklärung führt nicht zum Abschluss eines neuen Vertrages; die Mindestlaufzeit gemäß § 108g Abs. 1 Z 2 wird dadurch nicht berührt.

Für die Berechnung der Aktienquote einer Zukunftsvorsorgeeinrichtung ist der Tageswert der gesamten Veranlagungen dem Tageswert der darin enthaltenen Aktien gegenüberzustellen. Die Aktienquote ist auf Basis eines Jahresdurchschnittes zu ermitteln.

Im Falle einer Unterdeckung am Ende des Geschäftsjahres hat innerhalb einer zweimonatigen Übergangsfrist eine Aufstockung zu erfolgen. Diese Aufstokkung ist für die Durchschnittsbetrachtung des folgenden Geschäftsjahres außer Acht zu lassen.

3. Die Veranlagung hat in Aktien zu erfolgen, die an einem geregelten Markt einer in einem Staat des Europäischen Wirtschaftsraumes gelegenen Börse erstzugelassen sind. Der Anteil der Börsekapitalisierung der in diesem Staat erstzugelassenen Aktien darf in einem mehrjährigen Zeitraum 40% des Bruttoinlandsproduktes dieses Staates nicht übersteigen.
4. Die Zukunftsvorsorgeeinrichtung schüttet keine Gewinne aus.
5. Die Einrichtung oder ein zur Abgabe einer Garantie berechtigtes Kreditinstitut aus dem EWR-Raum garantiert, dass im Falle einer Verrentung der für die Verrentung zur Verfügung stehende Auszahlungsbetrag nicht geringer ist als die Summe der vom Steuerpflichtigen eingezahlten Beiträge zuzüglich der für diesen Steuerpflichtigen gutgeschriebenen Prämien im Sinne des § 108g. Die Garantie erlischt, wenn der Steuerpflichtige eine Verfügung im Sinne des § 108i Abs. 1 Z 1 trifft.

(2) Mitarbeitervorsorgekassen (§ 18 Abs. 1 BMSVG) sind abweichend von § 28 BMSVG für Zwecke gemäß Abs. 1 berechtigt, zusätzliche Veranlagungsgemeinschaften zu bilden Die §§ 18 Abs. 2, 19, 20 Abs. 1 und 4, 21 bis 23, 27 Abs. 1 bis 4, 28 und 29 sowie 31 bis 45 und § 30 BMSVG mit Ausnahme von Abs. 3 Z 5 sind für die Verwaltung von Zukunftsvorsorgebeiträgen sinngemäß anzuwenden. § 20 Abs. 2 und 3 BMSVG sind für die Verwaltung von Zukunftsvorsorgebeiträgen nur insoweit anzuwenden, als die Mitarbeitervorsorgekasse selbst die in § 108h Abs. 1 Z 3 genannte Garantie oder eine zusätzliche Zinsgarantie gewährt. § 25 BMSVG ist mit der Maßgabe anzuwenden, dass in Z 2 an Stelle der vom Arbeitgeber geleisteten Beiträge die Zukunftsvorsorgebeiträge treten. § 1 Abs. 1 Z 21 BWG ist mit der Maßgabe anzuwenden, dass Mitarbeitervorsorgekassen zusätzlich berechtigt sind, Zukunftsvorsorgebeiträge hereinzunehmen und zu veranlagen (Zukunftsvorsorgegeschäft). § 93 Abs. 3d Z 2 BWG ist mit der Maßgabe anzuwenden, dass sich der Höchstbetrag beim Zukunftsvorsorgegeschäft jeweils auf den Begünstigten der Zukunftsvorsorge bezieht.

(3) (aufghoben)

Verfügung des Steuerpflichtigen über Ansprüche

§ 108i. (1) Nach einem Zeitraum von mindestens zehn Jahren ab Einzahlung des ersten Beitrages (§ 108g Abs. 1) kann der Steuerpflichtige

1. die Auszahlung der aus seinen Beiträgen resultierenden Ansprüche verlangen. In diesem Fall treten die Rechtsfolgen des § 108g Abs. 5 ein,
2. die Übertragung seiner Ansprüche auf eine andere Zukunftsvorsorgeeinrichtung verlangen,
3. die Überweisung seiner Ansprüche
   a) an ein Versicherungsunternehmen seiner Wahl als Einmalprämie für eine vom Steuerpflichtigen nachweislich abgeschlossene Pensionszusatzversicherung (§ 108b), wobei abweichend von § 108b Abs. 1 Z 2 vorgesehen werden kann, dass die Zusatzpension frühestens mit Vollendung des 40. Lebensjahres auszuzahlen ist, oder
   b) an ein Kreditinstitut seiner Wahl zum ausschließlichen Zwecke des Erwerbes von Anteilen an einem Pensionsinvestmentfonds durch Abschluss eines unwiderruflichen Auszahlungsplanes gemäß § 174 Abs. 2 Z 2 des Investmentfondsgesetzes 2011 oder

c) an eine Pensionskasse, bei der der Anwartschaftsberechtigte bereits Berechtigter im Sinne des § 5 des Pensionskassengesetzes (PKG) ist, als Beitrag gemäß § 15 Abs. 3 Z 10 PKG verlangen.

(2) Bei Veranlagungen in Pensionsinvestmentfondsanteile, die die Voraussetzungen des § 108h Abs. 1 erfüllen, sind abweichend von § 174 Abs. 2 des Investmentfondsgesetzes 2011 Verfügungen gemäß Abs. 1 zulässig. Abweichend von § 23g Abs. 2 InvFG 1993 sind Übertragungen von Veranlagungen in Pensionsinvestmentfondsanteile, die die Voraussetzungen des § 108h Abs. 1 nicht erfüllen, in Zukunftsvorsorgeeinrichtungen (§ 108h Abs. 1) bis zum 31. Dezember 2005 zulässig. Der Übertragungsbetrag gilt nicht als Beitrag zu einer Zukunftsvorsorgeeinrichtung im Sinne des § 108g Abs. 1.

§ 124b

181. § 6 Z 2 lit. a und c in der Fassung des Budgetbegleitgesetzes 2011, BGBl. I Nr. 111/2010, tritt mit 1. April 2012 in Kraft. § 6 Z 5 in der Fassung des Budgetbegleitgesetzes 2011, BGBl. I Nr. 111/2010, tritt mit 1. April 2012 in Kraft und ist ab diesem Zeitpunkt auf
   - nach dem 31. Dezember 2010 entgeltlich erworbene Anteile an Körperschaften und Anteilscheine an Kapitalanlagefonds im Sinne des Investmentfondsgesetzes und an Immobilienfonds im Sinne des Immobilien-Investmentfondsgesetzes und
   - nach dem 30. September 2011 entgeltlich erworbene andere Wirtschaftsgüter und Derivate im Sinne des § 27 Abs. 3 und 4

   Auf vor den jeweiligen Zeitpunkten entgeltlich erworbene Wirtschaftsgüter und Derivate im Sinne des § 27 Abs. 3 und 4 ist § 6 Z 5 in der Fassung vor dem Budgetbegleitgesetz 2011, BGBl. I Nr. 111/2010, weiter anzuwenden.
182. § 16 Abs. 1 Z 6, § 26 Z 5, § 33 Abs. 4 Z 1, Abs. 6, 8 und 9, § 34 Abs. 6, § 35 Abs. 1, § 40 und § 76 Abs. 1, jeweils in der Fassung des Budgetbegleitgesetzes 2011, BGBl. I Nr. 111/2010, sind anzuwenden, wenn
   - die Einkommensteuer (Lohnsteuer) veranlagt wird, erstmalig bei der Veranlagung für das Kalenderjahr 2011
   - die Einkommensteuer (Lohnsteuer) durch Abzug eingehoben oder durch Veranlagung festgesetzt wird, erstmalig für Lohnzahlungszeiträume, die nach dem 31. Dezember 2010 enden.
183. § 18 Abs. 1 Z 3 lit. b und Z 5 in der Fassung des Budgetbegleitgesetzes 2011, BGBl. I Nr. 111/2010, sind erstmalig bei der Veranlagung für das Kalenderjahr 2011 anzuwenden. § 18 Abs. 1 Z 3 lit. b in der Fassung vor dem Budgetbegleitgesetz 2011, BGBl. I Nr. 111/2010, ist auf Maßnahmen der Wohnraumschaffung, mit deren tatsächlicher Bauausführung vor dem 1. Jänner 2011 begonnen wurde, weiterhin anzuwenden. Auf Ausschüttungen aus Genussscheinen und jungen Aktien, die vor dem 1. Jänner 2011 angeschafft wurden und deren Anschaffung nach § 18 Abs. 1 Z 4 begünstigt war, ist § 27 Abs. 3 in der Fassung vor dem Budgetbegleitgesetz 2011, BGBl. I Nr. 111/2010, weiter anzuwenden. § 18 Abs. 6 in der Fassung des Budgetbegleitgesetzes 2011, BGBl. I Nr. 111/2010, tritt mit 1. Jänner 2011 in Kraft.
184. § 20 Abs. 2, § 98 Abs. 1, § 99 Abs. 1 und § 100 in der Fassung des Budgetbegleitgesetzes 2011, BGBl. I Nr. 111/2010, treten mit 1. April 2012 in Kraft. § 29 Z 2, § 30 und § 37 in der Fassung vor dem Budgetbegleitgesetz 2011, BGBl. I Nr. 111/2010, sind
   - bei Anteilen an Körperschaften und Anteilscheinen an Kapitalanlagefonds im Sinne des Investmentfondsgesetzes und an Immobilienfonds im Sinne des Immobilien-

Investmentfondsgesetzes letztmalig auf vor dem 1. April 2012 verwirklichte Besteuerungstatbestände anzuwenden; dabei verlängert sich die Spekulationsfrist für nach dem 31. Dezember 2010 und vor dem 1. April 2011 entgeltlich erworbene Anteile an Körperschaften und Anteilscheine an Kapitalanlagefonds und Immobilienfonds bis 31. März 2012.

- bei anderen vor dem 1. April 2012 entgeltlich erworbenen Wirtschaftsgütern und Derivaten im Sinne des § 27 Abs. 3 und 4 weiter anzuwenden; dabei gilt bei nach dem 30. September 2011 und vor dem 1. April 2012 entgeltlich erworbenen Wirtschaftsgütern und Derivaten im Sinne des § 27 Abs. 3 und 4 jede Veräußerung oder sonstige Abwicklung (beispielsweise Glattstellung oder Differenzausgleich) als Spekulationsgeschäft im Sinne des § 30 Abs. 1 in der Fassung vor dem Budgetbegleitgesetz 2011, BGBl. I Nr. 111/2010. Auf die Veräußerung oder sonstige Abwicklung nach dem 31. März 2012 ist bereits der besondere Steuersatz gemäß § 27a Abs. 1 und 2 anzuwenden.

185. Die §§ 27, 27a, 93, 94, 95, 96 und 97 in der Fassung des Budgetbegleitgesetzes 2011, BGBl. I Nr. 111/2010 treten mit 1. April 2012 nach Maßgabe der folgenden Regelungen in Kraft, soweit sich nicht aus Z 193 anderes ergibt:

a) § 27 Abs. 3 und 4 in der Fassung des Budgetbegleitgesetzes 2011, BGBl. I Nr. 111/2010 sind ab 1. April 2012 erstmals anzuwenden auf
   - Beteiligungen, die am 31. März 2012 die Voraussetzungen des § 31 erfüllen; bei vor dem 1. Jänner 2011 erworbenen Beteiligungen, an denen der Steuerpflichtige zum 31. März 2012 mit weniger als einem Prozent beteiligt ist, gilt dies nur dann, wenn die Beteiligungen innerhalb der Frist gemäß § 31 Abs. 1 oder innerhalb einer durch das Umgründungssteuergesetz verlängerten Frist veräußert wird;
   - Anteile an Körperschaften, die nach dem 31. Dezember 2010 entgeltlich erworben worden sind;
   - Anteilscheine an Kapitalanlagefonds im Sinne des Investmentfondsgesetzes und an Immobilienfonds im Sinne des Immobilien-Investmentfondsgesetzes, die nach dem 31. Dezember 2010 entgeltlich erworben worden sind;
   - alle anderen Wirtschaftsgüter und Derivate im Sinne des § 27 Abs. 3 und 4, die nach dem 31. März 2012 entgeltlich erworben worden sind; dies umfasst auch Kapitalanlagen im Sinne der Z 85.

   Sind dem Abzugsverpflichteten die Anschaffungskosten von Anteilen im Sinne des zweiten und dritten Teilstriches zum 1. April 2012 nicht bekannt, hat der Abzugsverpflichtete (§ 95 Abs. 2 Z 2) einen vom gemeinen Wert der Anteile zum 1. April 2012 abgeleiteten Wert als Anschaffungskosten anzusetzen; § 93 Abs. 4 dritter und vierter Satz sind sinngemäß anzuwenden. Der Bundesminister für Finanzen wird ermächtigt, mittels Verordnung festzulegen, wie dieser Wert vom gemeinen Wert zum 1. April 2012 abzuleiten ist. Die Verordnung kann zudem vorsehen, dass für Gutschriften von Kapitalertragsteuer gemäß § 95 Abs. 7 in der Fassung vor dem Budgetbegleitgesetz 2011, BGBl. I Nr. 111/2010 ein Abschlag von den tatsächlichen oder abgeleiteten Anschaffungskosten zu erfolgen hat.

b) § 31 ist letztmalig für Veräußerungen vor dem 1. April 2012 anzuwenden. Werden nach dem 31. März 2012 Beteiligungen im Sinne des § 31 in der Fassung vor dem Budgetbegleitgesetz 2011, BGBl. I Nr. 111/2010 veräußert, die vor dem 1. Jänner 2011 erworben worden sind, besteht keine Abzugspflicht gemäß § 93.

c) Auf vor dem 1. April 2012 erworbene Forderungswertpapiere im Sinne des § 93

Abs. 3 Z 1 bis 3 in der Fassung vor dem Budgetbegleitgesetz 2011, BGBl. I Nr. 111/2010 (zB Nullkuponanleihen und Indexzertifikate) sind § 21, § 22, § 23, § 27, § 37 Abs. 8, § 93 und § 95 bis § 97 in der Fassung vor dem Budgetbegleitgesetz 2011, BGBl. I Nr. 111/2010 weiter anzuwenden.

d) Realisierte Wertsteigerungen aus Kapitalvermögen und Derivaten gemäß § 27 Abs. 3 und 4, das bzw. die im Rahmen eines vor dem 1. November 2010 abgeschlossenen Tilgungsplanes erworben wurden, bleiben auf Antrag des Steuerpflichtigen im Rahmen der Veranlagung (§ 97 Abs. 2) steuerfrei. Dies gilt nur,
   - wenn der Tilgungsplan nachweislich im Zusammenhang mit einem Darlehen steht, das dem Erwerb eines Eigenheimes, der Wohnraumschaffung oder Wohnraumsanierung im Sinne des § 18 Abs. 1 Z 3 in der Fassung vor dem Budgetbegleitgesetz 2011, BGBl. I Nr. 111/2010 dient und
   - soweit die Darlehensvaluta den Betrag von 200 000 Euro nicht übersteigt.

   § 94a in der Fassung vor dem Budgetbegleitgesetz 2011, BGBl. I Nr. 111/2010 ist bis 31. März 2012 weiter anzuwenden.

186. § 93 in der Fassung des Budgetbegleitgesetzes 2011, BGBl. I Nr. 111/2010, gilt nicht für Altemissionen. Altemissionen sind:
   - Wertpapiere, die ein Forderungsrecht verbriefen und vor dem 31. Dezember 1983 in Schilling begeben wurden;
   - Wertpapiere, die ein Forderungsrecht verbriefen und vor dem 31. Dezember 1988 in einer anderen Währung als Schilling begeben wurden;
   - Forderungswertpapiere im Sinne des § 93 Abs. 3 in der Fassung vor dem Budgetbegleitgesetz 2011, BGBl. I Nr. 111/2010, die von internationalen Finanzinstitutionen vor dem 1. Oktober 1992 begeben wurden.

   Für natürliche Personen und für Körperschaften, soweit die Körperschaften Einkünfte aus Kapitalvermögen beziehen, gilt die Einkommensteuer (Körperschaftsteuer) für solche Altemissionen durch einen der auszahlenden Stelle in Höhe der Kapitalertragsteuer freiwillig geleisteten Betrag als abgegolten. Der Auftrag zur Abfuhr eines solchen Betrages ist unwiderrufbar.

187. § 34 Abs. 7 Z 3 ist letztmalig bei der Veranlagung 2010 anzuwenden.

188. § 28 Abs. 2 und § 39 Abs. 3, jeweils in der Fassung des Budgetbegleitgesetzes 2011, BGBl. I Nr. 111/2010, sind erstmalig bei der Veranlagung für das Kalenderjahr 2010 anzuwenden.

189. § 41 Abs. 1 und 3, § 42 Abs. 1 und § 46 Abs. 1, jeweils in der Fassung des Bundesgesetzes, BGBl. I Nr. 111/2010, sind erstmalig bei der Veranlagung 2012 anzuwenden.

190. Abweichend von § 96 Abs. 1 Z 2 letzter Satz in der Fassung vor dem Budgetbegleitgesetz 2011, BGBl. I Nr. 111/2010, ist für im Jahre 2011 zu entrichtende Vorauszahlungen an Stelle des Prozentsatzes von 90% ein Prozentsatz von 93% anzuwenden.

191. § 41 Abs. 1 Z 5, § 62 Z 10 und § 129, jeweils in der Fassung des Bundesgesetzes BGBl. I Nr. 111/2010, sind anzuwenden, wenn
   - die Einkommensteuer (Lohnsteuer) veranlagt wird, erstmalig bei der Veranlagung für das Kalenderjahr 2011
   - die Einkommensteuer (Lohnsteuer) durch Abzug eingehoben oder durch Veranlagung festgesetzt wird, erstmalig für Lohnzahlungszeiträume, die nach dem 31. Dezember 2010 enden.

192. Auf die Veräußerung nach dem 31. März 2012 von in einem Betriebsvermögen gehaltenen
   - Anteilen an Körperschaften und Anteilscheinen an Kapitalanlagefonds im Sinne

des Investmentfondsgesetzes und an Immobilienfonds im Sinne des Immobilien-Investmentfondsgesetzes, die vor dem 1. Jänner 2011 entgeltlich erworben worden sind und
- anderen Wirtschaftsgütern und Derivaten im Sinne des § 27 Abs. 3 und 4, die vor dem 1. April 2012 entgeltlich erworben worden sind,

ist bereits der besondere Steuersatz gemäß § 27a Abs. 1 und 2 anzuwenden.

193. a) § 6 Z 2 lit. c letzter Satz, § 27 Abs. 5 Z 5 und 6 in der Fassung des Budgetbegleitgesetzes 2011, BGBl. I Nr. 111/2010, entfallen mit 1. April 2012.
   b) § 6 Z 2 lit. c letzter Satz, § 27a Abs. 2 Z 2, Z 3 und Z 6 sowie Abs. 4 Z 3, § 93 Abs. 2 Z 1, Abs. 4 und 5, § 94 Z 3 lit. a, Z 5, Z 7 und Z 8, § 95 Abs. 1, Abs. 2 Z 1, Abs. 3 Z 2 und Z 3, Abs. 4 Z 2 und Abs. 5, § 97 Abs. 1 und Abs. 2 sowie § 108g Abs. 5, jeweils in der Fassung des Bundesgesetzes BGBl. I Nr. 76/2011, treten mit 1. April 2012 in Kraft.

194. § 3 Abs. 1 Z 10 und Abs. 3, § 41 Abs. 4, § 63 Abs. 7, § 67 Abs. 1 und 5, § 69 Abs. 4 Z 2 und § 77 Abs. 4, jeweils in der Fassung des Bundesgesetzes BGBl. I Nr. 76/2011, sind anzuwenden, wenn
   - die Einkommensteuer veranlagt wird, erstmalig bei der Veranlagung für das Kalenderjahr 2012,
   - die Einkommensteuer (Lohnsteuer) durch Abzug eingehoben oder durch Veranlagung festgesetzt wird, erstmalig für Lohnzahlungszeiträume, die nach dem 31. Dezember 2011 enden.

195. § 3 Abs. 1 Z 10 und Abs. 3 in der Fassung vor dem Bundesgesetz BGBl. I Nr. 76/2011 ist weiterhin anzuwenden, wenn die begünstigte Tätigkeit an einem Einsatzort erfolgt, der nicht mehr als 400 Kilometer Luftlinie vom nächstgelegenen Punkt des österreichischen Staatsgebietes entfernt liegt.

196. Die §§ 4a und 18 Abs. 1 Z 7 und 8, jeweils in der Fassung des Bundesgesetzes BGBl. I Nr. 76/2011, sind erstmalig auf Zuwendungen anzuwenden, die nach dem 31. Dezember 2011 erfolgen. Im Jahr 2011 gilt für die Aufnahme in die in § 4a Abs. 7 Z 1 genannte Liste:
   a) Für Körperschaften, die begünstigte Zwecke im Sinne des § 4a Abs. 2 Z 3 lit. d (Umwelt-, Naturschutz und Artenschutz) und lit. e (Tierheime) verfolgen:
      - Die Körperschaften muss selbst bereits seit drei Jahren bestehen und die Voraussetzungen im Übrigen erfüllen, oder aus einer Vorgängerorganisation (Organisationsfeld mit eigenem Rechnungskreis), die diese Voraussetzungen erfüllt hat, hervorgegangen sein.
      - Die Bestätigungen des Wirtschaftsprüfers über das Vorliegen der jeweils in § 4a Abs. 8 genannten Voraussetzungen zu den Abschlussstichtagen der Jahre 2008, 2009 und 2010 müssen gemeinsam mit einer aktuellen Fassung der Rechtsgrundlage (Vereinsstatut, Satzung, Gesellschaftsvertrag) bis 31. Dezember 2011 vorgelegt werden.
      - Eine Anerkennung als begünstigte Einrichtung, ist vom Finanzamt 1/23 bis längstens 31. März 2012 in der Liste zu veröffentlichen. Diese Eintragung entfaltet bereits für Zuwendungen ab dem 1. Jänner 2012 Wirkung.
   b) Forschungseinrichtungen, die vor dem 1. September 2011 den Antrag auf Anerkennung als begünstigte Körperschaft nach der Rechtslage vor Inkrafttreten des Bundesgesetzes, BGBl. I Nr. 76/2011, erstmalig stellen und Forschungseinrichtungen, die bereits als begünstigt anerkannt sind, müssen das Vorliegen der in § 4a Abs. 8 Z 1 oder 2 genannten Voraussetzungen bis 31. Dezember 2011 dem Finanzamt Wien

1/23 durch Vorlage einer Bestätigung des Wirtschaftsprüfers bestätigen. Dabei sind § 4a Abs. 8 Z 1 lit. b und § 4a Abs. 8 Z 2 lit. d nicht maßgeblich.

c) Für Forschungseinrichtungen, die nach dem 31. August 2011 die Anerkennung als begünstigte Körperschaft gemäß § 4a erstmalig beantragen, ist § 4a Abs. 8 in der Fassung des Bundesgesetzes BGBl. I Nr. 76/2011, anzuwenden.

197. § 14 Abs. 6 in der Fassung des Bundesgesetzes BGBl. I Nr. 76/2011 ist erstmalig auf Pensionszusagen anzuwenden, die nach dem 31. Dezember 2010 erteilt werden.
198. § 18 Abs. 1 Z 5 in der Fassung des Bundesgesetzes BGBl. I Nr. 76/2011 ist erstmalig bei der Veranlagung für das Kalenderjahr 2012 anzuwenden.
199. § 19 Abs. 1 in der Fassung des Bundesgesetzes BGBl. I Nr. 76/2011 ist erstmals bei der Veranlagung für das Kalenderjahr 2011 anzuwenden.
200. § 39 Abs. 3 in der Fassung des Bundesgesetzes BGBl. I Nr. 76/2011 ist erstmals bei der Veranlagung für das Jahr 2011 anzuwenden.
201. § 45 Abs. 1 zweiter Satz in der Fassung des Bundesgesetzes BGBl. I Nr. 76/2011 ist erstmals auf Vorauszahlungen anzuwenden, die für das Kalenderjahr 2011 festgesetzt werden oder bereits festgesetzt worden sind.
202. § 14 Abs. 7 Z 4 lit. e, § 27a Abs. 2 Z 2, § 95 Abs. 1, § 108a Abs. 5, § 108b Abs. 1 Z 3, § 108h Abs. 1 Z 1 lit. a, § 108i Abs. 1 Z 3 lit. b und Abs. 2 in der Fassung des Bundesgesetzes BGBl. I Nr. 77/2011 treten mit 1. September 2011 in Kraft.

EB zu Z 36 BBG 2011 (§ 124b Z 190 EStG 1988):

Die Vorauszahlung für die Kapitalertragsteuer soll im Jahr 2011 von 90% auf 93% angehoben werden.

EB zu Z 23 lit. a und 24 AbgÄG 2011 (§ 124b Z 152 und 196 EStG 1988):

Die Übermittlung der Sozialversicherungsnummer eines Spenders soll in Hinblick auf die Einbindung von Forschungsorganisationen und Feuerwehren in diese Verpflichtung erst für Spenden des Jahres 2013 eintreten.

EB zu Z 24 AbgÄG 2011 (§ 124b EStG 1988):

Zu Z 181:

Da sämtliche in einem Betriebsvermögen gehaltene Wirtschaftsgüter und Derivate im Sinne des § 27 Abs. 3 und 4 in die neue Besteuerungslogik „überführt“ werden sollen (siehe dazu Erläuterungen zu Z 192), sollen die durch das Budgetbegleitgesetz 2011 in § 6 Z 2 lit. c vorgesehenen Regelungen über Kapitalvermögen im betrieblichen Bereich auf Alt- und Neuvermögen gleichermaßen angewendet werden können. Ein nach der Anschaffung differenzierendes Inkrafttreten ist daher für diese Regelungen nicht mehr erforderlich.

Bei der in § 6 Z 5 vorgesehenen Einlagenbewertung ist dagegen sehr wohl zwischen Alt- und Neuvermögen zu unterscheiden; entsprechend Z 185 lit. a ist ein unterschiedlicher Stichtag für Anteile an Körperschaften sowie Fondsanteile einerseits (1. Jänner 2011) und für sonstige Wirtschaftsgüter und Derivate andererseits (1. April 2012) maßgeblich.

Zu Z 184:

Aufgrund der Verschiebung des Inkrafttretens des neuen Kapitalbesteuerungssystems auf den 1. April 2012, ist eine Anpassung der einzelnen Inkrafttretensbestimmungen notwendig. Um eine Besteuerungslücke zu verhindern, soll darüber hinaus die Spekulationsfrist für Anteile an Körperschaften und für Fondsanteile, die zwischen dem 1. Jänner 2011 und dem 31. März 2011 angeschafft worden sind, bis zum 31. März 2012 verlängert werden. Darüber hinaus sollen Wirtschaftsgüter und Derivate im Sinne des § 27 Abs. 3 und 4, die nach dem 30. September 2011 und vor dem 1. April 2012 entgeltlich erworben worden sind, stets als spekulationsverfangen gelten.

Zu Z 185:

In Z 185 lit. a soll klargestellt werden, dass auch die in § 124b Z 85 geregelten Indexzertifikate, wenn sie nach dem 31. März 2012 erworben werden, beim Erwerber voll ins neue KESt-Regime einzubeziehen sind. Überdies soll die sinngemäße Anwendung der in § 93 Abs. 4 zu schaffenden Regelungen für Fälle, in denen der depotführenden Stelle kein Kurs- oder Handelswert für die von ihr verwalteten bzw. zu verwaltenden Wertpapiere bekannt ist, auch für die Anschaffungskostenfiktion im Übergangszeitraum vorgesehen werden.

Mit dem Budgetbegleitgesetz 2011 sollten bestehende Beteiligungen im Sinne des § 31 bereits ins Regime des neuen § 27 überführt werden, eine KESt-Abzugspflicht für Altbestand sollte aber, um den Abzugsverpflichteten keine Untersuchung dieses Altbestands aufzubürden, vermieden werden. In diesem Zusammenhang soll nun ein redaktionelles Versehen in Z 185 lit. b beseitigt werden: Bei Beteiligungen im Sinne des § 31 soll der KESt-Abzug entfallen, wenn diese vor dem 1. Jänner 2011 angeschafft wurden. Somit besteht stets nur für den „Neubestand" KESt-Abzugspflicht, und dies unabhängig vom Vorliegen einer Beteiligung im Sinne des § 31.

Mit dem Budgetbegleitgesetz 2011 wurde § 94a in § 94 eingearbeitet. Diese Änderung tritt mit 1. April 2012 in Kraft. Nun soll vorgesehen werden, dass § 94a bis zu diesem Zeitpunkt weiter anzuwenden ist und erst mit 1. April 2012 entfällt.

Zu Z 186:

Sämtliche „Altemissionen" sollen in Z 186 einer einheitlichen Regelung zugeführt werden. Dabei soll klargestellt werden, dass für diese Altemissionen auch nach Inkrafttreten des neuen KESt-Regimes weder eine Kapitalertragsteuer auf die Einkünfte aus der Überlassung von Kapital, noch auf die realisierten Wertsteigerungen dieser Wertpapiere einzubehalten ist. Wurde für solche Altemissionen der Auftrag zur freiwilligen KESt-Abfuhr erteilt, soll dieser – der bisher geltenden Rechtslage entsprechend – unwiderrufbar bleiben. So soll sichergestellt werden, dass Wertpapiere, für die KESt-Gutschriften erteilt wurden, auch weiterhin im KESt-System verbleiben.

Zu Z 192:

In einem Betriebsvermögen gehaltenes Kapitalvermögen ist generell steuerhängig. Für bis zum 31. März 2012 getätigte Veräußerungen von Beteiligungen aus dem „Altbestand" sieht § 124b Z 184 die Weiteranwendung von § 37 Abs. 4, und somit uU die Anwendung des Hälftesteuersatzes vor. Für Veräußerungen danach soll nun bereits die Anwendung des besonderen Steuersatzes in Höhe von 25% vorgesehen werden, um eine einheitliche Behandlung von betrieblich gehaltenem Kapitalvermögen nach dem 31. März 2012 zu ermöglichen.

D.h. auch vor dem 1. Jänner 2011 angeschaffte Anteile an Körperschaften und Fondsanteile bzw. vor dem 1. April 2012 angeschaffte sonstige Wirtschaftsgüter und Derivate sollen bei Veräußerung nach dem 31. März 2012 bereits dem besonderen Steuersatz von 25% unterliegen und die Regelungen des § 6 Z 2 lit. c sollen auf sie anwendbar sein. Eine Verpflichtung zum KESt-Abzug besteht jedoch nicht.

2.2. Verordnungen zum InvFG 1993 bzw. 2011

2.2.1. Derivate

4. Derivate-Risikoberechnungs- und Meldeverordnung

BGBl. II Nr. 266/2011

Verordnung der Finanzmarktaufsichtsbehörde (FMA) über die Risikoberechnung und Meldung von Derivaten (4. Derivate-Risikoberechnungs- und Meldeverordnung)

Auf Grund des § 14 Abs. 5, des § 73 Abs. 1 Z 1 und 2 und des § 87 Abs. 3 des Investmentfondsgesetzes 2011 – InvFG 2011, BGBl. I Nr. 77, wird verordnet:

1. Hauptstück
Derivate-Meldungen

Meldepflicht

§ 1. Die Verwaltungsgesellschaften haben der Finanzmarktaufsichtsbehörde (FMA) nach den Vorschriften dieser Verordnung quartalsweise in standardisierter elektronisch lesbarer Form Meldungen mit den Stichtagen 31. März, 30. Juni, 30. September und 31. Dezember zu erstatten; diese sind der FMA innerhalb eines Monats zu übermitteln. Die Datenträger oder sonstigen Übermittlungsarten müssen den in der Derivate-Meldesystemverordnung 2011 – BGBl. II Nr. 267/2011 in der jeweils geltenden Fassung – festgelegten Anforderungen entsprechen. Das meldepflichtige Institut hat sich mit seiner Bankleitzahl zu identifizieren.

EB zu § 1:

Es wird eine elektronische Meldung vorgeschrieben. Die Regelung entspricht § 1 der 3. Derivate-Risikoberechnungs- und Meldeverordnung (BGBl. II Nr. 169/2008).

Meldeinhalt

§ 2. Die Meldungen haben für jeden von der Verwaltungsgesellschaft verwalteten Organismus zur gemeinsamen Veranlagung in Wertpapieren (OGAW, § 2 Abs. 1 InvFG 2011) Angaben betreffend das Gesamtrisiko als Prozentsatz des jeweiligen Nettovermögens unter Anführung des Fondsnamens und der International Securities Identification Number (ISIN) in der Form einer Gesamtaufstellung der Verwaltungsgesellschaft zu enthalten. Es ist insbesondere der höchste Prozentsatz der abgelaufenen Periode zu melden.

EB zu § 2:

Es wird der Inhalt der Meldung festgelegt.

2. Hauptstück
Gesamtrisiko

§ 3. (1) Ein OGAW hat sein Gesamtrisiko zumindest täglich zu berechnen. Die festgelegten Grenzen des Gesamtrisikos sind jederzeit einzuhalten. Ein OGAW hat, abhängig von der jeweils verfolgten Investmentstrategie, auch während der marktüblichen Handelszeiten laufend Berechnungen des Gesamtrisikos durchzuführen.

(2) Ein OGAW darf zur Berechnung des Gesamtrisikos nur eine in dieser Verordnung angeführte Berechnungsmethode verwenden.

(3) Es liegt in der Verantwortung des OGAW, eine zulässige Berechnungsmethode für das Gesamtrisiko mittels einer Selbstbeurteilung auszuwählen, die hinsichtlich des jeweiligen Risikoprofils und der Investmentstrategie angemessen ist. Das Risiko aus Derivaten ist hierbei besonders zu berücksichtigen.

(4) Ein OGAW hat den Value-at-Risk (VaR)-Ansatz zur Berechnung des Gesamtrisikos anzuwenden, wenn:

1. er gemäß seiner Anlagepolitik in einem nicht vernachlässigbaren Umfang komplexe Investmentstrategien verfolgt oder
2. er in einem nicht vernachlässigbaren Umfang in exotische Derivate investiert oder
3. bei Anwendung des Commitment-Ansatzes das Marktrisiko des Portfolios nicht adäquat dargestellt werden kann.

(5) Die Anwendung des Commitment-Ansatzes oder des VaR-Ansatzes entbindet den OGAW nicht von der Verpflichtung, ein internes Risikomanagement- und Limitsystem zu verwenden.

(6) Die regelmäßige Überwachung, ob Derivat-Transaktionen in hinreichender Quantität Deckung haben, ist Teil des Risikomanagementprozesses.

EB zu § 3:

Entspricht den europäischen Gepflogenheiten aus der Box 1 und 28 der CESR's Guidelines CESR/10-788.

Es wird festgehalten, dass die Risikoberechnung des Gesamtrisikos nur einen Bestandteil eines gesamthaften und integrierten Risikomanagementsystems darstellt. Das Risikomanagementsystem soll nicht nur das Marktrisiko, sondern auch alle anderen wesentlichen Risiken wie Liquiditätsrisiken, Gegenparteirisiken und operationale Risiken erfassen. Für andere Messansätze existieren momentan keine europäischen Gepflogenheiten.

Derivate sind dann als exotische Derivate zu betrachten, wenn sie nicht in Anlage 1 Punkt A dieser Verordnung genannt sind.

3. Hauptstück
Commitment-Ansatz

1. Abschnitt
Umrechnungsmethoden

Allgemeine Bestimmungen

§ 4. (1) Der Commitment-Ansatz für einfache Derivate vollzieht sich in Ermittlung des Marktwertes durch Umrechnung der Position des dem Derivat zugrundeliegenden Basiswerts (Basiswertäquivalent). Dieser Marktwert kann durch den Nominalwert des Terminkontraktes oder den Preis des Terminkontraktes ersetzt werden, wenn dieser Wert konservativer ist. Bei komplexen Derivaten, deren Konvertierung in den Markt- oder Nominalwert des Basiswerts nicht möglich ist, kann eine alternative Methode angewendet werden, sofern der Gesamtwert dieser Derivate nur einen geringfügigen Teil des OGAW-Portfolios darstellt.

(2) Bei der Berechnung des Gesamtrisikos sind unter Anwendung des Commitment-Ansatzes folgende Schritte durch den OGAW vorzunehmen:

1. Umrechnung jedes einzelnen Derivats in das jeweilige Basiswertäquivalent (Commit-

ment) sowie der eingebetteten Derivate und dem mit Effizienten-Portfolio-Management-Techniken verbundenen Leverage.

2. Für jedes Netting- oder Absicherungsgeschäft ist das Netto-Commitment wie folgt zu berechnen:
   a) Das Brutto-Commitment ist die Summe der Commitments jedes Derivates (eingebettete Derivate eingeschlossen), nach etwaiger Anwendung der Nettingregeln für Derivate gemäß § 7 bis § 10.
   b) Wenn das Netting- oder Absicherungsgeschäft Wertpapierpositionen enthält, kann der Marktwert der Wertpapierpositionen verwendet werden, um für das Brutto-Commitment gegengerechnet zu werden.
   c) Der absolute Wert dieser Berechnungen ist das Netto-Commitment.
3. Das Gesamtrisiko ist die Summe
   a) des absoluten Werts des Commitment jedes einzelnen Derivates, das nicht von Netting- oder Absicherungsvorkehrungen umfasst ist, und
   b) des absoluten Werts eines jeden Netto-Commitment gemäß Z 2 nach Netting- oder Absicherungsvorkehrungen und
   c) die Summe aller absoluten Werte des mit den effizienten Portfolio-Management-Techniken verbundenen Commitment.

(3) Die Berechnung des Commitment jedes einzelnen Derivates hat in der Basiswährung des OGAW zum jeweiligen Kassakurs zu erfolgen.

(4) Wenn ein Währungsderivat aus zwei Komponenten besteht, die nicht der Basiswährung des OGAW entsprechen, sind beide Komponenten bei der Berechnung des Commitment zu berücksichtigen.

(5) Die Umrechnungsmethoden gemäß Anlage 1 sind anzuwenden.

EB zu § 4:

Entspricht den europäischen Gepflogenheiten aus der Box 2 der CESR's Guidelines CESR/10-788.

Ausnahme bei bestimmten Swaps

§ 5. Ein Derivat ist bei der Berechnung des Commitment nicht zu berücksichtigen, wenn alle folgenden Kriterien erfüllt sind:

1. Die Wertentwicklung der vom OGAW in seinem Portfolio gehaltenen Vermögensgegenstände wird gegen die Wertentwicklung anderer Vermögensgegenstände ausgetauscht (Swap).
2. Das Marktrisiko der getauschten Vermögensgegenstände ist vollständig kompensiert, sodass die Wertentwicklung des OGAW nicht von der Wertentwicklung dieser getauschten Werte abhängig ist.
3. Das Derivat beinhaltet im Vergleich zu einer Direktanlage weder zusätzliche optionale Eigenschaften noch Leverage-Klauseln oder weitere Risiken.

EB zu § 5:

Entspricht den europäischen Gepflogenheiten aus der Box 3 der CESR's Guidelines CESR/10-788.

Ausnahme bei bestimmten in Kombination gehaltenen Derivaten

§ 6. Ein Derivat ist bei der Berechnung des Commitment weiters nicht zu berücksichtigen, wenn alle folgenden Kriterien erfüllt sind:
1. Das kombinierte Halten von einem Derivat sowie von Geld oder risikolosen geldäquivalenten Finanzinstrumenten entspricht der Kassa-Position des dem Derivat zu Grunde liegenden Finanzinstruments.
2. Das Derivat erzeugt kein zusätzliches Gesamtrisiko, Leverage oder Marktrisiko.

EB zu § 6:

Entspricht den europäischen Gepflogenheiten aus der Box 4 der CESR's Guidelines CESR/10-788.

2. Abschnitt
Netting und Absicherung

Allgemeine Bestimmungen

§ 7. (1) Bei der Berechnung des Gesamtrisikos unter Anwendung des Commitment-Ansatzes können Netting- und Absicherungsvorkehrungen berücksichtigt werden, um das Gesamtrisiko zu reduzieren.

(2) Nettingvorkehrungen sind Kombinationen von Transaktionen mit Derivaten desselben Basiswertes oder von Transaktionen mit einem Derivat und dem seinen Basiswert bildenden Wertpapier, unabhängig von den Fälligkeiten, wobei die Transaktionen mit dem einzigen Ziel abgeschlossen werden, die mit den ursprünglich erworbenen Finanzinstrumenten verbundenen Risiken zu beseitigen.

(3) Absicherungsvorkehrungen sind Kombinationen von Transaktionen mit Derivaten oder Wertpapieren, die sich nicht notwendigerweise auf denselben Basiswert beziehen müssen und mit dem alleinigen Ziel abgeschlossen werden, die mit den ursprünglich erworbenen Derivaten oder Wertpapieren verbundenen Risiken aufzurechnen.

(4) Wenn der OGAW eine konservative statt einer genauen Berechnung des Commitment eines jeden Derivats wählt, dürfen Absicherungs- und Nettingvorkehrungen für die Reduzierung des Commitment für den Fall nicht berücksichtigt werden, dass ihre Berücksichtigung zu einer zu niedrigen Ermittlung des Gesamtrisikos führen würde.

EB zu § 7:

Entspricht den europäischen Gepflogenheiten aus der Box 5 der CESR's Guidelines CESR/10-788.

Aufrechnung von bestimmten Positionen aus Nettingvorkehrungen

§ 8. Ein OGAW kann Positionen aus Nettingvorkehrungen aufrechnen. Dies ist ausschließlich möglich:
1. zwischen Derivaten, sofern diese sich auf denselben Basiswert beziehen, und zwar unabhängig vom jeweiligen Fälligkeitsdatum;
2. zwischen Derivaten, deren Basiswert ein übertragbares Wertpapier, ein Geldmarktinstrument oder ein OGAW ist, und dem entsprechenden Basiswert; oder
3. wenn ein OGAW, der hauptsächlich in Zinsderivate investiert, Duration-Netting-Regeln gemäß § 9 anwendet, um die Korrelation zwischen den Laufzeitsegmenten der jeweiligen Zinskurve zu berücksichtigen.

EB zu § 8:
Entspricht den europäischen Gepflogenheiten aus der Box 6 der CESR's Guidelines CESR/10-788.

Duration-Netting bei Zinsderivaten

§ 9. (1) Für Zinsderivate ist ein Duration-Netting nur laut Anlage 2 zulässig.

(2) Duration-Netting darf nicht angewendet werden, wenn es zu einer falschen Beurteilung des Risikoprofils des OGAW führt. OGAW, die Duration-Netting anwenden, dürfen keine anderen Risikoquellen in ihre Zinskurvenstrategie einschließen.

(3) Durch die Anwendung von Duration-Netting darf kein ungerechtfertigter Leverage durch das Halten von kurzfristigen Zinsderivaten generiert werden.

(4) Ein OGAW, der Duration-Netting anwendet, kann weiterhin Absicherungsvorkehrungen einsetzen. Duration-Netting kann nur für Zinsderivate, die nicht von Absicherungsvorkehrungen umfasst sind, angewandt werden.

EB zu § 9:
Entspricht den europäischen Gepflogenheiten aus der Box 7 der CESR's Guidelines CESR/10-788.

Investmentstrategien, die u.a versuchen, aus der Zinskurve Arbitragegewinne zu erzielen, dürfen Duration-Netting nicht anwenden. Unter anderen Risikoquellen wird u.a. Volatilität verstanden.

Gesamtrisiko und Absicherungsvorkehrungen

§ 10. (1) Absicherungsvorkehrungen dürfen nur dann in die Berechnung des Gesamtrisikos miteinbezogen werden, wenn sie das mit den Anlagen verbundene Risiko reduzieren oder aufheben und alle folgenden Kriterien erfüllen:

1. Sie müssen sich auf die gleiche Assetklasse beziehen.
2. Sie müssen auch unter außergewöhnlichen Marktsituationen (Stresssituationen) wirksam und effizient sein.
3. Investmentstrategien mit Gewinnerzielungsabsicht dürfen nicht als Absicherungsvorkehrungen betrachtet werden.
4. Es muss eine nachprüfbare Reduzierung des Risikos auf Ebene des OGAW feststellbar sein.
5. Allgemeine und spezifische Risiken, die mit derivativen Finanzinstrumenten verbunden sind, müssen neutralisiert werden.

(2) Abweichend von den in Abs. 1 genannten Kriterien dürfen derivative Finanzinstrumente, die nur zum Zwecke der Währungssicherung verwendet werden, bei der Berechnung des Gesamtrisikos des OGAW genettet werden. Diese Währungssicherung darf kein zusätzliches Marktrisiko oder Leverage erzeugen.

EB zu § 10:
Entspricht den europäischen Gepflogenheiten aus der Box 8 der CESR's Guidelines CESR/10-788.

Marktneutrale oder Long-Short-Investmentstrategien können die in Abs. 1 angeführten Kriterien nicht erfüllen.

3. Abschnitt
Effiziente Portfolio-Management-Techniken

§ 11. (1) Wenn ein OGAW zu Pensions- oder Wertpapierleihgeschäften gemäß § 83 und § 84 InvFG 2011 berechtigt ist und durch Wiederanlage von Sicherheiten zusätzliches Leverage generiert, dann müssen diese Transaktionen bei der Berechnung des Gesamtrisikos berücksichtigt werden.

(2) OGAW, die hinterlegte Sicherheiten in Finanzinstrumente reinvestieren, die eine höhere Rendite als den risikofreien Zinssatz generieren, müssen bei der Berechnung ihres Gesamtrisikos folgende Werte einrechnen:

1. Den erhaltenen Betrag, soweit Geldsicherheiten gehalten werden, und
2. den Marktwert des betreffenden Finanzinstruments, wenn keine Geldsicherheiten gehalten werden.

(3) Das durch effizientes Portfolio-Management generierte Risiko und das von Derivaten erzeugte Risiko darf gemeinsam nicht größer als 100 vH des Nettoinventarwertes sein.

(4) Die Weiterverwendung von Sicherheiten als Teil weiterer Pensions- oder Wertpapierleihgeschäfte muss nach Maßgabe des Abs. 1 in die Berechnung des Gesamtrisikos einbezogen werden.

EB zu § 11:

Entspricht den europäischen Gepflogenheiten aus der Box 9 der CESR's Guidelines CESR/10-788.

4. Abschnitt
Strukturierte OGAW

Definition und Berechnung des Gesamtrisikos

§ 12. (1) Ein OGAW ist ein strukturierter OGAW im Sinne dieser Verordnung, wenn alle folgenden Kriterien erfüllt sind:

1. Der OGAW ist passiv verwaltet und derart strukturiert, dass bei Fälligkeit eine im Voraus definierte Auszahlung stattfindet.
2. Der OGAW ist formelbasiert und die im Voraus definierte Auszahlung kann in unterschiedliche Szenarien aufgeteilt werden, die von den zugrundeliegenden Vermögensgegenständen abhängig sind und verschiedene Auszahlungsvarianten darstellen.
3. Der Anleger kann während der Laufzeit des OGAW jederzeit nur einem Auszahlungsprofil ausgesetzt sein.
4. Bei der Anwendung des Commitment-Ansatzes zur Berechnung des Gesamtrisikos hinsichtlich der unterschiedlichen Szenarien sind insbesondere die Voraussetzungen des 2. Hauptstücks dieser Verordnung zu erfüllen.
5. Die Laufzeit des OGAW ist auf maximal neun Jahre begrenzt.
6. Der OGAW darf nach der Erstzeichnungsperiode keine weiteren Zeichnungen annehmen.
7. Der maximale Verlust bei Wechsel des Auszahlungsprofils ist auf 100 vH des Erstausgabepreises begrenzt.
8. Die Auswirkungen der Wertentwicklung eines einzelnen Basiswerts auf das Auszahlungsprofil – im Falle eines Wechsels des Szenarios des OGAW – müssen die Diversifikations-Voraussetzungen des § 66 Abs. 1 InvFG 2011 erfüllen.

(2) Ein strukturierter OGAW kann das Gesamtrisiko unter Anwendung des Commitment-Ansatzes wie folgt berechnen:
1. Die formelbasierte Investmentstrategie wird für jedes im Voraus definierte Auszahlungsprofil auf unterschiedliche Szenarien aufgeteilt.
2. Das in jedem Szenario enthaltene Derivat muss bewertet werden, um festzustellen, ob es von der Berechnung des Gesamtrisikos gemäß § 5 oder § 6 erfasst wird.
3. Der OGAW berechnet das Gesamtrisiko der verschiedenen Szenarien, um zu überprüfen, ob die 100%-Grenze des Nettovermögens eingehalten wird.

EB zu § 12:
Entspricht den europäischen Gepflogenheiten aus der Guideline 1 der ESMA Guidelines ESMA/2011/112.

Prospekterfordernisse

§ 13. Der Prospekt eines strukturierten OGAW, welcher die in § 12 angeführte Berechnungsmethode für das Gesamtrisiko anwendet, muss die Investmentstrategie, das Risiko und die Auszahlungsvarianten klar darstellen, eine dem durchschnittlichen Anleger gebräuchliche Sprache verwenden und einen deutlichen Warnhinweis enthalten, dass Anleger, die sich ihren Anteil vor Laufzeitende ausbezahlen lassen, nicht von dem dargestellten Auszahlungsprofil profitieren und erhebliche Verluste erleiden können.

EB zu § 13:
Entspricht den europäischen Gepflogenheiten aus der Guideline 2 der ESMA Guidelines ESMA/2011/112.

4. Hauptstück
Value-at-Risk (VaR)-Ansatz

1. Abschnitt
Berechnung des VaR

Allgemeine Bestimmungen

§ 14. (1) Bei der Berechnung des Gesamtrisikos anhand des VaR-Ansatzes sind alle Positionen des OGAW zu berücksichtigen.

(2) Der OGAW hat das maximale VaR-Limit unter Berücksichtigung seines Risikoprofils festzulegen.

EB zu § 14:
Entspricht den europäischen Gepflogenheiten aus der Box 10 der CESR's Guidelines CESR/10-788.

Auswahl des VaR-Ansatzes

§ 15. (1) Für die Berechnung des Gesamtrisikos kann der OGAW den relativen oder den absoluten VaR-Ansatz anwenden. Bei der Beurteilung des Gesamtrisikos anhand des relativen oder des absoluten VaR-Ansatzes hat der OGAW die festgelegten quantitativen und qualitativen Mindesterfordernisse dieser Verordnung einzuhalten.

(2) Der OGAW ist dafür verantwortlich, den seinem Risikoprofil und seiner Investmentstrategie entsprechenden VaR-Ansatz zu wählen.

(3) Der OGAW muss jederzeit nachweisen können, dass der von ihm gewählte VaR-Ansatz seinem Risikoprofil und seiner Investmentstrategie angemessen ist, und hat darüber eine umfassende Dokumentation zu führen.

(4) Bei der Entscheidung, welcher VaR-Ansatz zur Berechnung des Gesamtrisikos herangezogen wird, muss konsistent vorgegangen werden.

EB zu § 15:

Entspricht den europäischen Gepflogenheiten aus der Box 11 und 14 der CESR's Guidelines CESR/10-788.

Eine konsistente Vorgehensweise setzt voraus, dass ein Wechsel zwischen dem absoluten VaR-Ansatz und dem relativen VaR-Ansatz nur bei einem Wechsel der Investmentstrategie oder des Risikoprofils des OGAW erfolgt, wonach die Anwendung des bisherigen Ansatzes im Sinne des Abs. 2 nicht mehr gerechtfertigt ist, keineswegs jedoch deswegen, weil der OGAW die Grenzen des bisher gewählten VaR-Ansatzes verletzt hat oder zu verletzen droht.

Relativer VaR-Ansatz

§ 16. (1) Die Berechnung des Gesamtrisikos des OGAW mittels des relativen VaR-Ansatzes ist wie folgt vorzunehmen:

1. Berechnung des VaR des aktuellen Portfolios des OGAW (einschließlich der Derivate);
2. Berechnung des VaR eines Referenzportfolios;
3. Prüfung darauf, dass der VaR des OGAW-Portfolios im Vergleich zum Referenzportfolio maximal doppelt so groß ist, um sicher zu stellen, dass die allgemeine Leveragebegrenzung von 2 eingehalten wird. Diese Grenze kann wie folgt dargestellt werden:

$$\frac{(VaR\ OGAW - VaR\ Referenzportfolio)}{VaR\ Referenzportfolio} X100 \leq 100\%$$

(2) Das Referenzportfolio hat folgende Anforderungen zu erfüllen:

1. Das Referenzportfolio darf keinen Leverage besitzen und keine Derivate einschließlich eingebetteter Derivate enthalten, außer in den Fällen, dass
   a) ein OGAW eine Long/Short-Strategie verfolgt, so dass das Referenzportfolio Derivate enthält, um das Short-Exposure darzustellen; oder
   b) ein OGAW mit der Absicht, ein währungsabgesichertes Portfolio zu halten, einen währungsabgesicherten Index als Referenzportfolio wählen kann.
2. Das Risikoprofil des Referenzportfolios hat mit den Anlagezielen, Anlagerichtlinien und Grenzen des OGAW-Portfolios konsistent zu sein.

(3) Wenn sich das Risiko/Rendite-Profil eines OGAW häufig verändert oder wenn die Definition eines Referenzportfolios nicht möglich ist, darf der relative VaR-Ansatz nicht verwendet werden.

(4) Das Verfahren zur Ermittlung und laufenden Aktualisierung des Referenzportfolios ist in den Risikomanagementprozess zu integrieren und durch geeignete Verfahren zu unterstützen. Richtlinien, die die Zusammensetzung des Referenzportfolios regeln, sind zu erstellen. Darüber hinaus sind die tatsächliche Zusammensetzung des Referenzportfolios und etwaige Änderungen schriftlich und objektiv nachvollziehbar zu dokumentieren.

EB zu § 16:

Entspricht den europäischen Gepflogenheiten aus der Box 12 der CESR's Guidelines CESR/10-788.

Absoluter VaR-Ansatz

§ 17. Der absolute VaR-Ansatz beschränkt den maximalen VaR, den ein OGAW im Vergleich zum Nettoinventarwert aufweisen darf. Der absolute VaR eines OGAW darf nicht höher als 20 vH seines Nettoinventarwerts sein.

EB zu § 17:
Entspricht den europäischen Gepflogenheiten aus der Box 13 und Box 15 Z 1 der CESR's Guidelines CESR/10-788.

Parameter

§ 18. (1) Bei der Berechnung des absoluten und relativen VaR sind folgende Parameter heranzuziehen:
1. Konfidenzintervall von 99 vH;
2. Haltedauer von einem Monat (20 Geschäftstage);
3. effektiver Beobachtungszeitraum der Risikofaktoren von mindestens einem Jahr (250 Geschäftstage), außer wenn eine kürzere Beobachtungsperiode durch eine bedeutende Steigerung der Preisvolatilität durch extreme Marktbedingungen begründet ist;
4. vierteljährliche Datenaktualisierung, oder häufiger, wenn die Marktpreise wesentlichen Veränderungen unterliegen;
5. Berechnungen mindestens auf täglicher Basis.

(2) Ein von Abs. 1 Z 1 abweichendes Konfidenzintervall und eine von Abs. 1 Z 2 abweichende Haltedauer kann vom OGAW herangezogen werden, wenn das Konfidenzintervall 95 vH nicht unterschreitet und die Haltedauer einen Monat (20 Geschäftstage) nicht überschreitet.

(3) OGAW, die den absoluten VaR-Ansatz anwenden, haben bei der Anwendung anderer Berechnungsparameter gemäß Abs. 2 eine Umrechnung der 20%-Grenze zur jeweiligen Haltedauer und zum jeweiligen Konfidenzintervall vorzunehmen. Diese Umrechnung darf jedoch nur unter der Annahme einer Normalverteilung mit einer identen und unabhängigen Verteilung der Risikofaktoren sowie der Bezugnahme auf die Quantile der Normalverteilung und der mathematischen Wurzel-Zeit-Formel („Square root of time"-Regel) angewendet werden.

EB zu § 18:
Entspricht den europäischen Gepflogenheiten aus der Box 15 Z 2 bis Z 4 der CESR's Guidelines CESR/10-788.

Mit Geschäftstagen sind sinnlogisch nur Tage gemeint, an denen ein Preis festgesetzt werden kann.

2. Abschnitt
Risikoabdeckung

Mindestanforderungen

§ 19. Der für die Berechnung des Gesamtrisikos verwendete VaR-Ansatz hat als Mindestanforderung das generelle Marktrisiko und – wenn anwendbar – das idiosynkratische Risiko zu berücksichtigen. Die Event- sowie Ausfallsrisiken sind als Mindestanforderung bei Stresstests nach dem 4. Abschnitt zu berücksichtigen. Werden durch eine Berechnung unter Zugrundelegung dieser Mindestanforderungen die Risiken nur unzureichend erfasst, so ist für den OGAW ein strengerer Risikoansatz zu verwenden.

EB zu § 19:

Entspricht den europäischen Gepflogenheiten aus der Box 16 der CESR's Guidelines CESR/10-788.

Vollständigkeit und Genauigkeit

§ 20. (1) Die Auswahl des passenden VaR-Ansatzes bleibt in der Verantwortung des OGAW. Bei der Auswahl des Ansatzes hat der OGAW sicherzustellen, dass der Ansatz hinsichtlich der verfolgten Investmentstrategie und der Komplexität der verwendeten Finanzinstrumente adäquat ist.

(2) Der VaR-Ansatz hat Vollständigkeit zu gewährleisten und die Risiken mit einer hohen Genauigkeit zu bewerten. Insbesondere sind zu berücksichtigen:

1. Alle Positionen des OGAW-Portfolios sind in die VaR-Berechnung einzuschließen.
2. Der Ansatz hat alle wesentlichen Marktrisiken der im Portfolio enthaltenen Wertpapierpositionen und insbesondere die speziellen Risiken der Derivate abzudecken. Die Wesentlichkeit der Risiken bestimmt sich nach ihrem Einfluss auf die Wertschwankungen des Portfolios.
3. Die quantitativen Modelle, die im Rahmen des VaR-Ansatzes verwendet werden, haben für ein hohes Niveau an Genauigkeit insbesondere hinsichtlich der Preisberechnungsmodelle, Volatilitätsschätzungen und Korrelationen zu sorgen.
4. Die Verwaltungsgesellschaft hat Konsistenz, Aktualität und Zuverlässigkeit aller im Rahmen des VaR-Ansatzes verwendeten Daten zu gewährleisten.

EB zu § 20:

Entspricht den europäischen Gepflogenheiten aus der Box 17 der CESR's Guidelines CESR/10-788.

3. Abschnitt
Rückvergleich (Back-Testing)

§ 21. (1) Der OGAW hat die Genauigkeit und Effizienz (Prognosegüte) seines VaR-Ansatzes anhand eines Back-Testing-Programms zu überprüfen.

(2) Das Back-Testing hat für jeden Geschäftstag den errechneten eintägigen VaR-Wert der Tagesendpositionen des Portfolios und den Portfoliowert am Ende des darauffolgenden Geschäftstages einander gegenüberzustellen.

(3) Die Durchführung des Back-Testing hat vom OGAW zumindest monatlich anhand eines rückwirkenden Vergleichs der in Abs. 2 genannten Tage zu erfolgen.

(4) Der OGAW hat anhand des Back-Testing Überschreitungen zu evaluieren und zu überwachen. Eine Überschreitung liegt vor, wenn eine eintägige Änderung des Portfoliowertes den errechneten eintägigen VaR-Wert überschreitet.

(5) Wenn sich aufgrund des Back-Testing ergibt, dass ein auffällig hoher Prozentsatz an Überschreitungen vorliegt, hat der OGAW seinen VaR-Ansatz einer Überprüfung zu unterziehen und entsprechende Änderungen vorzunehmen.

(6) Die Geschäftsleitung der Verwaltungsgesellschaft ist mindestens vierteljährlich und die FMA halbjährlich über das Back-Testing zu informieren, wenn es bei einem 99%-Konfidenzintervall in den letzten 250 Geschäftstagen zu mehr als vier Überschreitungen gekommen ist. Diese Information hat eine Analyse und Erklärung zu den für die Überschreitung verantwortlichen Ursachen zu enthalten und eine Darstellung, welche Maßnahmen getroffen wurden, um die Prognosegüte des VaR-Ansatzes zu verbessern. Ist die Anzahl der Überschreitungen zu hoch und sind die von der Verwaltungsgesellschaft getroffenen Maßnahmen nicht ausreichend, um die Prognosegüte des VaR-Ansatzes zu verbessern, so hat die Verwaltungsgesellschaft weitere Maßnahmen zu ergreifen und insbesondere strengere Kriterien betreffend die Verwendung des VaR-Ansatzes anzuwenden.

EB zu § 21:
Entspricht den europäischen Gepflogenheiten aus der Box 18 der CESR's Guidelines CESR/10-788.

4. Abschnitt
Stresstests

Stresstesting-Pflicht und allgemeine Voraussetzung

§ 22. (1) Jeder OGAW, der den VaR-Ansatz anwendet, hat ein strenges, umfassendes, risikoadäquates Stresstesting-Programm durchzuführen, das den in diesem Abschnitt angeführten qualitativen und quantitativen Voraussetzungen entspricht.

(2) Der Stresstest ist derart zu gestalten, dass jede potentielle Wertminderung des OGAW infolge unerwarteter Änderungen der relevanten Marktlage und Korrelationen messbar ist.

(3) Die Stresstests sind in den Risikomanagementprozess adäquat zu integrieren und die Ergebnisse sind bei Anlageentscheidungen zu berücksichtigen.

EB zu § 22:
Entspricht den europäischen Gepflogenheiten aus der Box 19 der CESR's Guidelines CESR/10-788.

Quantitative Voraussetzungen

§ 23. (1) Die Stresstests haben alle Risiken abzudecken, die den Wert oder die Wertschwankungen eines OGAW in wesentlichem Maße beeinflussen. Insbesondere jene Risiken, die durch den VaR-Ansatz nicht vollständig erfasst werden, sind zu berücksichtigen.

(2) Die Stresstests sind so zu konfigurieren, dass Marktsituationen analysiert werden können, bei denen der Einsatz von signifikantem Leverage zum Totalverlust des Vermögens des OGAW führen kann.

(3) Stresstests haben besonders auf solche Risiken zu achten, welche unter normalen Umständen keine besondere Gefahr darstellen, jedoch in Stresssituationen zu einer Gefahr werden könnten, wie insbesondere Korrelationsänderungen, Illiquidität von Märkten in Extremsituationen oder komplexe strukturierte Produkte mit Liquiditätsproblemen.

EB zu § 23:
Entspricht den europäischen Gepflogenheiten aus der Box 20 der CESR's Guidelines CESR/10-788.

Qualitative Voraussetzungen

§ 24. (1) Stresstests sind regelmäßig, jedoch zumindest monatlich vorzunehmen. Zusätzlich sind sie durchzuführen, wenn eine Änderung im Wert oder in der Zusammensetzung eines OGAW oder eine Änderung der Marktlage es nahelegen, dass sich die Ergebnisse maßgeblich verändern.

(2) Die Gestaltung des Stresstests hat entsprechend der Zusammensetzung des OGAW und angepasst an die für den OGAW relevante Marktlage zu erfolgen.

(3) Verwaltungsgesellschaften haben nachvollziehbare Richtlinien hinsichtlich der Gestaltung und der laufenden Anpassung der Stresstests festzulegen. Ein Programm zur Ausführung der Stresstests ist im Einklang mit diesen Richtlinien für jeden OGAW zu entwickeln. Es ist darzustellen, warum der angewandte Stresstest für den OGAW passend ist. Abgeschlossene Stresstests sind zusammen mit den Ergebnissen schriftlich und objektiv nachvollziehbar zu dokumentieren. Ein Wechsel oder eine Änderung dieses Programms ist zu begründen.

EB zu § 24:
Entspricht den europäischen Gepflogenheiten aus der Box 21 der CESR's Guidelines CESR/10-788.

5. Abschnitt
Qualitative Voraussetzungen beim VaR-Ansatz

Risikomanagement-Funktion

§ 25. (1) Nach Maßgabe des § 17 Abs. 3 InvFG 2011 ist die Risikomanagement-Funktion verantwortlich für:

1. Entwicklung, Prüfung und Anwendung des VaR-Ansatzes auf täglicher Basis;
2. Überwachung des Prozesses der Wertermittlung und Zusammensetzung des Referenzportfolios, wenn der OGAW einen relativen VaR-Ansatz verwendet;
3. Sicherstellung, dass der VaR-Ansatz laufend dem Portfolio des OGAW angepasst wird;
4. laufende Validierung des VaR-Ansatzes;
5. Einführung und Implementierung von Dokumentationsprozessen hinsichtlich der VaR-Limits und der entsprechenden Risikoprofile für jeden einzelnen OGAW; diese sind durch die Geschäftsleitung und den Aufsichtsrat zu genehmigen;
6. Monitoring und Kontrolle der VaR-Limits;
7. regelmäßiges Monitoring des Leverage;
8. regelmäßiges Berichtswesen hinsichtlich des Werts des VaR (einschließlich der Stresstest- und Back-Testing-Ergebnisse) an die Geschäftsleitung.

(2) Der VaR-Ansatz und die dadurch erzielten Ergebnisse haben einen integralen Bestandteil des täglichen Risikomanagements darzustellen. Zusätzlich müssen die Ergebnisse in den Anlageprozess des Fondsmanagements integriert werden, um das Risikoprofil des OGAW unter Kontrolle und im Einklang mit der Investmentstrategie zu halten.

(3) Nach der Entwicklung des VaR-Ansatzes ist dieser durch einen unabhängigen Dritten hinsichtlich seines Aufbaus und seiner Funktionalität einer Prüfung zu unterziehen, um sicherzustellen, dass alle materiellen Risiken umfasst sind. Die Prüfung hat auch im Anschluss an jede bedeutende Änderung des VaR-Ansatzes durchgeführt zu werden. Eine bedeutende Änderung kann die Veranlagung in ein neues Finanzinstrument, die Verbesse-

rung des VaR-Ansatzes aufgrund von Back-Testing-Ergebnissen oder die Entscheidung, bestimmte Aspekte des VaR-Ansatzes in einer signifikanten Weise zu verändern, sein.

(4) Die Risikomanagement-Funktion hat eine laufende Validierung des VaR-Ansatzes durchzuführen, um die Genauigkeit der Kalibrierung des VaR-Ansatzes zu gewährleisten. Diese Überprüfung ist zu dokumentieren und – wenn notwendig – ist der VaR-Ansatz entsprechend anzupassen.

(5) Eine adäquate Dokumentation im Sinne des § 87 Abs. 2 InvFG 2011 für den VaR-Ansatz umfasst zumindest:

1. Die durch den Ansatz abgedeckten Risiken,
2. die Methodik des Ansatzes,
3. die mathematischen Annahmen und Grundlagen,
4. die verwendeten Daten,
5. die Vollständigkeit und Genauigkeit der Risikobewertung,
6. die Methoden zur Validierung des Ansatzes,
7. die Back-Testing-Prozesse,
8. die Stresstestprozesse,
9. den Geltungsbereich des Ansatzes und
10. die operative Durchführung.

EB zu § 25:

Entspricht den europäischen Gepflogenheiten aus der Box 22 der CESR's Guidelines CESR/10-788.

Zusätzliche Absicherungen

§ 26. (1) OGAW, die zur Berechnung des Gesamtrisikos den VaR-Ansatz anwenden, haben den Leverage laufend zu überwachen.

(2) Ein OGAW hat sein VaR- und Stresstest-System unter Berücksichtigung des Risikoprofils und der verfolgten Investmentstrategie im angemessenen Rahmen durch weitere Risikomessmethoden zu ergänzen.

EB zu § 26:

Entspricht den europäischen Gepflogenheiten aus der Box 23 der CESR's Guidelines CESR/10-788.

5. Hauptstück
Gegenpartei bei Geschäften mit OTC-Derivaten

Gegenpartei

§ 27. Gegenpartei bei Geschäften mit abgeleiteten Finanzinstrumenten, die nicht an einer Börse oder einem geregelten Markt gehandelt werden, im Sinne von § 73 Abs. 1 InvFG 2011 (OTC-Derivate) dürfen folgende einer Aufsicht unterliegenden Institute sein:

1. Österreichische Kreditinstitute;
2. in einem Mitgliedstaat zugelassene Kreditinstitute gemäß Art. 4 Nummer 1 der Richtlinie 2006/48/EG;
3. ausländische Kreditinstitute gemäß § 2 Z 13 des Bankwesengesetzes – BWG, BGBl. Nr. 532/1993, Art. I, in der Fassung des Bundesgesetzes BGBl. I Nr. 118/2010, mit dem

Sitz in einem Zentralstaat, der gemäß § 22a BWG mit einem Risikogewicht von höchstens 20 vH zu versehen wäre;
4. Wertpapierfirmen gemäß § 2 Z 30 BWG mit dem Sitz in einem Zentralstaat, der gemäß § 22a BWG mit einem Risikogewicht von höchstens 20 vH zu versehen wäre.

EB zu § 27:

Gemäß § 73 Abs. 1 Z 2 InvFG 2011 hat die FMA eine Verordnung zu erlassen, mit der sie die Kategorien der einer Aufsicht unterliegenden Institute festlegt, die Gegenpartei bei Geschäften mit OTC-Derivaten sein können. Eine entsprechende Vorgehensweise wurde auch für das ImmoInvFG (Immobilienfonds-OTC-Derivate-Gegenpartei-Verordnung BGBl. II Nr. 311/2007) gewählt.

Absicherung der Gegenpartei

§ 28. (1) Sicherheiten, die das Gesamtrisiko der Gegenpartei mindern, müssen folgende Kriterien stets erfüllen:
1. Ausreichende Liquidität;
2. tägliche Bewertbarkeit;
3. hohe Bonität des Emittenten;
4. keine Korrelation zwischen der Gegenpartei und der Sicherheit;
5. ausreichende Streuung der Sicherheiten;
6. adäquate Systeme und Prozesse zur Verwaltung der Sicherheiten;
7. Sicherheiten müssen von einer unabhängigen Verwahrstelle gemäß § 39 Abs. 1 InvFG 2011, die entweder nicht mit dem Anbieter verbunden oder rechtlich gegenüber dem Ausfall eines verbundenen Unternehmens abgesichert ist, gehalten werden;
8. der OGAW kann jederzeit über die Sicherheiten verfügen, insbesondere darf hierfür keine Zustimmungspflicht der Gegenpartei vorgesehen sein;
9. Sicherheiten, mit Ausnahme von Sichteinlagen, dürfen nicht verkauft, reinvestiert oder verpfändet werden;
10. Sichteinlagen dürfen nur in risikolose Vermögenswerte investiert werden.

(2) Der OGAW kann das Gegenparteirisiko nur dann als abgesichert betrachten, wenn der Wert der Sicherheiten, die nach dem Marktpreis einschließlich angemessener Abschläge (Haircuts) bewertet werden, zu jeder Zeit höher ist als die dem Risiko ausgesetzten Werte.

(3) Bei der Bewertung von Sicherheiten, die ein erhebliches Risiko an Wertschwankungen aufweisen, hat der OGAW entsprechende Abschläge (Haircuts) anzusetzen.

EB zu § 28:

Entspricht den europäischen Gepflogenheiten aus der Box 26 der CESR's Guidelines CESR/10-788 und großteils § 17 der 3. Derivate-Risikoberechnungs- und Meldeverordnung (BGBl. II Nr. 169/2008).

In Abs. 7 wird auf die CESR's Guidelines CESR/07-044 zu Art. 10 der Richtlinie 2007/16/EG Bedacht genommen.

Die gemäß Abs. 1 Z 3 vorausgesetzte hohe Bonität des Emittenten ist insbesondere bei Wertpapieren eines Zentralstaates, der gemäß § 22a BWG mit einem Risikogewicht von höchstens 20 vH zu versehen wäre, oder bei Wertpapieren der Europäischen Union gegeben.

Gleichsam darf die Sicherheit auch in Bankguthaben bei einem Kreditinstitut gemäß

§ 2 Z 13 BWG mit Sitz in einem Zentralstaat bestehen, der gemäß § 22a BWG mit einem Risikogewicht von höchstens 20 vH zu versehen wäre.

Der Abschlagsbetrag gemäß Abs. 2 orientiert sich am positiven Wiederbeschaffungswert der jeweiligen Derivatposition:

Restlaufzeit	*Zinsbezogene Geschäfte*	*Währungskurs-bezogene Geschäfte*	*Aktienkurs-bezogene Geschäfte*
bis 1 Jahr	*0,0 vH*	*1,0 vH*	*6,0 vH*
über 1 Jahr bis 5 Jahre	*0,5 vH*	*5,0 vH*	*8,0 vH*
über 5 Jahre	*1,5 vH*	*7,5 vH*	*10,0 vH*

Vermeidung einer Emittentenkonzentration

§ 29. (1) Entsprechend § 74 Abs. 2 InvFG 2011 ist das einbezahlte Initial Margin sowie hinsichtlich börsennotierter Derivate oder OTC-Derivate das Variation Margin, die nicht durch Einlagensicherungssysteme gesichert sind, als weiteres Risiko bei der Berechnung zu berücksichtigen.

(2) Entsprechend § 74 Abs. 3 InvFG 2011 ist jedes durch Wertpapierleihen oder Pensionsgeschäfte erzeugte Netto-Risiko gegenüber der Gegenpartei zu berücksichtigen. Als Netto-Risiko wird in diesem Zusammenhang der ausstehende (verliehene) Nominalbetrag abzüglich der Sicherheiten durch die Gegenpartei verstanden. Werden die Sicherheiten reinvestiert, so sind diese auch in das Emittentenrisiko einzubeziehen.

(3) Bei der Berechnung des Ausfallsrisikos im Sinne des § 74 InvFG 2011 hat der OGAW zu dokumentieren, ob das Risiko von einer OTC-Gegenpartei, einem Broker oder einer Clearingstelle stammt.

(4) Das Risiko betreffend den Basiswert eines Derivats (einschließlich eingebetteter Derivate) verbunden mit der aus der Direktanlage resultierenden Position darf die in § 74 und § 77 InvFG 2011 festgelegten Grenzen nicht überschreiten.

(5) Bei der Berechnung des Emittentenrisikos muss anhand einer Durchschau des (eingebetteten) Derivats das Positionsrisiko berechnet werden. Hierbei ist der Commitment-Ansatz anzuwenden. Falls dieser jedoch nicht anwendbar ist, muss ein „Maximum-Loss"-Ansatz angewandt werden. Die Berechnung des Emittentenrisikos mit Hilfe des Commitment-Ansatzes ist auch anzuwenden, falls der VaR-Ansatz zur Berechnung des Gesamtrisikos verwendet wird.

(6) Der Anrechnungsbetrag für das Gegenparteirisiko ist bei der Berechnung der Auslastung der Anlagegrenzen nach § 74 Abs. 1 und 3 InvFG 2011 sowohl auf Ebene des Einzelunternehmens als auch auf Ebene der Unternehmensgruppe gemäß § 74 Abs. 7 InvFG 2011 zu berücksichtigen.

(7) Abs. 1 bis Abs. 6 gelten nicht für indexbasierte Derivate im Sinne des § 75 InvFG 2011.

EB zu § 29:

Entspricht weitgehend den europäischen Gepflogenheiten aus der Box 27 der CESR's Guidelines CESR/10-788. Danach hat die Anwendung des Commitment-Ansatzes Vorrang, soweit dieser Ansatz anwendbar ist. Allerdings ist der Commitment-Ansatz bei einigen komplexen Derivaten ungeeignet und mithin nicht anwendbar („appropriate"), so dass hilfsweise auf den „Maximum-Loss"-Ansatz als einzige zulässige Alternative zurückgegrif-

fen werden muss. Dieser Ansatz ist regelmäßig ungenauer als der Commitment-Ansatz, in der vorgenannten Situation komplexer Derivate jedoch der einzig anwendbare Ansatz. Dann gibt es keinen genaueren oder konservativeren Ansatz, so dass auf die Übernahme dieser Einschränkung für die Anwendung des „Maximum-Loss"-Ansatzes aus der Box 27 der CESR's Guidelines CESR/10-788 verzichtet werden kann.

Die Berechnung des Anrechnungsbetrages für das Gegenparteirisiko richtet sich in Übereinstimmung mit der Empfehlung der Europäischen Kommission zum Einsatz derivativer Finanzinstrumente bei Organismen für gemeinsame Anlagen in Wertpapieren (OGAW), die in ABl. L 144 vom 30.04.2004, S. 35, veröffentlicht wurde, nach der Marktbewertungsmethode der Richtlinie 2000/12/EG (ABl. L 126 vom 26.05.2000, S. 1).

6. Hauptstück
Indizes

Finanzindizes

§ 30. (1) Finanzindizes gemäß § 73 Abs. 1 Z 1 InvFG 2011 müssen:
1. hinreichend diversifiziert sein,
2. eine adäquate Bezugsgrundlage für den Markt, auf den sie sich beziehen, darstellen und
3. in angemessener Weise veröffentlicht werden.

(2) Finanzindizes sind gemäß Abs. 1 Z 1 hinreichend diversifiziert, wenn
1. der Index so zusammengesetzt ist, dass seine Gesamtentwicklung durch Preisbewegungen oder Handelstätigkeiten bei einer einzelnen Komponente nicht über Gebühr beeinflusst wird;
2. im Fall eines aus den in § 66 Abs. 1 InvFG 2011 bezeichneten Vermögenswerten zusammengesetzten Index seine Zusammensetzung mindestens gemäß § 75 InvFG 2011 diversifiziert ist;
3. im Fall eines aus anderen als den in § 66 Abs. 1 InvFG 2011 bezeichneten Vermögenswerten zusammengesetzten Index seine Zusammensetzung in einer Weise diversifiziert ist, die der in § 75 InvFG 2011 vorgeschriebenen Diversifizierung gleichwertig ist.

(3) Finanzindizes stellen gemäß Abs. 1 Z 2 eine adäquate Bezugsgrundlage dar, wenn
1. der Index die Entwicklung einer repräsentativen Gruppe von Basiswerten in aussagekräftiger und adäquater Weise misst;
2. der Index regelmäßig überprüft und seine Zusammensetzung angepasst wird, damit er die Märkte, auf die er sich bezieht, stets nach öffentlich zugänglichen Kriterien widerspiegelt;
3. die Basiswerte hinreichend liquide sind, so dass die Nutzer erforderlichenfalls den Index nachbilden können.

(4) Finanzindizes werden gemäß Abs. 1 Z 3 in angemessener Weise veröffentlicht, wenn
1. ihre Veröffentlichung auf soliden Verfahren für die Erhebung von Preisen und für die Kalkulation und anschließende Veröffentlichung des Indexwerts beruht, einschließlich Preisermittlungsverfahren für die einzelnen Komponenten, falls kein Marktpreis verfügbar ist;
2. wesentliche Informationen über Aspekte, wie die Methodik zur Indexberechnung und Anpassung der Indexzusammensetzung, Indexveränderungen oder operationelle Schwierigkeiten bei der Bereitstellung zeitnaher oder genauer Informationen, umfassend und unverzüglich zur Verfügung gestellt werden.

(5) Sind die in Abs. 1 bis 4 genannten Kriterien nicht erfüllt, so gelten diese Derivate, sofern sie die Kriterien nach § 73 Abs. 1 Z 1 bis 3 InvFG 2011 erfüllen, als Derivate auf eine Kombination aus Instrumenten im Sinne des § 66 Abs. 1 InvFG 2011 einschließlich Finanzinstrumenten, die eines oder mehrere Merkmale dieser Vermögenswerte aufweisen, Wechselkursen, Währungen und Zinssätzen.

EB zu § 30:

Diese Bestimmung entspricht § 9 der 3. Derivate-Risikoberechnungs- und Meldeverordnung (BGBl. II Nr. 169/2008). Mit ihr wird Art. 9 der Richtlinie 2007/16/EG (ABl. L 79 vom 20.03.2007, S. 11) umgesetzt. Weiters wird auf die für die Behandlung von Hedgefondsindizes erstellten CESR's Guidelines CESR/07-434 Bedacht genommen.

Hedgefondsindizes

§ 31. (1) Ein Hedgefondsindex kann unter den Begriff des Finanzindex gemäß § 73 Abs. 1 Z 1 InvFG 2011 subsumiert werden, wenn dieser die in § 30 Abs. 1 bis 4 genannten Kriterien erfüllt und die Methode, welche der Indexanbieter für die Auswahl und das Rebalancing der Komponenten wählt, auf objektiven und im Vorhinein festgelegten Kriterien beruht. Der Index gilt nicht als Finanzindex gemäß § 73 Abs. 1 Z 1 InvFG 2011, wenn der Indexanbieter eines Hedgefondsindex Zahlungen, die zum Zweck der Aufnahme in den Index getätigt werden, von potentiellen Indexkomponenten entgegennimmt, oder wenn die Indexmethode eine rückwirkende Korrektur eines bereits veröffentlichten Indexwertes zulässt (Backfilling).

(2) Handelt es sich bei einem Basiswert um einen Hedgefondsindex, so ist eine Due-Diligence-Prüfung vorzunehmen, welche sich auch auf die Qualität des Index zu erstrecken hat. Die Bewertung ist schriftlich festzuhalten. Bei der Beurteilung der Indexqualität sind zumindest der Umfang der Indexmethode, die Verfügbarkeit von Informationen über den Index und die Behandlung der Indexkomponenten miteinzubeziehen.

(3) Bei der Beurteilung des Umfangs der Indexmethode gemäß Abs. 2 sind folgende Kriterien zu beachten:

1. ob die Indexmethode Begriffsdefinitionen wie Gewichtung und Klassifizierung der Komponenten und Behandlung nicht mehr bestehender Komponenten beinhaltet sowie
2. ob der Index eine adäquate Benchmark für die Art der Hedgefonds, auf welche er sich bezieht, darstellt.

(4) Bei der Beurteilung der Verfügbarkeit von Informationen gemäß Abs. 2 sind folgende Kriterien zu beachten:

1. ob eine klare Beschreibung dessen zur Verfügung steht, was der Index darzustellen versucht;
2. ob der Index einer unabhängigen Prüfung unterzogen wird und in welchem Umfang diese stattfindet;
3. in welcher Häufigkeit der Index veröffentlicht wird und ob dieser Umstand die Bewertung des Fondsvermögens beeinträchtigt.

(5) Bei der Beurteilung der Behandlung der Indexkomponenten gemäß Abs. 2 durch den Indexanbieter sind zumindest folgende Kriterien zu beachten:

1. Verfahren, welches der Indexanbieter bei der Durchführung einer Due-Diligence-Prüfung im Hinblick auf die bei der Berechnung des Nettoinventarwertes der Indexkomponenten angewandte Methode anwendet;
2. in welchem Umfang Informationen zu den Indexkomponenten und deren Nettoinven-

tarwerte zur Verfügung stehen, einschließlich der Information, ob die Indexkomponenten investierbar sind;
3. ob die Zahl der Indexkomponenten eine hinreichende Diversifikation sicherstellt.

EB zu § 31:

Diese Bestimmung entspricht § 10 der 3. Derivate-Risikoberechnungs- und Meldeverordnung (BGBl. II Nr. 169/2008). Gemäß den Erläuterungen zur Regierungsvorlage zur InvFG-Novelle 2008 (452 d.B, XXIII. GP) soll der Aufsicht in § 21 Abs. 1 Z 1 InvFG 1993 (§ 73 Abs. 1 Z 1 InvFG 2011) ausreichend Flexibilität eingeräumt werden, neue Erkenntnisse der europäischen Aufsichtsbehörden auf dem Gebiet der Hedgefondsindizes umzusetzen. Mit § 31 dieser Verordnung werden diese Erkenntnisse unter Berücksichtigung der CESR's Guidelines CESR/07-434 umgesetzt.

7. Hauptstück
Eingebettete Derivate

Definition

§ 32. (1) Ein Derivat ist in ein Wertpapier oder ein Geldmarktinstrument gemäß § 73 Abs. 6 InvFG 2011 eingebettet, wenn das Wertpapier oder das Geldmarktinstrument eine Komponente enthält, die folgende Kriterien erfüllt:
1. Kraft dieser Komponente können einige oder alle Cashflows, die bei dem als Basisvertrag fungierenden Wertpapier andernfalls erforderlich wären, nach einem spezifischen Zinssatz, Finanzinstrumentpreis, Wechselkurs, Preis- oder Kursindex, Kreditrating oder Kreditindex oder einer sonstigen Variablen verändert werden und variieren daher in ähnlicher Weise wie ein eigenständiges Derivat;
2. ihre wirtschaftlichen Merkmale und Risiken sind nicht eng mit den wirtschaftlichen Merkmalen und Risiken des Basisvertrags verbunden;
3. sie hat einen signifikanten Einfluss auf das Risikoprofil und die Preisgestaltung des Wertpapiers.

(2) Geldmarktinstrumente, die eines der Kriterien in § 70 Abs. 1 InvFG 2011 und alle Kriterien in § 70 Abs. 2 InvFG 2011 erfüllen und eine Komponente enthalten, die die in Abs. 1 genannten Kriterien erfüllt, gelten als Geldmarktinstrumente, in die ein Derivat eingebettet ist.

(3) Enthält ein Wertpapier oder ein Geldmarktinstrument eine Komponente, die unabhängig von diesem Wertpapier oder Geldmarktinstrument vertraglich transferierbar ist, so gilt es nicht als Wertpapier oder Geldmarktinstrument, in das ein Derivat eingebettet ist. Eine derartige Komponente wird vielmehr als eigenes Finanzinstrument betrachtet.

EB zu § 32:

Diese Bestimmung entspricht § 11 der 3. Derivate-Risikoberechnungs- und Meldeverordnung (BGBl. II Nr. 169/2008). Sie berücksichtigt Art. 10 der Richtlinie 2007/16/EG. Entsprechend den einschlägigen europäischen Gepflogenheiten (CESR's Guidelines CESR/07-044) werden Collateralized Debt Obligations (CDO) oder Asset Backed Securities (ABS) mit oder ohne aktivem Management grundsätzlich nicht als Finanzinstrumente, in die ein Derivat eingebettet ist, angesehen, ausgenommen, wenn diese einen Hebel aufweisen oder wenn diese nicht ausreichend diversifiziert sind. Ist jedoch ein Produkt so strukturiert, dass es eine Alternative zu einem OTC-Derivat darstellt, so ist es im Sinne einer konsistenten Anwendung der Veranlagungsbestimmungen wie ein solches zu behan-

deln. Dies gilt beispielsweise für Single Tranche CDOs, welche die spezifischen Anforderungen eines OGAW zu erfüllen haben. Bei einer Single Tranche CDO handelt es sich um eine Anleihe, die von einer Bank oder Zweckgesellschaft (SPV, Special Purpose Vehicle) emittiert wird. Das Kreditrisiko besteht aus dem Kreditrisiko des Emittenten sowie des Portfolios. Investoren können dabei eine höhere Rendite als mit „plain vanilla"-Anleihen gleicher Laufzeit erzielen.

Im Falle der nachstehenden Instrumente kann ein eingebettetes Derivat angenommen werden: Credit Linked Notes; strukturierte Produkte, deren Performance an einen Schuldtitelindex oder an einen Korb von Beteiligungswertpapieren geknüpft ist, wobei es keine Rolle spielt, ob dieser aktiv gemanagt wird; garantierte strukturierte Produkte, deren Performance an einen Korb von Beteiligungswertpapieren geknüpft ist, wobei es keine Rolle spielt, ob dieser aktiv gemanagt wird; Convertible Bonds; Exchangeable Bonds.

Berücksichtigung im Risikomanagement

§ 33. Häufigkeit und Umfang der Überprüfung eines eingebetteten Derivats sind auf dessen Charakter und dessen Auswirkungen auf den OGAW abzustimmen, wobei die Investmentstrategie des OGAW sowie dessen Risikoprofil zu berücksichtigen sind. Im Fall von eingebetteten Derivaten, die keine signifikanten Auswirkungen auf den OGAW haben, können vordefinierte Anlagegrenzen zur Überprüfung verwendet werden.

EB zu § 33:

Diese Bestimmung entspricht § 12 der 3. Derivate-Risikoberechnungs- und Meldeverordnung (BGBl. II Nr. 169/2008). Sie berücksichtigt die CESR's Guidelines CESR/07-044 zu Artikel 10 der Richtlinie 2007/16/EG. Die ausdrückliche Erwähnung in den Guidelines, dass eingebettete Derivate nicht zur Umgehung der Richtlinie eingesetzt werden dürfen, wird im Verordnungstext nicht angeführt, da der Einsatz derivativer Instrumente zu Umgehungszwecken generell zu unterlassen ist.

8. Hauptstück
Leerverkauf

§ 34. (1) Ist bei einem Derivat entweder automatisch oder auf Wunsch der Gegenpartei bei Fälligkeit oder Ausübung eine stückmäßige Lieferung des Basisinstruments vorgesehen und ist die stückmäßige Lieferung bei dem betreffenden Instrument üblich, dann muss das betreffende Basisinstrument zur Deckung im Fondsvermögen gehalten werden.

(2) Wird bei einem Derivat automatisch oder auf Wunsch der Verwaltungsgesellschaft ein Barausgleich vorgenommen, dann muss der OGAW das betreffende Basisinstrument nicht zur Deckung halten.

(3) Wird das in Abs. 2 genannte Basisinstrument nicht zur Deckung gehalten, so sind Barmittel und liquide Werte, welche jederzeit zum Ankauf des zu liefernden Basisinstruments eingesetzt werden können, zur Deckung zu halten. Als zulässige Deckung kommen unter anderem Barmittel und liquide Schuldtitel bei angemessenen Schutzmechanismen in Betracht. Es werden jene Instrumente als liquide betrachtet, die in weniger als sieben Bankarbeitstagen zu einem Preis, der möglichst genau dem aktuellen Wert des Finanzinstruments an seinem eigenen Markt entspricht, zu Barmitteln gemacht werden können. Der entsprechende Barbetrag hat dem OGAW bei Fälligkeit oder Ausübung des Derivates zur Verfügung zu stehen.

(4) Die Verwaltungsgesellschaft muss sicherstellen, dass sie allen für Rechnung eines Sondervermögens eingegangenen, bedingten und unbedingten Liefer- und Zahlungsverpflichtungen aus Derivaten in vollem Umfang nachkommen kann.

EB zu § 34:

Diese Bestimmung entspricht § 13 der 3. Derivate-Risikoberechnungs- und Meldeverordnung (BGBl. II Nr. 169/2008). Sie ist von der Verordnungsermächtigung aus § 87 Abs. 3 InvFG 2011 umfasst.

Entsprechend der Empfehlung der Europäischen Kommission zum Einsatz derivativer Finanzinstrumente bei Organismen für gemeinsame Anlagen in Wertpapieren (OGAW), die in ABl. L 144 vom 30.04.2004, S. 35, veröffentlicht wurde, werden daher die für Derivate geltenden Anforderungen im Rahmen des Leerverkaufs von Veranlagungsinstrumenten spezifiziert.

9. Hauptstück
Berichtspflichten

§ 35. Die Berichte gemäß § 14 Abs. 4 Z 2 InvFG 2011 sind dem Aufsichtsrat schriftlich, vollumfänglich, nachweislich und zumindest quartalsweise zu erstatten. Der Geschäftsleitung sind die Berichte gemäß § 14 Abs. 4 InvFG 2011 in gleichem Umfang und in gleicher Form zumindest monatsweise, anlassfallbezogen unverzüglich, zu erstatten.

EB zu § 35:

Gemäß § 14 Abs. 5 InvFG 2011 kann die FMA durch Verordnung festlegen, in welchem Zeitrahmen, in welcher Form und in welchem Umfang Berichte an den Aufsichtsrat bzw. Geschäftsleitung zu übermitteln sind. Dies wird in § 35 festgelegt.

10. Hauptstück
Inkrafttreten und Außerkrafttreten

§ 36. (1) Diese Verordnung tritt mit 1. September 2011 in Kraft. Eine Meldung im Sinne dieser Verordnung ist erstmals mit Stichtag 31. Dezember 2011 zu erstatten.

(2) Die Verordnung der Finanzmarktaufsichtsbehörde über die Risikoberechnung und Meldung von Derivaten (3. Derivate-Risikoberechnungs- und Meldeverordnung), BGBl. II Nr. 169/2008, tritt mit Ablauf des 31. August 2011 außer Kraft.

Anlage 1

Einfache Derivate

A.1. Futures

A.1.1. Anleihenfuture:

Anzahl der Verträge * Kontraktgröße (notional contract size) * Marktwert der cheapest-todeliver (CTD)- Referenz-Anleihe

A.1.2. Zinsenfuture (Interest Rate Future):

Anzahl der Verträge * Kontraktgröße (notional contract size)

A.1.3. Währungsfuture (Currency Future):

Anzahl der Verträge * Kontraktgröße (notional contract size)

A.1.4. Aktienfuture:
Anzahl der Verträge * Kontraktgröße (notional contract size) * Marktwert der zugrundeliegenden Aktie
A.1.5. Indexfuture:
Anzahl der Verträge * Kontraktgröße (notional contract size) * Index Level
A.2. Plain Vanilla Optionen (gekaufte/verkaufte Puts und Calls)
A.2.1. Plain Vanilla Anleihenoption:
Vertragswert (notional contract value) * Marktwert der zugrundeliegenden Referenz-Anleihe * Delta
A.2.2. Plain Vanilla Aktienoption:
Anzahl der Verträge * Kontraktgröße (notional contract size) * Marktwert der zugrundeliegenden Aktie * Delta
A.2.3. Plain Vanilla Zinsoption:
Vertragswert (notional contract value) * Delta
A.2.4. Plain Vanilla Währungsoption:
Vertragswert der Währungspaare * Delta
A.2.5. Plain Vanilla Indexoption:
Anzahl der Verträge * Kontraktgröße (notional contract size) * Index Level * Delta
A.2.6. Plain Vanilla Optionen auf Futures:
Anzahl der Verträge * Kontraktgröße (notional contract size) * Marktwert der zugrundeliegenden Basiswerte * Delta
A.2.7. Plain Vanilla Swaption:
Referenz Swap Commitment Umrechnungswert (gemäß A.3.) * Delta
A.2.8. Optionsscheine und vergleichbare Rechte:
Anzahl der Aktien oder Anleihen * Marktwert der zugrundeliegenden Basiswerte * Delta
A.3. Swaps
A.3.1. Plain Vanilla Fixed/Floating Rate Zinsen und Inflation Swaps:
Marktwert des Basiswerts
A.3.2. Währungs-Swap:
Nominalwert der Währungskomponente(n)
A.3.3. Zins/WährungsSwaps:
Nominalwert der Währungskomponente(n) oder Währungspaare
A.3.4. Total Return Swap:
Marktwert des zugrundeliegenden Basiswerts
A.3.5. Non-Basic Total Return Swap (TRS):
Marktwert der beiden zugrundeliegenden Komponenten des TRS
A.3.6. Single Name Credit Default Swap:
Protection Seller: Den höheren Wert des Marktwerts des zugrundeliegenden Basiswerts oder des Nominalwerts des Credit Defaults Swap Protection Buyer: Marktwert des zugrundeliegenden Basiswerts
A.3.7. Contract for Differences:
Anzahl der Aktien oder Anleihen * Marktwert des zugrundeliegenden Basiswerts
A.4. Forwards
A.4.1. FX Forwards:
Nominalwert der Währungskomponente(n)
A.4.2. Forward Rate Agreement:
Nominalwert

A.5. Leveraged Exposure betreffend Indizes oder Indizes mit eingebettetem Leverage:
Ein Derivat, das ein gehebeltes Exposure zu einem Index besitzt und ein Index mit eingebautem Hebel müssen die jeweils zutreffenden Commitment-Umrechnungsformeln für die zugrundeliegenden Basiswerte verwenden.

Eingebettete Derivate

B.1. Wandelanleihe:
Anzahl der betreffenden Aktien * Marktwert der zugrundeliegenden bezugnehmenden Aktien * Delta

B.2. Credit Linked Notes:
Marktwert der zugrundeliegenden Basiswerte

B.3. Teilweise eingezahlte Wertpapiere
Anzahl der Aktien oder Anleihen * Marktwert der zugrundliegenden Vermögensgegenstände

Exotische Derivate

C.1. Variance Swaps:
Variance Notional * (current) Variancet
Variance Notional * min [(current) Variancet; volatility cap2]
bei

$$\text{Variance Notional} = \frac{\text{Vega Notional}}{2xStrike}$$

C.2. Volatility Swaps:
Vega Notional * Volatilityt
Vega Notional * min [(current) Volatilityt oder volatility cap]

C.3. Barrier Option:
Anzahl der Verträge * fiktive Kontraktgröße (notional contract size) * Marktwert der zugrundeliegenden Aktie * max Delta

Anlage 2

Duration-Netting

Zuordnung jedes Zinsderivats zu der entsprechenden Bandbreite („Bucket“) der nachfolgend angeführten Laufzeittabelle:

Bucket	Laufzeit
1	0–2 Jahre
2	2–7 Jahre
3	7–15 Jahre
4	>15 Jahre

Die Berechnung des gleichwertigen Basiswerts des Zinsderivats erfolgt durch das Dividieren der Duration des Zinsderivats durch die Ziel-Duration des OGAW (unter üblichen Marktbedingungen) multipliziert mit dem Marktwert des Basiswerts:

$$\text{Gleichwertiger Basiswert} = \frac{\text{Duration Zinsderivat}}{\text{Duration des OGAW}} * \text{Marktwert}$$

Die Zusammenrechnung der gleichwertigen Long- und Short-Basiswertpositionen innerhalb der jeweiligen Bandbreite („Bucket“), ergibt die genettete Position für den jeweiligen „Bucket“.

Zusammenrechnung der übrigen nicht genetteten Long- (oder Short-) Positionen“ in „Bucket“ (i) mit den übrigen Short- (Long-) Positionen in „Bucket“ (i+1).

Zusammenrechnung der übrigen nicht genetteten Long- (oder Short-) Positionen“ in „Bucket“ (i) mit den übrigen Short- (Long-) Positionen in „Bucket“ (i+2).

Berechnung der genetteten Summe zwischen den Positionen (Long und Short) der zwei entferntesten Buckets.

Der OGAW berechnet sein Gesamtrisiko aus der Summe aus:

1. 0 vH der genetteten Positionen für jeden einzelnen Bucket;
2. 40 vH der genetteten Positionen zwischen zwei angrenzenden Buckets (i) und (i+1);
3. 75 vH der genetteten Positionen zwischen Buckets (i) und (i+2);
4. 100 vH der genetteten Positionen zwischen den zwei entferntesten Buckets;
5. 100 vH der übrigen nicht genetteten Positionen.

Derivate-Meldesystemverordnung

BGBl. II Nr. 239/2005

Verordnung der Finanzmarktaufsichtsbehörde (FMA) über die Art der elektronischen Übermittlung der Meldung von Derivaten (Derivate-Meldesystemverordnung)

Auf Grund des § 21 Abs. 2 des Investmentfondsgesetzes – InvFG 1993, BGBl. Nr. 532 Art. II, zuletzt geändert durch das Bundesgesetz BGBl. I Nr. 78/2005, wird verordnet:

Übertragungsweg

§ 1. Die Kapitalanlagegesellschaften haben die Meldesätze gemäß der 2. Derivate-Risikoberechnungs- und Meldeverordnung, BGBl. II Nr. 238/2005, an die E-Mail Adresse „derivate@fma.gv.at" zu übermitteln.

Verfahrensablauf

§ 2. Bei der Übernahme der Meldesätze durch die FMA erfolgt keine Empfangsbestätigung. Bei falschen Meldungen wird die Meldedatei an die Kapitalanlagegesellschaft zurückgesandt. Zu diesem Zweck ist der FMA spätestens bis zum 30. September 2005 eine E-Mail Adresse bekannt zu geben. Änderungen dieser Adresse sind unverzüglich mitzuteilen.

Meldeformat

§ 3. (1) Die Meldesätze sind im Comma Separated Values (CSV) – Format mit einem Strichpunkt als Listentrennzeichen an die in § 1 genannte E-Mail Adresse zu übermitteln. Die gesamte Meldung einer Kapitalanlagegesellschaft hat in einem File zu erfolgen. In der ersten Zeile des Meldefiles ist der Name und die Bankleitzahl der Kapitalanlagegesellschaft, getrennt durch einen Strichpunkt wie folgt zu melden:

1. Name der Kapitalanlagegesellschaft, max. 150 Stellen, alphanumerisch;
2. Bankleitzahl der Kapitalanlagegesellschaft, max. 5 Stellen, numerisch;

(2) Für jeden Fonds ist eine eigene Meldezeile zu verwenden. In dieser Meldezeile sind folgende Daten in der vorgegebenen Reihenfolge anzugeben:

1. Angaben Securities Identification Number (ISIN) des Fonds, max. 12 Zeichen, alphanumerisch;
2. Name des Fonds, max. 100 Zeichen, alphanumerisch;
3. Risikoangabe in Prozent, max. 3 Stellen, numerisch;
4. Zusätzliche Anwendung des VaR-Approach, eine Stelle, „J"/„j" bzw. „N"/„n";
5. Anwendung des relativen VaR-Approach, eine Stelle, „J"/„j" bzw. „N"/„n";
6. Anwendung des absoluten VaR-Approach, eine Stelle, „J"/„j" bzw. „N"/„n";
7. Besonderen Anlagegrenzen laut Fondsbestimmungen, max. 300 Stellen, alphanumerisch;
8. Arten der Derivate, eine Stelle, „J"/„j" bzw. „N"/„n", in der in Anlage 1 und Anlage 2 dargelegten Reihenfolge;

Trennzeichen zwischen den Feldern ist ein Strichpunkt. Am Ende jedes Fonds folgt ein Carrige Return/Line Feed (CRLF). Den Kapitalanlagegesellschaften steht eine Pretty Good Privacy (PGP) Verschlüsselung frei.

(3) Im Falle von Leermeldungen werden nur ISIN, Name des Fonds und Risikoangabe übermittelt. Bei Teilmeldungen können alle in Anlage 1 und Anlage 2 als „N/n“ bezeichneten Positionen ausgelassen werden.

In-Kraft-Treten

§ 4. Diese Verordnung tritt mit 10. August 2005 in Kraft und ist erstmals auf Meldungen zum 30. September 2005 anzuwenden.

Anlage 1

Arten der Derivate	**Derivate zur Absicherung**	**Derivate nicht zur Absicherung**
Underlying gemäß § 20 Abs. 2 InvFG 1993		
Long put	1	2
Short put	3	4
Long call	5	6
Short call	7	8
Long Future/Forward	9	10
Short Future/Forward	11	12
Equity Swap	13	14
Credit Default Swap	15	16
Long CFD (Contract for Difference)	17	18
Short CFD (Contract for Difference)	19	20
Underlying Index		
Long Put	21	22
Short Put	23	24
Long Call	25	26
Short Call	27	28
Long Future/Forward	29	30
Short Future/Forward	31	32
Long Call auf Indexfuture	33	34
Short Call auf Indexfuture	35	36
Long Put auf Indexfuture	37	38
Short Put auf Indexfuture	39	40
Indexswap	41	42
Equity Index Swap	43	44

Arten der Derivate	Derivate zur Absicherung	Derivate nicht zur Absicherung
Underlying Währungen (W)		
Long Put	45	46
Short Put	47	48
Long Call	49	50
Short Call	51	52
Long Future/Forward	53	54
Short Future/Forward	55	56
Währungsswap (CCS)	57	58
Swaption	59	60
Kauf Devisentermin-geschäft	61	62
Verkauf Devisentermin-geschäft	63	64
Long Call auf W-Future	65	66
Short Call auf W-Future	67	68
Long Pt auf W-Future	69	70
Short Put auf W-Future	71	72
Underlying Zinsen		
Long Future/Forward	73	74
Short Future/Forward	75	76
Long Call auf Future	77	78
Short Call auf Future	79	80
Long Put auf Future	81	82
Short Put auf Future	83	84
Kauf und Verkauf von Swap Notes (Future auf Swap)	85	86
Kauf FRA	87	88
Verkauf FRA	89	90

Arten der Derivate	Derivate zur Absicherung	Derivate nicht zur Absicherung
Underlying Zinsen		
Kauf Cap	91	92
Verkauf Cap	93	94
Kauf Floor	95	96
Verkauf Floor	97	98

Kauf Collar	99	100
Verkauf Collar	101	102
Receiver Swap	103	104
Payer Swap	105	106
Long Receiver Swaption	107	108
Short Receiver Swaption	109	110
Long Payer Swaption	111	112
Short Payer Swaption	113	114

Anlage 2

Arten der Derivate	**Derivate zur Absicherung**	**Derivate nicht zur Absicherung**
Compound Options	115	116
Barrier Options	117	118
Credit Spread Options	119	120
Basket Options	121	122
Asian Options	123	124
Digital Options	125	126
Quantos	127	128
Rainbow Options	129	130
Sonstige im Fondsvermögen befindliche Derivate	131	132

2.2.2. Geldmarktfondsverordnung – GMF-V

BGBl. II Nr. 262/2011

Verordnung der Finanzmarktaufsichtsbehörde (FMA) zur Festlegung der Kriterien betreffend die Definition, Bezeichnung, Veröffentlichungspflichten, Anlegerinformation und Anlagebeschränkungen von Geldmarktfonds und Geldmarktfonds mit kurzer Laufzeitstruktur (Geldmarktfondsverordnung – GMF-V)

Auf Grund des § 70 Abs. 5 Z 3 des Investmentfondsgesetzes 2011 – InvFG 2011, BGBl. I Nr. 77, wird verordnet:

Anwendungsbereich und Bezeichnung

§ 1. Organismen zur gemeinsamen Veranlagung in Wertpapieren (OGAW) sowie Alternative Investmentfonds (AIF) gemäß § 3 Abs. 2 Z 31 lit. a InvFG 2011, die sich als „Geldmarktfonds" oder „Geldmarktfonds mit kurzer Laufzeitstruktur" bezeichnen oder als solche vermarktet werden, unterliegen dieser Verordnung. Im Prospekt und im Kundeninformationsdokument (KID) ist anzugeben, ob der Investmentfonds ein „Geldmarktfonds" oder ein „Geldmarktfonds mit kurzer Laufzeitstruktur" ist.

EB zu § 1

Mit dieser Bestimmung wird der Anwendungsbereich konkretisiert, wobei Box 1 der CESR's Guidelines CESR/10-049 berücksichtigt wird.

Anlegerinformation

§ 2. Den Anlegern ist im Prospekt und im KID eine geeignete Information über das Risiko- und Renditeprofil eines Geldmarktfonds oder eines Geldmarktfonds mit kurzer Laufzeitstruktur zur Verfügung zu stellen, damit sich diese über die mit der Investmentstrategie verbundenen spezifischen Risiken ein fundiertes Urteil bilden können.

EB zu § 2

Mit dieser Bestimmung werden Anlegerinformationen, die im Prospekt und Kundeninformationsdokument (KID) eines Geldmarktfonds bzw. Geldmarktfonds mit verkürzter Laufzeit aufzunehmen sind, festgelegt. Betreffend die „spezifischen Risiken" wird zum Beispiel bei einem Geldmarktfonds gemäß § 4 auf die gegenüber einem Geldmarktfonds mit kurzer Laufzeitstruktur gemäß § 3 längere gewichtete durchschnittliche Fälligkeit (WAM) und Restlaufzeit hinzuweisen sein. Ebenso wird bei beiden Typen ein etwaiges Investment in innovative Assetklassen oder Finanzinstrumente und Strategien mit unüblichen Risiko- und Ertragsprofilen zu berücksichtigen sein.

Geldmarktfonds mit kurzer Laufzeitstruktur

§ 3. (1) Ein Geldmarktfonds mit kurzer Laufzeitstruktur hat als Hauptanlageziel die Kapitalerhaltung und strebt Erträge in Höhe der Geldmarktzinsen an. Diese Investmentfonds veranlagen in Geldmarktinstrumente gemäß § 3 Abs. 2 Z 14 InvFG 2011 sowie in Sichteinlagen oder kündbare Einlagen gemäß § 72 InvFG 2011. AIF gemäß § 3 Abs. 2 Z 31 lit. a InvFG 2011 haben sicherzustellen, dass die Bewertung der Liquidität des Fondsvermögens sowie die Bewertung des Fondsvermögens nach gleichwertigen Regeln erfolgen.

(2) Es ist sicherzustellen, dass die Geldmarktinstrumente von hoher Qualität sind. Diese ist von der Verwaltungsgesellschaft insbesondere anhand folgender Kriterien zu bestimmen:

a) Die Kreditqualität des Geldmarktinstruments;
b) die Art der Veranlagungsklasse;
c) für strukturierte Finanzprodukte: das operationelle Risiko und das Gegenpartei-Risiko, die den Geschäftsabläufen mit strukturierten Finanzprodukten immanent sind, und
d) das Liquiditätsprofil.

Die Kreditqualität eines Geldmarktinstruments ist nicht von hoher Qualität, wenn es nicht von allen Rating-Agenturen, die dieses Instrument bewertet haben, mit einem von den zwei höchsten Kurzfrist-Kreditratings bewertet wurde und diese Ratings nach Art. 4 der Verordnung (EG) Nr. 1060/2009 über Rating-Agenturen verwendet werden können. Liegt kein Rating vor, so ist eine gleichwertige Qualität dann gegeben, wenn die Verwaltungsgesellschaft diese durch Anwendung interner Rating-Verfahren beurteilt.

(3) Die Veranlagung ist auf Wertpapiere mit einer Restlaufzeit von bis zu 397 Tagen bis zum rechtlichen Tilgungszeitpunkt zu beschränken.

(4) Es hat eine tägliche Berechnung des Nettovermögenswertes und des Ausgabe- und Rücknahmepreises sowie eine tägliche Ausgabe und Rücknahme von Anteilscheinen zu erfolgen.

(5) Es ist sicherzustellen, dass das Fondsvermögen eine gewichtete durchschnittliche Fälligkeit (Weighted Average Maturity, WAM) von nicht mehr als 60 Tagen und eine gewichtete durchschnittliche Restlaufzeit (Weighted Average Life, WAL) von nicht mehr als 120 Tagen aufweist.

a) Die gewichtete durchschnittliche Fälligkeit (WAM) ist die gewichtete durchschnittliche Zeit bis zur Fälligkeit der in einem Investmentfonds enthaltenen Geldmarktinstrumente, unter der Annahme, dass diese Fälligkeit bei einem Finanzinstrument mit variablem Zinssatz die Zeitspanne bis zur nächsten Anpassung an den Geldmarktzinssatz ist und nicht jene bis zur Kapitaltilgung.
b) Die gewichtete durchschnittliche Restlaufzeit (WAL) ist die gewichtete durchschnittliche rechtliche Restlaufzeit der Geldmarktinstrumente eines Investmentfonds bis zum Kapitaltilgungszeitpunkt.

(6) Ist in einem Finanzinstrument eine Verkaufsoption eingebettet, so kann der Tag der Ausübung der Option nur dann anstelle des Kapitaltilgungszeitpunktes verwendet werden, wenn nachstehende Bedingungen zu jeder Zeit erfüllt sind:

a) Die Verkaufsoption kann von der Verwaltungsgesellschaft zum Ausübungszeitpunkt uneingeschränkt ausgeübt werden;
b) der Ausübungspreis der Verkaufsoption ist nahe dem erwarteten Wert des Finanzinstruments zum nächsten Ausübungszeitpunkt;
c) die Veranlagungsstrategie des Investmentfonds impliziert eine hohe Wahrscheinlichkeit, dass die Verkaufsoption am nächsten Ausübungsdatum ausgeübt wird.

(7) Für die Berechnung der gewichteten durchschnittlichen Fälligkeit (WAM) und gewichteten durchschnittlichen rechtlichen Restlaufzeit (WAL) sind der Einfluss derivativer Finanzinstrumente, der Sichteinlagen und kündbaren Einlagen sowie effizienter Portfolioverwaltungstechniken gemäß §§ 83 und 84 InvFG 2011 zu berücksichtigen.

(8) Eine direkte oder indirekte Veranlagung in Aktien oder in Rohstoffe, auch über derivative Produkte, ist unzulässig. Derivative Produkte dürfen nur im Hinblick auf die Geldmarktfondsstrategie, Währungsderivate nur zur Absicherung des Währungsrisikos

eingesetzt werden. Veranlagungen in Wertpapiere, die nicht auf die Fondswährung lauten, sind zulässig, wenn das Währungsrisiko zur Gänze abgesichert wird.

(9) Die Veranlagung in andere Investmentfonds ist auf die Veranlagung in Geldmarktfonds mit kurzer Laufzeitstruktur zu beschränken.

EB zu § 3

Mit dieser Bestimmung werden die Kriterien und Vorgaben für einen Geldmarktfonds mit kurzer Laufzeitstruktur in Entsprechung von Box 2 der CESR's Guidelines CESR/10-049 konkretisiert, die zur Beurteilung der Frage des Vorliegens eines derartigen Investmentfonds heranzuziehen sind. Die in Abs. 2 genannten Kriterien sind demonstrativ zu verstehen, im Rahmen der Due Diligence-Prüfung können weitere Kriterien berücksichtigt werden. Unter Einhaltung der die Verwaltungsgesellschaft treffenden Sorgfaltspflichten gemäß § 30 InvFG 2011 sowie § 39 BWG kann im Sinne des letzten Satzes des Abs. 2 auch das Rating eines Emittenten herangezogen werden. Als Konsequenz der Finanzkrise wird auch festgehalten, dass das Rating eines Instruments per se im Rahmen der Beurteilung nicht übergewichtet werden darf. CESR verweist ergänzend auch auf die von IOSCO im Juli 2009 veröffentlichten „Good practices in relation to investment managers' due diligence when investing in structured finance instruments", die von den Verwaltungsgesellschaften berücksichtigt werden sollen. Der rechtliche Tilgungszeitpunkt ist determiniert durch die Anleihebestimmungen. Die Qualität der Geldmarktinstrumente ist dabei auf laufender Basis zu überwachen. Bei Bedarf sind unter Beachtung der Interessen der Anleger korrigierende Maßnahmen zu setzen. Die Settlementperiode für Geldmarktfonds sollte im Sinne einer „best practice" T+3 nicht überschreiten. Alle Risiken, die sich durch eine Veranlagung in Finanzinstrumente, die nicht auf die Fondswährung lauten, ergeben, müssen im Prospekt angemessen offengelegt werden, und falls sie wesentlich sind, auch im KID. Auf die generellen Risikomanagementvorschriften des 4. Abschnittes des 3. Hauptstück InvFG 2011 ist zu verweisen, die betreffend Geldmarktfonds die Erfassung und Beurteilung der speziellen Risiken vorsehen müssen sowie eine spezielle Expertise und Erfahrung der Manager verlangen.

Geldmarktfonds

§ 4. (1) Geldmarktfonds haben § 3 Abs. 1, 2, 4 sowie 6 bis 8 einzuhalten. Entgegen § 3 Abs. 2 kann ein Geldmarktfonds jedoch auch Anleihen gemäß Abs. 2 halten, die zumindest ein „investment grade"-Rating aufweisen.

(2) Anleihen im Sinne dieser Bestimmung sind Geldmarktinstrumente, die von einer zentralstaatlichen, regionalen oder lokalen Gebietskörperschaft oder der Zentralbank eines Mitgliedstaates, der Europäischen Zentralbank, der Europäischen Union oder der Europäischen Investitionsbank begeben oder garantiert werden.

(3) Die Veranlagung ist auf Wertpapiere mit einer Restlaufzeit von bis zu zwei Jahren bis zur rechtlichen Kapitaltilgung zu beschränken, wobei der Zeitraum bis zur nächsten Zinsanpassung maximal 397 Tage betragen darf. Wertpapiere mit variablem Zinssatz müssen sich an einer Geldmarktrate oder einem anerkannten Geldmarktindex orientieren.

(4) Es ist sicherzustellen, dass das Fondsvermögen eine gewichtete durchschnittliche Fälligkeit (WAM) von nicht mehr als sechs Monaten und eine gewichtete durchschnittliche rechtliche Restlaufzeit (WAL) von nicht mehr als zwölf Monaten aufweist.

(5) Die Veranlagung in andere Investmentfonds ist auf Geldmarktfonds mit kurzer

Laufzeitstruktur gemäß § 3 oder Geldmarktfonds im Sinne dieser Bestimmung zu beschränken.

EB zu § 4

Mit dieser Bestimmung werden zum Teil unter Verweis auf § 3 die Kriterien und Vorgaben für einen Geldmarktfonds in Entsprechung von Box 3 der CESR's Guidelines CESR/10-049 konkretisiert, die zur Beurteilung der Frage des Vorliegens eines derartigen Investmentfonds heranzuziehen sind. Ein solcher Geldmarktfonds gemäß § 4 unterscheidet sich von jenem gemäß § 3 durch die längere gewichtete durchschnittliche Fälligkeit (Weighted Average Maturity, WAM) und durch die längere gewichtete durchschnittliche Restlaufzeit (Weighted Average Life, WAL) und darf daher auch in bestimmte Wertpapiere, die von ausdrücklich genannten Stellen begeben oder garantiert werden, investieren. § 4 Abs. 2 bewirkt eine Erweiterung für Geldmarktfonds im Vergleich zu Geldmarktfonds mit kurzer Laufzeitstruktur, da die in diesem Absatz genannten Geldmarktinstrumente im Vergleich zu den in § 3 Abs. 2 genannten Kriterien nur ein „investment grade"-Rating aufzuweisen haben.

Inkrafttreten

§ 5. Diese Verordnung tritt am 1. September 2011 in Kraft. Geldmarktfonds und Geldmarktfonds mit kurzer Laufzeitstruktur, die ab dem 1. September 2011 bewilligt werden, haben diese Verordnung einzuhalten. Geldmarktfonds, die vor dem 1. September 2011 bewilligt wurden, haben ab diesem Datum § 2 einzuhalten, § 3 oder § 4 für Veranlagungen, die ab 1. September 2011 vorgenommen werden; für Veranlagungen, die vor dem 1. September erfolgten, haben sie § 3 oder § 4 bis 31. Dezember 2011 zu erfüllen.

EB zu § 5

Mit dieser Bestimmung werden in Entsprechung von Box 4 der CESR's Guidelines CESR/10-049 der zeitliche Anwendungsbereich sowie die Übergangsbestimmungen dieser Verordnung konkretisiert.

2.2.3. Informationen- und Gleichwertigkeitsfestlegungsverordnung – IG-FestV

BGBl. II Nr. 168/2008 idF

1 BGBl. II Nr. 268/2011

Verordnung der Finanzmarktaufsichtsbehörde (FMA) zur Festlegung der angemessenen Informationen, sowie der Kriterien zur Beurteilung der Gleichwertigkeit von Aufsichtsbestimmungen und des Schutzniveaus der Anteilinhaber bei Veranlagungsvorschriften (Informationen- und Gleichwertigkeitsfestlegungsverordnung – IG-FestV)

Auf Grund des § 20 Abs. 9 Z 1 und 2 sowie des § 20 Abs. 3 Z 8c lit. b des Investmentfondsgesetzes – InvFG 1993, BGBl. Nr. 532, zuletzt geändert durch das Bundesgesetz BGBl. I Nr. 69/2008, wird verordnet:

Angemessene Informationen

§ 1. (1) Im Falle von Geldmarktinstrumenten gemäß § 70 Abs. 4 Z 2 und 4 InvFG 2011 sowie im Falle von Geldmarktinstrumenten, welche von einer regionalen oder lokalen Körperschaft eines Mitgliedstaates oder von einer internationalen öffentlich-rechtlichen Einrichtung begeben, aber weder von einem Mitgliedstaat noch, sofern dieser ein Bundesstaat ist, von einem Gliedstaat der Föderation garantiert werden, umfassen die in § 70 Abs. 4 InvFG 2011 angeführten „angemessene Informationen“

1. Informationen sowohl über die Emission und das Emissionsprogramm als auch über die rechtliche und finanzielle Situation des Emittenten vor der Emission des Geldmarktinstruments;
2. Aktualisierungen der unter Z 1 genannten Informationen in regelmäßigen, zumindest jährlichen Abständen und bei signifikanten Begebenheiten;
3. eine Prüfung der unter Z 1 genannten Informationen durch entsprechend qualifizierte und von Weisungen des Emittenten unabhängige Dritte, welche auf die Überprüfung von rechtlichen oder wirtschaftlichen Dokumentationen spezialisiert sind und berufliche Integrität aufweisen;
4. verfügbare und verlässliche Statistiken über die Emission und das Emissionsprogramm.

(2) Im Falle von Geldmarktinstrumenten gemäß § 70 Abs. 4 Z 3 InvFG 2011 umfassen die in § 70 Abs. 4 InvFG 2011 angeführten „angemessenen Informationen“

1. Informationen über die Emission und das Emissionsprogramm oder über die rechtliche und finanzielle Situation des Emittenten vor der Emission des Geldmarktinstruments;
2. Aktualisierungen der unter Z 1 genannten Informationen in regelmäßigen Abständen und bei signifikanten Begebenheiten;
3. verfügbare und verlässliche Statistiken über die Emission und das Emissionsprogramm oder anderer Daten, die eine angemessene Bewertung der mit der Anlage in derartige Instrumente verbundenen Kreditrisiken ermöglichen.

(3) Bei sämtlichen Geldmarktinstrumenten im Sinne von § 70 Abs. 4 Z 1 InvFG 2011 mit Ausnahme der in Abs. 1 genannten Instrumente und von der Europäischen Zentralbank oder einer Zentralbank eines Mitgliedstaats begebenen Instrumente umfassen die angemessenen Informationen im Sinne von § 70 Abs. 4 InvFG 2011 Informationen über die Emission und das Emissionsprogramm oder über die rechtliche und finanzielle Situation des Emittenten vor der Emission des Geldmarktinstruments.

Gleichwertigkeit von Aufsichtsbestimmungen

§ 2. Als Institute, die Aufsichtsbestimmungen unterliegen oder einhalten, die im Sinne des § 70 Abs. 4 Z 3 InvFG 2011 mindestens so streng sind wie die des Gemeinschaftsrechts, gelten Emittenten, die Aufsichtsbestimmungen unterliegen und einhalten und eines der nachstehenden Kriterien erfüllen:

1. Der Emittent hat seinen Sitz im Europäischen Wirtschaftsraum;
2. er unterhält seinen Sitz in einem zur Zehnergruppe gehörenden OECD-Land;
3. der Emittent verfügt mindestens über ein Investment-Grade-Rating;
4. mittels einer eingehenden Analyse des Emittenten kann nachgewiesen werden, dass die für ihn geltenden Aufsichtsbestimmungen mindestens so streng sind wie die des Gemeinschaftsrechts.

Gleichwertigkeit des Schutzniveaus der Anteilinhaber

§ 3. Die Gleichwertigkeit des Schutzniveaus der Anteilinhaber gemäß § 71 Abs. 2 Z 2 InvFG 2011 ist anhand folgender Kriterien zu beurteilen:

1. Regeln, die die Unabhängigkeit der Verwaltungsgesellschaft und die Verwaltung im ausschließlichen Interesse des Anteilinhabers sicherstellen,
2. die Existenz eines unabhängigen Verwahrers mit ähnlichen Aufgaben und ähnlicher Verantwortung im Hinblick auf Verwahrung und Überwachung; wenn eine unabhängige Verwahrung des Fondsvermögens nicht vom lokalen Recht gefordert wird, kann eine stabile Governance Struktur eine Alternative bieten,
3. Verfügbarkeit von Preisinformationen und Berichtspflichten,
4. Rücknahmemodalitäten und -häufigkeit,
5. Beschränkungen im Hinblick auf den Handel mit verbundenen Unternehmen,
6. der Umfang der Vermögenstrennung und
7. lokale Anforderungen im Hinblick auf Entlehnung, Verleihung und auf Leerverkäufe von Wertpapieren und Geldmarktinstrumenten des Fonds.

Inkrafttreten

§ 4. (1) Diese Verordnung tritt mit Ablauf des Tages ihrer Kundmachung in Kraft.

(2) § 1 Abs. 1 bis 3, §§ 2 und 3 in der Fassung der Verordnung BGBl. II Nr. 268/2011 treten am 1. September 2011 in Kraft.

2.2.4. KID-V

BGBl. II Nr. 265/2011

Verordnung der Finanzmarktaufsichtsbehörde (FMA) über das Kundeninformationsdokument (KID-V)

Auf Grund des § 134 Abs. 4 des Investmentfondsgesetzes 2011 – InvFG 2011, BGBl. I Nr. 77, wird verordnet:

1. Abschnitt
Anwendungsbereich

§ 1. Für jeden Organismus zur gemeinsamen Veranlagung in Wertpapieren (OGAW, § 2 Abs. 1 InvFG 2011) und für jede Umbrella-Konstruktion (§ 47 Abs. 1 InvFG 2011), die erst nach Ablauf des 31. August 2011 bewilligt werden, muss die Verwaltungsgesellschaft ein Kundeninformationsdokument (KID) gemäß dieser Verordnung zur Verfügung stellen. Die Vorschriften für OGAW in dieser Verordnung sind auf andere Sondervermögen anwendbar, wenn auf diese anderen Sondervermögen die Vorschriften des 2. Teils des Investmentfondsgesetzes 2011 anwendbar sind.

EB zu § 1 Abs. 1:

Entspricht den europäischen Gepflogenheiten aus der Box 2 Z 2 der CESR Guidelines CESR/10-1319.

2. Abschnitt
Synthetischer Risiko- und Ertragsindikator

§ 2. (1) Der synthetische Risiko- und Ertragsindikator (synthetic risk and reward indicator – SRRI) basiert auf der Volatilität des OGAW.

(2) Die Volatilität wird anhand der vergangenen wöchentlichen Renditen des OGAW oder, sofern dies nicht möglich ist, anhand dessen monatlichen Renditen errechnet.

(3) Die Renditen der letzten fünf Jahre sind für die Berechnung der Volatilität maßgeblich. Im Falle einer Ausschüttung von Erträgen sind die betreffenden Erträgnisse und Dividendenzahlungen zu berücksichtigen.

EB zu § 2 Abs. 1:

Entspricht den europäischen Gepflogenheiten aus der Box 1 Z 1 der CESR Guidelines CESR/10-673.

EB zu § 2 Abs. 2:

Entspricht den europäischen Gepflogenheiten aus der Box 1 Z 2 der CESR Guidelines CESR/10-673.

EB zu § 2 Abs. 3:

Entspricht den europäischen Gepflogenheiten aus der Box 1 Z 3 der CESR Guidelines CESR/10-673.

§ 3. (1) Die Volatilität des OGAW ist zu errechnen und anschließend auf eine jährliche Bemessungsgrundlage zu skalieren. Die Formel hierfür lautet:

$$Volatilität = \sigma_f = \sqrt{\frac{m}{T-1}\sum_{t=1}^{T}(r_{f,t} - \bar{r}_f)^2}$$

wobei:

- $r_{f,t}$ die Renditen des OGAW über
- T nicht-überlappende Perioden für eine Laufzeit von
- $1/m$-Jahren gerechnet wird.

Dies bedeutet $m=52$ und $T=260$ für wöchentliche Renditen und $m=12$ und $T=60$ für monatliche Renditen, wobei:

- $\bar{r}_f$ das arithmetische Mittel der Renditen des OGAW für
- T Perioden darstellt:

$$\bar{r}_f = \frac{1}{T}\sum_{t=1}^{T} r_{f,t}$$

(2) Der SRRI entspricht einer Zahl, die je nach der Volatilität des OGAW Werte von 1 bis 7 gemäß dem in Anlage A niedergelegten Raster annehmen kann.

EB zu § 3 Abs. 1:

Entspricht den europäischen Gepflogenheiten aus der Box 1 Z 4 der CESR Guidelines CESR/10-673.

EB zu § 3 Abs. 2:

Entspricht den europäischen Gepflogenheiten aus der Box 1 Z 5 der CESR Guidelines CESR/10-673.

§ 4. Die Verwaltungsgesellschaft hat den SRRI des OGAW im Einklang mit ihren internen Regeln und Verfahren zur Risikomessung zu errechnen und laufend die Überwachung einer korrekten und einheitlichen Anwendung dieses Prozesses sicherzustellen.

EB zu § 4:

Entspricht den europäischen Gepflogenheiten aus der Box 1 Z 7 der CESR Guidelines CESR/10-673.

§ 5. Die Berechnung des SRRI des OGAW sowie deren laufende Überprüfung müssen ausreichend dokumentiert sein. Die Verwaltungsgesellschaft hat die betreffenden Unterlagen für einen Zeitraum von mindestens fünf Jahren aufzubewahren. Im Falle eines strukturierten Fonds gemäß § 17 verlängert sich dieser Zeitraum um weitere fünf Jahre nach Ablauf der empfohlenen Halteperiode.

EB zu § 5:

Entspricht den europäischen Gepflogenheiten aus der Box 1 Z 8 der CESR Guidelines CESR/10-673.

Volatilitätsintervalle

§ 6. Der SRRI des OGAW wird über die annualisierten Volatilitätsintervalle anhand des Rasters gemäß Anlage A ermittelt. Dieses Raster zeigt die verschiedenen Volatilitätsintervalle, die das ansteigende Risikoausmaß und damit die Position auf der Risikoskala widerspiegeln.

EB zu § 6:

Entspricht den europäischen Gepflogenheiten aus der Box 2 Z 1 und 2 der CESR Guidelines CESR/10-673.

Aktualisierungen

§ 7. Jede wesentliche Änderung des Risiko- und Ertragsprofils des OGAW muss eine unverzügliche Aktualisierung des KID zur Folge haben.

EB zu § 7:

Entspricht den europäischen Gepflogenheiten aus der Box 3 Z 1 der CESR Guidelines CESR/10-673.

§ 8. (1) Der SRRI ist zu aktualisieren, sobald die entsprechende Volatilität des OGAW nicht mehr der letzten Risikokategorie der vorangegangenen vier Monate, basierend auf wöchentlichen oder monatlichen Bezugspunkten, entspricht. Eine neue Einstufung ist vorzunehmen, sofern der OGAW im genannten Zeitraum in mindestens zwei Kategorien gefallen ist. In diesem Fall ist in jene Risikokategorie einzustufen, auf die die Mehrheit der Bezugspunkte entfällt.

(2) Der SRRI muss jedenfalls dann aktualisiert werden, wenn auf Grundlage einer Entscheidung der Verwaltungsgesellschaft die Anlageziele oder -strategie des OGAW geändert werden. In diesem Fall gilt die Änderung des SRRI als Neuklassifizierung des OGAW und ist diese gemäß den dafür geltenden Regelungen durchzuführen.

EB zu § 8 Abs. 1:

Entspricht den europäischen Gepflogenheiten aus der Box 3 Z 2 und Z 3 der CESR Guidelines CESR/10-673.

EB zu § 8 Abs. 2:

Entspricht den europäischen Gepflogenheiten aus der Box 3 Z 4 der CESR Guidelines CESR/10-673.

Themenfonds

§ 9. Themenfonds sind OGAW, die gemäß ihren Anlagezielen und -strategien ein bestimmtes Risiko- und Ertragsprofil von vorher festgelegten Segmenten des Kapitalmarktes abbilden.

EB zu § 9:

Entspricht den europäischen Gepflogenheiten aus der Box 4 Z 1 der CESR Guidelines CESR/10-673.

§ 10. Für Themenfonds, bei denen keine vollständigen Vergangenheitsdaten über ihre Renditen gemäß §§ 2 bis 5 vorliegen, ist die Berechnung des SRRI gemäß nachfolgenden Schritten zu berichtigen:

1. Es sind die entsprechenden, verfügbaren Vergangenheitsdaten der Renditen des OGAW heranzuziehen.
2. Das dem OGAW entsprechende und repräsentative Modellportfolio, das Zielportfolio oder die Benchmark ist festzulegen.

3. Es sind die Renditen des repräsentativen Modellportfolios, des Zielportfolios oder der Benchmark des OGAW von Beginn der Beobachtungsperiode bis zu jenem Zeitpunkt zu berechnen, an dem die tatsächlichen Renditen des OGAW verfügbar sind.
4. Die beiden Datenreihen der Renditen sind zu einer einzelnen Stichprobe zu verknüpfen.
5. Die annualisierte, historische Volatilität ist entsprechend der Formel gemäß § 3 Abs. 1 zu schätzen.

EB zu § 10:
Entspricht den europäischen Gepflogenheiten aus der Box 4 Z 2 der CESR Guidelines CESR/10-673.

Absolute Return-Fonds

§ 11. Absolute Return-Fonds sind OGAW, die gemäß ihren Anlagezielen und -strategien eine variable Zusammensetzung des Fondsvermögens über mehrere Anlageklassen bei gleichzeitiger Risikobegrenzung vorsehen.

EB zu § 11:
Entspricht den europäischen Gepflogenheiten aus der Box 5 Z 1 der CESR Guidelines CESR/10-673.

§ 12. (1) Die Berechnung des SRRI bei Absolute Return-Fonds geschieht wie folgt:
1. Sofern vollständige Vergangenheitsdaten der Renditen vorliegen, ist der jeweils höhere Wert
   a) der tatsächlichen, historischen und annualisierten Volatilität und
   b) der Volatilität, die im Einklang mit der Risikobegrenzung des OGAW steht,
   heranzuziehen.
2. Für jene OGAW, bei denen keine vollständigen Vergangenheitsdaten über ihre Renditen vorliegen, sowie für jene, die kürzlich ihre Anlageziele und -strategien geändert haben, ist die annualisierte Volatilität, die im Einklang mit der Risikobegrenzung des OGAW steht, heranzuziehen.

(2) Die Volatilität gemäß Abs. 1 Z 1 lit. b entspricht der Risikobegrenzung des OGAW, wenn diese
a) selbst das Risikoziel des OGAW darstellt oder
b) nach vorangegangener Umwandlung in eine Value-at-Risk (VaR)-Maßzahl durch Rückrechnung (Reverse Engineering) des VaR gemäß Anlage B unter der Annahme von Risikoneutralität ermittelt wurde.

EB zu § 12 Abs. 1:
Entspricht den europäischen Gepflogenheiten aus der Box 5 Z 2 der CESR Guidelines CESR/10-673.

EB zu § 12 Abs. 2:
Entspricht den europäischen Gepflogenheiten aus der Box 5 Z 3 der CESR Guidelines CESR/10-673.

Total Return-Fonds

§ 13. Total Return-Fonds sind OGAW, die gemäß ihren Anlagezielen und -strategien die Erzielung bestimmter Erträge durch die flexible Anlage in mehreren Anlageklassen vorsehen.

EB zu § 13:

Entspricht den europäischen Gepflogenheiten aus der Box 6 Z 1 der CESR Guidelines CESR/10-673.

§ 14. Die Berechnung des SRRI bei Total Return-Fonds geschieht wie folgt:

1. Sofern vollständige Vergangenheitsdaten der Renditen vorliegen, ist der jeweils höhere Wert
   a) der tatsächlichen, historischen und annualisierten Volatilität,
   b) der annualisierten Volatilitäten der Renditen jener Vermögenszusammensetzung, die im Einklang mit dem Referenzvermögen des OGAW zum Zeitpunkt der Berechnung steht, und
   c) der Volatilität gemäß § 12 Abs. 2, die mit der Risikobegrenzung des OGAW vereinbar und angemessen ist,

   heranzuziehen.
2. Für neu aufgelegte OGAW und jene, bei denen aufgrund einer Änderung der Anlagepolitik keine vollständigen Vergangenheitsdaten der Renditen in der jeweiligen Beobachtungsperiode vorliegen, ist der Maximalwert von Z 1 lit. b und c heranzuziehen.

EB zu § 14 Z 1 und 2:

Entspricht den europäischen Gepflogenheiten aus der Box 6 Z 2 der CESR Guidelines CESR/10-673.

Lebenszyklusfonds

§ 15. (1) Lebenszyklusfonds sind OGAW, die gemäß ihren Anlagezielen und -strategien eine schrittweise Umschichtung des Portfolios gegen Laufzeitende von risikobehafteten zu risikoarmen Wertpapieren gemäß vorher festgelegten Regeln vornehmen.

(2) Bei der Abbildung des SRRI im KID ist bei Lebenszyklusfonds an hervorgehobener Stelle ein Warnhinweis beizufügen, der den Anleger über die typischen Charakteristika eines solchen Fonds aufklärt.

EB zu § 15:

Entspricht den europäischen Gepflogenheiten aus der Box 7 Z 1 der CESR Guidelines CESR/10-673. Vgl. auch Erläuterungen zu § 17.

§ 16. Die Berechnung des SRRI bei Lebenszyklusfonds geschieht wie folgt:

1. Sofern die Vergangenheitsdaten der Renditen vollständig sind und der OGAW sein Zielportfolio nicht in der betreffenden Periode geändert hat, ist die tatsächliche historische Volatilität heranzuziehen.
2. Für neu aufgelegte OGAW, bei denen keine vollständigen Vergangenheitsdaten über ihre Renditen vorliegen, ist die Vorgehensweise wie folgt:
   a) Es sind die entsprechenden Vergangenheitsdaten der Renditen des OGAW heranzuziehen.
   b) Das dem OGAW entsprechende und repräsentative Modellportfolio, Zielportfolio oder eine Benchmark ist festzulegen und deren Renditen zu errechnen.
   c) Die beiden Datenreihen der Renditen sind zu einer einzelnen Stichprobe zu verknüpfen, damit die annualisierte Volatilität errechnet werden kann.

EB zu § 16:

Entspricht den europäischen Gepflogenheiten aus der Box 7 Z 2 der CESR Guidelines CESR/10-673.

Strukturierte Fonds

§ 17. (1) Strukturierte Fonds sind OGAW, die an ihre Anteilinhaber zu vorher festgelegten Terminen auf einem Algorithmus basierende Auszahlungen ausschütten, die an eine Wertentwicklung, eine Realisierung einer Preisänderung oder an andere Parameter von Finanzinstrumenten, Indices oder Vergleichsvermögen gebunden sind.

(2) Bei der Abbildung des SRRI im KID ist bei strukturierten Fonds an hervorgehobener Stelle ein Warnhinweis beizufügen, dass vorzeitige Rücknahmen eventuell nachteilig für den Anleger sein können.

EB zu § 17:

Entspricht den europäischen Gepflogenheiten aus der Box 8 Z 1 der CESR Guidelines CESR/10-673 und der Box 1 der CESR Guidelines CESR/10-1318.

Mit Charakteristika ist die in einem Lebenszyklusfonds innewohnende Anpassung der Veranlagung und dadurch dessen Risiko und Ertragsprofil gemeint.

§ 18. (1) Der SRRI für strukturierte Fonds wird unter Berücksichtigung der annualisierten Volatilität bei einem Konfidenzintervall von 99 vH berechnet.

(2) Die Volatilität auf Basis eines Konfidenzintervalls von 99 vH (99%iger VaR) bei Fälligkeit wird über eine historische Simulation der Renditen des OGAW wie folgt berechnet:

$$\ln(R_{fund}) \sim N\left(\left(rf_w - \frac{\sigma_w^2}{2}\right) * T : \sigma_w \sqrt{T}\right) : R_{fund} = \frac{NAV^T}{NAV_0}$$

wobei:
- T die Anzahl der Wochen der Halteperiode des OGAW darstellt, die gleichzeitig der verteilten Restlaufzeit nach ihrem Algorithmus gemäß ihrer Anlagepolitik entspricht;
- rf_w dem durchschnittlichen, wöchentlichen, risikofreien Zinssatz über die Haltedauer zum Zeitpunkt der Berechnung entspricht;
- σ_w die Volatilität der wöchentlichen logarithmierten Renditen des OGAW ist.

EB zu § 18 Abs. 1:

Entspricht den europäischen Gepflogenheiten aus der Box 8 Z 2 der CESR Guidelines CESR/10-673.

EB zu § 18 Abs. 2:

Entspricht den europäischen Gepflogenheiten aus der Box 8 Z 3 der CESR Guidelines CESR/10-673.

§ 19. Der VaR bei einem Konfidenzintervall von 99 vH eines strukturieren Fonds, dessen Auszahlungsprofil an die Performance eines im Vorhinein definierten Referenzwertpapiers oder -portfolios (nachfolgend Referenzindex genannt) gekoppelt ist, errechnet sich wie folgt:

1. Die maßgeblichen Änderungen des Referenzindex für jede einzelne T-Woche während der Haltedauer der vergangenen fünf Jahre sind festzulegen. Falls die Länge der Da-

tenreihen des Referenzindex nicht ausreicht, so kann eine historische Simulation gemäß § 10 herangezogen werden.

2. Die logarithmierten Renditen des OGAW bei Laufzeitende, die unter Z 1 ermittelt wurden und den maßgeblichen Änderungen des Referenzindex entsprechen, sind zu simulieren. Sofern die Formel eine Ausschüttung der Erträge berücksichtigt oder die Berücksichtigung erwarteter Ergebnisse – in Abhängigkeit nach dem Eintritt eines in der Simulation definierten Ereignisses – einräumt, so sind diese Auszahlungsprofile bei deren Fälligkeit (am Ende der Halteperiode) mit dem entsprechenden risikolosen Zinssatz zum Zeitpunkt der Simulation zu kapitalisieren.
3. Das 1%ige Perzentil der Verteilung der simulierten logarithmierten Renditen des OGAW, die unter Z 2 errechnet wurden, ist abzugrenzen. Dieses Perzentil, dessen Vorzeichen gemäß internationaler Standards zu ändern ist, stellt den historischen VaR des OGAW bei Laufzeitende mit einem Konfidenzintervall von 99 vH dar.
4. Sobald der 99%ige VaR errechnet wurde, ist dessen dazugehörige annualisierte Volatilität wie folgt zu berechnen:
   a) Der Parameter rfw als durchschnittlicher, wöchentlicher, risikofreier Zinssatz, der für die Haltedauer gilt, ist festzulegen. Dieser Zinssatz ist zu schätzen, falls er nicht direkt von der Zinsswap-Kurve ableitbar ist.
   b) Mittels Reverse Engineering des in dieser Bestimmung beschriebenen Modells sind die wöchentlichen Volatilitäten der Renditen (σ_w), die mit dem errechneten VaR einhergehen, gemäß Z 3 zu berechnen. Dies erfolgt, indem nachstehende Gleichung nach σ_w aufgelöst wird:

$$\text{VaR} = -\left(rf_w - \frac{\sigma_w^2}{2}\right) * T + 2{,}33 * \sigma_w * \sqrt{T}$$

5. Die Volatilität ist mittels Wurzel-Zeit-Formel ($\sigma_A = \sigma_W * \sqrt{52}$) zu annualisieren.

EB zu § 19:

Entspricht den europäischen Gepflogenheiten aus der Box 8 Z 4 der CESR Guidelines CESR/10-673.

§ 20. Die Verwendung einer historischen Beobachtungsperiode für die Berechnung des SRRI gemäß § 19 kann einen Schätzfehler aufgrund der Verschiebung des zugrundeliegenden Referenzindex während des Zeitraumes der Berechnung liefern. Der OGAW hat in diesem Fall das fünfstufige Verfahren gemäß § 19 insoweit abzuändern, um sicherstellen zu können, dass der SRRI das Risikoausmaß des OGAW angemessen widerspiegelt, damit eine etwaige Verschiebung kein statistisch verzerrtes Ergebnis liefert.

EB zu § 20:

Entspricht den europäischen Gepflogenheiten aus der Box 8 Z 5 der CESR Guidelines CESR/10-673.

Der Begriff „Drift Effect“ bezieht sich auf die Verschiebung.

3. Abschnitt
Kostendarstellung

§ 21. Die Verwaltungsgesellschaft des OGAW

1. ist für die Berechnung der laufenden Kosten und für deren richtige Angabe im KID verantwortlich;

2. hat Verfahren, die mit den in diesem Abschnitt dargestellten Methoden vereinbar sind, einzusetzen und diese angemessen zu dokumentieren;
3. hat über jede Berechnung Aufzeichnungen zu führen, die ab dem Zeitpunkt der letzten Verwendung jeder Fassung des KID für fünf Jahre aufzubewahren sind.

EB zu § 21:
Entspricht den europäischen Gepflogenheiten aus der Z 1 der CESR Guidelines CESR/10-674.

Definitionen der laufenden Kosten

§ 22. Der Begriff „laufende Kosten" umfasst Zahlungen aus dem Vermögen des OGAW, wenn derartige Abzüge durch Gesetz, Verordnung, die Fondsbestimmungen oder den Prospekt vorgesehen sind. Die Höhe der laufenden Kosten, die im KID auszuweisen sind, hat auf der Gesamtsumme aller Zahlungen im Vorjahr abzüglich der in § 24 angeführten Ausnahmen zu basieren.

EB zu § 22:
Entspricht den europäischen Gepflogenheiten aus der Z 2 der CESR Guidelines CESR/10-674.

§ 23. (1) Die laufenden Kosten beinhalten alle Arten von Kosten, die der OGAW zu tragen hat, unabhängig davon, ob es sich um Verwaltungsgebühren oder die Entlohnung von Personen handelt, die für den OGAW Leistungen erbringen. Diese Kosten können in unterschiedlicher Art und Weise dargestellt oder berechnet werden.

(2) Die folgende demonstrative Auflistung der laufenden Kosten, die aus dem Vermögen des OGAW entnommen werden, ist bei der Bekanntgabe der Höhe der laufenden Kosten zu berücksichtigen:
1. Alle Zahlungen an nachstehend genannte Personen einschließlich jener, die übertragene Aufgaben im Rahmen von Delegationen ausüben:
   a) Verwaltungsgesellschaft des OGAW,
   b) Depotbank,
   c) allfällige Anlageberater;
2. alle Zahlungen, die gegebenenfalls infolge von Auslagerungen anfallen;
3. Anmelde-, Aufsichts- oder ähnliche Gebühren;
4. Vergütung der Abschlussprüfer;
5. Vergütung für juristische und gewerbliche Berater;
6. jegliche Vertriebsgebühren.

EB zu § 23 Abs. 1:
Entspricht den europäischen Gepflogenheiten aus der Z 3 der CESR Guidelines CESR/10-674.
Die Kosten können beispielsweise als fixer Betrag oder im Verhältnis zum Vermögen dargestellt werden.
EB zu § 23 Abs. 2:
Entspricht den europäischen Gepflogenheiten aus der Z 4 der CESR Guidelines CESR/10-674.

§ 24. Nachfolgende Kosten und Zahlungen sind bei der Bekanntgabe der im KID auszuweisenden laufenden Kosten nicht zu berücksichtigen:

1. Ausgabeauf- und Rücknahmeabschläge, Vermittlungsprovisionen sowie weitere Kosten, die entweder direkt oder indirekt durch den Anleger getragen werden;
2. performanceabhängige Verwaltungsgebühren der Verwaltungsgesellschaft oder des Anlageberaters;
3. Kreditzinsen;
4. notwendige Zahlungen an Dritte, die im Zuge des Erwerbs oder der Veräußerung von Vermögenswerten des OGAW entstehen, unabhängig davon, ob diese explizit oder implizit anfallen;
5. Aufwendungen für das Halten von Derivaten;
6. der Wert von Waren oder Dienstleistungen, die die Verwaltungsgesellschaft oder jede andere mit ihr in Verbindung stehende Person im Gegenzug dafür erhält, dass Aufträge platziert werden (Soft Commissions oder ähnliche Vereinbarungen).

EB zu § 24:

Entspricht den europäischen Gepflogenheiten aus der Z 5 der CESR Guidelines CESR/10-674.

Explizite Kosten sind beispielsweise Maklergebühren, Steuern oder damit zusammenhängende Gebühren. Implizite Kosten sind jene, die aufgrund des Handels mit festverzinslichen Wertpapieren anfallen oder „Market Impact Costs“.

Z 5 bezieht sich auf „Margin Calls“.

§ 25. Der Ausschluss in § 24 Z 4 umfasst nicht:

1. Transaktionszahlungen an jegliche unter § 26 Z 1 oder Z 2 genannte Personen, bei welchen der Begünstigte dem OGAW nicht zugerechnet werden kann; all jene Beträge sind im veröffentlichten Betrag der laufenden Kosten zu berücksichtigen;
2. Anschaffungs- oder Veräußerungskosten für Anteilscheine anderer OGAW oder Alternativer Investmentfonds (AIF, § 3 Abs. 2 Z 31 InvFG 2011), die nachfolgend unter § 27 Z 6 berücksichtigt werden.

EB zu § 25:

Entspricht den europäischen Gepflogenheiten aus der Z 6 der CESR Guidelines CESR/10-674.

§ 26. In den Fällen, in denen eine Vereinbarung über eine vollständige oder teilweise Kostenaufteilung (Fee-Sharing Agreement) abgeschlossen wurde, wonach die Verwaltungsgesellschaft oder eine andere Partei für Verwaltungsgebühren aufkommt, die gewöhnlich in den laufenden Kosten ausgewiesen werden, gilt:

1. Jegliche Vergütung, die die Verwaltungsgesellschaft oder eine andere Person im Zuge einer Vereinbarung über eine Kostenaufteilung erhält, ist zu berücksichtigen und geht in die Gesamtsumme der laufenden Kosten ein.
2. Es ist nicht erforderlich, Gebühren, die in einer Vereinbarung über eine Kostenaufteilung geregelt werden und welche bereits in den laufenden Kosten beinhaltet sind, näher aufzuschlüsseln. In jenen Fällen, in denen der OGAW in Zielfonds investiert und eine entsprechende Vereinbarung über eine Kostenaufteilung zwischen der Verwaltungsgesellschaft des OGAW und dem Zielfonds oder dessen Verwaltungsgesellschaft existiert, sind solche Gebühren unter den laufenden Kosten zu berücksichtigen, sofern diese nicht bereits gemäß § 27 enthalten sind.

EB zu § 26 Z 1:

Entspricht den europäischen Gepflogenheiten aus der Z 7(a) der CESR Guidelines CESR/10-674.

EB zu § 26 Z 2:

Entspricht den europäischen Gepflogenheiten aus der Z 7(b) der CESR Guidelines CESR/10-674.

Jegliche Vergütung, die die Verwaltungsgesellschaft im Zuge eines Fee Sharing-Agreements erhält (wie beispielsweise Makler- sowie Transaktionsgebühren oder Kosten der Depotbank bei Erträgen aus Wertpapierleihen) ist zu berücksichtigen.

§ 27. Sofern der OGAW einen wesentlichen Teil seines Vermögens in Zielfonds investiert und demzufolge die erforderlichen Angaben gemäß § 131 Abs. 4 Z 7 InvFG 2011 zu veröffentlichen hat, sind dabei in den laufenden Kosten die laufenden Kosten des zugrundeliegenden Zielfonds zu berücksichtigen. Folgende Punkte sind in die Berechnung miteinzubeziehen:

1. Sofern der zugrundeliegende Zielfonds ein OGAW ist oder ein AIF, der sich an die Veröffentlichungspflichten des KID hält, werden die zuletzt verfügbaren laufenden Kosten verwendet. Dies können durch den Zielfonds oder seine Verwaltungsgesellschaft veröffentlichte Zahlen oder die von einem zuverlässigen Dritten berechneten Kosten sein, sofern diese aktueller als die veröffentlichten Kosten sind.
2. Sofern der zugrundeliegende Zielfonds von der Verwaltungsgesellschaft des betreffenden OGAW oder von einem verbundenen Unternehmen verwaltet wird (im Sinne der Definition des § 131 Abs. 4 Z 1 InvFG 2011) und nicht unter Z 1 fällt, hat die Verwaltungsgesellschaft eine bestmögliche Schätzung der laufenden Kosten nach Maßgabe dieser Verordnung durchzuführen.
3. Sofern der zugrundeliegende Zielfonds nicht unter Z 1 oder 2 fällt und keine Zahlenangaben über die laufenden Kosten veröffentlicht wurden, hat die Verwaltungsgesellschaft entweder andere veröffentlichte Angaben, sofern diese als angemessener Ersatz dienen, zu verwenden, oder bestmögliche Schätzungen des Höchstniveaus basierend auf dem aktuellen Prospekt und auf den veröffentlichten Berichten des Zielfonds vorzunehmen.
4. Für Zielfonds, die unter Z 3 fallen und deren Anteil weniger als 15 vH der Vermögenswerte des OGAW beträgt, ist es ausreichend, wenn die jährlichen, veröffentlichten Verwaltungsgebühren je Zielfonds anstelle eigener Schätzungen der laufenden Kosten verwendet werden.
5. Die Zahlenangaben über die laufenden Kosten sind in jenem Ausmaß zu reduzieren, in welchem eine Vereinbarung existiert, wonach der investierende OGAW eine Kostenrückerstattung durch den zugrundeliegenden Zielfonds erhält, und diese nicht bereits in der Gewinn- und Verlustrechnung berücksichtigt ist.
6. Sofern der OGAW Ausgabe- oder Rücknahmegebühren für den Erwerb oder die Rücknahme von Anteilscheinen eines Zielfonds bezahlt hat, ist der kumulierte Geldwert dieser Gebühren für die jeweilige Beobachtungsperiode heranzuziehen und bei der Berechnung der laufenden Gebühren zu berücksichtigen.

EB zu § 27 Z 1:

Entspricht den europäischen Gepflogenheiten aus der Z 8(a) der CESR Guidelines CESR/10-674.

EB zu § 27 Z 2:

Entspricht den europäischen Gepflogenheiten aus der Z 8(b) der CESR Guidelines CESR/10-674 unter Berücksichtigung von § 131 Abs. 4 Z 1 InvFG.

EB zu § 27 Z 3:

Entspricht den europäischen Gepflogenheiten aus der Z 8(c) der CESR Guidelines CESR/10-674.

Als Beispiel kann die Gesamtkostenquote, die von einer zuverlässigen Informationsquelle veröffentlicht wurde, angeführt werden.

EB zu § 27 Z 4:

Entspricht den europäischen Gepflogenheiten aus der Z 8(d) der CESR Guidelines CESR/10-674.

EB zu § 27 Z 5:

Entspricht den europäischen Gepflogenheiten aus der Z 8(e) der CESR Guidelines CESR/10-674.

EB zu § 27 Z 6:

Entspricht den europäischen Gepflogenheiten aus der Z 8(f) der CESR Guidelines CESR/10-674.

§ 28. Handelt es sich bei dem OGAW um eine Umbrella-Konstruktion, so sind die Teilfonds gesondert zu betrachten. Gebühren, die dem OGAW zurechenbar sind, sind recht und billig ihrem Anteil nach auf die Teilfonds zu verteilen.

EB zu § 28:

Entspricht den europäischen Gepflogenheiten aus der Z 9 der CESR Guidelines CESR/10-674.

Berechnung für bestehende OGAW

§ 29. (1) Die Kennzahl für die laufenden Kosten ist die Summe aller offenzulegenden Kosten geteilt durch das durchschnittliche Nettovermögen des OGAW. Das Ergebnis ist als Prozentzahl mit zwei Nachkommastellen anzugeben.

(2) Diese Kennzahl wird mindestens einmal jährlich im Nachhinein errechnet. Erscheint eine ex post-Betrachtung aufgrund einer wesentlichen Änderung ungeeignet, kann so lang ein Schätzwert verwendet werden, bis sich die wesentliche Änderung in verlässlichen ex post-Zahlen widerspiegelt.

(3) Der ex post-Wert wird auf Basis der letzten Kostenberechnung ausgewiesen, die die Verwaltungsgesellschaft berechtigterweise für angemessen erachtet. Diese Zahlenangabe kann, sofern ausreichend aktuell, auf den im letzten Jahres- oder Halbjahresbericht des OGAW angegebenen Kosten beruhen. Andernfalls ist eine vergleichbare Berechnung basierend auf den verrechneten Kosten der letzten zwölf Monate durchzuführen. Hierbei ist von einem Bruttobetrag der Kosten auszugehen.

(4) Sämtliche für frühere Perioden berechnete und angewendete Kennzahlen für die laufenden Kosten sind an jenem Ort zu veröffentlichen, der im KID als Bezugsquelle für weitere Informationen für die Anteilinhaber genannt ist.

EB zu § 29 Abs. 1:

Entspricht den europäischen Gepflogenheiten aus der Z 10 der CESR Guidelines CESR/10-674.

EB zu § 29 Abs. 2:

Entspricht den europäischen Gepflogenheiten aus der Z 11 der CESR Guidelines CESR/10-674.

Eine wesentliche Änderung stellt beispielsweise die Erhöhung der Verwaltungsgebühren dar.

EB zu § 29 Abs. 3:

Entspricht den europäischen Gepflogenheiten aus der Z 13 der CESR Guidelines CESR/10-674.

Der Bruttobetrag der Kosten umfasst den Betrag inklusive aller Steuern.

EB zu § 29 Abs. 4:

Entspricht den europäischen Gepflogenheiten aus der Z 16 der CESR Guidelines CESR/10-674.

Als Bezugsquelle für weitere Informationen wird üblicherweise die Website der Verwaltungsgesellschaft herangezogen.

§ 30. Die Berechnung ist für jede einzelne Anteilsgattung anzustellen. Dies gilt nicht für zwei oder mehrere gleichrangige (pari passu) Anteilsgattungen, bei denen ein einziger Berechnungsvorgang ausreicht.

EB zu § 30:

Entspricht den europäischen Gepflogenheiten aus der Z 12 der CESR Guidelines CESR/10-674.

§ 31. Das durchschnittliche Nettovermögen bezieht sich auf den gleichen Berichtszeitraum wie die Kosten und basiert auf den Angaben des Nettovermögens des OGAW anlässlich jeder Berechnung des Nettoinventarwertes.

EB zu § 31:

Entspricht den europäischen Gepflogenheiten aus der Z 14 der CESR Guidelines CESR/10-674.

Wenn der Nettoinventarwert täglich berechnet wird, so sind die Kosten in einem täglichen Berechnungsintervall darzustellen.

§ 32. Sofern die anteiligen Kosten des zugrundeliegenden Zielfonds berücksichtigt werden, ist Folgendes zu beachten:

1. Die laufenden Kosten – oder ein äquivalenter Betrag – jedes einzelnen Zielfonds sind gemäß ihrer Quote am Nettoinventarwert zum jeweiligen Stichtag darzustellen.
2. Diese anteilsmäßig berechneten Kosten sind mit den laufenden Kosten des OGAW zu einer einzelnen, gesamthaften Ziffer zusammenzufassen (synthetische Kennzahl für laufende Kosten).

EB zu § 32 Z 1:

Entspricht den europäischen Gepflogenheiten aus der Z 15(a) der CESR Guidelines CESR/10-674.

Die laufenden Kosten sind „anteilig“ zu bemessen.

EB zu § 32 Z 2:

Entspricht den europäischen Gepflogenheiten aus der Z 15(b) der CESR Guidelines CESR/10-674.

Berechnung für neu aufgelegte OGAW

§ 33. Grundsätzlich ist bei der Berechnung für einen neu aufgelegten OGAW die gleiche Vorgehensweise wie für eine ex post-Berechnung gemäß §§ 29 ff, mit folgenden Abweichungen, anzuwenden:
1. Die §§ 29 Abs. 3 und 31 sind nicht anzuwenden. Es sind Schätzwerte gemäß der Verordnung (EU) Nr. 583/2010 zu verwenden.
2. Sofern nach Ansicht der Verwaltungsgesellschaft die Darstellung von Zahlen mit zwei Nachkommastellen eine nicht vorliegende Genauigkeit vermittelt, ist die Anführung von einer Nachkommastelle ausreichend.
3. Sofern im Prospekt nichts Gegenteiliges erwähnt wird, kann angenommen werden, dass keine Rabatte oder Gebührenbefreiungen zum Vorteil des OGAW in Anspruch genommen werden.

EB zu § 33:
Entspricht den europäischen Gepflogenheiten aus der Z 17 der CESR Guidelines CESR/10-674.

§ 34. Die Verwaltungsgesellschaft stellt sicher, dass die Genauigkeit der geschätzten Zahlenangaben laufend überprüft wird, und legt fest, wann die Verwendung von ex post-Zahlen angemessener als entsprechende Schätzwerte ist. Spätestens zwölf Monate nach jenem Stichtag, an dem Anteilscheine erstmals in einem Mitgliedstaat zum Verkauf angeboten wurden, muss die Genauigkeit der Schätzwerte mittels Berechnung von ex post-Zahlenangaben überprüft werden.

EB zu § 34:
Entspricht den europäischen Gepflogenheiten aus der Z 18 der CESR Guidelines CESR/10-674.

Es ist davon auszugehen, dass der Stichtag („offered for sale“), an dem die Anteilscheine zum Verkauf angeboten werden, in der Regel mit dem Tag zusammenfällt, an dem die Anteilscheine zum Vertrieb zugelassen werden.

4. Abschnitt
Wertentwicklungen für strukturierte OGAW

Auswahlkriterien

§ 35. (1) Bei der Auswahl, Darstellung und Erklärung der Szenarien, die die Wertentwicklung von strukturierten OGAW gemäß § 17 unter verschiedenen Marktszenarien abbilden, hat die Verwaltungsgesellschaft sicherzustellen, dass die Informationen angemessen, eindeutig und nicht irreführend sind.

(2) Die Szenarien müssen veranschaulichen:
1. Die Funktionsweise der Formel unter Marktszenarien, die zu einem ungünstigen, günstigen und neutralen Ergebnis führen, wobei mit der Erläuterung des ungünstigen Szenarios stets zu beginnen ist;
2. Besonderheiten der Formel;
3. Szenarien, in denen die Funktionsweise der Formel eine positive oder eine negative Auswirkung auf die endgültige Wertentwicklung haben kann.

(3) Die Verwaltungsgesellschaft hat mindestens drei Szenarien der möglichen Wertent-

wicklung des OGAW zu wählen, um darzustellen, wie die Auszahlung unter verschiedenen Marktszenarien funktioniert.

(4) Es ist von der Formel abhängig, ob – soweit angemessen – mehr als drei Szenarien erforderlich sind, um adäquat die mögliche Bandbreite der Ergebnisse zu beschreiben.

EB zu § 35 Abs. 1:

Entspricht den europäischen Gepflogenheiten aus der Box 2 Z 1 der CESR Guidelines CESR/10-1318.

EB zu § 35 Abs. 2:

Entspricht den europäischen Gepflogenheiten aus der Box 2 Z 3 und Z 5 der CESR Guidelines CESR/10-1318.

EB zu § 35 Abs. 3:

Entspricht den europäischen Gepflogenheiten aus der Box 2 Z 2 der CESR Guidelines CESR/10-1318.

EB zu § 35 Abs. 4:

Entspricht den europäischen Gepflogenheiten aus der Box 2 Z 3 letzter Satz der CESR Guidelines CESR/10-1318.

§ 36. (1) Angaben, die für die günstigen und ungünstigen Szenarien verwendet werden, haben auf angemessenen Annahmen über die zukünftige Marktsituation und Preisbewegungen zu beruhen.

(2) Die ausgewählten Szenarien haben eine narrative Erklärung der Vor- und Nachteile der Formel zu beinhalten, wenn diese nicht im Abschnitt über Ertrag und Risiko enthalten ist.

(3) Die Szenarien dürfen keine Informationen enthalten, die nicht im Einklang mit dem Inhalt der anderen Abschnitte des KID stehen.

EB zu § 36 Abs. 1:

Entspricht den europäischen Gepflogenheiten aus der Box 2 Z 4 der CESR Guidelines CESR/10-1318.

EB zu § 36 Abs. 2:

Entspricht den europäischen Gepflogenheiten aus der Box 2 Z 6 der CESR Guidelines CESR/10-1318.

EB zu § 36 Abs. 3:

Entspricht den europäischen Gepflogenheiten aus der Box 2 Z 7 der CESR Guidelines CESR/10-1318.

§ 37. Die Szenarien sind aus einem relevanten Anlass zu aktualisieren. Ein relevanter Anlass ist:

1. Wesentliche Veränderung der Marktbedingungen seit Auflegung des OGAW;
2. zumindest der Ablauf eines Jahres seit der letzten Aktualisierung;
3. bei Bedarf, um die Zeitabhängigkeit einer Auszahlung widerzuspiegeln.

EB zu § 37:

Entspricht den europäischen Gepflogenheiten aus der Box 2 Z 8 der CESR Guidelines CESR/10-1318.

Ein Bedarf im Sinne von § 37 Z 3 für die Widerspiegelung der Zeitabhängigkeit einer Auszahlung ist beispielsweise nach einem Fälligkeitstermin gegeben.

Präsentation

§ 38. (1) Die Szenarien sind als „Erläuternde Beispiele“ zu bezeichnen. Die narrative Erklärung soll deutlich machen, dass diese keine Prognosen darstellen und nicht gleich wahrscheinlich sind.

(2) Jedes Szenario ist entweder mit Tabellen oder mit Graphiken darzustellen, abhängig davon, welche Darstellung geeigneter ist, um die Charakteristika des strukturierten OGAW zu erklären.

(3) Die dargestellten Renditen der verschiedenen Szenarien sind als eine annualisierte Wachstumsrate mit einer entsprechenden Erklärung anzugeben, wobei gegebenenfalls auch die Brutto-Wachstumsrate angeführt werden kann.

EB zu § 38 Abs. 1:

Entspricht den europäischen Gepflogenheiten aus der Box 3 Z 1 der CESR Guidelines CESR/10-1318.

EB zu § 38 Abs. 2:

Entspricht den europäischen Gepflogenheiten aus der Box 3 Z 2 der CESR Guidelines CESR/10-1318.

Siehe die Beispiele im Anhang der Box 3 der CESR Guidelines CESR/10-1318.

EB zu § 38 Abs. 3:

Entspricht den europäischen Gepflogenheiten aus der Box 3 Z 3 der CESR Guidelines CESR/10-1318.

§ 39. (1) Um die Verständlichkeit und die Vergleichbarkeit verschiedener Graphiken zu gewährleisten, sind zu vermeiden:

1. Doppel-Skalen (links und rechts) soweit möglich;
2. künstliche Vergrößerung der positiven Aspekte der Auszahlung des OGAW;
3. nicht-lineare Skalen;
4. unterschiedliche Skalen je nach Szenario.

(2) Die Verwaltungsgesellschaft hat im KID darauf hinzuweisen, dass Anteilinhaber ihre Anteile vor Laufzeitende verkaufen können, wobei vor einem allfällig resultierenden Verlust deutlich hervorgehoben gewarnt werden muss.

EB zu § 39 Abs. 1:

Entspricht den europäischen Gepflogenheiten aus der Box 3 Z 4 der CESR Guidelines CESR/10-1318.

EB zu § 39 Abs. 2:

Entspricht den europäischen Gepflogenheiten aus der Box 3 Z 5 der CESR Guidelines CESR/10-1318.

5. Abschnitt
Übergangsbestimmungen

§ 40. (1) Für jeden neuen Teilfonds (§ 47 Abs. 1 InvFG 2011) einer am 31. August 2011 bestehenden Umbrella-Konstruktion kann die Verwaltungsgesellschaft unter Beachtung der Übergangsfrist gemäß § 198 Abs. 1 InvFG 2011 wählen, ob sie einen vereinfachten Prospekt oder ein KID erstellt.

(2) Wenn eine neue Anteilsgattung eines bestehenden OGAW während der Übergangsfrist gemäß § 198 Abs. 1 InvFG 2011 genehmigt wird, muss die Verwaltungsgesellschaft

entweder einen vereinfachten Prospekt oder ein KID in Bezug auf alle Anteilsgattungen des OGAW verwenden.

(3) Eine Verwaltungsgesellschaft, die während der Übergangsfrist gemäß § 198 Abs. 1 InvFG 2011 einen vereinfachten Prospekt weiterhin verwendet, kann eine oder mehrere Überarbeitungen dieses vereinfachten Prospekts vornehmen und veröffentlichen. Die Überarbeitungen können nach Ermessen der Verwaltungsgesellschaft zusätzlich Elemente eines KID enthalten.

(4) Wird ein OGAW, ein Teilfonds oder eine Anteilsgattung davon unter dem 4. Hauptstück 5. Abschnitt InvFG 2011 notifiziert und benützt die Verwaltungsgesellschaft weiterhin den vereinfachten Prospekt im Herkunftmitgliedstaat, so werden die Anforderungen der §§ 139 und 142 InvFG 2011 durch die Zurverfügungstellung des vereinfachten Prospekts erfüllt. Eine Verwaltungsgesellschaft hat den Anteilinhabern im OGAW-Herkunftmitgliedstaat und in jedem Aufnahmemitgliedstaat die gleiche Art von Dokumenten –vereinfachter Prospekt oder KID – anzubieten.

(5) Wird während der Übergangsfrist gemäß § 198 Abs. 1 InvFG 2011 eine Verschmelzung nach dem 3. Hauptstück 6. Abschnitt InvFG 2011 beantragt und verwendet der aufnehmende OGAW weiterhin den vereinfachten Prospekt, so werden die Anforderungen der §§ 120 und 121 Abs. 1 InvFG 2011 durch Übermittlung des vereinfachten Prospekts erfüllt.

(6) Sind ein Feeder-OGAW und ein Master-OGAW in einem Mitgliedstaat bewilligt, in dem eine Übergangsfrist im Einklang mit der Richtlinie 2010/42/EU des Europäischen Parlaments und des Rates in Bezug auf Bestimmungen über Fondsverschmelzungen, Master-Feeder-Strukturen und das Anzeigeverfahren (ABl. Nr. L 176 vom 10.07.2010, S. 28) vorgesehen ist, so haben die Verwaltungsgesellschaften die Wahl, ob sie einen vereinfachten Prospekt oder ein KID verwenden.

EB zu § 40 Abs. 1:

Entspricht den europäischen Gepflogenheiten aus der Box 2 Z 3 der CESR Guidelines CESR/10-1319.

EB zu § 40 Abs. 2:

Entspricht den europäischen Gepflogenheiten aus der Box 2 Z 4 der CESR Guidelines CESR/10-1319.

EB zu § 40 Abs. 3:

Entspricht den europäischen Gepflogenheiten aus der Box 2 Z 5 der CESR Guidelines CESR/10-1319.

Mit den zusätzlichen Elementen des KID ist beispielsweise der SRRI oder die Gebührentabelle gemeint.

EB zu § 40 Abs. 4:

Entspricht den europäischen Gepflogenheiten aus der Box 3 Z 1 der CESR Guidelines CESR/10-1319.

EB zu § 40 Abs. 5:

Entspricht den europäischen Gepflogenheiten aus der Box 3 Z 2 der CESR Guidelines CESR/10-1319.

Eine Verwaltungsgesellschaft hat den Anteilinhabern im OGAW-Herkunftmitgliedstaat und in jedem Aufnahmemitgliedstaat die gleiche Art von Dokumenten (vereinfachen Prospekt oder KID) anzubieten.

EB zu § 40 Abs. 6:

Entspricht den europäischen Gepflogenheiten aus der Box 3 Z 3 der CESR Guidelines CESR/10-1319.

Eine Verwaltungsgesellschaft hat den Anteilinhabern im OGAW-Herkunftmitgliedstaat und in jedem Aufnahmemitgliedstaat die gleiche Art von Dokumenten (vereinfachten Prospekt oder KID) anzubieten.

6. Abschnitt
Inkrafttreten und Außerkrafttreten

§ 41. (1) Diese Verordnung tritt mit 1. September 2011 in Kraft.

(2) Eine Verwaltungsgesellschaft kann

1. das KID für alle von ihr verwalteten OGAW gleichzeitig anbieten oder
2. die Einführung des KID bis spätestens 1. Juli 2012 staffeln und bis dahin für bestehende OGAW weiterhin anstelle des KID einen vereinfachten Prospekt gemäß Anlage E Schema E InvFG 1993 zur Verfügung stellen.

(3) Die Verordnung der Finanzmarktaufsicht (FMA) über die Angaben, die im vereinfachten Prospekt enthalten sein müssen (Prospektinhalt-Verordnung), BGBl. II Nr. 237/2005, tritt mit Ablauf des 30. Juni 2012 außer Kraft.

EB zu § 41 Abs. 1:

Entspricht den europäischen Gepflogenheiten aus der Box 1 Z 1 der CESR Guidelines CESR/10-1319.

EB zu § 41 Abs. 2:

Entspricht den europäischen Gepflogenheiten aus der Box 1 Z 2 und Box 2 Z 1 der CESR Guidelines CESR/10-1319.

EB zu § 41 Abs. 3:

Entspricht den europäischen Gepflogenheiten aus der Box 1 der CESR Guidelines CESR/10-1319.

Anlage A
zu §§ 3 Abs. 2 und 6

Raster über die annualisierten Voltalitätsintervalle

Risikokategorie	Volatilitätsintervalle	
	größer oder gleich	weniger als
1	0 %	0,5 %
2	0,5 %	2 %
3	2 %	5 %
4	5 %	10 %
5	10 %	15 %
6	15 %	25 %
7	25 %	

Anlage B
zu § 12 Abs. 2

Rückrechnung (Reverse Engineering)

Die Volatilität wird mittels Rückrechnung (Reverse Engineering) wie folgt ermittelt,

$$VaR = -\left(rf_{1/m} - \frac{\sigma^2{}_{1/m}}{2}\right) * T + 2{,}33 * \sigma_{1/m} * \sqrt{T};$$

wobei:
- *VaR* dem VaR auf Basis eines Konfidenzintervalls von 99 % mit einer Halteperiode gleich der Anzahl an
- *T* Zeitintervallen bei
- $1/m$-Jahren entspricht:

$$\sigma_A = \sigma_{1/m} * \sqrt{m}$$

wobei:
- $rf_{1/m}$ dem risikolosen Zinssatz entspricht, der zum Zeitpunkt der Berechnung für jedes der
- T-Intervalle der
- $1/m$-Jahre, die die Haltedauer des OGAW darstellt, gilt.

2.2.5. 2. Leerverkaufverbotsverordnung – 2. LVV

BGBl. II Nr. 412/2008 idF

1 BGBl. II Nr. 27/2009 **2** BGBl. II Nr. 121/2009 **3** BGBl. II Nr. 181/2009
4 BGBl. II Nr. 300/2009 **5** BGBl. II Nr. 54/2010 **6** BGBl. II Nr. 148/2010
7 BGBl. II Nr. 362/2010 **8** BGBl. II Nr. 167/2011

Verordnung der Finanzmarktaufsichtsbehörde (FMA) über befristete Verbote im Zusammenhang mit Leerverkäufen von bestimmten Finanzinstrumenten (2. Leerverkaufverbotsverordnung – 2. LVV)

Auf Grund des § 48d Abs. 12 des Börsegesetzes 1989 – BörseG, BGBl. Nr. 555, zuletzt geändert durch das Bundesgesetz BGBl. I Nr. 136/2008, wird verordnet:

Finanzinstrumente

§ 1. (1) Dem Verbot gemäß § 2 Abs. 1 unterliegen bis einschließlich 30. November 2011 die Aktien der

1. Erste Group Bank AG,
2. Raiffeisen Bank International AG
3. UNIQA Versicherungen AG und
4. VIENNA INSURANCE GROUP Wiener Städtische Versicherung AG

(2) Aktien vertretende Wertpapiere sind Aktien gemäß Abs. 1 gleichzuhalten.

Verbot von Leerverkäufen

§ 2. (1) Die in § 1 angeführten Finanzinstrumente dürfen gemäß § 48d Abs. 12 BörseG nicht Gegenstand von ungedeckten Leerverkäufen am Kassamarkt sein.

(2) Vom Verbot nach Abs. 1 sind kurzfristige ungedeckte Leerverkaufspositionen von Börsemitgliedern, die die Verpflichtung übernommen haben, verbindliche An- und Verkaufspreise zu stellen (Market Maker oder Specialist), soweit diese Geschäfte im Rahmen der in diesem Zusammenhang übernommenen vertraglichen Verpflichtung erfolgen, nicht erfasst.

Schlussbestimmungen

§ 3. (1) Diese Verordnung tritt mit 29. November 2008 in Kraft.

(2) Die Verordnung der Finanzmarktaufsichtsbehörde (FMA) über befristete Verbote im Zusammenhang mit Leerverkäufen von bestimmten Finanzinstrumenten (Leerverkaufsverordnung – LVV), BGBl. II Nr. 375/2008, tritt mit 29. November 2008 außer Kraft.

2.2.6. Immobilienfonds-OTC-Derivate-Gegenpartei-Verordnung

BGBl. II Nr. 311/2011

Verordnung der Finanzmarktaufsichtsbehörde (FMA) zur Festlegung der Kategorien von Gegenparteien bei Geschäften mit OTC-Derivaten bei Immobilienfonds (Immobilienfonds-OTC-Derivate-Gegenpartei-Verordnung)

Auf Grund des § 33 Abs. 1 Z 2 des Immobilien-Investmentfondsgesetzes – ImmoInvFG, BGBl. I Nr. 80/2003, zuletzt geändert durch das Bundesgesetz BGBl. I Nr. 134/2006, wird verordnet:

Gegenpartei bei Geschäften mit OTC-Derivaten dürfen folgende einer Aufsicht unterliegende Institute sein:

1. Österreichische Kreditinstitute;
2. in einem Mitgliedstaat zugelassene Kreditinstitute gemäß Art. 4 Nummer 1 der Richtlinie 2006/48/EG;
3. ausländische Kreditinstitute gemäß § 2 Z 13 BWG mit dem Sitz in einem Zentralstaat, der gemäß § 22a BWG mit einem Risikogewicht von höchstens 20 vH zu versehen wäre;
4. Wertpapierfirmen gemäß § 2 Z 30 BWG mit dem Sitz in einem Zentralstaat, der gemäß § 22a BWG mit einem Risikogewicht von höchstens 20 vH zu versehen wäre.

2.2.7. Prospektinhalt-Verordnung

BGBl. II Nr. 237/2005 idF

1 BGBl. II Nr. 265/2011 **2** BGBl. II Nr. 270/2011

Verordnung der Finanzmarktaufsichtsbehörde über die Angaben, die im vereinfachten Prospekt enthalten sein müssen (Prospektinhalt-Verordnung)

Auf Grund des § 6 Abs. 1 des Bundesgesetzes über Kapitalanlagefonds (Investmentfondsgesetz – InvFG 1993), BGBl. Nr. 532/1993, zuletzt geändert durch das Bundesgesetz BGBl. I Nr. 78/2005, wird verordnet:

Anwendungsbereich

§ 1. Der vereinfachte Prospekt im Sinne des § 6 Abs. 1 InvFG 1993 hat in zusammengefasster Form die wichtigsten Informationen gemäß den Vorgaben der Anlage E, Schema E InvFG 1993 zu enthalten. Diese Verordnung dient der Festlegung der Informationen, die unter bestimmten Begriffen des Schema E anzuführen sind.

Anlageziel/Anlageziele des Kapitalanlagefonds

§ 2. In Schema E Z 2 des InvFG 1993 sind unter der Wortfolge „Kurzdefinition des Anlageziels/der Anlageziele des Kapitalanlagefonds" folgende Informationen zu verstehen:

1. genaue Angabe der mit jeder Anlage angestrebten Ergebnisse,
2. Angabe allfälliger auf den Schutz der Anleger abzielender Garantien und allfällige Einschränkung dieser,
3. gegebenenfalls ein Hinweis auf den/die betreffenden Index/Indices gemäß § 75 InvFG 2011 und eine Beschreibung, die eine Identifikation des/der Index/Indices erlaubt und das Ausmaß der Nachbildung darstellt, sowie die Beschreibung der zur Nachbildung des/der Index/Indices gewählten Strategie.

Anlagestrategie des Kapitalanlagefonds

§ 3. In Schema E Z 2 des InvFG 1993 sind unter der Wortfolge „Anlagestrategie des Kapitalanlagefonds" folgende Informationen zu verstehen:

1. Angabe der wichtigsten Arten von Wertpapieren und sonstigen Veranlagungsinstrumenten, in die der Kapitalanlagefonds investiert,
2. Angabe, ob der Kapitalanlagefonds auf bestimmte Branchen, geographische Gebiete oder sonstige Marktsegmente oder auf bestimmte Anlageklassen ausgerichtet ist,
3. gegebenenfalls ein Hinweis darauf, dass es trotz Einhaltung der Vorschriften über die Risikostreuung zu einer gewissen Risikokonzentration bei bestimmten Anlageklassen, Branchen und geographischen Gebieten kommen kann,
4. sofern Anleihen zum Fondsvermögen zählen, Angaben über deren Laufzeit, deren Ratinganforderungen und Angabe, um welche Art von Anleihen es sich handelt,
5. bei einer Veranlagung in Derivate, Hinweis darauf, ob in diese lediglich zu Absicherungszwecken oder als Teil der Anlagestrategie investiert wird,
6. Angabe, ob der Managementstil eine Referenz zu einer Benchmark vorsieht,
7. Angabe, ob der Managementstil auf einer taktischen Asset Allocation mit häufigen Portfolioanpassungen beruht.

Kurze Beurteilung des Risikoprofils

§ 4. In Schema E Z 2 des InvFG 1993 sind unter der Wortfolge „Kurze Beurteilung des Risikoprofils" folgende Informationen zu verstehen:

1. Hinweis darauf, dass der Wert der Anlagen steigen und fallen kann und der Investor möglicherweise weniger als sein investiertes Kapital zurückbekommen kann,
2. Hinweis darauf, dass alle im vereinfachten Prospekt beschriebenen Risiken im vollständigen Prospekt ausführlicher dargestellt werden,
3. Angabe aller wesentlichen und konkreten Risiken, die mit dem Investment verbunden sind, wobei die Auflistung der Risiken nach ihrer proportionalen Bedeutung für das individuelle Risikoprofil des Kapitalanlagefonds vorzunehmen ist. Die Wesentlichkeit des Risikos ist auf Basis der Auswirkungen und der Wahrscheinlichkeit des Risikoeintritts zu bemessen. Zu diesen Risken zählen:
   a) das Risiko, dass der gesamte Markt einer Assetklasse sich negativ entwickelt und dass dies den Preis und Wert dieser Anlagen negativ beeinflusst (Marktrisiko),
   b) das Risiko, dass ein Emittent oder eine Gegenpartei seinen/ihren Verpflichtungen nicht nachkommen kann (Kreditrisiko),
   c) das Risiko, dass eine Transaktion innerhalb eines Transfersystems nicht wie erwartet abgewickelt wird, da eine Gegenpartei nicht fristgerecht oder wie erwartet zahlt oder liefert (Erfüllungsrisiko),
   d) das Risiko, dass eine Position nicht rechtzeitig zu einem angemessenen Preis liquidiert werden kann (Liquiditätsrisiko),
   e) das Risiko, dass der Wert der Veranlagungen durch Änderungen des Wechselkurses beeinflusst wird (Wechselkurs- oder Währungsrisiko),
   f) das Risiko des Verlustes von Vermögensgegenständen, die auf Depot liegen, durch Insolvenz, Fahrlässigkeit oder betrügerische Handlung der Depotbank oder der Sub-Depotbank (Verwahrrisiko),
   g) die Risiken, die auf eine Konzentration auf bestimmte Anlagen oder Märkte zurückzuführen sind,
   h) das Performancerisiko, sowie Information darüber, ob Garantien Dritter bestehen und ob solche Garantien eingeschränkt sind,
   i) die Information über die Leistungsfähigkeit allfälliger Garantiegeber,
   j) das Risiko der Inflexibilität, bedingt sowohl durch das Produkt selbst als auch durch Einschränkungen beim Wechsel zu anderen Kapitalanlagefonds,
   k) das Inflationsrisiko,
   l) das Risiko betreffend das Kapital des Kapitalanlagefonds,
   m) das Risiko der Änderung der sonstigen Rahmenbedingungen, wie unter anderem Steuervorschriften.

Bisherige Wertentwicklung des Kapitalanlagefonds

§ 5. In Schema E Z 2 des InvFG 1993 sind unter der Wortfolge „Bisherige Wertentwicklung des Kapitalanlagefonds" folgende Informationen zu verstehen:

1. Bekanntgabe der bisherigen Ergebnisse wie folgt:
   a) Angabe eines Balkendiagramms, das die in den letzten 10 aufeinander folgenden Jahren erwirtschafteten Erträge (Performance) – gesondert für jedes Kalenderjahr des Kapitalanlagefonds – abbildet. Existiert der Kapitalanlagefonds weniger als

zehn, aber mehr als ein Jahr, so sind die verfügbaren Jahre darzustellen. Die Erträge sind in Prozent anzugeben und nur für volle Kalenderjahre auszuweisen,
b) orientiert sich der Kapitalanlagefonds an einem Vergleichsindex oder ist eine von einem Vergleichsindex abhängige erfolgsbezogene Vergütung vereinbart, so ist die Performance des Kapitalanlagefonds mit der Performance des Vergleichsindex verglichen in einem Balkendiagramm anzugeben.
2. Bekanntgabe der kumulativen (durchschnittlichen) Ergebnisse wie folgt:
a) Bekanntgabe der kumulativen (durchschnittlichen) Ergebnisse des Kapitalanlagefonds für einen Zeitraum von 3, 5 und 10 Jahren. Die Erträge sind dabei ebenfalls in Prozent auszuweisen und wie in Z 1 zu berechnen,
b) orientiert sich der Kapitalanlagefonds an einem Vergleichsindex oder ist eine von einem Vergleichsindex abhängige erfolgsbezogene Vergütung vereinbart, so sind die kumulativen (durchschnittlichen) Ergebnisse des Kapitalanlagefonds mit den kumulativen (durchschnittlichen) Ergebnissen des Vergleichsindex verglichen anzugeben.
3. Hinweis, dass Ausgabeauf- und Rücknahmeabschläge in die Berechnung des Fondsergebnisses nicht einbezogen werden.

Geltende Steuervorschriften

§ 6. In Schema E Z 3 des InvFG 1993 sind unter der Wortfolge „Geltende Steuervorschriften“ folgende Informationen zu verstehen:
1. Darstellung der Besteuerung des Kapitalanlagefonds in Österreich,
2. Hinweis, dass die Besteuerung der Erträgnisse oder Kapitalgewinne aus dem Kapitalanlagefonds beim jeweiligen Anleger von der Steuersituation des Anlegers und/oder von dem Ort, an dem das Kapital investiert wird, abhängt, und dass ein Anleger bei offenen Fragen professionellen Rat einholen soll.

Ein- und Ausstiegsprovisionen

§ 7. In Schema E Z 3 des InvFG 1993 sind unter der Wortfolge „Ein- und Ausstiegsprovisionen“ folgende Informationen zu verstehen:

Angabe der Kosten, die dem Anteilinhaber direkt bei der Ausgabe oder Rücknahme des Anteilscheins angelastet werden. Die Kosten werden als Prozentsatz vom Anteilswert dargestellt.

Etwaige sonstige Provisionen und Gebühren

§ 8. Für die Zwecke der Berechnung von etwaigen sonstigen Provisionen und Gebühren gelten folgende Begriffbestimmungen:
1. Fee-Sharing Agreements: Vereinbarungen, gemäß denen die Vergütung, die eine Partei – direkt oder indirekt – aus dem Vermögen eines Kapitalanlagefonds bezieht, mit einer anderen Partei geteilt wird und als deren Resultat diese andere Partei Kosten vergütet erhält, die normalerweise – direkt oder indirekt – aus dem Vermögen des Kapitalanlagefonds bezahlt würden.
2. Soft Commission: jede Art von wirtschaftlichem Vorteil – ausgenommen Clearing und Execution Services – den eine Kapitalanlagegesellschaft in Verbindung mit der Zahlung

von Kommissionen auf Transaktionen, die Wertpapiere des Fondsportfolios involvieren, erhält.

3. Total Expense Ratio (TER): gibt das Verhältnis der Gesamtkosten des Kapitalanlagefonds zum durchschnittlichen Gesamtvermögen des Kapitalanlagefonds wieder. Sie wird zumindest einmal jährlich ex post berechnet, auf Basis der Daten aus dem geprüften Rechenschaftsbericht des Kapitalanlagefonds.
4. Portfolio Turnover Ratio (PTR): stellt einen Indikator für die Transaktionskosten eines Kapitalanlagefonds dar.

§ 9. In Schema E Z 3 des InvFG 1993 sind unter der Wortfolge „Etwaige sonstige Provisionen und Gebühren“ folgende Informationen zu verstehen:

1. Angabe der TER bei allen Kapitalanlagefonds, samt Stichtag und Hinweis auf die Homepage-Adresse der Kapitalanlagegesellschaft, wo der Anleger die aktuellste TER bzw die früherer Geschäftsjahre finden kann; außer bei Neugründungen, bei denen noch keine TER berechnet werden kann. Die TER hat alle Kosten zu beinhalten, die dem Kapitalanlagefonds angelastet werden, mit Ausnahme der Transaktionskosten und diesen vergleichbaren Kosten. Es darf kein Netting zwischen den einzelnen Kostenpositionen stattfinden. Die TER ist anhand der Zahlen des letzten geprüften Rechenschaftsberichts zu berechnen. Die Angabe der TER im Vereinfachten Prospekt ist zumindest einmal jährlich spätestens bis zum 31. März des Kalenderjahres zu aktualisieren. Eine allfällige Performancefee ist in die TER einzubeziehen und zusätzlich getrennt als Prozentsatz des Net Asset Value (NAV) auszuweisen. Die Berechnung der TER erfolgt gemäß den Bestimmungen in Anlage I,
2. Angabe einer Vorabschätzung der Kostenstruktur durch Angabe der Kosten, die mit einem bestimmten Prozentsatz im Verhältnis zum Wert des Fondsvermögens verrechnet werden sowie durch Angabe der Kosten, die dem Fondsvermögen betragsmäßig angelastet werden, jeweils als Gesamtposition ausgedrückt in Prozent des Fondsvermögens,
3. Angabe aller Kosten, die nicht in der TER enthalten sind, inklusive einer Offenlegung der Transaktionskosten, soweit verfügbar,
4. Angabe der nach Anlage II zu berechnenden PTR als Indikator der Transaktionskosten, samt Stichtag und Hinweis auf die Homepage-Adresse der Kapitalanlagegesellschaft, wo der Anleger die aktuellsten Portfolioumsätze bzw. die früherer Geschäftsjahre finden kann. Die Angabe der PTR im Vereinfachten Prospekt ist zumindest einmal jährlich spätestens bis zum 31. März des Kalenderjahres zu aktualisieren,
5. Hinweis auf die Existenz von „Fee-Sharing Agreements“ und/oder „Soft Commissions“ und deren Auswirkungen, sowie ein Verweis auf den Vollprospekt betreffend nähere Angaben dazu.

In-Kraft-Treten

§ 10. (1) Diese Verordnung tritt mit 10. August 2005 in Kraft.

(2) Kapitalanlagegesellschaften haben die mit In-Kraft-Treten dieser Verordnung bereits veröffentlichten vereinfachten Prospekte innerhalb von einer Frist von 4 Wochen nach Ablauf des Rechnungsjahres, in welches das In-Kraft-Treten dieser Verordnung fällt, diesen den Bestimmungen dieser Verordnung anzupassen.

(3) § 2 Z 3 und Anlage I Z 5 in der Fassung der Verordnung BGBl. II Nr. 270/2011 treten mit Ablauf des Tages ihrer Kundmachung in Kraft.

Anlage I

Total Expense Ratio (TER)

1. Einbezogene/ausgenommene Kostenpositionen:

1.1. Die Gesamtkosten umfassen alle Kosten, die vom Vermögen des Kapitalanlagefonds abgezogen werden und sind dem Rechenschaftsbericht zu entnehmen, auf Vor-Steuer-Basis (Brutto-Betrag der Kosten);

1.2. Sie umfassen alle gesetzmäßigen Ausgaben des Kapitalanlagefonds, unabhängig von ihrer Berechnungsbasis (also z. B., soweit zulässig, Flat Fees, Asset-based, transactionbased,...), wie:

- Verwaltungsgebühr inkl. performanceabhängige Gebühr
- Administrationskosten
- Depotbankgebühren
- Prüfungskosten
- Zahlungen an Unternehmen, die für die Anteilseigner Dienstleistungen erbringen, einschließlich Zahlungen an den Transferstellenagent und an Broker-Dealer, die die buchmäßigen Eigentümer der Kapitalanlagefondsanteile sind und für die wirtschaftlichen Eigentümer Unterdepotdienstleistungen erbringen
- Rechtsanwaltskosten
- Vertriebskosten oder Rücknahmekosten, soweit dem Kapitalanlagefonds angelastet
- Registrierungs-, Aufsichts- und ähnliche Gebühren;
- etwaige zusätzliche Vergütungen an die Kapitalanlagegesellschaft (oder sonstige Dritte) aufgrund bestimmter Fee-Sharing Agreements (sh. Pkt.3. unten)

1.3. Nicht einbezogen sind:

- Transaktionskosten wie Maklergebühren, und damit verbundene Steuern und Gebühren sowie der Einfluss der Transaktion auf den Markt unter Bedachtnahme der Gebühr an den Makler und der Liquidität der betroffenen Veranlagungen
- Kreditzinsen
- Zahlungen aufgrund von derivativen Instrumenten
- Ausgabe-/Rücknahmeaufschläge oder andere, direkt vom Anleger getragene Gebühren;
- Soft Commissions (sh. Punkt 3. unten)

2. Berechnungsmethode:

Die TER muss auf Basis des NAV berechnet werden. Bei der Berechnung des durchschnittlichen Nettovermögens sind die jeweils ermittelten Nettoinventarwerte zugrunde zu legen, so beispielsweise die täglichen Nettoinventarwerte bei täglicher Berechnung. Umstände oder Ereignisse, die zu irreführenden Zahlen führen könnten, sind zu berücksichtigen. Etwaige Steuererleichterungen sind nicht zu berücksichtigen.

3. Fee-Sharing Agreements und Soft Commissions:

Fee-Sharing Agreements betreffend Gebühren, die nicht in der TER enthalten sind, bedeuten, dass die Kapitalanlagegesellschaft (oder ein Dritter) teilweise oder völlig Kosten vergütet bekommt, die normalerweise in der TER enthalten sein müssten. Diese Kosten sollen daher bei der Berechnung der TER mitberücksichtigt werden, indem den Gesamtkosten etwaige Zahlungen an die Verwaltungsgesellschaft (oder einen Dritten), die auf solchen Fee-Sharing Agreements beruhen, zugerechnet werden.

Fee-Sharing Agreements hinsichtlich Kosten, die bereits von der TER umfasst sind, sind nicht weiter zu berücksichtigen. Ebenso sind Soft Commissions nicht zu berücksichtigen.

Daher gilt:

- Zahlungen an eine Kapitalanlagegesellschaft, die im Rahmen eines Fee-Sharing Agreements betr. Transaktionskosten mit einem Broker oder (bei Dachfonds) aufgrund einer Vereinbarung mit anderen Verwaltungsgesellschaften erfolgen, sollten (für den Fall, dass sie nicht schon in der zusammengesetzen (synthetischen) TER enthalten sind oder über andere, dem Kapitalanlagefonds bereits angelastete und damit direkt in der TER enthaltene Kosten einbezogen wurden) auf jeden Fall in der TER berücksichtigt werden;
- Nicht berücksichtigt werden sollten demgegenüber Zahlungen an eine Kapitalanlagegesellschaft, die im Rahmen eines Fee-Sharing Agreements mit einem Kapitalanlagefonds erfolgen (es sei denn, diese Zahlungen fallen unter das im ersten Gedankenstrich genannte Beispiel der Dachfonds).

4. Performance Fees:

Performance Fees müssen sowohl in der TER inkludiert werden als auch getrennt als Prozentsatz des durchschnittlichen NAV ausgewiesen werden.

5. Veranlagungen in Zielfonds:

Bei der Veranlagung von mehr als 10% des NAV in andere Fondsanteilscheine, für die eine TER entsprechend den vorhergegangenen Bestimmungen berechnet wird, muss eine „synthetische TER" der jeweiligen Veranlagung entsprechend berechnet werden.

Die synthetische TER entspricht dem Verhältnis der

- Gesamtkosten des Dachfonds, ausgedrückt durch seine TER, sowie aller Kosten, die dem Dachfonds durch die Zielfonds angelastet werden, ausgedrückt durch die TER der Zielfonds, gewichtet nach dem Anteil der Veranlagung, und geteilt durch
- das durchschnittliche Gesamtnettovermögen des Dachfonds.

Ausgabe- und Rücknahmeaufschläge der Zielfonds müssen in die TER einberechnet werden, dies ist ausdrücklich anzugeben. Sie dürfen bei der Veranlagung in „verwandte" Zielfonds (§ 77 Abs. 4 InvFG 2011) nicht berechnet werden.

Wenn einer der Zielfonds keine TER gemäß dieser Bestimmungen berechnet, dann hat die Offenlegung der Kosten in folgender Weise zu erfolgen:

- Es ist darauf hinzuweisen, dass für diesen Teil der Anlage keine synthetische TER ermittelt werden kann ;
- Die maximale prozentuale Verwaltungsgebühr dieses Zielfonds muss angegeben werden;
- Für die insgesamt erwarteten Kosten ist ein zusammengesetzter (sythetischer) Wert anzugeben. Zu diesem Zweck
  - wird eine synthetische TER errechnet, die – nach dem Anteil der Anlage gewichtet – die TER aller Zielfonds, für die die TER nach dieser Anlage ermittelt wird, einschließt, und
  - werden für jeden der anderen Zielfonds die Ausgabeauf- und Rücknahmeabschläge plus eine möglichst genaue Bewertung der Obergrenze der für die TER in Frage kommenden Kosten hinzugerechnet. Dies sollte – nach dem Anteil der Anlage gewichtet – die maximale beziehungsweise zuletzt verrechnete Verwaltungsgebühr und die aktuellste für diesen Zielfonds vorliegende performanceabhängige Verwaltungsgebühr einschließen.

Anlage II

Portfolio Turnover Rate

Die Portfolio Turnover Rate eines Kapitalanlagefonds ist wie folgt zu berechnen:
PTR = [(Summe 1 – Summe 2) / M] x 100
wobei bedeuten:
X = Käufe von Wertpapieren
Y = Verkäufe von Wertpapieren
Summe 1 = Summe der Transaktionen in Wertpapieren = X + Y
S = Zeichnungen von Fondsanteilen
T = Rücknahme von Fondsanteilen
Summe 2 = Summe der Transaktionen in Fondsanteilen = S + T
M = durchschnittliches Nettogesamtvermögen Das durchschnittliche Nettogesamtvermögen entspricht dem in den gleichen zeitlichen Abständen wie in Anlage I Ziffer 3. ermittelten Nettoinventarwert.

Die veröffentlichte PTR soll der/den Perioden entsprechen, für welche die TER veröffentlicht wird.

2.2.8. Übermittlungs- und Hinterlegungsverordnung – ÜHV

BGBl. II Nr. 263/2011

Verordnung der Finanzmarktaufsichtsbehörde (FMA) zur Festlegung der näheren Erfordernisse einer elektronischen Übermittlung und Hinterlegung der Prospekte und Kundeninformationsdokumente (Übermittlungs- und Hinterlegungsverordnung – ÜHV)

Auf Grund des § 129 Abs. 2 des Investmentfondsgesetzes 2011 – InvFG 2011, BGBl. I Nr. 77, wird verordnet:

Ausschließliche elektronische Übermittlung und Hinterlegung

§ 1. Die Übermittlung von den in § 129 Abs. 2 InvFG 2011 genannten Unterlagen an die Meldestelle sowie die Hinterlegung dieser Unterlagen durch die Meldestelle hat ausschließlich in elektronischer Form zu erfolgen.

Übermittlung der zu hinterlegenden Unterlagen

§ 2. (1) Die Übermittlung der zu hinterlegenden Unterlagen hat im Wege des von der Meldestelle hierfür betriebenen Übermittlungs-und Hinterlegungssystems zu erfolgen.

(2) Die zu hinterlegenden Unterlagen sind in „Portable Document Format/A (ISO 19005)" oder in einem im Hinblick auf seine Langzeitarchivierung zumindest gleichermaßen geeigneten und verkehrsüblichen, von der Meldestelle auf ihrer Internet-Seite bekanntgegebenen Dateiformat zu übermitteln.

(3) Änderungen der übermittelten Unterlagen nach § 129 Abs. 2 InvFG 2011 sind in konsolidierter Form bei der Meldestelle zu hinterlegen.

Anmeldung

§ 3. Die Verwaltungsgesellschaft hat sich bei der Meldestelle vor erstmaliger Hinterlegung von Unterlagen nach § 129 Abs. 2 InvFG 2011 mittels unterfertigten Formulars anzumelden.

Inkrafttreten

§ 4. Diese Verordnung tritt mit 1. September 2011 in Kraft.

2.2.9. Umbrellaverordnung

BGBl. II Nr. xxx/201X

Verordnung der Finanzaufsichtsbehörde /FMA) zur buchhalterischen Darstellung, Rechnungslegung und Ermittlung des Wertes von Teilfonds bei Umbrella-Konstruktionen (Umbrellaverordnung)

Auf Grund des § 47 Abs. 3 des Investmentfondsgesetzes 2011 – InvFG 2011, BGBl. I Nr. 77/2011, wird verordnet:

Buchhalterische Darstellung

§ 1. Die Buchführung einer Umbrella-Knstruktion (§ 47 Abs. 1 InvFG 2011) muss so beschaffen sein, dass sich nach ihr jeder Geschäftsvorfall, der einen einzelnen Teilfonds (§ 47 Abs. 1 InvFG 2011) betrifft, in seiner Entstehung und Abwicklung nach Art und Zeitpunkt verfolgen lässt und die Zurechnung dieses Geschäftsvorfalls zu dem jeweiligen Teilfonds ersichtlich ist.

Rechnungslegung

§ 2. (1) Die Vorgaben des § 49 InvFG 2011 sind für Rechenschafts- und Halbjahresberichte bei Umbrella-Konstruktionen mit der Maßgabe zu beachten, dass über sämtliche Teilfonds einzeln Bericht zu erstatten ist. Die Angaben gemäß § 49 Abs. 2 InvFG 2011 sind für den Rechenschaftsbericht und die Angaben gemäß § 49 Abs. 3 InvFG 2011 sind für den Halbjahresbericht maßgeblich.

(2) Für den Rechenschaftsbericht einer Umbrella-Konstruktion ist ein einziger Bestätigungsvermerk des Abschlussprüfers gemäß § 49 Abs. 5 InvFG vorzunehmen.

Ermittlung des Wertes

§ 3. (1) Für die Ermittlung des Wertes der einzelnen Teilfonds gilt § 57 Abs. 1 und 2 InvFG 2011.

(2) § 57 Abs. 3 InvFG 2011 kommt mit der Maßgabe zur Anwendung, dass der Ausgabe- und Rücknahmepreis der Anteile jedes einzelnen Teilfonds jedesmal dann zu veröffentlichen sind, wenn eine Ausgabe oder eine Rücknahme der Anteile stattfindet, mindestens aber zweimal im Monat.

In-Kraft-Treten

§ 4. Diese Verordnung tritt mit Ablauf des Tages ihrer Kundmachung in Kraft.

2.2.10. Sonstiges

2.2.10.1. FMA-Incoming-Plattformverordnung – FMA-IPV

BGBl. II Nr. 184/2010 idF

1 BGBl. II Nr. 274/2011

Verordnung der Finanzmarktaufsichtsbehörde (FMA) über die elektronische Einbringung (FMA-Incoming-Plattformverordnung – FMA-IPV)

Auf Grund

1. des § 44 Abs. 1 und 5 in Verbindung mit § 44 Abs. 7 und des § 73a des Bankwesengesetzes – BWG, BGBl. Nr. 532/1993, zuletzt geändert durch das Bundesgesetz BGBl. I Nr. 28/2010;
2. des § 28 Abs. 3 des Sparkassengesetzes – SpG, BGBl. Nr. 64/1979, zuletzt geändert durch das Bundesgesetz BGBl. I Nr. 152/2009;
3. des § 22 Abs. 5 des Investmentfondsgesetzes – InvFG 1993, BGBl. Nr. 532/1993, zuletzt geändert durch das Bundesgesetz BGBl. I Nr. 28/2010;
4. des § 34 Abs. 5 des Immobilien-Investmentfondsgesetzes – ImmoInvFG, BGBl. I Nr. 80/2003, zuletzt geändert durch das Bundesgesetz BGBl. I Nr. 152/2009;
5. des § 64 Abs. 12 des Zahlungsdienstegesetzes – ZaDiG, BGBl. I Nr. 66/2009, zuletzt geändert durch das Bundesgesetz BGBl. I Nr. 28/2010,

wird verordnet:

Ausschließliche elektronische Einbringung

§ 1. Die Anzeigen, Übermittlungen, Unterrichtungen, das Zur-Kenntnis-Bringen und das Vorlegen gemäß folgender Bestimmungen haben in elektronischer Form im Wege der Incoming-Plattform der FMA zu erfolgen:

1. § 10 Abs. 2, 5 und 6, § 20 Abs. 3, § 28a Abs. 4, § 44 Abs. 1 erster Satz und Abs. 4, § 63 Abs. 1, § 70a Abs. 5, § 73 Abs. 1 Z 1 bis 14, § 73 Abs. 2 bis 5 und 7 BWG sowie § 2 Abs. 2 der Mündelsicherheitsverordnung, BGBl. Nr. 650/1993 in der Fassung der Verordnung BGBl. II Nr. 219/2003;
2. § 2 Abs. 1, § 5 Abs. 1 und 7, § 12 Abs. 5, § 13 Abs. 4, § 16 Abs. 10, § 18 Abs. 1, § 22 Abs. 4, § 26 Abs. 2, § 27a Abs. 3 und 6, § 39 Abs. 2 SpG sowie § 11 SpG-Prüfungsordnung;
3. § 22 Abs. 5 erster und dritter Satz InvFG;
4. § 34 Abs. 5 erster und dritter Satz ImmoInvFG;
5. § 10 Abs. 3, § 11 Abs. 1, § 13 Abs. 1 und 6, § 21 Abs. 3, § 22 Abs. 1 und § 25 Abs. 7 ZaDiG.

Incoming-Plattform

§ 2. Die Incoming-Plattform ist eine webbasierende Applikation der FMA und OeNB, welche über die Webauftritte von OeNB und FMA erreichbar ist und die der gleichzeitigen Übermittlung von Daten, Meldungen und Dokumenten an beide Institutionen ausschließlich auf elektronischem Weg dient. Sie gewährleistet ein hohes Sicherheitsniveau durch ein mehrstufiges, vollständiges Source-Code-Audit bei der Zertifizierung.

In-Kraft-Treten

§ 3. (1) Diese Verordnung tritt mit 1. Juli 2010 in Kraft.

(2) § 1 Z 3, 5 und 6 in der Fassung der Verordnung BGBl. II Nr. 274/2011 treten mit 1. September 2011 in Kraft.

2.2.10.2. Interessenkonflikte- und Informationen für Kunden-Verordnung – IIKV

BGBl. II Nr. 216/2007

Verordnung der Finanzmarktaufsichtsbehörde (FMA) über Standards für Verfahren und Maßnahmen zur Bewältigung von Interessenkonflikten und über Informationen für Kunden bei der Erbringung von Wertpapierdienstleistungen (Interessenkonflikte- und Informationen für Kunden-Verordnung – IIKV)

Auf Grund des § 35 Abs. 4 und des § 41 Abs. 3 des Wertpapieraufsichtsgesetzes 2007 – WAG 2007, BGBl. I Nr. 60, wird verordnet:

1. Abschnitt
Allgemeines

Rechtsträger

§ 1. (1) „Rechtsträger“ im Sinne dieser Verordnung sind:

1. Kreditinstitute gemäß § 1 BWG;
2. Kapitalanlagegesellschaften gemäß § 2 Abs. 1 InvFG 1993 nach Maßgabe von § 2 Abs. 3 WAG 2007;
3. Wertpapierfirmen gemäß § 3 WAG 2007;
4. Wertpapierdienstleistungsunternehmen gemäß § 4 WAG 2007;
5. Versicherungsunternehmen nach Maßgabe von § 2 Abs. 2 WAG 2007;
6. Wertpapierfirmen aus Mitgliedstaaten nach Maßgabe von § 12 Abs. 4 WAG 2007;
7. Kreditinstitute aus Mitgliedstaaten nach Maßgabe von § 9 Abs. 7 BWG.

(2) Auf die in Abs. 1 Z 6 und 7 angeführten Rechtsträger findet § 2 keine Anwendung.

(3) Die Anwendbarkeit der einzelnen Bestimmungen dieser Verordnung auf die in Abs. 1 angeführten Rechtsträger richtet sich nach den im Einzelfall erbrachten Wertpapierdienstleistungen und Anlagetätigkeiten.

2. Abschnitt
Interessenkonflikte

Standards für Verfahren und Maßnahmen zur Bewältigung von Interessenkonflikten

§ 2. Rechtsträger haben gemäß § 35 Abs. 2 Z 2 WAG 2007 in ihren Leitlinien für den Umgang mit Interessenkonflikten Verfahren und Maßnahmen festzulegen, die, soweit dies zur Gewährleistung des geforderten Grades an Unabhängigkeit eines Rechtsträgers notwendig und angemessen ist, zumindest Folgendes vorsehen:

1. Wirksame Verfahren, die den Austausch von Informationen zwischen relevanten Personen, deren Tätigkeiten einen Interessenkonflikt nach sich ziehen könnten, verhindern oder kontrollieren, wenn dieser Informationsaustausch den Interessen eines oder mehrerer Kunden abträglich sein könnte.
2. Die gesonderte Überwachung relevanter Personen, deren Hauptaufgabe darin besteht, Tätigkeiten im Namen von Kunden auszuführen oder Dienstleistungen für Kunden zu erbringen, deren Interessen möglicherweise kollidieren oder die in anderer Weise unterschiedliche Interessen, einschließlich der des Rechtsträgers, vertreten, die kollidieren könnten.

3. Die Aufhebung jedes direkten Zusammenhangs zwischen der Vergütung relevanter Personen, die sich hauptsächlich mit einer Tätigkeit beschäftigen, und der Vergütung anderer relevanter Personen oder den von diesen erzielten Einkünften, die sich hauptsächlich mit einer anderen Tätigkeit beschäftigen, sofern diese beiden Tätigkeiten einen Interessenkonflikt auslösen könnten.
4. Maßnahmen, die jeden ungebührlichen Einfluss auf die Art und Weise, in der eine relevante Person Wertpapier- oder Nebendienstleistungen erbringt oder Anlagetätigkeiten ausführt, verhindern oder einschränken.
5. Maßnahmen, die die gleichzeitige oder unmittelbar nachfolgende Einbeziehung einer relevanten Person in verschiedene Wertpapierdienstleistungen, Nebendienstleistungen oder Anlagetätigkeiten verhindern oder kontrollieren, wenn diese Einbeziehung ein ordnungsgemäßes Konfliktmanagement beeinträchtigen könnte.

3. Abschnitt
Information für Kunden

Anforderungen an Informationen über Vergleiche

§ 3. Informationen, die ein Rechtsträger an Privatkunden richtet, die Angaben über einen Vergleich von Wertpapierdienstleistungen, Nebendienstleistungen, Finanzinstrumenten oder Personen, die Wertpapierdienstleistungen oder Nebendienstleistungen erbringen, enthalten, haben gemäß § 41 Abs. 3 Z 1 WAG 2007 folgende Anforderungen zu erfüllen:
1. Der Vergleich muss aussagekräftig sein und in einer redlichen und ausgewogenen Weise dargestellt werden.
2. Die für den Vergleich herangezogenen Informationsquellen müssen angegeben werden.
3. Die für den Vergleich herangezogenen wesentlichen Fakten und Hypothesen müssen angegeben werden.

Anforderungen an Informationen über Hinweise auf frühere Wertentwicklungen

§ 4. Informationen, die ein Rechtsträger an Privatkunden richtet, die einen Hinweis auf die frühere Wertentwicklung eines Finanzinstruments, eines Finanzindexes oder einer Wertpapierdienstleistung enthalten, haben gemäß § 41 Abs. 3 Z 2 WAG 2007 folgende Anforderungen zu erfüllen:
1. Ein Hinweis im Sinne des § 41 Abs. 3 Z 2 WAG 2007 darf bei der Mitteilung nicht im Vordergrund stehen.
2. Die Informationen müssen geeignete Angaben zur Wertentwicklung enthalten, die sich auf die unmittelbar vorausgehenden fünf Jahre beziehen, in denen das Finanzinstrument angeboten, der Finanzindex festgestellt oder die Wertpapierdienstleistung erbracht wurde; im Falle eines Zeitraums von weniger als fünf Jahren müssen sich diese Angaben auf den gesamten Zeitraum beziehen, und bei einem längeren Zeitraum kann der Rechtsträger beschließen, über die fünf Jahre hinauszugehen, wobei diesen Angaben zur Wertentwicklung in jedem Falle vollständige Zwölfmonatszeiträume zugrunde zu legen sind.
3. Der Referenzzeitraum und die Informationsquelle sind eindeutig anzugeben.
4. Die Informationen müssen eine deutliche Warnung dahingehend enthalten, dass sich die Zahlenangaben auf die Vergangenheit beziehen und dass die frühere Wertentwicklung kein verlässlicher Indikator für künftige Ergebnisse ist.

5. Stützt sich die Angabe auf eine andere Währung als die des Mitgliedstaats, in dem der Privatkunde ansässig ist, so ist diese Währung eindeutig anzugeben und eine Warnung dahingehend abzugeben, dass die Rendite infolge von Währungsschwankungen steigen oder fallen kann.
6. Beruht die Angabe auf der Bruttowertentwicklung, so ist anzugeben, wie sich Provisionen, Gebühren und andere Entgelte auswirken.

Anforderungen an Informationen über Simulationen

§ 5. Informationen, die ein Rechtsträger an Privatkunden richtet, die eine Simulation einer früheren Wertentwicklung oder einen Verweis auf eine solche Simulation enthalten, haben gemäß § 41 Abs. 3 Z 3 WAG 2007 folgende Anforderungen zu erfüllen:
1. Die simulierte frühere Wertentwicklung muss auf der tatsächlichen früheren Wertentwicklung mindestens eines Finanzinstruments oder Finanzindexes beruhen, die mit dem betreffenden Finanzinstrument übereinstimmen oder diesem zugrunde liegen.
2. Die in Z 1 genannte tatsächliche frühere Wertentwicklung muss die in § 4 Z 1 bis 3, 5 und 6 genannten Bedingungen erfüllen.
3. Die Informationen müssen eine deutliche Warnung dahingehend enthalten, dass sich die Zahlenangaben auf eine simulierte frühere Wertentwicklung beziehen und dass die frühere Wertentwicklung kein verlässlicher Indikator für künftige Ergebnisse ist.

Anforderungen an Informationen über eine künftige Wertentwicklung

§ 6. Informationen, die ein Rechtsträger an Privatkunden richtet, die eine künftige Wertentwicklung enthalten, haben gemäß § 41 Abs. 3 Z 4 WAG 2007 folgende Anforderungen zu erfüllen:
1. Die Angaben dürfen nicht auf einer simulierten früheren Wertentwicklung beruhen oder auf eine solche Simulation Bezug nehmen.
2. Die Angaben müssen auf angemessenen, durch objektive Daten gestützten Annahmen beruhen.
3. Beruht die Angabe auf der Bruttowertentwicklung, so ist anzugeben, wie sich Provisionen, Gebühren und andere Entgelte auswirken.
4. Die Angaben müssen eine deutliche Warnung dahingehend enthalten, dass derartige Prognosen kein verlässlicher Indikator für die künftige Wertentwicklung sind.

4. Abschnitt
Schlussbestimmungen

Verweise

§ 7. (1) Verweise auf das WAG 2007 beziehen sich auf das Wertpapieraufsichtsgesetz 2007 – WAG 2007, BGBl. I Nr. 60.

(2) Verweise auf das BWG beziehen sich auf das Bankwesengesetz, BGBl. Nr. 532/1993, Art. I, in der Fassung des Bundesgesetzes BGBl. I Nr. 60/2007.

(3) Verweise auf das InvFG 1993 beziehen sich auf das Investmentfondsgesetz, BGBl. Nr. 532/1993, Art. II, in der Fassung des Bundesgesetzes BGBl. I Nr. 60/2007.

In-Kraft-Treten

§ 8. Diese Verordnung tritt mit 1. November 2007 in Kraft.

2.2.10.3 VO prämienbegünstige Zukunftsvorsorge

BGBl. II Nr. 529/2003

Verordnung des Bundesministers für Finanzen betreffend prämienbegünstigte Zukunftsvorsorge gemäß § 108g EStG 1988

Auf Grund des § 108g EStG 1988, BGBl. Nr. 400, in der Fassung des Bundesgesetzes BGBl. I Nr. 71/2003 wird verordnet:

§ 1. Der Abgabepflichtige hat die Erstattung der Prämie gemäß § 108g EStG 1988 nach dem amtlichen Vordruck (Abgabenerklärung) zu beantragen.

§ 2. Als amtlicher Vordruck (Lg.Nr. 108g) gilt die im Anhang zu dieser Verordnung kundgemachte Abgabenerklärung.

§ 3. (1) Der Rechtsträger hat einmal jährlich auf Grund der vorgelegten Abgabenerklärung (§ 2) bis Ende Februar des Folgejahres den Antrag auf Prämienerstattung an die Finanzlandesdirektion für Wien, Niederösterreich und Burgenland zu stellen. Eine einmalige Korrekturmeldung hat bis zum 30. Juni des Folgejahres zu erfolgen.

(2) Bei Erwerb von Anteilen an einen Pensionsinvestmentfonds hat das depotführende Kreditinstitut die Aufgaben des Rechtsträgers wahrzunehmen.

§ 4. Beitragsnachzahlungen für Vorjahre sind nicht zulässig. Beitragszahlungen für das Folgejahr sind zulässig, wenn die Zahlungen nach dem 15. Dezember des laufenden Kalenderjahres erfolgen.

§ 5. Der Rechtsträger hat im Zuge der Antragstellung auf Prämienerstattung im Wege von Finanz-Online folgende Daten auf Grund der Abgabenerklärung der Finanzlandesdirektion für Wien, Niederösterreich und Burgenland zu übermitteln:

- Bezeichnung des Rechtsträgers
- Vertragsnummer
- Name des Abgabepflichtigen
- Sozialversicherungsnummer des Abgabepflichtigen (Wurde für den Abgabepflichtigen eine Versicherungsnummer nicht vergeben, ist das Geburtsdatum anzuführen)
- Adresse des Abgabepflichtigen
- Bemessungsgrundlage für die Prämienbegünstigung
- Höhe der Prämie
- Datum der Unterschrift der Abgabenerklärung.

§ 6. Bemessungsgrundlage für die Prämienerstattung ist der eingezahlte Betrag, höchstens jedoch der in der Abgabenerklärung beantragte Betrag. Bei Überschreiten der höchsten prämienbegünstigten Bemessungsgrundlage gemäß § 108g Abs. 2 EStG 1988 im Ausmaß von 1,53% des Sechsunddreißigfachen der monatlichen Höchstbeitragsgrundlage zur Sozialversicherung (§ 45 Abs. 1 ASVG) hat die Erstattung der Prämie nur bis zur höchsten prämienbegünstigten Bemessungsgrundlage zu erfolgen. Werden von einem Antragsteller mehrere Abgabenerklärungen abgegeben, erfolgt die Prämienerstattung vorrangig für die früher abgegebene Abgabenerklärung (Datum der Unterschrift). Bei mehreren Abgabenerklärungen mit demselben Datum der Unterschrift ist eine Aliquotierung nach Maßgabe der Bemessungsgrundlage vorzunehmen.

§ 7. Werden beantragte Prämienerstattungen durch die Finanzlandesdirektion für Wien, Niederösterreich und Burgenland gekürzt, hat eine Rückmeldung der Finanzlandesdirektion an den Rechtsträger zu erfolgen.

§ 8. Wird eine Erhöhung der Bemessungsgrundlage bei einem Rechtsträger beantragt, hat der Abgabepflichtige eine neue Abgabenerklärung beim Rechtsträger abzugeben, ausgenommen die Erhöhung bezieht sich auf die Höhe der prämienbegünstigten Bemessungsgrundlage oder auf eine Indexanpassung.

Anhang

Prämienbegünstigte Zukunftsvorsorge

Antrag auf Erstattung der Einkommensteuer (Lohnsteuer) gemäß § 108g Einkommensteuergesetz (EStG) 1988 im Wege der/des

☐ **Kreditinstitutes** für den Erwerb von Anteilen an einem Pensionsinvestmentfonds (PIF)

☐ **Mitarbeitervorsorgekasse**

☐ **Versicherungsunternehmens**

Zutreffendes bitte ankreuzen ☒!

Bezeichnung und Anschrift des Kreditinstitutes/der Mitarbeitervorsorgekasse/des Versicherungsunternehmens

Angaben zur antragstellenden Person

Familien- und Vorname		Versicherungs-nummer		Geburtsdatum (TTMMJJ)
Postleitzahl	Wohnanschrift (Ort, Straße, Haus-Nr., Tür-Nr.)			Telefonnummer

Erklärung:

Ich habe meinen Wohnsitz bzw. gewöhnlichen Aufenthalt gemäß § 26 Bundesabgabenordnung im Inland und bin daher unbeschränkt steuerpflichtig bzw. habe zur unbeschränkten Steuerpflicht optiert (§ 1 Abs. 4 EStG).

Ich beziehe keine gesetzliche Alterspension (Witwen- oder Waisenpension ist nicht schädlich).

Ich verpflichte mich unwiderruflich, für einen Zeitraum von mindestens zehn Jahren ab Einzahlung des ersten Beitrages auf eine Rückzahlung des aus den geleisteten Beiträgen resultierenden Anspruches (eingezahlte Beiträge, Kapitalerträge und staatliche Prämien) zu verzichten.

Ich scheine in einer weiteren Abgabenerklärung zu einer prämienbegünstigten Zukunftsvorsorge im Sinne des § 108g EStG 1988 als Antragstellerin/Antragsteller nicht auf.		
☐ Ich beantrage Prämien für eine Bemessungsgrundlage in Höhe von	Betrag in Euro	☐ bis zum jeweiligen gesetzlichen Höchstbeitrag

Ich scheine in einer weiteren Abgabenerklärung zu einer prämienbegünstigten Zukunftsvorsorge im Sinne des § 108g EStG 1988 als Antragstellerin/Antragsteller auf, in welcher ich Prämienleistungen für eine		
☐ Bemessungsgrundlage in Anspruch nehme in Höhe von	Betrag in Euro	
☐ Ich beantrage weitere Prämien für eine Bemessungsgrundlage in Höhe von	Betrag in Euro	☐ bis zum jeweiligen gesetzlichen Höchstbeitrag

Den Wegfall der für die beantragte Steuererstattung maßgeblichen Verhältnisse bzw. den Antritt der gesetzlichen Alterspension werde ich der Abgabenbehörde unverzüglich, jedenfalls binnen eines Monats im Wege des Kreditinstitutes/der Mitarbeitervorsorgekasse/des Versicherungsunternehmens mitteilen.

Meine Angaben sind richtig und vollständig. Die unberechtigte Inanspruchnahme der Steuererstattung ist strafbar.

Datum, Unterschrift

www.bmf.gv.at

BMF BUNDESMINISTERIUM FÜR FINANZEN

E 108g Bundesministerium für Finanzen

2.3. Die Europäische Ebene

2.3.1. Richtlinie 2009/65/EG des Europäischen Parlaments und des Rates

vom 13. Juli 2009

zur Koordinierung der Rechts- und Verwaltungsvorschriften betreffend bestimmte Organismen für gemeinsame Anlagen in Wertpapieren (OGAW)

(Neufassung)

Text von Bedeutung für den EWR

DAS EUROPÄISCHE PARLAMENT UND DER RAT DER EUROPÄISCHEN UNION –

gestützt auf den Vertrag zur Gründung der Europäischen Gemeinschaft, insbesondere auf Artikel 47 Absatz 2,

auf Vorschlag der Kommission,

gemäß dem Verfahren des Artikels 251 des Vertrags ([1]),

in Erwägung nachstehender Gründe:

(1) Die Richtlinie 85/611/EWG des Rates vom 20. Dezember 1985 zur Koordinierung der Rechts- und Verwaltungsvorschriften betreffend bestimmte Organismen für gemeinsame Anlagen in Wertpapieren (OGAW) ([2]) wurde mehrfach und erheblich geändert ([3]). Aus Gründen der Klarheit empfiehlt es sich, im Rahmen der jetzt anstehenden Änderungen eine Neufassung dieser Richtlinie vorzunehmen.

(2) Die Richtlinie 85/611/EWG hat in hohem Maße zur Entwicklung und zum Erfolg der europäischen Investmentfondsbranche beigetragen. Jedoch ist trotz der seit ihrer Verabschiedung und insbesondere im Jahr 2001 eingeführten Verbesserungen kontinuierlich deutlich geworden, dass Änderungen am Rechtsrahmen für OGAW eingeführt werden müssen, um ihn an die Finanzmärkte des 21. Jahrhunderts anzupassen. Mit dem Grünbuch der Kommission vom 12. Juli 2005 über den Ausbau des Europäischen Rahmens für Investmentfonds wurde eine öffentliche Diskussion darüber angestoßen, wie die Richtlinie 85/611/EWG geändert werden sollte, um diesen neuen Herausforderungen gerecht zu werden. Dieser eingehende Konsultationsprozess führte zu der weithin geteilten Schlussfolgerung, dass erhebliche Änderungen an der genannten Richtlinie erforderlich sind.

(3) Die nationalen Rechtsvorschriften über die Organismen für gemeinsame Anlagen sollten koordiniert werden, um eine Angleichung der Wettbewerbsbedingungen zwischen diesen Organismen auf Gemeinschaftsebene zu erreichen und gleichzeitig einen wirksameren und einheitlicheren Schutz der Anteilinhaber sicherzustellen. Eine derartige Koordinierung erleichtert die Beseitigung der Beschränkungen des freien Verkehrs für Anteile von OGAW in der Gemeinschaft.

(4) Im Hinblick auf die vorstehend genannten Ziele ist es wünschenswert, für die in den Mitgliedstaaten niedergelassenen OGAW gemeinsame Mindestregelungen für die Zulassung, Aufsicht, Struktur, Geschäftstätigkeit sowie hinsichtlich der zu veröffentlichenden Informationen festzulegen.

---

1 Stellungnahme des Europäischen Parlaments vom 13. Januar 2009 (noch nicht im Amtsblatt veröffentlicht) und Beschluss des Rates vom 22. Juni 2009.

2 ABl. L 375 vom 31.12.1985, S. 3.

3 Siehe Anhang III Teil A.

(5) Die Koordinierung der Rechtsvorschriften der Mitgliedstaaten sollte auf OGAW des nicht geschlossenen Typs beschränkt werden, die ihre Anteile beim Publikum in der Gemeinschaft vertreiben. Die Anlagemöglichkeiten der OGAW sollten andere hinreichend liquide Finanzanlagen als Wertpapiere einschließen. Die Finanzinstrumente, die als Anlagevermögenswerte eines OGAW-Portfolios in Frage kommen, sollten in dieser Richtlinie genannt werden. Die Auswahl von Anlagewerten für ein Portfolio mittels der Nachbildung eines Index ist eine Managementtechnik.

(6) Muss ein OGAW nach Maßgabe einer Bestimmung dieser Richtlinie Maßnahmen ergreifen, so sollte sich diese Bestimmung auf die Verwaltungsgesellschaft beziehen, sofern der OGAW als Investmentfonds gegründet wurde und von einer Verwaltungsgesellschaft verwaltet wird und sofern der Investmentfonds über keine Rechtspersönlichkeit verfügt und somit nicht selbständig handeln kann.

(7) Anteile von OGAW werden im Sinne der Richtlinie 2004/39/EG des Europäischen Parlaments und des Rates vom 21. April 2004 über Märkte für Finanzinstrumente ([4]) als Finanzinstrumente betrachtet.

(8) Eine Zulassung der Verwaltungsgesellschaft in ihrem Herkunftsmitgliedstaat sollte den Anlegerschutz und die Solvabilität der Verwaltungsgesellschaften gewährleisten, um so zur Stabilität des Finanzsystems beizutragen. Mit dem in dieser Richtlinie verfolgten Ansatz soll die grundlegende Harmonisierung gewährleistet werden, die erforderlich und ausreichend ist, um die gegenseitige Anerkennung der Zulassung und der Aufsichtssysteme sicherzustellen, was wiederum die Erteilung einer einmaligen, in der gesamten Gemeinschaft gültigen Zulassung sowie die Anwendung des Grundsatzes der Kontrolle durch den Herkunftsmitgliedstaat ermöglichen soll.

(9) Um sicherzustellen, dass eine Verwaltungsgesellschaft in der Lage ist, die sich aus ihrer Tätigkeit ergebenden Verpflichtungen zu erfüllen und somit ihre Stabilität zu gewährleisten, sind ein Anfangskapital und zusätzliche Eigenmittel erforderlich. Um der Entwicklung insbesondere bei den Eigenkapitalanforderungen im Zusammenhang mit dem Geschäftsrisiko in der Gemeinschaft und auf anderen internationalen Foren Rechnung zu tragen, sollten diese Anforderungen, auch was den Einsatz von Garantien anbelangt, überprüft werden.

(10) Für den Anlegerschutz ist es erforderlich, die interne Kontrolle einer Verwaltungsgesellschaft zu gewährleisten, und zwar insbesondere durch ein Zwei-Personen-Verwaltungssystem sowie durch angemessene interne Kontrollverfahren.

(11) Nach dem Grundsatz der Kontrolle durch den Herkunftsmitgliedstaat sollten die in ihrem Herkunftsmitgliedstaat zugelassenen Verwaltungsgesellschaften befugt sein, die Dienstleistungen, für die sie eine Zulassung erhalten haben, in der gesamten Gemeinschaft durch Gründung von Zweigniederlassungen oder im Rahmen des freien Dienstleistungsverkehrs zu erbringen.

(12) In Bezug auf die gemeinsame Portfolioverwaltung (Verwaltung von Investmentfonds oder von Investmentgesellschaften) sollte eine Verwaltungsgesellschaft aufgrund der ihr in ihrem Herkunftsmitgliedstaat erteilten Zulassung in den Aufnahmemitgliedstaaten unbeschadet von Kapitel XI folgende Tätigkeiten ausüben dürfen: Vertrieb der Anteile an harmonisierten Investmentfonds, die von dieser Gesellschaft in ihrem Herkunftsmitgliedstaat verwaltet werden, durch die Errichtung einer Zweigniederlassung; Vertrieb der Anteile an harmonisierten Investmentgesellschaften, die von ihr verwaltet werden, durch die

[4] ABl. L 145 vom 30.4.2004, S. 1.

Errichtung einer Zweigniederlassung; Vertrieb der Anteile an harmonisierten Investmentfonds oder der Anteile an harmonisierten Investmentgesellschaften, die von anderen Verwaltungsgesellschaften verwaltet werden; Wahrnehmung aller anderen Funktionen und Aufgaben, die zur Tätigkeit der gemeinsamen Portfolioverwaltung gehören; Verwaltung der Sondervermögen von Investmentgesellschaften, die in anderen Mitgliedstaaten als dem Herkunftsmitgliedstaat der Gesellschaft gegründet wurden; Wahrnehmung der Aufgaben der gemeinsamen Portfolioverwaltung im Auftrag von in anderen Mitgliedstaaten als dem Herkunftsmitgliedstaat der Gesellschaft gegründeten Verwaltungsgesellschaften für diese. Vertreibt eine Verwaltungsgesellschaft die Anteile ihrer harmonisierten Investmentfonds oder die Anteile ihrer harmonisierten Investmentgesellschaften in Aufnahmemitgliedstaaten, ohne eine Zweigniederlassung zu errichten, so sollte sie lediglich den Bestimmungen für grenzüberschreitende Vermarktung unterworfen werden.

(13) Im Hinblick auf den Tätigkeitsbereich der Verwaltungsgesellschaften und um den nationalen Rechtsvorschriften Rechnung zu tragen sowie diesen Gesellschaften die Erzielung erheblicher Skaleneffekte zu gestatten, ist es wünschenswert, ihnen auch zu gestatten, die Tätigkeit der Verwaltung von Anlageportfolios auf einer Einzelkundenbasis (individuelle Portfolioverwaltung) auszuüben, zu der auch die Verwaltung von Pensionsfonds sowie einige spezifische Nebendienstleistungen zählen, die an die Hauptgeschäftstätigkeit gebunden sind, ohne die Solidität dieser Gesellschaften zu berühren. Allerdings sollten spezifische Vorschriften zur Verhütung von Interessenkonflikten für den Fall festgelegt werden, dass die Verwaltungsgesellschaften zur Ausübung sowohl der gemeinsamen als auch der individuellen Portfolioverwaltung berechtigt sind.

(14) Die Verwaltung von individuellen Anlageportfolios ist eine Wertpapierdienstleistung, die von der Richtlinie 2004/39/EG abgedeckt ist. Um einen einheitlichen Rechtsrahmen in diesem Bereich zu gewährleisten, ist es wünschenswert, die Verwaltungsgesellschaften, deren Zulassung auch diese Tätigkeit abdeckt, den Bedingungen der genannten Richtlinie für die Ausübung der Tätigkeit zu unterwerfen.

(15) Ein Herkunftsmitgliedstaat sollte grundsätzlich auch strengere Vorschriften als die in dieser Richtlinie festgelegten erlassen können, insbesondere hinsichtlich der Zulassungsbedingungen, der Aufsichtsanforderungen und der Vorschriften für die Offenlegung und den Prospekt.

(16) Es ist wünschenswert, Vorschriften über die Voraussetzungen festzulegen, unter denen eine Verwaltungsgesellschaft auf der Grundlage eines Auftrags spezifische Aufgaben und Funktionen auf Dritte übertragen kann, um so ihre Geschäftstätigkeit effizienter zu machen. Um die ordnungsgemäße Funktionsweise des Grundsatzes der Kontrolle durch den Herkunftsmitgliedstaat sicherzustellen, sollten die Mitgliedstaaten, die eine derartige Übertragung der Aufgaben gestatten, gewährleisten, dass die Verwaltungsgesellschaft, der sie eine Zulassung erteilt haben, nicht die Gesamtheit ihrer Aufgaben auf einen oder mehrere Dritte überträgt, um so zu einer „Briefkastengesellschaft" zu werden, und dass diese Aufträge eine wirksame Beaufsichtigung der Verwaltungsgesellschaft nicht behindern. Die Tatsache, dass die Verwaltungsgesellschaft ihre Aufgaben übertragen hat, sollte auf keinen Fall die Haftung dieser Gesellschaft und der Verwahrstelle gegenüber den Anteilinhabern und den zuständigen Behörden beeinträchtigen.

(17) Zur Gewährleistung gleicher Wettbewerbsbedingungen und geeigneter langfristiger Kontrollmaßnahmen sollte die Kommission die Möglichkeiten zur Harmonisierung der Übertragungsvereinbarungen auf Gemeinschaftsebene prüfen können.

(18) Der Grundsatz der Kontrolle durch den Herkunftsmitgliedstaat schreibt vor, dass die zuständigen Behörden die Zulassung entziehen bzw. nicht erteilen, wenn aus Gegeben-

heiten wie dem Inhalt des Geschäftsplans, der geografischen Streuung bzw. den tatsächlich ausgeübten Tätigkeiten klar hervorgeht, dass sich eine Verwaltungsgesellschaft für das Rechtssystem eines Mitgliedstaats entschieden hat, um den strengeren Vorschriften eines anderen Mitgliedstaats zu entgehen, in dessen Hoheitsgebiet sie den Großteil ihrer Tätigkeiten auszuüben gedenkt bzw. tatsächlich ausübt. Für die Zwecke dieser Richtlinie sollte eine Verwaltungsgesellschaft in dem Mitgliedstaat zugelassen sein, in dem sie ihren Sitz hat. Gemäß dem Grundsatz der Kontrolle durch den Herkunftsmitgliedstaat sollten nur die zuständigen Behörden des Herkunftsmitgliedstaats der Verwaltungsgesellschaft als für die Beaufsichtigung der Organisation der Verwaltungsgesellschaft, einschließlich aller Verfahren und Ressourcen zur Wahrnehmung der administrativen Tätigkeiten gemäß Anhang II, die den Rechtsvorschriften des Herkunftsmitgliedstaats der Verwaltungsgesellschaft unterliegen sollten, zuständig angesehen werden.

(19) Wird ein OGAW von einer Verwaltungsgesellschaft verwaltet, die in einem Mitgliedstaat zugelassen ist, der nicht der Herkunftsmitgliedstaat des OGAW ist, so sollte diese Verwaltungsgesellschaft geeignete Verfahren und Vorkehrungen beschließen und einrichten, um mit Anlegerbeschwerden umzugehen, wie etwa durch geeignete Bestimmungen im Rahmen der Vertriebsmodalitäten oder durch die Bereitstellung einer Anschrift im Herkunftsmitgliedstaat des OGAW, ohne dass es erforderlich sein sollte, dass es sich hierbei um eine Anschrift der Verwaltungsgesellschaft selbst handelt. Die Verwaltungsgesellschaft sollte ferner geeignete Verfahren und Vereinbarungen vorsehen, um Informationen auf Antrag der Öffentlichkeit oder der zuständigen Behörden des Herkunftsmitgliedstaats des OGAW bereitzustellen, wie etwa durch Benennung einer Kontaktperson unter ihren Mitarbeitern, die für die Behandlung von Anträgen auf Bereitstellung von Informationen zuständig ist. Dagegen sollte eine solche Verwaltungsgesellschaft nicht durch die geltenden Rechtsvorschriften des Herkunftsmitgliedstaats des OGAW verpflichtet werden, zur Erfüllung ihrer Pflichten eine Niederlassung in diesem Mitgliedstaat zu unterhalten.

(20) Die zuständigen Behörden, die den OGAW zulassen, sollten die Bestimmungen des Investmentfonds oder die Satzung der Investmentgesellschaft, die Wahl der Verwahrstelle und die Fähigkeit der Verwaltungsgesellschaft, den OGAW zu verwalten, berücksichtigen. Ist die Verwaltungsgesellschaft in einem anderen Mitgliedstaat niedergelassen, so sollten sich die zuständigen Behörden auf eine von den zuständigen Behörden des Herkunftsmitgliedstaats der Verwaltungsgesellschaft ausgestellte Bescheinigung bezüglich der Art des OGAW, den die Verwaltungsgesellschaft zu verwalten befugt ist, verlassen können. Die Zulassung eines OGAW sollte weder von zusätzlichen Kapitalanforderungen auf der Ebene der Verwaltungsgesellschaft noch vom Sitz der Verwaltungsgesellschaft im Herkunftsmitgliedstaat des OGAW noch vom Ort der Tätigkeiten der Verwaltungsgesellschaft im Herkunftsmitgliedstaat des OGAW abhängig gemacht werden.

(21) Die zuständigen Behörden des Herkunftsmitgliedstaats des OGAW sollten für die Beaufsichtigung der Einhaltung der Rechtsvorschriften über die Gründung und den Fortbestand des OGAW zuständig sein, die den Rechtsvorschriften des Herkunftsmitgliedstaats des OGAW unterliegen sollten. Dazu sollten die zuständigen Behörden des Herkunftsmitgliedstaats des OGAW Informationen unmittelbar von der Verwaltungsgesellschaft einholen können. Insbesondere können die zuständigen Behörden des Aufnahmemitgliedstaats der Verwaltungsgesellschaft von dieser verlangen, Informationen über Geschäfte in Bezug auf Anlagen des OGAW vorzulegen, die in diesem Mitgliedstaat genehmigt wurden. Dies schließt auch Informationen ein, die in Büchern und anderen Aufzeichnungen dieser Geschäfte sowie in den Berichten der Fonds enthalten sind. Zur Behebung von Verstößen gegen die geltenden Bestimmungen unter ihrer Zuständigkeit sollten die zuständigen Be-

hörden des Aufnahmemitgliedstaats der Verwaltungsgesellschaft sich auf die Zusammenarbeit mit den zuständigen Behörden des Herkunftsmitgliedstaats der Verwaltungsgesellschaft verlassen und bei Bedarf unmittelbar Maßnahmen gegen die Verwaltungsgesellschaft ergreifen können.

(22) Der Herkunftsmitgliedstaat des OGAW sollte die Möglichkeit haben, Vorschriften für den Inhalt des Verzeichnisses der Anteilinhaber des OGAW zu erlassen. Die Organisation der Führung und der Verwahrort dieses Verzeichnisses sollten jedoch auch weiterhin zu den Organisationsbestimmungen der Verwaltungsgesellschaft gehören.

(23) Der Herkunftsmitgliedstaat des OGAW muss über sämtliche erforderlichen Mittel verfügen, um gegen Verstöße jeder Art gegen die Regeln des OGAW vorzugehen. Deshalb sollten die zuständigen Behörden des Herkunftsmitgliedstaats des OGAW Präventivmaßnahmen und Sanktionen gegen die Verwaltungsgesellschaft ergreifen können. Als ultima ratio sollten die zuständigen Behörden des Herkunftsmitgliedstaats des OGAW von der Verwaltungsgesellschaft verlangen können, die Verwaltung des OGAW einzustellen. Die Mitgliedstaaten sollten die erforderlichen Bestimmungen erlassen, um in einem solchen Fall eine ordnungsgemäße Verwaltung oder Liquidation des OGAW zu gewährleisten.

(24) Um einer „Aufsichtsarbitrage" vorzubeugen und das Vertrauen in die Wirksamkeit der Beaufsichtigung durch die zuständigen Behörden des Herkunftsmitgliedstaats zu verbessern, sollte die Zulassung verweigert werden, wenn ein OGAW gehindert ist, seine Anteile in seinem Herkunftsmitgliedstaat zu vertreiben. Nach seiner Zulassung sollte der OGAW frei darüber entscheiden können, in welchem Mitgliedstaat bzw. in welchen Mitgliedstaaten seine Anteile im Einklang mit dieser Richtlinie vertrieben werden sollen.

(25) Zur Wahrung der Interessen der Aktionäre und zur Gewährleistung gleicher Wettbewerbsbedingungen für harmonisierte Organismen für gemeinsame Anlagen müssen Investmentgesellschaften über ein Anfangskapital verfügen. Investmentgesellschaften, die eine Verwaltungsgesellschaft benannt haben, werden jedoch durch die zusätzlichen Eigenmittel der Verwaltungsgesellschaft abgedeckt sein.

(26) Gibt es einschlägige Wohlverhaltensregeln für die Geschäftstätigkeit und einschlägige Regeln für die Übertragung von Aufgaben an Dritte und ist diese Übertragung durch eine Verwaltungsgesellschaft nach dem Recht des Herkunftsmitgliedstaats gestattet, so sollten zugelassene Investmentgesellschaften diese Regeln entsprechend einhalten, sei es unmittelbar, wenn sie keine gemäß dieser Richtlinie zugelassene Verwaltungsgesellschaft benannt haben, oder mittelbar, wenn sie eine solche Verwaltungsgesellschaft benannt haben.

(27) Trotz der Notwendigkeit einer Konsolidierung zwischen OGAW stoßen Verschmelzungen von OGAW in der Gemeinschaft auf zahlreiche rechtliche und administrative Schwierigkeiten. Daher müssen, um das Funktionieren des Binnenmarkts zu verbessern, Gemeinschaftsvorschriften festgelegt werden, die Verschmelzungen zwischen OGAW (und deren Teilfonds) erleichtern. Wenngleich einige Mitgliedstaaten wahrscheinlich nur Fonds in Vertragsform zulassen werden, sollten grenzüberschreitende Verschmelzungen zwischen allen Arten von OGAW (in Vertragsform, in Satzungsform oder in Form des Trust) von jedem Mitgliedstaat zugelassen und anerkannt werden, ohne dass die Mitgliedstaaten neue Rechtsformen von OGAW in ihre nationalen Rechtsvorschriften einführen müssen.

(28) Diese Richtlinie betrifft die Verschmelzungsverfahren, die in den Mitgliedstaaten am gebräuchlichsten sind. Sie verpflichtet die Mitgliedstaaten nicht, alle in dieser Richtlinie aufgeführten Verfahren in ihr innerstaatliches Recht zu überführen, sie sollten jedoch Übertragungen von Vermögenswerten auf der Grundlage dieser Verschmelzungsverfahren anerkennen. Diese Richtlinie hindert einen OGAW nicht daran, auf allein nationaler Basis in Situationen, in denen keiner der von der Verschmelzung betroffenen OGAW die grenzüber-

schreitende Vermarktung seiner Anteile mitgeteilt hat, auch andere Verfahren zu nutzen. Diese Verschmelzungen unterliegen weiterhin den einschlägigen nationalen Rechtsvorschriften. Nationale Bestimmungen über die Beschlussfähigkeit sollten weder zwischen nationalen und grenzüberschreitenden Verschmelzungen diskriminieren noch strenger sein als die für Verschmelzungen von Kapitalgesellschaften vorgesehenen Bestimmungen.

(29) Um die Interessen der Anleger zu wahren, sollten die Mitgliedstaaten vorschreiben, dass geplante inländische oder grenzüberschreitende Verschmelzungen zwischen OGAW von ihren zuständigen Behörden genehmigt werden müssen. Bei grenzüberschreitenden Verschmelzungen sollten die zuständigen Behörden des übertragenden OGAW die Verschmelzung genehmigen, um sicherzustellen, dass die Interessen der Anteilinhaber, die faktisch den OGAW wechseln, gebührend geschützt werden. Gehen bei einer Verschmelzung mehrere OGAW mit Sitz in unterschiedlichen Mitgliedstaaten auf, so müssen die zuständigen Behörden jedes einzelnen übertragenden OGAW die Verschmelzung in enger Zusammenarbeit, die auch einen geeigneten Informationsaustausch umfasst, genehmigen. Da auch die Interessen der Anteilinhaber des übernehmenden OGAW angemessen gewahrt bleiben müssen, sollten sie von den zuständigen Behörden des Herkunftsmitgliedstaats des übernehmenden OGAW berücksichtigt werden.

(30) Die Anteilinhaber sowohl der übertragenden als auch der übernehmenden OGAW sollten außerdem die Rücknahme oder die Auszahlung ihrer Anteile verlangen können oder sie, soweit möglich, in Anteile eines anderen OGAW mit ähnlicher Anlagepolitik, der von derselben Verwaltungsgesellschaft oder von einer mit ihr verbundenen anderen Gesellschaft verwaltet wird, umwandeln können. Bei der Wahrnehmung dieses Rechts sollten keine zusätzlichen Kosten anfallen; es sollte lediglich den Gebühren unterliegen, die von den jeweiligen OGAW zur Deckung der Kosten für die Auflösung der Anlagen in allen Situationen, wie in den Prospekten der übertragenden und der übernehmenden OGAW aufgeführt, einbehalten werden.

(31) Bei Verschmelzungen sollte auch eine Kontrolle durch Dritte sichergestellt werden. Die Verwahrstellen eines jeden an der Verschmelzung beteiligten OGAW sollten die Übereinstimmung des gemeinsamen Verschmelzungsplans mit den einschlägigen Bestimmungen dieser Richtlinie und den Vertragsbedingungen des OGAW überprüfen. Entweder eine Verwahrstelle oder ein unabhängiger Wirtschaftsprüfer sollte im Auftrag aller an der Verschmelzung beteiligten OGAW einen Bericht erstellen, in dem die im gemeinsamen Verschmelzungsplan dargelegten Methoden zur Bewertung des Vermögens und der Verbindlichkeiten dieser OGAW und die Methode zur Berechnung des Umtauschverhältnisses sowie das Umtauschverhältnis zum betreffenden Zeitpunkt und gegebenenfalls die Barzahlung je Anteil bestätigt werden. Um die mit grenzüberschreitenden Verschmelzungen verbundenen Kosten in Grenzen zu halten, sollte es möglich sein, dass ein einziger Bericht für alle beteiligten OGAW erstellt wird, und sollte der gesetzliche Abschlussprüfer des übertragenden oder des übernehmenden OGAW die Möglichkeit hierzu erhalten. Aus Gründen des Anlegerschutzes sollten die Anteilinhaber auf Anfrage und kostenlos eine Kopie des Berichts erhalten können.

(32) Besonders wichtig ist, dass die Anteilinhaber angemessen über die geplante Verschmelzung informiert werden und dass ihre Rechte hinreichend geschützt werden. Wenngleich die Interessen der Anteilinhaber der übertragenden OGAW von der Verschmelzung am stärksten betroffen sind, sollten auch die Interessen der Anteilinhaber der übernehmenden OGAW gewahrt bleiben.

(33) Die in dieser Richtlinie enthaltenen Bestimmungen über Verschmelzungen lassen die Anwendung von Rechtsvorschriften über die Kontrolle von Unternehmenszusammen-

schlüssen, insbesondere der Verordnung (EG) Nr. 139/2004 des Rates vom 20. Januar 2004 über die Kontrolle von Unternehmenszusammenschlüssen („EG-Fusionskontrollverordnung") ([5]), unberührt.

(34) Der freie Vertrieb von Anteilen eines OGAW, dem es gestattet ist, bis zu 100 % seines Sondervermögens in Wertpapieren anzulegen, die von ein und demselben Emittenten (Staat, Gebietskörperschaft usw.) ausgegeben werden, sollte nicht unmittelbar oder mittelbar zur Folge haben, dass das Funktionieren des Kapitalmarktes oder die Finanzierung eines Mitgliedstaats gestört wird.

(35) Die in dieser Richtlinie enthaltene Definition der Wertpapiere gilt nur für diese Richtlinie und berührt nicht die verschiedenen Definitionen, die in nationalen Vorschriften für andere Zwecke, z. B. Steuerzwecke, verwendet werden. Von Gesellschaften wie den „Building Societies" oder den „Industrial und Provident Societies" ausgegebene Aktien oder Aktien gleichzustellende Wertpapiere, bei denen das Eigentum in der Praxis nur dadurch übertragen werden kann, dass sie von der ausgebenden Gesellschaft zurückgekauft werden, fallen folglich nicht unter diese Definition.

(36) Geldmarktinstrumente umfassen übertragbare Instrumente, die üblicherweise eher auf dem Geldmarkt als auf geregelten Märkten gehandelt werden, wie Schatzwechsel, Kommunalobligationen, Einlagenzertifikate, Commercial Papers, Medium-Term-Notes und Bankakzepte.

(37) Der in dieser Richtlinie verwendete Begriff des geregelten Marktes entspricht dem in der Richtlinie 2004/39/EG verwendeten Begriff.

(38) Ein OGAW sollte sein Vermögen in Anteilen von OGAW und anderer Organismen für gemeinsame Anlagen des offenen Typs anlegen können, die ebenfalls nach dem Grundsatz der Risikostreuung in die in dieser Richtlinie genannten liquiden Finanzanlagen investieren. OGAW oder andere Organismen für gemeinsame Anlagen, in die ein OGAW investiert, müssen einer wirksamen Aufsicht unterliegen.

(39) Die Entwicklung von Anlagemöglichkeiten eines OGAW in OGAW und in andere Organismen für gemeinsame Anlagen sollte erleichtert werden. Deshalb muss unbedingt sichergestellt werden, dass durch derartige Anlagetätigkeiten der Anlegerschutz nicht verringert wird. Wegen der erweiterten Möglichkeiten eines OGAW, in Anteile anderer OGAW und Organismen für gemeinsame Anlagen zu investieren, müssen bestimmte Vorschriften für quantitative Anlagegrenzen, die Veröffentlichung von Informationen und zur Verhütung des Kaskade-Phänomens festgelegt werden.

(40) Um den Marktentwicklungen Rechnung zu tragen und in Anbetracht der Vollendung der Wirtschafts- und Währungsunion sollte ein OGAW auch in Bankeinlagen investieren können. Um eine angemessene Liquidität der Anlagen in Bankeinlagen zu gewährleisten, sollten dies Sichteinlagen oder kündbare Einlagen sein. Werden die Einlagen bei einem Kreditinstitut mit Sitz in einem Drittland getätigt, so sollte dieses Kreditinstitut Aufsichtsbestimmungen unterliegen, die denen des Gemeinschaftsrechts gleichwertig sind.

(41) Neben dem Fall, dass ein OGAW gemäß seinen Vertragsbedingungen oder seiner Satzung in Bankeinlagen investiert, sollte es möglich sein, allen OGAW zu gestatteten, zusätzliche flüssige Mittel wie Sichteinlagen halten zu dürfen. Das Halten derartiger zusätzlicher flüssiger Mittel kann unter anderem gerechtfertigt sein zur Deckung laufender oder außergewöhnlicher Zahlungen, im Fall von Verkäufen, bis die Gelder wieder in Wertpapieren, Geldmarktinstrumenten und/oder anderen von dieser Richtlinie vorgesehenen

---

[5] ABl. L 24 vom 29.1.2004, S. 1.

Finanzanlagen angelegt werden können, oder für einen absolut notwendigen Zeitraum, wenn aufgrund ungünstiger Marktbedingungen die Anlage in Wertpapieren, Geldmarktinstrumenten und anderen Finanzanlagen ausgesetzt werden ist.

(42) Aus aufsichtsrechtlichen Gründen sollte ein OGAW eine übermäßige Konzentration seiner mit einem Ausfallrisiko behafteten Anlagen oder Einlagen bei ein und demselben Emittenten bzw. Institut oder bei derselben Unternehmensgruppe angehörenden Emittenten bzw. Instituten vermeiden.

(43) Einem OGAW sollte es ausdrücklich gestattet sein, im Rahmen seiner allgemeinen Anlagepolitik oder zu Sicherungszwecken in abgeleitete Finanzinstrumente („Derivate") zu investieren, wenn damit ein in seinem Prospekt genanntes Finanzziel oder Risikoprofil verwirklicht werden soll. Um den Anlegerschutz zu gewährleisten, ist es erforderlich, das mit Derivaten verbundene maximale Risiko zu begrenzen, damit es den Gesamtnettowert des Anlageportfolios des OGAW nicht überschreitet. Um die durchgehende Beachtung der Risiken und Engagements im Zusammenhang mit Derivategeschäften sicherzustellen und die Einhaltung der Anlagegrenzen zu überprüfen, sollten diese Risiken und Engagements kontinuierlich bewertet und überwacht werden. Schließlich sollte ein OGAW zur Gewährleistung des Anlegerschutzes durch öffentliche Information seine Strategien, Techniken und Anlagegrenzen in Bezug auf Derivategeschäfte beschreiben.

(44) Maßnahmen bei möglichen abweichenden Interessen in Bezug auf Produkte, bei denen die Kreditrisiken durch Verbriefung übertragen werden, wie mit Blick auf die Richtlinie 2006/48/EG des Europäischen Parlaments und des Rates vom 14. Juni 2006 über die Aufnahme und Ausübung der Tätigkeit der Kreditinstitute ([6]) und die Richtlinie 2006/49/EG des Europäischen Parlaments und des Rates vom 14. Juni 2006 über die angemessene Eigenkapitalausstattung von Wertpapierfirmen und Kreditinstituten ([7]) vorgesehen, müssen mit allen einschlägigen Rechtsvorschriften im Finanzsektor einheitlich und kohärent sein. Um diese Einheitlichkeit und Kohärenz zu gewährleisten, wird die Kommission entsprechende Vorschläge für Rechtsvorschriften, einschließlich im Hinblick auf diese Richtlinie, vorlegen, nachdem die Folgen solcher Vorschläge gebührend abgeschätzt worden sind.

(45) Im Hinblick auf abgeleitete Finanzinstrumente, die nicht an einer Börse gehandelt werden („OTC-Derivate"), sind Anforderungen in Bezug auf die Eignung der Gegenparteien und der Instrumente, die Liquidität und die laufende Bewertung der Position vorzuschreiben. Mit diesen Vorschriften soll ein angemessenes Anlegerschutzniveau gewährleistet werden, das dem Niveau nahe kommt, das Anlegern beim Erwerb von auf geregelten Märkten gehandelten Derivaten geboten wird.

(46) Derivate-Geschäfte sollten niemals dazu verwendet werden, die Grundsätze und Bestimmungen dieser Richtlinie zu umgehen. Für OTC-Derivate sollten zusätzliche Risikostreuungsvorschriften für Engagements gegenüber einer einzigen Gegenpartei oder Gruppe von Gegenparteien Anwendung finden.

(47) Einige Portfolioverwaltungsmethoden für Organismen für gemeinsame Anlagen, die hauptsächlich in Aktien oder Schuldtitel investieren, basieren auf der Nachbildung von Aktien- oder Schuldtitelindizes. Ein OGAW sollte allgemein bekannte und anerkannte Aktien- oder Schuldtitelindizes nachbilden dürfen. Daher kann es erforderlich sein, für die zu diesem Zweck in Aktien oder Schuldtitel investierende OGAW flexiblere Risikostreuungsregeln einzuführen.

---

[6] ABl. L 177 vom 30.6.2006, S. 1.

[7] ABl. L 177 vom 30.6.2006, S. 201.

(48) Organismen für gemeinsame Anlagen im Sinne dieser Richtlinie sollten für keinen anderen Zweck als für die gemeinsame Anlage des vom Publikum beschafften Kapitals gemäß den in dieser Richtlinie festgelegten Regeln genutzt werden. In den in dieser Richtlinie genannten Fällen sollte ein OGAW nur dann Tochtergesellschaften haben können, wenn dies erforderlich ist, um bestimmte, ebenfalls in dieser Richtlinie festgelegte Tätigkeiten im eigenen Namen auszuüben. Eine wirksame Beaufsichtigung der OGAW muss gewährleistet sein. Deshalb sollte die Gründung einer OGAW-Tochtergesellschaft in Drittländern nur in den in dieser Richtlinie genannten Fällen und zu den in dieser Richtlinie festgelegten Bedingungen gestattet werden. Die allgemeine Pflicht, allein im Interesse der Anteilinhaber zu handeln, und insbesondere das Ziel einer größeren Kostenwirksamkeit, rechtfertigen keine Maßnahmen eines OGAW, durch die die zuständigen Behörden an einer wirksamen Beaufsichtigung gehindert werden könnten.

(49) Die ursprüngliche Fassung der Richtlinie 85/611/EWG sah eine Abweichung von der Beschränkung des Prozentsatzes vor, bis zu dem ein OGAW sein Sondervermögen in Wertpapieren ein und desselben Emittenten anlegen darf, die im Fall der von einem Mitgliedstaat begebenen oder garantierten Schuldverschreibungen galt. Diese Abweichung gestattete es in diesem Rahmen den OGAW, bis zu 35 % ihres Sondervermögens in derartigen Schuldverschreibungen anzulegen. Eine vergleichbare, aber weniger weitreichende Abweichung ist bei privaten Schuldverschreibungen gerechtfertigt, die zwar nicht staatlich garantiert sind, aber infolge der für sie geltenden speziellen Vorschriften eine besondere Sicherheit für den Anleger bieten. Folglich ist es angezeigt, die Abweichung für alle privaten Schuldverschreibungen vorzusehen, die gemeinsam festgelegte Merkmale erfüllen; es ist Sache der Mitgliedstaaten, selbst das Verzeichnis der Schuldverschreibungen zu erstellen, für die sie gegebenenfalls eine Abweichung zulassen wollen.

(50) Mehrere Mitgliedstaaten haben Bestimmungen erlassen, die nicht koordinierten Organismen für gemeinsame Anlagen ein Pooling ihres Vermögens in einem so genannten Master-Fonds ermöglichen. OGAW können diese Strukturen nur dann nutzen, wenn Feeder-OGAW, die ein Pooling ihres Vermögens in einem Master-OGAW wünschen, vom Verbot befreit werden, mehr als 10 % bzw. 20 % ihres Sondervermögens in einen einzigen Organismus für gemeinsame Anlagen anzulegen. Diese Befreiung ist gerechtfertigt, da Feeder-OGAW ihr gesamtes Vermögen oder zumindest einen Großteil davon in das diversifizierte Portfolio des Master-OGAW investieren, der seinerseits den Diversifizierungsbestimmungen für OGAW unterliegt.

(51) Im Interesse eines wirksam funktionierenden Binnenmarkts und eines einheitlichen Anlegerschutzes in der gesamten Gemeinschaft sollten sowohl Master-Feeder-Strukturen erlaubt werden, bei denen Master- und Feeder-Fonds im gleichen Mitgliedstaat niedergelassen sind, als auch Strukturen, bei denen sie in verschiedenen Mitgliedstaaten niedergelassen sind. Um dem Anleger ein besseres Verständnis der Master-Feeder-Strukturen zu ermöglichen und – insbesondere in grenzüberschreitenden Fällen – die Überwachung durch die Regulierungsstellen zu vereinfachen, sollten Feeder-OGAW nicht in mehr als einen Master-OGAW investieren können. Da in der gesamten Gemeinschaft der gleiche Grad an Anlegerschutz zu gewährleisten ist, sollte der Master-Fonds selbst ein zugelassener OGAW sein. Zur Vermeidung eines unnötigen Verwaltungsaufwands sollten die Bestimmungen über die Anzeige grenzüberschreitender Vermarktung keine Anwendung finden, wenn ein Master-OGAW in einem anderen Mitgliedstaat als dem Mitgliedstaat seiner Niederlassung kein öffentliches Kapital aufnimmt, sondern in diesem anderen Mitgliedstaat lediglich über einen oder mehrere Feeder-OGAW verfügt.

(52) Zum Schutz der Anleger des Feeder-OGAW sollte dessen Anlage in den Master-

OGAW von einer vorherigen Genehmigung durch die zuständigen Behörden des Herkunftsmitgliedstaats des Feeder-OGAW abhängig gemacht werden. Einer Genehmigungspflicht unterliegt nur die Anfangsanlage in den Master-OGAW, mit der der Feeder-OGAW die für Anlagen in einen anderen OGAW geltende Obergrenze überschreitet. Zur Erleichterung des effektiven Funktionierens des Binnenmarkts und zur Gewährleistung eines einheitlichen Anlegerschutzes in der Gemeinschaft sollten die zu erfüllenden Bedingungen und die für die Genehmigung der Anlage des Feeder-OGAW in den Master-OGAW beizubringenden Unterlagen und Informationen vollständig sein.

(53) Da ein Feeder-OGAW im besten Interesse seiner Anteilinhaber handeln und vom Master-OGAW alle Angaben und Unterlagen erhalten können sollte, die er zur Erfüllung seiner Verpflichtungen benötigt, sollten Feeder- und Master-OGAW eine verbindliche und durchsetzbare Vereinbarung abschließen. Werden sowohl Feeder-OGAW als auch Master-OGAW von derselben Verwaltungsgesellschaft verwaltet, so sollte es jedoch ausreichen, dass der Master-OGAW interne Regelungen für Geschäftstätigkeiten festlegt. Eine Vereinbarung über den Informationsaustausch jeweils zwischen den Verwahrstellen bzw. den Wirtschaftsprüfern von Feeder-OGAW und Master-OGAW sollte den Austausch von Informationen und Unterlagen gewährleisten, die die Verwahrstelle bzw. der Wirtschaftsprüfer des Feeder-OGAW benötigt, um ihre/seine Verpflichtungen zu erfüllen. Diese Richtlinie sollte gewährleisten, dass die Erfüllung dieser Anforderungen nicht zu einem Verstoß gegen bestehende Beschränkungen der Offenlegung von Informationen oder zu einem Verstoß gegen datenschutzrechtliche Bestimmungen führt.

(54) Um ein hohes Schutzniveau für die Interessen der Anleger des Feeder-OGAW zu gewährleisten, sollten der Prospekt, die wesentlichen Informationen für den Anleger sowie alle Marketing-Anzeigen den besonderen Merkmalen von Master-Feeder-Strukturen Rechnung tragen. Die Anlage eines Feeder-OGAW in einen Master-OGAW sollte nicht seine Fähigkeit beeinträchtigen, auf Antrag der Anteilinhaber Anteile zurückzunehmen oder auszuzahlen oder ganz im Interesse seiner Anteilinhaber zu handeln.

(55) Durch diese Richtlinie sollten Anteilinhaber vor ungerechtfertigten zusätzlichen Kosten geschützt werden, indem dem Master-OGAW untersagt ist, vom Feeder-OGAW Zeichnungs- oder Rückkaufgebühren zu erheben. Der Master-OGAW sollte allerdings berechtigt sein, Zeichnungs- oder Rückkaufgebühren von anderen Anlegern im Master-OGAW zu erheben.

(56) Die Möglichkeit der Umwandlung bereits bestehender OGAW in ein Feeder-OGAW sollte durch die einschlägigen Bestimmungen nicht ausgeschlossen werden. Gleichzeitig sollte ein ausreichender Schutz für die Anteilinhaber gewährleistet sein. Da eine Umwandlung eine grundlegende Änderung der Anlagestrategie ist, sollte der betreffende OGAW dazu verpflichtet werden, seinen Anteilinhabern ausreichende Informationen bereitzustellen, damit sie entscheiden können, ob sie ihre Anlage aufrechterhalten wollen. Die zuständigen Behörden sollten vom Feeder-OGAW keine über die in der vorliegenden Richtlinie genannten Informationen hinausgehenden zusätzlichen oder weiteren Informationen verlangen.

(57) Werden die zuständigen Behörden des Herkunftsmitgliedstaats des Master-OGAW über Unregelmäßigkeiten im Zusammenhang mit dem Master-OGAW informiert oder stellen sie fest, dass der Master-OGAW gegen die Bestimmungen dieser Richtlinie verstößt, so können sie gegebenenfalls geeignete Maßnahmen ergreifen, mit denen sichergestellt wird, dass die Anteilinhaber des Master-OGAW entsprechend informiert werden.

(58) Die Mitgliedstaaten sollten eindeutig zwischen Marketing-Anzeigen und den in dieser Richtlinie vorgeschriebenen obligatorischen Informationen für die Anleger unter-

scheiden. Zu den obligatorischen Angaben gehören die wesentlichen Informationen für den Anleger, der Prospekt sowie die Jahres- und Halbjahresberichte.

(59) Die wesentlichen Informationen für den Anleger sollten den Anlegern kostenlos und rechtzeitig vor der Zeichnung des OGAW als eigenständiges Dokument geliefert werden, damit sie eine fundierte Anlageentscheidung treffen können. Diese wesentlichen Informationen für den Anleger sollten ausschließlich Angaben enthalten, die für solche Entscheidungen wesentlich sind. Aus inhaltlicher Sicht sollten die wesentlichen Informationen für den Anleger vollständig harmonisiert werden, um einen angemessenen Anlegerschutz und eine gute Vergleichbarkeit zu gewährleisten. Die wesentlichen Informationen für den Anleger sollten in einem kurzen Format dargestellt werden. Ein einziges Dokument beschränkten Umfangs, in dem die Informationen in einer bestimmten Abfolge dargestellt werden, ist optimal geeignet, um die für Kleinanleger wichtige Klarheit und Einfachheit zu gewährleisten, und dürfte nützliche, für die Anlageentscheidung relevante Vergleiche zulassen, insbesondere der Kosten und des Risikoprofils.

(60) Die zuständigen Behörden der Mitgliedstaaten können der Öffentlichkeit in einem dafür vorgesehenen Bereich ihrer Website wesentliche Informationen für den Anleger aller im jeweiligen Mitgliedstaat zugelassenen OGAW zugänglich machen.

(61) Die wesentlichen Informationen für den Anleger sollten für alle OGAW erstellt werden. Je nach Vertriebsmethode (Direktverkauf oder Verkauf über einen Intermediär) sollten die Verwaltungsgesellschaften oder, sofern zutreffend, die Investmentgesellschaften den entsprechenden Stellen die wesentlichen Informationen für den Anleger zur Verfügung stellen. Die Intermediäre sollten ihren Kunden und ihren möglichen Kunden die wesentlichen Informationen für den Anleger zukommen lassen.

(62) Die OGAW sollten ihre Anteile in anderen Mitgliedstaaten vertreiben können, nach Durchführung eines Anzeigeverfahrens, das sich auf eine verbesserte Kommunikation zwischen den zuständigen Behörden der Mitgliedstaaten stützt. Nach Übermittlung der vollständigen Anzeigedatei durch die zuständigen Behörden des Herkunftsmitgliedstaats des OGAW sollte der Aufnahmemitgliedstaat des OGAW nicht die Möglichkeit haben, einem in einem anderen Mitgliedstaat niedergelassenen OGAW den Zugang zu seinem Markt zu verweigern oder die vom anderen Mitgliedstaat erteilte Zulassung anzufechten.

(63) OGAW sollten ihre Anteile vertreiben können unter der Bedingung, dass sie die erforderlichen Maßnahmen ergreifen, um zu gewährleisten, dass Einrichtungen für die Ausführung von Zahlungen an Anteilinhaber, die Rücknahme oder Auszahlung von Anteilen sowie für die Bereitstellung der Informationen, die die OGAW zur Verfügung stellen müssen, verfügbar sind.

(64) Um den grenzüberschreitenden Vertrieb von OGAW-Anteilen zu erleichtern, sollte die Übereinstimmung der Modalitäten der Vermarktung von OGAW-Anteilen mit den im Aufnahmemitgliedstaat des OGAW geltenden Rechts- und Verwaltungsvorschriften überprüft werden, sobald der OGAW seine Anteile in diesem Mitgliedstaat auf den Markt gebracht hat. Im Rahmen dieser Überprüfung könnte kontrolliert werden, inwieweit die Vermarktungsmodalitäten und insbesondere die Vertriebsmodalitäten angemessen sind und ob die Marketing-Anzeigen redlich, eindeutig und nicht irreführend sind. Mit dieser Richtlinie sollten die zuständigen Behörden des Aufnahmemitgliedstaats nicht davon abgehalten werden, die Marketing-Anzeigen, die keine wesentlichen Informationen für den Anleger, keinen Prospekt und keine Jahres- und Halbjahresberichte umfassen, nach innerstaatlichem Recht zu prüfen, bevor der OGAW sie verwenden kann, doch sollte diese Überprüfung nichtdiskriminierend erfolgen und nicht dazu führen, dass dem OGAW der Zugang zum Markt verwehrt wird.

(65) Aus Gründen der Verbesserung der Rechtssicherheit ist es notwendig zu gewährleisten, dass ein OGAW, der seine Anteile grenzüberschreitend vertreibt, einfachen Zugang hat – in elektronischer Form und in einer in der Finanzwelt gebräuchlichen Sprache – zu vollständigen Informationen über die Rechts- und Verwaltungsvorschriften seines Aufnahmemitgliedstaats, die sich spezifisch auf die Modalitäten der Vermarktung von OGAW-Anteilen beziehen. Haftungsfragen im Zusammenhang mit diesen Veröffentlichungen sollten den nationalen Rechtsvorschriften unterliegen.

(66) Um den Zugang eines OGAW zu den Märkten anderer Mitgliedstaaten zu erleichtern, sollte ein OGAW lediglich dazu verpflichtet sein, die wesentlichen Informationen für den Anleger in die Amtssprache oder eine der Amtssprachen seines Aufnahmemitgliedstaats oder in eine von dessen zuständigen Behörden akzeptierte Sprache übersetzen zu lassen. In den wesentlichen Informationen für den Anleger ist anzugeben, in welcher Sprache andere obligatorische Unterlagen und zusätzliche Informationen erhältlich sind. Übersetzungen sollten in der Verantwortlichkeit des OGAW angefertigt werden, der auch entscheiden sollte, ob eine einfache Übersetzung ausreicht oder eine beeidigte Übersetzung erforderlich ist.

(67) Zur Vereinfachung des Zugangs zu den Märkten der Mitgliedstaaten ist es wichtig, dass Meldegebühren bekannt gegeben werden.

(68) Die Mitgliedstaaten sollten die erforderlichen verwaltungs- und organisatorischen Maßnahmen ergreifen, um eine Zusammenarbeit zwischen den innerstaatlichen Behörden und den zuständigen Behörden anderer Mitgliedstaaten u. a. durch bilaterale oder multilaterale Vereinbarungen zwischen diesen Behörden zu ermöglichen, dies könnte auch eine freiwillige Übertragung von Aufgaben beinhalten.

(69) Die Befugnisse der zuständigen Behörden müssen stärker aneinander angeglichen werden, um in sämtlichen Mitgliedstaaten die gleiche Durchsetzung dieser Richtlinie zu erreichen. Ein gemeinsamer Mindestkatalog von Befugnissen, die mit den im Rahmen anderer Rechtsvorschriften der Gemeinschaft im Bereich der Finanzdienstleistungen auf die zuständigen Behörden übertragenen Befugnissen vereinbar sind, sollte eine wirksame Überwachung garantieren. Darüber hinaus sollten die Mitgliedstaaten Regeln für Sanktionen festlegen, die strafrechtliche und verwaltungsrechtliche Sanktionen beinhalten können, sowie verwaltungstechnische Maßnahmen vorsehen, die bei Verstößen gegen diese Richtlinie zu verhängen sind. Die Mitgliedstaaten sollten außerdem alle erforderlichen Maßnahmen ergreifen, um sicherzustellen, dass diese Sanktionen durchgesetzt werden.

(70) Es ist notwendig, die Bestimmungen über den Austausch von Informationen zwischen den zuständigen Behörden der Mitgliedstaaten und die Verpflichtung zu Amtshilfe und Zusammenarbeit zu verstärken.

(71) Zum Zweck der Erbringung von grenzüberschreitenden Dienstleistungen sollten die Zuständigkeiten der jeweiligen zuständigen Behörden klar zugewiesen werden, um Lücken oder Überschneidungen zu beseitigen; dies sollte im Einklang mit den Bestimmungen des anzuwendenden Rechts geschehen.

(72) Die Vorschriften dieser Richtlinie über die ordnungsgemäße Erfüllung der Beaufsichtigungsaufgabe durch die zuständigen Aufsichtsbehörden umfassen auch die Beaufsichtigung auf konsolidierter Basis, der ein OGAW oder ein Unternehmen, das an seiner Geschäftstätigkeit mitwirkt, unterliegt, wenn in den Gemeinschaftsbestimmungen eine solche Art der Beaufsichtigung vorgesehen ist. In diesem Fall muss für die Behörden, bei denen die Zulassung beantragt wird, feststellbar sein, welche Behörden für die Beaufsichtigung dieses OGAW oder Unternehmen, das an seiner Geschäftstätigkeit mitwirkt, auf konsolidierter Basis zuständig sind.

(73) Der Grundsatz der Kontrolle durch den Herkunftsmitgliedstaat macht es erforder-

lich, dass die zuständigen Behörden die Zulassung in den Fällen entziehen oder nicht erteilen, in denen aus Umständen wie dem Inhalt des Geschäftsplans, dem geographischen Tätigkeitsbereich oder der tatsächlich ausgeübten Tätigkeit unzweifelhaft hervorgeht, dass ein OGAW oder ein Unternehmen, das an seiner Geschäftstätigkeit mitwirkt, die Rechtsordnung eines Mitgliedstaats in der Absicht gewählt hat, sich den strengeren Anforderungen eines anderen Mitgliedstaats zu entziehen, in dem es den überwiegenden Teil seiner Tätigkeit auszuüben beabsichtigt oder ausübt.

(74) Bestimmte rechtswidrige Handlungen wie z. B. Betrugsdelikte oder Insiderdelikte könnten, selbst wenn sie andere Unternehmen als OGAW oder Unternehmen, die an ihrer Geschäftstätigkeit mitwirken, betreffen, die Stabilität des Finanzsystems und seine Integrität beeinträchtigen.

(75) Es empfiehlt sich, einen Informationsaustausch zwischen den zuständigen Behörden und den Behörden oder Einrichtungen zu gestatten, die aufgrund ihrer Funktion zur Stärkung des Finanzsystems beitragen. Um die Vertraulichkeit der übermittelten Informationen zu wahren, sollte der Adressatenkreis bei einem derartigen Austausch jedoch eng begrenzt bleiben.

(76) Es muss festgelegt werden, unter welchen Bedingungen dieser Informationsaustausch zulässig ist.

(77) Wenn vorgesehen ist, dass Informationen nur mit ausdrücklicher Zustimmung der zuständigen Behörden weitergegeben werden dürfen, können diese ihre Zustimmung gegebenenfalls von der Einhaltung strenger Bedingungen abhängig machen.

(78) Der Austausch von Informationen zwischen den zuständigen Behörden auf der einen Seite und den Zentralbanken, anderen Einrichtungen mit ähnlichen Aufgaben wie Zentralbanken in ihrer Eigenschaft als Währungsbehörden oder gegebenenfalls anderen mit der Überwachung der Zahlungssysteme betrauten Behörden auf der anderen Seite sollte ebenfalls zugelassen werden.

(79) Es ist angezeigt, in dieser Richtlinie für die Wahrung des Berufsgeheimnisses durch die Behörden, die mit der Zulassung und der Beaufsichtigung der OGAW betraut sind, sowie durch die Unternehmen, die an dieser Zulassung und Beaufsichtigung mitwirken, und für die Möglichkeiten des Informationsaustauschs jeweils dieselbe Regelung wie im Fall der für die Zulassung und Beaufsichtigung der Kreditinstitute, Wertpapierfirmen und Versicherungsunternehmen zuständigen Behörden festzulegen.

(80) Zur verstärkten Beaufsichtigung von OGAW oder Unternehmen, die an ihrer Geschäftstätigkeit mitwirken, und zum besseren Schutz der Kunden von OGAW oder Unternehmen, die an ihrer Geschäftstätigkeit mitwirken, sollte vorgeschrieben werden, dass Wirtschaftsprüfer die zuständigen Behörden unverzüglich zu unterrichten haben, wenn sie in den in dieser Richtlinie beschriebenen Fällen bei der Wahrnehmung ihrer Aufgaben Kenntnis von Tatsachen erhalten, die die finanzielle Lage eines OGAW oder eines Unternehmens, das an seiner Geschäftstätigkeit mitwirkt, oder dessen Geschäftsorganisation oder Rechnungswesen ernsthaft wahrscheinlich beeinträchtigen können.

(81) In Anbetracht des Ziels dieser Richtlinie ist es wünschenswert, dass die Mitgliedstaaten vorsehen, dass diese Verpflichtung auf jeden Fall besteht, wenn solche Tatsachen von einem Wirtschaftsprüfer bei der Wahrnehmung seiner Aufgaben bei einem Unternehmen festgestellt werden, das enge Verbindungen zu einem OGAW oder einem Unternehmen, das an seiner Geschäftstätigkeit mitwirkt, hat.

(82) Durch die Verpflichtung der Wirtschaftsprüfer, den zuständigen Behörden gegebenenfalls bestimmte Tatsachen bezüglich eines OGAW oder eines Unternehmens, das an seiner Geschäftstätigkeit mitwirkt, zu melden, die sie bei der Wahrnehmung ihrer Aufgabe

bei einem Rechtsträger, der weder OGAW noch ein Unternehmen ist, das an der Geschäftstätigkeit eines OGAW mitwirkt, festgestellt haben, ändert sich weder die Art ihrer Aufgabe bei diesem Rechtsträger noch die Art und Weise, in der sie diese Aufgabe bei diesem Rechtsträger wahrzunehmen haben.

(83) Diese Richtlinie hat keine Auswirkungen auf nationale steuerliche Regelungen sowie Maßnahmen, die von den Mitgliedstaaten gegebenenfalls eingeleitet wurden, um die Einhaltung dieser Regelungen auf ihrem Hoheitsgebiet zu gewährleisten.

(84) Die zur Durchführung dieser Richtlinie erforderlichen Maßnahmen sollten gemäß dem Beschluss 1999/468/EG des Rates vom 28. Juni 1999 zur Festlegung der Modalitäten für die Ausübung der der Kommission übertragenen Durchführungsbefugnisse ([8]) erlassen werden.

(85) Die Kommission sollte insbesondere die Befugnis erhalten, folgende Durchführungsmaßnahmen zu erlassen: In Bezug auf Verwaltungsgesellschaften sollte die Kommission die Befugnis erhalten, Maßnahmen zu erlassen, die die Einzelheiten im Zusammenhang mit organisatorischen Anforderungen, Risikomanagement, Interessenkonflikten und Wohlverhaltensregeln regeln. In Bezug auf Verwahrstellen sollte die Kommission die Befugnis erhalten, Maßnahmen zu erlassen, die die von den Verwahrstellen zu treffenden Maßnahmen zur Erfüllung ihrer Aufgaben im Hinblick auf einen OGAW, der von einer in einem anderen als seinem Herkunftsmitgliedstaat niedergelassenen Verwaltungsgesellschaft verwaltet wird, konkretisieren und die Einzelheiten der Vereinbarung zwischen der Verwahrstelle und der Verwaltungsgesellschaft regeln. Diese Durchführungsmaßnahmen sollten eine einheitliche Anwendung der Verpflichtungen von Verwaltungsgesellschaften und Verwahrstellen vereinfachen, jedoch keine Voraussetzung für die Wahrnehmung des Rechts von Verwaltungsgesellschaft sein, die Geschäftstätigkeiten, für die sie in ihrem Herkunftsmitgliedstaat eine Zulassung erhalten haben, in der gesamten Gemeinschaft mit Hilfe der Gründung von Zweigniederlassungen oder im Rahmen des freien Dienstleistungsverkehrs einschließlich der Verwaltung von OGAW in einem anderen Mitgliedstaat auszuüben.

(86) In Bezug auf Verschmelzungen sollte die Kommission die Befugnis erhalten, Maßnahmen zu erlassen, die Inhalt, Form und Art der Übermittlung der Informationen für die Anteilinhaber im Einzelnen regeln.

(87) In Bezug auf Master-Feeder-Strukturen sollte die Kommission die Befugnis erhalten, Maßnahmen zu erlassen, die den Inhalt der Vereinbarungen zwischen Master-OGAW und Feeder-OGAW oder die internen Regelungen für Geschäftstätigkeiten, den Inhalt der Vereinbarung über den Informationsaustausch zwischen ihren Verwahrstellen oder ihren Wirtschaftsprüfern, die Festlegung geeigneter Maßnahmen zur Abstimmung ihrer Zeitpläne für die Berechnung und Veröffentlichung des Nettovermögenswerts, um das so genannte Market Timing zu verhindern, die Auswirkungen der Verschmelzung des Master-Fonds auf die Zulassung des Feeder-Fonds, die Art der beim Master-Fonds festgestellten und an den Feeder-Fonds mitzuteilenden Unregelmäßigkeiten, das Format der Informationen, die den Anteilinhabern bei einer Umwandlung eines OGAW in einen Feeder-OGAW mitzuteilen sind, und den Weg für die Bereitstellung solcher Informationen, das Verfahren für die Evaluierung und Prüfung der Übertragung von Vermögenswerten von einem Feeder- auf einen Master-Fonds und die Rolle der Verwahrstelle des Feeder-Fonds in diesem Prozess regeln.

(88) In Bezug auf die Offenlegung von Informationen sollte die Kommission die Befugnis erhalten, Maßnahmen zu erlassen, die die einzuhaltenden Bedingungen für die Ver-

[8] ABl. L 184 vom 17.7.1999, S. 23.

öffentlichung des Prospekts auf einem anderen dauerhaften Datenträger als Papier oder auf einer Website, die kein dauerhafter Datenträger ist, sowie den vollständigen und detaillierten Inhalt, die Form und Präsentation der wesentlichen Informationen für den Anleger unter Berücksichtigung der Eigenheiten und unterschiedlichen Bestandteile des betreffenden OGAW und die einzuhaltenden Bedingungen regeln, um die der wesentlichen Informationen für den Anleger auf einem anderen dauerhaften Datenträger als Papier oder auf einer Website, die kein dauerhafter Datenträger ist zur Verfügung zu stellen.

(89) In Bezug auf das Anzeigeverfahren sollte die Kommission die Befugnis erhalten, Maßnahmen zu erlassen, die den Umfang der von den zuständigen Behörden des Aufnahmemitgliedstaats zu veröffentlichenden Angaben über die auf lokaler Ebene geltenden Vorschriften sowie die technischen Einzelheiten für den Zugang der zuständigen Behörden des Aufnahmemitgliedstaats zu den gespeicherten und aktualisierten Unterlagen des OGAW regeln.

(90) Die Kommission sollte unter anderem die Befugnis erhalten, Definitionen zu erläutern, die Terminologie anzugleichen und Definitionen in Übereinstimmung mit nachfolgenden Rechtsakten zu den OGAW und zu angrenzenden Themenbereichen abzufassen.

(91) Da es sich bei den in den Erwägungsgründen 85 bis 90 genannten Maßnahmen um Maßnahmen von allgemeiner Tragweite handelt, die eine Änderung nicht wesentlicher Bestimmungen dieser Richtlinie durch Ergänzung um neue nicht wesentliche Bestimmungen bewirken, sind diese Maßnahmen nach dem Regelungsverfahren mit Kontrolle des Artikels 5a des Beschlusses 1999/468/EG zu erlassen.

(92) Da die Ziele dieser Richtlinie auf Ebene der Mitgliedstaaten nicht ausreichend verwirklicht werden können, soweit sie eine Regelung mit länderübergreifend anwendbaren einheitlichen Bestimmungen beinhalten, und daher wegen des Umfangs und der Wirkungen der Maßnahme besser auf Gemeinschaftsebene zu verwirklichen sind, kann die Gemeinschaft im Einklang mit dem in Artikel 5 des Vertrags niedergelegten Subsidiaritätsprinzip tätig werden. Entsprechend dem in demselben Artikel genannten Grundsatz der Verhältnismäßigkeit geht diese Richtlinie nicht über das zur Erreichung dieser Ziele erforderliche Maß hinaus.

(93) Die Verpflichtung zur Umsetzung dieser Richtlinie in innerstaatliches Recht sollte nur jene Bestimmungen betreffen, die im Vergleich zu den Richtlinien, die sie neu fasst, inhaltlich geändert wurden. Die Verpflichtung zur Umsetzung der inhaltlich unveränderten Bestimmungen ergibt sich aus den bisherigen Richtlinien.

(94) Diese Richtlinie sollte die Verpflichtungen der Mitgliedstaaten hinsichtlich der in Anhang III Teil B genannten Fristen für die Umsetzung der dort genannten Richtlinien in innerstaatliches Recht und für die Anwendung dieser Richtlinien unberührt lassen.

(95) Gemäß Nummer 34 der Interinstitutionellen Vereinbarung über bessere Rechtsetzung ([9]) sind die Mitgliedstaaten aufgefordert, für ihre eigenen Zwecke und im Interesse der Gemeinschaft eigene Tabellen aufzustellen, denen im Rahmen des Möglichen die Entsprechungen zwischen dieser Richtlinie und den Umsetzungsmaßnahmen zu entnehmen sind, und diese zu veröffentlichen –

HABEN FOLGENDE RICHTLINIE ERLASSEN:

---

[9] ABl. C 321 vom 31.12.2003, S. 1.

INHALT

KAPITEL I
GEGENSTAND, ANWENDUNGSBEREICH UND DEFINITIONEN

Artikel 1

(1) Diese Richtlinie gilt für die im Gebiet der Mitgliedstaaten niedergelassenen Organismen für gemeinsame Anlagen in Wertpapieren (OGAW).

(2) Für die Zwecke dieser Richtlinie und vorbehaltlich des Artikels 3 bezeichnet der Ausdruck „OGAW" Organismen,

a) deren ausschließlicher Zweck es ist, beim Publikum beschaffte Gelder für gemeinsame Rechnung nach dem Grundsatz der Risikostreuung in Wertpapieren und/oder anderen in Artikel 50 Absatz 1 genannten liquiden Finanzanlagen zu investieren, und
b) deren Anteile auf Verlangen der Anteilinhaber unmittelbar oder mittelbar zu Lasten des Vermögens dieser Organismen zurückgenommen oder ausgezahlt werden. Diesen Rücknahmen oder Auszahlungen gleichgestellt sind Handlungen, mit denen ein OGAW sicherstellen will, dass der Kurs seiner Anteile nicht erheblich von deren Nettoinventarwert abweicht.

Die Mitgliedstaaten können eine Zusammensetzung der OGAW aus verschiedenen Teilfonds genehmigen.

(3) Die Organismen im Sinne von Absatz 2 können die Vertragsform (von einer Verwaltungsgesellschaft verwaltete Investmentfonds), die Form des Trust („unit trust") oder die Satzungsform (Investmentgesellschaft) haben.

Im Sinne dieser Richtlinie

a) gilt ein „unit trust" als Investmentfonds,
b) gelten Aktien von OGAW als Anteile von OGAW.

(4) Investmentgesellschaften, deren Vermögen über Tochtergesellschaften hauptsächlich in anderen Vermögensgegenständen als Wertpapieren angelegt ist, unterliegen nicht dieser Richtlinie.

(5) Die Mitgliedstaaten untersagen den unter diese Richtlinie fallenden OGAW, sich in einen dieser Richtlinie nicht unterliegenden Organismus für gemeinsame Anlagen umzubilden.

(6) Unbeschadet der Vorschriften des Gemeinschaftsrechts auf dem Gebiet des Kapitalverkehrs sowie der Artikel 91 und 92 und Artikel 108 Absatz 1 Unterabsatz 2 darf ein Mitgliedstaat weder die OGAW, die in einem anderen Mitgliedstaat niedergelassen sind, noch die von ihnen begebenen Anteile anderen Bestimmungen unterwerfen als den in der

Richtlinie vorgesehenen, wenn diese OGAW ihre Anteile im Gebiet des genannten Mitgliedstaats vertreiben.

(7) Unbeschadet dieses Kapitels können die Mitgliedstaaten die in ihrem Gebiet niedergelassenen OGAW strengeren Vorschriften als den in dieser Richtlinie vorgesehenen sowie zusätzlichen Vorschriften unterwerfen, vorausgesetzt, dass diese Vorschriften allgemein gelten und nicht dieser Richtlinie widersprechen.

Artikel 2

(1) Für die Zwecke dieser Richtlinie bezeichnet der Ausdruck

a) „Verwahrstelle" eine Einrichtung, die mit der Durchführung der in den Artikeln 22 und 32 genannten Aufgaben betraut ist und den sonstigen in Kapitel IV und Kapitel V Abschnitt 3 festgelegten Bestimmungen unterliegt;
b) „Verwaltungsgesellschaft" eine Gesellschaft, deren reguläre Geschäftstätigkeit in der Verwaltung von in der Form eines Investmentfonds oder einer Investmentgesellschaft konstituierten OGAW besteht (gemeinsame Portfolioverwaltung von OGAW);
c) „Herkunftsmitgliedstaat der Verwaltungsgesellschaft" den Mitgliedstaat, in dem die Verwaltungsgesellschaft ihren Sitz hat;
d) „Aufnahmemitgliedstaat der Verwaltungsgesellschaft" einen Mitgliedstaat, der nicht der Herkunftsmitgliedstaat ist und in dessen Hoheitsgebiet eine Verwaltungsgesellschaft eine Zweigniederlassung hat oder Dienstleistungen erbringt;
e) „Herkunftsmitgliedstaat des OGAW" den Mitgliedstaat, in dem der OGAW gemäß Artikel 5 zugelassen ist;
f) „Aufnahmemitgliedstaat eines OGAW" den Mitgliedstaat, der nicht der Herkunftsmitgliedstaat des OGAW ist und in dem die Anteile des OGAW vertrieben werden;
g) „Zweigniederlassung" eine Niederlassung, die einen rechtlich unselbständigen Teil einer Verwaltungsgesellschaft bildet und Dienstleistungen erbringt, für die der Verwaltungsgesellschaft eine Zulassung erteilt wurde;
h) „zuständige Behörden" die von den Mitgliedstaaten gemäß Artikel 97 bezeichneten Behörden;
i) „enge Verbindungen" eine Situation, in der zwei oder mehr natürliche oder juristische Personen verbunden sind durch
   i) „Beteiligung", d. h. das direkte Halten oder das Halten im Wege der Kontrolle von mindestens 20 % der Stimmrechte oder des Kapitals an einem Unternehmen, oder
   ii) „Kontrolle", d. h. das Verhältnis zwischen einem „Mutterunternehmen" und einem „Tochterunternehmen" im Sinne der Artikel 1 und 2 der Siebten Richtlinie 83/349/EWG des Rates vom 13. Juni 1983 aufgrund von Artikel 54 Absatz 3 Buchstabe g des Vertrags über den konsolidierten Abschluss ([10]) und in allen Fällen des Artikels 1 Absätze 1 und 2 der Richtlinie 83/349/EWG oder ein ähnliches Verhältnis zwischen einer natürlichen oder juristischen Person und einem Unternehmen;
j) „qualifizierte Beteiligung" eine direkte oder indirekte Beteiligung an einer Verwaltungsgesellschaft, die mindestens 10 % des Kapitals oder der Stimmrechte entspricht oder die es ermöglicht, maßgeblichen Einfluss auf die Geschäftsführung der Verwaltungsgesellschaft, an der die Beteiligung gehalten wird, zu nehmen;

[10] ABl. L 193 vom 18.7.1983, S. 1.

k) „Anfangskapital" das in Artikel 57 Buchstaben a und b der Richtlinie 2006/48/EG genannte Kapital;

l) „Eigenmittel" die in Titel V Kapitel 2 Abschnitt 1 der Richtlinie 2006/48/EG genannten Eigenmittel;

m) „dauerhafter Datenträger" jedes Medium, das es einem Anleger gestattet, an ihn persönlich gerichtete Informationen derart zu speichern, dass der Anleger sie in der Folge für eine für die Zwecke der Informationen angemessene Dauer einsehen kann, und das die unveränderte Wiedergabe der gespeicherten Informationen ermöglicht;

n) „Wertpapiere"
   i) Aktien und andere, Aktien gleichwertige Wertpapiere („Aktien"),
   ii) Schuldverschreibungen und sonstige verbriefte Schuldtitel („Schuldtitel"),
   iii) alle anderen marktfähigen Wertpapiere, die zum Erwerb von Wertpapieren im Sinne dieser Richtlinie durch Zeichnung oder Austausch berechtigen;

o) „Geldmarktinstrumente" Instrumente, die üblicherweise auf dem Geldmarkt gehandelt werden, liquide sind und deren Wert jederzeit genau bestimmt werden kann;

p) „Verschmelzungen" Transaktionen, bei denen
   i) ein oder mehrere OGAW oder Teilfonds davon, die „übertragenden OGAW", bei ihrer Auflösung ohne Abwicklung sämtliche Vermögenswerte und Verbindlichkeiten auf einen anderen bestehenden OGAW oder einen Teilfonds dieses OGAW, den „übernehmenden OGAW", übertragen und ihre Anteilinhaber dafür Anteile des übernehmenden OGAW sowie gegebenenfalls eine Barzahlung in Höhe von maximal 10 % des Nettobestandswerts dieser Anteile erhalten;
   ii) zwei oder mehrere OGAW oder Teilfonds davon, die „übertragenden OGAW", bei ihrer Auflösung ohne Abwicklung sämtliche Vermögenswerte und Verbindlichkeiten auf einen von ihnen gebildeten OGAW oder einen Teilfonds dieses OGAW, den „übernehmenden OGAW", übertragen und ihre Anteilinhaber dafür Anteile des übernehmenden OGAW sowie gegebenenfalls eine Barzahlung in Höhe von maximal 10 % des Nettobestandswerts dieser Anteile erhalten;
   iii) ein oder mehrere OGAW oder Teilfonds davon, die „übertragenden OGAW", die weiter bestehen, bis die Verbindlichkeiten getilgt sind, ihr Nettovermögen auf einen anderen Teilfonds desselben OGAW, auf einen von ihnen gebildeten OGAW oder auf einen anderen bestehenden OGAW oder einen Teilfonds dieses OGAW, den „übernehmenden OGAW", übertragen;

q) „grenzüberschreitende Verschmelzung" eine Verschmelzung von OGAW,
   i) von denen mindestens zwei in unterschiedlichen Mitgliedstaaten niedergelassen sind oder
   ii) die in demselben Mitgliedstaat niedergelassen sind, zu einem neu gegründeten und in einem anderen Mitgliedstaat niedergelassenen OGAW;

r) „inländische Verschmelzung" eine Verschmelzung von OGAW, die im gleichen Mitgliedstaat niedergelassen sind, wenn mindestens einer der betroffenen OGAW gemäß Artikel 93 gemeldet wurde.

(2) Für die Zwecke des Absatzes 1 Buchstabe b schließt die reguläre Geschäftstätigkeit einer Verwaltungsgesellschaft die in Anhang II genannten Aufgaben ein.

(3) Hat eine Verwaltungsgesellschaft mit Hauptverwaltung in einem anderen Mitgliedstaat in ein und demselben Mitgliedstaat mehrere Niederlassungen errichtet, so werden diese für die Zwecke des Absatzes 1 Buchstabe g als eine einzige Zweigniederlassung betrachtet.

(4) Für die Zwecke des Absatzes 1 Buchstabe i Ziffer ii gilt Folgendes:

a) Ein Tochterunternehmen eines Tochterunternehmens wird ebenfalls als Tochterunternehmen des Mutterunternehmens angesehen, das an der Spitze dieser Unternehmen steht;
b) eine Situation, in der zwei oder mehr natürliche oder juristische Personen mit ein und derselben Person durch ein Kontrollverhältnis dauerhaft verbunden sind, gilt ebenfalls als enge Verbindung zwischen diesen Personen.

(5) Für die Zwecke des Absatzes 1 Buchstabe j werden die in Artikel 9 und 10 der Richtlinie 2004/109/EG des Europäischen Parlaments und des Rates vom 15. Dezember 2004 zur Harmonisierung der Transparenzanforderungen in Bezug auf Informationen über Emittenten, deren Wertpapiere zum Handel auf einem geregelten Markt zugelassen sind ([11]) genannten Stimmrechte berücksichtigt.

(6) Für die Zwecke des Absatzes 1 Buchstabe l gelten die Artikel 13 bis 16 der Richtlinie 2006/49/EG sinngemäß.

(7) Für die Zwecke des Absatzes 1 Buchstabe n schließen Wertpapiere die in Artikel 51 genannten Techniken und Instrumente aus.

Artikel 3

Diese Richtlinie gilt nicht für folgende Organismen:
a) Organismen für gemeinsame Anlagen des geschlossenen Typs,
b) Organismen für gemeinsame Anlagen, die sich Kapital beschaffen, ohne ihre Anteile beim Publikum in der Gemeinschaft oder einem Teil der Gemeinschaft zu vertreiben,
c) Organismen für gemeinsame Anlagen, deren Anteile aufgrund der Vertragsbedingungen des Investmentfonds oder der Satzung der Investmentgesellschaft nur an das Publikum von Drittländern verkauft werden dürfen,
d) durch die Rechtsvorschriften des Mitgliedstaats, in dem die Organismen für gemeinsame Anlagen niedergelassen sind, festgelegte Kategorien von Organismen für gemeinsame Anlagen, für welche die in Kapitel VII und in Artikel 83 vorgesehenen Regeln in Anbetracht ihrer Anlage- und Kreditpolitik ungeeignet sind.

Artikel 4

Ein OGAW im Sinne dieser Richtlinie ist in seinem Herkunftsmitgliedstaat als niedergelassen anzusehen.

KAPITEL II
ZULASSUNG DES OGAW

Artikel 5

(1) Ein OGAW bedarf zur Ausübung seiner Geschäftstätigkeit der Zulassung gemäß dieser Richtlinie.

Diese Zulassung gilt für sämtliche Mitgliedstaaten.

(2) Die Zulassung eines Investmentfonds ist nur dann erteilt, wenn die zuständigen Behörden seines Herkunftsmitgliedstaats dem Antrag der Verwaltungsgesellschaft, den gemeinsamen Fonds zu verwalten, zustimmen sowie die Vertragsbedingungen genehmigen

[11] ABl. L 390 vom 31.12.2004, S. 38.

und der Wahl der Verwahrstelle zustimmen. Die Zulassung einer Investmentgesellschaft ist nur dann erteilt, wenn die zuständigen Behörden ihres Herkunftsmitgliedstaats einerseits deren Satzung genehmigen und andererseits der Wahl der Verwahrstelle und gegebenenfalls dem Antrag der für die Verwaltung dieser Investmentgesellschaft benannten Verwaltungsgesellschaft, zustimmen.

(3) Hat der OGAW seinen Sitz nicht im Herkunftsmitgliedstaat der Verwaltungsgesellschaft, so entscheiden die zuständigen Behörden des Herkunftsmitgliedstaats des OGAW über den Antrag der Verwaltungsgesellschaft, den OGAW zu verwalten, gemäß Artikel 20 vorbehaltlich der Bestimmungen nach Absatz 2. Für eine Zulassung ist es nicht erforderlich, dass der OGAW von einer Verwaltungsgesellschaft verwaltet wird, deren satzungsgemäßer Sitz sich im Herkunftsmitgliedstaat des OGAW befindet, oder dass die Verwaltungsgesellschaft im Herkunftsmitgliedstaat des OGAW Geschäftstätigkeiten ausübt oder überträgt.

(4) Die zuständigen Behörden des Herkunftsmitgliedstaats des OGAW erteilen einem OGAW die Zulassung nicht, wenn:

a) sie feststellen, dass die Investmentgesellschaft die Voraussetzungen gemäß Kapitel V nicht erfüllt, oder
b) die Verwaltungsgesellschaft in ihrem Herkunftsmitgliedstaat nicht als Verwaltungsgesellschaft für einen OGAW zugelassen ist.

Vorbehaltlich der Bestimmungen von Artikel 29 Absatz 2 ist die Verwaltungsgesellschaft oder gegebenenfalls die Investmentgesellschaft spätestens zwei Monate nach Einreichung des vollständigen Antrags darüber zu unterrichten, ob dem OGAW eine Zulassung erteilt wurde oder nicht.

Die zuständigen Behörden des Herkunftsmitgliedstaats des OGAW erteilen einem OGAW die Zulassung nicht, wenn die Geschäftsleiter der Verwahrstelle nicht ausreichend gut beleumdet sind und nicht über ausreichende Erfahrung auch in Bezug auf den Typ des zu verwaltenden OGAW verfügen. Zu diesem Zweck werden die Namen der Geschäftsleiter der Verwahrstelle sowie jeder Wechsel dieser Geschäftsleiter den zuständigen Behörden unverzüglich mitgeteilt.

„Geschäftsleiter" sind die Personen, die die Verwahrstelle aufgrund der gesetzlichen Vorschriften oder der Satzung vertreten oder die Ausrichtung der Tätigkeit der Verwahrstelle tatsächlich bestimmen.

(5) Die zuständigen Behörden des Herkunftsmitgliedstaats des OGAW erteilen die Zulassung nicht, wenn es dem OGAW aus rechtlichen Gründen (beispielsweise aufgrund einer Bestimmung seiner Vertragsbedingungen oder seiner Satzung) verwehrt ist, seine Anteile in seinem Herkunftsmitgliedstaat zu vertreiben.

(6) Jeder Wechsel der Verwaltungsgesellschaft oder der Verwahrstelle sowie jegliche Änderung von Vertragsbedingungen des Investmentfonds oder der Satzung der Investmentgesellschaft müssen von den zuständigen Behörden des Herkunftsmitgliedstaats des OGAW genehmigt werden.

(7) Die Mitgliedstaaten stellen sicher, dass vollständige Informationen über die Rechts- und Verwaltungsvorschriften zur Umsetzung dieser Richtlinie, die sich auf die Gründung und die Geschäftstätigkeit des OGAW beziehen, aus der Ferne und elektronisch leicht zugänglich sind. Die Mitgliedstaaten stellen sicher, dass diese Informationen mindestens in einer in der Finanzwelt gebräuchlichen Sprache bereitgestellt werden, eindeutig und unmissverständlich sind und dem neuestem Stand entsprechen.

KAPITEL III
VERPFLICHTUNGEN BETREFFEND DIE VERWALTUNGSGESELLSCHAFTEN

ABSCHNITT 1
Bedingungen für die Aufnahme der Tätigkeit

Artikel 6

(1) Für den Zugang zur Tätigkeit einer Verwaltungsgesellschaft ist die vorherige Zulassung durch die zuständigen Behörden des Herkunftsmitgliedstaates der Verwaltungsgesellschaft erforderlich. Die gemäß dieser Richtlinie erteilte Zulassung einer Verwaltungsgesellschaft ist in allen Mitgliedstaaten gültig.

(2) Eine Verwaltungsgesellschaft darf keine andere Tätigkeit als die der Verwaltung von gemäß dieser Richtlinie zugelassenen OGAW ausüben; ausgenommen hiervon ist die zusätzliche Verwaltung anderer Organismen für gemeinsame Anlagen, die nicht unter diese Richtlinie fallen und für die die Verwaltungsgesellschaft einer Aufsicht unterliegt, deren Anteile jedoch nicht in anderen Mitgliedstaaten gemäß dieser Richtlinie vertrieben werden können.

Die Tätigkeit der Verwaltung von OGAW schließt für die Zwecke dieser Richtlinie die Aufgaben ein, die in Anhang II genannt sind.

(3) Abweichend von Absatz 2 können die Mitgliedstaaten einer Verwaltungsgesellschaft – zusätzlich zur Verwaltung von OGAW – die Zulassung für die Erbringung der folgenden Dienstleistungen erteilen:

a) individuelle Verwaltung einzelner Portfolios – einschließlich der Portfolios von Pensionsfonds – mit einem Ermessensspielraum im Rahmen eines Mandats der Anleger, sofern die betreffenden Portfolios eines oder mehrere der in Anhang I Abschnitt C der Richtlinie 2004/39/EG genannten Instrumente enthalten, und
b) als Nebendienstleistungen:
   i) Anlageberatung in Bezug auf eines oder mehrere der in Anhang I Abschnitt C der Richtlinie 2004/39/EG genannten Instrumente,
   ii) Verwahrung und technische Verwaltung in Bezug auf die Anteile von Organismen für gemeinsame Anlagen.

Auf keinen Fall darf es einer Verwaltungsgesellschaft im Rahmen dieser Richtlinie gestattet werden, ausschließlich die in diesem Absatz genannten Dienstleistungen zu erbringen oder Nebendienstleistungen zu erbringen, wenn ihr nicht gestattet wurde, die in Unterabsatz 1 Buchstabe a genannte Dienstleistung zu erbringen.

(4) Artikel 2 Absatz 2 und die Artikel 12, 13 und 19 der Richtlinie 2004/39/EG finden auf die Erbringung der in Absatz 3 genannten Dienstleistungen durch Verwaltungsgesellschaften Anwendung.

Artikel 7

(1) Unbeschadet sonstiger allgemein geltender Bedingungen des nationalen Rechts dürfen die zuständigen Behörden einer Verwaltungsgesellschaft eine Zulassung nur erteilen, wenn folgende Voraussetzungen erfüllt sind:

a) Die Verwaltungsgesellschaft ist mit einem Anfangskapital von mindestens 125000 EUR ausgestattet, wobei Folgendes berücksichtigt wird:
   i) Überschreitet der Wert der Portfolios der Verwaltungsgesellschaft 250000000 EUR,

so muss die Verwaltungsgesellschaft über zusätzliche Eigenmittel verfügen, die 0,02 % des Betrags, um den der Wert der Portfolios der Verwaltungsgesellschaft 250000000 EUR übersteigt, entsprechen; die geforderte Gesamtsumme des Anfangskapitals und der zusätzlichen Eigenmittel darf jedoch 10000000 EUR nicht überschreiten;

ii) für die Zwecke dieses Absatzes gelten die folgenden Portfolios als Portfolios der Verwaltungsgesellschaft:
   - von der Verwaltungsgesellschaft verwaltete Investmentfonds, einschließlich Portfolios, mit deren Verwaltung sie Dritte beauftragt hat, nicht jedoch Portfolios, die sie selbst im Auftrage Dritter verwaltet,
   - Investmentgesellschaften, die sie als ihre Verwaltungsgesellschaft benannt haben,
   - andere von der Verwaltungsgesellschaft verwaltete Organismen für gemeinsame Anlagen, einschließlich Portfolios, mit deren Verwaltung sie Dritte beauftragt hat, nicht jedoch Portfolios, die sie selbst im Auftrage Dritter verwaltet;

iii) unabhängig von dieser Eigenmittelanforderung dürfen die Eigenmittel der Verwaltungsgesellschaft zu keiner Zeit unter den in Artikel 21 der Richtlinie 2006/49/EG genannten Betrag absinken;

b) die Personen, die die Geschäfte der Verwaltungsgesellschaft tatsächlich leiten, sind ausreichend gut beleumdet und verfügen auch in Bezug auf den Typ des von der Verwaltungsgesellschaft verwalteten OGAW über ausreichende Erfahrung; die Namen dieser Personen sowie jeder Wechsel dieser Personen sind den zuständigen Behörden unverzüglich mitzuteilen; über die Geschäftspolitik der Verwaltungsgesellschaft müssen mindestens zwei Personen, die die genannten Bedingungen erfüllen, bestimmen;

c) dem Antrag auf Zulassung wird ein Geschäftsplan beigefügt, aus dem zumindest der organisatorische Aufbau der Verwaltungsgesellschaft hervorgeht, und

d) die Hauptverwaltung und der Sitz der Verwaltungsgesellschaft befinden sich in ein und demselben Mitgliedstaat.

Für die Zwecke von Unterabsatz 1 Buchstabe a können die Mitgliedstaaten von bis zu 50 % der unter Buchstabe a Ziffer i genannten zusätzlichen Eigenmittelanforderung an eine Verwaltungsgesellschaft absehen, wenn diese über eine von einem Kreditinstitut oder einem Versicherungsunternehmen gestellte Garantie in derselben Höhe verfügt; das Kreditinstitut bzw. Versicherungsunternehmen muss seinen Sitz in einem Mitgliedstaat oder in einem Drittland haben, sofern es im letzten Fall Aufsichtsbestimmungen unterliegt, die nach Auffassung der zuständigen Behörden denen des Gemeinschaftsrechts gleichwertig sind.

(2) Bestehen zwischen der Verwaltungsgesellschaft und anderen natürlichen oder juristischen Personen enge Verbindungen, so erteilen die zuständigen Behörden die Zulassung außerdem nur dann, wenn diese engen Verbindungen sie nicht bei der ordnungsgemäßen Erfüllung ihrer Aufsichtsfunktionen behindern.

Die zuständigen Behörden erteilen ferner die Zulassung nicht, wenn sie bei der ordnungsgemäßen Erfüllung ihrer Aufsichtsfunktionen durch die Rechts- und Verwaltungsvorschriften eines Drittlandes, denen eine oder mehrere natürliche oder juristische Personen unterstehen, zu denen die Verwaltungsgesellschaft enge Verbindungen besitzt, oder durch Schwierigkeiten bei deren Anwendung behindert werden.

Die zuständigen Behörden schreiben vor, dass die Verwaltungsgesellschaft ihnen die Angaben übermittelt, die sie verlangen, um sich davon überzeugen zu können, dass die Bedingungen dieses Absatzes fortwährend eingehalten werden.

(3) Die zuständigen Behörden teilen dem Antragsteller binnen sechs Monaten nach

Einreichung eines vollständigen Antrags mit, ob eine Zulassung erteilt wurde. Die Ablehnung eines Antrags ist zu begründen.

(4) Nach Erteilung der Zulassung kann die Verwaltungsgesellschaft ihre Tätigkeit sofort aufnehmen.

(5) Die zuständigen Behörden dürfen einer unter diese Richtlinie fallenden Verwaltungsgesellschaft die Zulassung nur entziehen, wenn die betreffende Verwaltungsgesellschaft

a) von der Zulassung nicht binnen zwölf Monaten Gebrauch macht, ausdrücklich auf sie verzichtet oder seit mehr als sechs Monaten die in dieser Richtlinie genannten Tätigkeiten nicht mehr ausübt, es sei denn, der betreffende Mitgliedstaat sieht in diesen Fällen das Erlöschen der Zulassung vor;
b) die Zulassung aufgrund falscher Erklärungen oder auf sonstige rechtswidrige Weise erhalten hat;
c) die Voraussetzungen, auf denen die Zulassung beruhte, nicht mehr erfüllt;
d) der Richtlinie 2006/49/EG nicht mehr genügt, sofern die Zulassung sich auch auf die Portfolioverwaltung mit Ermessensspielraum gemäß Artikel 6 Absatz 3 Buchstabe a der vorliegenden Richtlinie erstreckte;
e) in schwerwiegender Weise oder systematisch gegen die gemäß der vorliegenden Richtlinie erlassenen Bestimmungen verstoßen hat oder
f) ein in den nationalen Rechtsvorschriften vorgesehener Grund für den Entzug vorliegt.

Artikel 8

(1) Die zuständigen Behörden erteilen die Zulassung für die Aufnahme der Tätigkeit einer Verwaltungsgesellschaft nur, wenn ihnen die Identität und der Beteiligungsbetrag der direkten oder indirekten Aktionäre oder Gesellschafter, die als juristische oder natürliche Personen eine qualifizierte Beteiligung an der Verwaltungsgesellschaft halten, mitgeteilt wurden.

Die zuständigen Behörden erteilen die Zulassung nicht, wenn sie der Auffassung sind, dass die in Unterabsatz 1 genannten Aktionäre oder Gesellschafter den zur Gewährleistung einer soliden und umsichtigen Führung der Verwaltungsgesellschaft zu stellenden Ansprüchen nicht genügen.

(2) Die Mitgliedstaaten dürfen auf Zweigniederlassungen von Verwaltungsgesellschaften mit Sitz außerhalb der Gemeinschaft, die ihre Geschäftstätigkeit aufnehmen oder ausüben, keine Bestimmungen anwenden, die dazu führen, dass diese günstiger behandelt werden als Zweigniederlassungen von Verwaltungsgesellschaften mit Sitz in einem Mitgliedstaat.

(3) Vor der Erteilung der Zulassung an eine Verwaltungsgesellschaft sind die zuständigen Behörden des anderen betroffenen Mitgliedstaats zu hören, wenn diese Verwaltungsgesellschaft eine der folgenden Arten von Gesellschaften ist:

a) Tochterunternehmen einer anderen Verwaltungsgesellschaft, einer Wertpapierfirma, eines Kreditinstituts oder einer Versicherungsgesellschaft, die/das in einem anderen Mitgliedstaat zugelassen ist,
b) Tochterunternehmen des Mutterunternehmens einer anderen Verwaltungsgesellschaft, einer Wertpapierfirma, eines Kreditinstituts oder einer Versicherungsgesellschaft, die/das in einem anderen Mitgliedstaat zugelassen ist, oder
c) eine Gesellschaft, die von denselben natürlichen oder juristischen Personen kontrolliert wird wie eine andere Verwaltungsgesellschaft, eine Wertpapierfirma, ein Kreditinstitut oder eine Versicherungsgesellschaft, die/das in einem anderen Mitgliedstaat zugelassen ist.

ABSCHNITT 2
Beziehungen zu Drittländern

Artikel 9

(1) Die Beziehungen zu Drittländern sind durch die einschlägigen Bestimmungen des Artikels 15 der Richtlinie 2004/39/EG geregelt.

Für die Zwecke dieser Richtlinie sind die in Artikel 15 der Richtlinie 2004/39/EG genannten Ausdrücke „Wertpapierfirma" und „Wertpapierfirmen" als „Verwaltungsgesellschaft" bzw. „Verwaltungsgesellschaften" zu verstehen; der in Artikel 15 der Richtlinie 2004/39/EG genannte Ausdruck „Erbringung von Wertpapierdienstleistungen" ist als „Erbringung von Dienstleistungen" zu verstehen.

(2) Die Mitgliedstaaten teilen der Kommission zudem alle allgemeinen Schwierigkeiten mit, auf die die OGAW beim Vertrieb ihrer Anteile in Drittländern stoßen.

ABSCHNITT 3
Bedingungen für die Ausübung der Tätigkeit

Artikel 10

(1) Die zuständigen Behörden des Herkunftsmitgliedstaats der Verwaltungsgesellschaft verlangen von einer von ihnen zugelassenen Verwaltungsgesellschaft, dass sie die in Artikel 6 und Artikel 7 Absätze 1 und 2 genannten Bedingungen fortwährend erfüllt.

Die Eigenmittel einer Verwaltungsgesellschaft dürfen nicht unter die in Artikel 7 Absatz 1 Buchstabe a genannte Schwelle absinken. Tritt dieser Fall ein, können die zuständigen Behörden der Gesellschaft jedoch – sofern die Umstände dies rechtfertigen – eine Frist einräumen, innerhalb deren sie entweder die Situation korrigieren oder ihre Tätigkeit einstellen muss.

(2) Die Aufsicht über eine Verwaltungsgesellschaft obliegt den zuständigen Behörden des Herkunftsmitgliedstaats der Verwaltungsgesellschaft, unabhängig davon, ob die Verwaltungsgesellschaft in einem anderen Mitgliedstaat eine Zweigniederlassung errichtet oder Dienstleistungen erbringt; die Bestimmungen dieser Richtlinie, die eine Zuständigkeit der zuständigen Behörden des Aufnahmemitgliedstaats der Verwaltungsgesellschaft übertragen, bleiben hiervon unberührt.

Artikel 11

(1) Qualifizierte Beteiligungen an Verwaltungsgesellschaften unterliegen den Vorschriften der Artikel 10, 10a und 10b der Richtlinie 2004/39/EG.

(2) Für die Zwecke dieser Richtlinie sind die in Artikel 10 der Richtlinie 2004/39/EG genannten Ausdrücke „Wertpapierfirma" bzw. „Wertpapierfirmen" als „Verwaltungsgesellschaft" und „Verwaltungsgesellschaften" zu verstehen.

Artikel 12

(1) Jeder Mitgliedstaat erlässt Aufsichtsregeln, die eine in diesem Mitgliedstaat zugelassene Verwaltungsgesellschaft in Bezug auf die Tätigkeit der Verwaltung von gemäß dieser Richtlinie zugelassenen OGAW fortwährend einzuhalten hat.

Insbesondere schreiben die zuständigen Behörden des Herkunftsmitgliedstaats der Verwaltungsgesellschaft – auch unter Berücksichtigung des Typs der von der Verwaltungsgesellschaft verwalteten OGAW – vor, dass jede dieser Verwaltungsgesellschaften

a) über eine ordnungsgemäße Verwaltung und Buchhaltung, Kontroll- und Sicherheitsvorkehrungen in Bezug auf die elektronische Datenverarbeitung sowie angemessene interne Kontrollverfahren, zu denen insbesondere Regeln für persönliche Geschäfte ihrer Angestellten und für das Halten oder Verwalten von Anlagen in Finanzinstrumenten zum Zwecke der Anlage auf eigene Rechnung gehören, verfügen muss, durch die zumindest gewährleistet wird, dass jedes den OGAW betreffende Geschäft nach Herkunft, Gegenpartei, Art, Abschlusszeitpunkt und -ort rekonstruiert werden kann und dass das Vermögen der von der Verwaltungsgesellschaft verwalteten OGAW gemäß den Vertragsbedingungen dieser Fonds bzw. den Satzungen dieser Investmentgesellschaften sowie den geltenden rechtlichen Bestimmungen angelegt wird;
b) so aufgebaut und organisiert ist, dass das Risiko von Interessenkonflikten zwischen der Gesellschaft und ihren Kunden, zwischen zwei Kunden der Gesellschaft, zwischen einem ihrer Kunden und einem OGAW oder zwischen zwei OGAW, die den Interessen der OGAW oder denen der Kunden schaden, möglichst gering ist.

(2) Eine Verwaltungsgesellschaft, deren Zulassung sich auch auf die Portfolioverwaltung mit Ermessensspielraum gemäß Artikel 6 Absatz 3 Buchstabe a erstreckt,

a) darf das Vermögen des Anlegers weder ganz noch teilweise in Anteilen der von ihr verwalteten Organismen für gemeinsame Anlagen anlegen, es sei denn, der Kunde hat zuvor eine allgemeine Zustimmung gegeben;
b) unterliegt in Bezug auf die Dienstleistungen gemäß Artikel 6 Absatz 3 den Vorschriften der Richtlinie 97/9/EG des Europäischen Parlaments und des Rates vom 3. März 1997 über Systeme für die Entschädigung der Anleger[12].

(3) Unbeschadet von Artikel 116 erlässt die Kommission bis zum 1. Juli 2010 Durchführungsmaßnahmen, um die Verfahren und Modalitäten gemäß Absatz 1 Unterabsatz 2 Buchstabe a und die Strukturen und organisatorischen Anforderungen zur Verringerung von Interessenkonflikten gemäß Absatz 1 Unterabsatz 2 Buchstabe b festzulegen.

Diese Maßnahmen zur Änderung nicht wesentlicher Bestimmungen dieser Richtlinie durch Ergänzung werden nach dem in Artikel 112 Absatz 2 genannten Regelungsverfahren mit Kontrolle erlassen.

Artikel 13

(1) Gestatten die Rechtsvorschriften der Herkunftsmitgliedstaaten der Verwaltungsgesellschaften den Verwaltungsgesellschaften, eine oder mehrere ihrer Aufgaben zum Zwecke einer effizienteren Geschäftsführung an Dritte zu übertragen, die diese Aufgaben für sie wahrnehmen, so müssen die folgenden Voraussetzungen allesamt erfüllt sein:

a) Die Verwaltungsgesellschaft muss die zuständigen Behörden ihres Herkunftsmitgliedstaats in geeigneter Form davon unterrichten; die zuständigen Behörden des Herkunftsmitgliedstaats der Verwaltungsgesellschaft müssen die Informationen unverzüglich den zuständigen Behörden des Herkunftsmitgliedstaats des OGAW übermitteln;
b) der Auftrag darf die Wirksamkeit der Beaufsichtigung der Verwaltungsgesellschaft in keiner Weise beeinträchtigen; insbesondere darf er weder die Verwaltungsgesellschaft

[12] ABl. L 84 vom 26.3.1997, S. 22.

daran hindern, im Interesse ihrer Anleger zu handeln, noch darf er verhindern, dass der OGAW im Interesse der Anleger verwaltet wird;

c) wenn die Übertragung die Anlageverwaltung betrifft, so darf der Auftrag nur Unternehmen erteilt werden, die für die Zwecke der Vermögensverwaltung zugelassen oder eingetragen sind und einer Aufsicht unterliegen; die Übertragung muss mit den von der Verwaltungsgesellschaft regelmäßig festgelegten Vorgaben für die Verteilung der Anlagen in Einklang stehen;

d) wenn der Auftrag die Anlageverwaltung betrifft und einem Drittlandsunternehmen erteilt wird, so muss die Zusammenarbeit zwischen den betroffenen Aufsichtsbehörden sichergestellt sein;

e) der Verwahrstelle oder anderen Unternehmen, deren Interessen mit denen der Verwaltungsgesellschaft oder der Anteilinhaber kollidieren können, darf kein Auftrag für die Hauptdienstleistung der Anlageverwaltung erteilt werden;

f) es sind Maßnahmen zu ergreifen, die die Personen, die die Geschäfte der Verwaltungsgesellschaft führen, in die Lage versetzen, die Tätigkeiten des Unternehmens, dem der Auftrag erteilt wurde, jederzeit wirksam zu überwachen;

g) der Auftrag hindert die Personen, die die Geschäfte der Verwaltungsgesellschaft führen, nicht daran, dem Unternehmen, dem die Aufgaben übertragen wurden, jederzeit weitere Anweisungen zu erteilen oder den Auftrag mit sofortiger Wirkung zu entziehen, wenn dies im Interesse der Anleger ist;

h) unter Berücksichtigung der Art der zu übertragenden Aufgaben muss das Unternehmen, dem diese Aufgaben übertragen werden, über die entsprechende Qualifikation verfügen und in der Lage sein, die betreffenden Aufgaben wahrzunehmen, und

i) in den OGAW-Prospekten sind die Aufgaben aufzulisten, für deren Übertragung die Verwaltungsgesellschaft gemäß diesem Artikel eine Genehmigung erhalten hat.

(2) Die Haftung der Verwaltungsgesellschaft oder der Verwahrstelle wird nicht durch die Tatsache berührt, dass die Verwaltungsgesellschaft eigene Aufgaben auf Dritte übertragen hat. Die Verwaltungsgesellschaft darf ihre Aufgaben nicht in einem Umfang übertragen, der sie zu einer Briefkastenfirma werden lässt.

Artikel 14

(1) Jeder Mitgliedstaat erlässt Wohlverhaltensregeln, welche die in diesem Mitgliedstaat zugelassenen Verwaltungsgesellschaften fortwährend einzuhalten haben. Diese Regeln müssen zumindest die Beachtung der in diesem Absatz aufgeführten Grundsätze gewährleisten. Gemäß diesen Grundsätzen muss die Verwaltungsgesellschaft

a) bei der Ausübung ihrer Tätigkeit recht und billig im besten Interesse der von ihr verwalteten OGAW und der Integrität des Marktes handeln;

b) ihre Tätigkeit mit der gebotenen Sachkenntnis, Sorgfalt und Gewissenhaftigkeit im besten Interesse der von ihr verwalteten OGAW und der Integrität des Marktes ausüben;

c) über die für eine ordnungsgemäße Geschäftstätigkeit erforderlichen Mittel und Verfahren verfügen und diese wirksam einsetzen;

d) sich um die Vermeidung von Interessenkonflikten bemühen und, wenn sich diese nicht vermeiden lassen, dafür sorgen, dass die von ihr verwalteten OGAW nach Recht und Billigkeit behandelt werden, und

e) alle für die Ausübung ihrer Tätigkeit geltenden Vorschriften im besten Interesse ihrer Anleger und der Integrität des Marktes einhalten.

(2) Unbeschadet von Artikel 116 erlässt die Kommission bis zum 1. Juli 2010 Durch-

führungsmaßnahmen, um sicherzustellen, dass die Verwaltungsgesellschaft den Pflichten gemäß Absatz 1 nachkommt, und insbesondere um

a) geeignete Kriterien für Handeln, das recht und billig ist, und für Handeln mit der gebotenen Sachkenntnis, Sorgfalt und Gewissenhaftigkeit im besten Interesse des OGAW festzulegen;
b) die notwendigen Prinzipien festzulegen, um zu gewährleisten, dass die Verwaltungsgesellschaften die für eine ordnungsgemäße Geschäftstätigkeit erforderlichen Mittel und Verfahren wirksam einsetzen, und
c) die Schritte festzulegen, die Verwaltungsgesellschaften vernünftigerweise unternehmen sollten, um Interessenskonflikte zu erkennen, ihnen vorzubeugen, mit ihnen umzugehen oder sie offen zu legen, sowie um geeignete Kriterien zur Festlegung der Arten von Interessenkonflikten, die den Interessen des OGAW schaden könnten, festzulegen.

Diese Maßnahmen zur Änderung nicht wesentlicher Bestimmungen dieser Richtlinie durch Ergänzung werden nach dem in Artikel 112 Absatz 2 genannten Regelungsverfahren mit Kontrolle erlassen.

Artikel 15

Die Verwaltungsgesellschaften oder gegebenenfalls Investmentgesellschaften ergreifen Maßnahmen gemäß Artikel 92 und sehen geeignete Verfahren und Vorkehrungen vor, um zu gewährleisten, dass sie ordnungsgemäß mit Anlegerbeschwerden umgehen und dass es für Anleger keine Einschränkungen in Bezug auf die Wahrnehmung ihrer Rechte gibt, falls die Verwaltungsgesellschaft in einem Mitgliedstaat zugelassen wurde, der nicht mit dem Herkunftsmitgliedstaat des OGAW identisch ist. Diese Maßnahmen müssen es den Anlegern ermöglichen, Beschwerden in der Amtssprache oder einer der Amtssprachen ihres Mitgliedstaats einzureichen.

Die Verwaltungsgesellschaften sehen ferner geeignete Verfahren und Vorkehrungen vor, um Informationen auf Antrag der Öffentlichkeit oder der zuständigen Behörden des Herkunftsmitgliedstaats des OGAW bereitzustellen.

ABSCHNITT 4
Niederlassungsfreiheit und freier Dienstleistungsverkehr

Artikel 16

(1) Die Mitgliedstaaten stellen sicher, dass eine Verwaltungsgesellschaft, die von ihrem Herkunftsmitgliedstaat zugelassen wurde, in ihren Hoheitsgebieten die Tätigkeiten, für die sie eine Zulassung erhalten hat, entweder durch Errichtung einer Zweigniederlassung oder im Rahmen des freien Dienstleistungsverkehrs ausüben kann.

Beabsichtigt eine solche Verwaltungsgesellschaft, die Anteile des von ihr gemäß Anhang II verwalteten OGAW in einem Mitgliedstaat zu vertreiben, der nicht mit dem Herkunftsmitgliedstaat des OGAW identisch ist, ohne eine Zweigniederlassung zu errichten und ohne weitere Tätigkeiten oder Dienste anzubieten, unterliegt dieser Vertrieb lediglich den Bestimmungen von Kapitel XI.

(2) Die Mitgliedstaaten dürfen die Errichtung einer Zweigniederlassung oder das Erbringen von Dienstleistungen weder von einer Zulassung noch von einem Dotationskapital noch von einer sonstigen Voraussetzung gleicher Wirkung abhängig machen.

(3) Nach Maßgabe dieses Artikels steht es einem OGAW frei, eine in einem Mitglied-

staat, der nicht mit dem Herkunftsmitgliedstaat des OGAW identisch ist, gemäß dieser Richtlinie zugelassene Verwaltungsgesellschaft zu benennen oder von einer solchen Verwaltungsgesellschaft verwaltet zu werden, sofern eine solche Verwaltungsgesellschaft folgenden Bestimmungen entspricht:

a) Artikel 17 oder Artikel 18 und
b) den Artikeln 19 und 20.

Artikel 17

(1) Eine Verwaltungsgesellschaft, die im Hoheitsgebiet eines anderen Mitgliedstaats eine Zweigniederlassung errichten möchte, um die Tätigkeit auszuüben, für die sie eine Zulassung erhalten hat, muss die Bedingungen der Artikel 6 und 7 erfüllen und den zuständigen Behörden des Herkunftsmitgliedstaats ihre Absicht anzeigen.

(2) Die Mitgliedstaaten schreiben vor, dass eine Verwaltungsgesellschaft, die eine Zweigniederlassung in einem anderen Mitgliedstaat errichten möchte, zusammen mit der Anzeige gemäß Absatz 1 folgende Angaben und Unterlagen vorzulegen hat:

a) Mitgliedstaat, in dessen Hoheitsgebiet die Verwaltungsgesellschaft eine Zweigniederlassung errichten möchte;
b) Geschäftsplan, in dem die geplanten Tätigkeiten und Dienstleistungen gemäß Artikel 6 Absätze 2 und 3 und die Organisationsstruktur der Zweigniederlassung angegeben sind und der eine Beschreibung des Risikomanagement-Verfahrens umfasst, das von der Verwaltungsgesellschaft erarbeitet wurde. Er beinhaltet ferner eine Beschreibung der Verfahren und Vereinbarungen gemäß Artikel 15 beinhalten;
c) Anschrift, unter der im Aufnahmemitgliedstaat der Verwaltungsgesellschaft Unterlagen angefordert werden können;
d) Namen der Geschäftsführer der Zweigniederlassung.

(3) Sofern die zuständigen Behörden des Herkunftsmitgliedstaats der Verwaltungsgesellschaft in Anbetracht der beabsichtigten Tätigkeit keine Gründe für Zweifel an der Angemessenheit der Verwaltungsstruktur oder der Angemessenheit der Finanzlage der betreffenden Verwaltungsgesellschaft haben, übermitteln sie innerhalb von zwei Monaten nach Eingang sämtlicher Angaben gemäß Absatz 2 diese den zuständigen Behörden des Aufnahmemitgliedstaats der Verwaltungsgesellschaft und teilen dies der betreffenden Verwaltungsgesellschaft mit. Ferner übermitteln sie Einzelheiten zu etwaigen Entschädigungssystemen, die den Schutz der Anleger sicherstellen sollen.

Lehnen die zuständigen Behörden des Herkunftsmitgliedstaats der Verwaltungsgesellschaft die Übermittlung der in Absatz 2 genannten Angaben an die zuständigen Behörden des Aufnahmemitgliedstaats der Verwaltungsgesellschaft ab, so nennen sie der betroffenen Verwaltungsgesellschaft innerhalb von zwei Monaten nach Eingang sämtlicher Angaben die Gründe dafür. Im Falle einer solchen Ablehnung oder der Nichtäußerung können die Gerichte des Herkunftsmitgliedstaats der Verwaltungsgesellschaft angerufen werden.

Möchte eine Verwaltungsgesellschaft die Aufgabe der gemeinsamem Portfolioverwaltung nach Anhang II ausüben, so fügen die zuständigen Behörden des Herkunftsmitgliedstaats der Verwaltungsgesellschaft den Unterlagen, die sie an die zuständigen Behörden des Aufnahmemitgliedstaats der Verwaltungsgesellschaft senden, eine Bescheinigung darüber bei, dass die Verwaltungsgesellschaft eine Zulassung gemäß dieser Richtlinie erhalten hat, sowie eine Beschreibung des Umfangs der Zulassung der Verwaltungsgesellschaft und Einzelheiten in Bezug auf Beschränkungen der Arten von OGAW, für deren Verwaltung die Verwaltungsgesellschaft eine Zulassung erhalten hat.

(4) Eine Verwaltungsgesellschaft, die im Aufnahmemitgliedstaat ihre Geschäftstätigkeit über eine Zweigniederlassung ausübt, hält die vom Aufnahmemitgliedstaat der Verwaltungsgesellschaft gemäß Artikel 14 festgelegten Bestimmungen ein.

(5) Die zuständigen Behörden des Aufnahmemitgliedstaats der Verwaltungsgesellschaft überwachen die Einhaltung der Bestimmungen nach Absatz 4.

(6) Bevor die Zweigniederlassung der Verwaltungsgesellschaft ihre Tätigkeit aufnimmt, verfügen die zuständigen Behörden des Aufnahmemitgliedstaats über einen Zeitraum von zwei Monaten nach Eingang der in Absatz 2 genannten Angaben zur Vorbereitung der Beaufsichtigung der Einhaltung der unter ihrer Zuständigkeit zu beachtenden Bestimmungen durch die Verwaltungsgesellschaft.

(7) Nach Eingang einer Mitteilung der zuständigen Behörden des Aufnahmemitgliedstaats der Verwaltungsgesellschaft oder – bei Nichtäußerung – nach Ablauf der in Absatz 6 genannten Frist kann die Zweigniederlassung errichtet werden und ihre Tätigkeit aufnehmen.

(8) Im Falle einer Änderung des Inhalts der gemäß Absatz 2 Buchstaben b, c oder d übermittelten Angaben teilt die Verwaltungsgesellschaft den zuständigen Behörden des Herkunftsmitgliedstaats der Verwaltungsgesellschaft und des Aufnahmemitgliedstaats der Verwaltungsgesellschaft die betreffende Änderung mindestens einen Monat vor deren Vornahme schriftlich mit, damit die zuständigen Behörden des Herkunftsmitgliedstaats der Verwaltungsgesellschaft gemäß Absatz 3 und die zuständigen Behörden des Aufnahmemitgliedstaats der Verwaltungsgesellschaft gemäß Absatz 6 zu dieser Änderung eine Entscheidung treffen können.

(9) Im Falle einer Änderung bei den gemäß Absatz 3 Unterabsatz 1 übermittelten Angaben teilen die zuständigen Behörden des Herkunftsmitgliedstaats der Verwaltungsgesellschaft dies den zuständigen Behörden des Aufnahmemitgliedstaats der Verwaltungsgesellschaft mit.

Die zuständigen Behörden des Herkunftsmitgliedstaats der Verwaltungsgesellschaft aktualisieren die in der Bescheinigung nach Absatz 3 Unterabsatz 3 enthaltenen Informationen und unterrichten die zuständigen Behörden des Aufnahmemitgliedstaats der Verwaltungsgesellschaft über jede Änderung des Umfangs der Zulassung der Verwaltungsgesellschaft oder der Einzelheiten in Bezug auf Beschränkungen der Arten von OGAW, für deren Verwaltung die Verwaltungsgesellschaft eine Zulassung erhalten hat.

Artikel 18

(1) Jede Verwaltungsgesellschaft, die die Tätigkeiten, für die sie eine Zulassung erhalten hat, erstmals im Hoheitsgebiet eines anderen Mitgliedstaats im Wege des freien Dienstleistungsverkehrs ausüben möchte, übermittelt den zuständigen Behörden des Herkunftsmitgliedstaats der Verwaltungsgesellschaft die folgenden Angaben:

a) Mitgliedstaat, in dessen Hoheitsgebiet die Verwaltungsgesellschaft ihre Tätigkeit ausüben möchte, und
b) Geschäftsplan, in dem die geplanten Tätigkeiten und Dienstleistungen gemäß Artikel 6 Absätze 2 und 3 angegeben sind und der eine Beschreibung des Risikomanagement-Verfahrens umfasst, das von der Verwaltungsgesellschaft erarbeitet wurde. Er beinhaltet ferner eine Beschreibung der Verfahren und Vereinbarungen gemäß Artikel 15.

(2) Die zuständigen Behörden des Herkunftsmitgliedstaats der Verwaltungsgesellschaft bringen den zuständigen Behörden des Aufnahmemitgliedstaats der Verwaltungsgesell-

schaft die Informationen nach Absatz 1 innerhalb eines Monats nach deren Eingang zur Kenntnis.

Die zuständigen Behörden des Herkunftsmitgliedstaats der Verwaltungsgesellschaft übermitteln ferner Einzelheiten zu etwaigen Entschädigungssystemen, die den Schutz der Anleger sicherstellen sollen.

Möchte eine Verwaltungsgesellschaft die Aufgabe der gemeinsamen Portfolioverwaltung nach Anhang II ausüben, so fügen die zuständigen Behörden des Herkunftsmitgliedstaats der Verwaltungsgesellschaft den Unterlagen, die sie an die zuständigen Behörden des Aufnahmemitgliedstaats der Verwaltungsgesellschaft senden, eine Bescheinigung darüber bei, dass die Verwaltungsgesellschaft eine Zulassung gemäß dieser Richtlinie erhalten hat, eine Beschreibung des Umfangs der Zulassung der Verwaltungsgesellschaft und Einzelheiten in Bezug auf Beschränkungen der Arten von OGAW, für deren Verwaltung die Verwaltungsgesellschaft eine Zulassung erhalten hat.

Ungeachtet der der Artikel 20 und 93 kann die Verwaltungsgesellschaft daraufhin ihre Tätigkeit im Aufnahmemitgliedstaat der Verwaltungsgesellschaft aufnehmen.

(3) Die von einer Verwaltungsgesellschaft nach Maßgabe der Dienstleistungsfreiheit ausgeübte Geschäftstätigkeit richtet sich nach den vom Herkunftsmitgliedstaat der Verwaltungsgesellschaft gemäß Artikel 14 festgelegten Bestimmungen.

(4) Im Falle einer Änderung des Inhalts der nach Absatz 1 Buchstabe b übermittelten Angaben teilt die Verwaltungsgesellschaft den zuständigen Behörden des Herkunftsmitgliedstaats der Verwaltungsgesellschaft und des Aufnahmemitgliedstaats der Verwaltungsgesellschaft diese Änderung vor deren Vornahme schriftlich mit. Die zuständigen Behörden des Aufnahmemitgliedstaats der Verwaltungsgesellschaft aktualisieren die in der Bescheinigung nach Absatz 2 enthaltenen Informationen und unterrichten die zuständigen Behörden des Aufnahmemitgliedstaats der Verwaltungsgesellschaft über jede Änderung des Umfangs der Zulassung der Verwaltungsgesellschaft oder der Einzelheiten in Bezug auf Beschränkungen der Arten von OGAW, für deren Verwaltung die Verwaltungsgesellschaft eine Zulassung erhalten hat.

Artikel 19

(1) Eine Verwaltungsgesellschaft, die nach Maßgabe der Dienstleistungsfreiheit oder durch die Gründung einer Zweigniederlassung grenzüberschreitend die Aufgabe der gemeinsamen Portfolioverwaltung ausübt, unterliegt den Bestimmungen ihres Herkunftsmitgliedstaats in Bezug auf ihre Organisation einschließlich der Übertragungsvereinbarungen, Risikomanagement-Verfahren, aufsichts- und überwachungsrechtlichen Bestimmungen, Verfahren nach Artikel 12 und der Offenlegungspflicht der Verwaltungsgesellschaft. Diese Regeln dürfen nicht strenger sein als die Regeln, die für Verwaltungsgesellschaften gelten, die ihre Tätigkeiten ausschließlich in ihrem Herkunftsmitgliedstaat ausüben.

(2) Die zuständigen Behörden des Herkunftsmitgliedstaats der Verwaltungsgesellschaft überwachen die Einhaltung der Bestimmungen nach Absatz 1.

(3) Eine Verwaltungsgesellschaft, die durch die Gründung einer Zweigniederlassung oder nach Maßgabe der Dienstleistungsfreiheit grenzüberschreitend die Aufgabe der gemeinsamen Portfolioverwaltung ausübt, unterliegt den Bestimmungen des Herkunftsmitgliedstaats des OGAW in Bezug auf die Gründung und die Geschäftstätigkeit des OGAW, insbesondere den Bestimmungen, die für folgende Aspekte gelten:

a) die Errichtung und Zulassung des OGAW;
b) die Ausgabe und Veräußerung von Anteilen und Aktien;

c) Anlagepolitik und Beschränkungen einschließlich der Berechnung des gesamten Kreditrisikos und der Verschuldung;
d) Beschränkungen in Bezug auf Kreditaufnahme, Kreditgewährung und Leerverkäufe;
e) die Bewertung der Vermögenswerte und die Rechnungsführung des OGAW;
f) die Berechnung des Ausgabepreises und/oder des Auszahlungspreises sowie für den Fall fehlerhafter Berechnungen des Nettobestandswerts und für entsprechende Entschädigungen der Anleger;
g) die Ausschüttung oder Wiederanlage der Erträge;
h) die Offenlegungs- und Berichtspflicht des OGAW einschließlich des Prospekts, der wesentlichen Informationen für die Anleger und der regelmäßigen Berichte;
i) die Modalitäten der Vermarktung;
j) die Beziehung zu den Anteilinhabern;
k) Verschmelzung und Umstrukturierung des OGAW;
l) die Auflösung und Liquidation des OGAW;
m) gegebenenfalls Inhalt des Verzeichnisses der Anteilinhaber;
n) die Gebühren für Zulassung und Aufsicht des OGAW und
o) Ausübung der Stimmrechte der Anteilinhaber und weiterer Rechte der Anteilinhaber im Zusammenhang mit den Buchstaben a bis m.

(4) Die Verwaltungsgesellschaft kommt den in den Vertragsbedingungen des Fonds oder in der Satzung enthaltenen Verpflichtungen und den im Prospekt enthaltenen Verpflichtungen, die den geltenden Rechtsvorschriften nach den Absätzen 1 und 3 entsprechen müssen, nach.

(5) Die zuständigen Behörden des Herkunftsmitgliedstaats des OGAW sind für die Überwachung der Einhaltung der Bestimmungen der Absätze 3 und 4 zuständig.

(6) Die Verwaltungsgesellschaft entscheidet über und ist verantwortlich für die Annahme und Umsetzung sämtlicher Vereinbarungen und organisatorischer Entscheidungen, die erforderlich sind, um den Bedingungen in Bezug auf die Gründung und die Arbeitsweise des OGAW und den in den Vertragsbedingungen des Fonds oder in der Satzung enthaltenen Verpflichtungen sowie den im Prospekt enthaltenen Verpflichtungen nachzukommen.

(7) Die zuständigen Behörden des Herkunftsmitgliedstaats der Verwaltungsgesellschaft sind für die Überwachung der Angemessenheit der Modalitäten und der Organisation der Verwaltungsgesellschaft zuständig, damit die Verwaltungsgesellschaft in der Lage ist, den Verpflichtungen und Bestimmungen im Zusammenhang mit der Gründung und der Arbeitsweise aller von ihr verwalteten OGAW nachzukommen.

(8) Die Mitgliedstaaten stellen sicher, dass keine in einem Mitgliedstaat zugelassene Verwaltungsgesellschaft hinsichtlich des Gegenstands dieser Richtlinie zusätzlichen im Herkunftsmitgliedstaat des OGAW festgelegten Anforderungen unterliegt, außer in Fällen, auf die in dieser Richtlinie ausdrücklich Bezug genommen wird.

Artikel 20

(1) Unbeschadet von Artikel 5 legt eine Verwaltungsgesellschaft, die die Verwaltung eines in einem anderen Mitgliedstaat niedergelassenen OGAW beabsichtigt, den zuständigen Behörden des Herkunftsmitgliedstaats des OGAW folgende Unterlagen vor:
a) die schriftliche Vereinbarung mit der Verwahrstelle gemäß den Artikeln 23 und 33 und
b) Angaben über Übertragungsvereinbarungen bezüglich der Aufgaben des Anlagenmanagement und der Verwaltung nach Anhang II.

Verwaltet die Verwaltungsgesellschaft bereits OGAW der gleichen Art im Herkunftsmitgliedstaat des OGAW, so reicht der Hinweis auf die bereits vorgelegten Unterlagen aus.

(2) Falls es erforderlich ist, um die Einhaltung der in ihrer Verantwortung liegenden Vorschriften zu gewährleisten, können die zuständigen Behörden des Herkunftsmitgliedstaats des OGAW von den zuständigen Behörden des Herkunftsmitgliedstaats der Verwaltungsgesellschaft Erläuterungen und Informationen über die Unterlagen nach Absatz 1 sowie auf der Grundlage der in den Artikeln 17 und 18 genannten Bescheinigung Auskünfte darüber anfordern, inwieweit die Art des OGAW, für den eine Zulassung beantragt wird, in den Geltungsbereich der Zulassung der Verwaltungsgesellschaft fällt. Sofern zutreffend geben die zuständigen Behörden des Herkunftsmitgliedstaats der Verwaltungsgesellschaft ihre Stellungnahme binnen 10 Arbeitstagen nach Erhalt des ursprünglichen Antrags ab.

(3) Die zuständigen Behörden des Herkunftsmitgliedstaats des OGAW können den Antrag der Verwaltungsgesellschaft ablehnen, wenn

a) die Verwaltungsgesellschaft den Bestimmungen nach Maßgabe der Zuständigkeit der Behörden gemäß Artikel 19 nicht entspricht,
b) die Verwaltungsgesellschaft von den zuständigen Behörden ihres Herkunftsmitgliedstaats keine Zulassung zur Verwaltung der Art von OGAW erhalten hat, für die eine Zulassung beantragt wird, oder
c) die Verwaltungsgesellschaft die Unterlagen nach Absatz 1 nicht eingereicht hat.

Vor Ablehnung eines Antrags konsultieren die zuständigen Behörden des Herkunftsmitgliedstaats des OGAW die zuständigen Behörden des Herkunftsmitgliedstaats der Verwaltungsgesellschaft.

(4) Alle nachfolgenden sachlichen Änderungen an den Unterlagen nach Absatz 1 werden den zuständigen Behörden des Herkunftsmitgliedstaats des OGAW von der Verwaltungsgesellschaft mitgeteilt.

Artikel 21

(1) Der Aufnahmemitgliedstaat einer Verwaltungsgesellschaft kann für statistische Zwecke von allen Verwaltungsgesellschaften mit Zweigniederlassungen in seinem Hoheitsgebiet verlangen, den zuständigen Behörden des Aufnahmemitgliedstaats in regelmäßigen Abständen Bericht über ihre im Hoheitsgebiet des genannten Aufnahmemitgliedstaats ausgeübten Tätigkeiten zu erstatten.

(2) Der Aufnahmemitgliedstaat einer Verwaltungsgesellschaft kann von den Verwaltungsgesellschaften, die in seinem Hoheitsgebiet durch die Gründung einer Zweigniederlassung oder im Rahmen des freien Dienstleistungsverkehrs tätig sind, die Angaben verlangen, die erforderlich sind, um die Einhaltung der für diese Verwaltungsgesellschaften maßgebenden Bestimmungen, für die der Aufnahmemitgliedstaat der Verwaltungsgesellschaft zuständig ist, zu überwachen.

Diese Anforderungen dürfen nicht strenger sein als die Anforderungen, die diese Mitgliedstaaten den Verwaltungsgesellschaften auferlegen, die in dem jeweiligen Mitgliedstaat zugelassen wurden, um ihre Einhaltung derselben Normen zu überwachen.

Die Verwaltungsgesellschaften stellen sicher, dass die Verfahren und Vorkehrungen gemäß Artikel 15 gewährleisten, dass die zuständigen Behörden des Herkunftsmitgliedstaats des OGAW die in diesem Absatz genannten Informationen unmittelbar von der Verwaltungsgesellschaft erhalten.

(3) Stellen die zuständigen Behörden des Aufnahmemitgliedstaats fest, dass eine Verwaltungsgesellschaft, die eine Zweigniederlassung in seinem Hoheitsgebiet hat oder dort

Dienstleistungen erbringt, gegen eine der Bestimmungen unter ihrer Zuständigkeit verstößt, so fordern die Behörden die betreffende Verwaltungsgesellschaft auf, den Verstoß zu beenden und unterrichten die zuständigen Behörden des Herkunftsmitgliedstaats der Verwaltungsgesellschaft entsprechend.

(4) Lehnt es die betreffende Verwaltungsgesellschaft ab, dem Aufnahmemitgliedstaat der Verwaltungsgesellschaft die in seine Zuständigkeit fallenden Informationen zukommen zu lassen oder unternimmt sie nicht die erforderlichen Schritte, um den Verstoß gemäß Absatz 3 zu beenden, so setzen die zuständigen Behörden des Aufnahmemitgliedstaats der Verwaltungsgesellschaft die zuständigen Behörden des Herkunftsmitgliedstaats der Verwaltungsgesellschaft davon in Kenntnis. Die zuständigen Behörden des Herkunftsmitgliedstaats der Verwaltungsgesellschaft treffen unverzüglich alle geeigneten Maßnahmen, um sicherzustellen, dass die betreffende Verwaltungsgesellschaft die vom Aufnahmemitgliedstaat der Verwaltungsgesellschaft gemäß Absatz 2 geforderten Informationen zur Verfügung stellt oder den Verstoß beendet. Die Art dieser Maßnahmen ist den zuständigen Behörden des Aufnahmemitgliedstaats der Verwaltungsgesellschaft mitzuteilen.

(5) Weigert sich die Verwaltungsgesellschaft trotz der von den zuständigen Behörden des Herkunftsmitgliedstaats der Verwaltungsgesellschaft getroffenen Maßnahmen oder infolge unzureichender oder fehlender Maßnahmen des betreffenden Mitgliedstaats weiter, die vom Aufnahmemitgliedstaat der Verwaltungsgesellschaft gemäß Absatz 2 geforderten Informationen bereitzustellen, oder verstößt sie weiter gegen die in diesem Absatz genannten Rechts- und Verwaltungsvorschriften des Aufnahmemitgliedstaats der Verwaltungsgesellschaft, so können die zuständigen Behörden des Aufnahmemitgliedstaats der Verwaltungsgesellschaft nach Unterrichtung der zuständigen Behörden des Herkunftsmitgliedstaats der Verwaltungsgesellschaft geeignete Maßnahmen einschließlich der Maßnahmen der Artikel 98 und 99 ergreifen, um weitere Verstöße zu verhindern oder zu ahnden; soweit erforderlich, können sie dieser Verwaltungsgesellschaft auch neue Geschäfte in seinem Hoheitsgebiet untersagen. Die Mitgliedstaaten gewährleisten, dass die für diese Maßnahmen erforderlichen Schriftstücke in ihrem Hoheitsgebiet den Verwaltungsgesellschaften zugestellt werden können. Handelt es sich bei der im Aufnahmemitgliedstaat der Verwaltungsgesellschaft erbrachten Dienstleistung um die Verwaltung eines OGAW, so kann der Aufnahmemitgliedstaat der Verwaltungsgesellschaft verlangen, dass die Verwaltungsgesellschaft die Verwaltung dieses OGAW einstellt.

(6) Jede Maßnahme gemäß den Absätzen 4 oder 5, die Maßnahmen oder Sanktionen beinhaltet, wird ordnungsgemäß begründet und der betreffenden Verwaltungsgesellschaft mitgeteilt. Gegen jede derartige Maßnahme kann in dem Mitgliedstaat, in dem sie ergriffen wurde, Klage erhoben werden.

(7) In dringenden Fällen können die zuständigen Behörden des Aufnahmemitgliedstaats der Verwaltungsgesellschaft vor der Einleitung des in den Absätzen 3, 4 oder 5 vorgesehenen Verfahrens die Sicherungsmaßnahmen ergreifen, die zum Schutz der Interessen der Anleger oder sonstiger Personen, für die Dienstleistungen erbracht werden, notwendig sind. Die Kommission und die zuständigen Behörden der anderen betroffenen Mitgliedstaaten werden von solchen Maßnahmen so früh wie möglich unterrichtet.

Die Kommission kann nach Anhörung der zuständigen Behörden der betroffenen Mitgliedstaaten beschließen, dass der betreffende Mitgliedstaat die Maßnahmen zu ändern oder aufzuheben hat.

(8) Die zuständigen Behörden des Herkunftsmitgliedstaats der Verwaltungsgesellschaft konsultieren die zuständigen Behörden des Herkunftsmitgliedstaats des OGAW, bevor sie der Verwaltungsgesellschaft die Zulassung entziehen. In solchen Fällen treffen die zustän-

digen Behörden des Herkunftsmitgliedstaats des OGAW geeignete Maßnahmen zur Wahrung der Interessen der Anleger. Diese Maßnahmen können Entscheidungen beinhalten, mit denen verhindert wird, dass die betreffende Verwaltungsgesellschaft neue Geschäfte im Hoheitsgebiet dieses Mitgliedstaats tätigt.

Alle zwei Jahre erstellt die Kommission einen Bericht über diese Fälle.

(9) Die Mitgliedstaaten teilen der Kommission die Anzahl und die Art der Fälle mit, in denen sie eine Zulassung gemäß Artikel 17 oder einen Antrag gemäß Artikel 20 ablehnen, sowie die nach Absatz 5 dieses Artikels getroffenen Maßnahmen.

Alle zwei Jahre erstellt die Kommission einen Bericht über diese Fälle.

KAPITEL IV
VERPFLICHTUNGEN BETREFFEND DIE VERWAHRSTELLE

Artikel 22

(1) Die Verwahrung des Vermögens des Investmentfonds ist einer Verwahrstelle zu übertragen.

(2) Die Haftung der Verwahrstelle nach Artikel 24 wird nicht dadurch berührt, dass sie sämtliche oder einen Teil der Vermögensgegenstände, deren Verwahrung sie übernommen hat, einem Dritten überträgt.

(3) Die Verwahrstelle

a) gewährleistet, dass der Verkauf, die Ausgabe, die Rücknahme, die Auszahlung und die Aufhebung der Anteile, die für Rechnung des Investmentfonds oder durch die Verwaltungsgesellschaft vorgenommen werden, den anwendbaren nationalen Rechtsvorschriften oder den Vertragsbedingungen des Investmentfonds gemäß erfolgt;
b) gewährleistet, dass die Berechnung des Wertes der Anteile den anwendbaren nationalen Rechtsvorschriften oder den Vertragsbedingungen gemäß erfolgt;
c) leistet den Weisungen der Verwaltungsgesellschaft Folge, es sei denn, dass sie gegen die anwendbaren nationalen Rechtsvorschriften oder die Vertragsbedingungen des Investmentfonds verstoßen;
d) gewährleistet, dass ihr bei Geschäften, die sich auf das Vermögen des Investmentfonds beziehen, der Gegenwert innerhalb der üblichen Fristen übertragen wird;
e) gewährleistet, dass die Erträge des Investmentfonds gemäß den anwendbaren nationalen Rechtsvorschriften und den Vertragsbedingungen des Investmentfonds verwendet werden.

Artikel 23

(1) Die Verwahrstelle hat entweder ihren satzungsgemäßen Sitz im Herkunftsmitgliedstaat des OGAW oder ist dort niedergelassen.

(2) Die Verwahrstelle ist eine Einrichtung, die einer Beaufsichtigung und ständigen Überwachung unterliegt. Sie bietet ausreichende finanzielle und berufliche Garantien, um die ihr als Verwahrstelle obliegenden Tätigkeiten ordnungsgemäß ausführen zu können und den sich daraus ergebenden Verpflichtungen nachzukommen.

(3) Die Mitgliedstaaten bestimmen die in Absatz 2 bezeichneten Kategorien von Einrichtungen, aus denen die Verwahrstellen gewählt werden können.

(4) Die Verwahrstelle gewährleistet, dass es den zuständigen Behörden des Herkunftsmitgliedstaats des OGAW möglich ist, auf Antrag alle Informationen zu erhalten, die die

Verwahrstelle bei der Wahrnehmung ihrer Aufgaben erhalten hat und die die zuständigen Behörden benötigen, um die Einhaltung der Bestimmungen dieser Richtlinie durch den OGAW zu überwachen.

(5) Handelt es sich beim Herkunftsmitgliedstaat der Verwaltungsgesellschaft nicht um den Herkunftsmitgliedstaat des OGAW, so unterzeichnen die Verwahrstelle und die Verwaltungsgesellschaft eine schriftliche Vereinbarung über den Informationsaustausch, der für erforderlich erachtet wird, damit die Verwahrstelle ihren Aufgaben gemäß Artikel 22 und gemäß anderen für Verwahrstellen im Herkunftsmitgliedstaat des OGAW einschlägigen Rechts- und Verwaltungsvorschriften nachkommen kann.

(6) Die Kommission kann Durchführungsmaßnahmen zu den Maßnahmen erlassen, die von einer Verwahrstelle zu ergreifen sind, um ihren Aufgaben in Bezug auf einen OGAW, der von einer in einem anderen Mitgliedstaat niedergelassenen Verwaltungsgesellschaft verwaltet wird, nachzukommen, einschließlich der Einzelheiten, die in der von der Verwahrstelle und der Verwaltungsgesellschaft gemäß Absatz 5 zu verwendenden Standardvereinbarung enthalten sein müssen.

Diese Maßnahmen zur Änderung nicht wesentlicher Bestimmungen dieser Richtlinie durch Ergänzung werden nach dem in Artikel 112 Absatz 2 genannten Regelungsverfahren mit Kontrolle erlassen.

Artikel 24

Die Verwahrstelle haftet nach dem Recht des Herkunftsmitgliedstaats des OGAW gegenüber der Verwaltungsgesellschaft und den Anteilinhabern für Schäden des Investmentfonds, die durch eine schuldhafte Nicht- oder Schlechterfüllung der Pflichten der Verwahrstelle verursacht worden sind.

Im Verhältnis zu den Anteilinhabern kann die Haftung unmittelbar oder mittelbar über die Verwaltungsgesellschaft geltend gemacht werden, je nachdem, welche Art von Rechtsbeziehungen zwischen der Verwahrstelle der Verwaltungsgesellschaft und den Anteilinhabern bestehen.

Artikel 25

(1) Die Aufgaben der Verwaltungsgesellschaft und der Verwahrstelle dürfen nicht von ein und derselben Gesellschaft wahrgenommen werden.

(2) Die Verwaltungsgesellschaft und die Verwahrstelle handeln bei der Wahrnehmung ihrer Aufgaben unabhängig und ausschließlich im Interesse der Anteilinhaber.

Artikel 26

Die gesetzlichen Vorschriften oder die Vertragsbedingungen des Investmentfonds regeln die Voraussetzungen für einen Wechsel der Verwaltungsgesellschaft und der Verwahrstelle und sehen Regelungen vor, die den Schutz der Anteilinhaber bei diesem Wechsel gewährleisten.

KAPITEL V
VERPFLICHTUNGEN BETREFFEND DIE INVESTMENTGESELLSCHAFTEN

ABSCHNITT 1
Bedingungen für die Aufnahme der Tätigkeit

Artikel 27

Für den Zugang zur Tätigkeit einer Investmentgesellschaft ist die vorherige Zulassung durch die zuständigen Behörden des Herkunftsmitgliedstaates der Investmentgesellschaft erforderlich.

Die Mitgliedstaaten bestimmen die Rechtsform, welche eine Investmentgesellschaft haben muss.

Der satzungsgemäße Sitz der Investmentgesellschaft muss sich im Herkunftsmitgliedstaat der Investmentgesellschaft befinden.

Artikel 28

Die Investmentgesellschaft darf keine anderen als die in Artikel 1 Absatz 2 genannten Tätigkeiten ausüben.

Artikel 29

(1) Unbeschadet sonstiger allgemein geltender Bedingungen des nationalen Rechts erteilen die zuständigen Behörden des Herkunftsmitgliedstaats der Investmentgesellschaft einer Investmentgesellschaft eine Zulassung nur, wenn diese eine Verwaltungsgesellschaft benannt hat oder wenn sie mit einem ausreichenden Anfangskapital von mindestens 300000 EUR ausgestattet ist.

Hat eine Investmentgesellschaft keine gemäß dieser Richtlinie zugelassene Verwaltungsgesellschaft benannt, gelten außerdem folgende Bedingungen:

a) Eine Zulassung wird nur erteilt, wenn dem Antrag auf Zulassung ein Geschäftsplan beigefügt wird, aus dem zumindest der organisatorische Aufbau der Investmentgesellschaft hervorgeht;

b) die Geschäftsleiter der Investmentgesellschaft müssen ausreichend gut beleumdet sein und auch in Bezug auf die Art der ausgeübten Geschäftstätigkeit der Investmentgesellschaft über ausreichende Erfahrung verfügen; zu diesem Zweck sind die Namen der Geschäftsleiter sowie jeder Wechsel dieser Geschäftsleiter den zuständigen Behörden unverzüglich mitzuteilen; über die Geschäftspolitik der Investmentgesellschaft müssen mindestens zwei Personen, die die genannten Bedingungen erfüllen, bestimmen; „Geschäftsleiter" sind die Personen, die die Investmentgesellschaft aufgrund der gesetzlichen Vorschriften oder der Satzung vertreten oder die Ausrichtung der Tätigkeit der Investmentgesellschaft tatsächlich bestimmen, und

c) die zuständigen Behörden erteilen die Zulassung nur dann, wenn etwaige enge Verbindungen, die zwischen der Investmentgesellschaft und anderen natürlichen oder juristischen Personen bestehen, sie nicht bei der ordnungsgemäßen Erfüllung ihrer Aufsichtsfunktionen behindern.

Die zuständigen Behörden des Herkunftsmitgliedstaats der Investmentgesellschaft erteilen ferner die Zulassung nicht, wenn sie bei der ordnungsgemäßen Erfüllung ihrer Aufsichtsfunktionen durch die Rechts- und Verwaltungsvorschriften eines Drittlandes, denen eine oder mehrere natürliche oder juristische Personen unterstehen, zu denen die Investmentgesellschaft enge Verbindungen besitzt, oder durch Schwierigkeiten bei deren Anwendung behindert werden.

Die zuständigen Behörden des Herkunftsmitgliedstaats der Investmentgesellschaft schreiben vor, dass die Investmentgesellschaft ihnen die benötigten Angaben übermittelt.

(2) Hat die Investmentgesellschaft keine Verwaltungsgesellschaft benannt, so ist der Investmentgesellschaft binnen sechs Monaten nach Einreichung eines vollständigen Antrags mitzuteilen, ob eine Zulassung erteilt wurde. Jede Ablehnung eines Antrags ist zu begründen.

(3) Nach Erteilung der Zulassung kann die Investmentgesellschaft ihre Tätigkeit sofort aufnehmen.

(4) Die zuständigen Behörden des Herkunftsmitgliedstaats der Investmentgesellschaft dürfen einer unter diese Richtlinie fallenden Investmentgesellschaft die Zulassung nur entziehen, wenn die betreffende Investmentgesellschaft

a) von der Zulassung nicht binnen zwölf Monaten Gebrauch macht, ausdrücklich auf sie verzichtet oder seit mehr als sechs Monaten die in dieser Richtlinie genannten Tätigkeiten nicht mehr ausübt, es sei denn, der betreffende Mitgliedstaat sieht in diesen Fällen das Erlöschen der Zulassung vor;
b) die Zulassung aufgrund falscher Erklärungen oder auf sonstige rechtswidrige Weise erhalten hat;
c) die Voraussetzungen, auf denen die Zulassung beruhte, nicht mehr erfüllt;
d) in schwerwiegender Weise oder systematisch gegen die gemäß dieser Richtlinie erlassenen Bestimmungen verstoßen hat oder
e) ein in den nationalen Rechtsvorschriften vorgesehener Grund für den Entzug vorliegt.

ABSCHNITT 2
Bedingungen für die Ausübung der Tätigkeit

Artikel 30

Die Artikel 13 und 14 gelten für Investmentgesellschaften, die keine gemäß dieser Richtlinie zugelassene Verwaltungsgesellschaft benannt haben, sinngemäß.

Für die Zwecke der im Absatz 1 genannten Artikel ist der Ausdruck „Verwaltungsgesellschaft“ als „Investmentgesellschaft“ zu verstehen.

Eine Investmentgesellschaft verwaltet nur die Vermögensgegenstände ihres eigenen Portfolios; ihr darf in keinem Fall der Auftrag zur Verwaltung von Vermögensgegenständen Dritter erteilt werden.

Artikel 31

Der Herkunftsmitgliedstaat einer jeden Investmentgesellschaft erlässt Aufsichtsregeln, die eine Investmentgesellschaft, die keine gemäß dieser Richtlinie zugelassene Verwaltungsgesellschaft benannt hat, fortwährend einzuhalten hat.

Insbesondere schreiben die zuständigen Behörden des Herkunftsmitgliedstaats der Investmentgesellschaft – auch unter Berücksichtigung des Typs der Investmentgesellschaft – vor, dass die betreffende Investmentgesellschaft über eine ordnungsgemäße Verwaltung und Buchhaltung, Kontroll- und Sicherheitsvorkehrungen in Bezug auf die elektronische

Datenverarbeitung sowie angemessene interne Kontrollverfahren, zu denen insbesondere Regeln für persönliche Geschäfte ihrer Angestellten und für das Halten oder Verwalten von Anlagen in Finanzinstrumenten zum Zwecke der Anlage ihres Anfangskapitals gehören, verfügen muss, durch die zumindest gewährleistet wird, dass jedes die Gesellschaft betreffende Geschäft nach Herkunft, Gegenpartei, Art, Abschlusszeitpunkt und -ort rekonstruiert werden kann und dass das Vermögen der Investmentgesellschaft gemäß ihrer Satzung und gemäß den geltenden rechtlichen Bestimmungen angelegt wird.

ABSCHNITT 3
Verpflichtungen betreffend die Verwahrstelle

Artikel 32

(1) Die Verwahrung des Vermögens der Investmentgesellschaft wird einer Verwahrstelle übertragen.

(2) Die Haftung der Verwahrstelle nach Artikel 34 wird nicht dadurch aufgehoben, dass sie sämtliche oder einen Teil der Vermögensgegenstände, deren Verwahrung sie übernommen hat, einem Dritten überträgt.

(3) Die Verwahrstelle sorgt für Folgendes:

a) dass der Verkauf, die Ausgabe, die Rücknahme, die Auszahlung und die Aufhebung der Anteile durch eine Investmentgesellschaft oder für ihre Rechnung den gesetzlichen Vorschriften oder der Satzung der Investmentgesellschaft gemäß erfolgt;
b) dass ihr bei Geschäften, die sich auf das Vermögen der Investmentgesellschaft beziehen, der Gegenwert innerhalb der üblichen Fristen übertragen wird und
c) dass die Erträge der Investmentgesellschaft den gesetzlichen Vorschriften und der Satzung gemäß verwendet werden.

(4) Der Herkunftsmitgliedstaat einer Investmentgesellschaft kann beschließen, dass die in seinem Gebiet niedergelassenen Investmentgesellschaften, die ihre Anteile ausschließlich über eine oder mehrere Wertpapierbörsen vertreiben, an denen diese zur amtlichen Notierung zugelassen sind, keine Verwahrstelle im Sinne dieser Richtlinie haben müssen.

Die Artikel 76, 84 und 85 finden auf diese Investmentgesellschaften keine Anwendung. Jedoch werden die Regeln für die Bewertung des Vermögens dieser Investmentgesellschaften in den geltenden nationalen Rechtsvorschriften und/oder in ihrer Satzung angegeben.

(5) Der Herkunftsmitgliedstaat einer Investmentgesellschaft kann beschließen, dass die in seinem Gebiet niedergelassenen Investmentgesellschaften, die mindestens 80 % ihrer Anteile über eine oder mehrere in ihrer Satzung benannte Wertpapierbörsen vertreiben, keine Verwahrstelle im Sinne dieser Richtlinie haben müssen, sofern diese Anteile an den Wertpapierbörsen der Mitgliedstaaten, in deren Gebiet sie vertrieben werden, zur amtlichen Notierung zugelassen sind, und sofern die außerbörslichen Geschäfte von der Investmentgesellschaft nur zum Börsenkurs getätigt werden.

In der Satzung der Investmentgesellschaft wird die Wertpapierbörse des Vertriebslandes angegeben, deren Notierung für den Kurs der von dieser Investmentgesellschaft in diesem Lande außerbörslich getätigten Geschäfte maßgeblich ist.

Der Mitgliedstaat nimmt die in Unterabsatz 1 vorgesehene Freistellungsmöglichkeit nur in Anspruch, wenn die Anteilinhaber seines Erachtens den gleichen Schutz wie die Anteilinhaber von OGAW mit einer Verwahrstelle im Sinne dieser Richtlinie genießen.

Die in diesem Absatz und in Absatz 4 genannten Investmentgesellschaften sind insbesondere verpflichtet,

a) in ihrer Satzung die Methoden zur Berechnung des Nettoinventarwerts der Anteile anzugeben, wenn es keine diesbezüglichen nationalen gesetzlichen Vorschriften gibt;
b) auf dem Markt zu intervenieren, um zu verhindern, dass der Börsenkurs ihrer Anteile um mehr als 5 % vom Nettoinventarwert dieser Anteile abweicht;
c) den Nettoinventarwert der Anteile zu bestimmen, diesen den zuständigen Behörden mindestens zweimal wöchentlich mitteilen und ihn zweimal monatlich veröffentlichen.

Ein unabhängiger Wirtschaftsprüfer vergewissert sich mindestens zweimal monatlich, dass die Berechnung des Wertes der Anteile nach den gesetzlichen Vorschriften und der Satzung der Investmentgesellschaft erfolgt.

Der Wirtschaftsprüfer verschafft sich dabei Gewissheit darüber, dass das Vermögen der Investmentgesellschaft in Übereinstimmung mit den gesetzlichen Vorschriften und der Satzung der Investmentgesellschaft angelegt wird.

(6) Die Mitgliedstaaten teilen der Kommission mit, welchen Investmentgesellschaften die in den Absätzen 4 und 5 genannte Freistellung gewährt wird.

Artikel 33

(1) Die Verwahrstelle hat entweder ihren satzungsgemäßen Sitz in dem Mitgliedstaat, in dem die Investmentgesellschaft ihren satzungsgemäßen Sitz hat, oder ist dort niedergelassen.

(2) Die Verwahrstelle ist eine Einrichtung, die einer Beaufsichtigung und ständigen Überwachung unterliegt.

(3) Die Mitgliedstaaten bestimmen die in Absatz 2 bezeichneten Kategorien von Einrichtungen, aus denen die Verwahrstellen gewählt werden können.

(4) Die Verwahrstelle gewährleistet, dass es den zuständigen Behörden des Herkunftsmitgliedstaats des OGAW möglich ist, auf Antrag alle Informationen zu erhalten, die die Verwahrstelle bei der Wahrnehmung ihrer Aufgaben erhalten hat und die die zuständigen Behörden benötigen, um die Einhaltung der Bestimmungen dieser Richtlinie durch den OGAW zu überwachen.

(5) Handelt es sich beim Herkunftsmitgliedstaat der Verwaltungsgesellschaft nicht um den Herkunftsmitgliedstaat des OGAW, so unterzeichnen die Verwahrstelle und die Verwaltungsgesellschaft eine schriftliche Vereinbarung über den Informationsaustausch, der für erforderlich erachtet wird, damit die Verwahrstelle ihren Aufgaben gemäß Artikel 32 und anderen für Verwahrstellen im Herkunftsmitgliedstaat des OGAW einschlägigen Rechts- und Verwaltungsvorschriften nachkommen kann.

(6) Die Kommission kann Durchführungsmaßnahmen zu den Maßnahmen erlassen, die von einer Verwahrstelle zu ergreifen sind, um ihren Aufgaben in Bezug auf einen OGAW, der von einer in einem anderen Mitgliedstaat niedergelassenen Verwaltungsgesellschaft verwaltet wird, nachzukommen, einschließlich der Einzelheiten, die in der von der Verwahrstelle und der Verwaltungsgesellschaft gemäß Absatz 5 zu verwendenden Standardvereinbarung enthalten sein müssen.

Diese Maßnahmen zur Änderung nicht wesentlicher Bestimmungen dieser Richtlinie durch Ergänzung werden nach dem in Artikel 112 Absatz 2 genannten Regelungsverfahren mit Kontrolle erlassen.

Artikel 34

Die Verwahrstelle haftet nach dem Recht des Herkunftsmitgliedstaats der Investmentgesellschaft gegenüber der Investmentgesellschaft und den Anteilinhabern für Schäden des

Investmentfonds, die durch eine schuldhafte Nicht- oder Schlechterfüllung der Pflichten der Verwahrstelle verursacht worden sind.

Artikel 35

(1) Die Aufgaben der Investmentgesellschaft und der Verwahrstelle dürfen nicht von ein und derselben Gesellschaft wahrgenommen werden.

(2) Die Verwahrstelle handelt bei der Wahrnehmung ihrer Aufgaben ausschließlich im Interesse der Anteilinhaber.

Artikel 36

Die gesetzlichen Vorschriften oder die Satzung der Investmentgesellschaft regeln die Voraussetzungen für einen Wechsel der Verwahrstelle und sehen Regelungen vor, die den Schutz der Anteilinhaber bei diesem Wechsel gewährleisten.

KAPITEL VI
VERSCHMELZUNGEN VON OGAW

ABSCHNITT 1

Grundsatz, Genehmigung und Zustimmung

Artikel 37

Für die Zwecke dieses Kapitels schließt ein OGAW die dazugehörigen Teilfonds ein.

Artikel 38

(1) Die Mitgliedstaaten gestatten unter den in diesem Kapitel festgelegten Voraussetzungen und unabhängig von der Form der OGAW im Sinne von Artikel 1 Absatz 3 grenzüberschreitende und inländische Verschmelzungen nach Artikel 2 Absatz 1 Buchstabe q und r gemäß einem oder mehreren Verschmelzungsverfahren nach Artikel 2 Absatz 1 Buchstabe p.

(2) Die für grenzüberschreitende Verschmelzungen angewandten Verschmelzungsverfahren nach Artikel 2 Absatz 1 Buchstabe q müssen nach den Rechtsvorschriften des Herkunftsmitgliedstaats des übertragenden OGAW zugelassen werden.

Die für inländische Verschmelzungen angewandten Verschmelzungsverfahren nach Artikel 2 Absatz 1 Buchstabe r müssen nach den Rechtsvorschriften des Mitgliedstaats, in dem die OGAW niedergelassen sind, vorgesehen sein.

Artikel 39

(1) Für Verschmelzungen ist die vorherige Genehmigung der zuständigen Behörden des Herkunftsmitgliedstaats des übertragenden OGAW erforderlich.

(2) Der übertragende OGAW übermittelt den zuständigen Behörden seines Herkunftsmitgliedstaats alle nachstehenden Angaben:

a) den vom übertragenden OGAW und vom übernehmenden OGAW gebilligten gemeinsamen Verschmelzungsplan,
b) eine aktuelle Fassung des Prospekts und der in Artikel 78 genannten wesentlichen In-

formationen für den Anleger des übernehmenden OGAW, falls dieser in einem anderen Mitgliedstaat niedergelassen ist,

c) eine von allen Verwahrstellen des übertragenden und des übernehmenden OGAW abgegebene Erklärung, mit der gemäß den Bestimmungen von Artikel 41 bestätigt wird, dass sie die Übereinstimmung der Angaben nach Artikel 40 Absatz 1 Buchstaben a, f und g mit den Anforderungen dieser Richtlinie und den Vertragsbedingungen oder der Satzung ihres jeweiligen OGAW überprüft haben, und

d) die Informationen, die der übertragende und der übernehmende OGAW ihren jeweiligen Anteilinhabern zu der geplanten Verschmelzung zu übermitteln gedenken.

Diese Informationen werden so bereitgestellt, dass die zuständigen Behörden des Herkunftsmitgliedstaats sowohl des übertragenden OGAW als auch des übernehmenden OGAW sie in der Amtssprache oder in einer der Amtssprachen des betreffenden Mitgliedstaats oder der betreffenden Mitgliedstaaten oder in einer von den genannten zuständigen Behörden gebilligten Sprache lesen können.

(3) Liegt der vollständige Antrag vor, übermitteln die zuständigen Behörden des Herkunftsmitgliedstaats des übertragenden OGAW umgehend Kopien der Informationen nach Absatz 2 an die zuständigen Behörden im Herkunftsmitgliedstaat des übernehmenden OGAW. Die zuständigen Behörden des Herkunftsmitgliedstaats des übertragenden und des übernehmenden OGAW wägen jeweils die potenziellen Auswirkungen der geplanten Verschmelzung auf die Anteilinhaber sowohl des übertragenden als auch des übernehmenden OGAW ab, um zu prüfen, inwieweit die Anteilinhaber angemessene Informationen erhalten.

Wenn es die zuständigen Behörden des Herkunftsmitgliedstaats des übertragenden OGAW für erforderlich halten, können sie schriftlich verlangen, dass die Informationen für die Anteilinhaber des übertragenden OGAW klarer gestaltet werden.

Halten die zuständigen Behörden des Herkunftsmitgliedstaats des übernehmenden OGAW es für erforderlich, so können sie spätestens 15 Arbeitstage nach Erhalt der Kopien mit den vollständigen Informationen gemäß Absatz 2 schriftlich verlangen, dass der übernehmende OGAW die seinen Anteilinhabern zu gebenden Informationen ändert.

In diesem Fall übermitteln die zuständigen Behörden des Herkunftsmitgliedstaats des übernehmenden OGAW den zuständigen Behörden des Herkunftsmitgliedstaats des übertragenden OGAW einen Hinweis auf ihre Unzufriedenheit. Sie teilen den zuständigen Behörden des Herkunftsmitgliedstaats des übertragenden OGAW innerhalb von 20 Arbeitstagen, nachdem ihnen die geänderten Informationen, die den Anteilinhabern des übernehmenden OGAW übermittelt werden, vorgelegt worden sind, mit, ob diese geänderten Informationen zufrieden stellend sind.

(4) Die zuständigen Behörden des Herkunftsmitgliedstaats des übertragenden OGAW genehmigen die geplante Verschmelzung, wenn folgende Voraussetzungen erfüllt sind:

a) Die geplante Verschmelzung erfüllt sämtliche Auflagen der Artikel 39 bis 42;

b) der übernehmende OGAW ist gemäß Artikel 93 für die Vermarktung seiner Anteile in sämtlichen Mitgliedstaaten gemeldet, in denen der übertragende OGAW entweder zugelassen oder gemäß Artikel 93 für die Vermarktung seiner Anteile angezeigt ist, und

c) die zuständigen Behörden im Herkunftsmitgliedstaat des übertragenden und des übernehmenden OGAW befinden die Informationen, die den Anteilinhabern übermittelt werden sollen, für zufrieden stellend oder kein Hinweis auf Unzufriedenheit von Seiten der zuständigen Behörden im Herkunftsmitgliedstaat des übernehmenden OGAW ist nach Absatz 3 Unterabsatz 4 eingegangen.

(5) Vertreten die zuständigen Behörden des Herkunftsmitgliedstaats des übertragenden OGAW die Auffassung, dass der Antrag nicht vollständig ist, fordern sie spätestens zehn Arbeitstage nach Eingang der Informationen gemäß Absatz 2 zusätzliche Informationen an.

Die zuständigen Behörden des Herkunftsmitgliedstaats des übertragenden OGAW teilen dem übertragenden OGAW innerhalb von 20 Arbeitstagen nach Vorlage der vollständigen Angaben gemäß Absatz 2 mit, ob die Verschmelzung genehmigt wird.

Die zuständigen Behörden des Herkunftsmitgliedstaats des übertragenden OGAW unterrichten auch die zuständigen Behörden des Herkunftsmitgliedstaats des übernehmenden OGAW über ihre Entscheidung.

(6) Die Mitgliedstaaten können gemäß Artikel 57 Absatz 1 Unterabsatz 2 für den übernehmenden OGAW Abweichungen von den Artikeln 52 bis 55 vorsehen.

Artikel 40

(1) Die Mitgliedstaaten verlangen, dass der übertragende und der übernehmende OGAW einen gemeinsamen Verschmelzungsplan erstellen.

Der gemeinsame Verschmelzungsplan führt folgende Angaben an:

a) Art der Verschmelzung und beteiligte OGAW,
b) Hintergrund und Beweggründe für die geplante Verschmelzung,
c) erwartete Auswirkungen der geplanten Verschmelzung auf die Anteilinhaber sowohl des übertragenden als auch des übernehmenden OGAW,
d) die beschlossenen Kriterien für die Bewertung des Vermögens und gegebenenfalls der Verbindlichkeiten zu dem Zeitpunkt der Berechnung des Umtauschverhältnisses gemäß Artikel 47 Absatz 1,
e) Methode zur Berechnung des Umtauschverhältnisses,
f) geplanter effektiver Verschmelzungstermin,
g) die für die Übertragung von Vermögenswerten und den Umtausch von Anteilen geltenden Bestimmungen und
h) im Falle einer Verschmelzung nach Artikel 2 Absatz 1 Buchstabe p Ziffer ii und gegebenenfalls Artikel 2 Absatz 1 Buchstabe p Ziffer iii die Vertragsbedingungen oder die Satzung des neu gegründeten übernehmenden OGAW.

Die zuständigen Behörden können nicht verlangen, dass weitere Informationen in den gemeinsamen Verschmelzungsplan aufgenommen werden.

(2) Der übertragende OGAW und der übernehmende OGAW können beschließen, weitere Punkte in den Verschmelzungsplan aufzunehmen.

ABSCHNITT 2
Kontrolle durch Dritte, Information der Anteilinhaber und sonstige Rechte der Anteilinhaber

Artikel 41

Die Mitgliedstaaten verlangen, dass die Verwahrstellen des übertragenden und des übernehmenden OGAW die Übereinstimmung der Angaben nach Artikel 40 Absatz 1 Buchstaben a, f und g mit den Anforderungen dieser Richtlinie und den Vertragsbedingungen oder der Satzung ihres jeweiligen OGAW überprüfen.

Artikel 42

(1) Aufgrund der Rechtsvorschriften des Herkunftsmitgliedstaats des übertragenden OGAW wird entweder eine Verwahrstelle oder ein gemäß der Richtlinie 2006/43/EG des Europäischen Parlaments und des Rates vom 17. Mai 2006 über Abschlussprüfungen von Jahresabschlüssen und konsolidierten Abschlüssen ([13]) zugelassener unabhängiger Wirtschaftsprüfer mit der Bestätigung von Folgendem beauftragt:

a) die beschlossenen Kriterien für die Bewertung des Vermögens und gegebenenfalls der Verbindlichkeiten zu dem Zeitpunkt der Berechnung des Umtauschverhältnisses gemäß Artikel 47 Absatz 1;
b) sofern zutreffend, die Barzahlung je Anteil und
c) die Methode zur Berechnung des Umtauschverhältnisses und das tatsächliche Umtauschverhältnis zu dem Zeitpunkt für die Berechnung dieses Umtauschverhältnisses gemäß Artikel 47 Absatz 1.

(2) Die gesetzlichen Abschlussprüfer des übertragenden OGAW oder die gesetzlichen Abschlussprüfer des übernehmenden OGAW gelten für die Zwecke des Absatzes 1 als unabhängige Wirtschaftsprüfer.

(3) Den Anteilinhabern des übertragenden und des übernehmenden OGAW sowie ihren jeweiligen zuständigen Behörden wird auf Anfrage kostenlos eine Kopie des Berichts des unabhängigen Wirtschaftsprüfers oder, sofern zutreffend, der Verwahrstelle zur Verfügung gestellt.

Artikel 43

(1) Die Mitgliedstaaten verlangen, dass der übertragende und der übernehmende OGAW ihren jeweiligen Anteilinhabern geeignete und präzise Informationen über die geplante Verschmelzung übermitteln, damit diese sich ein fundiertes Urteil über die Auswirkungen des Vorhabens auf ihre Anlage bilden können.

(2) Die genannten Informationen werden den Anteilinhabern des übertragenden und des übernehmenden OGAW erst übermittelt, nachdem die zuständigen Behörden des Herkunftsmitgliedstaats des übertragenden OGAW die geplante Verschmelzung nach Artikel 39 genehmigt haben.

Sie werden mindestens 30 Tage vor der letzten Frist für einen Antrag auf Rücknahme oder Auszahlung oder gegebenenfalls Umwandlung ohne Zusatzkosten gemäß Artikel 45 Absatz 1 übermittelt.

(3) Die Informationen, die den Anteilinhabern des übertragenden und des übernehmenden OGAW zu übermitteln sind, umfassen geeignete und präzise Informationen über die geplante Verschmelzung, damit sie sich ein fundiertes Urteil über die Auswirkungen des Vorhabens auf ihre Anlage bilden und ihre Rechte nach den Artikeln 44 und 45 ausüben können.

Sie umfassen Folgendes:

a) Hintergrund und Beweggründe für die geplante Verschmelzung,
b) potenzielle Auswirkungen der geplanten Verschmelzung auf die Anteilinhaber, einschließlich aber nicht ausschließlich wesentlicher Unterschiede in Bezug auf Anlagepolitik und -strategie, Kosten, erwartetes Ergebnis, periodische Berichte, etwaige Verwässerung der Leistung und gegebenenfalls eine eindeutige Warnung an die Anleger,

---

[13] ABl. L 157 vom 9.6.2006, S. 87.

dass ihre steuerliche Behandlung im Zuge der Verschmelzung Änderungen unterworfen sein kann,

c) spezifische Rechte der Anteilinhaber in Bezug auf die geplante Verschmelzung, einschließlich aber nicht ausschließlich des Rechts auf zusätzliche Informationen, des Rechts, auf Anfrage eine Kopie des Berichts des unabhängigen Wirtschaftsprüfers oder der Verwahrstelle zu erhalten, des Rechts, gemäß Artikel 45 Absatz 1 die kostenlose Rücknahme oder Auszahlung oder gegebenenfalls Umwandlung ihrer Anteile zu verlangen, und der Frist für die Wahrnehmung dieses Rechts,
d) maßgebliche Verfahrensaspekte und geplanter effektiver Verschmelzungstermin und
e) Kopie der in Artikel 78 genannten wesentlichen Informationen für den Anleger des übernehmenden OGAW.

(4) Wurde der übertragende oder der übernehmende OGAW gemäß Artikel 93 gemeldet, so werden die in Absatz 3 genannten Informationen in der bzw. einer Amtssprache des Aufnahmemitgliedstaats des jeweiligen OGAW oder in einer von dessen zuständigen Behörden gebilligten Sprache vorgelegt. Der OGAW, der die Informationen zu übermitteln hat, ist für die Erstellung der Übersetzung verantwortlich. Diese Übersetzung gibt den Inhalt des Originals zuverlässig wieder.

(5) Die Kommission kann Durchführungsmaßnahmen erlassen, die Inhalt, Form und Art der Übermittlung der in den Absätzen 1 und 3 genannten Informationen im Einzelnen regeln.

Diese Maßnahmen zur Änderung nicht wesentlicher Bestimmungen dieser Richtlinie durch Ergänzung werden nach dem in Artikel 112 Absatz 2 genannten Regelungsverfahren mit Kontrolle erlassen.

Artikel 44

Schreiben die nationalen Rechtsvorschriften der Mitgliedstaaten die Zustimmung der Anteilinhaber zu Verschmelzungen zwischen OGAW vor, so stellen die Mitgliedstaaten sicher, dass für diese Zustimmung höchstens 75 % der tatsächlich abgegebenen Stimmen der bei der Hauptversammlung der Anteilinhaber anwesenden oder vertretenen Anteilinhaber erforderlich sind.

Etwaige in nationalen Rechtsvorschriften vorgeschriebene Quoren bleiben von Absatz 1 unberührt. Die Mitgliedstaaten schreiben weder strengere Quoren bei grenzüberschreitenden Verschmelzungen als bei inländischen Verschmelzungen vor, noch schreiben sie strengere Quoren für Verschmelzungen von OGAW als für die Verschmelzung von Kapitalgesellschaften vor.

Artikel 45

(1) Die Rechtsvorschriften der Mitgliedstaaten sehen vor, dass die Anteilinhaber sowohl des übertragenden als auch des übernehmenden OGAW das Recht haben, ohne weitere Kosten als jene, die vom OGAW zur Deckung der Auflösungskosten einbehalten werden, den Wiederverkauf oder die Rücknahme ihrer Anteile oder, soweit möglich, deren Umtausch in Anteile eines anderen OGAW mit ähnlicher Anlagepolitik, der von derselben Verwaltungsgesellschaft oder einer anderen Gesellschaft verwaltet wird, mit der die Verwaltungsgesellschaft durch eine gemeinsame Verwaltung oder Kontrolle oder durch eine wesentliche direkte oder indirekte Beteiligung verbunden ist, zu verlangen. Dieses Recht wird ab dem Zeitpunkt wirksam, zu dem die Anteilinhaber des übertragenden OGAW und

die Anteilinhaber des übernehmenden OGAW nach Artikel 43 über die geplante Verschmelzung unterrichtet werden, und erlischt fünf Werktage vor dem Zeitpunkt für die Berechnung des Umtauschverhältnisses gemäß Artikel 47 Absatz 1.

(2) Unbeschadet der Bestimmungen nach Absatz 1 können bei Verschmelzungen zwischen OGAW die Mitgliedstaaten den zuständigen Behörden abweichend von Artikel 84 Absatz 1 gestatten, dass sie die zeitweilige Aussetzung der Zeichnung, der Rücknahme oder der Auszahlung von Anteilen verlangen oder gestatten, wenn eine solche Aussetzung aus Gründen des Anteilinhaberschutzes gerechtfertigt ist.

ABSCHNITT 3
Kosten und Wirksamwerden

Artikel 46

Hat der OGAW eine Verwaltungsgesellschaft benannt, so stellen die Mitgliedstaaten sicher, dass etwaige Rechts-, Beratungs- oder Verwaltungskosten, die mit der Vorbereitung und Durchführung der Verschmelzung verbunden sind, weder dem übertragenden OGAW, dem übernehmenden OGAW noch ihren Anteilinhabern angelastet werden.

Artikel 47

(1) Bei inländischen Verschmelzungen sehen die Rechtsvorschriften der Mitgliedstaaten den Zeitpunkt vor, an dem die Verschmelzung wirksam wird, und den Zeitpunkt für die Berechnung des Verhältnisses für den Umtausch von Anteilen des übertragenden OGAW in Anteile des übernehmenden OGAW und, sofern zutreffend, für die Festlegung des einschlägigen Nettobestands für Barzahlungen.

Bei grenzüberschreitenden Verschmelzungen werden diese Fristen von den Rechtsvorschriften des Herkunftsmitgliedstaats des übernehmenden OGAW bestimmt. Die Mitgliedstaaten stellen gegebenenfalls sicher, dass diese Fristen nach Genehmigung der Verschmelzung durch die Anteilinhaber des übernehmenden OGAW oder des übertragenden OGAW liegen.

(2) Das Wirksamwerden der Verschmelzung wird mit allen geeigneten Mitteln auf die in den Rechtsvorschriften des Herkunftsmitgliedstaats des übernehmenden OGAW vorgesehene Art und Weise öffentlich bekannt gegeben und den zuständigen Behörden der Herkunftsmitgliedstaaten des übernehmenden und des übertragenden OGAW mitgeteilt.

(3) Eine Verschmelzung, die nach Absatz 1 wirksam geworden ist, kann nicht mehr für nichtig erklärt werden.

Artikel 48

(1) Eine nach Artikel 2 Absatz 1 Buchstabe p Ziffer i durchgeführte Verschmelzung hat folgende Auswirkungen:

a) Alle Vermögenswerte und Verbindlichkeiten des übertragenden OGAW werden auf den übernehmenden OGAW oder, sofern zutreffend, auf die Verwahrstelle des übernehmenden OGAW übertragen;
b) die Anteilinhaber des übertragenden OGAW werden Anteilinhaber des übernehmenden OGAW, und sie haben gegebenenfalls Anspruch auf eine Barzahlung in Höhe von höchstens 10 % des Nettobestandwerts ihrer Anteile in dem übertragenden OGAW, und

c) der übertragende OGAW erlischt mit Inkrafttreten der Verschmelzung.

(2) Eine nach Artikel 2 Absatz 1 Buchstabe p Ziffer ii durchgeführte Verschmelzung hat folgende Auswirkungen:

a) Alle Vermögenswerte und Verbindlichkeiten des übertragenden OGAW werden auf den neu gegründeten übernehmenden OGAW oder, sofern zutreffend, auf die Verwahrstelle des übernehmenden OGAW übertragen;
b) die Anteilinhaber des übertragenden OGAW werden Anteilinhaber des neu gegründeten übernehmenden OGAW, und sie haben gegebenenfalls Anspruch auf eine Barzahlung in Höhe von höchstens 10 % des Nettobestandwerts ihrer Anteile in dem übertragenden OGAW, und
c) der übertragende OGAW erlischt mit Inkrafttreten der Verschmelzung.

(3) Eine nach Artikel 2 Absatz 1 Buchstabe p Ziffer iii durchgeführte Verschmelzung hat folgende Auswirkungen:

a) Die Nettovermögenswerte des übertragenden OGAW werden auf den übernehmenden OGAW oder, sofern zutreffend, auf die Verwahrstelle des übernehmenden OGAW übertragen;
b) die Anteilinhaber des übertragenden OGAW werden Anteilinhaber des übernehmenden OGAW, und
c) der übertragende OGAW besteht weiter, bis alle Verbindlichkeiten getilgt sind.

(4) Die Mitgliedstaaten sehen die Einrichtung eines Verfahrens vor, mit dem die Verwaltungsgesellschaft des übernehmenden OGAW der Verwahrstelle des übernehmenden OGAW bestätigt, dass die Übertragung der Vermögenswerte und gegebenenfalls der Verbindlichkeiten abgeschlossen ist. Hat der übernehmende OGAW keine Verwaltungsgesellschaft benannt, gibt er diese Bestätigung der Verwahrstelle des übernehmenden OGAW.

KAPITEL VII
VERPFLICHTUNGEN BETREFFEND DIE ANLAGEPOLITIK DER OGAW

Artikel 49

Im Sinne dieses Kapitels wird bei jedem OGAW, der aus mehr als einem Teilfonds zusammengesetzt ist, jeder Teilfonds als eigener OGAW betrachtet.

Artikel 50

(1) Die Anlagen eines OGAW bestehen ausschließlich aus einer oder mehreren der folgenden Anlagearten:

a) Wertpapieren und Geldmarktinstrumenten, die an einem geregelten Markt im Sinne von Artikel 4 Absatz 1 Nummer 14 der Richtlinie 2004/39/EG notiert oder gehandelt werden,
b) Wertpapieren und Geldmarktinstrumenten, die an einem anderen geregelten Markt eines Mitgliedstaats, der anerkannt, für das Publikum offen und dessen Funktionsweise ordnungsgemäß ist, gehandelt werden,
c) Wertpapieren und Geldmarktinstrumenten, die an einer Wertpapierbörse eines Drittlandes amtlich notiert oder an einem anderen geregelten Markt eines Drittlandes, der anerkannt, für das Publikum offen und dessen Funktionsweise ordnungsgemäß ist, gehandelt werden, sofern die Wahl dieser Börse oder dieses Marktes von den zuständigen Behörden genehmigt worden oder in den gesetzlichen Vorschriften und/oder den Ver-

tragsbedingungen des Investmentfonds oder in der Satzung der Investmentgesellschaft vorgesehen ist,

d) Wertpapieren aus Neuemissionen, sofern
   i) die Emissionsbedingungen die Verpflichtung enthalten, dass die Zulassung zur amtlichen Notierung an einer Wertpapierbörse oder an einem anderen geregelten Markt, der anerkannt, für das Publikum offen und dessen Funktionsweise ordnungsgemäß ist, beantragt wird, und sofern die Wahl dieser Börse oder dieses Marktes von den zuständigen Behörden genehmigt worden oder in den gesetzlichen Vorschriften und/oder den Vertragsbedingungen des Investmentfonds oder in der Satzung der Investmentgesellschaft vorgesehen ist, und
   ii) die unter Ziffer i genannte Zulassung spätestens vor Ablauf eines Jahres nach der Emission erlangt wird,

e) Anteilen von nach dieser Richtlinie zugelassenen OGAW oder anderer Organismen für gemeinsame Anlagen im Sinne von Artikel 1 Absatz 2 Buchstaben a und b, unabhängig davon, ob sie in einem Mitgliedstaat niedergelassen sind, sofern
   i) diese anderen Organismen für gemeinsame Anlagen nach Rechtsvorschriften zugelassen wurden, die sie einer Aufsicht unterstellen, welche nach Auffassung der zuständigen Behörden des Herkunftsmitgliedstaats des OGAW derjenigen nach dem Gemeinschaftsrecht gleichwertig ist, und ausreichende Gewähr für die Zusammenarbeit zwischen den Behörden besteht,
   ii) das Schutzniveau der Anteilseigner der anderen Organismen für gemeinsame Anlagen dem Schutzniveau der Anteilinhaber eines OGAW gleichwertig ist und insbesondere die Vorschriften für die getrennte Verwahrung des Sondervermögens, die Kreditaufnahme, die Kreditgewährung und Leerverkäufe von Wertpapieren und Geldmarktinstrumenten den Anforderungen dieser Richtlinie gleichwertig sind,
   iii) die Geschäftstätigkeit der anderen Organismen für gemeinsame Anlagen Gegenstand von Halbjahres- und Jahresberichten ist, die es erlauben, sich ein Urteil über das Vermögen und die Verbindlichkeiten, die Erträge und die Transaktionen im Berichtszeitraum zu bilden, und
   iv) der OGAW oder der andere Organismus für gemeinsame Anlagen, dessen Anteile erworben werden sollen, nach seinen Vertragsbedingungen bzw. seiner Satzung insgesamt höchstens 10 % seines Sondervermögens in Anteilen anderer OGAW oder Organismen für gemeinsame Anlagen anlegen darf,

f) Sichteinlagen oder kündbaren Einlagen mit einer Laufzeit von höchstens 12 Monaten bei Kreditinstituten, sofern das betreffende Kreditinstitut seinen Sitz in einem Mitgliedstaat hat oder – falls der Sitz des Kreditinstituts sich in einem Drittland befindet – es Aufsichtsbestimmungen unterliegt, die nach Auffassung der zuständigen Behörden des Herkunftsmitgliedstaats des OGAW denjenigen des Gemeinschaftsrechts gleichwertig sind,

g) abgeleiteten Finanzinstrumenten („Derivaten"), einschließlich gleichwertiger bar abgerechneter Instrumente, die an einem der unter den Buchstaben a, b und c bezeichneten geregelten Märkte gehandelt werden, und/oder abgeleiteten Finanzinstrumenten, die nicht an einer Börse gehandelt werden („OTC-Derivaten"), sofern
   i) es sich bei den Basiswerten der Derivate um Instrumente im Sinne dieses Absatzes oder um Finanzindizes, Zinssätze, Wechselkurse oder Währungen handelt, in die der OGAW gemäß den in seinen Vertragsbedingungen oder seiner Satzung genannten Anlagezielen investieren darf,
   ii) die Gegenparteien bei Geschäften mit OTC-Derivaten einer Aufsicht unterliegende

Institute der Kategorien sind, die von den zuständigen Behörden des Herkunftsmitgliedstaats des OGAW zugelassen wurden, und

iii) die OTC-Derivate einer zuverlässigen und überprüfbaren Bewertung auf Tagesbasis unterliegen und jederzeit auf Initiative des OGAW zum angemessenen Zeitwert veräußert, liquidiert oder durch ein Gegengeschäft glattgestellt werden können,

h) Geldmarktinstrumenten, die nicht auf einem geregelten Markt gehandelt werden und die unter die Definition des Artikels 2 Absatz 1 Buchstabe o fallen, sofern die Emission oder der Emittent dieser Instrumente bereits Vorschriften über den Einlagen- und den Anlegerschutz unterliegt, vorausgesetzt, sie werden

i) von einer zentralstaatlichen, regionalen oder lokalen Körperschaft oder der Zentralbank eines Mitgliedstaats, der Europäischen Zentralbank, der Gemeinschaft oder der Europäischen Investitionsbank, einem Drittstaat oder, sofern dieser ein Bundesstaat ist, einem Gliedstaat der Föderation oder von einer internationalen Einrichtung öffentlich-rechtlichen Charakters, der mindestens ein Mitgliedstaat angehört, begeben oder garantiert,

ii) von einem Unternehmen begeben, dessen Wertpapiere auf den unter den Buchstaben a, b und c bezeichneten geregelten Märkten gehandelt werden,

iii) von einem Institut, das gemäß den im Gemeinschaftsrecht festgelegten Kriterien einer Aufsicht unterstellt ist, oder einem Institut, das Aufsichtsbestimmungen, die nach Auffassung der zuständigen Behörden mindestens so streng sind wie die des Gemeinschaftsrechts, unterliegt und diese einhält, begeben oder garantiert, oder

iv) von anderen Emittenten begeben, die einer Kategorie angehören, die von den zuständigen Behörden des Herkunftsmitgliedstaats des OGAW zugelassen wurde, sofern für Anlagen in diesen Instrumenten Vorschriften für den Anlegerschutz gelten, die denen der Ziffern i, ii oder iii gleichwertig sind, und sofern es sich bei dem Emittenten entweder um ein Unternehmen mit einem Eigenkapital von mindestens 10 Mio. EUR, das seinen Jahresabschluss nach den Vorschriften der Vierten Richtlinie 78/660/EWG des Rates vom 25. Juli 1978 aufgrund von Artikel 54 Absatz 3 Buchstabe g des Vertrags über den Jahresabschluss von Gesellschaften bestimmter Rechtsformen ([14]) erstellt und veröffentlicht, oder um einen Rechtsträger, der innerhalb einer eine oder mehrere börsennotierte Gesellschaften umfassenden Unternehmensgruppe für die Finanzierung dieser Gruppe zuständig ist, oder um einen Rechtsträger handelt, der die wertpapiermäßige Unterlegung von Verbindlichkeiten durch Nutzung einer von einer Bank eingeräumten Kreditlinie finanzieren soll.

(2) Jedoch darf ein OGAW nicht

a) mehr als 10 % seines Sondervermögens in anderen als den in Absatz 1 genannten Wertpapieren und Geldmarktinstrumenten anlegen;

b) Edelmetalle oder Zertifikate über diese erwerben.

OGAW dürfen daneben flüssige Mittel halten.

(3) Eine Investmentgesellschaft darf bewegliches und unbewegliches Vermögen erwerben, das für die unmittelbare Ausübung ihrer Tätigkeit unerlässlich ist.

Artikel 51

(1) Eine Verwaltungs- oder Investmentgesellschaft verwendet ein Risikomanagement-Verfahren, das es ihr erlaubt, das mit den Anlagepositionen verbundene Risiko sowie ihren

---

14 ABl. L 222 vom 14.8.1978, S. 11.

jeweiligen Anteil am Gesamtrisikoprofil des Anlageportfolios jederzeit zu überwachen und zu messen.

Sie verwendet ferner ein Verfahren, das eine präzise und unabhängige Bewertung des Werts der OTC-Derivate erlaubt.

Sie teilt den zuständigen Behörden ihres Herkunftsmitgliedstaats regelmäßig die Arten der Derivate im Portfolio, die mit den jeweiligen Basiswerten verbundenen Risiken, die Anlagegrenzen und für jeden von ihr verwalteten OGAW die verwendeten Methoden zur Messung der mit den Derivategeschäften verbundenen Risiken mit.

(2) Die Mitgliedstaaten können dem OGAW gestatten, sich unter Einhaltung der von ihnen festgelegten Bedingungen und Grenzen der Techniken und Instrumente zu bedienen, die Wertpapiere und Geldmarktinstrumente zum Gegenstand haben, sofern die Verwendung dieser Techniken und Instrumente im Hinblick auf die effiziente Verwaltung der Portfolios geschieht.

Beziehen sich diese Transaktionen auf die Verwendung von Derivaten, so müssen die Bedingungen und Grenzen mit den Bestimmungen dieser Richtlinie im Einklang stehen.

Unter keinen Umständen darf ein OGAW bei diesen Transaktionen von den in seinen Vertragsbedingungen, seiner Satzung bzw. seinem Prospekt genannten Anlagezielen abweichen.

(3) Der OGAW stellt sicher, dass das mit Derivaten verbundene Gesamtrisiko den Gesamtnettowert seiner Portfolios nicht überschreitet.

Bei der Berechnung des Risikos werden der Marktwert der Basiswerte, das Ausfallrisiko, künftige Marktfluktuationen und die Liquidationsfrist der Positionen berücksichtigt. Dies gilt auch für die Unterabsätze 3 und 4.

Ein OGAW darf als Teil seiner Anlagestrategie innerhalb der in Artikel 52 Absatz 5 festgelegten Grenzen Anlagen in Derivaten tätigen, sofern das Gesamtrisiko der Basiswerte die Anlagegrenzen des Artikels 52 nicht überschreitet. Die Mitgliedstaaten können gestatten, dass Anlagen eines OGAW in indexbasierten Derivaten in Bezug auf die Obergrenzen des Artikels 52 nicht berücksichtigt werden müssen.

Wenn ein Derivat in ein Wertpapier oder ein Geldmarktinstrument eingebettet ist, wird das Derivat hinsichtlich der Einhaltung der Vorschriften dieses Artikels mit berücksichtigt.

(4) Unbeschadet von Artikel 116 erlässt die Kommission bis zum 1. Juli 2010 Durchführungsmaßnahmen, in denen Folgendes festgelegt wird:

a) Kriterien für die Prüfung der Angemessenheit des von der Verwaltungsgesellschaft nach Absatz 1 Unterabsatz 1 angewandten Verfahrens zum Risikomanagement,
b) detaillierte Bestimmungen in Bezug auf die sorgfältige und unabhängige Prüfung des Werts von OTC-Derivaten und
c) detaillierte Bestimmungen in Bezug auf Inhalt und Verfahren, die für die Übermittlung der Informationen an die zuständigen Behörden des Herkunftsmitgliedstaats der Verwaltungsgesellschaft gemäß Absatz 1 Unterabsatz 3 anzuwenden sind.

Diese Maßnahmen zur Änderung nicht wesentlicher Bestimmungen dieser Richtlinie durch Ergänzung werden nach dem in Artikel 112 Absatz 2 genannten Regelungsverfahren mit Kontrolle erlassen.

Artikel 52

(1) Ein OGAW legt höchstens

a) 5 % seines Sondervermögens in Wertpapieren oder Geldmarktinstrumenten ein und desselben Emittenten und

b) 20 % seines Sondervermögens in Einlagen bei ein und demselben Emittenten an.

Das Ausfallrisiko bei Geschäften eines OGAW mit OTC-Derivaten darf jeweils folgende Sätze nicht überschreiten:

a) wenn die Gegenpartei ein Kreditinstitut im Sinne von Artikel 50 Absatz 1 Buchstabe f ist, 10 % des Sondervermögens, oder
b) ansonsten 5 % des Sondervermögens.

(2) Die Mitgliedstaaten können die in Absatz 1 Unterabsatz 1 genannte Anlagegrenze von 5 % auf höchstens 10 % anheben. Machen sie von dieser Möglichkeit Gebrauch, so darf jedoch der Gesamtwert der Wertpapiere und Geldmarktinstrumente der Emittenten, bei denen der OGAW jeweils mehr als 5 % seines Sondervermögens anlegt, 40 % des Wertes seines Sondervermögens nicht überschreiten. Diese Begrenzung findet keine Anwendung auf Einlagen oder auf Geschäfte mit OTC-Derivaten, die mit Finanzinstituten getätigt werden, welche einer Aufsicht unterliegen.

Ungeachtet der Einzelobergrenzen des Absatzes 1 darf ein OGAW Folgendes nicht kombinieren, wenn dies zu einer Anlage von mehr als 20 % seines Sondervermögens bei ein und derselben Einrichtung führen würde:

a) von dieser Einrichtung begebene Wertpapiere oder Geldmarktinstrumente,
b) Einlagen bei dieser Einrichtung oder
c) von dieser Einrichtung erworbene OTC-Derivate.

(3) Die Mitgliedstaaten können die in Absatz 1 Unterabsatz 1 genannte Obergrenze von 5 % auf höchstens 35 % anheben, wenn die Wertpapiere oder Geldmarktinstrumente von einem Mitgliedstaat oder seinen Gebietskörperschaften, von einem Drittstaat oder von einer internationalen Einrichtung öffentlich-rechtlichen Charakters, der mindestens ein Mitgliedstaat angehört, begeben oder garantiert werden.

(4) Die Mitgliedstaaten können für bestimmte Schuldverschreibungen die in Absatz 1 Unterabsatz 1 genannte Obergrenze von 5 % auf höchstens 25 % anheben, wenn die Schuldverschreibungen von einem Kreditinstitut mit Sitz in einem Mitgliedstaat begeben werden, das aufgrund gesetzlicher Vorschriften zum Schutz der Inhaber dieser Schuldverschreibungen einer besonderen öffentlichen Aufsicht unterliegt. Insbesondere werden die Erträge aus der Emission dieser Schuldverschreibungen gemäß den gesetzlichen Vorschriften in Vermögenswerten angelegt, die während der gesamten Laufzeit der Schuldverschreibungen die sich daraus ergebenden Verbindlichkeiten ausreichend decken und vorrangig für die beim Ausfall des Emittenten fällig werdende Rückzahlung des Kapitals und der Zinsen bestimmt sind.

Legt ein OGAW mehr als 5 % seines Sondervermögens in Schuldverschreibungen im Sinne des Unterabsatzes 1 an, die von ein und demselben Emittenten begeben werden, so überschreitet der Gesamtwert dieser Anlagen 80 % des Wertes des Sondervermögens des OGAW nicht.

Die Mitgliedstaaten übermitteln der Kommission ein Verzeichnis der in Unterabsatz 1 genannten Kategorien von Schuldverschreibungen und der Kategorien von Emittenten, die nach den gesetzlichen Vorschriften und den Aufsichtsvorschriften im Sinne des genannten Unterabsatzes befugt sind, Schuldverschreibungen auszugeben, die den in diesem Artikel festgelegten Kriterien entsprechen. Diesen Verzeichnissen ist ein Vermerk beizufügen, in dem der Status der gebotenen Garantien erläutert wird. Die Kommission übermittelt diese Informationen mit den ihr erforderlich erscheinenden Bemerkungen unverzüglich den anderen Mitgliedstaaten und macht sie der Öffentlichkeit zugänglich. Die Angaben können Gegenstand eines Gedankenaustauschs im Rahmen des in Artikel 112 Absatz 1 genannten Europäischen Wertpapierausschusses sein.

(5) Die in den Absätzen 3 und 4 genannten Wertpapiere und Geldmarktinstrumente werden bei der Anwendung der in Absatz 2 vorgesehenen Anlagegrenze von 40 % nicht berücksichtigt.

Die in den Absätzen 1 bis 4 genannten Grenzen dürfen nicht kumuliert werden; daher dürfen gemäß den Absätzen 1 bis 4 getätigte Anlagen in Wertpapieren oder Geldmarktinstrumenten ein und desselben Emittenten oder in Einlagen bei diesem Emittenten oder in Derivaten desselben 35 % des Sondervermögens der OGAW nicht übersteigen.

Gesellschaften, die im Hinblick auf die Erstellung des konsolidierten Abschlusses im Sinne der Richtlinie 83/349/EWG oder nach den anerkannten internationalen Rechnungslegungsvorschriften derselben Unternehmensgruppe angehören, werden bei der Berechnung der in diesem Artikel vorgesehenen Anlagegrenzen als ein einziger Emittent angesehen.

Die Mitgliedstaaten können gestatten, dass Anlagen in Wertpapieren und Geldmarktinstrumenten ein und derselben Unternehmensgruppe zusammen 20 % erreichen.

Artikel 53

(1) Unbeschadet der in Artikel 56 festgelegten Anlagegrenzen können die Mitgliedstaaten die in Artikel 52 genannten Obergrenzen für Anlagen in Aktien oder Schuldtiteln ein und desselben Emittenten auf höchstens 20 % anheben, wenn es gemäß den Vertragsbedingungen bzw. der Satzung des OGAW Ziel seiner Anlagestrategie ist, einen bestimmten, von den zuständigen Behörden anerkannten Aktien- oder Schuldtitelindex nachzubilden; Voraussetzung hierfür ist, dass

a) die Zusammensetzung des Index hinreichend diversifiziert ist,
b) der Index eine adäquate Bezugsgrundlage für den Markt darstellt, auf den er sich bezieht, und
c) der Index in angemessener Weise veröffentlicht wird.

(2) Die Mitgliedstaaten können die in Absatz 1 festgelegte Grenze auf höchstens 35 % anheben, sofern dies aufgrund außergewöhnlicher Marktbedingungen gerechtfertigt ist, und zwar insbesondere auf geregelten Märkten, auf denen bestimmte Wertpapiere oder Geldmarktinstrumente stark dominieren. Eine Anlage bis zu dieser Obergrenze ist nur bei einem einzigen Emittenten möglich.

Artikel 54

(1) Abweichend von Artikel 52 können die Mitgliedstaaten den OGAW gestatten, nach dem Grundsatz der Risikostreuung bis zu 100 % ihres Sondervermögens in Wertpapieren und Geldmarktinstrumenten verschiedener Emissionen anzulegen, die von einem Mitgliedstaat oder einer oder mehreren seiner Gebietskörperschaften, von einem Drittstaat oder einer internationalen Einrichtung öffentlich-rechtlichen Charakters, der ein oder mehrere Mitgliedstaaten angehören, begeben oder garantiert werden.

Die zuständigen Behörden des Herkunftsmitgliedstaats des OGAW erteilen diese Ausnahmegenehmigung nur dann, wenn sie der Auffassung sind, dass die Anteilinhaber des betreffenden OGAW den gleichen Schutz genießen wie die Anteilinhaber von OGAW, die die Grenzen von Artikel 52 einhalten.

Diese OGAW halten Wertpapiere, die im Rahmen von mindestens sechs verschiedenen Emissionen begeben worden sind, wobei die Wertpapiere aus einer einzigen Emission 30 % des Gesamtbetrags ihres Sondervermögens nicht überschreiten.

(2) Die in Absatz 1 genannten OGAW erwähnen in den Vertragsbedingungen des Investmentfonds oder in der Satzung der Investmentgesellschaft ausdrücklich die Mitglied-

staaten, Gebietskörperschaften oder internationalen Einrichtungen öffentlich-rechtlichen Charakters, von denen die Wertpapiere, in denen sie mehr als 35 % ihres Sondervermögens anzulegen beabsichtigen, begeben oder garantiert werden.

Diese Vertragsbedingungen oder die Satzung werden von den zuständigen Behörden genehmigt.

(3) Die in Absatz 1 genannten OGAW weisen in den Prospekten sowie in Marketing-Anzeigen deutlich auf diese Genehmigung hin und geben dabei die Mitgliedstaaten, Gebietskörperschaften oder internationalen Einrichtungen öffentlich-rechtlichen Charakters an, in deren Wertpapieren sie mehr als 35 % ihres Sondervermögens anzulegen beabsichtigen oder angelegt haben.

Artikel 55

(1) Ein OGAW darf Anteile von anderen OGAW oder anderen Organismen für gemeinsame Anlagen im Sinne des Artikels 50 Absatz 1 Buchstabe e erwerben, sofern er höchstens 10 % seines Sondervermögens in Anteilen ein und desselben OGAW bzw. sonstigen Organismus für gemeinsame Anlagen anlegt. Die Mitgliedstaaten können diese Grenze auf höchstens 20 % anheben.

(2) Anlagen in Anteilen von anderen Organismen für gemeinsame Anlagen als OGAW dürfen insgesamt 30 % des Sondervermögens des OGAW nicht übersteigen.

Die Mitgliedstaaten können, wenn ein OGAW Anteile eines anderen OGAW oder sonstigen Organismus für gemeinsame Anlagen erworben hat, vorsehen, dass die Anlagewerte des betreffenden OGAW oder anderen Organismus in Bezug auf die Obergrenzen des Artikels 52 nicht berücksichtigt werden müssen.

(3) Erwirbt ein OGAW Anteile anderer OGAW oder sonstiger Organismen für gemeinsame Anlagen, die unmittelbar oder mittelbar von derselben Verwaltungsgesellschaft oder von einer Gesellschaft verwaltet werden, mit der die Verwaltungsgesellschaft durch eine gemeinsame Verwaltung oder Kontrolle oder durch eine wesentliche direkte oder indirekte Beteiligung verbunden ist, so darf die Verwaltungsgesellschaft oder die andere Gesellschaft für die Zeichnung oder den Rückkauf von Anteilen dieser anderen OGAW oder Organismen für gemeinsame Anlagen durch den OGAW keine Gebühren berechnen.

Legt ein OGAW einen wesentlichen Teil seines Sondervermögens in Anteilen anderer OGAW oder sonstiger Organismen für gemeinsame Anlagen an, so muss sein Prospekt Angaben darüber enthalten, wie hoch die Verwaltungsgebühren maximal sind, die von dem betreffenden OGAW selbst wie auch von den anderen OGAW oder sonstigen Organismen für gemeinsame Anlagen, in die zu investieren er beabsichtigt, zu tragen sind. Der OGAW gibt in seinem Jahresbericht an, wie hoch der Anteil der Verwaltungsgebühren maximal ist, den der OGAW einerseits und die OGAW oder anderen Organismen für gemeinsame Anlagen, in die er investiert, andererseits zu tragen haben.

Artikel 56

(1) Eine Investmentgesellschaft oder eine Verwaltungsgesellschaft erwirbt für keine der von ihr verwalteten Investmentfonds, die unter den Anwendungsbereich dieser Richtlinie fallen, Aktien, die mit einem Stimmrecht verbunden sind, das es ihr ermöglicht, einen nennenswerten Einfluss auf die Geschäftsführung eines Emittenten auszuüben.

Bis zu einer späteren Koordinierung müssen die Mitgliedstaaten die Rechtsvorschriften der übrigen Mitgliedstaaten berücksichtigen, in denen der in Unterabsatz 1 genannte Grundsatz niedergelegt ist.

(2) Ein OGAW darf höchstens erwerben:

a) 10 % der stimmrechtslosen Aktien ein und desselben Emittenten,
b) 10 % der Schuldverschreibungen ein und desselben Emittenten,
c) 25 % der Anteile ein und desselben OGAW oder anderen Organismus für gemeinsame Anlagen im Sinne von Artikel 1 Absatz 2 Buchstaben a und b und
d) 10 % der Geldmarktinstrumente ein und desselben Emittenten.

Die unter den Buchstaben b, c und d vorgesehenen Anlagegrenzen brauchen beim Erwerb nicht eingehalten zu werden, wenn sich der Bruttobetrag der Schuldtitel oder der Geldmarktinstrumente oder der Nettobetrag der ausgegebenen Anteile zum Zeitpunkt des Erwerbs nicht berechnen lässt.

(3) Es bleibt den Mitgliedstaaten überlassen, die Absätze 1 und 2 nicht anzuwenden

a) auf Wertpapiere und Geldmarktinstrumente, die von einem Mitgliedstaat oder dessen öffentlichen Gebietskörperschaften begeben oder garantiert werden;
b) auf von einem Drittstaat begebene oder garantierte Wertpapiere und Geldmarktinstrumente;
c) auf Wertpapiere und Geldmarktinstrumente, die von einer internationalen Einrichtung öffentlich-rechtlichen Charakters begeben werden, denen ein oder mehrere Mitgliedstaaten angehören;
d) auf Aktien, die ein OGAW an dem Kapital einer Gesellschaft eines Drittlandes besitzt, die ihr Vermögen im Wesentlichen in Wertpapieren von Emittenten anlegt, die in diesem Land ansässig sind, wenn eine derartige Beteiligung für den OGAW aufgrund der Rechtsvorschriften dieses Landes die einzige Möglichkeit darstellt, Anlagen in Wertpapieren von Emittenten dieses Landes zu tätigen, und
e) auf von einer Investmentgesellschaft oder von mehreren Investmentgesellschaften gehaltene Anteile am Kapital von Tochtergesellschaften, die im Niederlassungsstaat der Tochtergesellschaft lediglich und ausschließlich für diese Investmentgesellschaft oder -gesellschaften bestimmte Verwaltungs-, Beratungs- oder Vertriebstätigkeiten im Hinblick auf den Rückkauf von Anteilen auf Wunsch der Anteilinhaber ausüben.

Die in Unterabsatz 1 Buchstabe d genannte Ausnahmeregelung gilt jedoch nur unter der Voraussetzung, dass die Gesellschaft des Drittlandes in ihrer Anlagepolitik die in den Artikeln 52 und 55 sowie den Absätzen 1 und 2 dieses Artikels festgelegten Grenzen nicht überschreitet. Bei Überschreitung der in den Artikeln 52 und 55 vorgesehenen Grenzen findet Artikel 57 entsprechend Anwendung;

Artikel 57

(1) Ein OGAW muss die in diesem Kapitel vorgesehenen Anlagegrenzen bei der Ausübung von Bezugsrechten, die an Wertpapiere oder Geldmarktinstrumente geknüpft sind, die Teil seines Sondervermögens sind, nicht einhalten.

Unbeschadet ihrer Verpflichtung, auf die Einhaltung des Grundsatzes der Risikostreuung zu achten, können die Mitgliedstaaten neu zugelassenen OGAW gestatten, während eines Zeitraums von sechs Monaten nach ihrer Zulassung von den Artikeln 52 bis 55 abzuweichen.

(2) Werden die in Absatz 1 genannten Grenzen von dem OGAW unbeabsichtigt oder infolge der Ausübung der Bezugsrechte überschritten, so strebt dieser bei seinen Verkäufen als vorrangiges Ziel die Normalisierung dieser Lage unter Berücksichtigung der Interessen der Anteilinhaber an.

KAPITEL VIII
MASTER-FEEDER-STRUKTUREN

ABSCHNITT 1
Geltungsbereich und Genehmigung

Artikel 58

(1) Ein Feeder-OGAW ist ein OGAW oder ein Teilfonds eines OGAW, der abweichend von Artikel 1 Absatz 2 Buchstabe a, Artikel 50, 52, 55 und Artikel 56 Absatz 2 Buchstabe c mindestens 85 % seines Vermögens in Anteile eines anderen OGAW oder eines Teilfonds eines anderen OGAW („Master-OGAW") anlegt.

(2) Ein Feeder-OGAW kann bis zu 15 % seines Vermögens in einem oder mehreren der folgenden Vermögenswerte halten:

a) gemäß Artikel 50 Absatz 2 Unterabsatz 2 gehaltene flüssige Mittel;
b) derivative Finanzinstrumente gemäß Artikel 50 Absatz 1 Buchstabe g und Artikel 51 Absätze 2 und 3, die ausschließlich für Absicherungszwecke verwendet werden dürfen;
c) wenn es sich beim Feeder-OGAW um eine Investmentgesellschaft handelt, bewegliches und unbewegliches Vermögen, das für die unmittelbare Ausübung seiner Tätigkeit unerlässlich ist.

Für die Zwecke der Einhaltung von Artikel 51 Absatz 3 berechnet der Feeder-OGAW sein Gesamtrisiko im Zusammenhang mit derivativen Finanzinstrumenten anhand einer Kombination seines eigenen unmittelbaren Risikos nach Unterabsatz 1 Buchstabe b

a) entweder mit dem tatsächlichen Risiko des Master-OGAW gegenüber derivativen Finanzinstrumenten im Verhältnis zur Anlage des Feeder-OGAW in den Master-OGAW oder
b) mit dem potenziellen Gesamthöchstrisiko des Master-OGAW in Bezug auf derivative Finanzinstrumente gemäß den Fondsbestimmungen oder der Satzung des Master-Fonds im Verhältnis zur Anlage des Feeder-OGAW in den Master-OGAW.

(3) Ein Master-OGAW ist ein OGAW oder ein Teilfonds eines OGAW, der

a) mindestens einen Feeder-OGAW unter seinen Anteilinhabern hat,
b) nicht selbst ein Feeder-OGAW ist und
c) keine Anteile eines Feeder-OGAW hält.

(4) Für einen Master-OGAW gelten folgende Abweichungen:

a) hat ein Master-OGAW mindestens zwei Feeder-OGAW als Anteilinhaber, gelten Artikel 1 Absatz 2 Buchstabe a und Artikel 3 Buchstabe b nicht und der Master-OGAW hat die Möglichkeit, sich Kapital bei anderen Anlegern zu beschaffen;
b) nimmt ein Master-OGAW in einem anderen Mitgliedstaat als dem, in dem er niedergelassen ist, und in dem er lediglich über einen oder mehrere Feeder-OGAW verfügt, kein beim Publikum beschafftes Kapital auf, so kommen die Bestimmungen von Kapitel XI und Artikel 108 Absatz 1 Unterabsatz 2 nicht zur Anwendung.

Artikel 59

(1) Die Mitgliedstaaten stellen sicher, dass Anlagen eines Feeder-OGAW in einen bestimmten Master-OGAW, die die Grenze gemäß Artikel 55 Absatz 1 für Anlagen in andere OGAW überschreiten, im Voraus von den zuständigen Behörden des Herkunftsmitgliedstaats des Feeder-OGAW genehmigt werden.

(2) Ein Feeder-OGAW wird innerhalb von 15 Arbeitstagen nach Vorlage eines vollstän-

digen Antrags darüber informiert, ob die zuständigen Behörden die Anlage des Feeder-OGAW in den Master-OGAW genehmigt haben oder nicht.

(3) Die zuständigen Behörden des Herkunftsmitgliedstaats des Feeder-OGAW erteilen die Genehmigung, wenn der Feeder-OGAW, seine Verwahrstelle und sein Wirtschaftsprüfer sowie der Master-OGAW alle in diesem Kapitel dargelegten Anforderungen erfüllen. Der Feeder-OGAW übermittelt den zuständigen Behörden seines Herkunftsmitgliedstaats zu diesem Zweck folgende Dokumente:

a) die Vertragsbedingungen oder Satzungen von Feeder-OGAW und Master-OGAW,
b) den Prospekt und die in Artikel 78 genannten wesentlichen Informationen für den Anleger von Feeder-OGAW und Master-OGAW,
c) die in Artikel 60 Absatz 1 genannte Vereinbarung zwischen Feeder-OGAW und Master-OGAW oder die entsprechenden internen Regelungen für Geschäftstätigkeiten,
d) sofern zutreffend, die in Artikel 64 Absatz 1 genannten Informationen für die Anteilinhaber,
e) wenn Master-OGAW und Feeder-OGAW verschiedene Verwahrstellen haben, die in Artikel 61 Absatz 1 genannte Vereinbarung zwischen den Verwahrstellen, und
f) wenn Master-OGAW und Feeder-OGAW verschiedene Wirtschaftsprüfer haben, die in Artikel 62 Absatz 1 genannte Vereinbarung zwischen den Wirtschaftsprüfern.

Ist der Feeder-OGAW in einem Mitgliedstaat niedergelassen, der nicht mit dem Herkunftsmitgliedstaat des Master-OGAW identisch ist, erbringt der Feeder-OGAW außerdem eine Bestätigung der zuständigen Behörden des Herkunftsmitgliedstaates des Master-OGAW, dass der Master-OGAW ein OGAW oder ein Teilfonds des OGAW ist, der die Bestimmungen gemäß Artikel 58 Absatz 3 Buchstaben b und c erfüllt. Der Feeder-OGAW legt die Unterlagen in der bzw. einer Amtssprache des Herkunftsmitgliedstaats des Feeder-OGAW oder in einer von dessen zuständigen Behörden gebilligten Sprache vor.

ABSCHNITT 2
Gemeinsame Bestimmungen für Feeder-OGAW und Master-OGAW

Artikel 60

(1) Die Mitgliedstaaten verlangen, dass der Master-OGAW dem Feeder-OGAW alle Unterlagen und Informationen zur Verfügung stellt, die der Feeder-OGAW benötigt, um die Anforderungen dieser Richtlinie zu erfüllen. Dazu schließt der Feeder-OGAW eine Vereinbarung mit dem Master-OGAW ab.

Der Feeder-OGAW tätigt Anlagen in Anteile des Master-OGAW, die die Grenze gemäß Artikel 55 Absatz 1 übersteigen, erst, wenn die in Unterabsatz 1 genannte Vereinbarung in Kraft getreten ist. Diese Vereinbarung wird auf Anfrage und ohne Gebühren allen Anteilinhabern zugänglich gemacht.

Werden Master- und Feeder-OGAW von der gleichen Verwaltungsgesellschaft verwaltet, kann die Vereinbarung durch interne Regelungen für Geschäftstätigkeiten ersetzt werden, durch die sichergestellt wird, dass die Bestimmungen dieses Absatzes eingehalten werden.

(2) Master-OGAW und Feeder-OGAW treffen angemessene Maßnahmen zur Abstimmung ihrer Zeitpläne für die Berechnung und Veröffentlichung des Nettovermögenswertes, um das so genannte Market Timing mit ihren Anteilen und Arbitrage-Möglichkeiten zu verhindern.

(3) Wenn ein Master-OGAW unbeschadet von Artikel 84 auf eigene Initiative oder auf

Ersuchen der zuständigen Behörden die Rücknahme, Auszahlung oder Zeichnung seiner Anteile zeitweilig aussetzt, so ist jeder seiner Feeder-OGAW dazu berechtigt, die Rücknahme, Auszahlung oder Zeichnung seiner Anteile ungeachtet der in Artikel 84 Absatz 2 formulierten Bedingungen während des gleichen Zeitraums wie der Master-OGAW auszusetzen.

(4) Wird ein Master-OGAW liquidiert, so wird auch der Feeder-OGAW liquidiert, es sei denn, die zuständigen Behörden seines Herkunftsmitgliedstaats genehmigen:

a) die Anlage von mindestens 85 % des Vermögens des Feeder-OGAW in Anteile eines anderen Master-OGAW oder
b) die Änderung der Vertragsbedingungen oder der Satzung, um dem Feeder-OGAW die Umwandlung in einen OGAW, der kein Feeder-OGAW ist, zu ermöglichen.

Unbeschadet spezifischer nationaler Bestimmungen bezüglich verpflichtender Liquidationen erfolgt die Liquidierung eines Master-OGAW frühestens drei Monate nach dem Zeitpunkt, an dem er all seine Anteilinhaber und die zuständigen Behörden des Herkunftsmitgliedstaats des Feeder-OGAW über die verbindliche Entscheidung zur Liquidierung informiert hat.

(5) Bei der Verschmelzung eines Master-OGAW mit einem anderen OGAW oder der Spaltung in zwei oder mehr OGAW wird der Feeder-OGAW liquidiert, es sei denn, die zuständigen Behörden des Herkunftsmitgliedstaats des Feeder-OGAW genehmigen, dass der Feeder-OGAW

a) Feeder-OGAW des Master-OGAW oder eines anderen OGAW bleibt, der aus der Verschmelzung bzw. Spaltung des Master-OGAW hervorgeht,
b) mindestens 85 % seines Vermögens in Anteile eines anderen Master-OGAW anlegt, der nicht aus der Verschmelzung bzw. Spaltung hervorgegangen ist, oder
c) seine Vertragsbedingungen oder Satzung im Sinne einer Umwandlung in einen OGAW ändert, der kein Feeder-OGAW ist.

Eine Verschmelzung oder Spaltung eines Master-OGAW kann nur wirksam werden, wenn der Master-OGAW all seinen Anteilinhabern und den zuständigen Behörden der Herkunftsmitgliedstaaten seines Feeder-OGAW bis 60 Tage vor dem vorgeschlagenen Datum des Wirksamwerdens die in Artikel 43 genannten Informationen oder mit diesen vergleichbare Informationen bereitgestellt hat.

Der Feeder-OGAW erhält vom Master-OGAW die Möglichkeit, vor Wirksamwerden der Verschmelzung bzw. Spaltung des Master-OGAW alle Anteile am Master-OGAW zurückzunehmen oder auszuzahlen, es sei denn, die zuständigen Behörden des Herkunftsmitgliedstaats des Feeder-OGAW haben die in Unterabsatz 1 Buchstabe a vorgesehene Genehmigung erteilt.

(6) Die Kommission kann Durchführungsmaßnahmen erlassen, um Folgendes festzulegen:

a) den Inhalt der in Absatz 1 genannten Vereinbarung oder internen Regelungen für Geschäftstätigkeiten;
b) welche der in Absatz 2 genannten Maßnahmen als angemessen betrachtet werden und
c) die Verfahren für die gemäß den Absätzen 4 und 5 im Falle der Liquidation, Verschmelzung oder Spaltung eines Master-OGAW erforderlichen Genehmigungen.

Diese Maßnahmen zur Änderung nicht wesentlicher Bestimmungen dieser Richtlinie durch Ergänzung werden nach dem in Artikel 112 Absatz 2 genannten Regelungsverfahren mit Kontrolle erlassen.

ABSCHNITT 3
Verwahrstellen und Wirtschaftsprüfer

Artikel 61

(1) Wenn Master-OGAW und Feeder-OGAW unterschiedliche Verwahrstellen haben, so verlangen die Mitgliedstaaten von diesen Verwahrstellen den Abschluss einer Vereinbarung über den Informationsaustausch, um sicherzustellen, dass beide Verwahrstellen ihre Pflichten erfüllen.

Der Feeder-OGAW tätigt Anlagen in Anteile des Master-OGAW erst, wenn eine solche Vereinbarung wirksam geworden ist.

Bei der Befolgung der Vorschriften dieses Kapitels darf weder die Verwahrstelle des Master-OGAW noch die des Feeder-OGAW eine Bestimmung verletzen, die die Offenlegung von Informationen einschränkt oder den Datenschutz betrifft, wenn derartige Bestimmungen vertraglich oder durch Rechts- oder Verwaltungsvorschriften vorgesehen sind. Die Einhaltung der betreffenden Vorschriften darf für eine Verwahrstelle oder eine für diese handelnde Person keine Haftung nach sich ziehen.

Die Mitgliedstaaten verlangen, dass der Feeder-OGAW oder – sofern zutreffend – die Verwaltungsgesellschaft des Feeder-OGAW dafür zuständig ist, der Verwahrstelle des Feeder-OGAW alle Informationen über den Master-OGAW mitzuteilen, die für die Erfüllung der Pflichten der Verwahrstelle des Feeder-OGAW erforderlich sind.

(2) Die Verwahrstelle des Master-OGAW unterrichtet die zuständigen Behörden des Herkunftsmitgliedstaats des Master-OGAW, den Feeder-OGAW oder – sofern zutreffend – die Verwaltungsgesellschaft und die Verwahrstelle des Feeder-OGAW unmittelbar über alle Unregelmäßigkeiten, die sie in Bezug auf den Master-OGAW feststellt, die möglicherweise eine negative Auswirkung auf den Feeder-OGAW haben können.

(3) Die Kommission kann Durchführungsmaßnahmen erlassen, um festzulegen,

a) welche Einzelheiten in die in Absatz 1 genannte Vereinbarung aufzunehmen sind und
b) bei welchen Arten der in Absatz 2 genannten Unregelmäßigkeiten von negativen Auswirkungen auf den Feeder-OGAW ausgegangen wird.

Diese Maßnahmen zur Änderung nicht wesentlicher Bestimmungen dieser Richtlinie durch Ergänzung werden nach dem in Artikel 112 Absatz 2 genannten Regelungsverfahren mit Kontrolle erlassen.

Artikel 62

(1) Wenn Master-OGAW und Feeder-OGAW unterschiedliche Wirtschaftsprüfer haben, so verlangen die Mitgliedstaaten von diesen Wirtschaftsprüfern den Abschluss einer Vereinbarung über den Informationsaustausch, die die festgelegten Regelungen zur Erfüllung der Vorgaben gemäß Absatz 2 einschließt, um sicherzustellen, dass beide Wirtschaftsprüfer ihre Pflichten erfüllen.

Der Feeder-OGAW tätigt Anlagen in Anteile des Master-OGAW erst, wenn eine solche Vereinbarung wirksam geworden ist.

(2) Der Wirtschaftsprüfer des Feeder-OGAW berücksichtigt in seinem Prüfbericht den Prüfbericht des Master-OGAW. Haben der Feeder- und der Master-OGAW unterschiedliche Rechnungsjahre, so erstellt der Wirtschaftsprüfer des Master-OGAW einen Ad-hoc-Bericht zu dem Abschlusstermin des Feeder-OGAW.

Der Wirtschaftsprüfer des Feeder-OGAW nennt in seinem Bericht insbesondere jegliche im Prüfbericht des Master-OGAW festgestellten Unregelmäßigkeiten sowie deren Auswirkungen auf den Feeder-OGAW.

(3) Bei der Befolgung der Vorschriften dieses Kapitels darf weder der Wirtschaftsprüfer des Master-OGAW noch der des Feeder-OGAW eine Bestimmung verletzen, die die Offenlegung von Informationen einschränkt oder den Datenschutz betrifft, wenn diese Bestimmungen vertraglich oder durch Rechts- oder Verwaltungsvorschriften vorgesehen sind. Die Einhaltung der betreffenden Vorschriften darf für einen Wirtschaftsprüfer oder eine für diesen handelnde Person keine Haftung nach sich ziehen.

(4) Die Kommission kann Durchführungsmaßnahmen erlassen, in denen sie den Inhalt der in Absatz 1 Unterabsatz 1 genannten Vereinbarung festlegt.

Diese Maßnahmen zur Änderung nicht wesentlicher Bestimmungen dieser Richtlinie durch Ergänzung werden nach dem in Artikel 112 Absatz 2 genannten Regelungsverfahren mit Kontrolle erlassen.

ABSCHNITT 4

Verpflichtende Informationen und Marketing-Mitteilungen des Feeder-OGAW

Artikel 63

(1) Die Mitgliedstaaten stellen sicher, dass der Prospekt des Feeder-OGAW zusätzlich zu den in Anhang I Schema A vorgesehenen Informationen Folgendes enthält:

a) eine Erklärung, der zufolge der Feeder-OGAW ein Feeder-Fonds eines bestimmten Master-OGAW ist und als solcher dauerhaft mindestens 85 % seines Vermögens in Anteile dieses Master-OGAW anlegt,
b) Angabe des Anlageziels und der Anlagestrategie, einschließlich des Risikoprofils, sowie ob die Wertentwicklung von Feeder-OGAW und Master-OGAW identisch sind bzw. in welchem Ausmaß und aus welchen Gründen sie sich unterscheiden, einschließlich einer Beschreibung zu der gemäß Artikel 58 Absatz 2 getätigten Anlage,
c) eine kurze Beschreibung des Master-OGAW, seiner Struktur, seines Anlageziels und seiner Anlagestrategie, einschließlich des Risikoprofils, und Angaben dazu, wie der aktualisierte Prospekt des Master-OGAW erhältlich ist,
d) eine Zusammenfassung der zwischen Feeder-OGAW und Master-OGAW geschlossenen Vereinbarung oder der entsprechenden internen Regelungen für Geschäftstätigkeiten gemäß Artikel 60 Absatz 1,
e) Angabe der Möglichkeiten zur Einholung weiterer Informationen über den Master-OGAW und die gemäß Artikel 60 Absatz 1 geschlossene Vereinbarung zwischen Feeder-OGAW und Master-OGAW durch die Anteilinhaber,
f) Beschreibung sämtlicher Vergütungen und Kosten, die aufgrund der Anlage in Anteile des Master-OGAW durch den Feeder-OGAW zu zahlen sind, sowie der aggregierten Gebühren von Feeder-OGAW und Master-OGAW, und
g) Beschreibung der steuerlichen Auswirkungen der Anlage in den Master-OGAW für den Feeder-OGAW.

(2) Der Jahresbericht des Feeder-OGAW enthält zusätzlich zu den in Anhang I Schema B vorgesehenen Informationen eine Erklärung zu den aggregierten Gebühren von Feeder-OGAW und Master-OGAW.

Die Jahres- und Halbjahresberichte des Feeder-OGAW enthalten Informationen darüber, wo der Jahres- bzw. Halbjahresbericht des Master-OGAW verfügbar ist.

(3) Zusätzlich zu den in den Artikeln 74 und 82 formulierten Anforderungen übermittelt

der Feeder-OGAW den zuständigen Behörden seines Herkunftsmitgliedstaats den Prospekt, die in Artikel 78 genannten wesentlichen Informationen für den Anleger einschließlich jeder einschlägigen Änderung sowie die Jahres- und Halbjahresberichte des Master-OGAW.

(4) Ein Feeder-OGAW nimmt in jede relevante Marketing-Anzeige den Hinweis auf, dass er dauerhaft mindestens 85 % seines Vermögens in Anteile dieses Master-OGAW anlegt.

(5) Eine Papierfassung des Prospekt sowie des Jahres- und Halbjahresberichts des Master-OGAW werden vom Feeder-OGAW den Anlegern auf Verlangen kostenlos zur Verfügung gestellt.

ABSCHNITT 5

Umwandlung bestehender OGAW in Feeder-OGAW und Änderung des Master-OGAW

Artikel 64

(1) Die Mitgliedstaaten verlangen, dass ein Feeder-OGAW, der bereits als OGAW, einschließlich als Feeder-OGAW eines anderen Master-OGAW, tätig ist, sicher seinen Anteilinhabern folgende Informationen bereitstellt:

a) eine Erklärung, der zufolge die zuständigen Behörden des Herkunftsmitgliedstaats des Feeder-OGAW die Anlage des Feeder-OGAW in Anteile dieses Master-OGAW genehmigt haben,

b) die in Artikel 78 genannten wesentlichen Informationen für den Anleger betreffend Feeder-OGAW und Master-OGAW,

c) das Datum der ersten Anlage des Feeder-OGAW in den Master-OGAW, oder, wenn er bereits in den Master angelegt hat, das Datum zu dem seine Anlagen die Anlagegrenzen gemäß Artikel 55 Absatz 1 übersteigen werden, und

d) eine Erklärung, der zufolge die Anteilinhaber das Recht haben, innerhalb von 30 Tagen die abgesehen von den vom OGAW zur Abdeckung der Veräußerungskosten erhobenen Gebühren die kostenlose Rücknahme oder Auszahlung ihrer Anteile zu verlangen; dieses Recht wird ab dem Zeitpunkt wirksam, an dem der Feeder-OGAW die in diesem Absatz genannten Informationen bereitgestellt hat.

Diese Informationen müssen spätestens 30 Tage vor dem unter Unterabsatz 1 Buchstabe c genannten Datum zur Verfügung gestellt werden.

(2) Wurde der Feeder-OGAW gemäß Artikel 93 gemeldet, so werden die in Absatz 1 genannten Informationen in der bzw. einer Amtssprache des Aufnahmemitgliedstaats des Feeder-OGAW oder in einer von dessen zuständigen Behörden gebilligten Sprache vorgelegt. Der Feeder-OGAW ist verantwortlich für die Erstellung der Übersetzung. Die Übersetzung gibt den Inhalt des Originals zuverlässig wieder.

(3) Die Mitgliedstaaten stellen sicher, dass der Feeder-OGAW vor Ablauf der in Absatz 1 Unterabsatz 2 genannten 30-Tagefrist keine Anlagen in Anteile des betreffenden Master-OGAW tätigt, die die Anlagegrenze gemäß Artikel 55 Absatz 1 übersteigen.

(4) Die Kommission kann Durchführungsmaßnahmen erlassen, um festzulegen,

a) in welchem Format und auf welche Art und Weise die in Absatz 1 genannten Informationen bereitzustellen sind,

b) welche Verfahren bei der Bewertung und Rechnungsprüfung von Sacheinlagen anzuwenden sind, wenn der Feeder-OGAW sein gesamtes Vermögen oder Teile davon im Austausch gegen Anteile des Master-OGAW an diesen überträgt, und welche Rolle die Verwahrstelle des Feeder-OGAW hierbei spielt.

Diese Maßnahmen zur Änderung nicht wesentlicher Bestimmungen dieser Richtlinie durch Ergänzung werden nach dem in Artikel 112 Absatz 2 genannten Regelungsverfahren mit Kontrolle erlassen.

ABSCHNITT 6
Verpflichtungen und zuständige Behörden

Artikel 65

(1) Der Feeder-OGAW überwacht wirksam die Tätigkeiten des Master-OGAW. Zur Erfüllung dieser Verpflichtung kann sich der Feeder-OGAW auf Informationen und Unterlagen des Master-OGAW oder, sofern zutreffend, seiner Verwaltungsgesellschaft, seiner Verwahrstelle oder seines Wirtschaftsprüfers stützen, es sei denn, es liegen Gründe vor, an der Richtigkeit dieser Informationen und Unterlagen zu zweifeln.

(2) Erhält der Feeder-OGAW, seine Verwaltungsgesellschaft oder eine Person, die im Namen des Feeder-OGAW oder dessen Verwaltungsgesellschaft handelt, im Zusammenhang mit einer Anlage in Anteile des Master-OGAW eine Vertriebsgebühr, eine Vertriebsprovision oder sonstigen geldwerten Vorteil, so werden diese in das Vermögen des Feeder-OGAW eingezahlt.

Artikel 66

(1) Der Master-OGAW informiert die zuständigen Behörden seines Herkunftsmitgliedstaats unmittelbar über die Identität jedes Feeder-OGAW, der Anlagen in seine Anteile tätigt. Sind Master-OGAW und Feeder-OGAW in unterschiedlichen Mitgliedstaaten niedergelassen, so unterrichten die zuständigen Behörden des Herkunftsmitgliedstaats des Master-OGAW die zuständigen Behörden des Herkunftsmitgliedstaats des Feeder-OGAW unmittelbar über solche Anlagen.

(2) Der Master-OGAW erhebt für die Anlage des Feeder-OGAW in seine Anteile bzw. deren Veräußerung keine Zeichnungs- oder Rückkaufgebühren.

(3) Der Master-OGAW gewährleistet, dass sämtliche Informationen, die gemäß dieser Richtlinie, anderen Rechtsvorschriften der Gemeinschaft, dem geltenden nationalen Recht, den Vertragsbedingungen oder der Satzung erforderlich sind, dem Feeder-OGAW oder, sofern zutreffend, seiner Verwaltungsgesellschaft, den zuständigen Behörden, der Verwahrstelle und dem Wirtschaftsprüfer des Feeder-OGAW rechtzeitig, zur Verfügung gestellt werden.

Artikel 67

(1) Sind Master-OGAW und Feeder-OGAW im gleichen Mitgliedstaat niedergelassen, so unterrichten die zuständigen Behörden den Feeder-OGAW unmittelbar über jede Entscheidung, Maßnahme, Feststellung von Zuwiderhandlungen gegen die Bestimmungen dieses Kapitels sowie alle gemäß Artikel 106 Absatz 1 mitgeteilten Informationen, die den Master-OGAW oder, sofern zutreffend, seine Verwaltungsgesellschaft, seine Verwahrstelle oder seinen Wirtschaftsprüfer betreffen.

(2) Sind Master-OGAW und Feeder-OGAW in unterschiedlichen Mitgliedstaaten niedergelassen, so unterrichten die zuständigen Behörden des Herkunftsmitgliedstaats des Master-OGAW die zuständigen Behörden des Herkunftsmitgliedstaats des Feeder-OGAW

unmittelbar über jede Entscheidung, Maßnahme, Feststellung von Zuwiderhandlungen gegen die Bestimmungen dieses Kapitels sowie alle gemäß Artikel 106 Absatz 1 mitgeteilten Informationen, die den Master-OGAW oder, sofern zutreffend, seine Verwaltungsgesellschaft, seine Verwahrstelle oder seinen Wirtschaftsprüfer betreffen. Die zuständigen Behörden des Herkunftsmitgliedstaats des Feeder-OGAW unterrichten den Feeder-OGAW unmittelbar darüber.

KAPITEL IX
VERPFLICHTUNGEN BETREFFEND DIE INFORMATION DER ANLEGER

ABSCHNITT 1
Veröffentlichung des Prospekts und der periodischen Berichte

Artikel 68

(1) Die Verwaltungsgesellschaft – für jeden der von ihr verwalteten Investmentfonds – und die Investmentgesellschaft veröffentlichen folgende Unterlagen:
a) einen Prospekt,
b) einen Jahresbericht je Geschäftsjahr und
c) einen Halbjahresbericht, der sich auf die ersten sechs Monate des Geschäftsjahres erstreckt.

(2) Der Jahresbericht und der Halbjahresbericht werden innerhalb folgender Fristen, gerechnet ab dem Ende des jeweiligen Berichtszeitraums veröffentlicht:
a) für den Jahresbericht vier Monate oder
b) für den Halbjahresbericht zwei Monate.

Artikel 69

(1) Der Prospekt enthält die Angaben, die erforderlich sind, damit sich die Anleger über die ihnen vorgeschlagene Anlage und vor allem über die damit verbundenen Risiken ein fundiertes Urteil bilden können.

Der Prospekt muss – unabhängig von der Art der Instrumente, in die investiert wird, – eine eindeutige und leicht verständliche Erläuterung des Risikoprofils des Fonds enthalten.

(2) Der Prospekt muss mindestens die Angaben enthalten, die in Schema A von Anhang I vorgesehen sind, soweit diese Angaben nicht bereits in den Vertragsbedingungen des Investmentfonds oder in der Satzung der Investmentgesellschaft enthalten sind, die dem Prospekt gemäß Artikel 71 Absatz 1 als Anhang beizufügen sind.

(3) Der Jahresbericht enthält eine Bilanz oder eine Vermögensübersicht, eine gegliederte Rechnung über Erträge und Aufwendungen des Geschäftsjahres, einen Bericht über die Tätigkeiten des abgelaufenen Geschäftsjahres und alle sonstigen in Schema B von Anhang I vorgesehenen Angaben, sowie alle wesentlichen Informationen, die es den Anlegern ermöglichen, sich in voller Sachkenntnis ein Urteil über die Entwicklung der Tätigkeit und der Ergebnisse des OGAW zu bilden.

(4) Der Halbjahresbericht enthält mindestens die in den Abschnitten I bis IV des Schemas B von Anhang I vorgesehenen Angaben. Die Zahlenangaben müssen – wenn ein OGAW Zwischenausschüttungen vorgenommen hat oder dies vorschlägt – das Ergebnis nach Steuern für das betreffende Halbjahr sowie die erfolgte oder vorgesehene Zwischenausschüttung ausweisen.

Artikel 70

(1) In dem Prospekt wird angegeben, in welche Kategorien von Anlageinstrumenten der OGAW investieren darf. Er gibt ferner an, ob der OGAW Geschäfte mit Derivaten tätigen darf; ist dies der Fall, so wird im Prospekt an hervorgehobener Stelle erläutert, ob diese Geschäfte zur Deckung von Anlagepositionen oder als Teil der Anlagestrategie getätigt werden dürfen und wie sich die Verwendung von Derivaten möglicherweise auf das Risikoprofil auswirkt.

(2) Wenn ein OGAW sein Sondervermögen hauptsächlich in den in Artikel 50 definierten Kategorien von Anlageinstrumenten, die keine Wertpapiere oder Geldmarktinstrumente sind, investiert oder wenn ein OGAW einen Aktien- oder Schuldtitelindex gemäß Artikel 53 nachbildet, so wird im Prospekt und gegebenenfalls in den Marketing-Anzeigen an hervorgehobener Stelle auf die Anlagestrategie des OGAW hingewiesen.

(3) Weist das Nettovermögen eines OGAW aufgrund der Zusammensetzung seines Portfolios oder der verwendeten Portfoliomanagementtechniken unter Umständen eine erhöhte Volatilität auf, so müssen der Prospekt und gegebenenfalls seine Marketing-Anzeigen an hervorgehobener Stelle auf dieses Merkmal des OGAW hinweisen.

(4) Wenn ein Anleger dies wünscht, informiert die Verwaltungsgesellschaft ferner zusätzlich über die Anlagegrenzen des Risikomanagements des OGAW, die Risikomanagementmethoden und die jüngsten Entwicklungen bei den Risiken und Renditen der wichtigsten Kategorien von Anlageinstrumenten.

Artikel 71

(1) Die Vertragsbedingungen oder die Satzung der Investmentgesellschaft sind Bestandteil des Prospekts und diesem beizufügen.

(2) Die in Absatz 1 genannten Dokumente brauchen dem Prospekt jedoch nicht beigefügt zu werden, wenn der Anleger davon unterrichtet wird, dass er auf Verlangen diese Dokumente erhalten oder auf Anfrage erfahren kann, an welcher Stelle er sie in jedem Mitgliedstaat, in dem die Anteile vertrieben werden, einsehen kann.

Artikel 72

Die Angaben von wesentlicher Bedeutung im Prospekt werden auf dem neuesten Stand gehalten.

Artikel 73

Die in den Jahresberichten enthaltenen Zahlenangaben werden von einer oder mehreren Personen geprüft, die gemäß der Richtlinie 2006/43/EG gesetzlich zur Abschlussprüfung zugelassen sind. Deren Bestätigungsvermerk und gegebenenfalls Einschränkungen sind in jedem Jahresbericht vollständig wiederzugeben.

Artikel 74

OGAW übermitteln den zuständigen Behörden ihres Herkunftsmitgliedstaats ihren Prospekt und dessen Änderungen sowie ihre Jahres- und Halbjahresberichte. Auf Anfrage stellen die OGAW diese Unterlagen den zuständigen Behörden des Herkunftsmitgliedstaats der Verwaltungsgesellschaft zur Verfügung.

Artikel 75

(1) Der Prospekt sowie der zuletzt veröffentlichte Jahres- und Halbjahresbericht werden dem Anleger auf Verlangen kostenlos zur Verfügung gestellt.

(2) Der Prospekt kann auf einem dauerhaften Datenträger oder über eine Website zur Verfügung gestellt werden. Eine Papierfassung wird den Anlegern auf Verlangen kostenlos zur Verfügung gestellt.

(3) Die Jahres- und die Halbjahresberichte werden dem Anleger in der im Prospekt und in den in Artikel 78 genannten wesentlichen Informationen für den Anleger beschriebenen Form zur Verfügung gestellt. In jedem Fall wird den Anlegern eine Papierfassung des Jahres- und Halbjahresberichts auf Anfrage kostenlos zur Verfügung gestellt.

(4) Die Kommission kann Durchführungsmaßnahmen erlassen, in denen sie festlegt, welche Bedingungen erfüllt sein müssen, damit der Prospekt auf einem anderen dauerhaften Datenträger als Papier oder über Websites, die kein dauerhafter Datenträger sind, zur Verfügung gestellt werden kann.

Diese Maßnahmen zur Änderung nicht wesentlicher Bestimmungen dieser Richtlinie werden nach dem in Artikel 112 Absatz 2 genannten Regelungsverfahren mit Kontrolle erlassen.

ABSCHNITT 2
Veröffentlichung sonstiger Informationen

Artikel 76

Der OGAW veröffentlicht den Ausgabe-, Verkaufs-, Rücknahme- oder Auszahlungspreis seiner Anteile jedes Mal dann in geeigneter Weise, wenn eine Ausgabe, ein Verkauf, eine Rücknahme oder Auszahlung seiner Anteile stattfindet, mindestens aber zweimal im Monat.

Die zuständigen Behörden können einem OGAW jedoch gestatten, diese Veröffentlichung nur einmal monatlich vorzunehmen, sofern sich dies nicht nachteilig auf die Interessen der Anteilinhaber auswirkt.

Artikel 77

Marketing-Anzeigen an die Anleger müssen eindeutig als solche erkennbar sein. Sie müssen redlich, eindeutig und nicht irreführend sein. Insbesondere darf eine Marketing-Anzeige, die eine Aufforderung zum Erwerb von Anteilen eines OGAW und spezifische Informationen über ein OGAW enthält, keine Aussagen treffen, die im Widerspruch zu Informationen des Prospekts und den in Artikel 78 genannten wesentlichen Informationen für den Anleger stehen oder die Bedeutung dieser Informationen herabstufen. In der Anzeige ist darauf hinzuweisen, dass ein Prospekt existiert und dass die in Artikel 78 genannten wesentlichen Informationen für den Anleger verfügbar sind. Es ist anzugeben, wo und in welcher Sprache diese Informationen bzw. Unterlagen für den Anleger bzw. potenziellen Anleger erhältlich sind und welche Zugangsmöglichkeiten bestehen.

ABSCHNITT 3
Wesentliche Informationen für den Anleger

Artikel 78

(1) Die Mitgliedstaaten gewährleisten, dass die Investmentgesellschaft und für jeden Investmentfonds, den sie verwaltet, eine Verwaltungsgesellschaft ein kurzes Dokument mit wesentlichen Informationen für den Anleger erstellt. Dieses Dokument wird in der vorliegenden Richtlinie als „wesentliche Informationen für den Anleger" bezeichnet. Der Ausdruck „wesentliche Informationen für den Anleger" wird in diesem Dokument klar und deutlich in einer der in Artikel 94 Absatz 1 Buchstabe b genannten Sprachen erwähnt.

(2) Die wesentlichen Informationen für den Anleger enthalten sinnvolle Angaben zu den wesentlichen Merkmalen des betreffenden OGAW und sollen die Anleger in die Lage versetzen, Art und Risiken des angebotenen Anlageprodukts zu verstehen und auf dieser Grundlage eine fundierte Anlageentscheidung zu treffen.

(3) Die wesentlichen Informationen für den Anleger enthalten Angaben zu folgenden wesentlichen Elementen des betreffenden OGAW:

a) Identität des OGAW,
b) eine kurze Beschreibung der Anlageziele und der Anlagestrategie,
c) Darstellung der bisherigen Wertentwicklung oder gegebenenfalls Performance-Szenarien,
d) Kosten und Gebühren, und
e) Risiko-/Renditeprofil der Anlage, einschließlich angemessener Hinweise auf die mit der Anlage in den betreffenden OGAW verbundenen Risiken und entsprechenden Warnhinweisen.

Diese wesentlichen Elemente muss der Anleger verstehen können, ohne dass hierfür zusätzliche Dokumente herangezogen werden müssen.

(4) Die wesentlichen Informationen für den Anleger müssen eindeutige Angaben darüber enthalten, wo und wie zusätzliche Informationen über die vorgeschlagene Anlage eingeholt werden können, einschließlich der Angabe, wo und wie der Prospekt und die Jahres- und Halbjahresberichte jederzeit auf Anfrage kostenlos erhältlich sind und in welcher Sprache diese Informationen verfügbar sind.

(5) Die wesentlichen Informationen für den Anleger sind kurz zu halten und in allgemein verständlicher Sprache abzufassen. Sie werden in einem einheitlichen Format erstellt, um Vergleiche zu ermöglichen, und in einer Weise präsentiert, die für Kleinanleger aller Voraussicht nach verständlich ist.

(6) Die wesentlichen Informationen für den Anleger werden in allen Mitgliedstaaten, in denen der Vertrieb der OGAW-Anteile gemäß Artikel 93 angezeigt wurde, abgesehen von der Übersetzung, ohne Änderungen oder Ergänzungen verwendet.

(7) Die Kommission erlässt Durchführungsmaßnahmen, um Folgendes festzulegen:

a) den vollständigen und detaillierten Inhalt der in den Absätzen 2, 3 und 4 genannten wesentlichen Informationen für den Anleger,
b) den vollständigen und detaillierten Inhalt von wesentlichen Informationen für den Anleger in folgenden spezifischen Fällen:
   i) bei OGAW mit unterschiedlichen Teilfonds die wesentlichen Informationen für Anleger, die einen spezifischen Teilfonds zeichnen, einschließlich der Angabe, wie von diesem Teilfonds in einen anderen gewechselt werden kann und welche Kosten damit verbunden sind,

ii) bei OGAW mit unterschiedlichen Anteilsklassen die wesentlichen Informationen für Anleger, die eine spezifische Anteilsklasse zeichnen,
iii) bei Dachfonds die wesentlichen Informationen für Anleger, die einen OGAW zeichnen, der Anlagen in einen anderen OGAW oder sonstige in Artikel 50 Absatz 1 Buchstabe e genannte Organismen für gemeinsame Anlagen tätigt,
iv) bei Master-Feeder-Strukturen die wesentlichen Informationen für Anleger, die einen Feeder-OGAW zeichnen, und
v) bei strukturierten OGAW mit Kapitalschutz und vergleichbaren OGAW die wesentlichen Informationen für Anleger bezogen auf die besonderen Merkmale solcher OGAW, und

c) die Einzelheiten, in welchem Format und in welcher Präsentation die in Absatz 5 genannten wesentlichen Informationen den Anlegern zur Verfügung zu stellen sind.

Diese Maßnahmen zur Änderung nicht wesentlicher Bestimmungen dieser Richtlinie durch Ergänzung werden nach dem in Artikel 112 Absatz 2 genannten Regelungsverfahren mit Kontrolle erlassen.

Artikel 79

(1) Die wesentlichen Informationen für den Anleger sind vorvertragliche Informationen. Sie müssen redlich, eindeutig und nicht irreführend sein. Sie müssen mit den einschlägigen Teilen des Prospekts übereinstimmen.

(2) Die Mitgliedstaaten stellen sicher, dass aufgrund der wesentlichen Informationen für den Anleger, einschließlich der Übersetzung, alleine noch keine Zivilhaftung entsteht, es sei denn, die Informationen sind irreführend, unrichtig oder nicht mit den einschlägigen Teilen des Prospekts vereinbar. Die wesentlichen Informationen für den Anleger müssen eine eindeutige diesbezügliche Warnung enthalten.

Artikel 80

(1) Die Mitgliedstaaten stellen sicher, dass die Investmentgesellschaft und für jeden Investmentfonds, den sie verwaltet, eine Verwaltungsgesellschaft, die den OGAW direkt oder über eine andere natürliche oder juristische Person, die in ihrem Namen und unter ihrer vollen und unbedingten Haftung handelt, verkauft, den Anlegern rechtzeitig vor der vorgeschlagenen Zeichnung der Anteile des OGAW die wesentlichen Informationen für den Anleger für diesen OGAW zur Verfügung stellt.

(2) Die Mitgliedstaaten stellen sicher, dass die Investmentgesellschaft für jeden Investmentfonds, den sie verwaltet, eine Verwaltungsgesellschaft, die den OGAW weder direkt noch über eine andere natürliche oder juristische Person, die in ihrem eigenen Namen und unter ihrer vollen und unbedingten Haftung Anlegern handelt, verkauft, den Produktgestaltern sowie Intermediären, die Anlegern Anlagen in solche OGAW oder in Produkte, die Anlagerisiken solcher OGAW einschließen, vermitteln, verkaufen oder sie dazu beraten, die wesentlichen Informationen für den Anleger auf deren Antrag bereitstellen. Die Mitgliedstaaten stellen sicher, dass die Intermediäre, die Anlegern potenzielle Anlagen in OGAW verkaufen oder sie dazu beraten, ihren Kunden beziehungsweise potenziellen Kunden die wesentlichen Informationen für den Anleger zur Verfügung stellen.

(3) Die wesentlichen Informationen für den Anleger werden den Anlegern kostenlos bereitgestellt.

Artikel 81

(1) Die Mitgliedstaaten erlauben es den Investmentgesellschaften und für jeden Investmentfonds, den sie verwalten, den Verwaltungsgesellschaften, die wesentlichen Informationen für den Anleger auf einem dauerhaften Datenträger oder über eine Website zur Verfügung zu stellen. Eine Papierfassung wird den Anlegern auf Anfrage kostenlos zur Verfügung gestellt.

Zusätzlich wird eine aktualisierte Fassung der wesentlichen Informationen für den Anleger auf einer Website der Investmentgesellschaft oder der Verwaltungsgesellschaft zugänglich gemacht.

(2) Die Kommission kann Durchführungsmaßnahmen erlassen, in denen sie festlegt, welche Bedingungen in dem Fall erfüllt sein müssen, dass die wesentlichen Informationen für den Anleger auf einem anderen dauerhaften Datenträger als Papier oder über eine Website, die kein dauerhafter Datenträger ist, zur Verfügung gestellt werden.

Diese Maßnahmen zur Änderung nicht wesentlicher Bestimmungen dieser Richtlinie durch Ergänzung werden nach dem in Artikel 112 Absatz 2 genannten Regelungsverfahren mit Kontrolle erlassen.

Artikel 82

(1) Die OGAW übermitteln den zuständigen Behörden ihres Herkunftsmitgliedstaats die wesentlichen Informationen für den Anleger und alle einschlägigen Änderungen.

(2) Die zentralen Elemente der wesentlichen Informationen für den Anleger müssen stets auf dem neuesten Stand sein.

KAPITEL X
ALLGEMEINE VERPFLICHTUNGEN DES OGAW

Artikel 83

(1) Folgende Organismen dürfen keine Kredite aufnehmen:

a) Investmentgesellschaften;

b) Verwaltungsgesellschaften oder Verwahrstellen für Rechnung von Investmentfonds.

Ein OGAW darf jedoch Fremdwährung durch ein „Back-to-back"-Darlehen erwerben.

(2) Abweichend von Absatz 1 können die Mitgliedstaaten den OGAW die Aufnahme von Krediten genehmigen, sofern es sich um Kredite handelt,

a) die vorübergehend aufgenommen werden und die sich belaufen
   - im Falle von Investmentgesellschaften auf nicht mehr als 10 % ihres Vermögens,
   - im Falle eines Investmentfonds auf nicht mehr als 10 % des Wertes des Sondervermögens;

b) die den Erwerb von Immobilien ermöglichen sollen, die für die unmittelbare Ausübung ihrer Tätigkeit unerlässlich sind, und sich im Falle von Investmentgesellschaften auf nicht mehr als 10 % ihres Vermögens belaufen.

Falls ein OGAW genehmigte Kredite gemäß Buchstaben a und b aufnimmt, dürfen diese Kredite zusammen 15 % seines Vermögens nicht übersteigen.

Artikel 84

(1) Ein OGAW tätigt auf Verlangen eines Anteilinhabers die Rücknahme oder Auszahlung seiner Anteile.

(2) Abweichend von Absatz 1

a) darf ein OGAW gemäß den anwendbaren nationalen Rechtsvorschriften seines Aufnahmemitgliedstaats, den Vertragsbedingungen oder in der Satzung der Investmentgesellschaft vorgesehenen Fällen die Rücknahme oder Auszahlung seiner Anteile vorläufig aussetzen;
b) können die Herkunftsmitgliedstaaten des OGAW den zuständigen Behörden gestatten, im Interesse der Anteilinhaber oder im öffentlichen Interesse die Aussetzung der Rücknahme oder Auszahlung der Anteile zu verlangen.

Eine vorläufige Aussetzung nach Unterabsatz 1 Buchstabe a darf nur für außergewöhnliche Fälle vorgesehen werden, wenn Umstände vorliegen, die diese Aussetzung erforderlich machen und wenn die Aussetzung unter Berücksichtigung der Interessen der Anteilinhaber gerechtfertigt ist.

(3) Im Falle einer vorläufigen Aussetzung gemäß Absatz 2 Buchstabe a gibt der OGAW seine Entscheidung unverzüglich den zuständigen Behörden seines Herkunftsmitgliedstaats und, falls er seine Anteile in anderen Mitgliedstaaten vertreibt, deren zuständigen Behörden bekannt.

Artikel 85

Die Regeln für die Bewertung des Sondervermögens sowie die Regeln zur Berechnung des Ausgabe- oder Verkaufspreises und des Rücknahme- oder Auszahlungspreises der Anteile eines OGAW werden in den anwendbaren nationalen Rechtsvorschriften oder in den Vertragsbedingungen oder in der Satzung der Investmentgesellschaft angegeben.

Artikel 86

Die Erträge eines OGAW werden gemäß den gesetzlichen Vorschriften sowie den Vertragsbedingungen oder der Satzung der Investmentgesellschaft ausgeschüttet oder wiederangelegt.

Artikel 87

Es werden keine Anteile eines OGAW ausgegeben, wenn nicht der Gegenwert des Nettoausgabepreises innerhalb der üblichen Fristen dem Vermögen des OGAW zufließt. Dies steht der Ausgabe von Gratis-Anteilen nicht entgegen.

Artikel 88

(1) Kredite gewähren oder für Dritte als Bürge einstehen dürfen unbeschadet der Anwendung der Artikel 50 und 51 weder

a) die Investmentgesellschaft noch
b) die Verwaltungsgesellschaft oder die Verwahrstelle für Rechnung von Investmentfonds.

(2) Absatz 1 steht dem Erwerb von noch nicht voll eingezahlten Wertpapieren, Geldmarktinstrumenten oder anderen in Artikel 50 Absatz 1 Buchstaben e, g und h genannten, noch nicht voll eingezahlten Finanzinstrumenten durch die in Absatz 1 genannten Organismen nicht entgegen.

Artikel 89

Leerverkäufe von Wertpapieren, Geldmarktinstrumenten oder anderen in Artikel 50 Absatz 1 Buchstaben e, g und h genannten Finanzinstrumenten dürfen
a) weder von Investmentgesellschaften
b) noch von für die Rechnung von Investmentfonds handelnden Verwaltungsgesellschaften oder Verwahrstellen getätigt werden.

Artikel 90

Die gesetzlichen Vorschriften des Herkunftsmitgliedstaats des OGAW oder die Vertragsbedingungen schreiben die Vergütungen und Kosten vor, welche die Verwaltungsgesellschaft aus dem Fonds entnehmen darf, sowie die Art der Berechnung dieser Vergütungen.

In den gesetzlichen Vorschriften oder in der Satzung der Investmentgesellschaft wird die Art der zu Lasten der Gesellschaft gehenden Kosten angegeben.

KAPITEL XI
SONDERVORSCHRIFTEN FÜR OGAW, DIE IHRE ANTEILE IN ANDEREN MITGLIEDSTAATEN ALS DEM MITGLIEDSTAAT VERTREIBEN, IN DEM SIE NIEDERGELASSEN SIND

Artikel 91

(1) Die Aufnahmemitgliedstaaten der OGAW stellen sicher, dass OGAW nach der Anzeige gemäß Artikel 93 ihre Anteile innerhalb ihres Hoheitsgebiets vertreiben können.

(2) Die Aufnahmemitgliedstaaten der OGAW unterwerfen die in Absatz 1 genannten OGAW auf dem von dieser Richtlinie geregelten Gebiet keinen zusätzlichen Anforderungen oder administrativen Verfahren.

(3) Die Mitgliedstaaten stellen sicher, dass vollständige Informationen über Rechts- und Verwaltungsvorschriften, die nicht in den von dieser Richtlinie geregelten Bereich fallen und die für die Modalitäten der Vermarktung von Anteilen von in anderen Mitgliedstaaten niedergelassenen OGAW auf ihrem Hoheitsgebiet spezifisch relevant sind, aus der Ferne und elektronisch leicht zugänglich sind. Die Mitgliedstaaten stellen sicher, dass diese Informationen in einer in der Finanzwelt gebräuchlichen Sprache bereitgestellt werden, eindeutig und unmissverständlich sind und dem neuestem Stand entsprechen.

(4) Für die Zwecke dieses Kapitels schließt ein OGAW die dazugehörigen Teilfonds ein.

Artikel 92

Die OGAW treffen unter Einhaltung der Rechts- und Verwaltungsvorschriften, die in dem Mitgliedstaat gelten, in dem ihre Anteile vertrieben werden, die Maßnahmen, die erforderlich sind, um sicherzustellen, dass die Anteilinhaber in diesem Mitgliedstaat in den Genuss der Zahlungen, des Rückkaufs und der Rücknahme der Anteile kommen und die vom OGAW zu liefernden Informationen erhalten.

Artikel 93

(1) Wenn ein OGAW beabsichtigt, seine Anteile in einem anderen Mitgliedstaat als in seinem Herkunftsmitgliedstaat zu vertreiben, so übermittelt er den zuständigen Behörden seines Herkunftsmitgliedstaats im Voraus ein Anzeigeschreiben.

Das Anzeigeschreiben umfasst Angaben zu den Modalitäten der Vermarktung der OGAW-Anteile im Aufnahmemitgliedstaat, sowie gegebenenfalls zu den Anteilsklassen. In Fällen gemäß Artikel 16 Absatz 1 enthält es einen Hinweis darauf, dass der OGAW von der Verwaltungsgesellschaft vertrieben wird, die den OGAW verwaltet.

(2) Der OGAW fügt dem in Absatz 1 genannten Anzeigeschreiben eine aktuelle Fassung folgender Unterlagen bei:

a) seine Vertragsbedingungen oder seine Satzung, seinen Prospekt sowie gegebenenfalls den letzten Jahresbericht und den anschließenden Halbjahresbericht in der gemäß Artikel 94 Absatz 1 Buchstaben c und d angefertigten Übersetzung und
b) die in Artikel 78 genannten wesentlichen Informationen für den Anleger in der gemäß Artikel 94 Absatz 1 Buchstaben b und d angefertigten Übersetzung.

(3) Die zuständigen Behörden des Herkunftsmitgliedstaats des OGAW prüfen, ob die vom OGAW gemäß den Absätzen 1 und 2 bereitgestellten Unterlagen vollständig sind.

Die zuständigen Behörden des Herkunftsmitgliedstaats des OGAW übermitteln den zuständigen Behörden des Mitgliedstaats, in dem der OGAW seine Anteile vertreiben möchte, spätestens zehn Arbeitstage nach Eingang des Anzeigeschreibens und der vollständigen in Absatz 2 geforderten Unterlagen die vollständigen in Absatz 1 und 2 genannten Unterlagen. Sie fügen den Unterlagen eine Bescheinigung bei, der zufolge der OGAW die in dieser Richtlinie festgelegten Bedingungen erfüllt.

Die zuständigen Behörden des Herkunftsmitgliedstaats des OGAW unterrichten den OGAW unmittelbar über den Versand der Unterlagen. Der OGAW kann seine Anteile ab dem Datum dieser Anzeige im Aufnahmemitgliedstaat auf den Markt bringen.

(4) Die Mitgliedstaaten stellen sicher, dass das in Absatz 1 genannte Anzeigeschreiben und die in Absatz 3 genannte Bescheinigung in einer in der internationalen Finanzwelt gebräuchlichen Sprache bereitgestellt werden, soweit der Herkunfts- und der Aufnahmemitgliedstaat des OGAW nicht vereinbaren, dass dieses Anzeigeschreiben und diese Bescheinigung in einer offiziellen Sprache beider Mitgliedstaaten bereitgestellt wird.

(5) Die Mitgliedstaaten stellen sicher, dass ihre zuständigen Behörden die elektronische Übermittlung und Archivierung der in Absatz 3 genannten Unterlagen akzeptieren.

(6) Die zuständigen Behörden des Mitgliedstaats, in dem der OGAW seine Anteile vertreiben möchte, verlangen im Rahmen des in diesem Artikel beschriebenen Anzeigeverfahrens keine zusätzlichen Unterlagen, Zertifikate oder Informationen, die nicht in diesem Artikel vorgesehen sind.

(7) Der Herkunftsmitgliedstaat des OGAW stellt sicher, dass die zuständigen Behörden des Aufnahmemitgliedstaats des OGAW auf elektronischem Wege Zugang zu den in Absatz 2 genannten Unterlagen sowie gegebenenfalls zu den einschlägigen Übersetzungen haben. Er stellt sicher, dass der OGAW diese Unterlagen und Übersetzungen auf dem neuesten Stand hält. Der OGAW informiert die zuständigen Behörden des Aufnahmemitgliedstaats des OGAW über jede Änderung an den in Absatz 2 genannten Unterlagen sowie darüber, wo diese Unterlagen in elektronischer Form verfügbar sind.

(8) Im Falle einer Änderung der Informationen über die im Anzeigeschreiben gemäß Absatz 1 mitgeteilten Modalitäten der Vermarktung oder einer Änderung der vertriebenen

Anteilsklassen teilt der OGAW den zuständigen Behörden des Aufnahmemitgliedstaats vor Umsetzung der Änderung diese schriftlich mit.

Artikel 94

(1) Ein OGAW, der seine Anteile in einem Aufnahmemitgliedstaat vertreibt, liefert den Anlegern im Hoheitsgebiet dieses Mitgliedstaats alle Informationen und Unterlagen, die er gemäß Kapitel IX den Anlegern in seinem Herkunftsmitgliedstaat liefern muss.

Diese Informationen und Unterlagen werden den Anlegern gemäß folgenden Bestimmungen zur Verfügung gestellt:

a) Unbeschadet der Bestimmungen von Kapitel IX werden diese Informationen und/oder Unterlagen den Anlegern in Einklang mit den Rechts- und Verwaltungsvorschriften des Aufnahmemitgliedstaats des OGAW zur Verfügung gestellt;
b) die in Artikel 78 genannten wesentlichen Informationen für den Anleger werden in die oder in eine der Amtssprachen des Aufnahmemitgliedstaats des OGAW oder in eine von den zuständigen Behörden dieses Mitgliedstaats akzeptierte Sprache übersetzt;
c) andere Informationen oder Unterlagen als die in Artikel 78 genannten wesentlichen Informationen für den Anleger werden nach Wahl des OGAW in die Amtssprache oder in eine der Amtssprachen des Aufnahmemitgliedstaats des OGAW oder in eine von den zuständigen Behörden dieses Mitgliedstaats akzeptierte Sprache oder in eine in der Finanzwelt gebräuchliche Sprache übersetzt, und
d) Übersetzungen von Informationen und/oder Unterlagen gemäß den Buchstaben b und c werden unter der Verantwortung des OGAW erstellt und müssen den Inhalt der ursprünglichen Informationen getreu wiedergeben.

(2) Die in Absatz 1 beschriebenen Anforderungen gelten auch für jegliche Änderungen der genannten Informationen und Unterlagen.

(3) Die Häufigkeit der in Artikel 76 vorgesehenen Veröffentlichung der Ausgabe-, Verkaufs-, Wiederverkaufs- oder Rücknahmepreise für die OGAW-Anteile wird durch die Rechts- und Verwaltungsvorschriften des Herkunftsmitgliedstaats des OGAW geregelt.

Artikel 95

(1) Die Kommission kann Durchführungsmaßnahmen erlassen, um

a) den Umfang der in Artikel 91 Absatz 3 genannten Informationen festzulegen,
b) den Zugang der zuständigen Behörden der Aufnahmemitgliedstaaten des OGAW gemäß Artikel 93 Absatz 7 zu den in Artikel 93 Absätze 1, 2 und 3 genannten Informationen oder Unterlagen zu erleichtern.

Diese Maßnahmen zur Änderung nicht wesentlicher Bestimmungen dieser Richtlinie durch Ergänzung werden nach dem in Artikel 112 Absatz 2 genannten Regelungsverfahren mit Kontrolle erlassen.

(2) Die Kommission kann ferner Durchführungsmaßnahmen erlassen, um Folgendes festzulegen:

a) Form und Inhalt eines Standardmodells des Anzeigeschreibens, das OGAW für die Anzeige gemäß Artikel 93 Absatz 1 verwenden, einschließlich Angaben, auf welche Dokumente sich die Übersetzungen beziehen,
b) Form und Inhalt eines Standardmodells für die Bescheinigung der zuständigen Behörden der Mitgliedstaaten gemäß Artikel 93 Absatz 3,
c) das Verfahren für den Austausch von Informationen und die Nutzung elektronischer

Kommunikationsmittel durch die zuständigen Behörden für die Anzeige gemäß Artikel 93.

Diese Maßnahmen werden nach dem in Artikel 112 Absatz 3 genannten Regelungsverfahren erlassen.

Artikel 96

Die OGAW können für die Ausübung ihrer Tätigkeit in einem Aufnahmemitgliedstaat des OGAW denselben Verweis auf ihre Rechtsform, beispielsweise „Investmentgesellschaft“ oder „Investmentfonds“, wie in ihrem Herkunftsmitgliedstaat verwenden.

KAPITEL XII
VORSCHRIFTEN BETREFFEND DIE FÜR ZULASSUNG UND AUFSICHT ZUSTÄNDIGEN BEHÖRDEN

Artikel 97

(1) Die Mitgliedstaaten bezeichnen die zuständigen Behörden, welche die in dieser Richtlinie vorgesehenen Befugnisse wahrzunehmen haben. Sie setzen die Kommission hiervon unter Angabe der etwaigen Zuständigkeitsverteilung in Kenntnis.

(2) Die zuständigen Behörden sind Behörden oder von Behörden bezeichnete Stellen.

(3) Für die Aufsicht über den OGAW sind die Behörden des Herkunftsmitgliedstaats des OGAW zuständig; diese Aufsicht erfolgt gegebenenfalls im Einklang mit den Bestimmungen von Artikel 19. Für die Überwachung der Einhaltung der nicht unter den Anwendungsbereich dieser Richtlinie fallenden Vorschriften und der in Artikel 92 und 94 beschriebenen Anforderungen sind jedoch die Behörden des Aufnahmemitgliedstaats des OGAW zuständig.

Artikel 98

(1) Die zuständigen Behörden sind mit allen für die Wahrnehmung ihrer Aufgaben notwendigen Überwachungs- und Ermittlungsbefugnissen auszustatten. Diese Befugnisse werden wie folgt ausgeübt:

a) direkt,
b) in Zusammenarbeit mit anderen Behörden,
c) unter der Verantwortung der zuständigen Behörden durch Delegation an Stellen, an die Aufgaben delegiert wurden, oder
d) durch Antrag bei den zuständigen Justizbehörden.

(2) Gemäß Absatz 1 haben die zuständigen Behörden zumindest die Befugnis,

a) Unterlagen aller Art einzusehen und Kopien davon zu erhalten,
b) von jeder Person Auskünfte zu verlangen und, falls notwendig, eine Person einzubestellen und zu befragen, um Informationen zu erhalten,
c) Ermittlungen vor Ort durchzuführen,
d) bereits existierende Aufzeichnungen von Telefongesprächen und Datenübermittlungen anzufordern,
e) vorzuschreiben, dass Praktiken, die gegen die nach dieser Richtlinie erlassenen Vorschriften verstoßen, unterbunden werden,
f) das Einfrieren oder die Beschlagnahme von Vermögenswerten zu verlangen,

g) ein vorübergehendes Verbot der Ausübung der Berufstätigkeit zu verlangen,
h) von zugelassenen Investmentgesellschaften, Verwaltungsgesellschaften und Verwahrstellen die Erteilung von Auskünften zu verlangen,
i) jegliche Art von Maßnahme zu ergreifen, um sicherzustellen, dass Investmentgesellschaften, Verwaltungsgesellschaften oder Verwahrstellen weiterhin den Anforderungen dieser Richtlinie entsprechen,
j) im Interesse der Anteilinhaber oder der Öffentlichkeit die Aussetzung der Ausgabe, Rücknahme oder Auszahlung von Anteilen zu verlangen,
k) die einem OGAW, einer Verwaltungsgesellschaft oder einer Verwahrstelle erteilte Zulassung zu entziehen,
l) eine Sache zwecks strafrechtlicher Verfolgung an ein Gericht zu verweisen und
m) Überprüfungen oder Ermittlungen durch Wirtschaftsprüfer oder Sachverständige vornehmen zu lassen.

Artikel 99

(1) Die Mitgliedstaaten legen Regeln für Maßnahmen und Sanktionen fest, die bei Verstößen gegen die nach dieser Richtlinie erlassenen nationalen Bestimmungen anwendbar sind, und ergreifen alle erforderlichen Maßnahmen, um sicherzustellen, dass diese Regeln durchgesetzt werden. Unbeschadet der Verfahren für den Entzug der Zulassung oder des Rechts der Mitgliedstaaten, strafrechtliche Sanktionen zu verhängen, gewährleisten die Mitgliedstaaten entsprechend ihrem nationalen Recht insbesondere, dass bei Verstößen gegen die nach dieser Richtlinie erlassenen Vorschriften gegen die verantwortlichen Personen geeignete Verwaltungsmaßnahmen ergriffen oder im Verwaltungsverfahren zu erlassende Sanktionen verhängt werden können.

Die vorgesehenen Maßnahmen und Sanktionen müssen wirksam, angemessen und abschreckend sein.

(2) Ohne Regeln für Maßnahmen und Sanktionen bei Verstößen gegen andere nach dieser Richtlinie erlassene nationale Bestimmungen auszuschließen, legen die Mitgliedstaaten insbesondere wirksame, angemessene und abschreckende Maßnahmen und Sanktionen im Hinblick auf die in Artikel 78 Absatz 5 enthaltene Verpflichtung fest, die wesentlichen Informationen für den Anleger in einer Form zu präsentieren, die für Kleinanleger aller Voraussicht nach verständlich sind.

(3) Die Mitgliedstaaten gestatten den zuständigen Behörden, jede Maßnahme oder Sanktion, die bei einem Verstoß gegen die nach dieser Richtlinie erlassenen Vorschriften verhängt wird, der Öffentlichkeit bekannt zu machen, sofern eine solche Bekanntgabe die Stabilität der Finanzmärkte nicht ernstlich gefährdet, nachteilig für die Interessen der Anleger wäre oder den Beteiligten keinen unverhältnismäßig hohen Schaden zufügt.

Artikel 100

(1) Die Mitgliedstaaten stellen sicher, dass effiziente und wirksame Beschwerde- und Schlichtungsverfahren für die außergerichtliche Beilegung von Verbraucherrechtsstreitigkeiten im Zusammenhang mit den Tätigkeiten von OGAW vorhanden sind, wobei gegebenenfalls auf bestehende Einrichtungen zurückzugreifen ist.

(2) Die Mitgliedstaaten stellen sicher, dass die in Absatz 1 genannten Einrichtungen nicht durch Rechts- oder Verwaltungsvorschriften an einer wirksamen Zusammenarbeit bei der Beilegung grenzüberschreitender Streitfälle gehindert werden.

Artikel 101

(1) Die zuständigen Behörden der Mitgliedstaaten arbeiten zusammen, wann immer dies zur Wahrnehmung der in dieser Richtlinie festgelegten Aufgaben oder der ihnen durch diese Richtlinie oder durch nationale Rechtsvorschriften übertragenen Befugnisse erforderlich ist.

Die Mitgliedstaaten ergreifen die erforderlichen administrativen und organisatorischen Maßnahmen, um die Zusammenarbeit gemäß diesem Absatz zu erleichtern.

Die zuständigen Behörden machen für die Zwecke der Zusammenarbeit von ihren Befugnissen Gebrauch, auch wenn die Verhaltensweise, die Gegenstand der Ermittlung ist, keinen Verstoß gegen eine in ihrem Mitgliedstaat geltende Vorschrift darstellt.

(2) Die zuständigen Behörden der Mitgliedstaaten übermitteln einander unverzüglich die zur Wahrnehmung ihrer Aufgaben im Rahmen dieser Richtlinie erforderlichen Informationen.

(3) Hat eine zuständige Behörde eines Mitgliedstaats begründeten Anlass zu der Vermutung, dass Rechtsträger, die nicht der Aufsicht dieser zuständigen Behörde unterliegen, im Hoheitsgebiet eines anderen Mitgliedstaats gegen die Bestimmungen dieser Richtlinie verstoßen oder verstoßen haben, so teilt sie dies den zuständigen Behörden des anderen Mitgliedstaats so genau wie möglich mit. Die Behörden, die diese Informationen empfangen, ergreifen geeignete Maßnahmen, unterrichten die zuständige Behörde, von der sie die Anzeige erhalten haben, über den Ausgang dieser Maßnahmen und soweit wie möglich über wesentliche zwischenzeitlich eingetretene Entwicklungen. Die Befugnisse der zuständigen Behörde, die die Information übermittelt hat, werden durch diesen Absatz nicht berührt.

(4) Die zuständigen Behörden eines Mitgliedstaats können bei der Ausübung der ihnen durch diese Richtlinie übertragenen Befugnisse die zuständigen Behörden eines anderen Mitgliedstaats um Zusammenarbeit bei Überwachungstätigkeiten oder einer Überprüfung vor Ort oder einer Ermittlung im Hoheitsgebiet dieses anderen Mitgliedstaats ersuchen. Erhält eine zuständige Behörde ein Ersuchen um eine Überprüfung vor Ort oder eine Ermittlung, so

a) nimmt sie die Überprüfung oder Ermittlung selbst vor,
b) gestattet sie der ersuchenden Behörde die Durchführung der Überprüfung oder Ermittlung oder
c) gestattet sie Wirtschaftsprüfern oder Sachverständigen die Durchführung der Überprüfung oder Ermittlung.

(5) Erfolgt die Überprüfung oder Ermittlung auf dem Hoheitsgebiet eines Mitgliedstaats durch die zuständige Behörde dieses Mitgliedstaats, so kann die zuständige Behörde des ersuchenden Mitgliedstaats beantragen, dass ihre eigenen Beamten die Beamten, die die Überprüfung oder Ermittlung durchführen, begleiten. Die Überprüfung oder Ermittlung unterliegt jedoch der Gesamtkontrolle des Mitgliedstaats, auf dessen Hoheitsgebiet sie stattfindet.

Erfolgt die Überprüfung oder Ermittlung auf dem Hoheitsgebiet eines Mitgliedstaats durch die zuständige Behörde eines anderen Mitgliedstaats, so kann die zuständige Behörde des Mitgliedstaats, auf dessen Hoheitsgebiet die Überprüfung oder Ermittlung stattfindet, verlangen, dass ihre eigenen Beamten die Beamten, die die Überprüfung oder Ermittlung durchführen, begleiten.

(6) Die zuständigen Behörden des Mitgliedstaats, in dem die Überprüfung oder Ermittlung erfolgt, können ein Ersuchen um einen Informationsaustausch gemäß Absatz 2 oder

um Zusammenarbeit bei einer Ermittlung oder einer Überprüfung vor Ort gemäß Absatz 4 nur ablehnen, wenn

a) die Ermittlung, die Überprüfung vor Ort oder der Informationsaustausch die Souveränität, die Sicherheit oder die öffentliche Ordnung dieses Mitgliedstaats beeinträchtigen könnte,
b) gegen dieselben Personen und aufgrund derselben Handlungen bereits ein Verfahren vor einem Gericht dieses Mitgliedstaats anhängig ist,
c) gegen die betreffenden Personen aufgrund derselben Handlungen bereits ein rechtskräftiges Urteil in diesem Mitgliedstaat ergangen ist.

(7) Die zuständigen Behörden unterrichten die ersuchenden zuständigen Behörden über jede nach Absatz 6 getroffene Entscheidung. In dieser Benachrichtigung sind die Gründe für die Entscheidung anzugeben.

(8) Die zuständigen Behörden können dem durch den Beschluss 2009/77/EG der Kommission ([15]) eingesetzten Ausschuss der europäischen Wertpapierregulierungsbehörden Situationen zur Kenntnis bringen, in denen ein Ersuchen

a) um Informationsaustausch gemäß Artikel 109 zurückgewiesen wurde oder innerhalb einer angemessenen Frist zu keiner Reaktion geführt hat;
b) um eine Überprüfung oder eine Ermittlung vor Ort gemäß Artikel 110 zurückgewiesen wurde oder innerhalb einer angemessenen Frist zu keiner Reaktion geführt hat oder
c) um die Zulassung von Beamten zur Begleitung der Beamten der zuständigen Behörde des anderen Mitgliedstaats zurückgewiesen wurde oder innerhalb einer angemessenen Frist zu keiner Reaktion geführt hat.

(9) Die Kommission kann Durchführungsmaßnahmen zu den Verfahren für Ermittlungen oder Überprüfungen vor Ort erlassen.

Diese Maßnahmen werden nach dem in Artikel 112 Absatz 3 genannten Regelungsverfahren erlassen.

Artikel 102

(1) Die Mitgliedstaaten schreiben vor, dass alle Personen, die für die zuständigen Behörden tätig sind oder waren, sowie die von den zuständigen Behörden beauftragten Wirtschaftsprüfer und Sachverständigen dem Berufsgeheimnis unterliegen. Diese Verpflichtung hat zum Inhalt, dass vertrauliche Informationen, die diese Personen in ihrer beruflichen Eigenschaft erhalten, an keine Person oder Behörde weitergegeben werden dürfen, es sei denn, in zusammengefasster oder allgemeiner Form, so dass die OGAW, die Verwaltungsgesellschaften und die Verwahrstellen („Unternehmen, die an der Tätigkeit von OGAW mitwirken") nicht zu erkennen sind; sie gilt nicht für Fälle, die unter das Strafrecht fallen.

In Fällen, in denen für einen OGAW oder ein Unternehmen, das an seiner Geschäftstätigkeit mitwirkt, durch Gerichtsbeschluss das Konkursverfahren eröffnet oder die Zwangsabwicklung eingeleitet worden ist, können jedoch vertrauliche Informationen, die sich nicht auf Dritte beziehen, welche an Rettungsversuchen beteiligt sind, in zivilgerichtlichen oder handelsgerichtlichen Verfahren weitergegeben werden.

(2) Absatz 1 steht dem Informationsaustausch zwischen den zuständigen Behörden der Mitgliedstaaten gemäß dieser Richtlinie und anderem für OGAW oder Unternehmen, die

[15] ABl. L 25 vom 29.1.2009, S. 18.

an ihrer Geschäftstätigkeit mitwirken, geltendem Gemeinschaftsrecht nicht entgegen. Die Informationen fallen unter das Berufsgeheimnis gemäß Absatz 1.

Die zuständigen Behörden, die im Rahmen dieser Richtlinie Informationen mit anderen zuständigen Behörden austauschen, können bei der Übermittlung darauf hinweisen, dass diese nur mit ihrer ausdrücklichen Zustimmung veröffentlicht werden dürfen, in welchem Fall sie nur für die Zwecke, für die die Zustimmung erteilt wurde, ausgetauscht werden dürfen.

(3) Die Mitgliedstaaten können Kooperationsvereinbarungen über den Informationsaustausch mit den zuständigen Behörden von Drittländern oder mit Behörden oder Stellen von Drittländern im Sinne von Absatz 5 sowie Artikel 103 Absatz 1 nur treffen, sofern der Schutz der mitgeteilten Informationen durch das Berufsgeheimnis mindestens ebenso gewährleistet ist wie nach diesem Artikel. Dieser Informationsaustausch dient der Erfüllung der aufsichtsrechtlichen Aufgaben dieser Behörden oder Stellen.

Wenn die Informationen aus einem anderen Mitgliedstaat stammen, dürfen sie nur mit ausdrücklicher Zustimmung der zuständigen Behörden, die diese Informationen mitgeteilt haben, und gegebenenfalls nur für Zwecke weitergegeben werden, denen diese Behörden zugestimmt haben.

(4) Die zuständigen Behörden, die aufgrund der Absätze 1 und 2 vertrauliche Informationen erhalten, dürfen diese Informationen im Rahmen der Durchführung ihrer Aufgaben nur für folgende Zwecke verwenden:

a) zur Prüfung, ob die Zulassungsbedingungen für die OGAW oder die Unternehmen, die an ihrer Geschäftstätigkeit mitwirken, erfüllt werden, und zur leichteren Überwachung der Bedingungen der Tätigkeitsausübung, der verwaltungsmäßigen und buchhalterischen Organisation und der internen Kontrollmechanismen,
b) zur Verhängung von Sanktionen,
c) im Rahmen eines Verwaltungsverfahrens über die Anfechtung einer Entscheidung der zuständigen Behörden und
d) im Rahmen von Gerichtsverfahren aufgrund von Artikel 107 Absatz 2.

(5) Die Absätze 1 und 4 verhindern nicht den Informationsaustausch innerhalb eines Mitgliedstaats oder zwischen den Mitgliedstaaten, wenn dieser Austausch stattfindet zwischen der zuständigen Behörde und

a) im öffentlichen Auftrag mit der Überwachung von Kreditinstituten, Wertpapierfirmen, Versicherungsunternehmen oder anderen Finanzinstituten betrauten Stellen oder mit der Überwachung der Finanzmärkte betrauten Stellen,
b) Organen, die mit der Liquidation oder dem Konkurs von OGAW befasst werden, Unternehmen, die an ihrer Geschäftstätigkeit mitwirken, oder Organen, die mit ähnlichen Verfahren befasst werden, oder
c) mit der gesetzlichen Kontrolle der Rechnungslegung von Versicherungsunternehmen, Kreditinstituten, Wertpapierfirmen oder anderen Finanzinstituten betrauten Personen.

Die Absätze 1 und 4 stehen insbesondere nicht dem entgegen, dass die oben genannten zuständigen Behörden den ihnen übertragenen Beaufsichtigungsaufgaben nachkommen können, und dass an die mit der Verwaltung der Entschädigungssysteme betrauten Stellen Informationen übermittelt werden, die diese zur Erfüllung ihrer Aufgabe benötigen.

Der Informationsaustausch gemäß Unterabsatz 1 fällt unter das Berufsgeheimnis nach Absatz 1.

Artikel 103

(1) Ungeachtet Artikel 102 Absätze 1 bis 4 können die Mitgliedstaaten einen Informationsaustausch zulassen zwischen einer zuständigen Behörde und

a) Behörden, denen die Beaufsichtigung der Organe, die mit der Liquidation oder dem Konkurs von OGAW oder Unternehmen, die an ihrer Geschäftstätigkeit mitwirken oder ähnlichen Verfahren befasst werden, obliegt,
b) Behörden, denen die Beaufsichtigung der Personen, die mit der gesetzlichen Kontrolle der Rechnungslegung von Versicherungsunternehmen, Kreditinstituten, Wertpapierfirmen und sonstigen Finanzinstituten betraut sind, obliegt.

(2) Die Mitgliedstaaten, die von der Ausnahmeregelung nach Absatz 1 Gebrauch machen, verlangen, dass zumindest folgende Bedingungen erfüllt werden:

a) Die Informationen werden zur Erfüllung der Beaufsichtigungsaufgabe nach Absatz 1 verwendet;
b) die Informationen fallen unter das Berufsgeheimnis nach Artikel 102 Absatz 1, und
c) wenn die Informationen aus einem anderen Mitgliedstaat stammen, dürfen sie nur mit ausdrücklicher Zustimmung der zuständigen Behörden, die diese Informationen mitgeteilt haben, und gegebenenfalls nur für Zwecke weitergegeben werden, denen diese Behörden zugestimmt haben.

(3) Die Mitgliedstaaten teilen der Kommission und den anderen Mitgliedstaaten mit, welche Behörden Informationen gemäß Absatz 1 erhalten dürfen.

(4) Ungeachtet Artikel 102 Absätze 1 bis 4 können die Mitgliedstaaten zur Stärkung der Stabilität des Finanzsystems und zur Wahrung seiner Integrität den Austausch von Informationen zwischen den zuständigen Behörden und den kraft Gesetzes für die Aufdeckung und Aufklärung von Verstößen gegen das Gesellschaftsrecht zuständigen Behörden oder Organen zulassen.

(5) Die Mitgliedstaaten, die von der Ausnahmeregelung nach Absatz 4 Gebrauch machen, verlangen, dass zumindest folgende Bedingungen erfüllt werden:

a) Die Informationen werden zur Erfüllung der Beaufsichtigungsaufgabe nach Absatz 4 verwendet;
b) die Informationen fallen unter das Berufsgeheimnis nach Artikel 102 Absatz 1, und
c) wenn die Informationen aus einem anderen Mitgliedstaat stammen, dürfen sie nur mit ausdrücklicher Zustimmung der zuständigen Behörden, die diese Informationen mitgeteilt haben, und gegebenenfalls nur für Zwecke weitergegeben werden, denen diese Behörden zugestimmt haben.

Die in Absatz 4 genannten Behörden oder Organe teilen den zuständigen Behörden, die die Information erteilt haben, für die Zwecke von Buchstabe c die Namen und die genaue Aufgabe der Personen mit, an die die betreffenden Informationen weitergegeben werden sollen.

(6) Wenn in einem Mitgliedstaat die in Absatz 4 genannten Behörden oder Organe bei der ihnen übertragenen Aufdeckung oder Aufklärung von Verstößen besonders befähigte und entsprechend beauftragte Personen hinzuziehen, die nicht dem öffentlichen Dienst angehören, so kann die in diesem Absatz vorgesehene Möglichkeit des Austauschs von Informationen unter den in Absatz 5 genannten Bedingungen auf die betreffenden Personen ausgedehnt werden.

(7) Die Mitgliedstaaten teilen der Kommission und den anderen Mitgliedstaaten mit, welche Behörden oder Organe Informationen gemäß Absatz 4 erhalten dürfen.

Artikel 104

(1) Artikel 102 und 103 stehen weder dem entgegen, dass die zuständigen Behörden den Zentralbanken und anderen Einrichtungen mit ähnlichen Aufgaben in ihrer Eigenschaft als Währungsbehörden Informationen übermitteln, die diesen zur Erfüllung ihrer Aufgaben dienen, noch dass die letztgenannten Behörden oder Einrichtungen den zuständigen Behörden die Informationen mitteilen, die diese für die Zwecke von Artikel 102 Absatz 4 benötigen. Die in diesem Rahmen erhaltenen Informationen fallen unter das Berufsgeheimnis nach Artikel 102 Absatz 1.

(2) Die Artikel 102 und 103 stehen dem nicht entgegen, dass die zuständigen Behörden die Informationen gemäß Artikel 102 Absätze 1 bis 4 einer Clearingstelle oder einer ähnlichen nach nationalem Recht anerkannten Stelle übermitteln, um Clearing- oder Abwicklungsdienstleistungen auf einem der Märkte ihres Mitgliedstaats sicherzustellen, sofern diese Informationen ihrer Auffassung nach erforderlich sind, um das ordnungsgemäße Funktionieren dieser Stellen im Fall von Verstößen – oder auch nur möglichen Verstößen – der Marktteilnehmer sicherzustellen.

Die in diesem Rahmen erhaltenen Informationen fallen unter das Berufsgeheimnis nach Artikel 102 Absatz 1.

Die Mitgliedstaaten sorgen jedoch dafür, dass die gemäß Artikel 102 Absatz 2 erhaltenen Informationen in dem in Unterabsatz 1 genannten Fall nur mit der ausdrücklichen Zustimmung der zuständigen Behörden, die die Informationen übermittelt haben, weitergegeben werden dürfen.

(3) Ungeachtet der Bestimmungen von Artikel 102 Absätze 1 und 4 können die Mitgliedstaaten durch Gesetz die Weitergabe bestimmter Informationen an andere Dienststellen ihrer Zentralbehörden, die für die Rechtsvorschriften über die Beaufsichtigung der OGAW und der Unternehmen, die an ihrer Geschäftstätigkeit mitwirken, der Kreditinstitute, der Finanzinstitute, der Wertpapierfirmen und der Versicherungsunternehmen zuständig sind, sowie an die von diesen Dienststellen beauftragten Inspektoren gestatten.

Diese Informationen dürfen jedoch nur geliefert werden, wenn sich dies aus aufsichtsrechtlichen Gründen als erforderlich erweist.

Die Mitgliedstaaten schreiben jedoch vor, dass die Informationen, die sie aufgrund von Artikel 102 Absätze 2 und 5 erhalten, nicht Gegenstand der im vorliegenden Absatz genannten Weitergabe sein dürfen, es sei denn, das ausdrückliche Einverständnis der zuständigen Behörden, die die Informationen erteilt haben, liegt vor.

Artikel 105

Die Kommission kann Durchführungsmaßnahmen zu den Verfahren für den Informationsaustausch zwischen zuständigen Behörden erlassen.

Diese Maßnahmen werden nach dem in Artikel 112 Absatz 3 genannten Regelungsverfahren erlassen.

Artikel 106

(1) Die Mitgliedstaaten sehen zumindest vor, dass jede gemäß der Richtlinie 2006/43/EG zugelassene Person, die bei einem OGAW oder einem Unternehmen, das an seiner Geschäftstätigkeit mitwirkt, die in Artikel 51 der Richtlinie 78/660/EWG, in Artikel 37 der Richtlinie 83/349/EWG bzw. in Artikel 73 der vorliegenden Richtlinie beschriebenen Auf-

gaben oder andere gesetzliche Aufgaben erfüllt, die Verpflichtung hat, den zuständigen Behörden unverzüglich alle Tatsachen oder Entscheidungen zu melden, von denen sie bei der Wahrnehmung dieser Aufgaben Kenntnis erhalten hat und die folgende Auswirkungen haben können:

a) eine erhebliche Verletzung der Rechts- und Verwaltungsvorschriften, welche die Zulassungsbedingungen regeln oder im Besonderen für die Ausübung der Tätigkeit von OGAW oder Unternehmen, die an ihrer Geschäftstätigkeit mitwirken, gelten,
b) die Behinderung der Tätigkeit des OGAW oder des Unternehmens, das an seiner Geschäftstätigkeit mitwirkt, oder
c) die Ablehnung der Bestätigung ordnungsgemäßer Rechnungslegung oder die Äußerung von Vorbehalten.

Diese Person ist zur Meldung der Tatsachen und Entscheidungen verpflichtet, von denen sie im Rahmen einer Aufgabe im Sinne von Buchstabe a Kenntnis erhält, die sie bei einem Unternehmen mit sich aus einem Kontrollverhältnis ergebenden engen Verbindungen zu dem OGAW oder dem Unternehmen, das an seiner Geschäftstätigkeit mitwirkt, erfüllt, bei dem sie diese Aufgabe wahrnimmt.

(2) Machen die gemäß der Richtlinie 2006/43/EG zugelassenen Personen den zuständigen Behörden in gutem Glauben Mitteilung über die in Absatz 1 genannten Tatsachen oder Entscheidungen, so gilt dies nicht als Verletzung einer vertraglich oder durch Rechts- oder Verwaltungsvorschriften geregelten Bekanntmachungsbeschränkung und zieht für diese Personen keine Haftung nach sich.

Artikel 107

(1) Die zuständigen Behörden geben für jede Entscheidung, mit der die Genehmigung abgelehnt wird, oder für jede negative Entscheidung, die in Anwendung der gemäß dieser Richtlinie erlassenen allgemeinen Maßregeln getroffen worden ist, die Gründe schriftlich an und teilen diese dem Antragsteller mit.

(2) Die Mitgliedstaaten sehen vor, dass jede Entscheidung, die im Rahmen der nach dieser Richtlinie erlassenen Rechts- oder Verwaltungsvorschriften getroffen wird, ordnungsgemäß begründet wird und die Gerichte angerufen werden können; ein Recht auf Anrufung der Gerichte besteht auch, wenn nicht binnen sechs Monaten nach Eingang eines Antrags auf Zulassung, der alle erforderlichen Angaben enthält, entschieden wird.

(3) Die Mitgliedstaaten sehen vor, dass eine oder mehrere der folgenden nach nationalem Recht bestimmten Stellen im Interesse der Verbraucher und im Einklang mit den nationalen Rechtsvorschriften die Gerichte oder die zuständigen Verwaltungsinstanzen anrufen kann/können, um zu gewährleisten, dass die nationalen Vorschriften zur Durchführung dieser Richtlinie angewandt werden:

a) staatliche Stellen oder ihre Vertreter,
b) Verbraucherverbände, die ein berechtigtes Interesse am Schutz der Verbraucher haben,
c) Berufsverbände, die ein berechtigtes Interesse daran haben, ihre Mitglieder zu schützen.

Artikel 108

(1) Allein die Stellen des Herkunftsmitgliedstaats des OGAW sind befugt, diesem OGAW gegenüber bei Verletzung der Rechts- und Verwaltungsvorschriften sowie der in den Vertragsbedingungen oder in der Satzung der Investmentgesellschaft enthaltenen Bestimmungen Maßnahmen zu ergreifen.

Allerdings können die Behörden des Aufnahmemitgliedstaats des OGAW diesem OGAW gegenüber im Falle einer Verletzung der in diesem Mitgliedstaat geltenden Rechts- und Verwaltungsvorschriften, die nicht unter den Anwendungsbereich der vorliegenden Richtlinie oder unter die in den Artikeln 92 und 94 festgelegten Anforderungen fallen, Maßnahmen ergreifen.

(2) Jede Entscheidung über die Entziehung der Zulassung und jede andere gegen einen OGAW getroffene schwerwiegende Maßnahme oder jede ihm auferlegte Maßnahme zur Aussetzung der Ausgabe, des Rückkaufs oder der Rücknahme seiner Anteile wird den zuständigen Behörden der Aufnahmemitgliedstaaten des OGAW und, wenn die Verwaltungsgesellschaft eines OGAW in einem anderen Mitgliedstaat niedergelassen ist, den zuständigen Behörden des Herkunftsmitgliedstaates der Verwaltungsgesellschaft durch die zuständigen Behörden des Herkunftsmitgliedstaats des OGAW unverzüglich mitgeteilt.

(3) Die zuständigen Behörden des Herkunftsmitgliedstaats der Verwaltungsgesellschaft und des Herkunftsmitgliedstaats des OGAW haben jeweils die Möglichkeit, Maßnahmen gegen die Verwaltungsgesellschaft einzuleiten, wenn diese die unter ihre jeweilige Zuständigkeit fallenden Bestimmungen verletzt.

(4) Haben die zuständigen Behörden des Aufnahmemitgliedstaats des OGAW klare und nachweisbare Gründe für die Annahme, dass ein OGAW, dessen Anteile auf dem Hoheitsgebiet dieses Mitgliedstaats vertrieben werden, gegen Verpflichtungen verstößt, die ihm aus Vorschriften erwachsen, die nach dieser Richtlinie erlassen werden und keine Befugnisse auf die zuständigen Behörden des Aufnahmemitgliedstaats des OGAW übertragen, so teilen sie ihre Erkenntnisse den zuständigen Behörden des Herkunftsmitgliedstaats des OGAW mit, der geeignete Maßnahmen ergreift.

(5) Wenn die Maßnahmen der zuständigen Behörden des Herkunftsmitgliedstaats des OGAW nicht greifen oder sich als unzulänglich erweisen oder wenn der Herkunftsmitgliedstaat des OGAW nicht innerhalb einer angemessenen Frist handelt und der OGAW deshalb weiterhin auf eine Weise tätig ist, die den Interessen der Anleger des Aufnahmemitgliedstaats des OGAW eindeutig zuwiderläuft, so können die zuständigen Behörden des Aufnahmemitgliedstaats des OGAW in der Konsequenz eine der folgenden Maßnahmen ergreifen:

a) Nach Unterrichtung der zuständigen Behörden des Herkunftsmitgliedstaats des OGAW ergreifen sie alle angemessenen Maßnahmen, die zum Schutz der Anleger erforderlich sind, einschließlich der möglichen Unterbindung des weiteren Vertriebs der Anteile des betreffenden OGAW auf dem Hoheitsgebiet des Aufnahmemitgliedstaates eines OGAW;
b) sie bringen die Angelegenheit erforderlichenfalls dem Ausschuss der europäischen Wertpapierregulierungsbehörden zur Kenntnis.

Die Kommission wird unverzüglich über jede gemäß Unterabsatz 1 Buchstabe a ergriffene Maßnahme unterrichtet.

(6) Die Mitgliedstaaten gewährleisten, dass es rechtlich möglich ist, auf ihrem Hoheitsgebiet alle Schriftstücke zuzustellen, die für die vom Aufnahmemitgliedstaat des OGAW gemäß den Absätzen 2 bis 5 ergriffenen Maßnahmen erforderlich sind.

Artikel 109

(1) Betreiben Verwaltungsgesellschaften im Rahmen des Dienstleistungsverkehrs oder durch Errichtung von Zweigniederlassungen ihre Geschäfte in einem oder mehreren Aufnahmemitgliedstaaten der Verwaltungsgesellschaft, so arbeiten die zuständigen Behörden aller betroffenen Mitgliedstaaten eng zusammen.

Sie stellen einander auf Anfrage alle Informationen bezüglich der Verwaltung und der Eigentumsverhältnisse dieser Verwaltungsgesellschaften zur Verfügung, die deren Beaufsichtigung erleichtern könnten, sowie sämtliche Informationen, die geeignet sind, die Überwachung dieser Gesellschaften zu erleichtern. Insbesondere arbeiten die Behörden des Herkunftsmitgliedstaats der Verwaltungsgesellschaft zusammen, um den Behörden des Aufnahmemitgliedstaats der Verwaltungsgesellschaft die Erhebung der in Artikel 21 Absatz 2 genannten Angaben zu ermöglichen.

(2) Soweit für die Ausübung der Aufsichtsbefugnisse des Herkunftsmitgliedstaats erforderlich, unterrichten die zuständigen Behörden des Aufnahmemitgliedstaats der Verwaltungsgesellschaft die zuständigen Behörden des Herkunftsmitgliedstaats der Verwaltungsgesellschaft über alle vom Aufnahmemitgliedstaat der Verwaltungsgesellschaft nach Artikel 21 Absatz 5 ergriffenen Maßnahmen, die Maßnahmen oder Sanktionen gegen eine Verwaltungsgesellschaft oder eine Beschränkung ihrer Tätigkeiten beinhalten.

(3) Die zuständigen Behörden des Herkunftsmitgliedstaats der Verwaltungsgesellschaft teilen der zuständigen Behörde des Herkunftsmitgliedstaat des OGAW unverzüglich etwaige auf der Ebene der Verwaltungsgesellschaft festgestellte Probleme, die die Fähigkeit der Verwaltungsgesellschaft erheblich beeinflussen können, ihre Aufgaben in Bezug auf den OGAW richtig zu erfüllen, und alle Verstöße gegen die Anforderungen gemäß Kapitel III mit.

(4) Die zuständigen Behörden des Herkunftsmitgliedstaats des OGAW teilen der zuständigen Behörde des Herkunftsmitgliedstaats der Verwaltungsgesellschaft unverzüglich etwaige auf der Ebene des OGAW festgestellte Probleme mit, die die Fähigkeit der Verwaltungsgesellschaft beeinflussen könnten, ihre Aufgaben sachgerecht wahrzunehmen oder die Anforderungen dieser Richtlinie, die in die Verantwortung des Herkunftsmitgliedstaats des OGAW fallen, einzuhalten.

Artikel 110

(1) Wenn eine in einem anderen Mitgliedstaat zugelassene Verwaltungsgesellschaft ihre Tätigkeit im Aufnahmemitgliedstaat über eine Zweigniederlassung ausübt, sorgt der Aufnahmemitgliedstaat der Verwaltungsgesellschaft dafür, dass die zuständigen Behörden ihres Herkunftsmitgliedstaats nach Unterrichtung der zuständigen Behörden des Aufnahmemitgliedstaats der Verwaltungsgesellschaft die in Artikel 109 genannten Informationen selbst oder durch zu diesem Zweck benannte Intermediäre vor Ort überprüfen können.

(2) Absatz 1 berührt nicht das Recht der zuständigen Behörden des Aufnahmemitgliedstaats der Verwaltungsgesellschaft, in Ausübung der ihnen aufgrund dieser Richtlinie obliegenden Aufgaben vor Ort Überprüfungen der im Hoheitsgebiet dieses Mitgliedstaats errichteten Zweigniederlassungen vorzunehmen.

KAPITEL XIII
EUROPÄISCHER WERTPAPIERAUSSCHUSS

Artikel 111

Die Kommission kann an dieser Richtlinie technische Änderungen in den nachstehend genannten Bereichen vornehmen:

a) Erläuterung der Definitionen, um die einheitliche Anwendung dieser Richtlinie in der gesamten Gemeinschaft zu gewährleisten, und

b) Angleichung der Terminologie und Abfassung von Definitionen in Übereinstimmung mit späteren Rechtsakten zu den OGAW und zu angrenzenden Themenbereichen.

Diese Maßnahmen zur Änderung nicht wesentlicher Bestimmungen dieser Richtlinie werden nach dem in Artikel 112 Absatz 2 genannten Regelungsverfahren mit Kontrolle erlassen.

Artikel 112

(1) Die Kommission wird von dem durch den Beschluss 2001/528/EG der Kommission ([16]) eingesetzten Europäischen Wertpapierausschuss unterstützt.

(2) Wird auf diesen Absatz Bezug genommen, so gelten Artikel 5a Absatz 1 und Artikel 7 des Beschlusses 1999/468/EG unter Beachtung von dessen Artikel 8.

(3) Wird auf diesen Absatz Bezug genommen, so gelten Artikel 5 und 7 des Beschlusses 1999/468/EG unter Beachtung von dessen Artikel 8.

Der Zeitraum nach Artikel 5 Absatz 6 des Beschlusses 1999/468/EG wird auf drei Monate festgesetzt.

KAPITEL XIV
AUSNAHME-, ÜBERGANGS- UND SCHLUSSBESTIMMUNGEN

ABSCHNITT 1
Ausnahmebestimmungen

Artikel 113

(1) Für die ausschließliche Verwendung durch dänische OGAW werden die in Dänemark ausgegebenen „pantebreve" den Wertpapieren nach Artikel 50 Absatz 1 Buchstabe b gleichgestellt.

(2) Abweichend von Artikel 22 Absatz 1 und Artikel 32 Absatz 1 können die zuständigen Behörden die OGAW, die am 20. Dezember 1985 zwei oder mehrere Verwahrstellen gemäß den nationalen Rechtsvorschriften besaßen, ermächtigen, diese Mehrzahl von Verwahrstellen beizubehalten, wenn sie die Gewähr dafür haben, dass die in Artikel 22 Absatz 3 und Artikel 32 Absatz 3 genannten Aufgaben ordnungsgemäß erfüllt werden.

(3) Abweichend von Artikel 16 können die Mitgliedstaaten den Verwaltungsgesellschaften die Genehmigung erteilen, Inhaberzertifikate zu emittieren, die Namenspapiere anderer Gesellschaften vertreten.

Artikel 114

(1) Wertpapierfirmen im Sinne von Artikel 4 Absatz 1 Nummer 1 der Richtlinie 2004/39/EG, die lediglich zur Erbringung von in Abschnitt A Nummern 4 und 5 des Anhangs der genannten Richtlinie genannten Dienstleistungen zugelassen sind, können eine Zulassung im Rahmen dieser Richtlinie erhalten, um OGAW zu verwalten und selbst als Verwaltungsgesellschaften aufzutreten. In diesem Falle geben diese Wertpapierfirmen ihre Zulassung gemäß der Richtlinie 2004/39/EG zurück.

(2) Verwaltungsgesellschaften, die bereits vor dem 13. Februar 2004 in ihrem Her-

[16] ABl. L 191 vom 13.7.2001, S. 45.

kunftsmitgliedstaat gemäß der Richtlinie 85/611/EWG eine Zulassung für die Verwaltung von OGAW in Form eines Investmentfonds oder einer Investmentgesellschaft erhalten haben, gelten im Sinne dieses Artikels als zugelassen, wenn die Rechtsvorschriften dieses Mitgliedstaats vorsehen, dass die Gesellschaften zur Aufnahme dieser Tätigkeit Bedingungen genügen müssen, die den in Artikel 7 und 8 genannten gleichwertig sind.

ABSCHNITT 2
Übergangs- und Schlussbestimmungen

Artikel 115

Die Kommission legt dem Europäischen Parlament und dem Rat bis zum 1. Juli 2013 einen Bericht über die Anwendung dieser Richtlinie vor.

Artikel 116

(1) Die Mitgliedstaaten erlassen und veröffentlichen bis spätestens zum 30. Juni 2011 die erforderlichen Rechts- und Verwaltungsvorschriften, um Artikel 1 Absatz 2 Unterabsatz 2, Artikel 1 Absatz 3 Buchstabe b, Artikel 2 Absatz 1 Buchstaben e, m, p, q und r, Artikel 2 Absatz 5, Artikel 4, Artikel 5 Absätze 1 bis 4, 6 und 7, Artikel 6 Absatz 1, Artikel 12 Absatz 1, Artikel 13 Absatz 1 Eingangsteil, Artikel 13 Absatz 1 Buchstaben a und i, Artikel 15, Artikel 16 Absatz 1, Artikel 16 Absatz 3, Artikel 17 Absatz 1, Artikel 17 Absatz 2 Buchstabe b, Artikel 17 Absatz 3 Unterabsätze 1 und 3, Artikel 17 Absätze 4 bis 7, Artikel 17 Absatz 9 Unterabsatz 2, Artikel 18 Absatz 1 Eingangsteil, Artikel 18 Absatz 1 Buchstabe b, Artikel 18 Absatz 2 Unterabsätze 3 und 4, Artikel 18 Absätze 3 und 4, Artikel 19 und 20, Artikel 21 Absätze 2 bis 6, 8 und 9, Artikel 22 Absatz 1, Artikel 22 Absatz 3 Buchstaben a, d und e, Artikel 23 Absätze 1, 2, 4 und 5, Artikel 27 Absatz 3, Artikel 29 Absatz 2, Artikel 33 Absätze 2, 4 und 5, Artikel 37 bis 42, Artikel 43 Absätze 1 bis 5, Artikel 44 bis 49, Artikel 50 Absatz 1 Eingangsteil, Artikel 50 Absatz 3, Artikel 51 Absatz 1 Unterabsatz 3, Artikel 54 Absatz 3, Artikel 56 Absatz 1, Artikel 56 Absatz 2 Unterabsatz 1 Eingangsteil, Artikel 58 und 59, Artikel 60 Absätze 1 bis 5, Artikel 61 Absätze 1 und 2, Artikel 62 Absätze 1, 2 und 3, Artikel 63, Artikel 64 Absätze 1, 2 und 3, Artikel 65, 66 und 67, Artikel 68 Absatz 1 Eingangsteil und Buchstabe a, Artikel 69 Absätze 1 und 2, Artikel 70 Absätze 2 und 3, Artikel 71, 72 und 74, Artikel 75 Absätze 1, 2 und 3, Artikel 77 bis 82, Artikel 83 Absatz 1 Buchstabe b, Artikel 83 Absatz 2 Buchstabe a zweiter Gedankenstrich, Artikel 86, Artikel 88 Absatz 1 Buchstabe b, Artikel 89 Buchstabe b, Artikel 90 bis 94, Artikel 96 bis 101, Artikel 101 Absätze 1 bis 8, Artikel 102 Absatz 2 Unterabsatz 2, Artikel 102 Absatz 5, Artikel 107 und 108, Artikel 109 Absätze 2, 3 und 4, Artikel 110 sowie Anhang I nachzukommen. Sie setzen die Kommission unverzüglich davon in Kenntnis.

Sie wenden diese Vorschriften ab dem 1. Juli 2011 an.

Wenn die Mitgliedstaaten diese Vorschriften erlassen, nehmen sie in diesen Vorschriften selbst oder durch einen Hinweis bei der amtlichen Veröffentlichung auf die vorliegende Richtlinie Bezug. In diese Vorschriften fügen sie die Erklärung ein, dass Verweisungen in den geltenden Rechts- und Verwaltungsvorschriften auf die Richtlinie 85/611/EWG als Verweisungen auf die vorliegende Richtlinie gelten. Die Mitgliedstaaten regeln die Einzelheiten dieser Bezugnahme und die Formulierung dieser Erklärung.

(2) Die Mitgliedstaaten teilen der Kommission den Wortlaut der wichtigsten innerstaat-

lichen Rechtsvorschriften mit, die sie auf dem unter diese Richtlinie fallenden Gebiet erlassen.

Artikel 117

Die Richtlinie 85/611/EWG, in der Fassung der in Anhang III Teil A aufgeführten Richtlinien, wird unbeschadet der Verpflichtungen der Mitgliedstaaten hinsichtlich der in Anhang III Teil B genannten Fristen für die Umsetzung der dort genannten Richtlinien in innerstaatliches Recht und für die Anwendung dieser Richtlinien mit Wirkung vom 1. Juli 2011 aufgehoben.

Verweisungen auf die aufgehobenen Richtlinien gelten als Verweisungen auf die vorliegende Richtlinie und sind nach Maßgabe der Entsprechungstabelle in Anhang IV zu lesen.

Verweisungen auf den vereinfachten Prospekt gelten als Verweisungen auf die in Artikel 78 genannten wesentlichen Informationen für den Anleger.

Artikel 118

(1) Diese Richtlinie tritt am zwanzigsten Tag nach ihrer Veröffentlichung im Amtsblatt der Europäischen Union in Kraft.

Artikel 1 Absatz 1, Artikel 1 Absatz 2 Unterabsatz 1, Artikel 1 Absatz 3 Buchstabe a, Artikel 1 Absätze 4 bis 7, Artikel 2 Absatz 1 Buchstaben a bis d, f bis l, n und o, Artikel 2 Absätze 2, 3 und 4, Artikel 2 Absätze 6 und 7, Artikel 3, Artikel 5 Absatz 5, Artikel 6 Absätze 2, 3 und 4, Artikel 7 bis 11, Artikel 12 Absatz 2, Artikel 13 Absatz 1 Buchstaben b bis h, Artikel 13 Absatz 2, Artikel 14 Absatz 1, Artikel 16 Absatz 2, Artikel 17 Absatz 2 Buchstaben a, c und d, Artikel 17 Absatz 3 Unterabsatz 2, Artikel 17 Absatz 8, Artikel 17 Absatz 9 Unterabsatz 1, Artikel 18 Absatz 1 mit Ausnahme des Eingangsteils und Buchstabe a, Artikel 18 Absatz 2 Unterabsätze 1 und 2, Artikel 21 Absätze 1 und 7, Artikel 22 Absatz 2, Artikel 22 Absatz 3 Buchstaben b und c, Artikel 23 Absatz 3, Artikel 24, Artikel 25 und 26, Artikel 27 Absätze 1 und 2, Artikel 28, Artikel 29 Absätze 1, 3 und 4, Artikel 30, 31 und 32, Artikel 33 Absätze 1 und 3, Artikel 34, 35 und 36, Artikel 50 Absatz 1 Buchstaben a bis h, Artikel 50 Absatz 2, Artikel 51 Absatz 1 Unterabsätze 1 und 2, Artikel 51 Absätze 2 und 3, Artikel 52 und 53, Artikel 54 Absätze 1 und 2, Artikel 55, Artikel 56 Absatz 2 Unterabsatz 1, Artikel 56 Absatz 2 Unterabsatz 2, Artikel 56 Absatz 3, Artikel 57, Artikel 68 Absatz 2, Artikel 69 Absätze 3 und 4, Artikel 70 Absätze 1 und 4, Artikel 73 und 76, Artikel 83 Absatz 1 mit Ausnahme von Buchstabe b, Artikel 83 Absatz 2 Buchstabe a mit Ausnahme des zweiten Gedankenstrichs, Artikel 84, 85 und 87, Artikel 88 Absatz 1 mit Ausnahme von Buchstabe b, Artikel 88 Absatz 2, Artikel 89 mit Ausnahme von Buchstabe b, Artikel 102 Absatz 1, Artikel 102 Absatz 2 Unterabsatz 1, Artikel 102 Absätze 3 und 4, Artikel 103 bis 106, Artikel 109 Absatz 1, Artikel 111, 112, 113 und 117 sowie die Anhänge II, III und IV gelten ab dem 1. Juli 2011.

(2) Die Mitgliedstaaten stellen sicher, dass OGAW den gemäß der Richtlinie 85/611/EWG erstellten vereinfachten Prospekt so bald wie möglich, spätestens jedoch 12 Monate nach der in Artikel 78 Absatz 7 genannten Frist für die Umsetzung sämtlicher Durchführungsmaßnahmen in nationales Recht, durch die gemäß Artikel 78 erstellten wesentlichen Informationen für den Anleger ersetzen. Während dieses Zeitraums akzeptieren die zuständigen Behörden des Aufnahmemitgliedstaats eines OGAW für auf dem Hoheitsgebiet der betreffenden Mitgliedstaaten vertriebene OGAW weiterhin den vereinfachten Prospekt.

Artikel 119

Diese Richtlinie ist an die Mitgliedstaaten gerichtet.

Geschehen zu Brüssel am 13. Juli 2009.

Im Namen des Europäischen Parlaments	Im Namen des Rates
Der Präsident	Der Präsident
H.-G. Pöttering	E. Erlandsson

ANHANG I

SCHEMA A

1. Informationen über den Investmentfonds	1. Informationen über die Verwaltungsgesellschaft mit einem Hinweis darauf, ob die Verwaltungsgesellschaft in einem anderen Mitgliedstaat niedergelassen ist als im Herkunftsmitgliedstaat des OGAW	1. Informationen über die Investmentgesellschaft
1.1. Bezeichnung	1.1. Bezeichnung oder Firma, Rechtsform, Gesellschaftssitz und Ort der Hauptverwaltung, wenn dieser nicht mit dem Gesellschaftssitz zusammenfällt	1.1. Bezeichnung oder Firma, Rechtsform, Gesellschaftssitz und Ort der Hauptverwaltung, wenn dieser nicht mit dem Gesellschaftssitz zusammenfällt
1.2. Zeitpunkt der Gründung des Investmentfonds. Angabe der Dauer, falls diese begrenzt ist	1.2. Zeitpunkt der Gründung der Gesellschaft. Angabe der Dauer, falls diese begrenzt ist	1.2. Zeitpunkt der Gründung der Gesellschaft. Angabe der Dauer, falls diese begrenzt ist
	1.3. Falls die Gesellschaft weitere Investmentfonds verwaltet, Angabe dieser weiteren Investmentfonds	1.3. Im Falle von Investmentgesellschaften mit unterschiedlichen Teilfonds, Angabe dieser Teilfonds
1.4. Angabe der Stelle, bei der die Vertragsbedingungen, wenn auf deren Beifügung verzichtet wird, sowie die periodischen Berichte erhältlich sind		1.4. Angabe der Stelle, bei der die Satzung, wenn auf deren Beifügung verzichtet wird, sowie die periodischen Berichte erhältlich sind
1.5. Kurzangaben über die auf den Investmentfonds anwendbaren Steuervorschriften, wenn sie für den Anteilinhaber von Bedeutung sind. Angabe, ob auf die von den Anteilinhabern vom Investmentfonds bezogenen Einkünfte und Kapitalerträge Quellenabzüge erhoben werden		1.5. Kurzangaben über die auf die Gesellschaft anwendbaren Steuervorschriften, wenn sie für den Anteilinhaber von Bedeutung sind. Angabe, ob auf die von den Anteilinhabern von der Gesellschaft bezogenen Einkünfte und Kapitalerträge Quellenabzüge erhoben werden
1.6. Stichtag für den Jahresabschluss und Häufigkeit der Ausschüttung		1.6. Stichtag für den Jahresabschluss und Häufigkeit der Dividendenausschüttung

1.7. Name der Personen, die mit der Prüfung der in Artikel 73 vorgesehenen Zahlenangaben beauftragt sind		1.7. Name der Personen, die mit der Prüfung der in Artikel 73 vorgesehenen Zahlenangaben beauftragt sind
	1.8. Name und Funktion der Mitglieder der Verwaltungs-, Leitungs- und Aufsichtsorgane. Angabe der Hauptfunktionen, die diese Personen außerhalb der Gesellschaft ausüben, wenn sie für diese von Bedeutung sind	1.8. Name und Funktion der Mitglieder der Verwaltungs-, Leitungs- und Aufsichtsorgane. Angabe der Hauptfunktionen, die diese Personen außerhalb der Gesellschaft ausüben, wenn sie für diese von Bedeutung sind
	1.9. Kapital: Höhe des gezeichneten Kapitals mit Angabe des eingezahlten Kapitals	1.9. Kapital
1.10. Angabe der Art und der Hauptmerkmale der Anteile, insbesondere: – Art des Rechts (dingliches, Forderungs- oder anderes Recht), das der Anteil repräsentiert – Original-Urkunden oder Zertifikate über diese Urkunden, Eintragung in einem Register oder auf einem Konto – Merkmale der Anteile: Namens- oder Inhaberpapiere, gegebenenfalls Angabe der Stückelung – Beschreibung des Stimmrechts der Anteilinhaber, falls dieses besteht – Voraussetzungen, unter denen die Auflösung des Investmentfonds beschlossen werden kann, und Einzelheiten der Auflösung, insbesondere in Bezug auf die Rechte der Anteilinhaber		1.10. Angabe der Art und der Hauptmerkmale der Anteile, insbesondere: – Original-Urkunden oder Zertifikate über diese Urkunden, Eintragung in einem Register oder auf einem Konto – Merkmale der Anteile: Namens- oder Inhaberpapiere, gegebenenfalls Angabe der Stückelung – Beschreibung des Stimmrechts der Anteilinhaber – Voraussetzungen, unter denen die Auflösung der Investmentgesellschaft beschlossen werden kann, und Einzelheiten der Auflösung, insbesondere in Bezug auf die Rechte der Anteilinhaber

1.11. Gegebenenfalls Angabe der Börsen oder Märkte, an denen die Anteile notiert oder gehandelt werden		1.11. Gegebenenfalls Angabe der Börsen oder Märkte, an denen die Anteile notiert oder gehandelt werden
1.12. Modalitäten und Bedingungen für die Ausgabe und/oder den Verkauf der Anteile		1.12. Modalitäten und Bedingungen für die Ausgabe und/oder den Verkauf der Anteile
1.13. Modalitäten und Bedingungen der Rücknahme oder Auszahlung der Anteile und Voraussetzungen, unter denen diese ausgesetzt werden kann		1.13. Modalitäten und Bedingungen der Rücknahme oder Auszahlung der Anteile und Voraussetzungen, unter denen diese ausgesetzt werden kann. Im Falle von Investmentgesellschaften mit unterschiedlichen Teilfonds, Angabe der Art und Weise, wie ein Anteilinhaber von einem Teilfonds in den anderen wechseln kann, und welche Kosten damit verbunden sind
1.14. Beschreibung der Regeln für die Ermittlung und Verwendung der Erträge		1.14. Beschreibung der Regeln für die Ermittlung und Verwendung der Erträge
1.15. Beschreibung der Anlageziele des Investmentfonds, einschließlich der finanziellen Ziele (z. B. Kapital- oder Ertragssteigerung), der Anlagepolitik (z. B. Spezialisierung auf geografische Gebiete oder Wirtschaftsbereiche), etwaiger Beschränkungen bei dieser Anlagepolitik sowie der Angabe etwaiger Techniken und Instrumente oder Befugnisse zur Kreditaufnahme, von denen bei der Verwaltung des Investmentfonds Gebrauch gemacht werden kann		1.15. Beschreibung der Anlageziele der Gesellschaft, einschließlich der finanziellen Ziele (z. B. Kapital- oder Ertragssteigerung), der Anlagepolitik (z. B. Spezialisierung auf geografische Gebiete oder Wirtschaftsbereiche), etwaiger Beschränkungen bei dieser Anlagepolitik sowie der Angabe etwaiger Techniken und Instrumente oder Befugnisse zur Kreditaufnahme, von denen bei der Verwaltung der Gesellschaft Gebrauch gemacht werden kann
1.16. Regeln für die Vermögensbewertung		1.16. Regeln für die Vermögensbewertung

1.17. Ermittlung der Verkaufs- oder Ausgabe- und der Auszahlungs- oder Rücknahmepreise der Anteile, insbesondere: – Methode und Häufigkeit der Berechnung dieser Preise – Angaben der mit dem Verkauf, der Ausgabe, der Rücknahme oder Auszahlung der Anteile verbundenen Kosten – Angabe von Art, Ort und Häufigkeit der Veröffentlichung dieser Preise		1.17. Ermittlung der Verkaufs- oder Ausgabe- und der Auszahlungs- oder Rücknahmepreise der Anteile, insbesondere: – Methode und Häufigkeit der Berechnung dieser Preise – Angaben der mit dem Verkauf, der Ausgabe, der Rücknahme oder Auszahlung der Anteile verbundenen Kosten – Angabe von Art, Ort und Häufigkeit der Veröffentlichung dieser Preise (1)
1.18. Angaben über die Methode, die Höhe und die Berechnung der zu Lasten des Investmentfonds gehenden Vergütungen für die Verwaltungsgesellschaft, die Verwahrstelle oder Dritte und der Unkostenerstattungen an die Verwaltungsgesellschaft, die Verwahrstelle oder Dritte durch den Investmentfonds		1.18. Angaben über die Methode, die Höhe und die Berechnung der Vergütungen, die von der Gesellschaft zu zahlen sind an ihre Geschäftsleiter und Mitglieder der Verwaltungs-, Leitungs- und Aufsichtsorgane, an die Verwahrstelle oder an Dritte, und der Unkostenerstattungen an die Geschäftsleiter der Gesellschaft, an die Verwahrstelle oder an Dritte durch die Gesellschaft

(1) Die in Artikel 32 Absatz 5 dieser Richtlinie bezeichneten Investmentgesellschaften geben außerdem an:
- Methode und Häufigkeit der Ermittlung des Nettoinventarwerts der Anteile;
- Art, Ort und Häufigkeit der Veröffentlichung dieses Wertes;
- Börse im Vertriebsland, deren Notierung den Preis der in diesem Lande außerbörslich getätigten Geschäfte bestimmt.

2. Angaben über die Verwahrstelle:
   2.1. Bezeichnung oder Firma, Rechtsform, Gesellschaftssitz und Ort der Hauptverwaltung, wenn dieser nicht mit dem Gesellschaftssitz zusammenfällt,
   2.2. Haupttätigkeit.
3. Angaben über die externen Beratungsfirmen oder Anlageberater, wenn ihre Dienste auf Vertragsbasis in Anspruch genommen und die Vergütungen hierfür dem Vermögen des OGAW entnommen werden:
   3.1. Name der Firma oder des Beraters,

3.2. Einzelheiten des Vertrags mit der Verwaltungsgesellschaft oder der Investmentgesellschaft, die für die Anteilinhaber von Interesse sind; ausgenommen sind Einzelheiten betreffend die Vergütungen,
3.3. andere Tätigkeiten von Bedeutung.

4. Angaben über die Maßnahmen, die getroffen worden sind, um die Zahlungen an die Anteilinhaber, den Rückkauf oder die Rücknahme der Anteile sowie die Verbreitung der Informationen über den OGAW vorzunehmen. Diese Angaben sind auf jeden Fall hinsichtlich des Mitgliedstaats zu machen, in dem der OGAW niedergelassen ist. Falls ferner die Anteile in einem anderen Mitgliedstaat vertrieben werden, sind die oben bezeichneten Angaben hinsichtlich dieses Mitgliedstaats zu machen und in den dort verbreiteten Prospekt aufzunehmen.
5. Weitere Anlageinformationen:
   5.1. Gegebenenfalls bisherige Ergebnisse des OGAW – diese Angaben können entweder im Prospekt enthalten oder diesem beigefügt sein,
   5.2. Profil des typischen Anlegers, für den der OGAW konzipiert ist.
6. Wirtschaftliche Informationen:
   6.1. Etwaige Kosten oder Gebühren mit Ausnahme der unter Nummer 1.17 genannten Kosten, aufgeschlüsselt nach denjenigen, die vom Anteilinhaber zu entrichten sind, und denjenigen, die aus dem Sondervermögen des OGAW zu zahlen sind.

SCHEMA B

Informationen, die in den periodischen Berichten enthalten sein müssen

I. *Vermögensstand*
   - Wertpapiere,
   - Bankguthaben,
   - sonstige Vermögen,
   - Vermögen insgesamt,
   - Verbindlichkeiten,
   - Nettobestandswert.

II. *Anzahl der umlaufenden Anteile*

III. *Nettobestandswert je Anteil*

IV. *Wertpapierbestand, wobei zu unterscheiden ist zwischen*
   a) Wertpapieren, die zur amtlichen Notierung an einer Wertpapierbörse zugelassen sind;
   b) Wertpapieren, die auf einem anderen geregelten Markt gehandelt werden;
   c) in Artikel 50 Absatz 1 Buchstabe d bezeichneten neu emittierten Wertpapieren;
   d) den sonstigen in Artikel 50 Absatz 2 Buchstabe a bezeichneten Wertpapieren,

   wobei eine Gliederung nach den geeignetsten Kriterien unter Berücksichtigung der Anlagepolitik des OGAW (zum Beispiel nach wirtschaftlichen oder geografischen Kriterien, nach Devisen usw.) nach prozentualen Anteilen am Reinvermögen vorzunehmen ist; für jedes vorstehend bezeichnete Wertpapier Angabe seines Anteils am Gesamtvermögen des OGAW.

   Angabe der Veränderungen in der Zusammensetzung des Wertpapierbestandes während des Berichtszeitraums.

V. *Angaben über die Entwicklung des Vermögens des OGAW während des Berichtszeitraums, die Folgendes umfassen:*
   - Erträge aus Anlagen;

- sonstige Erträge;
- Aufwendungen für die Verwaltung;
- Aufwendungen für die Verwahrstelle;
- sonstige Aufwendungen und Gebühren;
- Nettoertrag;
- Ausschüttungen und wiederangelegte Erträge;
- Erhöhung oder Verminderung der Kapitalrechnung;
- Mehr- oder Minderwert der Anlagen;
- etwaige sonstige Änderungen, welche das Vermögen und die Verbindlichkeiten des OGAW berühren;
- Transaktionskosten (Kosten, die dem OGAW bei Geschäften mit seinem Portfolio entstehen).

VI. *Vergleichende Übersicht über die letzten drei Geschäftsjahre, wobei zum Ende jeden Geschäftsjahres Folgendes anzugeben ist:*
- gesamter Nettobestandswert;
- Nettobestandswert je Anteil.

VII. *Angabe des Betrags der bestehenden Verbindlichkeiten aus vom OGAW im Berichtszeitraum getätigten Geschäften im Sinne von Artikel 51, wobei nach Kategorien zu differenzieren ist.*

ANHANG II

Aufgaben, die in die gemeinsame Portfolioverwaltung einbezogen sind

- Anlageverwaltung.
- Administrative Tätigkeiten:
  a) gesetzlich vorgeschriebene und im Rahmen der Fondsverwaltung vorgeschriebene Rechnungslegungsdienstleistungen;
  b) Kundenanfragen;
  c) Bewertung und Preisfestsetzung (einschließlich Steuererklärungen);
  d) Überwachung der Einhaltung der Rechtsvorschriften;
  e) Führung des Anlegerregisters;
  f) Gewinnausschüttung;
  g) Ausgabe und Rücknahme von Anteilen;
  h) Kontraktabrechnungen (einschließlich Versand der Zertifikate);
  i) Führung von Aufzeichnungen.
- Vertrieb.

ANHANG III

TEIL A

Aufgehobene Richtlinie mit ihren nachfolgenden Änderungen (gemäß Artikel 117)

Richtlinie 85/611/EWG des Rates (ABl. L 375 vom 31.12.1985, S. 3)	
Richtlinie 88/220/EWG des Rates (ABl. L 100 vom 19.4.1988, S. 31)	
Richtlinie 95/26/EG des Europäischen Parlaments und des Rates (ABl. L 168 vom 18.7.1995, S. 7)	Nur Artikel 1 vierter Gedankenstrich, Artikel 4 Absatz 7 und Artikel 5 fünfter Gedankenstrich
Richtlinie 2000/64/EG des Europäischen Parlaments und des Rates (ABl. L 290 vom 17.11.2000, S. 27)	Nur Artikel 1
Richtlinie 2001/107/EG des Europäischen Parlaments und des Rates (ABl. L 41 vom 13.2.2002, S. 20)	
Richtlinie 2001/108/EG des Europäischen Parlaments und des Rates (ABl. L 41 vom 13.2.2002, S. 35)	
Richtlinie 2004/39/EG des Europäischen Parlaments und des Rates (ABl. L 145 vom 30.4.2004, S. 1)	Nur Artikel 66
Richtlinie 2005/1/EG des Europäischen Parlaments und des Rates (ABl. L 79 vom 24.3.2005, S. 9)	Nur Artikel 9
Richtlinie 2008/18/EG des Europäischen Parlaments und des Rates (ABl. L 76 vom 19.3.2008, S. 42)	

TEIL B

Fristen für die Umsetzung in innerstaatliches Recht und für die Anwendung (gemäß Artikel 117)

Richtlinie	Frist für die Umsetzung	Datum der Anwendung
85/611/EWG	1. Oktober 1989	–
88/220/EWG	1. Oktober 1989	–
95/26/EG	18. Juli 1996	–
2000/64/EG	17. November 2002	–
2001/107/EG	13. August 2003	13. Februar 2004
2001/108/EG	13. August 2003	13. Februar 2004
2004/39/EG	–	30. April 2006
2005/1/EG	13. Mai 2005	–

ANHANG IV

Entsprechungstabelle

Richtlinie 85/611/EWG	Vorliegende Richtlinie
Artikel 1 Absatz 1	Artikel 1 Absatz 1
Artikel 1 Absatz 2 Einleitungssatz	Artikel 1 Absatz 2 Einleitungssatz
Artikel 1 Absatz 2 erster und zweiter Gedankenstrich	Artikel 1 Absatz 2 Buchstaben a und b
–	Artikel 1 Absatz 2 Unterabsatz 2
Artikel 1 Absatz 3 Unterabsatz 1	Artikel 1 Absatz 3 Unterabsatz 1
Artikel 1 Absatz 3 Unterabsatz 2	Artikel 1 Absatz 3 Unterabsatz 2 Buchstabe a
–	Artikel 1 Absatz 3 Unterabsatz 2 Buchstabe b
Artikel 1 Absätze 4 bis 7	Artikel 1 Absätze 4 bis 7
Artikel 1 Absatz 8 Einleitungssatz	Artikel 2 Absatz 1 Buchstabe n Einleitungssatz
Artikel 1 Absatz 8 erster, zweiter und dritter Gedankenstrich	Artikel 2 Absatz 1 Buchstabe n, Ziffern i, ii und iii
Artikel 1 Absatz 8 letzter Satz	Artikel 2 Absatz 7
Artikel 1 Absatz 9	Artikel 2 Absatz 1 Buchstabe o
Artikel 1a Einleitungssatz	Artikel 2 Absatz 1 Einleitungssatz
Artikel 1a Nummer 1	Artikel 2 Absatz 1 Buchstabe a
Artikel 1a Nummer 2 erster Satzteil	Artikel 2 Absatz 1 Buchstabe b
Artikel 1a Nummer 2 zweiter Satzteil	Artikel 2 Absatz 2
Artikel 1a Nummern 3 bis 5	Artikel 2 Absatz 1 Buchstaben c bis e
Artikel 1a Nummer 6	Artikel 2 Absatz 1 Buchstabe f
Artikel 1a Nummer 7 erster Satzteil	Artikel 2 Absatz 1 Buchstabe g
Artikel 1a Nummer 7 zweiter Satzteil	Artikel 2 Absatz 3
Artikel 1a Nummern 8 bis 9	Artikel 2 Absatz 1 Buchstabe h bis i
Artikel 1a Nummer 10 Unterabsatz 1	Artikel 2 Absatz 1 Buchstabe j
Artikel 1a Nummer 10 Unterabsatz 2	Artikel 2 Absatz 5
Artikel 1a Nummer 11	–
Artikel 1a Nummern 12 und 13 Satz 1	Artikel 2 Absatz 1 Buchstabe i Ziffer ii
Artikel 1a Nummer 13 Satz 2	Artikel 2 Absatz 4 Buchstabe a
Artikel 1a Nummern 14 und 15, Satz 1	Artikel 2 Absatz 1 Buchstaben k und l
Artikel 1a Nummer 15, Satz 2	Artikel 2 Absatz 6
–	Artikel 2 Absatz 1 Buchstabe m
Artikel 2 Absatz 1 Einleitungssatz	Artikel 3, Einleitungssatz

Richtlinie 85/611/EWG	Vorliegende Richtlinie
Artikel 2 Absatz 1 erster bis vierter Gedankenstrich	Artikel 3 Buchstaben a, b, c und d
Artikel 2 Absatz 2	–
Artikel 3	Artikel 4
Artikel 4 Absätze 1 bis 2	Artikel 5 Absätze 1 bis 2
–	Artikel 5 Absatz 3
Artikel 4 Absatz 3 Unterabsatz 1	Artikel 5 Absatz 4 Unterabsatz 1 Buchstaben a und b
–	Artikel 5 Absatz 4 Unterabsatz 2
Artikel 4 Absatz 3 Unterabsatz 2	Artikel 5 Absatz 4 Unterabsatz 3
Artikel 4 Absatz 3 Unterabsatz 3	Artikel 5 Absatz 4 Unterabsatz 4
Artikel 4 Absatz 3a	Artikel 5 Absatz 5
Artikel 4 Absatz 4	Artikel 5 Absatz 6
–	Artikel 5 Absatz 7
Artikel 5 Absätze 1 und 2	Artikel 6 Absätze 1 und 2
Artikel 5 Absatz 3 Unterabsatz 1 Einleitungssatz	Artikel 6 Absatz 3 Unterabsatz 1 Einleitungssatz
Artikel 5 Absatz 3 Unterabsatz 1 Buchstabe a	Artikel 6 Absatz 3 Unterabsatz 1 Buchstabe a
Artikel 5 Absatz 3 Unterabsatz 1 Buchstabe b Einleitungssatz	Artikel 6 Absatz 3 Unterabsatz 1 Buchstabe b Einleitungssatz
Artikel 5 Absatz 3 Unterabsatz 1 Buchstabe b erster und zweiter Gedankenstrich	Artikel 6 Absatz 3 Unterabsatz 1 Buchstabe b Ziffern i und ii
Artikel 5 Absatz 3 Unterabsatz 2	Artikel 6 Absatz 3 Unterabsatz 2
Artikel 5 Absatz 4	Artikel 6 Absatz 4
Artikel 5a Absatz 1 Einleitungssatz	Artikel 7 Absatz 1 Einleitungssatz
Artikel 5a Absatz 1 Buchstabe a Einleitungssatz	Artikel 7 Absatz 1 Buchstabe a, Einleitungssatz
Artikel 5a Absatz 1 Buchstabe a erster Gedankenstrich	Artikel 7 Absatz 1 Buchstabe a Ziffer i
Artikel 5a Absatz 1 Buchstabe a zweiter Gedankenstrich Einleitungssatz	Artikel 7 Absatz 1 Buchstabe a Ziffer ii Einleitungssatz
Artikel 5a Absatz 1 Buchstabe a zweiter Gedankenstrich Ziffern i, ii und iii	Artikel 7 Absatz 1 Buchstabe a Ziffer ii erster, zweiter und dritter Gedankenstrich
Artikel 5a Absatz 1 Buchstabe a dritter und vierter Gedankenstrich	Artikel 7 Absatz 1 Buchstabe a Ziffer iii
Artikel 5a Absatz 1 Buchstabe a fünfter Gedankenstrich	–
Artikel 5a Absatz 1 Buchstaben b bis d	Artikel 7 Absatz 1 Buchstaben b bis d

Richtlinie 85/611/EWG	Vorliegende Richtlinie
Artikel 5a Absätze 2 bis 5	Artikel 7 Absätze 2 bis 5
Artikel 5b	Artikel 8
Artikel 5c	Artikel 9
Artikel 5d	Artikel 10
Artikel 5e	Artikel 11
Artikel 5f Absatz 1 Unterabsatz 1	Artikel 12 Absatz 1 Unterabsatz 1
Artikel 5f Absatz 1 Unterabsatz 2 Buchstabe a	Artikel 12 Absatz 1 Unterabsatz 2 Buchstabe a
Artikel 5f Absatz 1 Unterabsatz 2 Buchstabe b Satz 1	Artikel 12 Absatz 1 Unterabsatz 2 Buchstabe b
Artikel 5f Absatz 1 Unterabsatz 2 Buchstabe b letzter Satz	–
Artikel 5f Absatz 2 Einleitungssatz	Artikel 12 Absatz 2 Einleitungssatz
Artikel 5f Absatz 2 erster und zweiter Gedankenstrich	Artikel 12 Absatz 2 Buchstaben a und b
–	Artikel 12 Absatz 3
Artikel 5g	Artikel 13
Artikel 5h	Artikel 14 Absatz 1
–	Artikel 14 Absatz 2
–	Artikel 15
Artikel 6 Absatz 1	Artikel 16 Absatz 1 Unterabsatz 1
–	Artikel 16 Absatz 1 Unterabsatz 2
Artikel 6 Absatz 2	Artikel 16 Absatz 2
–	Artikel 16 Absatz 3
Artikel 6a Absatz 1	Artikel 17 Absatz 1
Artikel 6a Absatz 2	Artikel 17 Absatz 2
Artikel 6a Absatz 3	Artikel 17 Absatz 3 Unterabsätze 1 und 2
–	Artikel 17 Absatz 3 Unterabsatz 3
–	Artikel 17 Absätze 4 bis 5
Artikel 6a Absätze 4 bis 6	Artikel 17 Absätze 6 bis 8
Artikel 6a Absatz 7	Artikel 17 Absatz 9 Unterabsatz 1
–	Artikel 17 Absatz 9 Unterabsatz 2
Artikel 6b Absatz 1	Artikel 18 Absatz 1
Artikel 6b Absatz 2	Artikel 18 Absatz 2 Unterabsätze 1 und 2
–	Artikel 18 Absatz 2 Unterabsatz 3
Artikel 6b Absatz 3 Unterabsatz 1	Artikel 18 Absatz 2 Unterabsatz 4
Artikel 6b Absatz 3 Unterabsatz 2	–
–	Artikel 18 Absatz 3

Richtlinie 85/611/EWG	Vorliegende Richtlinie
Artikel 6b Absatz 4	Artikel 18 Absatz 4
Artikel 6b Absatz 5	–
–	Artikel 19 bis 20
Artikel 6c Absatz 1	Artikel 21 Absatz 1
Artikel 6c Absatz 2 Unterabsatz 1	–
Artikel 6c Absatz 2 Unterabsatz 2	Artikel 21 Absatz 2 Unterabsätze 1 und 2
–	Artikel 21 Absatz 2 Unterabsatz 3
Artikel 6c Absätze 3 bis 5	Artikel 21 Absätze 3 bis 5
Artikel 6c Absatz 6	–
Artikel 6c Absätze 7 bis 10	Artikel 21 Absätze 6 bis 9
Artikel 7	Artikel 22
Artikel 8	Artikel 23 Absätze 1 bis 3
–	Artikel 23 Absätze 4 bis 6
Artikel 9	Artikel 24
Artikel 10	Artikel 25
Artikel 11	Artikel 26
Artikel 12	Artikel 27 Unterabsätze 1 und 2
–	Artikel 27 Unterabsatz 3
Artikel 13	Artikel 28
Artikel 13a Absatz 1 Unterabsatz 1	Artikel 29 Absatz 1 Unterabsatz 1
Artikel 13a Absatz 1 Unterabsatz 2, Einleitungssatz	Artikel 29 Absatz 1 Unterabsatz 2, Einleitungssatz
Artikel 13a Absatz 1 Unterabsatz 2 erster, zweiter und dritter Gedankenstrich	Artikel 29 Absatz 1 Unterabsatz 2, Buchstaben a, b und c
Artikel 13a Absatz 1 Unterabsätze 3 und 4	Artikel 29 Absatz 1 Unterabsätze 3 und 4
Artikel 13a Absatz 2, 3 und 4	Artikel 29 Absatz 2, 3 und 4
Artikel 13b	Artikel 30
Artikel 13c	Artikel 31
Artikel 14	Artikel 32
Artikel 15	Artikel 33 Absätze 1 bis 3
–	Artikel 33 Absätze 4 bis 6
Artikel 16	Artikel 34
Artikel 17	Artikel 35
Artikel 18	Artikel 36
–	Artikel 37 bis 49
Artikel 19 Absatz 1 Einleitungssatz	Artikel 50 Absatz 1 Einleitungssatz
Artikel 19 Absatz 1 Buchstaben a bis c	Artikel 50 Absatz 1 Buchstaben a bis c

Richtlinie 85/611/EWG	Vorliegende Richtlinie
Artikel 19 Absatz 1 Buchstabe d, Einleitungsteil	Artikel 50 Absatz 1 Buchstabe d Einleitungsteil
Artikel 19 Absatz 1 Buchstabe d erster und zweiter Gedankenstrich	Artikel 50 Absatz 1 Buchstabe d Ziffern i und ii
Artikel 19 Absatz 1 Buchstabe e Einleitungssatz	Artikel 50 Absatz 1 Buchstabe e Einleitungssatz
Artikel 19 Absatz 1 Buchstabe e erster bis vierter Gedankenstrich	Artikel 50 Absatz 1 Buchstabe e Ziffern i, ii, iii und iv
Artikel 19 Absatz 1 Buchstabe f	Artikel 50 Absatz 1 Buchstabe f
Artikel 19 Absatz 1 Buchstabe g Einleitungssatz	Artikel 50 Absatz 1 Buchstabe g Einleitungssatz
Artikel 19 Absatz 1 Buchstabe g erster, zweiter und dritter Gedankenstrich	Artikel 50 Absatz 1 Buchstabe g Ziffern i, ii und iii
Artikel 19 Absatz 1 Buchstabe h Einleitungssatz	Artikel 50 Absatz 1 Buchstabe h Einleitungssatz
Artikel 19 Absatz 1 Buchstabe h erster, zweiter, dritter und vierter Gedankenstrich	Artikel 50 Absatz 1 Buchstabe h Ziffern i, ii, iii und iv
Artikel 19 Absatz 2 Einleitung	Artikel 50 Absatz 2 Einleitung
Artikel 19 Absatz 2 Buchstabe a	Artikel 50 Absatz 2 Buchstabe a
Artikel 19 Absatz 2 Buchstabe c	Artikel 50 Absatz 2 Buchstabe b
Artikel 19 Absatz 2 Buchstabe d	Artikel 50 Absatz 2 Unterabsatz 2
Artikel 19 Absatz 4	Artikel 50 Absatz 3
Artikel 21 Absätze 1 bis 3	Artikel 51 Absätze 1 bis 3
Artikel 21 Absatz 4	–
–	Artikel 51 Absatz 4
Artikel 22 Absatz 1 Unterabsatz 1	Artikel 52 Absatz 1 Unterabsatz 1
Artikel 22 Absatz 1 Unterabsatz 2 Einleitungssatz	Artikel 52 Absatz 1 Unterabsatz 2 Einleitungssatz
Artikel 22 Absatz 1 Unterabsatz 2 erster und zweiter Gedankenstrich	Artikel 52 Absatz 1 Unterabsatz 2 Buchstaben a und b
Artikel 22 Absatz 2 Unterabsatz 1	Artikel 52 Absatz 2 Unterabsatz 1
Artikel 22 Absatz 2 Unterabsatz 2 Einleitungssatz	Artikel 52 Absatz 2 Unterabsatz 2 Einleitungssatz
Artikel 22 Absatz 2 Unterabsatz 2 erster bis dritter Gedankenstrich	Artikel 52 Absatz 2 Unterabsatz 2, Buchstaben a, b und c
Artikel 22 Absätze 3 bis 5	Artikel 52 Absätze 3 bis 5
Artikel 22a Absatz 1 Einleitungssatz	Artikel 53 Absatz 1 Einleitungssatz
Artikel 22a Absatz 1 erster, zweiter und dritter Gedankenstrich	Artikel 53 Absatz 1 Buchstaben a, b und c

Richtlinie 85/611/EWG	Vorliegende Richtlinie
Artikel 22a Absatz 2	Artikel 53 Absatz 2
Artikel 23	Artikel 54
Artikel 24	Artikel 55
Artikel 24a	Artikel 70
Artikel 25 Absatz 1	Artikel 56 Absatz 1
Artikel 25 Absatz 2 Unterabsatz 1 Einleitungssatz	Artikel 56 Absatz 2 Unterabsatz 1 Einleitungssatz
Artikel 25 Absatz 2 Unterabsatz 1 erster bis vierter Gedankenstrich	Artikel 56 Absatz 2 Unterabsatz 1 Buchstaben a, b, c und d
Artikel 25 Absatz 2 Unterabsatz 2	Artikel 56 Absatz 2 Unterabsatz 2
Artikel 25 Absatz 3	Artikel 56 Absatz 3
Artikel 26	Artikel 57
–	Artikel 58 bis 67
Artikel 27 Absatz 1 Einleitungssatz	Artikel 68 Absatz 1 Einleitungssatz
Artikel 27 Absatz 1 erster Gedankenstrich	–
Artikel 27 Absatz 1 zweiter, dritter und vierter Gedankenstrich	Artikel 68 Absatz 1 Buchstaben a, b, c
Artikel 27 Absatz 2 Einleitungssatz	Artikel 68 Absatz 2 Einleitungssatz
Artikel 27 Absatz 2 erster und zweiter Gedankenstrich	Artikel 68 Absatz 2 Buchstaben a und b
Artikel 28 Absätze 1 und 2	Artikel 69 Absätze 1 und 2
Artikel 28 Absätze 3 und 4	–
Artikel 28 Absätze 5 und 6	Artikel 69 Absätze 3 und 4
Artikel 29	Artikel 71
Artikel 30	Artikel 72
Artikel 31	Artikel 73
Artikel 32	Artikel 74
Artikel 33 Absatz 1 Unterabsatz 1	–
Artikel 33 Absatz 1 Unterabsatz 2	Artikel 75 Absatz 1
Artikel 33 Absatz 2	Artikel 75 Absatz 1
Artikel 33 Absatz 3	Artikel 75 Absatz 3
–	Artikel 75 Absatz 4
Artikel 34	Artikel 76
Artikel 35	Artikel 77
–	Artikel 78 bis 82
Artikel 36 Absatz 1 Unterabsatz 1 Einleitung	Artikel 83 Absatz 1 Unterabsatz 1 Einleitung

Richtlinie 85/611/EWG	Vorliegende Richtlinie
Artikel 36 Absatz 1 Unterabsatz 1 erster und zweiter Gedankenstrich	Artikel 83 Absatz 1 Unterabsatz 1 Buchstaben a und b
Artikel 36 Absatz 1 Unterabsatz 1 Ende	Artikel 83 Absatz 1 Unterabsatz 1 Einleitung
Artikel 36 Absatz 1 Unterabsatz 2	Artikel 83 Absatz 1 Unterabsatz 2
Artikel 36 Absatz 2	Artikel 83 Absatz 2
Artikel 37	Artikel 84
Artikel 38	Artikel 85
Artikel 39	Artikel 86
Artikel 40	Artikel 87
Artikel 41 Absatz 1 Einleitungssatz	Artikel 88 Absatz 1 Einleitungssatz
Artikel 41 Absatz 1 erster und zweiter Gedankenstrich	Artikel 88 Absatz 1 Buchstaben a und b
Artikel 41 Absatz 1 letzter Satz	Artikel 88 Absatz 1 Einleitungssatz
Artikel 41 Absatz 2	Artikel 88 Absatz 2
Artikel 42, Einleitung	Artikel 89 Einleitungssatz
Artikel 42 erster und zweiter Gedankenstrich	Artikel 89 Buchstaben a und b
Artikel 42 letzter Satz	Artikel 89 Einleitungssatz
Artikel 43	Artikel 90
Artikel 44 Absätze 1 bis 3	–
–	Artikel 91 Absätze 1 bis 4
Artikel 45	Artikel 92
Artikel 46 Absatz 1 Einleitungssatz	Artikel 93 Absatz 1 Unterabsatz 1
–	Artikel 93 Absatz 1 Unterabsatz 2
Artikel 46 Absatz 1 erster Gedankenstrich	–
Artikel 46 Absatz 1 zweiter, dritter und vierter Gedankenstrich	Artikel 93 Absatz 2 Buchstabe a
Artikel 46 Absatz 1 fünfter Gedankenstrich	–
Artikel 46 Absatz 2	–
–	Artikel 93 Absatz 2 Buchstabe b
–	Artikel 93 Absätze 3 bis 8
Artikel 47	Artikel 94
–	Artikel 95
Artikel 48	Artikel 96
Artikel 49 Absätze 1 bis 3	Artikel 97 Absätze 1 bis 3
Artikel 49 Absatz 4	–
–	Artikel 98 bis 100

Richtlinie 85/611/EWG	Vorliegende Richtlinie
Artikel 50 Absatz 1	Artikel 101 Absatz 1
–	Artikel 101 Absätze 2 bis 9
Artikel 50 Absätze 2 bis 4	Artikel 102 Absätze 1 bis 3
Artikel 50 Absatz 5 Einleitungssatz	Artikel 102 Absatz 4 Einleitungssatz
Artikel 50 Absatz 5 erster, zweiter, dritter und vierter Gedankenstrich	Artikel 102 Absatz 4 Buchstaben a, b, c und d
Artikel 50 Absatz 6 Einleitungssatz und Buchstaben a und b	Artikel 102 Absatz 5 Unterabsatz 1 Einleitungssatz
Artikel 50 Absatz 6 Buchstabe b erster, zweiter und dritter Gedankenstrich	Artikel 102 Absatz 5 Unterabsatz 1 Buchstaben a, b und c
Artikel 50 Absatz 6 Buchstabe b letzter Satz	Artikel 102 Absatz 5 Unterabsätze 2 und 3
Artikel 50 Absatz 7 Unterabsatz 1 Einleitungssatz	Artikel 103 Absatz 1 Einleitungssatz
Artikel 50 Absatz 7 Unterabsatz 1 erster und zweiter Gedankenstrich	Artikel 103 Absatz 1 Buchstaben a und b
Artikel 50 Absatz 7 Unterabsatz 2 Einleitungssatz	Artikel 103 Absatz 2 Einleitungssatz
Artikel 50 Absatz 7 Unterabsatz 2 erster bis dritter Gedankenstrich	Artikel 103 Absatz 2 Buchstaben a, b und c
Artikel 50 Absatz 7 Unterabsatz 3	Artikel 103 Absatz 3
Artikel 50 Absatz 8 Unterabsatz 1	Artikel 103 Absatz 4
Artikel 50 Absatz 8 Unterabsatz 2 Einleitungssatz	Artikel 103 Absatz 5 Unterabsatz 1 Einleitungssatz
Artikel 50 Absatz 8 Unterabsatz 2 erster bis dritter Gedankenstrich	Artikel 103 Absatz 5 Unterabsatz 1 Buchstaben a, b und c
Artikel 50 Absatz 8 Unterabsatz 3	Artikel 103 Absatz 6
Artikel 50 Absatz 8 Unterabsatz 4	Artikel 103 Absatz 5 Unterabsatz 2
Artikel 50 Absatz 8 Unterabsatz 5	Artikel 103 Absatz 7
Artikel 50 Absatz 8 Unterabsatz 6	–
Artikel 50 Absätze 9 bis 11	Artikel 104 Absätze 1 bis 3
–	Artikel 105
Artikel 50a Absatz 1 Einleitungssatz	Artikel 106 Absatz 1 Unterabsatz 1 Einleitungssatz
Artikel 50a Absatz 1 Buchstabe a Einleitungssatz	Artikel 106 Absatz 1 Unterabsatz 1 Einleitungssatz
Artikel 50a Absatz 1 Buchstabe a erster, zweiter und dritter Gedankenstrich	Artikel 106 Absatz 1 Unterabsatz 1 Buchstaben a, b und c
Artikel 50a Absatz 1 Buchstabe b	Artikel 106 Absatz 1 Unterabsatz 2

Richtlinie 85/611/EWG	Vorliegende Richtlinie
Artikel 50a Absatz 2	Artikel 106 Absatz 2
Artikel 51 Absätze 1 und 2	Artikel 107 Absätze 1 und 2
–	Artikel 107 Absatz 3
Artikel 52 Absatz 1	Artikel 108 Absatz 1 Unterabsatz 1
Artikel 52 Absatz 2	Artikel 108 Absatz 1 Unterabsatz 2
Artikel 52 Absatz 3	Artikel 108 Absatz 2
–	Artikel 108 Absätze 3 bis 6
Artikel 52a	Artikel 109 Absätze 1 und 2
–	Artikel 109 Absätze 3 und 4
Artikel 52b Absatz 1	Artikel 110 Absatz 1
Artikel 52b Absatz 2	–
Artikel 52b Absatz 3	Artikel 110 Absatz 2
Artikel 53a	Artikel 111
Artikel 53b Absatz 1	Artikel 112 Absatz 1
Artikel 53b Absatz 2	Artikel 112 Absatz 2
–	Artikel 112 Absatz 3
Artikel 54	Artikel 113 Absatz 1
Artikel 55	Artikel 113 Absatz 2
Artikel 56 Absatz 1	Artikel 113 Absatz 3
Artikel 56 Absatz 2	–
Artikel 57	–
–	Artikel 114
Artikel 58	Artikel 116 Absatz 2
–	Artikel 115
–	Artikel 116 Absatz 1
–	Artikel 117 und 118
Artikel 59	Artikel 119
Anhang I Schema A und B	Anhang I Schema A und B
Anhang I Schema C	–
Anhang II	Anhang II
–	Anhang III
–	Anhang IV

2.3.2. Durchführungsrechtsakte zur OGAW-RL

Verordnung (EU) Nr. 583/2010 der Kommission vom 1. Juli 2010 zur Durchführung der Richtlinie 2009/65/EG des Europäischen Parlaments und des Rates im Hinblick auf die wesentlichen Informationen für den Anleger und die Bedingungen, die einzuhalten sind, wenn die wesentlichen Informationen für den Anleger oder der Prospekt auf einem anderen dauerhaften Datenträger als Papier oder auf einer Website zur Verfügung gestellt werden

(Text von Bedeutung für den EWR)

DIE EUROPÄISCHE KOMMISSION –

gestützt auf den Vertrag über die Arbeitsweise der Europäischen Union,

gestützt auf die Richtlinie 2009/65/EG des Europäischen Parlaments und des Rates vom 13. Juli 2009 zur Koordinierung der Rechts- und Verwaltungsvorschriften betreffend bestimmte Organismen für gemeinsame Anlagen in Wertpapieren (OGAW) ([1]), insbesondere auf Artikel 75 Absatz 4, Artikel 78 Absatz 7 und Artikel 81 Absatz 2,

in Erwägung nachstehender Gründe:

(1) In der Richtlinie 2009/65/EG werden die Hauptgrundsätze festgelegt, die bei der Zusammenstellung und Übermittlung von wesentlichen Informationen für den Anleger zu befolgen sind. Dazu gehören Anforderungen an das Format und die Aufmachung der Informationen, die Zielsetzungen und Hauptbestandteile der offenzulegenden Informationen, die Frage, wer wem die Informationen zur Verfügung stellen sollte und die bei der Übermittlung zugrunde zu legenden Methoden. Einzelheiten zu Inhalt und Format sollen später im Rahmen von Durchführungsmaßnahmen ausgearbeitet werden, die so klar abgesteckt sein sollten, dass sichergestellt wird, dass die Anleger die für die spezifischen Fondsstrukturen benötigten Informationen auch erhalten.

(2) Die Form einer Verordnung ist insofern gerechtfertigt, als nur sie gewährleisten kann, dass die wesentlichen Informationen für den Anleger in ihrem großen Umfang harmonisiert werden. Ein Dokument mit wesentlichen Informationen für den Anleger wird auch umso zweckmäßiger sein, wenn die daran gerichteten Anforderungen in allen Mitgliedstaaten identisch sind. Allen interessierten Kreisen sollte eine harmonisierte Regelung von Form und Inhalt der Informationsoffenlegung zugute kommen, so dass über die Anlagemöglichkeiten auf dem OGAW-Markt kohärent und auf vergleichbare Art und Weise informiert wird.

(3) In einigen Fällen können die wesentlichen Informationen für den Anleger wirksamer übermittelt werden, wenn dem Anleger das entsprechende Dokument auf einer Website zur Verfügung gestellt oder einem anderen Dokument bei der Übergabe an einen potenziellen Anleger als Anlage beigefügt wird. In diesen Fällen, sollten die Umstände, unter denen das Dokument mit den wesentlichen Informationen für den Anleger übermittelt wird, dessen Tragweite nicht beeinträchtigen oder vermuten lassen, dass es sich dabei um eine Werbung handelt oder dass die beigefügten Werbeunterlagen von gleicher, wenn nicht höherer Bedeutung für den Kleinanleger sind.

---

[1] ABl. L 302 vom 17.11.2009, S. 32.

(4) Es muss unbedingt sichergestellt werden, dass die Informationen zutreffend und logisch aufgebaut sind und die Sprache Kleinanlegern angemessen ist. Zu diesem Zweck sollte die Verordnung gewährleisten, dass das Dokument mit wesentlichen Informationen für den Anleger das Interesse letzterer auch wecken kann und aufgrund seines Formats, seiner Aufmachung und der Qualität sowie der Wesensart der verwendeten Sprache Vergleiche zulässt. Diese Verordnung zielt zudem auf die Gewährleistung der Kohärenz des Formats des besagten Dokuments und insbesondere der Aufmachung identischer Rubriken ab.

(5) Diese Verordnung legt den Inhalt der Informationen über die Anlageziele und die OGAW-Anlagepolitik fest, so dass die Anleger leicht erkennen können, ob ein Fonds ihren Interessen entspricht oder nicht. Deshalb sollte angegeben werden, ob Renditen in Form von Kapitalzuwachs, Zahlung von Erträgen oder einer Kombination beider Faktoren zu erwarten sind. Die Beschreibung der Anlagepolitik sollte dem Anleger verdeutlichen, welche allgemeinen Ziele der OGAW verfolgt und wie sie erreicht werden sollen. Was die Finanzinstrumente betrifft, in die investiert werden soll, so sind nur jene zu nennen, die sich auf die Wertentwicklung des OGAW wesentlich auswirken, nicht aber alle möglichen in Frage kommenden Instrumente.

(6) In dieser Verordnung werden die Vorschriften für die Erläuterung des Risiko- und Ertragsprofils der Anlage im Einzelnen beschrieben. Dazu wird die Verwendung eines synthetischen Indikators zwingend festgelegt, so wie auch der Inhalt der erläuternden Beschreibung des Indikators selbst und der Risiken zu spezifizieren ist, die vom Indikator nicht erfasst werden, sich aber auf das Risiko- und Ertragsprofil des OGAW erheblich auswirken können. Bei der Anwendung der Vorschriften für den synthetischen Indikator sollte die für diesen Indikator von den im Ausschuss der europäischen Wertpapierregulierungsbehörden tätigen zuständigen Behörden entwickelte Berechnungsmethode berücksichtigt werden. Die Verwaltungsgesellschaft sollte auf Einzelfallbasis entscheiden, welche spezifischen Risiken offenzulegen sind, indem sie die jeweiligen Merkmale eines Fonds analysiert und berücksichtigt, dass das Dokument nicht zu viele Informationen enthalten sollte, die von Kleinanlegern nur schwer verstanden werden. Darüber hinaus sollte die erläuternde Beschreibung des Risiko- und Ertragsprofils im Dokument mit den wesentlichen Informationen für den Anleger knapp und präzise sein. Auch sollten Querverweise zum OGAW-Prospekt möglich sein, in dem die Risiken sehr detailliert dargelegt werden.

(7) Sicherzustellen ist auch, dass die Erläuterung der Risiken im Dokument mit wesentlichen Informationen für den Anleger mit den internen Verfahren der Verwaltungsgesellschaft auf dem Gebiet des Risikomanagements kohärent ist, die gemäß der Richtlinie 2010/43/EU der Kommission vom 1. Juli 2010 zur Durchführung der Richtlinie 2009/65/EG des Europäischen Parlaments und des Rates im Hinblick auf organisatorische Anforderungen, Interessenkonflikte, Regelungen für die Geschäftstätigkeiten, Risikomanagement und Inhalt der Vereinbarung zwischen einer Verwahrstelle und einer Verwaltungsgesellschaft festgelegt wurden ([2]). Zur Gewährleistung dieser Kohärenz sollte die permanente Risikomanagementfunktion gegebenenfalls mit der Möglichkeit ausgestattet werden, den Abschnitt „Risiko- und Ertragsprofil" im Dokument mit wesentlichen Informationen für den Anleger zu prüfen und zu kommentieren.

(8) Diese Verordnung spezifiziert das gemeinsame Format für die Darstellung und Erläuterung der Kosten, einschließlich einschlägiger Warnungen, so dass die Anleger an-

[2] Siehe Seite 42 dieses Amtsblatts.

gemessen über die von ihnen zu tragenden Kosten und deren Anteil am tatsächlich in den Fonds investierten Kapitalbetrag informiert sind. Bei der Anwendung dieser Vorschriften sollte die für die Kostenkalkulation von den im Ausschuss der europäischen Wertpapierregulierungsbehörden tätigen zuständigen Behörden entwickelte Berechnungsmethode berücksichtigt werden.

(9) Die detaillierten Vorschriften zur Darstellung der Informationen über frühere Wertentwicklungen gründen sich auf die einschlägigen Anforderungen in der Richtlinie 2004/39/EG des Europäischen Parlaments und des Rates vom 21. April 2004 über Märkte für Finanzinstrumente, zur Änderung der Richtlinien 85/611/EWG und 93/6/EWG des Rates und der Richtlinie 2000/12/EG des Europäischen Parlaments und des Rates und zur Aufhebung der Richtlinie 93/22/EWG des Rates ([3]). Diese Verordnung ergänzt die Vorschriften der Richtlinie 2004/39/EG durch die Aufnahme spezifischer Anforderungen für die Harmonisierung der Informationen, die zur Erleichterung von Vergleichen zwischen den verschiedenen Dokumenten mit wesentlichen Informationen für den Anlegererforderlich sind. So sieht die Verordnung insbesondere vor, dass nur die jährlichen Nettorenditen im Format eines Balkendiagramms präsentiert werden dürfen. Bestimmte Aspekte der Präsentation des Balkendiagramms sollten reguliert werden, einschließlich der begrenzten Umstände, unter denen gegebenenfalls auch simulierte Daten verwendet werden dürfen.

(10) Auch wenn anzuerkennen ist, dass Querverweise auf bestimmte Informationen für den Anleger nützlich sein können, ist es von nicht minderer Bedeutung, dass das Dokument mit wesentlichen Informationen für den Anleger sämtliche Informationen enthält, die der Anleger für das Verständnis der grundlegenden Bestandteile eines OGAW benötigt. Wenn Querverweise auf andere Informationsquellen als den Prospekt und die regelmäßigen Berichte vorgenommen werden, sollte klargestellt werden, dass der Prospekt und die regelmäßigen Berichte die primären Quellen zusätzlicher Anlegerinformationen sind und die Querverweise sollten ihre Bedeutung nicht herunterspielen.

(11) Das Dokument mit wesentlichen Informationen für den Anleger sollte so eingehend und oft geprüft und überarbeitet werden, wie es notwendig ist, um sicherzustellen, dass es die Anforderungen an die wesentlichen Informationen für den Anleger im Sinne von Artikel 78 Absatz 2 und Artikel 79 Absatz 1 der Richtlinie 2009/65/EG weiterhin einhält. Zur Demonstration einer guten Praxis sollten die Verwaltungsgesellschaften das Dokument mit wesentlichen Informationen für den Anleger überarbeiten, bevor sie eine Initiative ergreifen, die zu einer großen Zahl neuer Anleger führen könnte, die Anteile am Fonds erwerben.

(12) Form oder Inhalt der wesentlichen Informationen für den Anleger müssen gegebenenfalls an bestimmte Umstände angepasst werden. Folglich passt diese Verordnung die allgemeinen auf alle OGAW anwendbaren Vorschriften so an, dass sie der besonderen Situation spezifischer OGAW-Typen Rechnung tragen. Dazu zählen OGAW mit verschiedenen Teilfonds oder Anteilsklassen, OGAW mit Dachfonds-Strukturen, OGAW mit Master-Feeder-Strukturen und anderweitig strukturierte OGAW, wie z. B. mit geschütztem Kapital oder vergleichbare OGAW.

(13) Was OGAW mit unterschiedlichen Anteilsklassen betrifft, sollte es keine Verpflichtung zur Vorlage eines gesonderten Dokuments mit wesentlichen Informationen für den Anleger pro Anteilsklasse geben, sofern die Interessen der Anleger nicht gefährdet sind. Einzelheiten zweier oder mehrerer Anteilsklassen dürfen nur dann in einem einzigen Doku-

[3] ABl. L 145 vom 30.4.2004, S. 1.

ment zusammengefasst werden, wenn es dadurch nicht zu kompliziert oder lang wird. Alternativ dazu kann eine repräsentative Anteilsklasse ausgewählt werden, wenn eine hinreichende Parallelität zwischen den Klassen gegeben ist, so dass die Informationen über die repräsentative Klasse redlich, eindeutig und nicht irreführend sind. Bei der Bestimmung, ob die Verwendung einer repräsentativen Klasse redlich, eindeutig und nicht irreführend ist, sollten die Merkmale des OGAW, die Wesensart der Unterschiede zwischen den verschiedenen Klassen und das Angebotsspektrum für jeden Anleger bzw. jede Anlegergruppe analysiert werden.

(14) Im Falle eines Dachfonds ist das richtige Gleichgewicht zwischen den Informationen über den OGAW, in den der Anleger investiert, und die zugrunde liegenden Fonds zu wahren. Das Dokument mit wesentlichen Informationen für den Anleger über einen Dachfonds sollte folglich auf der Grundlage erstellt werden, dass der Anleger nicht über die einzelnen Merkmale jedes Basisfonds unterrichtet zu werden wünscht oder braucht, die sich bei einem aktiven Management des OGAW ohnehin regelmäßig verändern dürften. Allerdings sollten die Merkmale der Basisfonds transparent sein, damit das Dokument mit wesentlichen Informationen für den Anleger die Ziele, Anlagepolitik, Risikofaktoren und Kostenstruktur des Dachfonds effizient offenlegen kann.

(15) Bei Master-Feeder-Strukturen sollte sich die Beschreibung des Risiko- und Ertragsprofils des Feeder-OGAW nicht wesentlich vom entsprechenden Abschnitt im Dokument mit wesentlichen Informationen für den Anleger über den Master-OGAW unterscheiden, so dass der Feeder-OGAW gegebenenfalls Informationen aus dem Master-Dokument kopieren kann. Allerdings sind diese Informationen durch einschlägige Erklärungen zu ergänzen und entsprechend anzupassen, wenn vom Feeder-Fonds gehaltene zusätzliche Vermögenswerte das Risikoprofil im Vergleich zum Master-Fonds verändern könnten. Dabei ist auf die diesen zusätzlichen Vermögenswerten inhärenten Risiken einzugehen, wie z. B. bei der Verwendung von Derivaten. Über die Gesamtkosten für die Anlage in den Feeder- und in den Masterfonds sind die Anleger in den Informationen über den Feeder-Fonds zu unterrichten.

(16) Bei strukturierten OGAW wie kapitalgeschützten oder vergleichbaren OGAW sind anstelle von Informationen über Wertentwicklungen in der Vergangenheit prospektive Wertentwicklungsszenarien vorgeschrieben. Letztere umfassen die Berechnung der erwarteten Fondsrendite unter günstigen, negativen oder neutralen Annahmen über die Marktbedingungen. Diese Szenarien sollten so gewählt werden, dass sie das gesamte Spektrum möglicher Ergebnisse im Rahmen der Berechnungsformel abdecken.

(17) Werden die wesentlichen Informationen für den Anleger und der Prospekt auf einem anderen dauerhaften Datenträger als Papier oder auf einer Website zur Verfügung gestellt, sind aus Anlegerschutzgründen zusätzliche Sicherheitsmaßnahmen erforderlich, um zu gewährleisten, dass die Anleger die Informationen in einer ihren Bedürfnissen angepassten Form erhalten, so dass die Integrität der übermittelten Informationen gewahrt bleibt, Änderungen, die ihre Verständlichkeit und Effizienz beeinträchtigen, verhindert sowie Manipulationen oder Modifikationen durch nicht autorisierte Personen ausgeschaltet werden. Diese Verordnung enthält einen Verweis auf Vorschriften über dauerhafte Datenträger, die Gegenstand der Richtlinie 2006/73/EG der Kommission vom 10. August 2006 zur Durchführung der Richtlinie 2004/39/EG des Europäischen Parlaments und des Rates in Bezug auf die organisatorischen Anforderungen an Wertpapierfirmen und die Bedingungen für die Ausübung ihrer Tätigkeit sowie in Bezug auf die Definition bestimmter Begriffe

für die Zwecke der genannten Richtlinie ([4]) sind, um eine Gleichbehandlung der Anleger und gleiche Wettbewerbsbedingungen in den Finanzsektoren zu gewährleisten.

(18) Um den Verwaltungs- und den Investmentgesellschaften eine effiziente und wirksame Anpassung an die neuen Bestimmungen dieser Verordnung zu gestatten, sollte der Tag des Inkrafttretens dieser Verordnung an den Umsetzungstermin für die Richtlinie 2009/65/EG angeglichen werden.

(19) Der durch Beschluss 2009/77/EG der Kommission ([5]) eingesetzte Ausschuss der europäischen Wertpapierregulierungsbehörden wurde in fachlichen Fragen konsultiert.

(20) Die in dieser Verordnung genannten Maßnahmen entsprechen der Stellungnahme des Europäischen Wertpapierausschusses –

HAT FOLGENDE VERORDNUNG ERLASSEN:

KAPITEL I
GEGENSTAND UND ALLGEMEINE GRUNDSÄTZE

Artikel 1
Gegenstand

Mit dieser Verordnung werden die Durchführungsbestimmungen für Artikel 75 Absatz 2, Artikel 78 Absätze 2 bis 5 und Artikel 81 Absatz 1 der Richtlinie 2009/65/EG festgelegt.

Artikel 2
Allgemeine Grundsätze

(1) Die Anforderungen dieser Verordnung gelten für alle Verwaltungsgesellschaften in Bezug auf jeden von ihr verwalteten OGAW.

(2) Diese Verordnung gilt für jede Investmentgesellschaft, die keine gemäß Richtlinie 2009/65/EG zugelassene Verwaltungsgesellschaft bestellt hat.

Artikel 3
Grundsätze für das Dokument mit wesentlichen Anlegerinformationen

(1) In dieser Verordnung werden Form und Inhalt des Dokuments mit wesentlichen Informationen für den Anleger (nachfolgend „das Dokument mit wesentlichen Anlegerinformationen“) ausführlich festgelegt. Sofern diese Verordnung es nicht anders vorschreibt, werden keine sonstigen Informationen oder Erklärungen hinzugefügt.

(2) Die wesentlichen Informationen für den Anleger müssen redlich, eindeutig und nicht irreführend sein.

(3) Die wesentlichen Informationen für den Anleger sind derart beizubringen, dass der Anleger sie von anderen Unterlagen unterscheiden kann. Insbesondere sind sie so zu präsentieren oder zu übermitteln, dass der Anleger sie nicht für weniger wichtig als andere Informationen über OGAW sowie seine Risiken und Vorteile hält.

---

[4] ABl. L 241 vom 2.9.2006, S. 26.

[5] ABl. L 25 vom 29.1.2009, S. 18.

KAPITEL II
FORM UND PRÄSENTATION DER WESENTLICHEN ANLEGERINFORMATIONEN

ABSCHNITT 1
Titel des Dokuments, Reihenfolge von Inhalt und Überschriften der Abschnitte

Artikel 4
Titel und Inhalt des Dokuments

(1) Der Inhalt des Dokuments mit wesentlichen Informationen für den Anleger ist in der in den Ziffern 2 bis 13 erläuterten Reihenfolge darzustellen.

(2) Der Titel „Wesentliche Anlegerinformationen" hat klar oben auf der ersten Seite des Dokuments mit wesentlichen Informationen für den Anleger zu erscheinen.

(3) Dem Titel hat eine Erläuterung mit folgendem Wortlaut zu folgen:

„Gegenstand dieses Dokuments sind wesentliche Informationen für den Anleger über diesen Fonds. Es handelt sich nicht um Werbematerial. Diese Informationen sind gesetzlich vorgeschrieben, um Ihnen die Wesensart dieses Fonds und die Risiken einer Anlage in ihn zu erläutern. Wir raten Ihnen zur Lektüre dieses Dokuments, so dass Sie eine fundierte Anlageentscheidung treffen können."

(4) Die Einordnung des OGAW, einschließlich der Anteilsklasse oder eines Teilfonds, ist an sichtbarer Stelle vorzunehmen. Im Falle eines Teilfonds oder einer Anteilsklasse ist die Bezeichnung des OGAW nach der Bezeichnung des Teilfonds oder Anteilsklasse anzugeben. Existiert eine Kennziffer zur Identifizierung des OGAW, des Teilfonds oder der Anteilsklasse, so ist sie Bestandteil der OGAW-Identifizierung.

(5) Der Name der Verwaltungsgesellschaft ist anzugeben.

(6) Darüber hinaus kann in Fällen, in denen die Verwaltungsgesellschaft aus rechtlichen, administrativen oder vertriebsmäßigen Gründen einer Unternehmensgruppe angehört, der Name dieser Gruppe angegeben werden. Eine Unternehmensmarke kann ebenfalls aufgenommen werden, sofern sie den Anleger nicht am Verständnis der wesentlichen Elemente der Anlage hindert oder den Vergleich der Anlageprodukte erschwert.

(7) Der Abschnitt des Dokuments mit wesentlichen Informationen für den Anleger mit dem Titel „Ziele und Anlagepolitik" muss die in Abschnitt 1 von Kapitel III dieser Verordnung genannten Informationen enthalten.

(8) Der Abschnitt des Dokuments mit wesentlichen Informationen für den Anleger mit dem Titel „Risiko- und Ertragsprofil" muss die in Abschnitt 2 von Kapitel III dieser Verordnung genannten Informationen enthalten.

(9) Der Abschnitt des Dokuments mit wesentlichen Informationen für den Anleger mit dem Titel „Kosten" muss die in Abschnitt 3 von Kapitel III dieser Verordnung genannten Informationen enthalten.

(10) Der Abschnitt des Dokuments mit wesentlichen Informationen für den Anleger mit dem Titel „Wertentwicklung in der Vergangenheit" muss die in Abschnitt 4 von Kapitel III dieser Verordnung genannten Informationen enthalten.

(11) Der Abschnitt des Dokuments mit wesentlichen Informationen für den Anleger mit dem Titel „Praktische Informationen" muss die in Abschnitt 5 von Kapitel III dieser Verordnung genannten Informationen enthalten.

(12) Die Zulassung wird mit folgender Erklärung bekannt gegeben:

„Dieser Fonds ist in [Name des Mitgliedstaats] zugelassen und wird durch [Name der zuständigen Behörde] reguliert."

Wenn der OGAW von einer Verwaltungsgesellschaft verwaltet wird, die Rechte gemäß

Artikel 16 der Richtlinie 2009/65/EG ausübt, kann eine zusätzliche Erklärung aufgenommen werden:

„[Name der Verwaltungsgesellschaft] ist in [Name des Mitgliedstaats] zugelassen und wird durch [Name der zuständigen Behörde] reguliert."

(13) Die Information über die Veröffentlichung wird mit folgender Erklärung bekannt gegeben:

„Diese wesentlichen Informationen für den Anleger sind zutreffend und entsprechen dem Stand von [Datum der Veröffentlichung]."

ABSCHNITT 2
Sprache, Länge und Präsentation

Artikel 5
Präsentation und Sprache

(1) Ein Dokument mit wesentlichen Informationen für den Anleger wird

a) auf eine Art und Weise präsentiert und aufgemacht, die leicht verständlich ist, wobei die Größe der Buchstaben gut leserlich sein muss;
b) deutlich verfasst und in einer Sprache geschrieben, die dem Anleger das Verständnis der mitgeteilten Informationen erleichtert. Dabei gilt insbesondere:
   i) es ist eine klare, präzise und verständliche Sprache zu verwenden;
   ii) Jargon ist zu vermeiden;
   iii) auf technische Termini ist zu verzichten, wenn stattdessen eine allgemein verständliche Sprache verwendet werden kann;
c) sich auf die wesentlichen Informationen konzentrieren, die der Anleger benötigt.

(2) Wenn Farben verwendet werden, sollten sie die Verständlichkeit der Informationen nicht beeinträchtigen, falls das Dokument mit wesentlichen Informationen für den Anleger in Schwarz und Weiß ausgedruckt bzw. fotokopiert wird.

(3) Wenn das Logo der Unternehmensmarke der Verwaltungsgesellschaft oder der Gruppe, zu der sie gehört, verwendet wird, darf es den Anleger weder ablenken noch den Text verschleiern.

Artikel 6
Länge

Das Dokument mit den wesentlichen Informationen für den Anleger darf ausgedruckt nicht länger als zwei DIN-A4-Seiten sein.

KAPITEL III
INHALT DER VERSCHIEDENEN ABSCHNITTE DES DOKUMENTS MIT WESENTLICHEN ANLEGERINFORMATIONEN

ABSCHNITT 1
Ziele und Anlagepolitik

Artikel 7
Inhalt der Beschreibung

(1) Die Beschreibung im Abschnitt „Ziele und Anlagepolitik" des Dokuments mit wesentlichen Informationen für den Anleger hat die wichtigen Merkmale eines OGAW

abzudecken, über die ein Anleger unterrichtet sein sollte, selbst wenn diese Merkmale kein Bestandteil der Beschreibung der Ziele und Anlagepolitik im Prospekt sind. Dazu zählen:

a) die Hauptkategorien der in Frage kommenden Finanzinstrumente, die Gegenstand der Anlage sein können;
b) die Möglichkeit, dass der Anleger OGAW-Anteile auf Anfrage wieder verkaufen kann; in dieser Erklärung ist auch die Häufigkeit der Rückkaufgeschäfte anzugeben;
c) die Angabe, ob der OGAW ein bestimmtes Ziel in Bezug auf einen branchenspezifischen, geografischen oder anderen Marktsektor bzw. in Bezug auf spezifische Vermögenswertkategorien verfolgt;
d) die Angabe, ob der OGAW eine diskretionäre Anlagewahl gestattet und ob dieser Ansatz eine Bezugnahme auf einen Referenzwert beinhaltet oder impliziert, und wenn ja, welchen;
e) die Angabe, ob Dividendenerträge ausgeschüttet oder erneut angelegt werden.

Wenn im Sinne von Buchstabe d eine Bezugnahme auf einen Referenzwert besteht, ist der Ermessensspielraum bei seiner Nutzung anzugeben. Für den Fall, dass der OGAW ein indexgebundenes Ziel verfolgt, ist dies ebenfalls zu vermerken.

(2) Die Beschreibung in Absatz 1 hat folgende Informationen zu umfassen, solange sie relevant sind:

a) Investiert der OGAW in Schuldtitel, ist anzugeben, ob sie von Unternehmen, Regierungen oder anderen Stellen ausgegeben wurden, sowie gegebenenfalls die Mindestratinganforderungen;
b) handelt es sich beim OGAW um einen strukturierten Fonds, eine Erläuterung sämtlicher Bestandteile in einfachen Worten, die für ein korrektes Verständnis des Ertrags und der für die Bestimmung der Wertentwicklung erwarteten Faktoren erforderlich sind. Dazu gehören gegebenenfalls Verweise auf die detaillierten im Prospekt enthaltenen Informationen über den Algorithmus und seine Funktionsweise;
c) ist die Wahl der Vermögenswerte an bestimmte Kriterien gebunden, eine Erläuterung dieser Kriterien wie „Wachstum", „Wert" oder „hohe Dividenden".
d) werden spezifische Vermögensverwaltungstechniken zugrunde gelegt, wie z. B. „Hedging", „Arbitrage" oder „Leverage", eine Erläuterung der Faktoren mit einfachen Worten, die die OGAW-Wertentwicklung beeinflussen dürften;
e) sollten sich die Portfoliotransaktionskosten aufgrund der vom OGAW gewählten Strategie erheblich auf die Renditen auswirken, eine entsprechende Erklärung, aus der auch hervorgeht, dass die Portfoliotransaktionskosten aus den Vermögenswerten des Fonds zusätzlich zu den in Abschnitt 3 dieses Kapitels genannten Kosten gezahlt werden;
f) sollte entweder im Prospekt oder in anderen Marketingunterlagen ein Mindestzeitraum für das Halten von OGAW-Anteilen empfohlen oder sollte festgestellt werden, dass ein Mindestzeitraum für das Halten von OGAW-Anteilen ein wichtiger Bestandteil der Anlagestrategie ist, eine Erklärung mit folgendem Wortlaut:

„Empfehlung: Dieser Fonds ist unter Umständen für Anleger nicht geeignet, die ihr Geld innerhalb eines Zeitraums von […] aus dem Fonds wieder zurückziehen wollen."

(3) Die Informationen in Absatz 1 und 2 unterscheiden zwischen den großen Anlagekategorien, so wie sie in Absatz 1 Buchstaben a und c sowie Absatz 2 Buchstabe a dargelegt sind, und dem von der Verwaltungsgesellschaft gewählten Anlageansatz im Sinne von Absatz 1 Buchstabe d und Absatz 2 Buchstaben b, c und d.

(4) Der Abschnitt „Ziele und Anlagepolitik" des Dokuments mit wesentlichen Informationen für den Anleger kann andere Bestandteile als die in Absatz 2 genannten enthalten,

einschließlich einer Beschreibung der OGAW-Anlagestrategie, sofern diese Elemente zur angemessenen Beschreibung der Ziele und Anlagepolitik des OGAW erforderlich sind.

ABSCHNITT 2
Risiko- und Ertragsprofil

Artikel 8
Erläuterung der potenziellen Risiken und Erträge, einschließlich der Verwendung eines Indikators

(1) Der Abschnitt „Risiko- und Ertragsprofil" des Dokuments mit wesentlichen Informationen für den Anleger enthält einen synthetischen Indikator, der wie folgt ergänzt wird:
a) eine erläuternde Beschreibung des Indikators und seine Hauptbeschränkungen;
b) eine erläuternde Beschreibung der Risiken, die für den OGAW wesentlich sind und die vom Indikator nicht angemessen erfasst werden.

(2) Der in Absatz 1 genannte synthetische Indikator umfasst eine Reihe von Kategorien auf einer Punkteskala, wobei jeder OGAW einer dieser Kategorien zuzuordnen ist. Die Darstellung des synthetischen Indikators unterliegt den Anforderungen von Anhang I.

(3) Die Berechnung des in Absatz 1 genannten synthetischen Indikators sowie alle später eventuell erfolgenden Überarbeitungen werden angemessen dokumentiert.

Die Verwaltungsgesellschaften führen über diese Berechnungen mindestens fünf Jahre lang Buch. Bei strukturierten Fonds beträgt dieser Zeitraum fünf Jahre nach ihrer Fälligkeit.

(4) Die in Absatz 1 Buchstabe a genannte erläuternde Beschreibung enthält Folgendes:
a) eine Erklärung dahingehend, dass die zur Berechnung des synthetischen Indikators verwendeten historischen Daten nicht als verlässlicher Hinweis auf das künftige Risikoprofil des OGAW herangezogen werden können;
b) eine Erklärung dahingehend, dass die ausgewiesene Risiko- und Ertragskategorie durchaus Veränderungen unterliegen und sich die Einstufung des OGAW in eine Kategorie im Laufe der Zeit verändern kann;
c) eine Erklärung dahingehend, dass die niedrigste Kategorie nicht mit einer risikofreien Anlage gleich gesetzt werden kann;
d) eine kurze Erläuterung der Gründe für die Einstufung des OGAW in eine bestimmte Kategorie;
e) Einzelheiten zu Wesensart, Dauer und Tragweite einer/eines jeden vom OGAW gebotenen Kapitalgarantie bzw. Kapitalschutzes, einschließlich möglicher Auswirkungen der Rücknahme von Anteilen außerhalb des Garantie- oder Schutzzeitraums.

(5) Die in Absatz 1 Buchstabe b genannte erläuternde Beschreibung umfasst folgende Risikokategorien, sofern sie von wesentlicher Bedeutung sind:
a) das Kreditrisiko, sofern Anlagen in wesentlicher Höhe in Schuldtitel getätigt wurden;
b) das Liquiditätsrisiko, sofern Anlagen in wesentlicher Höhe in Finanzinstrumente getätigt wurden, die ihrer Wesensart zufolge hinreichend liquide sind, unter bestimmten Umständen aber ein relativ niedriges Liquiditätsniveau erreichen können, das sich gegebenenfalls auf das Liquiditätsrisikoniveau des gesamten OGAW auswirkt;
c) das Ausfallrisiko, wenn ein Fonds durch die Garantie eines Dritten unterlegt ist oder aufgrund eines oder mehrerer Kontrakte mit einer Gegenpartei eine Anlageexponierung in wesentlicher Höhe aufläuft;
d) operationelle Risiken und Risiken im Zusammenhang mit der Verwahrung von Vermögenswerten;

e) Auswirkung der Finanztechniken im Sinne von Artikel 50 Absatz 1 Buchstabe g der Richtlinie 2009/65/EG wie Derivatekontrakte auf das OGAW-Risikoprofil, wenn diese Techniken zum Eingehen, Erhöhen oder Vermindern der Exponierung in Bezug auf Basisvermögenswerte verwendet werden.

Artikel 9
Grundsätze für die Ermittlung, Erläuterung und Präsentation von Risiken

Die Ermittlung und Erläuterung der in Artikel 8 Absatz 1 Buchstabe b erwähnten Risiken muss mit dem internen Verfahren zur Ermittlung, Messung und Überwachung von Risiken kohärent sein, das die OGAW-Verwaltungsgesellschaft im Sinne der Richtlinie 2010/43/EU angenommen hat. Verwaltet eine Verwaltungsgesellschaft mehr als einen OGAW, sind die Risiken zu ermitteln und auf kohärente Art und Weise zu erläutern.

ABSCHNITT 3
Kosten

Artikel 10
Präsentation der Kosten

(1) Der Abschnitt „Kosten“ des Dokuments mit wesentlichen Informationen für den Anleger enthält eine tabellarische Kostenaufstellung im Sinne von Anhang II.

(2) Die in Absatz 1 genannte Tabelle wird anhand folgender Anforderungen ausgefüllt:

a) Ausgabeauf- und Rücknahmeabschläge entsprechen jeweils dem höchsten Prozentsatz, der vom Kapitalengagement des Anlegers am OGAW in Abzug gebracht werden kann;
b) für alle vom OGAW im Jahresverlauf getragenen Kosten, die unter der Bezeichnung „laufende Kosten“ zusammengefasst werden, ist eine einzige auf den Zahlen des Vorjahres basierende Zahl zu nennen. Dabei handelt es sich um sämtliche im Laufe des Jahres angefallenen Kosten und sonstige Zahlungen aus den OGAW-Vermögenswerten während des festgelegten Zeitraums;
c) die Tabelle enthält eine Auflistung und Erläuterung sämtlicher dem OGAW unter bestimmten Bedingungen berechneter Kosten, die Grundlage, auf der die sie berechnet werden, und den Zeitpunkt, zu dem sie berechnet werden.

Artikel 11
Erläuterung der Kosten und Erklärung zu ihrem Stellenwert

(1) Der Abschnitt „Kosten“ enthält eine erläuternde Beschreibung jeder in der Tabelle aufgeführten Kostenkategorie, einschließlich der folgenden Informationen:

a) in Bezug auf die Ausgabeauf- und Rücknahmeabschläge:
   i) Es ist deutlich zu machen, dass es sich bei den Kosten stets um die Höchstwerte handelt, da der Anleger in einigen Fällen weniger zahlen kann;
   ii) es ist eine Erklärung dahingehend aufzunehmen, dass der Anleger über die aktuellen Ausgabeauf- und Rücknahmeabschläge von seinem Finanzberater oder der für ihn zuständigen Stelle informiert werden kann;
b) hinsichtlich der „laufenden Kosten“ eine Erklärung dahingehend, dass sie sich für das am [Monat/Jahr] endende Jahr auf die Vorjahreswerte stützen und gegebenenfalls von Jahr zu Jahr schwanken können.

(2) Der Abschnitt „Kosten“ enthält eine Erklärung zum Stellenwert der Kosten, aus der hervorgeht, dass die vom Anleger getragenen Kosten auf die Funktionsweise des OGAW verwendet werden, einschließlich der Vermarktung und des Vertriebs der OGAW-Anteile, und diese Kosten das potenzielle Anlagewachstum beschränken.

Artikel 12
Zusatzanforderungen

(1) Alle Elemente der Kostenstruktur sind so klar wie möglich darzustellen, so dass sich die Anleger ein Bild vom kombinierten Kosteneffekt machen können.

(2) Sollten sich die Portfoliotransaktionskosten aufgrund der vom OGAW gewählten Strategie erheblich auf die Renditen auswirken, ist dies im Abschnitt „Ziele und Anlagepolitik“ gemäß Artikel 7 Absatz 2 Buchstabe e anzugeben.

(3) An die Wertentwicklung des Fonds gebundene Gebühren sind gemäß Artikel 10 Absatz 2 Buchstabe c offen zu legen. Die Höhe dieser während des letzten OGAW-Geschäftsjahres berechneten Gebühr ist als Prozentzahl anzugeben.

Artikel 13
Sonderfälle

(1) Kann ein neuer OGAW den Anforderungen gemäß Artikel 10 Absatz 2 Buchstabe b und Artikel 11 Absatz 1 Buchstabe b nicht nachkommen, werden die laufenden Kosten auf der Grundlage der erwarteten Gesamtkosten geschätzt.

(2) Absatz 1 gilt nicht in den folgenden Fällen:

a) für Fonds, die eine Pauschalgebühr erheben, die stattdessen veranschlagt wird;
b) für Fonds, die eine Ober- oder Höchstgrenze festlegen, die stattdessen veranschlagt wird, sofern sich die Verwaltungsgesellschaft zur Einhaltung der veröffentlichten Zahl und zur Zahlung sämtlicher sonstiger Kosten verpflichtet, die ansonsten die Ober- oder Höchstgrenze übersteigen würden.

Artikel 14
Querverweise

Der Abschnitt „Kosten“ enthält gegebenenfalls einen Querverweis auf Teile des OGAW-Prospekts mit detaillierteren Informationen zu den Kosten, einschließlich Informationen zu den an die Wertentwicklung des Fonds gebundenen Gebühren und ihrer Berechnung.

ABSCHNITT 4
Frühere Wertentwicklung

Artikel 15
Darstellung der früheren Wertentwicklung

(1) Die Informationen über die frühere Wertentwicklung des OGAW sind in einem Balkendiagramm zu präsentieren, das die Wertentwicklung des OGAW in den letzten zehn Jahren darstellt.

Das in Unterabsatz 1 genannte Balkendiagramm muss eine leserliche Größe haben, darf aber unter keinen Umständen mehr als eine halbe Seite des Dokuments mit wesentlichen Informationen für den Anleger ausmachen.

(2) OGAW mit einer Wertentwicklung von weniger als fünf vollständigen Kalenderjahren verwenden eine Präsentation, die lediglich die letzten fünf Jahre betrifft.

(3) Für Jahre, für die keinerlei Daten verfügbar sind, enthält das Diagramm eine Blanko-Spalte, in der lediglich das Datum angegeben wird.

(4) Für ein OGAW, für den noch keinerlei Daten über die Wertentwicklung für ein vollständiges Kalenderjahr vorliegen, ist eine Erklärung dahingehend aufzunehmen, dass noch keine ausreichenden Daten vorhanden sind, um den Anlegern nützliche Angaben über die frühere Wertentwicklung zu machen.

(5) Die Aufmachung des Balkendiagramms ist durch Erklärungen an deutlich sichtbarer Stelle zu ergänzen, die

a) vor dem begrenzten Aussagewert des Diagramms im Hinblick auf die künftige Wertentwicklung warnen;
b) kurz angeben, welche Kosten und Gebühren bei der Berechnung der früheren Wertentwicklung mitberücksichtigt oder ausgeschlossen wurden;
c) das Jahr der Existenzgründung des Fonds angeben;
d) die Währung benennen, in der die frühere Wertentwicklung berechnet wurde.

Die Anforderung in Buchstabe b gilt nicht für OGAW, die keine Ausgabeauf- und Rücknahmeabschläge in Rechnung stellen.

(6) Ein Dokument mit wesentlichen Informationen für den Anleger enthält keine Aufzeichnung über die frühere Wertentwicklung, die zum laufenden Kalenderjahr (oder einem Teil davon) ins Verhältnis gesetzt wird.

Artikel 16
Berechnungsmethode für die frühere Wertentwicklung

Die Berechnungen der früheren Wertentwicklung stützen sich auf den Nettoinventarwert des OGAW und gehen davon aus, dass die auszuschüttenden Erträge des Fonds wieder angelegt wurden.

Artikel 17
Auswirkung und Behandlung wesentlicher Änderungen

(1) Tritt eine wesentliche Änderung der Ziele und der Anlagepolitik eines OGAW während des im Balkendiagramm gemäß Artikel 15 genannten Zeitraums ein, ist die Wertentwicklung vor dieser wesentlichen Änderung auch weiterhin auszuweisen.

(2) Der Zeitraum vor der in Absatz 1 genannten wesentlichen Änderung ist im Balkendiagramm anzugeben und mit dem klaren Hinweis zu versehen, dass die Wertentwicklung unter Umständen erzielt wurde, die nicht mehr gültig sind.

Artikel 18
Verwendung eines Referenzwerts parallel zur früheren Wertentwicklung

(1) Nimmt der Abschnitt „Ziele und Anlagepolitik“ des Dokuments mit wesentlichen Informationen für den Anleger auf einen Referenzwert Bezug, so wird ein Balken mit der Wertentwicklung dieses Referenzwerts im Diagramm neben jedem Balken mit der früheren Wertentwicklung des OGAW aufgenommen.

(2) Bei OGAW, die über keinerlei Daten für die frühere Wertentwicklung in den geforderten letzten fünf oder zehn Jahren verfügen, ist der Referenzwert für die Jahre, in denen der OGAW nicht existierte, nicht auszuweisen.

Artikel 19
Verwendung „simulierter“ Daten für die frühere Wertentwicklung

(1) Ein simulierter Wertentwicklungsbericht für den Zeitraum, in dem noch keine Daten vorlagen, ist nur in den folgenden Fällen und nur dann zulässig, wenn er redlich, eindeutig und nicht irreführend verwendet wird:

a) Eine neue Anteilsklasse eines bereits bestehenden OGAW oder ein Teilfonds können ihre Wertentwicklung in Anlehnung an die Wertentwicklung einer anderen Klasse simulieren, sofern sich die beiden Klassen in Bezug auf ihre Beteiligung an den OGAW-Vermögenswerten nicht wesentlich voneinander unterscheiden;
b) ein Feeder-OGAW kann seine Wertentwicklung in Anlehnung an die Wertentwicklung des Master-OGAW simulieren, sofern eine der folgenden Bedingungen erfüllt ist:
   i) die Strategie und Ziele des Feeder-OGAW gestatten ihm lediglich den Besitz von Vermögenswerten in Form von Anteilen am Master-OGAW und zusätzlichen flüssigen Mitteln;
   ii) die Merkmale des Feeder-OGAW unterscheiden sich nicht wesentlich von denen des Master-OGAW.

(2) In all denjenigen Fällen, in denen die Wertentwicklung im Sinne von Absatz 1 simuliert wurde, ist dies deutlich sichtbar im Balkendiagramm zu vermerken.

(3) Ein OGAW, der seine Rechtsstellung ändert, aber im gleichen Mitgliedstaat verbleibt, behält seinen Wertentwicklungsbericht nur dann, wenn die zuständige Behörde dieses Mitgliedstaats davon ausgeht, dass die Änderung der Rechtsstellung die OGAW-Wertentwicklung vernünftigerweise nicht beeinflussen wird.

(4) Im Falle von Verschmelzungen durch Übernahme wird nur die letzte Wertentwicklung des übernehmenden OGAW im Dokument mit wesentlichen Informationen für den Anleger beibehalten.

ABSCHNITT 5
Praktische informationen und Querverweise

Artikel 20
Inhalt des Abschnitts „Praktische Informationen“

(1) Der Abschnitt „Praktische Informationen“ im Dokument mit wesentlichen Informationen für den Anleger enthält die folgenden Informationen, die für Anleger in jedem Mitgliedstaat, in dem der OGAW vertrieben wird, relevant sind:

a) den Namen der Verwahrstelle;
b) den Hinweis darauf, wo und wie weitere Informationen über den OGAW, Kopien seines Prospekts und seines letzten Jahresberichts sowie späterer Halbjahresberichte erhältlich sind, in welcher(n) Sprache(n) sie vorliegen und dass sie kostenlos angefordert werden können;
c) den Hinweis darauf, wo und wie weitere praktische Informationen erhältlich sind, einschließlich der Angabe, wo die aktuellsten Anteilspreise abrufbar sind;

d) eine Erklärung dahingehend, dass die Steuervorschriften im Herkunftsmitgliedstaat des OGAW die persönliche Steuerlage des Anlegers beeinflussen können;

e) die folgende Erklärung:

„[Den Namen der Investmentgesellschaft oder der Verwaltungsgesellschaft einfügen] kann lediglich auf der Grundlage einer in diesem Dokument enthaltenen Erklärung haftbar gemacht werden, die irreführend, unrichtig oder nicht mit den einschlägigen Teilen des OGAW-Prospekts vereinbar ist."

(2) Wird ein Dokument mit wesentlichen Informationen für den Anleger für einen Teilfonds des OGAW erstellt, umfasst der Abschnitt „Praktische Informationen" die in Artikel 25 Absatz 2 genannten Informationen, einschließlich der Rechte der Anleger, zwischen den Teilfonds zu wechseln.

(3) Sofern anwendbar, enthält der Abschnitt „Praktische Informationen" des Dokuments mit den wesentlichen Informationen für den Anleger die Angaben, die gemäß Artikel 26 über verfügbare Anteilsklassen gefordert werden.

Artikel 21
Nutzung der Querverweise auf andere Informationsquellen

(1) Querverweise auf andere Informationsquellen, einschließlich des Prospekts sowie des Jahresberichts oder der Halbjahresberichte, können in das Dokument mit den wesentlichen Informationen für den Anleger aufgenommen werden, sofern sämtliche Informationen, die für das Verständnis der Anleger in Bezug auf die wesentlichen Anlagebestandteile grundlegend sind, bereits Gegenstand des Dokuments selbst sind.

Querverweise auf die Website des OGAW oder der Verwaltungsgesellschaft sind zulässig, einschließlich auf einen Teil einer solchen Website, der den Prospekt und die regelmäßigen Berichte enthält.

(2) Die in Absatz 1 genannten Querverweise lenken den Anleger zum relevanten Abschnitt der entsprechenden Informationsquelle. In einem Dokument mit den wesentlichen Informationen für den Anleger können mehrere verschiedene Querverweise verwendet werden, die allerdings auf ein Minimum zu beschränken sind.

ABSCHNITT 6
Überprüfung und Überarbeitung des Dokuments mit den wesentlichen Informationen für den Anleger

Artikel 22
Überprüfung der wesentlichen Informationen für den Anleger

(1) Eine Management- oder Investmentgesellschaft stellt sicher, dass die wesentlichen Informationen für den Anleger mindestens alle zwölf Monate überprüft werden.

(2) Eine Überprüfung findet vor jeder vorgeschlagenen Änderung des Prospekts, der Vertragsbedingungen des Fonds bzw. der Satzung der Investmentgesellschaft statt, sofern diese Änderung nicht bereits Gegenstand der in Absatz 1 genannten Überprüfung waren.

(3) Eine Überprüfung findet vor oder nach jeder Änderung statt, die als für die im Dokument mit wesentlichen Informationen für den Anleger enthaltenen Angaben grundlegend angesehen wird.

Artikel 23
Veröffentlichung der überarbeiteten Fassung

(1) Geht aus einer in Artikel 22 genannten Überprüfung hervor, dass das Dokument mit wesentlichen Informationen für den Anleger geändert werden muss, ist unverzüglich eine überarbeitete Fassung zur Verfügung zu stellen.

(2) Resultiert eine Änderung aus dem erwarteten Ergebnis einer Entscheidung der Verwaltungsgesellschaft, einschließlich Änderungen des Prospekts, der Vertragsbedingungen des Fonds bzw. der Satzung der Investmentgesellschaft, ist die überarbeitete Fassung des Dokuments mit wesentlichen Informationen für den Anleger vor dem Wirksamwerden der Änderungen zur Verfügung zu stellen.

(3) Ein Dokument mit den wesentlichen Informationen für den Anleger, einschließlich der angemessen überarbeiteten Darstellung der früheren Wertentwicklung des OGAW, ist spätestens 35 Kalendertage nach dem 31. Dezember jeden Jahres zu veröffentlichen.

Artikel 24
Wesentliche Änderungen der Kostenstruktur

(1) Die Informationen über die Kosten spiegeln jede Änderung der Kostenstruktur auf angemessene Art und Weise wider, die zu einer Anhebung des zulässigen Höchstbetrags einer vom Anleger zu entrichtenden einmaligen Gebühr führt.

(2) Sind die gemäß Artikel 10 Absatz 2 Buchstabe b berechneten „laufenden Kosten“ nicht mehr verlässlich, schätzt die Verwaltungsgesellschaft stattdessen eine Zahl, von der sie realistischerweise annimmt, dass sie für den Betrag, der dem OGAW in Zukunft in Rechnung gestellt werden dürfte, indikativ ist.

Diese Änderung der Grundlage wird mit folgender Erklärung bekannt gegeben:
„Bei den an dieser Stelle ausgewiesenen laufenden Kosten handelt es sich um eine Kostenschätzung. [Kurze Erläuterung einfügen, warum ein Schätzwert anstelle einer ex post-Zahl verwendet wird.] Der OGAW-Jahresbericht für jedes Geschäftsjahr enthält Einzelheiten zu den genauen berechneten Kosten.“

KAPITEL IV
SPEZIFISCHE OGAW-STRUKTUREN

ABSCHNITT 1
Teilfonds

Artikel 25
Teilfonds

(1) Besteht ein OGAW aus zwei oder mehreren Teilfonds, ist für jeden Teilfonds ein gesondertes Dokument mit wesentlichen Informationen für den Anleger zu erstellen.

(2) Jedes in Absatz 1 genannte Dokument mit wesentlichen Informationen für den Anleger hat im Abschnitt „Praktische Informationen“ folgende Angaben zu enthalten:

a) Hinweis darauf, dass das Dokument mit wesentlichen Informationen für den Anleger einen OGAW-Teilfonds beschreibt, und dass der Prospekt und die regelmäßigen Berichte gegebenenfalls für den gesamten OGAW erstellt werden, der am Anfang des Dokuments mit wesentlichen Informationen für den Anleger genannt wird;

b) Angabe, ob die Vermögenswerte und Verbindlichkeiten eines jeden Teilfonds rechtlich voneinander getrennt sind und wie sich dies auf den Anleger auswirken könnte;
c) Angabe, ob der Anleger das Recht hat, seine Anlage in Anteilen eines Teilfonds in Anteile eines anderen Teilfonds umzuwandeln, und wenn ja, wo Informationen über den Anteiltausch erhältlich sind.

(3) Legt die Verwaltungsgesellschaft für den Anleger eine Gebühr für den in Absatz 2 Buchstabe c genannten Anteiltausch fest, die sich von der Standardgebühr für den Kauf oder Verkauf von Anteilen unterscheidet, ist diese Gebühr gesondert im Abschnitt „Kosten" des Dokuments mit wesentlichen Informationen für den Anleger auszuweisen.

ABSCHNITT 2
Anteilsklassen

Artikel 26
Dokument mit wesentlichen Informationen für den Anleger für Anteilsklassen

(1) Besteht ein OGAW aus mehreren Anteils- oder Aktienklassen, ist für jede dieser Klassen ein gesondertes Dokument mit wesentlichen Informationen für den Anleger zu erstellen.

(2) Die wesentlichen Informationen für den Anleger für zwei oder mehrere Klassen des gleichen OGAW können in einem einzigen Dokument mit wesentlichen Informationen für den Anleger zusammengefasst werden, sofern das sich daraus ergebende Dokument die in Abschnitt 2 von Kapitel II genannten Anforderungen in jeder Hinsicht, einschließlich der Länge des Dokuments, einhält.

(3) Die Verwaltungsgesellschaft kann eine Klasse zur Repräsentation einer oder mehrerer anderer OGAW-Klassen auswählen, sofern diese Wahl für die potenziellen Anleger in den anderen Klassen redlich, eindeutig und nicht irreführend ist. In solchen Fällen muss der Abschnitt „Risiko- und Ertragsprofil" des Dokuments mit wesentlichen Informationen für den Anleger die Erklärung des wesentlichen Risikos enthalten, das auf jede der zu vertretenden Klassen Anwendung findet. Das Dokument mit den wesentlichen Informationen für den Anleger, das für die repräsentative Klasse erstellt wurde, kann den Anlegern in den anderen Klassen übermittelt werden.

(4) Unterschiedliche Klassen werden nicht zu einer repräsentativen Gesamtklasse im Sinne von Absatz 3 zusammengefasst.

(5) Die Verwaltungsgesellschaft führt Buch über die von der repräsentativen Klasse vertretenen anderen Klassen im Sinne von Absatz 3 und die Gründe dieser Wahl.

Artikel 27
Abschnitt „Praktische Informationen"

Erforderlichenfalls wird der Abschnitt „Praktische Informationen" des Dokuments mit wesentlichen Informationen für den Anleger durch den Hinweis ergänzt, welche Klasse als repräsentativ ausgewählt wurde, wobei die im OGAW-Prospekt verwendete Bezeichnung dieser Klasse zu wählen ist.

Ferner ist in diesem Abschnitt anzugeben, wo die Anleger Informationen über die anderen OGAW-Klassen erhalten können, die in ihrem eigenen Mitgliedstaat vertrieben werden.

ABSCHNITT 3
Dachfonds

Artikel 28
Abschnitt „Ziele und Anlagepolitik"

Legt ein OGAW einen erheblichen Teil seiner Vermögenswerte in einen anderen OGAW oder andere Organismen für gemeinsame Anlagen im Sinne von Artikel 50 Absatz 1 Buchstabe e der Richtlinie 2009/65/EG an, enthält die Beschreibung der Ziele und Anlagepolitik dieses OGAW im Dokument mit wesentlichen Informationen für den Anleger eine kurze Erläuterung der Art und Weise, wie die anderen Organismen für gemeinsame Anlagen kontinuierlich auszuwählen sind.

Artikel 29
Risiko- und Ertragsprofil

Die erläuternde Beschreibung der in Artikel 8 Absatz 1 Buchstabe b genannten Risikofaktoren trägt den durch jeden zugrunde liegenden Organismus für gemeinsame Anlagen verursachten Risiken in dem Maße Rechnung, wie diese für den OGAW insgesamt wesentlich sein dürften.

Artikel 30
Abschnitt „Kosten"

Die Beschreibung der Kosten trägt sämtlichen Kosten Rechnung, die dieser OGAW selbst als Anleger in zugrunde liegenden Organismen für gemeinsame Anlagen zu tragen hat. So sind insbesondere alle Ausgabeauf- und Rücknahmeabschläge sowie alle laufenden Kosten, die von den zugrunde liegenden Organismen für gemeinsame Anlagen belastet werden, bei der Berechnung der eigenen laufenden Kosten des OGAW mitzuberücksichtigen.

ABSCHNITT 4
Feeder-OGAW

Artikel 31
Abschnitt „Ziele und Anlagepolitik"

(1) Das Dokument mit wesentlichen Informationen für den Anleger für einen Feeder-OGAW im Sinne von Artikel 58 der Richtlinie 2009/65/EG enthält in der Beschreibung der Ziele und Anlagepolitik Angaben über den Teil der in den Master-OGAW investierten Vermögenswerte des Feeder-OGAW.

(2) Zudem sind die Ziele und die Anlagepolitik des Master-OGAW zu erläutern, erforderlichenfalls durch Aufnahme eines der folgenden Bestandteile:

i) Angabe, dass die Anlagerenditen des Feeder-OGAW denen des Master-OGAW sehr ähnlich sein werden, oder
ii) Erläuterung, wie und warum sich die Anlagerenditen des Feeder-OGAW und des Master-OGAW unterscheiden.

Artikel 32
Abschnitt „Risiko- und Ertragsprofil“

(1) Wenn sich das Risiko- und Ertragsprofil des Feeder-OGAW unter welchem wichtigen Aspekt auch immer von dem des Master-OGAW unterscheidet, sind diese Tatsache und der entsprechende Grund im Abschnitt „Risiko- und Ertragsprofil“ des Dokuments mit den wesentlichen Informationen für den Anleger zu erläutern.

(2) Ebenso sind im Abschnitt „Risiko- und Ertragsprofil“ des Dokuments mit den wesentlichen Informationen für den Anleger jedwedes Liquiditätsrisiko und das Verhältnis zwischen den Erwerbs- und den Rücknahmevereinbarungen für den Master-OGAW und den Feeder-OGAW zu erläutern.

Artikel 33
Abschnitt „Kosten“

Der Abschnitt „Kosten“ des Dokuments mit wesentlichen Informationen für den Anleger deckt sowohl die Kosten der Anlage in den Feeder-OGAW als auch sämtliche Kosten und Aufwendungen ab, die der Master-OGAW dem Feeder-OGAW unter Umständen berechnet.

Darüber hinaus werden dort die Kosten sowohl des Feeder-OGAW als auch des Master-OGAW im Betrag der laufenden Kosten des Feeder-OGAW zusammengerechnet.

Artikel 34
Abschnitt „Praktische Informationen“

(1) Das Dokument mit wesentlichen Informationen für den Anleger für einen Feeder-OGAW enthält im Abschnitt „Praktische Informationen“ spezifische Angaben zum Feeder-OGAW.

(2) Die in Absatz 1 genannten Informationen umfassen Folgendes:

a) eine Erklärung dahingehend, dass der Prospekt des Master-OGAW, das Dokument mit wesentlichen Informationen für den Anleger sowie die regelmäßigen Berichte und Abschlüsse den Anlegern des Feeder-OGAW auf Anfrage übermittelt werden, auf welche Weise sie erlangt werden können und in welcher(n) Sprache(n) sie vorliegen;

b) Angabe, ob die unter Buchstabe a genannten Unterlagen nur als Kopie in Papierform oder auch auf einem dauerhaften Datenträger vorliegen und ob Gebühren für Unterlagen erhoben werden, die nicht gemäß Artikel 63 Absatz 5 der Richtlinie 2009/65/EG kostenlos zur Verfügung gestellt werden;

c) Angabe, ob der Master-OGAW in einem anderen Mitgliedstaat als der Feeder-OGAW niedergelassen ist und ob dies die steuerliche Behandlung des Feeder-OGAW beeinflusst. Erforderlichenfalls ist eine entsprechende Erklärung abzugeben.

Artikel 35
Frühere Wertentwicklung

(1) Die Darstellung der früheren Wertentwicklung im Dokument mit den wesentlichen Informationen für den Anleger des Feeder-OGAW muss spezifisch auf diesen OGAW ausgerichtet und darf keine Reproduktion der Aufzeichnung der Wertentwicklung des Master-OGAW sein.

(2) Absatz 1 gilt nicht,

a) wenn ein Feeder-OGAW die frühere Wertentwicklung seines Master-OGAW als Referenzwert heranzieht oder
b) wenn der Feeder als Feeder-OGAW zu einem späteren Zeitpunkt lanciert wurde als der Master-OGAW, die Bedingungen von Artikel 19 dieser Verordnung erfüllt sind und für die Jahre vor Bestehen des Feeder eine simulierte Wertentwicklung auf der Grundlage der früheren Wertentwicklung des Master-OGAW vorgenommen wurde; oder
c) wenn der Feeder-OGAW Aufzeichnungen über die frühere Wertentwicklung aus der Zeit vor der Aufnahme seiner Tätigkeit als Feeder besitzt, wobei seine eigenen Aufzeichnungen im Balkendiagramm für die entsprechenden Jahre ausgewiesen und wesentliche Änderungen im Sinne von Artikel 17 Absatz 2 dieser Verordnung kenntlich gemacht sind.

ABSCHNITT 5
Strukturierte OGAW

Artikel 36
Wertentwicklungsszenarien

(1) Das Dokument mit wesentlichen Informationen für den Anleger für strukturierte OGAW enthält nicht den Abschnitt „Frühere Wertentwicklung".

Im Sinne dieses Abschnitts versteht man unter „strukturierten OGAW" OGAW, die für die Anleger zu bestimmten vorher festgelegten Terminen nach Algorithmen berechnete Erträge erwirtschaften, die an die Wertentwicklung, Preisänderungen oder sonstige Bedingungen der Finanzvermögenswerte, Indizes oder Referenzportfolios gebunden sind, oder OGAW mit vergleichbaren Merkmalen.

(2) Bei strukturierten OGAW enthält der Abschnitt „Ziele und Anlagepolitik" des Dokuments mit wesentlichen Informationen für den Anleger eine Erläuterung der Funktionsweise der Formel und der Berechnung der Erträge.

(3) Der in Absatz 2 genannten Erläuterung ist eine Illustration von mindestens drei Szenarien der potenziellen OGAW-Wertentwicklung beizufügen. Dabei sind zweckmäßige Szenarien zu wählen, die die Umstände aufzeigen, unter denen mit der Formel eine niedrige, mittlere oder hohe und gegebenenfalls auch eine negative Rendite für den Anleger erwirtschaftet wird.

(4) Die in Absatz 3 genannten Szenarien müssen den Anleger in die Lage versetzen, sämtliche Auswirkungen des der Formel zugrunde liegenden Berechnungsmechanismus in jeder Hinsicht verstehen zu können.

Die Szenarien sind auf redliche, eindeutige und nicht irreführende Art und Weise zu präsentieren und sollten vom durchschnittlichen Kleinanleger verstanden werden können. Insbesondere steigern sie nicht künstlich die Bedeutung der endgültigen Wertentwicklung des OGAW.

(5) Die in Absatz 3 genannten Szenarien stützen sich auf vernünftige und konservative Annahmen über künftige Marktbedingungen und Preisbewegungen.

Setzt die Formel die Anleger jedoch der Möglichkeit erheblicher Verluste aus, wie z. B eine Kapitalgarantie, die nur unter bestimmten Umständen funktioniert, so sind diese Verluste angemessen zu erläutern, selbst wenn die entsprechenden Marktbedingungen nur ein geringes Risiko vermuten lassen.

(6) Den in Absatz 3 genannten Szenarien ist eine Erklärung dahingehend beizufügen,

dass sie nur Beispiele sind, die zur Verdeutlichung der Formel aufgenommen wurden, und keine Prognose künftiger Entwicklungen darstellen. Auch ist klar zu machen, dass die dargestellten Szenarien nicht mit gleicher Wahrscheinlichkeit eintreten werden.

Artikel 37
Länge

Das Dokument mit wesentlichen Informationen für den Anleger für strukturierte OGAW darf ausgedruckt nicht länger als drei DIN-A4-Seiten sein.

KAPITEL V
DAUERHAFTE DATENTRÄGER

Artikel 38
Bedingungen für die Vorlage des Dokuments mit wesentlichen Informationen für den Anleger oder eines Prospekts auf einem anderen dauerhaften Datenträger als Papier oder auf einer Website

(1) Für die Zwecke der Richtlinie 2009/65/EG sind für den Fall, dass das Dokument mit wesentlichen Informationen für den Anleger oder der Prospekt den Anlegern auf einem anderen dauerhaften Datenträger als Papier zur Verfügung gestellt werden, die folgenden Bedingungen zu beachten:

a) die Vorlage des Dokuments mit wesentlichen Informationen für den Anleger oder des Prospekts auf einem solchen dauerhaften Datenträger ist den Rahmenbedingungen, unter denen das Geschäft zwischen der Verwaltungsgesellschaft und dem Anleger ausgeführt wird oder werden soll, angemessen; und
b) die Person, der das Dokument mit wesentlichen Informationen für den Anleger oder der Prospekt zur Verfügung zu stellen sind, wird vor die Wahl gestellt, ob sie diese auf Papier oder dem betreffenden anderen dauerhaften Datenträger erhalten möchte, und sie entscheidet sich ausdrücklich für Letzteres.

(2) Für den Fall, dass das Dokument mit wesentlichen Informationen für den Anleger oder der Prospekt den Anlegern auf einer Website zur Verfügung zu stellen und diese Unterlagen nicht persönlich an den Anleger adressiert sind, sind die folgenden Bedingungen zu beachten:

a) die Bereitstellung der betreffenden Informationen über dieses Medium ist den Rahmenbedingungen, unter denen das Geschäft zwischen der Verwaltungsgesellschaft und dem Anleger ausgeführt wird oder werden soll, angemessen;
b) der Anleger muss der Bereitstellung dieser Informationen in dieser Form ausdrücklich zustimmen;
c) die Adresse der Website und die Stelle, an der die Informationen auf dieser Website zu finden sind, müssen dem Anleger auf elektronischem Wege mitgeteilt werden;
d) die Informationen müssen sich auf dem neuesten Stand befinden;
e) die Informationen müssen über diese Website laufend abgefragt werden können und zwar so lange, wie sie für den Anleger nach vernünftigem Ermessen einsehbar sein müssen.

(3) Für die Zwecke dieses Artikels wird die Bereitstellung von Informationen auf elektronischem Wege für die Rahmenbedingungen, unter denen das Geschäft zwischen der Verwaltungsgesellschaft und dem Anleger ausgeführt wird oder werden soll, als angemes-

sen betrachtet, wenn der Anleger nachweislich über einen regelmäßigen Zugang zum Internet verfügt. Dies gilt als nachgewiesen, wenn der Anleger für die Ausführung dieses Geschäfts eine E-Mail-Adresse angegeben hat.

KAPITEL VI
SCHLUSSBESTIMMUNGEN

Artikel 39
Inkrafttreten

(1) Diese Verordnung tritt am zwanzigsten Tag nach ihrer Veröffentlichung im Amtsblatt der Europäischen Union in Kraft.

(2) Diese Verordnung gilt ab dem 1. Juli 2011.

Diese Verordnung ist in allen ihren Teilen verbindlich und gilt unmittelbar in jedem Mitgliedstaat.

Brüssel, den 1. Juli 2010
Für die Kommission
Der Präsident
José Manuel Barroso

ANHANG I
ANFORDERUNGEN AN DIE DARSTELLUNG DES SYNTHETISCHEN INDIKATORS

1. Der synthetische Indikator stuft den Fonds auf der Grundlage seiner Aufzeichnungen über die frühere Volatilität in einer Skala von 1 bis 7 ein.
2. Diese Skala wird als eine Folge von Kategorien dargestellt, die in Gesamtzahlen in aufsteigender Reihenfolge von 1 bis 7 von links nach rechts auszuweisen sind und das Risiko- und Ertragsniveau vom niedrigsten zum höchsten Wert repräsentieren.
3. In der Skala sollte klar gestellt werden, dass niedrige Risiken potenziell zu niedrigeren Erträgen und hohe Risiken potenziell zu höheren Erträgen führen.
4. Die Kategorie, in die ein OGAW fällt, ist klar und deutlich anzugeben.
5. Für eine Unterscheidung der Bestandteile der Skala dürfen keine Farben verwendet werden.

ANHANG II
KOSTENAUFSTELLUNG

Die Kosten sind in einer wie folgt strukturierten Tabelle auszuweisen:

<table>
<tr><td colspan="2">Einmalige Kosten vor und nach der Anlage</td></tr>
<tr><td>Ausgabeauf- und Rücknahmeabschläge</td><td>[] % |</td></tr>
<tr><td colspan="2">Dabei handelt es sich um den Höchstbetrag, der von Ihrer Anlage [vor der Anlage] [vor der Auszahlung Ihrer Rendite] abgezogen wird.</td></tr>
<tr><td colspan="2">Kosten, die vom Fonds im Laufe des Jahres abgezogen werden.</td></tr>
<tr><td>Laufende Kosten</td><td>[] % |</td></tr>
<tr><td colspan="2">Kosten, die der Fonds unter bestimmten Umständen zu tragen hat</td></tr>
<tr><td>An die Wertentwicklung des Fonds gebundene Gebühren</td><td>[] % pro Jahr einer jeden vom Fonds erwirtschafteten Rendite über dem Referenzwert für diese Gebühren [Bezeichnung des Referenzwerts einfügen]</td></tr>
</table>

- Für jede dieser Kostenkategorien ist ein Prozentwert anzugeben.
- Im Falle einer an die Wertentwicklung des Fonds gebundenen Gebühr ist der während des letzten OGAW-Geschäftsjahres berechnete Betrag als Prozentzahl anzugeben.

ANHANG III
DARSTELLUNG DER ANGABEN ÜBER DIE FRÜHEREN WERTENTWICKLUNGEN

Im Balkendiagramm hat die Darstellung der früheren Wertentwicklungen folgenden Kriterien zu genügen:

1. Die Skala auf der Y-Achse des Balkendiagramms ist linear, nicht logarithmisch.
2. Die Skala ist der Breite der Balken anzupassen und hat die Balken nicht so zu komprimieren, dass die Fluktuationen bei den Renditen nur schwer zu unterscheiden sind.
3. Die X-Achse beginnt bei einer Wertentwicklung von 0 %.
4. Jeder Balken wird mit einer Legende versehen, in der die erzielte Rendite in % angegeben wird.
5. Zahlen für frühere Wertentwicklungen werden auf eine Dezimalstelle nach dem Komma aufgerundet.

Verordnung (EU) Nr. 584/2010 der Kommission

vom 1. Juli 2010

zur Durchführung der Richtlinie 2009/65/EG des Europäischen Parlaments und des Rates im Hinblick auf Form und Inhalt des Standardmodells für das Anzeigeschreiben und die OGAW-Bescheinigung, die Nutzung elektronischer Kommunikationsmittel durch die zuständigen Behörden für die Anzeige und die Verfahren für Überprüfungen vor Ort und Ermittlungen sowie für den Informationsaustausch zwischen zuständigen Behörden

(Text von Bedeutung für den EWR)

DIE EUROPÄISCHE KOMMISSION –

gestützt auf den Vertrag über die Arbeitsweise der Europäischen Union,

gestützt auf die Richtlinie 2009/65/EG vom 13. Juli 2009 zur Koordinierung der Rechts- und Verwaltungsvorschriften betreffend bestimmte Organismen für gemeinsame Anlagen in Wertpapieren (OGAW) des Europäischen Parlaments und des Rates ([1]), insbesondere auf Artikel 95 Absatz 2 Buchstaben a, b und c, Artikel 101 Absatz 9 und Artikel 105,

in Erwägung nachstehender Gründe:

(1) In der Richtlinie 2009/65/EG werden der Kommission für die Festlegung und Harmonisierung bestimmter Aspekte des neuen Verfahrens für die Anzeige des Vertriebs von OGAW-Anteilen in einem Aufnahmemitgliedstaat Durchführungsbefugnisse übertragen. Eine solche Harmonisierung dürfte den zuständigen Behörden die notwendige Sicherheit im Hinblick darauf verschaffen, wie die neuen Anforderungen funktionieren, und zu einem reibungslosen Funktionieren des neuen Verfahrens beitragen.

(2) Um das Anzeigeverfahren zu erleichtern, sollten Form und Inhalt des Standardmodells für das Anzeigeschreiben, das ein OGAW zu verwenden hat, und Form und Inhalt der Bescheinigung, die die zuständigen Behörden der Mitgliedstaaten verwenden müssen, um zu bestätigen, dass ein OGAW die in der Richtlinie 2009/65/EG genannten Bedingungen erfüllt, festgelegt werden. Die Mitgliedstaaten sollten die Möglichkeit haben, sowohl das Anzeigeschreiben als auch die Bescheinigung elektronisch zu übermitteln.

(3) Angesichts des mit der Richtlinie 2009/65/EG verfolgten Ziels, zu gewährleisten, dass ein OGAW seine Anteile in anderen Mitgliedstaaten über ein Anzeigeverfahren, das den Informationsaustausch zwischen den zuständigen Behörden der Mitgliedstaaten verbessert, vertreiben kann, sollte ein detailliertes Verfahren für die elektronische Übermittlung der Anzeigedatei zwischen zuständigen Behörden festgelegt werden.

(4) Nach der Richtlinie 2009/65/EG müssen die zuständigen Behörden des OGAW-Herkunftsmitgliedstaats die Vollständigkeit der Anzeigedatei überprüfen, bevor sie die vollständige Datei an die zuständigen Behörden des Mitgliedstaats, in dem der OGAW seine Anteile vertreiben will, weiterleiten. Die Richtlinie gibt einem OGAW ferner das Recht, seine Anteile im Aufnahmemitgliedstaat auf den Markt zu bringen, sobald die zuständigen Behörden seines Herkunftsmitgliedstaats den zuständigen Behörden des Mitgliedstaats, in dem er seine Anteile vertreiben will, die vollständige Anzeigedatei übermittelt haben. Um Rechtssicherheit zu gewährleisten, sollte festgelegt werden, wann die Übermittlung der vollständigen Anzeigedatei als vollzogen gilt. Die zuständigen Behörden des OGAW-Her-

---

[1] ABl. L 302 vom 17.11.2009, S. 32.

kunftsmitgliedstaats sollten im Rahmen des Verfahrens für die Nutzung elektronischer Kommunikationsmittel ferner sicherstellen müssen, dass die Unterlagen vollständig übermittelt sind, bevor sie einen OGAW gemäß Artikel 93 Absatz 3 der Richtlinie 2009/65/EG über die Übermittlung in Kenntnis setzen. Ferner ist es notwendig, Verfahren für den Umgang mit technischen Problemen festzulegen, die bei der Übermittlung der Anzeigedatei zwischen den zuständigen Behörden des OGAW-Herkunfts- und -Aufnahmemitgliedstaats auftreten.

(5) Um die Übermittlung der Anzeigedatei zu vereinfachen und technischen Innovationen sowie der möglichen Entwicklung modernerer elektronischer Kommunikationssysteme Rechnung zu tragen, können die zuständigen Behörden Kooperationsvereinbarungen mit dem Ziel schließen, die elektronische Übermittlung der Anzeigedatei insbesondere im Hinblick auf Systemsicherheit und die Nutzung von Verschlüsselungsmechanismen zu verbessern. Darüber hinaus sollten die zuständigen Behörden die Regelungen für die elektronische Kommunikation innerhalb des Ausschusses der Europäischen Wertpapierregulierungsbehörden koordinieren.

(6) Die Richtlinie 2009/65/EG verpflichtet die Mitgliedstaaten, die zur Erleichterung der Zusammenarbeit notwendigen administrativen und organisatorischen Maßnahmen zu treffen. Eine verbesserte Zusammenarbeit zwischen den zuständigen Behörden ist notwendig, um die Einhaltung der Richtlinie 2009/65/EG durch OGAW und OGAW-Verwaltungsgesellschaften zu gewährleisten und das reibungslose Funktionieren des Binnenmarkts sowie ein hohes Maß an Anlegerschutz sicherzustellen.

(7) Nach der Richtlinie 2009/65/EG können die zuständigen Behörden eines Mitgliedstaats die zuständigen Behörden eines anderen Mitgliedstaats um Zusammenarbeit bei Überwachungstätigkeiten, einer Vor-Ort-Überprüfung oder einer Ermittlung im Hoheitsgebiet dieses anderen Mitgliedstaats ersuchen. Vor allem für Fälle, in denen ein OGAW von einer Verwaltungsgesellschaft mit Sitz in einem anderen Mitgliedstaat verwaltet wird, ist es von grundlegender Bedeutung, Mechanismen für die Zusammenarbeit zwischen den zuständigen Behörden und detaillierte Verfahren für den Fall zu schaffen, dass eine zuständige Behörde in Bezug auf ein Unternehmen oder eine Person mit Sitz in einem anderen Mitgliedstaat eine Ermittlung oder Vor-Ort-Überprüfung durchführen muss.

(8) Eine zuständige Behörde sollte bei Angelegenheiten, die ihrer Aufsicht unterliegen, das Recht haben, andere zuständige Behörden um Zusammenarbeit zu ersuchen. Die um Amtshilfe ersuchte Behörde sollte diesem Ersuchen auch dann nachkommen, wenn die Praktik, um die es in der Ermittlung geht, in ihrem eigenen Zuständigkeitsgebiet nicht als Verstoß angesehen wird. In den in Artikel 101 Absatz 6 der Richtlinie 2009/65/EG genannten Fällen kann die ersuchte Behörde die Amtshilfe verweigern.

(9) Die Richtlinie 2009/65/EG verpflichtet die zuständigen Behörden der Mitgliedstaaten, einander unverzüglich die zur Wahrnehmung ihrer Aufgaben erforderlichen Informationen zu übermitteln. Aus diesem Grund sollten detaillierte Vorschriften für den routinemäßigen Informationsaustausch und den Informationsaustausch ohne vorherige Anfrage festgelegt werden.

(10) Um zu gewährleisten, dass die in der Richtlinie 2009/65/EG und in dieser Verordnung genannten Pflichten ab demselben Datum gelten, sollte diese Verordnung am selben Tag in Kraft treten wie die nationalen Maßnahmen zur Umsetzung der Richtlinie 2009/65/EG.

(11) Der durch Beschluss 2009/77/EG der Kommission ([2]) eingesetzte Ausschuss der Europäischen Wertpapierregulierungsbehörden wurde in fachlichen Fragen konsultiert.

---

[2] ABl. L 25 vom 29.1.2009, S. 18.

(12) Die in dieser Verordnung vorgesehenen Maßnahmen entsprechen der Stellungnahme des Europäischen Wertpapierausschusses –

HAT FOLGENDE VERORDNUNG ERLASSEN:

KAPITEL I
ANZEIGEVERFAHREN

Artikel 1
Form und Inhalt des Anzeigeschreibens

Ein Organismus für gemeinsame Anlagen in Wertpapieren (OGAW) erstellt das in Artikel 93 Absatz 1 der Richtlinie 2009/65/EG genannte Anzeigeschreiben nach dem Muster in Anhang I dieser Verordnung.

Artikel 2
Form und Inhalt der OGAW-Bescheinigung

Die zuständigen Behörden des OGAW-Herkunftsmitgliedstaats erstellen die in Artikel 93 Absatz 3 der Richtlinie 2009/65/EG genannte Bescheinigung, dass der OGAW die in dieser Richtlinie genannten Bedingungen erfüllt, nach dem Muster in Anhang II dieser Verordnung.

Artikel 3
Benennung einer E-Mail-Adresse

(1) Für die Übermittlung der in Artikel 93 Absatz 3 der Richtlinie 2009/65/EG genannten Unterlagen und den Austausch von Informationen im Zusammenhang mit dem in diesem Artikel dargelegten Anzeigeverfahren benennen die zuständigen Behörden eine E-Mail-Adresse.

(2) Die zuständigen Behörden teilen den zuständigen Behörden anderer Mitgliedstaaten die von ihnen benannte E-Mail-Adresse mit und stellen sicher, dass Letztere umgehend über jede Änderung dieser E-Mail-Adresse informiert werden.

(3) Die zuständigen Behörden des OGAW-Herkunftsmitgliedstaats senden die in Artikel 93 Absatz 3 Unterabsatz 2 der Richtlinie 2009/65/EG genannten Unterlagen ausschließlich an die zu diesem Zweck benannte E-Mail-Adresse der zuständigen Behörden des Mitgliedstaats, in dem der OGAW seine Anteile vertreiben will.

(4) Die zuständigen Behörden richten ein Verfahren ein, das gewährleistet, dass die von ihnen für den Empfang von Anzeigen benannte E-Mail-Adresse an jedem Arbeitstag auf Nachrichteneingang hin überprüft wird.

Artikel 4
Übermittlung der Anzeigedatei

(1) Die zuständigen Behörden des OGAW-Herkunftsmitgliedstaats übermitteln den zuständigen Behörden des Mitgliedstaats, in dem der OGAW seine Anteile vertreiben will, die vollständigen, in Artikel 93 Absatz 3 Unterabsätze 1 und 2 der Richtlinie 2009/65/EG genannten Unterlagen per E-Mail.

Jede in Anhang I genannte Anlage zum Anzeigeschreiben wird in der E-Mail aufgeführt und in einem gängigen Format bereitgestellt, das Anzeige und Ausdruck ermöglicht.

(2) Die Übermittlung der vollständigen, in Artikel 93 Absatz 3 Unterabsatz 2 der Richtlinie 2009/65/EG genannten Unterlagen gilt nur dann als nicht erfolgt, wenn

a) eine der zu übermittelnden Unterlagen fehlt, unvollständig ist oder ein von Absatz 1 abweichendes Format hat;
b) die zuständigen Behörden des OGAW-Herkunftsmitgliedstaats nicht die E-Mail-Adresse verwenden, die die zuständigen Behörden des Mitgliedstaats, in dem der OGAW seine Anteile vermarkten will, gemäß Artikel 3 Absatz 1 benannt haben;
c) die Übermittlung der vollständigen Unterlagen durch die zuständigen Behörden des OGAW-Herkunftsmitgliedstaats wegen eines technischen Fehlers in ihrem elektronischen System fehlgeschlagen ist.

(3) Bevor die zuständigen Behörden des OGAW-Herkunftsmitgliedstaats dem OGAW die Übermittlung der vollständigen, in Artikel 93 Absatz 3 der Richtlinie 2009/65/EG genannten Unterlagen bestätigen, stellen sie sicher, dass diese Übermittlung stattgefunden hat.

(4) Wird den zuständigen Behörden des OGAW-Herkunftsmitgliedstaats mitgeteilt oder stellen diese fest, dass die Übermittlung der vollständigen Unterlagen nicht stattgefunden hat, leiten sie umgehend Maßnahmen zu deren Übermittlung ein.

(5) Die zuständigen Behörden können vereinbaren, das Kommunikationsmittel, über das die vollständigen, in Artikel 93 Absatz 3 Unterabsatz 2 der Richtlinie 2009/65/EG genannten Unterlagen übermittelt werden, durch ein moderneres elektronisches Kommunikationsverfahren als E-Mail zu ersetzen oder zusätzliche Verfahren zu schaffen, um die Sicherheit der übermittelten E-Mails zu erhöhen.

Bei allen alternativen Methoden oder verbesserten Verfahren wird sichergestellt, dass die in Kapitel XI der Richtlinie 2009/65/EG gesetzten Anzeigefristen eingehalten und die Möglichkeiten des OGAW, seine Anteile in einem anderen Mitgliedstaat als seinem Herkunftsmitgliedstaat auf den Markt zu bringen, nicht eingeschränkt werden.

Artikel 5
Empfang der Anzeigedatei

(1) Wenn die zuständigen Behörden eines Mitgliedstaats, in dem ein OGAW seine Anteile vermarkten will, die Unterlagen, die ihnen nach Artikel 93 Absatz 3 der Richtlinie 2009/65/EG zu übermitteln sind, erhalten, bestätigen sie den zuständigen Behörden des OGAW-Herkunftsmitgliedstaats so bald wie möglich, spätestens aber fünf Arbeitstage nach Eingang der Unterlagen, ob

a) sie alle Anlagen, die nach Artikel 4 Absatz 1 dieser Verordnung aufzuführen sind, erhalten haben und
b) die Unterlagen, die ihnen übermittelt werden müssen, angezeigt oder ausgedruckt werden können.

Die Bestätigung kann den zuständigen Behörden des OGAW-Herkunftsmitgliedstaats per E-Mail an die nach Artikel 3 Absatz 1 benannte Adresse gesandt werden, sofern die betreffenden zuständigen Behörden für die Eingangsbestätigung keine modernere Übermittlungsmethode vereinbart haben.

(2) Haben die zuständigen Behörden des OGAW-Herkunftsmitgliedstaats von den zuständigen Behörden des Mitgliedstaats, in dem der OGAW seine Anteile vertreiben will, nicht innerhalb der in Absatz 1 gesetzten Fristen eine Bestätigung erhalten, setzen sie sich

mit Letzteren in Verbindung und vergewissern sich, dass die Unterlagen vollständig übermittelt wurden.

KAPITEL II
ZUSAMMENARBEIT DER AUFSICHTSBEHÖRDEN

ABSCHNITT 1
Verfahren für Vor-Ort-Überprüfungen und Ermittlungen

Artikel 6
Ersuchen um Amtshilfe bei Vor-Ort-Überprüfungen und Ermittlungen

(1) Eine zuständige Behörde, die im Hoheitsgebiet eines anderen Mitgliedstaats eine Vor-Ort-Überprüfung oder Ermittlung durchführen will („die um Amtshilfe ersuchende Behörde") übermittelt der zuständigen Behörde dieses anderen Mitgliedstaats („der um Amtshilfe ersuchten Behörde") ein schriftliches Ersuchen. Dieses Ersuchen enthält folgende Angaben:

a) die Gründe für das Ersuchen, einschließlich der rechtlichen Bestimmungen, die im Zuständigkeitsgebiet der um Amtshilfe ersuchenden Behörde gelten und auf deren Grundlage das Ersuchen gestellt wird;
b) den Umfang der Vor-Ort-Überprüfung oder Ermittlung;
c) die Schritte, die die um Amtshilfe ersuchende Behörde bereits unternommen hat;
d) alle Schritte, die von der um Amtshilfe ersuchten Behörde einzuleiten sind;
e) die für die Vor-Ort-Überprüfung oder Ermittlung vorgeschlagene Methodik und die Gründe, aus denen die um Amtshilfe ersuchende Behörde diese Methodik gewählt hat.

(2) Das Ersuchen wird mit ausreichendem Vorlauf zur Vor-Ort-Überprüfung oder Ermittlung gestellt.

(3) Ist ein Ersuchen um Amtshilfe bei einer Vor-Ort-Überprüfung oder Ermittlung dringend, kann es per E-Mail übermittelt und im Anschluss daran schriftlich bestätigt werden.

(4) Die um Amtshilfe ersuchte Behörde bestätigt den Eingang des Ersuchens unverzüglich.

(5) Um der um Amtshilfe ersuchten Behörde die erforderliche Hilfestellung zu ermöglichen, stellt die um Amtshilfe ersuchende Behörde Ersterer alle von ihr angeforderten Informationen zur Verfügung.

(6) Die um Amtshilfe ersuchte Behörde übermittelt unverzüglich alle ihr vorliegenden Informationen und Unterlagen, die mit Blick auf die Gründe der Vor-Ort-Überprüfung oder Ermittlung und deren Umfang für die um Amtshilfe ersuchende Behörde relevant oder nützlich sind.

(7) Die um Amtshilfe ersuchte und die um Amtshilfe ersuchende Behörde bewerten anhand der nach den Absätzen 5 oder 6 übermittelten Unterlagen und Informationen erneut die Notwendigkeit der Vor-Ort-Überprüfung und Ermittlung.

(8) Die um Amtshilfe ersuchte Behörde entscheidet, ob sie die Vor-Ort-Überprüfung oder Ermittlung selbst durchführt, der um Amtshilfe ersuchenden Behörde die Durchführung der Vor-Ort-Überprüfung oder Ermittlung bzw. Prüfern oder sonstigen Experten die Durchführung der Vor-Ort-Überprüfung oder Ermittlung gestattet.

(9) Die um Amtshilfe ersuchte und die um Amtshilfe ersuchende Behörde einigen sich über die mit der Aufteilung der Kosten der Vor-Ort-Überprüfung oder Ermittlung zusammenhängenden Fragen.

Artikel 7
Durchführung der Vor-Ort-Überprüfung und Ermittlung durch die um Amtshilfe ersuchte Behörde

(1) Entscheidet die um Amtshilfe ersuchte Behörde, die Vor-Ort-Überprüfung oder Ermittlung selbst durchzuführen, so erfolgt dies nach dem in den nationalen Rechtsvorschriften des Mitgliedstaats, auf dessen Hoheitsgebiet die Vor-Ort-Überprüfung oder Ermittlung durchgeführt werden soll, vorgesehenen Verfahren.

(2) Hat die um Amtshilfe ersuchende Behörde gemäß Artikel 101 Absatz 5 der Richtlinie 2009/65/EG beantragt, dass ihre eigenen Beamten die Beamten der um Amtshilfe ersuchten Behörde, die die Überprüfung oder Ermittlung durchführen, begleiten, so einigen sich die um Amtshilfe ersuchende Behörde und die um Amtshilfe ersuchte Behörde über die praktischen Fragen einer solchen Teilnahme.

Artikel 8
Durchführung der Vor-Ort-Überprüfung und Ermittlung durch die um Amtshilfe ersuchende Behörde

(1) Entscheidet die um Amtshilfe ersuchte Behörde, der um Amtshilfe ersuchenden Behörde die Durchführung der Vor-Ort-Überprüfung oder Ermittlung zu gestatten, so erfolgt diese Vor-Ort-Überprüfung oder Ermittlung nach dem in den nationalen Rechtsvorschriften des Mitgliedstaats, auf dessen Hoheitsgebiet die Vor-Ort-Überprüfung oder Ermittlung durchgeführt werden soll, vorgesehenen Verfahren.

(2) Entscheidet die um Amtshilfe ersuchte Behörde, der um Amtshilfe ersuchenden Behörde die Durchführung der Vor-Ort-Überprüfung oder Ermittlung zu gestatten, so leistet sie die erforderliche Hilfestellung, um diese Vor-Ort-Überprüfung oder Ermittlung zu erleichtern.

(3) Stößt die um Amtshilfe ersuchende Behörde während der Vor-Ort-Überprüfung oder Ermittlung auf wesentliche Informationen, die für die Wahrnehmung der Aufgaben der um Amtshilfe ersuchten Behörde relevant sind, so übermittelt sie der um Amtshilfe ersuchten Behörde unverzüglich diese Informationen.

Artikel 9
Durchführung der Vor-Ort-Überprüfung und Ermittlung durch Wirtschaftsprüfer oder Sachverständige

(1) Entscheidet die um Amtshilfe ersuchte Behörde, Wirtschaftsprüfern oder Sachverständigen die Durchführung der Vor-Ort-Überprüfung oder Ermittlung zu gestatten, so erfolgt diese Vor-Ort-Überprüfung oder Ermittlung nach dem in den nationalen Rechtsvorschriften des Mitgliedstaats, auf dessen Hoheitsgebiet die Vor-Ort-Überprüfung oder Ermittlung durchgeführt werden sollen, vorgesehenen Verfahren.

(2) Entscheidet die um Amtshilfe ersuchte Behörde, Wirtschaftsprüfern oder Sachverständigen die Durchführung der Vor-Ort-Überprüfung oder Ermittlung zu gestatten, so leistet sie die erforderliche Hilfestellung, um diesen Wirtschaftsprüfern oder Sachverständigen die Erfüllung ihrer Aufgaben zu erleichtern.

(3) Schlägt die um Amtshilfe ersuchende Behörde die Bestellung von Wirtschaftsprüfern oder Sachverständigen vor, so übermittelt sie der um Amtshilfe ersuchten Behörde

alle relevanten Informationen über Identität und Qualifikationen solcher Wirtschaftsprüfer oder Sachverständiger.

Die um Amtshilfe ersuchte Behörde teilt der um Amtshilfe ersuchenden Behörde unverzüglich mit, ob sie der vorgeschlagenen Bestellung zustimmt.

Lehnt die um Amtshilfe ersuchte Behörde die vorgeschlagene Bestellung ab oder schlägt die um Amtshilfe ersuchende Behörde keine Bestellung von Wirtschaftsprüfern oder Sachverständigen vor, so hat die um Amtshilfe ersuchte Behörde das Recht, Wirtschaftsprüfer oder Sachverständige vorzuschlagen.

(4) Können sich die um Amtshilfe ersuchte Behörde und die um Amtshilfe ersuchende Behörde bei der Bestellung von Wirtschaftsprüfern oder Sachverständigen nicht einigen, so entscheidet die um Amtshilfe ersuchte Behörde, ob sie die Vor-Ort-Überprüfung oder Ermittlung selbst durchführt oder der um Amtshilfe ersuchenden Behörde die Durchführung der Vor-Ort-Überprüfung oder Ermittlung gestattet.

(5) Sofern die um Amtshilfe ersuchte und die um Amtshilfe ersuchende Behörde nichts anderes vereinbaren, trägt die Behörde, die die bestellten Wirtschaftsprüfer oder Sachverständigen vorgeschlagen hat, die entsprechenden Kosten.

(6) Stoßen die Wirtschaftsprüfer oder Sachverständigen bei einer Vor-Ort-Überprüfung oder Ermittlung auf wesentliche Informationen, die für die Wahrnehmung der Aufgaben der um Amtshilfe ersuchten Behörde relevant sind, so übermitteln sie der um Amtshilfe ersuchten Behörde unverzüglich diese Informationen.

Artikel 10
Ersuchen um Amtshilfe bei der Befragung von Personen in anderen Mitgliedstaaten

(1) Hält die um Amtshilfe ersuchende Behörde es für erforderlich, Personen zu befragen, die sich im Hoheitsgebiet eines anderen Mitgliedstaats aufhalten, so unterbreitet sie den zuständigen Behörden dieses Mitgliedstaats ein schriftliches Ersuchen.

(2) Dieses Ersuchen enthält folgende Angaben:

a) die Gründe für das Ersuchen, einschließlich der rechtlichen Bestimmungen, die im Zuständigkeitsgebiet der um Amtshilfe ersuchenden Behörde gelten und auf deren Grundlage das Ersuchen gestellt wird;
b) den Umfang der Befragungen;
c) die Schritte, die die um Amtshilfe ersuchende Behörde bereits unternommen hat;
d) alle Schritte, die von der um Amtshilfe ersuchten Behörde einzuleiten sind;
e) die für die Befragungen vorgeschlagene Methodik und die Gründe, aus denen die um Amtshilfe ersuchende Behörde diese Methodik gewählt hat.

(3) Das Ersuchen wird mit ausreichendem Vorlauf zu den Befragungen gestellt.

(4) Ist ein Ersuchen um Amtshilfe bei der Befragung von Personen, die sich in einem anderen Mitgliedstaaten aufhalten, dringend, kann es per E-Mail übermittelt und anschließend schriftlich bestätigt werden.

(5) Die um Amtshilfe ersuchte Behörde bestätigt den Eingang des Ersuchens unverzüglich.

(6) Um der um Amtshilfe ersuchten Behörde die erforderliche Hilfestellung zu ermöglichen, stellt die um Amtshilfe ersuchende Behörde dieser alle von ihr angeforderten Informationen zur Verfügung.

(7) Die um Amtshilfe ersuchte Behörde übermittelt unverzüglich alle ihr vorliegenden Informationen und Unterlagen, die mit Blick auf die Gründe der Befragungen und deren Umfang für die um Amtshilfe ersuchende Behörde relevant oder nützlich sind.

(8) Die um Amtshilfe ersuchte und die um Amtshilfe ersuchende Behörde bewerten anhand der nach den Absätzen 6 oder 7 übermittelten Unterlagen und Informationen erneut die Notwendigkeit von Befragungen.

(9) Die um Amtshilfe ersuchte Behörde entscheidet, ob sie die Befragungen selbst durchführt oder ob sie der um Amtshilfe ersuchenden Behörde gestattet, die Befragungen durchzuführen.

(10) Die um Amtshilfe ersuchte und die um Amtshilfe ersuchende Behörde einigen sich über die mit der Aufteilung der Kosten für die Durchführung der Befragungen zusammenhängenden Fragen.

(11) Die um Amtshilfe ersuchende Behörde kann an den gemäß Absatz 1 verlangten Befragungen teilnehmen. Die um Amtshilfe ersuchende Behörde kann vor und während der Befragung Fragen unterbreiten, die gestellt werden sollen.

Artikel 11
Besondere Bestimmungen für Überprüfungen vor Ort und Ermittlungen

(1) Die zuständigen Behörden des Herkunftsmitgliedstaats der Verwaltungsgesellschaft und die zuständigen Behörden des OGAW-Herkunftsmitgliedstaats unterrichten sich gegenseitig über alle Vor-Ort-Überprüfungen und Ermittlungen, die im Zusammenhang mit ihrer Aufsicht unterliegenden Verwaltungsgesellschaften oder OGAW vorgenommen werden sollen. Nach Eingang einer solchen Mitteilung kann die benachrichtigte zuständige Behörde die benachrichtigende zuständige Behörde unverzüglich darum ersuchen, im Rahmen der Vor-Ort-Überprüfung oder Ermittlung Fragen einzubeziehen, die unter die Aufsichtsbefugnis der benachrichtigten Behörde fallen.

(2) Die zuständigen Behörden des Herkunftsmitgliedstaats der Verwaltungsgesellschaft können die zuständige Behörde des OGAW-Herkunftsmitgliedstaats bei der Vor-Ort-Überprüfung und Ermittlung im Zusammenhang mit einer OGAW-Verwahrstelle um Amtshilfe ersuchen und erforderlichenfalls dazu auffordern, ihre Aufsichtspflichten in Bezug auf die Verwaltungsgesellschaft zu erfüllen.

(3) Die zuständigen Behörden des OGAW-Herkunftsmitgliedstaats und die zuständigen Behörden des Herkunftsmitgliedstaats der Verwaltungsgesellschaft einigen sich auf die Verfahren für die gegenseitige Mitteilung der Ergebnisse von Vor-Ort-Überprüfungen und Ermittlungen, die im Zusammenhang mit ihrer Aufsicht unterliegenden Verwaltungsgesellschaften und OGAW durchgeführt wurden.

(4) Die zuständigen Behörden des OGAW-Herkunftsmitgliedstaats und die zuständigen Behörden des Herkunftsmitgliedstaats der Verwaltungsgesellschaft einigen sich erforderlichenfalls auf weitere Maßnahmen, die in Bezug auf die Vor-Ort-Überprüfung oder Ermittlung getroffen werden müssen.

ABSCHNITT 2
Informationsaustausch

Artikel 12
Routinemäßiger Informationsaustausch

(1) Die zuständigen Behörden des OGAW-Herkunftsmitgliedstaats unterrichten die zuständigen Behörden der OGAW-Aufnahmemitgliedstaaten und – wenn die OGAW-Verwaltungsgesellschaft in einem anderen Mitgliedstaat als dem OGAW-Herkunftsmitglied-

staat niedergelassen ist – die zuständigen Behörden des Herkunftsmitgliedstaats des Verwaltungsgesellschaft unverzüglich über:

a) jede Entscheidung, einem OGAW die Zulassung zu entziehen;
b) jede Entscheidung, die einem OGAW bezüglich der Aussetzung der Ausgabe, des Rückkaufs oder der Rücknahme seiner Anteile auferlegt wird;
c) jede andere gegen eine OGAW getroffene schwerwiegende Maßnahme.

(2) Ist die Verwaltungsgesellschaft eines OGAW in einem anderen Mitgliedstaat niedergelassen als dem OGAW-Herkunftsmitgliedstaat, so unterrichten die zuständigen Behörden des Herkunftsmitgliedstaats der Verwaltungsgesellschaft die zuständigen Behörden des OGAW-Herkunftsmitgliedstaat unverzüglich, wenn die Fähigkeit einer Verwaltungsgesellschaft, ihre Aufgaben in Bezug auf den OGAW ordnungsgemäß zu erfüllen, erheblich beeinträchtigt ist oder die Verwaltungsgesellschaft die Anforderungen von Kapitel III der Richtlinie 2009/65/EG nicht erfüllt.

(3) Ist die Verwaltungsgesellschaft eines OGAW in einem anderen Mitgliedstaat niedergelassen als dem OGAW-Herkunftsmitgliedstaat, so erleichtern die zuständigen Behörden des OGAW-Herkunftsmitgliedstaats und des Herkunftsmitgliedstaats der Verwaltungsgesellschaft den Austausch von Informationen, die erforderlich sind, ihre Aufgaben gemäß der Richtlinie 2009/65/EG zu erfüllen, einschließlich der Gewährleistung eines angemessenes Informationsflusses. Dies umfasst den Austausch von Informationen, die benötigt werden für:

a) die Verfahren für die Zulassung einer Verwaltungsgesellschaft im Hinblick auf die Ausübung von Tätigkeiten auf dem Hoheitsgebiet eines anderen Mitgliedstaats gemäß den Artikeln 17 und 18 der Richtlinie 2009/65/EG;
b) die Verfahren für die Zulassung eines Verwaltungsgesellschaft im Hinblick auf die Verwaltung eines in einem anderen Mitgliedstaat als dem Herkunftsmitgliedstaat der Verwaltungsgesellschaft niedergelassenen OGAW gemäß Artikel 20 der Richtlinie 2009/65/EG;
c) die laufende Überwachung von Verwaltungsgesellschaften und OGAW.

Artikel 13
Informationsaustausch ohne vorherige Aufforderung

Die zuständigen Behörden übermitteln unverzüglich und ohne vorherige Aufforderung alle relevanten Informationen, die für andere zuständige Behörden in Bezug auf die Erfüllung von in der Richtlinie 2009/65/EG festgelegten Aufgaben von wesentlichem Interesse sein dürften.

KAPITEL III
SCHLUSSBESTIMMUNGEN

Artikel 14
Inkrafttreten

Diese Verordnung tritt am zwanzigsten Tag nach ihrer Veröffentlichung im Amtsblatt der Europäischen Union in Kraft.

Sie gilt ab dem 1. Juli 2011.

Diese Verordnung ist in allen ihren Teilen verbindlich und gilt unmittelbar in jedem Mitgliedstaat.

Brüssel, den 1. Juli 2010
Für die Kommission
Der Präsident
José Manuel Barroso

ANHANG I
ANZEIGESCHREIBEN

(Artikel 1 der Verordnung (EU) Nr. 584/2010 der Kommission vom 1. Juli 2010 zur Durchführung der Richtlinie 2009/65/EG des Europäischen Parlaments und des Rates im Hinblick auf Form und Inhalt des Standardmodells für das Anzeigeschreiben und die OGAW-Bescheinigung, die Nutzung elektronischer Kommunikationsmittel durch die zuständigen Behörden für die Anzeige und die Verfahren für Vor-Ort-Überprüfungen und Ermittlungen sowie für den Informationsaustausch zwischen zuständigen Behörden (ABl. L 176 vom 10.7.2010, S. 16).

MITTEILUNG DER ABSICHT DES VERTRIEBS VON OGAW-ANTEILEN

IN ______________________
(Aufnahmemitgliedstaat)

TEIL A

Name des OGAW: ______________________________________

OGAW-Herkunftsmitgliedstaat: ______________________________

Rechtsform des OGAW (Zutreffendes bitte ankreuzen):

☐ Investmentfonds

☐ „Unit Trust“

☐ Investmentgesellschaft

Hat der OGAW Teilfonds? Ja/Nein

Name des OGAW und/oder des/der Teilfonds, die im Aufnahme-mitgliedstaat vertrieben werden sollen	Name der Anteilsklasse(n), die im Aufnahmemit-gliedstaat vertrieben werden soll(en) ([1])	Dauer ([2])	Code-Nummern([3])

([1]) Beabsichtigt der OGAW lediglich den Vertrieb bestimmter Anteilsklassen, sind nur diese Klassen aufzuführen.
([2]) Falls zutreffend.
([3]) Falls zutreffend (z. B. ISIN).

Name der Verwaltungsgesellschaft/selbstverwalteten Investmentgesellschaft:

____

Herkunftsmitgliedstaat der Verwaltungsgesellschaft: ______________________________

Adresse und eingetragener Gesellschaftssitz/Wohnsitz, falls nicht mit dem Gesellschaftssitz identisch:

____

____

Angaben zur Website der Verwaltungsgesellschaft: ______________________________

Angaben zur Kontaktperson bei der Verwaltungsgesellschaft:

Name/Funktion: ______________________________

Telefon: ______________________________

E-Mail-Adresse: ______________________________

Telefaxnummer: ______________________________

Dauer der Gesellschaft, sofern zutreffend: ______________________________

Umfang der Tätigkeiten der Verwaltungsgesellschaft im OGAW-Aufnahmemitgliedstaat

____

____

Zusätzliche Informationen über den OGAW (sofern erforderlich)

____

____

____

____

____

Anlagen:

(1) Aktuelle Fassung der Vertragsbedingungen oder Satzung, erforderlichenfalls in einer Übersetzung gemäß Artikel 94 Absatz 1 Buchstabe c der Richtlinie 2009/65/EG.

____

(Titel des Dokuments oder Name der elektronischen Anlage)

(2) Aktuelle Fassung des Prospekts, erforderlichenfalls in einer Übersetzung gemäß Artikel 94 Absatz 1 Buchstabe c der Richtlinie 2009/65/EG.

____

(Titel des Dokuments oder Name der elektronischen Anlage)

(3) Aktuelle Fassung der wesentlichen Informationen für den Anleger, erforderlichenfalls in einer Übersetzung gemäß Artikel 94 Absatz 1 Buchstabe b der Richtlinie 2009/65/EG.

____

(Titel des Dokuments oder Name der elektronischen Anlage)

(4) Der letzte veröffentlichte Jahresbericht und jeglicher auf ihn folgender Halbjahresbericht, erforderlichenfalls in einer Übersetzung gemäß Artikel 94 Absatz 1 Buchstabe c der Richtlinie 2009/65/EG.

____

(Titel des Dokuments oder Name der elektronischen Anlage)

Anmerkung:
Diesem Schreiben müssen die aktuellen Fassungen der geforderten Dokumente beigefügt sein, damit die zuständigen Behörden des OGAW-Herkunftsmitgliedstaats diese weiterleiten können. Dies gilt auch, wenn der betreffenden Behörde bereits Kopien dieser Dokumente übermittelt worden sind. Falls den zuständigen Behörden des OGAW-Aufnahmemitgliedstaats bereits Dokumente übermittelt wurden und diese weiterhin gültig sind, kann im Anzeigeschreiben auf diese Tatsache verwiesen werden.

Angabe, wo in Zukunft aktuelle elektronische Fassungen der Anlagen erhalten werden können:

____

TEIL B

Folgende Informationen werden in Einklang mit den nationalen Rechts- und Verwaltungsvorschriften des OGAW-Aufnahmemitgliedstaats im Hinblick auf den Vertrieb von Anteilen des OGAW in diesem Mitgliedstaat zur Verfügung gestellt.

OGAW entnehmen der Website der zuständigen Behörden jedes Mitgliedstaats, welche Angaben in diesem Abschnitt zu machen sind. Eine Liste mit Adressen relevanter Websites ist verfügbar unter www.cesr.eu.

1. Vorkehrungen für den Vertrieb von OGAW-Anteilen

Anteile des OGAW bzw. von OGAW-Teilfonds werden vertrieben durch:

☐ die OGAW-Verwaltungsgesellschaft

☐ eine andere gemäß der Richtlinie 2009/65/EG zugelassene Verwaltungsgesellschaft

☐ Kreditinstitute

☐ zugelassene Wertpapierfirmen oder Berater

☐ sonstige Einrichtungen

(1) ______________________________

(2) ______________________________

(3) ______________________________

2. Maßnahmen für die Anteilinhaber gemäß Artikel 92 der Richtlinie 2009/65/EG:

Angaben zur Zahlstelle (sofern zutreffend):

Name: ______________________________

Rechtsform: ______________________________

Sitz: ______________________________

Anschrift für den Schriftverkehr (falls abweichend): ______________________________

Angaben zu anderen Personen, bei denen die Anleger Informationen einholen und Dokumente erhalten können:

Name: ____

Anschrift: ____

Modalitäten für die Veröffentlichung der Ausgabe-, Verkaufs-, Rücknahme- oder Auszahlungspreise für OGAW-Anteile:

____

____

3. Sonstige Informationen, die den zuständigen Behörden des Aufnahmemitgliedstaats gemäß Artikel 91 Absatz 3 der Richtlinie 2009/65/EG zur Verfügung zu stellen sind

Einschließlich (sofern vom OGAW-Aufnahmemitgliedstaat verlangt):

☐ jeglicher zusätzlicher Informationen, die den Anteilinhabern oder ihren Vermittlern zur Verfügung zu stellen sind;

☐ für OGAW, die Ausnahmen von in ihrem Aufnahmemitgliedstaat hinsichtlich der Modalitäten für den Vertrieb des OGAW, eine bestimmte Anteilklasse oder eine bestimmte Anlegerkategorie geltenden Bestimmungen oder Anforderungen in Anspruch nehmen, Einzelheiten der Anwendung solcher Ausnahmen;

Sofern vom OGAW-Aufnahmemitgliedstaat verlangt, Nachweis der an die zuständigen Behörden des Aufnahmemitgliedstaats zu entrichtenden Zahlungen.

TEIL C

Bestätigung durch den OGAW
Wir bestätigen hiermit, dass die diesem Anzeigeschreiben beigefügten Dokumente alle in der Richtlinie 2009/65/EG vorgesehenen relevanten Informationen enthalten. Der Wortlaut jedes Dokuments entspricht dem Wortlaut entsprechender Dokumente, die den zuständigen Behörden des Herkunftsmitgliedstaats bereits unterbreitet wurden, oder ist eine Übersetzung, die den entsprechenden Wortlaut zuverlässig wiedergibt.
(Das Anzeigeschreiben wird von einem Unterzeichnungsberechtigten des OGAW oder einer dritten Person unterzeichnet, die durch ein schriftliches Mandat bevollmächtigt wurde, im Namen des anzeigenden OGAW so zu handeln, dass seine Handlung von den zuständigen Behörden des OGAW-Herkunftsmitgliedstaats im Hinblick auf die Zertifizierung von Dokumenten akzeptiert wird. Der Unterzeichner gibt seinen/ihren vollständigen Namen und Funktion an und stellt sicher, dass die Bestätigung datiert ist.)

ANHANG II
OGAW-BESCHEINIGUNG

(Artikel 2 der Verordnung (EU) Nr. 584/2010 der Kommission vom 1. Juli 2010 zur Durchführung der Richtlinie 2009/65/EG des Europäischen Parlaments und des Rates im Hinblick auf Form und Inhalt des Standardmodells für das Anzeigeschreiben und die OGAW-Bescheinigung, die Nutzung elektronischer Kommunikationsmittel durch die zuständigen Behörden für die Anzeige und die Verfahren für Vor-Ort-Überprüfungen und Ermittlungen sowie für den Informationsaustausch zwischen zuständigen Behörden (ABl. L 176 vom 10.7.2010, S. 16).

______________________________ ist zuständige Behörde in:
(Name der zuständigen Behörde des OGAW-Herkunftsmitgliedstaats)

____
(OGAW-Herkunftsmitgliedstaat)

Addresse: ______________________________

Telefon: ______________________________

E-Mail-Adresse: ______________________________

Faxnummer: ______________________________

und nimmt die in Artikel 97 Absatz 1 der Richtlinie 2009/65/EG vorgesehenen Befugnisse wahr.

Für die Zwecke von Artikel 93 Absatz 3 der Richtlinie 2009/65/EG bestätigt

______________________________ , dass
(Name der zuständigen Behörde, wie oben)

____
(Name des OGAW d. h. Name des Investmentfonds, Unit Trust oder der Investmentgesellschaft)

niedergelassen ist in: (Name des Herkunftsmitgliedstaats)

____

gegründet wurde am: (Datum der Genehmigung der Vertragsbedingungen oder der Satzung des OGAW)

____

unter folgende Nummer registriert ist (sofern anwendbar, Registriernummer des OGAW in seinem Herkunftsmitgliedstaat)

____

registriert wurde bei (sofern anwendbar, Name der für das Register zuständigen Behörde)
seinen Sitz hat in

____

____

(nur bei Investmentgesellschaften, Adresse der Hauptverwaltung der OGAW)

is: (please tick appropriate one box)

entweder ☐ Investmentfonds/Unit Trust

Liste aller im Herkunftsmitgliedstaat zugelassenen Teilfonds, sofern zutreffend	
Lfd. Nr.	Name
1	
2	
3	
....	

Verwaltungsgesellschaft:

____

____

(Name und Adresse der Verwaltungsgesellschaft)

oder ☐ eine Investmentgesellschaft ist:

Liste aller im Herkunftsmitgliedstaat zugelassenen Teilfonds, sofern zutreffend	
Lfd. Nr.	Name
1	
2	
3	
....	

dass der Fonds (Zutreffendes bitte ankreuzen)

entweder ☐ eine Verwaltungsgesellschaft benannt hat

____

(Name und Adresse der benannten Verwaltungsgesellschaft)

oder ☐ selbstverwaltet ist

und die Bedingungen der Richtlinie 2009/65/EG erfüllt.

(Die Bescheinigung wird von einem Vertreter der zuständigen Behörde des OGAW-Herkunftsmitgliedstaats so unterzeichnet und datiert, dass dies im Hinblick auf die Bescheinigung durch diese Behörde akzeptiert wird. Der Unterzeichner gibt seinen/ihren vollständigen Namen und Funktion an.)

Richtlinie 2010/42/EU der Kommission

vom 1. Juli 2010

zur Durchführung der Richtlinie 2009/65/EG des Europäischen Parlaments und des Rates in Bezug auf Bestimmungen über Fondsverschmelzungen, Master-Feeder-Strukturen und das Anzeigeverfahren

(Text von Bedeutung für den EWR)

DIE EUROPÄISCHE KOMMISSION –

gestützt auf den Vertrag über die Arbeitsweise der Europäischen Union,

gestützt auf die Richtlinie 2009/65/EG des Europäischen Parlaments und des Rates vom 13. Juli 2009 zur Koordinierung der Rechts- und Verwaltungsvorschriften betreffend bestimmte Organismen für gemeinsame Anlagen in Wertpapieren (OGAW) (Neufassung) ([1]), insbesondere auf Artikel 43 Absatz 5, Artikel 60 Absatz 6 Buchstaben a und c, Artikel 61 Absatz 3, Artikel 62 Absatz 4, Artikel 64 Absatz 4 Buchstabe a und Artikel 95 Absatz 1,

in Erwägung nachstehender Gründe:

(1) Die Informationen, die den Anteilinhabern gemäß Artikel 43 Absatz 1 der Richtlinie 2009/65/EG im Falle einer Verschmelzung zu übermitteln sind, sollten den Bedürfnissen der Anteilinhaber des übertragenden und des übernehmenden OGAW Rechnung tragen und ihnen ein fundiertes Urteil ermöglichen.

(2) Der übertragende und der übernehmende OGAW sollten nicht dazu verpflichtet sein, in das betreffende Informationsdokument andere als die in Artikel 43 Absatz 3 der Richtlinie 2009/65/EG und Artikel 3 bis 5 dieser Richtlinie genannten Informationen aufzunehmen. Es steht dem übertragenden oder dem übernehmenden OGAW jedoch frei, weitere Informationen hinzuzufügen, die im Rahmen der vorgeschlagenen Verschmelzung relevant sind.

(3) Wird das Informationsdokument gemäß Artikel 43 Absatz 1 der Richtlinie 2009/65/EG durch eine Zusammenfassung ergänzt, so sollte dies den OGAW nicht von der Verpflichtung entbinden, das Informationsdokument kurz zu halten und in allgemein verständlicher Sprache abzufassen.

(4) Bei der Bereitstellung der Informationen, die den Anteilinhabern des übernehmenden OGAW gemäß Artikel 43 Absatz 1 der Richtlinie 2009/65/EG zu übermitteln sind, sollte davon ausgegangen werden, dass diese Anteilinhaber mit den Merkmalen des übernehmenden OGAW, mit den Rechten, die sie in Bezug auf den OGAW genießen, und mit der Art seiner Geschäfte bereits weitgehend vertraut sind. Der Schwerpunkt sollte deshalb auf dem Prozess der Verschmelzung und deren möglichen Auswirkungen auf den übernehmenden OGAW liegen.

(5) Die Bereitstellung der in Artikel 43 und 64 der Richtlinie 2009/65/EG genannten Informationen an die Anteilinhaber sollte harmonisiert werden. Die Informationen sollen es den Anteilinhabern ermöglichen, sich ein fundiertes Urteil darüber zu bilden, ob sie im Falle, dass ein OGAW entweder an einer Verschmelzung beteiligt ist, in einen Feeder-OGAW umgewandelt wird oder den Master-OGAW verändert, ihre Anlage aufrechterhalten wollen oder eine Auszahlung verlangen. Die Anteilinhaber sollten über solche größeren Veränderungen beim OGAW unterrichtet werden und in der Lage sein, die Informationen zu lesen. Aus diesem Grund sollten die Informationen auf Papier oder einem anderen dauer-

---

1 ABl. L 302 vom 17.11.2009, S. 32.

haften Datenträger z. B. per elektronischer Post (E-Mail) persönlich an die Anteilinhaber gerichtet werden. Die Nutzung elektronischer Medien sollte es den OGAW ermöglichen, die Informationen kostengünstig zu liefern. Diese Richtlinie sollte die OGAW nicht dazu verpflichten, ihre Anteilinhaber direkt zu informieren, sondern den besonderen Gegebenheiten bestimmter Mitgliedstaaten Rechnung tragen, in denen OGAW oder ihre Verwaltungsgesellschaften aus rechtlichen oder praktischen Gründen außerstande sind, sich direkt mit Anteilinhabern in Verbindung zu setzen. OGAW sollten die Informationen auch durch Weitergabe an die Verwahrstelle oder an Intermediäre bereitstellen können, sofern gewährleistet ist, dass alle Anteilinhaber die Informationen rechtzeitig erhalten. Diese Richtlinie sollte lediglich die Art und Weise harmonisieren, wie die in Artikel 43 und 64 der Richtlinie 2009/65/EG genannten Informationen für die Anteilinhaber zur Verfügung gestellt werden. Die Mitgliedstaaten können die Bereitstellung anderer Arten von Informationen an die Anteilinhaber mittels innerstaatlicher Bestimmungen regeln.

(6) In der Vereinbarung zwischen Master-OGAW und Feeder-OGAW sollte den spezifischen Bedürfnissen des Feeder-OGAW, der mindestens 85 % seiner Vermögenswerte in den Master-OGAW anlegt und gleichzeitig weiterhin sämtlichen Verpflichtungen an OGAW unterliegt, Rechnung getragen werden. In der Vereinbarung sollte deshalb festgelegt werden, dass der Master-OGAW dem Feeder-OGAW rechtzeitig sämtliche erforderlichen Informationen liefert, damit dieser seinen eigenen Verpflichtungen nachkommen kann. Ferner sollten in der Vereinbarung die sonstigen Rechte und Pflichten beider Parteien festgelegt werden.

(7) Die Mitgliedstaaten sollten nicht verlangen, dass die gemäß Artikel 60 Absatz 1 Unterabsatz 1 abgeschlossene Vereinbarung zwischen Master-OGAW und Feeder-OGAW andere als die in Kapitel VIII der Richtlinie 2009/65/EG und den Artikeln 8 bis 14 dieser Richtlinie genannten Elemente enthält. Wenn Master-OGAW und Feeder-OGAW dies wünschen, kann die Vereinbarung jedoch weitere Elemente umfassen.

(8) Entsprechen die Vereinbarungen zwischen Master-OGAW und Feeder-OGAW den Vereinbarungen mit Anteilinhabern des Master-OGAW, die nicht Feeder-OGAW sind, und sind diese Vereinbarungen im Prospekt des Master-OGAW beschrieben, sollte nicht verlangt werden, dass diese Standardvereinbarungen in der Vereinbarung zwischen Master-OGAW und Feeder-OGAW repliziert werden, sondern sollte im Interesse der Kosteneinsparung und der Verringerung des Verwaltungsaufwands ein Querverweis auf die relevanten Teile des Prospekts des Master-OGAW ausreichen.

(9) Die Vereinbarung zwischen Master-OGAW und Feeder-OGAW sollte angemessene Verfahren für die Bearbeitung von Anfragen und Beschwerden der Anteilinhaber vorsehen, um Korrespondenz erledigen zu können, die statt an den Feeder-OGAW irrtümlich an den Master-OGAW gerichtet wurde oder umgekehrt.

(10) Um Transaktionskosten zu sparen und negative steuerliche Auswirkungen zu vermeiden, können Master-OGAW und Feeder-OGAW sich auf die Übertragung von Sacheinlagen einigen, sofern dies nicht aufgrund des innerstaatliches Rechts verboten oder mit den Vertragsbedingungen oder der Satzung von Master-OGAW oder Feeder-OGAW unvereinbar ist. Die Möglichkeit zur Übertragung von Sacheinlagen auf den Master-OGAW sollte insbesondere Feeder-OGAW, die bereits als OGAW – einschließlich als Feeder-OGAW eines anderen Master-OGAW – tätig sind, helfen, Transaktionskosten zu vermeiden, die sich aus dem Verkauf von Vermögenswerten ergeben, in die sowohl Feeder-OGAW als auch Master-OGAW investiert haben. Der Feeder-OGAW sollte ferner die Möglichkeit haben, auf Wunsch Sacheinlagen vom Master-OGAW zu erhalten, um Transaktionskosten verringern und negative steuerliche Auswirkungen vermeiden zu können. Die Übertragung

von Sacheinlagen auf den Feeder-OGAW sollte nicht nur bei Liquidationen, Verschmelzungen oder Spaltungen des Master-OGAW, sondern auch unter anderen Umständen möglich sein.

(11) Um die erforderliche Flexibilität zu gewährleisten und gleichzeitig im besten Interessen der Anleger zu handeln, sollte ein Feeder-OGAW, der Vermögenswerte durch Übertragung von Sacheinlagen erhalten hat, vorbehaltlich der Zustimmung des Master-OGAW die Möglichkeit haben, einen Teil oder die Gesamtheit dieser Vermögenswerte auf seinen Master-OGAW zu übertragen, oder Vermögenswerte in Barwerte umzuwandeln und diese im Master-OGAW anzulegen.

(12) Aufgrund der besonderen Merkmale der Master-Feeder-Struktur müssen in der Vereinbarung zwischen Master-OGAW und Feeder-OGAW Kollisionsnormen vorgesehen werden, die von den Artikeln 3 und 4 der Verordnung (EG) Nr. 593/2008 des Europäischen Parlaments und des Rates vom 17. Juni 2008 über das auf vertragliche Schuldverhältnisse anzuwendende Recht (Rom I) ([2]) dahingehend abweichen, dass auf die Vereinbarung entweder das Recht des Mitgliedstaats, in dem der Feeder-OGAW niedergelassen ist, oder das Recht des Mitgliedstaats des Master-OGAW anwendbar sein sollte. Die Parteien sollten die Möglichkeit haben, Vor- und Nachteile dieser Entscheidung abzuwägen und dabei zu berücksichtigen, ob der Master-OGAW mehrere Feeder-OGAW hat und ob diese Feeder-OGAW im gleichen oder in mehreren Mitgliedstaaten niedergelassen sind.

(13) Haben die Anteilinhaber des Feeder-OGAW gemäß der Richtlinie 2009/65/EG das Recht, im Falle einer Liquidation, Verschmelzung oder Spaltung des Master-OGAW, eine Auszahlung zu verlangen, sollte der Feeder-OGAW dieses Recht nicht durch eine befristete Aussetzung von Rücknahme oder Auszahlung untergraben, es sei denn, außergewöhnliche Umstände erfordern dies zur Wahrung der Interessen der Anteilinhaber oder die zuständigen Behörden verlangen entsprechende Maßnahmen.

(14) Da eine Verschmelzung oder Spaltung des Master-OGAW innerhalb von 60 Tagen wirksam werden kann, besteht die Gefahr, dass die Frist für Beantragung und Erhalt der Genehmigung der neuen Anlagepläne durch den Feeder-OGAW und die Gewährung des Rechts an die Anteilinhaber des Feeder-OGAW, innerhalb von 30 Tagen die Rücknahme oder Auszahlung ihrer Anteile zu verlangen, sich unter außergewöhnlichen Umständen als zu kurz erweist, als dass der Feeder-OGAW mit Sicherheit sagen könnte, wie viele seiner Anteilinhaber eine Auszahlung verlangen werden. Unter solchen Umständen sollte der Feeder-OGAW im Prinzip dazu verpflichtet sein, vom Master-OGAW eine Auszahlung all seiner Vermögenswerte zu verlangen. Um unnötige Transaktionskosten zu vermeiden, sollte der Feeder-OGAW jedoch über alternative Möglichkeiten verfügen, um unter verringerten Transaktionskosten und unter Vermeidung anderer negativer Auswirkungen sicherzustellen, dass seine Anteilinhaber das Recht, eine Auszahlung zu verlangen, wahrnehmen können. Der Feeder-OGAW sollte insbesondere so rasch wie möglich die Genehmigung beantragen. Zudem sollte der Feeder-OGAW nicht dazu verpflichtet sein, die Auszahlung zu verlangen, wenn seine Anteilinhaber entscheiden, diese Möglichkeit nicht wahrzunehmen. Verlangt der Feeder-OGAW vom Master-OGAW eine Auszahlung, so ist abzuwägen, ob eine Auszahlung in Form von Sacheinlagen die Transaktionskosten verringern und andere negative Auswirkungen vermeiden könnte.

(15) Die Vereinbarung über den Informationsaustausch zwischen den Verwahrstellen des Master-OGAW und des Feeder-OGAW sollte es der Verwahrstelle des Feeder-OGAW

---

[2] ABl. L 177 vom 4.7.2008, S. 6.

ermöglichen, alle relevanten Informationen und Dokumente zu erhalten, die sie benötigt, um ihre Verpflichtungen zu erfüllen. Angesichts der besonderen Merkmale dieser Vereinbarung sollte sie die gleichen, von den Artikeln 3 und 4 der Rom I-Verordnung abweichenden Kollisionsnormen vorsehen wie die Vereinbarung zwischen Master-OGAW und Feeder-OGAW. Die Vereinbarung über den Informationsaustausch sollte jedoch weder die Verwahrstelle des Master-OGAW noch die des Feeder-OGAW zur Erfüllung von Aufgaben verpflichten, die im innerstaatlichen Recht ihres Herkunftsmitgliedstaats verboten oder nicht vorgesehen sind.

(16) Die Mitteilung von Unregelmäßigkeiten, die die Verwahrstelle des Master-OGAW in Ausübung ihrer Aufgaben als Verwahrstelle gemäß dem innerstaatlichen Recht ihres Herkunftsmitgliedstaates feststellt, dient dem Schutz des Feeder-OGAW. Deshalb sollte eine solche Mitteilung nicht verpflichtend sein, wenn die betreffenden Unregelmäßigkeiten keine negativen Auswirkungen auf den Feeder-OGAW haben. Wenn Unregelmäßigkeiten in Bezug auf den Master-OGAW negative Auswirkungen auf den Feeder-OGAW haben, sollte letzterer auch darüber informiert werden, ob und wie die Unregelmäßigkeiten behoben wurden. Die Verwahrstelle des Master-OGAW sollte deshalb die Verwahrstelle des Feeder-OGAW darüber informieren, wie der Master-OGAW die Unregelmäßigkeit behoben hat bzw. wie er sie zu beheben gedenkt. Ist die Verwahrstelle des Feeder-OGAW nicht davon überzeugt, dass die Lösung im Interesse der Anteilinhaber des Feeder-OGAW liegt, sollte sie dem Feeder-OGAW ihren Standpunkt unverzüglich mitteilen.

(17) Die Vereinbarung über den Informationsaustausch zwischen den Wirtschaftsprüfern des Master-OGAW und des Feeder-OGAW sollte es dem Wirtschaftsprüfer des Feeder-OGAW ermöglichen, alle relevanten Informationen und Dokumente zu erhalten, die er benötigt, um seine Verpflichtungen zu erfüllen. Angesichts der besonderen Merkmale dieser Vereinbarung sollte sie die gleichen von den Artikeln 3 und 4 der Rom I-Verordnung abweichenden Kollisionsnormen vorsehen wie die Vereinbarung zwischen Master-OGAW und Feeder-OGAW.

(18) Hinsichtlich des Umfangs der Informationen, die gemäß Artikel 91 Absatz 3 der Richtlinie 2009/65/EG elektronisch zugänglich zu machen sind, sollte im Interesse der Rechtssicherheit festgelegt werden, welche Kategorien von Informationen aufzunehmen sind.

(19) Um ein gemeinsames Konzept für die Art und Weise zu finden, wie die in Artikel 93 Absatz 2 der Richtlinie 2009/65/EG genannten Unterlagen für die zuständigen Behörden des Aufnahmemitgliedstaats des OGAW elektronisch zugänglich gemacht werden, muss jeder OGAW bzw. seine Verwaltungsgesellschaft dazu verpflichtet werden, eine Website zu benennen, auf der die betreffenden Unterlagen in einem allgemein üblichen elektronischen Format zur Verfügung gestellt werden. Ferner ist ein Verfahren festzulegen, wie die zuständigen Behörden des Aufnahmemitgliedstaats des OGAW gemäß Artikel 93 Absatz 7 der genannten Richtlinie auf elektronischem Wege über Änderungen dieser Unterlagen zu unterrichten sind.

(20) Um den OGAW und ihren Verwaltungsgesellschaften eine Anpassung an die neuen Anforderungen für das Verfahren der Informationsübermittlung an die Anteilinhaber in den in den Artikeln 7 und 29 genannten Fällen zu ermöglichen, sollte den Mitgliedstaaten eine längere Frist für die Umsetzung dieser Anforderungen in ihr nationales Rechtssystem eingeräumt werden. Dies ist besonders wichtig, wenn OGAW oder ihre Verwaltungsgesellschaften aus rechtlichen oder praktischen Gründen nicht in der Lage sind, die Anteilinhaber direkt zu informieren. OGAW mit dematerialisierten Inhaberanteilen sollten alle erforderlichen Vorkehrungen treffen können, um sicherzustellen, dass die Anteilinhaber in den in den Artikeln 8 und 32 beschriebenen Fällen die einschlägigen Informationen erhalten.

OGAW mit materialisierten Inhaberanteilen, die eine Verschmelzung, eine Umwandlung in einen Feeder-OGAW oder eine Änderung des Master-OGAW anstreben, sollten die materialisierten Inhaberanteile in registrierte Anteile oder dematerialisierte Inhaberanteile umwandeln können.

(21) Der durch Beschluss 2009/77/EG der Kommission ([3]) eingesetzte Ausschuss der europäischen Wertpapierregulierungsbehörden wurde in fachlichen Fragen konsultiert.

(22) Die in dieser Richtlinie vorgesehenen Maßnahmen stehen in Einklang mit der Stellungnahme des Europäischen Wertpapierausschusses –

HAT FOLGENDE RICHTLINIE ERLASSEN:

KAPITEL I
ALLGEMEINE BESTIMMUNGEN

Artikel 1
Gegenstand

Mit dieser Richtlinie werden die Durchführungsbestimmungen für Artikel 43 Absatz 5, Artikel 60 Absatz 6 Buchstaben a und c, Artikel 61 Absatz 3, Artikel 62 Absatz 4, Artikel 64 Absatz 4 Buchstabe a und Artikel 95 Absatz 1 der Richtlinie 2009/65/EG festgelegt.

Artikel 2
Begriffsbestimmungen

Im Sinne dieser Richtlinie bezeichnet der Ausdruck

1. „Neuordnung des Portfolios" eine signifikante Änderung der Zusammensetzung des Portfolios eines OGAW;
2. „synthetische Risiko- und Ertragsindikatoren" synthetische Indikatoren im Sinne von Artikel 8 der Verordnung (EU) Nr. 583/2010 der Kommission vom 1. Juli 2010 zur Durchführung der Richtlinie 2009/65/EG des Europäischen Parlaments und des Rates im Hinblick auf die wesentlichen Informationen für den Anleger und die Bedingungen, die einzuhalten sind, wenn die wesentlichen Informationen für den Anleger oder der Prospekt auf einem anderen dauerhaften Datenträger als Papier oder auf einer Website zur Verfügung gestellt werden ([4]).

KAPITEL II
VERSCHMELZUNGEN VON OGAW

ABSCHNITT 1

Inhalt der Informationen über die Verschmelzung

Artikel 3
Allgemeine Bestimmungen hinsichtlich des Inhalts der Informationen für die Anteilinhaber

(1) Die Mitgliedstaaten verlangen, dass die Informationen, die den Anteilinhabern gemäß Artikel 43 Absatz 1 der Richtlinie 2009/65/EG zur Verfügung gestellt werden müssen,

[3] ABl. L 25 vom 29.1.2009, S. 18.

[4] Siehe Seite 1 dieses Amtsblatts.

kurz gehalten und in allgemein verständlicher Sprache abgefasst sind, damit die Anteilinhaber sich ein fundiertes Urteil über die Auswirkungen der vorgeschlagenen Verschmelzung auf ihre Anlage bilden können.

Wird eine grenzüberschreitende Verschmelzung vorgeschlagen, erläutern der übertragende OGAW und der übernehmende OGAW in leicht verständlicher Sprache sämtliche Begriffe und Verfahren in Bezug auf den anderen OGAW, die sich von den im anderen Mitgliedstaat üblichen Begriffen und Verfahren unterscheiden.

(2) Die Informationen für die Anteilinhaber des übertragenden OGAW sind auf Anleger abzustimmen, die von den Merkmalen des übernehmenden OGAW und der Art seiner Tätigkeiten keine Kenntnis haben. Diese werden auf die wesentlichen Informationen für den Anleger des übernehmenden OGAW verwiesen und aufgefordert, diese zu lesen.

(3) Bei den Informationen für die Anteilinhaber des übernehmenden OGAW liegt der Schwerpunkt auf dem Vorgang der Verschmelzung und den potenziellen Auswirkungen auf den übernehmenden OGAW.

Artikel 4
Besondere Bestimmungen hinsichtlich des Inhalts der Informationen für die Anteilinhaber

(1) Die Mitgliedstaaten verlangen, dass die Informationen, die den Anteilinhabern des übertragenden OGAW gemäß Artikel 43 Absatz 3 Buchstabe b der Richtlinie 2009/65/EG zur Verfügung gestellt werden müssen, Folgendes umfassen:

a) Einzelheiten zu Unterschieden hinsichtlich der Rechte von Anteilinhabern des übertragenden OGAW vor und nach Wirksamwerden der vorgeschlagenen Verschmelzung;
b) wenn die wesentlichen Informationen für den Anleger des übertragenden OGAW und des übernehmenden OGAW synthetische Risiko- und Ertragsindikatoren in unterschiedlichen Kategorien aufweisen oder in der begleitenden erläuternden Beschreibung unterschiedliche wesentliche Risiken beschrieben werden, einen Vergleich dieser Unterschiede;
c) einen Vergleich sämtlicher Kosten, Gebühren und Aufwendungen beider OGAW auf der Grundlage der in den jeweiligen wesentlichen Informationen für den Anleger genannten Beträge;
d) wenn der übertragende OGAW eine an die Wertentwicklung gebundene Gebühr erhebt, eine Erläuterung der Erhebung dieser Gebühr bis Wirksamwerden der Verschmelzung;
e) wenn der übernehmende OGAW eine an die Wertentwicklung gebundene Gebühr erhebt, eine Erläuterung der Erhebung dieser Gebühr unter Gewährleistung einer fairen Behandlung der Anteilinhaber, die vorher Anteile des übertragenden OGAW hielten;
f) wenn dem übertragenden oder übernehmenden OGAW oder deren Anteilinhabern gemäß Artikel 46 der Richtlinie 2009/65/EG Kosten im Zusammenhang mit der Vorbereitung und Durchführung der Verschmelzung angelastet werden dürfen, die Einzelheiten der Allokation dieser Kosten;
g) eine Erklärung, ob die Verwaltungs- oder Investmentgesellschaft des übertragenden OGAW beabsichtigt, vor Wirksamwerden der Verschmelzung eine Neuordnung des Portfolios vorzunehmen.

(2) Die Mitgliedstaaten verlangen, dass die Informationen, die den Anteilinhabern des übernehmenden OGAW gemäß Artikel 43 Absatz 3 Buchstabe b der Richtlinie 2009/65/EG zu übermitteln sind, auch eine Erklärung umfassen, in der mitgeteilt wird, ob die Verwaltungs- oder Investmentgesellschaft des übernehmenden OGAW davon ausgeht, dass die

Verschmelzung wesentliche Auswirkungen auf das Portfolio des übernehmenden OGAW hat, und ob sie beabsichtigt, vor oder nach Wirksamwerden der Verschmelzung eine Neuordnung des Portfolios vorzunehmen.

(3) Die Mitgliedstaaten verlangen, dass die Informationen, die gemäß Artikel 43 Absatz 3 Buchstabe c der Richtlinie 2009/65/EG zur Verfügung gestellt werden müssen, Folgendes umfassen:

a) Angaben zum Umgang mit den aufgelaufenen Erträgen des betreffenden OGAW;
b) einen Hinweis darauf, wie der in Artikel 42 Absatz 3 der Richtlinie 2009/65/EG genannte Bericht des unabhängigen Wirtschaftsprüfers oder der Verwahrstelle erhalten werden kann.

(4) Ist im Verschmelzungsplan eine Barzahlung gemäß Artikel 2 Absatz 1 Buchstabe p Ziffern i und ii der Richtlinie 2009/65/EG vorgesehen, verlangen die Mitgliedstaaten, dass die Informationen für die Anteilinhaber des übertragenden OGAW Angaben zur vorgeschlagenen Zahlung enthalten, einschließlich Angaben zu Zeitpunkt und Modalitäten der Barzahlung an die Anteilinhaber des übertragenden OGAW.

(5) Die Mitgliedstaaten verlangen, dass die Informationen, die gemäß Artikel 43 Absatz 3 Buchstabe d der Richtlinie 2009/65/EG zur Verfügung gestellt werden müssen, Folgendes umfassen:

a) sofern gemäß innerstaatlichem Recht für den betreffenden OGAW relevant, das Verfahren für das Ersuchen der Anteilinhaber um Genehmigung der vorgeschlagenen Verschmelzung und Angaben zu den Vorkehrungen, die getroffen werden, um sie über das Ergebnis zu informieren;
b) Einzelheiten jeder geplanten Aussetzung des Anteilehandels mit dem Ziel, eine effiziente Durchführung der Verschmelzung zu ermöglichen;
c) Angabe des Zeitpunkts des Wirksamwerdens der Verschmelzung gemäß Artikel 47 Absatz 1 der Richtlinie 2009/65/EG.

(6) Muss die vorgeschlagene Verschmelzung gemäß den für den betreffenden OGAW geltenden innerstaatlichen Rechtsvorschriften von den Anteilinhabern genehmigt werden, stellen die Mitgliedstaaten sicher, dass die Informationen eine Empfehlung der Verwaltungsgesellschaft bzw. des Leitungs- oder Verwaltungsorgans der Investmentgesellschaft enthalten dürfen.

(7) Die Mitgliedstaaten verlangen, dass die Informationen für die Anteilinhaber des übertragenden OGAW Folgendes umfassen:

a) Angabe des Zeitraums, während dessen die Anteilinhaber im übertragenden OGAW noch Aufträge für die Zeichnung und Auszahlung von Anteilen erteilen können;
b) Angabe des Zeitraums, während dessen Anteilinhaber, die ihre gemäß Artikel 45 Absatz 1 der Richtlinie 2009/65/EG gewährten Rechte nicht innerhalb der einschlägigen Frist wahrnehmen, ihre Rechte als Anteilinhaber des übernehmenden OGAW wahrnehmen können;
c) wenn die vorgeschlagene Verschmelzung gemäß innerstaatlichem Recht von den Anteilinhabern des übertragenden OGAW genehmigt werden muss und der Vorschlag die erforderliche Mehrheit erhält, eine Erklärung, der zufolge Anteilinhaber, die gegen die vorgeschlagene Verschmelzung stimmen oder sich der Stimme enthalten und ihre gemäß Artikel 45 Absatz 1 der Richtlinie 2009/65/EG gewährten Rechte nicht innerhalb der einschlägigen Frist wahrnehmen, Anteilinhaber des übernehmenden OGAW werden.

(8) Wird den Informationsunterlagen eine Zusammenfassung der wichtigsten Punkte der vorgeschlagenen Verschmelzung vorangestellt, muss darin auf die Abschnitte der Informationsunterlagen verwiesen werden, die weitere Informationen enthalten.

Artikel 5
Wesentliche Informationen für den Anleger

(1) Die Mitgliedstaaten sicher, dass den Anteilinhabern des übertragenden OGAW eine aktuelle Fassung der wesentlichen Informationen für den Anleger des übernehmenden OGAW zur Verfügung gestellt wird.

(2) Werden aufgrund der vorgeschlagenen Verschmelzung Änderungen an den wesentlichen Informationen für den Anleger des übernehmenden OGAW vorgenommen, so werden diese Informationen den Anteilinhabern des übernehmenden OGAW übermittelt.

Artikel 6
Neue Anteilinhaber

Zwischen dem Datum der Übermittlung der Informationen gemäß Artikel 43 Absatz 1 der Richtlinie 2009/65/EG an die Anteilinhaber und dem Datum des Wirksamwerdens der Verschmelzung werden die Informationsunterlagen und die aktuellen wesentlichen Informationen für den Anleger des übernehmenden OGAW jeder Person übermittelt, die entweder im übertragenden oder im übernehmenden OGAW Anteile kauft oder zeichnet oder Kopien der Vertragsbedingungen oder der Satzung, des Prospekts oder der wesentlichen Informationen für den Anleger eines der beider OGAW anfordert.

ABSCHNITT 2
Informationsübermittlung

Artikel 7
Verfahren für die Übermittlung der Informationen an die Anteilinhaber

(1) Die Mitgliedstaaten stellen sicher, dass der übertragende und der übernehmende OGAW den Anteilinhabern die gemäß Artikel 43 Absatz 1 der Richtlinie 2009/65/EG zu übermittelnden Informationen auf Papier oder einem anderen dauerhaften Datenträger zur Verfügung stellen.

(2) Sollen die Informationen allen oder bestimmten Anteilinhabern auf einem anderen dauerhaften Datenträger als Papier zur Verfügung gestellt werden, müssen folgende Bedingungen erfüllt sein:

a) Die Bereitstellung der Informationen ist den Rahmenbedingungen angemessen, unter denen die Geschäftstätigkeiten zwischen Anteilinhaber und dem übertragenden bzw. übernehmenden OGAW oder, sofern relevant, der jeweiligen Verwaltungsgesellschaft ausgeführt werden oder werden sollen;

b) der Anteilinhaber, dem die Informationen zur Verfügung zu stellen sind, entscheidet sich bei der Wahl zwischen Informationen auf Papier oder einem anderen dauerhaften Datenträger ausdrücklich für Letzteres.

(3) Für die Zwecke der Absätze 1 und 2 wird die Bereitstellung von Informationen auf elektronischem Wege im Hinblick auf die Rahmenbedingungen, unter denen die Geschäftstätigkeiten zwischen übertragendem und übernehmendem OGAW bzw. deren Verwaltungsgesellschaften und dem Anteilinhaber ausgeführt werden oder werden sollen, als angemessen betrachtet, wenn der Anteilinhaber nachweislich über einen regelmäßigen Zugang zum Internet verfügt. Dies gilt als nachgewiesen, wenn der Anteilinhaber für die Ausführung dieser Geschäfte eine E-Mail-Adresse angegeben hat.

KAPITEL III
MASTER-FEEDER-STRUKTUREN

ABSCHNITT 1
Vereinbarung zwischen Feeder-OGAW und Master-OGAW und interne Regelungen für die Geschäftstätigkeiten

Unterabschnitt 1
Inhalt der Vereinbarung zwischen Feeder-OGAW und Master-OGAW

Artikel 8
Zugang zu Informationen

Die Mitgliedstaaten verlangen, dass die in Artikel 60 Absatz 1 Unterabsatz 1 der Richtlinie 2009/65/EG genannte Vereinbarung zwischen Master-OGAW und Feeder-OGAW in Bezug auf den Zugang zu Informationen folgende Angaben enthält:

a) Wie und wann übermittelt der Master-OGAW dem Feeder-OGAW Kopien seiner Vertragsbedingungen bzw. Satzung, des Prospekts und der wesentlichen Informationen für den Anleger?
b) Wie und wann unterrichtet der Master-OGAW den Feeder-OGAW über die Übertragung von Aufgaben des Investment- und Risikomanagements an Dritte gemäß Artikel 13 der Richtlinie 2009/65/EG?
c) Wie und wann übermittelt der Master-OGAW dem Feeder-OGAW – sofern relevant – interne Betriebsdokumente wie die Beschreibung des Risikomanagement-Verfahrens und die Compliance-Berichte?
d) Welche Angaben zu Verstößen des Master-OGAW gegen Rechtsvorschriften, Vertragsbedingungen oder Satzung und die Vereinbarung zwischen Master-OGAW und Feeder-OGAW meldet der Master-OGAW dem Feeder-OGAW, einschließlich Angaben zu Modalitäten und Zeitpunkt dieser Meldung?
e) Falls der Feeder-OGAW zu Sicherungszwecken in derivative Finanzinstrumente investiert, wie und wann übermittelt der Master-OGAW dem Feeder-OGAW Informationen über seine tatsächliche Risikoexponierung gegenüber derivativen Finanzinstrumenten, damit der Feeder-OGAW sein eigenes Gesamtrisiko gemäß Artikel 58 Absatz 2 Unterabsatz 2 Buchstabe a der Richtlinie 2009/65/EG ermitteln kann?
f) Eine Erklärung, der zufolge der Master-OGAW den Feeder-OGAW über jegliche weitere Vereinbarungen über den Informationsaustausch mit Dritten unterrichtet, und gegebenenfalls wie und wann der Master-OGAW dem Feeder-OGAW diese Vereinbarungen über den Informationsaustausch übermittelt.

Artikel 9
Anlage- und Veräußerungsbasis des Feeder-OGAW

Die Mitgliedstaaten verlangen, dass die in Artikel 60 Absatz 1 Unterabsatz 1 der Richtlinie 2009/65/EG genannte Vereinbarung zwischen Master-OGAW und Feeder-OGAW in Bezug auf die Investitions- und Veräußerungsbasis des Feeder-OGAW folgende Angaben enthält:

a) die Angabe, in welche Anteilklassen des Master-OGAW der Feeder-OGAW investieren kann;
b) Kosten und Aufwendungen, die vom Feeder-OGAW zu tragen sind, sowie Nachlässe oder Rückvergütungen von Gebühren oder Aufwendungen des Master-OGAW;

c) sofern zutreffend, die Modalitäten für jegliche anfängliche oder spätere Übertragung von Sacheinlagen vom Feeder-OGAW auf den Master-OGAW.

Artikel 10
Standardvereinbarungen

Die Mitgliedstaaten verlangen, dass die in Artikel 60 Absatz 1 Unterabsatz 1 der Richtlinie 2009/65/EG genannte Vereinbarung zwischen Master-OGAW und Feeder-OGAW in Bezug auf Standardvereinbarungen Folgendes enthält:

a) Abstimmung der Häufigkeit und des Zeitplans für die Berechnung des Nettoinventarwerts und die Veröffentlichung der Anteilpreise;
b) Abstimmung der Weiterleitung von Aufträgen durch den Feeder-OGAW, gegebenenfalls einschließlich einer Beschreibung der Rolle der für die Weiterleitung zuständigen Personen oder Dritter;
c) sofern relevant, die erforderlichen Vereinbarungen zur Berücksichtigung der Tatsache, dass einer oder beide OGAW auf einem Sekundärmarkt notiert sind oder gehandelt werden;
d) sofern erforderlich, weitere angemessene Maßnahmen, die nötig sind, um die Einhaltung der Anforderungen von Artikel 60 Absatz 2 der Richtlinie 2009/65/EG zu gewährleisten;
e) falls die Anteile von Feeder-OGAW und Master-OGAW auf unterschiedliche Währungen lauten, die Grundlage für die Umrechnung von Aufträgen;
f) Abwicklungszyklen und Zahlungsmodalitäten für Kauf und Zeichnung sowie Rücknahme oder Auszahlung von Anteilen des Master-OGAW, bei entsprechenden Vereinbarungen zwischen den Parteien, einschließlich der Modalitäten für die Erledigung von Auszahlungsaufträgen im Wege der Übertragung von Sacheinlagen vom Master-OGAW auf den Feeder-OGAW, insbesondere in den in Artikel 60 Absätze 4 und 5 der Richtlinie 2009/65/EG genannten Fällen;
g) Verfahren zur Gewährleistung einer angemessenen Bearbeitung von Anfragen und Beschwerden der Anteilinhaber;
h) wenn Vertragsbedingungen oder Satzung und Prospekt des Master-OGAW diesem bestimmte Rechte oder Befugnisse in Bezug auf die Anteilinhaber gewähren und der Master-OGAW beschließt, in Bezug auf den Feeder-OGAW alle oder bestimmte Rechte und Befugnisse nur in beschränktem Maße oder gar nicht wahrzunehmen, eine Beschreibung der einschlägigen Modalitäten.

Artikel 11
Ereignisse mit Auswirkungen auf Handelsvereinbarungen

Die Mitgliedstaaten verlangen, dass die in Artikel 60 Absatz 1 Unterabsatz 1 der Richtlinie 2009/65/EG genannte Vereinbarung zwischen Master-OGAW und Feeder-OGAW in Bezug auf Ereignisse mit Auswirkung auf Handelsvereinbarungen Folgendes enthält:

a) Modalitäten und Zeitplan für die Mitteilung der befristeten Aussetzung und Wiederaufnahme von Rücknahme, Auszahlung, Kauf oder Zeichnung von Anteilen eines OGAW durch den betreffenden OGAW;
b) Vorkehrungen für Meldung und Korrektur von Fehlern bei der Preisfestsetzung im Master-OGAW.

Artikel 12
Standardvereinbarungen für den Prüfbericht

Die Mitgliedstaaten verlangen, dass die in Artikel 60 Absatz 1 Unterabsatz 1 der Richtlinie 2009/65/EG genannte Vereinbarung zwischen Master-OGAW und Feeder-OGAW in Bezug auf Standardvereinbarungen für den Prüfbericht Folgendes enthält:

a) haben Feeder- und Master-OGAW die gleichen Rechnungsjahre, Abstimmung der Erstellung der regelmäßigen Berichte;
b) haben Feeder- und Master-OGAW unterschiedliche Rechnungsjahre, Vorkehrungen für die Übermittlung aller erforderlichen Informationen durch den Master-OGAW an den Feeder-OGAW, damit dieser seine regelmäßigen Berichte rechtzeitig erstellen kann, und um sicherzustellen, dass der Wirtschaftsprüfer des Master-OGAW in der Lage ist, zum Abschlusstermin des Feeder-OGAW einen Ad-hoc-Bericht gemäß Artikel 62 Absatz 2 Unterabsatz 1der Richtlinie 2009/65/EG zu erstellen.

Artikel 13
Änderungen von Dauervereinbarungen

Die Mitgliedstaaten verlangen, dass die in Artikel 60 Absatz 1 Unterabsatz 1 der Richtlinie 2009/65/EG genannte Vereinbarung zwischen Master-OGAW und Feeder-OGAW in Bezug auf Dauervereinbarungen Folgendes enthält:

a) Modalitäten und Zeitplan für die Mitteilung vorgeschlagener und bereits wirksamer Änderungen der Vertragsbedingungen oder der Satzung, des Prospekts und der wesentlichen Informationen für den Anleger durch den Master-OGAW, wenn diese Informationen von den in den Vertragsbedingungen, der Satzung oder dem Prospekt des Master-OGAW festgelegten Standardvereinbarungen für die Unterrichtung der Anteilinhaber abweichen;
b) Modalitäten und Zeitplan für die Mitteilung einer geplanten oder vorgeschlagenen Liquidation, Verschmelzung oder Spaltung durch den Master-OGAW;
c) Modalitäten und Zeitplan für die Mitteilung eines OGAW, dass die Bedingungen für einen Feeder-OGAW bzw. Master-OGAW nicht mehr erfüllt sind oder nicht mehr erfüllt sein werden;
d) Modalitäten und Zeitplan für die Mitteilung der Absicht eines OGAW, seine Verwaltungsgesellschaft, seine Verwahrstelle, seinen Wirtschaftsprüfer oder jegliche Dritte, die mit Aufgaben des Investment- oder Risikomanagements betraut sind, zu ersetzen;
e) Modalitäten und Zeitplan für die Mitteilung anderer Änderungen von Dauervereinbarungen durch den Master-OGAW.

Artikel 14
Wahl des anzuwendenden Rechts

(1) Sind Feeder-OGAW und Master-OGAW im gleichen Mitgliedstaat niedergelassen, stellen die Mitgliedstaaten sicher, dass in der in Artikel 60 Absatz 1 Unterabsatz 1 der Richtlinie 2009/65/EG genannten Vereinbarung zwischen Master-OGAW und Feeder-OGAW das Recht dieses Mitgliedstaats als auf die Vereinbarung anzuwendendes Recht festgelegt wird und beide Parteien die ausschließliche Zuständigkeit der Gerichte dieses Mitgliedstaats anerkennen.

(2) Sind Feeder-OGAW und Master-OGAW in unterschiedlichen Mitgliedstaaten nie-

dergelassen, stellen die Mitgliedstaaten sicher, dass in der in Artikel 60 Absatz 1 Unterabsatz 1 der Richtlinie 2009/65/EG genannten Vereinbarung zwischen Master-OGAW und Feeder-OGAW als anzuwendendes Recht entweder das Recht des Mitgliedstaats, in dem der Feeder-OGAW niedergelassen ist, oder das Recht des Mitgliedstaats, in dem der Master-OGAW niedergelassen ist, festgelegt wird und dass beide Parteien die ausschließliche Zuständigkeit der Gerichte des Mitgliedstaats anerkennen, dessen Recht sie als für die Vereinbarung anzuwendendes Recht festgelegt haben.

Unterabschnitt 2
Inhalt der internen Regelungen für Geschäftstätigkeiten

Artikel 15
Interessenkonflikte

Die Mitgliedstaaten stellen sicher, dass die in Artikel 60 Absatz 1 Unterabsatz 3 der Richtlinie 2009/65/EG genannten internen Regelungen für Geschäftstätigkeiten angemessene Maßnahmen zur Abschwächung von Interessenkonflikten enthalten, die zwischen Feeder-OGAW und Master-OGAW oder zwischen Feeder-OGAW und anderen Anteilinhabern des Master-OGAW entstehen können, sofern die Maßnahmen, die die Verwaltungsgesellschaft ergreift, um den Anforderungen von Artikel 12 Absatz 1 Buchstabe b und Artikel 14 Absatz 1 Buchstabe d der Richtlinie 2009/65/EG sowie Kapitel III der Richtlinie 2010/43/EG der Kommission vom 1. Juli 2010 zur Durchführung der Richtlinie 2009/65/EG des Europäischen Parlaments und des Rates im Hinblick auf organisatorische Anforderungen, Interessenkonflikte, Geschäftstätigkeiten, Risikomanagement und Inhalt der Vereinbarung zwischen einer Verwahrstelle und einer Verwaltungsgesellschaft ([5]) zu genügen, nicht ausreichen.

Artikel 16
Anlage- und Veräußerungsbasis des Feeder-OGAW

Die Mitgliedstaaten stellen sicher, dass die in Artikel 60 Absatz 1 Unterabsatz 3 der Richtlinie 2009/65/EG genannten internen Regelungen für Geschäftstätigkeiten der Verwaltungsgesellschaft in Bezug auf die Anlage- und Veräußerungsbasis des Feeder-OGAW Folgendes enthalten:

a) die Angabe, in welche Anteilklassen des Master-OGAW der Feeder-OGAW investieren kann;
b) Kosten und Aufwendungen, die vom Feeder-OGAW zu tragen sind, sowie Nachlässe oder Rückvergütungen von Gebühren oder Aufwendungen des Master-OGAW;
c) sofern zutreffend, die Modalitäten für jegliche anfängliche oder spätere Übertragung von Sacheinlagen vom Feeder-OGAW auf den Master-OGAW.

Artikel 17
Standardvereinbarungen

Die Mitgliedstaaten stellen sicher, dass die in Artikel 60 Absatz 1 Unterabsatz 3 der Richtlinie 2009/65/EG genannten internen Regelungen für Geschäftstätigkeiten der Verwaltungsgesellschaft in Bezug auf Standardvereinbarungen Folgendes enthalten:

---

[5] Siehe Seite 42 dieses Amtsblatts.

a) Abstimmung der Häufigkeit und des Zeitplans für die Berechnung des Nettoinventarwerts und die Veröffentlichung der Anteilpreise;
b) Abstimmung der Weiterleitung von Aufträgen durch den Feeder-OGAW, gegebenenfalls einschließlich einer Beschreibung der Rolle der für die Weiterleitung zuständigen Personen oder Dritter;
c) sofern relevant, die erforderlichen Vereinbarungen zur Berücksichtigung der Tatsache, dass einer oder beide OGAW auf einem Sekundärmarkt notiert sind oder gehandelt werden;
d) angemessene Maßnahmen zur Gewährleistung der Einhaltung der Anforderungen von Artikel 60 Absatz 2 der Richtlinie 2009/65/EG;
e) falls die Anteile von Feeder-OGAW und Master-OGAW auf unterschiedliche Währungen lauten, die Grundlage für die Umrechnung von Aufträgen;
f) Abwicklungszyklen und Zahlungsmodalitäten für Kauf und Auszahlung von Anteilen des Master-OGAW, bei entsprechenden Vereinbarungen zwischen den Parteien, einschließlich der Modalitäten für die Erledigung von Auszahlungsaufträgen im Wege der Übertragung von Sacheinlagen vom Master-OGAW auf den Feeder-OGAW, insbesondere in den in Artikel 60 Absätze 4 und 5 der Richtlinie 2009/65/EG genannten Fällen;
g) wenn Vertragsbedingungen oder Satzung und Prospekt des Master-OGAW diesem bestimmte Rechte oder Befugnisse in Bezug auf die Anteilinhaber gewähren und der Master-OGAW beschließt, in Bezug auf den Feeder-OGAW alle oder bestimmte Rechte und Befugnisse nur in beschränktem Maße oder gar nicht wahrzunehmen, eine Beschreibung der einschlägigen Modalitäten.

Artikel 18
Ereignisse mit Auswirkungen auf Handelsvereinbarungen

Die Mitgliedstaaten stellen sicher, dass die in Artikel 60 Absatz 1 Unterabsatz 3 der Richtlinie 2009/65/EG genannten internen Regelungen für Geschäftstätigkeiten der Verwaltungsgesellschaft in Bezug auf Ereignisse mit Auswirkungen auf Handelsvereinbarungen Folgendes enthalten:
a) Modalitäten und Zeitplan für die Mitteilung der befristeten Aussetzung und Wiederaufnahme von Rücknahme, Auszahlung oder Zeichnung von Anteilen eines OGAW durch den betreffenden OGAW;
b) Vorkehrungen für Meldung und Korrektur von Fehlern bei der Preisfestsetzung im Master-OGAW.

Artikel 19
Standardvereinbarungen für den Prüfbericht

Die Mitgliedstaaten stellen sicher, dass die in Artikel 60 Absatz 1 Unterabsatz 3 der Richtlinie 2009/65/EG genannten internen Regelungen für Geschäftstätigkeiten der Verwaltungsgesellschaft in Bezug auf den Prüfbericht Folgendes enthalten:
a) haben Feeder- und Master-OGAW die gleichen Rechnungsjahre, Abstimmung der Erstellung der regelmäßigen Berichte;
b) haben Feeder- und Master-OGAW unterschiedliche Rechnungsjahre, Vereinbarungen für die Übermittlung aller erforderlichen Informationen durch den Master-OGAW an den Feeder-OGAW, damit dieser seine regelmäßigen Berichte rechtzeitig erstellen kann, und um sicherzustellen, dass der Wirtschaftsprüfer des Master-OGAW in der Lage ist,

zum Abschlusstermin des Feeder-OGAW einen Ad-hoc-Bericht gemäß Artikel 62 Absatz 2 Unterabsatz 1der Richtlinie 2009/65/EG zu erstellen.

ABSCHNITT 2
Liquidation, Verschmelzung oder Spaltung des Master-OGAW

Unterabschnitt 1
Verfahren im Falle der Liquidation

Artikel 20
Antrag auf Genehmigung

(1) Die Mitgliedstaaten verlangen vom Feeder-OGAW, spätestens zwei Monate nach Mitteilung der verbindlichen Entscheidung zur Liquidation durch den Master-OGAW seinen zuständigen Behörden folgende Unterlagen zu übermitteln:

a) Wenn der Feeder-OGAW beabsichtigt, gemäß Artikel 60 Absatz 4 Buchstabe a der Richtlinie 2009/65/EG mindestens 85 % seiner Vermögenswerte in Anteile eines anderen Master-OGAW anzulegen:
   i) den Antrag auf Genehmigung dieser Anlage;
   ii) den Antrag auf Genehmigung der vorgeschlagenen Änderungen seiner Vertragsbedingungen oder Satzung;
   iii) die Änderungen des Prospekts und der wesentlichen Informationen für den Anleger gemäß den Artikeln 74 bzw. 82 der Richtlinie 2009/65/EG;
   iv) die anderen gemäß Artikel 59 Absatz 3 der Richtlinie 2009/65/EG erforderlichen Dokumente;
b) wenn der Feeder-OGAW gemäß Artikel 60 Absatz 4 Buchstabe b der Richtlinie 2009/65/EG eine Umwandlung in einen OGAW, der kein Feeder-OGAW ist, beabsichtigt:
   i) den Antrag auf Genehmigung der vorgeschlagenen Änderungen seiner Vertragsbedingungen oder Satzung;
   ii) die Änderungen des Prospekts und der wesentlichen Informationen für den Anleger gemäß den Artikeln 74 bzw. 82 der Richtlinie 2009/65/EG;
c) wenn der Feeder-OGAW eine Liquidation plant, die Mitteilung dieser Absicht.

(2) Wenn der Master-OGAW den Feeder-OGAW mehr als fünf Monate vor dem Beginn der Liquidation über seine verbindliche Entscheidung zur Liquidation informiert hat, übermittelt der Feeder-OGAW abweichend von Absatz 1 seinen zuständigen Behörden seinen Antrag bzw. seine Mitteilung gemäß Absatz 1 Buchstaben a, b oder c spätestens drei Monate vor diesem Datum.

(3) Der Feeder-OGAW unterrichtet seine Anteilinhaber unverzüglich über die beabsichtigte Liquidation.

Artikel 21
Genehmigung

(1) Der Feeder-OGAW wird innerhalb von 15 Arbeitstagen nach Vorlage der vollständigen, in Artikel 20 Absatz 1 Buchstaben a oder b genannten Unterlagen darüber informiert, ob die zuständigen Behörden die erforderlichen Genehmigungen erteilt haben.

(2) Nach Erhalt der Genehmigung der zuständigen Behörden gemäß Absatz 1 unterrichtet der Feeder-OGAW den Master-OGAW entsprechend.

(3) Sobald die zuständigen Behörden die erforderlichen Genehmigungen gemäß Artikel 20 Absatz 1 Buchstabe a dieser Richtlinie erteilt haben, ergreift der Feeder-OGAW alle erforderlichen Maßnahmen, um die Anforderungen von Artikel 64 der Richtlinie 2009/65/EG so rasch wie möglich zu erfüllen.

(4) Wird der Liquidationserlös des Master-OGAW vor dem Datum ausgezahlt, zu dem der Feeder-OGAW damit beginnt, entweder gemäß Artikel 20 Absatz 1 Buchstabe a in andere Master-OGAW zu investieren oder in Einklang mit seinen neuen Anlagezielen und seiner neuer Anlagepolitik gemäß Artikel 20 Absatz 1 Buchstabe b Anlagen zu tätigen, erteilen die zuständigen Behörden des Feeder-OGAW ihre Genehmigung unter folgenden Bedingungen:

a) der Feeder-OGAW erhält
   i) den Liquidationserlös in bar oder
   ii) einen Teil des Erlöses oder den gesamten Erlös in Form einer Übertragung von Sacheinlagen, sofern dies dem Wunsch des Feeder-OGAW entspricht und in der Vereinbarung zwischen Feeder-OGAW und Master-OGAW oder den internen Regelungen für Geschäftstätigkeiten und der verbindlichen Entscheidung zur Liquidation vorgesehen ist;
b) sämtliche gemäß diesem Absatz gehaltenen oder erhaltenen Barmittel können vor dem Datum, zu dem der Feeder-OGAW beginnt, Anlagen in einen anderen Master-OGAW oder in Einklang mit seinen neuen Anlagezielen und seiner neuer Anlagepolitik zu tätigen, ausschließlich zum Zweck eines effizienten Liquiditätsmanagements neu angelegt werden.

Kommt Unterabsatz 1 Buchstabe a Ziffer ii zur Anwendung, kann der Feeder-OGAW jeden Teil der als Sacheinlagen übertragenen Vermögenswerte jederzeit in Barwerte umwandeln.

Unterabschnitt 2
Verfahren im Falle der Verschmelzung oder Spaltung

Artikel 22
Antrag auf Genehmigung

(1) Die Mitgliedstaaten verlangen vom Feeder-OGAW, seinen zuständigen Behörden innerhalb eines Monats nach dem Datum, zu dem der Feeder-OGAW gemäß Artikel 60 Absatz 5 Unterabsatz 2 der Richtlinie 2009/65/EG über die geplante Verschmelzung oder Spaltung unterrichtet wurde, folgende Unterlagen zu unterbreiten:

a) wenn der Feeder-OGAW beabsichtigt, Feeder-OGAW des gleichen Master-OGAW zu bleiben:
   i) den entsprechenden Genehmigungsantrag;
   ii) sofern relevant, den Antrag auf Genehmigung der vorgeschlagenen Änderungen seiner Vertragsbedingungen oder Satzung;
   iii) sofern relevant, die Änderungen des Prospekts und der wesentlichen Informationen für den Anleger gemäß den Artikeln 74 bzw. 82 der Richtlinie 2009/65/EG;
b) wenn der Feeder-OGAW beabsichtigt, Feeder-OGAW eines anderen, aus der vorgeschlagenen Verschmelzung oder Spaltung des Master-OGAW hervorgegangenen Master-OGAW zu werden oder mindestens 85 % seines Vermögens in Anteile eines anderen, nicht aus der vorgeschlagenen Verschmelzung oder Spaltung hervorgegangenen Master-OGAW anzulegen:
   i) den Antrag auf Genehmigung dieser Anlage;

ii) den Antrag auf Genehmigung der vorgeschlagenen Änderungen seiner Vertragsbedingungen oder Satzung;
iii) die Änderungen des Prospekts und der wesentlichen Informationen für den Anleger gemäß den Artikeln 74 bzw. 82 der Richtlinie 2009/65/EG;
iv) die anderen gemäß Artikel 59 Absatz 3 der Richtlinie 2009/65/EG erforderlichen Dokumente;

c) wenn der Feeder-OGAW gemäß Artikel 60 Absatz 4 Buchstabe b der Richtlinie 2009/65/EG eine Umwandlung in einen OGAW, der kein Feeder-OGAW ist, beabsichtigt:
i) den Antrag auf Genehmigung der vorgeschlagenen Änderungen seiner Vertragsbedingungen oder Satzung;
ii) die Änderungen des Prospekts und der wesentlichen Informationen für den Anleger gemäß den Artikeln 74 bzw. 82 der Richtlinie 2009/65/EG;

d) wenn der Feeder-OGAW eine Liquidation plant, die Mitteilung dieser Absicht.

(2) Zum Zweck der Anwendung von Absatz 1 Buchstaben a und b ist Folgendes zu berücksichtigen:

Der Ausdruck „bleibt Feeder-OGAW des Master-OGAW" bezieht sich auf Fälle, in denen

a) der Master-OGAW übernehmender OGAW einer vorgeschlagenen Verschmelzung ist;
b) der Master-OGAW ohne wesentliche Veränderungen einer der aus der vorgeschlagenen Spaltung hervorgehenden OGAW bleibt.

Der Ausdruck „wird Feeder-OGAW eines anderen, aus der vorgeschlagenen Verschmelzung oder Spaltung des Master-OGAW hervorgegangenen Master-OGAW" bezieht sich auf Fälle, in denen

a) der Master-OGAW übertragender OGAW ist und der Feeder-OGAW infolge der Verschmelzung Anteilinhaber des übernehmenden OGAW wird;
b) der Feeder-OGAW Anteilinhaber eines aus einer Spaltung hervorgegangenen OGAW wird, der sich wesentlich vom Master-OGAW unterscheidet.

(3) Wenn der Master-OGAW dem Feeder-OGAW die in Artikel 43 der Richtlinie 2009/65/EG genannten oder vergleichbare Informationen mehr als vier Monate vor dem vorgeschlagenen Datum des Wirksamwerdens der Verschmelzung bzw. Spaltung übermittelt, unterbreitet der Feeder-OGAW seinen zuständigen Behörden abweichend von Absatz 1 seinen Antrag bzw. seine Mitteilung gemäß Absatz 1 Buchstaben a bis d dieses Artikels spätestens drei Monate vor dem vorgeschlagenen Datum des Wirksamwerdens der Verschmelzung bzw. Spaltung des Master-OGAW.

(4) Der Feeder-OGAW unterrichtet seine Anteilinhaber und den Master-OGAW unverzüglich über die beabsichtigte Liquidation.

Artikel 23
Genehmigung

(1) Der Feeder-OGAW wird innerhalb von 15 Arbeitstagen nach Vorlage der vollständigen, in Artikel 22 Absatz 1 Buchstaben a bis c genannten Unterlagen darüber informiert, ob die zuständigen Behörden die erforderlichen Genehmigungen erteilt haben.

(2) Sobald der Feeder-OGAW die Mitteilung erhält, dass die zuständigen Behörden die Genehmigung gemäß Absatz 1 erteilt haben, unterrichtet er den Master-OGAW entsprechend.

(3) Nachdem der Feeder-OGAW darüber informiert wurde, dass die zuständigen Behörden die erforderlichen Genehmigungen gemäß Artikel 22 Absatz 1 Buchstabe b dieser

Richtlinie erteilt haben, ergreift er alle erforderlichen Maßnahmen, um die Anforderungen von Artikel 64 der Richtlinie 2009/65/EG unverzüglich zu erfüllen.

(4) In den in Artikel 22 Absatz 1 Buchstaben b und c dieser Richtlinie beschriebenen Fällen hat der Feeder-OGAW das Recht, gemäß Artikel 60 Absatz 5 Unterabsatz 3 und Artikel 45 Absatz 1 der Richtlinie 2009/65/EG die Rücknahme und Auszahlung seiner Anteile im Master-OGAW zu verlangen, sofern die zuständigen Behörden des Feeder-OGAW bis zum Arbeitstag, der dem letzten Tag, an dem der Feeder-OGAW vor Wirksamwerden der Verschmelzung bzw. Spaltung eine Rücknahme oder Auszahlung seiner Anteile im Master-OGAW verlangen kann, vorausgeht, die gemäß Artikel 22 Absatz 1 dieser Richtlinie erforderlichen Genehmigungen nicht erteilt haben.

Der Feeder-OGAW übt dieses Recht auch aus, um das Recht seiner Anteilinhaber, die Rücknahme oder Auszahlung ihrer Anteile im Feeder-OGAW gemäß Artikel 64 Absatz 1 Buchstabe d der Richtlinie 2009/65/EG zu verlangen, zu wahren.

Vor Wahrnehmung des in Unterabsatz 1 genannten Rechts prüft der Feeder-OGAW mögliche Alternativen, die dazu beitragen können, Transaktionskosten oder andere negative Auswirkungen auf seine Anteilinhaber zu vermeiden oder zu verringern.

(5) Verlangt der Feeder-OGAW die Rücknahme oder Auszahlung seiner Anteile im Master-OGAW, so erhält er:

a) entweder den Erlös aus der Rücknahme oder Auszahlung in bar oder
b) einen Teil oder den gesamten Erlös aus der Rücknahme oder Auszahlung in Form einer Übertragung von Sacheinlagen, sofern dies dem Wunsch des Feeder-OGAW entspricht und in der Vereinbarung zwischen Feeder-OGAW und Master-OGAW vorgesehen ist.

Kommt Unterabsatz 1 Buchstabe b zur Anwendung, kann der Feeder-OGAW jeden Teil der übertragenen Vermögenswerte jederzeit in Barwerte umwandeln.

(6) Die zuständigen Behörden des Feeder-OGAW erteilen die Genehmigung unter der Bedingung, dass sämtliche gehaltene oder gemäß Absatz 5 erhaltene Barmittel vor dem Datum, zu dem der Feeder-OGAW beginnt, Anlagen in den neuen Master-OGAW oder in Einklang mit seinen neuen Investitionszielen und seiner neuer Investitionspolitik zu tätigen, ausschließlich zum Zweck eines effizienten Liquiditätsmanagements neu angelegt werden können.

ABSCHNITT 3
Verwahrstellen und Wirtschaftsprüfer

Unterabschnitt 1
Verwahrstellen

Artikel 24
Inhalt der Vereinbarung über den Informationsaustausch zwischen Verwahrstellen

Die in Artikel 61 Absatz 1 der Richtlinie 2009/65/EG genannte Vereinbarung über den Informationsaustausch zwischen der Verwahrstelle des Master-OGAW und der Verwahrstelle des Feeder-OGAW enthält Folgendes:

a) Beschreibung der Unterlagen und Kategorien von Informationen, die die beiden Verwahrstellen routinemäßig austauschen, und die Angabe, ob diese Informationen oder Unterlagen von einer Verwahrstelle an die andere übermittelt oder auf Anfrage zur Verfügung gestellt werden;
b) Modalitäten und Zeitplanung, einschließlich der Angabe aller Fristen, für die Übermittlung von Informationen durch die Verwahrstelle des Master-OGAW an die Verwahrstelle des Feeder-OGAW;

c) Koordinierung der Beteiligung beider Verwahrstellen unter angemessener Berücksichtigung ihrer im innerstaatlichem Recht vorgesehenen Pflichten hinsichtlich operationeller Fragen, einschließlich
   i) des Verfahrens zur Berechnung des Nettoinventarwerts jedes OGAW und aller angemessenen Maßnahmen zum Schutz vor Market Timing gemäß Artikel 60 Absatz 2 der Richtlinie 2009/65/EG;
   ii) der Bearbeitung von Aufträgen des Feeder-OGAW für Kauf, Zeichnung, Rücknahme oder Auszahlung von Anteilen im Master-OGAW und der Abwicklung dieser Transaktionen unter Berücksichtigung von Vereinbarungen zur Übertragung von Sacheinlagen;
d) Koordinierung der Verfahren zur Erstellung der Jahresabschlüsse;
e) Angabe, welche Verstöße des Master-OGAW gegen Rechtsvorschriften und die Vertragsbedingungen oder die Satzung von der Verwahrstelle des Master-OGAW der Verwahrstelle des Feeder-OGAW mitgeteilt werden, sowie Modalitäten und Zeitpunkt für die Bereitstellung dieser Informationen;
f) Verfahren für die Bearbeitung von Ad-hoc-Ersuchen um Unterstützung zwischen Verwahrstellen;
g) Beschreibung von Eventualereignissen, über die sich die Verwahrstellen auf Ad-hoc-Basis gegenseitig unterrichten sollten, sowie Modalitäten und Zeitpunkt hierfür.

Artikel 25
Wahl des anzuwendenden Rechts

(1) Haben Feeder-OGAW und Master-OGAW eine Vereinbarung gemäß Artikel 60 Absatz 1 der Richtlinie 2009/65/EG geschlossen, stellen die Mitgliedstaaten sicher, dass gemäß der Vereinbarung zwischen den Verwahrstellen des Master-OGAW und des Feeder-OGAW das Recht des Mitgliedstaats, das gemäß Artikel 14 dieser Richtlinie für diese Vereinbarung gilt, auch auf die Vereinbarung über den Informationsaustausch zwischen den beiden Verwahrstellen anzuwenden ist und dass beide Verwahrstellen die ausschließliche Zuständigkeit der Gerichte des betreffenden Mitgliedstaats anerkennen.

(2) Wurde die Vereinbarung zwischen Feeder-OGAW und Master-OGAW gemäß Artikel 60 Absatz 1 Unterabsatz 3 der Richtlinie 2009/65/EG durch interne Regelungen für Geschäftstätigkeiten ersetzt, stellen die Mitgliedstaaten sicher, dass gemäß der Vereinbarung zwischen den Verwahrstellen des Master-OGAW und des Feeder-OGAW auf die Vereinbarung über den Informationsaustausch zwischen den beiden Verwahrstellen entweder das Recht des Mitgliedstaats, in dem der Feeder-OGAW niedergelassen ist, oder – sofern abweichend – das Recht des Mitgliedstaats, in dem der Master-OGAW niedergelassen ist, anzuwenden ist und dass beide Verwahrstellen die ausschließliche Zuständigkeit der Gerichte des Mitgliedstaats anerkennen, dessen Recht auf die Vereinbarung über den Informationsaustausch anzuwenden ist.

Artikel 26
Berichterstattung über Unregelmäßigkeiten durch die Verwahrstelle des Master-OGAW

Die in Artikel 61 Absatz 2 der Richtlinie 2009/65/EG genannten Unregelmäßigkeiten, die die Verwahrstelle des Master-OGAW in Ausübung ihrer Pflichten gemäß innerstaatlichem Recht feststellt und die negative Auswirkungen auf den Feeder-OGAW haben können, umfassen folgende nicht erschöpfende Liste von Ereignissen:

a) Fehler bei der Berechnung des Nettoinventarwerts des Master-OGAW;
b) Fehler bei Transaktionen oder bei der Abwicklung von Kauf und Zeichnung oder von Aufträgen zur Rücknahme oder Auszahlung von Anteilen im Master-OGAW durch den Feeder-OGAW;
c) Fehler bei der Zahlung oder Kapitalisierung von Erträgen aus dem Master-OGAW oder bei der Berechnung der damit zusammenhängenden Quellensteuer;
d) Verstöße gegen die in den Vertragsbedingungen oder der Satzung, dem Prospekt oder den wesentlichen Informationen für den Anleger beschriebenen Anlageziele, -politik oder -strategie des Master-OGAW;
e) Verstöße gegen im innerstaatlichem Recht, in den Vertragsbedingungen oder der Satzung, dem Prospekt oder den wesentlichen Informationen für den Anleger festgelegte Höchstgrenzen für Anlagen und Kreditaufnahme.

Unterabschnitt 2
Wirtschaftsprüfer

Artikel 27
Vereinbarung über den Informationsaustausch zwischen Wirtschaftsprüfern

(1) Die in Artikel 62 Absatz 1 der Richtlinie 2009/65/EG genannte Vereinbarung über den Informationsaustausch zwischen den Wirtschaftsprüfern von Master-OGAW und Feeder-OGAW enthält Folgendes:

a) Beschreibung der Unterlagen und Kategorien von Informationen, die die beiden Wirtschaftsprüfer routinemäßig austauschen;
b) Angabe, ob die unter Buchstabe a genannten Informationen oder Unterlagen von einem Wirtschaftsprüfer an den anderen übermittelt oder auf Anfrage zur Verfügung gestellt werden;
c) Modalitäten und Zeitplanung, einschließlich Angabe aller Fristen, für die Übermittlung von Informationen durch den Wirtschaftsprüfer des Master-OGAW an den Wirtschaftsprüfer des Feeder-OGAW;
d) Koordinierung der Rolle der Wirtschaftsprüfer in den Verfahren zur Erstellung der Jahresabschlüsse der OGAW;
e) Angabe der Unregelmäßigkeiten, die im Prüfbericht des Wirtschaftsprüfers des Master-OGAW für die Zwecke von Artikel 62 Absatz 2 Unterabsatz 2 der Richtlinie 2009/65/EG zu nennen sind;
f) Modalitäten und Zeitplan für die Bearbeitung von Ad-hoc-Ersuchen um Unterstützung zwischen Wirtschaftsprüfern, einschließlich Ersuchen um weitere Informationen über Unregelmäßigkeiten, die im Prüfbericht des Wirtschaftsprüfers des Master-OGAW genannt werden.

(2) Die in Absatz 1 genannte Vereinbarung enthält Bestimmungen für die Erstellung der in Artikel 62 Absatz 2 und Artikel 73 der Richtlinie 2009/65/EG genannten Prüfberichte sowie Modalitäten und Zeitplan für die Übermittlung des Prüfberichts für den Master-OGAW und von dessen Entwürfen an den Wirtschaftsprüfer des Feeder-OGAW.

(3) Haben Feeder- und Master-OGAW unterschiedliche Abschlussstichtage, so werden in der unter Absatz 1 genannten Vereinbarung Modalitäten und Zeitplan für die Erstellung des in Artikel 62 Absatz 2 Unterabsatz 1 der Richtlinie 2009/65/EG geforderten Ad-hoc-

Berichts des Wirtschaftsprüfers des Master-OGAW sowie für dessen Übermittlung, einschließlich Entwürfen, an den Wirtschaftsprüfer des Feeder-OGAW geregelt.

Artikel 28
Wahl des anzuwendenden Rechts

(1) Haben Feeder-OGAW und Master-OGAW eine Vereinbarung gemäß Artikel 60 Absatz 1 der Richtlinie 2009/65/EG geschlossen, stellen die Mitgliedstaaten sicher, dass gemäß der Vereinbarung zwischen den Wirtschaftsprüfern des Master-OGAW und des Feeder-OGAW das Recht des Mitgliedstaats, das gemäß Artikel 14 dieser Richtlinie für diese Vereinbarung gilt, auch auf die Vereinbarung über den Informationsaustausch zwischen den beiden Wirtschaftsprüfern anzuwenden ist und dass beide Wirtschaftsprüfer die ausschließliche Zuständigkeit der Gerichte des betreffenden Mitgliedstaats anerkennen.

(2) Wurde die Vereinbarung zwischen Feeder-OGAW und Master-OGAW gemäß Artikel 60 Absatz 1 Unterabsatz 3 der Richtlinie 2009/65/EG durch interne Regelungen für Geschäftstätigkeiten ersetzt, stellen die Mitgliedstaaten sicher, dass gemäß der Vereinbarung zwischen den Wirtschaftsprüfern des Master-OGAW und des Feeder-OGAW auf die Vereinbarung über den Informationsaustausch zwischen den beiden Wirtschaftsprüfern entweder das Recht des Mitgliedstaats, in dem der Feeder-OGAW niedergelassen ist, oder – sofern abweichend – das Recht des Mitgliedstaats, in dem der Master-OGAW niedergelassen ist, anzuwenden ist und dass beide Wirtschaftsprüfer die ausschließliche Zuständigkeit der Gerichte des Mitgliedstaats anerkennen, dessen Recht auf die Vereinbarung über den Informationsaustausch anzuwenden ist.

ABSCHNITT 4
Verfahren für die Übermittlung von Informationen an die Anteilinhaber

Artikel 29
Verfahren für die Übermittlung von Informationen an die Anteilinhaber

Die Mitgliedstaaten stellen sicher, dass die Bereitstellung der in Artikel 64 Absatz 1 der Richtlinie 2009/65/EG genannten Informationen durch den Feeder-OGAW anhand des in Artikel 7 dieser Richtlinie beschriebenen Verfahrens erfolgt.

KAPITEL IV
ANZEIGEVERFAHREN

Artikel 30
Umfang der von den Mitgliedstaaten gemäß Artikel 91 Absatz 3 der Richtlinie 2009/65/EG bereitzustellenden Informationen

(1) Die Mitgliedstaaten stellen sicher, dass gemäß Artikel 91 Absatz 3 der Richtlinie 2009/65/EG folgende Kategorien von Informationen über die einschlägigen Rechts- und Verwaltungsvorschriften bereitgestellt werden:

a) die Bestimmung des Begriffs „Vermarktung von OGAW-Anteilen" oder des gleichwertigen rechtlichen Begriffs, der entweder in innerstaatlichen Rechtsvorschriften festgelegt ist oder sich in der allgemeinen Praxis etabliert hat;
b) Anforderungen an Inhalt, Format und Präsentation von Marketing-Anzeigen, ein-

schließlich aller obligatorischer Warnungen und Beschränkungen hinsichtlich der Verwendung bestimmter Wörter oder Sätze;

c) unbeschadet Kapitel IX der Richtlinie 2009/65/EG Einzelheiten aller zusätzlichen Informationen, die den Anlegern bereitgestellt werden müssen;

d) Einzelheiten zu allen Befreiungen von Bestimmungen und Anforderungen an Vermarktungsvereinbarungen, die in dem betreffenden Mitgliedstaat für bestimmte OGAW, bestimmte Anteilsklassen von OGAW oder bestimmte Anlegerkategorien gelten;

e) Anforderungen an die Berichterstattung oder Übermittlung von Informationen an die zuständigen Behörden des betreffenden Mitgliedstaats und das Verfahren für die Übermittlung aktualisierter Fassungen der erforderlichen Unterlagen;

f) Anforderungen hinsichtlich Gebühren oder anderer Summen, die in dem betreffenden Mitgliedstaat entweder bei Beginn der Vermarktung oder danach in regelmäßigen Abständen an die zuständigen Behörden oder eine andere Einrichtung des öffentlichen Rechts zu zahlen sind;

g) Anforderungen in Bezug auf die Möglichkeiten, die den Anteilinhabern gemäß Artikel 92 der Richtlinie 2009/65/EG zur Verfügung stehen müssen;

h) Bedingungen für die Einstellung der Vermarktung von OGAW-Anteilen in dem betreffenden Mitgliedstaat durch einen OGAW, der in einem anderen Mitgliedstaat niedergelassen ist;

i) detaillierte Angaben zum Inhalt der Informationen, die in einem Mitgliedstaat in Teil B des in Artikel 1 der Verordnung (EG) Nr. 584/2010 der Kommission vom 1. Juli 2010 zur Durchführung der Richtlinie 2004/39/EG des Europäischen Parlaments und des Rates in Bezug auf Form und Inhalt von Standardanzeigeschreiben und OGAW-Bescheinigung, die Nutzung elektronischer Kommunikationsmittel durch die zuständigen Behörden für die Anzeige und Verfahren für Überprüfungen und Ermittlungen vor Ort und den Austausch von Informationen zwischen zuständigen Behörden ([6]) genannten Anzeigeschreibens aufgenommen werden müssen;

j) die zu den Zwecken von Artikel 32 mitgeteilte E-Mail-Adresse.

(2) Die Mitgliedstaaten erteilen die in Absatz 1 genannten Informationen in Form einer erläuternden Beschreibung oder einer Kombination aus erläuternder Beschreibung und Verweisen oder Verknüpfungen zu den Quellendokumenten.

Artikel 31
Zugang des Aufnahmemitgliedstaats des OGAW zu Unterlagen

(1) Die Mitgliedstaaten verlangen von den OGAW die Bereitstellung einer elektronischen Kopie jeder in Artikel 93 Absatz 2 der Richtlinie 2009/65/EG genannten Unterlage auf einer Website des OGAW, einer Website der Verwaltungsgesellschaft dieses OGAW oder einer anderen Website, die der OGAW in dem gemäß Artikel 93 Absatz 1 der Richtlinie 2009/65/EG zu übermittelnden Anzeigeschreiben oder jeglichen Aktualisierungen dieses Schreibens angibt. Jede auf einer Website zur Verfügung gestellte Unterlage wird dort in einem allgemein üblichen elektronischen Format eingestellt.

(2) Die Mitgliedstaaten verlangen von den OGAW sicherzustellen, dass der Aufnahmemitgliedstaat des OGAW Zugang zu der in Absatz 1 genannten Website hat.

---

[6] Siehe Seite 16 dieses Amtsblatts.

Artikel 32
Aktualisierung von Unterlagen

(1) Die zuständigen Behörden teilen eine E-Mail-Adresse mit, an die gemäß Artikel 93 Absatz 7 der Richtlinie 2009/65/EG Aktualisierungen und Änderungen der in Artikel 93 Absatz 2 der Richtlinie 2009/65/EG genannten Unterlagen gerichtet werden können.

(2) Die Mitgliedstaaten gestatten es OGAW, Aktualisierungen oder Änderungen der in Artikel 93 Absatz 2 der Richtlinie 2009/65/EG genannten Unterlagen gemäß Artikel 93 Absatz 7 der Richtlinie 2009/65/EG per E-Mail an die in Absatz 1 genannte E-Mail-Adresse zu melden.

In der E-Mail, mit der eine solche Aktualisierung oder Änderung mitgeteilt wird, kann entweder die vorgenommene Aktualisierung oder Änderung beschrieben oder eine neue Fassung der Unterlage als Anlage beigefügt werden.

(3) Die Mitgliedstaaten verlangen, dass der OGAW jede Unterlage, die der in Absatz 2 genannten E-Mail als Anlage beigefügt wird, in einem allgemein üblichen elektronischen Format bereitstellt.

Artikel 33
Entwicklung gemeinsamer Datenverarbeitungssysteme

(1) Zuständige Behörden von Mitgliedstaaten können sich in der Einrichtung moderner elektronischer Datenverarbeitungs- und Zentralspeichersysteme für alle Mitgliedstaaten abstimmen, um den zuständigen Behörden der Aufnahmemitgliedstaaten des OGAW den Zugang zu den in Artikel 93 Absätze 1, 2 und 3 der Richtlinie 2009/65/EG genannten Informationen oder Unterlagen zu den Zwecken von Artikel 93 Absatz 7 der Richtlinie 2009/65/EG zu erleichtern.

(2) Die Abstimmung der Mitgliedstaaten nach Absatz 1 erfolgt im Rahmen des Ausschusses der Europäischen Wertpapierregulierungsbehörden.

KAPITEL V
SCHLUSSBESTIMMUNGEN

Artikel 34
Umsetzung

(1) Die Mitgliedstaaten setzen die erforderlichen Rechts- und Verwaltungsvorschriften in Kraft, um dieser Richtlinie spätestens am 30. Juni 2011 nachzukommen.

Im Hinblick auf die Artikel 7 und 29 setzen sie die Rechts- und Verwaltungsvorschriften in Kraft, die erforderlich sind, um diesen Artikeln spätestens ab dem 31. Dezember 2013 nachzukommen.

Sie teilen der Kommission unverzüglich den Wortlaut dieser Rechtsvorschriften mit und fügen eine Tabelle der Entsprechungen zwischen der Richtlinie und diesen innerstaatlichen Rechtsvorschriften bei.

Bei Erlass dieser Vorschriften nehmen die Mitgliedstaaten in den Vorschriften selbst oder durch einen Hinweis bei der amtlichen Veröffentlichung auf diese Richtlinie Bezug. Die Mitgliedstaaten regeln die Einzelheiten der Bezugnahme.

(2) Die Mitgliedstaaten teilen der Kommission den Wortlaut der wichtigsten innerstaatlichen Rechtsvorschriften mit, die sie auf dem unter diese Richtlinie fallenden Gebiet erlassen.

Artikel 35
Inkrafttreten

Diese Richtlinie tritt am zwanzigsten Tag nach ihrer Veröffentlichung im Amtsblatt der Europäischen Union in Kraft.

Artikel 36
Adressaten

Diese Richtlinie ist an die Mitgliedstaaten gerichtet.
Brüssel, den 1. Juli 2010
Für die Kommission
Der Präsident
José Manuel Barroso

Richtlinie 2010/43/EU der Kommission

vom 1. Juli 2010

zur Durchführung der Richtlinie 2009/65/EG des Europäischen Parlaments und des Rates im Hinblick auf organisatorische Anforderungen, Interessenkonflikte, Wohlverhalten, Risikomanagement und den Inhalt der Vereinbarung zwischen Verwahrstelle und Verwaltungsgesellschaft

(Text von Bedeutung für den EWR)

DIE EUROPÄISCHE KOMMISSION –

gestützt auf den Vertrag über die Arbeitsweise der Europäischen Union,

gestützt auf die Richtlinie 2009/65/EG des Europäischen Parlaments und des Rates vom 13. Juli 2009 zur Koordinierung der Rechts- und Verwaltungsvorschriften betreffend bestimmte Organismen für gemeinsame Anlagen in Wertpapieren (OGAW) ([1]), insbesondere auf Artikel 12 Absatz 3, Artikel 14 Absatz 2, Artikel 23 Absatz 6, Artikel 33 Absatz 6 und Artikel 51 Absatz 4,

in Erwägung nachstehender Gründe:

(1) In den Bereichen organisatorische Anforderungen, Interessenkonflikte und Wohlverhalten sollten Regeln und Terminologie so weit wie möglich an die Standards angepasst werden, die im Finanzdienstleistungsbereich durch die Richtlinie 2004/39/EG des Europäischen Parlaments und des Rates vom 21. April 2004 über Märkte für Finanzinstrumente, zur Änderung der Richtlinien 85/611/EWG und 93/6/EWG des Rates und der Richtlinie 2000/12/EG des Europäischen Parlaments und des Rates und zur Aufhebung der Richtlinie 93/22/EWG des Rates ([2]) und durch die Richtlinie 2006/73/EG der Kommission vom 10. August 2006 zur Durchführung der Richtlinie 2004/39/EG des Europäischen Parlaments und des Rates in Bezug auf die organisatorischen Anforderungen an Wertpapierfirmen und die Bedingungen für die Ausübung ihrer Tätigkeit sowie in Bezug auf die Definition bestimmter Begriffe für die Zwecke der genannten Richtlinie ([3]) gesetzt wurden. Durch eine solche Anpassung, die den Besonderheiten der gemeinsamen Portfolioverwaltung gebührend Rechnung tragen muss, ließen sich nicht nur zwischen den verschiedenen Finanzdienstleistungsbranchen gleiche Standards erreichen, sondern auch bei der Vermögensverwaltung allgemein, wo einige Mitgliedstaaten schon heute bestimmte Anforderungen der Richtlinie 2006/73/EG auf OGAW-Verwaltungsgesellschaften ausgedehnt haben.

(2) Damit die Durchführungsbestimmungen den Besonderheiten der Märkte und Rechtssysteme der einzelnen Mitgliedstaaten Rechnung tragen können, sollten diese Regeln in Form einer Richtlinie erlassen werden. Eine Richtlinie wird auch größtmögliche Kohärenz mit der durch die Richtlinie 2006/73/EG geschaffenen Regelung ermöglichen.

(3) Auch wenn die Grundsätze dieser Richtlinie allgemein für alle Verwaltungsgesellschaften gelten, sind sie doch flexibel genug, um zu gewährleisten, dass bei ihrer Anwendung und deren Kontrolle durch die zuständigen Behörden verhältnismäßig verfahren und der Art, dem Umfang und der Komplexität der Geschäfte einer Verwaltungsgesellschaft, der Vielfalt der in den Anwendungsbereich der Richtlinie 2009/65/EG fallenden Gesellschaften und dem unterschiedlichen Charakter der einzelnen OGAW, die von einer Verwaltungsgesellschaft verwaltet werden können, Rechnung getragen wird.

---

1 ABl. L 302 vom 17.11.2009, S. 32.
2 ABl. L 145 vom 30.4.2004, S. 1.
3 ABl. L 241 vom 2.9.2006, S. 26.

(4) Sofern das einzelstaatliche Recht dies zulässt, sollten Verwaltungsgesellschaften einen Teil ihrer Tätigkeiten auf Dritte übertragen können. Die Durchführungsbestimmungen sollten entsprechend gelesen werden. Bei der Entscheidung, ob ein Dritter, dem bestimmte Aufgaben übertragen werden sollen, für die Art der auszuführenden Tätigkeiten als qualifiziert und befähigt angesehen werden kann, sollte eine Verwaltungsgesellschaft mit der gebotenen Sorgfalt verfahren. Der Dritte sollte deshalb in Bezug auf die auszuführende Tätigkeit alle Anforderungen an Organisation und Vermeidung von Interessenkonflikten erfüllen. Daraus folgt auch, dass die Verwaltungsgesellschaft sich vergewissern sollte, dass der Dritte die notwendigen Maßnahmen zur Einhaltung dieser Anforderungen getroffen hat, und dass die Verwaltungsgesellschaft die Einhaltung dieser Anforderungen durch den Dritten wirksam überwachen sollte. Ist der Beauftragte dafür verantwortlich, dass die für die delegierten Tätigkeiten geltenden Bestimmungen eingehalten werden, sollten für die Überwachung der delegierten Tätigkeiten gleichwertige organisatorische Anforderungen und Bestimmungen zur Vermeidung von Interessenkonflikten gelten. Wenn die Verwaltungsgesellschaft die Qualifikation und Fähigkeit mit der gebotenen Sorgfalt prüft, sollte sie dabei berücksichtigen können, dass der Dritte, dem Aufgaben übertragen werden, in vielen Fällen der Richtlinie 2004/39/EG unterliegt.

(5) Um zu vermeiden, dass für Verwaltungsgesellschaften und Investmentgesellschaften, die keine Verwaltungsgesellschaft bestimmt haben, unterschiedliche Standards gelten, sollten Letztere den gleichen Verhaltensregeln und Bestimmungen zu Interessenkonflikten und Risikomanagement unterworfen werden wie Verwaltungsgesellschaften. Aus diesem Grund sollten die Bestimmungen dieser Richtlinie über administrative Verfahren und interne Kontrollmechanismen der vorbildlichen Praxis halber sowohl für Verwaltungsgesellschaften als auch für Investmentgesellschaften, die keine Verwaltungsgesellschaft bestimmt haben, gelten, wobei dem Grundsatz der Verhältnismäßigkeit Rechnung zu tragen ist.

(6) Die Richtlinie 2009/65/EG verpflichtet Verwaltungsgesellschaften zu soliden administrativen Verfahren. Zur Erfüllung dieser Anforderung sollten Verwaltungsgesellschaften eine gut dokumentierte Organisationsstruktur mit klarer Aufgabenverteilung schaffen, bei der ein reibungsloser Informationsfluss zwischen allen Beteiligten gewährleistet ist. Verwaltungsgesellschaften sollten darüber hinaus ausreichende Systeme zur Datensicherung und Gewährleistung der Geschäftsfortführung im Krisenfall schaffen, die es ihnen ermöglichen, auch in Fällen, in denen ihre Tätigkeiten von Dritten ausgeführt werden, ihren Pflichten nachzukommen.

(7) Verwaltungsgesellschaften sollten ferner die zur Erfüllung ihrer Pflichten notwendigen Ressourcen halten, insbesondere um Mitarbeiter mit den erforderlichen Kompetenzen, Kenntnissen und Erfahrungen beschäftigen zu können.

(8) Im Hinblick auf sichere Datenverarbeitungsverfahren und die Dokumentationspflicht für alle OGAW-Transaktionen sollte die Verwaltungsgesellschaft über Vorkehrungen verfügen, die eine zeitnahe und ordnungsgemäße Aufzeichnung aller für OGAW ausgeführten Transaktionen ermöglichen.

(9) Die Rechnungslegung ist einer der zentralen Bereiche der OGAW-Verwaltung. Es ist daher von allergrößter Bedeutung, die Rechnungslegungsverfahren in den Durchführungsbestimmungen näher auszuführen. Der Grundsatz, wonach alle Vermögenswerte und Verbindlichkeiten eines OGAW oder seiner Teilfonds direkt ermittelt werden können, und Konten getrennt geführt werden sollten, sollte in dieser Richtlinie deshalb beibehalten werden. Bestehen darüber hinaus verschiedene, beispielsweise von der Höhe der Verwaltungsgebühren abhängige Anteilsklassen, so sollte der Nettoinventarwert der einzelnen Klassen direkt aus dem Rechnungswesen gezogen werden können.

(10) Eine klare Aufgabenverteilung zwischen Geschäftsleitung und Aufsichtsfunktion ist für die Umsetzung der in der Richtlinie 2009/65/EG vorgeschriebenen angemessenen internen Kontrollverfahren von zentraler Bedeutung. Für die Umsetzung der allgemeinen Anlagepolitik, die in der Verordnung (EU) Nr. 583/2010 der Kommission vom 1. Juli 2010 zur Durchführung der Richtlinie 2009/65/EG des Europäischen Parlaments und des Rates im Hinblick auf die wesentlichen Informationen für den Anleger und die Bedingungen, die einzuhalten sind, wenn die wesentlichen Informationen für den Anleger oder der Prospekt auf einem anderen dauerhaften Datenträger als Papier oder auf einer Website zur Verfügung gestellt werden ([4]), dargelegt ist, sollte folglich die Geschäftsleitung zuständig sein. Auch für die Anlagestrategien, die allgemeine Hinweise auf die strategische Anlagenstrukturierung des OGAW liefern, und die für eine angemessene und wirksame Umsetzung der Anlagepolitik erforderlichen Anlagetechniken sollte weiterhin die Geschäftsleitung zuständig sein. Die klare Aufgabenverteilung sollte auch angemessene Kontrollen sicherstellen, die gewährleisten, dass das OGAW-Vermögen gemäß den Vertragsbedingungen oder der Satzung des Fonds und den geltenden gesetzlichen Bestimmungen angelegt wird, und die Risikolimits der einzelnen OGAW eingehalten werden. Die Aufgabenverteilung sollte mit Rolle und Aufgaben der Geschäftsleitung und der Aufsichtsfunktion, wie sie im geltenden nationalen Recht und in den nationalen Corporate-Governance-Kodizes festgelegt sind, in Einklang stehen. Der Geschäftsleitung können mehrere oder alle Mitglieder des Leitungs- oder Verwaltungsorgans angehören.

(11) Um zu gewährleisten, dass Verwaltungsgesellschaften über einen angemessenen Kontrollmechanismus verfügen, sind eine ständige Compliance-Funktion und eine Innenrevisionsfunktion erforderlich. Die Compliance-Funktion sollte so ausgelegt sein, dass jedes Risiko, dass die Verwaltungsgesellschaft ihren Pflichten aus der Richtlinie 2009/65/EG nicht nachkommt, von ihr aufgedeckt werden kann. Die Innenrevisionsfunktion sollte darauf abzielen, die diversen Kontrollverfahren und administrativen Regelungen, die die Verwaltungsgesellschaft geschaffen hat, zu überprüfen und zu bewerten.

(12) Den Verwaltungsgesellschaften sollte bei der Organisation ihres Risikomanagements ein gewisser Spielraum zugestanden werden. In Fällen, in denen eine separate Risikomanagement-Funktion nicht angemessen oder verhältnismäßig ist, sollte die Verwaltungsgesellschaft dennoch nachweisen können, dass spezielle Maßnahmen zum Schutz vor Interessenkonflikten getroffen wurden, die ein unabhängiges Risikomanagement ermöglichen.

(13) Die Richtlinie 2009/65/EG verpflichtet die Verwaltungsgesellschaften, Regeln für persönliche Geschäfte aufzustellen. Gemäß der Richtlinie 2006/73/EG sollten Verwaltungsgesellschaften Mitarbeiter, die sich in einem Interessenkonflikt befinden oder über Insider-Informationen im Sinne der Richtlinie 2003/6/EG des Europäischen Parlaments und des Rates vom 28. Januar 2003 über Insider-Geschäfte und Marktmanipulation (Marktmissbrauch) ([5]) verfügen, an persönlichen Geschäften hindern, die durch einen Missbrauch von Informationen ermöglicht werden, die sie im Rahmen ihrer beruflichen Tätigkeit erlangt haben.

(14) Nach der Richtlinie 2009/65/EG müssen Verwaltungsgesellschaften sicherstellen, dass für jedes Portfoliogeschäft im Zusammenhang mit OGAW Ursprung, Gegenparteien, Art, Abschlusszeitpunkt und -ort rekonstruiert werden können. Zu diesem Zweck müssen

---

[4] Siehe Seite 1 dieses Amtsblatts.
[5] ABl. L 96 vom 12.4.2003, S. 16.

Anforderungen an die Aufzeichnung von Portfoliogeschäften und Zeichnungs- und Rücknahmeaufträgen festgelegt werden.

(15) Nach der Richtlinie 2009/65/EG müssen OGAW-Verwaltungsgesellschaften über angemessene Verfahren verfügen, um bei unvermeidlichen Interessenkonflikten eine faire Behandlung der OGAW zu gewährleisten. Verwaltungsgesellschaften sollten deshalb sicherstellen, dass in einem solchen Fall die Geschäftsleitung oder eine andere zuständige interne Stelle unverzüglich informiert wird, damit sie alle zur Gewährleistung einer fairen Behandlung des OGAW und seiner Anteilinhaber notwendigen Entscheidungen treffen kann.

(16) Verwaltungsgesellschaften sollten dazu verpflichtet werden, für die Ausübung der Stimmrechte, die mit den Finanzinstrumenten im Portfolio der von ihnen verwalteten OGAW verbunden sind, eine wirksame und angemessene Strategie festzulegen, anzuwenden und aufrechtzuerhalten, um so zu gewährleisten, dass diese Rechte zum ausschließlichen Nutzen der OGAW ausgeübt werden. Informationen über diese Strategie und ihre Anwendung sollten für die Anleger, u. a. über eine Website frei verfügbar sein. Je nach Fall und Anlagestrategie des OGAW könnte auch die Entscheidung, Stimmrechte nicht auszuüben, unter bestimmten Umständen so gesehen werden, dass dies ausschließlich dem OGAW nutzt. Die Möglichkeit, dass eine Investmentgesellschaft selbst abstimmt oder ihrer Verwaltungsgesellschaft spezielle Anweisungen für die Stimmabgabe erteilt, sollte allerdings nicht ausgeschlossen werden.

(17) Von der Pflicht zur Unterrichtung der Geschäftsleitung oder einer anderen zuständigen internen Stelle der Verwaltungsgesellschaft, damit diese die notwendigen Entscheidungen treffen kann, unberührt bleiben sollte die Pflicht der Verwaltungsgesellschaften und OGAW, beispielsweise in ihren regelmäßigen Berichten Situationen anzuzeigen, in denen die organisatorischen oder administrativen Vorkehrungen für Interessenkonflikte nicht ausgereicht haben, um nach vernünftigem Ermessen zu gewährleisten, dass dem Risiko einer Schädigung von Kundeninteressen vorgebeugt ist. Die Entscheidung der Verwaltungsgesellschaft sollte in diesen Berichten unter Berücksichtigung der internen Grundsätze und Verfahren, die zur Ermittlung, Vorbeugung und Regelung von Interessenkonflikten beschlossen wurden, erläutert und begründet werden, selbst wenn die Entscheidung darin besteht, nichts zu unternehmen.

(18) Die Richtlinie 2009/65/EG verpflichtet Verwaltungsgesellschaften, im besten Interesse der von ihnen verwalteten OGAW und der Integrität des Marktes zu handeln. Bestimmte Praktiken, wie Market Timing und Late Trading, können den Anteilinhabern schaden und die Funktionsmechanismen des Marktes untergraben. Aus diesem Grund sollten Verwaltungsgesellschaften über angemessene Verfahren zur Verhinderung unzulässiger Praktiken verfügen. Darüber hinaus sollten Verwaltungsgesellschaften unter Berücksichtigung der Anlageziele und -politik des OGAW angemessene Verfahren zum Schutz gegen unangemessene Gebühren und Praktiken, wie die übermäßige Verursachung von Geschäftsvorfällen („excessive trading“) schaffen.

(19) Verwaltungsgesellschaften sollten auch dann im besten Interesse der OGAW handeln, wenn sie Handelsaufträge im Namen der von ihnen verwalteten OGAW direkt ausführen oder an Dritte weiterleiten. Wenn Verwaltungsgesellschaften Aufträge im Namen des OGAW ausführen, sollten sie unter Berücksichtigung des Kurses, der Kosten, der Geschwindigkeit, der Wahrscheinlichkeit der Ausführung und Abwicklung, des Umfangs und der Art des Auftrags sowie aller sonstigen, für die Auftragsausführung relevanten Aspekte alle angemessenen Maßnahmen ergreifen, um das bestmögliche Ergebnis für ihre Kunden zu erzielen.

(20) Um zu gewährleisten, dass Verwaltungsgesellschaften den Vorgaben der Richtlinie 2009/65/EG entsprechend ihre Tätigkeit mit der gebotenen Sachkenntnis, Sorgfalt und Gewissenhaftigkeit im besten Interesse der von ihnen verwalteten OGAW ausüben, müssen Vorschriften für die Auftragsbearbeitung festgelegt werden.

(21) Bestimmte Gebühren, Provisionen und nicht in Geldform angebotene Zuwendungen, die möglicherweise an eine oder von einer Verwaltungsgesellschaft gezahlt werden, sollten nicht gestattet sein, da sie sich auf die Einhaltung der in der Richtlinie 2009/65/EG festgelegten Anforderung, wonach die Verwaltungsgesellschaft bei Ausübung ihrer Tätigkeit recht, billig und professionell sowie im besten Interesse der OGAW handeln sollte, auswirken könnten. Aus diesem Grund müssen klare Regeln im Hinblick darauf festgelegt werden, in welchen Fällen die Zahlung von Gebühren, Provisionen und nicht in Geldform angebotenen Zuwendungen nicht als Verstoß gegen diese Grundsätze anzusehen ist.

(22) Ist eine Verwaltungsgesellschaft grenzübergreifend tätig, bringt dies für das Verhältnis zwischen der Verwaltungsgesellschaft und der OGAW-Verwahrstelle neue Herausforderungen mit sich. Um die notwendige Rechtssicherheit zu gewährleisten, sollten in dieser Richtlinie die wichtigsten Punkte der Vereinbarung zwischen einer OGAW-Verwahrstelle und einer Verwaltungsgesellschaft, die ihren Sitz nicht im OGAW-Herkunftsmitgliedstaat hat, festgelegt werden. Damit eine solche Vereinbarung ordnungsgemäß ihren Zweck erfüllen kann, müssen Kollisionsnormen vorgesehen werden, die insofern von den Artikeln 3 und 4 der Verordnung (EG) Nr. 593/2008 des Europäischen Parlaments und des Rates vom 17. Juni 2008 über das auf vertragliche Schuldverhältnisse anzuwendende Recht (Rom I) ([6]) abweichen, als für die Vereinbarung das Recht des OGAW-Herkunftsmitgliedstaats gelten sollte.

(23) Nach der Richtlinie 2009/65/EG müssen Kriterien für die Bewertung der Angemessenheit des Risikomanagement-Prozesses einer Verwaltungsgesellschaft festgelegt werden. Diese Kriterien betreffen insbesondere die Festlegung angemessener und dokumentierter Grundsätze für das Risikomanagement, die von den Verwaltungsgesellschaften einzuhalten sind. Anhand dieser Grundsätze sollten die Verwaltungsgesellschaften bewerten können, mit welchen Risiken die Positionen der von ihnen verwalteten Portfolios verbunden sind und in welchem Umfang diese Einzelrisiken zum Gesamtrisikoprofil des Portfolios beitragen. Die Risikomanagement-Grundsätze sollten gemessen an der Art, dem Umfang und der Komplexität der Geschäfte der Verwaltungsgesellschaft und der von ihr verwalteten OGAW adäquat und verhältnismäßig sein.

(24) Die regelmäßige Bewertung, Überwachung und Überprüfung der Grundsätze für das Risikomanagement durch die Verwaltungsgesellschaft stellt ebenfalls ein Kriterium für die Bewertung der Angemessenheit des Risikomanagement-Prozesses dar. Dazu zählt auch die Prüfung der Wirksamkeit der Maßnahmen, die zur Behebung etwaiger Mängel in der Funktionsweise des Risikomanagement-Prozesses getroffen wurden.

(25) Ein wesentliches Kriterium für die Bewertung der Angemessenheit des Risikomanagement-Prozesses besteht darin, ob die Verwaltungsgesellschaften verhältnismäßige und wirksame Risikomessverfahren anwenden, um die Risiken, denen die von ihnen verwalteten OGAW ausgesetzt sind oder sein könnten, jederzeit messen zu können. Diese Anforderungen beruhen auf gemeinsamen Praktiken, auf die sich die zuständigen Behörden der Mitgliedstaaten verständigt haben. Sie umfassen sowohl quantitative Messgrößen (für quantifizierbare Risiken) als auch qualitative Methoden. Die zur Berechnung der quanti-

---

[6] ABl. L 177 vom 4.7.2008, S. 6.

tativen Messgrößen verwendeten elektronischen Datenverarbeitungssysteme und -instrumente sollten miteinander oder mit Front-Office- und Rechnungslegungsanwendungen verknüpft werden. Risikomessverfahren sollten in Zeiten erhöhter Marktturbulenz eine angemessene Risikomessung ermöglichen und überarbeitet werden, wenn dies im Interesse der Anteilinhaber notwendig ist. Sie sollten auch eine angemessene Bewertung der Konzentration der maßgeblichen Risiken auf Portfolio-Ebene und deren Wechselwirkungen untereinander ermöglichen.

(26) Ein funktionierendes Risikomanagement sollte gewährleisten, dass die Verwaltungsgesellschaften die in der Richtlinie 2009/65/EG gesetzten Anlagegrenzen, wie das Gesamtrisiko- und das Kontrahentenrisikolimit, einhalten. Es sollten deshalb Kriterien für die Berechnung des Gesamt- und des Kontrahentenrisikos festgelegt werden.

(27) Bei der Festlegung dieser Kriterien sollte in der Richtlinie klargestellt werden, wie das Gesamtrisiko berechnet werden kann, nämlich u. a. mit Hilfe des Commitment-Ansatzes, des Value-at-risk-Modells oder eines fortgeschrittenen Messansatzes. Auch die Hauptelemente der Methode, nach der die Verwaltungsgesellschaft das Kontrahentenrisiko berechnen sollte, sollten festgelegt werden. Bei der Anwendung dieser Regeln sollte den Bedingungen, unter denen diese Methoden angewandt werden, Rechnung getragen werden, so u. a. den von den zuständigen Behörden im Ausschuss der Europäischen Wertpapierregulierungsbehörden ausgearbeiteten Grundsätzen, die auf die Finanzsicherheiten angewandt werden, um das Kontrahentenrisiko des OGAW zu verringern, sowie für die Verwendung von Hedging- und Nettingvereinbarungen.

(28) Nach der Richtlinie 2009/65/EG müssen Verwaltungsgesellschaften ein Verfahren verwenden, das eine präzise und unabhängige Bewertung des Werts von OTC-Derivaten erlaubt. Für dieses Verfahren werden in dieser Richtlinie deshalb gemäß der Richtlinie 2007/16/EG der Kommission vom 19. März 2007 zur Durchführung der Richtlinie 85/611/EWG des Rates zur Koordinierung der Rechts- und Verwaltungsvorschriften betreffend bestimmte Organismen für gemeinsame Anlagen in Wertpapieren (OGAW) im Hinblick auf die Erläuterung gewisser Definitionen ([7]) detaillierte Vorschriften festgelegt. Der vorbildlichen Praxis halber sollten Verwaltungsgesellschaften diese Anforderungen auf Instrumente anwenden, die OGAW den gleichen Bewertungsrisiken aussetzen wie OTC-Derivate, d. h. Risiken, die mit der fehlenden Liquidität eines Produkts und/oder der Komplexität der Auszahlungsstruktur zusammenhängen. Dementsprechend sollten Verwaltungsgesellschaften Vorkehrungen treffen und Verfahren festlegen, die mit den Anforderungen in Einklang stehen, die in Artikel 44 für die Bewertung weniger liquider oder komplexer Wertpapiere und Geldmarktinstrumente festgelegt sind, bei denen modellgestützte Bewertungsverfahren angewandt werden müssen.

(29) Die Richtlinie 2009/65/EG verpflichtet eine Verwaltungsgesellschaft, den jeweils zuständigen Behörden mitzuteilen, in welche Arten von Derivaten ein OGAW investiert wurde, welche Risiken mit den jeweiligen Basiswerten verbunden sind, welche Anlagegrenzen gelten und welche Methoden zur Messung der mit den Derivategeschäften verbundenen Risiken gewählt wurden. Wie eine Verwaltungsgesellschaft inhaltlich und verfahrenstechnisch vorzugehen hat, um dieser Verpflichtung nachzukommen, sollte genau ausgeführt werden.

---

[7] ABl. L 79 vom 20.3.2007, S. 11.

(30) Der durch Beschluss 2009/77/EG der Kommission ([8]) eingesetzte Ausschuss der europäischen Wertpapierregulierungsbehörden wurde in fachlichen Fragen konsultiert.

(31) Die in dieser Richtlinie vorgesehenen Maßnahmen stehen mit der Stellungnahme des Europäischen Wertpapierausschusses in Einklang –

HAT FOLGENDE RICHTLINIE ERLASSEN:

KAPITEL I
GEGENSTAND, GELTUNGSBEREICH UND BEGRIFFSBESTIMMUNGEN

Artikel 1
Gegenstand

Diese Richtlinie legt Bestimmungen zur Durchführung der Richtlinie 2009/65/EG fest,

1. in denen die in Artikel 12 Absatz 1 Unterabsatz 2 Buchstabe a genannten Verfahren und Vorkehrungen und die in Artikel 12 Absatz 1 Unterabsatz 2 Buchstabe b genannten Strukturen und organisatorischen Anforderungen zur Verringerung von Interessenkonflikten genau ausgeführt werden;
2. in denen zum einen Kriterien für Handeln, das recht und billig ist, und für Handeln mit der gebotenen Sachkenntnis, Sorgfalt und Gewissenhaftigkeit im besten Interesse der OGAW sowie Kriterien für die Bestimmung der Arten von Interessenkonflikten und zum anderen die Prinzipien, die erforderlich sind, um zu gewährleisten, dass die Mittel wirksam eingesetzt werden und die Schritte, die zur Ermittlung, Vorbeugung, Regelung und Offenlegung der in Artikel 14 Absätze 1 und 2 genannten Interessenkonflikte unternommen werden sollten, festgelegt werden;
3. in denen die Einzelheiten, die gemäß Artikel 23 Absatz 5 und Artikel 33 Absatz 5 in den Vereinbarungen zwischen Verwahrstelle und Verwaltungsgesellschaft enthalten sein müssen, genau ausgeführt werden, und
4. in denen der in Artikel 51 Absatz 1 genannte Risikomanagement-Prozess, insbesondere die Kriterien für die Prüfung der Angemessenheit des von der Verwaltungsgesellschaft angewandten Risikomanagement-Prozesses und die Risikomanagement-Grundsätze und -Verfahren sowie die Vorkehrungen, Verfahren und Methoden für Risikomessung und -management in Bezug auf diese Kriterien genau ausgeführt werden.

Artikel 2
Geltungsbereich

(1) Diese Richtlinie gilt für Verwaltungsgesellschaften, die der in Artikel 6 Absatz 2 der Richtlinie 2009/65/EG genannten Tätigkeit der Verwaltung eines Organismus für gemeinsame Anlagen in Wertpapieren (OGAW) nachgehen.

Kapitel V dieser Richtlinie gilt auch für Verwahrstellen, die ihre Aufgaben gemäß den Bestimmungen von Kapitel IV und Kapitel V Abschnitt 3 der Richtlinie 2009/65/EG wahrnehmen.

(2) Die Bestimmungen dieses Kapitels, des Kapitels II Artikel 12 und der Kapitel III, IV und VI gelten mutatis mutandis für Investmentgesellschaften, die keine nach der Richtlinie 2009/65/EG zugelassene Verwaltungsgesellschaft bestimmt haben.

---

[8] ABl. L 25 vom 29.1.2009, S. 18.

In solchen Fällen ist „Verwaltungsgesellschaft" als „Investmentgesellschaft" zu verstehen.

Artikel 3
Begriffsbestimmungen

Für die Zwecke dieser Richtlinie gelten zusätzlich zu den Begriffsbestimmungen der Richtlinie 2009/65/EG folgende Begriffsbestimmungen:

1. „Kunde": jede natürliche oder juristische Person oder jedes andere Unternehmen einschließlich eines OGAW, für die/das eine Verwaltungsgesellschaft eine Dienstleistung der gemeinsamen Portfolioverwaltung oder Dienstleistungen gemäß Artikel 6 Absatz 3 der Richtlinie 2009/65/EG erbringt;
2. „Anteilinhaber": jede natürliche oder juristische Person, die einen oder mehrere Anteile an einem OGAW hält;
3. „Relevante Person": in Bezug auf eine Verwaltungsgesellschaft eine der folgenden Personen:
   a) ein Direktor, ein Gesellschafter oder eine vergleichbare Person oder ein Mitglied der Geschäftsleitung der Verwaltungsgesellschaft,
   b) ein Angestellter der Verwaltungsgesellschaft sowie jede andere natürliche Person, deren Dienste der Verwaltungsgesellschaft zur Verfügung gestellt und von dieser kontrolliert werden und die an der von der Verwaltungsgesellschaft erbrachten gemeinsamen Portfolioverwaltung beteiligt ist,
   c) eine natürliche Person, die im Rahmen einer Vereinbarung zur Übertragung von Aufgaben an Dritte unmittelbar an der Erbringung von Dienstleistungen für die Verwaltungsgesellschaft beteiligt ist, welche der Verwaltungsgesellschaft die gemeinsame Portfolioverwaltung ermöglichen;
4. „Geschäftsleitung": die Person oder Personen, die die Geschäfte einer Verwaltungsgesellschaft gemäß Artikel 7 Absatz 1 Buchstabe b der Richtlinie 2009/65/EG tatsächlich führt/führen;
5. „Leitungs- oder Verwaltungsorgan": das Leitungs- oder Verwaltungsorgan der Verwaltungsgesellschaft;
6. „Aufsichtsfunktion": relevante Person oder Stelle/Stellen, die für die Beaufsichtigung der Geschäftsleitung und für die Bewertung und regelmäßige Überprüfung der Angemessenheit und Wirksamkeit des Risikomanagement-Prozesses und der Grundsätze, Vorkehrungen und Verfahren, die zur Erfüllung der in der Richtlinie 2009/65/EG festgelegten Pflichten eingeführt wurden, zuständig ist bzw. sind;
7. „Kontrahentenrisiko": das Verlustrisiko für den OGAW, das aus der Tatsache resultiert, dass die Gegenpartei eines Geschäfts vor der Schlussabrechnung des mit dem Geschäft verbundenen Cashflows ihren Verpflichtungen möglicherweise nicht nachkommen kann;
8. „Liquiditätsrisiko": das Risiko, dass eine Position im OGAW-Portfolio nicht innerhalb hinreichend kurzer Zeit mit begrenzten Kosten veräußert, liquidiert oder geschlossen werden kann und dass dies die Fähigkeit des OGAW, den Anforderungen des Artikels 84 Absatz 1 der Richtlinie 2009/65/EG allzeit nachzukommen, beeinträchtigt;
9. „Marktrisiko": das Verlustrisiko für den OGAW, das aus Schwankungen beim Marktwert von Positionen im OGAW-Portfolio resultiert, die auf Veränderungen bei Marktvariablen, wie Zinssätzen, Wechselkursen, Aktien- und Rohstoffpreisen, oder bei der Bonität eines Emittenten zurückzuführen sind;

10. „Operationelles Risiko“: das Verlustrisiko für den OGAW, das aus unzureichenden internen Prozessen sowie aus menschlichem oder Systemversagen bei der Verwaltungsgesellschaft oder aus externen Ereignissen resultiert und Rechts- und Dokumentationsrisiken sowie Risiken, die aus den für den OGAW betriebenen Handels-, Abrechnungs- und Bewertungsverfahren resultieren, einschließt.

Der in Absatz 1 Nummer 5 definierte Begriff „Leitungs- oder Verwaltungsorgan“ schließt bei Verwaltungsgesellschaften mit dualer Struktur, d. h. einem Leitungs- und einem Aufsichtsorgan, das Aufsichtsorgan nicht ein.

KAPITEL II
VERWALTUNGSVERFAHREN UND KONTROLLMECHANISMEN

(Artikel 12 Absatz 1 Buchstabe a und Artikel 14 Absatz 1 Buchstabe c der Richtlinie 2009/65/EG)

ABSCHNITT 1
Allgemeine Grundsätze

Artikel 4
Allgemeine Anforderungen an Verfahren und Organisation

(1) Die Mitgliedstaaten verpflichten die Verwaltungsgesellschaften,

a) Entscheidungsprozesse und eine Organisationsstruktur, bei der Berichtspflichten klar festgelegt und dokumentiert und Funktionen und Aufgaben klar zugewiesen und dokumentiert sind, zu schaffen, umzusetzen und aufrechtzuerhalten;
b) sicherzustellen, dass ihre relevanten Personen über die Verfahren, die für eine ordnungsgemäße Wahrnehmung ihrer Aufgaben einzuhalten sind, im Bilde sind;
c) angemessene interne Kontrollmechanismen, die die Einhaltung von Beschlüssen und Verfahren auf allen Ebenen der Verwaltungsgesellschaft sicherstellen sollen, zu schaffen, umzusetzen und aufrechtzuerhalten;
d) eine reibungslos funktionierende interne Berichterstattung und Weitergabe von Informationen auf allen maßgeblichen Ebenen der Verwaltungsgesellschaft sowie einen reibungslosen Informationsfluss mit allen beteiligten Dritten einzuführen, zu praktizieren und aufrechtzuerhalten;
e) angemessene und systematische Aufzeichnungen über ihre Geschäftstätigkeit und interne Organisation zu führen.

Die Mitgliedstaaten sorgen dafür, dass die Verwaltungsgesellschaften der Art, dem Umfang und der Komplexität ihrer Geschäfte sowie der Art und dem Spektrum der im Zuge dieser Geschäfte erbrachten Dienstleistungen und Tätigkeiten Rechnung tragen.

(2) Die Mitgliedstaaten verpflichten die Verwaltungsgesellschaften, angemessene Systeme und Verfahren zum Schutz von Sicherheit, Integrität und Vertraulichkeit von Daten einzurichten, anzuwenden und aufrechtzuerhalten und dabei der Art dieser Daten Rechnung zu tragen.

(3) Die Mitgliedstaaten verpflichten die Verwaltungsgesellschaften, eine angemessene Notfallplanung festzulegen, umzusetzen und aufrechtzuerhalten, die bei einer Störung ihrer Systeme und Verfahren gewährleisten soll, dass wesentliche Daten und Funktionen erhalten bleiben und Dienstleistungen und Tätigkeiten fortgeführt werden oder – sollte dies nicht

möglich sein – diese Daten und Funktionen bald zurückgewonnen und die Dienstleistungen und Tätigkeiten bald wieder aufgenommen werden.

(4) Die Mitgliedstaaten verpflichten die Verwaltungsgesellschaften zur Festlegung, Umsetzung und Aufrechterhaltung von Rechnungslegungsgrundsätzen und -methoden, die es ihnen ermöglichen, der zuständigen Behörde auf Verlangen rechtzeitig Abschlüsse vorzulegen, die ein den tatsächlichen Verhältnissen entsprechendes Bild ihrer Vermögens- und Finanzlage vermitteln und mit allen geltenden Rechnungslegungsstandards und -vorschriften in Einklang stehen.

(5) Die Mitgliedstaaten verpflichten die Verwaltungsgesellschaften, die Angemessenheit und Wirksamkeit ihrer nach den Absätzen 1 bis 4 geschaffenen Systeme, internen Kontrollmechanismen und Vorkehrungen zu überwachen und regelmäßig zu bewerten und die zur Abstellung etwaiger Mängel erforderlichen Maßnahmen zu ergreifen.

Artikel 5
Ressourcen

(1) Die Mitgliedstaaten verpflichten die Verwaltungsgesellschaften zur Beschäftigung von Mitarbeitern, die über die zur Erfüllung der ihnen zugewiesenen Aufgaben notwendigen Fähigkeiten, Kenntnisse und Erfahrungen verfügen.

(2) Die Mitgliedstaaten sorgen dafür, dass die Verwaltungsgesellschaften die Ressourcen und Fachkenntnisse, die für eine wirksame Überwachung der von Dritten im Rahmen einer Vereinbarung mit der Verwaltungsgesellschaft ausgeführten Tätigkeiten erforderlich sind, halten, was insbesondere für das Management der mit solchen Vereinbarungen verbundenen Risiken gilt.

(3) Die Mitgliedstaaten verpflichten die Verwaltungsgesellschaften sicherzustellen, dass für den Fall, dass relevante Personen mit mehreren Aufgaben betraut sind, diese Personen dadurch weder tatsächlich noch voraussichtlich daran gehindert werden, die betreffenden Aufgaben solide, redlich und professionell zu erfüllen.

(4) Die Mitgliedstaaten sorgen dafür, dass die Verwaltungsgesellschaften für die in den Absätzen 1, 2 und 3 festgelegten Zwecke der Art, dem Umfang und der Komplexität ihrer Geschäfte sowie der Art und dem Spektrum der im Zuge dieser Geschäfte erbrachten Dienstleistungen und Tätigkeiten Rechnung tragen.

ABSCHNITT 2
Verwaltungs- und Rechnungslegungsverfahren

Artikel 6
Bearbeitung von Beschwerden

(1) Die Mitgliedstaaten verpflichten die Verwaltungsgesellschaften, wirksame und transparente Verfahren für die angemessene und prompte Bearbeitung von Anlegerbeschwerden zu schaffen, anzuwenden und aufrechtzuerhalten.

(2) Die Mitgliedstaaten verpflichten die Verwaltungsgesellschaften sicherzustellen, dass alle Beschwerden und alle zu deren Beilegung getroffenen Maßnahmen aufgezeichnet werden.

(3) Anleger müssen kostenfrei Beschwerde einlegen können. Informationen über die in Absatz 1 genannten Verfahren sind den Anlegern kostenfrei zur Verfügung zu stellen.

Artikel 7
Elektronische Datenverarbeitung

(1) Die Mitgliedstaaten verpflichten die Verwaltungsgesellschaften, angemessene Vorkehrungen für geeignete elektronische Systeme zu treffen, um eine zeitnahe und ordnungsgemäße Aufzeichnung jedes Portfoliogeschäfts und jedes Zeichnungs- oder Rücknahmeauftrags und damit die Einhaltung der Artikel 14 und 15 zu ermöglichen.

(2) Die Mitgliedstaaten verpflichten die Verwaltungsgesellschaften, bei der elektronischen Datenverarbeitung ein hohes Maß an Sicherheit zu gewährleisten und gegebenenfalls für die Integrität und vertrauliche Behandlung der aufgezeichneten Daten zu sorgen.

Artikel 8
Rechnungslegungsverfahren

(1) Um den Schutz der Anteilinhaber zu gewährleisten, verpflichten die Mitgliedstaaten die Verwaltungsgesellschaften, die Anwendung der in Artikel 4 Absatz 4 genannten Rechnungslegungsgrundsätze und -methoden sicherzustellen.

Die OGAW-Rechnungslegung ist so ausgelegt, dass alle Vermögenswerte und Verbindlichkeiten des OGAW jederzeit direkt ermittelt werden können.

Hat ein OGAW mehrere Teilfonds, werden für jeden dieser Teilfonds getrennte Konten geführt.

(2) Um eine präzise Berechnung des Nettoinventarwerts jedes einzelnen OGAW anhand der Rechnungslegung zu gewährleisten und sicherzustellen, dass Zeichnungs- und Rücknahmeaufträge zu diesem Nettoinventarwert ordnungsgemäß ausgeführt werden können, verpflichten die Mitgliedstaaten die Verwaltungsgesellschaften, Rechnungslegungsgrundsätze und -methoden festzulegen, anzuwenden und aufrechtzuerhalten, die den Rechnungslegungsvorschriften des OGAW-Herkunftsmitgliedstaats entsprechen.

(3) Die Mitgliedstaaten verpflichten die Verwaltungsgesellschaften, angemessene Verfahren zu schaffen, um eine ordnungsgemäße und präzise Bewertung der Vermögenswerte und Verbindlichkeiten des OGAW in Einklang mit den in Artikel 85 der Richtlinie 2009/65/EG genannten anzuwendenden Regeln zu gewährleisten.

ABSCHNITT 3
Interne Kontrollmechanismen

Artikel 9
Kontrolle durch Geschäftsleitung und Aufsichtsfunktion

(1) Die Mitgliedstaaten verpflichten die Verwaltungsgesellschaften, bei der internen Aufgabenverteilung sicherzustellen, dass die Geschäftsleitung und gegebenenfalls die Aufsichtsfunktion die Verantwortung dafür tragen, dass die Verwaltungsgesellschaft ihren Pflichten aus der Richtlinie 2009/65/EG nachkommt.

(2) Die Verwaltungsgesellschaft stellt sicher, dass ihre Geschäftsleitung

a) die Verantwortung dafür trägt, dass die allgemeine Anlagepolitik, wie sie gegebenenfalls im Prospekt, in den Vertragsbedingungen oder in der Satzung der Investmentgesellschaft festgelegt ist, bei jedem verwalteten OGAW umgesetzt wird;
b) für jeden verwalteten OGAW die Genehmigung der Anlagestrategien überwacht;
c) die Verantwortung dafür trägt, dass die Verwaltungsgesellschaft über die in Artikel 10

genannte dauerhafte und wirksame Compliance-Funktion verfügt, selbst wenn diese Funktion einem Dritten übertragen wurde;

d) dafür sorgt und sich regelmäßig vergewissert, dass die allgemeine Anlagepolitik, die Anlagestrategien und die Risikolimits jedes verwalteten OGAW ordnungsgemäß und wirkungsvoll umgesetzt und eingehalten werden, auch wenn die Risikomanagement-Funktion einem Dritten übertragen wurde;

e) die Angemessenheit der internen Verfahren, nach denen für jeden verwalteten OGAW die Anlageentscheidungen getroffen werden, feststellt und regelmäßig überprüft, um zu gewährleisten, dass solche Entscheidungen mit den genehmigten Anlagestrategien in Einklang stehen;

f) die in Artikel 38 genannten Grundsätze für das Risikomanagement sowie die zur Umsetzung dieser Grundsätze genutzten Vorkehrungen, Verfahren und Methoden billigt und regelmäßig überprüft, was auch die Risikolimits für jeden verwalteten OGAW betrifft.

(3) Die Verwaltungsgesellschaft stellt ebenfalls sicher, dass ihre Geschäftsführung und gegebenenfalls ihre Aufsichtsfunktion

a) die Wirksamkeit der Grundsätze, Vorkehrungen und Verfahren, die zur Erfüllung der in der Richtlinie 2009/65/EG festgelegten Pflichten eingeführt wurden, bewerten und regelmäßig überprüfen;

b) angemessene Maßnahmen ergreifen, um etwaige Mängel zu beseitigen.

(4) Die Mitgliedstaaten verpflichten die Verwaltungsgesellschaften sicherzustellen, dass ihre Geschäftsleitung häufig, mindestens aber einmal jährlich, schriftliche Berichte zu Fragen der Rechtsbefolgung, der Innenrevision und des Risikomanagements erhält, in denen insbesondere angegeben wird, ob zur Beseitigung etwaiger Mängel geeignete Abhilfemaßnahmen getroffen wurden.

(5) Die Mitgliedstaaten verpflichten die Verwaltungsgesellschaften sicherzustellen, dass ihre Geschäftsleitung regelmäßig Berichte über die Umsetzung der in Absatz 2 Buchstaben b bis e genannten Anlagestrategien und internen Verfahren für Anlageentscheidungen erhält.

(6) Die Mitgliedstaaten verpflichten die Verwaltungsgesellschaften sicherzustellen, dass die Aufsichtsfunktion – falls vorhanden – regelmäßig schriftliche Berichte zu den in Absatz 4 genannten Punkten erhält.

Artikel 10
Ständige Compliance-Funktion

(1) Die Mitgliedstaaten sorgen dafür, dass die Verwaltungsgesellschaften angemessene Grundsätze und Verfahren festlegen, anwenden und aufrechterhalten, die darauf ausgelegt sind, jedes Risiko der Nichteinhaltung der in der Richtlinie 2009/65/EG festgelegten Pflichten durch die betreffende Verwaltungsgesellschaft sowie die damit verbundenen Risiken aufzudecken, und dass die Verwaltungsgesellschaften angemessene Maßnahmen und Verfahren schaffen, um dieses Risiko auf ein Minimum zu begrenzen und die zuständigen Behörden in die Lage zu versetzen, ihre Befugnisse im Rahmen dieser Richtlinie wirksam auszuüben.

Die Mitgliedstaaten sorgen dafür, dass die Verwaltungsgesellschaften der Art, dem Umfang und der Komplexität ihrer Geschäfte sowie der Art und dem Spektrum der im Zuge dieser Geschäfte erbrachten Dienstleistungen und Tätigkeiten Rechnung tragen.

(2) Die Mitgliedstaaten schreiben den Verwaltungsgesellschaften die Einrichtung und

Aufrechterhaltung einer wirksamen Compliance-Funktion vor, die unabhängig ist und folgende Aufgaben hat:

a) Überwachung und regelmäßige Bewertung der Angemessenheit und Wirksamkeit der gemäß Absatz 1 festgelegten Maßnahmen, Grundsätze und Verfahren, sowie der Schritte, die zur Beseitigung etwaiger Defizite der Verwaltungsgesellschaft bei der Wahrnehmung ihrer Pflichten unternommen wurden;
b) Beratung und Unterstützung der für Dienstleistungen und Tätigkeiten zuständigen relevanten Personen im Hinblick auf die Erfüllung der in der Richtlinie 2009/65/EG für Verwaltungsgesellschaften festgelegten Pflichten.

(3) Damit die in Absatz 2 genannte Compliance-Funktion ihre Aufgaben ordnungsgemäß und unabhängig wahrnehmen kann, stellen die Verwaltungsgesellschaften sicher, dass

a) die Compliance-Funktion über die notwendigen Befugnisse, Ressourcen und Fachkenntnisse verfügt und zu allen für sie relevanten Informationen Zugang hat;
b) ein Compliance-Beauftragter benannt wird, der für die Compliance-Funktion und die Erstellung der Berichte verantwortlich ist, die der Geschäftsleitung regelmäßig, mindestens aber einmal jährlich, zu Fragen der Rechtsbefolgung vorgelegt werden und in denen insbesondere angegeben wird, ob die zur Beseitigung etwaiger Mängel erforderlichen Abhilfemaßnahmen getroffen wurden;
c) relevante Personen, die in diese Funktion eingebunden sind, nicht in die von ihnen überwachten Dienstleistungen oder Tätigkeiten eingebunden sind;
d) das Verfahren, nach dem die Bezüge der in die Compliance-Funktion eingebundenen relevanten Personen bestimmt wird, weder deren Objektivität beeinträchtigt noch dies wahrscheinlich erscheinen lässt.

Kann eine Verwaltungsgesellschaft jedoch nachweisen, dass die in Unterabsatz 1 Buchstabe c oder d genannte Anforderung mit Blick auf die Art, den Umfang und die Komplexität ihrer Geschäfte sowie die Art und das Spektrum ihrer Dienstleistungen und Tätigkeiten unverhältnismäßig ist und dass die Compliance-Funktion dennoch ihre Aufgabe erfüllt, ist sie von dieser Anforderung befreit.

Artikel 11
Ständige Innenrevisionsfunktion

(1) Die Mitgliedstaaten schreiben Verwaltungsgesellschaften – soweit dies angesichts der Art, des Umfangs und der Komplexität ihrer Geschäfte sowie der Art und des Spektrums der im Zuge dieser Geschäfte erbrachten gemeinsamen Portfolioverwaltungsdienste angemessen und verhältnismäßig ist – die Einrichtung und Aufrechterhaltung einer von den übrigen Funktionen und Tätigkeiten der Verwaltungsgesellschaft getrennten, unabhängigen Innenrevisionsfunktion vor.

(2) Die in Absatz 1 genannte Innenrevisionsfunktion hat folgende Aufgaben:

a) Erstellung, Umsetzung und Aufrechterhaltung eines Revisionsprogramms mit dem Ziel, die Angemessenheit und Wirksamkeit der Systeme, internen Kontrollmechanismen und Vorkehrungen der Verwaltungsgesellschaft zu prüfen und zu bewerten;
b) Ausgabe von Empfehlungen auf der Grundlage der Ergebnisse der gemäß Buchstabe a ausgeführten Arbeiten;
c) Überprüfung der Einhaltung der unter Buchstabe b genannten Empfehlungen;
d) Erstellung von Berichten zu Fragen der Innenrevision gemäß Artikel 9 Absatz 4.

Artikel 12
Ständige Risikomanagement-Funktion

(1) Die Mitgliedstaaten verpflichten die Verwaltungsgesellschaften zur Einrichtung und Aufrechterhaltung einer ständigen Risikomanagement-Funktion.

(2) Die in Absatz 1 genannte ständige Risikomanagement-Funktion ist von den operativen Abteilungen hierarchisch und funktionell unabhängig.

Die Mitgliedstaaten können den Verwaltungsgesellschaften allerdings gestatten, von dieser Auflage abzuweichen, wenn dies angesichts der Art, des Umfangs und der Komplexität ihrer Geschäfte und der von ihnen verwalteten OGAW angemessen und verhältnismäßig ist.

Eine Verwaltungsgesellschaft muss nachweisen können, dass angemessene Maßnahmen zum Schutz vor Interessenkonflikten getroffen wurden, um ein unabhängiges Risikomanagement zu ermöglichen, und dass ihr Risikomanagement-Prozess den Anforderungen des Artikels 51 der Richtlinie 2009/65/EG entspricht.

(3) Die ständige Risikomanagement-Funktion hat die Aufgabe,

a) die Risikomanagement-Grundsätze und -Verfahren umzusetzen;
b) für die Einhaltung der OGAW-Risikolimits zu sorgen, worunter auch die gesetzlichen Limits für das Gesamt- und das Kontrahentenrisiko gemäß den Artikeln 41, 42 und 43 fallen;
c) das Leitungs- oder Verwaltungsorgan bei der Ermittlung des Risikoprofils der einzelnen verwalteten OGAW zu beraten;
d) dem Leitungs- oder Verwaltungsorgan und – falls vorhanden – der Aufsichtsfunktion regelmäßig zu folgenden Themen Bericht zu erstatten:
   i) Kohärenz zwischen dem aktuellen Risikostand bei jedem verwalteten OGAW und dem für diesen vereinbarten Risikoprofil;
   ii) Einhaltung der jeweiligen Risikolimits durch die einzelnen verwalteten OGAW;
   iii) Angemessenheit und Wirksamkeit des Risikomanagement-Prozesses, wobei insbesondere angegeben wird, ob bei eventuellen Mängeln angemessene Abhilfemaßnahmen eingeleitet wurden;
e) der Geschäftsleitung regelmäßig über den aktuellen Risikostand bei jedem verwalteten OGAW und jede tatsächliche oder vorhersehbare Überschreitung der für den jeweiligen OGAW geltenden Limits Bericht zu erstatten, um zu gewährleisten, dass umgehend angemessene Maßnahmen eingeleitet werden können;
f) die in Artikel 44 dargelegten Vorkehrungen und Verfahren für die Bewertung von OTC-Derivaten zu überprüfen und gegebenenfalls zu verstärken.

(4) Die ständige Risikomanagement-Funktion verfügt über die notwendige Autorität und über Zugang zu allen relevanten Informationen, die zur Erfüllung der in Absatz 3 genannten Aufgaben erforderlich sind.

Artikel 13
Persönliche Geschäfte

(1) Die Mitgliedstaaten verpflichten die Verwaltungsgesellschaften zur Festlegung, Umsetzung und Aufrechterhaltung angemessener Vorkehrungen, die relevante Personen, deren Tätigkeiten zu einem Interessenkonflikt Anlass geben könnten, oder die aufgrund von Tätigkeiten, die sie für die Verwaltungsgesellschaft ausüben, Zugang zu Insider-Informationen im Sinne von Artikel 1 Absatz 1 der Richtlinie 2003/6/EG oder zu anderen ver-

traulichen Informationen über OGAW oder über die mit oder für OGAW getätigten Geschäfte haben, daran hindern sollen,

a) ein persönliches Geschäft zu tätigen, bei dem zumindest eine der folgenden Bedingungen erfüllt ist:
   i) die Person darf das persönliche Geschäft nach der Richtlinie 2003/6/EG nicht tätigen;
   ii) es geht mit dem Missbrauch oder der vorschriftswidrigen Weitergabe vertraulicher Informationen einher;
   iii) es kollidiert mit einer Pflicht der Verwaltungsgesellschaft aus der Richtlinie 2009/65/EG oder der Richtlinie 2004/39/EG oder wird voraussichtlich damit kollidieren;
b) außerhalb ihres regulären Beschäftigungsverhältnisses oder Dienstleistungsvertrags einer anderen Person ein Geschäft mit Finanzinstrumenten zu empfehlen, das – würde es sich um ein persönliches Geschäft der relevanten Person handeln – unter Buchstabe a oder unter Artikel 25 Absatz 2 Buchstabe a oder b der Richtlinie 2006/73/EG fiele oder einen anderweitigen Missbrauch von Informationen über laufende Aufträge darstellen würde, oder diese Person zu einem solchen Geschäft zu veranlassen;
c) außerhalb ihres regulären Beschäftigungsverhältnisses oder Dienstleistungsvertrags und unbeschadet des Artikels 3 Buchstabe a der Richtlinie 2003/6/EG Informationen oder Meinungen an eine andere Person weiterzugeben, wenn der relevanten Person klar ist oder nach vernünftigem Ermessen klar sein sollte, dass diese Weitergabe die andere Person dazu veranlassen wird oder veranlassen dürfte,
   i) ein Geschäft mit Finanzinstrumenten einzugehen, das – würde es sich um ein persönliches Geschäft der relevanten Person handeln – unter Buchstabe a oder unter Artikel 25 Absatz 2 Buchstabe a oder b der Richtlinie 2006/73/EG fiele oder einen anderweitigen Missbrauch von Informationen über laufende Aufträge darstellen würde;
   ii) einer anderen Person zu einem solchen Geschäft zu raten oder zu verhelfen.

(2) Die in Absatz 1 vorgeschriebenen Vorkehrungen gewährleisten insbesondere, dass

a) jede unter Absatz 1 fallende relevante Person über die Beschränkungen für persönliche Geschäfte und die Maßnahmen, die die Verwaltungsgesellschaft im Hinblick auf persönliche Geschäfte und Informationsweitergabe gemäß Absatz 1 getroffen hat, im Bilde ist;
b) die Verwaltungsgesellschaft umgehend über jedes persönliche Geschäft einer relevanten Person unterrichtet wird, und zwar entweder durch Meldung des Geschäfts oder durch andere Verfahren, die der Verwaltungsgesellschaft die Feststellung solcher Geschäfte ermöglichen;
c) ein bei der Verwaltungsgesellschaft gemeldetes oder von dieser festgestelltes persönliches Geschäft sowie jede Erlaubnis und jedes Verbot im Zusammenhang mit einem solchen Geschäft festgehalten wird.

Werden bestimmte Tätigkeiten von Dritten ausgeführt, stellt die Verwaltungsgesellschaft für die Zwecke von Unterabsatz 1 Buchstabe b sicher, dass das Unternehmen, das die Tätigkeit ausführt, persönliche Geschäfte aller relevanten Personen festhält und der Verwaltungsgesellschaft diese Informationen auf Verlangen unverzüglich vorlegt.

(3) Von den Absätzen 1 und 2 ausgenommen sind:

a) persönliche Geschäfte, die im Rahmen eines Vertrags über die Portfolioverwaltung mit Ermessensspielraum getätigt werden, sofern vor Geschäftsabschluss keine diesbezüglichen Kontakte zwischen dem Portfolioverwalter und der relevanten Person oder der Person, für deren Rechnung das Geschäft getätigt wird, stattfinden;

b) persönliche Geschäfte mit OGAW oder mit Anteilen an Organismen für gemeinsame Anlagen, die nach der Rechtsvorschrift eines Mitgliedstaats, die für deren Anlagen ein gleich hohes Maß an Risikostreuung vorschreibt, der Aufsicht unterliegen, wenn die relevante Person oder jede andere Person, für deren Rechnung die Geschäfte getätigt werden, nicht an der Geschäftsleitung dieses Organismus beteiligt ist.

(4) Für die Zwecke der Absätze 1, 2 und 3 hat der Begriff „persönliches Geschäft" die gleiche Bedeutung wie in Artikel 11 der Richtlinie 2006/73/EG.

Artikel 14
Aufzeichnung von Portfoliogeschäften

(1) Die Mitgliedstaaten verpflichten die Verwaltungsgesellschaften sicherzustellen, dass jedes Portfoliogeschäft im Zusammenhang mit OGAW unverzüglich so aufgezeichnet wird, dass der Auftrag und das ausgeführte Geschäft im Einzelnen rekonstruiert werden können.

(2) Die in Absatz 1 genannte Aufzeichnung enthält:

a) den Namen oder die sonstige Bezeichnung des OGAW und der Person, die für Rechnung des OGAW handelt;
b) die zur Feststellung des betreffenden Instruments notwendigen Einzelheiten;
c) die Menge;
d) die Art des Auftrags oder des Geschäfts;
e) den Preis;
f) bei Aufträgen das Datum und die genaue Uhrzeit der Auftragsübermittlung und den Namen oder die sonstige Bezeichnung der Person, an die der Auftrag übermittelt wurde, bzw. bei Geschäften das Datum und die genaue Uhrzeit der Geschäftsentscheidung und -ausführung;
g) den Namen der Person, die den Auftrag übermittelt oder das Geschäft ausführt;
h) gegebenenfalls die Gründe für den Widerruf eines Auftrags;
i) bei ausgeführten Geschäften die Gegenpartei und den Ausführungsplatz.

Für die Zwecke von Unterabsatz 1 Buchstabe i bezeichnet „Ausführungsplatz" einen geregelten Markt im Sinne von Artikel 4 Nummer 14 der Richtlinie 2004/39/EG, ein multilaterales Handelssystem im Sinne von Artikel 4 Nummer 15 der genannten Richtlinie, einen systematischen Internalisierer im Sinne von Artikel 4 Nummer 7 der genannten Richtlinie oder einen Marktmacher, einen sonstigen Liquiditätsgeber oder eine Einrichtung, die in einem Drittland eine ähnliche Funktion erfüllt.

Artikel 15
Aufzeichnung von Zeichnungs- und Rücknahmeaufträgen

(1) Die Mitgliedstaaten verpflichten die Verwaltungsgesellschaften, angemessene Vorkehrungen zu treffen, um zu gewährleisten, dass die eingegangenen OGAW-Zeichnungs- und -Rücknahmeaufträge unmittelbar nach ihrem Eingang zentral erfasst und aufgezeichnet werden.

(2) Aufgezeichnet werden folgende Angaben:

a) Name des betreffenden OGAW;
b) Person, die den Auftrag erteilt oder übermittelt;
c) Person, die den Auftrag erhält;
d) Datum und Uhrzeit des Auftrags;
e) Zahlungsbedingungen und -mittel;

f) Art des Auftrags;
g) Datum der Auftragsausführung;
h) Zahl der gezeichneten oder zurückgenommenen Anteile;
i) Zeichnungs- oder Rücknahmepreis für jeden Anteil;
j) Gesamtzeichnungs- oder -rücknahmewert der Anteile;
k) Bruttowert des Auftrags einschließlich Zeichnungsgebühren oder Nettobetrag nach Abzug von Rücknahmegebühren.

Artikel 16
Aufzeichnungspflichten

(1) Die Mitgliedstaaten verpflichten die Verwaltungsgesellschaften, die Aufbewahrung der in den Artikeln 14 und 15 genannten Aufzeichnungen für einen Zeitraum von mindestens fünf Jahren sicherzustellen.

Unter außergewöhnlichen Umständen können die zuständigen Behörden jedoch verlangen, dass die Verwaltungsgesellschaften alle oder einige dieser Aufzeichnungen für einen längeren, von der Art des Instruments oder Portfoliogeschäfts abhängigen Zeitraum aufbewahren, wenn dies notwendig ist, um der Behörde die Wahrnehmung ihrer Aufsichtsfunktion gemäß der Richtlinie 2009/65/EG zu ermöglichen.

(2) Ist die Zulassung einer Verwaltungsgesellschaft abgelaufen, können die Mitgliedstaaten oder die zuständigen Behörden von der Verwaltungsgesellschaft verlangen, dass sie die in Absatz 1 genannten Aufzeichnungen bis zum Ende des Fünfjahreszeitraums aufbewahrt.

Überträgt die Verwaltungsgesellschaft die Aufgaben, die sie im Zusammenhang mit dem OGAW hat, auf eine andere Verwaltungsgesellschaft, können die Mitgliedstaaten oder die zuständigen Behörden Vorkehrungen im Hinblick darauf verlangen, dass dieser Gesellschaft die Aufzeichnungen für die vorangegangenen fünf Jahre zur Verfügung gestellt werden.

(3) Die Aufzeichnungen sind auf einem Datenträger aufzubewahren, auf dem sie so gespeichert werden können, dass die zuständige Behörde auch künftig auf sie zugreifen kann und die folgenden Bedingungen erfüllt sind:

a) Die zuständige Behörde muss ohne weiteres auf die Aufzeichnungen zugreifen und jede maßgebliche Stufe der Bearbeitung jedes einzelnen Portfoliogeschäfts rekonstruieren können;
b) jede Korrektur oder sonstige Änderung sowie der Inhalt der Aufzeichnungen vor einer solchen Korrektur oder sonstigen Änderung müssen leicht feststellbar sein;
c) die Aufzeichnungen dürfen nicht anderweitig manipulierbar oder zu verändern sein.

KAPITEL III
INTERESSENKONFLIKTE

(Artikel 12 Absatz 1 Buchstabe b, Artikel 14 Absatz 1 Buchstabe d und Artikel 14 Absatz 2 Buchstabe c der Richtlinie 2009/65/EG)

Artikel 17
Kriterien für die Feststellung von Interessenkonflikten

(1) Die Mitgliedstaaten sorgen dafür, dass die Verwaltungsgesellschaften bei der Feststellung der Arten von Interessenkonflikten, die bei der Dienstleistungserbringung und der

Ausführung von Tätigkeiten auftreten und den Interessen eines OGAW abträglich sein können, zumindest der Frage Rechnung tragen, ob auf die Verwaltungsgesellschaft, eine relevante Person oder eine Person, die direkt oder indirekt durch Kontrolle mit der Verwaltungsgesellschaft verbunden ist, aufgrund der Tatsache, dass sie in der gemeinsamen Portfolioverwaltung oder einem anderen Bereich tätig ist, eine der folgenden Situationen zutrifft:

a) die Verwaltungsgesellschaft oder die betreffende Person werden voraussichtlich einen finanziellen Vorteil erzielen oder einen finanziellen Verlust vermeiden, was zu Lasten des OGAW geht;
b) die Verwaltungsgesellschaft oder die betreffende Person hat am Ergebnis einer für den OGAW oder einen anderen Kunden erbrachten Dienstleistung oder eines für den OGAW oder einen anderen Kunden getätigten Geschäfts ein Interesse, das sich nicht mit dem Interesse des OGAW an diesem Ergebnis deckt;
c) für die Verwaltungsgesellschaft oder die betreffende Person gibt es einen finanziellen oder sonstigen Anreiz, die Interessen eines anderen Kunden oder einer anderen Kundengruppe über die Interessen des OGAW zu stellen;
d) die Verwaltungsgesellschaft oder die betreffende Person führt für den OGAW und für einen oder mehrere andere Kunden, bei denen es sich nicht um OGAW handelt, die gleichen Tätigkeiten aus;
e) die Verwaltungsgesellschaft oder die betreffende Person erhält aktuell oder künftig von einer anderen Person als dem OGAW in Bezug auf Leistungen der gemeinsamen Portfolioverwaltung, die für den OGAW erbracht werden, zusätzlich zu der hierfür üblichen Provision oder Gebühr einen Anreiz in Form von Geld, Gütern oder Dienstleistungen.

(2) Die Mitgliedstaaten schreiben den Verwaltungsgesellschaften vor, bei der Ermittlung der Arten von Interessenkonflikten Folgendes zu berücksichtigen:

a) ihre eigenen Interessen, einschließlich solcher, die aus der Zugehörigkeit der Verwaltungsgesellschaft zu einer Gruppe oder aus der Erbringung von Dienstleistungen und Tätigkeiten resultieren, die Interessen der Kunden und die Verpflichtung der Verwaltungsgesellschaft gegenüber dem OGAW;
b) die Interessen von zwei oder mehreren verwalteten OGAW.

Artikel 18
Grundsätze für den Umgang mit Interessenkonflikten

(1) Die Mitgliedstaaten verpflichten die Verwaltungsgesellschaften, wirksame Grundsätze für den Umgang mit Interessenkonflikten festzulegen, einzuhalten und aufrechtzuerhalten. Diese Grundsätze sind schriftlich festzulegen und müssen der Größe und Organisation der Verwaltungsgesellschaft sowie der Art, dem Umfang und der Komplexität ihrer Geschäfte angemessen sein.

Gehört die Verwaltungsgesellschaft einer Gruppe an, müssen diese Grundsätze darüber hinaus allen Umständen Rechnung tragen, die der Gesellschaft bekannt sind oder sein sollten und die aufgrund der Struktur und der Geschäftstätigkeiten anderer Gruppenmitglieder zu einem Interessenkonflikt Anlass geben könnten.

(2) In den gemäß Absatz 1 festgelegten Grundsätzen für den Umgang mit Interessenkonflikten

a) wird im Hinblick auf die Leistungen der gemeinsamen Portfolioverwaltung, die von oder für die Verwaltungsgesellschaft erbracht werden, festgelegt, unter welchen Umständen ein Interessenkonflikt, der den Interessen des OGAW oder eines oder mehrerer anderer Kunden erheblich schaden könnte, vorliegt oder entstehen könnte;

b) wird festgelegt, welche Verfahren für den Umgang mit diesen Konflikten einzuhalten und welche Maßnahmen zu treffen sind.

Artikel 19
Unabhängigkeit beim Konfliktmanagement

(1) Die Mitgliedstaaten sorgen dafür, dass die in Artikel 18 Absatz 2 Buchstabe b vorgesehenen Verfahren und Maßnahmen so gestaltet sind, dass relevante Personen, die verschiedene Tätigkeiten ausführen, die einen Interessenkonflikt nach sich ziehen, diese Tätigkeiten mit einem Grad an Unabhängigkeit ausführen, der der Größe und dem Betätigungsfeld der Verwaltungsgesellschaft und der Gruppe, der sie angehört, sowie der Erheblichkeit des Risikos, dass die Interessen von Kunden geschädigt werden, angemessen ist.

(2) Die Verfahren und Maßnahmen, die nach Artikel 18 Absatz 2 Buchstabe b einzuhalten bzw. zu treffen sind, schließen – soweit dies zur Gewährleistung des geforderten Grades an Unabhängigkeit der Verwaltungsgesellschaft notwendig und angemessen ist – Folgendes ein:

a) wirksame Verfahren, die den Austausch von Informationen zwischen relevanten Personen, die in der gemeinsamen Portfolioverwaltung tätig sind und deren Tätigkeiten einen Interessenkonflikt nach sich ziehen könnten, verhindern oder kontrollieren, wenn dieser Informationsaustausch den Interessen eines oder mehrerer Kunden schaden könnte;
b) die gesonderte Beaufsichtigung relevanter Personen, zu deren Hauptaufgaben die gemeinsame Portfolioverwaltung für Kunden oder die Erbringung von Dienstleistungen für Kunden oder Anleger gehört, deren Interessen möglicherweise kollidieren oder die in anderer Weise unterschiedliche, möglicherweise kollidierende Interessen vertreten, was auch die Interessen der Verwaltungsgesellschaft einschließt;
c) die Beseitigung jeder direkten Verbindung zwischen der Vergütung relevanter Personen, die sich hauptsächlich mit einer Tätigkeit beschäftigen, und der Vergütung oder den Einnahmen anderer relevanter Personen, die sich hauptsächlich mit einer anderen Tätigkeit beschäftigen, wenn bei diesen Tätigkeiten ein Interessenkonflikt entstehen könnte;
d) Maßnahmen, die jeden ungebührlichen Einfluss auf die Art und Weise, in der eine relevante Person die gemeinsame Portfolioverwaltung ausführt, verhindern oder einschränken;
e) Maßnahmen, die die gleichzeitige oder anschließende Beteiligung einer relevanten Person an einer anderen gemeinsamen Portfolioverwaltung verhindern oder kontrollieren, wenn eine solche Beteiligung einem einwandfreien Konfliktmanagement im Wege stehen könnte.

Sollten eine oder mehrere dieser Maßnahmen und Verfahren in der Praxis nicht das erforderliche Maß an Unabhängigkeit gewährleisten, verpflichten die Mitgliedstaaten die Verwaltungsgesellschaften, die für die genannten Zwecke erforderlichen und angemessenen alternativen oder zusätzlichen Maßnahmen und Verfahren festzulegen.

Artikel 20
Umgang mit Tätigkeiten, die einen schädlichen Interessenkonflikt nach sich ziehen

(1) Die Mitgliedstaaten verpflichten die Verwaltungsgesellschaften, Aufzeichnungen darüber zu führen, bei welchen Arten der von ihnen oder für sie erbrachten gemeinsamen

Portfolioverwaltung ein Interessenkonflikt aufgetreten ist bzw. bei laufender Portfolioverwaltung noch auftreten könnte, bei dem das Risiko, dass die Interessen eines oder mehrerer OGAW oder anderer Kunden Schaden nehmen, erheblich ist, und diese Aufzeichnungen regelmäßig zu aktualisieren.

(2) Die Mitgliedstaaten schreiben vor, dass in Fällen, in denen die organisatorischen oder administrativen Vorkehrungen der Verwaltungsgesellschaft zum Umgang mit Interessenkonflikten nicht ausreichen, um nach vernünftigem Ermessen zu gewährleisten, dass das Risiko einer Schädigung der Interessen des OGAW oder seiner Anteilinhaber ausgeschlossen werden kann, die Geschäftsleitung oder eine andere zuständige interne Stelle der Verwaltungsgesellschaft umgehend informiert wird, damit sie die notwendigen Entscheidungen treffen kann, um zu gewährleisten, dass die Verwaltungsgesellschaft stets im besten Interesse des OGAW und seiner Anteilinhaber handelt.

(3) Die Verwaltungsgesellschaft setzt die Anleger auf einem zweckmäßigen dauerhaften Datenträger über die in Absatz 2 genannten Gegebenheiten in Kenntnis und begründet ihre Entscheidung.

Artikel 21
Strategien für die Ausübung von Stimmrechten

(1) Die Mitgliedstaaten verpflichten die Verwaltungsgesellschaften, wirksame und angemessene Strategien im Hinblick darauf auszuarbeiten, wann und wie die mit den Instrumenten in den verwalteten Portfolios verbundenen Stimmrechte ausgeübt werden sollen, damit dies ausschließlich zum Nutzen des betreffenden OGAW ist.

(2) Die in Absatz 1 genannte Strategie enthält Maßnahmen und Verfahren, die
a) eine Verfolgung der maßgeblichen Corporate Events ermöglichen;
b) sicherstellen, dass die Ausübung von Stimmrechten mit den Anlagezielen und der Anlagepolitik des jeweiligen OGAW in Einklang steht;
c) Interessenkonflikte, die aus der Ausübung von Stimmrechten resultieren, verhindern oder regeln.

(3) Den Anlegern wird eine Kurzbeschreibung der in Absatz 1 genannten Strategien zur Verfügung gestellt.

Nähere Angaben zu den aufgrund dieser Strategien getroffenen Maßnahmen sind den Anteilinhabern auf Verlangen kostenfrei zur Verfügung zu stellen.

KAPITEL IV
WOHLVERHALTENSREGELN

(Artikel 14 Absatz 1 Buchstaben a und b und Artikel 14 Absatz 2 Buchstaben a und b der Richtlinie 2009/65/EG)

ABSCHNITT 1
Allgemeine Grundsätze

Artikel 22
Pflicht, im besten Interesse der OGAW und ihrer Anteilinhaber zu handeln

(1) Die Mitgliedstaaten verpflichten die Verwaltungsgesellschaften, eine faire Behandlung der Inhaber von Anteilen an verwalteten OGAW sicherzustellen.

Verwaltungsgesellschaften stellen die Interessen einer bestimmten Gruppe von Anteilinhabern nicht über die Interessen einer anderen Anteilinhabergruppe.

(2) Die Mitgliedstaaten verpflichten die Verwaltungsgesellschaften, angemessene Grundsätze und Verfahren zur Verhinderung unzulässiger Praktiken anzuwenden, von denen normalerweise eine Beeinträchtigung der Marktstabilität und -integrität zu erwarten wäre.

(3) Unbeschadet etwaiger rechtlicher Anforderungen auf nationaler Ebene verpflichten die Mitgliedstaaten die Verwaltungsgesellschaften sicherzustellen, dass für die von ihnen verwalteten OGAW faire, korrekte und transparente Kalkulationsmodelle und Bewertungssysteme verwendet werden, damit der Pflicht, im besten Interesse der Anteilinhaber zu handeln, Genüge getan ist. Die Verwaltungsgesellschaften müssen nachweisen können, dass die OGAW-Portfolios präzise bewertet wurden.

(4) Die Mitgliedstaaten verpflichten die Verwaltungsgesellschaften, durch ihre Handlungsweise zu verhindern, dass den OGAW und ihren Anteilinhabern überzogene Kosten in Rechnung gestellt werden.

Artikel 23
Sorgfaltspflichten

(1) Die Mitgliedstaaten verpflichten die Verwaltungsgesellschaften, im besten Interesse der OGAW und der Marktintegrität bei der Auswahl und laufenden Überwachung der Anlagen große Sorgfalt walten zu lassen.

(2) Die Mitgliedstaaten verpflichten die Verwaltungsgesellschaften sicherzustellen, dass sie über ausreichendes Wissen und ausreichende Erkenntnisse über die Anlagen, in die die OGAW investiert werden, verfügen.

(3) Die Mitgliedstaaten verpflichten die Verwaltungsgesellschaften, schriftliche Grundsätze und Verfahren zum Thema Sorgfaltspflichten festzulegen und wirksame Vorkehrungen zu treffen, um zu gewährleisten, dass Anlageentscheidungen, die für die OGAW getroffen werden, mit deren Zielen, Anlagestrategie und Risikolimits übereinstimmen.

(4) Die Mitgliedstaaten verpflichten die Verwaltungsgesellschaften, bei der Umsetzung ihrer Risikomanagement-Grundsätze und soweit dies unter Berücksichtigung der Art einer geplanten Anlage angemessen ist, in Bezug auf den Beitrag, den die Anlage zur Zusammensetzung des OGAW-Portfolios, zu dessen Liquidität und zu dessen Risiko- und Ertragsprofil leistet, vor Tätigung der Anlage Prognosen abzugeben und Analysen anzustellen. Die Analysen dürfen sich quantitativ wie qualitativ nur auf verlässliche und aktuelle Daten stützen.

Wenn Verwaltungsgesellschaften mit Dritten Vereinbarungen über die Ausführung von Tätigkeiten im Bereich des Risikomanagements schließen, solche Vereinbarungen verwalten oder beenden, lassen sie dabei die gebotene Sachkenntnis, Sorgfalt und Gewissenhaftigkeit walten. Vor dem Abschluss solcher Vereinbarungen leiten die Verwaltungsgesellschaften die notwendigen Schritte ein, um sich zu vergewissern, dass der Dritte über die erforderlichen Fähigkeiten und Kapazitäten verfügt, um die betreffenden Tätigkeiten zuverlässig, professionell und wirksam auszuführen. Die Verwaltungsgesellschaft legt Methoden für die laufende Bewertung der Leistungen des Dritten fest.

ABSCHNITT 2
Bearbeitung von Zeichnungs- und Rücknahmeaufträgen

Artikel 24
Mitteilungspflichten in Bezug auf die Ausführung von Zeichnungs- und Rücknahmeaufträgen

(1) Die Mitgliedstaaten stellen sicher, dass Verwaltungsgesellschaften einem Anteilinhaber, dessen Zeichnungs- oder Rücknahmeauftrag sie ausgeführt haben, diese Ausführung schnellstmöglich, spätestens jedoch am ersten Geschäftstag nach Auftragsausführung oder – sofern die Verwaltungsgesellschaft die Bestätigung von einem Dritten erhält – spätestens am ersten Geschäftstag nach Eingang der Bestätigung des Dritten auf einem dauerhaften Datenträger bestätigen müssen.

Unterabsatz 1 findet jedoch keine Anwendung, wenn die Bestätigungsmitteilung die gleichen Informationen enthalten würde wie eine Bestätigung, die dem Anteilinhaber von einer anderen Person unverzüglich zuzusenden ist.

(2) Die Mitteilung nach Absatz 1 enthält, sofern anwendbar, folgende Angaben:

a) Name der Verwaltungsgesellschaft;
b) Name oder sonstige Bezeichnung des Anteilinhabers;
c) Datum und Uhrzeit des Auftragseingangs sowie Zahlungsweise;
d) Datum der Ausführung;
e) Name des OGAW;
f) Art des Auftrags (Zeichnung oder Rücknahme);
g) Zahl der betroffenen Anteile;
h) Stückwert, zu dem die Anteile gezeichnet bzw. zurückgenommen wurden;
i) Referenz-Wertstellungsdatum;
j) Bruttoauftragswert einschließlich Zeichnungsgebühren oder Nettobetrag nach Rücknahmegebühren;
k) Summe der in Rechnung gestellten Provisionen und Auslagen sowie auf Wunsch des Anlegers Aufschlüsselung nach Einzelposten.

(3) Bei regelmäßiger Auftragsausführung für einen Anteilinhaber verfahren die Verwaltungsgesellschaften entweder gemäß Absatz 1 oder übermitteln dem Anteilinhaber mindestens alle sechs Monate die in Absatz 2 aufgeführten Informationen über die betreffenden Geschäfte.

(4) Die Verwaltungsgesellschaften übermitteln dem Anteilinhaber auf Wunsch Informationen über den Status seines Auftrags.

ABSCHNITT 3
Bestmögliche Ausführung

Artikel 25
Ausführung von Handelsentscheidungen für die verwalteten OGAW

(1) Die Mitgliedstaaten verpflichten die Verwaltungsgesellschaften, im besten Interesse der von ihnen verwalteten OGAW zu handeln, wenn sie für diese bei der Verwaltung ihrer Portfolios Handelsentscheidungen ausführen.

(2) Für die Zwecke von Absatz 1 stellen die Mitgliedstaaten sicher, dass die Verwaltungsgesellschaften alle angemessenen Maßnahmen ergreifen, um das bestmögliche Ergebnis für den OGAW zu erzielen, wobei sie den Kurs, die Kosten, die Geschwindigkeit

und Wahrscheinlichkeit der Ausführung und Abrechnung, den Umfang und die Art des Auftrags sowie alle sonstigen, für die Auftragsausführung relevanten Aspekte berücksichtigen. Die relative Bedeutung dieser Faktoren wird anhand folgender Kriterien bestimmt:

a) Ziele, Anlagepolitik und spezifische Risiken des OGAW, wie im Prospekt oder gegebenenfalls in den Vertragsbedingungen oder der Satzung des OGAW dargelegt;
b) Merkmale des Auftrags;
c) Merkmale der Finanzinstrumente, die Gegenstand des betreffenden Auftrags sind;
d) Merkmale der Ausführungsplätze, an die der Auftrag weitergeleitet werden kann.

(3) Die Mitgliedstaaten verpflichten die Verwaltungsgesellschaften, wirksame Vorkehrungen für die Einhaltung der in Absatz 2 niedergelegten Verpflichtung zu treffen und umzusetzen. Die Verwaltungsgesellschaften legen insbesondere Grundsätze fest, die ihnen bei OGAW-Aufträgen die Erzielung des bestmöglichen Ergebnisses gemäß Absatz 2 gestatten, und setzen diese um.

Die Verwaltungsgesellschaften holen zu den Grundsätzen für die Auftragsausführung die vorherige Zustimmung der Investmentgesellschaft ein. Die Verwaltungsgesellschaft stellt den Anteilinhabern angemessene Informationen über die gemäß diesem Artikel festgelegten Grundsätze und wesentliche Änderungen daran zur Verfügung.

(4) Die Verwaltungsgesellschaften überwachen die Wirksamkeit ihrer Vorkehrungen und Grundsätze für die Auftragsausführung regelmäßig, um etwaige Mängel aufzudecken und bei Bedarf zu beheben.

Außerdem unterziehen die Verwaltungsgesellschaften ihre Grundsätze für die Auftragsausführung alljährlich einer Überprüfung. Eine Überprüfung findet auch immer dann statt, wenn eine wesentliche Veränderung eintritt, die die Fähigkeit der Verwaltungsgesellschaft beeinträchtigt, für die verwalteten OGAW auch weiterhin das bestmögliche Ergebnis zu erzielen.

(5) Die Verwaltungsgesellschaften können nachweisen, dass sie Aufträge für OGAW gemäß ihren Grundsätzen für die Auftragsausführung ausgeführt haben.

Artikel 26
Weiterleitung von OGAW-Handelsaufträgen an andere Ausführungseinrichtungen

(1) Die Mitgliedstaaten verpflichten die Verwaltungsgesellschaften, im besten Interesse der von ihnen verwalteten OGAW zu handeln, wenn sie bei der Verwaltung ihrer Portfolios Handelsaufträge für die verwalteten OGAW zur Ausführung an andere Einrichtungen weiterleiten.

(2) Die Mitgliedstaaten stellen sicher, dass die Verwaltungsgesellschaften alle angemessenen Maßnahmen ergreifen, um das bestmögliche Ergebnis für den OGAW zu erzielen, wobei sie den Kurs, die Kosten, die Geschwindigkeit und die Wahrscheinlichkeit der Ausführung und Abrechnung, den Umfang und die Art des Auftrags sowie alle sonstigen, für die Auftragsausführung relevanten Aspekte berücksichtigen. Die relative Bedeutung dieser Faktoren wird anhand von Artikel 25 Absatz 2 bestimmt.

Für diese Zwecke legen die Verwaltungsgesellschaften Grundsätze fest, die ihnen die Erfüllung der in Unterabsatz 1 niedergelegten Verpflichtung gestatten, und setzen diese um. In diesen Grundsätzen werden für jede Instrumentengattung die Einrichtungen genannt, bei denen Aufträge platziert werden dürfen. Die Verwaltungsgesellschaft geht nur dann Ausführungsvereinbarungen ein, wenn diese mit den in diesem Artikel niedergelegten Verpflichtungen vereinbar sind. Die Verwaltungsgesellschaften stellen den Anteilinhabern angemessene Informationen über die gemäß diesem Absatz festgelegten Grundsätze und wesentliche Änderungen daran zur Verfügung.

(3) Die Verwaltungsgesellschaften überwachen die Wirksamkeit der gemäß Absatz 2 festgelegten Grundsätze, insbesondere die Qualität der Ausführung durch die in diesen Grundsätzen genannten Einrichtungen regelmäßig und beheben bei Bedarf etwaige Mängel.

Außerdem unterziehen die Verwaltungsgesellschaften ihre Grundsätze alljährlich einer Überprüfung. Eine solche Überprüfung findet auch immer dann statt, wenn eine wesentliche Veränderung eintritt, die die Fähigkeit der Verwaltungsgesellschaft beeinträchtigt, für die verwalteten OGAW auch weiterhin das bestmögliche Ergebnis zu erzielen.

(4) Die Verwaltungsgesellschaften können nachweisen, dass sie Aufträge für OGAW gemäß den nach Absatz 2 festgelegten Grundsätzen platziert haben.

ABSCHNITT 4
Bearbeitung von Aufträgen

Artikel 27
Allgemeine Grundsätze

(1) Die Mitgliedstaaten verpflichten die Verwaltungsgesellschaften, Verfahren und Vorkehrungen festzulegen und umzusetzen, die für die umgehende, redliche und zügige Ausführung der für OGAW getätigten Portfoliogeschäfte sorgen.

Die von den Verwaltungsgesellschaften umgesetzten Verfahren und Vorkehrungen erfüllen folgende Voraussetzungen:

a) Sie gewährleisten, dass für OGAW ausgeführte Aufträge umgehend und korrekt registriert und zugewiesen werden;
b) ansonsten vergleichbare OGAW-Aufträge werden der Reihe nach umgehend ausgeführt, es sei denn, die Merkmale des Auftrags oder die herrschenden Marktbedingungen machen dies unmöglich oder die Interessen des OGAW verlangen etwas anderes.

Finanzinstrumente oder Gelder, die zur Abwicklung der ausgeführten Aufträge eingegangen sind, werden umgehend und korrekt auf dem Konto des betreffenden OGAW verbucht.

(2) Eine Verwaltungsgesellschaft darf Informationen im Zusammenhang mit laufenden OGAW-Aufträgen nicht missbrauchen und trifft alle angemessenen Maßnahmen, um den Missbrauch derartiger Informationen durch ihre relevanten Personen zu verhindern.

Artikel 28
Zusammenlegung und Zuweisung von Handelsaufträgen

(1) Die Mitgliedstaaten untersagen den Verwaltungsgesellschaften, einen OGAW-Auftrag zusammen mit dem Auftrag eines anderen OGAW oder sonstigen Kunden oder zusammen mit einem Auftrag für eigene Rechnung auszuführen, es sei denn, die folgenden Bedingungen sind erfüllt:

a) Es muss unwahrscheinlich sein, dass die Zusammenlegung der Aufträge für einen OGAW oder Kunden, dessen Auftrag mit anderen zusammengelegt wird, insgesamt von Nachteil ist;
b) es müssen Grundsätze für die Auftragszuweisung festgelegt und umgesetzt werden, die die faire Zuweisung zusammengelegter Aufträge präzise genug regeln, auch im Hinblick darauf, wie Auftragsvolumen und -preis die Zuweisungen bestimmen und wie bei Teilausführungen zu verfahren ist.

(2) Die Mitgliedstaaten sorgen dafür, dass eine Verwaltungsgesellschaft, die einen OGAW-Auftrag mit einem oder mehreren anderen OGAW- oder Kundenaufträgen zusammenlegt und den zusammengelegten Auftrag teilweise ausführt, die zugehörigen Geschäfte gemäß ihren Grundsätzen für die Auftragszuweisung zuweist.

(3) Die Mitgliedstaaten sorgen dafür, dass Verwaltungsgesellschaften, die Geschäfte für eigene Rechnung mit einem oder mehreren Aufträgen von OGAW oder sonstigen Kunden zusammengelegt haben, bei der Zuweisung der zugehörigen Geschäfte nicht in einer für den OGAW oder sonstigen Kunden nachteiligen Weise verfahren.

(4) Die Mitgliedstaaten schreiben vor, dass eine Verwaltungsgesellschaft, die einen OGAW- oder sonstigen Kundenauftrag mit einem Geschäft für eigene Rechnung zusammenlegt und den zusammengelegten Auftrag teilweise ausführt, bei der Zuweisung der zugehörigen Geschäfte dem OGAW oder sonstigen Kunden gegenüber ihren Eigengeschäften Vorrang einräumt.

Kann die Verwaltungsgesellschaft gegenüber dem OGAW oder ihrem sonstigen Kunden jedoch schlüssig darlegen, dass sie den Auftrag ohne die Zusammenlegung nicht zu derart günstigen Bedingungen oder überhaupt nicht hätte ausführen können, kann sie das Geschäft für eigene Rechnung in Einklang mit ihren gemäß Absatz 1 Buchstabe b festgelegten Grundsätzen anteilsmäßig zuweisen.

ABSCHNITT 5
Anreize

Artikel 29
Schutz der besten Interessen des OGAW

(1) Die Mitgliedstaaten sorgen dafür, dass Verwaltungsgesellschaften nicht als ehrlich, redlich und professionell im besten Interesse des OGAW handelnd gelten, wenn sie im Zusammenhang mit der Anlageverwaltung für den OGAW eine Gebühr oder Provision zahlen oder erhalten oder wenn sie eine nicht in Geldform angebotene Zuwendung gewähren oder annehmen, es sei denn,

a) es handelt sich um eine Gebühr, eine Provision oder eine nicht in Geldform angebotene Zuwendung, die dem OGAW oder einer in seinem Auftrag handelnden Person gezahlt bzw. vom OGAW oder einer in seinem Auftrag handelnden Person gewährt wird;
b) es handelt sich um eine Gebühr, eine Provision oder eine nicht in Geldform angebotene Zuwendung, die einem Dritten oder einer in seinem Auftrag handelnden Person gezahlt bzw. von einer dieser Personen gewährt wird, sofern die folgenden Voraussetzungen erfüllt sind:
    i) die Existenz, die Art und der Betrag der Gebühr, Provision oder Zuwendung oder – wenn der Betrag nicht feststellbar ist – die Art und Weise der Berechnung dieses Betrages müssen dem OGAW vor Erbringung der betreffenden Dienstleistung in umfassender, zutreffender und verständlicher Weise unmissverständlich offengelegt werden;
    ii) die Zahlung der Gebühr oder der Provision bzw. die Gewährung der nicht in Geldform angebotenen Zuwendung muss den Zweck verfolgen, die Qualität der betreffenden Dienstleistung zu verbessern und darf die Verwaltungsgesellschaft nicht daran hindern, pflichtgemäß im besten Interesse des OGAW zu handeln;
c) es handelt sich um Gebühren, die die Erbringung der betreffenden Dienstleistung ermöglichen oder dafür notwendig sind – einschließlich Verwahrungsgebühren, Abwick-

lungs- und Handelsplatzgebühren, Verwaltungsabgaben oder gesetzliche Gebühren – und die wesensbedingt keine Konflikte mit der Verpflichtung der Verwaltungsgesellschaft hervorrufen können, im besten Interesse des OGAW ehrlich, redlich und professionell zu handeln.

(2) Die Mitgliedstaaten gestatten einer Verwaltungsgesellschaft für die Zwecke von Absatz 1 Buchstabe b Ziffer i, die wesentlichen Bestimmungen der Vereinbarungen über Gebühren, Provisionen und nicht in Geldform angebotene Zuwendungen in zusammengefasster Form offenzulegen, sofern sich die Verwaltungsgesellschaft verpflichtet, auf Wunsch des Anteilinhabers weitere Einzelheiten offenzulegen, und dieser Verpflichtung auch nachkommt.

KAPITEL V
EINZELHEITEN DER STANDARDVEREINBARUNG ZWISCHEN VERWAHRSTELLE UND VERWALTUNGSGESELLSCHAFT

(Artikel 23 Absatz 5 und Artikel 33 Absatz 5 der Richtlinie 2009/65/EG)

Artikel 30
Bestimmungen zu den von den Vereinbarungsparteien einzuhaltenden Verfahren

Die Mitgliedstaaten verpflichten die Verwahrstelle und die Verwaltungsgesellschaft, die in diesem Kapitel nachstehend als „Vereinbarungsparteien" bezeichnet werden, in die nach Artikel 23 Absatz 5 oder Artikel 33 Absatz 5 der Richtlinie 2009/65/EG vorgesehene schriftliche Vereinbarung zumindest die folgenden Einzelheiten zu den Dienstleistungen und Verfahren aufzunehmen, die von den Vereinbarungsparteien zu erbringen bzw. einzuhalten sind:

a) Beschreibung der Verfahren, die unter anderem bei der Verwahrung für die einzelnen Arten von Vermögenswerten des OGAW, die der Verwahrstelle anvertraut werden, festzulegen sind;
b) Beschreibung der Verfahren, die einzuhalten sind, wenn die Verwaltungsgesellschaft die Geschäftsordnung oder den Prospekt des OGAW ändern will, wobei auch festzulegen ist, wann die Verwahrstelle informiert werden sollte oder die Änderung die vorherige Zustimmung der Verwahrstelle erfordert;
c) Beschreibung der Mittel und Verfahren, mit denen die Verwahrstelle der Verwaltungsgesellschaft alle einschlägigen Informationen übermittelt, die diese zur Erfüllung ihrer Aufgaben benötigt, einschließlich einer Beschreibung der Mittel und Verfahren für die Ausübung etwaiger mit Finanzinstrumenten verbundener Rechte sowie der Mittel und Verfahren, die angewandt werden, damit die Verwaltungsgesellschaft und der OGAW Zugang zu zeitnahen und genauen Informationen über die Konten des OGAW haben;
d) Beschreibung der Mittel und Verfahren, mit denen die Verwahrstelle Zugang zu allen einschlägigen Informationen erhält, die sie zur Erfüllung ihrer Aufgaben benötigt;
e) Beschreibung der Verfahren, mit denen die Verwahrstelle die Möglichkeit hat, Nachforschungen zum Wohlverhalten der Verwaltungsgesellschaft anzustellen und die Qualität der übermittelten Informationen zu bewerten, unter anderem durch Besuche vor Ort;
f) Beschreibung der Verfahren, mit denen die Verwaltungsgesellschaft die Leistung der Verwahrstelle in Bezug auf deren vertragliche Verpflichtungen überprüfen kann.

Artikel 31
Bestimmungen zum Informationsaustausch und den Pflichten in Bezug auf Geheimhaltung und Geldwäsche

(1) Die Mitgliedstaaten verpflichten die Parteien der nach Artikel 23 Absatz 5 oder Artikel 33 Absatz 5 der Richtlinie 2009/65/EG vorgesehenen Vereinbarung, in diese zumindest folgende Bestimmungen zum Informationsaustausch und den Pflichten in Bezug auf Geheimhaltung und Geldwäsche aufzunehmen:

a) Auflistung aller Informationen, die in Bezug auf Zeichnung, Rücknahme, Ausgabe, Annullierung und Rückkauf von Anteilen des OGAW zwischen dem OGAW, seiner Verwaltungsgesellschaft und der Verwahrstelle ausgetauscht werden müssen;
b) für die Vereinbarungsparteien geltende Geheimhaltungspflichten;
c) Informationen über die Aufgaben und Zuständigkeiten der Vereinbarungsparteien hinsichtlich der Pflichten in Bezug auf die Bekämpfung von Geldwäsche und Terrorismusfinanzierung, sofern anwendbar.

(2) Die in Absatz 1 Buchstabe b genannten Pflichten werden so formuliert, dass weder die zuständigen Behörden des Herkunftsmitgliedstaats der Verwaltungsgesellschaft noch die zuständigen Behörden des Herkunftsmitgliedstaats des OGAW daran gehindert werden, sich Zugang zu einschlägigen Dokumenten und Informationen zu verschaffen.

Artikel 32
Bestimmungen zur Beauftragung von Dritten

Beabsichtigen die Verwahrstelle oder die Verwaltungsgesellschaft, Dritte mit der Ausführung ihrer jeweiligen Aufgaben zu beauftragen, so schreiben die Mitgliedstaaten vor, dass die beiden Parteien der nach Artikel 23 Absatz 5 oder Artikel 33 Absatz 5 der Richtlinie 2009/65/EG vorgesehenen Vereinbarung in diese zumindest folgende Einzelheiten aufnehmen:

a) eine Verpflichtung beider Vereinbarungsparteien, regelmäßig Einzelheiten zu etwaigen Dritten zu übermitteln, die die Verwahrstelle oder die Verwaltungsgesellschaft mit der Ausführung ihrer jeweiligen Aufgaben beauftragt haben;
b) eine Verpflichtung, dass auf Antrag einer Partei die jeweils andere Informationen darüber erteilt, nach welchen Kriterien der Dritte ausgewählt wurde und welche Schritte unternommen wurden, um dessen Tätigkeit zu überwachen;
c) eine Erklärung, wonach die in Artikel 24 und Artikel 34 der Richtlinie 2009/65/EG vorgesehene Haftung der Verwahrstelle davon unberührt bleibt, dass sie die von ihr verwahrten Vermögenswerte ganz oder teilweise einem Dritten anvertraut hat.

Artikel 33
Bestimmungen zu etwaigen Änderungen und zur Beendigung der Vereinbarung

Die Mitgliedstaaten verpflichten die Parteien der nach Artikel 23 Absatz 5 oder Artikel 33 Absatz 5 der Richtlinie 2009/65/EG vorgesehenen Vereinbarung, in diese zumindest folgende Einzelheiten zu Änderungen und zur Beendigung der Vereinbarung aufzunehmen:

a) Laufzeit der Vereinbarung;
b) Voraussetzungen, unter denen die Vereinbarung geändert oder beendet werden kann;
c) Voraussetzungen, die notwendig sind, um den Wechsel zu einer anderen Verwahrstelle

zu erleichtern, und Verfahren, nach dem die Verwahrstelle der anderen Verwahrstelle in einem solchen Falle alle einschlägigen Informationen übermittelt.

Artikel 34
Anwendbares Recht

Die Mitgliedstaaten verpflichten die Parteien der nach Artikel 23 Absatz 5 oder Artikel 33 Absatz 5 der Richtlinie 2009/65/EG vorgesehenen Vereinbarung festzulegen, dass die Vereinbarung dem Recht des Herkunftsmitgliedstaats der OGAW unterliegt.

Artikel 35
Elektronische Informationsübermittlung

Einigen sich die Parteien der nach Artikel 23 Absatz 5 oder Artikel 33 Absatz 5 der Richtlinie 2009/65/EG vorgesehenen Vereinbarung darauf, die zwischen ihnen ausgetauschten Informationen ganz oder teilweise elektronisch zu übermitteln, so schreiben die Mitgliedstaaten vor, dass die Vereinbarung auch Bestimmungen enthält, die sicherstellen, dass die entsprechenden Informationen aufgezeichnet werden.

Artikel 36
Geltungsbereich der Vereinbarung

Die Mitgliedstaaten können gestatten, dass die nach Artikel 23 Absatz 5 oder Artikel 33 Absatz 5 der Richtlinie 2009/65/EG vorgesehene Vereinbarung für mehr als einen von der Verwaltungsgesellschaft verwalteten OGAW gilt. In diesem Fall werden in der Vereinbarung die in ihren Geltungsbereich fallenden OGAW aufgeführt.

Artikel 37
Leistungsvereinbarung

Die Mitgliedstaaten gestatten den Vereinbarungsparteien, die Einzelheiten der in Artikel 30 Buchstaben c und d genannten Mittel und Verfahren entweder in der nach Artikel 23 Absatz 5 oder Artikel 33 Absatz 5 der Richtlinie 2009/65/EG vorgesehenen Vereinbarung oder in einer gesonderten schriftlichen Vereinbarung zu regeln.

KAPITEL VI
RISIKOMANAGEMENT

(Artikel 51 Absatz 1 der Richtlinie 2009/65/EG)

ABSCHNITT 1
Risikomanagement-Grundsätze und Risikomessung

Artikel 38
Risikomanagement-Grundsätze

(1) Die Mitgliedstaaten verpflichten die Verwaltungsgesellschaften, angemessene und dokumentierte Risikomanagement-Grundsätze festzulegen, umzusetzen und aufrecht-

zuerhalten, in denen die Risiken genannt werden, denen die von ihnen verwalteten OGAW ausgesetzt sind oder sein könnten.

Die Risikomanagement-Grundsätze umfassen die Verfahren, die notwendig sind, damit die Verwaltungsgesellschaft bei jedem von ihr verwalteten OGAW dessen Markt-, Liquiditäts- und Kontrahentenrisiko sowie alle sonstigen Risiken, einschließlich operationeller Risiken, bewerten kann, die für die einzelnen von ihr verwalteten OGAW wesentlich sein könnten.

Die Mitgliedstaaten schreiben vor, dass die Verwaltungsgesellschaften in den Risikomanagement-Grundsätzen zumindest folgende Punkte behandeln:

a) Methoden, Mittel und Vorkehrungen, die ihnen die Erfüllung der in den Artikeln 40 und 41 festgelegten Pflichten ermöglichen;
b) Zuständigkeitsverteilung innerhalb der Verwaltungsgesellschaft in Bezug auf das Risikomanagement.

(2) Die Mitgliedstaaten verpflichten die Verwaltungsgesellschaften sicherzustellen, dass in den in Absatz 1 vorgesehenen Risikomanagement-Grundsätzen Modalitäten, Inhalt und Häufigkeit der in Artikel 12 vorgesehenen Berichterstattung der Risikomanagement-Funktion an das Leitungs- oder Verwaltungsorgan und die Geschäftsleitung sowie gegebenenfalls an die Aufsichtsfunktion festgelegt werden.

(3) Für die Zwecke der Absätze 1 und 2 stellen die Mitgliedstaaten sicher, dass die Verwaltungsgesellschaften der Art, dem Umfang und der Komplexität ihrer Geschäfte und der von ihnen verwalteten OGAW Rechnung tragen.

Artikel 39
Bewertung, Überwachung und Überprüfung der Risikomanagement-Grundsätze

(1) Die Mitgliedstaaten verpflichten die Verwaltungsgesellschaften, Folgendes zu bewerten, zu überwachen und periodisch zu überprüfen:

a) Angemessenheit und Wirksamkeit der Risikomanagement-Grundsätze sowie der in den Artikeln 40 und 41 vorgesehenen Vorkehrungen, Prozesse und Verfahren;
b) Einhaltung der Risikomanagement-Grundsätze sowie der in den Artikeln 40 und 41 vorgesehenen Vorkehrungen, Prozesse und Verfahren durch die Verwaltungsgesellschaft;
c) Angemessenheit und Wirksamkeit der Maßnahmen zur Behebung etwaiger Schwächen in der Leistungsfähigkeit des Risikomanagement-Prozesses.

(2) Die Mitgliedstaaten verpflichten die Verwaltungsgesellschaften, die zuständigen Behörden ihres Herkunftsmitgliedstaats über alle wesentlichen Änderungen am Risikomanagement- Prozess zu unterrichten.

(3) Die Mitgliedstaaten stellen sicher, dass die in Absatz 1 niedergelegten Anforderungen von den zuständigen Behörden des Herkunftsmitgliedstaats der Verwaltungsgesellschaft laufend und somit auch bei Erteilung der Zulassung überprüft werden.

ABSCHNITT 2
Risikomanagement-Prozesse, Kontrahentenrisiko und Emittentenkonzentration

Artikel 40
Messung und Management von Risiken

(1) Die Mitgliedstaaten verpflichten die Verwaltungsgesellschaften, angemessene und wirksame Vorkehrungen, Prozesse und Verfahren einzuführen, um

a) die Risiken, denen die von ihnen verwalteten OGAW ausgesetzt sind oder sein könnten, jederzeit messen und managen zu können;
b) die Einhaltung der Obergrenzen für das Gesamtrisiko und das Kontrahentenrisiko gemäß den Artikeln 41 und 43 sicherzustellen.

Diese Vorkehrungen, Prozesse und Verfahren sind der Art, dem Umfang und der Komplexität der Geschäfte der Verwaltungsgesellschaften und der von ihnen verwalteten OGAW angemessen und entsprechen dem OGAW-Risikoprofil.

(2) Für die Zwecke von Absatz 1 verpflichten die Mitgliedstaaten die Verwaltungsgesellschaften, für jeden von ihnen verwalteten OGAW folgende Maßnahmen zu ergreifen:

a) Einführung der notwendigen Risikomanagement-Vorkehrungen, -Prozesse und -Verfahren, um sicherzustellen, dass die Risiken übernommener Positionen und deren Beitrag zum Gesamtrisikoprofil auf der Grundlage solider und verlässlicher Daten genau gemessen werden und dass die Risikomanagement-Vorkehrungen, -Prozesse und -Verfahren adäquat dokumentiert werden;
b) gegebenenfalls Durchführung periodischer Rückvergleiche (Backtesting) zur Überprüfung der Stichhaltigkeit der Risikomessvorkehrungen, zu denen modellbasierte Prognosen und Schätzungen gehören;
c) gegebenenfalls Durchführung periodischer Stresstests und Szenarioanalysen zur Erfassung der Risiken aus potenziellen Veränderungen der Marktbedingungen, die sich nachteilig auf den OGAW auswirken könnten;
d) Festlegung, Umsetzung und Aufrechterhaltung eines dokumentierten Systems interner Limits für die Maßnahmen, mit denen die einschlägigen Risiken für jeden OGAW gemanagt und kontrolliert werden, wobei allen in Artikel 38 genannten Risiken, die für den OGAW wesentlich sein könnten, Rechnung getragen und die Übereinstimmung mit dem Risikoprofil des OGAW sichergestellt wird;
e) Gewährleistung, dass der jeweilige Risikostand bei jedem OGAW mit dem unter Buchstabe d dargelegten Risikolimit-System in Einklang steht;
f) Festlegung, Umsetzung und Aufrechterhaltung angemessener Verfahren, die im Falle von tatsächlichen oder zu erwartenden Verstößen gegen das Risikolimit-System des OGAW zu zeitnahen Abhilfemaßnahmen im besten Interesse der Anteilinhaber führen.

(3) Die Mitgliedstaaten stellen sicher, dass die Verwaltungsgesellschaften einen angemessenen Risikomanagement-Prozess für Liquiditätsrisiken anwenden, um zu gewährleisten, dass jeder von ihnen verwaltete OGAW jederzeit zur Erfüllung von Artikel 84 Absatz 1 der Richtlinie 2009/65/EG imstande ist.

Gegebenenfalls führen die Verwaltungsgesellschaften Stresstests durch, die die Bewertung des Liquiditätsrisikos des OGAW unter außergewöhnlichen Umständen ermöglichen.

(4) Die Mitgliedstaaten verpflichten die Verwaltungsgesellschaften sicherzustellen, dass das Liquiditätsprofil der OGAW-Anlagen bei jedem von ihnen verwalteten OGAW den in den Vertragsbedingungen oder der Satzung oder dem Prospekt niedergelegten Rücknahmegrundsätzen entspricht.

Artikel 41
Berechnung des Gesamtrisikos

(1) Die Mitgliedstaaten verpflichten die Verwaltungsgesellschaften, das Gesamtrisiko eines verwalteten OGAW im Sinne von Artikel 51 Absatz 3 der Richtlinie 2009/65/EG als eine der folgenden beiden Größen zu berechnen:

a) zusätzliches Risiko und zusätzliche Leverage, die der verwaltete OGAW durch die

Nutzung derivativer Finanzinstrumente einschließlich eingebetteter Derivate im Sinne von Artikel 51 Absatz 3 Unterabsatz 4 der Richtlinie 2009/65/EG erzeugt und die den Gesamtbetrag des OGAW-Nettoinventarwerts nicht übersteigen dürfen;

b) Marktrisiko des OGAW-Portfolios.

(2) Die Mitgliedstaaten verpflichten die Verwaltungsgesellschaften, das OGAW-Gesamtrisiko mindestens einmal täglich zu berechnen.

(3) Die Mitgliedstaaten können den Verwaltungsgesellschaften gestatten, das Gesamtrisiko je nach Zweckdienlichkeit nach dem Commitment-Ansatz, dem Value-at-Risk-Modell oder einem fortgeschrittenen Messansatz zu ermitteln. Für die Zwecke dieser Bestimmung bezeichnet der „Value at risk" den bei einem gegebenen Konfidenzniveau über einen bestimmten Zeitraum maximal zu erwartenden Verlust.

Die Mitgliedstaaten verpflichten die Verwaltungsgesellschaften sicherzustellen, dass die zur Messung des Gesamtrisikos gewählte Methode der vom OGAW verfolgten Anlagestrategie sowie der Art und Komplexität der genutzten derivativen Finanzinstrumente und dem Anteil derivativer Finanzinstrumente am OGAW-Portfolio angemessen ist.

(4) Nutzt ein OGAW gemäß Artikel 51 Absatz 2 der Richtlinie 2009/65/EG Techniken und Instrumente einschließlich Rückkaufsvereinbarungen oder Wertpapierverleihgeschäfte, um seine Leverage oder sein Marktrisiko zu erhöhen, verpflichten die Mitgliedstaaten die Verwaltungsgesellschaften, die betreffenden Geschäfte bei der Berechnung des Gesamtrisikos zu berücksichtigen.

Artikel 42
Commitment-Ansatz

(1) Wird das Gesamtrisiko nach dem Commitment-Ansatz berechnet, schreiben die Mitgliedstaaten vor, dass die Verwaltungsgesellschaften diesen Ansatz auf sämtliche Positionen in derivativen Finanzinstrumenten einschließlich eingebetteter Derivate im Sinne von Artikel 51 Absatz 3 Unterabsatz 4 der Richtlinie 2009/65/EG anwenden, und zwar unabhängig davon, ob sie im Zuge der allgemeinen Anlagepolitik des OGAW, zum Zwecke der Risikominderung oder zum Zwecke der effizienten Portfolioverwaltung im Sinne von Artikel 51 Absatz 2 der genannten Richtlinie genutzt werden.

(2) Wird das Gesamtrisiko nach dem Commitment-Ansatz berechnet, schreiben die Mitgliedstaaten vor, dass die Verwaltungsgesellschaften jede Position in derivativen Finanzinstrumenten in den Marktwert einer gleichwertigen Position im Basiswert des betreffenden Derivats umrechnen (Standard-Commitment-Ansatz).

Die Mitgliedstaaten können den Verwaltungsgesellschaften gestatten, andere Berechnungsmethoden anzuwenden, wenn diese dem Standard-Commitment-Ansatz gleichwertig sind.

(3) Die Mitgliedstaaten können gestatten, dass die Verwaltungsgesellschaften bei der Berechnung des Gesamtrisikos Netting- und Hedging-Vereinbarungen berücksichtigen, sofern diese offenkundige und wesentliche Risiken nicht außer Acht lassen und eindeutig zu einer Verringerung des Risikos führen.

(4) Erzeugt die Nutzung derivativer Finanzinstrumente für den OGAW kein zusätzliches Risiko, braucht die zugrunde liegende Risikoposition nicht in die Commitment-Berechnung einbezogen zu werden.

(5) Bei Anwendung des Commitment-Ansatzes brauchen vorübergehende Kreditvereinbarungen, die gemäß Artikel 83 der Richtlinie 2009/65/EG für den OGAW abgeschlossen werden, bei der Berechnung des Gesamtrisikos nicht berücksichtigt zu werden.

Artikel 43
Kontrahentenrisiko und Emittentenkonzentration

(1) Die Mitgliedstaaten verpflichten die Verwaltungsgesellschaften sicherzustellen, dass für das Kontrahentenrisiko aus nicht börsengehandelten derivativen Finanzinstrumenten („OTC-Derivaten“) die in Artikel 52 der Richtlinie 2009/65/EG festgelegten Obergrenzen gelten.

(2) Für die Berechnung des Kontrahentenrisikos eines OGAW in Einklang mit den in Artikel 52 Absatz 1 der Richtlinie 2009/65/EG festgelegten Obergrenzen legen die Verwaltungsgesellschaften den positiven Neubewertungswert (Mark-to-Market-Wert) des OTC-Derivatkontrakts mit der betreffenden Gegenpartei zugrunde.

Die Verwaltungsgesellschaften können die Derivatpositionen eines OGAW mit ein und derselben Gegenpartei miteinander verrechnen (Netting), wenn die Verwaltungsgesellschaft die Möglichkeit hat, Nettingvereinbarungen mit der betreffenden Gegenpartei für den OGAW rechtlich durchzusetzen. Das Netting ist nur bei den OTC-Derivaten mit einer Gegenpartei, nicht bei anderen Positionen des OGAW gegenüber dieser Gegenpartei zulässig.

(3) Die Mitgliedstaaten können den Verwaltungsgesellschaften gestatten, das Kontrahentenrisiko eines OGAW aus einem OTC-Derivat durch die Entgegennahme von Sicherheiten zu mindern. Die entgegengenommene Sicherheit muss ausreichend liquide sein, damit sie rasch zu einem Preis veräußert werden kann, der nahe an der vor dem Verkauf festgestellten Bewertung liegt.

(4) Die Mitgliedstaaten verpflichten die Verwaltungsgesellschaften, Sicherheiten bei der Berechnung des Ausfallrisikos im Sinne von Artikel 52 Absatz 1 der Richtlinie 2009/65/EG zu berücksichtigen, wenn die Verwaltungsgesellschaft einer OTC-Gegenpartei für den OGAW eine Sicherheit stellt. Die gestellte Sicherheit darf nur dann auf Nettobasis berücksichtigt werden, wenn die Verwaltungsgesellschaft die Möglichkeit hat, Nettingvereinbarungen mit der betreffenden Gegenpartei für den OGAW rechtlich durchzusetzen.

(5) Die Mitgliedstaaten verpflichten die Verwaltungsgesellschaften, die in Artikel 52 der Richtlinie 2009/65/EG für die Emittentenkonzentration vorgesehenen Obergrenzen auf Basis des zugrunde liegenden Risikos zu berechnen, das nach dem Commitment-Ansatz durch die Nutzung derivativer Finanzinstrumente entsteht.

(6) Im Hinblick auf das Risiko aus Geschäften mit OTC-Derivaten im Sinne von Artikel 52 Absatz 2 der Richtlinie 2009/65/EG verpflichten die Mitgliedstaaten die Verwaltungsgesellschaften, etwaige Kontrahentenrisiken aus OTC-Derivaten in die Berechnung einzubeziehen.

ABSCHNITT 3
Verfahren für die Bewertung der OTC-Derivate

Artikel 44
Verfahren für die Ermittlung des Wertes von OTC-Derivaten

(1) Die Mitgliedstaaten verpflichten die Verwaltungsgesellschaften, sich zu vergewissern, dass den Risiken von OGAW aus OTC-Derivaten ein beizulegender Zeitwert zugewiesen wird, der sich nicht nur auf die Marktnotierungen der Kontrahenten der OTC-Geschäfte stützt und die in Artikel 8 Absatz 4 der Richtlinie 2007/16/EG niedergelegten Kriterien erfüllt.

(2) Für die Zwecke von Absatz 1 werden von den Verwaltungsgesellschaften Vorkehrungen und Verfahren festgelegt, umgesetzt und aufrechterhalten, die eine geeignete, transparente und faire Bewertung der OGAW-Risiken aus OTC-Derivaten sicherstellen.

Die Mitgliedstaaten verpflichten die Verwaltungsgesellschaften sicherzustellen, dass der beizulegende Zeitwert von OTC-Derivaten angemessen, präzise und unabhängig bewertet wird.

Die Bewertungsvorkehrungen und -verfahren sind der Art und Komplexität der betreffenden OTC-Derivate angemessen und stehen in einem angemessenen Verhältnis dazu.

Schließen die Vorkehrungen und Verfahren für die Bewertung von OTC-Derivaten die Durchführung bestimmter Aufgaben durch Dritte ein, müssen die Verwaltungsgesellschaften die in Artikel 5 Absatz 2 und Artikel 23 Absatz 4 Unterabsatz 2 niedergelegten Anforderungen erfüllen.

(3) Für die Zwecke der Absätze 1 und 2 werden der Risikomanagement-Funktion spezielle Pflichten und Zuständigkeiten übertragen.

(4) Die in Absatz 2 genannten Bewertungsvorkehrungen und -verfahren werden adäquat dokumentiert.

ABSCHNITT 4
Übermittlung von Informationen zu Derivaten

Artikel 45
Berichte über Derivate

(1) Die Mitgliedstaaten verpflichten die Verwaltungsgesellschaften, den zuständigen Behörden ihres Herkunftsmitgliedstaats zumindest einmal jährlich Berichte mit Informationen zu übermitteln, die ein den tatsächlichen Verhältnissen entsprechendes Bild der für jeden verwalteten OGAW genutzten Derivate, der zugrunde liegenden Risiken, der Anlagegrenzen und der Methoden vermitteln, die zur Schätzung der mit den Derivatgeschäften verbundenen Risiken angewandt werden.

(2) Die Mitgliedstaaten stellen sicher, dass die zuständigen Behörden des Herkunftsmitgliedstaats der Verwaltungsgesellschaft die regelmäßige Übermittlung und Vollständigkeit der in Absatz 1 vorgesehenen Informationen überprüfen und bei Bedarf eingreifen können.

KAPITEL VII
SCHLUSSBESTIMMUNGEN

Artikel 46
Umsetzung

(1) Die Mitgliedstaaten setzen die erforderlichen Rechts- und Verwaltungsvorschriften in Kraft, um dieser Richtlinie spätestens bis zum 30. Juni 2011 nachzukommen. Sie teilen der Kommission unverzüglich den Wortlaut dieser Rechtsvorschriften mit und fügen eine Tabelle der Entsprechungen zwischen der Richtlinie und diesen innerstaatlichen Rechtsvorschriften bei.

Bei Erlass dieser Vorschriften nehmen die Mitgliedstaaten in den Vorschriften selbst oder durch einen Hinweis bei der amtlichen Veröffentlichung auf diese Richtlinie Bezug. Die Mitgliedstaaten regeln die Einzelheiten der Bezugnahme.

(2) Die Mitgliedstaaten teilen der Kommission den Wortlaut der wichtigsten innerstaatlichen Rechtsvorschriften mit, die sie auf dem unter diese Richtlinie fallenden Gebiet erlassen.

Artikel 47
Inkrafttreten

Diese Richtlinie tritt am zwanzigsten Tag nach ihrer Veröffentlichung im Amtsblatt der Europäischen Union in Kraft.

Artikel 48
Adressaten

Diese Richtlinie ist an die Mitgliedstaaten gerichtet.
Brüssel, den 1. Juli 2010
Für die Kommission
Der Präsident
José Manuel Barroso